天台宗典編纂所 編

續天台宗全書

圓戒2

菩薩戒疏註釋
戒論義

春秋社

續天台宗全書　圓戒2　菩薩戒疏註釋　戒論義　目次

引用文註　略號

（天玄）一～五　……『天台大師全集』法華玄義一～五

共通、舊版『佛教大系』法華玄義

（天文）一～五　……『天台大師全集』法華文句一～五

（天止）一～五　……『天台大師全集』摩訶止觀一～五

共通、舊版『佛教大系』摩訶止觀

（卍續）……舊版『大日本續藏經』

（大正藏）……『大正新脩大藏經』

（傳全）一～五　……新版『傳教大師全集』一～五

（佛全）……舊版『大日本佛教全書』

（續天全）……『續天台宗全書』

『續天台宗全書』編纂趣旨

1　天台宗全書刊行の目的は、天台宗の教学・歴史を学ぶに必要な典籍を網羅し、出来得る限り研究の便に供するにある。けれども、天台宗開創以来一二〇〇年に亙って伝えて来た諸寺の宝庫に所蔵されている書籍は極めて多く、『續天台宗全書』数百巻の刊行を必要とするほどであり、これに中国天台さらに経典の注釈書を加えると、なお多くの刊行が必要となろう。このような大規模な出版計画は、短期間に完成し難い。今回の刊行は前『天台宗全書』（昭和十年～十二年発刊）に続くものとして計画したものであり、一応第1期十五冊・第2期十冊合わせて二十五冊とした。第2期完成後は、第3期第4期と継続する予定である。

2　編纂の基本方針は、入手された中で最も重要と思われる書籍の刊行を主とし、貴重珍稀な写本と重要希少な木版刊本を選択したが、すでに刊本が流布する書であっても重要と認められる書については採択した書もわずかながらある。編纂上、諸典籍を顕教部・密教部・論草部・口決部・円戒部・法儀部・神道部（山王神道）・史伝部・寺誌部・修験部・悉曇部・雑録文芸部の十二に分けた。刊行順序は、出来るだけ成立の古い書籍から出版するのが望ましいが、その順序に従えなかったものもある。

3　明治以来、活版印刷によって流布した書籍については、天台宗の根本経疏であっても重複を避けて選択採用しなかった書籍が多い。すなわち、前『天台宗全書』はもちろん、『大日本校訂縮刻大蔵経』（縮蔵）、『大日本校訂訓点大蔵経』（卍蔵）、『大日本続蔵経』（続蔵）、『大正新修大蔵経』（大正蔵）、『大日本仏教全書』（仏全）、『日本大蔵経』（日蔵）、『伝教大師全集』『智証大師全集』『恵心僧都全集』『慈眼大師全集』『群書類従』『続群書類従』等の中に収められる書籍は、原則として省略し採用しなかった。

4　書籍の翻刻には、厳密なる校訂のもとに確定本が作られる必要がある。異本の対校には出来る限り努めて訂正注記した。

凡　例

使用文字

1　翻刻に当たり、原則としてすべて正字に統一した。しかし正字であっても、さして用いられない文字の場合は、通用の旧字体を用い、また別体字は生かして用いた。固有名詞は俗字・異体字でも使用した場合がある。

返り点・送り仮名は原典を尊重しながら表記統一を行い、句点「。」と中点「・」のみを適宜に付した。

傍注は、原則的に右側の行間に記した。

〔表記例〕

岳嶽天台五臺山。辯辨辨〔辨總㋑[ナシ]　凡例2c〕總綜燈灯。以〔「㋑子孫因　凡例2c〕レ邑ヲ爲レ氏。

「穎〔（穎カ）　凡例3b〕川ハ郡ノ名。」〔「」㋺[ナシ]　凡例2b〕〔在〔㋺㋩　凡例2b〕リ二豫州〔豫州㋺許州ノ西　凡例3a〕一秦ノ所ナリレ置也〔㋩[朱]有穎河　凡例4b〕〕

「謂〔「」㋑照了分明。取二譬ヲ於日一體達無礙　凡例3a〕フ二照了ノ分明ナル體達ノ無礙ナルヲ一。」法華ト花儼〔（ママ）　凡例3b〕經。

寂澄筆跡名蹟示迹也〔凡例1〕〔イ大師傳也　凡例4a〕

〔 〕および「 は対校本の挿入

（ ）は参考注記（本文中では対校注記）

「 」『 』は範囲指示

2　脱字・加文の注記（表記例参照）

脱字・脱文、加字・加文の場合の挿入・注記。

2a　対校本は㋑・㋺・㋩等を用いて表示し、各書目末にその対校本の所蔵処と種類を明記した。

2b　底本に長脱文ある場合は、〔 〕を用いて本文中に対校本加入文を加入して㋑・㋺・㋩等で出典の対校本を表示した。対校本に長脱文ある場合は、脱文相当を「 」で囲み、対校注を[ナシ]で表わした。（例）「」㋺[ナシ]

2c　対校本加入字の傍注は、「㋑㋺㋩□□□などとした（原則的に短文）。対校本脱字の傍注は、本文の横に相当脱字を小文字で指示し、[ナシ]で表わした。（例）辨總㋑[ナシ]

3　校異文字の注記（表記例参照）

置き換え字・文（文字が対校本で異なる）の場合の傍注。

3a　3文字までは、本文の横に相当文字を小文字で指示し、続けて傍注した。（例）傳㋺傅

4文字以上の場合は、相当文を「 」で囲み、傍注した。

（例）「」㋑□□□□

3b　（ママ）（□カ）は、異読文字の校訂者注。

4　原典注の表記（表記例参照）

原典に記されている傍注等の表記。

4a　底本および対校本に元来ある短文傍注は、あるままに印刷してあり、○のないイが付されている場合がある。

4b　[朱]は朱書き、[押]は付紙、[裏]は裏書、[頭]は頭注を示し、長文注記の場合は2字下げて本文同様に印刷した。

朱書は[朱書]、付紙は[押紙]、裏書は[裏書]、頭注は[頭註]

菩薩戒義記知見別紙抄　目次

上卷

中卷

58 一切受戒人始可レ發二戒體一耶
59 戒珠事

下卷

60 義記云。然此二釋舊所二諍論一○今之所用有二無作一也矣
61 戒體興廢事
62 記云。次三聚戒體者○
63 記云。律儀多主二內德一。接生外化攝善兼二於內外一。故立二三聚淨戒一也矣
64 記云。次論二止行二善一。如百論○衆善奉行卽是勸門矣
65 記云。善戒不レ起而已。起則伐レ惡。皆是止義。皆有二進趣一皆是行義矣
66 記云。第三料簡更爲レ三。一須二信心一。二無二三障一。三人法爲レ緣矣
67 記云。復加二三種一○三信二所得果常樂我淨一矣
68 記云。次無二三障一者○煩惱障○業障○報障○
69 今依レ文推レ理者指二何文一耶
70 記云。初人緣三種得二菩薩戒一。一諸佛。二聖人。三凡師矣
71 記云。梵網中言。爲レ師必是出家菩薩○五惠藏窮玄矣
72 記云。次論二法緣一。道俗共用方法不同。略出二六種一○矣
73 六家戒儀取捨事
74 記云。歸依常住佛。歸依常住法。歸依常住僧。三說○矣
75 記云。律儀戒。攝善法戒。饒益有情戒矣
76 記云。大德於レ我不レ辭二勞苦一。哀愍聽許矣
77 記云。第一師初入二道場一禮レ佛。在二佛邊一就レ座坐。第二弟子入二道場一禮レ佛䠒跪矣
78 記云。此經題名二梵網一○從レ譬立レ名。總喩二一部所詮參差不同如二梵王網一也矣
79 記云。華嚴名號品。或名二盧舍那一。或名二釋迦一。今明。不レ一不レ異。機緣宜レ聞耳矣
80 記云。尋二文始末一。有○然後各坐二道場一示二成正覺一矣
81 記云。於二三教中一卽是頓教。明二佛性常住一乘妙旨一矣
82 圓頓漸三教事
83 一代大綱網目事
84 九教大綱事
85 八教大綱事
86 一教大綱事
87 記云。前兩行半明二本迹一。次一行。一句明二人法一。就レ初又三。一半行明二舍那本身一。二一行半明二釋迦迹佛一。三行半總結本迹○
88 三身四土成道事
89 記云。佛身四種。一謂二法身一○釋迦應迹赴感爲レ身也○

（目次新加）

菩薩戒義記知見別紙抄

（奥書）〔興圓集記〕

菩薩戒義記知見別紙抄　上

此菩薩戒疏。文狹ク意富リ也。故ニ諸師ノ異義亂菊ニシテ難レ定。先徳ノ料簡不同ニシテ不ニ一准一。教門繁多ニシテ圓戒宗旨難レ顯。今談ニ義記ノ宗骨一示ニ祖師ノ本意一。圓戒ノ所詮指ニ掌中一。戒法義理察ニ胸閉一ニ云

1〔菩薩戒者指ニ何教菩薩戒一可レ云耶〕

問。菩薩戒者指ニ何ノ教菩薩戒一可レ云耶

答。（缺文）

進云。釋ニ菩薩戒階位一（義記、大正藏四〇、五六三下一七行）云。准レ義推推（尋カ）得具明ニ四教一。謂藏通別圓矣明知ヌ。可レトレ亙ニ四教ノ菩薩戒一見タリ。若依レ之爾者。今經者。華嚴經ノ結經也。可レ限ニ別圓兩教一ニ如何

答。先可ニ別圓兩教ノ菩薩戒一。但重重有ニ深子細一。可レ習ニ約束一者也。於ニ此疏一有ニ三重義一也。初重ハ文義共ニ梵網戒。此重ハ別圓兩教ノ菩薩戒也。此ハ爾前當分ノ義也。第二重ハ。文ハ依ニ梵網一意ハ依ニ法華一也。本意ハ。以ニ法華元意一雖レ釋シ法華中菩薩修科行相一。文略故ニ且依ニ梵網戒一釋ニ菩薩行相一給也。故ニ圓頓戒ノ爲ニ傍依經一ト也。第三重ニハ文義共ニ法華也。此時ハ一向ニ純圓ノ菩薩戒也。但至ニ進釋一者。以ニ純圓跨節一釋故。判ニ一代ヲ攝ニ圓戒一意也。若不レ依ニ跨節一者。何判ニ一代一攝ニ四教一耶。進釋爾也。不レ可レ疑者也

尋云。付ニ初重義一不レ明。文義共一向梵網ナラハ可レ限ニ別圓兩教菩薩戒一。何菩薩戒ノ階位ニ攝ニ四教一。戒字收ニ大論十戒一耶如何

答。爲レ釋ニ別圓兩教菩薩戒一。兼（常カ）出ニ四教菩薩戒ヲ一也。必梵網內非ニ道四教菩薩戒ノ次位一等也

一義云。教教開會意テ攝ニ四教一也。教教開會者。通教テ開ニ三藏一（天玄三、二九六。玄義）。權智開ニ三藏生滅四諦法輪一。實智說ニ摩訶衍無生四諦法輪一。故ニ通教開ニ三藏一條勿論也。別教開ニ藏通一圓教開ニ三教一。故ニ別圓兩教菩薩戒ニ攝ニルニ四教ヲ一也

尋云。付二第三重一不レ明。文義共ニ法華者。先違二現文一。菩薩階位ニ攝二四教一。戒字ニ引二大論十戒一意ハ亙ト二四教一ニ見タリ。

何文義共法華ト云耶

答。文義共ニ法華ト云事ハ非二普通ノ義一。以二三種法華一得レ意時ハ一代皆法華也。法華之外更無二一句經解一ト云此意也。華嚴別圓兩教ヲ押テ法華ト云故ニ。違二現文一云難ハ無也。又菩薩戒位ニ攝二四教次位一事非レ難也。所以ニ玄文止ノ三大部ハ法華經ノ疏也。而ルニ玄義ノ釋ニハ。題レ名約二四教五時一判開シ。文句中。消二經文一約二四教一釋ル也。止觀ノ心ハ己心ニ備二四教一。今文文義共法華攝二四教一無レ失也。又大論十戒事ハ。一心三觀ノ戒ノ故ニ。初四戒ハ因緣所生法。後ノ六戒ハ卽空卽假卽中也。文義共ニ法華ト得レ意時。尤可レ爲二潤色一難ニ非也

2〔梵網經傍依經事〕

問。付二第三重義一文義共ニ法華ナラハ。今經ヲ爲二傍依經一義不レ被レ得レ意。還テ正依法華ノ義傍依梵網ノ義無ト可レ得レ意如何

答。正依法華事ハ有二子細一事也。非二相傳一者不レ可レ知者也。戒家ノ己證有二此等一ニ也

祖師上人云。付二梵網傍依ト云一ニ有二兩義一。一云。初後佛惠圓頓義齊ノ意也。大通結緣ノ輩ハ。覆講法華ノ時。大緣ヲ指故ニ。最初ニ欲レ說二第五時ノ法華一。云處。我若讚二佛乘一衆生設(沒カ)二在苦一(大正藏九、九下。法華經)ヌ(スカ)ヘキ聞。爲レ隔二二乘之聞一雖(若但カ)レ說二別圓一。佛惠ハタラカサス第五時也。仍テ名二佛惠ノ法華一ト也。以テ二佛惠一ヲ爲二傍依一。以二開會一爲二正依一ト也。二。以二華嚴一入二法華一也。所以五時ノ次第ノ時モ。雇作以前是施權。體業已(己カ)後是顯實(天玄一、二七三。釋籤)テ自二方等一入二法華方等一也。遠自二大通往事一案シ二華嚴一時向二法華一也。故以二華嚴梵網一爲二傍依一。以二第五時一爲二正依一ト也。三。法華開權顯實意也。開權ノ後モ華嚴兼別故與云二傍依一ト也。四。三種法華意也已上 祖師上人ノ相傳御義也。以二此等ノ義勢一他門仁不レ可レ承レ之。可二祕藏一云云

某。以二此等ノ相傳一立二傍正依經一樣聊得二其意一。以二第一義一ヲ梵網爲二傍依經一ト事ハ。法華經ニ既ニ說リ始見二我身一聞二(大正藏九、四〇中。涌出品)

我所說一。卽皆信受入二如來慧一。除下先修習學二小乘一者上。如レ是之人。我今亦令丙得レ聞二是經一入乙於佛惠甲。故自二經文一(天玄五、五四八。玄義)事起テ且置二中閒三味一(天玄一、七三。釋籤)華嚴ヲ名二佛惠一也。仍初後佛惠圓頓義齊トモ釋シ。中閒調斥非佛本懷トモ云ハ此意也。而ニ佛惠ノ方同許ナリ。憚テ二二乘機一兼二別門一故ニ。佛惠圓故ニ爲二圓戒ノ經一。兼二別教一故ニ言レ傍ト也

付二第二義一梵網經爲二傍依一事者。自二華嚴時一入二法華之方域一也。釋迦如來本地久成ノ如來ニシテ非二新成始得佛一。本門十妙因果依正共ニ有トモ本地ヒルサナ(毘盧舍那)一體ノ上ノ相貌也。三千依正皆體具微妙法也。十妙皆名レ本ト故也。四種眷屬ト云モ皆毘盧舍那一佛ノ上ノ自性緣起ノ眷屬也。業生眷屬ト云ハ六道凡夫。願生ハ二乘法界。神通生ハ菩薩法界。應生ハ佛法界也。十界併本地如來三千悉久成ノ世尊也。一人トシテモ無レ非レ佛者也。是ハ無始色心本是理性妙境妙(天止三、一九〇。弘決)智ニシテ。未レ立二元初ノ一念一時事也。而隨妄轉不覺不知(同前)ニシテ無二所因一故。元初一念起閒爲二迹門ノ迷機一。爲レ令レ知二本地一說二生佛一如ノ教一ヲ。定父子ノ天性此ヲ名二結緣之始一ト也。

一度聞二生佛一如ノ教一定二父子之天性一ヲ閒。中閒退大流轉スレトモ。窮子衣內ノ智寶ハ不レシテ朽。(大正藏九、二九上。受記品)一切智願猶在不失ナル閒。一向圓機ヲ有ト云也。而ニ蒙二迷情ノ瓫一不レ見二本覺ノ淸虛一。執二權智ノ相用一不レ開二實智ノ悟一。故汝實我子我實汝父トハ不レ說也。中閒機漸進テ得脫期至故ニ。父長者出世依二父子ノ緣一窮子自二他國一來テ見ルニ父長者一故。中閒ヲハ名二ケ父子相失譬一。華嚴ヲハ名二父子相見一ト也。今ノ父子相見ル事ハ依二昔緣一。故知ヌ。華嚴時父子相見ハ向二法華一義カ故ニ。華嚴ノ時ニ入二法華之分域一也。此時ハ。佛智照機云未レ會二佛智一。雖二法華方域一且說レ別遮諦罪名二乳味益一ト。實ニ法華益テ有也

次。又鹿苑ニシテ開二三乘法一時。得レ問レ大不レ諦レ德。此時又一進進テ問レ大不レ諦經ニ成ス。而トモ機尚生シテ顯ニ放言不レ云二汝實我子一ト故。且名二小乘益一實ニ法華ノ機ノ進也。次。方等時廻心向大ル時。冥ニ正成二法華ノ機一也。方等ノ機索此意也。次。般若時願二轉教ノ益一。念處道品皆是摩訶衍ノ說。(大正藏九、一七中。信解品)實ニ法華以テ說也。般若ヲ名二情索一此心也。而トモ無悕取一飡之

意故。且說名爾前益也。底○(蒙歟)法華得益也。次。於法華開權顯實時。究竟生佛一如道定父子天性無輕放言說也。機進唯願說之三度請。此名口索。佛慇懃三請豈得不說。云佛智冥機云會佛智。生佛一如顯十界互具。此則五佛道同開權顯實法門也。惣結緣以後調斥四味三教得益皆法華得益可得意也。於此中華嚴父子相見時。始入法華方域意圓戒為依經也。機未熟別門與隔方有為傍依經也

付第三義為傍依事者。開權顯實時華嚴卽法華也。全無差別。而法華能開。華嚴所開也。故劫歸法華以法華名正依。梵網戒為傍依也。猶猶有子細。法華尚顯實實也。華嚴開權權意也。開權顯實後有此二意。故實方為正權方為傍也(傳全二、一七一。守護章)

付第四義為傍依事者。根本大師御釋云。於一佛乘者根本法華教也。分別說三者隱密法華教也。唯有一乘者顯說法華教也。妙法之外更無一句餘(餘□カ)經也矣 根本法華者。法身地方也。隱密法華者。四味三教也。顯說法華者。第五時也。對顯說法華隱密方為傍依也。顯說法華被云方圓戒為正依也

一義云。根本法華者。華嚴也。隱密法華者。中間三昧也。其故結三種法華。妙法之外更無一句餘經也釋給故。三種法華共可色經卷聞。若爾者。根本法華非法身地可指華嚴也。此廢立。根本法華為傍依義少不便。故一代皆名法華時。華嚴最初頓說教也。故名根本法華。小機未熟方有故為傍依也

3〔梵網戒取圓歟。取別歟。互別圓歟〕

問。梵網戒為傍依經取圓歟。又取別歟。又互別圓歟

答。此問意難知。以何意問耶

一。以華嚴名佛惠法華意問歟

一。華嚴父子相見教法華方域內入云義意問歟

一。以開會意引為依經意問歟

一。三種法華中以華嚴為根本法華意問歟

一。入二隱密法華一意テ問歟
一。華嚴以レ別爲レ本意テ問歟
一。華嚴以レ圓爲レ本意テ問歟
一。以二本門意一問歟
一。以二迹門意一問歟
一。本迹不二意テ問歟
一。本迹而二ノ意テ問歟
一。華嚴別圓兩教ハ法華本迹意也ト云意テ問歟
若。初後佛惠圓頓義齊意テ（天玄五、五四八。玄義）爲二圓頓戒依經一意ナラハ。以二圓教ノ方ヲ爲二依經一。對二權教一爲二傍依一。純圓ノ方ヲ爲二正依經一歟
若。以二華嚴一入二法華方域一義テ問者。別圓共束テ可レ取也。今初テ父子相見ル事ハ。既菩薩ノ大通結緣次第ニ熟故ニ。今日父子相見ル也。此方テ可レ取レ問ヲ也。而モ隔レ別不生諦故ニ得二乳味益一。有二乳味益一故ニ酪生熟醍醐等ノ益有也。華嚴ノ別教一代ノ五時トハ成也。爰以知ヌ。別教隔故ニ第五時ノ法華モ有也。若。華嚴ノ時ニ。以二別教一不レ隔二一乘一。第五時ノ法華ヲモ不レ可レ說故ニ。父子相見ノ本意テ還ル事ハ別教ノ故也。此道理有ル故ニ別圓共ニ可レ取也。世間人不二思依一事也。傍依ト被レ云方ハ機未熟ノ方ヲ且ク云也
若。約二開會一梵網經ヲ圓頓戒ノ爲二傍依經一意テ問者。開會以後ハ別圓共ニ可レ取二別教ヲ。キラウテ不レ可レ權（捨歟）故也。傍依ト被レ云方ハ。開權ノ意テ傍依ト被レ云也。如二上記一云云
若。約二三種法華一爲二傍依一意ヲ問者。別圓共ニ可レ取也。於二華嚴一者。隱密・根本ノ兩義有レ共可レ取二別圓一也。隱密法華ト云時モ。根本法華ト云時モ。共ニ取二別圓一ト故也。根本法華ト取時モ。機未熟故ニ爲二傍依一。隱密法華ト取時モ。以二隱密方一爲レ傍。以二顯說方ヲ爲二正依一ト也
若。以二迹門意一問者。可レ取二圓方一ヲ也。法華折伏破權門理ヲ迹門ハ以レ圓爲レ本ト故ニ。華嚴ノ別圓ヲ本迹ト習時モ圓教ヲ迹門ト習也。仍テ對權故ニ被レ云二傍依經一ト也。若正立圓戒須（天文四、二〇七〇上。文句記）指梵網ト釋モ取二圓教一意ト聞ル也
若。以二本門一問者。可レ取二別教ノ方ヲ一也。華嚴ノ別教者。表二本門一故也。華嚴經ノ別圓兩教ハ。本迹朽木書也。藏別兩

敎ハ本門方便。通圓兩敎迹門ノ方便。毘曇有門ハ本門ノ方便。成論ノ空門ハ迹門方便ト成也

若。華嚴ハ以レ別爲レ本云意テ問者。別門方ハ被レ取ニ依經一也。其故ハ。以レ別爲レ本心ハ取ニ機方一也。乳味益ハ。前ニ被レ助得ニ乳味益ヲ一也。故ニ機方ハ別敎カ成レ本ト也。五味ノ益ハ。皆以レ機爲レ本。若。以ニ佛ノ本意一爲レ本者。不レ可レ有ニ四味ノ益ノ不同一者也。爰以華嚴ノ乳味益ハ別門劫也。華嚴ノ別敎助ニ一代一也。故引ニ梵網ヲ一意ハ。以ニ別敎一可レ爲ニ所詮一也。華嚴別敎ハ可レ被レ云ニ傍依ト一也

若。以ニ圓敎一爲レ本意テ問者。圓敎ノ方ヲ爲ニ傍依經ト一也。其故ハ圓爲レ本云義ノ心ハ。任ニ能化ノ佛ノ本意ト一圓ニ兼レ別云也。此時ハ取ニ本意一方ヲ爲ニ圓戒ノ依經ト一也。傍依ト被レ云方ハ對權故ニ爾被レ云也

若。以ニ本迹不二ヲ一問者。別圓共ニ可レ取ニ依經ト一也。其故ハ法華本迹不二談時ハ。華嚴ノ別圓モ無レ二談ル也。此時ハ別圓共ニ圓戒ノ依經ト被レ取也。而トモ下文顯已通得引用（天文一、五六上。文句記）ト云定ニ以ニ第五時ノ法華一得レ意見ハ。華嚴ノ別圓兩敎ハ本迹ノ意テ。法華ノ本迹不二ト云意テハ。華嚴ノ別圓モ不二也得レ意故ニ。尚モ梵網ヲハ傍依ト取也

若。本迹而二ノ意テ問者。圓方ヲ爲ニ依經ト一云義モ。別門ヲ爲ニ依經一云義モ。別圓共爲ニ依經一云義モ。共ニ無ニ相違一也。不二ノ上ノ而二ルカ故也。傍依ト被レ云道理如レ上ノ。不二下注云云

若。華嚴ノ別圓兩敎ハ法華ノ本迹兩門意ト云義テ問者。圓頓戒立樣ニ隨テ可レ得レ意。面ニトスル迹門一義ナラハ可レ爲ニ圓敎ヲ依經ト一也。本門戒ヲ爲レ本意ナラハ。取ニ別門一可レ爲ニ依經ト一也。但圓頓戒宗旨以ニ本門戒一可レ爲レ本。戒ハ是事相故ニ以ニ本門事圓一爲ニ戒家ノ本意ト一也時ハ。別門方ヲ可レ爲ニ依經ト一也

若。佛眼種智・四眼二智ノ廢立テ問者。梵網經ニ可レ有ニ正依・傍依ノ二意一。法華ニ可レ有ニ傍正ノ二一意得也。其故ハ。華嚴ノ別圓ハ。圓方ハ佛眼種智テ十界一佛テ有也。此方ハ正依ト被レ云。四眼二智萬像森然ノ方ハ。交ヘニ別門一故ニ此方ハ以レ事爲レ本。故十界各各ニ位位法樂ルカ故ニ。不シテレ取ニ理實方權一權傍依也。又法華モ佛眼種智ノ實智ノ方ハ。正依也。四眼二

智萬像森然方ハ。別門ノ故ニ被レ云ニ傍依一ト也。而モ華嚴ハ有ニ別敎一故ニ四眼二智ノ方テ爲ニ傍依一。法華ハ純圓カ故ニ以ニ佛眼種智ノ方一爲ニ正依一ト也。此ハ尚モ爾前今經相對スル迹門ノ意テ云也。於ニ本門ノ極談一云レ之者不レ爾也。迹門中道一性ノ不變如如ノ理ノ上ニ。再ヒ蘇生シテ立テ。隨緣各體ノ法性本門ノ正意ト云方有レ此時。位位方樂（法カ）ノ方ハ被レ云ニ正依一。一佛ソト法ヲ示ル方ヲ通テ傍ト被レ云邊モ有也。隨緣不變故名爲（名为カ）性。不變隨緣故名爲（名为カ）心（大正藏四六、四六〇中。止觀大意）ノ意テ可レ得レ意也。祖師上人御相傳ノ義勢。大旨此有也

4〔法華經正依經事〕

問。以ニ法華經一爲ニ正依經一意如何

答。重重有ニ子細一。但。上ノ傍依經ノ料簡ノ下ニ傍正相對シテ料簡スル故ニ大旨問畢。義云。正依經傍依經ノ事ハ。名目出ニ山家ノ學生式（ヲ問答カ）一。南岳天台等ノ祖師ノ御釋中ニハ此名目不ニ分明一。而トモ山家大師。奉レ値ニ第九ノ戒師道邃和尚一圓戒御相傳時ニ。以ニ妙樂ノ十二門ノ戒儀一御相傳有リ。而ニ大師。正依法華傍依梵網ト釋タマヘリ。明知ヌ。妙樂大師十二門ノ戒儀ノ中ニ。正依法華傍依梵網ノ意有。如ニ戒儀別紙抄一

又十二門戒儀ハ。大意依ニ梵網ノ義記一給ヘリ。明知。今疏文可レ有ニ正依傍依ノ二ノ意一也。故ニ天台ノ釋中ニ。以ニ此疏ヲ一可レ爲ニ正依傍依ノ義一者也。於ニ今疏一有ニ三重義一中ニ。初重ハ。一向文・義共ニ述ニ梵網戒一。此義一向ニ傍依梵網ノ戒ノ一筋也。第三重モ一向文・義共ニ法華ノ戒ト云故ニ。此ハ一向ニ正依法華戒ノ意也。第二重ハ。文ハ依ニ梵網一義ハ依ニ法華一云故ニ。正依ニ法華義一傍ニ依ニ梵網一ニ也。如レ此得レ意者。於ニ此疏一有ニ正依法華・傍依梵網意一也。又云。今疏名ニ菩薩戒義記一意有ニ三意（ヲ二意カ）一。一ニハ約ニ爾前當分意一。別圓兩敎ノ菩薩戒ト得レ意也。圓敎菩薩戒ヲ爲レ本云也。三約ニ本門一得レ意時ハ。四敎ノ菩薩ト談ル也。可レ有ニ證據一。以ニ此意一可ニ口傳ヲ合一也云云　此義祕藏ノ義也。無ニ左右一不レ可レ云者也

5〔天台晉王奉授菩薩戒何戒耶〕

問。天台。晉王ニ奉レ授ニ菩薩戒一御座時。其菩薩戒者。法華・梵網中ニハ何戒耶

其時。戒儀トテ別流ニ傳世一事未レ寫レ之故ニ。何戒ト云事不レ

明。但。天台ノ御意ハ。正以二法華戒一爲レ本。傍ニハ用二梵網等ノ行事一。義記意モ亦爾也。故ニ依二法華・梵網一奉授タマヘリ。爰以。隋天子諸（請カ）戒文云。（大正藏四六、八〇二中。國清百錄）開士ノ萬行戒善爲レ先。菩薩十交（受カ）專持最上ナリ。能仁本爲二（「〇カ）和尚一。文殊（「師利カ）冥ニ作テ二闍梨一ト。而トモ必藉二人師一顯二傳聖授一ヲ。自近之遠。感而遂通矣。此ノ文意ハ。請二普賢經ノ五師一受トニ十重等一ヲ見タリ。十交（受カ）者十重也。又云。（同前）今開皇十一年十一月二十三日ニ。於二揚州惣管金城ニ設二千僧ノ會一ヲ。敬屈シテ授二菩薩戒一。戒名爲レ孝亦ハ名二制止一矣 明知。此文意ハ依トニ梵網一見タリ。其上可レ依二法華・梵網一其理非レ一。受二國王ノ仰一ヲ時。必攝政奉レ授二慈悲一事也。周穆王受二釋尊法門一者。觀音品ノ慈悲法門也。是ヲ即依ノ法門トト云也。尤國王ニ可レ奉レ授二法華ノ妙戒一也。又梵網（〇カ」）經。（大正藏二四、一〇〇五上）佛言。佛子。（「若カ）欲レ受二國王位一時。受二轉輪王位一時。應ニ先受二菩薩戒一矣 當レ知國王ニ可レ奉レ授二梵網戒一ヲ者也。案ニ此等意一ヲ。大師隋晉王ニ奉レ授二法華・梵網ノ兩義一ヲ也。天子請戒文併爾見タリ

6 〔南岳大師塔中相傳圓頓戒事〕

問。於二南岳大師塔中相傳圓頓戒一有二正依法華傍依梵網一可レ云耶

答。可レ有二其意一云云

難云。南岳大師。直ニ奉レ値二釋尊一傳受。何依二法華梵網等ノ經一ニ相傳ストト云義有ンヤ。故ニ引二法華梵網兩經一ヲ爲二圓戒ノ依經一釋義全無レ之方不審也如何

答。如二所難一。分明證文無レ之。但有二其意一也。案ルニ二道理一ヲ。山家御相傳圓頓戒ト者。南岳大師奉レ値二釋尊一所二相傳一圓頓戒也。而山家大師立二圓頓戒一正依法華傍依梵網ト釋シタマヘリ。山家妙（「樂カ）戒本ヲ相傳シタマヘリ。彼十二門戒儀。盛ニ正依法華傍依梵網ノ意在レ之。妙樂戒本ハ。依二天台ノ義記一。義記亦盛ニ依二法華梵網一意有リ。天台ハ圓戒ヲ傳ニ受（天止一、九一。弘決）南岳一ニ。南岳豈不レ（同、九二）存二法華梵網意一哉。但至レ難者。南岳知遍（而イ）不ニ細判一。至二天台一來分別至（始カ）盛ノ意也。四教ノ法門ハ天台廢立。而モ南岳委知。盛ニ會二戒法一亦如レ此。既ニ南岳大師於ニ塔中一御相傳有リ。正依法華之條勿論也。塔中釋迦與ルサナ。蓮華臺與妙法蓮華ト其意一也。此等事有二口傳抄一塔

中戒ヲ乍ニ相傳一梵網戒意闕レ之耶。爰以內證血脈譜（傳全一、二三〇～二）。臺毘盧舍那佛・釋迦・阿逸多菩薩。幷二十餘菩薩次第相承ヲ傳罪（羅什カ）付南岳矣明知。南岳有ニト傍依梵網相傳一見リ。南岳傍依梵網釋ハ。雖下無ニ自制一不上レ釋。以ニ血脈譜一可レ得レ意者也

7〔南岳授菩薩戒儀事〕

問。南岳授菩薩戒儀。一向依ニ瓔珞經一。依ニ梵網一文全不レ見。存ニ傍依梵網ノ意一ヲ者ナラハ。彼戒儀ニ其意有ン。以レ夫知ヌ。南岳ハ不レ存ニ傍依梵網ノ意一云事。爰以山家ノ血脈譜云。造ニ受（傳全一、二三二）〔菩薩〕戒文一卷一。盛傳ニ於世一。多依ニ瓔珞傳一也 文

爾者如何

答。可レ有ニ傍依梵網ノ意一道理如レ上。但至ニ血脈文一ニ者。彼戒儀文ハ。本ハ以ニ法華一ヲ爲レ盤戒儀也。授戒師ニ普賢經ノ五師引故ニ正依法華ノ戒儀也。戒儀初ニ引ニ瓔珞經文一聖敎ニ云ト。引ニタマヘリ此ハ瓔珞經一ヲ（卍續二一一〇、五丁左上）。法華經ト得レ意聖敎云ト引タマフ也。妙樂大師ノ戒儀不レ違ニ聖敎一云。指ニ法華經一ヲ聖敎トハ釋シタマフト習也。此義有ニ戒儀別紙抄一可レ見。若。一向ニ宣ニ瓔珞戒本一ヲ者。何次下ニ兩三處ニ引ニ瓔珞文一ヲ瓔珞ニトハ可レ引耶。明知。此戒儀ハ正依ニ法華一傍ニ依ニ瓔珞一事ヲ。梵網・瓔珞一具ノ傍依經也。同制ニ十重禁一。山家大師指ニタマフ（同前）傍依經一ヲ出ニ梵網瓔珞等一ヲ。妙樂大師又純圓戒義ニ。依ニト梵網瓔珞地持高昌等一釋シタマヘリ。天台又梵網瓔珞地持高昌等ヲ出タマヘリ。故知ヌ。梵網瓔珞ハ傍依經ノ一具ノ文也。而ヲ南岳ノ戒儀ニ多引ニテ瓔珞ノ文一ヲ事ハ。順緣ノ義必ス全不ニ一准一。可レ依ニ機ノ宜一ニ也。天台ノ義記ニハ。擧ニ六家ノ戒儀一不ニ取捨一。妙樂ハ於ニ六家ノ戒儀一ニ取捨シテ制ニタマヘリ十二門一。此ハ皆。相承寫瓶ノ上。且隨緣ノ意樂也。南岳ノ引ニ瓔珞一不レ引ニ梵網一事モ順緣設化。依レ之相承大網不レ可レ亂者也。爰以。南岳受菩薩戒文云（卍續二一一〇、二丁右上）。戒有ニ多種一。三歸五戒得ニ人身一。十善八齋生レ天受ニ果報一。持ニ十戒二百五十戒一者。斷ニ三家（界歟）一橫得ニ一經流果（羅漢カ）一。受ニ菩薩戒一得ニ於佛果一矣此文。妙樂戒儀開導初引タマヘリ。山家大師同引タマヘリ。明知。南岳戒儀ヲ爲ニ元初一事ヲ。正依傍依モ此戒儀ニ可レ有レ意者也

8〔如來內證之戒可レ有ニ正依傍依二意一耶〕

問。南岳大師ハ靈山ノ受戒。受ニ塔中相傳一。而ニ南岳既存ニ正

依傍依ノ二意一ヲ。若爾者。於二如來內證之戒一可レ有二此意一耶如何

答。如來內證可レ有二二意一也。所謂。如來內證ニ備二三智五眼一。佛眼種智ノ方ハ正依戒。四眼二智ノ方ハ傍依戒也。本法ニ具二機情一。機情具二本法一故ニ。一代五時ノ說教ハ。對レ他ニ所說機情也。內證ノ實智ニ備二權智祕妙功德一故ニ。內證ニ所具五時ヲ。利他ノ時ニ說タマヘリ。諸佛契心如契而說ノ心ニ不動內（天止二、四五四。弘決）證爲他ノ說也。於下自ニ內證一所出五時上論二傍正一ヲ。於二內證戒一無二二意一者。以二梵網法華一爲二傍正一ト義全不レ可レ有者也。廣三世諸佛ノ教法ヲ可レ有二傍正二義一者也。三世諸佛說法之儀式トモ云ハ此意也

9 記云。菩薩戒義記 矣

義云。有二子細一菩薩戒義記トハ名有ル也。普通義ナラハ。梵網經ノ疏ヲハ梵網菩薩戒ノ義記ト可レ名タマフ故ニ。不レ付二梵網之名一事ハ有二子細一。可ニ沙汰一事也。不レ置二梵網ノ名一ヲ。單ニ名二付菩薩戒ノ義記一ト事ハ含二用三義（義カ）ヲ故也。三義ト者。一。文義（義カ」）共ニ梵網戒。二。文ハ傍ニ依二梵網一。意ハ正依二法華一。三。文共ニ法華ノ戒也。但ニ呼二菩薩戒一ト時ハ兼二三義一。題二梵網菩薩戒ノ義記一ト。限二第一義一。第二第三ノ義闕。故ニ題二菩薩戒義記一トハ也

又惣シテ定ルニ今菩薩戒言一ヲ有ル二當分・跨節ノ二ノ意一也。當分ト者。梵網戒ノ意。別圓兩教ノ菩薩戒也。是ハ約二爾前一得レ意時ノ事也。次付二跨節一有二二意一。一ニハ迹門意。圓教菩薩戒（大正藏四〇、五八一下）也。明曠ノ。今從二菩薩（佛意カ）一圓教消釋意也。二ニ本門四教ノ菩薩也。此筋ニテ擧二本地四教一ヲ也。四教共ニ置二元意一。皆佛ノ本懷ト得レ意於二一代四教ノ菩薩一也。此ハ一代圓頓戒意也。弘決第五卷ノ末ニ。止觀內列二四教一事ヲ釋ルニ有二四重ノ釋一。准レ彼可レ得レ意也。雖レ列二四教一爲トニ取圓一得レ意。只此ハ爲二判教一也。決ノ初重釋心也。共ニ四教ノ元意ソト云ハ第四重釋心也。此等ノ義勢皆以テ跨節義ヲ釋也。非ニ純圓跨節ノ義一ニ者。何戒名字ニ以二大論十戒一可レ釋。十戒ト者。一心三觀ノ戒故也。一心三觀ト者。爾前不レ可レ明レ之故也。後ニ探二一代一ヲ列二四教菩薩一事ハ跨節義判也。非二梵網當分ノ義一。引テ二大論（義記、大正藏四〇、五六三下）十戒一釋。義ヲモテ推二此十一ヲ矣論二十戒一者所推也。義ハ能推

也。此能推ノ義ト者。跨節實義也。義記ノ義ト者此也。此文非ニ梵網當分ノ義一也。後ニ列ニ四教菩薩一發故(同前)。釋尊一化ノ所說ノ教門。准義推尋ニ具明ニ四教一。謂藏通別圓 矣 准義推尋スルニト云義モ。以ニ跨節ノ實義一云義也。非ニ梵網當分ノ義一也。一代者所列教也。義者能列ノ義也。一代義豈非ニ跨節義一哉。以ニ此兩處之義一題名ノ菩薩戒義記ノ義ニ習合也。如レ此不レハ得レ意此疏ノ元意不レル被レ消者也。可レ祕ニ藏之一。如レ此約ニ跨節一意有故ニ。初ノ三藏教ノ心ノ菩薩。乃至迹門等覺ノ菩薩。本門本地久成本行菩薩道ヲモ菩薩指故。偏ニ不レ置ニ梵網ノ名ヲ一也

次。戒字者四教戒也。大旨准ニ上ノ菩薩義ニ一可レ得レ意也。約ニ跨節一談時。戒一字ニ大小權實一代ノ內。所說一切戒ヲ攝ルニ戒ノ一字ニ一也。上一心戒藏ヨリ始テ。三學俱傳ノ戒。化教戒。制教戒悉可レ攝也。至レ文可ニ料簡一也

次。義記云。菩薩ト云。四教五時ノ菩薩久成菩薩界マテヲ指。戒ト云モ。四教五時戒久成本地ノ一心戒藏三學俱傳ノ戒マテヲ取故ニ。記ノ上ノ菩薩戒義故名ニ義記一。若爾者。此義ハ一代跨節實義也。判ニ一代一義故ニ。大論ノ十戒ノ下。義推此十ノ義ト。階位ノ准義・推尋(義記、大正藏四〇、五六三下二五行)。具明四教ト云義ヲ(同二六行)。義記ノ義ニ可ニ習合一也。又ハ大論ノ十戒ノ中ノ中道第一義諦戒ノ義ト。血脈ノ常寂光土第一義諦ノ義ヲ同可ニ習合一者也。深有ニ子細一也

又菩薩ト者人也。戒ト者法也。義ト者。亙ニ人法一故不二ノ義也。佛法雖レ廣人法ニ攝盡ス。故ニ一代人法ヲ攝ニ菩薩戒ニ一明ニ此等ノ道理ヲ一。故ニ菩薩戒義記ト云也

又菩薩戒ト者。觀音品ノ意也。觀音ト者人也。普門ト者法也。此普門ト者。妙法蓮華也。此普門ノ妙法ト者。今戒法也。如レ此義ヲハ戒法門未踈(踏カ)ノ人ハ臆說ノ樣ニ思成テ不ニ信受一也。未レ知ニ戒法ノ意一故也。好好沈心可ニ臆持一者也。可レ得レ意樣ハ。菩薩戒ト者。饒益有情爲レ本。饒益有情ト者。諸佛慈悲也。觀音ト者。又慈悲也。集ニ三世諸佛慈悲ヲ一名ニ觀音ト一也。三世諸佛大慈悲皆集一體觀世音ト者。此意也。觀音大悲論云。諸佛慈悲門ヲ名ニ觀音一 矣 觀音トテ別ニ非レ有ルニ菩薩ノ。十方三世諸佛菩薩ノ以ニ慈悲體ヲ一觀音ト云也。其悲體者。拔ニ一切衆生ノ七難三毒五住二死ノ苦ヲ一也。普門ト者。以ニ中

道王三昧用力隨機一現二十界形像一。隨機樂欲說法。解ニ一說五住ノ二死ノ苦一ヲ。與二菩提涅槃ノ樂一ヲ也。此ヲ三十三身ニ示レ身ヲ十九種ニ說レ法ヲ云也。委細ニハ有二十聲聞五信釋一。如二文句第十一ノ。拔苦苦攝律儀。與樂攝善法ト。以二此拔苦與樂一化ルヲ二衆生一ヲ名二饒益有情一ト也。觀音品ト者。本門ノ流通段也。本地久成ノ菩薩界。大悲ヨリ從本垂迹シテ現シ。十界ノ形ハ本地久成ノ戒法ヲ十九種流通シ給也。所流通法ト者。三學俱傳ノ妙戒也。離二三學ノ法一ヲ可レ說二何法一ヲ耶。明知。所說法ト者戒也。能說人者菩薩也。以二此等ノ意一名二菩薩戒ノ義記一トハ也。

深ク染心染心

又觀音ト者。蓮華也。故眞言ニハ以二觀音一蓮華部ノ爲二上首一。妙法蓮華ト者。妙樂大師釋云。觀音人妙法ト者法也取意報土色法ノ究竟蓮華藏世界也。故ニ以二觀音一報土ノ教主ト習樣有リ。若爾者。華嚴ヲ結タル華藏世界蓮華臺ト者報土也。臺上ノ盧舍那豈異人耶。卽觀音ト一體也。蓮華ト者。觀音故ニ臺上ノ盧舍那佛ノ所誦十重四十八ヲ名二菩薩戒一ト豈相違耶。以二開權顯實ノ意一ヲ見二華嚴ノ蓮華臺一卽諸法實相ノ妙法蓮華也。妙法蓮華者觀音故ニ。今菩薩ト云觀音也。戒ト云ハ妙法也

又阿彌陀佛來ニ一迎念佛衆生一ヲ時。一切菩薩ノ中ニ觀音必ス捧二蓮華臺一ヲ迎フ事ハ非二只義一ニ。觀音卽蓮華ナル故也。一代權實ノ聖教皆蓮華ノ法門也。陀ノ開廣思レ之故ニ。皆觀世音菩薩ノ戒ノ法門也。故名ル二菩薩戒ノ義記一ト也。欲レ知二其實義一者。可レ問二口傳抄一。

10 記云（大正藏四〇、五六三上）。菩薩戒ト者。運レフ善ヲ之初章却レル惡ヲ之前陳（陣カ）ナリ。直道ニシテ而歸ス。生源可レ盡シツ（「矣カ）

義云。菩薩戒者。題名ノ菩薩戒ト一事也。運善之初章等者。擧二三聚淨戒一ヲ攝二一切戒一ヲ也。運善初章者。持二普攝善法戒一。却惡前陳（陣カ）者。廢惡攝律儀戒也。直道而歸生源可盡ト者。廢惡持善ノ所歸得益也。此卽饒益有情戒ノ體也。又ハ直道而歸持善。生源可盡ル遮惡ノ上ノ。運善初章等兩句ノ功能ヲ釋タマフ也。菩薩戒ニ收二一切戒一ヲ巧釋也。入レ心可レ見。其故ハ今圓頓戒ト者。佛法ノ惣體定惠ノ根本也。自二一心戒藏一開ニ一出ス三學一。於二三學ノ中一又以レ戒爲レ本。故ニ一心戒云。

（傳全一、六三三。取意）天台隨意普禮法云。敬禮常寂光土毘盧遮那遍法界諸佛一心戒藏。普禮十方三世諸佛盧舍那佛戒藏。普禮十方三世諸佛盧舍那佛定。普禮十方三世諸佛盧舍那佛惠矣 此文意勝明鏡也。戒家大綱在此文意。此時。自一心戒三學猶下機一碎也。自一心戒藏開出三學。又於三學中戒藏爲本。故於戒置藏方。定惠不置藏字。深得意者也。金剛寶戒是佛性種子。（大正藏二四、一〇〇三下。梵網經取意）諸佛本源。一切衆生佛性種子云、此意也。大論云。戒是佛法大地矣 又止三云。（天止二、四七九～八二）從初已（以カ）來歸（「依カ）一體三寶薰（熏カ）修戒善。有受法無捨法。心無盡故戒亦無盡。一切戒善爲此薰（所熏カ）。譬如大地冥（宜カ）益樹木。樹木萌芽悉得成就。小乘歸戒不離菩薩戒。菩薩戒力能成就之。卽此義也矣 弘二云。此釋心以藥草喩品一地一雨爲今一心戒體（大正藏二四、一〇〇九下。梵網經）經云。一切佛心藏地藏戒藏○明曠疏下云。初言一切佛（大正藏四〇、六〇一中）心藏者。戒法卽心○（「矣カ）。此釋前後廣可見合也。料簡合處如云

又云。圓頓戒者。三學倶傳乘戒具足戒也。爲顯此意惣標運善之初章等釋也。心運善者。定惠門乘方也。却惡者。戒門也。故以乘戒具足戒爲直道妙戒。故（大正藏四〇、五八四上～中）直道而歸生源可盡等云也。依之。明曠疏云。制敎所明（義記、大正藏四〇、五六三上五行）從禁惡邊而得戒名。化敎所明從修禪學惠而立乘稱。此卽別也。若其通者。三學相須當（當己カ）如目足。並能運載所趣之處通得名乘。並有斷惡之能十（「菩薩カ）惣名戒。今戒二（三カ）義互通。制止惡名之爲戒。從（「從カ）制起行常住慈悲則是乘也。故一一戒乘戒具足矣 以此文心運善却惡乘戒具足。直可盡生源戒也云事可得意者也。以斷三惑得三諦理爲運善。歸三德理直道而歸云也。依之。明曠云。（大正藏四〇、五八〇下）今言戒者。能防三業止三惑非（「法カ）故得名也。今戒不出四弘三聚。（大而言之カ）成道知法卽攝善。攝斷（誓カ）煩惱卽攝律儀。願度衆生卽攝衆生矣 以此文可得意合也。可祕藏可祕藏。直道而歸生源可盡者。法華妙戒。一切衆生成佛直道卽身成佛。受戒卽座六卽成佛。盡二死之源入等覺之位云也。釋跨節心可出潤色也。欲問實義如口

傳聚ニ。可レ問レ之 云云

11 記云。聲聞ノ小行ナル尙ヲ自ラ珍ニ敬木叉一ヲ。大士ノ兼懷タル寧不ニャレ精ニ持セ戒品一ヲ 矣（大正藏四〇、五六三上六行）

義云。戒者以ニ菩薩戒一爲レ本。小乘二百五十戒菩薩支流也。戒者大乘至極源微。其源義ト者無緣慈悲也。其無緣慈悲ト者菩薩戒也。故ニ大士兼懷寧不レ精ニ持戒品一ヲ 矣（大正藏四〇、五六三上八行）

12 記云。斯レ乃チ趣ニク極果一ニ（之カ）之勝因。結ニフ道場一ヲ也妙業ナリ

義云。極果ト者。約ニ當分跨節一可レ得レ意也。約ニ當分一臺上盧舍那佛ヲ云ニ極果一ト也。約ニ跨節一云ニ久成極果一也。此時ハ本因妙本果妙ノ意也

13 記云。言ルハニ心地一ト者。菩薩ノ律儀遍ク防ニク三業一ヲ○故ニ言ニフ心地一ト也 矣（大正藏四〇、五六三上十七行～）

義云。防ニ三業一者。三業卽三德ノ義也。此三業三密者。一體三寶三德祕藏ノ義也。授戒時。以ニ戒師ノ三密一紹ニ繼ル受者ノ三寶一也。是卽三身成道儀式。身子尊者ノ三業領解シテ我等今日眞是佛子ト宣ハ此義也。受戒儀式ノ料簡事。如ニ戒儀別紙抄一 云云 又心地者。以ニ藥草喩品一切智地之意一ヲ（大正藏四〇、五八〇下）可レ得レ意也。依レ之明曠疏云。擧一攝諸。譬如三大地含ニ攝萬物一ヲ故言ニ心地一 矣（大正藏二四、一〇〇九下） 經云。一切佛心藏地藏戒藏○。明曠疏云。一切佛心藏者。心喩如三地能持ニ萬物一故云ニ地藏一 矣（大正藏四〇、六〇一中）（「〇カ） 又心地ト者。可レ有ニ本迹兩門ノ不同一也。約ニ迹門一ニ者。藥草喩品ノ意テ可レ得レ意也。如ニ次上之義一。次本門ノ意テ云者。心地者。本門隨緣眞如ノ戒ヲ心地戒品云也。不變隨緣故名爲心ノ意テ本門隨緣名體ノ戒ヲ云ニ心地戒一ト也。今圓頓戒ト者。眞實ニハ法華ノ戒也。仍テ以ニ法華一爲ニ正依經一ト也。法華圓頓戒ニ引ニ梵網一有ニ三意一。如レ上戒家之習トシテ梵網ノ別圓ヲハ法華ノ本迹ト習也。如ニ口傳一 云云

14 記云。釋ルニ此ノ戒經一ヲ三重玄義アリ。第一ニハ釋シレ名ヲ。第二ニハ出レ體ヲ。第三ニハ料簡ナリ 矣（大正藏四〇、五六三上二〇行～）

義云。凡此經ハ文狹シテ意廣。故傳問六十餘家ノ疏釋在レ之。未レ知ニ名字一。近來世ニ有レ分ニ二十餘家一。其中ニ十餘家依ニ天台疏一ニ也。故付ニ義記一雖レ有ニ抄家一。多異義不同ニシテ似レリ不レ極ニ天台ノ三重玄ノ奧旨一ヲ。或ハ施下會可ニ五重玄一由上ヲ。

或ハ戒經ハ可ニ三重ノ道理。而モ義記ノ元意未レ顯者也。（天文四、二〇七〇上。文句記）梵網經ハ是釋尊最初ノ結戒。舍那心地ノ戒法也。若正立ニ圓戒一須レ指ニ梵網一ト云此意也。義記亦天台戒疏。圓頓戒ノ本文也。立ニ三重玄一ヲ事。可レ有ニ深意一者也。所謂玄ト者。實相幽玄義也。金剛寶戒佛性常住幽玄戒上ニ立ニル名・體・料簡之三名一ヲ也。法華玄義中ニ立ニテ五重玄一ヲ攝ニ一代ノ法門一。梵網義記中ニ立ニ三重玄一ヲ攝ニ一代ノ戒法一。以ニ三重玄一戒疏ノ元意ヲ可レ得レ意者也。意ハ表ニ一體三寶義一ヲ立ニ三重玄一ヲ也

第一釋名者。人ト法ト階位トノ三也。人ト者菩薩。法ト者戒。階位ト者四教ノ位也。階位亙ニル一代四教一。故知菩薩與レ戒同可レ攝ニ一代一ヲ者也。名者卽レ體ヲ。體者合（カナウ）レ名。名ハ主ル智ヲ。故ニ表ニ佛寶義一ヲ也。心體覺知名佛寶ノ故也。（大正藏七四、七六七上。普通廣釋）爰以。天台一處釋云。能知之智名ニ佛寶一矣 此意也。第二體ト者。名ニ所呼之境一也。主理也。表ニ性體離念ノ法寶一者也。天台釋云。所知之諦名ニ法寶一者此意也。第三料簡者。受戒之物（諍カ）也。能所人法和合シテ受故ニ表ニ僧寶和合一也。心體無論名レ僧至ニ受戒一成ニ僧寶一故也。天台釋云。理智不二名レ寶ト此意也。改和ニシテ一體三寶一爲ニ三重玄一ト。顯ニ此經ノ戒法之意一也。取ニ天台釋名ニ有ニ三品一。五重ヲモテ釋レ名ヲ有レ二。教次第・行次第是也。此二ノ次第ヲ定惠門ノ時ノ釋義也。自行ヲ爲レ本故立レ乘ヲ。戒家心ハ聞レ名受レ戒發レ體許也。故以ニ名體料簡ノ三重玄一釋ニ玄旨一者也

15〔一體三寶事〕（續天全圓戒1、三五三上。觀心十二部經義）

天台一卷疏云

　能知之智名ニ佛寶。故經云。佛名レ覺卽是智ナリ。法名ニ不覺一卽是理ナリ。僧名ニ和合一卽是理智和融ナリ。雖レ三而一故名ニ一體三寶一矣所知諦理名ニ法寶。理智不二名ニ僧寶一

一體三寶

此釋祕藏釋也。戒家ノ一心三觀以ニ此釋一可ニ得レ意合一者也。廣歷ニテ三聚三學三軌三身等ニ十種三法類通シテ可ニ得レ意合一也。性德發得相傳等ノ三種戒思レ之。委如ニ口傳一云云

16〔人名下。人不レ攝ニ佛果一有ニ何意一可レ云耶〕

問。名付收ニ一切。階位下ニ擧ニ一代四教階位一故攝ニ一切一ヲ。義問ニ因位果位無漏一故也。戒名ニ攝ニカ律儀定道三聚

淨戒菩薩ニ大論十戒一ヲ故。下三藏教ノ律儀戒ヨリ上至二佛果具足中道第一義諦戒一攝レ之。其義分明也。人名下ニ。從二（大正藏四〇、五六三上～中）初發心一終至二等覺一ニ皆名二菩薩一ト也。人ハ不レ攝二佛果一有二何意一可レ云耶

答。擧二戒法ノ名一ヲ。始自二三藏律儀一至二隨定具足中道戒一擧也。階位ニ四教ノ因果位皆攝レ之。人ノ名何不レ攝二果位一。所謂今圓頓戒者。人法具足シテ受戒ノ卽（了日カ）座六卽成佛ル故ニ。尤人下ニ可レ攝二妙覺一ヲ者也。戒法ノ心ハ。惣ト四教當分因位ノ菩薩ニテ非二佛果未證菩薩一ニ。何況ヤ從初發心終至等覺皆名菩薩者。妙覺所具ノ菩薩ヲ擧也。非二因位未證ノ單等覺一。妙覺具足ノ等覺菩薩也。六六三十六始中終平等ニシテ無二單ノ因位一。從二理卽位一至二等覺一趣二向佛果一名二因位ノ菩薩一。等覺無垢ノ位ノ上ニ別ニ非レ有二究竟卽ノ妙覺一。只理卽位ヨリ至二等覺一得二佛果一ヲ進登ル。結シテ二始覺之智一ヲ捨劣得勝シテ登ル因位ハ。自二等覺一至二理卽一。立還テ本地自己位ト覺智シテ。亡シテ二始覺之智一理卽ノ本分ニ立還テ。（義記、大正藏四〇、五六五下十一行）因位ノ五卽ヲ究竟滿足ルヲ（天止一、三八四。止觀）名二究竟卽一ト。無所斷者名無上士ノ位ト云也。等覺一轉入于妙覺モ此云也

又分別功德品ニ。擧二本門得益一ヲ擧テ二餘有一生在一マテヲ。等覺ノ上ニ不レ擧二妙覺益一。此ヲハ初發心リ至テヲ二等覺一妙覺ノ得益ト習也。經文ニ祕文有リ。可レ合二明師ニ習一ヘ。妙覺ノ得益ハ一箇大事有ル也。今ノ義記ニ。從初發心終至等覺皆名菩薩也者。妙覺位ニテ有ル也。如二分別功德品得益一可レ得レ意也。廣釋ニ。（大正藏七四、七六九上）妙覺菩薩。居二在佛地一。五分戒身未レ滿。名爲二妙覺菩薩一。戒藏滿已。號爲レ佛也矣 此意也矣（矣カ）如レ此得レ意者。因果共ニ擧ル二戒法階位一下ニ。一ニ得レ意合無二相違一也。如レ此深義等有ルカ故ニ。三重玄ヲ約二事持一淺淺ト得事ハ。不レ契二大師ノ本意一也。世間人師。於二今疏一不レ知レ有二當分・跨節兩意一。故ニ不足義少少在レ之。約二當分一ニ事相戒殘ニ跨節意一ヲ故也。圓頓戒家ノ習ハ。以レ戒爲二佛法ノ本一ト。玄文・止觀於法門ヨリ猶以二戒法一爲レ本。深ニ深義一定惠ノ法門ヨリモ淺ク立二戒法一義。甚以不レ爾者也

17 記云。（大正藏四〇、五六三上二一行～）就二釋名ノ中一ニ。初ニハ明二人ノ名一ヲ。次ニハ辨シ二法號一ヲ。後ニハ明ス二階位一ヲ矣

義云。玄義釋名ノ中ニ廣明ニ本迹ノ十妙一。今ノ釋名ノ中ニ明ニ人法階位ノ三一事ハ戒家ノ義也。義不レ通ニ人法階位一。又人法相應所契也。此モ如ニ上三重玄一表ニ一體三寶一也。玄義ノ釋名下ノ境智行ノ三妙ノ意也。境妙者戒法也。人者智妙也。階位者行妙ノ所階也。以レ能顯レ所也。釋名本意ハ菩薩戒也。階位ト者所契ノ故ニ擧也。於ニ人法中一者以レ法爲ニ本意一ト也。人能契カ故ニ擧也。爰以。明曠疏。釋名者戒一字（「之カ）也ト釋此意（大正藏四〇、五八〇下）也。委如ニ口傳一云云

18 記云。又ハ稱ス佛子一ト。以ニ紹繼一ヲ爲レ義ト矣（大正藏四〇、五六三中一行～）

義云。以ニ佛ノ三學一紹ニ繼菩薩一。譬如下世閒ノ人相ニ繼父母ノ骨肉一子息上。身子尊者開ニ佛知見一。我等今日眞是佛子（大正藏九、一〇下。譬喩品）（今日乃知カ）。從ニ佛口一生。從ニ法化一生。得ニ佛法分一ノ故也。以ニ佛ノ三密一繼ニ菩薩ノ三密一也。故ニ受戒云ニ佛子一ト也。受戒ノ時。以ニ戒師ノ相傳ノ戒一傳受ルト云レ者ニ故也。相傳時。以ニ三密一相ニ傳三密一也。盧舍那佛モ過去ニハ從ニ凡夫師一受ニ十重四十八一。又攝ニ釋迦一。釋迦又以テニ十重四十八一授ニ阿逸多等一。乃至什師南岳天台等某甲等マテ。十重四十八等ノ血脈相承不レ絕。

故ニ名ニ紹繼一ト稱ニ佛子一也。委如ニ口傳抄一

19 記云。次ニ辨ストイハハニ法ノ號一ヲ。卽チ是レ戒ノ義ナリ矣（大正藏四〇、五六三中七行）

義云。法者戒也。戒者。十法界通シテ戒法也。十界ノ果報淺深不同ルハ。戒門淺深不同テ有ル也。犯ニル殺生倒盜等一者ハ。受ニ三惡ノ果報一。持ニハ五戒十善一。感ニス人天果報一。持ニハ二百五十等ノ小乘律儀一者。感ニス二乘果報一。持ニ菩薩三聚淨戒等一者。感ニ菩薩果一。持ニハ如來金剛寶戒一者。感ニ佛果淨滿位一ヲ也。明知。十界ノ不同ハ戒行淺深也。今名下ノ大論十戒モ十法界ノ義也。犯（著カ）ニ不缺等一ヲ者。受ニ四趣之果一。持ニ感ス人者ノ果一。隨道・無差兩戒ハ二乘法界。智所讚自在兩戒ハ菩薩法界。隨定・具足兩戒ハ佛法界也。故ニ論（「大カ）十戒ハ十法界也。爰以。決二云。直列ニ十戒一不レ出ニ十界一ト云（天止一、五七四）此意也。今戒者。妙法ノ法ト一ツ物也。法ト者。十界十如因果不二ノ法也。仍テ妙法ト者妙戒也。又華嚴ノ蓮華臺ト云。妙法蓮華トハ約ニ跨節一云者一也。千葉蓮華ト云モ。跨節ノ意テハ十界十如百界千如因果也。妙法蓮華ハ。十界十如百界千如ノ因果也。全一物ト可レ得レ意也。以ニ華嚴ノ別圓一爲ニ本迹一。又此心也。約レ機

判ニ對權開權ノ不同一計也。華嚴ノ法界融通三無差別。豈非ニ法華意一耶。跨節佛意ハ如レ此。兼ニ機情一方。且爾前トシ下也。如レ此得レ意合レハ妙法也。妙戒也。法ト云十界也。戒ト云モ十界也。故ニ辨ニル戒號一處ニ辨ニ法號一釋ル也。以レ戒名レ法ト事不レ可レ意(ママ)レ之。可ニ云合一事多有云云

此ノ名ハ源出タリ二三藏一ヨリ矣

20 記云。今ニ言ク戒ト者。有ニ律儀戒・定共戒・道共戒一。(大正藏四〇、五六三中十五行～)

義云。小乘ノ心ハ。戒ト者。以ニ律儀一爲レ本。定道二戒ハ定惠力自然ニ能發レ戒也。以ニ定惠當體一非レ爲レ戒也。今戒ノ意ハ。以ニ惠定ノ當體一ヲ爲レ戒也。三學相須シ乘戒互通戒法也。是卽三學俱傳ノ妙戒也。以ニ今戒ノ意一ヲ得レ意者。小乘ノ定道兩戒ト云モ。實ニハ三學共ニ戒ル故也。而モ爲ニ小機一。三學各別談時。依ニ定惠ノ力用一ニ別ニ發レト戒ヲ云也

21 記云。若シ攝律儀・攝善法・攝衆生。此ノ三聚戒ハ。名ハ(大正藏四〇、五六二中)

出テ二方等地持一ヨリ不レ通セ二三藏一ニ矣

義云。攝律儀戒ト者。禁ニ斷一切惡一ヲ也。一切惡ト者。身三口四ノ惡ヲ始テ乃至五住二死マテ妨制ル也。是卽法身如來ノ因。正佛性ノ種子也。攝善法戒ト者。持ニ一切善法一ヲ也。一切善法ト者。身口ノ七支作戒ヨリ始テ乃至佛果ノ上ノ菩提涅槃眞善妙有ノ理善マテ持得ル也。是卽報身如來之因。了佛性ノ種子也。饒益有情戒ト者。利ニシテ一切衆生一ヲ全得ニ安樂一ヲ也。應身如來因。緣因佛性ノ種子也。如レ此以斷德智德恩德三是也。此等ノ意。一一明曠疏ニ有レ可レ見。授ルニ二一代聖教一。(大正藏四〇、五九九下)惣シテ三聚淨戒ニ漏ルル法ハ無也。爰以。明曠云。三聚淨戒何法不レ收(攝カ)矣此意也。今釋一一ニ廣可ニ得レ意合一ス也

22 〔三聚淨戒中以レ何爲レ本耶〕

求云。三聚淨戒中以レ何爲レ本耶

答云云 祖師上人云。淺近義云。攝律儀法身・攝善法報身・饒益有情應身也。故以ニ法身一爲レ本云云 圓頓ノ心ハ。法華經云。(大正藏九、三二上。法師品)大慈悲爲レ室。柔和忍辱衣。諸法空爲レ座云云 已以ニ慈悲一爲レ室以レ之爲レ本。慈悲爲室ノ內ニ。諸法空ノ座モ忍辱ノ衣モ可レ用レ之也。律儀戒者。佛之威儀三十二相八十種好ノ莊嚴。偏爲レ利ニ衆生一也。攝善法戒ノ內證ノ智德モ又爲ニ利生一ノ也。故ニ以ニ攝衆生戒一ヲ可レ爲レ本ト也

23〔攝律儀爲レ本義在レ之耶〕

問。以二攝律儀一爲レ本義在レ之可レ云耶

答。可レ有下小乘權門以二律儀一爲上本。付レ中大乘戒心。以二律儀一爲二法身因一時爲レ本義有也

24〔攝善法戒爲レ本義有レ之耶〕

問。以二攝善法戒一ヲ爲レ本義可レ有レ之耶

答。案ルニ二三聚淨戒ノ廢立一有二二義一。一。攝二律儀一法身因果也。攝善法ハ報身因智也。攝衆生ハ。應身因果理智不二ノ戒也。付テハ二此廢立一ニ。法身爲レ本時ハ以二攝律儀一爲レ本。應身爲レ本時ハ以二饒益有情一爲レ本ト也。二。義記云。（大正藏四〇、五六七上）律儀多主二內（〔於カ〕）德一。攝生ハ外（〔故カ〕）化。攝善兼二內外一。立二三聚淨戒（淨因カ）一也矣

一義云。律儀主二內德一者。法身因主二內證一。攝生ノ外化者。應身因主二外用一ニ也。攝善亙二內外一者。報身受用智ハ上冥二法身理一下契二衆生一。故兼二內外一云也。三身各具二境智一。三身卽九身。一判二等勝劣ノ三義一不レ可レ有二相違一也。是卽普通ノ天台宗ノ廢立也。戒家ノ本意ハ。以二饒益有情一可レ爲レ本。三諦ノ中ニハ以二假諦一爲レ本。如二上人御義一云云

25記云。（大正藏四〇、五六三下八行～）大論ノ戒品ニ列二トシテ十種ノ戒一ヲ。一ニハ不缺〇十ニハ具足ナリ。義ヲモテ推二此十一ヲ矣

問。義推此者如何可レ得レ意耶

答。引二大論十戒一備二コトハ戒名字一。以二跨節意一引用スル也。大論十戒ト者。攝二一切戒一一心三觀法門也。一心三觀ト者。爾前ニ不レ明レ之。法華跨節ノ秀句也。而ヲ義推二此十一ヲ者。一代中ニハ何教ノ義トカ可レ云耶。義ト者。初ノ四戒ハ因緣所生ノ境。隨道・無著ノ兩戒ハ卽空ノ戒也。智所讃・自在ノ兩戒ハ卽假戒也。隨定・具足ノ兩戒ハ卽中ノ戒也。指二此等一ヲ義ト云也。若不レ指二此等一者。志二何事一義推此十トハ釋可レ得レ意耶。若指二一心三觀義一ヲ義推此十ト釋明ト得レ意者。爾前四味ノ意ハ。不レ明二一心三觀一。非二法華跨節義一者何經ノ意耶。當知。以二法華跨節意一大論ノ十戒ヲ爲二戒名一也。題名義記ノ義ト一ニ可二得レ意合一ス者也。此疏ノ本意在二此等ノ筋一。尤可レ祕云云委如二口傳抄一云云

又云。權乘ノ戒法ハ。事理各別ノ戒。故ニ事相持淺近ノ戒ニ備二コト一心三觀一ヲ無レ之。圓頓戒ノ意ハ。事理相卽ノ戒。故ニ事

相事持戒攝一心三觀也。自元以事相假諦戒爲本。此假諦卽空故空云。此戒實相故中道云也。爰以。弘決第五云。心性不動假立中名。妄泯(亡カ)三千假立空稱。(天止三、二四三)雖妄而存(亡カ)假立假號矣此釋心。三諦共以假諦爲地盤釋。尤戒家心相叶。雖止觀釋自本戒具足定惠故。如此戒家潤色處處多之。止觀入心料簡不可違戒法也。止觀意。以理觀達事。戒家以事持達理。故眞實寄令所所詮不可有二者也。事相事持一刹那心。事相融通十戒具足。此卽圓頓戒秀句也。戒家心事相事持云。非已境本地假諦也。一刹那心云。非已緣一念。本來隨緣一心也。好好思之可口傳也

又云。中道者。一心三觀異名也。是卽一流相承義勢也。案道理。中道者約諦者雙非有無也。約用者雙照有無也。所以非有云。非但有云。卽空故非無云。非但無。無卽(ㇾ云カ)有故也。故中道雙非云實一諦卽三諦也。雙照云。能照法體中也。所照有無云。卽中道空假也。故雙照中道云。一心三觀能所冥一中道云也。故中道第一義義。義推此十義。一可云也。血脈常寂光土第一義諦云義又同物也。所以。中道第一義諦者。法身如來也。久遠實成大牟尼尊者。報身如來。多寶塔中釋迦如來者。應身如來習也。故第一義者法身也。合後(彼カ)性三爲一法身云時。(天文四、一五七九下。文句記)法身具三身。中道卽三觀潤色成也。三諦九諦三身九身故。中道卽一心三觀條勿論也。於中云(中カ)道實相一心三觀異名云有意據事也

又云。義者。一代判四教跨節義也。今戒疏。一代判四教。一代判三教。此義云也。如此約跨節義一字廣可談者也

26 記云。次(大正藏四〇、五六三下二六行)明階位。釋尊一化所說教門。准

義推尋具〔明〕四教。謂藏通別圓矣

問。梵網經菩薩戒所階位。可別圓兩教位。何互一代擧四教之次位耶

答云。自本今疏二意有故。約跨節擧四教次位也。

若歷ニ當分一明レ之者。可ニ別圓兩教ノ次位一ナル。約ニ跨節一故歷ニ一代一明ニ四教次位一有ニ三意一。一。以ニ三教ヲ助レ圓ヲ故ニ。二。四教中ニ爲レ取レ圓ヲ戒ナリ。三ニハ。四教共ニ圓頓戒故也。是ハ一代圓頓戒ノ心也。初ノ二ノ兩義取ルレ判故也。弘決云ニ第五一ニ。以ニ四教一釋ニ止觀一出ニ四義一。其中ノ三義也

一義云。直ニ以ニ弘決ノ四釋意一可レ消レ之者也。非ニ法華跨節義一者。何カ歷ニ一代一出ニ四教ノ次位一。當レ知ル。以テニ今文一今疏約ニ跨節一談ル義ノ爲ニ本文一也。又。一代乍レ約ニ四教一權實ヲ不ニ判開一事大ニ有ニ深意一。以ニ此等ノ文一今疏ニ含ニ容當分・跨節ノ兩義ヲ義ヲハ談也。道理如何ト者。擧ニ四教一判麁開麁セハ。單ニ約ニ法華一義許。約ニ當分一ニ義闕。但約ニ別圓一義ナルヘシ。又但ニ約ニ別圓一歷ニ一代一不レ明ニ四教ノ階位一ニ者。約ニ當分一義許テ。約ニ跨節一義闕テ。含ニ容カ當分・跨節兩義一ヲ故ニ。歷ニ一代一乍レ明ニ四教ヲ不レ判。開レ之准レ義ニ歷ニ一代一方ヲ以テ顯トシテニ跨節圓頓戒ノ義一ヲ。令レ知ニ四教共ニ妙戒一ナルコト也。又雖レ約トニ四教一不レ判ニ開當分一別圓戒也。不レ知ニ此等之淵底ヲ者。此疏ノ元意不レ顯者也。自レ本經ニ有ニ當分・跨節ノ二意一。疏約ニ當分・跨節ノ二意一可レ得レ意者也

一義云。當分・跨節兩義共ニ分レ文非レ可ニ約束一。一文約ニ當分・跨節一一處トシテ無ニ差合文一事也。當分通於一代ト云（天玄一、四二六。釋籤）時ハ。一代皆當分。一代圓頓戒ト云時ハ。一代皆跨節ノ圓戒也。文義自在ニシテ差合テ難ニ料簡一文ハ。却テ無レ之也。又云。遍探ニ一代一出ニ四教一事ハ。戒家ノ意テ戒法ノ一心三觀也。四教者一心三觀ル故也。上所レ擧大論十戒卽四教也。初ノ四戒ハ因緣所生ノ三藏。隨道無差（著カ）ノ兩戒ハ通教。智所讚・自在ノ兩戒ハ別教。隨定・具足ノ兩戒ハ圓教也。但。初ノ四戒ハ境テ隨道・無差（著カ）ノ兩戒ヲ爲ニ藏通一義モ有。釋義兩樣也。如レ此得レ意。四教皆戒法。四教ノ戒ハ。一心三觀ノ法門也。南山戒家ノ意ハ。定惠之外ニ立ニ戒藏一。教戒制教戒各別判テ事理全不レ卽。乘戒自差別也。圓頓戒ノ意ハ。戒藏之內立ツニ定惠一。化教・制教乘戒互ニ融通シテ卽ニ事戒一達レ理。一刹那ノ心ニ具ニ足一代事理ノ諸戒一也。離レ理無レ事。離レ事無レ理。師弟人法具足シテ十指合掌シ。受戒發得ル一刹那之間ニ。事理ノ諸戒具足也。故不レ同ニ南山戒法ノ廢立一也。四教悉皆戒也。四教皆

戒故ニ一代皆戒法也。非ニ戒法一法門ハ一句モ無也。一切佛法ハ斷惑證理利益衆生ニ漏ル事無レ之也。斷惑ト者遮惡。證理ト者持善也。遮惡ト者攝律儀戒。持善者攝善法戒。利益衆生ト者饒益有情戒也。一代聖教此意ヲモテ可ニ消釋一者也。一切皆戒ノ法門故ニ。擧ニ四教階位一者。四教者戒也。階位ト者戒法ノ所階ノ位也。以ニ大論ノ十戒一可レ案レ之。三藏教之初ノ六度ヨリ至ニ圓教之終妙覺一皆戒法也。六波羅蜜淨行戒經ニ。六度ヲハ名ニ六波羅蜜戒一ト。事相ニ一一ニ授レ之。仁王經ニ。唯佛一人具淨戒ト說テ。妙覺ノ位ノミ具ニ足淨戒一矣 大論ノ第十中道具足ノ戒是也。當レ知。四教皆戒故ニ。階位ノ下ニ攝ニ一代ノ四教一。擧ニ四教ノ次位一ヲ者。擧ニ戒法ノ次位一ヲ也。委ハ有ニ口傳抄一云云

27 記云。外凡五品ノ位アリ。（大正藏四〇、五六五上八行～）一ニハ初隨喜ノ心ナリ。若シ人宿植

深厚ニシテ ○ 欲レ開ントニ此ノ心一ヲ而修スニ圓行一ヲ矣

問。有ニ何意一略ニ理卽・名字ノ兩位一觀行卽ヨリ明レ之耶

答。此有ニ二意一。一。具ニ當分・跨節ノ二意一故略ニ理卽・名字ノ兩位一ヲ也。二。顯ニ戒法ノ本意一ヲ故略ニ理卽・名字一ヲ也。先存ニ當分・跨節ノ二意一故略ニ理卽・名字一事ヲ云者。爾前ノ心ハ。雖ニ圓教一ト以ニ七位廢立一爲レ本。法華純圓ハ以ニ六卽ノ正位一爲レ本ト也。故ニ今疏以ニ七位ノ廢立一爲レ本方存ニ爾前當分ノ意一ヲ也。全分ニ明ニ六卽一者。一向跨節心テ爾前當分心可レ闕。故闕略ニ理卽名字一ヲ也。此七位ヲ爲レ本。爲レ顯ニ爾前當分ノ意一ヲ也。爰以。文云。（大正藏四〇、五六五上）圓教明レ位。別教ノ五十二位ハ次第ニ修行ス。圓教ハ圓修一心具ニ萬行一。異ニ於次第行一也矣 此文ノ心ハ。別圓共ニ用ニ七位廢立一。別教ハ次第ニ修シ。圓教ハ不次第ニ修トモ云也

次。存ニ跨節一ニ者。七位之外ニ立ニ五品觀行ノ位一ヲ事ハ。顯ニ法華純圓ノ戒一ヲ也。所以觀行卽ト者。隨喜品ノ滅後ノ五品ナルカ故也。非ニ爾前ノ圓戒ノ意一也。初隨喜ト十心具足者。十乘觀門也。十乘ト者。譬喩品大白牛車也。是非ニ爾前ノ圓意一ニ也。釋ニ法華ノ意一ヲ也。存ニ此ノ二意一故略ニ理卽・名字ノ兩位一ヲ。詮ニ觀行卽一明レ之也。不ニ若爾一者。有ニ何意一略ニ理卽・名字一ヲ詮ニ觀行卽一釋耶。好好可レ得レ意義也

次。爲ニ戒家本意一詮ニ觀行卽一釋レ之事者。理卽者法身。名

字ト者報身。觀行卽ト者應身如來也。又三寶ノ中ニハ。觀行卽ハ僧寶也。而ニ戒ノ心ハ三身中ニ以ニ應身一爲レ本。三諦ノ中ニハ。以ニ假諦一爲レ本。三寶中ニハ。以ニ僧寶ヲ一爲レ本。三聚淨戒ノ中ニハ。以ニ饒益有情一爲レ本。僧寶者。佛法（寶カ）ト法寶トヲ相傳ルヲ爲ニ僧寶一。故ニ觀行卽位ニ攝ニ理卽・名字ノ二位ヲ一也。所以。一法一切法。一切法一法。（大正藏四〇、五六五上。取意）非一非一切不思議者。理卽妙理也。或從ニ知識一。或從ニ經卷一。或起ニ圓信一。一心ノ中ニ具ニルコトヲ（之因カ）十法界ヲ一矣此ハ名字卽也。又欲レ開ニ此心一而修ニ圓行一之者。一行一切行者觀行卽ノ位也。觀行一位ニ智具足シテ修ニ圓行一。是卽以ニ僧寶一爲レ本ト也。爲レ顯ニ此意據一理卽・名字ニ攝ニ觀行一詮ニ五品一釋シタマフ也。以ニ此疏一戒門ノ爲ニ骨肉一。尤其理至極ル也。普通ノ天台宗ノ學者。不ニ存知一事也。甚深甚深。可レ祕可レ祕。如ニ口傳抄一　畢

菩薩戒義記知見別紙抄　上　終

徳治二年（一三〇七）正月十九日。於ニ黑谷願不退房一北向酉時始レ草レ之。同二十四日草レ之。正慶（延カ）元年（一三〇八）十一月二十二日酉時淸ニ書之一。
興ニ行大乘戒一普爲レ報ニ四恩一集ニ記之一

沙門興圓　年四十六　臘三十歲

貞和二年（一三四六）七月二十一日。於ニ洛陽白川法勝寺一給ニ和尚御自筆本ヲ一以書ニ寫之一

沙門宗遍　年四十六　臘二十九歲

于時寛文二（一六六二）壬寅年五月二十六日書寫畢
右之寫本。殊外損亂有レ之者也。如レ本書置也。後見之人人
校合可レ有レ之者也

菩薩戒義記知見別紙抄　中巻

28 義記云。初ニハ戒體ト者。不ルニレ起ラ而已ノミ。起卽性無作假色ナリ矣（大正藏四〇、五六五下～六上）

義云。於ニ今疏ニ有ニ當分跨節ノ二意一。故ニ可レ料ニ簡ニ二意一者也。先當分ノ義ヲ云ハハ。不起而已ト者。於ニ不レ發ニ戒體ヲ人ニ上者。置テ且不レ論也。若發起ト云者。無作ノ假色也ト云ヘリ。而已ト者息ト云義也。文句第六云。而已者息矣（天文三、一一八二下）（「記カ」）諸教多依ニ身口ニ作レ戒發ニト無作體ニ云故ニ。發ニ戒體ヲ云時ハ。必可レ發ニ假色ヲ也。故ニ次下ニ論ニ戒體ノ有無ヲ。兩評シテ云。（「云カ」）（「已カ」）然二釋舊所ニ（大正藏四〇、五六六中）（「此カ」）淨論ル。言レ無於レ理極會ヘリ。在レ文難レ愜カナイ。言レ有ト於レ理難レ安在極便（「い文」）○今之所用有ニ無作一也矣 此心也。常ニハ只可ニ此等ノ分齊ナル云云 次。約ニ跨節ニ料ニ簡今戒體ヲ者。約ニ法本迹兩門ニ釋ニル今戒體ヲ也。其故ハ戒家ノ習トシテ梵網戒ノ別圓兩教ト者。法華本迹兩門ノ意也ト云ヘリ。圓教者迹門。別教トハ本門意也。故ニ約ニ跨節ニ今疏ニ釋ニ本迹二門ノ戒體ヲ也。不起而已ト者。迹門ノ戒體也。起卽性無作假色ト者。本門ノ戒體也。次下ニ。淨戒體ノ有無ヲ今之所用有無作也ト者。戒體別無ト者。迹門ノ不變眞如ノ戒體ノ意也。戒體別有ト者。本門ノ假色戒體也。今之所用有無作也ト者。戒家ノ意ハ以ニ本門ニ爲レ本義也

29〔圓頓戒體事〕
祖師上人ノ御義也（續天全圓戒1、二五九上～下。一心妙戒鈔）

尋云。以ニ何物ニ爲ニ圓頓戒體ト耶（大正藏四六、四六〇中。止觀大意）

答。本迹戒體不同。迹門ニハ隨緣不變故名爲性ニテ以ニ不變眞如ノ理ニ爲レ體。本門ハ不變隨緣故名爲心ニテ（同前）以ニ心法ヲ爲レ本ト也。（體カ）不起而已起卽性無作假色者。此文ハ卽依テ法華戒ニ釋ニ梵網ノ戒ヲ見タリ。不起而已ト者。爾前迹門不變眞如ノ戒體也。起卽性無作假色ト者。本門隨緣眞如ノ戒體也已上 祖師御義也。如レ此不起而已起卽性無作假色ヲ本迹二門ノ戒體ト相傳ル上ハ。梵網經ヲ法華ト得レ意。以ニ今戒疏ニ法華抄ト談ニ無ニ相違ニ也。梵網爲ニ圓頓戒ノ傍依經ト有ニ四義ニ。可レ思レ之。上注云云

又於ニ今疏ニ有ニ三重ノ義ニ。思レ之如レ上云云 如レ此得レ意

分レハ。處處ニ以二中道不變ノ理ヲ一爲タランヲハ二戒體一ト。迹門爾前ノ意ト可レ得レ意也。假色ト見ランヲハ本門ノ意ト可レ云也。但以二本迹兩門ノ圓頓戒一得レ意日ノ事也。於二小乘權門當分ノ戒一ニ者。不レ可レ談二此義ヲ一者也。隨レ處隨レ教可二料簡一 云云 大段ハ。迹門ハ不變眞如ヲ爲二戒體一ト。本門ハ以二隨緣眞如一爲二戒體一ト。而トモ并ニ云レ之者。迹門ニ有二三習（智カ）五眼ノ廢立一。故ニ佛眼種智ハ不變眞如ノ戒體ト波（ママ）ト云。此ハ迹門ノ正意也。又有二四眼二智一。故ニ隨緣眞如モ有也。（天止三、二〇二。弘決）此ハ非二本意一ニ。本門モ有二三智五眼一。故佛眼種智眞空冥寂ノ方ハ。不レ變二中道ノ佛界一也。（同前）四眼二智萬像森然方ハ。隨緣眞如ノ覺體法性也。迹門ノ不變眞如ト者。中道一性ノ理也。萬法混二和ル中道一性ノ佛界一ニ也。隨緣方ハ九界也。九界ノ性ハ雖レ名二ト中道ノ理內一。九界ハ尙モ爲ニ己心ニ被レ緣起レ穢者也。隨緣眞如ハ。約レ性立ニトモ眞如ノ名一ヲ。在纏眞如カ故ニ。立二迷情ノ上一ニ也。故ニ迹門ハ從因至果ノ廢立テ卽シテ二九界迷情ニ一歸二中道一性理一佛ト云也

次。本門ノ隨緣不變ト者。本門事圓ハ迹門時萬法歸二中道一理一ニ。不變亡泯シテ絕待不思議也。至二本門一迹門ニ所レ云中道ハ何物ソト云ハ。再ヒ蘇生隨緣名體法性十界常住云ハ。迹門ニ所レ云中道卽是也。本門ハ不變ノ上ノ隨緣。假諦ノ眞如ナレハ。法性ノ一念カ事事ニ緣起ルヲ一念三千假諦トハ云也。無始色心。本是理性妙境妙智ヲ元初ノ一念未レ起前ノ理智（天止三、一九〇。弘決）冥合緣起也。其無始色心。本是理性妙境妙智ト者。我等カ一念念ノ生住異滅也。指二此生住異滅ヲ一爲二隨緣眞如一ト故。此念念生滅ニ所レ備三千依正ハ。果地果德ノ法門テ皆覺悟ノ前ニ立ル也。隨緣眞如ハ事法性故ニ。淺深差別位位不同ノ佛テ有也。此ハ四眼二智ノ方也。不變眞如ノ方ハ。同法性眞如ノ佛ナレハ。十界皆同位等行無差別ノ一佛也。此ハ佛眼種智方也。玄義第一ノ。迹門理圓・本門事圓ハ。文句第一ノ。心性ノ（大正藏四六、四六〇中）二字ヲ顯二ル本迹高廣一ヲ釋ト。止觀ノ大意ノ不變隨緣故名爲心ノ（名カ）釋ト。今義ニ可二談合一ス也。常可レ案レ之。殊勝殊勝 云云

30 〔本迹戒行不同事〕（續天全圓戒1、二五八下。一心妙戒鈔）

又祖師上人云。尋云。本迹戒行不同如何（大正藏四〇、一八〇中。行事鈔資持記）

答。南山云。聖人所制（制教カ）名レ法。納レ法成レ業名レ體。依レ體起レ護名レ行。覽而可レ別名レ相矣（同、二六二中）今戒意者。無始本有不變眞

如也(之カ)戒體也。此眞如ト者。雖レ備二十界ヲ一九界所具未顯之故。起レ行欲レ修登二佛界一也。此行二始覺一冥二本覺一。修德歸二性德一故ニ。無始本有ノ行ト被ルルレ云也。依レ體起レ護名レ行ト云心只同二小乘一ニ。故ニ今戒意ハ佛界戒體。九界行(了戒カ)者(也カ)。或又互ニ十界ニ有二戒體一有二戒行一。其故ハ十界具二十界一。故ニ界界位有レ體有レ行者也 以上迹門戒體戒行也 次。付二本門一分二別體行一者。有二多不同一。先付二隨緣眞如一云ハハ。(天止三、二〇二。弘決) 佛眼種智眞空冥寂。付レ此有二二種一。互二十界一ニ各具二二意一。十界三千位位雖レ異ト。佛ト被レ云方。同レ位等レ行(了戒カ) 云云 是ハ戒體也。十界三千皆雖レ佛ト位位淺深差別ノ方ハ行也。又心法論也。一念ハ戒體。三千ハ戒行也 以上祖師上人御義也

31〔雙非雙照如何可レ判二本迹一耶〕

問。付二本迹兩門戒體不同一ナルニ。以二雙非雙照一如何可レ判二本迹一耶

答。祖師上人云。(續天全圓戒1、二六一上〜下。一心妙戒鈔) 迹門ハ理圓。本門ハ事圓ト云。迹門理圓ノ時ハ。雙非ノ戒體也。本門事圓ト云時ハ。雙照ヲ可レ爲二戒體一ト 以上祖師上人御義也

難云。章案(安カ)大師釋云(大正藏三八、七九上。涅槃經疏取意)。欲レ謂レ三者傷レ體。欲レ謂レ一失レ用矣 如レ此文者(同、二六一上)。迹門ノ戒體ヲ云二雙非一ト者尤可レ然。中性雙非意ナル故。以二中道不變一可レ爲レ體。本門ニ以二雙照ヲ一爲レ體ト事不審也。雙テ照ハ用也。何爲レ體ト耶。雙照シテ成二三諦一者可レ用ル故也。爾者如何

答。涅槃疏ノ釋ハ迹門ノ意也。非二本門ノ意一。以二一體一爲レ體。以レ三爲レ用ト故也。本門ハ以二假色一爲二戒體一故ニ。迹門ノ以二不變中道ヲ一對ルニ二戒體一ト。以二雙照一爲二戒體一ト義テ有也

難云。雙照者中道之用也。若爾者。以二雙照一爲レ體者。此外ニハ以テレ何戒行戒體戒相戒用トハ可レ云耶

答。以二雙照一爲二戒體一。起卽性無作假色之戒體也。受二佛所制ノ戒法一時ニ。發二得眞善妙有ノ假色戒體ヲ一也。一度受不レ犯護二持心身一。此ヲ云二戒行一ト。依二此戒ノ淺深一三千依正不同也。護二持戒行一發二得シヌレハ戒體ヲ一有二遮惡持善ノ用一。此ヲ云レ用ト也

32〔一念三千戒體。雙非爲レ體義如何〕

問。本門意ハ。以二一念三千ヲ一爲二戒體一。故ニ以二一念ヲ一爲二戒

體一。以二三千一爲二戒行一。此ハ尙モ以二雙非一ヲ爲レ體義ト問タリ。爾者如何

答。祖師上人云。本門戒。(續天全圓戒1、二六一下。一心妙戒鈔)三諦ノ中ノ以二假諦一爲二戒體一。故ニ非二雙非一。此ハ雙照也。一念ト云モ假諦也。非二雙非中道一也。迹門以レ理爲レ體ト云モ非二唯理一。作法受得ノ戒ニ與(被カ)二薰發一理也。本門ハ自レ元一向假諦ヲ爲レ體ト也　(同前)尋云。假諦ト云ハ。中ハ理事不二ノ故ニ名レ假者。中道之外。假ナル歟如何

(同前)答。法華經ノ顯本ト云ハ。迹門ノ理本以顯ス方ハ。中道ノ成ル事也。此ハ天台宗ノ人所レ云本迹戒體也。戒家ノ意ハ。一心戒ノ本法サマヘタテイタス處。戒體ハ本迹共ニ假諦也。九體(諦カ)九用ヲ立テテ。九(凡カ)諦共ニ能持能領ノ方ハ體ト成。所持所領ノ方ハ宗用トモナル。取二迹門ハ一箇三諦一。本門ハ三箇九箇ノ三諦ナレトモ。一心戒ノ方ヨリ所談本迹ハ。共ニ雖レ明二九體(諦カ)九用一有二何失一耶。加レ之。天台ノ釋ニ非非一(丁一カ)切矣此ハ中道ノ戒體也。同釋ニ一非一切非ト云ハ。雙照假諦ノ諦(體カ)也　已上祖師上人御義

33〔戒體經體不同事〕

問。戒體與二經體一有二不同一可レ云耶

答。可レ有レ同二異兩義一云歟。異義ト者。經ハ三學ノ中ノ定藏也。戒者戒藏也。廢立可レ有二差別一者也。戒體ト者。依二受戒劫一所二發得一也。若開權顯實諸法皆體ニテ以二諸法實相一ヲ爲レ體也。意遙ニ異也。何依受戒所發得無表戒體ト一也ト可レ云耶

34〔圓融三諦共爲二經體一耶〕

問。圓融三諦共ニ爲二經體一可レ云耶

答。中爲二經體一云云

難云。圓融三諦者。三諦相卽シテ無二一異ノ相一。倶體倶用ニシテ不レ可レ有二勝劣一。何共不レ爲レ體。開權顯實諸法皆體也。何隔二空假一可レ取レ中ヲ耶。雖二三諦圓融ト定二體用一時ハ。中道ハ體。空假ハ用也。中道體モ卽二空假用一。空假用モ卽二中道一故ニ倶體也。當レ知倶體倶用之時。中道ヲ爲レ體可レ云也。但付レ爲レ體有二二意一。一ニハ三諦九諦廢立時。卽レ中空假ハ中ニ被テレ引被レ云レ體ト也。(天玄一、一一八)空假ニ卽ル中ハ主ニシテ空假ヲ用ト被レ云也。籤一云。既是不思議空假。還指二空假一卽中。中爲二經體一ト云此意也。二云。三諦九諦ト云時モ。三ノ中ヲ猶ヲ爲レ體也。空

假ヲ爲レ本爲二三諦一時モ。取レ中爲レ體ト空假ノ方ヲ爲レ用也。如レ此論二經體一事ハ。諸法ヲ約シ二三諦ノ理一。於二三諦一只論二體用一日ノ事也。依二事相受戒一ニ非二所得體一ニ也。故戒ニ體ヲ中道ト云ヒ。以二假諦一戒體ト云モ論二經體一ヲ時ノ不二中空一也。今ハ別シテ於二所立ノ假色一論也。於二事相一ニ所立差別也

次同義云者。三學廢立ハ。面ハ雖二差別一ト三學互具相卽シテ。於二所論一不レ可レ有二異義一。圓頓戒ノ心ハ。妙法蓮華經卽圓頓戒也。一佛乘ト者一乘戒也。室衣坐ハ卽三聚淨戒也。法華經住レシテ世令二一切衆生一開二佛知見一。是卽三聚淨戒也。遮二衆生ノ三惑ノ惡一ヲ持二三智ノ善一ヲ攝律ノ兩戒也。爲レ令二衆生遮惡持善一故攝衆生戒也。受戒ノ儀式ト云モ。靈山虛空說法華ノ儀式也。（大正藏九、三四中。寶塔品）若暫持者○是名持戒。此意也。所レ發戒體不レ可レ出二三諦一。若約二三體一論レ之者。經體卽戒體モ道理不レ可レ遮也者也。結緣下種之時所懸衣內智寶ト者卽戒體也。如來髻中ノ明珠ト云モ戒體也。不レ可レ在二不同一者也

義云。初重敎相之面各別ニ習合テ可レ持二實義ノ經體一ト。戒體トテ不レ可レ有レ二。發得ト云ハ。發三得法華經ノ體一ヲ也。受二法華戒一發三得セル法華ノ體一ヲ條。不レ可レ有二異義一者也。敎相ノ習テハ出二立處隨物不同一也。而トモ眞實ニウチトケテ習合ハ。如來髻中ノ明珠・窮子衣內ノ智寶ト云ヨリ。（續天全圓戒1、二六七上。一心妙戒鈔參照）ヤカテ經體トモ被レ云。戒トモ被レ云者ナレ。天台ノ小止觀ニハ以レ戒爲二法華ノ正體一。（大正藏四〇、五八一上）以二止觀二法一爲二能莊嚴一ト見タリ。又明曠。唯實相心以之爲體ノ文ト。（天玄一、一一三。玄義）正指實相以爲正體ト一ト云無二相違一也。所所釋義如レ此得レ意見合ハ無二相違一者也

35〔實相戒體。假諦經體事〕

問。以二中道實相一爲二戒體一時ハ。經體一ト得レ意無二相違一方ニ可レ有レ之耶。以二假諦一爲二戒體一時ハ經體ヲ假諦ト見ル事無レ之。豈不二相違一耶

答。以二實相一爲二經體一云釋ヲ。戒家テ實相ト云モ假諦ヲ本トシテ云故無二相違一也

36〔戒家心以二假諦一爲二戒體一事〕

問。天台一家廢立ハ。中道爲レ體空假ヲ爲レ用。戒家ノ心以二假諦一爲二戒體一ト者。體ノ重ヨリ下リ下テ。戒法テハ立二用ノ重一ニ。依二受者信心一論二戒體ノ得不同一事モ。下テ用レ重見タリ如何」

答。此等ノ義勢。戒家ノ大事也。普通ノ天台宗ニ。以二止觀玄文一廢立ト。戒家ノ廢立ト大ニ不同也。吉田ノ實伊僧正ト祖師上人ト諍論在二此事一。相拂可二存知一事也。先分二別シテ本迹兩門ノ不同一可キレ持事也。戒家ノ心ハ。迹門ノ上ニ立二本門一。不變眞如ノ上ニ立二隨緣眞如一。理ヨリ事ヲ高ク。體ヨリ用ハ尚深シ。相即ノ上ニ論二互具一ヲ。不二ノ上ニ立二而二一ヲ。三聚淨戒中ニハ饒益有情戒ヲ爲レ體ト。三身ノ中ニハ以二應身一爲レ本。三寶ノ中ニハ以二僧寶一爲レ本。以二迹門最上一ヲ爲二本門ノ極下一也。極理ノ上テ立二テ事相事持ノ戒一ヲ。事相ニ授二即身成佛一ヲ也。迹門ノ心ハ。以二中道一爲レ本。其故ハ開二四味三教一ヲ爲二一佛乘一ト故。所開ノ四味三教ト者。九界也。能開ノ一佛乘者。中道一性ノ佛果ノ理也。若開權顯實諸法皆體者。開二諸法一ヲ泯二合中道ノ一性一ニ也。一色一香無非中道ト云モ此意也。九界己想ノ權法。泯二同一佛ノ一理一。中道不變ノ一法ニ責成カ故ニ。以二中道一爲二至極一ト也。唯一佛乘ト云モ此意也。開權顯實ト云モ妙覺智ノ中道一性ノ極理ニ責メ登ル也。此ハ從因至果ノ廢立也

次。本門ト者。開二迹門ノ近成一ヲ顯二遠成實本一ヲ也。迹門新成妙覺ノ佛。即久成ノ如來也。今始テ非二至極中道ノ理一ニ也。本地久成ノ佛也。故ニ本門ノ意ハ。無二新成妙覺ノ佛一ハ也。新成即久成也。始覺內證ノ中道ノ理者。本地無作十界三千也。迹門ハ萬法ヲ歸ルヲ二中道ノ一理一。本門テ見ハ。此中道者本地無作十界三千也。故ニ迹門ノ不變眞如ノ上ニ。蘇生ノ本門ニハ立ツ二隨緣ノ十界三千ノ眞如一ヲ也。明知。迹門ノ中道實相ノ理ヨリモ。本門ノ隨緣諸法ハ遙ニ深ク高也。迹門ハ在纏ノ眞如ナル故ニ。中道實相ト云モ横ノ實相中道也。本門ノ隨緣ノ諸法ハ出纏眞如ナルカ故ニ。萬法悉久成本地ノ竪ノ實相也。其意遙ニ別ニシテ勝劣分明也。不レ可二例同一ス者也。爰以テ知ヌ。迹門ニ最上至極ト思ル中道一性ノ理ヨリモ。本門隨緣假色戒體ハ遙ニ高ク深也。其假色ト者。本法ノ假諦也。此ハ迹門ノ中道一性ノ假諦也。以二此等ノ約束一處處ノ釋ヲ料簡シ合ヘキ也。中道ノ理ヲ高釋ル處ヲハ迹門ノ意トヲシ下スヘキ也。迹門ニ所レ下隨緣ノ事法ヲハ。本門ノ至極ト可二取上一者也。如レ此得レ意分テ。戒家ノ心ハ以二假諦一爲レ本ト立テ。假諦即中道ヨリモ高ト。竪ク可二料簡一也。但迹門下ニ事ヲ爲レ本ト釋有リ。本門ノ下ニ理ヲ爲ルレ深釋在レ之。如レ此

難義釋來ラハ。分別シテ可レ得レ意也。法華ノ心ハ。本迹互具シテ。本モ非但ノ本迹具足ノ本也。迹モ非レ迹本具足ノ迹也。故ニ天台ノ釋。横竪無礙ニシテ難レ釋事在レ之。此ニ有二四ノ品一

一ニハ迹門ニ釋二迹門ノ心一ヲ。此時ノ釋義等ハ。理高ク事下如レ常。二ニハ迹門ニ有二本門ノ意一。此意テハ迹門ノ下ヲ釋ル時。事高立タル釋モ可レ有。此ハ以二本門ノ元意一釋故ニ非二迹門ノ正意一也。三ニハ本門下ニ釋二迹門一ヲ。此時ハ。本門下ニ理ヲ爲レ本釋也。此ハ本門ノ迹門也。非二本門ノ正意一也。四ニハ本門ノ本門。此ハ釋二本門ノ正意一。此時ハ。中道ノ上可レ立レ事也。如レ此釋義難レ亂ルヲハ。以二四ノ道理一本付テ可二得レ意合一也。何ニ釋義難レ亂。不レ可レ出二此四理一。故ニ如レ此得レ意分レハ。難會文ハ物シテ無レ事也

觀心論ト次第禪門ハ。以レ心ヲ爲二戒體一見タリ。瓔珞經ノ。心無盡故戒亦無盡（大正藏二四、一〇二一中）ノ説ハ。心ヲ爲二戒體一見タリ。梵網經ノ。非色非心非有非無（大正藏二四、一〇〇四中）ノ説ハ。似タリ二中道一。廣釋ニ。佛性爲體（大正藏七四、七六四上）ト云。此モ似二中道一。明曠ニ。唯實相心以之爲體（大正藏四〇、五八一上）ト以二實相理心一ヲ爲レ體似タリ。今疏ハ。以二假色一爲二戒體一。此ハ以二色法一爲レ體ト見タリ。如レ此不同ヲ會合ルニ有二二ノ樣一。一ニハ隨レ所可二會釋一。或ハ以二迹門ノ心一以レ理爲二戒體一釋リ。或ハ以テ二本門ノ意一以レ事爲二戒體一釋リ。糾二明テ釋ノ前後一隨レ所可レ違事也乎。時ニ儲二無案内ノ會釋一違二釋ノ意據一失在レ之。一ニハ。約二迹門一心ト云モ。佛性ト云モ。假色ト云モ。即二中道理一ニ得レ意者無レ違。約二本門一者心ト云モ事也。實相中道佛性ト云モ皆約ト二假諦一ニ可レ得レ意也。指二假諦一。假色トモ心トモ佛性トモ中道トモ云ソト得レ意無レ失者也。於二一法一隨テ二法門一重テ得レ意替故也。今菩薩戒方ニ。性無作假色（義記、大正藏四〇、五六六上）ト釋モ。此釋ヲ戒法ノ義不二相傳一人ハ。淺ト戒法ノ意ハ以二教門一約二假色一釋ハ得レ意也。而眞如實ニ此釋カ顯二戒家ノ本意一。甚深ノ釋テ有也。以二假諦一爲二戒體一ト云事モ。以二此釋一爲ト二根立一可レ云也。此釋ハ。以二本門ノ意一釋ル也。大段釋義ノ不同如レ此ナレトモ。所發ノ戒體ト云ハ。本法ノ假諦カ薰發故ニ。迹門爾前ニテモ假諦テ可レ有也。迹門ノ意以二不變ノ中道一性一ヲ爲レ釋レ之約二迹門ノ大網一爾カ也。當二發得ル戒體ハ假諦一也。以レ心爲二戒體一云モ。約二能發心一。夫ハ所發ノ正キ戒體ハ。假色假諦也。戒家ノ心ハ。以二假諦一爲二本

法ト。此上ニ三諦三身三學等有レ之

37〔本法假諦事〕

問。本法假諦者。實伊僧正ノ三諦ノ上ノ惣諦ト云ハ定カ如何

答。不レ爾也。本法ノ假諦ト云ハ。萬法本性假諦也。三諦ト云モ。本法トシテ假諦也。三諦諦外非有惣體也。戒體假諦事可レ問ニ口傳一事也。如ニ口傳抄一云云

38〔戒家一代戒法建立事〕

問。今疏ノ假色戒體ト云モ。本門意ヲ爲レ本歟。若爾者。戒家意ハ。本門爲ニ至極一。止觀ハ本迹不二ノ上ノ心法妙ノ廢立カ故ニ。止觀戒法下ト可レ得レ意歟如何

答。戒家ノ心ハ。一代皆以ニ戒法一ヲ建立カ故ニ。爾前本迹觀心悉ク三聚淨戒ノ意也。戒ニ漏ル法無故也。雖レ然。根源本付テ可ニ習定一者也。普通ノ玄文止觀廢立ニハ異也。此等ノ義立非ニ某申私ノ臆說一ニ。自レ古有ニ沙汰一事也。戒學ノ人知分テ可レ持者也

祖師上人云。(續天全圓戒1、二五九上。一心妙戒鈔)本門不變隨緣故名爲心テ。萬法一心ノ法也。從果向因ニテ妙覺ヲ因向因ト云モ。十界三千皆果地果德法門也。本門ノ上ニ一心戒ノ圓頓ナリ。是二心三心ニ對シテ非ニト一心一云也。非ニ三學相傳一ル戒也。本法無作ノ假也

尋云。本大教上立ニ觀心ノ大教一。觀心與ニ一心戒一同歟如何

答。一心戒ノ一心テ。不レ攝ニ心佛及衆生ノ三一ニ也云云　已上祖師上人」御義也　某受ニ祖師上人之義一爲ニ當谷末流之人一。於ニ牒科一定重重注レ之。有志人習ニ此義一興ニ行戒法一報ニ謝四恩一云云

釋迦一代教法雖レ廣。不レ出ニ當分跨節ノ二意一。故ニ爾前當分有ニ八品一。化儀化法ノ四教是也。跨節ニ有ニ四重一。迹門・本門・觀心・一心戒藏ノ四重也。合テ十二重也。今菩薩戒疏ニ。如レ此名目雖レ不ニ妄迷一。具ニ當分跨節ノ兩義一ヲ故ニ。含ニ藏ス十二重ノ義ヲ可レ得レ意也。是卽此疏大事也。意遠淺智ノ者。懷ニ疑細一ヲ難レ信。盲嬰兒不レ見ニ日光一ヲ故也。爾前八教ハ必(如カ)常

39〔第九迹門超八圓事〕

第九迹門超八ノ圓ト者。爾前ノ八教ハ所開法。迹門ノ圓ハ能開敎也。四味卽醍醐。(大正藏九、八上)三教卽一實圓教也。八教悉開ニ入ス圓實ノ一理ニ。十方佛土中唯有一乘法。(同、一〇上)正直捨方便但說無上

道純圓。機感相應無隔。一往同信此旨。迹大教起。爾前諸教廢。此意也。此一實相理上五重玄法無亂。此中道理內十妙次位歷歷。自行因果。化他能所。九界權法。隨緣依地。偏計所執。萬法中道實相理內開入。諸法悉歸不變常住一理者也。迹門明一箇圓融三諦。天台圓融三諦妙法也(天玄一、八六。玄義)釋。妙樂今經會實(同前。釋籤)方曰圓融釋給此意也。一箇三諦時。雖圓融相卽空假用。中道體也。故迹門意。中道為戒體也。而戒家意。迹門發得戒體云假諦云也。此第十二重一心戒假諦薰發故也。而迹門意。開權顯實萬法責成中道一性故。發圓實菩提心。受戒發得戒體。中道一性不變理得意。以實相理為體云也。隨緣不變故名為性(大正藏四六、四六〇中。止觀大意)。此意也。此衆生法妙意也

40〔第十明本門事〕

第十明本門者。迹門時。四味三教麁破開入中道一性理內。四眼二智萬像森然隨緣。諸法歸佛眼種智眞空冥寂不變眞如イヘリ。此上蘇生立三千諸法隨緣眞如也。此則本門久成。果地諸法也。迹門遂近成之盆不見久成漢天之月。至本門時。始覺盆破本地五眼開時。迹門所泯亡四眼二智萬像森然諸法。卽如來久成本地實相顯也。此時事事諸法全體緣隨眞如。諸佛毘盧舍那佛身土依正也。十妙因果依正共本地無作十界成佛。名因妙本地無作因。非未證佛果因。修菩薩行非成佛。故菩薩云。皆本地無作佛果上大慈行也。名成佛非有始。無成佛之初云本地久成也。始成卽久成無新成妙覺佛。一切衆生卽本地久成釋迦如來也。本大教起。迹大教廢云此意也。本門心。萬法悉本地久成體具微妙法。諸法皆事法性覺體眞如。以四眼二智萬像森然方隨緣眞如云也。不變隨緣故名為心。此意也。故立三千三諦談九體九用也。爰以。所發得戒家隨緣假諦戒體也。本門意。相叶戒法意故。所所以住本顯本等心料簡戒家意也。戒家意。非至極本門教相也。此佛法妙意也

41〔本門久成義事〕

問。本門意。十界共ニ本地久成ノ佛ニシテ無レ非ル二佛衆生一。三千依正皆毘盧舍那一佛ノ依正也。有テ二何未受戒人一。始テ受戒成佛セン。戒家ノ一得永不失ト云モ受戒以後事也。受戒已前ハ非レ佛。是卽迹門ノ同シテ二始覺修成ノ義一ニ。不レ同二本門ノ久成ノ義一ニハ如何

答。本地ノ衆生界受テ二本地ノ佛戒ヲ一發ニ得ル本地ノ戒體ヲ一也。如二所難一者。因果國感神說眷涅槃壽利ノ十妙ノ不同ハ。本門テハ無ト得レ意可者。殊ニ顯本ノ上ヨリ受戒成佛ハ尤待ル二同意一本地ノ眞如カ。隨緣緣起シテ事相ニ顯ルヲ受戒成佛トハ云カ故也。一切衆生カ顯本シテ久成ノ佛ト被ハトテレ云。目モ鼻モ無ノ三千ノ依正因果闕ル佛テ可レ有歟。迹門ノ迷執未斷ノ人ハ。問ニ本地之因果一ヲ。迹門ノ因果ト一トレ得レ意也。契ニ本地顯本ノ重一ニ人カ。見テ二迹門之因果一爲ニ本地ノ因果一ト也。故ニ迹門ニハ。佛種從緣(大正藏九、九中)起ト說カ卽本地ノ道理ニテ有也。悲哉。於レ水有ニ四見不同一。我等見レ水ト。餓鬼ハ見ニ猛火一。我等日中ヲ爲レハ明。蝙蝠(ヘンフク・カウムリ)ハ日光ヲ爲レ闇也。以ニ此譬一ヲ本迹ノ不同ヲ可レ得レ意者也

42〔第十一重觀心門事〕

第十一重觀心門者。生佛一如ノ觀。止觀一部ノ己心觀意也。而己心觀ト者。本迹ノ上ノ觀也。觀ニ己心ノ高廣一(天文一、五一下。文句)扣(タタク)ニ無窮ノ聖應一ヲ者。以ニ本迹兩門一(天止三、一九〇。弘決)爲ニ我己心一ト者也。迹門ト者。元初一念起以後。爲ニ而隨妄轉不覺不知ノ衆生一ノ建立ルカ故ニ。(同前)衆生法妙ノ意也。本門ハ。無始色心本是理性ノ心テ。元初一念不レ生以前ノ事也。萬法悉毘盧舍那一佛ノ依正ト建立ル。佛法妙ノ心也。觀心門ノ意ハ。本迹兩門生佛一體己心ナレハ。是卽生佛一如妙觀也。衆生及佛三無ニ差別一(天玄一、六二二。釋籤取意)名ニ心法妙一意也。心法妙ト者。止觀一部ノ意也。此等ノ筋聊雖レ有ニ異義一。以ニ一流義勢一往而已要文等ハ以レ繁略也。如ニ戒法止觀祕決注一。可レ見レ彼ヲ者也

43〔第十二重一心戒藏事〕

第二(ヿ十カ)重ハ一心戒藏者。本迹觀心重ハ心佛衆生ノ廢立也。一心戒藏ハ。心佛衆生未分處也。戒藏ト云ハトテ非レ對ニ定惠一也。生佛定惠未分云ニ一心戒藏一ト也。依レ之一心戒下云。(傳全一、六三三)天台(智者大師カ)。隨意普禮法法(說カ)。戒家ノ心ハ。非ニ普通ノ天台宗ノ心一ニ。止

觀玄文等ノ廢立ハ。爾前諸教開權顯實ルハ歸二迹門中道一性ノ理一。開迹顯本時。迹理廢シテ歸二久證ノ實相一。本迹ハ歸二我等カ一心一。故ニ爾前迹門觀心ト責上ル也。戒家ノ心ハ。一心戒藏ノ假諦ヨリ開二三學一ヲ。於二三學中一ニ戒藏爲二能開ノ本源一ト開二出定惠一ヲ也。故自二リ戒藏一開二止觀兩門一。以二普禮法文一ヲ可二料簡一也。以二止觀一己心開二本迹ノ法門一。自二本迹一開二出ル爾前ノ諸教一也。無量義經ノ從一出多。法華ノ於一佛乘分別說三ニ。此意也。如レ此。一心戒藏ノ假諦シテ本迹爾前サマヘ開出ル故ニ。爾前迹門ニテモ。所二發得一戒體ヲ本法假諦カ薰發ルカ故ニ。戒體ハ。以二假諦一爲レ本者也。故ニ諸教ノ中ニ。戒家心ハ假諦高ト談也。サテ理ヲ高釋ヲハ。爾前迹門等ノ心ト可レ云也。非二戒家ノ意一ニ可レ得レ意。實伊僧正與二祖師上人一十一箇日論モ。此等ノ筋歟。其時ノ問答。雖レ無二記錄一。以テ二上人常義勢一如レ此得レ意也。向二他門一無二左右一不レ可レ云者也。堅堅以二此等ノ意一ヲ。戒家ノ法門可レ得レ意者也。非二戒學傳器量一ニ者。不レ可レ許レ之。制禁別紙在レ之。又可レ問二口傳抄一云云

44〔第十二一心戒重事〕

問。第十二一心戒ノ重ハ。今經ニ分明說無レ之。又義記中ニ一心戒ノ沙汰不レ見者也。爾者如何

答。於二今經一持ル當分跨節之二意一上ハ不レ可レ有二相違一也。本迹觀心一心戒ノ四重ハ。於二跨節一分レ之。乍レ許二跨節ノ佛意一ヲ。何一心戒ノ重。今經ニ可レ闕耶。爰以。一心戒引テ二天台ノ隨意普禮ノ法一ヲ被レ釋意ハ。一心戒ト者。華嚴舍那佛內證自受用法身本來不赴機ノ方ヲ名二一心戒藏一ト。赴テレ機開二三學一ト。此ヲ名二ト盧舍那佛戒一見タリ。明知。付二梵網戒一立二一心戒藏一ヲ義可レ有レ之。爰以。一心戒下云。(傳全一、六三三〜四)智者。(レ大師カ)隨意普禮法說。敬二禮常寂光土毘盧遮那遍法界諸佛一心戒藏一。普禮二十方三世諸佛虛空不動戒藏盧舍那佛一。普禮二十方三世諸佛虛空不動定盧舍那佛一。普禮二(レ之カ)十方三世諸佛虛空不動惠盧舍那佛一(矣ナシカ)　矣　盧舍那佛ノ一心戒令(則カ)レ受二於妙海王一ニ。大日如來卽自受用法身。盧舍那佛ハ。是卽他受用法身。本歸二於末一ニ。他受用法身。卽是自受用法身ナリ。同而不レ同。末歸二於本一。不二而二。向二於機一邊ハ他受用法身ナリ。不レ

向レ機邊ハ自受用法身。是ノ自受用法身。卽他受用法身ナリ。不同而同。自受用法身ノ戒。卽他受用法身戒也。同而不同。他受用法身戒。卽自受用法身ノ戒ナリ。不同而同。得レハ意(則カ)卽自卽他。他卽自。雙照ニ自他一。不レ一不レ異。自證法戒ハ。是則本戒。自證法戒。赴レハ機末戒ナリ 已上

明知ヌ。此文ノ心ハ。梵網敎主ノ盧舍那佛ノ自證心地ノ戒法。未レ赴レ機方ヲ取テ爲ニ一心戒藏一ト。赴ニ妙海王等ノ機一方ヲ盧舍那佛ノ所誦十重四十八輕戒トハ云也。但至下經現文不ニ分明一云難上者。經云。(大正藏二四、一〇〇三下。梵網經)復從ニ天王宮一下至ニ閻浮提菩提樹下一。爲ニ此他(地上カ)二一切衆生凡夫癡闇之人一。說ニ我本盧舍那佛心地中初發心中常所レ誦一戒光明一。金剛寶戒是一切佛本源。一切菩薩本源。佛性種子。一切衆生皆有ニ佛性一。一切意識色心是情是心皆入ニ佛性戒中一。已上此文心分明ニ一心戒藏未ニ手付一方ハ。一切佛本源・菩薩本源・佛性種子・一切衆生佛性戒也。是毘盧遮那遍法界戒藏也。今所レ立一心戒藏是也。赴ニ妙海王等ノ機一誦ル方ハ。下テニ三學廢立一成ニ他受用戒一ト也。十重四十八等是也。依レ之明曠疏云。(大正藏四〇、五八四中)四十八輕等持ニ心性一宣(寧カ)有ニ淺深一。假分ニ乘戒兩名一。一一無レ非ニ實相一。方是圓融菩薩戒也。故廣(序カ)中云。一切色心是情是心皆入ニ佛性戒中一。(了矣カ)心性ト云。實相ト云。一心戒藏ノ方也。又經ノ終ニ結ニ心地戒一ヲ云。(大正藏二四、一〇〇九下)佛心藏地藏戒藏 矣 是卽一心戒藏ノ所據也。依レ之明曠。(大正藏四〇、六〇一中)此心卽戒。戒具ニ足定惠一含ニ藏三德一名爲ニ戒藏一 矣

45〔一心戒藏所據事〕

問。經ニ所說佛性戒ト者。心性佛性道理ハ。迹門爾前ニテモ盛ニ談レ之。何必ス本迹觀心ノ上ノ第十重ノ(了一カ)一心戒藏爲ニ所據一ト耶。又佛心藏地藏戒藏ノ文ニハ。明曠ハ以ニ心法妙ノ廢立一消レ之釋リ。必ス一心戒藏トモ不レ見也如何

答。法門名目ハ亙ニトモ大小權實一。隨ニ法門ノ重ニ得レ意替常ノ習也。約ニ佛性ノ修道ト爾前迹門一不レ爲ニ一心戒藏所據一耶。盧舍那佛ノ所誦ノ戒ハ。三學門ノ重ニ下ル他受用身戒也。此他受用ノ戒本源佛性ヲ指ニ一心戒藏一也。名目ハ雖レ通ニ隨所一其義差別也。非レ難也。又至ニ心藏戒藏ハ心法妙廢立也ト云難一者。戒家ノ廢立異ニ普通義一也。迹門ノ意。大綱ハ雖レ屬ニ

衆生法妙一。於ニ迹門内一又有ニ心佛衆生ノ三妙一。雖レ有トニ三妙一。大分テハ屬ニ衆生法妙ニ一。本門ノ意ハ。大分ハ雖レ屬ニ佛法妙ニ一。此內又有ニ心佛衆生ノ三妙一。大分テハ屬ニ佛法妙一。觀心ノ意ハ。雖レ屬ニ心法妙ニ一。此內ニ又有ニ三妙一。雖レ有ニ三妙一三世又屬ニ心法妙一。故ニ迹門三妙ハ非ニ本門三妙ニ一。本門ノ三妙非ニ觀心ノ三妙一。名同ク其意遙ニ異也。尚ヲ今戒家ノ一心戒藏ト者。本迹觀心ノ三三九箇ノ妙未分ノ處ニ立ニ一心戒藏ト一也。心佛衆生三無差別ト云モ。今所レ云一心戒藏法體也。本迹觀心ヲ立テテ上ニ三無差別ト云義ニ非ス。此ハ本迹觀心未分ノ處ヲ三無差別トハ云也。以レ同不レ可ニ其意一者也

次。至ニ義記ノ文一一心戒藏廢立不レ見。經既ニ其意有。義記何無ニ一心戒ノ義一耶。付レ中義記文ハ。以ニ當分跨節兩意ヲ一消釋リ。跨節心可レ有ニ一心戒藏ノ義一故也。以ニ義記ノ義一一心戒ノ義可レ習也。此義ト者。人法境智未分所ヲ名レ義ト。以ニ此義一判ニ一代一故。境智未分三義ヲ名ニ一心戒ト一故也。如レ此得レ意者。菩薩戒ノ戒ヨリ卽一心戒藏文使（狹カ）故ニ不レ可ニ判許一也。如ニ口傳抄一。可レ見云云

又云。起卽性無作假色者。一心戒ハ性ノ一字也。所發ノ無作假色ト者。本門ノ戒體也。如ニ所註處云一。經ニ所レ說。（大正藏二四、一〇〇三下）一切佛本源。一切菩薩本源。佛性種子。一切衆生ノ（「皆有カ）佛性ト云。此性ノ一字也。常ノ學者不ニ思依一事也。故義記（大正藏四〇、五七一上）ニ文狹テ意廣也。以ニ筈（管カ）見一莫レ量ニ虛空一云云

46〔法華經何文可レ爲ニ一心戒藏本文一耶〕

問。法華經ニハ以ニ何文一可レ爲ニ一心戒藏ノ本文一耶

答。戒家ノ心ハ。一部八卷二十八品大分テ爲ニ二文一ト。本迹兩門是也。本迹品門ハ住ニ衆生一念ニ一是爲ニ觀心門一ト。此本迹觀心三門ト者。心佛衆生三法也。此本迹觀心ノ三法住ルヲニ一心本法假諦戒一名ニ一心戒藏ト一也。故ニ釋迦多寶並座シテ住ニ虛空一。寶塔ヲ爲ニ一心戒藏ト一也。釋迦如來入ニ寶塔中一以後ハ自受用法身也。自受用ノ住シテニ本法假諦ノ一心戒藏ニ一。萬法法位已成。法樂方ハ一心戒也。未分心佛衆生ノ三。病不レ起不レ儲レ藥病藥不レ起。機法全不レ立。機法不ハレ立向テモレ誰ニ開ニ戒定惠一。只萬法住シテニ當位當位一已成ル。是卽一心戒藏也。周遍法界塔婆住寂光ノ虛空。釋迦多寶並座シテ自受法

樂ル內證ノ戒也。第一ノ戒師ヲ名ニ多寶塔中ノ釋迦如來ト一。故ニ寶塔ト云モ不レ住ニ釋迦一時ヲハ不レ取。又釋迦モ不レ入ニ寶塔一時ヲハ不レ爲ニ戒師一トハ也。是卽戒家ノ秀句也。委如ニ口傳抄一云云　又云。一心戒藏ト者。妙法當體ノ重ニシテ本迹未分處ノ汝（假カ）法也。是則假諦本法ノ一心戒藏也

47〔學生式問答文事〕

問。學生式云。（傳全一、三七〇）虛空不動戒 ○ 名曰妙法 矣　如レ此文者。三學俱傳ルヲ曰ニ妙法一ト。（了問答カ）故ニ妙法ト者。開ニ三學ニ時ノ名也。非ニ一心戒藏ニ也如何

答。妙法ト者。本迹觀心一心戒ノ四重ニ亙テ名ニ妙法ト一。故ニ無ニ相違一也。一心戒藏ノ妙法ト者。本法假諦ノ妙法也。對シテレ機ニ施權開權ル非ニ妙法一也。學生式ノ三學俱傳名曰妙法ト者。多寶塔中ノ釋迦如來。不レ向レ機住ニル本法假諦ノ妙法一方ハ。一心戒藏也。赴ニ普賢ノ機一說ニ本迹兩門一方。三學俱傳ノ妙戒也。妙法ト者。妙戒ハ戒事也。故ニ今疏ニ（大正藏四〇、五六二中）釋ルニ戒名一ヲ。釋（辨カ）ニ法ノ號一ヲ 矣　法ト者戒也ト問リ。故知。名曰妙法ト者名曰妙法也。見ルニ學生式文一（傳全一、三七〇）其ノ第一菩薩戒本師塔中釋迦傳戒ノ相如何ト問シテ答レ之ニ。塔中ノ（同前）釋迦ハ。（了者カ）集ニ分身一以脫ニ垢衣一。召ニ地涌一以示ニ常住一等云テ擧ニ本迹兩門一乎（畢カ）テ。（同前）虛空不動戒。虛空不動定。虛空不動惠。三學俱傳。名曰ニ妙法一等（等カ） 矣　明知ヌ。三學俱傳ノ妙戒ト者。向テレ他開テニ三學一ヲ所レ說本迹兩門妙戒也。第一ノ戒師釋迦如來住ニル毘盧遮那遍法界塔婆一方ハ。一心戒ノ所行普禮法ノ敬禮常寂光土毘盧遮那遍法界諸佛一心戒藏ト同事也。虛空不動戒虛空不動定虛空不動惠三學俱傳名曰妙法ト。一心戒ノ。（傳全一、六三三）十方三世諸佛虛空不動戒藏ト。盧舍那佛普禮十方三世諸佛虛空不動定等ノ文ト。一同ニ可ニ得レ意合一者也。一心戒ノ文ハ。依ニ傍依梵網ニ一心戒與ニ三學ト釋シ。學生式文ハ。依ニ正依法華ニ一心戒與ニ三學一釋タマヘリ。得レ意合テ可レ持事也

48〔一心戒藏誡ニ何事一耶〕

問。一心戒藏ト者。心佛衆生未分。戒定惠不開處也。而戒ト者相誡也。機法不レ立。病藥不レ起處ニ誡ニ何事一云ニ一心戒ト耶

答。於ニ一心戒ノ重一者。有ニ用意一可レ答也。隨レ機可レ設レ答

也。或ハ禪門・首楞嚴・釋論・圓覺經等ノ所學人。或ハ止觀約ニ迹門ノ理一得レ意タラン人ナント尋來ラハ。迹門ノ開權顯實ノ一佛乘ト云ハ。一代ノ跨節・如來出世ノ本懷。諸經ニ勝リ。此ニ本門ノ本地久成ノ十界成佛ヲ立テ。此十重ノ顯本ノ上ニ本迹不二ノ觀心ヲ立。此ノ本迹觀心ノ上ニ戒家ノ心ハ立ニ一心戒藏一。此一心戒トハ者。生佛未分機法不レ立處也。隨テ二宗ノ分齊一。爾前迹門本門心〔觀カ〕ノ重ニヲモ下テ。諸學ノ頂上ニ可レ置ニ戒法一ヲ者也。普通廣釋ニ。諸宗ヲ攝ニ四教一。此上ニ當分跨節ノ兩重ヲ判ル。卽此ノ意也。强テ被ニ執難一時者。情識・執難不レ可レ及ニ一心戒ノ重一ニ。以レ血洗レ血敬敬ニ下テ可レ見也。若殖善深厚ニシテ堪ニ此機一ニ者。捨ニ情識一可レ取レ信。若不レ同レ意者可レ歎レ之。若非レ器者起ニ偏執一可ニ諦難一也。如レ此重重コラシテ可レ授者也。若起ニ憍慢心一重重執レ難ニ時ハ。相傳有ニ子細一。爲ニ不信一非ニ器人ニ不レ授也。深キイマシメ有リナシトコシラヘテ可レ見者也。如レ此問答ルニ。機非機・信不信。殖善厚薄可レ顯者也。如レ此問答非ニ慳法一ニ。爲ニ弘法一爲ニ不信憍慢ノ人一有レ志。由テ尋レハトテ一心戒藏ノ義トテ云ナラハ。返テ致ニ誹謗一

損レ他滅レ法因緣也。此ハ破戒ノ大罪也。可レ得レ意事也。或ハ眞言師乃至止觀ノ學者。事法ヲ高學タラン人ナレト尋來事有ラン。戒家ノ心ハ。一心戒藏ヲ置ニ生佛未分處一者。戒家敎相淺近義也トテ云。此上ニ戒家ノ心ハ可樣〔加カ〕有リトノノシリ懸テ可レ見也。信不信・機非機好好可ニ捉見一者也。イツモ有ニ子細一樣テ置ハ心惡テ中中アヒマチ無樣也。如レ此ノ事ハ雖レ似ニ枝葉一。惡機ヲコシラヘヌレハ益ハ無シテ。成ニ破戒ノ失一ヲ。遠ニ佛道一大ル僻事也。可ニ存知一云云

眞實ニ一心戒藏ハ生佛未分處ナレハトテ。言語道斷心行所滅シテ非レ可ニ指置一。爾前ノ諸トモ云。一實相ヨリ出ル法カ故ニ非ニ體外ノ法一。故ニ開權顯實ル時。諸法悉實相ノ一教卽純圓ノ一教也。本門ニ開近顯遠ル時。迹ノ靈山本ノ靈山。迹ノ伽耶〔卽カ〕卽本伽耶也。迹門ニ有經ノ法ハ皆三世歸ル本地一ニ也。此上ニ觀心妙ヲ立ル時。我等カ一心ニ本迹法門毫末モ無ニ闕減一也。此上ニ一心戒藏トモ云ハ。爾前迹門本門觀心所在法一法モ無ニ闕減一。本法假諦ノ戒法テ住ニ各法位一無レ亂。此云ニ一心戒一ト也。無レ心至テハ非情草木茅一ニ。自性果德ノ道理ニシテ。不レ持ニ本法假諦戒一

物ハ無事也。四季ハ各各持二テ四季ノ相一無レ亂。春ハ住二持シテ春ノ相一誡ル二餘ノ三季ノ相一。夏ハ住二持夏ノ相一ヲ誡二餘三季一。秋ハ住二持シテ秋ノ相一誡二餘ノ三季相一。冬ハ住二持シテ冬相一誡二餘ノ三季相一ヲ。此ハ制止制佐ノ道理也。四大四色等山河大地等テモ。一切諸法准レ之可レ得レ意者也。依報非情無心以テ如レ此。何況ヤ正報ノ衆生哉。至二螻蟻(アリクモ)蚊(カ)虻(アフ)等一准例シテ可レ得レ意也。不レ勝再說云云

49〔一心戒藏名目事〕

問。一心戒藏ト云事ハ。名目以二隨意普禮法一爲レ證歟。若爾者。彼ノ釋ノ意ハ。華嚴教主內證法身ノ方ヲ名二一心戒藏一。赴レ他方爲二盧舍那佛ノ戒定惠一。此尚爾前意也。非二迹門ノ意一。何況ヤ本門ノ觀心ノ上ニ所レ立一心戒ト云事不二分明一。何處ノ釋ニ本門觀心ノ上ニ可レ立二一心戒一云事釋ヲヤ。分明ノ釋義ハ大切也。爾者如何

答。普禮法ノ文ヲ。雖レ依二華嚴教ノ意一以二跨節元意一釋也。(傳全一、六二四。取意)非二華嚴當分心一。其故ハ彼文ヲ一心戒ニ受テ(「○カ)釋云。大日自受用戒。赴二普賢機一。自受用法身ノ戒也。大日自證戒。不レ赴レ機。是卽自受用法身戒。他(自カ)受用法身自證戒。赴二妙海王機一ニ。卽(「成カ)他受用法身佛戒ト矣 以二大日法身自證戒一ヲ爲二シテ一心戒一ト。赴レ機方華嚴ノ教主ヲ爲二他受用身戒定惠一ト。明知ヌ。一心戒藏ノ重ハ非二華嚴當分立一ニ。約二跨節一立ル故ニ。以二一心戒藏一諸教ノ最頂萬法至極ト云ニ無レ失者也。戒家ノ意ハ。華嚴トモ云。非二普通ノ五時ノ廢立ノ華嚴一。別圓兩教ト云ハ。法華本迹兩門也。故ニ向レ機未レ說二別圓兩教一ヲ方ニ。大日自證一心戒也。未レ說二別圓兩教一方ニ。未レ向二本迹機一處一心戒得レ意也。以二普通ノ義一不レ可レ難レ之者也。爰以。第一ノ戒師塔中ノ釋迦安二住寶塔一。並二座多寶一自證ノ戒一心戒藏也。赴レ他說戒ハ。本迹兩門ノ戒法三學已分ノ廢立也。依レ之學生式(問答カ」)云。問曰。(傳全一、三七〇)其第一菩薩戒ノ本師塔中釋迦傳戒相如何。答曰。塔中釋迦者。集二分身一以二脫垢衣一。召二地涌一以テ示二常住一ヲ。靈山報土。劫火不レ壞。常寂嚴土。無明豈レ汚哉。三變淨土(土田カ)。不レ迮二裟婆一。六動咸會シ。淨穢無礙ナリ。六難九易。歎二圓ノ三諦一ヲ。十上十譬。讚二圓ノ一乘一。虛空不動戒○名曰二妙法一矣 此文意分明ニ所據也。塔中釋迦說ニ戒本

迹兩門一擧二法華一部意一ヲ。異(畢カ)テ二三學俱傳名曰妙法結故一ニ。本迹ノ戒法ハ三學已分重。一心戒所引盧舍那佛ノ戒定惠重ト一得レ意合レハ。華嚴ノ別圓ヲ本迹ト云モ尤モ道理也。如レ此得レ意レハ。現レハ三學未分ノ一心戒藏ノ未レ向ニ本迹機一處カ故。一心戒藏ヲ本迹觀心ノ上ニ立也。止觀ト云モ三學已分ニ立故也

50〔一心戒藏・隨緣眞如事〕

問。本法假諦一心戒藏ト云ト。本門時實本不動テ悉ク本地ノ萬法テ事法性各別緣起。隨緣眞如ト差別樣如何

答。與奪二ノ意有リ。與テ云レ之者。爾前迹門テ漏ニル一心戒一法無レ之。本地隨緣眞如非ニ一心戒一耶。奪云レ之者。其義遙ニ異也。迹門ト云ハ。約ニ九界ノ衆生一不レ變ニ眞如一明ニ諸法實相一故ニ。約ニ在纏眞如一。覺大師ハ橫ノ實相ト釋タマヘリ。本門。自受用身ノ知見約ニ佛界所具ノ三千隨緣眞如一ニ。觀心門。約ニ行者ノ己心一明ニ本迹不二一ヲ。此ヲ以ニ心佛衆生ノ廢立一本迹觀心ノ三重互具融卽スレトモ尚モ有ニ本付處一。今所レ云一心戒藏ハ不レ爾。如ニ迹門一非レ約ニ衆生所具ノ實相一。又如ニ本門一ノ一心本法ノ戒藏也。故ニ非ニ本迹觀心重一ニ也

51〔何本門上立ニ一心戒藏一耶〕

問。以ニ塔中釋迦自證戒一爲ニ一心戒一。本地無作ノ三身ノ自證ト一也。何ゾ本門ノ上ニ立ニ一心戒藏一耶

答。本地久成ノ釋迦自證法樂戒一心戒也。不レ可レ有ニ差別一者也。隨而三學已分ノ重。赴レテ他說ニ本迹兩重一戒法一心戒藏モ遙ニ碎テ下レリ。故ニ以ニ一心戒一置ニ本門ノ上一ニ也

52〔一心戒諸教最頂事〕

問。戒家心ハ。以ニ饒益有情戒一爲レ本ト。故ニ實ニ赴ニ爾前迹門等ノ機一所說ヲ下テ。所レ不レ赴レ機一心戒ヲ。爲ニ至極一爲ニ諸教最頂一如何

答。開ニ一心戒藏一出ニ一代說教一故ニ。本來相傳ヲ從レ本一心戒諸教ノ最頂ト云也。饒益有情爲レ本赴レ機時。三學已分ノ廢立爾也。但。戒家有ニ兩樣一。淺近ノ教相向レ機開ニ三學一方ハ自ニ一心戒一碎穢下レリ。戒家本意祕カ中ノ祕テ。本迹爾前乃至三藏教テモ向レ他說トモ。本法假諦ノ一心戒藏ヲハ毫末モ不レ下也。故ニ眞實爾前迹門ト云モ。戒家ノ心ハ非ニ常所

談㆒也。一切准㆑之可㆑得㆑意也

53〔一心戒藏本法假諦事〕

問。一心戒藏ヲ本法假諦ト云ハ。三諦ノ中ノ假歟如何

答。不㆑爾也。迹門ノ意ハ。立㆓テ一箇圓融ノ三諦㆒。本門意ハ。立㆓九體九用ノ三諦㆒。觀心意ハ。立㆓一心三觀㆒。此尚向㆑機時。三學門ノ廢立也。非㆓一心戒旨㆒ニ。何說㆓三諦中ノ假諦㆒哉。一心戒藏者。萬法ノ惣體。一法モ無㆓闕減㆒本門ナリ。クセナルヲヤ。故ニ本法假諦ト云也。非㆓三諦ノ中ノ假諦㆒ニ也

54〔一心戒藏本法假諦何處釋耶〕

問。一心戒藏本法假諦ト云事。何處釋耶

答。以㆓一心戒藏㆒本法假諦ト釋事別無㆑之。一心戒藏者。萬法惣體ニシテ一法モ無㆓闕減㆒本法戒ノ有㆓道理㆒。爲㆑令㆑知㆑人本法假諦ト云名ヲ呼フ也。釋外ニ付㆓名目㆒釋ノ約束得㆑意常ノ事也。無㆑文有㆑義。智者用㆑之。可㆑思㆑之也。不㆑可㆑驚云云

55〔何信心可㆑發㆓戒體㆒耶〕

問。以㆓何信心㆒可㆑發㆓戒體㆒耶

答。於㆓發得機㆒可㆑有㆓上中下差別㆒也。依㆑之。妙樂戒云。若（卍續二一一〇、六丁右下）不㆑起㆓於慇重之心㆒。罪無㆑由（滅カ）㆑滅。罪若不㆑滅。戒品難㆑期。是故不㆑可㆓輒爾而受㆒。然懺悔法。有㆓其三種㆒。上品懺者。擧㆑身投㆑地。左右山崩（如大カ）。毛孔流㆑血。中品懺者。自露㆓所犯㆒。悲泣（ㇾ犯カ）流㆑淚。下品懺者。通陳チン㆓過咎㆒。隨㆑師口言。今雖㆓下品㆒。猶請㆓諸佛菩薩㆒（ㇾ諸大カ）。爲㆑作㆓證明㆒矣 明曠疏同㆑之云云 此以㆓懺悔滅罪ノ三品㆒。戒體發得可㆓准知㆒者也。罪若不㆑滅戒品難㆑期釋故ニ。依㆓懺悔滅罪㆒發㆓戒體㆒ヲ。故准例シテ得㆑意也。上中ノ二根。流血汚信心身毛豎テ淚流等露事。信心分齊分明也。又如㆑此類世中ニ希也。且付㆓下根㆒料㆓簡之㆒者。通陳㆓過咎㆒隨㆑師口言ト釋トモ。信心ノ分齊顯事不㆓分明㆒。如何其可㆑持耶。好好可㆑知事也。以㆓信心㆒成佛ルコト戒家ノ一大事也。所謂淨行經云（大正藏二四、一〇二〇中。瓔珞經）。若一切衆生。初入㆓三寶海㆒（大正藏二四、一〇〇四上）以㆑信爲㆑本。住㆓在佛家㆒以㆑戒爲㆑本故也（矣カ）。梵網經云。大衆心諦信。汝是當㆓成佛㆒。我是已成佛。常作㆓如㆑是信㆒（大正藏七四、七五八下）。戒品已具足 矣 廣釋云。如何名㆑信（云カ）。如㆓梵網云㆒（ㇾ是カ）。若佛子。常生㆓大乘信㆒。自知㆓我是未成之佛。諸佛已成之佛㆒。

常作二如是心(信カ)一。戒品已具足矣以二此等ノ文一可レ得レ意也。我是未成佛諸佛已成佛者。諸佛ハ受戒已成佛タマヘリ。我等ハ不二受戒一故ニ未二成佛一。今更(實カ)ニ可二成佛一。深ク信シテ不レ疑二師言一不レ卑二下我身一也。三疑無ハ戒品具足ル也。三疑無ト者。一ニハ信レ言必定シテ思テ不レ疑也。二ニハ今所受戒ハ持有可二成佛一切(諦カ)信シテ不レ疑戒法也。三ニハ我受レ戒者ハ可二成佛一身也ト思テ不レ疑二我身一也。無二此三疑一。心絜シテイサマシキ事ノ心有モノハ。可レ發二戒體一ヲ也。通陳過咎隨師口言ト云ハ此分齊也。諦信此證(語カ)是名成佛(大正藏七四、七七四中。普通廣釋)ト云此意也。以二如レ是微妙信一卽身成佛ル事。戒法ノ不思議ノ事也。以二義章一不レ可レ計事也。罪業深重人ハ。歷トモ二塵劫一無レ起コト二一念信心一也。信心若起ハ。罪滅シテ戒體顯ト可レ知者也。戒家ノ心ハ。信心者。妙覺ノ智也。疑者。三惑ノ迷也。受戒發得者。成佛得道也

祖師上人云。(續天全圓戒1、二七二下。一心妙戒鈔)尋云。以二何心一成二(「就カ)戒體一耶(乎カ)。答。始自二釋尊一千佛戒准レ之(「無カ)師資相傳一代モ不レ絕。故ニ我(戒既カ)決定可レ成二就戒體一。疑心信心ヲ以納ニ得性德ノ三聚淨戒一也。性德ト云ヘル始覺冥(之カ」)ニ本覺一。修德歸二(「性カ)德一之時。性無作假色戒體ト成也。疑レ物心ハ空假二邊ノ心也。無二疑心一者。中道善法(法因カ)ノ信也 已上祖師上人御義

56〔一念塵沙信心發二佛戒體一事〕

問。以二一念塵沙信心一發二佛戒體一事如何

答。起二佛果中道善信一發二佛果戒體一事。何爲レ難耶。萬劫之闇明來ハ。刹那之閒消可レ思レ之。卽身成佛取レ證如レ反レ掌。此意也。權教權門ニ異リ。明ニハ塵劫成佛一速疾頓成故ニ名二圓頓戒一。此道理也

答。一得永不失戒體ト者。本法ノ假諦戒。一度發シテ盡未來際不失ノ佛(ホトケ)有也。權門小乘戒體コソ體外ノ法テ。戒ヲ犯レハ失シ。此戒體者本法假色テ無二已失一也。戒體發同之上ハ。永不レ失二戒體一。犯戒義全無レ之。論二犯不犯一事。雖二權機一淺近教門也。眞實ニ戒法ニ落居義ハ無持無犯也

57〔戒體得不得事非二迹門迷情教相一耶〕

問。於二戒體一論二得不得一事ハ。非二迹門迷情ノ教相一耶

答。受戒已前ノ本法ノ衆生界。受戒已後ハ本法ノ佛界也。持ニ本法ノ假諦戒一發ニ得シヌレハ本法戒體。永不レ犯ニ失ノ義一。雖レ論二得不得一非二迹門迷情ノ意一也。仍非レ難云云

58〔一切受戒人始可レ發二戒體一耶〕

問。見二法師品文一（大正藏九、三〇下。取意）。受持讀誦外說（解カ）書寫ル禪（善カ）ノ人ハ。過去ニ成二就大願一。悲二衆生一故來二生人閒一說リ。若爾者。有二信心一受二圓頓戒經一人ハ。過去受戒發得ノ人也。一得永不失ナラハ。何今生ニ始テ發二戒體一義在レ之耶。而何一切ノ受戒ノ人。始（初カ）テ可レ發二戒體一耶

答。一得永不失戒體カ故ニ。今生重テ瑩二戒體ヲ一也。非二始向一。一得永不失戒體カ故也。依レ之。菩薩善戒經云（大正藏三〇、一〇一五中）。菩薩若於二後世一更受二菩薩戒一時不レ名二新得一。名爲レ開二示瑩淨一矣此意也。但至下如二新得一授上ニ。凡夫則不レ知二往因一故ニ。如二新得ノ授ル也。而ルニ初テ受ル者初テ發二戒體一。過去發得者重テ瑩二戒珠ヲ一也

59〔戒珠事〕

問。戒珠者何物耶

答。或ハ月輪。或ハ如意寶珠等也。戒法ノ大事在二此事一。如二口傳抄一云云

菩薩戒義記知見別紙抄　中卷畢

德治二（一三〇七）年正月二十六日。於二西塔院黑谷願不退房一始草二案之一。同二月三日草レ之。正慶（延カ）元（一三〇八）年十一月二十四日淸二書之一。爲二佛戒法一集二記之一

沙門興圓

貞和二（一三四六）年七月二十四日。於二河湯（洛陽カ）白川法勝寺一給二和尚御自筆御抄一。觀（歡カ）喜頂戴謹以書寫

求菩提　宗遍

于時寬文二（一六六二）壬寅天六月五日書寫畢

右之寫本。殊外損亂有レ之者也。如レ本書置者也。後見之人人校合可レ有レ之者也

菩薩戒義記知見別紙抄 下巻

60 義記云。然此二釋。舊所ニ諍論一（大正藏四〇、五六六中二二行〜）○今之所用無作一（「有ニカ）也

義云（矣）。今釋ニ。擧ニ他師戒體有無諍論一畢テ判テ爲ニ本迹兩門ノ戒體一ト。今疏ノ意ハ。以ニ本門一爲レ本故。今之所用有無作也ト釋タマフ也。迹門ノ意ハ。以ニ不變眞如一ヲ爲ニ戒體一。無別ノ無作也。次上不レ起而已ノ意（意イ）也。本門ノ意ハ。以ニ隨緣眞如假色一ヲ爲ニ戒體一。故別シテ發得無作ノ假色也。次。起卽性無作假（大正藏四〇、五六六上）色ト者是也。自レ體此（本カ）疏ハ有ニ當分跨節ノ兩意一。故ニ約ニ跨節一釋ニルル本迹兩門ノ戒體ヲ也。約ニ當分一者。別圓兩教之意也。他師ハ不レ得レ意ヲ故ニ執ニシテ一邊一諍論ス。今家ハ得レ意ヲ攝ニ本迹兩門一ニ釋也

難云。於ニ今ノ義一有ニ三ノ難一。一ニハ今ノ戒體有無ノ兩義ニハ他師ノ異義也。全非ニ本迹兩門ノ戒體不同一ニ者也。二ニハ今ノ所用有無作也ト云モ。依ニ毘曇有門ノ義一有無作也トハ釋タマフ歟ト問タリ。一家ノ常ノ習。依ニ毘曇有門ノ義一判レ教ヲ事。三ニハ理則爲レ實。相卽（教則カ）爲レ權。在レ實雖レ無ニ教門一卽有矣案ニ此ノ文ノ意一ヲ。如何以ニ實理一爲ニ迹門一。以ニ教門一爲ニ本門一。迹門ハ隨他意語教道門之說爲レ本。絕迹之權說ナレハ。開迹顯本ノ時被レテ廢成レ麁。以ニ本門一爲レ妙。不レ可レ云ニ教門之權說一ト者也。爾者如何

會ニ第一難一云。他師カ非レ得タルニ本迹戒體ノ不同一。他師カ所ニ諍論一兩義ハ。今師ノ意テハ。當ニト本迹兩門ノ戒體一判タマフ也。仍テ於ニ兩義中一今ノ所用依ルニ本門一ニ用ニ無作ノ義一ヲ釋タマフ也。如レ此然此二釋以下ハ今家ノ所判也。全非ニ他師ノ意一ニ也。如レ此釋。今家ノ常習也。處處在ニ此意一也。不レ可レ驚事也

會ニ第二難一云。設ヒ全依トモニ毘曇一ニ本門ノ意ト云ニ無ニ相違一。毘曇ハ本門ノ方便。成論ハ迹門ノ方便。別教ハ本門ノ調心。圓教ハ迹門ノ意也。如レ此義カ有故ニ。以レ依ニ毘曇一ヲ本門ト云ンニ有ニ何妨一耶。付レ中。今釋ハ非レ依ニ毘曇一ニ擧ニ有無作ノ義一ヲ。下釋云。今言（義記、大正藏四〇、五六六上二六行）。數家自是數色。大乘是大乘色。何關ニ數家一。中論之（云カ）。言語雖レ同其意（心カ）則異。今大乘明ニ戒ハ是色

聚也矣明知。指毘曇有門非云今之所用有無作也」會第三難釋意。普通人不可得意事也。此以理智爲本迹意也。迹門方便品諸法實相理爲妙境。以壽量品非如非異(ㇾ○カ)如來明見無有錯謬知見(大正藏九、四二下)爲觀意也。教門者智也。天台一處釋在之。以理智爲權實時。理實智權也。非今始義也。本迹名目釋面不見故。皆人此義胸腹疎義思。有子細故放言不擧本迹名也。其故今疏含容當分・跨節兩義故偏約本迹。當分意可闕故。約當分・跨節兩義得意無相違樣釋給也。此疏本經爾前經有閒。面寄爾前作當分釋。別圓兩教菩薩戒意得意。底約跨節以本迹兩門意釋也。惣此疏如此意有事人不知事也。此疏元意在此事。偏約跨節圓教釋疏放言可云本迹兩門意。含容當分・跨節兩義故。言借當分心約跨節也。今經有佛意・機情兩意。故何云無相違也。以此意談今疏。(大正藏四〇、五六六下十四行)至佛乃廢矣

61〔戒體興廢事〕

問。圓戒意。一得永不失不可興廢義。何今約戒體論興廢耶。戒體者。迹門意。以不變實相爲體。本門。以本法假色隨緣眞如爲戒體。於眞如不可有妄失義者也。又廣釋云。圓教菩薩三聚淨戒。佛性爲體。佛果爲相矣(大正藏七四、七六四上)至佛乃廢者。佛果(ㇾ頓カ)有戒相戒體無之歟。若爾者。唯佛一人具淨戒義。不可有之者也如何

答。可有二意。一淺近義論戒體興廢者。附權門時事也。非實大乘意。自元今疏有當分權門意故。實大乘心。戒一得永不失不可有興廢義故也。二於戒體論興廢者。顯本門意也。本法假諦戒權門戒法隨緣戒也。故今論興廢者。本門意以四教常(問相歟)住爲本意。故權門所明以戒體興廢顯圓實戒體常住義也(大正藏四〇、五六六下二三行)

62 記云。次三聚戒體者○

義云。三聚淨戒者。以二三因佛性一爲レ體。以二三身妙果一爲レ相ト也。依レ之廣釋云。圓教（ア頓カ）菩薩三聚淨戒。佛性爲レ體。佛果爲レ相矣（大正藏七四、七六四上）攝律儀戒ハ。以二正因佛性一ヲ爲レ體。性無作假色者。法身如來ノ體也。攝善法ト者。以二了因ノ智一爲レ體ト也。報身ノ種也。攝衆生戒ハ。以二慈悲一爲レ體。應身如來ノ種也。依レ之明曠云。攝律儀ハ。法身因也。制（存カ）行二善等一知レ法證レ眞。（大正藏四〇、五八〇下）感報自在卽攝善法。報身因也。止レ惡行レ善慈悲爲レ本ト。四悉利レ物卽攝衆生。應身因也矣以二遮惡持善一ヲ利二衆生一ヲ是云二三聚淨戒一ト也。遮惡ト者。初身口ノ小惡ヨリ五住二死マテ遮二止之一。攝律儀戒ノ意也。始人天ノ小善ヨリ終至二中道ノ理善一二。修之攝善法戒ノ意也。以二此遮惡持善一ヲ利二衆生一ヲ。此ヲ云二攝衆生戒一ト也。一切ノ佛法。八宗九宗十宗等ノ法門。皆攝二此三一二。一切ノ佛法ヲハ以二三聚淨戒一ヲ可レ得レ意也。戒家ノ意ハ。以二饒益一ヲ爲レ本。故ニ遮惡持善スルト云モ。爲メニ衆生一ノ非レ爲二自身一ノ。自レ元戒家ノ意ハ。爲二自身一不レ求二菩提一ヲ故也。寒ニ取レ衣飢ニ求レ食等。全非レ爲二自身一爲レ利二衆生一也。一切以二此安心一ヲ可レ修二戒行一ヲ者也。一行一切行ニテ萬行悉究ニ竟ス一行一。小施小戒皆佛果ノ上ノ戒行也。爲レ成ンカ二衆生無邊誓願度ノ願一ヲ。發ト二餘ノ三ノ願一ヲ云故ニ一切願爲二利生一也。緣二一切衆生一修二戒行一故ニ。至テ二一華一香ノ小善一利二法界衆生一ヲ也。起レ心兼レ物依二四弘（佛歟）門一。稱二攝衆（大正藏四〇、五六七上）生一ト。卽是爲レ人ノ故ニ動者此意也。如二口傳抄一

63 記云。律儀多主二內德一。接生外化攝善ハ兼二於內外一。（大正藏四〇、五六七上三行～）故立二三聚淨（淨カ）戒一也矣

問。戒家ノ意以二攝衆生戒一ヲ可レ云二內外不二一ト如何

答。二ノ廢立在レ之無レ失。如二口傳抄一可レ得レ意也

64 記云。次論二止行二善一。如百論○衆善奉行則（卽カ）是勸門（大正藏四〇、五六七上四行～）矣

義云。止行二善者體用也。故體ノ下ニ寄二止行二善一一切佛教攝レ體ニ也。是卽七佛通戒也。漏タルレ之佛教無事也。止行ト者遮惡持善也。又智斷二德・止觀二門如レ此可レ攝二一切一ニ也

65 記云。善戒不レ起而已起卽（則カ）伐レ惡。皆是止義。皆有二（大正藏四〇、五六七上八行～）進趣一皆是行義矣

問。次上定ニ戒體㆒ヲ處ニ(同、五六五下～六上)不起而已起卽性無作假色ト云ト。今
不起而起卽伐惡ト云トハ一同也ト可㆑云耶
答。約ニ所發體㆒今約ニ體ノ上ノ用㆒。故ニ其意少差別也
問。雖㆑有㆑約ニ體用㆒ニ。差別起不起之廢立此一也。若爾者。
如㆑上本迹兩門ノ義可㆑有㆑之耶
答。爾爾心モ可㆑有見。善戒不起ノ方ハ迹門ノ不變眞如ノ戒。
戒善興テ成ニ止行ノ二善㆒方ハ。本門ノ隨緣眞如ノ立意尤可㆑
有也。一切ノ事ヲ約ニ本迹㆒得㆑意日ハ無ニ相違㆒也。又云。止
行二善ト者。慈悲二門也。止善ト者。止㆑惡大悲拔苦義也。
行善ト者。作善大慈與樂ノ義也。約ニ觀音普門ノ兩義㆒得㆑ヘキ
意也。觀音ト者人也。唱㆑名除ニ七難三毒㆒ヲ。此ヲ藥樹王願大
悲拔苦止惡ノ義也。普門ト者法也。示現三十三身隨機說法
大慈與樂ノ行善ノ義也。故ニ止行者辨人也。行善者所行戒
法也。故ニ題名ノ菩薩戒ト止行二善トヲハ可ニ得㆑意合㆒也。
約㆑シテ名云ニ菩薩戒㆒ト。約㆑體名ニ性無作假色㆒。約㆑用名ニ止行
二善㆒ト也。前(大正藏四〇、五六七中)後一同ニ了ニ料簡シ合㆒也。如ニ口傳抄㆒云云
66 記云。第三料簡更爲㆑三。一須ニ信心㆒。二無ニ三障㆒。三
人法爲㆑緣矣
義云。料簡ト者。因緣和合シテ受戒成佛ル事ヲ料簡ル也。機信
心無障ヲ爲㆑因ト。能化說戒ヲ爲㆑緣。受戒成佛ル也。大綱第
三ノ料簡者。成ニ僧寶㆒ト也。妙樂大師ノ十二門戒儀ヲ爲㆑本近
來圓頓戒ノ相傳樣ハ。此料簡ノ下ヲ爲㆑本也。戒儀第三請師
不現前ノ五師ト者。今疏諸佛聖人兩師也。傳戒師ト者。第三
凡師也。道場ヲ安ニ置ル尊(「本カ)㆒者。今疏ニ立㆑二ヲ中ノ第二ノ像佛
金銅泥木等也。如㆑此義有故ニ。近來受戒作法ハ。義記ノ第
三ノ料簡下ヨリ出リ。可㆑知也。圓頓戒傳受ノ道場ニハ。必本尊ト
戒師ト受者ト三法具足ル也。此ハ三身如來也。安置本尊ハ法
身如來。戒師ハ報身如來也。受者ハ應身如來也。此事委如ニ
戒儀別紙抄深祕口傳㆒。如ニ口傳抄㆒云云
67 記云。(同前)復加ニ三種(「有カ)㆒(大正藏四〇、五六七中十二行～)○三信ニ所得果常樂我淨㆒矣
義云。自他心識皆佛性者法身如來。勤行勝善如(必カ)(同前)能得果者
報身如來也。所得果常樂我淨ト者應身如來也。大乘戒ノ(同前)
意ハ。我身ヲ信ニルヲ三身如來㆒ト云ニ信心㆒ト也。三種信ト者。備ニ三
因佛性㆒故ニ。受ニ佛子戒㆒ヲ卽可㆑成ニ三身佛果㆒ヲ源定ルヲ信

心トハ云也。委如二口傳抄一云云

68 記云。次無二三障一者○煩惱障○業障○報障○（大正藏四〇、五六七中十四行～）
義云。圓頓戒家ノ意ハ。三障卽毒理三身如來也。十界通シテ
受戒機也。障レ戒ヲ者無レ之也。故ニ十界通受ト云モ此意也。
依レ之無二三障一者爲二受戒ノ機一云也。轉二三障一成二三德一ト
云ニ付テ。止觀等ニ有二重重ノ口傳一。名字尚以不レ可二口外一ス。
祕中祕事也

問。三障卽三德義テ可レ障レ戒物無レ之者。何現文ニ依二三障
厚薄一判二受戒ノ因不同一ヲ耶
答。此有二二意一。一ニハ附二權門一定二機不機一。此ハ當分ノ敎門
也。二ニハ約二跨節一得レ意時ハ亦有二二樣一。一ニハ附二權門一判二
三界六道戒機ノ有無一ヲ。今ノ戒ノ心ハ三界六道皆無レ機成二戒
機一ト云意也。二ニハ只出ス戒法ノ三界六道ノ三障緣起ル不同
也。心ハ。三界六道ハ隨緣眞如ノ緣起シタル相貌ルカ故。無二機
處一皆爲二戒機一ト意也。所以。今戒ノ意ハ。十界ノ不同ハ戒法ノ
不同云故也。一念戒體三千戒行ノ意也
問。三界六道皆爲二戒機一意。今釋所レ不レ見也如何

答。理文分明也。不レ及二他難一者也。次上ノ文ニ。定二戒機ノ
信心ヲ處ニ立二三種信心一文是也。一ニハ信二自他心識一皆有二（大正藏四〇、五六七中）
佛性一。二ニハ信下勤二行勝善一必能得上レ果。三信二所得果常樂
我淨一矣 既ニ自他共ニ有ソト二三因佛性一信ヲ爲二戒ノ信心一ト故ニ。
三界六道誰カ無二三因佛性一耶。以二此文ノ意ヲ三界六道皆
爲二戒機一ト也。如二口傳抄一云云

69 〔今依レ文推レ理者指二何文一耶〕（同、五六七下）
問。今依レ文推レ理者。指二何文一可レ云耶
答。可レ亙二當分跨節ノ兩文一也。當分ノ時ハ。五戒ハ一切戒ノ
根本也。約二跨節一意時モ。五戒ハ我等カ五大五根五智如來
等也。淨行經ニハ（同前）以二五戒一爲二五分法身一ト也。此ヲ菩薩爲二比
丘說一。故ニ菩薩戒根本トト云歟。仍テ彼經ニ五戒ヲ一切戒ノ爲二
根本一ト矣

70 記云。初人緣三種得二菩薩戒一。一諸佛。二聖人。三凡（大正藏四〇、五六七下五行～）
師矣
義云。此三種ト者。三身如來也。隨分戒家ノ己證也。委細
如二口傳抄一云云

71記云。梵網中言。（大正藏四〇、五六八上一行～）爲レ師必是出家菩薩○五惠藏窮
言（玄カ）矣
義云。今經ノ意ハ。三學相卽シ三學俱傳ノ戒故ニ。三學具足シテ
可レ成二戒師一ト也。初ノ三ハ戒藏。第四ハ定藏。第五惠藏也。
72記云。次論二法緣一。（大正藏四〇、五六八上五行～）道俗共用方法不同。略出二六種一
如二口傳抄一云云
○矣
義云。圓頓戒相傳意。以二七衆通受一爲レ本ト。故ニ今六家ノ
戒儀モ七衆通受ノ戒儀故ニ。道俗共用方法ノ不同略出六
種トハ云也。普通廣釋ハ。普通七衆通受ノ意也。委如二口傳
抄一云云

73〔六家戒儀取捨事〕

問。今疏意於二六家戒儀一可レ有二取捨一耶
答。義記意以二梵網戒儀一爲レ本。餘五家ハ爲二隨機戒儀
也一ト。菩薩戒意。行事隨時隨人不二一准一故ニ。廣出シテ二六家ノ
戒儀一不二取捨一也。妙樂大師十二門ノ授戒ノ次第モ此等ノ戒（卍續二一〇、五丁左上。授菩薩戒儀）
儀ヨリ出タリ。故ニ依二古德及梵網瓔珞地持幷高昌文一ニ。略爲二
十二門一矣此意也。返返可二得レ意合一也
74記云。歸依常住佛。（大正藏四〇、五六八上十四行～）歸依常住法。歸依常住僧。三説
○矣
義云。戒儀別紙抄第三ノ三歸戒ノ處ヲ可レ見。又如二口傳抄一
75記云。律儀戒。（大正藏四〇、五六八中五行）攝善法戒。饒益有情戒矣
義云。戒儀別紙抄第七正授戒下可レ見。如二口傳抄一。以下。
地持・高昌・瓔珞・新撰等五家ノ戒儀ノ中ニ。三歸三聚淨戒
三說等准レ之可レ得レ意ナリ。以レ繁略レ之也。地持・高昌等ノ
戒儀。源トハ雖レ出二方等部一。今疏ノ意。有二當分・跨節兩意一
故。約シテ二當分一准二爾前ノ意一可レ得レ意。約シテ二跨節意一ニ約二法
華意一可レ得レ意也。大師本意如レ此。好好可二存知一者也
76記云。大德於レ我不レ辭二勞苦一。（大正藏四〇、五六八上二九行）哀愍聽許矣
義云。戒師不レ許二罪障不滅相一也。聽許シ罪滅發戒別相
也。故聽許トハ者。戒ヲ云也。如二口傳抄一可レ問云云
77記云。第一。（大正藏四〇、五六九上七行～）師初入二道場一禮レ佛。在二佛邊一就レ座。（坐カ」）
第二。弟子入二道場一禮レ佛踋（胡カ）跪矣
義云。戒家心。莊二嚴道場一安二置本尊一師弟入二道場一。受戒

儀式悉皆有二子細一。成佛同道ノ儀式ヵ故。一切法門皆攝二此
儀。如二口傳抄一云云

78記云。此經題名二梵網一（大正藏四〇、五六九上十七行～）〇從レ譬立レ名。總喩三一部所
詮參差不同如二梵王網一也矣

義云。梵網ト者喩也。諸佛淨土事無礙ニシテ。諸佛教門隨機
萬差ナレトモ。融通無礙ヲ譬二梵王ノ因陀羅網一ニ也

求云。聖教萬差ナレトモ所詮理一ナリ。何況於二一經所詮一耶。
何云二一部所詮參差不同一ト耶

答。今經意異二餘經一。初結二菩薩波羅提木叉一ヲ。正覺ノ最初
結二菩薩ノ大戒一意遍二一代一。故ニ此經含二容當分・跨節ノ兩
意一也。當分心ハ指二別圓兩教所詮一。跨節心ハ可レ有二本迹兩
門所詮一也。惣シテ含二容ルカ一代ノ諸教ノ所詮一ヲ故。一部所詮・
參差不同トハ云也。諸佛教門亦如レ是可レ得レ意者也

79記云。華嚴名號品。（大正藏四〇、五六九上二八行～）或名二盧舍那一。或名二釋迦一。今明。
不レ一不レ異。機緣冥レ（宜カ）聞耳矣

義云。臺上盧舍那ト葉上葉中釋迦ヲハ。機見不同本迹差別
也。約二壽量品ノ心一得レ意時ハ。本地久成ノ三身如來也

80記云。尋二文始末一。（大正藏四〇、五六九中一行～）有〇然後各坐二道場一示二成正覺一
矣

義云。葉上葉中釋迦受二菩薩戒一成二正覺一事ハ。一切衆生
依二受戒一表下可二成佛一事上ヲ也

81記云。（大正藏四〇、五六九中十八行～）於二三教中一卽是頓教。明二佛性常住一乘妙
旨一矣

義云。上階位ノ下テ橫ニ以二四教一攝二一代一ヲ。今釋ハ豎ニ以二頓
漸圓ノ三教一判二一代一也。天台宗心。大綱網目ハ有二多不
同一。一ニハ三教ノ大綱八教ノ網目。二ニハ以二頓等ノ四教一爲二大
綱一ト。以二藏等四教一爲二網目一。今ノ釋ハ。三教ノ大綱。八教ノ網
目也。或ハ九教大網（綱カ）。或ハ八教大網（綱カ）。或ハ一教大網（綱カ）也

求云。三教大網（綱カ）者其相如何

答。三教大網（綱カ）事ハ。源出二方便品唯此一事實餘二卽非眞（大正藏九、八上）
文ト。涌出品始見我身等（同、四〇中）ノ文一ヨリ。頓教者華嚴。漸教ト者中間
三昧。圓教ト者法華涅槃也。依レ之文句第七云。實相卽一（天文三、一五三九上）
切智地。等文（上カ）云ニルニ唯此一事實一指二此地一也。餘二卽非眞ハ
指二七方便一也。此約二漸頓二教一述二其開權顯實一ヲ也矣記

云(同前。文句記)。以二漸頓中不レ出二七方便一(〔故。故カ)漸頓中有レ權減(咸カ)開 矣 玄十云(天玄五、五二三〜四)。又下方涌出菩薩○始見二我身一○學二小乘一者。我今亦(〔如是人カ)令下得レ問(聞カ)二是經一入中於佛惠上。卽是釋迦初レ頓後レ漸 矣 記二云(天文一、四六一上)。始從二華嚴一至二般若一來。皆從二一法一開出ス。至二般若一頓漸已(〔時カ)覺(竟カ)。而人不レ知三法華出二コトハ頓漸外一。請觀二ヨ意字(竟カ)一。法華但是收二無量一知歸(以カ)レ一 矣 守護章上云(傳全二、二一三)。法華涅槃非レ頓非二漸攝一。開二別(前カ)頓漸一歸三會佛乘一 矣 又授決集ニ引二淨名廣疏一(佛全26、三三四上)。圓頓漸三教判二リ大綱三教一ヲ。此等ノ文ハ卽三教大綱所據也。以二此等意一ヲ今文ノ於二三教中一卽是頓教ノ心可二料簡一也。三教大綱廢立ハ。絕待門ノ意也。唐土ノ人師。頓漸不定ノ三教釋ヲハ不レ可レ用レ此ヲ者也

82〔圓頓漸三教事〕

問。淨名廣疏文ハ以レ何知レ之。三教ノ證文ト云事。誰知。圓頓漸ハ三教ト云モ有ン。依レ之妙記云(卍續一-二八、四二〇丁左下)。圓頓是圓ナリ。漸是三教 矣 如何

答。若必所レ難者文言不レ可レ然。頓ハ圓。漸ハ三教ト可レ云也。故ニ圓頓漸三教ト云。明知ヌ。文章次第非二所難ノ旨一ニ者耶。若其義ナラハ圓頓三教漸可レ云也。依レ之道暹云(現存本不見)。是圓頓漸者。圓ハ謂法華涅槃。頓ハ謂華嚴也。漸ハ謂鹿苑乃至般若 矣 但至二妙樂釋一ニ者。圓頓者圓也ト者(天玄五、五四八。玄義)。初後佛惠圓頓義齊ノ意テ。華嚴ノ圓ト法華ノ圓トヲ合テ。圓ト云ト釋也。然ト云テ。法華圓ト華嚴ノ圓ト非レ立故。圓ヲハ約二法華一。漸ヲハ中間三味ノ中ノ三教ト釋リ。意ハ約レ部ニ作二化法四教一ヲ釋也。故無レ失ニ耶

83〔一代大綱網目事〕

問。以二頓等ノ四教一爲二大綱一事。道理不レ成。頓等ノ四教ハ爾前大綱也。非二一代大綱一。藏等ノ四教漸中開問テ。此大綱網目ノ內ニ。法華涅槃兩經全不レ攝レ之。何一代ノ爲二大綱網目一ト耶。爾者如何

答。約二絕待門一立二九教一非レ爲二大綱一義也。今約二相待門一以二九教一判二一代一意也。依レ之山家釋云(傳全二、二一四。守護章)。約教之邊一(少カ)分相攝。約部之邊都不二相攝一 矣 八教內證法華ノ意テ爾云也。仍無レ失 云云

84〔九教大綱事〕

問。何以二九教大綱一爲二絕待門意一ト。以二頓等四教一爲二大

綱。以藏等四教爲網目爲相待門意如何

答。以約部意奪立九教絶待門意。以約教意與立八教相待門意。故如(「〇カ)此判也。依之山王院釋云。約相待門暫説(設カ)與義。故依絶待奪義爲正矣(佛全26、三三八上～下。授決集)籤第一合之耶

85〔八教大綱事〕

問。八教大綱者。以八教爲大綱網目義同異如何

答。以八教爲大綱網目義。約相待門一分相攝邊判也。八教大綱者不合也。開會爾前八教。八教外無能開法華。故不立第九教云八教大綱也。其意遙異也。九教大綱者。所開八教能開法華雙論故。立超八圓云九教大綱也。慈覺大師止觀記云。問曰。化儀外別立非頓非漸化儀可云爲九教。答。言(五カ)八教者。且約所開開會。前八融會體同故不立第九化儀。若能開所開雙論。亦應云九教矣(佛全26、五五八下)玄義要略(略要カ)云。蓮華(「彼カ)法華儀儀(華内カ)法一體無前無後。蓮華八葉表八教。蓮華(臺カ)唯一表八歸一。一中之八。八中中(之カ)一。常一(八カ)常八(一カ)無前無後矣。以此二文意八教大綱・九教教(之カ)大綱・八教大綱網目等義可得意事也。大切也

86〔一教大綱事〕

問。一教大綱者其意如何

答。一教大綱者。八教即一大圓合只一教大綱也。一代圓戒是也。依之授決集云。頓之與漸未是圓也(佛全26、三三四上)。開會後成圓畢矣既云開會後成圓畢。明知開會後一代皆一大圓教有也。以此一代圓頓戒云尚淺近義也。眞實不待開會不云圓教處。一代圓頓戒云戒家本意也

義云。以三教判一代事。立超八圓時事也。故知法華意云事。上階位下以四教攝一代(傳全二、二二四。守護章)。以八教(佛全26、三三八上。授決集)爲大綱網目時意也。此約教邊一分(少カ)相攝。待(約カ)相待門暫説(設カ)與義心。以相待門心指一代意也。今以三教判一代(傳全二、二二四。守護章)。約部之邊都不相攝。故依絶待奪義爲正意(佛全26、三三八下。授決集)。以絶待門判一代義也。爰以知。今疏以相待絶待二意判一代意有也。故法華意有跨節義云

也。依レ之玄義云。此經唯論二二妙一（天玄一、六三七）矣 論二二妙一事。法華經ノ意也。如レ此得レハ意。於二三教中一（大正藏四〇、五六九中）即是頓教。明二佛性常住一乘妙旨一者。今經明二法華涅槃兩經意一云釋也。常住佛性ト者涅槃經也。一乘妙旨ト者法華經也。處處釋。皆涅槃經ニハ明二常住佛性一。法華ハ明二一乘妙理一ヲ云ハ常ノ習也。金錍論等盛ニ釋二此義一。明知ヌ。今菩薩戒疏ハ以二法華意一釋ト事。本經具二跨節ノ意一故ニ疏ニ如レ此釋シタマフ也。依レ之淨名妙記云。圓頓是圓漸是三教（卍續一－二八、四二〇丁左下）矣 圓頓是圓ト者。華嚴ノ圓與二法華ノ圓一。初後佛惠圓頓義齊故ニ。圓ト頓トハ是圓ナリト云也。漸是三教ト者。藏通別ノ三教也ト釋給也。心ハ華嚴頓中間三味漸法華ト云時ハ。一代ハ三教也。此三教ヲ四教ト云時ハ。圓ト頓トハ圓教也。以二中間三味漸一前三教ト一云也ト釋タマフ也。以二此等釋一。華嚴經ニ有二跨節ノ義一也。故ニ引二梵網一ヲ爲二傍依經一ト有二子細一事也。不レ可レ同二餘經ニ一者也。經云。我今盧（大正藏二四、一〇〇三下～四上）舍那方坐（坐カ）蓮華○各座二菩提樹一一時成二正覺（佛道カ）一矣

87 記云。（大正藏四〇、五六九下二〇行～）前兩行半明二本迹一。次一行。一句明二人法一。就レ初又三。一ニ半行明二舍那本身一。二ニ一行半明二釋迦迹佛一。三半行ハ總結本迹○

義云。梵網戒教主事。此下ニシテ可レ習一大事也。自レ本今經ニ有二當分・跨節ノ兩意一故ニ二意ヲ可レ習也。當分ノ意ヲハ。爾前ニ不レ明二方便土一故ニ實報土ト云モ。同居ノ上ノ影現ノ土也。故ニ同居土ノ機ヲ爲レ令レ入二實報土一ニ影現カ故ニ。方便土不レ可レ有レ之。故ニ葉上ノ千釋迦モ同居土ノ教主也。三千界ノ教主座ニト菩提樹下一ニ見カ故也。爰以テ。葉上千釋迦モ同居土ノ教主也。葉上ノ千釋迦何土ノ教主耶。此算ヲ習ニ有二兩樣一。一約二華嚴一得レ意時ハ。同居土ノ教主ト習也。二約二跨節法華壽量品意一。方便土教主ト習也。隨分祕事也。世間ノ人ハ。大旨以二同居土ノ教主ト云義一爲レ本也。方便土ノ教主ト云義ハ惡義ト思ヘリ。此算ヲ約二華嚴法華二經一習替祕事ヲ不二存知一故也。彼算ヲ妨妨（旁旁カ）可レ習也

今梵網經爲二傍依經一事ハ。以二法華ノ意一ヲ引用也。臺上葉上葉中成道儀式說戒ノ樣ヲ。以二法華意一ヲ彌習入テ可レ持ツ者也。其故ハ臺上ノ盧舍那佛ト者。信解品所說ノ瓔珞長者也。瓔珞長者ト者。第十六王子也。第十六王子ト者。壽量品意テ

本地久成ノ釋迦如來也。故約ニ壽量品ノ意一者。本地無作ノ三身也。故約ニ當分一者。同居ノ上ノ影現實報ナレハ。壽量品ノ意テ臺葉成道卽三身四土ノ成道同時也。臺上者實報。葉上者方便土。葉中者同居土也。故報身勝應身劣應身也。而トモ最實事ヲ今成道以ニ盧舍那一（ㇾ爲ニカ）爲ニ本身一ト。以ニ大小釋迦一爲レ迹ト。故ニ以ニ實報土一內證理智不二ノ土一ト時ハ實報。同居ハ外用理智而二ノ土也。以ニ同居土一爲ニ內證理智不二ノ土一時ハ實。方便ハ外用ノ理智而二ノ土也。以ニ壽量品本迹互（天文五、二二八六上。文句）具ヲ得レ意。三身各有ニ三身一故ニ三身九身也。佛於ニ三世一等有ニ三身一。本迹各三ノ佛ノ有也。又迹ノ土ニ具ニ本ノ土一。故ニ三土各具ニ三土一。故三土九土テ有也。當分ノ時。同居ノ上ノ影現ノ土云モ。本門ノ意ハ。以ニ同居一ヲ爲ニ內證理智不二ノ土一ト。實報・方便ヲ爲ニ外用一意也。此等ハ祕藏法門也。可レ祕。常人ニ不レ可レ示事也。返返不レ可レ授。二（ママ）今如レ此談意ハ。圓頓戒者多寶塔中ノ釋迦ノ說也。而ヲ引ニ梵網一爲ニ傍依經一ト者。實ニ壽量品ノ意ヲ以テ爲ニ傍依經一トハ也。常人不レ知レ之。戒法ノ行事ハ。法華ノ文ニ不ニ分明一間。借用ル樣ニ思ハ以外ノ僻事也。沙汰外ノ事也。不レ知ニ戒法ノ意一無案內淺略捧魔ノ義也

88〔三身四土成道事〕

問。三身成道同時ノ意ト得ハレ意。何示ニ現實報以下ノ三土一不レ現ニ寂光土一ヲ耶如何

答。三身四土ノ成道ト云事ハ。何土モ理智不二ノ土ルカ故ニ。於ニ同居ノ一土一尚論レ之。實報方便同居三土ニ無ニ三身四土ノ義一耶。但以ニ報身報土一爲レ本事ハ。以ニ報身一爲ニ內證理智不二ノ身一ト。同居・方便ヲ外用理智ト得ルレ意也。其故ハ今梵網經者。以ニ三學門ノ廢立一ヲ赴レ他說ニ十重四十八輕一ヲ。此方ハ他受用ノ說戒也。故ニ自證ノ一心戒藏ヲハ不ニ手付一指置テ。以ニ三學俱傳ノ盧舍那一爲ニ本佛一ト故ニ。示ニ現ル臺上ノ盧舍那葉上ノ千釋迦葉中ノ小釋迦一ヲ也。故ニ傍依梵網ノ意テハ。一心戒藏ヲハ不ニ手付一指置テ。顯密禪敎ノ諸宗ノ不レ伺處也トテ可ニ打捨一也。尚モ得レ意尋ネ依人有ハ。機法未レ起。生死涅槃共不レ分。何酬テニ智解之問一設ニ義立ノ答一耶。佛與祖不レ說レ之。諸宗何輒伺レ之。如レ是風情ヲ答テ。一心戒ノ樣ヲハ委不レ可レ答レ之。其故ハ赴レ他非ニ一心戒ノ重一。機法已分テ隨レ開（可歟）ニ

三學廢立一盧舍那佛ノ戒ヵ故也。以二臺葉成道一如レ此得レ意
也
依レ之。一心戒下卷云。梵網經云。（傳全一、六三三）我已百劫修二行是心地一。
號レ吾爲二盧舍那一。道璿（セン）和尚。（上カ）釋二彼文一云。修行者。天台
師ノ說。修下行ル一切之法上。不レ生不レ滅。不レ常不レ斷。不レ一
不レ異。不レ來不レ去。常住一相ナル。尚（猶カ）如二虛空一。言語道斷。
自性清淨上矣（矣ナシカ）是名二修行一。如レ是行人。於二自性清淨心中一。
不レ犯二一切戒一。是卽虛空不動戒。又於二自性清淨心中一。安
住シテ不レ動。如二須彌山一。是卽虛空不動定。又於二自性清淨
心中一ニ。通二達一切法一。無礙自在。是卽虛空不動慧。如レ是
等戒定惠ヲ名二盧舍那一ト。（「佛カ）智者大師ノ隨意普禮法ニ說。敬二禮
常寂光土毘盧遮那遍（イニナシ）法界諸佛一心戒藏一。普禮二十方三世
諸佛虛空不動戒藏盧舍那佛一。普禮二十方三世諸佛虛空不
動定盧舍那佛一。普禮二十方三世諸佛虛空不動惠盧舍那
佛一云云
此文ノ意ハ。一心戒藏ハ寂光內證毘盧遮那法身戒ニシテ未二機
法起一處也。自性清淨三學俱傳ヲモ名二毘盧遮那佛一ト故。赴レ

機開二三學一方ハ。今面トシテ以二報應二身ノ理智ヲ唱二臺葉成
道ヲ一。故未レ現二寂光一云事ハ無也。心ハ常寂光也。一心戒藏ハ
非三示レ他法二故。以テ華臺華葉中ノ三土ノ分域二示シテ妙海
王等一ニ。授三三學俱傳ノ十重四十八等ヲ一也。一心戒藏ノ文。尤
至要ヵ故ニ。廣引レ之爲二才覺一ト也。常可レ分二別此意一ヲ也。
常ニハ人此等ノ差別ヲ不レ可レ得レ意。ヤミヤミトシテ置也
次。正依法華戒ノ時。一心戒藏ト云ハ。機法未分ノ處テ差置事
尚モ淺近ノ義也。法華經ノ戒ノ意ハ。於レ赴レ機重テ內證一心
戒ノ有情非情共ニ事相ニ持テ有也。此ハ機法未分處ノ重也。委
如二口傳抄一。如レ是付二說相一雖レ立二二差別一ヲ。實事一ニ可二
習合一也。其義見二口傳抄一云云
89 記云。（大正藏四〇、五六九下二四行～）佛身四種。一謂二法身一○釋迦應迹赴感爲レ
身ト也○
問。今擧上ノ法報應者。眞身合應身開ノ意歟如何
答。約二跨節壽量品意一ニ。眞身開應身合ノ意ト可レ得レ意。如二
壽量品疏一。今疏ノ心ハ。釋迦應迹赴機云感爲レ身也矣眞身
開應身合ノ意也。約二梵網當分一ニ。眞身合應身開意ト可レ得レ

意也。文面前後ノ意ハ。眞身合ノ義也。毘盧遍耀正法爲レ身。（同前）爲二一心戒藏一ト。應身ハ他受用法身ノ赴レ機開二三學一ヲ方ルカ故也。如二口傳抄一云云

90 記云。方者正也。安二住正法一故云レ坐也（大正藏四〇、五七〇上二行～）○故云二蓮華藏一矣

義云。蓮華ト者。所居國土也。世界形相似二蓮華一故ニ云二蓮華藏一ト釋給也。此蓮華藏世界者法性ノ土也。報身智身ノ所居カ故ニ國土云二正法一ト。約二實理一ニ云也。依レ之淨名疏云。（大正藏三八、五六五上）如如法界之理名レ之爲レ國。但大乘法性眞實智性。不レ同二二乘偏眞之理一矣 約二本門一身土相應色身具足四土一モ。三身卽一ノ義ヲ以テ可二得レ意合一者也。如二口傳抄一云云（〇居カ）

91 記云。華嚴云華在レ下擎タリ。（大正藏四〇、五七〇上三行～）蓮華二義。各穢不染也矣

義云。假立實報ト云時ハ。同居ノ上ニ雖二假立一ト。報土方ハ不レ汚也。實報土ヲ爲レシテ本ト同居方便ヲ兼時。本實報不レ汚也。蓮華處泥不レ汚（ケカレ）也

92 記云。藏者包二含十方法界一（大正藏四〇、五七〇上五行）悉在レ中也矣

義云。此釋ハ。以二法華ノ十界互具一釋ル也。次下。（同前）一葉ニ有二一佛世界一。故有二千佛淨土一。表下ス十地十波羅蜜圓因。起シテ二應果ノ本地一ヲ現中千釋迦上矣 此釋ハ。約二當分別門一ニ千葉ノ義ヲ釋ト見リ。十地十波羅蜜等ノ名目別教意ルカ故也。圓教ノ意ハ。四十二位ルカ故也。法華跨節ノ心ハ。十界互具シテ百界也。百界ニ具二千如一ヲ也。包二含ト十法界一ト者。包二含十界一ヲ義也。十方每方各一百ト云モ。一界ニ具二十界一ヲ義也。依レ之一心戒（傳全一、六三五）云。蓮華四類。人中蓮華十葉已上。天蓮華百葉已上。菩薩（〔上カ）蓮華千葉已上。妙覺蓮華等ニシテ法界。（〔量カ）一一互融。可レ謂。依正二報圓滿體。（〔能カ）包二含十方法界一。法界ニ現二一塵中一。（〔十方カ）猶如二帝網一。重重無盡。不竪不横。（横カ）（竪カ）出二過思議表一（〔之カ）矣 此釋。引二ト明曠ノ疏意一見タリ。又可レ見二口傳抄一云云

93 記云。又以三本佛坐二於華臺一。（大正藏四〇、五七〇上六行～）又表二戒是衆德之本一也矣

義云。梵網經意ハ。表二諸教中ニ戒法勝ル義一ヲ。故舍那蓮臺ノ上ニ居ト釋タマフ也。舍那ト者。自性清淨ノ三學也。三學倶傳戒カ諸教最頂ル義也。又如二口傳抄一云云

94 記云。(大正藏四〇、五七〇上七行～)周匝千釋迦望百億國〇故兩種(重カ)本迹矣

義云。兩種(重カ)本迹ト者。一舍那ヲ爲レ本。千釋迦爲レ迹。二千釋迦ヲ爲レ本。百億ノ小釋迦ヲ爲レ迹也。以二此本迹倶時成道一ヲ立二四句成道一也。此本迹ハ皆法華ノ意也。當分ハ常コト也。約二跨節一本迹兩門ノ意也。以二四戒一得レ意也。(大正藏四〇、五六九下)一舍那戒。二釋迦戒。三菩薩戒。四衆生戒也。舍那ヲ爲二本佛一ト。葉上葉中ノ釋迦。來二舍那ノ所一受レ戒成道ルハ本門意也。其故ハ。本門ノ心十界三千皆毘盧遮那一佛ノ依正也。故眷屬ト云モ。本地久成ノ自性所生ノ眷屬也。非二他人一ニ也。本地久成ノ釋迦ト者。十界倶成ノ佛也。非二但ノ佛界一ニ也。故ニ本門四種眷屬ヲ云ニ。業生ノ眷屬ハ六道。願生ノ眷屬ハ二乘法界。神通生ノ眷屬ハ菩薩界。應生ノ眷屬ハ佛法界也。此ハ於テ二毘盧遮那一佛ノ自身一分二別能化所化一ヲ故ニ。如二眞言等一自性所生ノ眷屬ト云也。以二本地眷屬ト云一ヲ如レ此可レ得レ意也。今梵網經ニ。臺上舍那現シテ二葉上葉中ノ釋迦一ヲ。以二此釋迦一爲二所化一。授二十重四十八輕一ヲ。本門對シテ二自性所生ノ眷屬一ニ。說二釋迦久成ノ本地一ヲ義也。次。葉中ノ小釋迦。授二諸菩薩衆生一ニ迹門心也。迹門ノ意。約二在纏一雖レ明二十界互具一不レ說二本地一。眷屬ヲ眷屬トモ迷ヘル衆生ノ始テ歸二佛果一故也。非二釋迦示現一授二菩薩衆生一ニ。表二迹門ノ心一也

95 記云。(大正藏四〇、五七〇上十八行～)各坐下三明三本迹倶成二佛道一。此明三迹中本迹皆成二佛道一也矣

義云。此文意ハ。以二本門意一四土三身ノ時ハ事ヲ釋也。梵網經ノ意ニテ化用示現義也。非二本迹共本地同時ノ義一ニハ也

96 記云。(大正藏四〇、五六九下十二行)根本冥ニ傳。自下授二作佛記一矣

義云。根本冥傳ト者。盧舍那佛也。自下授作佛記ト者。大小ノ釋迦衆生等也。此ニハ文句第一ノ(「記カ)(天文一、六七下)。最初無教ノ佛ニ可二習合一也。所傳戒法ハ。無始無終ニシテ。初メ他人ノ授授義無處レ在レ之。此戒ハ自體發得ル此冥傳ノ義也。此理ハ傳授發得ル所ニ皆有也。故最初教ノ佛有ト云モ一義テ有也

問。廣釋云。(大正藏七四、七七三下。取意)盧舍那佛者。値二凡夫師一受二此戒一矣　今何云二冥傳一ト耶

答。廣釋意。此戒者。盧舍那佛モ受二前佛一意釋也。値二凡夫(取歟)師一受者戒家ノ一ノ意據也。凡夫師ト者。迹佛受戒ノ義也。

今ノ釋ハ。戒體ノ冥薫蜜(密カ)益ル自性戒ノ方ヲ云也。實ニハ一事也

97 記云。十重四十八下(大正藏四〇、五七〇中十三行～)。第一明ニ戒體一○使レ得ニ清涼一

喩レ之如(若カ)レ月 矣

問。十重四十八戒相也何云ニ戒體一耶。又日月等可ニ戒體一ナル。何云ニ戒用一耶

祖師上人御義云(續天全圓戒1、二七四下。一心妙戒鈔)。此文極難レ得レ意釋也。但影略互顯ノ心歟。其故ハ十重等ハ用ノ條勿論レハ。付レ之能持能領方ヲ體ト事ヲ顯ナリ。日月等ハ戒體ノ條勿論レハ。明邊ヲ取テ除罪霧方用ト釋ト可レ得レ意也。抑モ戒ト云名ハ慈悲也。慈悲ハ利衆生也。和(利カ)衆生戒爲レ體心ヲ以テ。十重四十八輕戒ヲ爲レ體云歟。大方ハ十重四十八等ハ戒相戒行之中戒行也。已上上人御義」

一義云。十重四十八等ハ非ニ所發戒體ニ也。行體也。日月瓔珞等ハ戒體ル條勿論也。爾トモ次下文ヵ微塵菩薩衆由是成正覺(大正藏二四、一〇〇四上。梵網經)ト説故ニ。依ニ戒體一發得ノ力用除ニ迷闇一成ニ正覺ヲ之意テ。寄テ體上ノ用一如レ此釋タマフ也。例如シ上戒體ノ。下明ニ止行二善一ニ。善如ニ口傳抄一 云云

義云。以ニ今偈頌文一可レ定ニ戒法之土代ヲ者也。盧舍那ト大小釋迦ハ能化也。臺上華葉所居國土也。菩薩衆生所化也。十重四十八所説ノ戒法也。此四箇條具足シテ戒法ハ立ル也。此四箇一モ闕レハ戒法不レ可レ立者也。此ノ頌ノ文ハ此四法具足セリ。故ニ戒品爲レ序ト也。近來授戒作法モ。此四具足シテ受戒ハ成就ル也。本尊ト戒師トハ能化也。所莊嚴道場ハ所居ノ土也。受者所化也。所授戒儀ハ戒法也。故ニ四法具足シテ受戒成佛ストト云也。又雖レ授ニ此偈頌ノ文一四法具足ル也

祖師上人云(續天全圓戒1、三〇一下～二上。一心妙戒鈔)。戒法門土代ノ事。能化佛・所居土・所説法・所待(被機カ)ノ於ニ此四箇一必可ニ相應一也 云云 又有ニ口傳抄一可レ見 云云 正依法華戒ニ可レ有ニ此四箇一者也。虛空寶塔ハ所居土。釋迦多寶ハ能化。本迹兩門ノ得益ノ機ハ所化也。所説ノ法門ハ戒法也。又如ニ口傳合一也 云云

98 記云(大正藏四〇、五七〇下一行～)。今初勸レ信○大論云。信爲ニ能入一。我持ニ此戒一得レ成ニ正覺一。汝亦應レ爾 矣

義云。戒法意ハ。以レ信爲レ先ト者也。三世諸佛皆依ニ受戒一成佛ス。我又受ニ此戒一必可ニ成佛一ト思テ一分モ不レ疑。イサマシクテ受戒ル經ノ者ハ。必發ニ戒體ヲ也。信心發得都無ニ別子

細ニ也。只成ニ必定思一ヲ不レ疑也。如ニ口傳抄一

99 記(經カ)云。一切有レ信(心カ)者。皆應レ授(攝カ)ニ佛戒一矣(大正藏二四、一〇〇四上十九行。梵網經)

義云。小乘等ノ戒[ ]レ機七衆人共ニ各別授レ之。今菩薩戒ノ意ハ七衆通受也。四句ノ中ニ用ニ戒共人共一ヲ也。約ニ跨節一得レ意時ハ十界通受ルカ故ニ。一切有心者皆應攝佛戒ト云也(同前)。又如ニ口傳抄一

100 經云。衆生受ニ佛戒一卽入ニ諸佛位一 ○眞是諸佛子 矣(大正藏二四、一〇〇四上二〇行～)」

義云。受ニ三聚淨戒一ヲ名レ佛ト。不レ受ニ三聚淨戒一名ニ凡夫一ト。受戒ト者受ニ佛果一儀式也。此等ノ道理以ニ信心一ヲ落居也。我卽佛ト信レハ我身卽佛也。佛ト不レハ信凡夫也。若不レ爾何有ニ取證一如ニ反掌義一耶。依レ之明曠云。卽入佛信者(大正藏四〇、五八五中)。一切衆生皆有ニ佛性一。依レ性發心則三受戒(受ニ三聚戒一カ)。稟ニ佛戒法一名レ入ニ佛位(位カ)一。故大經云。學ニ大乘一者雖ニ是肉眼一名爲ニ佛眼一。初二句明(用カ)ニ同方便位一ヲ。次ニ二句明ニ同證眞信(位カ)一ヲ。佛位名通有レ眞有レ以(似カ)依。始從ニ名字・觀行・相似一。一念證レ中得ニ法身ノ本一。初阿後荼。分證ニ大覺一名ニ眞佛界(子カ)一ト。故身子得レ記。入ニ圓初住ニ乃云ニ眞子一ナリト。從ニ佛口一生從レ法化生。界(故カ)云ニ位同大覺王眞是(已カ)諸佛子一矣 廣釋云。諦信ニ此證(語歟)一。是名ニ成佛一矣(大正藏七四、七七四中)以ニ此等文一ヲ可レ察。如ニ口傳抄一云云

101 經云。大衆皆恭敬。至レ心聽ニ我誦一矣(大正藏二四、一〇〇四上二二行)

義云。恭敬至心等事。戒法ニ沙汰ル事也。次下經文ニ。合掌至心聽 矣(同前) 至心合掌シテ受戒事。隨分戒家ノ祕事也。如ニ口傳抄一

102 經云。是法戒是三世一切衆生頂戴受持 矣(大正藏二四、一〇〇三下二六行～)

義云。一切衆生成道皆依レ戒。故ニ如レ此說也。過去一切菩薩已受王(已歟)成佛シ。現在一切菩薩今受今成佛ス。未來一切菩薩當受當成佛故也。成佛得道ト云ハ。皆此戒力也ト云ナリ。離ニ一體三寶一不成聲聞歸戒ヲモ云此意也。次下流通段ノ。流通三世一切衆生化化不絕ト絕(云カ)此心也。委如ニ口傳抄一(大正藏二四、一〇〇九下)

103 經云。初結ニ菩薩波羅提木叉一。孝順父母 ○ 孝名爲レ(「底爲)戒亦名ニ制止一矣(大正藏二四、一〇〇四上二四行～)

義云。孝順父母師僧三寶者。心地觀經。都四恩說(思歟)ク此事也。父母教ニ俗諦一。師僧ハ授ニ眞諦一ヲ也。順テ父母師僧一ニ振舞ヲ云ニ孝順一ト也。菩薩ノ意ハ。眞俗一實也。故ニ順ニ眞俗二諦ノ制

戒一。故ニ孝名爲戒亦名制止トハ說也。又孝順父母師僧三寶者。歸二三諦ノ之理一ニ成佛ヲ云也。如二口傳抄一云云

104 記云。亦可レ訓レ度。度ハ是儀法ナリ。溫凊（カナウ）合レ儀ニ也矣（大正藏四〇、五七〇下二〇行～）

義云。孝者度也。度者溫凊合儀意也。溫凊合レ心近退極（進歟／隨歟）時。可レ進進ミ。可レ退退テ。可レ大大。可レ少少ニ。此卽戒家ノ意テ。遮惡持善・制止制作・止行二善ノ心也。故以孝順孝名爲戒亦名制止トハ說給也。委如二口傳抄一

105 經云。佛卽口放二無量光明一矣（大正藏二四、一〇〇四上二五行～）

問。法華經ニハ放二眉間光一。今經何口放二光明一ヲ耶。其意如何」

答。法華經ニハ迹門ノ機斷二無明一ヲ。可レ歸二中道一性ノ佛果一ニ義ルカ故ニ。放二眉間中道光一ヲ也。今經意。釋迦說二菩薩戒一ヲ授二衆生一。爲レ令レ成二眞佛子一ト。從レ口放レ光。表二說戒一ヲ也。（大正藏四〇、五七〇下）各其意仍無レ失。佛口所生子義也。又口放レ光。表三釋尊今日宣二說大乘菩薩戒法一ヲ也ト云此意也。如二口傳抄一

106 經云。是時千百億〇一切佛大乘戒矣（大正藏二四、一〇〇四上二六行～）

記云。是時百億下後階。敍二大衆願聞一也（大正藏四〇、五七〇下）

義云。法華序品ノ說相ニ合シテ可二料簡一ス。如二口傳抄一

107 經云。佛告二諸菩薩一言。我今半月半月。自誦二諸佛法戒一矣（大正藏二四、一〇〇四上二八行）

問。何必半月半月誦二此戒法一耶

答。半月者。晦日・十五日也。黑白兩月極ヲ取也

108 經云。梵（光光カ）云非二青黃赤白黑一。非レ色非レ心。非レ有非レ無。非二因果法一矣（大正藏二四、一〇〇四中三行～）

問。此文ハ說二戒體一ヲ文也。明曠疏ニ爾釋リ。若爾者。何今疏性無作假色ト釋タマヘリ。豈不二相違一耶（大正藏四〇、五六六上）

答。無二相違一也。性無作假色ト者。萬法惣體至極法ナルカ故ニ。非二單青黃赤白一。非二已（亡カ）情心一。非二無常色一テ。非二迷情修因感果云法一ニ也。或中道戒體。或心法戒體。假色戒體。實相戒體等。此文ニ無二相違一樣ニ可二料簡合一也。今經文以二當分跨節。本迹兩門ノ意一ヲ可二料簡一也。委見二口傳抄一云云

109 經云。是諸佛之源（「本カ）。行二菩薩道一之根本。是大衆諸佛子之根本矣（大正藏二四、一〇〇四中四行～）

義云。金剛寶戒ト者。三因佛性體。諸佛諸菩薩依二此戒一悟レ道ヲ。一切衆生ハ以二此戒一ヲ爲二成佛直道一ト。故ニ如レ此云

也。如ニ口傳抄一云云

110 經云。若受(大正藏二四、一〇〇四中十一行～)ニ菩薩戒一不レ誦ニ此戒一者。非ニ是(是「ナシ」カ)菩薩一
非ニ佛種子一矣

義云。此戒者。諸佛菩薩本源。一切衆生佛性ノ種子。故ニ離ニ此戒一ヲ無ニ成佛期一也。若不レ誦ニ此戒一者非ニ佛弟子一。魔眷屬也

111 一。次十重四十八輕事

義云。圓頓戒ト者。一行一切行戒ルカ故ニ。持ニ一戒一萬行悉圓備シテ。受戒一坐卽身成佛スト云也。此戒意ハ。必不レ依下積ニ萬行一ヲ經中多劫上ヲ。只雖ニ一施一戒等ノ小善一ト。持ハ必卽身可ニ成佛一。信シテ無レ疑心澄靜シテイサマシイサマシ心根ニテ持テハ。卽入ニ佛位一也。雖ニ一位一ト具ニ足三聚淨戒一ヲ成ニ三身妙果一ヲ也。瓔珞經ノ一分受ノ菩薩云(「品カ)此意也。萬行赴テ(大正藏八、三三三中)一戒ニ無下不ニ圓滿一事上。依レ之大般若云。一切諸法等(等「ナシ」カ)ノ趣ニ尸羅(「波羅蜜カ)一此(是カ)趣不レ過矣

廣釋下卷云 (缺文)

先約ニ第一ノ不殺生戒一明ニ此義一者。止ニ殺生之惡一ヲ行ニ不殺生之善業一ヲ也。止惡斷德之行善ハ智德也。止惡不生ハ法身因。攝律義戒也。行善之德ハ報身因。攝善法戒也。不殺生以ニ慈悲一爲レ本閒。饒益有情卽應身ノ因也。持ニ一戒一ヲ處具ニ足三聚淨戒一ヲ名ニ三身圓滿一ル也。依レ之明曠云。今言レ戒(大正藏四〇、五八〇下)者。能防ニ三業一止ニ三惡(惑カ)非一故得レ名也。大而言レ之不レ出ニ四弘三聚一。成レ道知レ法卽攝善法。誓斷ニ煩惱一卽攝律儀。願度ニ衆生一卽攝衆生。一一(「況カ)誓願(願「ナシ」カ)三聚具足。況一一戒備ニ此三心一。如レ持ニ不殺一。止レ惡不レ生。遍體離レ染。卽攝律儀。法身因也。制行ニ善等。知レ法證レ眞。感レ報自在(存カ)。卽攝善法。報身因也。止レ惡行レ善慈悲爲レ本。四悉利レ物卽攝衆生。應身因也矣 分ニ十重四十八一爲ニ三聚淨戒一ト人師ノ釋モ有トモ。今ハ以ニ明曠釋一ヲ爲レ本ト也。一一戒具ニ足乘戒一備ニ三聚淨戒一ヲ義。圓頓ノ一行一切行ト尤モ相應カ故ニ。可レ依ニ明曠一ニ者也。不與(取カ)卽戒已下九戒准レ之ニ可レ得レ意。不レ持ニ料簡一以レ繁略レ之。四十八輕戒一一准ニ十重一ニ可レ知ニ一一輕戒一。備ニ三聚三德一ヲ具ニ足リ乘戒一ヲ。事ニ修ニ一心三觀一ヲ也。依レ之明曠云(大正藏四〇、五八四中)。○故知。戒戒三聚互融。三觀三身相卽。三聚三

身既無二優劣一。四十八輕十重等持二心性一。寧有二淺深一。假
分二乘戒兩名一。一一無レ非二實相一。方是圓融菩薩戒也 矣
以二此ノ文意ヲ一可レ知

112 經云。佛言。佛子(ア若カ)。欲レ受二國王位一 ○ 應三先受二菩薩
戒一 矣 (大正藏二四、一〇〇五上二七行)

義云。此菩薩戒ト者慈悲也。故受二此戒一可レ持レ國故ニ。欲レ
受二國王位一時。可レ受二此戒一也。國王ニ無二慈悲一時ハ。國土
不二安穩一。諸天善神不レ守二此國一也。國王有二慈悲一時ハ諸
天擁二護此國一ヲ。風雨隨レ時國土安隱(穩カ)也。故ニ周穆王詣二靈
山一傳處慈悲兩門也。國土所有衆生ノ拔苦與樂。皆國王ノ
慈悲也。故ニ國王ハ即位ノ時。必可レ持二慈悲一ヲ者也。故以二周
穆王ノ相傳一ヲ即位ノ法門トテ于爾不レ絶。相傳來時攝政奉レ
授レ帝ニ者也。付二觀音品一習樣有一箇ノ大事也。可二口傳一

113 經云。佛佛授レ手ヲ 矣 (大正藏二四、一〇〇九下三行)

義云。如二口傳抄一幷有二戒儀別紙抄一可レ見

114 經云。一切佛心藏地藏戒藏 矣 (大正藏二四、一〇〇九下十四行)

義云。此惣結文也。十重四十八戒心戒家宗義有二此文一
也。如二口傳抄一又如二明曠別紙抄一可レ見 云云 畢

菩薩戒義記知見別紙抄　下卷終

德治二年(一三〇七)二月三日。比叡山西塔黑谷願不退房始草二安(案カ)之一。同
八月草レ之。延慶元年(一三〇八)十一月二十七日淸二書之一。爲レ弘二菩薩
戒一集二記之一　佛子興圓

貞和二年(一三四六)丙戌九月十日。於二落陽(洛カ)白川法勝寺一給二和尚御自筆之
抄一謹以書二寫之一　求菩提沙門宗遍

永和二年(一三七六)丙辰二月二十六日。於二加州藥師寺一書二寫之一
沙門聖勝

于時應永二十八年（一四二一）八月二十九日傳㆓領之㆒

法勝住持沙門性通

正長第二年（一四二九）正月二十三日。於㆓神護寺㆒給㆓御本㆒書㆓寫之㆒

沙門實藝

文明十六年（一四八四）甲辰正月十六日。於㆓洛陽大宮旅所㆒卒所書㆓寫之㆒。寫本文字不㆑正。後日可㆑加㆓構（校カ）合㆒。偏㆓爲㆓弘法㆒拭㆓老眼㆒終意功㆑之

法勝前住比丘昌俊

于時寛文二（一六六二）壬寅曆六月十六日書寫畢

右之寫本。殊外損亂有㆑之者也。如㆑本書置者也。後見之人人校合可㆑有㆑之者也

（參考本奥書）

于時寛政十一（一七九九）己未臘月中旬書㆓寫之㆒畢

求菩薩沙彌敬行

（表紙）菩薩戒義記鈔（知見抄）上中下全

（扉書）菩薩戒義記鈔上　英純

（底　本）三井法明院藏、寛文二年（一六六二）書寫奥書一冊寫本

（參考本）三井法明院藏、寛政十一年（一七九九）敬行書寫奥書底本轉寫一冊本

（校訂者　西村冏紹）

菩薩戒義記知見別紙鈔　終

菩薩戒疏聞書 略 目 次

（目次新加）

菩薩戒疏聞書

文和三年(一三五四)甲午九月二十三日。於ニ寶所院一止觀談義之次。法勝寺上人被レ談レ之

〔法勝寺上人談〕(題下註)

此序トハ不レ見。而トモ妙樂ノ釋ニ。弘一天台戒序ト引給ヘリ(天止一、一九六。弘決)。無ニ不審一事也

我山ノ美歎ハ顯密戒三也。唐土ニハ立ニ戒壇ヲ一二百餘箇處。皆是篇聚戒壇也。卽修禪寺其隨一也。一所トシテモ無ニ大乘ノ戒品一也。而吾山戒壇。傳教大師爲レ立ニ戒壇一雖レ被ニ奏問(聞カ)一勅許無ニ左右一無レ之。他門不レ許レ之也。而トモ弘仁九年之比。傳教大師可レ立ニ我山戒壇一事ヲ被ニ奏問(聞カ)一。佛寺・佛上座・佛戒・佛受(授カ)戒也。上座ニモ小乘戒ニハ賓頭盧ヲ以爲ニ上座一。大乘戒ニハ文殊ヲ爲ニ上座一故也。小乘受戒ニハ三師七證。[大]乘受戒ニハ一師モ不レ苦也。如レ此事等雖レ被レ奏。更ニ無ニ勅許一。仍テ五月之比ヨリ御病惱アリ。遺言ニ此戒壇ノ事被ニ仰置一。弘仁十(十三カ)一年六月四日御入滅。仍テ國王驚思食テ御入滅七箇日アテ被ニ宣下一。此卽他門ノ人來テ受戒セヨト申サハ不レ可レ叶。所詮我門徒天台ノ人計リ可レ受ニ此戒ヲ一被レ申時。サテハ易事也トテ有ニ勅許一也

山王院御釋ニモ(佛全28、一三四四上。垂誡三條)。以三灌頂與(業)二大乘戒一。此山ノワサトセラル殊勝事也

吾山ハ一向大乘寺也。南都ハ一向小乘戒也

傳教大師御入唐ノ時。還學匠(本ノママ)ノ宣ヲ蒙リ給フ。是ハヤカテ可ニ返[給]一ト云宣下也。仍テサテハ何事モ可ニ不足一ナル。サラハ沙彌ノ義眞ヲ可ニ召具一トテ。義眞沙彌被ルレ具セ。仍テ傳教大師御歸朝アリシカトモ。義眞ハ留テ法ヲ學シ給シ也。留學匠ト者弘法ノ宣下也。是且ク留テ學シテ歸朝セヨトノ宣下也

身安樂行下(天文四、二〇七〇上。文句取意カ)。初離ニ十惱亂一時ハ。約レ遠論レ近ヲ。在ニ於用處一修攝其心ノ時ハ。約レ近論レ近ヲ說ニ十八反(空歟)ヲ一

此疏ヲ人ハ梵網ノ義記ト云ハ不レ可レ然事也。題名既ニ菩薩戒疏ト云ヘリ。正依法華傍依梵網ナレハ。釋ニ戒相ヲ一時。且ク依ニ梵網ノ十重禁ニ一判ニ大乘戒ヲ一給ヘリ。サレハトテ不レ爲ニ梵網ヲ本一ト。凡ハ華嚴モ初後佛惠圓頓義齊ナレハ。法華ト無ニ不同一分

在レ之。强非レ可キニレ斥レ之。而トモ釋義ノ釋ヘヤウ專依ニ法華一ニ釋了。近比唐土渡セシ聖[教]ノ中ニ。梵網ノ義記題ヲ書テワタセシ也。是不レ可レ用事也。其[故]ハ唐土ニモ會(昌カ)性天子滅シテ佛法ヲ一多ク燒失ケリ。其後佛教少シテ我朝ヘ聖教ヲ乞フ故ニ。三大部モ多ク文字損シ。仍テ唐書ハ大旨誤リ多也。而閒和本ヲ爲レ吉ト。カカル故ニ彼ノ梵網ノ義記ト云ハ不レ得レ意事也。梵網ノ心地品ヲ釋タレハナント思キ也。雖レ然ト全ク不レ可レ捨ニ法華一ヲ。以ニ法華一ヲ可レ爲レ本也

(義記、大正藏四〇、五六三上)運善之初章却惡之前陣ト者。或義ニハ運善ノ初章ハ攝善法戒。却惡之前陣ハ遮惡持善ナレハ律儀戒ト云也。サ[テ]ハ衆生戒カ無也。仍テ諸惡莫作諸善奉行ニ收ニ三種淨戒一ヲ樣ニ。是モ運善初章ニ攝善法戒・饒益有情戒ヲ收ムル也。却惡ノ句ニ收ニ律儀一ヲ也。諸善奉行句ニ如ニ攝善・攝衆生ヲ收一ルカ也

(同、八行)直道而歸生源可レ盡者。直道而起(歸カ)ハ受ニ此戒一ヲ卽身成佛ヲモスヘキ也。生源可盡ハ分段・變易ノ二種ノ生死ヲモ可レ離ル也。故ニ梵網經ノ意ハ。爭カ卽身成佛ノ義ヲモ可レ論ニ分段・變易ノ生死一モ。別教ナントノ意ニテハ可レ離云云 故ニ法華ノ意ト也

(同、十行)戒品。內外二途者。內ハ謂比丘・比丘尼也。外ハ謂優婆塞・優婆夷也。四衆ヲ內外ニ分ツヲ二途云也

(同前)王家庶ソ衆者。大臣等也

梵網律ノ藏品ハ羅什ノ譯也

(同、二〇行)心地事。六識・七識・八識義勢不同也。先心意識體一ト云(同、二一行)故ニ。習起名止ノ意ナラハ六識ノ分ナルヘシ。而トモ七識ト云ハ尙無念也。旣ニ我今盧舍那方。是毘盧遮那ノ心地ナレハ第九ノ心ナルヘシ。而トモ一家ノ意。三識同在理心ノ心地也(天玄三、六三〇。釋籤)。何況止觀(弘決カ)第四ニ。持戒清淨ノ下ニ。一心三觀以[照]ニ持犯一(天止二、五四八。弘決)。豈同ニ護レ根制ニ六識一耶ト判タマヘリ。是モ非ニ六識妄情ノ心地一ニハ也。小乘戒スラ如レ此判タマフ。況ヤ今ノ菩薩戒心地乎

(義記、大正藏四〇、五六三上一二行)身口居レ次事。意ヲ爲レ本ト。身口ヲ次ナレハ也

道宣律師ハ行表和尙ノ師也

此下如レ序也。序ト云シモハ無レ之。而モ意ハ序也

文云(大正藏二四、一〇〇四上。梵網經)衆生受ニ佛戒一。卽入ニ諸佛位一。位同ニ大覺一(已カ)位。眞是諸佛子文

道宣律師ハ無相ノ心地(注梵網)云云 含心和尙モ非ニ六識一(注梵網)云云

四條式事。佛寺・佛上座・佛戒・佛授戒也

一佛寺者（大乘寺 小乘寺）大小兼行寺ノ此ノ三寺ノ不同也。大國ニモ。大旨ハ小乘寺ノミ在レ之。我朝ニモ。南都ノ戒壇ハ小乘寺也。根本大師ハ。南都ヲハ大小兼行寺トハシ思食ケルヤラン。其故ハ。東大寺ニハ八宗ヲ置。興福寺ハ法相宗也。宗ハ大乘也。戒ハ小乘也。兼行寺ト可レ云ナリ。仍テ我山ニ一向大乘寺ヲ建立シテ立ニムト戒壇一ヲ願シ給也。御存生ニツヒニ不レ叶。御入滅後被レ立也

二佛上座者。大乘寺ニ置ニ文殊一ヲ。小乘寺ニハ賓頭盧ヲ安置スル也。置ニニハ賓頭盧一只其座計リヒツラウ也。南都ヨリ神木ヲ奉リレ入レ時ハ。大衆ノ御共スルハ。賓頭盧ノ御共。其故ハ賓頭盧ノ材ヲ前ニ持テ向也。仍テ傳教大師ハ諸寺賓頭盧ヲ安置スルハ□□□文殊也

賓頭盧ナラハ其座計リヲ可キニレ置。其形像ヲ置ハ不レ云事也ト被レ仰。顯戒論ニ載レ之給歟。ヲ□□□事也云云當時禪僧ノ寺ニ以ニ文殊一ヲ爲ニ上座一ト事ハ大國ヲ模スル也。敕許ハ無レ之レトモ任ニ雅意一立レ之。以ニ敕許一ヲ立レ之也

三佛戒者。梵網戒者。對レ佛ニ説レ之ヲ。我今盧舍那。方座ニ（坐カ）（大正藏二四、一〇〇三下〜四上）蓮花臺一。周匝千花上。復現ニ千釋迦一。一花百億國。一國一釋迦。各坐ニ菩提樹一。一時成ニ正覺一 文

臺上ノ盧舍那佛。百億國ノ釋迦ヲ爲ニ所化一説タマヘル戒也。正ク佛シテ（「爲ニカ）所化一ト説ヘルハ此梵網經也。對ニ十地ノ菩薩一盧舍那トモ可レ云。而トモ對ニルヲハ十地菩薩一ニ他受用身ト云也。傳教大師ハ盧舍那ヲハ自受用ト釋給ヘハ。サテコソ傳教ノ御弟子タチ。種種ノ唐決ヲ被レ遣時。其中ニ華嚴ノ盧舍佛ヲ自受用トノ給ナリ事如何ト問シ也。其使ハ卽慈覺大師ニテ御ス。彼御入唐ノ時。御同朋達是ヲアツラヘ奉リ給也。廣修・維蠲ノ決トテ。唐土ノ人師決レルニ之。外用ノ色相ハ他受用。內證ヲ自受用トハ釋シ給ヒケリト云云此殊勝事也。但シ戒家ニ難レスルニ之。ナトカ機ノ沙汰ヲセサルル。菩薩ヲ爲ニシテ所化一ト他受用ノ相好ヲ顯シ。佛ヲ爲ニ所化一ト説ニケハ戒法一ヲ。勝應身等ノ佛ナレハ。是ヲ爲ニ所化一ト故ニ自受用ト言也。何只約ニ內證一ニ機ヲ不レ謂云乎ト難スル也。而モ廣修・維蠲ナル人ナレハ一往被レ云事也。梵網疏

云。常寂光土毘盧舍那佛遍法界一心戒(傳全一、六二二。一心戒文カ)[藏]文
四佛授戒者。大乘戒ハ現前ノ一師ヲ以テ授レク之。不現前ノ僧ハ。
今ノ戒牒ニ書ケルカ如ク。以ニ釋迦一ヲ爲ニ和尚一ト。以ニ文殊一ヲ
爲ニ羯磨一ト。以ニ彌勒一ヲ爲ニ教授一也。師ハ只一師也。小乘
寺ニハ三師七證也。三師ト者。和尚・羯磨・教授也。此三
師ノ外ニ證明ヲ七人置故ニ三師七證也。是ハ中國事也。
邊國ニハサノミ僧カナケレハ五人也。師ハ必三師也。證
明ハ一人シテハ非ニ證明一ニ故ニ二人置レ之。故三師二證也。
而ヲ我山ニハ不レ用レ之。不現前ノ外。更ニ一師ヲ以テ授レ之
云也　一師ニ證可レ有レ之云云
山家大師ノ御意ハ。此四條式ヲ作テ於ニ吾山一ニ先マツ於ニ佛
寺一者大乘寺。於ニ佛戒一ニ者。十重禁四十八輕戒。於ニ
上座一ニ者。以ニ文殊一ヲ安ニ置之一ヲ。於ニ佛授戒一ニ者。可レト用ニ
一師一ヲ被レ申事也　云云
菩薩戒ノ義記ヲ沙汰セン時ハ。先顯ケン戒論ヲ可レ談事也
云云　今ノ疏ハ。戒相ハ雖レ依ニト梵網一ニ。意ハ法華ノ意也。法
華ニハ戒相等モ委ク不レ説レ之ヲ。故ニ戒品ハ一代ノ聖教ノ
中ニハ梵網經計ニ委細ニ説レ之。故ニ依レ彼也

二十七日　釋此戒經下(義記、大正藏四〇、五六三上二三行)

1 第一釋名。第二出體。第三料簡 文(同、二四行)
諸經ニハ五重玄ヲ被レルル立。是ニ何ソ名・體ノ二ヲ立テ。宗・用・教ハ
無ヤト不審ナル事也。而ニ教ヲ不レル明事ハ持レッ戒ヲ外ニハ別ノ不レ可レ
有レ之。宗・用ヲ不レ明事モ皆有ニ其意一也。又觀心ノ釋ヲ不レ明
事モ有レ義事也。先觀心ヲ不レ釋事ハ。玄義・文句ニハ[皆]觀心ノ
釋カ有レ之。或存或沒非ニ部正意一ト釋スレトモ。(天玄四、三三二。釋籤)文句ニハ四種釋ニ
觀心ヲ第四ニ釋テ。觀心ノ釋無クハ經ヲ釋シタルカヒナシ。其故ハ
日夜ニ他財ヲ數ヘテ無ニ半錢分一。(天文一、五一上〜下。文句取意)分テ觀シテニ己心ノ塵ヲ廣ク叩クトニ無(但カ)(高廣ヲカ)(扣カ)
窮ノ聖應ヲ云ハ。(〻之カ)(寶カ)一一ノ文字句句章章ノ皆我己心ニ入テ可レト觀(天文一、
釋給也。サレハ王ト者心王。舍ト者五陰ナント釋也。故一
一句入心成觀ト云此意也。是ヲ託事ト云也。玄義ニハ七番共(四二一下。文句記)(本ノママ)
解ノ中ニ。第六ニ置ニテ觀心一ヲ。第七ノ會異ノ章ニ又觀心ヲ觀心ヲ釋(重複カ)
也。境智行位等ノ十妙ノ法門ヲ。入テニ行者ノ一心一ニ觀ル故ニ是[附]
法觀ト云也。是等皆付ニ法華首題文文句句一ニ作レシ釋ヲ。卽行

者ノ心ニ引入カ爲ニ觀心ヲ釋也。止觀ニハ全ク觀心ノ釋無レ之。説己心中所行法門（天止一、六〇。止觀）トモ云。所以一部並（法カ）爲行相トモ釋スル故ニ。（同前。弘決）只體相ノ四科。釋名ノ四段。攝化ノ六義。偏圓ノ五門。皆觀心ノ體ニシテ此外ニ不レ明ニ觀心一ヲ。其定ニ此ノ戒法ハ卽趣ニ極果之勝因一ニ。結ニ道場之妙業一ヲ。當體卽理ノ戒法ナレハ。何トテ觀心ノ釋可レ在ヲク乎。故直道而歸シ生源可レ盡スル。此戒ヲ受ヨリ外ニハ全不レ可レ有ニ戒法一。次宗ヲ不レ置事ハ。凡玄文ノ五重玄ノ次第。約教約行ノ二ノ意在レ之。約行ハ名用體宗教ト次第シ。約教ハ名體宗用教ト次第スル也。其次第ハ入ニ玄文一ニ可レ論レ之。所詮第五ニ教ト置事ハ約行約教不同ナレトモ。皆未ルレ判ニ教相一ヲ上ノ事也。聞レ名ヲ知リレ體ヲ。知レ體ヲ修行スルハ卽宗也。修因感果ノ上ニ起スレ用ヲ上ノ四重ヲ判スルハ教也。今此菩薩戒ハ法體行教ノ四重ヲ得レ意也。今名ト者卽人ト法ト也。其名ヲ聞テ受ルニ此戒一ヲ。持ヤ不ト云處ニ。ヤカテ得スル受ニ戒體一ヲ也。得レハ體ヲ卽行相也。得ニヨリ此體一ヲ外ハ其外ニ修行ト云事モ不レ可レ有。得レ體此上ニ全宗ノ義無レ之。サレトモ唐土ノ人師ハ宗ヲハ可レ攝レ體ニナントト云トモ。全ク聞テレ名ヲ得ニ法體一外ニハ宗ヲ不レ可レ用故ニ。玄文・金光明・淨名玄等ニモ皆五重ノ玄ヲ判シテ宗ノ義ヲ顯ス也。而モ以ニ此等ノ意一ヲ宗ヲハ不レ釋戒宗ニハ習事也

止觀ニモ五重玄ヲ論スル時。釋名體相ハ次第ス。宗ハ卽第七ノ正修止觀也。教ハ卽偏圓ノ章也。用ハ起教ノ章。果上應用也。故ニ宗ノ後ニ置レ之。教ヲハ宗ノ先ニ釋テ。彼教相ヲ行者ノ一心ニ入テ觀センカ爲メニ。宗ヲ教ノ後ニ置クモ其云有レ之歟。不レ明レ宗不レ明レ教ヲ不レ明ニ觀心一事。皆此等ニ同スル歟

宗事。得ニ受レハ戒體一ヲ此外ニハ無レ宗。玄文ニハ體ヲ知テ行行スル故ニ名宗ト次第ス。若今ノ戒家ニ置レカハ宗ヲ體ヨリ前ニ可レ置レ之。由レ宗得ニ戒體一可レ云也。得ニ戒體一後ハ不レ可レ有ニ修行一故也。而ニ戒體發得ノ先ニハ強ニ修行無レ之。受ニト圓戒一思ハ既ニ聞レ名也。受ト思立テヤカテ遇レ師ニ得受レハ得レ體ヲ。故ニ得受以前ニ無ニ修行一故ニ不レ立レ宗ヲ也。宗ノ中ノ果ハ卽得ニ受スル體一ヲツホ也。故ニ與テ言レ之得體ヲ果トモ可レ云歟。而トモサハ不レ云事也

用不レ明事如何。用ハ卽從レ體起行ナル故ニ。得體上ノ行也。故

體ノ外ニ無レ用也云云又付レ宗ニ可レ有レ用。宗無レ之故ニ無レ用也

觀心ノ釋ヲ立不レ立事。淨名疏一卷末ニ問答ノ釋在レ之。可レ見レ彼也。料簡ハ卽教ニ當タル歟

摩訶（大）　菩提（道）　質帝（心）　薩埵（成衆生）

三重玄義三
- 第一釋名
  - 初明ニ人名一（菩薩也）
  - 次明ニ法號一（戒儀也）
  - 後明ニ階位一
- 第二出體
  - 初明ニ無作一
    - 次明ニ道定一
    - 次論ニ興廢一
  - 次明ニ止行二善一
- 第三料簡三
  - 一須ニ信心一
  - 二無ニ三障一
    - 不レ取ニ煩惱障一
    - 業障報障ヲ取也
  - 三人法

文云。從ニ初發心一終至ニ等覺一皆名ニ菩薩一也文（義記、大正藏四〇、五六三上～中）此釋殊勝也

2 眞子事。眞子者。受ニ戒法一ヲ後佛子トハ可レ云也。其故ハ光定和尚。戒壇事ヲ御奏達有シ時。一乘ノ佛子ト書給ヘリ。根本大師御覽シテ。吾山ニ戒壇ヲ立テ後コソ佛子トハ書カンスルニ。早ク書タリトテ佛子ヲナヲサレシ此事也。仍受戒後眞ノ佛子ト成ヘキ也。此卽三業皆從レテ佛ニ生。（同、五六三中二行）解ヲ盡ク（乘カ）是子義文 師資相承スル是子ノ義也ト釋リ

文云。（同、四行）二乘自通聖（至カ）ニ小果一狹而且短。大士廣長自通通レ（「文カ）他ヲ。故ニ受ニ斯稱一ヲ（同、七行）

3 大心事

文云。（同、五六三中五～七行）大經云。初發已爲ニ天人（人天カ）師一。勝ニ出聲聞及緣覺一故定（言カ）ニ大心一也文 此釋ノ意ハ。心地ハ卽六識トハ不レ釋也。旣ニ聲聞緣覺ニ勝出セル故也。此釋ノ意ハ別當和尚御釋云。弘仁元年仲商天。山王三聖化來而對ニ先師（傳教御事也）一唱云。我出世本懷爲レ令ニ衆生開ニ示悟ニ入佛之知見一。所レ云知見者。灌頂與ニ大乘戒一也。願蒙ニ上人慈悲一傳ニ圓戒一且遂ニ灌頂一云云 御釋ハ山王院御奏狀ニ被レ載レ之。戒壇院山王ノ御座ヲ被ントレ置被レ申事也云云

別當大師ハ慈覺大師御入唐ノ時。別當大師御留守ニテ知事ヲ

行ヒ給ケリ。戒ヲ寺家行ニ行ケルハ。慈覺御在唐ノ間。十餘年御留守ニテ別當和尚行ヒ給ケリ。其ヲ傳テ今モ寺家行ニ行フ也

云云

身口居レ次者。先意爲レ本心也（義記、大正藏四〇、五六三中七行）

4 二十八日　次辨ニ法號一下

性善（ヒトトナリ）　律（トトノフトヨムナリ）

文云。（同、十行）未來生處離ニ三惡道一淨土受レ形。能止ニ邪命一防レ非止レ惡 文

（同、二一行）蟲離ニ四寸一事。何モ見タル事ハ無レトモ。初果聖者ハ破ニ見（天止一、二九八）惑一故離ニ四惡趣一 云云 故ニ離ニレハ四惡趣一ヲ離ニ四寸一ヲ云也

（同、五六三中二二行）道共力者。初果既ニ無漏ヲ得故ニ道共ト云也

（同、二三行）道定與ニ律儀一弁（並カ）起。故稱爲レ共 文 定共戒ノ時ハ入ニ禪定一ニ心一境靜ナル時。彼定ノ上ニ防非止惡自ラ在レヲ之云也。道共戒又無漏智ノ發スル上ニ防非止惡義在レ之。是又律儀也。故ニ律儀戒ハ道ノ時モ定ノ時モ律儀必ス共レハ。弁起故稱爲共ト釋也。サレハ薩婆多（同前）ニハ說ニ律儀戒一ト禪戒無漏戒 文

尋云。大乘戒ニ有ニ律儀一可レ云乎

文云。（同、二四〜二五行）此名雖レ出ニ三藏一。今菩薩戒善亦有ニ此三名一。若要提（誓カ）所レ得名曰ニ律儀一 文 菩薩戒ヲモ要提（誓カ）シテ得ハレ之可レ云ニ律儀一云也

文云。（同、二六行）定共道共。皆止ニ三業一通稱レ戒也 文 道定ハ無ニ子細一止ニ三業一ヲ也。律儀戒ハ小乘ニハ只止ニ身口ノ業一ヲ不レ互ニ意業一ニ。而ヲ大乘ニハ律儀可レ互云テ。（同、二八〜二九行）大士律儀通止ニ三業一ヲ今從ニ身口一相顯皆名ニ律儀一也 文 惣シテハ雖レ可レ互ニ三業一ニ。今ハ大乘ノ意モ從ニ身口一云也。不レ互レ意不レ釋也

（同、二六〜二八行）若攝律儀・攝善法・攝衆生此三聚戒名。出ニ方等地持一不レ通ニ三藏一 文 不通三藏ト云モ即攝善・攝衆生戒也。凡他門ノ人ハ律儀戒ハ聲聞戒計ニシテ不レ通ニ大乘ノ菩薩一云也。天台ノ釋ハ無ニ子細一可レ通見了。他門ハ不レ用事ハ無レ力可レ通釋

云云

大士律儀戒ハ先慈悲心ヨリ起レ之。故ニ通レシテ意ニ止ニ三業一云也。四十八輕戒ノ中ニハ多約ニ意地一ニ論レ戒ヲ也

（同、五六三下二行）十一事者　戒品廣列ニ菩薩一ト者。地持經・地持論ニ有ニ戒品一歟

5 九種事。（義記、大正藏四〇、五六三下四行）地持經ト論トニ説二六度一。[六度]ニ皆九種也。彼九種皆爲二三戒攝一レ之也。

凡於二慈悲一可レ有二三品戒一。於二我流（流カ）者境界一ニ垂ルルハ二憐（愍カ）民一ヲ下品ノ慈悲也。不レ簡二有縁無縁一ヲ起二慈悲一ヲ中品也。於二我敵一ニ垂ルルハ二慈悲一ヲ卽上品ノ慈悲也。此三品ニ又各分三別三品一ヲ卽九種也

律儀令二（「能カ）止住一（同、五六三下四行）（心カ）者。心ニ持二律儀一ヲ心ニ無二動轉一守ルヲレ之[住心]ト云也

文云。攝律儀能令二心住一。（同、四～六行）攝善自成二佛法一。攝生成三就衆生一ヲ。止（此カ）三攝ニ大士諸戒ヲ盡也 文

瓔珞經（同、六行）云。律儀戒謂十波羅夷 文 異本ニ十波羅夷（蜜カ） 文 人是ヲ惠方願力等ノ十波羅蜜ト得タリレ意。其マテハ更ニ不レ被レ得レ意。律儀何且忍禪等ナラン乎。故ニ十波羅蜜ニテヤカテ十重禁ト得レ意也。其故ハ此十重禁ヲ持テハ卽到彼岸ノ義ナル故ニ。十波羅蜜ノ本モ無二相違一也。惠方願力等ニハ非也。仍異本不レ簡云也

今此菩薩戒ハ在家戒トハ見了。何カハ僧戒ト見タル乎。其上律儀者。鹿苑ノ説教起テ五人初テ釋道ニカナヒシ時。五八十具ノ戒ヲ得受シテ。其後僧法出現セリ。全ク其以前ニ無二僧戒一。此戒自二梵網心地戒品一出タル故ニ非二僧戒一ニ他門人難レ之。此難如レ法難レ治也。吉吉可レ得レ意之事也。而モ宗論ニハハヤカチテ傳教既ニ吾山ニ立二此戒壇一ヲ。日本國來此受二此戒一ヲ何無二其實義一乎。雖レ然内内評定ニハ此戒僧戒ト云事ヲ吉不レ得レ意者。他門ニ云マケヌヘシ如何。而モ吾國ハ卽佛法ノ國也。仍五大院先德御釋云。天竺ニハ有二外道一不レ許二佛法一ヲ。有二小乘一不レ許二大乘一。唐土ニハ有二道士一不レ許二佛法一ヲ。有二小乘一不レ許二大乘一ヲ。日本國ハ圓機純熟ノ國ナル故ニ無二外道一無二道士一。乃至無二小乘ノ人一モ也。上但唯小乘ノ者一人有ケリト申サレ。律僧ナントモ行業ハ大乘ヲ行スル也。非二唯小乘一ニ歟（天玄二、五六五。玄義）（玄歟）第文ノ第四ニ次第五行中ニ戒聖行ヲ卽五八[十]具ノ戒ヲ出也。又止觀ニハ二十五方便ノ時。持戒清淨ノ下ニ（天止二、四九五。止觀）五八十具ノ戒ヲ出也。是皆僧（聲聞）戒也。而トモ玄文ノ第四終リニ。（天玄三、一七九。玄義）復有一行是如來行ノ下ニ。又戒相ヲ釋ル時ハ五八十具ヲモ不レ出。而モ如來ノ行ト云テ戒聖行ヲ釋ル時。戒行ニハ安樂行品ノ離ルトニ（同、一八五）十惱一ヲ云也。是

身安樂行下也。龍女ノ卽身成佛ノ引ヲ。(同前)深達罪福相ノ文ヲ引載タリ。此卽法華修行ノ戒品也。殊深達罪福相ノ文ヲ引載タリ。得解ノ文也。罪福ハ十界也。十界品ナ分タル卽戒品ノ意也。我獻二寶珠一世尊納受スル。龍女カ內證ヲ顯ス。彼內證ヲモ卽戒家ニハ戒卽身成佛ト云也。若爾者。法華・涅槃ノ兩經ニ旣ニ明二戒品一ヲ。縱雖レ不レ依二梵網一何僧法起テ後ノ戒品ナレハ。豈以二菩薩戒一ヲ不レ爲二僧戒一ト乎。此等更ニ殊勝ナル事也。サレハ吾山ニ被レ築二戒壇一ヲ本意ハ此事也。正依法華ノ時ハ安樂行ノ意。龍女カ成佛等ヲ爲レ本ト。傍依梵網時可レ依二彼菩薩戒一ニ可レ云也。戒壇ノヤウハ中ヲハ圓ロク築給ヘリ。是表二圓滿一ヲ。是卽法華正依ヲ顯ス。堂ヲ方形ニ作ル。是表二八葉一ヲ。卽我今盧舍那。(大正藏二四、一〇〇三下)方坐蓮花臺ノ意也。葉上ノ千釋迦トユルシ。實ハ八葉也。四角ノ堂ハ八方ヲ表ス。是卽傍依梵網意也。以二此等ノ義一ヲ令二會通セ一不レ苦事。又瓔珞經云。律儀戒謂十波羅夷ト。十重禁ヲ卽律儀トスル。何大乘ノ僧戒ニ非乎

[文]云。(義記、大正藏四〇、五六三下六～八行)瓔珞經云。律儀戒謂十波羅夷。攝善謂八萬四千法門。攝生謂慈悲喜捨。化及二衆生一令レ得二安樂一也 文

大論戒品ニ列次第十戒ノ不同。現行ノ大論ニハ不レ見□。而ニ止觀・玄文等被レ引大論戒モ今ノ釋ノ如シ。而ニ善□院ニ黑大論トテ一本在レキ之。彼黑大論ニ如二天台ノ所引一見タリキ。其大論今ハ失テ無ト云云而ルニ天台ノ所引現行ノ大論ニ不レト見スルヲハ。彼黑大論ニ出タリト云也。黑大論ト者。文字ハ白。ヨソハ黑カリシ也。卽石スリニテアリケルヤラン

(同、八～九行)不缺・不破・不穿戒者器也。不缺者四波羅夷也。カケタト云モ非レ小ニ。大缺ナル故ニ波羅夷罪也。サレハ何ニモタマラサル也。不破者。不缺程コソ無レトモ中破也。十三僧殘也。不穿ハ小シ破タル戒也。卽波逸提等也。波夜提等者。波逸提・提舍尼・突吉羅也。是ノ三ノ戒ハ卽鉢ノワレ次第ニテ作リタル也(「之爲カ)」

(同、十四～十五行)不雜者。持二定共戒一ヲ。雖レ持二律儀一念二破戒事一ヲ名レ雜ト 文

隨道・無著ハ(我說二卽是空一)入空ノ戒也。智所讚・自在ハ(亦名爲二假名一)出假ノ戒也。隨定・具足ハ(亦是中道義也)中道戒也。文云。(同、二三～二四行)前來諸戒。律儀防止名二不具足一。中道之戒無二戒不一レ備 文 此釋殊勝也。此意ナラハ以二律儀一ヲ因緣所生法ト可レ云歟如何

尋。今戒疏ニ不レ明二理戒一ヲ乎

凡戒者。事相事持ヲ爲レ本ト也。止觀意ハ。十乘十境ノ法門悉皆收メテ二三諦ノ理一ニ。假令三衣サンエ者。五條・七條・九條也。彼三衣ハ卽三觀ト可レ云也。戒家ノ意ハ、三觀卽卽(卽カ)三衣也可レ云也。森羅ノ萬法ヲ收ニ二一理一ニ止觀ノ意也。理內ノ法ヲ三千ノ法ニ顯スハ卽事相事持也。是今ノ戒品ノ意也

止觀院ニハ定惠ノ二門ヲ收メテ止觀院ト云也。戒壇院ハ事相事持ヲ顯ス。中堂ハ卽圓滿ヲ表シ依ニ法華一ニ。四方ハ卽八方也。依ニ梵網一。方坐蓮花ヲ顯ス。事相事持ノ意也。其上ニ今引ニ大論ノ十戒ヲ釋ニ三觀ノ戒ヲ者乎

倶舍ノ中ニ無ニ戒品一事如何

界二・根五・世閒五・業六・隨三・賢聖四・智定各二・破我一トト云テ。此中ニ無ニ戒品一ハ也。而ニ業品ニ戒ヲ明ス。業ヲ卽業因ナレハ通ニ善惡一ニ也。故ニ業因卽種子也。仍止觀ニモ業境ノ一念三千ヲ明時。引ニ深達罪福相ノ文ヲ一專ラ種子トスル此戒法ト覺了

6 二十九日 次明ニ階位一下(義記、大正藏四〇、五六三下二六行)

文云。釋尊一化所說敎門。准レ義推尋具明ニ四教一 文(同、二六~二七行) 今階位ニ明ニ四教一事ハ不レ依ニ華嚴一ニ。若依ニ華嚴一者別圓ノ二教ヲ可レ明。明ニ四教一故ニ不レ依ニ華嚴一ニハ釋了。若又依ニ法華一ニ判麁開麁ヲモ可レ明ス。而ニ其分更ニ不レ見。如何ト可レ得レ意乎。而トモ准レ義推尋トスル義者。法華跨節ノ意歟。不レ知ニ如來佛知見一ノ上ニ於テ所レ明四教歟。不レ然者。准ト義スル不レ被レ得レ意事也。其深意可レ在レ之。惣施開廢ノ分モ不レ見。サレハ本實成ノ國土ニモ有ニ四教ノ不同一。今付ニ法華一ニ雖レ釋レ之。開權ノ上ニテ所レ明四教ト可レ得レ意歟 云云 以ニ此約束ヲ此文ヲ可レ見也。淨名經ニハ四教ヲ明故ニ四教義ヲ釋給ヘリ。是付ニ其當分一ニ作レ釋ヲ也。今ハ釋トシテニ菩薩ノ圓戒ヲ釋ニ四教一。其意可レ在レ之事也

四菩薩ノ事ヲ說トシテ明ニ聲聞ノ次位ヲ事ハ。(同、五六四上七行) 三藏ノ菩薩ニハ無ニ次位一故ニ欲レ明ニト菩薩ノ位ヲ先聲聞ノ次位ヲ明也

文云。菩薩不レ說ニ階位一不レ斷ニ煩惱一唯修ニ六度一。(同、十三~十五行)(論カ) 若論ニ次位一只可下准ニ望小乘一作中深淺上耳 文

五種功德ハ自ニ初僧(同、十九行)祇一可レ得レ之ヲ釋了。二位三僧(僧カ)。經論ノ異說也。今釋ハ初僧也

(同、五六四中二行)通教ノ三乘共事。此事ハ宗論也。先三論宗ト申ハ通教ノ十地ハ。前ノ(「菩薩卽カ)七地ハ聲聞ノ地也。第八地ヲ支佛地ト名ク。第九第十ヲ菩薩佛地ト云也。三乘全ツレヌソ。前ノ七地ヲハ唯聲聞ノ地ト云也。サテ共ノ名ハ三乘同ク習レ通ヲ。三乘共ノ十地ト云也。一家意ハ不レ然ラ。三乘共ニ自ニ乾惠一ツレテ修習スレトモ。聲聞ハ七地ニテ斷證極マテ留リ。支佛ハ第八地マテハ菩薩ト共レトモ八地ニ留ル也。菩薩ハ九地ヘ進ム也。故ニ三乘共トハ云也。此不同ヲ可レ辨也(義記、大正藏四〇、五六四中二行)

7 乾惠事

(同、五～六行)文云。雖レ未レ得ニ煗法相似理水一。惣相智惠(利カ)深別故。稱ニ乾惠地一也 文

8 通教淨佛國土事(同、二二行)

(同、二〇～二二行)文云。九菩薩地者。從レ空入レ假道觀雙流。深觀ニ二諦一進斷ニ習氣色心無知一得ニ法眼道種智一。遊ニ戲神通一。淨ニ佛國土一。成ニ就衆生一。學ニ佛十力四無畏一。斷ニ習氣一將レ盡也 文 此釋分明也。此階位ノ中ニ有ニ相攝ノ道品一也。習性ノ不同ヲ釋スル是相攝也

---

9 六住退事

文云。法才王子本ノママ(同、五六四下二八行)六心中退。卽云ニ十住六心(「第カ)一 文

又云。(同、五六四下～五六五上)性以レ不レ改爲レ義。云何退作ニ二乘一其猶一。善性是(答カ)不改(不改因カ)不レ作ニ一闡提一。不レ妨ニ退レ大向レ小。終定(是カ)難レ通。止觀師。是(「說カ)十信(「法カ)中六心退耳。此(比カ)ニ釋論師及金剛般若論師一。皆作ニ此解一。是仰(信カ)習十心中六心耳 文 別教十信ノ中ノ第六信者仰テ習ニ十住一ヲ。其カ十信ハ退位也。故ニ第[十]信ヲ退レハ六住ノ退ト云也。但シ退大トハ可レ云。是ハ[黨黨]ノ義也。今ノ仰習十住ノ義ハ止觀師ノ意也

止觀師者。或義云。此疏引ニ其御名一ヲ何止觀師ト云乎

10 圓位中ニ不レ擧ニ理卽・名字一事

今擧ニ圓位一不レ擧ニ理名一ヲ事如何。玄文ノ位妙ノ下ニモ理名ヲ不レ擧。可レ有ニ深意一。凡明ニモ圓位一ヲ付ニ七位門一ニ可レ明レ之也。故ニ教門ノ時ハ何度モ付ニ七位一釋レ之。止觀ハ明ニ觀門一ヲ故ニ六卽ヲ立テテ理卽・名字ヲ明也。十信前ニ立レ位ヲ事。光宅初メテ釋レ之。天台又初テ釋レ之。玄文ト今文トハ約ニ教門一ニ故ニ。十信先ニ不レ立レ位ヲ也。而ルニ今ノ釋ノ意ハ十信前ニ立レトハ之。猶

解行各別ナル義在レ之。五品ヨリ取レ之。解行一致ノ義顕ルル也。
一家ノ意ハ解ノ外ニ無レ行。行外ニ無レ解。五品観行ノ当位ニ解モ
可レ具レ之故ニ理名ノ位ヲ不レ明也。北谷邊ハ此義也云云
五品中於ニ初品一ニ十心具足スト見了。第十ノ無法猶(愛カ)ハ。止観
意ハ相似ノ位ニ釋レ之。今ノ釋ハ於ニ初品中一ニ釋レ之也。又今ノ五
品ヲ釋時。卽名字卽。知ニ一切法皆是佛法一義ヲ釋也云云
文云(同、五六五上八～十三行)。一初随喜心。若人宿植深厚。或値ニ善知識一。或従ニ経
巻一圓聞ニ妙理一。一法一切法。一切法一法。非一非一切不
可思議。起ニ圓信解一。信ニ一切(切因カ)心中具ニ十法界一。如ニ一微塵
有ニ大千経巻一。欲レ開ニ此心一而修ニ圓行一。圓行者。一行一切
行云云(同、十三行)此釋ハ卽初品ノ位ニ釋ニ解行一ヲ也。略定(言カ)爲レ千(十カ)下。不思
議境十乗ヲ釋也。可レ見レ之也

11 読誦経典第二品事

尋云。初品ニ十乗具足シ。第二品ニハ読誦シ。第三品ニハ説法シ。
第四ニハ兼行六度シ。第五品ニハ正行六度スル事如何。此不同
難レ辨如何
義云。五品ノ不同ヲ得レ意ニハ。ハカリカ御也。以ニハカリ一ヲ
交レハ之。五品ノ不同分明ニ得レ意也。所詮読誦行ハ何必シモ
限ニ第二品一乎。初品ニモ可レ用レ之。乃理卽名字ニモ可レ在レ
之。而ヲ第二品擧レ之事。初二品ノ不同ヲ分ムトナリ。読誦スル
トモヨシ十乗ノ観ハ不レ廢ト覺ル也。故ニ読誦スレハ渉レ事ハ紛動
スル致ハ不レ叶ニ第二品一ニ可レ知也。内外相藉圓信轉明カニ。
読誦ノ時モ彌明朗ニシテ十乗ノ観無ニ退転一者。是ヲ第二品トスル
也。是卽以ニ十乗一ヲ爲ニハカリ一ト也。第三品ノ説モ准レ之可レ知レ
之。爲レ人ノ説法セン時違縁在レトモ之。十乗ノ観不ニ動転一者第
三品也。兼行六度スルモ内證ノ十乗不ニ動転セ一行ニ六度一ヲ助ニ
彼十乗ノ修行一ヲ故ニ。十乗ノ上ノ六度ノ行ナレハ兼行ト云也。正
行六度ト者。第四品マテハ尚事理知(和融カ)由難キカ。五品ニハ事理和
由(融カ)シテ十乗ノ観不退ナル故ニ。正ク赴テ化他ニ六度ノ行ヲ立也。
所詮五品ノ不同ハ只以ニ十乗一ヲハカリトスル是也。是随分口
傳也云云(義記、大正藏四〇、五六五中十四～十五行)

12 圓教似解(華厳歟)六根清浄事

六根浄ハ眞如法華。似如法華ニテ。但位ノ六根ハ法華ノ意也。
若依ニ梵網一者眞位ノ六根ナルヘシ。不レ依レ華(本ノママ)ニ事。此似位ノ

六根ヲ為ニ一ノ證據ト也

13　十乗觀通ニ究竟卽ノ事（同前）

文云。十觀成乗圓極竟在ニ於佛ニ。過レ茶無ニ字可レ説　文　凡此文ハ非ニ天台釋ニ云人モ在レ之。而モ妙樂云弘決一ニ。戒序（天止一、一九六）云トテ。聲聞ノ小行スラ尚自珍ニ敬木叉ニ。大士兼懷寧不ニ精持ニ戒品ヲト引判給ヘリ。又一處ニハ菩薩戒疏ト判給ヘリ。更無ニ不審ニ事也

14　一南都戒ハ本體聲聞戒也。サレトモ修學ハ大乘也

一。仙（泉涌カ）入寺ノ戒ハ開會ノ戒也。本聲聞ノ戒南都ニ不レ造。其レヲ此戒ハ汝等所行是菩薩道ノ戒者。大乘戒ト云テ受レ之也

一。山門戒ハ直往圓頓ノ戒ニシテ開會ヲ不レ懸レ目。授者ハ卽菩薩也。所授ノ戒ハ卽圓頓ノ妙戒也。强ニ不レ云ニ開會ニトハ。開會ト者開ニ小乘ヲ云ニ大乘ト是也。是ハ直ニ圓頓也。非ニ開會ニハ玄文ノ第四。（天玄三、一七九）復有ニ一行ニ是如來ノ下ノ。戒卽直往圓頓ノ戒也　云云

佛寺　一向大乘寺　一向小乘寺（別當和尚云　四條式）　大小兼行寺　三寺ノ中ニハ吾山ハ大乘寺也

佛上座　大乘寺ニハ以ニ文殊ニ為ニ上座ニ。吾山佛上座　小乘寺ニハ以ニ賓頭盧ニ為ニ上座ニ　兼行寺ニハ大乘受戒時ハ文殊。普(布カ)薩　小乘普(布カ)薩ノ時ハ賓頭盧也

佛戒　律儀戒。聲聞受戒　三乘戒。菩薩受戒。吾山戒

佛授戒　小乘ニ三師七證。中國ノ方。三師二證　乃至　一師二證。邊國ノ方　吾山授戒　大乘ハ一師也。證明ニハ不現前ノ三寶卽釋迦・文殊・彌勒也

羯磨（カツマ）　山門　此云ニ辦事ニ　コンマ南都。ケマ泉涌　出品事儀也

白四羯磨ト者。一白三羯磨也。假令人ヲ引導シテ受戒ノ人ノ心ト三師等ニ相配スルヲ一白ト云也。三羯磨ハ師ノ攝レタル戒ヲ時。持否ヤト云フ也

聚ノ義ハ一切ノ戒ヲ集ニムル此三種ニ故也

此義記ヲ泉涌寺ニヨムハ吾山ノ戒ハ異料簡スル也。同義記ヲ了簡不同也　云云

定共道共通ニ大小ニ也

文云。定共道共通ニ大小乘ニ　文（義記、大正藏四〇、五六六下七～八行）

15　三十日　第二出體下（義記、大正藏四〇、五六五下一八行）

不起而已ト者。戒ヲ不レ受不レ持人ハ不レ及レ云云事也（同、二九行）

性ト者。性德ノ三聚戒。修德ニ顯ルルヲ無作ノ假色ト云也。此色ハ非ニ但色但心ノ時ノ色ニ。唯色唯心ノ中ノ色也。是戒ハ黒谷ノ一義也。凡止觀等ノ約束。心法戒體ノヤウニ見了。彼尚付ニ行者一心ニ論レ之故歟。今黒谷ノ一義ハ色心不二ノ上ノ一向性（同、五六六上一行）

無作假色ナレハ色法戒ノ義ヲ存也云云
尋云。今此戒體。法華・梵網ノ兩經ノ中ニ以レ何爲レ本乎
□云。釋ニ此戒經ヲ三重玄義ト云テ。（義記、大正藏四〇、五六三上二〇行）初テ依ニ梵網ニ釋了。而ルニ
今正ク釋レ體ヲ時ハ依ニ梵網ニ不レ見也。玄文ニ釋ニ五重玄義ヲ
時□□□體ノ章ハ付ニ法華ニ論レ之ヲ。今體モ依ニ梵網ニ者。何
不レ擧ニ彼經ヲ乎。不レ出レ彼ヲ故ニ意ハ依ニ法華ニ歟
□僧祇部ニハ心法戒體ヲ釋了。彼心法モ六識妄情ノ心法也。法
華ノ意ハ心法ト云ハンモ。（天玄三、六三〇。釋籤）三識同在ニ理心ニ。心法ナルヘシ。今
疏色法戒體ト云ヘルモ非ニ無常色ニ。是法住法位世間相常
住上ノ色法也。法勝ホッセウ。人ノ名也
先標章ニ（義記、大正藏四〇、五六五下〜六上）不レ起而已起卽性無作假色トスル故ニ。假色ト□レ
定也。是有ニ二義ニ。一ニハ非ニ色法戒體ニ。二ノ義ハ色戒體ト釋
了。此二義ハ且ク經論諍論ノ分也。非ニ實義ニハ也
（同、五六六上十五行）心爲ニ因果ニ更無ニ別法ニマテハ以ニ心法戒體義ヲ述也
（同、十八行）（形カ）極重盡戒者。命盡ルマテヲ盡戒壽ノ戒
（至カ）（同、十九行〜二四行）文云。成論無作品云ニ（「有カ）是非色非心聚ニ（文囚カ）文律師用レ義亦依ニ
此說ニ。若毘曇義。戒是色聚。無作假色。亦言ニ無敎ニ非ニ

對レ眼色ニ（文囚カ）文大乘所レ明戒是色法。大論問云。戒是色法可レ
論ニ多少ヲ思是心數云何言ニ多少ニ耶。觀ニ論意ヲ。以ニ戒是
色ニ卽問此是數ノ義。大乘云何而用ニ數義ニ文
所詮色法戒體者。數宗等ノ色ニハ非故ニ。引ニ（同、二六〜二七行）中論云。語言
雖レ同其心卽異ニ文此釋實義也
數（毘曇）無數（成論）ト者。表無表ノ義也。卽作無作ノ義也
（同、五六六中六行）下輭ノ心ト者。凡夫ノ心也。增上ノ心ハ卽上慢ノ心也
文云。（同、九〜十行）梵網云。（「〇カ）若不レ見ニ好相ニ雖ニ佛菩薩別受ニ。（前カ）不レ名レ得レ
戒文若有ニ七遮ニ者。卽七逆也。五逆ノ外ニ和尙・阿闍梨
也。是戒師也。小乘五逆。大乘七逆
（同、十二〜十三行）大經。（「云カ）非異色者。異色ノ卽心法也。異色（心色）因ト者卽也
（同、十四〜十五行）刀劍灰汁脚足橋梁ハ用ノ義也云云刀劍ハ功用ヲ持ル目ニハ不レ
見。灰汁ハアクノシル也。橋ハ人ヲワタス用也。梁家ヲ持ル用也。
是無表ノ義也。目ニ不レ見義也
（同、十六〜十七行）聖行ニ與ニ世ノ王ニ中。不レ道レ（〇囚カ）〇觀ニ析無作ヲ（「者カ）文阿闍王大
論ノ中ニ無ニトハ無作ニ不レ云。（同、十七〜十八行）直ニ擧ルハ色心ヲ。撮トテ（「是カ）擧易カランレ觀シ
者ヲ耳文出體ノ初メニ（同、五六六上七〜八行）阿闍世王ノ觀ニ析境界ニ。但明ニ色心ニ

不レ道ニ無作ト一云了。此釋ヲ思フ釋了

無ニ觸對一者。（同、五六六中十四行）於レ色有ニ三種ノ色一。可見有對ハ五塵也。不可見有對ハ五根也。不可見無對ハ無表也。卽今ノ戒也

跋摩者。（同、十九行）人名也。加梨跋摩事也

於レ體ニ當體ニ所依體ニ在レ之。所依體者。卽眞如ノ理也。非ニ今ノ意一ニ。能持レ戒心以爲ニ眞戒一。聖行云意歟。此義ハ當體之義也。唐土人師如レ此釋也

16 然此二釋舊所ニ諍論一事（義記、大正藏四〇、五六六中二一～二二行）

第一ノ義ハ無ニ無作一。第二ノ義ハ有ニ無作一云テ。二家共ニ非ニ一家ノ意一ニ故ニ。雖下引ニ諸經一ヲ釋ヒ之ヲ所レ結スルニ。然此二釋舊所（同前）諍論ト釋也。二義共ニ不レ用レ之釋了。黑谷邊ニハ此義ヲハ義記ヲソシリタルト云也。サテハ一家ノ實義ハ何トカ可ニ治定一乎ト云ニ。性無作ノ假色ト云也。（同前。取意）其故ハ言フハ無ト無作一於レ理實相理也極會ス在レ文ニ難シトレ恢カナヒキライ。言フハ有ト於レ理ニ難キニハ安コト在テハレ文ニ便ナリト云フ。有ニ無作一理方テ云時ハ不レ安カラ。文［ニテ］有ト云便ナリト云也。然問ノ理ハ非ニ道理ノ理一ニ歟。仍非レ當非ニ無當一ニ。サレトモ得レ論コトヲ二理教義ヲ一

文云。理卽爲レ實。（同、二六～二七行）教卽（則カ）爲レ權。在レ實雖レ無キ教門卽（則カ）有。今之所レ用有ニ無作一也 文 此卽一家ノ實義也

難云。前ニハ有ニ無作一義ヲモ斥ヒテ。今何云下有ニ無作一也ト上乎

答云。上ノ有無ノ二義ヲハ共ニ斥レ之。今ノ所レ用有ニ無作一也ト云ハ一家ノ實義也。其故ハ上ニ。中論云。（同、五六六上二六～二七行）語言雖レ同其心卽異ノ意也。所詮二家ノ有無ハ但色但心ノ重テ論レ之。一家ノ實義。戒家ノ本意ハ唯色唯心ノ重ニテ論レ之ヲ故。定（言カ）ハ同ケレトモ有ニ無作一云ハ。其意更ニ不同也

私云。戒家ノ意ハ戒體ハ性無作假色也治定シテ可レ置レ之。色心別論スルハ前ノ二家ノ義也。皆但色但心ノ重ナルヘシ。唯色唯心ノ時ノ色ヲ可レ爲ニ戒體一ト也

上人云。義記ハ是マテ讀カ大事ニハ御也。自レ此以後ハヤスキ也。是マテカ義記ヲヨミタルニテハ在ル也 云云

17 南都・北京・吾山戒不同事

南都戒ト者。篇聚ノ二百五十戒也。受テニ此戒ヲ一而トモ行ニ大乘ノ法ヲ一也。所行ハ大乘ナレトモ所受ハ小戒也

泉涌寺ノ戒ハ是モ篇聚ノ小戒也。南都ニハカワラサル也。所行又

大乘ノ所行也。但彼(カレ)ト南都ノ戒不同ナル事ハ。開ニ彼二百五十戒ヲ汝等所行是菩薩道ト云ヲ爲ニ開會ノ戒ト受得スル也。此其不同也

吾山ノ戒ハ。直往圓頓ノ妙戒ニシテ全ク非ニ開會ノ義ニモ。又非ニ小乘ニハ。非ニ南都ニ非ニ泉涌寺ニ。爲ニ圓頓ノ機ノ直ニ授クル圓戒ヲ也。彼玄文ノ第四卷ニ。復有ニ一行ニ是如來行トスル大經ノ文ヲ□(蟲損)キ起テ。此下ニ不次第ノ五行ヲ釋レ之。彼五行ノ下ノ戒聖行ノ意也。全是ハ非ニ開會ノ戒ニハ也

玄四明ニ行妙ニ下爲レ二(依ニ大經ニ)
- 先明ニ別五行ニ
  - 聖行 ― 戒定恵
  - 梵行
  - 天行
  - 嬰兒行
  - 病行
- 次明ニ圓五行ニ

玄云。圓五行者。(天玄二、一七九～一八一)大經云。復有ニ一行ニ是如來行。所レ謂大乘大般涅槃。此大乘ハ是圓因。涅槃ハ是圓果。擧レ此標ニ如來行ヲ。非ニ餘六度通別等行ニ。前ニハ雖レ名ト大乘ト不レ能ニ圓ニ途(運カ)スルコト。前ニハ雖レ名ニ涅槃ニ過レ茶ヲ可レ說。乃是菩薩之行者名テ(不レ得ミカ)爲ニ如來ノ一行ト。若圓行者。圓ニ具ニ十法界ヲ。一運一切運。乃名ニ大乘ト卽是乘ニ佛乘ニ。故名ニ如來行ニ。如ニ大論ニ云カ。從ニ初發心ニ常ニ觀ニ涅槃ヲ行レ道。亦如ニ大品ニ云カ。從ニ初發心ニ乃至坐ニ道場ニ亦行モ生モ修ストス(「行生修カ)。畢竟發心二不レ別。皆如來行意也

又云。(同、一八三～五)涅槃ニハ別ニ一行ノ名ヲ。而廣ク解セリ次第ノ五行ヲ。法華標ニ安樂行ニ廣ク(列カ)解セリ圓意ヲ。今依ニ法華ニ釋ニ圓五行ヲ。五行在ニ一心ノ中ニ。具足無レ缺名ニ如來行ト。文云。如來莊嚴而自莊嚴。卽圓聖行 ○ 又云ニ深達罪福相遍照於十方ニ。卽レ罪ニ卽レ福而見ニ實相ニ。乃名ニ深達ト。以ニ實相ノ心ヲ離ニ十惱(亂カ)亂等ヲ。皆是圓戒。佛自住大乘。如其所得法定惠力莊嚴。卽是佛之定惠莊嚴。故名ニ佛聖行ト 文

又云。(同、一八七)當レ知。一心照ニ十法界ニ。卽具ニ圓五行ニ 文

□。(觀心下)又約ニ六科境ニ五行ヲ判タマヘリ

文云。(同、二〇一)觀心圓五行者。上來圓行不レ可ニ遠求ニ。卽レ心ニ而是。(同、二〇四)當レ知次第ヲ爲レ麁ト(「〇カ)。一行一切行ヲ爲レ妙。卽相待ノ意也(文カ」)

(開麁下)又云。(同前)若開レ麁顯レ妙。無ニ麁可レ待。卽絶待行妙意也 文

又云。(同前)彼(得カ)二法華意一ヲ也。於二涅槃一ニ不レ用二次第ノ行一ヲ也 文 已上行妙事

戒疏云。(義記、大正藏四〇、五六三下)用二中道慧一遍入二諸法。故名二具足一 文

止四云。(大止二、五二九)用二中道惠一遍入二諸法一 文

弘四云。(同、五一六)故涅槃中五篇七聚ハ。並是出家菩薩律儀。又若先レ小ヲ後レスルニハ大ヲ(則カ)卽開二小夏一ヲ以成二大夏一ヲ。若先ニ受レ大後ニ受二律儀一。在レ(則カ)小卽依レ小。在レ(則カ)大卽依レ大。理雖レ若シト是ノ(土カ)方等不レ同。此土僧徒不レ簡二大小一。西方不レ爾一向永隔

弘云(同、五二九)用中道下亦名二開權一。既ニ得レ中ヲ已テ以二此中惠一ヲ融二一切法一ヲ。故使二一止一作無レ非二法界一。故云二大乘一 文

又云。(同、五二九)當レ知戒無二大小一由二受者心期一 文(文ナシカ) 是卽中道遍入二空假及事律儀一。方得三名爲二具足持戒一 文

此釋上人御交(校カ)ノ釋也。吉吉可レ見 云云

18 十月一日　次明道定下　(義記、大正藏四〇、五六六中二七行)

定道爲レ緣ト發二無作一ヲ共トハ云也。文云。(同、五六六中～下)定共戒者。於二定心中一ニ發二無作一ヲ。無二復諸惡一。道共ト者。(戒者ナシカ)見諦道中所レ發無作與二心上勝道一俱故言二道共一也 文

文云。(同、五六六下一～三行)止觀師釋。未二必見道。所レ發無作是道共戒一。亦取(秖カ)下中道正觀心中發二此無作一。有ヰ防レ非止レ惡義上。故云二道共一 文

19 一正法戒者菩薩戒也。受世教戒者聲聞ノ戒也　三聚戒

文云。(同、三一～七行)大經云。一正法戒。二受世教戒。菩薩得二正法ノ戒一謂是(道カ)共戒。得二此戒一者俱(終カ)不レ爲レ惡。不レ從二師授一故稱爲レ得。中道心中發三得此戒一也。受世教戒。謂白四羯磨然後乃得。必假憑レ師故稱爲レ受。差別約學故言二(示カ)世教一也 文

尋云。以二中道一ヲ得一ヲ名二道共戒一ト耶

進云。道共戒○爲二得道一 文

付レ之中道戒ハ攝衆生戒也。道共戒ハ攝善戒也。兩戒既ニ各別也。何如レ此釋耶

答。正法戒者菩薩戒也。卽攝善法戒也。此攝善法戒ヲ修シテ發二得中道戒一ヲ云也。有二何相違一乎

人天戒ニハ無二白四羯磨ノ儀一云也

文云。(同、六行)受世教戒。謂白四羯磨 文 付二此釋一勝事カ御也。其

故ハ白四羯磨ハ（受世教戒）聲聞戒也。而ルヲ依二受世教ノ言一ニ人天ノ五戒十善ニモ白四羯磨ノ義在レ之釋給ヘリ。是無二勿體一事也。權者モカカル不思議ノ事ヲ釋給ヘリ。恐ハ經文ニ不レ叶事也。大經ニハ受世教戒ヲハ偏ルニ名ケテ二聲聞戒一ト斥レ之者乎。依二世教ノ言一ニ五戒十善ト釋給也。不レ得レ意事也云云

20 興廢事 （義記、大正藏四〇、五六六下十二行）

文云。若シハ捨二菩提ノ願一ヲ。若シハ增二上煩惱一ヲ犯二十重一ヲ。其體卽（則カ）廢ス文（同、十三〜四行）

疑云。若捨二菩提願一者。受二淨戒一ヲ者。若煩惱增上ナラハ捨二菩提願一ヲ犯二十重一ヲ。其戒體卽可レ廢釋了。サテハ一得（⌐永カ）不失義不レ可レ成如何

義云。此釋ニ有二了見一事也。受二菩薩戒一ヲ者ハ一得永不失ニシテ必不レ可レ捨レ之。其故ハ得戒ノ者不レ作レ惡ヲホトハ。此戒ノ功德無量無邊ニシテ增長增上シテ多ク成也。若遇二惡緣一ニ犯セハ二十重等一ヲ。此得戒功德增（長カ）上セシカ。惡ニ被レ押功德不ルヲ二增上一セ。其體卽廢ト云也。最初得受ノ戒體ヲ廢スルニハ非也。サレトモ又懺悔ヲモシ修レハ二功德一ヲモ。又前戒體ノ功德增（長カ）上ス也

私云。善有相資能惡ニ有二滅離ノ用一スルハ此意也。又上人義云。若無二此二緣一至レ佛乃廢者。至レハ二極果ノ位一ニ萬行萬善極マリヌル故。戒體ノ功德ノ增長セシモヤミ。又煩惱增長セシモ斷スル故ニ至佛乃廢ト云也

21 二緣者。捨ト增（長カ）上ト也（同、十四行）

疑云。三周ノ聲聞。大通結緣時受二菩薩戒一ヲ乎。又受二聲聞戒一ヲ乎。若受二唯聲聞戒一ナラハ可レ退レ之ヲ。菩薩戒ヲ受ナラハ一得永不失ノ戒。何退ト可レ云乎。此事五大院先德ハ受クト釋タマヘリ

難云。何流轉シケル乎

答。先德ノ御義卽流轉ハ爲二利物一ノ也云云爲二化他一ノ流轉シケリ。實事ト思ハ皆教門淺近ノ說也。往古大士釋尊ノ化道ヲ助クル人ナル故ニ。面ハ聲聞ナレトモ。本地ハ菩薩ト可レ得レ意事也。所詮聲聞モ大通結緣ノ時ハ受二菩薩戒一ヲ可レ云也

22 最後一念爾時卽廢事（義記、大正藏四〇、五六六下十七行）

出レ定出レ道ノ時ハ防非止惡ノ義無レ之故ニ廢ト云也。サレハトテ戒體ヲ廢スルニアラス。卽有レ出レ定卽[ ]クハ[ ]サク可レ得レ意」

文云。次(同、一二三行)三聚戒體者。律儀者。性無作ノ假色ニハ非ル也。只是戒體トハ云トモ。此式儀卽故也。是一ノ口傳也云云

不動ヲ卽是律儀戒ト云リ。攝善攝生ニ卽是動(「應カ)文(同、一二七行)

「不動ヲ卽是」(「」衍字カ)

文云。策ニ勵(同、五六六下～五六七上)(「攝カ)衆善ヲ(「文カ)依ニ六度(「門ニカ)ニ稱ニ善法ト。起レ心益(兼カ)レ物依ニ四弘門ニ稱ニ衆生ニ

善法體依レハ六度門(門ニカ)ヲ稱ニ攝善法ヲ。依ニ四弘門ニ稱ニ攝衆生ニ。於ニ一法ニ其名ヲカヘタル也。三聚ノ行儀法(花歟)卽也。前ノ性無作ノ假色トハ遙ニ不同也

23　二日　次論止師下(義記、大正藏四〇、五六七上四行)

文云。百論(同、五～七行)息レ惡不レ作(行カ)名レ之爲レ止ト。信受修習名レ之爲レ行ト。佛教雖レ多止行收盡。諸惡莫作卽戒門。衆善奉行卽動門(是勸カ)文　此諸惡莫作ノ文ヲハ譬喩品ニハ勸誡(是誡カ)窮子ノ時以ニ此文ヲ爲ニ法華ノ正體ト云リ。止善行善ハ卽安樂行品說也。其深意在レ之歟

無作有ニ九品。九品共ニ發ニ無作ヲ乎

文云。無作。如(同、二一～二二行)ニ欲界修道(道ノカ)ヲ惑有ニ九品。前六品發ニ無作ヲ。後三品不レ發セ文　何後三品不レ發乎

義云。九品ノ惑ノ時ハ後三品劣弱ナレハ共シテ引ニ一生ヲ也。下(天止三、六〇五。弘決)之三品共潤一生ト云ヘリ。無作ノ九品モ後ノ三品其力ヨハキ故歟。故ニ斯陀含ニ不レ發ニ無作ヲ釋了。阿那含ハ不レ起ニ不善ヲ釋了。而此ハ出ニ無無記ノ外ニ云了(義記、大正藏四〇、五六七中)

24　三種信事

三藏ノ意有ニ三信。方等大乘ノ意又有ニ三信。一信ニ自他心識皆有ニ佛性。卽大經ノ一切衆生悉有佛性ノ意也。於ニ戒家ニ卽身成佛ノ義ヲ成スル事モ依レ之也。其故ハ今經ノ如ニ我昔(大正藏九、八中)所願ノ今者已滿足ノ文ヲ。覺大師御釋ニハ大經ノ悉有佛性ノ文ヲ引テ卽身成佛義ヲ成給ヘリ。一切衆生ニ有ニ佛性ノ信セハ。豈成佛義無レ之耶。殊勝ノ事也云云　第二ハ信ニ勝善ヲ行レハ得果スル也。是ハ無ニ子細ニ。三信ニ所レ得果四德波羅密(蜜カ)ト。此文常樂我淨我等カ約ニ五陰ニ可レ論レ之。五陰轉ノ時。五陰卽四德波羅蜜ト顯ルル也

　私云。決ノ三ニ釋レ之

義云。此第三料簡モ全ク不レ約ニ梵網ニ。若見ニ梵網ノ釋ナラハ

尤付レ經ニ可レ釋レ之。第三ノ人法ノ中ノ法ニ付テ梵網經ノ事ヲハ釋出セリ。全ク其外ハ不レ釋レ經ヲ。只戒ヲ受得スル行儀ノ□□釋也

25 三日 次無一(二カ)障下（義記、大正藏四〇、五六七中十四行）

（同、十四～十五行）煩惱常有故不レ說レ障者。煩惱者貪瞋癡ノ三毒也。必シモ不レ可レ障レ戒ヲ。我身ハ有レハ二煩惱一カ戒ヲ不レ持ナントト云ハン事不レ可レ爾ル。業障コソ尤制スルコトニテハ有レ。故不說障ト云ルハ此意也

（同、十七行）七逆者。五逆ノ外ニ戒師和尚・羯磨ヲ加タル也。小乘ニハ此戒師ヲハ輕シトス。故ニ父母等ヲハ逆トスレトモ此二ヲハ不レ爲レ逆ト重トハスル也。今ハ大乘ノ意ナル故ニ七逆ヲハ出也。是ニ有ニ不審一。大乘ニ何取レ之乎ト云ニ。大乘ノ法カ深理ナレハ教ル法ヲ師ヲ殺スヲハ尤モ可レ罪ナル。小乘ハ法カ狹ク淺ケレハ。殺父等ヨリモ師ヲ殺スヲハ輕クスル也

（同前）〔一〕云懺滅非レ障者。懺悔スレハ不レ成レ障ト云也

（同、十七～十八行）二云犯レ一悔與ニ不悔一悉皆是障。十重文 是ハ一ヲモ猶(犯カ)レハ悔スルモ不レ悔ルモ皆障トスル也

（同、十八～二一行）一云前四(〻〇カ)。悔不(〻與カ)レ悔悉障ヨリ。後六ハ悔三(者カ)非レ障不レ悔障(則障カ)也。二云前ノ四ハ須レ悔ス。見レ相非レ障。後六不レ悔亦障。(〻不カ)三云十重不レ悔悉障。悔已悉非レ障ニ。(〻文カ)此第三ノ義ヲ用也

26 報障事（義記、大正藏四〇、五六七中二二行）

地獄餓鬼二道。重苦不レ受レ戒ヲ非ニ佛法器一故ニト云ハ。從ニ多分一ニ事也。又非人畜生ナントハ師ノ語ヲ解スル故ニ可レ得レ受レ戒云也。持ヤ不ヤト云ニ。持ト領解タニセハ可レ受也

（同、二五～六行）四空處說(既カ)能就(聽カ)レ法文 四空ノ聽法ハ不審也。既ニ耳根無レ之以レ何可レ聞乎。サレトモ微細ノ色在レハ之何不レ聞レ之乎

私云。舍利弗ノ毘曇乃至大乘ノ意ハ四空ニ在ニ微細色一云乎。又云。（同、二六～二七行）但業報虛妙故略不レ說文

龍等モ八齋戒ヲ受レトモ。彼ヲハ八戒トイヒテ齋トハ不レ名也。齋ト者非時食ヲ制スル也。文云。（同、五六七下四～五行）大論龍卽得ニ八齋戒一也文

（同、一～二行）五戒ハ既是菩薩戒根本。又不レ表ニ定佛法一ヲ文 是在家ノ戒ナル故也。八齋戒ハ在家ノ戒ナレトモ出家モ受レ之。非時食・不飲酒・不婬等ノ戒在レ之故也

（同、二行）五戒菩薩許ニ(〻戒カ)四道皆得一文 四惡趣歟

十月三日夜 物語云。傳教大師。覺大師ノ御膝ヲ爲レ枕告テ云ク。今汝ヲ入レ唐ニ欲レ令ニ求法一ヲ。但シ勞ラクハ身ニ苦シ(辛カ)船舫ノ中一。漂ニ浪センコトヲ風波上一ニ。眞言門ニハ習ニ天部一ヲ。天台門ニハ習ニ中道一ヲ

天部者 梨下ニハ。辨才天 青蓮院。大黑

又云。論義ニ四ノ不同在レ之。一算ハ宗大事。二算ハ經卷證據。三算ハ意據。四算ハ本文料簡 云云 常論義モ以ニ此四箇ノ內ニ可ニ用意一也 云云

尋云。無作戒體ハ。律儀戒ノ無作ト。三聚戒ノ無作トハ有ニ其不同一乎

上人仰云。於ニ聲聞・菩薩ノ戒ニ者雖レ有ニ大小ノ不同一。於ニ無作ノ法體一者無ニ其不同一 云云 (義記、大正藏四〇、五六七下五行)

27 四日 次人法緣下

人緣者。卽戒師事也

一諸佛眞佛 二聖人像佛 三取師(凡カ) (同、九～十一行)

文云。舍利髮爪鉢杖牙齒。皆起ニ重敬一盡可レ爲レ緣。而舍利眞僞難レ知。或是小聖敬重如レ佛何可ニ憑對一(便カ) 文

盧舍那佛 眞佛ニ戒ヲ受シ事ハ妙海王子也

像佛 千里內無レ師時ハ求得好相自誓受也。好相者。夢相ヲ祈ルニ或一七日。或三日五日等ニ佛來テ頂ヲナツルモ見。或ハ手ニ文字ヲ書トモ見ナントスルハ好相也。カカル事在ラハ自誓受戒スヘキ也

舍利ハ眞實佛舍利トハ不レ知。又羅漢ナントノ舍利モ在レ之。サレトモ持ニ重之一如レ佛ノ可レ有ニ其德一事也。若又無ニ舍利等一者。大乘ノ經卷等ヲ可レ爲レ師ト也

是ニ又三ノ釋アリ。一云不レ許者。經卷等ヲ不レ許歟 (同、十一行)

(同、十二行) 二云與ニ佛像一差レ次爲レ授者。千里ノ內無レ師者可レ對ニ佛像一。佛像又無レ之者可レ對ニ經卷一ニ云也

(同、十三行) 三云不レ簡ニ有佛無佛一ヲ(莫レ問ニカ)。只可レ對ニ大乘ノ經卷一云也。其故ハ大乘經典ノ所在卽佛境ト無レ異也。此故ニ可レ用レ之也

仰云。此義記ノ習二ノ義ハ出サハ第二ノ義ヲ可レ用。三ノ義ヲ出サハ第三ノ義ヲ可レ用。今ハ此ノ第三ヲ可レ用也 云云

(同、二九行) 十八物者。僧ノ道共(具カ)ニ有ニ十八物一。其中ニ經典ヲ隨身シテ置ニ此經典一ヲ可レ爲ニ本尊一ト 云云

上人仰云。本尊者。眞言家ヨリ出來レリ。於ニ密教ニ有ニ二ノ

不同一。先淺略ノ重者。灌頂ノ時有縁ノ佛ニ投レ花打配テ是ヲ我本ノ尊トセント[ ]本尊ト云事自レ此始レリ

次深祕ノ重ハ。能令三業皆於本尊ノ意也。可レ思レ之云云所詮淺略・深祕ノ二重ノ義可レ在レ之也云云

(同、五六八上二行)二十臈者。十臈以前ハ人ニ授戒不レ可レ有レ之。サレハ當山ノ座主ハ人ニ授レタマフ戒。而ニ十臈以前ハ不レ可レ然事也

(同前)五德事。當時ノ備ニ五德ヲ一人無レ之。天台大師ハ備ニフ此五德ヲ一歟

(同、三行)什師所傳者。梵網經ノ譯セル事也。大師筆受ニテ御シマシケリ

(同、十～十一行)盧舍那佛爲ニ妙海王子一授ニ戒法一ヲ。又釋迦モ從ニ盧(盧カ)舍那一受ル也云云 凡葉上ノ千釋迦。葉中ノ釋迦。皆奉レ遇ニ臺上ノ盧舍那ニ一受レ之釋了。華嚴ノ儀式。佛皆以ニ盧舍那一ヲ爲レ師ト釋了

歸ヨ依三寶一事。有ニ三ノ不同一。一ニハ佛者。敎主釋尊。二法者。所譯ノ大乘ノ經典。三僧者。羅漢等是也。是在世ノ義也

二ニハ佛者。佛像也。法者經卷。僧者末代僧衆云云

(同、十四行)三ニハ一體三寶也。今ノ歸依常住佛等云ルハ一體三寶ノ意也。

旣ニ常住ト云フ豈非ニ一體三寶一ニ乎。玄文第五卷ニ相貌ヲ出レ之。三世不レ改義也(慈覺大師御釋在レ之)

持ヤ不ト云事ハ有ニ子細一也。起請ト戒トハ同事也。起請モ只書ケト云ルニ書タルハ罰モ不レ當也。汝ハスコシタルヲ起請モ書タクハカケト云ニコソ罰モアタリ。人ヲシテカカセタルニハ不レ當ラ也。戒モ持ヤ不ヤト云時。持ト云ヘハ戒體ヲ發スル也。押テ持ト云ハ惡キ事也云云 注ニ次第答ヘヨレ能トウト。サヲト云事也

(同、十六行)

(同、二〇行)千里内無レ師云者。許ニ佛像一者。是ニ有ニ口傳一。千里内ニ縱ヒ可レ受師雖レ在レ之。若爲レ我不レ起ラ信者。只白ニ佛像一ニ可レ受レ之云云

又ハ六親ノ閒夫婦互ニ可レ受レ之云云 況ヤ他人同レ之

(同、二一行)出レ口爲レ別事。遇レ師受ル時ハ持ヤ不ヤト云時。必ス持ト云也。自誓受戒時ハ持ツヤ不ヤトハ不レ云。不殺生戒持ツト計リ可レ云。而ニ出スコトヲレ口ニ爲レ別ト云也。常ニ向テニ佛前一ニ自誓受戒ヲ可レ用也云云

自ニ地持經相傳一被レ置レ之

此義記自ニ九月二十六日一至ニ今日十月四日一被レ談レ之。自ニ

地持經相傳ニ置レ之。明年ノ春ハ涅槃會以後。早速ニ企ニ登山一

可レ談レ之云云仍上人[ ]ニ一首一云。[ ]（文和三年カ）甲午七十四

アハレナリ　後ノ春トハチキレトモ

花ヲモマタヌ身トヤナラマシ

諸人感歎也

于時應永二（一三九五）乙亥五月十七日。於ニ本院東谷佛頂林之理藏

房一依レ爲ニ當年進士一。當所以ニ春禪自筆之本一令ニ書寫一畢

願以ニ此功德一等在レ之　　光成三十二十七臈

于時文安三（一四四六）丙寅於ニ普動寺一書寫畢　　了清生年四十四

願以此功德　平等施一切

同發菩提心　往生安樂國

（別紙別筆）江州栗太郡芦浦觀音寺　　舜興藏

正保三年（一六四六）八月日

（底本　見返古表紙）

菩薩戒義記見聞　不ニ委細一

文安三年（一四四六）丙寅二月十一日書寫畢

了清之

（底　本）西教寺正教藏、文安三年（一四四六）了清書寫奥書一册寫本

（校訂者　西村冏紹）

菩薩戒疏聞書　終

菩薩戒義記聞書　偆運談　目次

（目次新加）

菩薩義記聞書

（奥書）倭運談

菩薩戒義記聞書〔上〕

從二永享六年（一四三四）十月四日一始レ之

1〔題號〕

天台ノ師ノ撰ト云讀也。天台師ノトコソ可レキ讀ム。何トテ如レ此讀耶。若天台ノ師ト讀マハ。南岳ノ御事ナル樣ニ覺キカ。天台卽師ト可二心得一故ニ無二相違一。仍テ玄義第二卷ニ天台師ト云ヘル文ヲ。檀那ノ先德。天台ノ師ト點シタマヘリ。サテ當流ニハ天台ノ師ト讀也 云云

次此義記ハ。大師自筆歟。章安ノ記歟ト云不審有レ之。泉涌寺開山將來ノ本ニハ。天台智者大師說。頂法師記トアリ。此ノ本ノ定ナラハ。如二三大部ノ一章安御筆歟ト覺タリ。然ニ此ノ本ハ傳教御將來ノ本也。天台師撰トアレハ自ノ御筆ト覺シキ也

次。梵網經ニ疏ヲ作ル人師。異朝十八家有レ之。是皆他宗ノ釋也。其中ノ法相宗樸楊ノ疏ニ。天台ニ依テ五重玄義ニ釋ト 云云 付二此釋一ニ。自他宗ノ義不同也。先法相ノ心ハ。樸楊是ハ天台宗ヲ學セリ。後ニ法相宗ニ移リタマヘリ。サレハ此疏ヲハ是天台宗ヲ學セン時作ル故ニ。天台ニ依テ五重玄義ニテ釋ストハ書タリ。全ク法相宗ニ成テ後依二ト天台ニ一不レ可レ云 云云 又天台宗ノ意ニテハ。實ニ法相宗ノ人師ニテ乍レラ有リ。依二ト天台ノ義ニ一云也。サレハ傳教依憑集ト云御釋ニハ。諸宗依ル二天台ニ一事ヲ擧タマヘル中ニ。今ノ樸楊ノ梵網ノ疏ノ釋ヲモ出シタマヘリ。仍テ法相宗ニテ乍レラ有リ。天台義ヲ依用シタリト申セシ也 云云

次。天台宗ニ取テハ。此義記ノ外ニハ明曠疏有レ之。然ニ明曠疏ニハ。五重玄義ニテ直ニ經ヲ被レタリ釋セ。就レ之不審ナルハ。何ニトテ此義記ニ末疏ヲハセスシテ。直ニ經ニ付テ疏ヲ作リケルソト覺シキカ。料ニ簡ルニ之ニ。兩義有レ之。一義ニハ。今ノ義記ニハ釋ニ此戒經一三重玄義ト云テ。三重玄義ニテ經ヲ釋シタマヘリ。然ニ此外ニ五重玄義ニテモ釋スヘシト云處ヲ顯サン爲ニ。明曠ハ直ニ經ニ付テ疏ヲ作レリ 云云

一義云。明曠時代。大師ノ義記。唐朝ニ失本シテ世間ニ不二流布一セ。サテ經ニ付テ直ニ疏ヲ作レリ 云云 付二此義ニ一不審ナル事有レ

之。其故ハ。明曠疏ノ初ニ。（初㋑始）義記。（大正藏四〇、五八〇中）菩薩戒者運善之初章。却惡之前陳等文ヲ載タリ。（之㋑云云（陣カ））サレハ義記ノ本流布セリト云事分明也云云

次。明曠ハ。妙樂ノ御弟子也。妙樂大師御臨終ノ枕ニテ念佛勸ケル人也。然ニ宋朝人師釋。佛祖通記（統紀カ）ト云書ニ。（大正藏四九、二〇二上。取意）章安御弟子也云云 此義不可然。梵網疏ニ明曠唐代年號在之。（在㋑有）（大正藏四〇、六〇二上。取意）若章安御弟子ナラハ陳隋二代ナルヘシ。サレハ妙樂ノ御弟子也ト云事分明也。加之。山王院普賢經記ニ。（大正藏五六、二五一下。取意）明曠ハ妙樂御弟子也云云

次。天台大師。餘經ニ作リ釋ヲタマヘルニハ。其ノ經ノ名ヲ釋シテ首題ニモ置タマヘルカ。何トテ義記ニハ梵網經義記トモ不シテ置。菩薩戒義記トハ書タマヘル耶。經ニハ佛說梵網經盧舍那佛說心地戒品ト有リ。不審ニ覺シキカ。菩薩戒カ肝要ナレハ先以之題號トスル歟云云

次。義記トハ何ナル事ソナレハ。大師御釋ノ習ヒ。經ニハ必ス玄義文句ト釋ヲ作リタマフ也。サレハ今ノ義記モ玄義文句也。義ト云ハ卽玄義（㋑卽）也。記卽文句也。記ヲハ何トテ文句ト可得心ソト覺シキカ。（得心㋑心得）（之辭カ）疏記（天文一、八上）一。文句ノ疏ノ字ヲ釋ルニ。疏者。通意言也。（言㋑意）亦記也矣（矣㋑云云）サレハ記トハ文句ノ事也云云（云云㋑ナシ）

已上題號了（了㋑畢）

2〔菩薩戒〕

菩薩戒ト者。（大正藏四〇、五六三上。義記）首題ノ菩薩戒ノ言ヲ釋ル也。此卽大乘戒也。大乘ノ戒ハ三聚淨戒也。**運善之初章**ト者。（之㋑ナシ）攝善法戒・饒益有情戒ノ二種也。**却惡之前陳**ト者。（之前㋑先）（陣カ）攝律儀戒也。**直道而歸**ト者。（大正藏二四、一〇〇四上）菩薩戒卽成佛ノ直道ト云也。是則經ニ。（是則㋑此卽）衆生受佛戒。卽入諸佛位。位同大覺已。眞是諸佛子ト說故也云云

一。運善却惡事　私云。文言檀生善滅惡者明矣（天止一、三五〇、弘決カ）（德也カ）（文㋑通）（歎カ）心經疏智圓云。反本之要道。破迷之前陳云云（陣カ）（云云㋑矣）貽謀抄云○前陳ト者。（同、三三五丁右下）（卍續一-四一、三三〇丁左下）（陣カ）言其勇也。喩破迷之勝ルルニ（勝㋑殘）上ハ歎生善ヲ。下ハ歎滅惡云云（云云㋑矣）今釋意可准知之云云（云云㋑ナシ）

生源可盡ト者。戒力ニテ生死流轉ノ源ヲ可盡云也云云 **聲聞小行**ト者。五篇七聚也。**大士**ト者菩薩也。**兼懷**ト者。自行化他ヲ兼ト書タル也。**精持**（セイチ）ト者。精（シャウ）持ト可讀樣ニ覺キカ。（樣覺㋑ナシ）黑谷相承ニ加樣ニ讀付タリ

內外二途ト者。（義記、五六三上七行）內道外道ノ事ニテハ無キ也。（道㋑凡　道㋑凡）七衆ノ內外也。先七衆ト者。一優婆塞・二優婆夷・三沙彌・四沙彌尼・五式叉摩・六比丘・七比丘尼也。優婆塞・優婆夷ノ二衆ハ五戒ヲ

持ツ。沙彌・沙彌尼ハ十戒也。沙彌威儀經ノ十戒也。式叉摩ハ。沙彌ノ十戒ノ上ニ六法ト云物ヲ更（更底ナシ）加ル也。六法ト者。「一摩（「」底ナシ）觸・二盗四錢（妄カ）・三殺畜生・四小亡語・五非時食・六飲酒也。」比丘ハ二百五十戒。比丘尼ハ五百戒也 云云（云云イナシ） サレトモ常途ニハ比丘尼ハ三百四十八戒ヲ受ル也。五百戒迄ハ不ニ流布一歟 云云 大論・藥師等（等イ品）ニハ。（大正藏二五、一六一下）比丘尼五百戒 云云 今内外トハ。卽優婆塞優婆夷ノ二衆ハ外衆也。沙彌等ノ五衆ハ内衆也。是ヲ内外二途ト云也。**王家庶衆**（義記、五六三上八行）ト者。天子ノ位ニソナハリタマフ時。菩薩戒ヲ受ル也。家トハ百官也。庶トハ諸ノ義也。心ハ萬民也 云云 **委質**ト者。「委ハ曲也。頓也。屬也。隨也。任也。棄置也。」（「」底ナシ）質ハスカタ也。身也。委ト聲ニ讀ム事ハ。委ノ字ニスツル。マカスル。シタカフ（フイカウ）。三ノ訓在（在イ有）レ之。訓ニ讀メハ心ワタラヌ故ニ。態（態イワサイ）ト委ト聲ニ讀ム也。心ハ身ヲ戒ニスツルト云心也。**虔恭**（ケンク）ト者。ウヤマウ義也。**趣極果**（果イ品）ト者。衆生受ニ佛戒一（大正藏二四、一〇〇四上。梵網經）卽入ニ諸佛位一。位同ニ大覺一已（已云云イ位矣）云云 **結道場**ト者。成佛也。淨名疏ニ。（大正藏三八、六四一下。取意）道場ト者成佛處也ト釋タリ 云云 **然經論所載**ト者。然ノ字ヲ置ク事ハ結前生後ノ心ヲ顯ス也。諸經論。戒相ニ不同有ル也。**記傳所辨等**者。奥（「イ云）ニ六品ノ律儀ト云事有指レ之（「イ之）也。**良以機悟偏圓**ト者。何トテ無盡ノ戒相受法不同ナルソナレハ。衆生ノ根機不同ニシテ偏圓相受ル故也。偏機ニハ略ヲ教ヘ。圓機ニハ廣ヲ授ル也。**詳略**ト者。詳ハツマヒラカト讀（讀イナシ）也。心ハ廣略也。**辭無等**者。諸經論ノ戒相不同ヲハ不レ可ニ量（量イ擧）盡一也。（「イ云）**事不辨**（並カ）**行**ト者。無盡ノ受法ハ幷テ不レト可レ行云也

什師（義記、十二行）ト者。羅什三藏也。**律藏品**ト者。梵網經也。**秦弘始等**者。後秦ノ「弘始三年ニ羅什震旦ニ來リタマヘル也。梵網經ヲハ」（「」イナシ）弘始（四〇六）八年ニ譯シタマヘリ。其年入滅也。法華經ヲモ八年ニ譯シタマヘリ。**最後誦出**ト者。何トテ翻譯トハカカ（ヒイナシ）ヒテ。誦出トアルソト覺タルカ。羅什。天竺ニテ何ナル經論ヲカ漢土ニ渡シテ利益可レキ有ルトテ。如ニ惠文（文底聞）禪師一ノ經藏ニ入テウシロ樣ニ經（經イナシ）ヲ取リタマヒケレハ。此梵網經ヲ取リタマヘリ。サテ梵網經ノ梵本ヲ漢土ニ渡サントテ舟ニ乘リタマヘルニ。俄ニ風波ノ難ニ逢（逢底ア）ヘリ。サル程ニアキ人種種ノ寶ヲ海ニ沈メケレトモ。猶（猶イ尚）風波不レ止。サテハ梵網經ノ故歟トテ。此經ヲ海中ヘ入タマフ時。羅什戒品ニ名殘ヲ惜テ。戒品計ヲ空（空底ソラ）ニ覺ヘタリ。サレハ梵本無レ之。空ニ覺ヘタマヘル故ニ誦出トハ書キタマヘル也 云云 羅什三藏常ニ口ムクメ

キケリ。人不審ニ思ヘリ。御弟子ノデウ公尋申サレケレハ。戒品ヲ空ニ覺ヘケルヲ不レ忘レトテ誦スルト被レ仰ケリト云云又一義云。天竺ニハ此戒品ヲ空ニ覺ユル也。故羅什モ此戒品ヲ空ニ誦シ覺ヘタマヘリ。故ニ誦出ト云也云云何義モ無ニ相違一云云

(義記、五六三上十五行)**一言三復**ト者。外典ノ詞也。毛詩ニ。白珪ノ珠ノ缺タルヲハ可レ磨ク。此珠ノ缺タルヲハ不レ可レ磨ト云ヘリ。南容ト云シ人。此詩ヲ面白カリテ打上ニ三反マテ誦シケリ。是ヲ論語ニ。南容一言三復ト云ヘリ。此詩ノ心ハ。白キ玉ノキスノ有ルヲハ。磨ハナヲルヘシ。人ノ詞ノ過失ハナヲルヘカラスト云心也。此珠トハ詞也。**所以指掌**等者。梵網經文義幽玄甚深ニシテ難レ知リ。今此ノ疏ヲ作テ。指レ掌後學ヲシテサトラシムト云心也

同七日承了

次。今此菩薩戒者運善之初章等一段ハ。序歟大意歟ト云不審有レ之。先常途ノ義相。釋義ニハ必大意・釋名・入文判釋ノ三重有レ之。サレハ今菩薩戒ト者。大意ナルヘシト見ヘタリ云云サレトモ弘決一ニ。(天止一、一九六)戒ノ序ニ云トテ。運善之初章等文ヲ引ケリ。此ノ釋ノ如キハ序分也ト被レタリ得。仍テ序ト大意トヲ兼タル也ト可レ得レ意云云

(義記、五六三上二〇行)**釋ニ此戒經一三重玄義**等者。宋朝前代人師。三重玄義。五重玄義ハ開合ノ異也ト釋セリ。又後代餘咸ト云人師。前ノ義ヲ謬也ト釋セリ。但。加樣ニ釋シタレトモ。倶ニ道理不ニ分明一ナラ故。宋朝人師兩義。倶ニ本朝ノ學者不ニ依用一セ也云云

3〔第一釋名下〕

(義記、五六三上二六行)**譯**ト者。文句ノ二ニ。譯ト者改也云云梵語ヲ漢語ニ改ムル也。**大道心**等者。大道心ト者自證。**成衆生**ト者化他也。**開大士**ト者。(缺文)。**善美**ト者。外典善盡美盡ト云事有レ之。是モ化他利生ノ義也。**立號**ト者。名ト云字ニ號ノ字ヲ用ル事ハ。華嚴ノ合論ニ父母ナト無德ノヲサナキ子ニ。ナニノカノト名ヲ付ルニハ。名ノ字ヲ用ル也。從テ德ニ立ル名ヲ時ハ用ニ號ノ字一ヲ也云云ケニモ有ルナリニ其謂一。房號寺號ナトハ從レ德タル名也。坊名寺名トハ不レ云故也云云**沮**ヤフルト讀也

4〔次辨法號〕

(義記、五六三中七行)**次釋法號**ト者。先戒ニハ三ノ名有レ之。所謂。尸羅・毘尼・波羅提木叉也。然ニ梵網經ニハ。尸羅・木叉ノ二名ヲ出セリ。毘尼ノ

名ヲハ不レ説也。但。輕戒ノ下ニ毘尼ト云ヘルハ滅惡ノ義アレハ。指シテレ彼ヲ毘尼ト云也。(同前、十行)戒ヲ毘尼ト云ニハ非也。是則毘尼ヲハ滅ト翻ル故也。**未來生處離ニ三惡道一淨土受戒**ト者。(形カ)保得解脫ノ義ヲ釋スル也。離三惡道淨土受形ト者。此ノ文ニ付テ不審ナルハ。經ニ。衆生受ニ佛戒一卽入ニ諸佛位一「位同ニ大覺一已眞是諸」佛子ト說タレハ。(大正藏二四、一〇〇四上)所離三惡道ニハ不レ可レ限。所期又可レ云ニ寂光土一トモ覺ヘタルカ。經ノ下ノ文ニ。世世不レ墮ニ惡道八難一。常生ニ人道天中一ト說タレハ。(同、一〇〇九下)依ニ此文ニ大師ハ。離三惡道淨土受形トハ(義記、五六三中十一行)釋シタマフ也。サレハ世世不墮ノ文ヲ釋タマフニ。所離所得豈止タタコレノミナランヤ。且ク擧テ凡情ノ所ニ欣厭一。以レ之爲ニ勸ムラク耳ノミ(義記、五八〇上十三行)矣 凡情所ニ欣猒スル一專惡道人天ナル故ニ。世世不レ墮ニ惡道八難一等說タル也。今ノ離三惡道ノ釋モ此心也。卽入諸佛位ノ義ハ勿論也 云云(同前、五六三中十一行)

次**淨土**ト者。卽安養淨土也。何トテ安養ト可ニキ心得一ソト覺タルカ。大師御釋ヲハ。妙樂ノ御釋ニテ得レ意也。然ニ今義記ニハ。妙樂ノ末記ニカ無キ閒。文相起盡所レ難レ計也。サレトモ天台宗所期ハ安養往生也。其故ハ大師「唱得願ニハ」。願臨ニ命終一心(大正藏七七、二六七上。法華懺法)不レ亂。正念レ往ニ生安樂國一トアリ。又本傳文ニハ。吾一生之閒不レ背ニ西方一。心念口言唯有ニ阿彌陀佛一 云云(傳全四、二二三。靈應圖本傳集)妙樂大師ハ。大師生存常願レ生ニ都率一。臨終乃云ニ觀音來迎一ト(天止一、六四)釋タマヘリ。故安養往生ノ外。餘ノ希望ヲ不レ可レ生事也。就中。妙樂ノ十二門戒儀ニ。依ニ菩薩戒力ニ安養上品上生ヲ得ト(不見)釋タリ。加レ之。明曠ノ十二門戒儀モ。可ト二安養往生一釋タリ。(大正藏四〇、五九七上～下。取意)故今淨土ヲハ安養淨土ト得レ意也。**能止邪命**ト者。上ノ淨命義ヲ釋ル也。**防非止惡**ト者。上ノ成就威儀無所受畜ノ義ヲ釋タル也。(義記、五六三中十行)

約義ト者。戒ハ佛衆生ニ善ヲ作リ惡ヲハ不レ作ト約束シタマフ也。**訓義**ト者。教訓ノ義也。**勸義**ト者。玉篇ニクツワト讀ミタル也。心ハイカニクルフ馬モ。クツワヲハメツレハ。シツマル也。如レク其ノ衆生。邪意ニ任セテ惡業ヲ造レトモ。戒ヲ受テハ業ヲ不レ造也。**大經云**等者。大經ニハ。一切衆生悉有ニ佛性一。如來常住無レト有ニ變易一說テ。(大正藏十二、七六七上～中)常住ノ義ヲ明ス。故ニ若シ無常ト云ハハ。破ニ佛禁一ヲ云也。**況無上道**ト者。是マテ戒(缺文)。**亦曰威儀**ト者。戒ト威儀ト大都同事也。少分差別有レ之。所以。七聚中前二ヲハ戒分ト云ヒ。後五ヲハ威儀分ト云也。故ニ戒ト云ハ重ノ義也。威儀ハ微細ノ義也。**軌範**ト者。共ニノリ也。ノリ（ノリ㋑ナシ）トハ法ハフ也。是則（是則㋑此卽）戒トハ佛ノ衆生ニ罪業ヲ不レ作制シタマフレト故也。**初果耕地**ト者。在家ノ聖者ノ事也。出家ノ聖者ハ。二百五十戒ノ内ニ崛（掘カ）地戒ト云ヘルハ。土ヲ崛（掘カ）ヌ事也。但。在家ノ聖者ハ。第二品迄耕地義可レ有レ之（之㊟ナシ）也。其ノ故ハ。第二品迄欲界ノ煩惱殘ル故ニ。欲心猶（猶㋑尚）有テ耕地也。サレトモ道共戒ノ爲ニテ。蟲四寸ノキテ（「㋑離　ノキテ㋑土ニテ）鋤ノサキニカカラサル也。**心上殘用**（勝カ）ト者。如二三五記一。**道定與律儀幷起**。故（故㋑與）稱**爲共**（共㋑煩惱）ト者。定ニ入レハ自然ニ防非止惡ノ義アリ。是（是㋑此）ヲ定共戒ト云也。定力ニテ戒ヲ同時ニ發得スル也。就（就㋑付）レ之不審ナルハ玄四。尸羅（天玄二、五四三）不二清淨一。三昧不二現前一矣　此文ノ心ハ。戒善ノ力ニテ禪定ヲ發得ストコソ聞タレ。若爾者。今釋ト不二相違一耶ト覺タルカ。戒ニ性戒遮戒有（有㋑在）レ之。尸羅不清淨等者。對レ師正ク作法受得タル遮戒ノ方也。サテ定中ニ三昧ト同時ニ發得スル所（所㋑處）ノ戒ハ性戒也。加樣ニ得レハ心兩文無二相違一云云

若攝律儀等者。（義記、五六三中二六行）是ヨリハ三聚淨戒ヲ釋也。攝衆生トハ饒益有情戒也。**此三聚戒名。於**（出カ）**方等地持**ト者。三聚淨戒ノ名目カ經ニハ瓔珞。論ニハ地持論ニ見タリ。瓔珞經ハ方等部ノ結經ナレハ方等ト書キタマフ也。此文ニ付テ當流ニ論義ヲスル也。他師ハ梵網ノ五十八戒ノ三聚淨戒ニ約シテ釋セリ。天台何トテ。名出（出㋑ナシ）方等地持ト釋スルソト覺タルカ。名目（目㋑同）カ瓔珞經・地持論ニ出タリト釋タマフ也。義ハ梵網經ニモ可レ有也。例如ニ其義出涅槃聖行品ト云一カ也。（天玄二、八〇。玄義）**有十一事**者。餘（與カ）咸ノ釋有レ之。可レ見レ之。

戒品廣列ニ**菩薩一切戒**一**竟**。**總結**ニ**九種戒**一等者。（大正藏四〇、五六三下三行）戒品トハ地持論ノ戒品也。地持論ニ。總シテ戒定惠ノ三學ニ各立ニタリ九種一ヲ。サレハ其中ノ第二ノ一切戒ニ。菩薩ノ一切戒ヲ擧タル也。其ノ一切戒ヲモ此三聚淨戒ニ攝スル也。（同前、五行）**瓔珞經云。律儀戒謂十波羅夷**等者。（大正藏二四、一〇二〇下）十波羅夷トハ卽梵網十重禁也。瓔珞經ニモ梵網十重ヲ說タル也。**不缺**（1）等者。五篇ノ中ニハ第一波羅夷也。**不破**（2）等者。第二（第二㋑ナシ）僧殘也。僧殘ニ有二十三種ノ戒一故。持於十三ト釋タマフ也。**不穿者波夜提等**（3）等（等㋑ナシ）ト者。波夜提トハ波逸提也。十誦律ニハ波逸提ヲ波夜提ト云也。弘決一ニ。天台大師ハ從ニ（天止一、一二一。取意）大智（惠曠）律師一十誦律ヲ學シタマフト釋セリ。故ニ大師依二十誦律一ニ波夜提トアソハシタル也。四分律ニハ波逸提ト云也。此不穿戒ニハ。波夜提・提舍尼・突吉羅三戒ヲ攝スル也。等ノ字ニ提舍

尼・突吉羅ノ二ヲ等取（取㋑聚）ル也。總シテ此不缺・不破・不穿ノ三戒ニ。小乘二百五十戒ヲ攝盡スル也。(4)大經云。語言（言語カ）嘲調等者。本經ノ説相。地上ノ菩薩ノ相也ト見タリ。故ニ凡夫等ニハ此戒不レ可レ有歟云云 嘲ノ字ハ。玉篇等一切書ニ皆タウノ聲ト見タリ。サレハ嘲（テウ）ト讀ハ謬也。サレトモ相傳ニテ讀習タレハ。謬ト心得テ置テ只嘲（テウ）ト可レ讀也。相傳ノ義ナレハ。無ニ左右一改事不レ可レ有云云 (5)隨道者。入空戒也。(6)無著ト者。是モ入空戒也。眞諦トハ空也。(7)智所讚（戒カ㇗）。(8)自在戒ト者。兩種ノ戒也。出假ノ戒也。前來諸戒等者。此文（文㋑又）相諸戒具足スル事ハ。具足戒ニ限ル樣ニ見タレトモ。(9)隨定戒ニモ有ニ此義一也。是則（是則㋑此卽）(10)隨定・具足倶（倶㋑共）ニ中道第一義諦ノ戒ナル故也

5〔次明階位〕

（義記、五六三下二六行）次明階位等者。上ニ釋ル釋名ニ付テ。三ノ文段有レ之。人名・法號・階位也。就ニ此ノ階位ノ章ニ學者ノ異義有レ之。泉涌寺邊ノ義ニハ。此ノ階位ノ章ハ。菩薩ノ名ニ付テ四教ノ菩薩ノ樣（樣㋑名）ヲ釋ル也云云 又寶地坊（坊㋑房）ノ弟子ノ慶觀ト云人ノ義ニハ。約教ノ釋也云云 當流ノ義ニハ。兩義倶（倶㋑共）ニ不レ用レ之。先初ノ義ニ付テ不審ナルハ。今此戒品ハ別圓兩教專於梵網ト云テ（天玄二、五六二。釋籤）。別圓二教ノ菩薩戒也。藏通二教ノ菩薩ノ相ヲ釋之（之㋑ナシ）無ニ其詮一故ニ不レ可（可㋑ナシ）レ用レ之

次義ニ付テ不審ナルハ。約教ノ釋ハ文句解釋有也（有也㋑ナシ）。是（是㊈ナシ）今章段ハ既ニ玄義ノ下也。全約教釋不レ可レ有。サレハ三大部ニ於テモ。文句ナラテハ約教ノ釋ハ無レ之也云云 仍テ兩義共ニイハレストテ不ニ依用一。サテハ何ト心得ソト覺タルカ。當流ノ義ニハ。一代（〔ヿ代カ〕）聖教ノ戒名ヲ明也ト申也云云 尸毘鴿等者。一家處處ノ解釋ニ。如（如㋑於）ニ此文一六度ノ滿相被レ釋タリ。サレトモ何ナル經説トモ不レ見。少少經説檢事有トモレ之。六度ニ亙テ何ナル經ニ説タリト云事不ニ見及一也。但。今文ハ。依ニ大論ニアレハ。經教ノ證無トモレ之無ニ相違一也。須摩提樂（〔王カ〕）ノ不妄語ノ事。仁王經有レ之也。割（サカ）レテ其ノ心（ムネ）ヲ一（缺文カ）。抒海。薩波若ト者梵語也。漢語ハ一切智ト翻シタル也。淨佛國土ト者。三周得悟ノ聲聞。未來成道ノ相ヲ釋ルニ。（天文三、一〇三下）此諸聲聞昔未ニ曾有ニ淨土之行一。蒙レ記已後與レ物結緣。物機不レ同致（致㊈被）ニ劫多少一云ヘル。此文ニテ可ニ心得一也。四菩薩中行位深淺等者。此一章ハ玄義第五卷ノ位妙ノ下ノ釋ト。少シモ不レ違也。見到（〔得カ〕）トハ見至ノ事也

(義記、五六四上十九行)**得五種功德**ト者。玄義三ニ此事有(有イ在)レ之云云(乙イ等)　**三乘共十地等**(同、五六四中二行)者。佛眼院(院イ②)流ニハ三乘共(クウ)ト云。竹林坊(坊イ房)流ニハ三乘共(ク)ト使也。**事相名同三藏等**者。三乘煩惱等種種事相ノ名ハ。通教モ三藏ト同シ物也。**觀行心別**(行イ門)ト云テ。觀門(行カ)カ三藏ハ析空觀。通教ハ體空觀ニテカハリタル也。**見愛**(愛イ相)**八倒**等者。四教義ノ三藏カ通教カ下ニ有レト之覺ル也。**三八人地**ト者。八忍也。何トテ人ノ字ヲ用ルソト覺タルカ。人ハ能ク堪忍スル物ナレハ人ノ字ヲ用ル也。總シテ漢語ニハ音(コヘ)(音イ昔)ヲカリテ字ヲ用ル事多レ之也(也イ②)。是モ忍ト人ト同シ音ナル故ニ。音ヲカツ(カツイ假)テ人ノ字ヲ用ル也。**證第六解脫**(同、十四行)ト者。四教義ニ此事見タリ。**五下分結身見戒取**等者。轉釋シタル也。轉ノ字ヲハツタウト讀也。五下分結ト云テ。ヤカテ身見戒取等云テ。五下分結ヲ出シタレハ。是(是イ此)卽轉釋也云云

(義記、五六四下二八行)**法才王子**ト者。六住退トアレハ身子カ事歟ト覺タルカ。瓔珞經ニ。身子カ六住退ノ外ニ此法才王子ノ事ヲ擧タリ。故ニ別ノ人也。**其猶一善**(答カ)等者。上ノ難ヲ答フル答ノ文也。加樣ニ大師ノ御釋ニハ問ノ言ハアレトモ。答ノ字無キ處モアリ。又答ノ言ハアレトモ。問ノ字無キ釋モ有レ之。サレハミニクキ也云云　**止觀師說**(說イ②)ト者。宋朝人師ノ釋ニ。唐土ニ止觀寺ト云寺ニ住シタル人也ト釋(釋イ見)タリ云云

(義記、五六五上八行)**初隨喜心。若人宿植**(植イ殖)**深厚**等(乙イ等)者。此等ノ文。サナカラ玄義第五最實位ヲ釋ル文ト同シ物也。玄義ノ五ニテ不審ナルハ。止觀ニ圓位ヲ判(判イ釋)ルニハ。六卽次位ヲ用タリ。何トテ同圓實ノ位ヲ判シナカラ。玄義ニハ五十二位ヲ擧ルソト覺タルカ。五十二位ハ名別義圓ノ次位也。故用レ之無二相違一。又五十二位ニ六卽ヲ攝セハ。理卽名字ヨリハ攝セスシテ。觀行五品ノ位ヨリハ釋スルソト覺ルカ。經論ニ十信等ノ位ヲハ明シタレトモ。理卽名字ノ位ヲハ不レ說也。僅ニ五品ノ位ヲハ法華經ニ說タル也。故經論ニ分明ナル十信等ノ位ヲ論シテ。已前ノ理卽名字ノ位ヲハ不レ釋レ之歟云云　「(「底②)又一義云。理卽名字ノ位ヲハ不レ釋レ之歟云云」　又一義云。理卽名字ヲモ釋タル也。所以。若人宿植(植イ殖)深厚ト云ハ理卽也。宿植(植イ殖)深厚ト計リ云テ。未タ位ヲ不レハ了(了イ云)セ理性ニ具タル體也。故ニ理卽ノ位ヲ釋スル也

(同前、九行)次**或値**(値イ殖)ニ**善知識**一。**或從**ニ**經卷**一**圓聞**ニ**妙理**一ト云ハ名字卽也。名字卽ヲ止觀一ニ(天止一、三七四)。「或從ニ知識一」(「」イ重複記載)或從ニ經卷一。聞ニ上所レ說一實菩提一ト釋タルト同シ故ニ。此文卽名字卽也。加樣ニ心得テ見レハ。六卽カ皆有レ之也(也底②)云云　**略言爲十。謂識一念平等**

等者(等イナシ)。十乘也。**善修平等法界**等者(義記、五六五中九行)。是又十乘也。**第二聖位。前明十住**等者。此文ニ付テ俊運尋申シテ云。圓敎ハ初住ヨリ聖位ト定メタリ。何トテ聖位ノ前ニ明ニ十住ヲ判耶 云云

仰云。聖位卽前ト可レ得レ心也。是心常ニ有レ之。或又極聖ヲ聖位ト定メテ(定イ取)。其ニ對シテ十住ハ分聖ナレハ(證カ)聖位ノ前ト云ヘル歟。若サルナラハ。不レト可レ限ニ十住ニ覺タルカ。分聖ノ初ニ約シテ十住ヲ聖位ノ前ト釋タマフ歟 云云

(義記、五六五下一行)**無功用道**(功イ知)。(同、十二行)**一切大理大誓願大**等者。十乘也。十乘ヲ初住已上ヨリ十大ト云也。何トテ住前テハ十乘ト云ヒ。住上ヨリハ十大ト云ソト覺タルカ。至ニ初住ニ時。轉名十大ト云テ(天止四、四〇〇。弘決)。行者ノ詮用ハ初住開悟ナリ(「イ也)。初住ニ證入シヌレハ自然流入薩婆若海ノ位ナレハ。昇進更ニ無レ煩也。サレハ住前ニテ十乘ト云テ乘ノ名ヲ與ル事ハ。乘(乘イナシ)ハ運載ノ義ナレハ此十種觀行ニテ初住ノ悟ニ送リ付レハ。住前ニテハ十乘ト名付(付イナシ)ケ(初イナシ)。初住已(已イナシ)上カラ十大ト被レ云也。十信カ互具シテ住上ニテ百法門ト被レルルト云同事(事イ之)也。一切大ト云ヘルハ總標ナリ(「イ也)。理大ト云ヨリハ十大也 云云(云云イナシ)(同前、十八行)**九倍略之**等者。此ノ倍ノ字ヲハ增減ノ二ノ意ニツカフ也。一倍ナト云時ハ增ノ心也。今九倍略レ之云ヘルハ減ノ心ニ使フ也。大論ノ梵本ハ千卷ナリケルヲ。什師百卷ニ翻譯シタマヘリ。サレハ百ツツ九倍ヘリタル也。仍テ此釋ノ心(心イ意)ハ。減ノ義(義イ心)ニテ倍ノ字ヲツカフ也。近江ノ國ニヘリ山ト云所(所イ處)有レ之。其ヘリノ字ニ此倍ノ字ヲ書タリ 云云

雜問答。山王院御釋ニ。菩薩戒疏段段見惡ミニクシ 云云 サレハ見ミ惡ニクキ事ノ多キ也。殊(殊イナシ)ニ體ノ章カ見惡也。能能可レ見レ之

6〔第二出體〕

十一月二日

(義記、五六五下二八行)**第二出體**ト者。名・體・料簡ノ三重玄義ノ中ノ。第二ノ體ノ章也。是則(是則イ此卽)チ上ニ一代聖敎ノ戒ノ名ヲ釋畢ヌ。名ニ依テ體ヲ定(定イ取)レハ。名ノ次ニ體ヲ釋也(也イナシ)。爰迄ハ五重玄義ノ相貌ト同シ物也。付テ二(二イ一)章段ニ有レ之也。戒體ニ付テ一代經論ノ異說不同也。學者ノ異義又(又イナシ)蘭菊也。小乘ニモ。毘曇ノ心ハ色法戒體ト云ヒ。成論ニハ非色非心也。大乘ハ。心法戒體也。一家ノ釋義不レ二一偏一。金光明經(經イナシ)疏ニハ。色法戒體ト見タリ。觀心論・摩訶止觀ニハ。心法ト釋セリ。今ノ義記ハ色法戒體也。サレハ學者モ異義ヲ存シテ。或ハ約ニ能發ニ心法。約ニ所發ニ色法戒體ト云ヒ。或ハ色心不二ナルヲ

一〇二

戒體ト云ハンナト。樣樣ノ義有レ之。宋朝人師ハ。與（與イ餘）咸釋ニ。（卍續一―五九、二四四丁左上）當體所依體等ニ約シテ。戒體相貌悉ク釋タリ。空ニ不ニ覺悟一也

（義記、五六五下二九行）初戒體者不起而已ト者。遮那（マヽ）發起（起イ願）セテモヤアラント云心也。起卽性無作假色ト者。起キスレハトテ。遮那ノ發起（起イ願）スレハ卽性無作假色ト云也。性トハ。經ニ戒ヲ佛性ト說タル也。遮那發起（起イ願）スレハ實色ニテコソアラメト覺タルカ。遮那發起（起イ願）スレハ假色ト云也 云云 色ト云モ。色心相對ノ色ニテハ無キレ之也 云云（同、五六六上一行）經論互說諍論有無等者。一代經論ニ或ハ無作有（有イ色）ト云ヒ。或ハ無ト云テ諍論スル也。此卽。大經ノ二十一諍論也。有無トモニ不解我意ト云テ。佛意ニ背ク也

（義記、五六六上一行）一云。都無無作等者。無シト無作一云義（義イナシ）ヲ釋ル也。是則（是則イ此卽）經論ニ所レ諍一邊ヲ擧ル也。頑ハヲロカ也ト讀也。行一則有ニ兩力一等者。善惡ノ二ノ力也。方便假說適會（適會等イナシ）等者。經論ニ有ト無作一說タルハ方便假說ト云也。適トハ爰ニテハカナフ義也。（同前、十二行）如論主一生成四（四イナシ）果法勝別有凡夫（夫イ末）法等者。論主トハ成論ノ能造ノ訶梨跋摩也。一家處處ノ釋ニ。成論ヲハ論主ト云ヒ。毘曇ヲハ數シュ家ト云也。彼成論ニ一生成ニト四果ヲ云タルモ假說也。其故ハ。得ニ四果一ヲ事ハ實ニ經ニ二大僧祇ノ劫數ヲ一也。其ヲ一生ニ成スト云ヘルハ假說也トヲ。今ノ無作有（有イ色）ト云カ假說也ト云例ニ出也。法勝トハ羅漢ノ名也。羅漢ノ外ニ凡夫法（缺文カ）

（義記、五六六上十五行）二云大小（小イナシ）乘經論等（等イナシ）者。是ヨリハ有無作ト云義ヲ明也。憑ヨレテ師受發極至盡（盡底色）形トハ。律儀戒也。盡形トハ聲聞戒ヲ一期ノ開制スル也。命終レハ戒體モ失スト云也。菩薩戒ハ。自ニ今身一盡未來際迄制スル也 云云 依定トハ定共戒。依道トハ道共戒也。（同前、二二行）律師用レ義（義底ナシ）亦依等者。大師ノ戒師。惠（曠カ）光律師ノ事也。亦言無教等者。舊譯ニハ無作トモ云ヒ。又ハ無教トモ云也。新譯ニハ無表トモ云也。無教ト云事。涅槃疏ニ有レ之。其ヲ道暹記ニ釋シタリト覺ル也。（卍續一―五八、九一丁右下）

（同前、二二行）非對眼色ト者。俱舍ニ色ニ三種ヲ立タリ。（大正藏二八、五四三上。阿毘曇論カ）一ニハ可見有對色。青黃赤白等色是也。二ニハ不可見有對色。扶根是也。身ニ對シタレハ有對也。我トハ不レハ見不可見也。三ニハ不可見無對色。無表是也。是則（是則イ此卽）青黃赤白（赤白イ等）ニモ非ス。又身根ニモ對セサレハ。不可見無對色也。是故ニ非對眼色ト云也。付レ之。不可見無對ナラハ何（何イナシ）トハ色トハ可レ云ソト覺タルカ。宋朝ノ人師。長山チヤウサンノ釋ニ。凡夫ノ眼ニ不可見ナレトモ。天眼ノ所見ナルヘキ故ニ色ト可レト云釋タリ。

觀ミルニ論ノ意ヲ。以レ戒是色卽問等者。問ノ字ヲハ。上ニ付テ可レ讀也。此是數義等者。何トテ成論ニハ非色非心ト云ヒ。毘曇ニハ色法戒體ト云ソト覺タルカ。南山ノ釋ニ。得心安ク只一言ニ能ク釋タル也。毘曇ニ色法戒體ト云ヘルヲハ。能造是色所發約色ト釋タリ。（大正藏四〇、二六九下。資持記）心ハ戒ヲ受ル時。禮拜合掌等スレハ能造。旣ニ色也。故ニ所發モ隨テ色也ト云也。成論ヲハ翻作爲名ト釋セリ。戒旣ニ身口ノ作業也。此作ニ翻タル非色非心ヲ戒體ト云也。（義記、五六六上二八行）憑レ師一受遠至菩提トハ。律儀戒也。隨定隨道トハ。定道二戒也。是則攝律儀戒也。誓修諸善トハ。攝善法戒也。誓度含識トハ。饒益有情戒也（大正藏三〇、五一五下）（義記、五六六中六行）地持戒品云。下輭心等者。地持論ニ三種纏ヲ明セリ。「所以定」數數現行。都無ニ慙愧一深生ニ愛樂一見ニ是功德一ノ四句也。惡業ヲ作テ功德ト計スルハ。上品ノ纏也。惡業ヲ作テ愛著ヲ生ルハ。中品ノ纏也。惡業ヲ作テ無ニハ慙愧心一モ。下品纏也。此中ノ下品ノ心ニ住シテ愛スルハ四重ヲ。不レ失ニ戒體一ヲハ也。今ノ下輭ノ心ト云ヘルハ下品ノ心ノ事也。後ノ四重トハ。地持論ニ八重ヲ明セリ。初四重ヲハ不レ明レ之。後ノ四重ヲハ委ク釋タル也。戒ノ捨緣ニ付テ二緣ヲ出セリ。捨菩提ノ願ト。惡業ヲ作テ功德ト計スルト云也。

（義記、五六六中八行）捨菩提ノ願トハ。佛ニナラント願スル也。此心ニ住シテ戒ヲ犯スル時。戒體ヲ失スル也。增上ノ心トハ。上品ノ心也。若有ニ七遮一等者。遮トハ七逆也。七逆ハ經ニ說タル也。非異色因等者。異色トハ心ノ事也。刀劍汁脚足能持戒心以爲眞戒マテハ。有無作文證ヲ出也。聖行ト與ニ世王一トノ中等者。是ヨリハ上ニ無シト無作一云ヘル文ヲ會スル也。然此二釋等云ヨリハ。上ノ經論ニ諍論スル所ノ二義ヲ會釋スル也。旣皆有レ文何者當道理耶ト云ヘルハ問也。然理非當非無當等者。答ナリ。問ハ道理ヲ問ヘハ。答ハ心地ノ理ニ答ル也。在實雖無敎門則有ト者。經論ニ諍論スル二義無ニ相違一。無ト無作一云フハ實義也。有ト無作一云フハ敎門也ト會スル也。是迄ハ一代經論ニ諍論スル無作ノ無ヲ會釋スル也。今之所用有無作也ト者。大師ノ御本意ハ。有ニ無作一云義也。サレトモ上ニ有ニ無作一義ヲハ依用シタマハサル也。其故ハ。上有無作云ハ敎門也。全一家所用敎門假說ノ義也トハ不レ可レ云故也。是則標章ニ。戒體不ル起セ而已ノミナリ。起スレハ卽性無作ノ假色ト云ヘル大師ノ御義也。付ニ此文一ニ。宋朝人師。基勝・長山・與咸三師釋有レ之。各其意不同也。當流ニハ。宋朝三師義倶ニ不レ用也。當流義云。起卽性無作假色ナリト云文ヲハ（云㋑ナシ）。遮那ノ發起ヲ戒體ト云タル釋也ト申也。サレハ上ニ有ニ無作ト云義ニハ非ル也云云付之。何トテ遮那ノ發起ヲ戒體ト云ヘキソト覺タルカ。經十一行半偈ニ。戒體ヲ說タリ。是ヲ下ノ釋ニ。下十一行半（五六九下六行）。明遮那發起ヲ「アリ（「」㋑ナシ）。故此釋ヲ爲シテ證。遮那發起ヲ」戒體ト云也云云 **次明道定**ト者（義記、五六六中二七行）。生起ハ上ニ律儀戒ノ無作ヲ釋シ。是ヨリハ定道二戒無作ヲ明也。

八禪定能發等者（義記、五六六下九行）。四禪四空ヲ八禪ト云也。**假空**ト云モ四禪四空也（四㋑八）

次論興廢等者。此章段ニ付テハ大ニ不審ナル事也。其ノ故ハ圓頓戒ハ一得永不失也。サテハ何トテ興廢可ソト有覺シキカ。今ハ地持・瑜伽ニ依テ。三種ノ纏ニ約シテ釋タマフ故ニ興廢ヲ作リタマフ也。サレハトテ。一家ノ圓戒ニ興廢有トハ不可得心也。一得永不失ノ事ハ。安然ノ普通廣釋ニ委ク釋セリ云云（普㋑不）（「㋑之） **若捨菩提願。若增上煩惱**等者。上品ノ纏也。**無此二緣**等者。捨菩提願ト。上品纏トヲ二緣トハ云也。**第二念心方與戒俱**等者。毘曇ノ心ハ入定卽有・出定卽無ト云也。成論ハ入出俱有也云云（俱㋑住） **次三聚戒**等者（義記、五六六下一二行）（聚㋑種）。上ニハ定道二戒ヲ釋畢三聚淨戒ヲ釋也。**下化衆生**ト者。饒益有情戒也。**中修萬善**ト者。攝善法戒也。**上歸佛果**ト者。攝律儀也。是則戒ハ佛ノ威儀ナル故也（是則㋑此卽）

次論止行等者（義記、五六七上四行）。上ニ體ノ章ニ付テ。無作ト止行トノ二ノ文段有ト之云ヘル。其中。止行二善ヲ明章段也。**聲聞七衆戒**等者（七㋑者）。聲聞戒ハ。意地ヲ不制也。意地ニハ何樣ノ惡事ヲ思ヘトモ戒ヲ不破也。菩薩戒ハ。意地ヲ本ト制スル也。是則三業之中。意業爲主ノ心也（是則㋑此卽）（業㋑乘）。**復申之**等者。聲聞戒ハ。盡形受也。菩薩戒ハ。從今身盡未來際迄受レハ。至佛ト云也。**一十六惡律儀**ト者。大經ノ說也。玄義ノ七ニモ此ノ事ヲ釋タリト覺也。補注ニ十六惡律儀悉ク列タル也

7 第三料簡下（義記、五六七中七行）　「永亨七年」（「」㋑ナシ）卯月十七日（一四三五）

釋スハ此戒經ヲ三重玄義ナレハ。釋名・出體ノ二章ハ上ニ釋シ畢ヌ。此ヨリハ第三ノ料簡也。則料簡ト云ハ只教相也。名言異ナレトモ（「二カ）義ハ同シコト也。サレハ五重玄ノ中ノ教相ヲ。妙樂十不門ニ釋之タマフニ。前之四章（天玄四、三三二。釋籤）。使前四章與諸文永異云云（云云㋑矣） 仍テ教相トハ前ノ名體宗用ノ四章ヲ分別スル也。サレハ教相ト料簡トハ同事也。但。教相ハ廣ク餘經ニ亙リ。料簡ト云ヘハ但限此經ニ也

云云

(義記、五六七中八行)**一須信心**トハ此戒ヲ發得スヘキ事モ依信也。佛家住在スルニハ以信爲能入云ヘル故也。是則チ名ヲ聞テ體ヲ知リ。此戒體ヲ我等ノ身ニ發得スヘキ樣ヲ釋也。其ヲ料簡章ト云也(大正藏二五、六三上。大智度論)

(義記、五六七中八行)**二無三障**ト者。煩惱業苦ノ三障也。**三人法爲緣**トハ。人トハ能授人。法トハ所授法也。此等ノ三緣ヲ具足シテ戒ヲハ發得スル也。

三藏門略擧三種等者。四教ノ信心ヲ擧ル也。**依方等戒**故。**宜備此三信**トハ。此レハ通教ノ信心也。通別ニハ猶三藏ノ信心ト同也。方等トハ大乘ノ通名也。**復加三種**トハ。是ヨリハ圓教ノ信心也。**一信自他心滅**(識カ)等者。一切衆生悉有佛性等云故也。仍テ此經ニモ佛性戒ト說ケリ(大正藏二四、一〇〇三下)。**衆生無礙**(障カ)**乃有三障**(種カ)トハ。標章ニハ無三障ト云ヘルカ。何トテ有三障釋スル耶ト不審ナルカ文言ヲ省略セリ(義記、五六七中十四行)。總シテ衆生ニ有ル三障義ヲ云也。

煩惱常有故トハ。煩惱ハ衆生ノ具スル所ナレハ常有ト云也。**妨**(防カ)**因之義**トハ。因トハ機也。下文ニ機ト釋タリ。**前身**トハ前生也。**一云懺滅非障**等者。何トテ二ノ釋ヲ作テ不決判タマハ耶ト不審ナルカ。經文ヨリ二ノ意有ル也。輕戒ノ下ニ。七逆ヲ懺悔スト云文二(大正藏二四、一〇〇五中、一〇〇八下)。不懺悔云文二(同、一〇〇八中～下)箇處有ル也。故大師モ二釋ヲ作タマフ也。**地獄餓鬼二道。重苦自隔**等者。此文ニ付テ。六道衆生トモ受得戒耶ト云論義有之。今ノ文ニ不得見タリ。何トテ不爲因釋耶ト覺シキカ。今經文ニ得戒ノ機ヲ擧ルニ畜生計ヲ出タリ。サレハ今ノ釋モ地獄餓鬼ハ重苦ノ所ナレハ。先不得戒定ニ釋スル也。サレトモ少分ハ得戒スヘキ也。其故ハ。**從多例判不說爲因**云テ(義記、五六七中二二行)。重苦多住所ナレハ不得戒也ト云釋也。多ノ言裏ニ少分得戒ノ義ヲ許スヘシト聞タリ。如此心得レハ。此論義ハ落居スル也。サレハ淨行經ハ。少分邊ニ約シテ「受得戒ト」說也。能能可祕藏隨分料簡也。**黃門**ハ無根者也。五種不男有之。安樂行品下。妙樂御釋ニ名言ヲ出セリ(天文四、二〇七六下。文句記)。則。生簡嫁變半ノ五ッ也。生トハ。生付キニ無根也。簡(劗カ)トハ。根ヲ切斷スル也。嫁(妬カ)トハ。トツクヲ聞テ根落テ失スル也。變ハ。男ニ成リ。女ニ成ル也。根カ轉變スル也。半トハ。半月ハ男根。半月ハ女根トナル也。半擇迦トモ云也。**二根**トハ二形ノ者ノ事也。**四空處**トハ四無色也。**是得善不得名齋**トハ(義記、五六七中二九行)。サテハ。龍ハ非時食ヲ不持釋不審ナルカ。此ノ文ニ學者料簡多之。或ハ八戒一齋ト云テ。八齋戒トハ言總也。齋トハ非時食ノ事也ト云義モ有之。或ハ齋ト云ヘルハ。強ニ（强イ經）非時食ノ事ニ非ス。只清淨ナル義也。此卽チ精進潔齋ナト云ヘル樣ニ。清淨ノ義ヲ齋トハ云也。サレハ龍ハ（龍イ龖）。戒ヲ持テ善ヲ得レトモ。清淨ノ義ハ無ト云釋也云云　**許四道皆得**（同、五六七下二行）ト（イ品）者。地獄餓鬼ヲ除テ餘ノ四道也。**從八戒已上至具足戒**等者。八齋戒ハ出家ノ戒歟。在家ノ戒歟ト云大ナル論義有（有イ在）レ之。一代經論ノ中ニ兩邊ニ見タリ。天台御釋ニモ兩向ニ見タリ。淨名疏・法界次第ニハ在家戒ト見タリ。今ノ釋ハ出家ノ戒ト釋タマヘリ。中古ニ無動寺勸學講一日此論義一ヲサハクリタマヘル也云云　大乘義章ノ釋ヲ以テ。此論義ヲハ落居スル也云云　釋ノ心ハ。八齋戒ハ本體出家戒也。然ヲ在家ノ人ニ佛法結緣ノ爲ニ傳受スル也。サレハ出家ノ戒トモ釋シ（釋イ見）。在家ノ戒トモ釋ル也。**遊漫**トハ（缺文）

佛邊有菩薩（義記、五六七下二〇行）トハ。釋迦三尊ノ如ニキ普賢文殊ノ也。是ヲ佛菩薩ト云也。像ノ字ニハニタリト云讀ミ有リ（有イ在）。是則（是則イ此卽）非ニ眞ノ形ニ故也。畫像木像等云ヘルモ生身ノ形ヲニセタル故也。**十八梵**（義記、五六七中二五行）ト者。色界ノ十八天ヲ云也。**經中稱爲智者**（義記、五六七下二二行）ト者。地持論ヲ地持經トモ云也。是則（是則イ此卽）過去燈明佛所說時ハ。地持經ト云ヒ。今日彌勒菩薩述タマフハ。地持論ト云也。同シ物也。今マ經ト云ヘルハ地持論（持㊄）ノ事也云云　戒師ヲ智者ト云事。此論ニ見タル事也。**下制戒中**等者。殺シテ和上ト闍梨ト成ニ七逆ト釋（釋イ見）タレハ。二師三師也ト聞タリト云心（心㊄）也。是則（是則イ此卽）チ小乘五逆ノ上ニ。殺和上・殺阿闍梨ヲ加テ（在カ）七逆ト云也。**又不表定佛法**（義記、五六七下二行）ト者。五戒ハ出家ノ戒ナレハ不ト表ニ定出家威儀ヲ云也。**唯人中三天下**（同、三行）ト者。除ニ北州ヲ餘三州也。**小聖敬重如佛**（同、十行）等者。小乘羅漢果ノ聖者ヲモ如レ佛ノ敬重セハ可レ爲レ師。法緣ノ下也

8〔略出六種等〕

卯月二十日

略出六種（義記、五六八上六行）等者。受戒ノ方法ニ。六本ノ樣有ル也。此外五大院ノ普通廣釋ニ。十本ノ戒儀ヲ出セリ。今ノ六本ノ上ニ。妙樂本十二門戒儀是也。明曠本是モ十二門戒有（有イ在）レ之。達磨本・又和國本。是ハ根本大師ノ十二門戒儀（儀㊄仰）也。此ニハ智證大師裏書ヲアソハシタリト云云　都合十本ノ戒儀也。猶（猶イ尚）此外ニ南岳本有レ之。何トテ此中ニハ不レ擧耶ト覺シキカ。制旨（セイシ）本ト同キ故ニ則（則㊄）不レ擧也（也イ之）ト云料簡有也。**與逸多菩薩**ト者。彌勒菩薩ノ事也。**如是二十餘菩薩相付**（次第相付カ）ト（付イ時）者。付法藏（法㊄）二十三祖ヲ二十餘菩薩ト云也

云云 若サルナラハ。付法藏二十三祖ハ。多ク小乘ノ聖人也。何傳ニ（傳イ轉）菩薩戒ヲ耶（耶イ歟）ト覺シキカ。汝等所行是菩薩道（法華經藥草品）ノ開會ノ心ニテハ無ニ相違一也 云云（云云底ナシ） **律藏品**ト者。此心地戒品ヲ云也 云云 **次第三十餘菩薩**「等者。是モ二十三祖ニ誰ヤランヲ十人ソヘテ三十餘菩薩」ト云也 云云（三イ二）（「」イナシ）

第四戒品ト者。（義記、五六八上二五行）地持論ノ戒品也。**當學**シ（中略カ）（同、五六八中七行）**依經本受法**等者。（同、十三行）地持經受法ノ相是マテ也。**高昌**（シヤウ）**・源**（原カ）**宗**（ケンソウ）**・河西**（カサイ）。西塔ニハ河西（カセイ）ト仕也（也イナシ） 云云 **蹦跪**（コキ）ス。（五六八中十七行）**後文云**ト者。（五六八下七行）羅什ノ後也ト云文ノ事也 云云（云云底ナシ）

9〔釋經題下〕

此經題名梵網等者。（義記、五六九上十七行）此文段ハ玄義カ文句カ學者大ニ不審スル事也。其故ハ。釋此戒經三重玄義ト定レハ。（義記、五六三上二三行）（玄底ナシ）玄義上ニ既ニ釋シ畢ヌ。此ヨリハ文句ナルヘキ歟。サルカトスレハ題號ヲ釋ル間。玄義ノ條勿論也。仍テ或ハ玄義ト云義モ有レ之。或ハ文句ト云義モ有レ之 云云（云云イ也） 但。玄義ト云義ニテハ。**說此五十八種。故一時頓制也**ト（義記、五六九中二九行）云迄ヲ取ル也。其以（以イ已）後ハ文句也 云云（云云イナシ） **上卷文**ニ（義記、五六九上十七行）（言カ）**佛觀**（觀イ說）**大梵天王因陀羅網**ト者。此文ハ下卷ノ始ノ文也。何トテ上卷ノ文ト釋シタマフ耶。不審也。（「イ事）仍テ學者料簡「マチマチ」（「」イ區）也。泉涌寺ノ開山ノ御義ハ。法說四段ヲ譬喩品ニ置カ如シト 云云 付（付イ就）ニ此義ニ可レ難事ハ。傳教大師ノ顯戒論ニ（傳全一、一〇七）佛說大梵天王文ノ次ニ。復得（得イ次）天王宮下至閻浮提等（等イ上）之文ヲ下卷云ト引タマヘリ。師資ノ御釋。何トテ相違スル耶ト可レ責也。加樣ニ難セラレテハ。何トモ不（不イナシ）ニ料簡一不レ可レ有事也。サレハ當流ノ義ニハ。結前生後ノ文也ト料簡スル也。大師御釋ニ。佛觀（觀イ說）大梵天王等文ヲ上卷ト釋シタマヘルハ。結前ノ方ヲ引タマフ也。則（則イ卽）此文カ結前ノ文ニテアル也。傳教大師。復得（得イ次）天王宮ノ文ヲ下卷云（云イナシ）ト引證シタマフハ生後ノ邊也（也イ歟）。加樣ニ得レハ心。師資ノ御釋無ニ相違一也 云云

從レ譬立レ名等者。（義記、五六九上二〇行）首題ヲハ序ニ釋セリ。何トテ重テ釋ソト覺シキカ。序ハ約レ法釋レ之。今ハ約レ譬判レ之也。一文ヲ或ハ約レ法約レ譬釋ル事。一家ノ釋ニ流例多キ事也 云云 **寶梁經**等者。明曠疏ニモ加樣ニ被レ釋タリ。然ルニ淨滿ノ翻名。此經ニ不レ見。何トテ如レ此釋ソト不審ナルカ。佛ノ功德ヲ歎シテ清淨ト說タリ。「（「」底ナシ）其義同キ故ニ。淨滿ノ飜名。此經ニ出タリト」釋シタマフ歟 云云 或ハ大師高覽ノ經ニハ。淨滿ノ飜名有ケル歟。以ニ管見一輒不レ見トハ不レ可レ難事也

云云 以ニ諸患(ケン)都盡一故稱爲レ淨ト者。攝律儀戒也。衆(滿カ)德悉圓名爲レ滿也等者。(等イ无) 攝善法戒・饒益有情戒也。サレハ。三聚淨戒究竟(究竟イ具足)シタルカ報身ニテ御座ス也 云云

(義記、五六九中十四行)華嚴所說文來未盡ト者。世流布ノ華嚴經ハ西天ノ略本也。廣本ハ此土ニ不レ來也。故文來不盡ト釋也 云云(云云底无) 止有七處八會ト者。新譯ノ經ハ七處九(九イ八)會也 云云(〔〕云カ) 三教中卽是頓教ト者。大綱三教ノ中ノ頓教也。華嚴。二乘在座等者。後分ノ華嚴ノ事也。如聾如啞モ後分ノ事也。(義記、五六九中二九行～下一行)梵網大本一百一十二(一十二イ二十一)卷等者。華嚴宗ノ義寂(太賢カ)。大滅ハ。三百卷ト釋シ。法相ノ人師ハ。百二十卷ト釋セリ。海中ニ沈メタマヒシ閉(〔〕皆闕カ)實義何ン百卷有ケルヤラン難レ知事也。序及流通等者。一切ノ經論ニ序正流通ヲ分ツ事ハ。彌天ノ道安法師ヨリ始レリ。其時諸師此義ヲ不ニ信用一。其後天竺ヨリ親光菩薩ノ佛地論渡レリ。此論ニ。教起因緣分。正教所說分。諸教奉行分ノ三段經論ニ可ト有釋(釋イ見)タリ。其時諸師(諸師底无)一同ニ用ニ此義ヲ一 云云 彼論ノ三分カ卽如レ次。序正流通ノ三(三イ无)ニテアル也

(義記、五六九中十行)皆約無相義等者。圓教也 云云

10〔十一行半偈等〕

八月十七日是ヨリ經ト交

(義記、五六九下十四行)十一行半偈等者。我今盧舍那等ノ十一行半ノ偈也。(十八行)一言三序是等者。(三イ无) 古師ノ異解ヲ出也。三序トハ我今盧舍那等ノ三段ヲ三序ト云也。二言初序等者。是モ古師ノ異解也。今言等者。今家ノ心也。初更爲二等者。又初ノ我今盧舍那ノ文也。(二四行)佛身四種。一謂法身等者。三身ヲ總シテ法身ト云ニハ非ス。戒身ト云心也。二謂亦(底眞歟)(亦イ世)應ト者。二身ノ廢立也。此時ハ他受用身。勝劣兩應ヲトモニ應身ト云也。(二九行)我今者八自在我(我イ无)等者。八自在我ト云事涅槃經ニ出タリ。舍那者。無明塵垢永盡等者。只舍那ノ名ヲ釋ル樣ナレトモ。無明塵垢永盡トハ攝律儀戒也。智惠功德圓備等者。攝善法戒・饒益有情戒也。サレハ他受用報身ハ三聚淨戒圓(圓イ苟)滿スル身也。(義記、五七〇上二行)方者正也等者。方圓ト云時ハ方(ホウ)ナリ。マサニト讀ム時ハ方(ハウ)也。世界形相似蓮華等者。論義ヲスル也。止觀ノ七ニハ。所座カ蓮華ナル故ニ蓮華藏ト云フト釋セリ。此文ニハ土(土イ出)ノ形蓮華ニ似タリト云ヘリ。故ニ相違シタル也。蓮華二義處穢等者。一義ニハ見ヘタレトモ今一義不レ見也。爾ルニ表因能起果ト云ヘルカ。今一ノ義ニテアル也。得レノ意タメニ。予私ニ朱ニテ點ヲ懸タリト 云云

(義記、五七〇上二八行)**誦佛戒者問**等者。說戒トハ云ハテ。何トテ誦佛戒ト云ヘルソト問ヘル也。**答此是三世**等者。此菩薩戒ハ。今日教主始テ制止シタマフニ非ス。三世十方諸佛ノ戒相也。故ニ誦トテ。說トハ云ハヌ也。述成ト云ヘルモ同事也。可ニ得レ心合一也。(同、五七〇中五行)**大經云。有山從四方**等者。涅槃經ニ。生老病死ヲ山ニ喩タリ。此生老病死ノ山ノ四方ヨリ責來ルニハ。六度ヲ行ヘシト說ケリ。今ハ六度ノ初ニ約シテ檀・戒ノ二ヲ擧タル也

(義記、五七〇中十三行)**十重四十八下**等者。明曠ノ疏ニハ明ニ戒相ヲ一釋タリ〔釋(イ)見〕云云〔云云(イ)ナシ〕十重四十八輕戒門ナルヘシ。何トテ戒體トハ釋ルソト覺シキカ。例ノ天台ノ御釋ノクセニテ深意ヲ顯ントテ。態ワサト戒體ト釋シタマヘル也〔也(イ)ナシ〕。是〔是(イ)此〕則。道場マテ舍那戒ヲ受得スルハ。戒體ナリ。サテ出道場シテ自ラ殺盜婬妄等ヲ制止ルハ戒行也。サレハ戒體ヲ戒行トハ開キタル也。仍テ戒體戒行ハ一體也。故ニ戒行ヲ戒體〔行戒體(イ)體戒行〕ト釋シテ此深意ヲ顯シタマフ也。**萬物**ハ(缺文)。**日月麗天**トハ外典ノ詞也。天ニツクト讀ムヘシ。ウルハシトハ不レ可レ讀ム。(二四行)**新發下**等者。現ニ流布ノ經ニハ新學トアリ。大師所覽ノ本ニハ新發ト有リケル歟。(同、五七〇下五行)**誦**(須カ)**受三戒**等者。舍那・釋迦・菩薩ノ三約レ法ニ。三聚淨戒也。故何ツレモ同事也。**發起序竟**ト者。證信發起ノ中ノ發起序ノ事ニハ非ス。舍那ノ發起ヲ指ス也。サレハ文言ノ略セル也。委ク云ハハ舍那ノ發起序竟ヌト有ルヘキナリ。我今盧舍那等ノ十一行半ノ偈ハ。舍那ノ發起ヲ明也。總シテ此經ニハ序正流通ノ三段有ルマシキ也。其ノ故ハ海中ニ沈メラレシ時。此心地戒品〔品(底)果〕ノ一品ヲ留タマヘハ。正キ三段ハ無キ也。サレハ今ノ發起ノ序ト云ヘルハ。證信發起ノ中ノ發起序ノ事ニハ無キ也

11〔長行序下〕(義記、五六九下六行)

九月十六日

仰云。經ノ最初ニ。(大正藏二四、一〇〇三上)諸佛子等。合掌至心等ト云ヘル序ハ誰ノ筆ソト云事。自リ古ヘ自他宗倶〔俱(イ)共〕ニ不レ知事也。天台モ明曠モ何トモ釋シタマハス。然〔然(イ)爾〕ルニ淨名疏ニ。(大正藏三八、五六九下)春分四月等ノ文ヲ。羅什ノ古梵網ノ序ニ云クトテ引タマヘリ。故ニ羅什釋ト可レ得レ意也 云云 我今盧舍那等〔等(底)ナシ〕ノ偈ニハ。釋ノ外ニ別〔別(イ)引〕タル云〔云(イ)ナシ〕事無シ。(大正藏二四、一〇〇四上。梵網經)皆應攝佛戒ト云ヘルモ。此攝ノ詞何トモ不レ「被ニ心得一」〔「」(イ)知心〕也。爾ルニ明曠ノ疏ニ。(大正藏四〇、五八五中)攝卽受也ト釋タリ。故ニ攝ト云者。佛戒ヲ可レ受ト云心也 云云〔云云(イ)ナシ〕

同ク付ニ長行序下一(經、二四、一〇〇四上一三行。義記、五六九中一八行)

仰云。**爾時**ト云詞。諸經ニ有ル事也。法華經ノ爾時世尊

四衆圍遶（圍遶イ等）ノ爾時ヲ。文句ニ當爾ノ時也ト釋セリ。是ニテモ不レ「被ニ心得一」（「」イ可得意）處ヲ。妙樂記ニ。當爾時ト者。謂ク六瑞ノ時也ト（天文二、五五四下）判セリ。サレハ。六瑞ヲ現セシ時ヲ爾時ト指也 云云 仍テ此爾時ヲモ。明曠ハ。（「イ者）當爾ノ時也。謂ク釋迦至ニ舍那ノ處一受テ菩薩（大正藏四〇、五八五中）戒ヲ還ルニ菩提樹下ニ時也ト判セリ。初結ニ波羅提木叉一等者。（大正藏二四、一〇〇四上。梵網經）（ア菩薩カ）初トハ何ノ時ヲ指ソト覺シキカ。十地論ハ。華嚴ノ十地品ヲ釋ル別申ノ論也。彼ノ論ニ。成道第二（二イ丙）七日。初テ結ストニ菩薩波羅提木叉ヲ一釋セリ。故ニ初ハ第二七日ヲ指也 云云（云云イ丙） 孝ニ順父母師僧（經、同前）三寶ニ一ト者。父母ヲハ明曠疏（疏イ丙）ニ。一切衆生ト釋セリ。何トテカト覺シキカ胸臆ノ釋ニテハ無キ也。經ノ下文ニ。一切男子是我父。（經同前、一〇〇六中）一切女人是我母。我生生無レ不ニ從レ之受レ生等說ケリ。此文ニ依テ一切衆生ト釋シタマヘリ。尤甚深ノ釋也 云云 師僧三寶ト（經同前、一〇〇四上）云ヘルヲハ問答セリ。所以ニ。僧トハ三寶ノ一ッ也。何トテ師僧三寶ト二重ニ擧ルソト問シテ。答時。上（上イ丙）ニ師僧ト云ヘルハ稟承ノ師ヲ指也。次ニ三寶ト云ヘルハ。總シテ一切ノ三寶也。故ニ總別ノ不同也 云云 半月半月（經同前、一〇〇四上）トハ布薩ノ事也。フサツハ月ノ十五日コトニ行也 云云 一切發心菩薩。乃至十地等者。（經同前、一〇〇四上～中）此文ヲ得（得イ論）ルニ。

天台（天台イ丙）・明曠・太賢ノ三師ノ釋不同也。先ッ法相ノ太賢ハ。發心菩薩ヲ十信ト釋セリ。例ノ他宗ノアヤマリ也。其故ハ。所結華嚴經ニハ十信ト等覺トヲ不レ說也。仍テ能結ノ梵網經ニ十信ヲ不レ可レ明也 云云

次大師ハ。**發心謂共地菩薩**ト釋タマヘリ。（義記、五七一上十一行）付（付イ就）レ之不審ナルハ。華嚴ニハ不レ說（說イ論）ニ通教一ヲ。何トテ共地菩薩ト釋ソト覺シキカ。稟通教ノ者ノ。華嚴ノ會座ニ來ルヲ「共地菩薩」（「」イ丙）ト云也。其例有レ之。法華信解品ノ臣佐吏民ヲハ（大正藏九、十六下）稟通教者ト釋セリ。是モ通教ノ者ノ法華會ニ來ルヲ」指也。明曠ハ。六卽ニ約シテ發心菩薩ヲ名字卽（字卽イケラル）ト釋セリ。此則（則イ卽）今明發心在名字位云（云イ丙）故也。サテ十發趣十長（經、一〇〇四中）養十金剛十地ノ四十心ハ分眞卽也。觀行相似ヲハ。發心菩（經、一〇〇四中）薩亦誦乃至ノ乃至ノ言ニ可レ攝ト釋スセリ（經、一〇〇三下～四上）我今盧舍那ノ偈ニハ。受・持・誦ノ三ヲ擧タリ。長行ニハ前ノ三ノ外ニ學ノ一ヲソヘタリ。是ヲ四勸ト釋リ。（義記、五七一上二七行）庶民トハ諸人ト云心（經、一〇〇四中）也。黃門トハ無根者也。安樂行品ノ記。（同前）生簡嫁變半ノ五種（天文四、二〇七六下）（支那カ 圓妬カ）不男ヲ出セリ。何トテ黃門ト云ソト覺シキカ。天竺ニハ是ニ黃ナル衣ヲ著テ內（內イ大）裏ノ門ヲ守ラスル也（也底丙）。故ニ黃門ト云也。是迄ハ經ニ付テノ御（御イ丙）

談義也

（義記、五七〇下十七行）慈童子（「心カ）火輪等者。慈童女ノ事也。女ト云ヘトモ女（ヲナコ）テハ無キ也。長者ノ名也。弘決第五巻（天止三、二〇四）有レ之（有㋑在）。十界互具ノ證ニ。慈童女ノ法界皆救ノ願トテ常ニ申事也。雖レ然本說何ナル事トモ知人マレ（マレ㋑稀）也。是ハ雜法藏經ノ說也。慈童女ト云ハ（大正藏四、四五〇下）。長者ノ母我子ヲ打ケルニ。其子。母ノ髮ニ取付テ不レルニ思カミヲ引ヌキ。其時火輪現シテ身ヲ燒ントセシニ。悲歎ノ餘リニ一切衆生ヲ救ハント云（云㊦ナシ）願ヲ起ケル也。此願力ニ依テ火輪忽ニ滅シケル也。サレハ火輪現レハ。地獄ノ相法界皆救ノ願ヲ起セシハ佛界ノ方也。仍テ十界互具ノ姿也云云。（義記、同十八行）爾雅トハ外書（書㋑典）ノ名也。父母（缺文）。儀（同二〇行）ハ法也。温凊（セイ）合レ儀トハ（「㋑也）。禮記ニ夏ハ令レメ涼（スズシ）カラ冬（冬㋑ナシ）ハ令レト暖（アタタカ）ナラ云ヘリ。故（故㋑ナシ）温凊（清㊦ナシ）合レフト儀ニ云也云云
（義記、五七〇下二九行）十六國等者。明曠モ長阿含ノ說ヲ引タマヘリ。仁王經ニモ明タリ。其ハ少シ異也。大略ハ同レ之云云（云云㋑ナシ）

上卷畢

弘四云。伎能者（天止三、八）。伎字應レ從レ女。謂二女藝一也。從人者（「等カ）。奇寄反。害也。非二今文（文㊦ナシ）意一

金剛寶戒章云（源空）梵名毘尼。此飜爲レ律。律者制止ノ義也。又云。律者是爲二淺識者ノ網目一。作ニナリ初心行者之明鏡一。禁制諸惡之頭目也。勸發萬善之祖稅也。如來之方便。衆聖之施益以レ是爲レ先。但。外相學ニ於毘尼宗一ヲ。內心ニ兼慣ニ梵網宗一ヲ。若不レ然者。猶以爲レ非。是外道ノ之（之㊦ナシ）一類。永不レ入ニ佛心無念之好路一ニ。敢テ無レ悟ニコト不立文字ノ之（之㊦ナシ）淵源一ヲ。更有ニラン何ノ益一矣（矣㋑ナシ）（天止二、五四二）

一戒五名　見ニリ止觀第四幷弘決四本一

一　戒
二　毘尼　此云レ滅
三　木叉　此云ニ保得解脫一（文㋑反）
四　誦　背文闇持也
　　弘決釋ニ誦名一ヲ者（者㋑云）。取ニル根本八十誦ノ名一ヲ。卽優波離一夏八十度昇レ座誦レス之。故得レ名也文
五　律

又釋ニ律名一ヲ云。不レ取ニ律呂之律一。但約レスルコト（天止二、五四四。弘決）如下キニ世（世㋑時）ノ律令ノ陶（堯）虞（舜）始テ造。蕭何（㊦人名也）以爲中ルカ九章上ト者ハ。漸分ニツコト輕重一ヲ委悉故也。爾雅云。法也。法律所三以（所以㋑故也）ナリ詮二量スル輕重犯不犯等一ヲ。觀心モ亦爾。詮ニ量スルニ惑（惑㋑上）智一ヲ各有ニ輕重持犯之

相一文

唐云記云。（云㋑ナシ）不殺幢　不盗開　不婬彌（不婬彌㋑ナシ）　不妄鼓　不酤者大日

南岳云。得ニ諸佛集三昧一此之譯レ之也（卍續二・一〇、四丁右上。受菩薩戒儀）

不說四衆過罪　普賢也　故（故㋑如）經云（云㋑ナシ）但行禮拜也　自讚毀他　文殊也　如ニ無行經一

不慳　觀音也　不瞋　慈氏　不謗三寶者　遍知印也　兼得三重

「長元（永享カ）六年春比記レ之。至ニ同七年一四月下旬　見ニ藏本金剛頂（「」㋑ナシ）

要決一。有下以ニ四重一配ニ四佛一之文中心感歎上

一切法趣ニ不殺一。是趣不レ過ニ不殺一。尚不レ可レ得。何況

有レ起有ニ不起一　餘九可レ知」

一切法趣ニ不敬師友戒一　餘四（四㋑三）十七可レ知　定惠可レ知。此等皆

是阿字義也

又云。私。過ニ十萬億一者。持ニ十重一離ニ十種過患一也。四

十八輕者。四十八願莊嚴淨土也

或一卷記云

（續天全圓戒1、三七七上～。直往菩薩戒勘文）凡釋迦一代所說戒法有ニ四種一

一　當分戒─┬一小乘戒。四律五論所レ明五八十具戒也
　　　　　　└二大乘戒。梵網瓔珞等ノ諸經所レ明戒也

二　廻小入大戒法（法㊦ナシ）　又云。從レ權入レ實戒

三　開權顯實戒法

四　直往菩薩戒法　是於ニ生佛一如。權實未分ノ重ニ立レ之。妙樂云。此中無レ可レ開文

普通廣釋　五重戒

（大正藏七四、七六六上）一外道邪戒。二三善世戒。三二乘小戒（戒㋑乘）。四菩薩大戒。五

如來寶戒

〔菩薩戒義記聞書　上　終〕

菩薩戒義記聞書　下

從ニ永享（一四三五）七年九月十七日一始レ之

倖運談（奥書）

仰云。第一清淨者（大正藏二四、一〇〇四中十行。梵網經）迄ハ序也。佛告諸佛子（佛（底）ナシ）ヨリハ正宗也。正宗ニ付テ三章アリ。佛告諸佛子（同前）ヨリ敬心奉持（同、十五行）迄ハ標章也。若佛子云ヨリ十重終ル迄ハ正釋也。善學諸人（同、一〇〇五上十六行）ヨリ當廣明（同、二四行）マテハ結成也

已ニ學シ當ニ學シ今マ學スト（經、一〇〇三中十行）者。上ヲハシト讀ミ。結句ヲハスト讀ム事也。文體ノ法也。我已略說ニ波羅提木叉一（同、一〇〇四中十四行）者。「未タ戒ヲ不レ說」（「」（イ）未說戒）何トテ已ニ說ツト云耶（耶（イ）ナシ）ト覺シキカ。於レ此諸（諸（イ）ナシ）師義不同也。法相ノ太賢等ハ。上ノ偈ニ十重四十八輕（經、一〇〇四上九行）ト云ヘルヲ指シテ已說ト云也云云　明曠ハ。佛告ニ諸佛子一言。有ニ十重波羅提木叉一（經、一〇〇四中十一行）ト云ヘルヲ指シテ已說ト云也云云　相承ノ義ニハ。上ノ我今盧舍那等（同、一〇〇三下二九行）ノ十一行半ノ偈ハ舍那ノ發起ヲ明也。指レ之已說ト云ソト申（申（底）ナシ）也云云

12〔第一殺戒〕

同ク正示（示（イ）文）下也

一一四

仰云。若佛子（經、一〇〇四中十一行）ト者。何トテ佛子ト云ソト覺シキカ。衆生受ニ佛戒一（經、一〇〇四上二〇行）卽入ニ諸佛位一。位同ニ大覺一已（已（イ）位）。眞是諸佛子ト云故ニ。佛子ト云也云云（云云（イ）ナシ）此戒ニ付テ。諸師ノ得名不同也。法相ノ太賢ハ。殺生戒ト名タリ。殺生ト云ヘハ。殺人殺畜ニ亙ル也。何トテ人畜ニ亙ト覺シキカ。一切有レ命者不レ得ニ故（故（イ）於）殺コトサラニ一（經、一〇〇四中十八行）ト云テ。一切ノ言無ニ簡別一故也。其上菩薩ハ。慈悲ヲ爲レ先ト故ニ。畜生モ命ヲヲシム事與レ人無レ異コト。サレハ害レ畜モ重ナルヘシト云也云云

明曠ハ殺人戒ト云ヘリ。殺人「波羅夷。」（「」（イ）以爲）害畜輕垢ト云故。殺畜ハ重マテハ無キ也。サテ一切有レ命者ヲハ擧輕況重ト釋也云云　擧輕況重（義記、大正藏四〇、五七一下二六行）トハ畜生猶（猶（イ）尚）ヲ不レ可レ殺。況ヤ人ヲ耶ト云心也云云　大師ハ殺戒ト稱タマヘリ

敎人殺（經、大正藏二四、一〇〇四中十六行）ト者。人ヲ敎テ殺スル也。此ニ天台ノ意（意（イ）心）二義有レ之（之（イ）也）。我カ爲ニ惡キ者ヲ人ヲ敎テ殺ト。又他ノ爲ニワロキ者ヲ。他ヲ敎ヘテ殺セト云フヲモ（「（イ）云）敎人殺ト云也。讃嘆殺（同前）ト者。殺ハヨキ事ト讃スル也。見作隨喜（同、十七行）ト者。殺ヲ見テ隨喜スル也。元曉ノ釋ニ。有レ興事ヲ釋タリ。已殺ノ隨喜。未殺ノ隨喜トテ二ノ隨喜ヲ出セリ。已殺ノ隨喜トハ。旣

殺タルヲ隨喜スル也。是ハ少シ輕キ也。未殺ノ隨喜ト者。未ヌレ殺コロサ者ヲコロセト勸ムル也。是ハ重也。（也底ナシ）乃至呪殺ト者。（同前）殺ノ種類多キ也。故ニ此ニハ不レ可ニ擧盡一故。乃至ト云テ殺ノ種類ヲ攝スル也。呪殺ト者。以テ二陀羅尼ヲ一ノロイ殺ス也 云云

（經、一〇〇四中十六行）自殺ヨリ不得故殺セツ迄ハ（義記、五七一中二六行）不應ノ文段。（經、同十八行）是菩薩應起ヨリ（經、同十九行）方便救護迄ハ應也ト判タマヘリ（義記、五七二上二〇行）

律藏ニハ止治作治ト云也。言ハ異ナレトモ心ハ同シ事也 云云 是則チ（是則イ此卽）十重等ヲハ止治ト云フ。トトメナスヘカラサル也。布薩ヲハ（イ故也）作治ト云。菩薩ノ成スヘキ事ナル故也。波羅夷ト者梵語也。爰ニハ（爰イ此）極惡トモ翻ル也。或ハ今ハ只重ノ義也。律藏ニハ四重ヲハ斷頭罪ト云フ。比丘僧四重ヲ犯シタルハ人ノ頭ヲ切タルカ如シ。再ヒ僧ノ中ニ立歸ル事無キ故也。大乘戒ノ心ハ（心イ意）。重ヲ犯シタレトモ懺悔シテ好（好イ妨）相ヲ見テハ又僧中ニ立歸ル也。サレハ此經ノ下文ニ。佛來摩レ頂若見ニ光華種種異相一便（便イ僧）得レ滅レ罪ト說（經、大正藏二四、一〇〇八下）（若底カ）。天台ハ不應ノ事ヲ牒釋スルニ。（義記、五七一中二七行）六句ト釋タマヘリ。是則（是則イ此卽）自殺一 敎人ニ 方便殺三 讚嘆殺四 見作隨喜五 呪殺六 也。明曠ハ五句アル本ニ付テ釋ヲ作リタマヘル也。則（則イ卽）方便ノ殺ト讚嘆（嘆イ歎）殺トヲ合シテ方便讚嘆（嘆イ歎）殺ト釋スル也。經ニ異本有レ之也

若聲聞非梵行在初等者。（義記、五七一中八行）（行イナシ）非梵行トハ婬戒也。聲聞ノ四重ハ。婬盜殺妄ト次第セリ。菩薩戒ハ。殺盜婬妄ト生起セリ。付（付イ就）レ之。何トテ聲聞戒ハ異（異底妄）ニシテ菩薩戒ノ次第ニ婬盜殺妄ト生起スルソト覺シキカ。多ノ故有レ之。先律藏ノ心（心イ意）ハ。聲聞戒ハ待テレ犯ヲ制スル也。佛成道第五年ニ須提那子始テ婬ヲ犯シタリ。此時。出家ノ者不レ可レ行二婬事ヲ一云フ制カ起リケル也（也イナシ）。其後。佛弟子カ盜ヲ犯シ。次ニ殺ヲ成シケル故ニ。隨テ犯ノ次第ニ制シタマフ。故ニ婬戒ヲ始（始イ初）ニ置ク也。是ヲハ緣起ノ次第ト云也。今ハ別ノ故ヲ出セリ。人多起過故ト者。（同、九行）人ノ多クヤスキ故ト云也。是ヲハ律藏ニ數習ノ次第ト云也。地繫ノ（同前）煩惱重故ト者。欲界ト名クル事ハ。俱舍等ノ意ハ婬貪食貪有ル故也 云云（云云底ナシ） 惠心ノ三界義ニハ睡眠貪ヲ加タマヘリ。（佛全32、三〇四下）性相ニ不ハレ擧レ之。劫初ニハ段食無キ故ニ無二睡眠一。故ニ二貪ヲ出セリ。惠心ノ心（心底ナシ）ハ。末ニ漸段食ニヨリテ睡眠起ル故ニ睡眠（眠イナシ）貪ヲ擧タマヘリ。何モ無二相違一事也。性罪ト者。（義記、同九行）（底頭 性戒遮戒事）輪王最初ニ止メ二十惡ヲ一修ヨト二十善ヲ一勸ムルヲ性罪ト云也。其後佛出世シテ五戒八戒乃至二百五十戒等ヲ說キタマフヲ遮罪ト云也。性罪ヲ又ハ性戒トモ云。又舊戒トモ云也。遮

罪ヲハ遮戒トモ客戒トモ云也。佛ハ客人ノ如クナル故也。(同、十一行)**消息人情**等者。世間ノ機嫌ヲ憚カル事也。機嫌トハ人ノソシリヲ恐ルル也。(同、十二行)**婬欲非性罪**等者。他宗モ不レ釋不レ共事也。其ノ故ハ婬ハ性罪也。何トテ非ニ性罪一ニ釋シタマフソト覺シキカ。是カ極テ甚深ノ事也。所以ニ。輪王ノ制ル性罪ト云ハ邪婬戒事也。今婬戒ニハ制ニルヲ不婬一ヲ也。不婬ハ非ニ輪王ノ所制一ニ故ニ。非トハ性罪ニ釋タマフ也。非ニレハ口傳一ニ誠ニ難ニ心得一釋也 云云

(義記、五七一中二〇行)**見機得殺**等者。我等如キノ凡夫ハ。見コトレ機ヲ難レ叶ヒ。故ニ利益ノ殺生ハ難レ有事也。サレハ。南山ハ初地以上ニ非レハ利益ノ殺生難トレ叶釋シタマヘリ。ケニト覺テ殊勝也。サテ見機得殺ノ姿ハ何ニト覺シキカ。譬ヲ取テ申サハ。千人切リヲスル者アランヲ一人殺シタラハ。九百九十九人タスカルヘキ故也。此様ナルヲ見機得殺トハ可レ云也。**大士制心聲聞制色**等者。聲聞戒ハ。身口ヲ制シテ意地ヲハ何トト思ヲモ不レ制也。是ハ十誦律ノ意ニ依テ。聲聞制色ト過タマフ也。是則天台ハ。恵光律師ニ値テ十誦律ヲ傳ヘタマヘル故也。曇一。妙樂湛溢ハ律師ニ隨テ四分律ヲ學シタマヘリ。四分律ノ心ハ。遠至近ノ三方便ヲ立テテ意地ヲモ制スル也。所以ニ遠方便トハ。人ヲ殺ト思フ心也。至方便ト者。思立テ行閒也。近方便ト者。太刀打付ル處也。正ク命斷スレハ結ニル波羅夷一ヲ也。サレハ弘決ノ第二卷ニハ。(天止一、四三七)大小兩乘若結邊罪咸從ニ身口一。遠方便邊並防ニ於意一ト判シタマヘリ。十誦律ニモ遠至近ノ三ノ方便ヲ立也。但。意地ヲ遠方便トハ不レ立也。假令一町アラン所ヘ行ンニ。「半町ハカリ行ハ遠方便。又」半町ハカリハ至方便也。此外。三大部處處戒行ヲ釋シタマフ時。本末ノ釋相違シタル事有レ之也。是則。天台妙樂ノ律部ノ御相承各別ナル故也。以ニ此重一ヲ釋ル也不レ可レ有ニ相違一也 云云 十誦律モ「四分律モ」トモニ小乘也。但。四分律ハ成論同計ノ律也。成論ハ密通大乘ノ論ナルカ故ニ。四分律モ心ヲサシハサテ意地ヲ制スル也。十誦律ハ毘曇同計律也 云云

(義記、五七一中二一行)**大士害師犯逆**等者。聲聞戒者五逆ヲ立テ。害レヲハ師ヲ不レ立レ逆ト也。菩薩戒ニハ。五逆ニ殺和上・殺阿闍梨ヲ加テ七逆ト立ル也 云云 **大士重重於聲聞重**ト者。菩薩ハ慈悲ヲ爲レ本。故聲聞ノ重ヨリモ重キ也

(同、二九行)**內色**トハ刀ヲ土ニ埋テ殺ス也。**外色**トハ (缺文)

（同、五七一下一行）**口教是殺罪非レ作スニレ瘡**ヲト者。他ヲ教ルカ故口教也。自殺サル故非レト作レ瘡云也。（同、二行）**條緒**トハ。條ハ一箇條二箇條也。緒ハ糸クチト讀也。糸口ノ多キ様ニ殺ノ種類多シト云心也。〔也㊦ナシ〕（同、三行）**束縛繫**ト者。束ハ頸ヲククル也。縛ハシハル也。繫ハシハテ空ニカクル也。當座ニテハ不レ死セ。是ヲ方便ニシテ死スル故ニ方便殺ト云也。（同、五行）**毘陀羅**ト者。全毘陀羅・半毘陀羅トテ。人形ヲ作テノロヰ殺ス事也。（㩉弦カ）**弶紘撥**〔弶㋑强〕ハ。紘ハ弓ノツルナトニテ。ククリ殺ス也

九月二十一日

（義記、大正藏四〇、五七一下七行）**殺業此下**（已カ）ト者。太賢等ハ業・法・因・緣ト次第スル經ニ付テ釋ヲ作ル也。天台ハ因・緣・法・業ト次第スル經ニヨリタマヘリ。サラハ何トテ殺業此下（已カ）ト釋シタマフソト不審ナルカ。殺業ト云ヘルハ。四句ノ中ノ殺業ニテハ無キ也。成業ヲ釋スル故ニ殺業此下（已カ）ト牒釋シタマフ也。サレハ酤酒戒ノ下ニ。（同、五七三上二五行）酒因下明成業四句ト釋タマヘリ。因緣法業ト次第スル經ニヨリタマフト被レ得云云（同、五七一下十行）**三階於緣中**〔緣㋑經〕ト者。文段ノ三階ニテハナキ也。上ノ三業ヲ三階ト釋スル也。サレハ標章ニモ（同、八行）**三業成殺**ト云ヘリ云云（同、十一行）**坑撥**トハ穴ヲ堀テ落入ヲシテ殺ス也云云（同、十六行）**三果人兩解等**者。聲聞戒ニハ殺羅漢ヲ為ニ逆罪ト故ニ。「前三果」〔「」㋑出三界〕ノ人ハ何ニト覺シキ處ヲ釋スル也。**一云**〔云㋑言〕**同逆**ト云ヘルハ。古師ノ說ヲ擧ル也。**二云犯重等**者。天台ノ自義也。總而此義記ノ始終ニ多義ヲ出時。後ノ義カ皆大師ノ自義ニテ有ル也。（同、二一行）**養胎母**ト者。ヤシナイ母歟。メノト歟ト云不審有レリ之〔之㋑ナシ〕。泉涌寺ノ開山ノ義ニハ。子ヲウミ落シテ一ツ口ノ乳ヲモノマセイテ。人ニ養ハセタルヲ養胎母ト云也云云 此義叶ヘリト釋ニ覺ル也。（同、二三行）**三下品四趣等**者。他宗ノ意ハ。害畜ハ重ト云也。天台ハ輕垢ト釋タマヘリ。是則〔是則㋑此卽〕。畜生ハ佛道ノ依身ニ非サル故也

（義記、五七一下二八行）**一通心**ト者。惡愛ノ分別モ無ク。一切衆生ヲ殺サント思フ也。（同、二九行）**二隔心**トハ。我カ惡キ者ノ計リヲ害セント思フ也。**通三性皆犯**等者。付ニ此釋ニ論義ヲスル也。人ヲ殺スハ悉ク惡心也。善無記心ハ不レ可レ有ル。何トテ通ニ三性ニ釋ルソト覺シキカ。東塔寶地房御料簡ニハ。殺ント思フ因等起ノ心ハ必ス惡也。サレトモ正ク命斷スル刹那等起ノ心ニ善無記〔記㋑起〕ニ住スル事有ル也。故ニ約シテ刹那等起ノ心ニ。通三性皆犯ト釋シタマヘリ云云（同、五七二上五行）**還屬通心**ト者。隔心ノ通心ト云事有リ。假令惡クキ者ノ一人ヲ殺ストテ。大道ニ落入ラシタランニ。餘ノ一切人落入テ死センハ。隔心ノ通心ニテ可キレ〔可㋑ナシ〕有ル事〔事㊦ナシ〕也

(義記、五七二上七行)一**此生二後生**等者。今生來生ノ事迄ハ無キ事也。聲聞戒ニ捨戒ト云事有レ之。假令比丘等二百五十戒ヲ受テ。後機カ不レシテ叶難レ護ケレハ。對首懺シテ戒體ヲ返ス也。是ヲ捨戒ト云也。未ニ捨戒一時。人ヲ殺ヲ此生ト云也。戒體ヲ僧ニ返シテ後ヲハ。後生ト云也。此下ハ名譽六ケ借下也。人毎ニ不レト被ニ心得一被レ申也云云 (同、二一二行)**秉**レツテ**戒**ヲトヨム也。呉音ハ秉。唐音ハ秉也。(同、二一六行)**墮不如罪**トハ。(ア意カ)明曠疏ニ地獄ノ別名也云云 (同、二一四行)一**恣心謂貪心**等者。何トテ癡心ノ殺ヲハ擧ヌソト云不審有リ。相承ノ義ニハ愚癡カ至極シテ貪瞋ト顯ルル也。故貪瞋ノ殺ニ置テ愚癡ノ殺ハ可キレ有ル也。故別不レ擧レ之料簡ル也。山上ニテ此義ヲ申ケルニ。正觀院等殊勝ノ由讚嘆シ侍キ也云云

13〔第二盗戒〕

經下

仰云。盗ハ人ノ物ヲ盗ム計リニハ非ス。盗ハ損壞ノ義ニテ。我カ物ヲワロクヲキテ。クサラカシナトスルモ盗也。假令。芋ノ莖等也トモ。イタツラニクサラカセハ國ノ費ナル故也

(經、大正藏二四、一〇〇四中二一行)**教人盗**ニモ。前ノ教人殺ノ如ク二意有也。可ニ准知一ス。**方便盗**。此盗ノ姿ナニトシタル物ソト覺シキカ。明曠疏ニ面白ク被レ釋タリ。假令。短キ布ヲ持テ市ニ出テ長キ布ニ取カヘナントスルヤウヲ。方便盗トハ可レ云也云云 乃至ノ言可ニ准レ前知一ヌ

(經、同、二一二行)**鬼神有主物**ト云ヘルハ。無主物ニ對シテ云也。鬼有主物トハ。假令。宮社ヘ人ノ進スル物ハ。禰宜神主カ物也。又堂塔ヘ進ル物ハ承仕預カ主也。此等ヲ取ランハ。鬼神有主物ヲ盗也。又鬼神有主物トハ。禰宜神主モ無キ小社等ノ物也。此ヲ取モ盗也。其故ハ。何ナル所ニモ地頭領主ノ無キ所ハ非ス。サレハ神主無ラン社ノ物ハ地頭ノ物ニテ可キレ有ル也。サレハ盗ニ成ル也。但。鬮ヲ進メ取レトアラハ。取トモ盗ニテハアルマシキ也。委ク明曠疏ニ釋タリ。(同前)**劫賊物**トハ。盗人ノ物ヲ取返ス事也。是ヲハ常ニ無レシト罪思ヘル也。是ニ得捨ノ四句有レ之也。盗人モ我物ト思ヒ。被ルル盗人モ早ヤ人ノ物ニ成ヌト思テ後取返スハ重也。是則盗ノ罪ヲ彼カヲウ故也。盗人モ未タ我物トモ思ハス。被レ盗人モ未タ他物ニハナラヌト思ヒタランヲ取返スハ。重ニテハ有マシキ也。(經、同、二一三行)**不得故盗**迄ハ不應ノ文段也。**應生**ヨリ(經、同二四行)**生福生樂**マテハ應ノ文段也。義准レ前可レ知レ之

(經、同二二三行)**一針一草**ハ。擧レ輕況レ重ヲ也。天竺ニハ(義記、大正藏四〇、五七二中十行)**五錢**ヲ盗スルヲ重トスル也。

大銅錢五錢也。大銅錢トハ。摩竭陀國ノ（國イナシ）錢也。四錢迄ハ輕罪也。大銅錢一ハ（一イナシ）此方ノ小錢十六點ニ當ル也。サレハ大銅錢五點ヲ盜スルハ。小錢八十文ヲ盜スルニ當ル也。七十九文迄ハ輕罪也。是ハ天台ノ心（心イ意）也。サテ何トテ三錢カ乃至六錢カヲモ重トハ云ハテ。五錢ヨリ重ト定ムルソト覺（覺イ思）シキカ。摩訶提國ノ般闍羅王。淨飯王ノ時。五錢ヲ盜ヨリ刑罰ヲ被レ行ケリ。刑罰トハ頸ヲ切ル事也。此ノ王制ニ依テ五錢ヨリ重ト定ムル也。サレハ律藏ニハ四重ヲハ斷頭罪ト云也 云云 是（是イナシ）南山ハ。薩婆多論ニ依テ三ノ釋ヲ作ル。第一ノ釋。如ニ天台ノ義一ノ。第二ノ釋ハ。四錢三錢マテモアレ。其ノ所制ニ頸ヲ切ル法アラハ重也 云云 第三ノ釋ハ。小錢一錢モ其ノ所制ニテ頸ヲ切ラハ重ナルヘシト（トイナシ） 云云 第三ノ釋ハ。南山ノ自義也 云云 是則チ（是則イ此即）護持ハ急ニツケト云故也

義記下　霜月十四日

不與取戒第二ト者。此戒ハ（此戒イナシ）義記有リ異本一。**第二盜戒**トアル本モ（義記、大正藏四〇、五七二上二六行）有也。玄應（元カ）寺ノ義ニハ。不與取戒第二トアルハ未再治ノ本也 云云 此義。人師先德不レ釋事（事イナシ）也。故（故イ而）不レ用也 云云 餘十重四十八輕ニハ。悉ク第一第二何ナニ戒トアルニ。此戒ニハ不與取戒第二トアルソト覺シキカ。當流ニハ文ノ起盡ニ子細有テ。如レ此列ヌルソト申也 云云 不與取戒ト云ヘハ。盜ノ義ヲサマラストテ南山ハ破タマフ也。四句ヲ作レリ。先不レ與ルヲ取ルハ盜也。與ルヲ取ルハ非レ盜ニ。此二ノ外ニ。又與ルヲ取ルモ盜ニテアル樣アリ。假令。僧堂ニテ餠ヲ二トモ三トモ定テ引カンニ。忘テ一ツ多ク引ンヲ乍ラ知リ一人受取ラハ盜ニテアルヘキ也。又不ルヲ與取レトモ盜ニ非ル義有。假令。自他彼此ノ分別無ン人ノ物ヲハ。不ルヲ與取トモ盜ニテハ有マシキ也。サレハ不與取戒ト云ヘハ。盜ノ義ヲサマラサル也。南山ハ天台ノ義ヲ破ルニハ非ス。古師ノ不與取戒ト名ケタルヲ破スル也。**灼然不與**ト（同前）者强盜（盜イ盛）也。アラハレテ取ル故也。**潜**ヒソカニ**匿**カクス**不與等者**忍シノヒ也。（同前、五七二中二行）

盜依報（「彼カ）ト者。先ノ殺戒ハ正報ナレハ盜ヲ依報ト云也。**依規矩**ト者法也。**聲聞人佛滅盜**（同、三行）ニ**佛物**（後カ」）一**輕等者**。何トテ輕罪ナルソト覺シキカ。小乘ノ意ハ。佛モ二乘ノ如ク灰身滅智スト定故ニ輕罪也。**外命**（同、四行）ト者依報也。盜ハ奪フ半命一ヲトテ。依報ヲ賣テモ命ヲ續ヘキ也。其ヲ盜スルハ奪ニ半命ヲ一當ル也。死シムルト讀也

離本處（同前、五七二中九行）ト者。十重ニ結スル重（重イ住）位アリ。殺戒ハ。命斷ル時結レ重也。盜戒ハ。人物ヲ取ルニ。本處ヲ離ルル時結レ重ヲ也。田畠ハ離ルルニ

本處ノ義不可有。サテハ不可結重ヲ歟ト覺シキカ。是ハ先動ニ本處ヲ物ニ約シテノ事也云云。(同、十行) **謂五錢也。律云**等者。長山ハ轉釋スルソト心得テ。大銅錢五錢カ小錢十六ニ當ルト釋セリ。謬也云云。(同、十一行) **錢有貴賤**ト者。金ノ錢銅ノ錢アル也。(同、十二行) **二錢已上**等者。他師ノ說也。天台ノ義ハ五錢ハ重也。此戒ニモ因緣釋可有之。明曠具ニ緣義ヲ釋セル故也。但。義記ニ不ル釋タマハ事ハ略也。(同、二一行) **解三寶物如律說**ト者。此ニハ三寶物ノ相不可ニ擧盡ス故ニ律藏ニ讓リ給ヘル也。律藏ノ意ハ。三寶互用トテ。佛ノ物ヲ取テ法ノ物ニツカヒ。僧ノ物ヲ取テ佛ノ物ニツカフ是モ盜也。又當分ノ互用トテ同シ釋迦佛二尊並テ御座ニ。東ナル釋迦ノ物ヲ取テ西ナル釋迦佛ノ具ニ成スモ盜也云云。(同、二〇行) **而反**ホム。(同、十七行) **誡勸二門** (缺文)

14〔第三婬戒〕

十一月十八日

(義記、大正藏四〇、五七二中二一行) **第三婬戒**ト者。他師得名不同也。或稱ニ邪婬戒ト。或ハ不婬戒ト名ル也。大師題ニ婬戒トシタマフニ義理ヲ深ク含シテ殊勝也。義記ヲハ度度讀ミ侍レトモ。常途ニハ不ニ申出云云。尤祕藏ノ事也。先梵網經ハ七衆通受ノ戒也。若如ニ他師稱ニ邪婬戒者。可限ニ在家戒ニ。其ノ故ハ。在家ヲハ許ニ本妻ヲ制ニ他犯戒ヲ也。總シテ斷ルハ婬ヲ不可繼家ヲ故也。本妻ノ外ニ他ヲ犯ルヲ邪婬戒ト云也。サレハ不可限ニ在家戒ニ也。又名ニ不婬戒ト者。可限ニ出家ニ。在家ハ許ニ本妻ヲ故不婬マテハ不可有。婬戒ト名レハ亙ニ在家出家ニ制ル也云云。

(同前) **非梵行**ト者。**非淨行**ト云事也。梵ハ天竺ノ語。清淨ノ義也云云。(同二二行) **鄙陋之事**ト者。イヤシキ義也云云。(同二三行) **五衆**ト者。比丘・比丘尼・沙彌・沙彌尼・式遮摩也。是ハ出家ナレハ。邪婬正婬トモニ制ル也。**二衆**ト者。優婆塞・優婆夷也。是ハ在家ナレハ正婬ヲハ許シ。邪婬ヲハ制ル也。邪婬ハ輪王ノ出世ヨリ制ル也

(同二七行) **後三句擧輕況重**ト者。畜生女乃至非道行婬マテヲ後三句ト云也。擧輕況重ト釋シタマフハ。前ノ殺戒盜戒ニ准ル一往ノ釋也。其心。下ノ釋ニ見タリ。(同二八行) **文小差互不次**ト者。(經、大正藏二四、一〇〇四中二六行) 自婬教人婬ノ次ニ。畜生女諸天女非道行婬ノ文ヲ列ヌヘキカ。(經、同前) 自婬教人婬。乃至一切女人不得ニ故婬トアレハ。餘ノ戒ニタカヒテ不次第也。故差互ニシテ不次トハ云也云云。差ノ字ニ二ノ音有リ之。差ト讀時ハタカウ也。參差モタカウ義也。差シャト讀ム時ハシナト云義也。

差サイト讀ム時ハイヤス也。壽量品ニハ差サイトヨム也。是則（是則イ此卽）病ヲイヤス時ノイヤス也

（義記、五七二中二九行）一是レ道ト者。是道セタウト讀ハ非道ニ對ル樣ニ聞ル故ニ。是レ道タウトヨム事也　云云（底内）（同前）事遂ト者。小（小底少）便道ハ毛ニサハル時結レ重ヲ。大便道ハ至ニ皮（膚カ）ヘ一ニ時結レ重ヲ也。口ハ齒肉シシニ至ル時結レ重ヲ。是ヲ事遂ト云也。天竺ニハ口ヲモ犯スル也。（同、五七二下一行）後三句擧劣結過ト者。此釋ニテ得レ心ニモ。上ニ擧輕況重ト云ヘルハ一往ノ釋也。畜生等者。且ク劣ノ境ヲ擧ル也。結過トハ過ハ重也　云云（イ内）（同前）自妻非道非（非イ少）處等者。非道トハ大便道也。非處トハ口也。（同二行）產後乳兒トハ子ヲウンテ後聽テ犯スレハ乳カ留ル也（也イ歟　妊底任）。乳カトトマリナハ赤子死ヌヘキ也。妊娠トハ共ニハラムト讀ム也。此等時ハ自妻ナレトモ犯スレハ邪婬ニテ有也。

（同二～三行）優婆塞戒經云六重ト者。梵網ノ六重也。非時トハ自妻モ一月ニ六度ヨリ過ラハ非時ト云也。非處トハ親ノ家也。（同四行）教人婬自無迷染等者。此釋ニ論義ヲ題（題イ疑）也。菩薩ハ慈悲ヲ爲レ本。教テレ人ヲ婬シムルハ自婬ヨリモ其過可レ重カル。サレハ教人殺・教人婬同ク重也。何トテ教人婬カ輕（婬イ輕）垢トソト釋シ覺シキカ。婬戒ハ迷染ヲ制主トスル故ニ。教人婬ハ無ニ迷染一故ニ輕ト釋ル也。其上。非ニ大師ノ自ノ御釋ニ一。律藏ノ說ヲ引載タマフ也。諸部律藏一同ニ教人婬ヲ輕罪ト定ムル也。（同五行）或言菩薩則（則イ卽）重トハ異說ヲ擧ル也。今釋聲聞菩薩等者。大師御義也。聲聞菩薩トモニ教人婬ハ輕也。殺盜ニハ不レ可レ例　云云（同六行）人畜○三道皆重ト者。三道トハ大便道・小便道・口也。此釋モ後三句ハ重ト判シタマヘリ。（同七行）餘讚嘆（稱歎カ）等者。婬事ヲホメ。摩觸（婬イ内）トハサスリ。手ヲニキル也　云云（底内）出不淨トハ。不レトモ趣レ道ニ婬ノ出ル事也。此等ハ淫欲ノ心ニ住シテ見ル妄想ハ重也。何トモ不ルレ思ハ見ルハ輕キ也

有人尋云。天台ニハ方便罪（至カ）ヲハ不レ立歟　云云　此戒方便悉犯輕垢トアレハ。天台ノ心モ遠次近ノ三方便アルヘキ也ト申侍キ。ケニトテ領納アリケリト　云云

經下　（經、大正藏二四、一〇〇四中二八行）非道行（行イ非）婬ト者。香象（香象イ柔蒙）ハ除ニ產門一ヲ。餘皆非道也ト釋リ。太賢破セリレ之。總シテ此義ヲハ諸師一同ニ不レ用事也。瑜伽論ニ。男二女三（底頭　五非處事）餘皆非道　矣　男二トハ大便道ト口ト也。女三トハ小便道ト大便道ト口トノ三（三イ内）也。明曠ハ。（大正藏四〇、五八八下。戒疏）男二女三餘皆非道（道底内）ト釋セリ。何トテ男二女三ト釋ルソト覺シキカ。是ハ且ク約ニ在家（家イ内）ニ衆一ニ釋（釋イ歟）　云云　非道トハ土ノ穴等ヲ犯ルヲ非道ト云也　云云　六親ト者。明曠

疏ニ多ノ義ヲ擧タリ。都テ不ニ一准ナラ事也云云

15〔第四不妄語戒〕

同夜

(義記、大正藏四〇、五七二下十行)**第四不妄語戒。迴惑**(エワク)(缺文)。(同十五行)**言得上法等者**。八禪神通ヲ得タリト云也。是ハ重也。馬カ走ナト云ハ輕垢也。(同十五行)**敎他者敎說或敎他等者**。二ノ意有レ之。准ニ前ノ殺盜等ニ可レ知也〔也イ無〕云云〔云云底無〕(同十六行)**方便妄語如蜜等者**。付レ之物語有レ之。唐土ニ僧ノ有リケルカ。說法スル時。兼テヨリ木ニ蜜ヲ塗テ置テ。說法ノ最中ニ向ノ山ノ木ニ蜂カ多ク集タル由ヲ云ヘリ。聽聞衆。聞テ此事ヲ得法シタマヘルカト不審ヲ成シテ。往テ見ルニ。僧ノ云カ如シ。是ヲ大師モ如蜜塗樹トハ書タマヘル也。〔聞イ無〕蜜ヲ塗レハ蜂カ集ル也云云〔云云底無〕明曠疏ニ。方便妄語ノ姿ヲ釋云〔云イ之〕。今日ハ未タ初地ノ定ニ不レ入ト云云心ハ昨日マテハ初地ノ定ニ入タリト云心也云云

(同二〇行)**此人不惑。又能神力等者**。佛ハ悟リタマヘハ。設ヒ〔設イ誤〕妄語ヲスレトモ其過輕也。佛コソアレ。傍ニテ聞ン人ハ可レ惑ト覺キ。**神力遮餘人令不聞**〔令イ合〕トハ釋タマヘル也

(同二四行)**中品境等者**。人天カ正キ妄語境也云云〔云云底無〕人コソアレ。天ニハ何トテ妄語スヘキソト覺シキカ。天モ人中ニ來ル事有ハ。其時妄語「有ヘキ歟」〔「」イアル事也〕。(同二五行)**衆生想有當ト者**。正ク衆生ト思也。(同二六行)**有疑ト者**。有情カト疑フ也。**有僻ト者**。衆生ヲ木石ト思ヒ。木石ヲ衆生ト思フ也。

(同二八行)**若避**〔避イ愚〕**難等者**〔等イ無〕。正ク我カ難ニ遇フ時。妄語ヲ云テ遁ルルハ輕也。(同二九行)**增上慢ト者**(缺文)。**味禪ト者**。禪定ニ著スル也。是則〔是則イ此郎〕界內ノ色無色ノ定也云云(同二六行)(前カ)**有當大略同盜ト者**。此ノ釋ハ自レ古不審スル釋也。其ノ故ハ盜戒下ニ(「〇カ)。有當有疑有僻云フ釋無レ之。何トテ同レ盜釋ソト覺シキカ。泉涌寺開山ハ。盜戒ニモ有當有疑〔當有イ盜當〕等ノ義。如ニ此戒ノ可レ有ト云釋〔云イ之〕也云云

(義記、五七三上二行)**以土**〔士底大イ高〕**無珪壁**(璧カ)**等者**。地ヲ賣時。傍〔傍イ待〕ナル人ヲ語ラヒテ。玉ヤ金カアリ〔リイル也〕。直ヲ高ク買ヘト云ハスル也。價ハアタイ〔アタイ高底篔〕トヨム也。(同五行)**身證眼見等者**。身證トハ「八禪神通ヲ」〔「」イ無〕證タリト云〔云イ無〕也。眼見トハ天龍〔龍イ下〕鬼神ヲ釋〔釋イ見〕タリト云也。(同九行)〔底私云。アヤマリ也〕**隨人ト者**。人ニ對シテ妄語スルハ重也。畜生ナトニ對シテ云ハ輕也。(二云カ)〔底私云。恐クハアヤマリ也〕**定隨語ト者**。四果ヲ證タリト云ハ重也。畜生ナト死タリナト云ハ輕也。(同十行)**必應通人**マテハ大妄語也。(同十一行)**若增上煩惱等者**。上卷ニテ申シ侍シ如ク。罪ヲ功德ト計シ也〔也底無〕。捨菩提願起ス者(モノ)ハ戒ヲ失スル也。此時ハ但犯ニ性罪ヲ一也〔也底無〕。輕重ハ遮戒ノ時也云云〔云云底無〕(同十二行)**若對面等者**。何モ

一二二

不レ知者モノニ向テ。我ハ八禪神通ヲ證タリト云トモ。未ニ領解セ故ニ輕也。其者後ニ學問學イ无ヲシテ八禪神通ヲ心得タラハ重ニテアルヘキ也云云云云㊦无 (同十三行)**十重皆有二因緣一**。**今且釋二四重一**等者。此釋ヲ唐土人師。各三ノ義ヲ釋セリ。何ノ釋ニテモ不レ開也。其中ノ一ノ釋ニ。大師。梵網經ヲ談シタマフ事不ニ一度一。サレハ最初御說法ノ時者。初ノ四重ニ因緣ノ釋ヲ作リタマヒテ。餘ノ十重ノ因緣可ニ准知一ト說キタマヒケレハ。其ノ儘章安記シタマヘル歟。又後又イ更ノ御說法ノ時。十重ニ各因緣義ヲ談シタマヒケル閒。章安。重テ餘ノ十重ニモ因緣ノ釋ヲ書ソヘタマヒケル歟云云 付レモ之猶猶イ尚不審ナルハ。此義記ハ。大師ノ御筆歟。章安ノ筆歟。未ニ一定一事ナレハ。章安後ニ書ソヘタマフトモ難レ定耶耶イ无云云 (同十四行)**直タタニ出爲言**ト者。只一重ヲ云フ也。**宣述爲語**宣イ定トハヲシカヘシテ二三重ヲ云フヲ語語㊦證ト云也

經下 (經、大正藏二四、一〇〇四下五行) **自身妄語**(身心カ)ト者。心ノ妄語ハ妄語セント思フ心也。身ノ妄語ハ。假令。僧中ニテ誰カ此內ニ五停心ヲ得タルト尋ン時。物ヲハ不レシテ云九帖(條カ)カケタル僧一人立上ル如キヲ身ノ妄語ト云ヘシ云云 明曠ノ疏ニ見タリ

16〔第五酤酒戒〕

同十九日

第五酤酒戒等者。(義記、大正藏四〇、五七三上十五行) **貨貿**ケムトモニウルト讀字也。**所貨乃多種**乃イ卽等者。天竺ニハヨロツノ物ニテ酒ヲ作ル也。(同十七行)**酒是無明之藥**等者。酒無明ヲ生スレハ藥也。(同十八行)**大論明酒有三十五失**明イ非ト者。淨名疏・金光明經疏經㊦无ニハ。三十六ノ失ト引タマヘリ。サレハ三十五ト云ヘルハ誤也ト有㊦无唐土人師ハ釋セリ。然トモ誤ニテハ無キ也。論ニ異本有レ之。三十五トアル本モ有。三十六ト見タル本モ有ル也。淨名道暹記ニ。三十六ノ失ヲ一一ニ出セリ可レ見レ之云云 (同二一行)**聲聞止不應作**等者。酤酒ハ聲聞戒ノ時ハ犯スル二七聚ヲ一也。**貨賣但犯**止イ无等者。アキナイハ第三ノ波逸提ニ攝ル也。聲聞戒ニハ。輕戒ノ第十二ノ販賣戒等イ无ニ制スル也。(同二二行)**菩薩若在淫**(婬カ)**舍**トハ。或賣肉ト者。魚鳥ヲ賣ハ輕垢也。(同二三行)**以招呼引召**等者。人ノ擧コソッテ買フ事事㊦无酒ニ過タル物無ト云也 (同二六行)**法用**ヨウトヨム也。(同二八行)**四眞酒**ト者。米ニテ作ル酒也。(同、五七三中一行)**四趣。亂道義弱**等者。畜生等ハ佛道ノ器ニ非レハ罪輕ト云也 **售**ウル。左傳ニ直(値カ)イ高キ物ハ售ルコト不レ能云云 サレハ。高キ物ヲ賣ル時此字ヲ用ル也。大師御釋ハ。字ニテ法門ノ義理ヲ顯シタマフト云ハ是

等也。酒ハ一錢二錢ニテハウラサル物「也。サレハ」（「」㋑ナレハ）直アタイ高キ物也。仍テ用ニ此字ヲ一也。（同四行）藥酒ト者。人參甘草ナトニテ作ル酒也。是希レ利ヲ賣トモ無ニ醉亂一故ニ輕罪也。唐土ノ人師。藥酒無罪ト云故ニ開レ之釋セリ。本朝ノ學者ハ。此義ヲ不レ用也。其故ハ者。藥酒モ希レ利何不レ罪耶。況經ニ。（大正藏二四、一〇〇四下九行）一切酒不レ得ニ故酤一ト說ケリ。（故㋷カ）一切酒ノ詞ノ內ニ豈除ニ藥酒ヲ一耶云云 サレハ藥酒ハ輕罪也云云（也㋑㋷）（不㋫義）

（無罪カ）貨貿。（義記、同四行）二云待飮酒等者。（時カ）上ニ一云トハ不ニ云何トテ二云ト釋スルソト覺シキカ。上ニ（同、五七三上二八行）五授與前人ト云ヘルカ一云ノ釋也云云（前㋑別）

（同、五七三中五行）如小兒來等者。童部ノ酒ヲ買テ不レシテ飮。只ナフリ遊ハンハ不レ可レ有ニ罪過一云云

17〔第六說四衆過戒〕

（義記、大正藏四〇、五七三中六行）第六說四衆過戒者。談道ハ口ニイフ也。共ニイフトヨム也。四衆謂同法等者。「同受ニタル菩薩戒一者ヲ同法ト云也。（「」㋑㋷）一以抑沒前人等者。」ナニカシコソ七逆十重ヲ犯シタレト云ヘハ。其人ヲシツムル也。（同八行）二損正法等者。（缺文）。（同十行）上者第二ノ篇ト者。聲聞戒ニハ上品境ハ五篇ノ第二ノ僧殘ノ攝也。中者第三ノ波逸提ノ攝也。下者七聚ノ第七ノ突吉羅ノ攝也

（同十四行）上中二境說有菩薩戒等者。（取カ）（等㋑㋷）受菩薩戒者ヲ。七逆十重ヲ（逆㋑道）犯タリト云ハ重也。（同十五行）未受菩薩戒者。（無カ）聲聞戒ヲ受者。又受ニ菩薩戒一。畜生等ノ罪過ヲ云フハ輕垢也。（同十六行）以妨業緣ト者。業道ニハ非ス淨業也。（同十六～十七行）在家菩薩淸信士女ト者。優婆塞優婆夷ヲ。新譯ニハ近事男近事女ト翻ル也。舊譯ニハ淸信士（淸㋫請）淸信女（淸㋫請）ト翻也。（翻㋑反）（同十八～十九行）出家菩薩。（亦カ）二云聲聞僧尼等者。此釋ニ付テ論義ヲ疑フ也。所以。標章ニハ菩薩罪過ヲ說カ重也ト云テ。何トテ今ハ聲聞僧尼ト釋スルソト覺シキカ。汝等所行是菩薩道（法華經藥草品。大正藏九、二〇中）ノ開權顯實ノ心ニテ釋シタマフ故ニ無ニ相違一云云「一陷カン沒モツ心ト者。（「」㋑㋷）過ヲ云テ沈メント思フ心也。」（義記、同二二行）二謂治罰心等者。過ヲ說テ。頸ヲ切ラセ。スネヲハサマセ。シハラセンナントト思フ心也。此二心カ業道ノ根本也。故ニ業ノ主也ト釋セリ云云

（同二四行）獎勸等者。七逆ヲ作レト勸ムルニハ非ス。七逆ヲ犯シタラハ。早ク懺悔シ善根ヲ修セヨト勸ムルハ。不レ犯ニ此戒ヲ一也。被善說罪ト者。（差カ）提婆達多カ逆罪ヲ作シ時。佛阿難ヲ使ニ差シテ教化シタマヘル事也。（使㋑仕）此モ佛ノ使ナレハ無罪也。四所說過等者。七逆十重ヲ犯シタリト云ハ重也。輕垢ヲ作タリト說ハ輕也。（說㋑得）（同二六行）若說出佛身血等者。僧ニ

向テナニカシ出佛身血・破和合僧ヲ犯タリト云ヘトモ。佛滅後ナレハ。出佛身血モ不レ可レ有。又實ニ和合僧モ無レハ。破僧モ不トレ可レ有可キレ得レ心故ニ。犯ニ輕罪一也云云

(同二八行)此戒正制向無戒等者。受タル菩薩戒者ヲ。七逆十重ヲ犯タリト未受戒ノ者ニ云フハ重也。有戒ノ者ニ云フハ輕垢也。(同二九行)作(作㋑俱)輕名説是謂當等者。(缺文)。(同五七三下三行)若作テレ書ヲ遣レ使等(等㋑ナシ)。(同四行)罪輕ト者。書フミニテ云。使ツカイニテ云ハ。自ラ云ヨリハ疎ナレハ輕也。然犯七逆十重等者。犯ニ逆重一ヲ者。戒ヲ失シテ後其ノ過ヲ云フハ輕也。(同六行)爲下境悉輕等者。畜生等ニ對シテ過ヲ説ハ輕也

(同十行)(底)私云。此下如何 一云隨人ト者。未受戒者罪過ヲ云ハ輕シ。受戒者ノ過ヲ説ハ重也。故隨人ト云也。二云隨口業(業(底)㋑滅)ト者。七逆十重ヲ犯トト云ハ重也。輕罪ヲ犯タリト云ハ輕也

(經、大正藏二四、一〇〇四下十三行)經下　自説ニ出家在家菩薩比丘比丘尼罪過一等者。世情ニハ。在家者ノ過ヲ云フハ無罪。出家ノ失ヲ云ハ罪也ト思ヘリ。不レ可レ然事也。既ニ出家在家菩薩等(等㋑ナシ)ト説タレハ。設ヒ在家菩薩也トモ。受戒シタラハ其過ヲ云ハハ重也云云(云云(底)ナシ)出家菩薩也トモ。未受戒者ノ失ヲ云ハハ輕ニテ可キレ有也云云　當來ノ當ハ。マサニト讀故ニ當タウ也。アタルト讀時モ當也云云

18〔第七自讃毀他戒〕

十一月二十四日

(義記、大正藏四〇、五七三下十行)第七自讃毀他戒等者。我ヲ譽ホメ。他ヲ譏ソシ(譏㋑謗)ル也。(同十二行)菩薩推直○故得罪ト者制意也。就レ之。唯シ我ヲホメテ他ヲソシラス。他ヲ譏(譏㋑謗)テ我ヲホメヌモ重ニテ可キレ有ル歟ト覺シキカ。天台ノ意(意㋑心)ハ。非レ重ニ。自讃ト毀他トノ二事ヲ備ル故ニ重也。華嚴ノ香象ハ。唯自讃・唯毀他トモ重ト得タリ。法相ノ太賢等モ重ト云也

(同二二行)若折伏非犯(犯㋑捨)ト者開許也。惡人ヲ折伏セン爲ニ自讃毀他スルハ。非レ罪也。(同二五行)自非ノ心正是業等者。自是非他ノ心カ業道ノ根本也。依律部有八事等者。八事ニ有二三説一。一是比丘等(等(底)ナシ)云モ一説。心(心㋑意)也云云(云云㋑ナシ)(同二六行)增上犯(犯㋑求)已等者。例ノ二緣ニ依テ。戒體ヲ失シテ後ハ。自讃毀他スレトモ但犯ニ輕罪一也。前戒制向他等者。前ノ説四衆過戒ハ。有戒ノ者モノノ過ヲ。無戒ノ者ニ説キ聞カスル故ニ重也云云

折伏シャクトモ云ヒ。折伏セツトモ云フハ同字ナレトモ。流ノ不同ニ云ヒカユルカト(云云㋑ナシ)覺シキカ。實ニ析折ト云ハ別ノ字也。訓モ析ハクタク。折ハヲルトヨム字也。訓音ハ異ナレトモ義ハ同シ事也。サレハ析シャク伏カ本ヤラン。折セツ

伏カ正ヤラン。實ニ不レ知事也 云云（云云㋑ナシ） 東塔ニハ析シャク伏トツカヒ。西塔
横川ニハ折セツ伏ト申也（申㋑云）。別ノ字也ト云事ハ。明導聖人（導聖㋑道上）被レシ仰事也
云云（云云㋟ナシ） 傳教大師ノ十二門戒儀ニハ。毀他ノ方ニテ三重ヲ犯スル義可レト
有釋タマヘリ。心ハ。先自讚毀他スルニ一重。七逆十重犯タリト說ハ說
（第六重）四衆過戒ヲモ犯スル也。又無キ事ヲモ云ヒ付テ毀ラハ可レ犯ニ（第四重）妄語
戒ヲ也。サレハ毀他ノ方ニテ。三ノ重ヲ同時ニ犯スル義可レ有也 云云

19〔第八慳惜加毀戒〕（同日㋑ナシ）

同日

（義記、大正藏四〇、五七三下二八行）第八慳惜加毀戒等者。他人來テ乞レ財ヲ求ルニ法ヲ慳悋シテ
不シテレ與歸テ罵リ打擲スル也。愛悋（反カ）ハ疊字也。共ニヲシムト讀也
（同、五七四上四行）尼家二歳內等者。義アル事也。一義云。尼家トハ式遮摩尼ノ事
也。夫ヲットニヲクレテ出家スル者ナレハ。未タ財アル可キ也。故ニ不レ與
罪也。二歳內（內㋑門）不與トハ。式遮摩尼ヲハ二年胎ヲ試ココロミル故也。非ニト
式遮摩尼ニ云義ノ方ヨリ難スルハ。式遮摩尼ハ。受ニ六法ヲ未レ受ニ
五百戒ヲ。何犯シニ第三ノ篇ヲ犯ニト第七聚ヲ云耶ト云也 云云 前ノ
義ノ心ハ。實ニ犯ニト第三ノ篇ヲ云事ニハ非ス。分齊ヲアテカウ釋也。
其流例有レ之。弘決第二ニ（天止二、五五七カ）。突吉羅ノ攝ニ非ル罪ヲ突吉羅ト

釋セリ。是モ分齊ヲアテカウ也。サレハ今釋モ。式遮摩尼ノ二歳
內ニ財ヲ不レ與ヘハ比丘尼戒ナラハ第三ノ篇ヲ犯シ。第七聚ヲ犯スト
アテカウタル也 云云

（同十行）打罵驅擯シャク。若彼不宜聞法 ○ 皆不犯ト者。開許也。假令財ヲ
乞トモ。博ヲ打テ惡事ヲ成ン爲ナラハ。不レ與トモ非レ罪也（是犯カ）。求法者
也トモ爲レ破レンカ法ヲナラハ。不ニトモ說キ聞カ非レ犯也。（同十一行）自慳（慳㋟讀）自毀等
者。（缺文）

（同十七行）在家菩薩（菩薩㋟ナシ）應行二施等者。在家菩薩ハ何トテ法ヲハ與ヘキソト
覺シキカ。ソレモ一句一偈ヲ談（談㋟讀）スル事可キレ有ル也。（同二十行）杜絕ト者。（缺文）

（同二二行）此戒亦一例結重等者。前ノ自讚毀他戒モ口業ノ罪ナレハ。
一例シテ心得ヨト云心也。此戒モ。華嚴ノ香象等ハ己コ慳戒ト（罪㋟罪ナレハ）
名ケ。慳惜計重ヲ犯スト云也。天台ノ心（心㋑意）ハ。慳惜計ハ煩惱（煩惱㋑業）道ニテ
非レ重ニハ也。毀辱スル所ニ成レ重也。大師モ胸臆ノ釋ヲ作リタマフニハ
非ス。經文結成ニ（經、大正藏二四、一〇〇五上三行）。爰（反カ）更罵辱センハ。是菩薩波羅夷非（罪カ）也ト云
故ニ。慳惜ノミニハ非ス。毀辱スル故ニ成レト重ヲ得タマフ也 云云

20〔第九瞋心不受悔戒〕

同日

(義記、大正藏四〇、五七四上二二行)第九瞋心不受悔戒。不受悔喩(謝カ)ケ等者。瞋恚ヲ起シテ。我弟子ナントヲ罵詈打拍センニ。他人來テ教訓シテナタムルヲ不ハレ聞。犯ニ此戒ヲ一也。悔喩(謝カ)トハ教訓ノ義也。(同二九行)不欲利(和カ)解犯重ト者。不レト受ニ教訓ヲ一思ヘハ重也。(同、五七四中一行)知彼未堪受悔等者。他人教訓ヲモ不レ可レ聞者ト心得テ不ハレ聞。不レ犯レ重ヲ也。或(底ナシ)或闕閉斷隔等者。教訓スヘキ人ノ來ル所ニ。闕サシ閉チ。言ハニ何ト承トモ不レ可ニ聞キ申一云(申云(イ)之)也云云此戒ヲモ他師ハ己瞋戒ト稱シテ。瞋心ヲ起ス所ニ犯レト重ヲ云也。天台ノ心ハ。瞋ヲナス計ハ未タ重ニ非ス。教訓ヲモ不レ受所ニ結重也。是モ經文ニ。(經、大正藏二四、一〇〇五上九行)前人求レ悔善言ヲモテ懺謝センニ。猶瞋不レ解トテ。是菩薩波羅夷罪ト云故也云云(云云(底ナシ))

次經文ニ(經、大正藏二四、一〇〇五上七～八行)非衆生ト云ヘルヲハ。天台ノ心ハ。非情ト得タマフ也。其ヲ法相ノ義寂ト云人師。天台ノ義記ヲ往往ニ破シタル中ニ。此文隨一也。破ル心ハ。先ッ衆生ト云ハ。衆多生死故名衆生ナレハ。死此生彼ノ義也。サレハ此生死無キ者ヲ非衆生ト可(底ナシ)レ云故ニ。佛ヲ指シテ非衆生ト說ソト難ル也。一家ノ心ニテ云(底ナシ)ハハ。對シテ佛ニ起レ瞋打罵等ノ義不レ可レ有。然ルニ經ニハ。(同前)於ニ非衆生中一。以ニ惡口一罵辱加以等說ケハ。非レ佛ニ聞タリ。況ャ佛ヲ指シテ非衆生ト說ナラハ。一切衆生中ノ文ヨリ上ニ可レ擧ク。旁非情也ト心得ニ無シト二相違一會釋スヘキ也

21〔第十謗三寶戒〕

十一月(十一月(イ)霜)三十日

(義記、大正藏四〇、五七四中三行)第十謗三寶戒。亦云ニ謗菩薩法戒一等者。地持・瑜伽ニハ。謗(謗(イ)傍)菩薩法戒ト名クル也。常ニハ僧ヲ謗スルヲ。謗三寶戒ト思ヘリ。不レ可レ然事也。謗スルハ僧ヲ說四衆過戒ニテ(第六重)有也。此戒ハ。內外相對シテ(同五行)佛法ハ劣リ外典ハ勝レタリト云(ㇾ(イ)也)也。是ヲ謗三寶戒ト云也。絓。音ハケ也。スヘテトモ。ヲヨフトモ。ミナトモ讀ム也。任(ニン)・諫(ケン)トハ教訓スル義也。(同十六行)披(ヒ)覽(ラン)・推畫條(スイクワテウ)エタ・緒(ショ)イトスチ・(同十八行)上邪見等者。一代聖教ノ中ニ邪見ノ相ヲ委細ニ釋ル事。此戒ニ過タルハ無シト申傳侍ヘリキ。此事ハ筑紫義(底ナシ)ノ淨土宗ニハ。念(念(イ)全)阿彌陀佛トテ博覽ノ人有ケリ。一切經ヲソラニ覺ヘタル人也。此人ノ申サレケル也

(同十八行)撥一切都(都(イ)邪)無因果等者。上邪見ハ重ニテハ無キ也。其ノ故ハ。因果有リト知テコソ戒ヲハ受シ。既ニ一切ノ因果無シト思テ不レハ受レ戒。非ニ此戒ノ所制ニ也。(同十八行)中邪見・(同二〇行)一法相ノ異等者。三寶ハ外道ヨリ劣ト思也。實ニ此思ニ住レハ戒體ヲ失スル也。サレハ是モ。既ニ戒ヲ失レハ

非ニ此戒ノ所制ニ一也。非法ノ相カ正シキ此戒所制ニテアル也。非法ノ相ヲ重ト云事ハ。輕戒ノ中ノ(第八)背大向小戒ノ下ニ。(義記、五七五下五行)若(若㊀ナシ)非法ノ想ヲモテ說クハ犯ニストノ第十ノ重ニヲ云ヘル釋ニテ得レ心也。此事常ニ人ノ犯ル戒也。國大臣等ノ前ニテハ。心ニハ三寶ハ勝レ外道ハ劣也ト思ヘトモ。機(機㊀邪)ニ入ンカ爲ニ。外道ハ勝レ三寶ハ劣也(也㊀ナシ)ト云也。是カ正キ謗(謗㊀傍)三寶戒ノ所制也

(同、五七四中二七行)偏謗一部等者。偏謗一部ノ謗ニ三寶戒トハ何ナル物ソト覺シキカ。祖師檢タマヘリ二高僧傳一ヲ。(大正藏五〇、七二八上。取意)新羅國ニ順景(璟カ)ト云僧有リ。法相宗ヲ學シテ。瑜伽論ノ決定無轉無數大劫。順識(唯カ)ノ一切菩薩。皆經三阿僧祇(祇㊀企)劫ノ義ヲ執テ。華嚴經ノ初發心(心㊀ナシ)時便成正覺ノ文ヲ談ルヲ聞テ謗シケル時。大地俄カニ破レテ。地獄ト成テ。順景(璟カ)(景㊀慶)墮入ケリ。今モ順景(璟カ)(景㊀慶)カ地獄トテ有ト云云 是カ偏謗一部ノ謗ニ三寶戒ニテ有ル也。法相宗ヲ執(執㊀失)シテ華嚴一部ヲ謗スル故也。何トテ重ニテハ無ソト覺シキカ。一部ヲ謗スレトモ。執スル所又佛說ナル故ニ輕罪也

(義記、五七四下二行)二雜信者○言ニ外道一鬼神有ニ威力一等者。佛法ハ滅遲(遲㊀速)シ。小ホコラハ辨才天等利生速ントト信シテ物ヲ祈ル事也。(同四行)奏章トハ。祭サイ文モンヲ作テ祈ル也。(同四行)三暫信ニ小乘一・(同六行)四思義僻謬等者。玄義(義㊀ナシ)十ニ所レ擧南三北七ノ師ヲ。(同七行)三五家ノ釋ト指ス也。此等師ノ釋義淺キ(輕カ)事ハ智力ノ淺キ故也。サレハ罪(罪㊀非)ニテハ無キ也。(同八行)「復有如義經等者」(「」㊀ナシ)(知カ)・(同九行)復有知他是等者。今程ノ論義也。他ノ義ハ是也ト(「爲カ)心得トモ强テ異ヲ立ントスル故也。皆邪畫之流トハ邪見ノ事也 云云(云云㊀ナシ)

經下 (經、大正藏二四、一〇〇五上十六行)善學ノ諸人者ト者。上ニハ非人畜生等ヲ擧ルニ。何トテ人者(者㊀世)(仁カ)トテ人ニ限ルソト覺シキカ。多分ニ從テ人者(者㊀世)ト云也。是則(是則㊀此郎)畜生等ハ受戒スレトモ少分也

(義記、五七四下十二行)嘆美ノ辭(歎美之辭カ)トハ。ホムル詞也。波羅提(提㊀ナシ)木叉。此言(言㊀云)ニ保解脫一トハ。上卷ノ法號章ノ下ニ釋スルカ如シ。(同、十五行)二別擧(擧㊀本)得失等(等㊀ナシ)者。此釋ニ付テ不審ナルハ。經ニハ。十重ヲ犯セハ十發趣乃至十地佛果等ヲ失スヘシト說テ。十發趣十地等ヲ得スヘシト云事ハ不レ見ヘ。何トテ大師ハ得失ト釋シタマフソト覺シキカ。是カ天台ノ妙智力ニテ有ル也。既ニ犯スレハ失ニ十地佛界ヲ說ケハ。又十重ヲ守ラハ十發趣等ヲ得スヘシト得レ心タマフテ得失ヲ擧クト釋タマフ也。尤殊勝ノ事也。(同、十七行)懸指大本ノ後分等者。梵(梵㊀本)本ハ六十一品有リケル聞。其內ハ八萬威儀品ニ廣ク十重ノ相ヲ說タリト云也云云 (義記、五七四中二〇行)痤陋サルトハミニクク。イヤシキ也云云

經下 (經、大正藏二四、一〇〇五上十三行)如ニ三百ノ鉾モテ刺レ心ムネ。何トテ三百鉾トハ云ソト覺シキカ。

（與咸イ餘監）與咸ノ注ニ。三毒ノ鉡ト釋セリ。以性（佛カ）常住妙果（同二〇行）ヲハ。明曠疏ニ。妙覺ト釋タリ。（大正藏四〇、五九〇上。取意）此即十地等ヲ擧タレハ。妙果ト云ヘルハ。妙覺ト聞タリ。華嚴經ニハ。等覺位ヲ不レ說。此經ハ華嚴經（經イ亡）ノ結經ナレハ。又等覺ヲ不レ擧也 云云

22 輕戒下　永享八。二十七日（「卯月カ）

經　（大正藏二四、一〇〇五上）佛告（告イ號）諸菩薩ヨリ今當說マテハ輕戒（輕イ經）ノ標章也。若佛子。欲レ受ニ國王位一ヨリ敬心奉持（同一〇〇九中二四行）。輕戒終ルマテハ正釋也。（同一〇〇九中二五行）諸佛子。是四十八（同二六行）ヨリ菩薩今調（誦カ）マテハ結成也。（同二七行）諸佛子聽（諦カ」）ヨリ經終マテハ流通也 云云

23〔第一不敬師友戒〕

（義記、大正藏四〇、五七四下十八行）義記。第一不敬師友戒。他師ハ。不敬師長ト名ル也。是ハ我ヨリ上衆ニ限テ可レ敬也。今不敬師友戒ト名ケタマヘリ。上衆乃至同（經、一〇〇五中一～二行）朋同見（見イ兒）ニテモ可レ敬也。サレハ經ニハ。上座和上阿闍梨大同學同見同行ト說タリ。友ノ字ヲ置テ。同行同見ヲ可レ敬云（云イ亡）事ヲ顯シタマフ也 云云

經下　（經、大正藏二四、一〇〇五中一～二行）上座トハ上衆。和上トハ師也。阿闍梨トハ教授羯磨ノ師也。大同學トハ。十重四十八輕戒ヲ同學スル者也。同見トハ。衆生受佛戒即入諸佛（佛イ亡）位スル者也。同行（行イ得）ハ十重（十重底亡）四十八輕戒ヲ守ル者也。又他師ハ。不敬尊長戒トモ名ル也

（義記、五七四下二三行）凡擧ニ三（三亡カ）位ノ人一ト者。國王ト轉輪王ト百官トノ三也。此等ハ高位ノ人ナレハ。師友ヲ不レ可レ敬也（也イ歟）。故（故イ而）ニ初ニ擧レ之深ク可レ敬ト制スル也。（同二四～二五行）雖ニ秉レ法行（故カ）レ敬有レ罪有レ福如ニ聖所說一ト者。涅槃經ノ（「イ經）說也。暗不レ覺 云云 （同二七行）有人言トハ。他師ハ。經ノ欲レ受ニ國王一等文ヲハ四十八輕戒ノ總勸ト云也。受戒若是ト者。大師。他師義ヲ破シタマフ也。若總勸ナラハ高下ヲ不レ可レ別（別イ分）ッ也 云云 （同、五七五上三行）謙卑トハ我身ヲ卑下セヨト也。「自下諸戒皆等者」（「」イ亡）（缺文）

經下　（大正藏二四、一〇〇五中四行）自賣レ身國城男女等者。賣身トアル（アルイ云）ヲ寶地坊（坊イ房）御不審有リケルハ。師ヲ敬フト云ハ我身ヲ心ニ任スル時ノ事也。サレハ賣レテハ身ヲ不レ可ニ自在一ナル 云云 誠ニイハレタル不審也。但。是（是イ義）ヲ可ニ心得一樣ハ況（況イ脫ハ）スル言也。身ヲ賣テモ可レ敬。況ヤ憍心等ニ住シテ不レ敬ニ師友ヲ耶ト云心也。出家ノ者ニハ。男女不レト可レ有云不審有レ之。然而（而イ亡）在家ノ二衆ニ付テノ事也。ソレハ男女ノ眷屬アルヘキ也。承迎（經、同三行）（缺文）

24〔第二飲酒戒〕

(義記、大正藏四〇、五七五上四行)**第二不飲戒**。天竺ニハ沙伽陀比丘ト云人アリキ。龍ヲ降伏シケル者也。或國(飲酒カ)ノ王ニカタラハレテ。龍降伏シケル時。喜ニヨキ酒ヲ以テモテナシケルニ。醉テ道ノ傍ラニ臥セリ。佛御覽有テ。自今以後佛弟子不レ可レ飲レ酒ヲ制起リケル也。小乘ニハ波逸提ノ攝也

(同六行)**咽咽**トハ飲ムノ事也。**杯酒器**ハイ(同七行)トハ。酒ヲ杯ニ入レテ人ニノマスル也。(同八行)ワタシテ**過 空器**トハ。酒モ不レ入杯ニテ酒ヲシイル也。**斟酌**(同八行)ヲハ常ニ人ノ人㋑ナシサシヲク事ニ用ル也。是比興ノ事也。三大部處處ニアル事也。昔山門ノ明匠明㋑名。爲長卿ニ。ナニトヨムヘキ事ソト尋被レ申サケレハ。トリヲコナフトヨム也云云 サレハサシヲク心ユメユメ不レ可レ有也云云 今**令斟酌**ト云ヘルモ。サシヲク義ニテハ不レ合ハ也云云云云㊦ナシ **尋下**(同八行)**況語**等者。經ノ過ニ酒器ヲ一與レ人ト說タルハ空器ノ事也云云云云㊦ナシ 餘戒ノ自作教他ハ。自モ不レ可レ作。況他ヲ教ヘテ令レ作耶ト制スルカ。今ハ教人ヲ先ニシ先㋑況自作ヲ以テ況スル也。**有五**(同九行)ノ五百等者。何ヨリ出タル事ヤラン。唐土ノ人師モ。本朝ノ先德モ。不ニ檢出一事也云云云云㊦ナシ **癡熟無知蟲**(同十二行)ト者。セセナキノモモホウツキノ事事㋑ナシ也云云 或ハナメクチリ也云云云云㊦ナシ **必重病**必㋑壽(同十五行)等者。開許也。假令。藥ヲ酒ニテ飲ム事アラハ可レ許也云云云云㊦ナシ(同十六行) **未曾有經末利**トハ。是ハ夫人ナレハ在家也。サレハ出家ニハ不レ可レ許也

25〔第三食肉戒〕

(義記、大正藏四〇、五七五上十七行)**第三食肉戒**。小乘戒ニハ。最初ニ**三種ノ淨肉**トテ。見聞疑ノ三ヲハナレタル肉食ヲハ許サレケル也。見聞疑トハ。我爲ニ殺スト見。我爲ニ殺スト聞。我爲ニ殺シタル歟ト疑フ。三ツ也。サテ此外ノ肉トハ。何ナル物ソト覺シキカ。山中ニ鹿ナトヲ。餘ノケタモノノクヰ殺シテアラント。又魚鳥ノ自死シタラン等ヲハ可レ食ト許サレタリ。**後亦皆**(同十九行)**斷**スト者。後ニハ三種ノ淨肉ヲモ不レ可レ食ト制スル也。ソレヲ皆斷スト云也。大經四相品ニ。廣ク三種淨肉乃至九種十種ノ食ヲ說也(大正藏十二、六二六上)云云云云㊦ナシ 付レ之。世流布四十巻涅槃經ニ。四相品ト云品無レ之ト云(大正藏十二、三八六上)不審有レ之。ソレヲハ大師ハ。三十六巻アル涅槃經ヲ披閲アリケル也。故故㋑而彼ノ三十六アル經ニ四相品有歟云云

26〔第四食五辛戒〕

(義記、大正藏四〇、五七五上二二行)**第四食五辛戒**。**菩薩**ハ**小**シキ**重**シ。(同二三行)**發**レスル**色**ヲ**故**ト者。首楞嚴經ニ。(大正藏十九、一四一下取意)五辛ヲ暑テ食ハ婬ヲ增シ。ナマ生ニテ食ハ瞋恚ヲ增スト說ケリ。瞋恚ヲ起ス時ハ。カホ貌赤クナル也。是ヲ發色云也云云 **兼名苑**(義記、同二六行)トハ俗書ノ名也。(同二六行)**興渠**渠㋑蕖ヲ常ニハウヰキヤウト申侍ル也。不レ可レ然事也。慈氏三

藏。渡天シテ宇闐國ニ於テ始テ興渠ヲ見ルト宣タリ。サレハ唐土日本ナトニハ興渠ト云物ハナキ也。其姿タ大根ニ似タリ云云

一。藏乘法數(可像集)云。五辛。大蒜如ニ常見一。茖葱・山葱ハ北地有。五辛ハ。慈葱・胡葱・蘭葱・家葱・興渠。葷菜ノ總名。除ニ前四一外皆此攝。葱蒺。是ハ何樣ナル藥種ト云哉不レ知物也

〔五辛。葱・薤・韮・蒜算葫矣〕

又世間ニ。忍辱・水葱ハ五辛ノ外也トテ食ル事。非ニ定説一也。制意カ旣ニ薰臭シテ妨レ法ヲ云故ニ。クサキ物ヲハ何ヲモ不レ可レ食事也。サレハ唐土人師御釋ニハ。二十五種ヲ出タリ云云

先師。高僧傳ニ有リトテ被レ申ケルハ。昔晨旦ニ有ル僧。文殊ヲ奉レ拜トテ。清涼山ニ登リケルニ。文殊ノ不レ見ヘタマハ。僧恨テ申ケルハ。我一生内重罪ヲ不レ犯。何ノ有テカニ業障一不レ奉レ拜耶ト歎キケルニ。文殊隔テテレ壁ヲ宣ヘケルハ。何ノ重罪ヲモ不レ犯セ。但汝ノ母。汝ヲ娠ミシ時葱畠ノ中ヲ通リケルカ。其臭ササ猶ヲ殘ル故ニ。我ヲ見ル事不レ能。早ク歸テ懺悔セヨト告ケタマヒケレハ。歸テ如レ教ノ懺悔シテ。重テ詣テ文殊ヲ奉レ拜ケリト云云 葱畠ノ中ヲ通リケルタニ如レ此。況ヤ自ラ食シテ臭カラン事不レ可レ許也

楞伽云。縱能宣ニ説十二部經一。十方天仙嫌テニ其臭穢一咸皆遠離。諸餓鬼等因テニ彼食一吹ニ舐ル其脣吻一ヲ常與レ鬼住シテ。福德日消長無ニ利益一。菩薩天仙十方善神不レ來ニ守護一矣

身子行法ト者。昔身子。風ヲ病テ醫師ニ會タマヒケレハ。薤ヲ不ハレ食病不レ可レ直ル也云云 サテ。ニラヲ食タマヒケル也

27〔第五不敎悔罪戒〕

第五不敎悔罪戒。人ノ罪ヲ造リタルニ。敎ヘテ懺悔セシメサル事也。僧事利養トハ布施也。地持八重トハ。梵網ノ初ノ四重。後ノ四重也

卯月二十九日

28〔第六不供給請法戒〕

「第六不供給請法戒。喪ニ染スル神之益ヲ一ト者」。卽一句染神微劫不レ朽ト釋タマヘリ。聲聞有解廣略布薩等者。聲聞戒ニハ廣略布薩有レ之。廣布薩ハ一種也。略布薩ニハ十五種有レ之云云 五歲ト者。聲聞戒ハ五年ノ戒學。菩薩戒ハ三年學戒也。是ハ聲聞戒ヲ云ヘハ。五歲ト云也。五法ト者。何ナル事ソト覺シキカ。

（朱私云。五法出ヶ與感）十誦律ニ五法ヲ擧タル事有レ之。指レ之歟。或ハ五篇ヲ指シテ五法ト云歟。付レ之。「五篇ヲ五法ト釋シタル事。律藏ニ見ヘタル歟ト太子堂ノ長老ニ尋申ケレハ。正ク」五篇ヲ五法ト釋シタル事ハ不ニ見及一。但。六聚ヲ六法ト釋タレハ。五篇ヲ五法ト得レ心事不レ可レ有ニ子細一歟トテ。南山ノ釋ヲ一紙ニ載テ被レ送侍キ 云云

（言カ）（同二一行）**食三兩金**ト者。金ハ非ニ食物一ニ。何ニト覺キカ。明曠疏ニ況スル語也。意ハ。三兩ノ金ヲ捨テモ可ニ供給一ス。況ャ餘ノ供給哉ト也。（同前）**極勢之語**ト云ヘルモ況スル意也。**如雪山一偈**ト者。殞ホロホス。雪山童子求法時。羅刹現シテ。諸行無常。是生滅法ノ二句ヲ授テ。殘二句有レ之。若聞レ之思ハハ。火坑ニ捨レハ身ヲ可レ授ト云ケレハ。童子不レ可レ有ニ子細一宣ケレハ。生滅滅已。寂滅爲樂ノ二句ヲ說キケリ。聞テレ之童子指ヲクイ切テ。血ニテアタリノ木石ニ四句ノ偈ヲ書付テ。火坑ヘ身ヲ投ケタマヒケレハ。自レ元求法ノ志ノ切ナル處ヲ見ン爲ナレハ。中ニテ羅刹カ童子ヲ請ケ取タル也 云云 涅槃經ニ見タリ。玄義一ニ。（天玄一、一二四）涅槃ニハ若樹若石ト云タルハ此事也 云云

29〔第七懈怠不聽法戒〕

（義記、大正藏四〇、五七五中一二行）**第七懈怠不聽法戒。制意與レ前同**ト者。前ノ戒ト異ナル處ハ。前ノ戒ハ。百里十（千カ）里ヨリ大乘法師來ランヲ供給セヨト也。此戒ハ。毘尼經律ヲ說シヲ。往テ云レ聞計カ替リ目也

經下 **毘尼經律**ト者。（大正藏二四、一〇〇五中二九行）戒定惠ノ三學ナルニ。何トテ論ヲハ不ル擧耶ト云不審有。寶地房ノ御不審也。是ヲ當流ニ心得樣ハ。已上三論佛在世造ト云テ。在世ノ論ハ小乘論也。大乘論ハ無レ之。サレハ經文ニモ。釋ニモ。論ヲハ不レ擧ケタマハ也。サレトモ滅後ニハ。論ヲモ制意ニ入ヘキ也。サレハ當流ニ。文ニ叶フ義ヲハ不レ可レ用。釋ニ叶フ義ヲハ可レ用ト申ハ是也。文ニテ不レ盡レ理處ヲ釋ニテ明ムル也」

（義記、大正藏四〇、五七五中一八行）**優婆塞經等**者。カヤウニ云ヘハトテ。鎌倉ノ方ニ說法センヲモ往テ可レ聞歟ト覺シキ處ヲ。一由旬ト限ヲ置也。一由旬ニ大小乘ノ說不同也。倶舍等ニハ。十六里ヲ一由旬ト云ヒ。明了論ニハ。四十里ヲ一由旬ト云ヘリ。是ハ小乘論也。大論ニハ三ノ說有リ。四十里・六十里・八十里也。サテ今一由旬ト云ヘルハ。三說ノ中ニハ何ト覺キカ。予。優婆塞經ヲ見侍リシニ。四十里ト說タリ。其ヲ大師ハ一由旬ト引タマヘリ。今ノ一由旬ト云ヘルハ四十里也 云云 大小乘倶ニ一（由旬カ）里ト云ハ六十一里也。總シテ「法華經ニ一由旬ト處處ニ說キタルハ。皆四十里ヲ一由旬ト云也。其ノ故ハ妙法華ノ」化城喩品ニ一由

旬ト説タル處ヲ。正法華ニ四十里ト説タリ。又寶塔ノ高ヲ。妙樂ハ百由旬ト釋シタマヘルヲ。昔モ算ニテ積テ見ケレハ。四十里ヲ一由旬トスルニ當ル也云云

30〔第八背大向小戒〕

(義記、大正藏四〇、五七五中二九行)**第八背大向小戒**。委細如ニ謗三寶戒(第十重)ノ下ニ釋ルカ

31〔第九不看病戒〕

(同、五七五下九行)**第九不看病戒。僧差**ト者。聲聞戒ニハ僧中ニテ看病ニ差ルル事也。(同十二行)**此明在心不在田**ト者。雜法決疑經(像カ)ニ三ノ田ヲ明セリ。悲田ハ畜類等也。田ト云ヘルハ田ニ種ヲ蒔ケハ。米ヲ生ルカ如ク。佛菩薩ヲ敬重スレハ。生ルヲ福ヲ以テ田ト云也。サテ不在田ト者。功德ハ如クニ佛ノ非ス。故ニ不在田ト云也。在心トハ。敬心ヲ成ス事佛ノ如クナレトモ云心也云云　喩ハ如キ世間ノ人ノ欲スル得ント倉廩ヲ中ニ五穀豐盈ニシテ歳歳ニ不コト乏者ハ。必須ク取穀麥ノ種子ヲ以テ牛犂ヲ耕シテ於田地ヲ而種ヘシ之ヲ。不レハ種ヘ則チ竭盡カ也。法ノ中モ亦爾ナリ。以悲心敬心孝心ヲ爲種子ト。以衣食財帛身命ヲ爲シ牛犂ト。以貧・病・三寶・父母ヲ爲ス田地ト。有テ佛弟子「欲セ得藏識中百福莊嚴生生ニ無コトヲ盡者。須ク運テ悲敬孝心ヲ。將テ衣食財帛身命ヲ」敬養供養スルコト。於テスルヲ貧病三寶父母ニ名テ爲スルナリ種福ト也。不レハ種即貧窮ニシテ無福惠入ナン生死ノ嶮道ニ。謂ク。種福之田ハ。如ナルヲ種穀之田ノ名テ爲福田ト也。然ニ種子ニ。有精新乾焦。田ニ有肥濃確瘦云云　(經、大正藏二四、一〇〇五下九行)「**八福田**ト者。佛・法・僧・父母・師僧・貧窮・疾病・畜生。又曠路義井・水路橋梁・平治險隘・孝順父母・供養沙門・給事病人・救濟危厄・説(設カ)無遮會。已上二説倶ニ。藏乘法數〔可邃集〕ニ出云云」

經下　(大正藏二四、一〇〇五下八行)**見一切疾病人**等者。加様ニ説タレハトテ出家菩薩ナト女ノ獨リ有ンヲハ不可看病ス。唯可生スニ慈念ヲ也。在家菩薩ナラハ。可キナリ看病ス。サレハ經ニ見ヘタレハトテ。如文不可執ス事トハ加様ノ義也云云　是又當流己證ノ事也云云

(義記、大正藏四〇、五七五下十九行)**其細碎**ト者。委ハ如律部ニ云心也

(第六)不供給請法戒下　(經、大正藏二四、一〇〇五中二七行)**瞋心患惱之心**ト者。所化ノ心歟。能化心歟ト云不審アリ。太賢等ハ。能化ノ心ト釋シ。天台ハ。所化ト云云

(同二五行)**百味**ト者。百種ノ飲食ニハ非ス。唯種種ノ食物也云云　(同二六行)**三時**ト者。

(義記、大正藏四〇、五七五中二三行)**中前中後初夜**ト者。傳教大師曾祖師大乘寺ノ道璿。梵網

經ニ三巻ノ疏ヲ作タマヘリ。其釋ニハ。三時供養ト者。朝ハ粥。日中ハ時。夕ハ茶藥ヲ可レ飲 云云 是ハ唐僧ニテ御ス也。明曠疏ニハ。粥時非水漿也 云云 漿トハコンツト云物也。律藏ニ漿ノ貌何ナル物ソト云ニ。木ノ實ノ汁也ト見タリ。ソレモ濁タルヲハ飲ヌ事也。今初夜ト云ヘルハ。實ニ密教等ノ初夜ノ如クハ不レ可ニ心得一。只夕方ナトモ喉ヲ潤サン爲ナレハノムヘキ也 云云 「弘四本云。邪法活命故云ニ邪命一。四邪者。一方邪。謂通ニ國使命一。二維邪ハ。謂醫方ト相。三仰邪。謂仰觀ニ星宿一。四下邪。謂種植ニ根栽五穀等類一。亦曰ニ四之口之食一。五邪者。一爲ニ利養一故ニ現ニ奇特相一。二爲ニ利養一故ニ自説ニ功德一。三トニ相吉凶一爲レ人説レ法。四高レ聲現レ威令ニ人畏敬一。五説ニ所得供養一以動ニ人心一。」明云。三畦者。小食中及非時漿等 矣

(食カ)(茶藥イ藥茶)(大正藏四〇、五九一上。取意)(非時カ)(タイナ)(」㊙ナ)(天止二、二五五七)(之イカ)(之イカ)(同前)(「曠カ)(大正藏四〇、五九一上)(時カ)(矣イ云云)

32〔第十畜殺具戒〕

(義記、大正藏四〇、五七五下十九行)第十畜殺具戒。繒繳羅網ト者。曾敫モアミ也 云云 刃槊等者。國王王子在家菩薩ニハ許也。其レモ人ヲトシノ爲計也。雖レ然人ヲ可レ殺ニ非ス 云云

(十イ七)(罾カ)(同二二行)(云云㊙ナ)

(同二四行)下ノ六品者。此心地戒品ノ下ノ六品ト云事ニハ非ス。一品ノ名也。サレハ諸師一同云。一品ノ名ト釋セリ。是卽此品ニ六根ヲ委ク說タレハ六品ト稱ル也 云云

(云イナ)(是イ此)(稱イ注)(云云㊙ナ)

五月六日

33〔第十一國使戒〕

(義記、大正藏四〇、五七五下二四行)〔第十一〕國使戒ト者。國ノ使也。覘ニ候盈虛一ヲト者。陣ノツヨケ。ヨワケヲ見ル事也。盈ハツヨケ。虛ハヨワケ也 云云 (同二九行)興師相伐ト者。異釋有レ之。法相ノ義寂疏ニハ。師ハ衆ナリト釋セリ。大師ノ師ノ字ヲハイクサト讀也。此釋ノ心ナラハ興レ師ヲトヨムヘキ也。明曠ハ。帥諸類反。將也ト釋セリ。諸類ノ反ハスイ也。將ハ將軍ノ心也。將軍ノ將ヲハヒクトヨム也。サレハ將軍トハ軍ヲ將ク心也。帥・師トイツレモ無ニ相違一也。不レハ見ニ梵本ヲ一正不難レ判事也 云云 (同二五行)使命・覘候只一ツヨム也。(同前)邀合戰陣ト者。戰カシト思也

(大正藏四〇、六七四上)(師㊙帥)(所カ)(帥㊙師)(不イ義)(判イ知)

34〔第十二販賣戒〕

(義記、大正藏四〇、五七六上一行)〔第十二〕販賣戒トハアキナイ也。(同三行)良人。善人トハ何トカハリタルソト覺シキカ。明曠。良人トハ姿ノヨキ人也。善人トハ心ヨキ人也 云云 (同四行)棺材トハ棺ニツクル木也。是ヲ賣者ハ。人ヲ死ネヨト思故也。

(同六行)生口トハ。何ナル事ヤラン。諸師ノ釋ニ不レ見事也。泉涌寺開山ノ義ニハ。イキナカラ賣ヲ生口ト云也云云是モ何ニ見ヘタリト云事ヲハ不レ被レ申云云

35〔第十三謗毀戒〕

(義記、五七六上七行)〔第十三〕謗毀戒トハ。「説四衆過戒ト同シ物也。但。異ナル處ハ」(「」イ无)(第六重)説四衆過戒ハ。受戒者ノ七逆十重ヲ犯タリト未受戒者ニ向テ説也。(同十行)有根無根ト者。律ニ三根ト云事有リ(有イ在之)。有根・無根・假根也。有根ハ。有ル樣ノ事也。無根トハ。無キ樣ノ事也。假根トハ。假令。寺ニ羊ノツルミタルヲ。僧カツルミタルナト語ル樣ノ事也。(同前)異法人トハ未受戒ノ人也。今ノ戒ハ。受戒人ニ對シテ。受戒者七逆十重ヲ犯シタリト說クヲ制スル也

經下　無キレ辜ツミトヨム也(大正藏二四、一〇〇六上二行)

36〔第十四放火燒戒〕

(義記、大正藏四〇、五七六上十七行)〔第十四〕放火燒山(山イ无カ)戒ト者。野山ヲ燒事也。傷損有識ト者。野山ヲ燒ハ。虫類ヲ殺ス故也。四月ヨリ九月マテハ地ヨリ虫類出ル也。是ハ在家菩薩ニ付テ制ル所(所ⓔ无)也。出家ハ一年中可レ制也云云(云云ⓔ无)

(同十九行)有師言ト者。他師ノ義ニハ。盗戒ノ定ニ釋スル也。殺ニ鬼畜一ヲ。初ノ殺戒ヲ制ル所也。今ノ戒ノ所制ニ非ス。只林木ヲ燒ク事ヲ制ス。焚燒スルハ損壞ノ義ナレハ。盗戒ト得ル也。(「イ云)(同二一行)今釋ト者。大師ノ御義也。(同二三行)在家菩薩爲レ業ト者。在家菩薩ノ爲ニ業ケウ(業イ菩薩)ノ十月ヨリ三月マテ野山ヲ燒(燒イ无)ヲハ許ス也。出家菩薩爲レ妨ニ害レ衆事一等者。何トモ不レ被レ得レ心釋也。或時。田舍律僧語リ侍リケルハ。田舍ニ山ヲ燒ニ迎ムカイ火ト云テ。餘所カラ燒テ來ルニ。此方ヨリ火ヲ合スレハ必ス燒ケ留ル也。迎火ヲ不レハ合セ家ナトヘ燒付也。サレハ出家ノ者モ迎火ヲハ合スヘシト云事也云云(同二五行)一切有生物等者。他師ハ有主物ニテコソアルヘケレト云也。大師ハ是ヲ破シタマフ也(也イ无)

37〔第十五僻教戒〕

(義記、大正藏四〇、五七六上二七行)〔第十五〕僻教戒ト者。ヒカミテ教ル事也。(同、五七六中五行)若見レ機益レ物不レ犯ト者。開許也。假令。大乘ノ經律ヲ教ヘントスルトモ。其機ニ不ハレ堪。先ツ小乘等ヲ教ヘテ可ニ調熟ス一也。三聖トテ孔子・老子・顔回モ佛ノ使ニテ。漸ク人ノ機ヲコシラヘタマヘル也。清淨法行經(大正藏三八、一〇九下。章安涅槃疏參照)ニ。我遣ニ三聖(菩薩イ无)一化ニ彼晨旦(晨ⓔ辱)一ト云ヘル是也。此三人ハ。卽迦葉菩薩(菩薩イ无)・壽幢菩薩・光成菩薩(菩薩イ无)也

五。十六早旦

38〔第十六爲利倒說戒〕

（義記、五七六中六行）**第十六爲利倒說戒。訓授。靳固**キンコ カタシ （缺文）

經下 一切苦行ヲ上ニツケ。下ニツケテ讀ヨム（イ也）。兩邊有レ之。（大正藏二四、一〇〇六上十八行）（靳固イ）上ニツケテ讀ハ約ニ能化ニ心也。付レ下ニ讀ハ約ニ所化ニ義也。則天台ト明曠トノ釋ノ不同也

示云。先師被レ仰ケルハ。天台大師章疏ハ五千餘卷ノ一切經ノ中ヘハ入ラヌ也。南山等ノ釋タニモ入リタルニ。大師章疏一卷モ不レ入事無念ナル事也。七千餘卷ノ時入タル也。傳ノ中ニ。唐土ニ遵式ト云人。天台ノ章疏ノ一切經ニ不レ入事ヲ歎テ。皇帝ヘ奏問被レ申ケルニ。且ク敕許ナカリケレハ。此遵式弟子。師ノ願ノ不レ叶コトヲ歎テ燒身シテ死ニケリ。師是ヲ貴テ頌文ヲ作テ。基ニテ讀上ラレケル由。物語アリケリ。難レ有事也云云 （同十八行）**燒ニ身臂指ヲ。倒**サカサマニ。聲聞戒ニハ燒身燒指スルヲハ制スル也。燒レ身ヲ偸蘭遮也。燒レ指ヲ波逸提也。南山ノ釋ニ畜寶・燃身ヲ大小乘ノ「異ト判セラレタリ。先師ノ申サレシハ是モ大小乘ノ」異ニテハ無キ也。小乘ノ方ナラハ是カ異ニテ可レ有ル也。大乘ノ心ニテハ異トハ不レ可ニ心得一。大乘ニテ或ハ僻見ノ起テ身燒テ死。只貪欲計ニ畜レ寶ヲ。罪ニテ可レ有也。他ヲ益スル事アラハ燒レ身ヲモ也云云

39〔第十七恃勢乞求戒〕

（義記、大正藏四〇、五七六中十五行）**第十七持勢乞求戒。**權門ヘツケテ人ノ財寶ヲ取ル事也云云 弘四末云。夫爲ルレ導者ハ必具ニス目足一ヲ。若行解不ハレ均。安ソ能利レン他矣（大正藏四〇、五九三上）釋ニ教授ノ知識ヲ如レ此云也。明曠釋云。謂衆生ノ身ハ皆稟ニ四大一ヲ。過現雖レ殊所レ稟無レ別。故殺ニ彼今之四大一ヲ卽是殺ニ我過去之故身一ヲ也 矣（經、大正藏二四、一〇〇六上二五行）

名譽ミヤウ。**形勢。乞索打拍索挽** （缺文）

40〔第十八無解作師戒〕

（義記、大正藏四〇、五七六中十八行）**第十八無解作師戒。聲聞ノ師ノ德ハ在ニ七法ヲ誦一ルニト者。**七聚也。（同二一行）**菩薩師ノ法必須十歲五法ト者。**五法ト者。五篇ニテハ無キ也。上卷明ス善解律儀等ノ五德一ヲ也。十歲ハ年滿十臘也

41〔第十九兩舌戒〕

（義記、大正藏四〇、五七六中二六行）**第十九兩舌戒。過字或作ニ遇字一ト者。**經ノ異本ヲ擧ル也。大師ハ遘ノ字ニ作レル本ニ依リタマヘル也。又他人ハ。（同五行）**此戒ハ媒善戒ト名**也。（同六行）**今言媒善ト者。**大師ノ御義也。此戒ニ媒善ノ義ヲモ兼ヌヘシト釋シタマフ也。**兩頭。虛遘。憎嫉。鬪言** （缺文）

42〔第二十不行放救戒〕

（義記、大正藏四〇、五七六下七行）

第二十不行放救戒

經下（大正藏二四、一〇〇六中九行）　**一切男子是我父**等者。不レ限ニ此經一ニ。心地觀經・大集經ニモ說タリ。（同十二行）**一切地水是我先身**等者。何トテ地水等ハ我カ先身ニテ有ヘキソト覺シキカ。明曠疏ニ。殊勝ニ被レ釋セタリ。死スル時地ニ埋メハ土ニ成ル故ニ。地水等ヲ先身ト云也云云（云云㋑ナシ）（同十六行）**若父母兄弟死亡之日**ト者。命日ノ事也。命日ニ訪フ事ハ。此經ヨリ出タル事也。餘ノ一切ノ經ニハ。更ニ不レ說レ之（之㋣ナシ）云云　此經ヲコソ讀メトアルニ。諸宗ニ贊（贊㋑資）テ讀ム餘經一ヲ事。本說ニ背（背㋑ナシ）タル事也

潤（閏カ）五月二十一日

43〔第二十一瞋打報仇戒〕

（義記、大正藏四〇、五七六下十八行）

第二十一瞋打報仇戒。報仇クト讀ヘケレトモ。西山ノ相傳ニ報仇グトヨム也。ウ・ムノ下濁レハ是モイワレタル也云云（云云㋣ナシ）（大正藏四〇、七〇二中）**傷ニ慈**（慈㋑應）**忍**一ヲ等者。制意也。太賢ノ古迹ニ。此戒ヲ釋シタルハ。以テ怨ヲ怨ヲ報スレハ怨無レ盡ルコト。以レ德報レ怨ヲ乃盡クト云云　是モ非ニ私ノ釋一ニ。長壽王經ノ說也云云（云云㋣ナシ）　世閒ニ怨ヲ同心ニテ報スト云ハハ是也云云（義記、同十九行）**外書ニ有ニ二途**一。**一是禮之所許**ト者。「（「」㋑ナシ）俗書ニハ二ノ意アル也。」五經ノ中ニ禮記ト云テ二十卷アル書ニハ。禮ヲ沙汰シタリ。此中ニハ親敵ヲハ打ト云タル也。故禮之所許ト云也。（同十九行）**二是法之所禁**ト者。俗書ノ意ニテモ。敵ヲ打ハ又敵ト成テ。怨不レ可レ盡故ニ不レ許也。禮書・法書トテ二途有リ。禮書トハ禮記也。法書トハ怨ヲ怨ニテ報スル事ヲ制シタル也。是ヲ法之所禁ト云（「㋑云）也。（同二十行）**漸敎故**（故㋣ナシ）**也**ト者。（缺文）。**今內經**ト者。內典ニハ總シテ怨ヲ怨ニテ報スト云事ハ無キ也

經下（大正藏二四、一〇〇六中二四行）　**三業口罪**ト者。天龍八部ト云ヘルカ（「㋑也）如シ。天龍ハ八部ノ內ナレトモ別ニ擧ル也。又無明十二因緣ト云カ如シ。加樣ノ例證ニテ得レ意無ニ子細一云云（同二五行）**作ニ七逆之罪**一ト者。奴婢ヲ打拍罵辱スレハトテ。何トテ七逆ヲハ可レ作ルソト不（不㋑ナシ）覺ナルカ。明曠ノ疏上ニ。（大正藏二四、一〇〇六中九行。梵網經）一切男子是我父。一切女人是我母等說キタレハ。奴婢モ先生ノ父母也。其（其㋑是）ヲ打拍セハケニモ作ルニ逆罪一ヲナル也云云（云云㋣ナシ）

44〔第二十二憍慢不請法戒〕

（義記、大正藏四〇、五七六下二四行）

第二十二憍慢不請法戒。**慢如ニ高山**一等者。明曠疏ニ委ク（大正藏四〇、五九三上。取意）釋シテ云。天帝拜レ畜爲レ師。雪山ハ從レ鬼ニ受レ偈。慢ハ如ニ高山一ノ。雨水不レ止。卑ハ如ニ江海一ノ。萬流歸趣スト云云　是ハ止觀ノ四ノ釋ヲ其ノ儘ウツシタル也。（經、大正藏二四、一〇〇六中二七行～下一行）**聰明・高門・饒**ユタカニ**財七寶**一ニ・小

姓・卑門

（義記、五七七上四行）此戒與二前（前イ於）第六戒一 ○以レ心爲レ異ト者。前ノ第六不供給請法戒ハ供給ヲ爲レ面ト。第七ノ懈怠不聽法戒ハ懈怠ヲ爲レ面ニ。此戒ハ憍慢ヲ爲レ面ニ。是ヲ以レ心爲レ異ト釋シタマフ也。付レ之。羅什譯ハ文ツツマヤカニシテ。義ユタカ也。何トテワツカ（ワツカイ徒ニ）ノ五十八戒ノ內ニ不請法戒ヲ三種マテ被レ立ソト不審ナルカ。法ハ諸佛ノ師也。生死解脫偏ニ佛法ノ力也。故ニ三種マテ立テ。懇ネンコロ（懇イ念此）ニ請法ヲ勸メタマフ也 云云

45〔第二十三憍慢僻說戒〕

（義記、大正藏四〇、五七七上六行）第二十三憍慢僻說戒。若千里內。先受戒者（授戒師）無クハ。佛菩薩ニ（經、大正藏二四、一〇〇六下十四行）祈テ好相ヲ見テ。自誓受戒スヘキ也 云云 南都ノ律僧ハ。先受戒（授戒師）者アレトモ。沙彌等皆好相ヲ祈テ後チ受戒スル也。是ヲ予不審シ侍レハ。經律ノ文ニ背テ。何トテ好相ヲ祈リタマフソト 尋ケレハ。律部ノ見ヘ樣ハ如レ尋。然レトモ一期ニ一度ノ事ナレハ。薰二修シ善根（根イ亡）ヲ一出離生死ノ信心ヲ起サシメン爲ニ。受戒者ノ有レトモ佛菩薩ニ好相ヲ祈ル也・云云（云云底亡）（經、一〇〇六下六行）

形像

46〔第二十四習學非佛戒〕（義記、不習學佛戒）

（義記、大正藏四〇、五七七上十五行）第二十四習學非佛戒。不限時節（同十八行）（不底分）ト者。菩薩ハ常恆ニ大乘（乘イ亡）ヲ可レ學ス故也。聲聞五歲未滿ト者。五篇ヲ五年學スル也。是モ約シテノ二得ル者（モノ）ノ一事也。若シ不ンハ得レ旨ヲ者（者底亡）。不レ可レ限二五年ニ一也。若學者所非急（同十九行）（失カ）等者。（缺文）。 數論（同二四行）ト者。毘曇也 云云（云云底亡）

47〔第二十五不善和衆戒〕（義記、不善知衆戒）

（義記、大正藏四〇、五七七上二七行）第二十五不善和衆戒。以二初句一爲レ兩方便成二六人一ト（同、五七七中一行）者。經ニ異本有ル也。大師ハ。六人ノ本ニ依リタマフ也。世間流布ノ經ニハ。五人ヲ擧タル也。說法主ノ次ニ行法主ヲ加ヘテ六人トスル也。（經、大正藏二四、一〇〇六下二八行）（云云底亡）

（義記、五七七中四行）諍訟（訟イ詔）。如レ法ノ滅レ諍ト者。七滅諍（諍イ淨）ト云テ。律藏ノ大事也 云云（云云底亡）

（同前）諍有レ四ツ毘尼有レ七（七底者）ト者。律（律イ彼）三大部ノ中ノ得レ心ラレヌ事也（也イ亡）。律（律イ後）學ノ者ノ一期サハクレトモ不レ被（被イ取）二心得一事也 云云（云云底亡）

六月朔日

48〔第二十六獨受利養戒〕

（義記、大正藏四〇、五七七中八行）第二十六獨受利人（養カ）戒。僧次請僧ト者。老僧ヨリ臘次ニ任テ利施ヲ分（分イ白）ツヘキ也。依レ次ニ（同十四行）・界外（同十八行）ト者。結戒ノ外也。心ハ寺外也。

（同十九行カ）能差ノウシヤ（嚫カ）・親ト者。廣韻ニ親（嚫カ）ハ施也。施ハ布施也 云云（云云底亡）

經下（經、大正藏二四、一〇〇七上十行） 先キヨリ住スル僧獨リ受レ請ヲ而不レ差サニ客僧一ヲハ。房主シュ

得ニ無量罪一ト者。付（付イ就）レ之不審ナルハ。他ノ利養ヲ奪テ獨リ受ケテレ請ヲ。若シ五錢手ニ入レハ盜戒ヲ破マテコソ可キニレ有。何トテ得ニ無量罪一ト覺シキカ。施ハ十方僧ニ普ク可キニレ與フ。獨リ受タレハ十方僧ノ常利ヲ失フ故ニ得ト無量罪一ヲ云也（云也（底）ナシ）云云 律藏ニ加樣ノ制有レ之。不學不知（不知イ六）ト云テ突吉羅ノ攝ナルアリ。是則（則イ卽）佛ノ法ヲ學セスハ。一切法門上ニ悉ク此過有（カ）ルヘキ故ニ。得ニ無量罪一ヲ也。學問セヌ人ニ云聞スヘキ事也

「弘決四。（「6行（底）ナシ）息諸緣務ト云。（天止三、十）若外學者トハ。小乘教ノ中ニハ十二時ニ許下セリ爲レ伏ニ外道一 一時習ヒ外ヲ。若大乘中初心菩薩ニハ一向不レ許。淨名云。若好ム雜句文飾一者（モノ）ハ。多是新發意ノ菩薩ナリ。此レハ斥不レ許レ習コトヲ外ヲ。且ク令レ進マ行ヲ至（典カ）レハ六根淨位ニ。（「學カ）應レ不レ難ル 云云 又云。大論曰。習ニ外道一ヲ者。如ニ以レ刀割キルニ泥ヲ。泥無シテ所レ成而而（而（底）カ）刀日ニ損ルカ 云云」（天止三、十四）

（義記、同、五七七中二〇行）食親ト者。（襯カ）食物モ八十文ニ當レハ重也。七十九文迄ハ輕戒也。古（古（底）胡）錢一當ニ十六五錢一則成ニ八十一ト釋セリ 云云

49〔第二十七受別請戒〕

（義記、大正藏四〇、五七七中一二行）第二十七受別請戒。（同一六行）若請受戒說法等者。餘ノ僧ニ無ニ受戒說法ノ能一シテ。若善事可キレ闕ナラハ。別請ヲ受トモ不レ可レ苦 云云 （同一八行）二云。從ニ四人一已上ニ有一僧次ト者。第二ノ釋ノ意ハ。三人ノ僧ハ內緣ノ請也トモ。一人ノ僧僧次ナラハ。四人以上和合（和合イ利養）爲衆ノ義（義イ分）ナルカ故ニ。制ヲ不トレ可レ犯ス云心也。（同一九行）文意似ニ（前カ）別解一ニト者。經文ノ意ハ。第一ノ解ノ如クハ總シテ別請ヲ不トレ可レ受見ヘタル也 云云 （同、五七七下四行）如佛應（應イ垂）迹爲僧（爲僧イナシ）等者（缺文）

50〔第二十八別請僧戒〕

（義記、大正藏四〇、五七七下九行）第二十八別請僧戒。（德カ）（同九行）得王品。上兩戒ハ所請ノ方ヲ制シ。此戒ハ能請ノ方也。上ノ二戒（戒イ界）ハ專ラ出家ニ限テ制シ。此戒ハ在家ヲ面ニスル也。七衆通受ノ戒ナレトモ聊カ通局アル也。總シテ五八戒ハ。受戒ノ者ノ制法也。然ルニ此戒ニハ未受戒ノ者ヲモ制スル也。其ノ故ハ。受戒ノ者ハ。出家在家菩薩ニ漏タル者ハ不レ可レ有。然ルニ其外ニ及一切檀越ト說也。（經、大正藏二四、一〇〇七上十七行）（義記、同十二〜十三行）一食處○止請一ノ僧次等者。前戒如ク四人僧ヲ請ンニ。三人ハ喚タタキ（意イ重）僧ヲ請トモ。（同十四行）一リノ僧次ヲ請シタラハ過マテハアルマシキ也 云云 此意ヲ（「イ云）文ノ意似ニ前解一ト釋シタマフ也

（同十七行）此ハ就ニ心ノ邊ニ不レト論レ田ヲ者。五百羅漢ヲ請センヨリ一ツノ凡僧ヲ請セヨト云者。功德ノ勝タルニテハ無キ也。只平等心ノ方ヲ云也 云云

維衞（同二四行）・一拘留孫〇四釋迦牟尼也（同二五行）ト云者。六巻ノ經論義ニ。釋迦ハ（同二二行）過去七佛ノ内歟ト云疑有レ之。此釋分明ニ七佛ノ内ナルヘシト見ヘタリ。此釋ヲ出ツレハ開クル也。能能可レ祕レ之。七佛無別（經、大正藏二四、一〇〇七上二二行）請法ト者。仁王經ニモ見ヘタリ　云云

51〔第二十九邪命自活戒〕

（義記、大正藏四〇、五七七下二五行）第二十九邪命自活戒。出家ハ。戒定惠ノ三學ニテ布施ヲ取テ過クヘキ也。此外ノ事ハ。皆邪命也　云云　方仰（同二九行）等者。今ハ三種ヲ擧タル也。「四邪アリ。涅槃經ニ出タリ。方邪トハ」四方ヘ使ヲスル事也。仰邪ト者。宿曜ヲ仰ク也。有世カ如也。下邪トハ田畠ヲ作ル也。此外ニ一ノ邪有レ之　云云　手自ラ作食者（同、五七八上二行）。田畠ヲ作ル也。制道開俗者。出家ハ總シテ制ス。在家ハ許ス也。相ニ吉凶ヲ一俗人如（同前）相ト者。有世ナトカ家ニテ如法ニ占相センハ過ニテハ無キ也。醫方・若淨治救等者（同五行）。開許ス

經下　調鷹方法ト者（經、大正藏二四、一〇〇七上二五行）。經ノ異本也。義記ニハ調醫方トアル也　云云　生金銀ト者（同二六行）。太賢ノ釋ニ二ノ解ヲ作レリ。一ツノ釋ノ意ハ。金銀ニ毒藥ヲ合スルヲ生ノ金銀トハ云也　云云　又一釋ニハ作リ金ヲシテ人ヲタフラカスヲ云也

52〔第三十不敬好時戒〕

（義記、大正藏四〇、五七八上六行）第三十不敬好時戒。年三長齋月（同十一行）ト者。正・五・九月也。明曠疏云（大正藏四〇、五九五中。取意）。帝釋四州ヲ廻テ。衆生ノ善惡ノ事ヲ註ス。正・五・九月ニ南州ニ當ル故ニ取分ケ善事ヲ修セヨト制ル也　云云　隨レ篇ニ結罪（義記、五七八上九行）ト者。輕重ノ篇ニ隨テ罪障ヲ結スル也。此時此日。不レ應レ不レ知（同前）加ニ一戒ヲ一ト者。此三齋月六齋日ニ輕重罪ヲ作ハ。本體ノ所犯ニ更不敬好時ノ一戒ヲ加フル事。不應不知ト云也　云云　言行（同十三行）。此戒ハ專ラ在家ニ被ラシムル也。出家ハ一期ノ間持齋ナルヘキ故也。六齋日事（同十四行）。白月ノ三日ハ。八日・十四日・十五日。黑月ノ三日ハ。二十三日・二十九日・晦日也。「小ノ月ハ二十八日・二十九日ニ」引上ル也。二十三日ハ黑月ノ八日ニ當ル也　云云

六月六日

53〔第三十一不行救贖戒〕

（義記、大正藏四〇、五七八上十八行）第三十一不行救贖戒

經下　佛菩薩父母戒像（經、大正藏二四、一〇〇七中五行）ト云ヘルニ二義有レ之。明曠疏ノ意ハ。佛菩薩ノ父母ノ形像ト　云云　心佛菩薩ハ我等カ法身ノ父母ナレハ。佛菩薩即父母ト得タマフ也。太賢ハ。佛菩薩ト父母ト形

像ト釋也。官使。(同七行)贖トハ買事。經像不レ見レ制ト者。(義記、五七八上二二行)聲聞戒ノ事云云(云云㋑ナシ)(義記、同二三行)佛菩薩形像。此有父母ト者（缺文）

54〔第三十二損害衆生戒〕

(義記、大正藏四〇、五七八上二四行)**第三十二損害衆生戒。弓箭・輕秤・小斗**ト者。(經、大正藏二四、一〇〇七中十一行)假令。重キハカリ大ナル器物ニテ買テ。輕キ秤・小斗ニテ賣事也(事㋑之)云云(云云㋣ナシ)是助證有レ之。法華經陀羅尼品ニ。斗秤欺二誑人一ト説ケルヲ。(天文五、二六六〇上)第十文句ニ。(同上)近世。震二銘スト其背一ニ云云 妙樂釋疏ニモ。(釋㋑ナシ)何トモ不レ見。道(「㋑之)暹委ク釋シタマヘリ。心ハ。本書ニ近世トアレハ陳隋比ニヤ。市ノ立ケルニ。折節夕立シテ雷落チ。一人ノ商人ノ身ヲ二ニサキタリ。此サケ目ニ二门口月八三ト云文字有リ。往來ノ人多ケレトモ不レ知レ之。梵僧見テ之。竪ニ一點ヲ引通シケレハ。市ノ中ニ用ニ小斗一ヲ云字ニ成リ云云 是ニテ可ニ心得一也云云

丈尺・覓・破壞成功ト者。(義記、五七八上二九行)衣袈裟ニ經ヲ書キナトスル様ノ事也。ナニニテモ其ノ物ハ其體ニテ用ニ立ツヘキヲ。破テ餘事ニ仕フ事ヲ制スル也云云「弘四云。(「」㋣ナシ)(天止三、九一〜十)以二勝負一故因レ法致レ失。累世恐讎(怨カ)所レ生之處。常相中ル害ス。爲二是義一故勝負過深。差人勝負招レ報不レ輕。況三昧者彌爲二妨亂一」(「矣カ)

55〔第三十三邪業覺觀戒〕

(義記、大正藏四〇、五七八中一行)**第三十三邪業覺觀戒**。物悤(悤㋑思)ナル處ヲ去レト制ル也。覺觀トハアラクマシク(ク㋑ナシ)。サハカシキ事也。「舊譯ニハ云二覺觀一ト。(「」㋑ナシ)新譯ニハ云二尋伺一ト。」頌疏釋レ之。尋謂尋求。伺謂伺察云云(大正藏四一、八四三中。倶舍論頌疏)

兵將・吹貝ハ貝ヲ吹ク也。(經、大正藏二四、一〇〇七中十五行)**鼓**ハツツミ。**角**ハツノノヤウナル物也。二十五ノ菩薩ノ中ニ是ヲ持チタマヘル也。**琴瑟**ハコト也。**笙**(同十六行)(箏カ)ハ「シヤウ也。」(「」㋑ナシ)**笛**ハフエ也。**管篌**(箜カ)ハヨホウナル物也。管篌(箜カ)ハ國ノ名也。此國ヨリ刊タレハ。クコト云也云云(云云㋣ナシ)**歌叫**ハウタイサケフ也。

伎樂之聲ト者。如法經ノ供養。(「㋑華)乃至堂塔ノ供養ニ奏ルヲハ樂ヲ聞クトモ非レ過ニ。但ソレヲモ面白シト思ハハ過也。**樗蒱**ハ麥サヰト云物也云云(云云㋣ナシ)或ハハキノ(「クヱか)總標トモ唐ノ人師釋レ之云云 **圍碁**ハゴ也。(碁カ)**波羅塞戲**(同十七行)(賽カ)ハ將碁(棋カ)也。**彈碁**ハ石ハシキ也。**六博**ハ雙六也。**拍毬**ハ手鞠也。**擲石**ハムカヰツフテ也。**投壺**ハ天竺ニ壺ノ中ヘ杖ヲ二入テ勝負スル事也(也㋑アリ)云云 **牽道**ハ川(川㋑河)ノ兩ムカヰニテ綱ヲ引ク事也云云(云云㋣ナシ)**八道行成**(城カ)トハ八方ヘ綱ヲ引ク事也云云(云云㋣ナシ)(同十八行)**爪鏡**ハ天竺ニ爪ニテ占ヲスル事有レ之云云(云云㋣ナシ)是ヨリ下ハ皆占也。**芝草**ハ芝ヲマツリテ占ヲスル様アリ。**鉢盂**モ同上。**髑髏**ハトクロヲ叮(著カ)テ占スル也。阿

含經ニモ見タリ。使命ハ(同十九行)盗ノツカイ也

一兩事不同ト者。(義記、五七八中五行)經ニ。軍陣兵將ト云ヘルト。(經、一〇〇七中十四行)劫賊等ノ鬪ト云ヘルハ(同十五行)二ツ也。上ニ一切男女等鬪ト云ヘルハ總標也(經、同十四行)

56〔第三十四暫念小乗戒〕

尊契私云。浮嚢事。止四云。(天止二、五四九)〔云⑮〕犯戒之段可レ見レ之

「幷(補カ)輔注」「」⑦云云

第三十四暫念小乘戒。(義記、大正藏四〇、五七八中九行)浮嚢ハ。(經、一〇〇七中一二行)〔嚢⑦壺〕大智律師ノ盂蘭盆經ノ記ニ。(卍續一-三五、一二丁左下)熟皮ヲ以テ作レ之。「⑦云云ネツタル皮ニテツホノ様ニ作テ。海ヲ渡ル物也。ソレニ水ヲチト入ヲハ突吉羅ヲ譬ヘ犯ルニ。乃至水ノ一盃ニナリテ沈ヲハ四重ヲ犯ルニ譬タル也。帶持・如ニ(經、同前)草〔草⑦學〕繫比丘ト者。天竺ニ比丘道ヲ行ルニ。盗賊袈裟衣ヲ奪取テ〔取⑦⑮〕。薄ススキニテシハツテヲキタリ。翌〔翌⑦翼〕朝國王ノ行幸シケレハ「御覽有テ〔「」⑮⑮〕。人ヲ遣。出家カ云云」臣見レ之。「〔「」⑦尤云云〕比丘ノ由申ス。」王重テ云。誠ノ比丘〔比丘⑦出家〕ナラハ右ノ肩黑カルヘシ「〔「」⑦云云重〕ト有リケレハ。又」臣見レ之。右肩黑也。「其由ヲ〔「」⑮サテ〕奏ス。」王。比丘ニ事〔事⑦乞〕ノ由來ヲ尋〔尋⑦聞〕タマフニ。「シカシカト〔「」⑦又〕不レ申サ何トテ」草ヲ引キ切リテ〔「⑦避〕逃ヌソト宣ケレハ。「比丘答〔「」⑮⑮〕云云草」引切テハ拔草戒ヲ可レ破「」⑦云云。則王衣等與解ハナシタマフ「聞。其儘有ル由申シケレハ。袈裟衣ヲ與ヘテ歸シタマヒケリト云云」引證ノ心ハ。草繫〔草繫⑦此〕ノ比丘ノ如ク戒ヲ護レト云心也。天竺ニハ偏袒右〔右⑮有〕肩トテ。佛ヲ敬禮スルニハ右ノ肩ヲヌク也。眞實ノ比丘ハ右ノ肩カ黑キ也。サテ王問タマフ也。「〔「」⑦乞〕偏袒右肩ヲハ。右ノ肩ヲ袒カタヌクトモ。アラハストモヨム也」

凡乘兩譬。(義記、五七八中十四行)一金剛等者。金剛・浮嚢〔浮嚢⑦深壺〕・草繫三ノ譬也。何トテ兩譬ト釋(擧カ)ルソト不審ナルカ。譬ヘハ金剛ト浮嚢〔嚢⑦壺〕ト也。草繫ハ戒行堅持ノ人ヲ出也。譬ニテハ無也。草繫出因緣經ト者。(同十五行)〔出⑦故〕因緣經ハ未渡ノ經也。莊嚴論ニ(大正藏四、二六九中)明〔明⑦出〕レ之。何トテ此ヲ不レ引タマハ耶。サレハ義寂・太賢等ノ他師ハ。莊嚴論ニ出タリト釋セリ如何ト不審ナルカ。寶地坊〔坊⑦房〕ノ料簡ニハ。莊嚴論モ因緣經ニ依テ草繫ヲ明シタレハ。大師源ニ約シテ因緣經ニ出タリト判タマフ也云云

57〔第三十五不發願戒〕

第三十五不發願戒。(義記、大正藏四〇、五七八中十八行)剋遂スイ(同十九行)・此十願。(同二二行)〔⑮誓願事〕大師御釋ト明曠疏。聊カ相違有レ之云云

六月七日

58〔第三十六不發誓戒〕

第三十六不發誓戒。(義記、大正藏四〇、五七八中二七行)必固ヒツコ〔必固⑦次同〕。前ノ(第三十五)戒ハ願ト云ヒ。此誓願ハ何トテカ

ハリタルソト覺シキカ。願トハ云ハ淺シ。誓ハ深立（「イ願）ニテ堅固ナル義也。サレハ。（同一八行）必固之心願ノ中ノ勇烈（ユレツ）ノ意也ト釋（「贊カ）タマヘリ。他師ノ釋ニテ猶（猶イ尚）能被ニ心得一タリ。慈恩。法華玄ニ。心ニ思フヲ願ト云ヒ。口ニ云ヲ誓ト稱スト云云 心中ニ思フハ猶（猶イ尚）堅固ナラス。正ク他ニ對シテ口ニ誓ハ深カルヘキ也

（義記、五七八下二行）初一句標勸等者。（經、大正藏二四、一〇〇七下三行）若佛子發二十大願一已持二佛制（禁カ）戒一也。

（義記、五七八下三行）後一句結。不レ發爲レ過ト者。（經、一〇〇七下二行）而菩薩若不レ發二是願一者。犯二輕垢罪一也

（經、一〇〇七下五行）與二一切女人一作二不淨行一ト者。付（付イ就）ニ此文ニ西大寺ノ開山ノ時。面白ク不審シケルハ。聲聞戒ニハ異ニ。菩薩戒ハ化他利生ヲ本ニスル間。十重ノ初ニハ殺戒ヲ擧タルニ。何トテ十三ノ誓ノ初ニハ。第三ノ婬ヲハ擧タル耶（耶イ云云）。總シテハ只十重ヲ其儘アケヨカシ。何トテ別ニ十三ノ誓ヲ說ソト云云 是ヲ料簡シ侍ケルハ。饒益有情戒・攝善法戒ニ約セハ殺戒ヲ初ニ置ヘシ。今ノ十三ノ誓。攝律儀戒ニ約スル間。婬戒ヲ初（初㊄始）ニ置ソト云云 是則（是則イ此即）チ婬貪ハ生死流轉ノ根元ナル故也。付（付イ就）レ之猶（猶イ尚）不審ナルハ。十三ノ誓。攝律儀ニ約スヘキ事如何。總シテ十重（十重㊄乞）四十八輕戒ヲ三種淨戒ニ相配スル事。他師釋不二一准一ナラ。然トモ何釋モ道理ニ難レ叶シ。五十八戒悉ク一一ニ三聚（聚イ種）淨戒ニ亙ルヘキ也。サレハ今ノ十三ノ誓ハ。攝律儀ニ可レ約ス條如何ト不審ナル事也。就レ中。第十三ノ誓ニハ。（經、大正藏二四、一〇〇八上十一行）願一切衆生悉得二成佛一トアレハ。饒益有情戒ト聞ヘタリ。旁此料簡不審。難ト開覺シキカ。セメテハ加樣ニナラハ料簡セラレヌ事也

（「㊄乞）「淸規云。（大正藏四八、一一三九中。百丈淸規）錫杖經云。佛言。錫者輕也。依二倚是杖一除二煩惱一出二三界一故錫明也。得二智明一故錫醒也。醒二悟苦空三界結究一故錫疏也。謂持者與二五欲一疏斷故。二股六環。是迦葉佛製。四股十二環。是釋迦佛製。（「矣カ）」十三ノ誓ノ內ニ。（經、一〇〇七下十二行）百味飮食ト云事二ツ有レ之。何トカハリタルソト覺シキカ。法相ノ人師。證（證イ詮シャウ）聖ノ釋ニ料簡シタル也。自宗ニハ與咸（與咸イ余感）釋ニ差異ヲ判タリ云云

（義記、五七八中十九行）勝・將。正字也（この一行第三十五戒か）

59〔第三十七冒難遊行戒〕

第三十七冒（ホウ）難（ヲカス）遊行戒。（義記、五七八下四行）（同九行）頭陀ト者梵語也。此ニハ斗藪ト翻スル也。斗藪（トソウ）ハ。訓ニハウチハラフト讀也。貪情ヲウチハラヒタル心也。常ニハ乞食スルヲ頭陀ト得レ心タリ。大品經ニハ十二種ノ頭陀ヲ立タリ。但乞食モ其一ツ也。（經、一〇〇八上十七行）十八種ノ物ノ取リ樣。他師ノ釋不同

也。一師ハ。楊枝・澡豆ソウツヲ除テ三衣ヲ開テ十八種ト云ヘリ。楊枝・澡豆ヲ可レ除事不審也。香象ノ釋ニ。前疏・後疏トテ二卷（卷イ无）ノ疏有リ。前疏ニハ三衣ヲ開テ經律ヲ合シ。佛菩薩ヲ合シテ十八種ト勘ヘラレタリ。後疏。明曠疏ハ。大旨香象ノ釋ニ依レリ。然ルニ今ノ十八種ノ數ヘ樣ハ。道理不レ叶故ニヤ。不レ依ニ香象ノ釋ニハ經文ノ如ク釋シタマヘリ。（經、同十四行）澡豆トハコヌカ也。（同十五行）漉ロク水嚢トハ水コシ也。常ニハススシノ絹ナトニテコスハ非義也。目ニモ見ヘヌ虫ハタマルヘカラス。サレハ何ニモ細ナル絹ヲ練テ三重ミエニシテコス也 云云（云云底无） 刀子ハ小刀也。火燧スイハ火打也。鑷子ネフハケヌキ也。何ノ用ソト覺シキカ。脚時ウハラナトヲ足ニ踏立タランヲ。ヌクヘキ故（故イ爲）也。（經、一〇〇八上二〇行）布薩ハ和合ノ義也。四人已上有ラハ必ス可レ行ナフ事也。若一人二人有ン僧ハ。誦經ヲスヘキ也 云云（云云底无） 布薩ハ梵語。此ニハ靜（淨カ）住ト翻（翻底反）スル也

義記下　（義記、五七八下六行）夭逝。夭ヲハホロフト讀。逝ヲユクト讀ム也。（同十行）春秋二時ハ調適（適イ遍）ト者（缺文）。（同十二行）四一（一イ无）坐食ト者。二度食ヌ事也。サレハ律僧ハ。時食最中ニハ不レ立コト也。出家ハウツフイテ物食ヌ事也。是則（是則イ此郎）ウツフケハ尻カ上カル也（「イ云）。尻カ上レハ立タル内ニ入ル故ニ。身ヲ直ニ持テ食スル事（事イ无）也。（同十三行）一阿蘭（練カ）若ト者。梵語也。此無喧雜ト云也。倶舍ニハ。郷里ヲ二里隔ツルヲ阿蘭若ト云也。大乘經ニハ。五里ト云說有レ之。天台ノ心ハ。聲ノ聞ヘヌ程ヲ阿蘭若ト可レ云也 云云（云云底无）

止觀四。（同十四行）三塚チヨケン間住。ツカアナ也。（同十五行）二常著衲ノウ衣（袈裟）。衲ハツツルト讀也。天竺（竺イ台）ニハ死人ノ著キタル者（物カ）ヲ取テアツメテ。ケサニスル也。人ノ悕望ヲ絶サン爲也 云云（云云底无）

永享九年八月九日（一四三七）

仰云。制限也トヨムヘケレトモ。先師ヨリ限也トヨミ來レル故ニ不レ可レ限 云云 （同十九行）乖ケ亂ラン（60第三十八戒下）

六月十二日

60〔第三十八乖尊卑次序戒〕

（義記、大正藏四〇、五七八下十八行）第三十八尊卑次序戒（「乖カ）。貴賤老少ヲ不レ簡。受戒次第ニ坐セヨト云戒也。付（付イ就）テレ之。サテハ上臈ノ上ニ先ニ受戒シタリト云ヒテ下臈カ坐シ。主（主イ而）ノ上ニ從者カ可キレ居ス歟ト云不審有レ之。其（其イ云）ヲハ唐土人師ノ釋ニ。貴人ハ貴人トテ戒臈次第ニ坐シ。其ノ一類一類受戒前後ニ任テ坐セヨト云事也ト會タル也 云云 （同二一行）不レ應レ亂レ次ツイテヲ 云云 （同二二行）臥具ノ法佛レ戒（以カ）爲レ次テト者。臈ラフ次シ也。（同二三行）乃至大マサルニ須臾モ一時ト者。大須臾小須臾ト云事無レ之故ニ。相

傳ニテ大ノ字ヲハマサルト讀也。是則チ(是則㋑此卽)摩訶ハ大多勝ノ義ナレハ。大ニ勝ノ義可レ有レ之故也云云(同一二三行) **九衆**。一比丘等者。南都・北京ノ律僧ノ不レ知事也。是則チ(是則㋑此卽)南都ハ四分律ニ依ル故也。四分律ニハ七衆ヲ立テテ。九衆ヲハ不レ明也。九衆ト云事ハ十誦律ニ見ヘタリ。天台ハ十(十(底)此)誦律ニ依リタマヘル故也。六十巻有レ之云云 サテ(同一二五行) **出家・出家尼・沙彌・沙彌尼**ハ。何トカハリタルソト覺シキカ。頂山(剃)意ハ。受タル二五戒ヲ一優婆塞カ。出家セントテ僧寺ヘ行テ。未タ頭ヲハソラスシテ僧寺ニ居タルヲ出家ト云ナリ。頭ヲハソラネトモ。既ニ家ヲハ出タル故ニ出家(出家(底)ナシ)ト云也。出家尼准レ之可レ知レ之(之(底)ナシ)。又一義ニハ。五戒ヲ受タル優婆塞。頭ヲハソリテ未タ沙彌ノ十戒ヲ不レモ受。出家ト云也。是則チ(是則㋑此卽)沙彌戒ヲ受ケネハ沙彌ニ非ス。既ニ頭ヲソレハ出家也。又頭ヲソレハ非ニ優婆塞ニ也。兩義ノ中ニハ。後ノ義カ文ニ親シキ也云云(云云(底)ナシ)(同一二四行) **六法尼**トハ。式遮摩尼也。式遮摩尼ハ。沙彌ノ十戒ノ上ニ六法ト云物ヲ受タル故也

61〔第三十九不修福惠戒〕

(義記、大正藏四〇、五七八下二六行) **第三十九不修福惠戒**。福惠ハ定惠也云云(云云(底)ナシ)(同、五七九上一行) **餘時立作**(不レ制カ)(缺文)。
(經、大正藏二四、一〇〇八中) **阿闍梨亡滅之日**(日㋑月)等(等(底)ナシ)者。安居ノ澄憲(〻院カ)法印ノ宣ケルハ。五千餘卷經論中全不レ說レ之(之㋑也)。此經ニ始テ死日ニ亡者ヲ訪フ云事有レ之云云(云云(底)ナシ)(經、同二〇行。義記、五七九上七行) **梵壇**ホンタン**品**(缺文)

62〔第四十簡擇受戒戒〕

(義記、大正藏四〇、五七九上七行)(同八行) **第四十簡擇受戒**。**勸獎**(缺文)。(同十一行) **初應**(〻不カ)**簡擇**ト者(缺文)。(同十二行) **一身**ノ形ノ義(不カ)如(揀カ)ト者(缺文)。(同十三行) **靑泥棧**シャウテイセントハ。イカナル色ソト云ニ。南山ニハ木モク蘭シキ色ト云也。香カウイロ色也。今ノ時分ノ香色ハ。只(只(底)ナシ)黃色也。眞ノ香色ニテハ無キ也。赤少黑多ト云テ。赤色ハ少ク黑色ハ多キカ本也。假令ハシフカキノ色ノ如ク也
(經、大正藏二四、一〇〇八中二五行) **袈裟**ハ梵語也。此云不靑シャウ(正カ)色ト云也。心ハ一色ニハ染ヌ事也。
(同前) **皆染使**ニ**靑黃赤黑紫色**一ト者。如レ此文者(者㋑旨)一色ニ可キレ染歟ト覺シキカ。明曠疏ニ。(大正藏四〇、五九八中) 靑黃赤黑紫色ヲ合シテ染ヨト云文也ト釋セリ。**壞**エ**色**ト云モ合シタル色也。壞シテ一色ヲ衆色ヲ合シテ染ル故ニ。壞色ト云也。是則チ(是則㋑此卽)悕望ヲ斷ンカ爲也。又俗服ハ。大略一色也。是ニ異ニセン爲ニ壞色ニスル也。(經、大正藏二四、一〇〇八中二六行) **乃至臥具盡**(〻㋑以)等者。今臥具ト云ヘルハ袈裟ノ名也云云(云云(底)ナシ)(同、一〇〇八下一行) **七逆**ト者。餘經論ニハ皆五逆ト說タリ。此經ニ獨リ七逆ヲ明ス也云云(云云(底)ナシ)(經、同六行) **鬼神不亂**(禮カ)ト者。唐・天竺ニハ。親祖父ノ廟ヲ神ト云也。其レヲ出家ハ不レトレ可レ亂(禮カ)ス云事也。日本ノ神ハ。別ノ

事ナレハ出家ニモ可レ（禮カ）亂ス也云云（云云㊄）

63〔第四十一爲利作師戒〕

（義記、大正藏四〇、五七九上十八行）第四十一爲利作師戒。輒テツ爾ノ爾ハ（同十九行）辭コトハ字也。然ノ字モ下ニアルハコトハ字也。上ノ無解作師戒（第十八）トハ。何トカハリタルソ。內ニ無ニ實解一。外ニ爲ニ名利一ノ。爲ナル師義相（〔㊄共）更無ト。其外トハ不審ナルカ。先師被シハ申實ニハ通スル也。但。無解作師戒ハ。多クハ爲利作師戒ヨリ破ルル也。爲利作師戒ヲ能ク（守カ）守レハ自ラ無解作師戒ハ破ス也

（經、大正藏二四、一〇〇八下十五行）苦クタウ到（㊄十重歟）禮二三世佛一（〔千カ）ト者。佛名ノ事也云云（〔經カ）（云云㊄）（同十七行）光華ケ（缺文）。增受戒ト（同二五行）者。七逆ヲ犯タル者。懺悔シテ復タ受戒スルヲ增受戒ト云也。（增㊄僧）（同二六行）對首懺ト者。輕戒ヲ犯タル者ハ。寺中ノ上首ノ向テ僧ニ懺悔スル也。首ハ上首ト云心也。サレハ泉涌寺ナトニハ十二懺首（首㊄主）カ懺主トテアル也云云

64〔第四十二爲惡人說戒戒〕

（義記、大正藏四〇、五七九上二六行）第四十二爲惡人說戒。（同二七行）若預カネテ爲說。後受不レ能ニ慇重一ト者。未受戒ノ者ニハ此戒ヲハ說キ聞セヌ事也云云（云云㊄）付（付㊄就）レ之。サテハ此經義記ヲハ。未受戒ノ爲ニハ不レ可レ讀歟ト覺シキカ。戒（〔㊄式）行ヲハ說聞カスル也。正ク受戒ノ儀式ヲハ讀セヌ事也。旣ニ知リヌレハ受戒ノ不敬重故也

65〔第四十三無慚受施戒〕

（義記、大正藏四〇、五七九中二行）第四十三無慚受施戒。當世ノ僧等受テハレ施ヲ。經ヲタニ讀タラハ無罪ト思ヘリ。「不レ可レ然事也。」（「」㊄）設ヒ經ヲ讀ミタリトモ。慚愧ノ心無クハ罪障ニテ可キレ有也。天ニハツルヲ慚ト云。地ニハツルヲ愧ト云。他ニハツルヲ慚ト云。自（自㊄我）ニハツルヲ愧ト云也ト涅槃經ニ見タリト云云（云云㊄）（同五行）在家未レ當ニ田任一ト者。在家ハ可キレ受レ施ヲ器ニ非スト云事也云云（云云㊄）

66〔第四十四不供養經典戒〕

（義記、大正藏四〇、五七九中九行）第四十四〔不〕供養經典戒。（經、大正藏二四、一〇〇九上二〇行）剝ハイテレ皮カハヲ等者。正クカヤウニセヨトニハ非ス。只力ヲ盡シテ供養シ書寫セヨト云事也。（義記、五七九中十行・十一行）謹キンキヤウ敬・菩薩應修五（事カ）計ト者。（缺文）。（同十四行）經典是佛母ト者。法ハ諸佛ノ師也。三寶ノ源ヲ云ヘハ法也。法ヲ悟ルカ佛也。其ノ因ハ僧也。サレハ三寶ノ根源ハ法ニテ有ル也。（經、同、一〇〇九上二二行）穀カヂノ紙カミト者。カウソヲ梶カチト云也。予中國ノ人ニ尋侍ケレハ。加樣ニ申ケリ云云（經、同前）絹素ト者。シロキヌ也。竹帛チクハクト者。竹ノウスキヤウ也。（同二二行）箱囊サウナウトハ入イレモノ物也

67〔第四十五不化衆生戒〕

（義記、大正藏四〇、五七九中十五行）第四十五不犯（化カ）衆生戒。（經、大正藏二四、一〇〇九上二六〜二七行）汝等衆生。三歸・汝是畜生等者。太

賢ノ釋ニ。設ヒ領解無トモ（大正藏四〇、七一七中）法音毛孔ニ入テ遠ク菩提ノ緣ト成（成㋑ナシ）ルト判セリ。尤見ニ畜類ヲ可レ唱レ之文也。明曠疏ニハ。涅槃經ノ（大正藏十二、六五八下）法聲光明入ニ毛孔一者。必成當レ得ニ阿耨菩提一ノ文ヲ引テ（經、一〇〇九上二九行）釋シタマヘリ。太賢ノ釋モ。大經ノ文ニ依レリト也。山セン・川セン

一聲聞十戒等者。沙彌ノ十戒也（別本義記カ。五七九頁脚註10參照）

私云。明曠ニ。大經文無レ之如何

七月十七日（七㋑六）

68〔第四十六說法不如戒〕

第四十六說法不如戒。（義記、大正藏四〇、五七九中二五行）如ニ事火婆羅門一ト者。（經、大正藏二四、一〇〇九中七行）天竺ニ火神ニ仕（仕㋑任）フル事有（有㋑在）レ之。眞言ノ護摩ニ。壇ノ上ニ火ヲ燒モ此ノ表事也云云

未受法故顯著ニ難レ申云云（云云㊦ナシ）倚キ立リウ（ヨリタツ）（義記、五七九下一行）

69〔第四十七非法制限戒〕

第四十七非法制限戒。（義記、大正藏四〇、五七九下五行）制網閡（同六行）（閡㊦㋑舊ノウセイ）（ア障カ）・能制・名聽（同十一行）（不カ）四部出家等者。（同十三行）常ニ四部ト云ハ。比丘・比丘尼・優婆塞・優婆夷也。然今居士・居士婦ト（同十四行）釋ルソト覺シキカ依ニ經文一タマフ也。所謂四部。不レ聽ニ出家行道一ト（經、一〇〇九中十一行）說テ。既ニ四部ノ出家ヲ明ス。故ニ比丘等ノ四部ニ非スト得タマテ。居士居士婦等釋シタマフ也

70〔第四十八破法戒〕

第四十八破法戒。（義記、大正藏四〇、五七九下十六行）淸レ化ヲ・護法（同十八行）（缺文）

經下　横與ニ比丘一（縛カ）○作ニ繫傳一（縛カ）事等者。（大正藏二四、一〇〇九中十五行）比丘ノ罪ヲ國王百官ニ說テ。カラメシハラスル事也。比丘ノ失ヲハ。比丘ノ中ニテコソイマシムヘキニ。白衣ニ許テ治罰スル也。（也㋑義）師子ノ身中ヨリ蟲出來テ食ルカ二師子ノ肉一ヲ如シト譬ル也。サレハ。外道天魔ノ來テ佛法ヲ破滅スルニ非ル也。此ノ如ニ師子身中蟲自食ニ師子肉一ノ事。蓮華面經ニ說タル也云云（云云㊦ナシ）。三百矛（鉾カ）刺レ心ト者。（經、大正藏二四、一〇〇九中十九～二〇行）太（太㊦余）賢ノ釋ニ。三百ト云ヘルハ三毒ヲ表スルソト云云　千刀萬杖（同前）（缺文）

71〔總結下〕

諸佛子。是四十八輕戒ト云ヨリ。（經、大正藏二四、一〇〇九中二五行）現在諸菩薩今誦マテハ總結也（同二六行）」

一檀（標カ）數卽十重四十八輕戒也ト者。（義記、大正藏四〇、五七九下二三～四行）經ニハ只四十八輕戒ト說テ十重ノ二字無キ也。仍テ唐本義記ニハ十重ノ二字無シ。是則（是則㋑此卽）チ慈覺・智證ノ御入唐ノ時分ハ。會エ昌シヤウノ天子惡王ニテ。出家ノ者（者㊦ナシ）ヲトラヘテ目鼻ヲソキ。佛像經卷ヲ燒キ失ケル也。サレハ經論ノ本。失墜シケル閒。宋朝ノ人師邪意ニ任テ存略シケルニ依テ。今ノ十重ノ二字ヲモ經ニ無ケレハ打チツケノケケル也。是則（是則㋑此卽）チ智惠ノ淺キ謂也。

然ルニ今ノ義記ハ。傳教大師御將來ノ天台御經藏ノ本ナル故ニ。十重ノ二字ノアル也（大正藏本には十重なし）サテ。十重ノ二字ヲ加タマフニ。西山ノ相傳ニ。甚深ノ義有レ之（有㋑在）。先ツ輕重ト分レトモ纏ニ依テ輕重不定也。上品ノ纏ヲ以テ十重ヲ犯スレハ七逆ニ成ル也。上品ノ纏トハ。罪ヲ成シテ功德ト計スル也。輕戒ヲモ上品ノ纏ヲ以テ犯スレハ十重ニ同スル也。中下ノ纏ヲ以テ犯レハ輕ニナル也。サレハ輕戒ト云ヘハトテ輕シムヘカラス。重ナレハトテ必ス重ニ定ラス。三品ノ纏ニ隨テ不定也。是則チ（是則㋑此卽）輕重一體ナル故也。此心ヲ（心㋑經）顯ハサン爲ニ。大師ハ十重ノ二字ヲ加ヘタマヘル也。就レ（就㋑付）中。十無盡戒ト云テ。十重ニ無量ノ戒ヲ具足スル也。ソレヲ四十八輕戒トモ開ク故ニ。經ニ四十八輕戒ト說ケルヲ。大師ハ十重四十八輕戒ト釋シタマフ也。又十重ノ終ニハ謗三寶戒ヲ擧。輕戒ノ終ニ破法戒ヲ擧ケタルモ。十重ヲ四十八輕戒ト開タル謂也。謗三寶ト云ヘトモ。實義ハ正法ヲ外典ニ對シテ。正法ハ劣リ外典ハ勝ルト計スル事ヲ制スル（「㊦也）故ニ。法寶ニ限ル也。此等ノ深旨ヲ顯サン爲ニ。十重ノ二字ヲソヘテ釋シタマフ也

（義記、五七九下二四行）
二勸秉持之ト者。秉ノ字ヲハトルト讀也。呉音ハ秉ヒヤウ。漢音ハ秉ヘイ。唐音ハ秉ヒント讀也。秉拂ヒンホツノ秉也

72〔流通下〕

（同、五八〇上六行）
卽時ノ座（缺文）。**三世千佛悉見。今擧千佛一世耳**ト者（同十一行）（缺文）。**佛佛授手者**（同前）等者。如キハ二經文ノ一佛ト佛ト「授レ手ヲ歟ト」（「」㋑手ヲトリクミタマヘルカ）覺シキヲ。大師釋タマフニレ之。（之。實㊦ナシ）實ニ佛佛授ルニレ手ヲ非ス。此戒行ヲ護レハ。佛ト隣次ニシテ不レ遠所ヲ授手ト云也ト判シタマヘリ。是則チ（是則㋑此卽）相傳ニ。滅後ノ釋迦佛ト云ハ卽戒也。今ノ釋既ニ戒ヲ佛ト判シタル故也。是ノミナラス。止觀第六ニ（第㋑ナシ）。釋尊雙林ニ入滅シタマフ時。阿難泣ナキ悲ミタマヒケレハ。阿テイロツ（那律陀カ）慰喩シテ云ケルハ（云㋑宣）。イカニ歎キタマフトモ不レ可レ叶。不審ナル事アラハ今奉レ尋リタマヘト有リケレハ。卽チ阿難佛ニ向テ。一切經ノ初メニハイカナル言ヲ置ヘキソ。惡口ノ車匿ヲハイカカスヘキ。佛御入滅ノ後ハ誰ヲ可レ爲レ師ト。何ナル法ヲ修行スヘキソト。四箇條ノ問ヲナシタマヒケレハ。佛告ニ阿難ニ言ケルハ。一切經ノ初ニハ如是我聞等ノ五句六句ヲ置ケ。惡口ノ車匿ヲハ默擯セヨ。四念處ヲ修行セヨ。我滅後ニハ（滅㊦ナシ）波羅提木叉ヲ爲レ師ト云云。此ノ雙林ノ遺敕モ。滅後ノ釋迦佛ハ戒ソト示シタマフ也。サレハ。止觀ノ一ニ天台御入滅ノ樣ヲ釋シタマフニ。智朗禪師。大師御入滅ノ後ハ誰ヲカ可レ爲レ師。御位ハ何ノ位ソナトノ條條ヲ尋申サルルニ。大師

答ヘタマヒケルハ。汝不レ知乎。波羅提木叉ハ汝カ師也ト宣タマヒケル也。汝不レ知耶（耶イ无）ト云ヘル心ハ。雙林ノ遺敕ヲ指シタマフ也。左有レハ。滅後ノ天台大師ハ義記也。此等ノ釋ヲ今ノ釋ニ合テ。滅後ノ釋迦佛ハ戒也ト得レ心也

（義記、大正藏四〇、五八〇上十二～十五行）世世不墮○所離所得豈止於〔此〕（於底提）（アニタタコレノミナランヤ）。且ク擧テ下凡情ノ所中欣コン厭エン上スル。以レテ之爲メニ勸ム耳ト者。今此菩薩戒ノ得益ハ如ナラハ經文ニ。所離ハ惡道八難。所得ハ人天ニ可キカトレ限ル覺シキ所ヲ。惡道人天ト說タルハ。凡情ノ常（常イ道）ニ三惡道ヲ猒ヒ。人天果報ヲ欣フニ順スル故也。實義ハ。無量無邊ノ得益可レ有ル也ト判タマヘリ。法華經ニ。（大正藏九、三五上。提婆品）若生ニ人天中一受ニ勝妙樂一ト說ケルヲ。道暹ハ。（卍續一―四五、一三九丁左下。文句輔正記）得ニ一實樂（益カ）一方名ニ勝妙樂一ト釋セリ。其ヲ論義ニスルニ。末師ノ釋ノ如ク。一實樂トコソ可キニレ說。何トテ人天勝妙樂トハ云ヘルソト疑ヲ會ルニレ之。經ニ人天ノ樂ト說タルハ。花報ノ事也。花報ハ必ス果報可キレ有ル故ニ。終ニハ一實ノ樂ヲ說ヘシト會釋スル也。予ハ此論義ニ〔答〕（止カ」）。（同前）所離所得豈於此等ノ釋ヲ合スヘキ也。是則チ（是則イ此即）若生人天中等（等イ无）說ケルハ凡情ニ順シタル說也。實義ハ一實ノ樂ヲ可レシト得心得レハ。經文釋義一徹ニ開ル也云云

（義記、五八〇上一二行）前六是別（是底豈）。後一是總ト者。是ヲ數フルニ。人師釋不同也。暗ソラニ不ニ覺悟一。本說ヲ披見可レシ有ル云云　「以上畢」（「」イ无）

（イ）〔義記聞書　上下　全　偆運談〕

（底本・對校イ本奧書）

菩提心論ノ。（大正藏三二、五七二下）常在ニ人天一受ニ勝快樂一ノ文ヲ可ニ申合一（イ之」）耳。

談ニ委細ニ見タリ

顯密戒一徹也

（以下底本奧書）

御本云。右一帖者。藏敎坊 昭俊僧都 在ニ常林坊偆運法印座下一御聽聞之私記也。彼弟俊元阿闍梨相ニ傳彼本一。仍借ニ用之一寫レ之畢

（一四八八）長享貳申年菊月三日。以來年六月會受者入堂之隙如レ形寫レ之　三井盛玄

（一四五五）康正元年 乙亥 十月十七日。常林坊法印偆運入滅。八十七歲

因縁ノ釋ト云ハ。只四悉檀ノ事ノ釋也。四教ノ中ニ何レノ教ノ意トモ雖レ不レ可ニ取定一ム。約教ノ釋カ。開權顯實ノ義ヲ成シテ一實教ノ理ヲ顯スヲ以テ所詮トスルニナレハ。因縁ノ釋ハ。且ク小乘等カ面テトナル謂レ可レ有歟。仍テ約教ノ釋ノ本意。三權ハ一實ニ歸シテ權實不二ノ妙法ノ體ヲ顯ントスルカ約教ノ釋ノ本意ニテハ可レキ有故ニ。約スル二四教ニ一主カ卽一圓ノ體ヲ成スルニテ有ル也。故ニ約教ノ釋ハ。迹門ノ開權顯實ノ謂ヲ成スル也。本迹ノ釋ハ。本門ノ開迹顯本ノ義ヲ顯ス也。觀心ノ釋ハ。本迹雖殊不思議一ノ極理ヲ示ス也。故法華經ノ法門ヲ意得ン時ハ。文文句句。總シテハ四ノ釋一ツモ闕テハ不レ可レ成ス。別而ハ約教等ノ三ノ釋ハ必可レキ備ハル也

四種言說事。一世間言說。二執著言說。三妄言說。四相言說也。楞伽經ニ出タリ（卍續一-四五、三五八丁右下）

私志云。筌蹄者。爾雅所レ明。並是取レ物之器名也。筌謂取（○カ）矣注易略[例]（足カ）云。筌魚笱也。以レ竹爲レ之故字正從レ竹。（之カ」）（「○カ）蹄卽取レ兔之器。蒼頡篇云。取レ兔之具。說文云。取レ兔網。（「○カ）此二喩並在ニ莊子一也。（「○カ）或作レ蹄。說文作レ罤。（「○カ）然此蹄字乃是足蹄之義。非ニ此中意一。（「矣カ）御本書ニ移之一

梵網經ニ釋作ル人師事

延德二年（一四九〇）庚戌十月二十三日。於ニ北林坊一書ニ移之一

天台宗ニハ大師義記二卷。明曠一卷。頂山蘊齊（ウンサイ）三卷。道熙三卷。與咸三卷

華嚴宗。法藏（法藏寺人也）三卷。法銑（セン）四卷。傳奧（石壁）二卷。元曉（クワン）三卷

法相宗。義寂（香象ノ事也）三卷。太賢（古迹也）二卷。勝莊（セウシヤウ）二卷。善珠三卷。利涉（セウ）三卷

禪宗。道璿（セン）

法（ホツ）進六卷。處行一卷。助釋一卷。此三人不レ知レ宗

明應六（一四九七）丁巳年八月下澣。山中閑居之日寫授レ之記

慈惠僧正—覺運（檀那）—遍救（靜慮院）—淸澄（普門院・功德院）—隆範—澄豪（惠光坊）—
智海（林泉坊）—明禪（毘沙門堂林泉坊）—公豪—實禪—實超（イ本朝）—實尊—叡俊
—偆運（常林坊法印）此抄談主也云云 十月十七日入寂 丁未 當三十三年

永正十年（一五一三）癸酉十一月二十四日至ニ十二月四日一七箇度梵網經直談始矣依ニ圓如房長存之請一以ニ一分功德一資陽翁道玄禪門三

十三回忌良因者也

永正十八年（一五二一）辛巳五月十三日至二六月朔日一十六箇度義記講釋了。發起淨土宗釋相。同聽自他院衆。于時披二見此抄一添二義味一訖

大永四年（一五二四）甲申十月十四日至二二十二日一九箇度尊契四十八歳（五十一カ）。戒經直談了。正機淨土宗佛陀[　]賢久。同聽寶池庵周賢。同弟子周養。禪林寺顯貞。賢所。其外寺中衆

天文三年（一五三四）甲午卯月十三日至二二十二日一十箇度戒經直談。正機淨土家宗清（ソウセイ）。四教儀并梵網同聽。寺中內外衆聽聞

權大僧都尊契　六十一才

右抄三井寺勸學院常住之御本。御祕藏無レ他[事]候上行坊以二御請一隱密移レ之。所レ願者。以二寫功戒珠一令レ淸二我心濁水一

[　]十四極月中之十日筆功畢　[　]純

（以上底本奧書）

（㋑本異筆奧書）

江州芦浦　觀音寺

寬永二十年（一六四三）六月日

舜興藏

（底本表紙）

三井尊契

菩薩義記聞書

（底本扉書）

南山云。以二三羯（磨）一通二前單白一故云二白四一也矣（大正藏四〇、一二上。行事鈔）

名義集云。羯磨翻レ業也。（大正藏五四、一一二三上。四〇、一一上。行事鈔）所作是業。亦翻二所作一。百論云。事也。若以レ義求レ翻爲二辦事一。謂施造遂レ法。必有二成濟之功一焉（卍續一-四四、二七丁左上）

天台禪門。翻シテ爲二作法一。（大正藏四六、四八五下。次第禪門）　補註云。（同、二七丁左下）四分律三十六云。受二具足戒一當レ作二白四羯磨一又云百論　僧肇師云。論有二百偈一故以立レ名矣

（底　本）身延文庫藏、書寫年不明一册寫本

（對校本）㋑＝西敎寺正敎藏、寬永二十年（一六四三）奧書一册寫本

（校訂者　清原惠光）

菩薩戒義記聞書　終

梵網經直談抄　目次

（目次新加）

梵網經直談抄

（和漢同義異文の註記省略）

「文和二年（一三五三）八月朔日。於圓音寺」（「」(ロ)ナシ）

首題幷長行下

示云。此梵網經ハ。（網(底)ナシ）天竺ノ梵本ハ一百一十二卷六十一品ノ經也。什公誦出シテ流轉スル（「(イ)世ニ」）處ハ。其中ノ第十ノ心地法門ノ一品。此ニ上下二卷アリ義記云。上ニハ序シ二菩薩ノ階位ヲ一。（大正藏四〇、五六九下二一行）下ニハ明ス二菩薩ノ戒法ヲ一（戒(底)ナシ）矣上卷ニハ菩薩ノ階位・化他ノ功德等ヲ明ス。所謂ル菩薩ノ次位也。下卷ニハ十重四十八輕ノ戒ヲ明ス。其時ノ首題ハ。梵網經盧舍那佛說菩薩心地法門品第十矣是則第十心地品ノ首題也。打任セテハ諸宗ノ人師モ。天台一家ノ意モ。梵網經者。（者(底)ナシ）先ツ此ノ上下兩卷ノ（兩(ロ)二）事ト存セリ付レ之。菩薩戒經トテ。只此ノ下卷ノ十重四十八輕ヲ說タル此ノ一卷計ヲ。天台ヨリ流傳セル（傳(イ)轉）書アリ。（書(ロ)事）此ヲハ諸宗ノ人師乃至尋常ノ天台宗ノ學者ナレトモ。只タ上下ノ中ノ下卷ノ經計ヲ一卷トシテ盛リニ菩薩戒行ヲ明シタル故ニ。菩薩戒經ト稱シテ此ヲ受持シ。目錄ナントニモ載タリト存シテ。强ニ此ノ一卷ノ戒經ニ付テ。深キ旨趣アリト云事ヲハ。曾テ意モ置カサル也。而ルニ相傳ノ意ハ。經ヨリシテ上下兩（兩(ロ)二）卷ノ梵網經ト云外ニ。菩薩戒經トテ別シテ一卷ヲ傳フヘキ子細アリ。佛意ヨリ起テ此心ハ有ル也。故ニ經ノ首題ニ付テモ。梵網經等ノ十四字ヲ題スヘキ謂ト。只タ菩薩戒經ト名ヘキ心トノ二ノ名アルヘシ。何ニトテカカル事ハ有ソ。古ニ打任タル大本ノ中ノ心地ノ一品ヲ上下トハ傳タル。其ノ中ノ下卷ノ戒ト云分ハ。只大小乘ノ諸經沙汰シタル戒法ニ付テ。小乘ノ聲聞戒モアリ。大乘ノ菩薩戒モアリ。其ノ菩薩戒ヲ明シタル經ナル故ニ梵網ノ戒トテモメツラシク。（メ(底)タ）末法邊地ノ我等カ上ニ受得スヘキ戒法ニ非ス。地持・瓔珞等ノ諸大乘律ト同シ物也

サレハ天台ノ意ニテハ。梵網ヲハ華嚴部ノ結經ト定メタリ。其時ハ。別圓二敎ノ戒行ノ分齊ナルヘシ。其時ハ。天台ノ意モ佛ノ出世ノ本懷ヲ宣ル事ハ法華ニアルヘシ。華嚴頓大尙非ニ本懷一故ニ。華嚴ナトハ佛ノ本意ニモ非ス。仍テ所說ノ戒法モ佛意ヲ未ニ說キ盡一サ。無量義經ニ已ニ四十餘年未顯眞實ト說キシ（大正藏九、三八六中）（曾顯實）故ニ。梵網モ未顯眞實

帯權也（也㊐ナシ）。方便ノ説ナルヘシ。其ノ體ナル經ヲ以テ。イカニトテ圓戒ノ所依トハ申ヘキ。サレハ山家大師モ。圓戒所依ヲハ。正依法華傍依梵網ト釋シテ（傳全一、三六三。學生式問答）。法華ヲ圓戒ノ所依トハ云也。傍ニ梵網等ノ諸大乘律ニ依ルヘシト定メ給ヘル故ニ。正キ圓頓一實ノ戒法ノ正依ハ法華ニ有ルヘシ。傍依ノ分ハ。强ニ梵網ニ限ルヘカラス。如レ此梵網ノ分ハ。別圓兼帶ノ説彌ヨ我等カ已ニ持得スヘキ戒法ニ非ストハ見タリ。設ヒ此梵網ヲ法華一乘ニ會入ストモ。又天台ノ三學ノ中ノ戒學ノ分ナルヘシ。其分ハ又名字卽ノ位。皆是佛法ノ解了ヲ成シ。發心已上ノ三學ノ分ナルヘキ故ニ。凡夫癡闇我等カ上ニ持得スヘキ事堅シ。然ルニ此梵網經ニ付テ。華嚴ノ結經上下二卷ヲハ。六十一品ノ中ノ心地ノ一品ト意得ヘ置ツ。其分ヲハヌケ出テテ別ニ旨趣有ルヘキ樣ニ大師ノ御釋ニ見ヘタリ義記ニ云。從リ二大本一於ニ序及ヒ流通ニ皆闕セリ。既ニ別ニ部ノ外ニ稱ス二菩薩戒經一ト。就レ文ニ爲レ三矣（大正藏四〇、五六九下三行）若。大本ノ中ノ心地ノ一本ナラハ。序モナク流通モナク正宗モ具足セス。諸本ノ中ノ一品。一品ノ中ノ下卷ナル故ニ。三段ノ分別不ルヲ可レ有。部ノ外ニ菩薩戒經ト稱ル姿有トテ。文ニ就テ三段ヲ分別シ給ヘリ。是則（則㊐卽）諸品ノ中ノ心地ノ一品。一品ノ中ノ上下ノ下卷ノ戒法ニ。一經カ收テ。三段具足スヘキ道理在テ文分ツナリ。故ニ上下兩卷ノ外ニ一品一卷ノ菩薩戒經アリト云時。末法邊地ノ凡夫癡闇我等カ上ニ。舍那ノ功德ヲ受ケ取ル得益アリテ。位同ニ大覺ニ已眞是諸佛子ト云フ佛子（佛子㊐ナシ）ノ名ヲ得。（大正藏二四、一〇〇三下二〇行。梵網經）（同、一〇〇四上二一行）戒體受得スル不思議アル也。此等ノ趣ハ。常ノ天台ノ學者ハ申スニ及ハス。戒法ヲ弘通スル人モカクハ思ヨラス。只正依法華傍依梵網ノ分ナリ。今ノ相傳ハ。昔ヨリ西山ニ傳テ。梵網ニ一品一品ノ宗旨有リテ。我等カ上ニ戒體ヲ受得スル樣ニ有リト習傳ヘタル事也。此一品一卷・上下兩卷ノ二姿。首題ヨリ見タル子細アリ。大師。此經ノ首題ヲ釋スルニ重重ノ義門見ヘタリ。仍テ十四字ノ題ヲハ義記ノ序ニテ釋ス義記序云。經稱ス二梵網一ト欲レ明ニ諸佛ノ敎法不同一ナルコトヲ（大正藏四〇、五六三上十六行）（「者カ）。猶如シ二梵王ノ網目一ノ。品ニ言ニ心地一ト者。菩薩ノ律儀遍ク防ス二三業一ヲ。心意識體一異レニセリ名ヲ。三業之中。意業ヲ爲レ主。身口居レセリ次。據テレ勝ルニ爲レ論コトヲ。故ニ言ニ心地一ト也矣此釋ノ意ハ。心地ノ名ヲ法體ニ約ス。是則（則㊐卽）聲聞菩薩相對スル時。聲聞ハ身口ヲ面（面㋑向）ト制シ。菩薩ハ意業ヲ本（「㊐意）ト禁シタルカ故ニ。序ノ釋ハ。此分ニテ心地ヲ法體ニ約セリ。サテ此中ニ。菩薩戒ノ三學ヲ序ニテ釋セスシテ。此戒經三重玄義トテ別シテ菩薩戒ノ三字ニ付テ三重玄ヲ明シケリ。三重玄ト者。釋名・出體・料簡ナリ。釋名ト者。菩薩戒ノ三字ヲ釋ス。出體ト者。戒體ヲ明ス。料簡ト者。菩薩戒ヲ我等カ受得スヘキ様ヲ了簡スル也。釋義ノ趣。子細アリト見タリ

サテ又。三重玄ヲ釋シ畢テ。文ニ入テ釋スルニ。重テ又十四字ヲ題シテ釋ス。義記云。○品名ニ菩薩心地一者。三是譬ノ名ナリ。品ノ内ニ所レ明大士ノ要用ナリ。如下人ノ身ニ有テ心能惣ニ萬事一能生中勝果上爲ニ大士一所依義ヲモテ言レ如レ地也等云云（大正藏四〇、五六九上二一行）此釋ノ意ハ。梵網經トハ。序ノ釋ニ替ラス釋シテ。菩薩心地ヲ譬ニ約セリ。所謂ル今ノ戒ハ。菩薩行道ノ肝要也。譬ヘハ人ノ身ヲ成スニ心ナケレハ成セス。人身ニ肝要ナル物ハ心ナリ。戒モ又如レ此。此菩薩ノ修行ハ。戒ヲ以テ肝要トス。戒カ修行ノ源ナル故ニ。戒ヲ以テ心ニ譬ヘタリ。序ニテハ心地ヲ此體ニ約シテ。菩薩戒ノ三字ヲ略スナリ。此三字ニ付テ別シテ三重玄ヲ開キ。三重玄ノ後。又譬ニ約シテ首題ヲ釋ル姿タ。經ヨリ重重ノ意アルヘシト云釋義ノ施設分明也

就レ之。序ニモ心地ヲ法體ニ約。三業之中意業爲主ト釋スルヲ（同前、五六二上十八行）。打任タル大小相對ノ菩薩戒ノ時ハ。小乘ハ身口ヲ面トシ。菩薩ハ意業ヲ本トス。開遮色心輕重ノ異ト云ヘルモ此ナリ。聲聞ハ色ヲ制シ。菩薩ハ心ヲ制ス。聲聞戒ノ意ハ。何ナル士ノ利益ヲ成スヘキ事アリトモ。殺ヲ行シ盜ヲ犯シタルハ比丘ノ位ヲ退スヘシ。大乘ノ心ヲ發スル上ノ振舞ナル故ニ。若大利益有ト見ヘハ破戒ノ振舞ヲモスヘキ也。此事ニ付テモ又諸師ノ異説アリ。或ハ如レ此振舞ハ。深意ノ人。他心通ヲ得。鑒機ノ德ヲモ具足シタル上ニ重戒ヲモ犯スヘシ。我等ノ上ニハ設ヒ大利益アリト見ル事モ憚リ有ルヘシ。管見ヲ以テ大罪ヲ不レ可レ許ス云説モアリ。又我等カ分也トモ。肉眼ノ不レ及事ハ力ラナシ。一分也トモ利益有ト見ヘハ。罪業ヲ犯シテ分ニ隨テ利益ヲ成スヘシト云沙汰モアリ。何様ニモ小乘ハ色ヲ制シ身口ニ約ス。菩薩ハ心ヲ制シ意業ヲ面トス。此カ大小乘ノ不同ニテハ有ル故ニ。義記ノ序ニテ此趣ヲ釋スルハ。打任タル大小相對ノ戒ノ意也

此分ニテハ。癡闇ノ我等カ上ヘニ成シ難シ。已ニ心ヲ本トスル故ニ菩提心ノ上ノ事ナルヘシ。未發心ノ凡夫ノ上ニハ。小乘ノ身口ヲ制スルモ。大戒ノ「意業ヲ誡ルモ。共ニ持得シカタキ者也。當今ノ有様ハ。聲聞」僧モ菩薩僧モ共ニ名字得名ノ比丘也。然ルニ既ニ別シテ部外ニ

稱ニ菩薩戒經一ト。一品一卷ノ宗旨顯ハス歟(歟㊦㊀ナシ)。菩薩戒ノ三字ニ付テ。別シテ三重玄ヲ開クヨリ。不レ起而已起卽性無作假色トテ。(大正藏四〇、五六五下～六上。義記)我等カ上ニ戒體受得ノ謂レ顯ハル。是則(則㊁卽)舍那ノ三聚淨戒ノ功德ヲ一切衆生ノ上ニ發起セシ謂也。舍那ノ發起若シ眞實ナラハ。末法ノ我等ヲ機トシ。邊地ノ凡夫ヲ隔テス。法界ノ色心ノ上ニ於テ三聚淨戒ヲ發起ス

盧舍那ト云者。淨滿ト翻ス。義記云。以テ二「諸患都テ盡一スコト(「」㊀ナシ)故ニ稱シテ爲レ淨ト。衆德悉圓ナルヲ名爲レ滿也(矣)」(同、五六九上二五行)諸患ツキ衆德マトカナリト者。卽チ三聚淨戒ノ功德也。所謂ル攝律儀戒・攝善法戒・饒益有情戒也。此三聚淨戒ノ圓滿セル佛ヲ淨滿如來ト稱ス。此三聚淨戒ト者。法界ノ衆生ノ上ニ發起スル謂ナル故ニ。不レ起而已起卽(卽㊦㊀則)性無作假色トテ。(同、五六五下～六上)發起ノ謂ノ無ランハ知ラス。若シ發起ノ謂レ眞實ナラハ。我等カ上ノ發起ノ體ナル故ニ。癡闇ノ凡夫ノ上ニ。舍那ノ功德ヲ受取テ。戒體ヲ受得スル故アリ。此時名ニク菩薩戒一ト。大方ハ此戒ハ舍那ノ戒ナル故ニ佛戒ノ至極ソカシ。サレハ衆生受佛戒卽入諸佛位トコソ說タレ。(「㊀經ニモ(大正藏二四、一〇〇四上二〇行。梵網經)」)菩薩戒ト名ケタル事ハ無ニキ覺束一事ナルカ。菩薩戒ト名ル事ハ。全ク聲聞・菩薩相對シテ菩薩戒ト稱スルニ非ス。又因果相望シテ佛戒ニ及サル因位ノ菩薩ト云事ニモ非ス。佛戒ノ至極ヲ菩薩戒トハ名ク

所謂ル此經ノ始ニ四戒ト云事アリ。四戒ト者。舍那ノ戒・釋迦ノ戒・菩薩ノ戒・衆生ノ戒也。是則(則㊁卽)舍那ハ釋迦ニ傳ヘ。釋迦ハ菩薩ニ傳ヘ。菩薩ハ衆生ニ傳ル師資(師資㊦師㊀師師)相傳ノ義也。全ク行者ノ三業ヲ本トシテ受得スヘキ戒ニ非ス。舍那ノ發起トシテ。我等カ上ニ受ケ傳ヘキ謂ナレハ。行者ノ心ニ依ルヘカラス。只師資相傳シテ但解ニ法師語一盡受得戒トテ。(大正藏二四、一〇〇四中十行。梵網經)師ニ隨テ此ニ戒ヲ受ル處也(也㊀㊁ナシ)。戒體受得ノ義ナリ。此事ヲ顯サントスル時。佛戒ノ至極ヲ菩薩戒ト名ク。所以ニ舍那ト釋迦トハ只一ノ佛戒也。菩薩三ノ菩薩。上ミ釋迦ニ受ケ。下モ衆生ニ(「㊦受)傳ル故ニ。師資(資㊦㊀師)相承ノ義此ニ顯ハル。故ニ菩薩戒ト稱ス。サレハ天(圓仁)神ノ御筆。顯揚大戒論序云。夫菩薩戒者流轉不滅之敎也。(大正藏七四、六六一上)盧舍那佛傳ニ此於前一。文殊師利弘ニ於此後一ニ(矣)師資相傳ヲ以テ菩薩戒ノ宗旨トス。今經ノ流轉ニモ。流通三世化化不絕ト(大正藏二四、一〇〇九下二行。梵網經)說ケリ。然レハ卽チ此戒ハ。師資(資㊦㊀師)相傳ニ極テ。戒師ノ說ヲ解スル處ニ。戒體ヲ受得シ。舍那ノ發起シ給ヘル處ノ三聚淨戒ノ功德ヲ受ケ傳ル也。仍テ大小相對ノ分ニモ非ス。因果相望ノ意ニモ非ス。相承ノ義ニ

約シテ菩薩戒ト稱ス。此ノ意ヲ顯ントスル時。十四字ノ中ヨリ菩薩戒ノ三字ヲ取出ス。付レ之。三重玄ヲ開キ。一品一卷ノ宗旨ヲ顯ス

然ハ天台大師。一代ノ諸教ヲ判スルニ。悉ク五重玄ノ釋ヲ設ク。至ニ此經一ニ釋ニ此戒經一ヲ。三重玄トテ五重ヲ不レ用。諸經ニ異ナル旨「趣（底イ意）可レト有ル云事。大師御釋分明也。五重玄ト者。名體宗用教也。所謂ル妙法ノ名ニ依テ實相ノ體ヲ顯ス。體ハ非レスト宗不レ顯。宗ト者因果ナリ。因ヨリ果ニ至テ此實相ヲ顯シ。自レ體起シテ用含レ識ヲ利ス。此上ニ教相ヲ分別ス。此即三業之中。意業爲主ノ意ニテ。意業ノ心ヲ本ト修スル姿ナリ

然ルニ梵網ヲ釋スルニ。初ニ三重玄ヲ開キ。三重ト者。釋名・出體・料簡（料(ロ)了）也。皆五重ノ意ニハ異也。釋名ト云ヘルモ。梵網心地ノ名ニ非ス。只菩薩戒ノ三字ヲ釋ス。所謂ル廣ク一代ノ大小權實ノ諸戒ヲ擧テ菩薩戒等ノ名トス。卽チ一代ニ明ス處ノ四教三學ノ階位ヲ擧テ。一代ノ佛法カ悉ク舍那ノ功德ニ落居（落(底)(イ)(ロ)略）スル樣ヲ顯ス。故ニ直ニ本經ノ首題ヲ釋スルニモ異也。出體ヲ云ヘルモ。五重ノ體ハ實相ナリ。今ハ戒體ヲ指ス。所謂ル不起而已起卽性無作假色ト釋スル。性無作假「色ト者。」（「」(底)ナシ）色心ノ中ノ色法ト云事ニハ非。舍那ノ發起スル姿ヲ師資相傳シ。作法受得スル處ヲ「假色ト名ク。」（「」(底)ナシ）癡闇ノ凡夫ノ上ニ。舍那ノ戒身ノ功德ヲ受ケ取ル謂ヲ假色トハ云也。料簡（料(ロ)了）ト云ヘルハ。又凡夫ノ上ニ作法シテ。舍那ノ功德ヲ受得スル樣ヲ料簡スル時。三重五重其意遙ニ異也。就レ之。此義記ヲ釋ニ三釋アリ。道熙キ・蘊齊・與咸ナリ。熙・齊ノ二師ハ。三重五重ハ只開合ノ異ト得テ料簡（料(ロ)了）シ合ス。咸師ハ三五ノ異可レトテ有。付テ三重ニ別シテ可レ有ニ子細一樣ヲ釋シテ。彼人師ノ所解ヲハ破スレトモ。其ノ釋義ノ趣キ（(ロ)中」）強ニ釋シ出タル秀句不レ見。法然上人ハ。此等ノ人師ハ皆義記ノ本意ヲ不レトモ得云云　三重玄ノ本意。癡闇ノ凡夫ノ上ニ戒體受得謂アル事ヲ意ニ不レ置也

此ノ三重玄ノ釋畢テ。又梵網等ノ十四字ノ題ヲ釋ルニ。心地ヲ譬ニ約セリ。序ニテハ三業之中意業爲主ノ分ニテ（義記、大正藏四〇、五六三上）首題ヲ釋ス。是諸大乘經ノ意地ヲ制スル趣キアリ。此上ニ三重玄ヲ開テ。淨滿如來ノ功德トシテ。凡夫ノ上ニ發起スル謂ヲ釋シ顯スモ。此義既ニ極タル上ニ又一代ニ言還（言(イ)立）テ。大小權實ノ諸戒乃至定惠ノ一代ノ佛法。悉ク此謂ヲ顯ハサントスル能詮ヲ譬ニ約シテ能詮ノ義ヲ顯ス也

此等ノ趣キ深ク淨土ノ宗旨ニ叶ヘリ。定惠ト者。一代ノ意ハ。所詮ノ

法體ニテアリシヲ。觀經ノ意ニ入ヌレハ。定散文中唯標專念名號得生トテ。(大正藏三七、二六八上。觀經疏善導)定散皆能詮ノ謂トナル。サレハ(サ(底)(乙))廣說衆譬ト說テ能詮ト(大正藏十二、三四一下。觀經)顯ス。戒宗モ又如レ此。一代ノ意ハ。色ヲ制スルモ心ヲ制スルモ。皆行者ノ心地ヲ本トスル。故ニ心地ヲ法體ニ約ス。此時ハ我等カ分ニ非ス。舍那ノ慈悲ノ至極。癡闇ノ凡夫ノ上ニ。一戒光明金剛寶戒ノ(大正藏二四、一〇〇三下二二行。梵網經)體ノ受得セシムル謂アリ。彼ノ淨土宗ニ。佛ノ別願ニ依テ無行被成ノ謂レヲ成シ。生死解脫ノ身ト成ル意也。法然上人・善惠ノ上人共ニ此意ヲ述タリ。値(値(イ)(ロ)(乙))一代佛法中ニ。此兩宗カ我等カ上ノ得益ニシテ。戒宗ニ依テ佛家ニ入リ。佛弟子ノ名ヲ得テ。終ニ淨土宗ニ尋入テ。生死ノキツナヲ可レ切ル故ニ。兩宗一哲(徹)ニ可レ合ニ意得一也。此趣キ又大師ノ義記ニ見タリ(大正藏二四、九九七下二行)

次ニ。經ニ付テモ種種ノ意アリ。初ノ爾時盧舍那已下ノ長行マテハ。上下兩卷ノ時ノ上卷ノ分ニテ。我今盧舍那等ノ偈頌ヨリ(同、一〇〇三下二九行)下卷ニテ有リト見タル姿モアリ。或ハ又。偈頌以前ノ長行ニ付テモ。略開心地竟マテハ(同十八行)(「法門品カ)上卷ノ分ニテ。復從天王宮中至閻浮提菩提樹下(下カ)(同十九行)爲此地上ヨリ下卷ト見タル事モアリ。山家ノ大師ノ趣キ如レ此。又世流布ノ今ノ本ハ。爾時盧舍那已下カ(同、一〇〇三中七行)下卷ト見タリ

然ニ義記ノ意ハ。上序ニ菩薩階位一下明ニ菩薩戒法一ト(大正藏四〇、五六九下二行)釋スル定ニテハ。今ノ偈頌已前ノ長行ノ菩薩階位ヲ結成スル文ナレハ。猶上卷ノ分トシテ偈頌ヨリヲ下卷ト可レ取也。(也(イ)歟)但略開心地竟マテハ菩薩階位ヲハ結シテ。復從天王宮已下ノ戒法ヲ說ントスル趣キタル故ニ。自レ此以下ヲハ下卷ノ分ト可ニ意得一ヤラン。然トモ。只戒法ヲ說ント趣タルマテコソアレ。正ク戒法ヲ說タル事ハ偈頌已下也。若爾者。長行ヲハ悉ク上卷ニ可レ屬ス歟。大師ノ義記モ偈頌已下ニ釋ヲ設ケ給ヘリ。諸師ノ釋モ此趣也。所詮偈頌以前ノ長行ハ。上卷ノ階位ヲ結シテ下卷ノ戒法ニ入タル一品一卷ノ意ヲ說キ顯ス文也。凡ソ上下兩卷ト云モ。一品一卷ト云ヘルモ。各別ノ經ニ非レス可レキニ有ル。上卷ノ階位カ下卷ノ戒法ニ入テ一卷ノ義ヲ成ス。長行ノ文如レ此。(「(イ)(ロ)又)常尋(常尋(ロ)尋常)ニハ結前生後ノ文ナント申スヘキ事也。彼ノ菩薩階位ト者。定惠ノ功德ヲ次第ニ進タル姿也。上序ニ菩薩戒位一下明ニ菩薩戒法一ト者。三學ニ當レリ。上下兩卷ノ意ハ。此三學ノ功德ヲ次第ニ修シテ。無上菩提ニ至ラント趣タルヲ。此上卷ノ階位ヲ取テ下卷ノ戒法ニ入レ。三學カ悉ク舍那ノ功德ニ成ル時。舍那ノ發起トシテ。我等カ上ニ受得スル意(意(イ)(ロ)謂ヲ言)也。我今盧舍那已下ノ偈頌ヨリ。

正ク此旨ヲ顯ス。サレトモ復從天王宮以下ハ。此ノ戒法ニ趣タル說ナレハ。下卷說ノ謂アリ。惣シテハ。又上卷ノ階位モ。戒法ノ外ニハ不レ可レ置ク道理ナレハ。爾時盧舍那佛已下ノ長行ヲ。下卷ノ文ニ一具ニ列タルモ無ニ相違一。偈頌已下ヲ以テ正ク下卷ノ文ト取ルモ又其謂アリ。重重ノ施設一一ニ顯ス趣アリ。打任ハ只調卷ノ不同ナント（不同(底)二句）ヲ申ヘキ事ナレトモ。種種ノ施設一一ニ可ニ意得合一（意(曰)心）事也

二日　偈頌

此經ノ三段。上下兩卷ト云時ハ。正宗ニテ纔ニ一品ナル故ニ三段不レトモ二具足一。旣ニ別部ノ外稱菩薩戒經。就文爲三一トテ。（義記、大正藏四〇、五六九下四行）華嚴・梵網ノ部ヲ出シテ。別ニ菩薩戒經ト稱スル方ニテ序（序(底)三）正流通ヲ分別スル也。義記ニ云。從ニ初偈一長行訖ニ淸淨一者爲レ序。（同前）次十重ノ訖ニ現在菩薩今誦一爲ニ正說一。餘盡レ卷爲レ說ニ流通一矣

凡ソ此經ニ付テ。上下兩卷ト云時ハ。華嚴結經帶權方便ノ說ニテ有ルカ。一品一卷ト云時ハ。還テ法華ノ純圓一實ノ敎ニモ指過テ。一重佛意ノ深ヲ盡シ。出現ノ本意ヲ顯ス姿アリ。付レ之重重ノ疑アリ。惣シテ一代ノ說敎ヲ分別スル時。法華以前ハ方便ノ說ナルカ故ニ佛意ニモ非ス。法華ニ至テ正ク如來ノ本意ヲ說ナント云事ハ。常ノ事ニテ有ルカ。同シ梵網經ニ付テ。上下兩卷ト云姿ト。一品一卷ト云姿ト二謂カアリテ。文言モ異ナラス。說相モ。上下ト云時ハケシカラス方便ノ說ニ下サレ。一卷ト云時ハ。法華ニモ勝レタル樣ニ可ニ意得一事ハ。誠シカラヌ事ニテアルカ。此ハ只人師ノ意樂ニ緣テ。或ハ一經ヲ深ク意得タル分ニテハ無クシテ。地體經ヨリ此ノ二ノ姿アルヘシト見タリ

抑又。此經ノ心ヨリ才覺ヲ得ヌレハ。諸經ニ付テモ此意可レ有也。假令法華一部ニ付テモ。天台一家ノ心ハ純圓一實ノ至極。佛意ノ深（深(底)ナシ）ヲ說タリトコソ存タレトモ。諸宗ノ祖師カ法華ヲ釋スル時ハ。必シモ不レ然ラ。此又人師ノ淺智ヲ以テ深キ經ヲ淺ク得タル樣ニコソ思タレトモ。實ニ諸師ノ得タル分モ無ニ相違一姿アリ。所以ニ法華經ト申モ。諸經ノ外ニカカル有リト一經一思タレトモ。十方佛土（大正藏九、八上。）中唯有一乘法（法華經方便品）ナル故ニ。悉ク法華ノ體也。法華ト意得前ニハ。又一代皆純圓一實ナル謂モアレハ。全ク淺深ヲ分別スヘカラス。此一宗ニ付テ。於一佛乘分別說三矣（同、七中。方便品）一乘ヲ諸乘ト分別スル時。四敎五時ノ不同モ出來スル前ニハ。第五時ノ法華トテ諸味ノ終ニ

坐シテ。八箇年ノ說トニ云ハルル姿アリ。其時ハ。又法華ニ分別說三ノ分ニ被レ屬意也。サレハ五時八教ノ故ニ種種ト釋ルハ。法華ヲモ種種ニ屬スル意見ヘタリ。先ツ經ノ體ヲモ分別シテ。彼ハ「淺ク此ハ」深トヲ云（「」㊦ナシ）姿可レケレハ有。隨テ又此經ヨリ一代ノ本意ヲモ顯シ。如來ノ己證ヲモ示ス謂ナルヘシ。サレトモ再ヒ佛法ノ樣ヲ意得時ハ。一經ノ上ニ於テ淺深重重ノ義理可レ有也。此ハ人師ノ智惠ニ隨ヒ。實義ニ隨テ。淺深ヲ非ニス指出スニ分ハ。佛意ノ深ヨリ此理可レ有也

此卽。此一卷ノ梵網經ニ付テ。一品一卷・上下兩卷ノ二ノ意アリ。自レ此諸經ノ義理モ意得ラルヘキ也。此二ノ義理ト者。菩薩戒ニ付テ。戒體・戒行ノ二義アリ。戒體ト者。舍那發起ニ依テ。癡闇ノ我等カ上ニ三聚淨戒ノ功德ヲ成就スル謂アリ。此ヲ一品一卷ノ宗旨。戒體發起ノ相トハ申ス也。サテ一代ノ佛法ト申ハ。初メ自ニ華嚴一終涅槃ニ至ルマテ。大小權實ノ法門廣ケレトモ此舍那ノ三聚淨戒ノ功德ヲ種種ニ開ケリ。舍那ノ功德トタニモ云ハハ。（義記、大正藏四〇、五六五下～六上）不起而已起卽性無作假色ニテ。我等ヲ不レ隔功德戒體受得ノ相也。此上ニ又舍那ノ功德トシテ戒體受得ストモ云ヘハトテ。カクテ（ク㊦リ）ハ不レ可レ止。此謂ヲハ。又機ニ隨テ舍那ノ行シ顯ハシ給フ如ク。我等モ又聚得スル所（所㋑處）ニ。三聚淨戒ヲ次第ニ行シ顯シテ。舍那ノ正覺ヲ成シ給フ如ク。我等モ又正覺ヲ成ントト思ヒ向カ。戒體ノ上ノ戒行ノ姿モ有レ之也。此戒體ノ上ノ戒行ノ相ヲ。一代佛法トハ說ク。然ルニ心ヲ本トシテ可ニ修入一樣ヲ。大小乘ノ佛法トモ。聲聞菩薩ノ戒トモ分別ス

所詮戒體ト者。舍那報（報㊦卽）身ノ功德ヲ。我等カ上ニ可ニ受ケ取ル一謂。戒行ト者。機還テ振舞ヘキ姿也。而ヲ一代ノ佛法ハ。此戒體ノ受得ノ上ニ振舞ニテアリケルヲ。直ニ行セントシケルハ。眞實ニ佛法ノ樣ヲハ不レ明メ也。此戒ハ。諸佛ノ本源・行菩薩道ノ根本・佛性ノ種子ニテアル故ニ。此戒ヲ受ヌレハ。位同大覺已眞是諸佛（經、大正藏二四、一〇〇四上二一行）子トテ。佛子ノ名ヲ得。諸佛ノ位ニ入ル。此上ニ戒行ニ出テテ次第ニ三聚淨戒ノ功德ヲ成就シテ。成佛ノ道ヲモ可レ進也。此ノ謂ヲ一代トハ分別ス。故ニ一品一卷・上下兩卷ト者。戒體・戒行ノ二ノ謂ニモ當レリ。戒體ノ上ノ戒行ト云ハ。一代ニ立還ル姿ナレハ。大小相對ノ分。聲聞菩薩相望ノ意ニテアル。此謂ヲ上下兩卷ト名ク。此時ハ。華嚴ノ結經・帶權ノ說ニ成ル也。然ニ一品一卷ト者。三世十方佛法戒定惠ノ三學悉ク舍那ノ戒身ニ配シ。三聚淨戒ノ功

德ニ極ル謂也。此上ノ上下兩卷ト者。又一代ニ還テ廣ク一切ノ佛法ニ可レ互ル〔互(武)有〕故ニ。强ニ上下兩卷ト云ヘルヲ華嚴一部ノ結經トハ取リ定ムヘカラス。サレトモ殊ニ諸佛ノ本源・行菩薩道ノ根本ナレハ。成道ノ始ニ約シテ結成華嚴教ト可〔可㋑㋺〕レ云也

付レ之。今ノ經ノ文文句句ニ於テ。一品一卷・上下兩卷ノ意可レ有。我等〔等㋑㋺〕今盧舍那ト云ヘルモ。一品一卷ノ意ナラハ。三身隨一ノ報〔報(武)㋑卽〕身ニ非ス。三身ノ功德皆舍那ノ戒身ニ入テ。三聚淨戒圓滿シテ。癡闇ノ凡夫ニ發起セル姿ヲ盧舍那ト名ク。故ニ他受用ニ非ス。設ヒ自受用ト云トモ。諸宗ノ中ニ沙汰シタル自受用ニハ非ス。方坐蓮華臺ト云ヘルモ（大正藏三八、五六四下。維摩略疏取意カ）同事ナルヘシ。上下兩卷ノ分ナラハ。他受用ノ卽報土〔卽報㋑卽㋺報〕華藏世界也。一經皆此ノ二ノ意ヲ以テ可ニ意得一。然トモ又文相ニ付テイツクヨリハ戒體ヲ顯シ。イツクヨリハ戒行ヲ顯スト云事可レ有ル。所謂義記云。初偈明ニ舍那發起一。長行明ニ釋迦勸發一（大正藏四〇、五六九下六行～）矣。初ノ偈頌長行ハ正ク戒體受得ノ相ヲ說ク。偈頌ノ終ニ衆生受ニ（大正藏二四、一〇〇四上）佛戒一。卽入ニ諸佛位一。位同ニ大覺已〔已(武)㋑㋺位〕一。眞是諸佛子等說キ。長行ニ若受ニ佛戒一者。（同、一〇〇四中七行～）國王王子乃至但解ニ法師語一。盡受ニ得戒一等ト「〔「」㋑㋺〕說ケル文也。此上ニ戒行ノ相ヲハ。正ク十重四十八輕戒ト」說ケリ。戒相ヲ唱也。輕重ノ姿ヲハ分別スル戒體ノ上ニ戒行ノ相也

付レ之。又聊疑アリ。此經ニ付テ三段ヲ分別ル時。戒體受得ノ樣ヲ說タル偈頌長行ヲハ序分トシテ。戒行ノ相ヲ滿セル十重四十八輕ヲ正宗トスル事不ニ意得一。戒體受得トハ一品一卷ノ宗旨。癡闇ノ凡夫ノ上ニ舍那三聚淨戒ヲ受得スル不思議。諸宗ニ分施シタル所談也。此コソ正宗ノ至極ニテ有ルヘケレ

戒行ハ。又一代ニ還テ心ヲ本トスル姿ナル故ニ。强ニ仲（沖カ）微トモ覺ヘサルヲ戒體ヲ序ト云フ。戒行ヲ正宗トスルコト不審也。然トモ法門ノ約束重重無盡也。一邊ニ不レ可レ執ス。設ヒ戒體ヲ正宗トスルニテモアレ。其ノ戒行可レ依ニ意得樣一ニ。一代ノ說教ナレハトテ强ニ非レ可キニ遮ス。何度モ天台ノ法門ノ下地ヲ可ニ意得一ニテアルカ彼宗ノ意ナリ。佛法ト者。只一代ノ說教ハ。法華ノ三無差別・唯有一乘ノ（大正藏九、八上。方便品）法體ト申シ。只一代ノ三五ノ諸宗ニテコソアレ。彼ハ淺ク此レハ深シト云ヘルモ。廣門ノ一資ヲ明ス。其源ヲ盡ス時ハ。必シモ一ヲ不レ可レ執ス。然者。開顯ノ眼ヨリ一代ヲ見レハ。諸宗悉ク一乘妙法ナルヘシ。戒體受得ノ謂ヲ「〔「」(武)離テ以㋺難レ之以テ〕難ノ義意ヲ」本トスル謂計ヲ沙

汰スレハ。我等カ上ノ事ニモ非ス。故ニ依トモ申ヘケレトモ。舍那ノ功德ソト意得ル上ノ行相ナレハ。殊ニ舍那ノ功德トシテ事（殊カ）ニ我等カ上ニ行相ニ還テ振舞ヘキ謂ナレハ。自レ此甚深ナル事ハ何事カ可レソ有此等ヲ又淨土ノ法門ニ可レ合ニ意得一。觀經カ一代ノ本意ヲ述ヲ。煩惱賊（賊㊦賤）害ノ機ノ上ノ出離ノ緣ヲ說クト云トモ。只一代ノ定散（散㊀惠）ニテコソアレ。此ノ一代ノ定散（散㊀惠）カ。罪惡生死ノ凡夫ノ上ニ成スル謂ヲ序（序㊀廣）分モ發起シ。正ク此定散（散㊀惠）カ我等カ上ニ成スル姿ヲ正宗トハ說キ顯ハス。戒宗モ又如レ此。舍那ノ功德トシテ三聚淨戒カ我等カ上ニ發起スル相ヲハ偈頌長行ニ此ヲ說キ。其ノ舍那ノ功德トハ何ナル物ソト云ハハ。十重四十八輕ノ姿ソト說テ。我等カ上ニ舍那ノ功德ヲ受取テ振舞ヘキ謂ヲ說ニテ有レハレ之。此ヲ爲ニ正宗一ト。其謂可レ有事也。大方ハ初ノ偈頌ハ。必モ三段ノ中ニ入テ。序分トモ正宗トモ非ニ可レ云物一ニ。初偈明ニト舍那發起一釋ル故ニ。舍那ノ功德ノアリノママニ凡夫ノ上ニ發起スル樣ヲ說タル。故ニ舍那ノ功德ニ於テハイツクヲ序分トモ取リ。イツクヲ正宗トモ不レ可レ云。此等ハ只舍那發起ニテ置ク。此ノ舍那ノ功德ヲ釋迦ノ受取テ一代ニ出テテ說法スルニ付テコソ。序正ノ分別モ可レ有ル。此ハ尤モ無ニ覺束一事ニテアルカ。付ニテ此事一ニ

祖師ノ觀經ノ欣淨緣ニ被レタリ合ニ意得一。彼ノ欣淨緣ト云ルモ。强ニ（大正藏三七、二五二上）序分ト可レキ云物ニハ非ス。一經ノ惣體也。然共。光臺ノ密益ヲハ。釋尊爲ニ未來一ノ未タルニ說顯シ給一事ヲ序トハ申サントス。實ニハ光臺ノ無時佛語ノ初ヲ一經トハ開タル故ニ。所說ノ位ニ於テハ釋尊未說ヲ顯シ給フ。可レキニ云ニ序分一ト非サレトモ。是（是㊀ナシ）依文ノ意ヨリ見ル時。此密益ヲ爲ニ未來一ノ被ニ說顯一時。序分ト名タル也。今モ又如レ此。初ノ十一行半ノ偈ハ。欣淨ノ五文ノ樣ナル物也。只舍那ノ發起ノ姿ヲ說テ序トモ正トモ非レ可レ云共。此舍那ノ發起ノ初ヲ釋迦受取テ。一代ニ於（於㊀ナシ）出テ流轉スル謂也。彼ノ舍那發起ト云ハン處ヲ。先ツ序分ニ屬ル也

付レ之。既ニ別ニ部ノ外ニ稱ニ菩薩戒經一ト。就レ文爲レシテ三。三段ヲ分別スルナラハ。付レモ序ニ又證位・發起ノ二序可レ有。若爾。偈頌ト長行トヲ證位・發起ト可ニシト約束一定タル。偈頌ハ舍那ノ發起。長行ハ釋迦ノ勸發ナル故ニ。共ニ發起ノ體トコソ見タル證位ノ姿。經ノ面ニ不レ見歟。但シ（㊦又）舍那ノ邊地ノ姿ヲ說ク處ニ。大衆心諦信。（經、大正藏二四、一〇〇四上十六行）如レ是當ニ成佛一。我是已成佛。常作ニ如レ是信一。戒品已具足（矣）舍那發起ノ謂ヲ說ク心諦信ノ義（義㊦㊀ナシ）ニ成ル故ニ。別ニ證信序ヲ不レ

置可レ意ナル。又一一ニ觀經ニ意ヲ引合スルニ付テ。觀經疏ニ。化前ノ序〔「底序〕ヲ立テ。此化前ノ六緣トモ開ク。化前カ一宗ノ源ニテモアリ。梵網經ニ付テハ。イツクヲ〔イ底モイモト〕化前序ト可レ取ルヤラント覺ル也〔也底ナシ〕。凡ソ兩經ヲ了簡シ合スル「事〔「底ナシ〕モ大概ニテコソアレ。一一ノ文文句句非ニト可レキ叶事ニ云ヘトモ。化前ノ」事ハ今經ニモ其說見タリ。偈頌已前ノ長行ノ處處ノ說會ヲ擧テ。悉ク舍那ノ一戒光明金剛寶戒ノ體ニ說キ入ントス。此正ク化前序ノ意也。凡ソ一品一卷ノ意ハ。一代ヲ取テ一卷ノ戒經ニ收ム。此謂ヲ偈頌已前ノ長行ニ顯ハス化前ノ意分明也

付ニ初ノ偈一ニ。義記ノ文ニ三段ヲ分別ス。義記云。十一行半ノ偈（大正藏四〇、五六九下）分爲ニ三段一ト。初ノ三行三句。明ニ舍那說レ戒傳ニ授釋迦一。二從ニ是時千百億一下三行三句。明下釋迦迹佛傳ニ授諸菩薩一。諸菩薩傳中授衆生上。三從ニ諦聽我正誦一下盡レ偈。明ニ勸信受持〔受底イロ常〕一也矣 此三段ヲ如レク次三序ト名ラレタリ。此三序ニ付テ。又異解アリ。初ノ解ノ意ハ。三序是三佛各說〔說底イロ別〕云云（同前）三佛ト者。舍那ト葉上ノ釋迦ト葉中ノ百億ノ小釋迦ト也。第二ノ解ハ。初序ハ舍那自說。餘ノ二ハ〔「是カ〕此土釋迦說〔說底イロ證〕云云（同前）第三ノ義ニ。今言三序（同前）悉ク是此土釋迦說ト矣 大師御本意ト見タリ

付レ之。義記云。偈中大意四戒三勸矣（同七行）四戒ト者上如レク立ル。舍那・釋迦・菩薩・衆生。此四人次第ニ傳授ス。三勸ト者。勸受・勸持・勸誦也。此三勸ヲ三段ニ授レハ初ノ二段ノ文ニ四戒ヲ明シ。終ノ一段ハ三勸ヲ定タリ。四戒三勸ト者。只舍那發起ノ姿也〔也底ナシ〕。舍那ノ發起ト者。只盧舍那佛ト云フ佛。未來ノ爲ニ我等カ發起ストモ云ヘル幽玄也。舍那・釋迦・菩薩・衆生ト次第ニ傳授シテ。師資〔資底姿〕相傳シ作法受得スルカ發起之初ニテハ有也。一代ノ佛法マチマチニ分レトモ。衆生ノ心ヲ先トシテ修入セント向タリシカ。此宗ノ意ハ。舍那ノ三聚淨戒ヲ功德圓滿シテ。法界ノ色心ノ上ニ發起セシヨリ外ニハ。又無ニ勞キ處〔「底處〕一。不レ起而已起卽性無作假色ナレハ（同、五六五下～六上）。此謂ヲ師資相承シテ。我等カ受ケ取ル發起ノ體ニテハ在レ之也。サレハ此ノ發起ノ謂者。敎主釋迦。舍那ニ隨テ此戒ヲ受ケテ。逸多菩薩ニ傳ヘ。阿逸多等ノ二十餘ノ菩薩次第ニ相承シテ。末法邊地我等ニ至テ。癡闇ノ凡夫カ戒師ニ隨テ此ヲ相傳スル處ソ。舍那ノ功德ヲ受取ル。此ヲ舍那發起ノ戒體受得ノ相トハ申ス也。仍テ衆生受佛戒故尤モ戒ノ至極トコソ可レキヲ名ク。菩薩戒ト云ヘル。第三ノ

菩薩。佛ト衆生トノ中間ニ師資相傳ノ義ヲ顯ハス。故ニ別シテ菩薩戒之宗ニ付テ三重玄ヲ開ク

付レ之。又經モ不思議ノ事ヲ説タリ。此相傳ノ謂ヲ説時。千百億（經、大正藏二四、一〇〇四上五行～）釋迦。各攝（接カ）微塵衆。倶來至我所。聽我誦佛戒（誦㊀㋺㋑受） 矣 今ノ舍那ハ。假ヒ雖ニ他受用ト定一ムト。斷無明證中道ノ菩薩ノ感見ナル故ニ。猶地前ノ境界ヲ隔タリ。諸師。戒ハ他受用ト釋シ。或自受用ト被レ得タリ。大師ノ御釋ハ。分明ニ自被ルル辨事ハ無ケレトモ。諸患都盡。滿德悉圓（義記、大正藏四〇、五六八九下。取意）（滿㊀㋑㋺衆）ト被タルハ釋。設ヒ三身隨一（「㊀義）ノ佛ナリトモ。他受用トハ不レ見。況ヤ一品一卷ノ宗旨ナラハ。假ヒ許シテ三身ノ中ニ置トモ。自受用ノ可ニ至極一ナル。慈覺大師ノ顯揚大戒論ノ歸敬序ニモ。自覺證智淨滿尊（大正藏七四、六六一中） 矣 若夫自受用ノ身土ナラハ。唯佛與佛ノ境界ナル故ニ。非ニ等覺十地分一ニ。サレハ臺上ノ儀式ハ。舍那ノ釋迦ニ傳授シ給ヘル化儀ナレハ。極果ノ佛ヲ以テ所化トス。如レ此。化儀ハ一代ニ分絶タリ。唯佛與佛ノ境界。自受用ノ身土ノ相（身土㊀知）也ト云事分明也。若爾者。釋迦一人コソ可レ至ル。千百億ノ釋迦。各攝（接カ）微塵數。倶來至我所。聽我誦佛戒ト云ヘルハ。此ノ微塵ノ衆ト者。釋迦ノ所化ヲ指歟。所謂ル六道ノ可ニ凡夫一。凡夫ヲ

攝シテ釋迦ノ處ニ伴ヒ至テ。舍那ノ説戒ヲ。釋尊ト共ニ授ク歟（歟㊀㋑㋣）。不思議ノ事ヲ説（説㋺㋣）也

義記云。各攝（接カ）下明攝（接カ）之人。攝者攝ニ取有緣一義也（大正藏四〇、五七〇上二四行）（「之カ） 矣 有緣ト者。衆生受佛戒卽入諸佛位（所接カ）（位㊀㋑説）ト説シ今ノ佛戒ヲ可レ受機也。此有緣ノ衆ト覺テ。下ノ長行ニ於テ。是時百萬億大衆（經、大正藏二四、一〇〇四上）（同二六行）（大㊀㋑土）諸菩薩。十八梵天（天㊀㋑㋣）六欲天子 ○ 庶民黃門婬男婬 ○ 變化人 矣 此卽釋尊ノ所化ノ機也。此等ノ衆ヲ攝シテ舍那ノ處ニ至テ。舍那ノ佛戒ヲ令レ聞カ。故ニ四戒ト云ヘルハ舍那・釋迦・菩薩・衆生ト次第各別スヘキ樣ニ思タル程ニ。今ノ意ヨリ見レハ。何ナル末法邊地ノ今ノ人師ニ隨テ受ニタテマツル此戒一ヲ。舍那ノ處ニテ受タル不思議アリト西山上人ハ被レ仰タリ。サレハ四戒相傳ト云ヘルハ。誰人ニ隨トモ皆舍那ニ隨ヘルナルヘシ。自レ本舍那ノ功德。法界ノ色心ノ上ニ發起シテ。一如ノ舍那ノ故ニ不レ可レ有ニ凡聖不同一。末法ノ凡夫也トモ。舍那ノ位（位カ）ニ同シテ。此戒ヲ説テ此戒ヲ受ヌレハ。又佛意ニ至ル。衆生受佛戒卽入諸佛位ト説ク此意也。此卽入諸佛位ナリト云ヘルモ。外用ノ應身ナトノ佛トヤ可レ申歟。サレトモ中中其體ナル佛位ニ入ルル云事ハ不レ可レ有。舍那ノ位ニ入ルト云事也。故ニ能授所授

皆舍那ニ可レキ任故ニ。倶來至我所ト說ケル（經、大正藏二四、一〇〇四上六行）此謂ヲ顯ハス。一切衆生悉ク舍那ノ所ニ隨テ此戒ヲ受得シタルカ舍那ノ發起ノ體ニテ有ル也。此謂ヲ四戒ト開ク相傳ノ姿ヲ顯ス

然レハ。師資相傳ノ四戒各別ニ立タレトモ。舍那・釋迦・菩薩・衆生ノ戒ニ。淺深優劣ヲ不レ可レ論。又各攝微塵衆。（同前）倶來至我所ト說ケハトテ。四戒相傳ノ姿ヲ非スレ可キレニ忘ル。能傳ノ人ニ付テハ四戒ト作トモ。所傳ノ戒ヲ論レハ。舍那ノ佛（所誦カ）戒一戒光明金剛寶（同、一〇〇三下一二行）戒ノ體也。故ニ此戒ヲ受ト云ヘルハ必ス佛界（界㊦家）ニ入リ。佛位ニ住ル功德アリ。依レ之。五大院ハ。此戒ヲ受ル處ヲハ。金剛道場ト釋シ給ヘリ。廣釋上云。（大正藏七四、七六〇下）當知。受菩薩戒之身。卽是金剛道場。一切諸佛。集ニ會此中一。盡ニ未來際一不レ可ニ捨（捨㊦於）離一矣此四戒相傳ノ趣ヲ。偈頌ニハ次第ニ說キ顯ス。（經、大正藏二四、一〇〇三下〜四上）我今盧舍那ヨリ傳受諸衆生迄ハ。四戒相傳ノ姿ヲ說ク

サテ諦聽我正誦（同、一〇〇四上十五行）已下ヲハ勸信受持ト釋スルハ。信心ト云事可レ有ヤラント無ニ覺束一。五大院モ。開導ノ六法ヲ定ルニ。一定根機（大正藏七四、七五七中）。二勸（ヿ心カ）信等。三重ノ玄ノ下ニモ第三ノ料簡（註カ）ノ受ニハ。一深信心ト云（大正藏四〇、五六七中）事アリ。信心ト者。何程ニ信心ヲ可レ發ヤラン。無ニ覺束（須カ）一也。又長行ノ文ニハ。若受佛戒者。國王王子（經、大正藏二四、一〇〇四中七行〜）○但解ニ法師語一。盡受得戒トテ。强ニ信心ノ沙汰ニ不レ及。戒師ノ語ヲ解スレハ。戒體ヲ受得スト說也。此事尤可レ合ニ意得一。而ニ大衆心諦信ト說テ（同、一〇〇四上十六行）。其信ノ樣ヲハ。汝是當成佛（同前）。我是已成佛。常作如是信。戒品已具足矣如是信心ナラハ全非レ可ニハレ難。此ハ盧舍那佛ノ說ナルカ故ニ。汝是當成佛。我是已成佛。常作如是信。戒品ハ已具足ト矣說ク。行者カ信ン時ハ者。諸佛已成佛。我ハ未成佛ト（大正藏七四、七七四中。廣釋）可レ信ス歟。法性（相カ）ノ五性各別宗宗ノ意ニテ永不成佛ノ者ニモヤ有ラント云不審ノ起ランハ。不レ知ニ一切衆生皆成佛道一ノ說ヲ聞ク樣ニテ。我カ未來ニ成佛センコトヲ非レ可ニレ疑。又諸佛已成佛ヲモ不レ可レ疑。此分ノ信心ナラハ。タヤスキ事ヲカシ抑此分。信心ニテ如レ此思（ヿ㊦㋑信心）タランハ。我等カ具足センコト又誠シカラス。所詮。此戒ヲ諸佛本源。行菩薩道（經、大正藏二四、一〇〇三下一二行）ノ根本。佛性種子ト說ケリ。法相ノ意ハ。五性各別ノ旨ヲ談シタルヲ。涅槃經ニハ一切衆生悉有佛性（大正藏十二、六四三中他）ト說キ。法華ニハ若有聞法者無一不成佛（大正藏九、九中。方便品）ト說ケリ。佛性一乘ノ宗旨。此兩經ニ極マレリ。而ニ此經ノ意ハ。其佛性者此戒也。偈頌已前ノ長行文ニハ。是一切佛本源（梵網經同前）。一切菩

薩本源。佛性種子。一切衆生。皆有佛性。一切意識色心。(「是情是心。カ)皆入佛性戒中。當當常有因故。有當當常住法身矣故ニ此戒ヲ受タル所ニ。汝是當成佛。(同、一〇〇四上十七行)我是已成佛ノ信心モ發也。故ニ前ニカカル信心トテ非可キニ發ス。但解法師語盡受作假色ニテ。自本我等ヲ隔テサル發起ノ謂ヲ聞ヌレハ。已成ノ如來也。一切衆生戒體ヲ受得シテ。(同、一〇〇四中十行)未來ニ舍那ノ位ニ可ト成解了シヌレハ。汝是當成佛ナル故ニ。但解法師語盡受得戒スル外ニハ信心ハ無キ也

然レハ南北ノ兩宗。權實ヲ諍テ三乘一乘ヲ論スレトモ。其義互ニ不許。今ノ佛性ノ戒ニ入テ。舍那ノ功德ニ自本法界ノ色心ノ上ニ發起シテ。戒體ヲ受得スト云ヘル。(同、一〇〇四上二〇行)衆生受佛戒卽入諸佛位ナル故ニ。此ヲ以テ佛性ノ種子ニシテ必ス佛道ヲ可成也。サレハ此戒ヲ受ケサレハ。徒ニ生シ徒ニ死シテ。畜生ニ同シト釋ス。無始ヨリ已來。輪廻ノ閒ニ適マ人天ニ生スレ共。此戒ヲ不レハ受。徒ラニ生シ徒ラニ死シテ。又三途ニ歸ル。作差人彼ノ分ナレハ。惡趣ノ身ニ不異。此戒ヲ受ヌレハ。位同大覺已眞是諸佛子トテ。(同前)佛道ノ人身ヲ受タル思出モコソ今コソ出キタル也。戒體受得ノ前モ。遠ク未來ヲ非トモ可キニ期ス。戒行ノ日ハ。又心ニ還テ可行ス謂ナル故ニ。位同大覺已眞是諸佛子トテ。佛子ノ名ヲ得ルハ。必ス舍那ノ如ク可キ成佛果菩提ヲ身ト成ル也。(同前十八行)如此意得タルヲ。(同前十六行)大衆心諦信トモ說キ。常作如是信。戒品已具足トモ云也。此ノ戒ヲ受テ。(同前二〇行)衆生受佛戒卽入諸佛位シタル上ニ。一代ノ佛法ハ一分物ノ用ニ可有也。但此戒ノ心ハ。戒體受得ノ日ハ。衆生受佛戒ニテアレトモ。戒行ノ日ハ。猶ヲ難シ成。然トモ世世不墮惡道八難。(同、一〇〇九下三行)常生人道天中ト說ケリ。佛道ノ難ト成申スモ。適マ人身ヲ受テモ。又惡道ニ歸ル故也。而ニ此戒ヲ受ヌレハ。再ヒ惡道八難ニ不生セ。必ス可成佛道ヲ身ト成ル

抑。何ノ日正ク可ト成佛道ヲハ云ハハ。戒行ノ日ハ。心本意得事ナルカ。戒行ノ難成シ謂ヨリ。彌陀ノ功德ニ尋入テ。生死ヲ解脫シ。淨土ニ生スルカ。戒體受得ノ益。解脫ノ相ニテハ有ト。大師ハ釋給ヘリ。菩薩戒ヲ以テ佛家ニ入ル始トモ。淨土ニ生スルヲ離ルル生死ヲ終リトスヘキ也。戒ト者。卽波羅提木叉也。保得解脫ト翻ス。其樣ヲ義記ニ。(大正藏四〇、五六三中十一行)未來生處離三惡道淨土受形ト釋セリ。離三惡道ト者。戒體受得ノ謂レ。淨土受形ト者。戒行成就ノ相也ト

料簡(料㊀了)シ給ヘリ

三日　自長行至第二戒

義記云。初偈明二舍那發起一。長行明二釋迦勸發一矣(大正藏四〇、五六九下六行～)淨滿如來ノ功德ノ世ニ。一切衆生發起スル方ニテハ。序正流通ト分別スヘキニ非ス。サレ共釋尊此ノ謂ヲ受取テ。次第ニ說顯スニ付テ。舍那ノ發起ノ體ヲヤカテ發起序ト名タリ。發起序ト名タレトモ。(トモ㊀ナシ)尋常ノ證信發起ノ發起ニハ聊カ異也。此ハ只。舍那ノ癡闇ノ凡夫ノ上ニ戒體ヲ發起スルヲ名ニ發起一ト。此且ク三段ト分別スル方ニテ序段ニハ置トモ。正宗ヲ發ス哢引ノ義ニハ非ス。而レトモ。舍那ノ發起ヲ發起序ト名タル上ニハ。ヤカテ證信發起ノ義モ可レ有也。釋迦ヲ勸發ト者。流通ニ令レ披也。大方今ノ戒ハ。初ノ舍那ノ發起ト云ヨリ四戒三勸ノ謂ヲ說ク。四戒ト者。師師相傳ノ義。流通三世化化不(同、五八〇上八行)絕也。三勸ト者。受持誦也。舍那ノ功德トシテ。癡闇ノ上ニ發起スル戒ナレハ。受ケヨト勸メ。此義ヲ受得スト云ヘル分持・具持ノ不同アレトモ。我等カ上ニ持戒義(義㊀ナシ)可レ有。故ニ持ヲ勸テ。已ニ舍那ノ功德トシテ此戒ヲ受得シタル衆生受佛戒(㊀得)卽入諸佛位ニテ。癡闇ノ凡夫ノ上ニ。初テ佛戒ニ入リ一分モ持ツト云ハハ。凡夫ナカラ舍那ノ戒體ヲ受得シタル人(人㊀ナシ)ナル故ニ。所化入者還同能化ノ人ノ爲ニ授タルニ無レ憚謂アレハ。誦ヲ勸ム。誦ト者。他ノ爲ニ此戒ヲ說ク義也。凡ソ戒ニ付テ。自小乘誦ト云ハントナン。戒定惠ノ三學共ニ佛法ト申サンスルハ。三世ノ諸佛ノ說教ト同シケレトモ。定惠ノ法門ハ。心ニ隨ヒ機ニ隨テ種種ニ差別スル事可レ有ル。戒ハ自ラ小乘色ヲ制スニ三世不改一ニ。サレハ定惠ノ法門ハ。佛ノ弟子也トモ。大綱ノ義理ニ不レントレ背名目ナントヲ付タル事可レ有。戒ハ佛ケニアラスンハ不レ可レ定ニ持犯一ヲ。然レハ此戒ヲモ梵網經盧舍那佛說ト題シテ。舍那ノ自說ト見タリ。此舍那ノ自說ノ體ヲハ。殊ニ誦ト可レ云樣ヲハ釋義ニ委ク釋セリ

義記ニ。聽我佛戒ノ文ヲ釋シテ云ク。(大正藏四〇、五七〇上二九行～)問。何故誦ニ不道說一。答。此是三世十方諸佛之法。非ニ始自作一。故ニ只得レ稱ニ誦不得道說一矣依レル心ニ定惠ノ法門ニハ異ニシテ。諸佛自證三世ニ不レ可レ改。其謂ヲ誦ト名ク。是盧舍那誦我亦如是誦(經、大正藏二四、一〇〇四上十二行)ト說テ。諦聽我正誦ト云ヘル。(同十五行)ヤカテ此レハ舍那ノ自說ノ姿ヲ如レ此說。故ニ首題ニハ盧舍那佛說トハ云也。故ニ三勸ノ第三誦ハ。爲レメニ人ノ可レ授

故ニ。戒ハ只流通ヲ體トス。仍テ自序ニ流通ヲ明ス。是則釋迦ノ勸發ノ序也

凡ソ此ノ戒經ニ一代ノ佛法ノ樣ヲ施設ルニ。千萬億ノ釋迦。彼ノ舍那ノ所ニ至テ此戒ヲ傳受シテ。其後此閻浮提ニ還テ。菩提樹下ヨリ乃至第四禪ノ摩醯首羅天ニ至ルマテ。十處ノ説會ヲ設テ。從テ舍那ニ所レノ傳戒法ヲ流通ス。此ノ梵網ノ十處ヲ。華嚴ノ七處八會ノ説ニ釋シ合タリ。故ニ先ハ華嚴ノ七處八會ヲ指ス。但シ且ク約テ華嚴ニ此戒ヲ顯スヘキ故ニ有テ。上下兩卷ト者。華嚴ノ結經トハ沙汰シタレトモ。戒體ノ上ノ戒行ノ姿ヲ上下兩卷トハ名タル故ニ。華嚴ノ一部ニハ不レ留。廣ク一代ノ佛法ノ樣ヲ可ニ沙汰ス故ニ。一代ノ説教。此ノ梵網ノ十處ニ收ム。一代ト者。釋迦舍那ノ戒法ヲ受取テ爲ニ衆生ノ流通セル體ソト意得事也。已ニ舍那ノ戒法ヲ流通ストモ云上者。此一代ノ佛法ヲ。舍那ノ功德ニ還テ見レハ。（殊㋺ナシ）殊凡夫癡闇ノ人ノ爲ニ。一戒光明金剛寶戒ヲ説タル外ニハ。（其體㋑ナシ）其體無レ之。然レハ。釋迦ノ流通ノ體モ只舍那ノ發起ノ謂ナル也。此ヲ長行ノ初ニハ。（經、大正藏二四、一〇〇四上一三行）爾時釋迦牟尼佛。初坐菩提樹下ト説ケリ。釋尊ハ舍那ニ依テ菩薩戒ヲ傳テ。閻浮提ニ還テ。初結菩薩波羅提木叉スル

故ニ。初七日ヲハ舍那ノ説ニ可レ取ル。上ニモ如レ云カ。舍那ノ戒ノ前ニハ強ニ初七日ト非レトモ可レ云キニ。四戒ノ次第ヲ論ン日ハ。尤モ其時分ヲ可レ取也。如レ此本意ヲ取タル上ニハ。他師ノ釋ナレトモ。初七日ハ自受法樂ノ時分ト釋ルハ可ニ此意ナル。今家ノ心ハ。此ノ盧舍那ト者。付テモ報身ニ自受用ノ至極ナルヘシ。此ノ自受用ノ（説㊁ナシ）説時ヲ一代ニ付テ且ク初七日ハ自受法樂ト名クル也。（「底㋺用）初結菩薩波羅提木叉ト者。戒也。經ニ自ラ此戒ヲ訓釋スルニ。（同二四行）孝ニ順父母師僧三寶ニ。（「孝順至道之法カ）孝名爲レ戒ト名ク。地體戒ニ不レ限。佛法ト申サンスルハ。孝順父母等ノ外ニハ何事カ可レキ有。惣シテ世間出世ノ道ハ只此事也。世間ノ法モ父母ニ孝順スルヲ孝教ト云。教ノ源ハ孝ヲ以テ爲レ本ト。孝順ノ一ヲ開テ。世間ノ三綱爲常トモ名ク。入テモ佛法ニ又大小權實只此事也。世間・出世ノ一切ノ法ヲ。舍那ノ三聚淨戒功德ト意得。攝律儀戒ハ一切ノ惡ヲ止メ。攝善法戒ハ一切ノ善ヲ修シ。饒益有情戒ハ一切ノ衆生ヲ利益ス。所謂ル止惡修善ノ姿ナル。此ノ三ニ漏タル功德ハ無レ之也。而ニ三學ノ中ニハ。戒コソ作法受得ノ義ニテハ有レ。定惠ヲハ大小乘共ニ依レ心ニ修行スル姿也。地持・瓔珞等ノ諸經ノ中ニ。此ノ三功德ヲ皆名レク戒ト。不思議ノ

事也。此則。一代ノ佛法モ戒ト云レテ。癡闇ノ凡夫ノ上ニ可ニ受
得一謂也。其ノ本意ヲ一品一卷ノ戒經トハ說キ顯ス。仍テ初結菩
薩波羅提木叉ノ戒トハ申。舍那ノ三聚淨戒ノ功德。正ク凡夫ニ
發起スル謂ヲ說ク。此戒體ノ上ノ修行ヲ一代施設スル也
(經、大正藏二四、一〇〇四上二六行)佛卽口放無量光明ト者。義記云。(大正藏四〇、五七〇下二六行)口放光表三釋尊今日宣二
說大乘菩薩(菩薩㊦㋺ナシ)戒法一也矣 佛ノ自レ口放ッ所ノ光ヲ者(者カ)。今ノ一戒
光明金剛寶戒ノ戒體ヲ指ス也。此ノ戒ヲ經カ光ト說トスル意ハ。舍
那卽身ノ佛智ノ體ヲ指ス也。卽身佛智ノ正ク我等カ上ニ無レ隔
成タル智光ノ體ヲ金剛寶戒ト說ケリ。故ニ釋尊。又此ノ舍那ノ佛
智ヲ受取テ。爲ニ凡夫一宣說セン時ハ。尤モ自レ口放レ光ヲ可レ表レ
瑞ヲ也。如レ此意得前ニハ口放光表ト釋スレトモ。軈而テ菩薩戒ヲ
宣說スル體カ戒光ニテアル也
(經、大正藏二四、一〇〇四上二六行)是則(時カ)百萬億大衆ト者。上ノ偈頌ニ。(同前五行～)千百億釋迦。各攝(接カ)微塵
衆。倶來至我所。聽我誦佛戒ト說キ。彼ノ各攝微塵衆ノ體ヲ百
萬億ノ大衆トハ說ケリ。百萬億ノ大衆ト者。擧ニル在世ノ當機一ヲ樣ナ
レトモ。四戒三勸ノ本意ハ。末法邊地ノ凡夫ノ爲ニ。舍那ノ戒
體ヲ傳タル謂也。サレハ初ノ長行ニ今ノ菩薩戒ヲ說ク本意ヲハ。

(同、一〇〇三下十九行～)復從ニ天王宮一下至ニ閻浮提菩提樹下一。爲ニ此地上一切衆
生凡夫癡闇之人一ト說ケリ。故是時百萬億大衆ト者。爲此地
上一切衆生凡夫癡闇ノ人ヲ可レ指。强ニ華嚴會ノ當座ノ機・別
圓頓大ヲ受タル菩薩。設ヒ雖ニ凡夫一大根性人ト被レ名。其人ヲハ
不レ指。未來ノ我等微塵衆ノ中ニ。別シテ舍那ノ說戒ヲ聞キ。釋
迦ノ初結菩薩波羅提木叉ノ時。又未來ノ我等カ不レ可レ隔也。
然レハ十六大國王ト云ヘルモ。且ク天竺ニ付テ擧タレトモ。此戒ハ
旣ニ三國相承シテ邊地ニ傳ハル。十六ノ大國ニハ不レ限
(同、一〇〇四上二八行～)告ニ諸菩薩一言。我今半月半月。自誦ニ諸佛法戒一等矣 此ヲ
義記ニ。(大正藏四〇、五七一上)釋迦ノ自說ト(「矣カ)文段ヲ取(㊦㋑矣」)。或ハ(或㊦㋺戒)自ニ小乘一佛自說ト見タリ。
定惠ノ法門ハ無問自說ト云事ハ有レトモ。先ツハ待テレ問ヲ說ク。
戒ハ事相ノ作法ニテ。佛ノ(佛㊦㋺次)カカル振舞ヲ不トレ可レ爲定メ給ツル事ナル
故ニ。佛弟子輒ク非レ可レ定ム。仍テ大小乘皆佛ノ自說也。今ノ
菩薩戒ハ卽舍那ノ自說也。舍那ノ自說ノ戒ヲ受傳テ。釋迦又自
說也。其ノ自說ノ本意ハ。舍那ノ自說ニ可レ歸也。抑モ自說ト者。
彼天台ニ。法華ノ諸經ニ勝タル事ヲ釋シ給フ中ニ。(天玄四、一〇九。玄義カ)無問自說果分
勝ノ章ヲ立テ給ヘル。是則法華ノ一乘ト者。不退ノ菩薩入證ノ二

乘ノ非ニ所知ニ。唯佛與佛ノ境界ナル故ニ。可キ無ニ明（問カ）自說ニ也。彼ノ諸經ノ當機益物ノ教ニハ。異ニシテ性海ノ果分ヲハ必ス自說ストレ可云也。此自說ノ至極ハ。舍那ノ自說ニ歸シテ。法界衆生ノ上ニ此戒身ノ功德ヲ受取ル戒體受得ノ義也。仍テ釋迦ノ說ニテモ有レ。菩薩衆生ノ說ニテモ有レ。今ノ戒ヲ說ト云者。舍那ノ位ニテ說ク自說ノ體ナルヘシ。能化モ佛意。所化モ又卽入諸佛位ナル故ニ。能所共ニ一如ノ舍那也。此謂ヲ經ニハ。我今半月半月自誦トハ說ケリ（經、一〇〇四上十二行）。上ノ偈ニ。盧舍那誦我亦如是誦ト說キシ體也

（經、同一〇〇四上～中）汝等一切發心菩薩亦誦。乃至十發趣十長養十金剛十地諸菩薩亦誦ト者。五位ノ菩薩ト云也。十發趣十長養十金剛十地ハ。如レ次（次㊦㊁俱）。住行向地ノ四位也。初ノ發心ノ菩薩ヲハ。古迹（大正藏四〇、七〇二中。太賢撰）ニハ。定發心者十信位也矣　義記（同、五七一上十一行）ニハ。一發心謂「共地菩薩矣（共㊦㊁四）共地ト者何物ヲ指スヤラン。文相幽玄也。天台ノ常ノ（常㊀㊁）」約束ハ。共地ハ通教三乘共行ノ地位ニ名ク。通教ノ地位ヲ常指ス意得ナラハ。此十發趣十長發（養カ）十金剛十地ト者。上序菩薩階位ヲ云ヘル。菩薩ノ階位ハ此四十位ノ功德ヲ不レ可レ過ク。此ノ上卷ノ階位カ下卷ノ戒法ニ收テ。一品一卷ノ戒經ト被ルレ云時。一切ノ

定惠ノ功德ヲ取テ舍那ノ戒體ト云。既ニ一切功德ハ舍那ノ三聚淨戒ノ體ト成ル上ニハ。五位ノ菩薩モ此戒ヲ誦シテ。凡夫迄モ可キレ傳事也

付レ之。上卷ノ階位ヲ下卷ノ戒法ニ入ルル故ヲ。義記ノ初ニ（初㊁㊂）三重玄ヲ開キテ顯ハス。其ノ第一ノ釋名ノ下ニ。初明人名ト云ヘル。菩薩戒ノ名ヲ釋ルニ。廣ク四教ノ一切階位ヲ擧タリ。上下兩卷ノ時ハ。華嚴部ノ結經ナル故ニ。別圓ノ一切ノ階位ヲ擧テ。菩薩ノ戒（戒㊁㊂）ノ名トスル不思議也。華嚴ノ結經ト云前ニハ。阿含已下ノ時ニモ非ス。別圓ノ階（階㊀次）位ト云ハン時ハ。藏通ノ階位ニハ非シト云。凡ソ自ニ天台ノ心ニ華嚴ニ付テ習アリ。初後佛惠圓頓義齊ト釋シテ（天玄五、五四八。玄義）。佛意（意㊀會）開會不同ナレトモ。同ク法華ノ名ヲ與タリ。今ノ一品一卷ト者。彼ノ開會法華ノ至極ヲ明ス。一卷ノ上ノ兩卷ト者。彼ノ佛惠ノ體トナルヘシ。彼ノ佛惠開會ハヤカテ次第不次第也。菩薩戒ノ意ハ。此ノ戒體戒行ノ二ト名ク。此戒行ト者。卽一代ノ佛法ナル故ニ。彼華嚴ノ別圓ニ卽大小權實ノ佛法ヲ收ル意可レ在レ之。サレハ彼分（後カ）長時ト云時ハ。始終乃至盡未來際悉ク華嚴會ノ化儀也。故ニ五位ノ初ノ發心ノ菩薩者。打任タル上下兩卷ノ分ナラハ。十發趣ハ十

住ナル故ニ十信ト申スヘキニ。義記ニ共地菩薩ト釋スル。（大正藏四〇、五七一上十一行）惣シテ四教ノ階位ヲ收ルル故ヲ顯ス。サテハ後ノ三教ハ爰ニ可レ有ル。小乘ハ可レソト何ナル云ニ。自ラ天台ノ意。（天玄三、二九六。玄義）權智開二三藏生滅四諦法輪一ト云テ。三藏ヲワキハサメハ非レ通ニ。已ニ別圓ノ菩薩ノ可レキ戒處ニ通教次位有ト云者。四教ノ階位可レキ收也　也㊦ナシ

凡ソ一代ノ佛法ト者。只階位ニテ所結ノ華嚴ヲモ。故知一經三十（天玄五、三六二。釋籤）七品。但明菩薩行位功德ト釋シ。今ノ梵網ニモ。（義記、大正藏四〇、五六九下二行～）上序菩薩階位下明菩薩戒法ト釋スル此意也。三乘五乘各各ノ功德ノ進タル姿ヲハ。（「㊦㊀故）位ト云ハテハ不レ可レ顯ル。凡夫賢聖其ノ位各別ナル故ニ。我等カ上ニモ一代ノ階位ヲ取テ。舍那ノ戒法ニ入ルル時。三聚淨戒ノ功德ヲ我等ニ發起ス。卽凡夫ノ上ニ受得スル姿也。此ヲ一品一卷ノ宗旨トハ名タリ。此時ハ。今經ニ所レノ擧五位ノ菩薩ヲ四教ノ階位ト開シテ可レ顯ス也

是故ニ。（經、大正藏二四、一〇〇四中二行～）戒光從レ口出。有レ緣非ニ無因一故　乃至　大衆諸佛子之根本　矣　佛卽口放戒光ノ體ヲ。經ニ自ラ說キニ放光ノ因緣一ヲ顯ス。義記ニ。（大正藏四〇、五七一上）此文ヲ得果ノ三句・行因ノ三句ト分別セリ。非靑黃等者得果ノ三句也。（得㊦㊀㊁佛）諸佛之本源等者。（「㊦本）（經、大正藏二四、一〇〇四中四行～）行因ノ三句也。戒ハ眞俗二諦ト名ク。得果・行因共ニ舍那ノ戒體ヲ顯ス義門ニテハアレトモ。得果ノ三句ト者。打任タル諸ノ大乘經ノ心。眞如法性ヲ戒體トシ。心無盡故戒亦無盡ト云ヘル也。（義記、大正藏四〇、五六六上五行）行因ノ三句ト者。正ク今ノ三聚淨戒ノ戒體ノ姿ヲ顯ス。此ノ二ハ戒體戒行也。眞俗兩諦モ眞諦理。（天止二、五三九。止觀）中道正（妙カ）觀戒之正體ト釋スル心也。諸佛之本源已下ヲ俗諦ト取ル意ハ。俗ハ卽假ノ義。性無作假色ト釋タル心也。（義記、大正藏四〇、五六六上一行）心㊁ナシ　諸佛ノ本源・行菩薩道ノ根本・佛性ノ種子ト云ヘルヲ。眞如法性ノ至極ニシテ。修得ノ舍那ノ戒身ト云ハレテ。事ハ我等カ上ニ發起スルヲ名クルニ假色ト故ニ。世ノ常ノ眞俗事理ノ姿モ句カ可レ替也。是故ニ大衆諸佛子ト云ヨリ下ニハ受持誦學ノ四勸ヲ明ス。上ノ（上㊦ナシ）受持誦ノ三勸ニ。（經、大正藏二四、一〇〇四中七行～）勸學ノ句ヲ制シタリ。而ニ若受佛戒者。國王王子　乃至　但解法師語等結シテ勸學ノ一ヲ明ストス見タリ。此偈頌長行ハ同ク序分也。序ハ戒體カ句ト成リ。正宗ニハ戒行明也。戒體ト云時ハ。四勸ノ中ニ殊ニ受カ體トナル。故ニ偈頌長行共ニ此ノ受ノ體ヲ明シテ。持處（處㊁ナシ）ノ姿・戒行ノ相ナル故ニ。至（云㊀之）二正宗一ニ此ヲ可レ明也。大方一品一卷ノ宗旨者。但解法師等云謂也。舍那ノ功德ヲ受ケ取ル謂（謂㊀ナシ）ヲ戒體受得ト名ク。凡夫佛戒ヲ受得スル也。此ノ四戒三勸トモ分別シ。

受持誦學トモ開ス姿ヲ取レハ。只但解法師等云也。（㊁者）四戒ト云モ一戒ヲ四ニ分別シ。三勸ト云モ受ノ一ヲ三ト開スル也。此偈頌長行ヲ四十八重ト開テ。正宗ヲ說ク也

抑就ニ此義一ニ。此戒ト彼淨土宗（宗㊁㋑）トヲ意得合スレハ。先ツ菩薩戒ノ面テハ。離三惡道ノ謂レ。世世不墮等ノ益ヲ位同大覺シテ。戒體受得ノ上ノ戒行ヲ淨土受形（形㊂戒）ト意得レハ（義記、大正藏四〇、五六三中十一行）殊勝ノ事ニテアル也。舍那ノ功德ソト戒體受得シヌ。此上ニ戒行ニ出テテ持犯ヲ明ムレハ。難レ成謂ヨリ彌陀ノ功德ニ尋ネ可キレ入故ニ。此カ正宗ニテ有ト意得タル也。大方ハ何モ大綱ハ序分ニテ聞タリ。其ノ序分コソ正宗ト顯ハセ。殊ニ觀經ノ說相。如此欣淨緣（緣㊁彌）ノ。光臺所「現ノ姿。其上ニ顯行不觀ノ（大正藏三七、二八三上。觀經義疏）兩緣ヲ開テ。生死解脫ノ道ヲ」示（示㊁永）（「」㋑㋻）ス。序分ニテ未レ說ニ法門一ヲ。正（正㊁㋻）宗ニテ始メテ明タル事ハ無レ之也。サレハ以ニ此ノ才覺（覺㊁㋑學）一ヲ天台ノ法華經ノ說相ヲ見レハ。序分ノ六瑞等ノ處ニテ。一乘ノ宗旨ヲ盡タリ。其上ニ重テ正宗ヲハ設ケタリ。只就テモニ梵網ノ一經一ニ。受持誦ノ三勸ト者。受ハ持ノ為。持ハ受ノ為也。サレハ三勸卽三段ノ意ニテ有リ。戒體受得ハ序也。此上ニ一一ノ戒行持犯ノ姿ヲ正宗ト云 此上ニ為レメニ人誦流通也。四勸ヲ擧ナカラ但解法師等結スル（㊁緣）序分ノ文ノ終ナル故也。佛告諸佛子等ト云ヨリ（經、大正藏二四、一〇〇四中十一行）正宗。十重四十八輕戒ヲ明ス。付テニ十重一ニ惣表（標カ）・別解・惣結（標カ）ノ三ノ文段アリ。今ノ一段ハ惣表ノ文也。我已略說等（同十四行）ハ何ヲ指ソ。初ノ偈ニハ舍那ノ發起。長行ハ釋迦ノ勸發也。木叉ノ相貌無ニ覺束一。但シ上ニ四戒三勸ノ旨ヲ明シ。乃至但解法師等說テ。戒體受得ノ姿顯ス。此ヲ略說ストヘリ。此ヲ開シテ十重四十八輕戒ト說キ顯ス也

第一　殺戒

（經、大正藏二四、一〇〇四中十六行～）（義記、大正藏四〇、五七一中八行～）

大小乘共ニ戒ニ輕重アリ。小乘ハ五篇七聚等ヲ分別ス。其中ニ波羅夷ハ是重戒。僧殘已下ヲ說ク篇ハ輕垢也。小乘ノ意ハ。比丘ハ四波羅夷。尼ハ八波羅夷也。但シ數ヲ副ヘタレトモ體ハ不レ出ニ四重一ヲ。今ノ菩薩戒ハ十波羅夷ヲ立ツ。初ノ四重ハ同シニ聲聞一ニ。此ニ六重ヲ加ヘテ十重トス。又初ノ四重ニ付テモ。戒ノ次第。聲聞ニ不レ同。聲聞戒ハ婬盜殺妄ト次第ス。是則聲聞ハ自調自度ヲ先トス。生死流轉ノ根元ハ自リニ婬欲一起ルカ故ニ初ニ制ス。又聲聞戒ハ。佛在世ニ佛弟子ノアヤマテ犯シヲ待テ此ヲ制スル。故ニ五十餘年ノ閒。涅槃マテ制セシ一代ノ閒ノ諸戒ヲ。滅後ニ結集シテ。二百

五十戒ト八數ヲ定タリ。其中ニ。此婬欲ハ佛弟子最初ニ犯シタリ。故ニ初ニ制スル也
菩薩戒ノ意ハ。利他ヲ先トス。殺生カ大ニ慈悲ニ背ク罪業ニテアル故ニ初ニ此ヲ禁ム。一切ノ凡聖ノ重クスル物ハ。命ニ過タルハナシ。佛道ヲ修行シ乃至無上菩提ニ至マテモ。生身ヲ全クスルヨリ外ニハ無キ故ニ。佛法ノ道理ニ付テ。命ヲハ可レ惜ム者也。世間ノ分モ。父ニ孝ヲ致シ。君ニ忠ヲ致スヘキニ。徒ニ命ヲ失ンコト非ニ本意一。其上ニ世出世ノ道理ヲ明ムルニ。不レ及レ云生アル物ハ命ヲ惜ム。人ヲ助クル道。只命ヲ持諮（底イ讀）ヘキ也。況ヤ佛道ノ人身ハ千劫萬劫ニモ難レ受。適ミ此人身ヲ受タルヲ。此命ヲ失ン事。大ニ背ニ慈悲一ニ。菩薩舍那ノ戒體コソ受得シタル上ニ。戒行ニハ還。一一ニ舍那ノ慈悲ノ體ヲ振舞也。其ノ慈悲ト者。不殺生カ源ニテ可レ有也。此不殺生ヲ初トシテ十重トモ云。四十八輕トモ開ケリ
是菩薩應レ起ニ常住慈悲一ト者。（經、大正藏二四、一〇〇四中十八行）舍那ノ慈悲ノ體也。常ニ此ノ慈悲ニ住シ可レ學ニテ慈悲ヲ一コソ有ルニ。生命ヲ失コトハ背クカ慈悲ニ一故ニ。自ノ生死流轉ヲ恐レテ。先ッ此レヲ留ントン向ン時ハ。愛欲罪ヲ制スヘケレトモ。菩薩ノ利他ノ心ニ住スル前ニハ。不殺カ慈悲ノ至極ナル故ニ。一番ニ制スル。二三ニ制スレハトテ罪ノ輕重カ非レ可レ有ル。自度ヲ本トシ。兼濟ヲ本トスル面ニ付テ次第ヲ立ル也
此ノ第一ノ戒ハ。名ヲ付クル事不同也。太賢ハ快意殺生戒ト云。（大正藏四〇、七〇二中）明曠ハ殺人戒ト云。（同、五八七下）義記ニハ只殺戒ト云云（同、五七一中）經ニハ乃至一切有命者不得故殺ト說テ。（大正藏二四、一〇〇四中十八行）快意殺生是菩薩波羅夷罪ト結スル故ニ。（同二〇行）太賢ノ殺生戒ト名付タルハ。文相ニ叶ヘリ。而ルニ義記ニ乃至有命者文ヲハ擧輕況重ト釋シテ殺人ヲ重ノ體トス。小乘ノ意モ。殺畜輕垢。殺人波羅夷トモ云。四重ノ中ノ第三ノ波羅夷ハ殺人也。菩薩戒意モ聲聞ニ異ナラス。只開遮色心等ノ異也。遮ノ姿ハ不レ可レ異ナル。正キ重ノ體ハ。殺人ニテ乃至一切有命ハ輕也。仍テ明曠ハ殺人戒ト名ク。而ニ輕重分別スル時ハ殺人カ重テハアレトモ。乃至一切有命者トテ輕ヲ重ノ中ニ說キ加ヘタリ。是卽（底イ則）重ノ外ニ一一ノ輕垢ノ戒雖レ可トレ有ル。此經ニ五十八戒ヲ說キ畢テ。十無盡戒ト說ク故ニ。輕垢ヲ十重ニ收メテ。十重ノ外ニハ何ヲモヲカシトスル故也。故ニ乃至一切有命ハ輕垢ナレトモ。此ヲ殺人ノ重ノ外ニハ不レ置也。仍テ太賢カ輕重分別セス只殺生戒ト名ケタルモ嫌也。又殺人トノミ明曠ノ名付タルモ一偏也。爲レ顯ニ此ノ二ノ意ヲ一。大師ハ

只殺戒ト被レ名給ヘリ。此又（又㊄文）戒體（體戒㊀ナシ）戒行ノ意ナルヘシ。十重四十八輕ハ。共ニ戒體ノ上ノ戒行ノ持犯ノ相ナレトモ。又此ノ十重四十八カ戒體ト云ヘハ。悉ク戒體ナル意モアリ。戒行ト云ヘハ。皆又戒行ナル謂モアリ。サレハ十重等爲二戒體一ト釋セリ。而又此ノ十重ト四十八輕トヲ。戒體戒行ト約束スル也。自二十重一殊ニ戒體ノ意ヲ起スニ。四十八ヨリ戒行ヲ顯ハス。故ニ十重ヲ十無盡トモ名テ。一切ノ戒ヲ此ニ盡ス意アリ。舍那ノ戒ト云者ハハ。一切說戒此一戒ニ收ムル意也。是則戒體受得ノ故ニ。十無盡戒トテ戒體ノ時ハ。一切有命者不得故殺ノ故モアリ。輕重ヲ分別セハ。又殺人カ重ナル故モアリ。此ノ二ノ意可ニ具足一也。一一（一一㊄二）ノ戒ニ應不應アリ。應ト者可レ成事也。不應ト者ハ不レ可レ成事也。不應ハ卽攝律儀戒ノ意。應ハ攝善攝衆生戒ノ意也。大方戒體ト者。已ニ三聚淨戒也。故ニ戒行又三聚淨戒ナルヘシ。而ヲ十重四十八ヲ皆攝律儀戒ト釋ル事不審ナレトモ。此ノ三聚淨戒トテ。定惠カ皆戒ノ功德ニ入タル意ニテ十重四十八ヲ攝律儀戒トハ云也。又此十重四十八ニ付テ。十重ハ攝律儀。四十八ハ攝善・攝衆生（攝衆㊄攝㊀ナシ）ナル姿也。十重ハ大旨身口ヲ制シ。輕戒ハ多ク心ヲ制ス。如レ此一偏ニ不レ可レ執ス。先ツ初戒ニ付テ輕重ヲ定メハ。殺人ハ重。畜生等ハ可レ輕也

第二不與取戒（經、大正藏二四、一〇〇四中二一行～）（義記、大正藏四〇、五七二上二六行～）

殺ハ全命ヲ奪ヒ。盜ハ半命ヲ奪フ。以レ財ヲ命ヲ助クヘシ。而此ノ財ヲ奪ワレヌレハ。正ク命ヲ非レトモ被ルルコトレ斷。資財ヲ盜レヌレハ命ヲ奪ニ當レリ。仍テ殺ヲ第一ノ罪トセハ。盜ヲ第二可レ制也。此經ニハ。（經、一〇〇四中二三行）一切財物一針一草不レ得二故盜一ト說トモ。義記ノ意ハ。五錢（五七二中十行～）已上ヲ重ト釋ス。此ノ五錢ト者。摩渴陀國ノ大銅錢ナル故ニ。一錢ハ世常ノ小錢十六文ニ當ル。仍テ八十文已上ヲ盜タルカ重ニテアルヘシ。此ニモ異說アリ。四百文已上ヲ重トスル說モアル也。何樣ニモ義記而已ニ八十文ト見タル上ニハ此ヲ可レ爲也

四日　自第三戒至十重結文

第三婬戒（經、大正藏二四、一〇〇四中二六行～）（義記、大正藏四〇、五七二中二一行～）

此戒ハ。在家出家ノ戒ニ不同アリ。出家ハ一向不婬。在家ハ邪婬ヲ制ス。所謂自妻ヲ許シテ他犯ヲ誡シム。此愛欲ハ流轉ノ根元也。故ニ聲聞戒ニハ初ニ制スル也。菩薩戒意ハ利他ヲ先ニシ。自度ヲ

次ニスト云約束計ニテ。此戒ヲ第三ニシテ殺生ヲ初ニ立タレトモ。罪業ノ中ノ罪業也。尤モ可レ愼云云 況ヤ又菩薩戒ノ意モ。制戒ノ門ハ自分カ面ト成意可レ有レ之。三聚淨戒ノ前ニハ。利他ヲ爲レトモ本ト。防非止惡ノ戒門ハ。自行カ可レ爲レ本ト也。サレハ三聚淨戒ト云時モ。饒益有情戒トテ別立タル故ニ。說戒カ皆利他ハカリニテ有トモ不レ可レ定。律儀門ハ三業ノ中ニ殊ニ身口ヲ面トス。自行化他ノ中ニハ自行ヲ專ニスル謂也。又菩薩ノ意ハ。其自行利ト云ヘルカ自レ本爲ニ化他一。各別ノ事ニ非ス。サレトモ自行化他ヲ分別セハ。律儀戒ハ自行カ面ト可レ成ル。若（若㊦藏）爾者。聲聞戒ニ同ク此戒カ爲ニ根元一ト故也

付レ之。殺盜二ノ戒ニハ乃至一切有命者等說キ。一針一草不得故盜ト說タラハ擧輕況重ニテアルヤ。此（ヤ㋑カ）戒ニハ無ニ輕重一。乃至（經、一〇〇四中二七行）畜生女諸天鬼神女者。十（ママ）此重ナルヘシ。サテ第一第二ノ戒ハ。教人殺・教人盜悉ク重ニテアルカ。第三ノ戒教人婬ハ。非ニ我業道ニ故ニ輕垢ト云ハルル姿モ在（㋑之）也。其故ハ。於テハ此戒ニ境界ニ付テ無ニ輕重一犯セハ皆可シ重罪ナルニ

第四 不妄語戒（經、大正藏二四、一〇〇四下三行）（義記、大正藏四〇、五七二下十行）

此妄語。又尤可レ愼事也。佛法ノ修行ト者。雖ニ三學異也一。捨テレ妄ヲ可レ求レ眞ヲ謂也。妄語ニ過タル罪業ナシ。羅睺羅常ニ妄語ヲ好ム。佛ハ法ヲ方便シテ止メ給ヘル事有レ之。大論十五云（大正藏二五、一五七上）。譬ハ如ニ覆レ瓶水不レ得レ入。如ニ世尊言一（同四〇、七〇五下。古迹記）。妄語覆ニ心道一水不レ入等云云

凡ソ何モ一戒一戒ニ向フ時ハ。此ハ過タル罪業ハアラシト云ヘル事也。此戒ニ輕重アルヘシ。不レ見ヲ言レ見ヒ見タリト。見タルヲ言レ不レ見ト者。廣ク一切妄語ニ亙ル。今ハ以ニ大妄語一ヲ重トス。大妄語ハ專ラ出家ノ上ニ可レ有事也。或ハ於ニ佛法一ニ有ト證得一云ヒ。或ハ神通變化ノ事ヲ見ルト云ヒ。或ハ天龍八部冥衆ノ境界ヲ解見スト云ヘル。如レ此等ノ事。皆是可ニ大妄語一ナル。付レ之。凡位ノ解了ナントニ。時ニ我カ分齊ニ過タル智惠ヲ開キタリト云テ。正キ聖位ヲ證スト說カサレハ大妄語ニ非ストモ云一義アリ。正ク斷惑證理入聖得果ト云ハンスルカ可レ有ニ大妄語一ニテ也

義記云（大正藏四〇、五七三上六行）。若說レ得ニ四果十地八禪（具カ）神通一。若言レ見ニ天龍鬼神一。悉是重共。若說レ得レ證（登カ）ニ性地一。一云既是凡法罪輕垢 矣

此意也。如レ此說ク意ハ。證得ノ相ヲ現シテ在家ノ歸依ヲ招キ。檀越ノ信施ヲ受ケ。名利ノ爲ニ此戒ヲ犯スル故ニ。尤モ重キ罪也。前人ヲ驚惑シ。佛法（佛法㊦佛佛）ノ中ニ於テ不實ノ失ヲ招ク。其外（外㊀㊁餘）ハ皆小妄語也。戒戒ニ正ク罪ヲ結スル位ヨリ。殺戒ハ。所殺ノ人ノ命根ヲ斷スル位ニ結レ罪ヲ。盜戒所取ノ物已ニ本所ヲ離ルル位ニ戒ヲ犯ス。婬戒ハ男女ノ二根ノ和合ノ位ニ重ヲ犯ス。妄語戒ハ前人ノ領解ノ所ニ此戒ヲ犯ス。何ニト妄語ストニ云。妄語ノ條ハ勿論ナレトモ。聞カン人ヲ沙汰ノ外ニ思テ信ヲ發サスハ其罪淺シ。前人ノ解シテサテハ證得ノ人也ト信スル位ニ妄語ノ罪ヲ取也。此ニ又二義アリ。義記ニ云。一云隨（同、五七三上九行）人。二云隨語 矣（「㊦實）兩ノ人ノ中ニテ妄語ヲ出タサンニ。人數ニ隨テ妄語ヲ犯ストス云義ハ。只領解カ本ナル故ニ妄語（語㊦證）ノ罪ハ可レシト一トナル云也。聲聞戒ハ。此四戒ヲ波羅夷ト定タリ

第五 酤酒戒（經、大正藏二四、一〇〇四下八行～）（義記、大正藏四〇、五七三上十五行～）

（「㊦㊀自）此戒者。聲聞戒ノ意ハ非レ重ニ。販賣戒ノ所攝ナルヘシ。所時（持カ）ハ强ニ酒ニ不レ限。出家ノ人（人㊁㊂）ノ上ニハ一切ノ物ヲ賣ル事ヲ制ス。第三篇ニ可レ屬ス。菩薩戒ノ意ハ。一切衆生ニ明達智惠ヲ與ヘキニテコソ有ルカ。酒ハ是無明ノ毒藥也。飮ム人正見ヲ失ニ。一切ノアヤマリ自ニ飮酒一起ル。此ヲ飮コト本心ヲ失ハハ。四重五逆ヲモ犯スヘシ。故ニ尤モ可レ愼事也。而我一人飮ハ只一人ノ誤也。此酒ヲ賣テ。他ニ與フ一切衆生ノ明達ノ惠ヲ可キニ奪フ故ニ。重戒ニ立タリ

第六 說四衆過戒（經、大正藏二四、一〇〇四下十三行～）（義記、大正藏四〇、五七三中六行～）

此戒。又聲聞菩薩ニ付テ輕重ノ不同アリ。聲聞戒ハ可ニ輕垢一ナル。菩薩ハ此又重也。此ニ同ク菩薩戒ヲ受タル同朋ノ七逆十重等ヲ犯セリト云事ヲ。未レ受ニ此戒ヲ一人ニ對シテ說事ヲ制ス。義記云。（同前七行）一ニハ以テ抑ヲウ一沒モツス前人一ヲ。二ニハ損ニ正法一。故得レ罪垢 矣（也カ）所詮。於テ大ニ佛法ニ一損害ヲ可レ成事也。其ノ人若犯シタラハ「（「㊦㊁）或ハ一衆ノ中ヲ出ル歟。若ハ又依レ法ニ令ニ懺悔セシ一。實又不レルヲ犯犯シタリト」說ハ。第六ノ戒ノ上ニ妄語ニ妄語ヲソフヘシ。所犯アラハ。イカ程モ我カ衆中ニテコソ可キニ對治ス一。或（或㊁㊂）ハ他門人。若シハ外道惡人等ノ中。若ハ在家。若ハ出家ノ前ニ於テ。同朋ノ失ヲ語ルコト已ニ此ノ一衆ニ於テ疵ヲ付ル也。設ヒ他門ノ人此ヲ謗セハ。其ノ人ヲ可レ助。還テ他ニ對テ一衆ノ疵ヲ付テ於ニテ佛法ニ一成ニスス損害ヲ一

事大ナル失也。此ニモ結罪ノ事。大ニ隨ヒ・語ニ隨（隨㊇施）ト云ヘル二說アリ。此モ七逆七重等ヲ犯ストモ說クハ重罪トモ。餘罪ヲ犯ストモ說ク。輕垢也

第七　自讚毀他戒

（經、大正藏二四、一〇〇四下十九行～）
（義記、大正藏四〇、五七三下十一行～）

此ハ擧ニ己カ德ヲ一他ノ過失ヲソシル事也。只我德ハカリヲホメ。或ハ他ノ失ハカリヲ毀ルソシ其罪輕シ。自讚ニ毀他ヲ並ルカ此戒ノ所制ニテアル也。菩薩兼濟ノ意ハ。推ニ直ナヲキ於他ニ一引レ曲ヲ向フレ己ニ（大正藏十二、七〇二上。涅槃經）ニテコソ有ルニ。反テ他ノ名聞利養ヲ奪ハン爲ニ。他ヲ毀リ我ヲホムルハ利益ノ門ニ背ク。此モ惣シテ人ヲソシリ己ヲホメタル罪業ニテコソアレトモ。義記ニ有菩薩戒者方重ト釋シテ（同十九行）。此戒ヲ受タル同朋ノ菩薩ノ失ヲ擧テ。彼名聞利養ヲ奪テ己ニ招ントスル所ヲ禁ム。上ノ說四衆過ト者。同朋ノ菩薩ノ七逆（逆㊇遮）十重ヲ犯タリシト云事ヲ說事ヲ制。此ハ縱ヒ輕罪ヲ犯ストモ說タリトモ。只惣シテ其人ノ三（三㊇意）業ノ失（失㊂之）ヲ擧テ。彼ニ對シテ己カ德ヲ顯ハス事ヲ禁ム。故ニ上ニ自讚無ケレトモ重ヲ罪スト說モ。此ハ輕垢ヲ說トモ自讚ニ置ク也

第八　慳惜加毀戒

（經、大正藏二四、一〇〇四下二四行～）
（義記、大正藏四〇、五七三下二八行～）

此ハ慳貪ノ心ヲ制ス。財ヲヲシミ。法ヲヲシム二ノ姿アリ。菩薩ハ以ニ六度ヲ一行トス。六度ノ中ニハ檀波羅蜜ヲ源トス。縱ヒ頭目髓腦也トモ人若乞フ事アラハ。非レ可レキニ惜ム。國城妻子身肉手足ヲモ可レ捨ツ也。薩埵王子ノ虎ノ爲ニ身ヲ捨テ。身子尊者カ爲メニ波羅門ノ與レ眼ヲ如クナルヘシ。縱ヒ身命也トモ不レ可レ惜ム。況ヤ財物ヲヤ。又我等カ佛法ヲ學スルモ爲ニ衆生利益ノ一也。我カ一人ノ悟リヲイソクハ二乘己調ノ行也（也㊇之）。菩薩廣大ノ修行ニ非ス。故ニ人カ法ノ求ンニ不レ說道理不レ可レ有。財法共ニ可レキ與フ也。但一念ノ慳貪ノ心ハ。凡夫ノ上ノ自他難シレ免レ。今戒ノ所制ハ。只非スレ不ルノミニハ與ヘ。反テ其ノ人ヲ罵辱スル所ニ此戒ヲ犯スル也。大方ハ菩薩ノ律儀ハ三業周ク制ス。慳貪ノ心ヨリ菩薩道ニハ背クトモ。三聚淨戒ト云ヘル前ヘニ（天止一、四三七。弘決）攝律儀ハ身口ヲ取トス。サレハ妙樂ハ。大小兩宗咸制身口ト釋（乘。若結罪邊咸從身口カ）給ヘリ。就中。今ノ十重四十八輕ハ三聚淨戒ノ中ニハ攝律儀ヲ爲レ本ト。其中ニ殊ニ十重ハ身口ノ律儀ヲ誡ムル也。煩惱道有故（大正藏四〇、五六七中。）非障ト釋シテ（義記取意カ）。凡夫ト云程ニテハ慳貪ノ心アランコトヲハ不レ及レ遮スルニ。故ニ法ヲ求メ財乞トモ依テ一分ノ慳心ニ不ルハレ與ヘ。僻事ナ

カラ無レ力。反テ人ヲ毀辱シテ其心ヲ慳亂セシムル所ニ此〔此(ロ)ナシ〕ノ戒ヲ犯スル也

義記云〔(大正藏四〇、五七四上十七行～)〕。在家菩薩應レ知〔(行カ)〕ニ二種一。一財・二法。出家ノ菩薩行〔(施カ)〕四種〔(施カ)〕。一紙・二墨・三筆・四法。得忍菩薩行〔(施カ)〕三種。一王位・二妻子・三頭目皮骨 矣 出家ノ人ハ自レ本畜タル財物無ケレハ。可レ惜物ナシ。又常住ノ物ナトヲハ取〔「(底)得〕テ非レ可キニ與フ。故ニ只紙筆等ノ四種ヲ行スル也。頭目皮骨等ハ。又深位得忍ノ所作也。初心ノ所行ニ非ス。初心ノ菩薩ナトハ。人ノ眼ヲ乞ヒ身肉ヲ求ケレハトテ與テ威儀ヲ破〔破(底)故〕ラハ又道儀ニ背ク也。所詮。加毀ヲ以テ重ヲ結ス

第九　瞋心不受悔戒〔(經、大正藏二四、一〇〇五上五行～)(義記、大正藏四〇、五七四上二二行～)〕

上ノ戒ハ貪心。此ハ瞋心也。貪瞋ノ一念ハ。煩惱具足ノ凡夫自他難レ免カレシ。此モ不受悔ノ所ニ重ヲ犯ス。前人求レ悔善言ニ懺謝ス〔(經、同前九行)〕。猶瞋不レ解ト說ク此意也。前人前非ハ。悔ムコト種種ノ善言ヲ以テ懺謝スルニ。瞋恚〔恚(ロ)心〕猶ヲ解サルカ重戒ニテアル也。此等ハ皆重ノ體ヲタヤスク說キナス。ソソロニ我等カ上ニ難レ持チ云〔云(底)(ロ)ナシ〕テハ不レ可ニ道行一ク。只貪心ヲ不レ可レ起ス。瞋心ヲ不トレ可レ生ス說タリトテモ。凡夫ノ上ニ不レ可レ叶。故ニ加毀ト云ヒ。受悔ト說テ重ト云也。此等ナトハ。戒ノアリサマヲ一向意ニモヲカサル人ハ。隨レ緣テ犯シヌヘキ事也。聲聞ノ重ハ限リ四ニ。四重ハ又人人〔人人(底)念〕心アリ。第五已下ハイタク人モ不ニ沙汰一誤テ犯シヌヘキ事也。尤モ心ニカクヘシ。若シ以テレ語ヲ懺謝ストモ。其人實ニ悔ヲ求ムル氣犯ニハ非スシテ。反テ調哢ヲ成スカタ有テ。知テレ悔ヲ受ケスハ此戒ノ所制ニ非ス

第十　謗三寶戒〔(經、大正藏二四、一〇〇五上十一行～)(義記、大正藏四〇、五七四中三行～)〕

菩薩ハ外道惡人等ノ三寶ヲ謗スルヲ聞テ。三萬ノ杵ヲ以テ心ヲ指スカ如ク可キレ思。反テ自ラ謗スルハ至極ノ重罪ナルヘシ。但シ。佛家ニ入リ。佛法ヲ學スル程ニテハ。何トテ三寶ヲ謗スト云事ハ可ソレ有レ之就テニ「此事〔「」(イ)ナシ〕一ニ。義記ニ〔(同十七行～)〕四種ノ邪見ヲ擧タリ。上中下雜也。上」品ノ邪見ハ撥無「因果〔「」(底)ナシ〕ナル故ニ。輕重不レ可レ及ニ沙汰一。就レ中邪見ニ法相・非法」相ノ二種アリ。法相ト者。惣シテ因果ヲ撥無スルニ非レトモ。三寶ノ德不ストレ及ニ外道一ニ思コトアルヘシ。此實〔實(底)寶〕ニ其ノ見計起〔計起(底)(イ)起計成〕ラハ戒ヲ失スヘシ。戒體ハ身ニ備ヘタレトモ。戒行ニ付テ輕

重ノ罪ヲ犯スルヲコソ沙汰スル事ニテハ有レ。失戒シヌレハ戒體備ハラス。菩薩戒ノ心ハ。具受持分トテ受ル事ハ。一切ノ惡ヲ止メ。一切ノ善修シテ。一切衆生ヲ利ント持ッ故ニ具受ニテハアレトモ。凡夫ノ上ニ說戒難レ持。而ニ一戒ヲハ犯スレトモ餘戒アレハ分持ノ菩薩也。破戒ナカラ分持ノ德アリ。彼ノ上上ノ邪見・中邪見ノ法相ノ人ハ。已ニ失戒ナルヘシ。故ニ輕重ノ沙汰ニ不レ可レ及。中邪見ノ非法相ヲ。義記ニ。（同一一行）知ニ三寶爲レ勝口說レ不レ如矣釋スル。此カ第十ノ謗三寶戒ニテハアル也。下邪見之三寶。（三底七）外道ニ不レトハ及不レ言。佛法ノ中ニ於テ。小ハ勝。大ハ劣ト思ヘシ。此レモ計已成ナル大戒ヲ身ニ備ハルヘカラス。惣シテ佛法ヲ出ルニテコソ無レトモ。大乘ノ學者ニテハ非ス。計未ルハレ成輕垢ノ所攝也

（同一六行〜）雜邪見ト者四種アリ。⌐底一偏執・⌐底二雜信・⌐底三暫（繫カ）念小乘・⌐底四思義僻謬也。偏執ト者。小乘ト云ヘルモ大乘ノ方便ニテ有ヲ。偏ニ大乘ヲ執シテ。小乘ナントハ沙汰ノ外ニ思タリ。或ハ又大乘ノ中ニモ。一部ヲ執テ餘ヲ謗スル事在レ之。此ハ只敎理ノ淺深ヲ沙汰スル分ニモ非ス。殆ト佛法ニ非ル樣ニ思ヘキ也。雜信トハ者。佛法ヲ捨テテ三寶ノ德ノ不レト及ニ外道ニ思ハサレトモ。外道鬼神ヲ崇レハ威力ヲ施スコト速疾也ト思テ。現世ノ福德ヲ樂ネカワン爲ニ彼ヲ信スル也。暫（繫カ）念小乘ト者。（同、五七四下四行〜）大乘ハ殊勝ノ事ニテハアレトモ。甚深ニテ難レ學ヒ故ニ。先ッ小乘ノ道ニ趣キ。終ニ大乘ニ入ランナト思事也。思義僻謬ト者。（同六行〜）此ハ只學者ノ解了淺ク如クモレ法ノ解ヲ不ルレ成サ事ナレハ無レ力。縱ヒ雖ニ罪業（底滅）也ト輕垢ナルヘシ。所詮。此戒ハ中邪ノ中ノ非法相ヲ取ル也」

抑モ。何トテ知ニ三寶爲レ勝口說レ不レ如ノ義ハ可レト有云。我身ハ三寶勝レタリトハ知リタレトモ。國王大臣ノ。若ハ檀越等外道ノ法ヲ信タル事アラハ。其ノ人ノ心ニ叶ハン爲ニ。僻事トハ思ナカラ。佛法ハ外道ニ不レト及說クヘキ也。而モ天竺ニハ。外道ト佛法ト自レ昔諍ヲ成ス。唐朝又道士・儒敎ナト云者ノアリテ。佛法ヲ不レ許サ。サレハ代代ノ國王。道士ナントヲ信シタリシハ。道士ヲ貴テ釋衆ノ上令ムルレ瞋事モアリ。日本ニハ昔シ守屋ノ大臣。佛法ヲ破セシヲ。⌐底王上宮太子此ヲ對治シ給ヨリ以來。佛法ヲ貴テ。孔子・老子ノ道ヲ習ト云ヘトモ。只世間ノ所用トノミ思テ。佛法ニ勝タリト云事ナシ。近來此道ヲ貴フ者ノ。佛法ニモ不レ劣。アマサヘ（剩）釋敎ニモ勝タリト存ル歟。（歟底也）サレトモ今迄ハ。國王種性ノ人ノ。佛法ヲ次ニシテ。外書ヲ眞實ノ道也ト思タルハ無也。其ノ餘ノ人人ハ。カカル事モ有ル歟

廣釋ノ上ニ。(イ云」)(大正藏七四、七五七下)彼天竺國。猶有ニ外道一不レ信ニ佛道一。亦有ニ小乘一不レ信ニ大乘一。其大唐國。亦有ニ道(法カ)行一不レ許ニ佛法一。亦有ニ小乘一不レ許ニ大乘一。我日本國。皆信ニ大乘一。無レ有四一人不三願ニ成佛一。瑜伽論云。東方有レ國。唯有ニ大機一。豈非ニ我國一矣 此日本國ハ。果報ハ最下ノ處。邊地粟散ノ國(「王カ)ナレトモ。佛法ヲ信(信㊦仰)スル事。三國ノ中ニ第一也。何ナル田夫・野人モ成佛ヲ願ハサル事無レ之。山家(ママ)ノ大師云。(大正藏七四、三三五一上。一乘要決)日本一州圓機純熟。朝野遠近悉(「〇カ)期ニ成佛一矣 サレハ我朝ハ神國也。異朝神ヲ崇トト云ヘトモ皆神先祖也。日本國ニハ天照大神ヲ初トシテ。大權ノ垂迹ヲ神ト崇ム。然レハ我朝ニ生ヲ受タル事ハ。無雙(雙㋺爲)ノ悅ソカシ。而ニ此大道ニ背テ。佛法ニ疵ヲ付ル事無念ノ至極(極㋺ナシ)也。自レ昔三寶ヲ信セサル人ハ無カリシカハ。此戒ヲ犯スル人モ希也。自レ今後(「㋺已)ハ。定テ犯ル人可レキ多カル歟

凡ソ輕重ノ罪ヲ辨ヘル時ハ。十重四十八輕ト定タレトモ。(經、一〇〇三下―二七行)十無盡戒ト意得前ニハ。一切ノ輕垢ノ說戒モ此ニ收マル謂也。乃至舍那ノ三聚淨戒ト云此ヲ開ク。此舍那ノ功德ヲ受取タル振舞ト成レハ。重ナレハ此レヲツツシミ。輕ナラハ犯スヘキニ非ス。戒ヲハ浮囊ニ譬ヘタリ。大海ヲ渡ルニ浮囊ヲ持ヌレハ。海ニ沒ル事無也。而ニ羅刹來テ此ノ浮囊ヲ乞ニ。堅ク惜ム。初ハ悉ク與ヘヨト乞。次ニハ半分ヲ樂ヒ。最後ニハ微塵計ヲ乞ヘトモ。終ニ一分モ不レ許。所以ニ此羅刹ヲ畏テ浮囊ヲ與タラハ。羅刹ノ難ヲハ免カレタリトモ。海水ニ沒シナハ死セン事無レ疑ヒ。又微塵計モ浮囊ヲ與ヘテ。囊ノ中ニ水ヲタタヘハ。水底ニ可レキ沒事又同事也。故ニ堅ク惜テ。終ニ大海ヲ渡ルト云事ヲ說ヲ戒ニ譬ヘタリ。愛見ノ羅刹。戒ノ浮囊ヲ乞ト者是也。故ニ雖ニ小罪也一ト不レ可レ作。輕垢也トモ不レ可レ犯ス。浮囊ノ微塵計ヲモ如レク惜カナルヘシ

然トモ癡闇ノ凡夫ナレハ。止メラレスシテ無レク力小罪ヲ作ランヲハ。何ト云(云㋑ス)ヘキソ。輕重ノ罪體ヲ分別シテ。此ハ輕垢ナレハ犯シタリトモナント思ハンハ。大ナル誤也。大方諸惡莫作衆善奉行ハ(天玄一、六一一。玄義)七佛ノ通戒也。不レ可レ背ク。但シ道理如此ト云ヘトモ。癡闇ノ凡夫ノ上ニハ。諸戒難レシ持チ。三千威儀八萬ノ細行ハ。名字ヲタニモ不レ知。サレハ當今ノアリサ(サ㊦ナシ)マハ。只名字ノ比丘也。アマサヘ佛法ヲアサムキタル姿ニテコソアレ。如來ノ家ニ入リ。如來ノ衣ヲ著スト云ヘトモ。

制戒ノ有様ヲモ不レ知ラ罪業ノ因縁ヲ重ネテ。生死解脱ノ期彌遠シ。是以テ一經ノ中ニモ。末法ニハ在家ノ人ハ生シ二天上一ニ。出家人ハ惡道ニ生ストト説ク。而ニ菩薩戒ノ心ハ。三聚淨戒ノ功德者。一切ノ惡ヲ止メ。一切ノ善ヲ修シ。一切衆生ヲ利ス。是淨滿如來功德トシテ。法界ノ衆生ノ上ニ發起セシ故ナレハ。破戒造罪ノ凡夫ノ上ニ。舍那ノ發起ノ謂レ成シテ。但解法師ノ得戒ノ故也

已ニ三聚淨戒ヲ受得ルテアレハ。一惡ヲモ止メサルハナク。一善ヲモ不ナリレ修。一人ヲモ不ルハレ及ナシ。我等既ニ戒體ヲ受得シテハ。又一一ニ此謂ヲ分ニ隨テ振舞顯スカ戒行ニテハアル故ニ。一罪ヲモ恐レ。一善ヲモ可レ修ス故也。若。彼ノ淨滿如來ノ功德ノ中ニ。小惡ヲ許ス事アラハ。我等モ又可レ然ル。一惡ヲモ禁ルナラハ。我等又可レ恐ル。雖レ然。凡夫ノ上ニ。惡ハ難レ止メ。善ハ難タレ修ケレハ。

（只㋑ナシ）只此謂ヲ意盡テ。隨テレ分ニ可レ成也

然ニ當世ノ有様ヲ見ルニ。在家出家共ニ戒律ヲイルカセニス。適マ誠ヲ知タル人モ。惡人ニ猶ヲ取ラレテ。隨テレ世ニ振舞ヘハ。眞實ノ道ハ彌ヨ隱沒ス。四十八輕戒ノ中ニ意地ヲ制スル事多ケレハ。凡夫ノ上ニ難キレ持チ事可レ有レ之。此ノ十重ハ。大略身口ノ外儀（儀㊄ナシ㋺義）ヲ誡シム詮ノ

一八二 中ノ詮ナリ。盡テレ心ヲ自他可レ愼事也。此ノ十重ヲ十無盡戒ト（經、一〇〇三下二七行）名ク。是ニ諸戒悉ク收マル謂ヲ意得故ニ。此ヲタニモ全ク持タラハ。一分ノ戒行具足ノ人ニテ可レ有レ之也

凡ソ梵網ノ戒ハ。三歸發戒トテ。舍那ノ功德カ住持三寶ニ極テ歸シ二三寶一ニ。作法受得スル所ニ戒體ヲ受得ス。惣シテ佛法ト云程ニテハ。何モ歸スル二三寶一ニテコソアレトモ。此ノ戒ハ。殊ニ三歸發戒トテ。歸スル二三寶一ニ姿ヲ沙汰スル也。故ニ十重ノ終ニモ。謗三寶戒ヲ立（立㊄定）テテ戒體受得ノ姿ヲ顯ハス。十重十無盡戒ト云ルモ。戒體受得ノ故也。其ノ十無盡ノ姿ハ。三歸發戒可キレ顯ル故ニ。第十ニ此戒ヲ立テテ。此ヲ破テハ三歸發戒ノ故不レ可レ立事ヲ顯ス也。初ニ殺戒ヲ立テテ。舍那ノ慈悲ヲ顯シ。第十ニ三（三㊄ナシ）寶戒ヲ立テテ。三歸發戒ノ謂ヲ顯ハス。住シテ二此心一ニ戒體ノ上ノ戒行ヲハ可レ知也

抑。此ノ付ニ十重一ニ。一重相傳スル子細アリ。只不殺ヲ第一ニシテ人ヲ殺スト云ヒ。第二不與取ハ盜五錢ト定メルハ。正キ戒體受得ノ上ノ戒行ノ輕重ヲ云ハ。此猶ヲ輕垢ト云ルル料簡アリ。大方殺人ヲ重トスル事ハ。聲聞戒ニ異ナラス。菩薩戒ノ意ハ廣ク一切ニ可レ亙様ニ見タル人師モアリ。常途ノ義ニテ殺人重トハ云也。正ク一品

一卷ヲ宗旨ニ立入テハ。是皆輕垢ノ分ニテ。十重ヲハ猶深(深㊦淺)ク立ル子細アリ。其時ハ十重ハ地體不レ可レ犯ス事ニテアル也。所謂ル舍那ノ功德ヲ意得タル人ノシルシニテ。七逆十重ヲハ不レ犯云約束アリ。打任テハ此義無ニ覺束一。戒體受得ノ事ハ然ナレトモ。凡夫ノ有樣依ハ縁ニ何ナル重罪ヲモ可レ犯ス事ソカシ。サレハ今ノ世ノアリサマ不思議ノ事共在レ之。カマヘテ懸レ意ヲ可レ愼事也

サレトモ期テ可レ不レ犯約束アリ。地體戒ヲ犯スト云ハ。只誤テ人ヲ殺シ。人ノ物ヲ取タレハ。非レ犯ニ。其ノ隨テ意樂ニ可レ犯レ重ヲ也。サレハ就レ戒ニ因緣法業ノ四アリ。惡心ハ殺ノ因。正ク命根ヲ斷スルハ殺ノ業也。付レ之。瑜伽ニ三品ノ纏ヲ立タリ。同ク殺ヲ行レトモ三品ノ纏ニ隨テ輕重アリ。今ノ義記ノ面ハ。上品ノ纏ヲ犯スルヲハ失戒ト沙汰シテ。中品ノ纏ヲ重罪ト定テ。下品ノ纏ヲ輕垢ト定ム。此常途ノ義相ニ順ル也。上品ノ纏ト者。數數現行無慚(ㇾ都カ)愧。(大正藏三〇、五一五下。瑜伽論)深生愛樂見是功德ト云ヘル此也。殺生等ヲ行シテ聊ノ慚愧ノ心モナク。此ヲ行ト思フハ此失戒スヘキ故ニ。戒ニ付テ重トモ輕トモ不レ可ニ沙汰一。先義記ノ面ハ。戒行ノ相ヲ判スル事此ノ趣也。而ニ相傳ノ意ハ。正キ一品一卷ノ宗旨ノ上ニハ。上品ノ纏ヲ以テ重トシテ。中下ノ「纏(「」㊀㊁)ヲ輕(輕㊀㊁)垢トスル意アリ。ケニハ又菩薩戒ヲ受タル程ノ人カ上品ノ」纏ヲ起スコトハ有ルマシキ故ニ。重戒ヲハ不レ可レ犯ス云約束アル也。一得永(永㊀㊁)不失ト沙汰スルモ此也

サレハ今ノ惣結ノ文ニハ。若有レ犯者。不レ得三現身發ニ菩提心一(經、一〇〇五上十八行)等矣下ノ流通ノ文ニハ。世世不レ墮ニ惡道一等說ケリ。(同、一〇〇九下三行)兩所文旣ニ相違セリ。此ヲ意得合ルニ。惣結ノ文ハ。十重ヲ犯シタラハ三途ニ可ト墮說キ。流通ノ文ハ。此ノ戒ヲ受タル人ハ永ク惡道ニ不ト還說ク。兩文ヲ意得ルニ。十重ハ不レ可レ犯ス事ニテアル也。故ニ舍那ノ功德ヲ受得シタル人ハ。戒體ハ不レ及レ申。就テモ二戒行一ニ十重ヲハ已ニ持テ不レ犯セ。十重若全キ物ハ十無盡戒ニテ一切ノ戒行此ニ收マル。故ニ位同大覺(同、一〇〇四上)等云ハルル也。ケニモ罪體カ身ニアルナラハ。佛子ノ名ヲモ不レ可レ得。不思議ノ得益ニ預ル者也。但シ犯戒ノ名ハ。十地モ洗ヒカタシ。如レ此「(「」㊦㊁)諸戒ヲ持タル謂モ。戒體受得ノ法門ヲ意得入ルル姿ニテコソアレ。歸ニ戒」行ニ時ハ。一戒猶難レ持(持㊦㊀爲)。此謂ニテ彌陀ノ功德ニ立入テ。生死ヲ可ニ解脫一ス。佛法ノ始終正ク我等カ所ニ成スル也。大旨三世ノ諸佛モ法ヲ說ソト云程ニテハ。三學皆我等カ不レル爲メ事ナシ。其樣ヲ明ムルニ。我等カ此ノ戒ヲ受テ

入ニ(リ)佛家一。彌陀ノ願ニ値テ生死ヲ可レ離ル。故ニ落居スル也 云云

「此五辛ハ輕戒ノ中ノ第四ナル故。二卷ニ一段在也。異本アル故爰ニ書也。後人不レ可レ寫也」(「」(イ)(ロ)(ナシ))（一八八頁下）

一。五辛ヲ禁ルニ付テ。人師ノ異釋アリ。梵網義記ニハ。大蒜ハ大（大正藏四〇、五七五上二七行～）蒜(ヒル)。茖葱ハ薤(ニラ)。慈葱ハ葱(ネギ)。蘭葱ハ小蒜(コヒル)。興蕖ハ唐朝日本無レ之(之(イ)也)。天竺ニアル草也。佛法者。出家ノ振舞ナレハ。清淨ノ行ヲ本トスヘシ。異香ノクサキ物ヲ食スレハ。三寶境界モ遠サカリ。諸天善神モ近付給ハス。サレハ惡魔ノ便リヲ得ルカ故ニ。此ヲ堅ク制スルカ先戒律ノ通法也。天竺ニハ。在家人スライタク不レ用ヒ。況ヤ出家ノ體ヲヤ。但シ病者ニハ憚リ無シレ之

凡ソ酒肉五辛ハ。其失カ同品也。當世ハ肉ハ重キ事ハ沙汰シ付タリ。凡ソ聖教ノ中ニ。五辛ノ過ヲ出タル一傳ニ云ク。昔シ或人。清涼山ニ詣シテ文殊ヲ拜見セント誓願アリキ。然トモ告有テ(有(底)(ナシ))云ク。汝三生ノ中ニ五辛ヲ食タル故ニ。今生ニテ文殊ヲ拜見申事不レ可レ叶 云云 其時。彼人口惜キ事哉ト思居テ。河ノ邊ニ行キ。腹ヲ切テ五臓ヲ水ニ洗テ。懺悔ヲ修シテ。重テ拜見セント願フ。其時。文殊新ニ影現シ給ヒキ。目出度カリシ事共也(共(ロ)(ナシ)) 云云 「(ロ)畢

（底本、(イ)本奥書。(ロ)本奥書全なし）

本云。應永三十一年（一四二四）卯月十七日遂ニ書功一畢　三井 孝泉

同云。文安四（一四四七）丁卯四月四日夜半。於ニ粟田口宿坊一書寫畢。此抄廬山寺之一流之祕藏(也。カ) 云云　三井沙門　清尊愚極法師

今月二日酉時南禪寺燒失畢。或僧云。(イ)[先年燒失以後經ニ五十五年之春秋一 云云]

本(本(イ)(ナシ))。永正五（一五〇八）祀戊辰二月二十八日書寫畢　三井　淵滴　兼順

本(本(イ)(ナシ))。永正十四（一五一七）乙丑（丁丑カ）曆八月二十日書寫畢　淨土西谷末弟　寺(寺(イ)守)堅

于時享祿五（一五三二）天壬辰二月日書寫畢　江州志賀郡眞野莊於ニ祥聚院一住僧 忍證 「(イ)判

十戒分只一卷抄終

其後。天文五（一五三六）丙申正月守祥中。越前國初大味於ニ諍峯(ママ)寺一書ニ一卷一。

元（本㋑來）本只一巻ノ抄ト見タル之（之㋑［ナシ］）歟。紙數依レ多レ之二帖ニ分テ書レ之歟。相見也

十二門戒儀云。妙樂云。

三途重病。戒爲ニ良藥一。生死大海。戒爲ニ船筏一矣（卍續二一十、五丁左上）（同上。前後）

南山云。

聖人所制（制教カ）名レ法。納法成業名レ體。依體起護名レ行。（大正藏四〇、一八〇中。四分律資持記カ）

覽而可レ別ニ名相一矣（同、二六二中カ）

法體行相ノ四種ヲ釋スル也

〔梵網經直談抄　上册〕

〔梵網經直談抄　下册　〕（缺表題）

五日　自第一戒至第十戒（四十八輕戒）

第一　**不敬師友戒**（經、大正藏二四、一〇〇五上二七行）（義記、大正藏四〇、五七四下十八行）

此戒ハ。受戒ノ師匠同朋等ヲ敬ヘキ樣ヲ制ス。此戒ハ。受テ勸タル戒ニテ有ト得タル人師モアリ。義記ニハ此ヲ破ス。別シテ國王轉輪王等ノ位ヲ出シテ受戒ヲ勸ル故ニ。一切衆生ニ受ヲ勸トハ見ヘス。此等ノ人ヲ出ス意ハ。在家ノ國王高官ノ人ハ。種姓（姓㊦性）ヲ頼ミ憍慢ヲ生シテ。受戒ノ師ヲモ不レ敬。同朋ヲモ「敬フヘカラス」（「」㋑不ニ所敬一）故ニ。殊ニ此ヲ制シテ。世間ノ中ニコソ種姓（姓㊦性）ノ高下モアレ。入ル佛法ニ上ニハ師匠同學ヲ可ニ敬重一ス。故ニ惣勸ノ文ニハ非ス

凡ソ菩薩戒ノ意ハ。聲聞戒ニ異シテ。七逆ヲ出シテ遮難（遮難㊦遮那㋺舍那）トス。七逆ト者。五逆ニ殺和上・殺阿闍梨ノ二種ヲ加ル也。大乘常途ノ諸經ニハ。大旨五逆ヲ明ス。此梵網經ニハ七逆ト云事ヲ說（說㊦記）テ。舍那トシテ菩薩戒ノ旨趣ヲ顯ス。義記ニハ。大小相對シテ開遮色心輕重ノ異ヲ判ルニ。第三ノ輕重ノ異ヲハ。大士害師犯逆。聲聞非レ逆（義記、大正藏四〇、五七一中二一行～）

矣大士ハ二師ヲ害スレハ逆罪也。聲聞戒ニハ。只重罪ニテコソアレ逆ニハ非ス。其ノ本意ハ。今ノ菩薩戒ト者。舍那ノ發起ト我等カ處ニ戒體ヲ受得スル謂アリ。是則四戒三勸ノ道理。師師相傳ノ義也。（經、大正藏二四、一〇〇四中十行）但解ニ法師語ヲ盡受ニ得戒ヲト說テ。今ノ戒ハ。只師ノ語ヲ解スル處ニ。戒體ヲ受取ル。凡ソ孝養父母・奉事師長ハ。世間・出世ノ大綱也。サレトモ心ヲ本トスル佛法ノ前ニハ。聞法ノ功ハ深ケレトモ。聞タル計ニテハ止マラスシテ。心ニ還テ修行スル故ニ。聞法ノ緣ニハ重カラサル謂アリ。今ノ戒ハ。只聞ニテ法師ノ語ヲ解スル處ニ。戒體ヲ發スル故ニ。戒師ノ恩ノ一ニ歸スル也。仍テ二師ヲ害スルヲ逆罪ノ源トセリ。（同、一〇〇四上二三行）サレハ今經ノ初ニモ。爾時釋迦牟尼佛。初坐（坐（底）（イ）座）ニ菩提樹下ニ。成ニ無上覺ヲ。初結ニ菩薩波羅提木叉ヲ。孝ニ順父母師僧三寶ニト說テ。父母師僧三寶ハ卽七逆ノ境界也。戒行ト申ハ。但解法師語盡受得戒ノ上ノ振舞ナル故ニ。戒行ニ還テ三業ノ行相ヲ沙汰セン時ハ。先ツ師友ヲ可ニ敬重ス也。然レハ十重ノ初ニモ可ニ沙汰ス事ニテ有レトモ。重罪ハ其體有レハ別ニ此ヲ論ス。故ニ四十八輕戒ノ初ニ此ヲ制ル（此制也（イ）制ㇾ之）也。付レ之。（同、一〇〇四中七行～）今戒ノ機ニハ。若受佛戒者。國王王子（王子（底）ナシ）乃至畜生乃至變化人等ト廣ク擧タレトモ。殊ニ今制スル處ハ。在家ノ國王高位高官ノ人ノ。身ノ種姓（姓（底）性）ヲ賴ミテ戒ヲ受ナカラ。師友ヲ敬重セサル事ヲ制スル也。（同、一〇〇五中一行）見上座和上阿闍梨ト者。上座ト者。我カ戒臈ニ勝タル人也。和上ハ戒師。阿闍梨ハ教授・羯磨等ノ師也。戒ニ付テ如レ此分別スレトモ。惣シテ阿闍梨ノ語ハ。師匠ナルヘキ故ニ。三學ノ中ニ何事ニテモ受學シタル師匠ニ可レ通也。（（ロ）又」（同前））大同學同見同行ト者。古迹云（云（底）（ロ）モ）。（大正藏四〇、七〇八下）同學同見同行如レ次同師同宗同乘者也矣　同師ト者。同シ師ノ下ニテ學シタル人也。同宗ト者。一宗ノ同朋也。同乘ト者。同シ意也。但シ經ノ文相ハ。同見同行者。解行ナトニ約スルニ似タリ。此等ヲ事事シク敬重スルノミナラス。一一ニ可ニ供養ス。供養ノ姿ハ。殊ニ在家ニ設クト見タリ。上ノ文モ。須受國王位時等ト說テ。殊ニ在家ヲ戒ムル故ニ。供養ノ文ハ又在家ヲ指スナリ。國城妻子等ハ出家ニ有ルヘカラス。又在家ニ付テモ。得無生ノ以前ハ。此ノ供養アリカタシ。タタ分ニ隨テ孝順恭敬ノ心ヲ以テ供養スヘキ者也（者（底）ナシ）

第二不飮酒戒（經、大正藏二四、一〇〇五中六行）（義記、大正藏四〇、五七五上四行）（第五重）

飮酒ノ罪重シト云ヘトモ。酤酒ニ對シテ輕垢トス。酤酒ハ。一切衆生ニ賣與ルル事（事（底）ナシ）。菩薩ノ慈悲ニ背ク故ニ重ニテハ有ル也。此飮酒

戒ハ。輕垢ノ第二ニハ立タレトモ。意ハ第一ニ制シタルニテ有ル
也。所以ニ不敬師友戒(第二)ハ。三歸發戒ノ上ノ振舞。受戒ノ師友ヲ
可レ敬事ニテ有ル事ヲ初ニ說タル故ニ。此レタタ惣想ノ大綱也。正キ
戒行ノ初ハ。飲酒ニテ有ル也。在家ノ五戒ト申モ四重ニ不飲酒ヲ
加ヘタル。此戒ハ重キ罪ニテ有ルヘキト知ラレタリ。何事カ此程ニ重キ
罪ニテハ有ルソト云ニ。諸經ノ中ニ多ク飲酒ノ過失ヲ出セリ。所詮。
此ノ酒ヲノミヌレハ本心ヲ失フ故ニ。何ナル重戒ヲモ犯シヌヘキ事也。
倶舍頌云。(大正藏二九、三二六下)遮中唯離レ酒爲レ護ニ餘律義ー 矣 五戒ト云時ノ四
重ニ。飲酒ノ一ヲ加タル事ハ。一切ノ律儀ヲ護ラン爲也。經ニ。自ラ
業(業㊦菩提)ノ報ヲ說ニ。(經、一〇〇五中七行)手過ニ酒器ー與レ人飲レ酒者。五百世無レ手。何
況自飲 矣 此手過酒器ニ二解アリ。義記ニ云。(大正藏四〇、五七五上七行〜)一云執ニ杯酒
器ー相(「令カ)勸。二云止過ニ空器ー 矣 初ノ義シヤク(酌)ナント取ル事也(事也㋑申歟)。
次ニ空器ト者。只(只㋑ナシ)酒ツキ指シヤル風情ノ事歟(歟㋺也)。譬ヘハ同事也。義
記云。(同十五行)重病宣レ藥及不レ爲(爲㊦ナシ)ニ過患ー悉許也 矣 病ノ時。良藥ナトニ
用ヲハ不レ制。此ヨリアヤマテ過失ヲ生スル事ヲ誡(イマシ)ム。古迹ニ文殊問
經ノ開見(見㋑文)ヲ引ク。彼經云。(大正藏十四、四九三上)不レ得ニ飲酒ー。若合藥醫師所レ說多
藥相。和ニ少酒多藥ー得レ用 矣

第三 食肉戒 (經、大正藏二四、一〇〇五中十行)(義記、大正藏四〇、五七五上十七行)

此戒ヲハ。在家出家ニ通シテ說タレトモ。イササカ開遮ノ異可レ有ル。
梵網ノ面モ多含ニシテ委細ニハ見ヘス。義記又略セリ。大戒ニ若シ不
審アラハ。小乘律ヲ以テ可レ明ム。凡ソ梵網大本已ニ一百餘卷ニ
及ヘリ。其ノ中ノ八萬威儀品等ニ委(委㋑ナシ)(クハシ)ク律儀ヲ明ス。其ノ本ナトカ
唐朝ニモ日本ニモ將來タラハ。小乘律ヲ不レ可レ及レ尋ヌルニハ。大方
彼ノ聲聞戒ト申ハ。菩薩戒ノ中ノ攝律儀ノ一分ヲ誦出セル故ニ。菩
薩戒コソ律儀ノ根本ニテハアレ。而ニ唐朝モ。天竺ニ對スレハ邊地ナル
故ニ。微細ノ戒行相應セスシテ大本ノ終ニ將來セス。サレハ妙
樂モ。(天文五、二四二九上。文句記)但此土機劣。且以ニ少檢ー助ニ成大儀ー ト釋タマヘリ。サレト
モ地持・瓔珞等ノ大乘律多ケレハ。梵網ノ中ニ不審ナル事有ラハ。彼
等ヲ以テ可レ明ム。此ニ尚ヲ有テ不審ー七衆九衆(九衆㋑ナシ)在家出家ノ戒
律ニ付テモ難キレ辨事アラハ。小律ヲ以テ可キレ明ム故ニ。必ス彼ヲ可ニ
兼學ース也
即此經ノ面ハ。飲酒食肉ハ。在家出家共ニ制スル樣ナレトモ。在
家ニハ開見(見㋑文)アルヘシ。世間ノ禮儀ナトニハ。酒ヲ飲スハカナウヘカラ
ス。サレハ俗書ニモ。宗廟ヲマツルニハ必ス酒ヲ用ル法(法㋑此)則アリ。ミ(ミ㊦見)タ

リカハシク飲テ過ヲ生センヲハ可レ制ス也。世間ノ禮儀・朝家ノ風俗トシテ用ハ。飲酒食肉共ニ在家ニハ不レ可レ制ス也。出家ノ衆ニ付テモ。アマサ（剰）ヘ聲聞戒ノ意ハ。見聞疑三種ノ淨ヲ許ス。菩薩戒ニハ堅ク制レ之。肉食ヲ許シナハ殺生ナトニモ可レ及故也。大方ミヌ生命ヲ斷シタル物ヲ食スルハ。無慚無愧ノ事也。聲聞戒ノ意ハ。初ハ見聞疑ノ三種（種㋑障）ヲ除テ此ヲ許事アリキ。所謂ル我カ爲ニ此（此㋑是）ヲ殺ト見ス。不レ聞。若シ我カ爲ニヤ殺ツラント云疑ノ無ラン。此ノ三ヲ除テハ食スル事クルシカラスト許シタリ。シカレトモ。涅槃ノ期近ク成リテ此ヲ制ス。義記云。若有ニ重病一飲レ藥能治准レ律得レ噉。或應レ不レ制也文（文㋑矣）（大正藏四〇、五七五上二二行～）此ニモ。又重病ノ時。此ヲ食シテ助ニテ生身ヲ一。佛道ヲ學セン爲ナトノ眞實ノ志シアラハ許ストモ云事ヲ釋シタレトモ。此モ在家ノ衆ノ爲歟（歟㋺也）。重病ナレハトテ出家ノ人カ食セン事ハ（「㋑者）斟酌アルヘシ。凡ソ隨方ノ毘尼ト者。國ノ風俗アリ。天竺ハ國土廣キ故ニ。食肉（食㋑〔ナシ〕）ナトヲ許ス事モ有リ。サレハ玄奘・義淨渡天ノ時分ハ。肉食ノ僧（僧㋑〔ナシ〕）アリト見タリ。唐朝・日本ハ。出家ノ人ト云程ニテハ。肉食シタランハ比興ノ事ニテ。殆ト法師ノ數トモ不レ可レ思フ。故（故㋑〔ナシ〕）ニ譬ヒ佛ノ許タマフ事有リトモ。不レ可レ食レ之（之㋑㋺〔ナシ〕）也

第四　食五辛戒　（經、大正藏二四、一〇〇五中十四行）（義記、大正藏四〇、五七五上二二行）

此ノ五辛ニ付テ。人師ノ異釋アリ。義記ノ面ハ。大（「㋑大）蒜ハヒル。茖葱ハニラ。慈葱ハキ（「ネか）。蘭葱ハコヒル。興蕖ハ唐朝日本ニハ無キ物ナリ。天竺ニアル草也。此皆異香ノクサキ物也。佛法者。出家ノ人ノ振舞ハ清淨ノ行ヲ先トス。如レ此クサキ物ヲ食スレハ。三寶ノ境界モ遠ヲサカリ。諸天善神モ去リノキテ。惡鬼惡魔便ヲ得ル。故ニ此ヲ制ス。サレハ天竺ニハ在家ノ人モイタク如レ此クサキ物ヲハ食セス。病緣ナトニハ又憚ラス。制戒ノ面ハ。酒肉五辛ハ同シ程ホトニ制スレトモ。只今ノアリ（アリ㋑〔ナシ〕）樣ハ。五辛ヲハ出家ノ人モ用ヒ。食肉ナトヲハ重キ事ニシタル也

凡ソ聖教中ニ。五辛ノ過ヲ出ス事多シ。一傳ノ中ニ。昔シ或人清涼山ニ詣シテ文殊ヲ拜見セント誓ケルニ。告ケ有リ。汝チ三生ノ中ニ五辛ヲ食シタル故ニ。今生ニハ文殊ヲ拜見スル事不トレ可レ叶云云　此時口惜キ事（事㋺〔ナシ〕）ニ思ヒ。河（河㋑川）ノ邊ニシテ腹ヲ切テ。五（五㋑〔ナシ〕）臟ヲ水ニ洗テ懺悔ヲナシテ。重テ拜見セント願スルニ。文殊現シタマフト云事アリ。尤モ可レ愼事也

第五　不敎悔罪戒　（經、大正藏二四、一〇〇五中十七行）（義記、大正藏四〇、五七五中一行）

此ハ殊ニ出家ノ二衆ヲ制ス。破戒ノ人有リト知ラハ。急キテ可レ令ニ懺

悔ニセ。懺悔セサラン程ニハ。一衆ノ中ニ出テ布薩說戒スル事不レ可レ有ル。不レル爲セ懺悔ニ人ヲ一寺一界（界イ家）ノ中ニ住シテ。他ノ供養ヲ受ケ。布薩ノ時ニハ共住シテ僧衆ニ列ル事ヲイマシムル（ルイロナシ）。而（而底ナシ）ニ今世ノ有リ樣ハ禁戒マタカラス。制戒ノ法則モツクリカタシ。布薩ノ法則トシテ。半月ノ間所犯アラハ可ニ懺悔一ス。罪無クハ默然セヨト唱レトモ。一衆ノ皆默然ス。是非知カタシ。サレトモカク申テモ不レ可レ叶。犯戒ニモ輕重アリ。懺悔ニ付テモ大小乘ノ不同アリ。菩薩戒ノ意ハ。七逆十重ノ事ハ別ニ沙汰アリ。四十八輕戒ヲハ對首懺罪滅ト說ク故ニ。懺悔ノ方法アリ。小乘ノ意ハ。吉罪ナトヲハ對首懺スヘシト見タリ。妙樂釋シテ曰（曰イロ云）ク。今小吉既與ニ僧殘一共篇（天玄二、五六二。釋籤）矣 但シ僧殘ハ懺悔ノ方法モ大事也。而大乘ノ意ハ。皆對首懺ナル故ニ。是程ノ事ハタヤスカルヘシ。一一ノ行事。時時剋剋ノ振舞。皆犯戒ナル故ニ。サノミ道行カタケレトモ。僧衆ニ列ル程ニテハ事ニ隨テ可レキ計ラフ也

第六 不供給說法戒 （經、大正藏二四、一〇〇五中二二行）（義記、大正藏四〇、五七五中十四行）

此ハ第一ノ不敬師友戒ニ似タレトモ。彼ハ只憍慢シテ師友ヲ不レル敬ハ事ヲ制ス。此ハネムコロニ法師ヲ供給シ。法ノ爲ニ供養セヨト云（云イロナシ）也。

大乘ノ法師ト者。今戒ノ意ハ。但解ニ法師語一盡受ニ得戒一ナル（經、一〇〇四中十行）故ニ。菩薩ノ戒法ヲ知タル法師同學ナルヘシ。他所ヨリ來リ。他所ヨリ往カハ。迎來送去スヘシ（同、一〇〇五中二四行）。日日三時供養ト者（古迹記）。震旦齋時非時藥也。非時藥ト者（同前）。煎物ナトナルヘシ。日食三兩金ト者。此ハ志ノ至リヲ顯ス。一度ノ供養ヲ金一兩ト云意也。彼ノ後嵯峨院ノ御位ニハ。西山上人祈リ申サレタリケル（ル底レハ）程ニ。御在位ノ程日（日底曰月）ニ一度御受戒アリキ。御布施ニハ三兩ノ金ヲ送ラルルト 云云 此說ニ任セラルル歟。古迹云（大正藏四〇、七一〇上）。以請ニ說法一故語業善。三時禮故身業善（善底イロナシ）。不レ生ニ瞋等一意業善 矣 三業ノ善ニ約セリ

第七 懈怠不聽法戒 （經、大正藏二四、一〇〇五中二九行）（義記、大正藏四〇、五七五中二三行）

「義記云。言」（「」底大乘）毘尼經律者。大乘毘尼經律非ニ三藏中毘尼一（大正藏四〇、五七五中二五行）也 矣 菩薩ノ毘尼カ本ニテハ有レトモ。戒體ノ上ノ戒行（行底イ體）ト意得ル前ニハ一切ニ可レキ通ス也。此ヲ講說スル所アラハ必ス至テ聞レ之。疑ヲモ可レキ尋也。古迹ニハ。無量壽經ノ設滿ニ大千（世界カ）火一必過要聞レ法（大正藏四〇、七一〇上）等ノ一偈ヲ引テ此ノ戒ヲ釋ス。志（ココロサシ）ノ趣ク所ハ。タトヒ大千界ニ火炎充滿ストモ。此ヲ過テ法ヲ聞クヘシ。況ヤ其餘ノ難處ヲヤ。眞實ノ知識有ト聞ハ。身命ヲモ不レ可レ惜ム。而ニ今ハ懈怠不聽法戒ナル故ニ

タトヒ説法ノ處アリト聞トモ。身ニ病モアリヌル僧中ナラハ。寺ノ法ナト
アリテ往ク事不レ叶ハ制ノ限ニ非。往テ聞クニ煩ヒ有ルヘカラサルヲ。
懈怠シテ聞法セサルヲ誡ル也

第八 **背大向小戒** （經、大正藏二四、一〇〇五下五行）（義記、大正藏四〇、五七五中二九行）

此上ノ謗三寶戒ノ下ニ。四種ノ邪見ヲ釋スル。其ノ下邪見ノ分ト同シ。義記ノ上ノ文ノ。下品邪見不レ言二三寶一不レ及二外道一。但（大正藏四〇、五七四中一三行～）〔於底㋑㋺出〕於レ中棄レ大取レ小。心中謂二二乘勝一。大乘不レ及。若計未レ成犯二輕垢一。〔下底㋑㋺ナシ〕下自有二背大向小一。此戒中廣明也〔矣〕此ノ計〔イマタ底㋺イタク〕イマタ成セサレトモ。妄念ノ中ニ。大乘ヨリモ小乘カ勝タル也〔也㋑ナシ〕ナト云事ヲ思ヒ。一念〔意㋑心〕意ニ浮ニ付テ。又口ニモ出ル事アル（不可有カ）ヘキ歟〔歟㋺也〕

第九 **不看病戒** （經、大正藏二四、一〇〇五下八行）（義記、大正藏四〇、五七五下九行）

一切ノ福田ノ中ニ看病尤モ勝タリ。此ニ過タル善根何ニ事カハ可レキ有ル。〔八底ナシ〕八福田ト者。人師異釋有レトモ。下ノ受別請戒（第二十七）ノ中ニ。諸佛（經、一〇〇七上十五行）聖人〔人㋑ナシ〕一一師僧父母病人ト説ク此也。佛一聖人二師和上三阿闍梨四僧五父母六七病人八此中ニハ。病人ヲタスケタルカ第一ノ善根ニテ有ル也。聲聞戒ノ意ハ。强ニ一切ヲ救ヘシトハ云ハス。菩薩ノ大悲ハ一切ニ及ヘシ。病人ヲ見テハ必ス看病スヘキ也。

但シ菩薩戒ノ意モ。又出家ノ振舞ハ。威儀ニハツレテ。サノミ無窮ナラハ。還テ非ス制戒ノ本意ニ。可レ有ニ用心〔㋑事〕一也〔也㋺ナシ〕

第十 **畜殺具戒** （經、大正藏二四、一〇〇五下十四行）（義記、大正藏四〇、五七五下十九行）

此ハ。一切ノ合戰ノ具足・殺生ノ具足ヲ畜ル事ヲイマシム。タトヒ父母ヲ殺害セラルル事アリトモ。報ヲ加フヘカラス。ナニトシテモ菩薩戒ノ意ハ。慈悲ヲ本トスル故ニ。殺生ノ事ヲイマシム。上ノ食肉モ。アヤマテ殺生ニモ及ヘキ故ニ此ヲイマシム。サル上ニハ。又殺生ノ具足ヲ畜ルモ無用也。此モ又在家ノ菩薩ハ。如クノ此具ヲモ持スル〔事㋑義〕事アリヌヘシ。朝敵ナト來リ。異賊ヲコリテ國ヲ侵ス事アラハ此ヲ可ニ守護一ス。其體ナル所用ナラハ。此具ヲモ可レ用也。無用ニハ不レ可レ畜フ。僧中ナヲ以テ野寺ニハ兵杖ヲ許スト云事アリ。其モ此具ヲ以テ比丘カフセクヘキニハ非ス。賊人ナトカ此ノ具ヲ見テ可レ生ニ怖畏ヲ一故ニ此ヲ許也。如何サマニモ戒行ニテハ不ルレ可レ許歟〔歟㋺也〕

六日　自十一戒至二十五戒〔六日㋺ナシ〕

第十一 **國使戒** （經、大正藏二四、一〇〇五下二〇行）（義記、大正藏四〇、五七五下二四行）

此ハ。朝ノ使ヲ奉リ。諸方ノ官使ナトヲ受テ。陣ニスヘキ軍ヲヲコス

事ヲ制ス。當今。此ノ戒ヲ犯スル人多シ。出家ノ人ノ振舞殊ニ可レ慎ム也。菩薩ノ慈悲ハ。人ノ心ヲ知テ止惡修善ノ道ニコソ進マシムヘキニ。如レ此ノワサハイニ綺(イロイ)テ。人民ヲワツラハス事。以外ノ僻事也。此ニ綺(イロフ)トハ「(底歟)又常ニ勝負ヲ意ニカク。倶舍云。軍等若同事。(大正藏二九、八六中)皆成レ如ニ作者一(矣)自ラ作ササレトモ。事ヲ同クシテ三業ヲ同スル故ニ。作タル罪業ト同シ。如レ此ノ事ニ綺(イロ)ハハ。無量ノ人ヲ殺害スル因縁共可レキ成ル故ニ。重戒ニモ及(及イナシ)ヘシ。下ニ冒難遊行戒(第三十九)トテ。アヤウキ處。虎狼師子ノ栖(スミカ)・山賊海賊ノ住處・軍陣ナトニ入ル事ヲタニモ制ス。況ヤ國使ヲ承テ軍ヲヲコサムヤ。身命ヲ惜マサルハ其佛法ノ爲也。雪山童子半偈ノ爲ニ身ヲ捨タリシカ如シ。其ナヲ以テ初心ノ所作ニ非ス。而ヲ佛法ノ爲ニ非スシテ。只名利ノ爲ニ國使ニ命ヲ通スル事(事イナシ)僻事也

第十二販賣戒 (經、大正藏二四、一〇〇五下二四行)(義記、大正藏四〇、五七六上一行)

依報正報一切ノ物ヲ不レ可ニ販賣一スコトヲ明ス。(經、一〇〇五下二四行)六畜ト者。古迹云。言六畜者。(大正藏四〇、七一一上)周禮云(周禮云イナシ)。牛馬犬羊豕雞爲レ六。理實通レ於ニ一切畜生一(文)初ニハ人法畜類等ノ正報ヲウルマシキ事ヲ制ス。次ニハ棺材板木等ノ依報ノ具足ヲウルヘカラサル事ヲ戒ム。惣シテ販賣ハ。出家ノ人殊ニナスヘカラス。棺ナト云物ハ死人ヲ入ルル物也。此ヲウル時ハ人ノ死セム事ヲ樂(ネガ)フ。在家出家共ニ可レ制ス也。惣シテ販賣ノ事ヲ。下ノ第二十九ノ邪命自活戒ニテ委ク制ス

只シ在家ニハ。惣想ノ販賣ヲハ許スコトアリ。優婆塞戒經ニ(戒底ナシ)在家ニハ此ヲ許スコト見ヘタリ。財ヲ四ニ分テ。一分ヲハ父母妻子ニ與ヘ。一分ヲハ我物ニシ。二分ヲハ賣ラント云(云)販賣ストモ如レ此ナルヘシ

第十三謗毀戒 (經、大正藏二四、一〇〇六上二行)(義記、大正藏四〇、五七六上七行)

此ハ。惣シテ謗ニシ人ノ過惡ヲ擧ル事ヲイマシム。殊ニ今ハ言犯七逆十重トテ。(經、一〇〇六上三行)重罪ヲ犯スト云事ヲ不レ可レ說ク。此ノ戒ト。上ノ說四衆過戒(第六重)ト聊(イササ)カ相似タリ。而ニ上ニ(上イナシ)有戒ノ人ノ過ヲ。無戒ノ人ニ對シテ說ク事ヲ制ス。此ニハ惣シテ同朋ノ中ニテモ。他人ヲ謗ル事ヲイマシムル(ル底ナシ)也。聲聞戒ノ意ハ。此戒ハ僧殘ノ中ニ制ス

此戒ニ付テ。有根無根ト云事アリ。有根ト者。此人ハ實ニハ七逆十重ヲ犯シタル事ハ無ケレトモ。ヨソノ人ノ犯セルヲ取テ。菩薩戒受タル人ノ振舞ト云成シテ。此人重罪ヲ犯セリト云ヲ有根ノ謗トス。無根ト者。地體說カタナキ事ヲ申付タル事也(ナイナシ)。有戒無戒ニ對シテ說カム。共ニ重キ罪ナレトモ。無戒ニ對スルカ(對底ロ體)殊ニ重キ故ニ。十重ノ中ニ此ヲ制ス。彼ニ

對シテ輕垢トスル也

（同前、梵網經）良人善人ト者。在家出家ヲ不レ撰此戒ヲ受タル人也。而ニ出ニ父母兄弟六親中ノ語一上ヨリモツツカサル様ニテ無ニ覺束一。此戒ヲ受タラム人ヲハ。在家ヲモ出家ヲモ父母兄弟ノ思ヲ成シテ。失ヲカクシ徳ヲ擧クヘキニテコソ有ルヲ。反テ逆ヲ犯スト云ヘル事不レ可レ然ル。六親ト者。異説アリ。古迹ニハ。父母伯叔兄弟爲レ六文（大正藏四〇、七一一上）〔西山上人ノヨミコヘ〕

第十四　放火燒山戒（經、大正藏二四、一〇〇六上六行）（義記、大正藏四〇、五七六上十七行）

此ハ。火ヲ放テ山野ヲ燒ク事ヲイマシム。出家ノ上ニハ有ニ閒敷アルマシキ事ナレトモ。義記ニハ。在家菩薩爲レ業燒者不レ制ト釋シテ。（大正藏四〇、五七六上一三行〜）在家ノ人ノ用ノ爲ニヤク事ヲハ不レ制。出家ノ菩薩モ。所要トアラハ不レ可レ制ス。但シ出家ノ人ハ。何ナル所要カアルヘキソト云。火ヲ放テ堂舍佛閣ヲ燒事アル時。向火トテ放ッ事有ト云沙汰有付レ之經ニ。一切有生物ト云本ト。一切有主物ト云本ト異説有リ。有主物ト云本ニ依ル人師モ有レトモ。經ニ已ニ四月乃至九月ト指ス故ニ。（經、一〇〇六上。義記、五七六上一二行）虫類ノ多ク有ル時分ヲ指ス歟。有主物ヲヤク事ヲ制センハ。此時分ニ不レ可レ限ル。義記ノ意如レ此

第十五　僻敎戒（經、大正藏二四、一〇〇六上十行）（義記、大正藏四〇、五七六上二七行）

菩提薩埵ノ意樂ハ。利益衆生ヲ以テ本懷トス。人ヲ勸メテ佛戒ニ歸セシメ。佛道ヲ修行セシムヘシ。世閒ニ著センヲハ。敎テ出世ノ道ニ入レ。小乘ヲ執セムヲハ。大乘ニ歸セシムヘシ。而ニ大乘ノ法ヲ説タラハ。利益モ可レ有ル。惡心慢心ヲ以テ小乘經論若シハ外道邪見ノ論等ヲ説テ。人ノ菩提心ヲ退轉シ。佛道ノ因緣ヲフサク事ハ。以外ノ僻事也。菩薩戒ヲ受タル程ノ人カ此レ程ノ事アルヘシトハ覺ヘサレトモ。本ヨリ癡闇ノ凡夫ナル故ニ。一切衆生道理ヲ本トセス。一念ノ惡心ニ依ラハ。如何ナル僻事ヲモ可レ作也。故ニ菩薩戒ヲ受ケ。遮那ノ功德ヲ受取ル人ナレトモ。機ノ還テ行住座臥ノ振舞。道理ニ違ル事ノ多シ。仍テ大乘ヲ敎テモ可トモ有ニ其益一。一念ノ瞋心ナトニ依テ。二乘外道ノ法ヲ説ク事モ可レ有也。戒行ト者。一一ノ事ニ於テ可レ愼ム。愼ムト者。遮那ノ慈悲ヲ學シテ。一分佛心ノ如ク可ニ振舞一也。位同大覺已眞是諸佛子ナル上ニハ。ソソロニミタリナル心ヲ不レ可レ發ス。止惡修善ノ道ニ趣クヘシ。但シ今戒ノ意モ。直ニ大乘ヲ説テハ其機モ調リカタシ。先ッ世閒ノ法ヲモ説キ。出世ノ小乘ヲモ説テ。根機ヲ調熟シテ。次第ニ敎道セント思ハムニ

僻說ニ非ス。十發趣心・十長養心・十金剛心ト者。上ニ云ヘル住行向ノ三十心也。初ノ使發菩提心ノ下ニ（經、一〇〇六上十二行）。十心ト云語ヲソヘタル經アリ。此ノ菩提心ニ付テハ人師ノ異釋アレトモ。上ノ義記ノ文已ニ通教ノ共地ニ約スル故ニ。今ノ使發菩提心モ通教ノ三乘共ノ十地ヲ指歟

第十六　爲利倒說戒（經、大正藏二四、一〇〇六上十六行）（義記、大正藏四〇、五七六中六行）

上ハ殊ナル所要ハ無ケレトモ。只惡心瞋心ヲ以テ。大乘ヲ說クヘキ所。二乘外道等ノ經論ヲ說ク事ヲイマシム。此ハ爲利倒說トテ。利養ノ爲ニ倒說スル事ヲ制ス。是即（即㊦㋑則）上（第十五）ハ瞋心。此ハ貪心ヲ制スルニ當レリ。付之。上ハ大乘ヲ說クヘキ處ニ。小乘外道ノ法ヲ說事ヲイマシメ（メ㊦㋑ム）。此ハタトヒ大乘ヲハ說トモ。如說ニ開示シテ悟ヲモ開カシムヘキヲ。利養ノ爲ナル故ニ。强ニ人ヲ解了セシメントモ不向。文字ノ前後モ次第セス。答ヘキ事ハ答ヘス。「ナニトモナク」（「」㋺ナシ　ニ㋑ナシ　㋺トモ」）倒說スル事ヲ制スル也。謗三寶說者ト說ケルハ（經、一二三行）。實ニ口ニテ三寶ヲ謗セルニハ非ス。サレトモ如此倒說セルカ謗三寶等ノ罪業ニ當ル也。法門ト者。殊ナル事カ有コソ只三寶ノ德ヲ嘆（嘆㋑歎）ス。此ヲ倒說スレハ。三寶ノ德ヲ隱沒ルニ當ル。此戒ノ中ニ燒身燒臂等ノ行ヲ說ク。聲聞戒ノ意ハ如此事ハ破戒ナレトモ。藥王ノ行ヲ初トシテ。大乘經ノ中ニハ此ヲ說ク。但シ初心ノ行者ノ上ニハ。如此可キニハ振舞非ス。或ハ觀解ニ約シ。或ハ又隨分ノ眞ヲ擧ル也。是即（即㊦㋑則）佛法ノ爲ニ益アラハ。タトヒ身臂ヲヤクトモ痛（痛㋑病ム）ムヘカラサル志（志㊦㋺初心）ノ分齊ヲ明ス也（㋑云云）

第十七　恃勢乞求戒（經、大正藏二四、一〇〇六上二五行）（義記、大正藏四〇、五七六中十五行）

此ハ爲ニ名利ノ。國王大臣等ノ威勢ノ人ニ付テ近カ官家ノ威勢ヲ以テ名利ヲ乞求スル事也。出家ノ振舞ハ。默然トシテ坐（坐㋑座）スレハ。自ラ人ノ供養ヲ施（施㋑放）セハ此ヲ受ク。其ノ供養ニ付テモ。又受カタキ（カタキ㊦㋺ヘキ）供養アリ。受クル法則アリ。大方僧（僧㊦ナシ）ハ他ノ財物ヲ施タレハトテ。必シモ悅喜ノ語ヲ出スヘカラス。在家ノ人カ僧ニ物ヲ供養シテ。其人カ福田ヲ受クヘキニテコソアレ。悅フヘキニ非ス。況ヤ不可乞求ス。就中ニ。乞求ノ方便ニ。恃勢ノ人ナトノ邊ニ近付テ。威勢ヲ供セラレハ無道ノ振舞ナルヘシ。但シ末代ノ樣ハ。佛法ヲ弘メ常住ノ三寶ヲ守護スル方便ハ。カカル姿ナラテハ叶ヘカラス。故ニ眞實ニ佛法ノ爲ニ。意樂ヲ以テ加樣ニ振舞ヲセシニハ制ノ限ニ非ス。而ニ當今ノ僧徒ハ。偏ニ爲ニ名利ノ故ニ堅ク可誡ム。サレハ安樂行品ニ不親近ノ境界ニ（大正藏九、三七上）國王等ヲ出セリ

第十八　**無解作師戒**（經、大正藏二四、一〇〇六中一行）（義記、大正藏四〇、五七六中十八行）

此ハ。惠解モナク人ノ師ヲスル事ヲイマシム。解其義理佛性之（經、一〇〇六中二行）性ト者。此戒ハ是諸佛本源・行菩薩道ノ根本・佛性ノ種子也。（經、一〇〇三下二二行取意）此謂ヲ可ニ解了一ス。是卽（卽㊀㋑則）。一切ノ佛法カ舍那ノ功德トシテ。癡闇ノ凡夫ノ上ニ發起スヘキ謂ヲ解了スヘシ。此事佛法ノ大事ナル故ニ。能能一代ノ經論ノ源ヲモ明メ。戒相ノ輕重ヲモ尋テ。人ノ爲ニ師トナルヘシ。其ノ分モ無ク無智ニテ師範トナル事ヲイマシム。日日（夜カ）六時（經、一〇〇六中一行）持菩薩戒ト者。義記云。一云誦末ニ通利一必須ニ六時一。已通（大正藏四〇、五七六中二四行）利末ニ必恆爾一。二云應ニ六時一也 矣 初ノ義ノ意ハ。十重四十八輕戒ヲ暗ニ通達シタラハ。强ニ六時ニ誦セストモナル（ナ㊀㋑ア）ヘシ。通利セスハ必ス通利スヘシ也。第二ノ義ノ意ハ。タトヒ制戒ノ樣ヲ通達セリトモ。戒ハ必ス誦シテ捨ツヘカラサル謂也。布薩ト者。半月半月ニ衆ヲ集メテ說戒ス。此ハ各各ニ誦シテ。其義理ヲ案シテ意ヲ置クヘキ也「㊀云云

第十九　**兩舌戒**（經、大正藏二四、一〇〇六中六行）（義記、大正藏四〇、五七六中二六行）

此ノ兩舌ハ。十善ノ中ヨリ制ス。不和合ノ基也。僧ト者名ニク和合ニ一。サレハ一人二人ヲハ。聲聞戒ノ意ハ僧トハ不レ申。四人已上ヲ和合ト云ヒ。僧トモ衆生トモ名ク。聲聞・菩薩其意聊イササカ異ナレトモ。僧ハ和合ノ義也。大經ニハ。和合ニ二種ヲ明ス。一ニハ世和合。聲聞僧（大正藏十二、五三三中。涅槃經）也。二ニハ第一義和合。菩薩僧也。世和合ト者。羯磨ヲナス義也。第一義和合ト者。眞如法性ノ理此ヲ知ラハ。一人ナリトモ和合ノ義アルヘシ。而ニ菩薩戒ノ意モ。其ノ第一義和合ノ事ニ顯タル樣ヲハ。又持戒菩薩ノ事ノ和合ヲ成シテ顯スヘキ也。兩舌ト者。二人ノ中ヲ破スル大ナル過失アリ。但シ地持ノ戒品ニハ。兩舌ニクルシカラサル事ヲ出セリ。彼ノ文ニ云ク。若見ニ惡友之所ニ攝受一。行ニ（大正藏四〇、七一二上。古迹記）離閒語一。反生ニ功德一 矣 若シ人。惡友ニ語テアシキ事有リヌヘクハ。中ヲモ云ヒ破ルヘシ。此等ハ皆菩薩戒ノ面ノ明文（明㊀開）也「㊀云云

第二十　**不行放救戒**（經、大正藏二四、一〇〇六中九行）（義記、大正藏四〇、五七六下七行）

菩薩廣大ノ慈悲ハ。法界ノ衆生ヲ救フヘシ。凡ソ法界ノ衆生ハ。生生ノ父母四恩ノ境界ナル故ニ。救ハスハアルヘカラス。義記（大正藏四〇、五七六下八行）云。菩薩行ニ慈悲一爲レ本。何容ニ見レ危不レ救（危不救㊀死不濟）。大士見レ危（危㊀死）致レ命故也 矣 大方「今生一世」（「」㋑生世一生）ニテコソ現世ノ父母ハカリヲ恩アリトハ思タレトモ。生死無窮也。一切衆（衆㋑ナシ）生皆是生生ノ父母兄弟也。父母若シ恩アラハ。一切衆生恩アルヘシ。

故ニ父母ヲ害スルカ失ニテアルナラハ。一切衆生又害スヘカラス。タトヒ畜類也ト「云ヘトモ」〔「」底ナシ〕放生ノ行ヲナスヘシ。タトヒ他人也ト云フトモ〔ラ底ハ〕。死ノ難アラハ救ヘシ。聲聞戒ノ意ハ。自調自度ヲ本トスル故ニ。廣大ノ行ヲ立テス。只自ノ眷屬近キヲ本トシテサノミ廣大ノ心ヲハ發サス。サノミ一切ニ及ハス。反テ戒法ニ背ク事可レカ有故ニ。聲聞ハ。機嫌ヲ本トスル故ニサノミ廣大ノ事ヲハ不ニ振舞一ハ。菩薩ハ。人ヲ先ニシ己ヲ後ニスル故ニ。救フヘキ事アレハ威儀ヲ破レトモ顧ミス。然ト云ヘトモ。菩薩モ。律儀門ニ還ル前ニハ。サノミ一切衆生ヲ救度ストテ威儀ヲ背カハ。又僧寶成スヘカラス。故ニ聲聞戒ニ同シウ可ニ振舞一。志ノ及ハム程ハ。宜ク便宜ニ隨テ行スヘキ也。只無慙無愧ニテ空ク過スコト僻事也。此ノ一切地水是我先〔先イ全〕身。(經、一〇〇六中十二行)一切火風是我本體等ノ說。以ノ外ニ甚深也。凡ソ森羅萬像カ一身ノ體ニテ有ソト云事ハ。大乘ノ佛法ノ大綱也。此謂ハ。又因緣ノ道理ヲ以テ不レ可レ破ル故ニ。近キヨリ遠キニ至タリ。有緣ヨリ無緣ニ及フカ平等ノ意ニテ有ル也。故ニ父母兄弟死亡ノ日モ。此ノ戒經ヲ講談〔講談底講讀イ讚談〕スヘシト說也。追善報恩ト云事ハ。梵網ノ說ヨリ出タリ。初ニ(經、一〇〇四上二三行)爾時釋迦牟尼佛〔佛イナシ〕。初坐ニ菩提樹下一。成ニ無上覺一。初結ニ菩薩波羅提木叉一。孝ニ順父母師僧三寶一ト說ケリ。存生ノ程ハ孝順ヲ先トシ。沒後ニハ追善ヲ本トスヘシ。菩薩戒カ存亡ノ得益ニテアルヘキ旨ヲ說ケリ。所詮。此戒ト者〔者イナシ〕。有緣無緣ノ一切衆生ヲ救フヘキ謂ニテ有ル也

第二十一 瞋打報仇戒 (經、大正藏二四、一〇〇六中二一行)(義記、大正藏四〇、五七六下十八行)

此ハ。人カアクヲナスニ。怨以テ報ス〔スイナシ〕ヘカラスサル事ヲ制ス。タトヒ打拍罵辱セラレタリトモ。怨言ヲナスヘカラス。面面ノ祖師。菩薩ノ行ヒ此ヲ一大事ニイマシメラレタリ。出家ノ上ノ事ハ不レ及レ申ニ。若殺ニ(經、一〇〇六中二二行)父母兄弟六親一〔「底第〕不レ得レ加レ報。若國王爲ニ他人一殺者。亦不レ得レ加レ報ト說ケリ。而ニ出家ノ振舞ナトコソアラメ。在家ニ有ル程ニテハ。異賊朝敵ナトノヲカサン時モ。彼ヲ罰セス。父母ヲ殺害セラルトモ〔「イレ〕。報ヲ加ヘカラスト云事不審也。此ヲ性戒ト名ク。在家出家共ニ此ヲ犯セハ罪業也。遮戒ト申ハ。佛出世ノ後ニカカル事共ヲハ振舞ヘカラスト制タマヘル小乘ノ二百五十戒〔戒底ナシ〕・大乘ノ五十八戒等也。是卽〔卽底イ則〕外道ノ謗難ニヨリ威儀ニ背クニ付テ。佛初メテ制シタマヘリ。性戒ト者。佛ノ制スルニ及ハス。人ヲ

殺シ物ヲヌスミタルハ罪業也。性ハ不改ノ義ニテ。三世ニ改マルヘカラサルヲ性戒トハ稱ス。佛出世ノ後。在家ノ爲ニ五戒ヲ説ク。是即（即底イ則）彼ノ十善ヲ合セリ。唐朝ニ又佛法ヨリ前ニ。孔子ナトノ出世シテ。三綱五常ヲ弘メシハ。此レ五戒ノ意也。殺盗婬ノ三ハ身業也。此ハ五戒ノ中ノ初ノ三ニ異ナラス。口業ニ付テ。妄語等ノ四アリ。五戒ノ中ニハ。只妄語ノ一ニ攝ス。「貪欲・瞋恚・愚癡」（「」ロ貪瞋癡）ハ意業ノ三ノ罪也。五戒ノ時ハ。不飲酒ノ一ヲ以テス。常見飲酒シテ意ヲ迷染シヌレハ三毒増長スヘキ故也

而此ノ瞋打報仇ハ。世間ノ中ニハアルヘキ也。義記云。（大正藏四〇、五七六下十九行～）外書有ニ二途一。一是禮之所レ許。二是法之所レ禁。漸教故也。今内經悉禁矣。佛法ノ中ニテハ堅ク可レ制ス。古迹云。（大正藏四〇、七一二中）如ニ長壽王經云一。以レ怨報レ怨怨終不レ滅。以レ德報レ怨怨乃盡耳。是故菩薩不レ瞋爲レ勇タケシト矣。又云。（同前）問。俗禮之中。君父之怨不レ報非レ孝。何故今言下於レ害ニ王親一報レ之違上レ孝。答。孝（孝底イロナシ）有ニ二種一。世間之孝以レ怨報レ怨。如ニ草滅一レ火。勝レ之孝以レ慈報レ怨。如ニ水滅一レ火矣。當今ノ有リ樣ヲ見ルニ。互ニ怨ヲ以テ（以イナシ）報スル程ニ。怨心ヤム事ナシ。一方。若シ徳ヲ以テ報セハ。（イ（以下ひらがな表記））怨自ラ息スヘシ。草木ヲ以テ火ヲウツ時ハ。一旦ハ滅スル樣ナレトモ。イヨイヨ火盛也。水ヲ以テ滅スレハ。火永クキユルカ如シ。佛法ノ道又然也。（「底イ敬）怨ニアハハ。還テ慈悲ヲ行シテ報セハ。怨自ラ盡ヘキ也

第二十二憍慢不請法戒（經、大正藏二四、一〇〇六中二七行）（義記、大正藏四〇、五七六下二四行）

義記云。（大正藏四〇、五七六下二五行）慢如ニ高山一法水不レ住矣。此ハ自ラ憍慢シテ。智人アリト知テ法ヲモ尋ネスハ。僻事ノ至極也。タトヒ自ラ所解アリトモ。先達アラハ。彌彌イヨイヨ明ムヘシ。或ハ自ラヲモ所解アリトタノミ。或ハ又種性モ高貴ニ（「ナルか）。法師ハ種性モイヤシク貧窮ナラム。此ヲイヤシミテ。其ノ所解（解イ縁）貴ヒトハサル事ヲイマシム。所傳ノ佛法其眞實ナラハ。何ソ外儀（儀イロ義）ヲイヤシムヘキヤ（ヤ底イマ）。（イ大論ノ説也）袋クサシトテ金ヲスツヘカラス。雪山童子ノ半偈ノ爲ニ鬼神ニ命ヲ捨テ。天帝釋ノ蹄（跪カ）敬シ因縁。佛法ニ入テハ如レ此ナルヘシ。世間ノ姓。福徳ヲ惜テ。法師ノ智（智イ功）徳ヲイヤシム事。僻事ノ至極也

第二十三憍慢僻説戒（經、大正藏二四、一〇〇六下五行）（義記、大正藏四〇、五七七上六行）

上ノ僻教戒（第十五）・爲利倒説戒（第十六）等ハ此類也。僻教ハ。惡心瞋心ヲ以テ大乘ヲ談スルニ。二乘外道等ノ法ヲ説事ヲ制シ。爲利倒説ハ。利（利底ナシ）養ノ爲ニ。亂ニ經律ノ文字ヲ説事ヲイマシム。此ハ慢心ヲ以テ僻説スル

事ヲ制也。此ハ意ニモカケス無明意ナラン時ハアルヘキ事也。振舞ハサルマテモ佛制ヲハ意ニカケ。又タヤスカラム事ヲハ遵行スヘキ也。サレハ受ケテ犯スルヨリモ。受スシテ犯スルハ業道重シ。受戒ノ徳ト云モ此事也。タトヒ犯スレトモ。戒ノ様ヲ知ヌレハ。懺悔ノ道モアリ。倶舍云。愚作ニ罪小一亦墮レ惡。智爲ニ罪大一亦脱レ苦。（大正藏二九、一二三下）如下團鐵小亦沈レ水。爲ニ鉢鐵大一亦能浮上矣　愚人ノ作ル罪ハ少ケレトモ重ク。智者ノ作ル罪ハ大ナレトモカロシ。智人ハ自ラ懺悔ノ道モアリ。愚者ハ罪福ヲ知ラサレハ。懺悔ノ心モナクシテ。イヨイヨ沈輪ス（論カ）

此ノ中ニ。先ツ自ラ戒ヲ受得スヘキ様ヲ説クニ付テ。自誓・從師ノ二ノ姿ヲ明セリ。所謂ル千里ノ内ニ五戒ノ師アラハ。其所ニイタリテ受戒スヘシ。若シ千里ノ内ニ戒師無クハ。佛菩薩ノ形像ノ前ニ出テ。懺悔ヲナシテ。好相ヲ得テ。自誓受得スヘシト也。又師ニ從ハン時ハ。好相ヲ用フヘカラス。其謂ヲハ是法師師資相授故ト（經、一〇〇六下十二行）説ケリ。今律家ニ。從師受戒ノ時。好相ヲイノル事ハ。梵網ノ説ニ背ケリ。但シ又。人師ノ一ノ意樂歟トテモ。末世ノ傳戒ハ。有名無實ノ作法ナルニ付テ。戒法ヲ重クセム爲ニ。此ノ作法ヲ設クル歟。本説ハ。自誓ニハ好相ヲ用ヒ。從師ニハ用ヒス。所以ニ師師相傳シテ。舍那ノ功徳トシテ我等ニ發起スル謂ヲ。但解ニ法師語一盡受ニ得戒一（經、一〇〇四中十行）ト説テ。法師ノ語ヲ解スルヨリ外ニ又ワツラヒナシ。以レ生ニ重心一故ト者。只戒師ヲ重ク思ホトニ戒體ヲ受得ストニ云ヘキニハ非ス。（同、一〇〇六下十三行）從師ノ時。此ノ師ト者。舍那ノ功徳ヲ受取テ。衆生受佛戒卽入諸佛位シタル戒師ナル故ニ。舍那ノ功徳若シ重カルヘクハ。現前ノ戒師徳又重カルヘシ。此ノ自誓・從師ノ二ハ。卽一品一巻上下兩巻ノ意也。自誓受戒ト申ハ。懺悔滅罪ノ得不ニ依テ戒ヲ沙汰スル故ニ。機ノ功ヲ論ス。此上下兩巻ノ意也。是以テ義記ニ。三重玄ヲ釋スル下ニ。六本ノ戒儀ヲ出ス。此中ニ普賢觀ヲ出サルル事ヲ釋スルニ。普賢觀受戒法。（大正藏四〇、五六八上八行～）多似ニ高位人自誓受法一。今不レ具列一矣　今戒ハ。舍那ノ佛戒ハ「師師資」相授ヲ體トスル故ニ。普賢觀ノ自誓受戒ノ義ヲ列ネスト釋セリ

サテ如レ此ノ作法ヲナシテ今ノ戒ヲ受ナハ。受持誦ノ三勸ノ謂ニテ。必ス人ノ爲ニ戒師トナテ誦スヘシ。其時ハ。新學ノ菩薩來テ經義・律儀ヲ問ハハ。必ス如説ニ宣説スヘシ。憍慢ヲ以テ所化ヲイヤシミテ僻説スル事ヲイマシム。此事ヲ説カム爲ニ。先ツ我カ得戒ノ相ヲ

明スナリ

第二十四（第八） 習學非佛戒（第三十四）（經、大正藏二四、一〇〇六下十九行）（義記、大正藏四〇、五七七上十五行）

此ハ。上ノ背大向小戒・暫念小乘戒等ノ流類也。義記云。不レ（大正藏四〇、五七七上十六行）務レ所レ務。不レ應レ學者。乖ニ出要之道一故制矣（「(底)(イ)(ロ)所）大ヲ捨テ小ニ歸スル迄ノ事ハナケレトモ。專ニスヘキ法ヲハ學セスシテ。或ハ小乘ヲ學シ。或ハ外書ヲ學スルハ。行道ノ本意ニ非ス。タトヒ佛法ニ非ル世間ノ中ニテモ意ニスヘキ事アリ。皆我カ道道アリ。其ノ道ノ人ハ。其道ノ事ヲ成スヘシ。佛法モ又然ルヘシ。菩薩戒ヲ受タラム人ハ。大乘法ヲ專ニ學スヘキ也。但シ義記云。習レ小助レ大不レ犯。爲レ（同二五行）伏ニ外道一讀ニ其經書一亦不レ犯矣 佛法ノ爲ニ外書ヲ習ヒ。大乘ノ爲ニ小乘ヲ學セムハ。制ノ限ニ非ス。小乘ヲ知ラスハ又大乘モ學セラルヘカラス。四教ヲ知ン時モ。三藏ヨリ初リ圓教ニ終ルヘキ故（終(底)(イ)經）也。又外ノ邪執ヲ知テ。佛法ノ正理ヲ明ム爲ナラハ。此ヲ制スヘカラス。或ハ彼等ヲ化シテ。大乘ノ正見ニ引入セン爲ニハ。尤モ學習スヘキ也。凡ソ又各稱ニ本習一而入ニ圓乘一。本習不レ同圓乘非レ一（天玄二、二二五。釋籤）ナル故ニ。其人ヲ化セン時ハ。各各ニ其ノ能トスル所ヲ說クヘシ。サレハ（能(ロ)傳）十行出假ノ菩薩カ。世出世ノ一切ノ法ヲ習フモ此ノ爲也。故ニ或ハ引入ノ爲メ。或ハ降伏ノ爲メニ學センハ。制ノ限ニ非ス。此モ又分齊アルヘシ。古迹云。如ニ瑜伽云一（大正藏四〇、七一二下）○於ニ日日中一常以ニ二分ハ。修ニ（於(底)出）（「(底)(イ)(ロ)三）學佛語一。一分學レ外。卽無ニ違犯一矣（同、七一三上）此等ニテ佛法ノタスケ。大乘ノ成立セン爲ノ方便ナラハ。制ニアラス（「(ロ)云云）

第二十五 不善和衆戒（司）（經、大正藏二四、一〇〇六下二四行）（義記、大正藏四〇、五七七上二七行）

此ハ。今ノ世ノ。寺ノツカサノ樣ナル事。說法ト者。法ヲ說ク事ヲツカ（法(底)(ロ)ナシ）サトル官也。僧坊主ト者。房舍ヲ官領スルツカサ也。其事事ヲツ（事事(ロ)其）カサトル事ハ。衆和合セシメン爲也。而ニ反テ鬪諍ヲ起シ。其中ヲツカサトルト云名ノミニテ「實モナク」（中(底)(ロ)事）（「」(イ)ナシ）。三寶物ヲモ如法ニ用ヘキヲ。或ハ互用シミタリニ振舞フ事ヲ制ス。此等ハ殊ニ出家ノ衆ヲ（殊(底)ナシ）イマシムル也。說法主・僧房主・敎化主・坐禪主・行來主トテ。古迹云。（大正藏四〇、七一三上）說法主者卽說法者ナリ。行法主者守ニ經藏等一ヲ。僧坊主ト者綱維知事。敎化主ト者化レ俗護レ法。坐禪主者敎ニ授止觀一。行來主者領ニ衆遊方一矣

七日　自第二十六戒至三十九戒

第二十六 獨受利養戒（經、大正藏二四、一〇〇七上三行）（義記、大正藏四〇、五七七中八行）

此ノ戒ヲ或ハ不差僧次戒ト名ク。利養受ケム時ハ主客ヲエラハス。臈次ニ任テ其ノ分アラシムヘシ。假令若ハ一寺ノ中ニテモアレ。若ハ一房ノ中ニテモアレ。檀那アテ。次第ニ布施ヲ行ヒ供養ヲ致サン時。客來ノ僧アラハ其次第ヲ守テ供養スヘシ。此事又。下ノ別請僧（第二十八）戒ノ下ニテモ沙汰アルヘシ。而ニ其寺其坊〔坊イ房〕ニ供養ヲ入レタラムニ。界〔界イ家〕外ヨリ來タラム客僧ニ其分アラシメスシテ。前住ノ僧。獨リ供養ヲ受ケハ。寺主坊〔坊イ房〕主無量ノ罪業ヲ可レ得也。此ノ供養物ト者。平等ニ十方僧ニ施ス檀越ノ意〔意イ心〕。全ク何ノ僧ト云事ヲエラハス。僧衆又天下ニアラムハ。皆和合ノ一衆ナルヘシ。只戒ノ次第ニ依テ其ノ供養ヲ受クヘシ。而ニ其ノ差次ヲ破リ。客僧ヲ除ケハ一人ノ次第ヲ破スル様ナレトモ。義ハ十方僧ノ次第ヲ破ルニ當レリ。僧ト者。和合ヲ體トス。聲聞僧ノ事和合ト云ヘルモ。源ト菩薩僧ノ第一義和合ニ極ル。衆生受佛戒卽入諸佛〔「イ佛〕位スル上ニ。舍那ノ我身ニ同タルカ。和合ノ根源ニテハアル也。此ノ和合ノ謂ヲ。制戒トハ作リ顯ス。故ニタトヒ利養ヲ施スモ。平等ニ一切ニ施シテ。和合ノ體ヲ顯ス。ワツカニ一食〔食㊦命〕ナリト雖〔雖㊐ナシ〕トモ。僧次ヲ守レハ十方僧ニ施スルニ當ル。此次第ヲ破レハ。施主ノ福ヲモ失ヒ。知事ノ罪業ヲモ得ル事也。若シ僧次ニ客僧ニ利養アラシメスシテ。前住ノ僧ノミ此〔此㊦㊐ナシ〕ヲ受ケハ。維那僧次ヲ差ス人モ。サシテ利養ヲ受ル人モ。共ニ罪業ヲ得ヘシ。所受ノ物ノ若〔若㊦㊐ナシ〕シ五錢已上ナラハ。重〔重㊦㊐ナシ〕テ犯スルニモ當ルヘシ。我物ニ非ル物ヲ取ル故也。正ク人ノ與ヘサル物ヲ取ルコソ盜人トハ思タレ。此等迄ハ意〔意イ心〕ニモカケヌ事ナレトモ。道理ノ趣分〔分㊐ヲヲク〕カク如レ此ノ〔「㊐云云〕

第二十七　受別請戒

（經、大正藏二四、一〇〇七上十三行）（義記、大正藏四〇、五七七中二二行）

此ノ戒ノ意〔意イ心〕ハ上ト同シ。上ハ臈次ノ客僧ヲ利養ニアラスシテ。前住ノ僧〔「㊦僧ノ〕ハカリ此ヲ受クル事ヲイマシム。此戒ハ。他人ノ請ヲ受クルニ付テ。臈〔臈㊦夏〕次ノ次第ニモ當ラサル僧カ。其請ヲ受クル事ヲ制スル也。一人ノ物ヲ盜スルタニモ重キニ。此ノ施物ハ。其體ハ微少ナレトモ。普ク十方僧ニ施サムト志ス。十方僧ノ物ヲ取テ己ニ入レタルニ當レリ。抑此事ハ。檀越〔越㊦那〕ニモ知ラシムヘシ。檀那ハ僧次ヲモ分別セス。只知音ナルニ隨テ其僧ヲ請トモ。其ノ僧若シ臈〔臈㊦夏〕次ニ當ラス〔ラス㊦㊐ラ〕ハ此ヲ受クヘカラス。但シ檀越ト云ハンスルモ。一戒ヲ受タル人ナラハ。別請ヲ致スヘカラス。是〔是㊦此〕レ下ノ別請僧戒（第二十八）ノ下ニテ沙汰スヘキ事也（大正藏四〇、五七七中。取意）

此事ニ付テ。義記ニ二解アリ。一ニハ惣シテ別請ヲ受クヘカラスト云義。二ニハ假令四人以上ヲ請セムニ。其ノ中ニ僧次ニ當ル僧入ラハ。

餘ハ夏次ニ非ストモ苦シカラスト云義也。但シ此ノ二義ヲ出シテ文意似前解ト云云 惣シテ別請ヲ受クヘカラサル義ヲ本トセリ。是ハ大小共ニ制スレトモ。聲聞戒ノ意ニ開遮アリ。若シ天下ノ亂ニ依テ飢餲（渇カ）セム時分ナトニ。次第ヲ守テハ叶ハサル事アルヘシ。其時ハ別請背請ヲ破ルヘキ也。背請ト者。前ニ請ヲ受タランニ又後ニ請アラン。前ノ請ニ背テ後ノ請ニ趣ク事也。此等ハ皆時分ニヨルヘキ也。古迹ニハ。次ノ別請僧戒ヲ釋シテ云。如下飲ニ海水一卽飲中諸河上矣 一滴也ト云ヘトモ海水ヲノムハ。一切ノ河水ヲノムニ當ルカ如シ。一食ナレトモ僧次ヲ破レハ。十方僧ノ物ヲ亡用スルニ當ル。サテ說法ヲ請セムニハ。次第アルヘカラス。「其ノ器用タラムヲ請スヘシ。抑又。檀那ノ意樂モシ」其僧來ラスハ此ノ請ヲモヤメ。功德ヲモイトナマシト思ハムハ。制ノ限ニ非ス。如レ此ノ風情多カルヘシ。悉ク此ヲ明メテ振舞ヘキ也

（同、五七七中二九行）（ト底ナシ）（是底ロ此）（制イ則）（大正藏四〇、七一三中）（僧イナシ）（「」イナシ）

第二十八　別請僧戒

（經、大正藏二四、一〇〇七上十七行）（義記、大正藏四〇、五七七下九行）

上ハ所請ノ僧ニ約シ。此ハ能請ノ檀越ニ約ス。僧中也トモ互ニ僧ヲ請ル事アルヘシ。又在家ノ人。福田ノ爲ニ僧ヲ請セム時。共ニ必ス其ノ次第ヲ問テ人數ヲ可レ請ス也。次第請ノ功德ヲ經ニ自ラ說クニ。

而世人別請ニ五百羅漢・菩薩僧一「不レ如ニ僧」次一凡夫僧一矣 僧次ヲ守テ供養ヲナセハ。十方僧ヲ供養スルニ當ル。故ニ不思議ノ功德ヲ得ル也

（經、一〇〇七上二十行）（「」底ロナシ）（次一底可イ次）

第二十九　邪命自活戒

（經、大正藏二四、一〇〇七上二三行）（義記、大正藏四〇、五七七下二五行）

此ハ。ナスヘカラサル事ヲナシテ。活命ノ計ヲ事トスルヲ制ス。僧ハ頭陀乞食ヲ以テ本トス。若シ信心ノ檀那アリテ僧ヲ供養セントテ。料足ヲ常住ニ入レテ。其ノ日日ノ食ニ當ツ。此モ上品ノ僧ノ所明ニハ非サレトモ許サルル所アリ。何事ニテモアレ。食ノ爲ニ作業ヲナサハ僧中ノ事ニ非ス。佛法修行ハ。三學ノ外ニアルヘカラス。世間ノ事ヲ作シテ。活命ノハカリ事トスル事ハ。無慙無愧ノ振舞ナルヘシ

（足底定）（食底命）（所イ處）

販賣男女色ト者。夫婦ノ中人ナト云事歟。自手作レ食自磨自舂等ハ。獨住ノ僧ノ自世事ナトニ當レリ。占相男女ハ。夫婦ノ間ノ善惡ノ事ヲハカル事歟。解夢吉凶ハ。夢トキ也。是男是女ハ。胎中子ヲ相ル也。其外ノ呪術工巧等。此等ハ皆佛法ノ中ノ事ニハ非ス。義記ニ。所作ノ事ニ付テ。六ヲ立テテ初ノ三ヲハ一向制シ。呪術以下ヲハ在家ニハ此ヲ許ス。出家ニハ一向制ス。在家ノ人ハ其ノ道道

（經、一〇〇七上二三行）（同二四行）（同前）（同前）（カル事イナシ）（同前）（同二五行）（大正藏四〇、五七八上）

二〇〇

アルヘキ故ニ。カタク制スヘカラス。出家人也〔人㊦㊁ナシ〕トモ。利養ノ為ニハ非スシテ。三寶紹隆ノ為ナラハ。制ノ限ニ非ス「㊁云云

第三十　不敬好時戒（經、大正藏二四、一〇〇七上二八行）（義記、大正藏四〇、五七八上六行）

此ノ戒ハ。別ニ一事ヲ制スル事ナシ。前後ニ制スル所〔所㋑處〕ノ戒ヲ擧テ。六齋日・年三長齋月ニ犯スル事ヲイマシム。所犯ノ罪ハ。輕重ニ互ルヘシ。好時ヲ敬ハサルヲ此戒ノ所制トス。此モ又。餘時ヲ制セサルニハ非サレトモ。殊ニ此ノ時分ニ愼ムヘシ。六齋日ト者。常ニ用ルカコトシ。年三長齋月ト者。正五九月也。但シ齋ト者。佛法中ニハ不過中食也。故ニ此戒モ擧ル所〔所㋑處〕ハ。一切ニ互ルヘシト云ヘトモ。專ラ齋ノ事也。而ニ出家人ハ。別シテ時分ヲ指スヘカラス。於六齋日（經、一〇〇七中一行）年三長齋月ト者。別シテ在家ヲイマシムル也

法然上人三品ノ齋ヲ立タマヘリ。上品ハ七齋。中品ハ年三長齋月。此間ハ悉ク時ヲシテ其外ニ六齋日時〔時㊦ナシ〕ヲスヘシ。下品ハ只〔只㊦ナシ〕毎月ニハ齋日ハカリ也。山門ハ。昔ハ皆長齋ナリケルニ。請〔請㋑清〕意上人ト云人ハカリ非時ヲ食ス。食菩提ヲ障ヘス。意能ク菩提ヲ障ト云云 聲聞戒ノ意ハ。輕戒ニ付テハ一切ノ戒ニ開遮アレトモ。此ノ非時食ニ「於テハ〔「」㋑ナシ〕一切ノ律藏ニ開文ナシ。定敏ノ疏（定賓撰四分戒本疏カ）ニモ。非時食ヲハ」惣シテ許サストテ。准十誦律文開意密（大正藏四〇、四七一上カ）云云 十誦律ノ中ハカリニ開文アレトモ意密也。意ハ正ク非時食ヲ許スニハ非〔非㋑ナシ〕ス。病者ナトノ非時ヲネカフ事アラハ。其意ヲナクサメン為ニ。非時ニ與ント法則ヲナシテ。實ニハ與ヘカラスト云云 法然上人ノ仰ラレケルハ。彼ノ師モ小乘律ヲ盡サス。常ノ四律五論ノ中ニハ無シ。鷄胤部ト云一部ノ中ニ許ス事アリ。此迄ハ所見〔見㋑アル〕及ハスト云云 而レトモ已ニ四律五論ニ無キ上ニハ。此ヲ許ササル也

大乘ノ中ニハ此ヲ許ス。利益ノ為ニハ四重ヲモ許スヘキニテアレハ。非時食ニ至テカタク制スヘカラス。凡ソ鴦屈摩羅彌殺彌慈（㋑止觀二（天止二、六））。祇陀末利唯酒唯戒。和須蜜多婬而梵行ナレハ。利益アル前ニハ佛モ此ヲ許シタマヘリ。無慙無愧ニテ許ス事ハ努努〔努努㊦務務〕アルヘカラサル也「㊁云云

第三十一　不行救贖戒（經、大正藏二四、一〇〇七中四行）（義記、大正藏四〇、五七八上十八行）

此ハ。佛像經卷・比丘比丘尼等ヲ販賣スル事アリ〔アリ㊦㋑アルベシ〕。外道惡人ハ。僧尼ナトモウリテ。人ノ眷屬トナサシムヘシ。如レ此ノ事ヲ見レハ。ナントシテモ方便ヲナシテ買ヒ。ユルシテ此ヲ助クヘシ。此モ聲聞戒ノ意ハ。佛像經卷ヲ賣テ贖〔カ〕ハサルヲ犯戒ニハ非ス。眼

前ノ父母ヲウルヲ贖ハサルカ犯戒也。卽是吉罪所制ナルヘシ。菩薩戒ニ此ヲ制スル事。源ト戒體受得ヨリ事起ル。住持ノ三寶ノ像ニ依テ戒體ヲ受得ス。其ノ恩尤モ重シ。此ヲウル事アラハ。カヒ底ロイヒトトムヘキナリ

第三十二（第十）損害衆生戒（經、大正藏二四、一〇〇七中十一行）（義記、大正藏四〇、五七八上二五行）

上ノ畜殺具戒ハ。偏ニ殺生ノ具ヲ畜ヘカラサル事ヲイマシメ。此ハ。惣シテ販賣ヲハ制スル事ハ出家ニ有リ。在家ニハカタノ如ク販賣ヲ許スヘシ。而ニ販賣ナトノ時ハ。輕キ秤ハカリ・小キ斗ヲ以テシ。此等ノ非理非法ノ販賣ヲ制ス。（經、一〇〇七中十二行）因官形勢ナト云ヘル人ノ權勢ヲ以テ。他ノ物ヲ取ラントス。如レ此事「ツモラハ」「こ底ロモツハラ」重罪ニモ及ヘキ事也「ロ云云」

第三十三邪業覺觀戒（經、大正藏二四、一〇〇七中十四行）（義記、大正藏四〇、五七八中一行）

此ハ。一切ノ徒事作ヘカラス。見ルヘカラス。振舞ヘカラサル事共也。太賢ハ虛作無義戒ト名タリ。（大正藏四〇、七一四上）義記云。凡所ニ運爲一皆非ニ正業一矣ケニモ此等ノ事皆正業ニ非ス。（大正藏四〇、五七八中二行）此ヲナサハ佛法ニウトカルヘシ。古迹云。（同、七一四上）菩薩ハ爲ニ道ノ應レ惜ム寸陰。虛度コト時節一制シテ爲レ罪ト矣イカホトモ寸陰ヲ惜テ佛法ヲ修行スヘキニ。如レノ此ノ徒事ヲ作シテ。佛法ヲハ學セサル事ヲイマシム

吹貝ト者。（經、一〇〇七中十五行）法螺貝也。僧中ノ不斷時ナトニ吹ヲハ制スヘカラス。世間ニ只タ時ヲ知ンカ爲ニ吹事アルヘシ。出家人ニハ此ヲ制スヘシ。不斷時ニ貝ヲ吹事。律藏ニハ可レ制也。角ト者。（經、同前）古迹云。角亦所レ（同前）吹。西方樂器矣圍碁ト者。碁也。波羅賽戲ト者。（經、同前十七行）古迹云。波羅賽戲ト者。（同前）法藏師云。是西國兵戲法等云云イクサノマネ（者ロ云）（云。是底ロ見）也。彈碁ト者。（經、同前）古迹云。彈碁者。（同前）以レ指彈ニ碁子一。得レ遠爲レ勝ト者。石ハシキ也。六博ト者。（經、同前）シクロク也。（雙六カ）拍毱ト者。（經、同前）アタリ物也。與咸云。拍毱。音菊。釋音云。躍レ毱也。亦通シテ毛丸爲レ毱。（卍續一-五九、三〇八丁左下。菩薩戒疏註）躍弄者皆類也。（皆底イ此）投壺ト者。（經、同前）古迹云。投壺ト者投ニ杖於壺中一矣（同前）壺ノ中ニ杖ヲナケテナス事アリ。八道行城ハ。（經、同前）卜莖ノタ（筮カ）クヒ也。此等ハ强ニクルシカラサル様ニコソ覺レトモ。出家人ハ。偏ニ佛道ヲ修行スヘシ。佛法ヲ學スヘキニ。徒事ヲナシテ寸陰ヲウツス事ヲ制スル也

第三十四暫念小乘戒（經、大正藏二四、一〇〇七中二一行）（義記、大正藏四〇、五七八中九行）

「此ハ大乘ノ菩提心ヲ退シテ。」（こ底ナシ）一念二乘ノ小行ニ趣ク事ヲイマシム。謗三寶戒ノ下ノ。（第十重）雜下邪見ノ中ノ暫信小乘。輕戒ノ中。（第八）背大向小戒等此ノ類也

（經、一〇〇七中二二行）（義記、五七八中十五行）如帶持浮嚢ト者。涅槃經ノ說ニ出タリ。生死ノ大海ヲ渡ルニハ。戒ヲ以テ浮嚢トス。愛見ノ羅刹來テ持戒ノ浮嚢ヲ乞ハムニ。微塵ハカリモ許スヘカラス。如草繫比丘ト者。（經、同前二三行）古迹ニ云。如ニ莊嚴論ニ說カ。（大正藏四〇、七一四中）有リ諸ノ比丘ー爲レ賊所レ剝裸形伏レ地ニ。以テ連根草ー縛ルニ之。經レ宿ヲ不レ轉セ。國王因チナンテレ獵ニ見テ草ノ中ニ裸形ナルヲ謂ニ是外道ナリト。傍人答テ云。是佛弟子ナリ。何ヲ以テカ得レ知コト。其右膊カタ全クニ黑シ。是偏袒之相ナリ。王卽以レ偈問曰ク。看レハ時ニ似タリ無レ病。肥壯ニシテ有ニ多力ー也。如何カ爲ニ草繫レテ日夜不ニ轉側ー。爾時比丘以レ偈答曰。此ノ草甚危脆。斷時豈ニ有シャレ難コト。但シ爲ニ佛世尊ノ金剛ノ戒ノ所レ制。王發テ信心ヲ解トキハナ放與フレ衣。將テ至シテ宮中ニ。爲メニ造ニ新衣ー種種ニ供養スト 矣

佛戒ヲ持ン事。草繫比丘ノ如クナルヘシ

已ニ戒體受得シテ戒行ツモラハ。舍那ノ如ク正覺ヲ成スヘシ。一惡ヲモ止メ。一善ヲモ進ムヘシ。自知ニ我是未成之佛ート者。（經、同前二三行）衆生受佛戒卽入諸佛位シタル上ニハ。必ス當來ニ成佛スヘキ身トナレリ。カタク菩薩ノ大戒ヲ守テ。二乘ノ小行ニ趣クヘカラス。此等ハ專ラ意地ヲ制スル也

第三十五　不發願戒

（大正藏四〇、五七八中十九行～）（經、大正藏二四、一〇〇七中二七行）（義記、大正藏四〇、五七八中十八行）

義記云。菩薩常應レ願ニ求勝ー事。緣ニ心善境ー。將來因レ此剋遂。若不レ發レ願。求レ善之心難レ遂 矣 菩薩ノ修行ハ誓願ヲ源トス。付レ之。此ノ戒ノ文ニハ强ニ十願トモ見ヘサレトモ。次下ノ（第三十六）戒ニ。若佛子發ニ十大願ー已ト說ク故ニ。（經、一〇〇七下三行）今ノ文ニ付テ十願ヲ校釋セリ。願ニ付テ惣別アリ。惣願ハ四弘也。此外ニ各各ノ別願アリ。今ノ菩薩戒ヲ受クル人モ。又別シテ願ヲ發スヘシ。只意ニ任セテ。善事ヲハナサンナトノ分ハカリハ勇猛ノ心ナリテ。菩提心モ退シヌヘシ。別シテ願ヲ發シ。精進ヲハケマシテ戒善ハ成就スヘキ也

第三十六　不發誓戒

（大正藏四〇、五七八中二八行）（經、大正藏二四、一〇〇七下三行）（義記、大正藏四〇、五七八中二七行）

義記云。誓是必固之心。願中之勇烈意。始レ行心弱。宜レ須ニ防持ー 矣 誓願ヲカタメタル意也。發願發誓ハ同事ニテアレトモ。願ノ上ニ一重誓ヒカタメタル意也。四十八願モ願ノ上ニ發願アリ。深位ノ人ニナリヌレハ。誓ナケレトモ行道ニ進ミヤスシ。初心始行ノ人ハ。猛利ノ心ナケレハ。緣ニ隨テ退スル事アリ。勇猛ノ心ヲ發シテ。タトヒ百千ノ刃刀ヲ以テ身ヲサクトモ。禁戒ヲ破ラシト思ヘキ也。此ノ四十八輕ノ中ニモ。身口ニ約スル戒ハ。律儀ヲ

本トス。意業ニ約スルハ。攝善攝生カ(「ロ應)面トナル戒體ノ上ノ戒行ト云ヘル。定惠ノ功德カ面トナル也。故ニ三聚淨戒ニ付テモ。律儀戒ハ戒體ヲ本トシ。餘ノ二ハ戒行ヲ先トス。故ニ戒行ト云ヘル意地カ本トナテ。定惠ニ進ムヘキ謂ナレハ。深位ヲ本トスル樣ニ見タリ。仍テ今ノ不發願不發誓ナトハ。戒行ヲ面トシテ。須ク制セリ。十重ト申ハ。殊ニ舍那ノ功德ノ。癡闇ノ凡夫ニ發起スル姿戒體ヲ面トス。此時ハ。舍那ノ慈悲ヲ說ク故ニ。初ニ殺戒ヲ制セリ。戒體ノ上ノ戒行ト云時ハ。心ヲ本トスル故ニ。聲聞戒カ面トナル。其時ハ。婬盜殺妄ト次第シテ婬戒ヲ始(始イ面)ニ列タリ。故ニ今ノ發誓ハ。此意ニテ第一ノ誓ニ婬戒ヲ出スソト云沙汰アリ。正ク百千ノ鉾ヲ以テ。其ノ身ヲキラム時ハ。菩提心モ退轉スヘキ條勿論ナレトモ。志シノ及フ所(所イ處)ヲイカ程モカタク誓スヘキ也。而ニ種種ノ願ヲ明ストテ云ヘトモ。最後ニ願一切衆生悉得成佛(經、一〇〇八上十一行)ト誓ヘル。此ハ誓願ノ所詮ニテアリ。此ノ上ニ一一ノ願ヲハ發スヘキ也

第三十七冒難遊行戒（經、大正藏二四、一〇〇八上十二行）（義記、大正藏四〇、五七八下四行）

此ハ。「イヨイヨ」(「」ロイロイロ)ノ難處ニ入ルマシキ事ヲ說ク。付レ之。頭陀ハ安居ノ時分ヲ說クニ。若シ夏ニハ安居シ。春秋ニハ頭陀スヘシ。天竺ノ法則。冬夏兩時ニ安居スト見ヘタリ。所以ニ頭陀ノ時分ヲ說クニ。從ニ(經、一〇〇八上十八行)正月十五日ニ至ニ三月十五日ニ。八月十五日(「從カ)至十月十五日ト云故ニ。此餘ハ安居ノ時也ト見タリ。抑此ハ常ノ安居ノ時分ニハ異ナル歟。經ノ本說モ。夏ノ安居ハ三月十六日ヨリ八月十五日ニ至ルヘシト說タル故ニ。常ノ安居ノ時分ニハ非ス。冬安居ハ九旬ニ當レリ。義記モ此趣キト見タリ。但シ此ハ常ノ所用ニハ非ル也。凡ソ安居中ニ付テハ種種ノ沙汰アリ。玄奘・義淨等ノ新律ノ三藏。五天ヲ遍覽シテ唐朝ニ歸(歸イナシ)リシ時。唐ノ安居。天竺ニタカヒタル樣ヲ云ヘリ。天竺ニハ。五月ノ十六日ヨリ八月ノ十五日ニ至ルヲ前安居トシ。六月ヨリ九月ニ至ルヲ後安居トシ。此ノ中間ヲ中安居トス。而ニ常ニ南山ノ說ニ付テ。四「(「」イナシ)月ノ十六日ヨリ七(七底十)月十五日ニ至ルヲ前安居トシ。五月ヨリ」八月ニ至ルヲ後安居トシテ。四月ノ十七日已來五月ノ十五日ニ至ル迄。此ノ中間ノ日ヲ中安居トス。唐朝・日本此說ニ依レリ。前代ノ三藏ノ。アヤマリ天竺ノ風ニ背クト破シタレトモ。風俗已ニ久シキ故ニ。此說ニヨリ安居ノ時ヲ用ト云也。唐ヨリ天竺ニ渡リシ僧。唐朝ノ安居ノ。天竺ニ背タル事ヲ書ニシルシテ唐ニ遣ス。覺大師ノ御釋ニ此ヲ引キタマヘリ。山門ナトコソ源尋天

竺立大學寺ト定ラレタレトモ。世間ノ儀ニ隨テ。安居ナトハ四月十五日ヨリト見ヘタリ。冬安居ノ事ハ。イタク人ノ用ヒサル事ナレトモ。梵網ノ說分明ナル上ニハ。宜ク人ノ意ニアルヘシ

サテ頭陀ト者。常ニハ乞食ノ事。抖擻ト者。遊行ノ事ト存セリ。此レ又必シモ然ラス。天竺ニハ頭陀ト云ヒ。唐朝ニハ抖擻ト翻ス。頭陀ト者。ウチハラフ義也。古迹云。言頭陀ト者。新音杜多。此云ニ抖擻ト。抖(ウチハラフ)ニ擻煩惱生死ノ染ト故矣（大正藏四〇、七一四下）是卽（卽(底)(イ)則）チ煩惱妄染ヲウチハラウ義也。頭陀ト思ヘルハタカヒタル義也。又行頭陀時及遊方時ト說ク故ニ（經、一〇〇八上十六行）。遊行スル事ノミト意得タルモ背タリ

サテ此時。具足スヘキ道具ニ付テ。小乘ハ六物ヲ出ス。今ハ十八種ノ道具也（經、同前十五行）。繩床・經・律・佛像・菩薩像等ヲ具セル事ハ。菩薩比丘人ニ隨テ戒ヲ受クヘシ（經、同二三行）。其時ハ。住持ノ三寶ノ前ニスヘシ。繩床ハ。誦者高座・聽者下座ノ爲也。十八種ノ物ノ中ニ。三衣・鉢・坐具・漉水囊ハ。小乘ノ六物ト同シ。只是レ肝要ノ物ヲ出ス也。其ノ餘ノ道具。小乘ナレハトテ此ヲ遮スヘキニ非ス

菩薩戒ノ人ハ。必ス半月半月ニ布薩スヘシ（經、一〇〇八上二〇行）。其時ハ佛菩薩ノ形像ノ前ニスヘシト也。此等ハ道具ヲ用ル意ヲ證釋セリ。而ニ聲聞戒ノ意ハ。一人布薩ノ義ナシ。必ス四人已上ヲ用フ。菩薩戒ノ意ハ。一人ナリトモ布薩スヘシ。我今半月半月自誦（經、一〇〇四上二九行）トテ。舍那・釋迦ナヲ以テ半月半月ニ布薩ヲハカキタマハス。況ヤ凡夫僧ヲヤ。戒相ニ明ナラスハ。晝夜六時ニモ此ヲ誦シテ。戒ノ持犯ヲモ知ヘシ。聽衆ハ此ヲ聞テ憶念スヘシ。布薩ハ僧中ノ一大事也。懈怠スヘカラス。人數ノ多少ニ依ラス。誦者高座・聽者下座スヘシ

各各被ニ九條七條五條袈裟ト者（經、一〇〇八上二四行）。其時ノ威儀ヲ明ス。此ノ三衣ノ所用ノ姿モ。事ニ隨テ用テ替ヘキ樣ヲ律藏ニハ沙汰シタレトモ。此ノ梵網ノ說ハ。各各被ト云故ニ。事ニ隨テ隨一ヲ用タラハ布薩ノ場ニモ出ヘシト見ヘタリ。但シ僧ハ。威儀ヲ本トス。小衣ナトニテ布薩ニ出テン事。輕骨（忽カ）ナル故ニ。專ラ七條ヲ用ヘシ。律中ニ大衣ニ又九（條(イ)品）條アリ。九條ヨリ始テ十五條ニ至ル。梵網ハ各各被九條七條（七條(イ)ナシ）五條ト說ク故ニ（故(底)(イ)ナシ）。九條ヨリ上ノ衣ヲ說カス。仍テ山門ノ大師ノ大衣。大旨ハ九條ヲ用ヒタマヘリ。但シ九條ヲ用テ二十五條トモスル故ニ。菩薩僧ナレハトテ此ヲ用フヘカラサルニハ非ス。結夏安居一一ニ如法トハ說タレトモ。委細ノ說ナシ。大本ニハ定メテ其說有ル歟。ナレトモ。此土ニ來ラサレハ此ヲ知ラス。仍テ諸部ノ大乘

律ヲ尋ネ。猶ヲ不審ナラハ小乘律藏ニ依テ可レ明ム也

捄テ若頭陀時莫レ入ニ難處一（經、一〇〇八上二五行）ト說ク。此ノ戒ノ所制也。種種ノ難處ニ至ルヘカラサル事。經說ノ如シ。道行ノ爲ニ。獨住シテ虎狼等ヲ恐レサルハ。制ノ限ニ非レトモ。初心始行ノ人ハ斟酌アルヘシ。佛道ノ人身ハ。千劫萬劫ニモ受カタシ。爪上ノ土ヨリモ希也。適マ人身ヲ受テモ。又徒ニ生シ徒ニ死スル事詮ナキ事ナルニ。受カタキ人身ヲ受ケ。佛法流布ノ國ニ生スル事ハ。不思議ノ事也。佛法ノ利益アル事ナラハ。自行ノ爲メ。化他ノ爲メ。可レト捨ニ身命ヲ一云ヘトモ。徒ニ身命ヲ惜マサル事ハ。世閒出世ノ道理ニ背ク。故ニ受ニテハ佛戒ヲ一専ラ佛道ヲ修行スヘキニ。徒ニ難處ニ入。身命ヲ失フ事ヲイマシムル也

第三十八　尊卑次序戒（經、大正藏二四、一〇〇八中一行）（義記、大正藏四〇、五七八下十九行）

此ハ。戒臈ヲタタサス座ノ次第ヲミタル事ヲ制ス。佛法ノ中ニハ。大小老若尊卑貴賤ヲエラハス。夏次ニ依テ坐スヘシ。坐無次第兵奴之法トテ。合戰ナトノニハ（庭カ）ニテハ。坐ノ次第ヲ守テハ叶ヘカラス。タトヒ在家ノ人ナリトモ。文武二道アルヘシ。一云武道ノ日ハ次第ヲ破トモ。文道ヲ行ン日ハ官途ノ次第ニ隨フヘシ。況ヤ佛法ヲヤ。老少ニ依ルヘカラス。タタ夏次ニヨルヘキ也。付レ之。菩薩戒ハ七衆通受ノ戒也。在家出家道俗男女通シテ此ヲ受クヘシ。又本ト聲聞ノ人。此戒ヲ受タランニ付テハ。沙汰スル事アルヘシ。打任セテハ。在家ノ中ニハ必ス主徒アルヘシ。國王大臣百姓等。此戒ヲ受タランニ。先受ナレハトテ百姓ナトトシテ國王ノ上ニ坐セン事ハ難義ナルヘシ。而ニ其モ眞實ニ菩薩戒ヲ敬テ重トセント思ハハ。主モ徒ノ下ニ坐スル事アルヘシ。然トモ先ハ。在家ハ在家ノ法ニ隨テ。而モ其ノ一ノ官途ノ中ニテハ。前受戒者在前座スヘキ也。國ノ風ヲハ破ルヘカラサル故ニ。在家ノ人カ受戒カ前ナレハトテ。官途ヲハ破ルヘカラス。出家人ハ。四姓出家同一釋氏也。四河海ニ入テ一味トナルカ如シ。貴賤上下佛家ニ入ヌレハ。一ノ釋氏也。前受戒ヲ上座トシ。後受戒ヲ下臈トスヘシ。次ニ聲聞戒ト菩薩戒トノ前後ノ事ハ。經論ニ沙汰ニアリ。古迹云。如ニ阿闍世王經云一（大正藏四〇、七一五下）。文殊云。迦葉坐レ上ニ以ニ耆年一故ニ。迦葉讓テ言ク。我等在レ後。菩薩尊ナルカ故ニ。舍利弗言。我等亦尊ナリ。已發ニ無上心一故ニ。迦葉云。菩薩年尊シテ久ク發心故ニ。故文殊所レ將二千在家在レ前而住。迦葉等ノ五百聲聞

在ㇾ後而坐ス。雖ㇾ然若彼聲聞不ㇾ和。卽依ㇾ次坐ス。如ニ智度論云一。釋迦法中ニハ無ニ別ノ菩薩僧一。是故ニ文殊彌勒等入ニ聲聞衆一次第而坐ス矣 迦葉文殊重重ニ問答シテ。文殊所將二千ノ在家ノ菩薩。迦葉等ノ大德ノ聲聞ノ上ニ坐セリ。佛在世ニ已ニ（已イ既）迦葉理（理イロ現）證ヲ振舞テ菩薩僧ノ下ニ坐ス。滅後又此ニ違スヘカラス。タトヒ本ト聲聞ノ後ニ菩薩戒ヲ受タリトモ。此又菩薩戒ノ先後ニ依ルヘシ。若シ聲聞僧ノ和シテ下ニ座セントㇾ云ハスハ。只大小ヲ論セス戒ノ次第ニ依ルヘシ

而ニ山門ニ根本大師御入滅ノ後チ。惠皎德座ヲ諍事アリキ。一人ハ聲聞戒ヲ前ニ受ケ。一人ハ菩薩戒ヲ先ツ受ク。互ニ情ヲ破ラスシテ。堅ク諍ヘリ。此事ハ妙樂・明曠等釋セラルル旨アリ。（天玄五、二〇五。玄義）前小後大・前大後小ノ人アルヘシ。前小後大ハ。汝等所行是菩薩道ナル故ニ。（大正藏四〇、五九七下。明曠疏）一切俱開トテ。前ノ小戒皆大ニ開セラレテ大戒トナルヘキ故ニ。只已前ノ小戒ヲハ本トスヘシ。前大後小ノ人ハ。小ハ大ヲ開スル功德ナキ故ニ。大ノ時ハ大ニ依リ。小ノ時ハ小ニ依テ坐スヘシト（トイ无）定メタマヘリ。光定等此等ノ文ヲ引テ。ナタメタマヘトモ。情ヲ破スシテ終ニ天聽ニ達シキ。時ニ某ノ大臣ト云人。中ニ入テ云ク。只大小ヲ分タス受戒ノ前ナラン人。上ニ坐スヘシト云云 無ㇾ力此ノ義ニ從ヘリ。當今。南都北嶺會合ノ講場等ナヲ此ノ法則ニ從ヘル歟。但シ今ハ皆大乘戒ノ法則ニテ。小戒ハ只戒行ヲ明メタル許ナル故ニ。彌彌（イヨイヨ）其ノ煩（ワツラ）ヒアルヘカラス

第三十九不修福惠戒（經、大正藏二四、一〇〇八中八行）（義記、大正藏四〇、五七八下二七行）

「（「」底无）此ハ。堂塔僧坊ヲモ起立シ。」佛像ヲモ作リ。經律ヲモ講說シテ。人ノ爲ニ有ニ利益一事ヲ自ナシ。人ヲ勸メテモ作（作）サシムヘキ事也。義記云。（大正藏四〇、五七八下二七行）福惠二莊（莊底イロ无）嚴如ニ鳥二翼一。不ㇾ可ㇾ不ㇾ修矣 福惠ノ二嚴ヲ以テ法身ヲ莊嚴スヘシ。故ニ菩薩戒ヲ受クル上ニハ。常ニ福智ノ資糧ヲ畜ヘシ。付ㇾ之。殊ニ此ノ經ヲ講（講イ諫）說スヘシ。此經ヲ講（講イ諫）說スト者。菩薩戒ノ意ヲ得テ。機ニ隨テ一代ノ經論ヲ講說セン。皆此經ヲ講說スル講（講底ロ无）ナルヘシ。殊ニハ又。舍那ノ功德ヲ說顯ハセル經ナレハ。此戒經ヲ講說シテ。國難賊難ヲ除クヘシ。離苦得樂ノ因緣ナレハ。父母兄弟和上阿闍梨ノ亡日ニモ此ヲ講說シ。死亡ノ後五旬ノ閒ニ。此ノ經ヲ講說スヘキ也。一切ノ難ニ遇ハン時モ。此經ヲ講說スヘキ樣ヲ說テ。終ニ多婬多瞋多愚癡ト說ケル。自ラ三毒ニ當ル三毒ヲ滅スル事ハ。此ノ經ノ力也。此則。此戒ハ諸佛ノ本源。行（行ヒ无）菩薩道ノ

根本。佛性ノ種子ナル故ニ。三世ノ諸佛正覺ヲ成スル事モ。此戒ニヨリ。一切ノ菩薩ノ修行モ。此戒ニヨル。此戒ヲ一切佛法トハ開ケリ。然レハ。佛法カ若鎭護國家ノ姿トモナルヘクハ。此ノ戒經ニ極マルヘシ。王法ト云モ佛法ノ爲ナリ（法㊦㋑界）。神明ノ跡ヲ垂テ國土ヲ護ルモ。只人民ヲ樂セシメン爲ニハ非ス。國土（土㋺長）ヲ安クシ民ヲ愍ムモ。三寶ヲ護テ。國家ニ弘通セム爲也。故ニ菩薩戒ヲ講說セムカ。國土ノ祈リナルヘキ事勿論也。又父母師匠ノ亡日ニモ。此經ヲ講說スヘシト見タル故ニ。存亡ノ利益。只此戒ニ有ヘキ者也

八日　自第四十戒盡卷

第四十　簡（揀）擇受戒（「戒カ）（經、大正藏二四、一〇〇八中二一行）（義記、大正藏四〇、五七九上七行）

此ハ。機ヲ簡ハス戒ヲ授クヘキ事ヲ明ス。初ノ長行ニモ。若受佛戒（經、一〇〇四中七行〜）者。國王王子乃至但解法師語。盡受得戒ト云。今モ不レ得レ（經、一〇〇八中二二行〜）簡擇一切國王王子大臣百官。比丘比丘尼信男信女婬男婬女。十八梵六欲天無根二根黃門奴婢。一切鬼神。盡受戒ト說ケリ（「㋑得）。聲聞戒ノ意ハ。受戒ノ機ヲ簡擇ス。大方在家・出家ノ制戒各別ニ。又鬼神・畜生等ニ具足戒ヲ授タル事ナシ。タトヒ信心成就シテ。戒ヲ可レ授ク人ナリトモ。其身ニ付テ遮難モ（難㊦㋑㋺那）アリ。非器ナル事モアルヘシ。故ニ（故㋑於）同シ人身ニ付テモ。無根・二根・黃門等ニハ受戒スヘカラス

菩薩戒ノ意ハ。更ニ機根ヲ不レ簡。在家・出家・非人・畜生。只法師ノ語ヲ解スレハ。戒體ヲ受得シテ。第一清淨ノ者トナル。通受別（受㊦ナシ）受ノ不同モ此ニアリ。聲聞戒ハ。別授ニテ在家・出家・比丘・沙彌等ニ付テ。五八十具ノ戒相（相㋑各）別也。梵網戒ハ。一切ニ亙テ五十八戒ヲ持シム。通受ノ姿也

而ニ梵網ハ。偏ニ通受ニテ別受ノ謂ハ無歟ト云ニ付テ沙汰アリ。梵網ノ通受別持トテ。受事ハ。在家・出家ノ不同モナク。七衆モ九衆モ座ヲ並レトモ。別持トテ戒ノ持相ト還ル時。在家ハ在家ノ制戒ノ分齊ヲ振舞ヒ。出家ニ付テモ比丘・沙彌等ノ不同可レ有也。此事依レ無覺束。七大寺ノ僧統乃至諸宗ノ學者。此ヲ難ス。タトヒ菩薩戒ヲ受タリトモ。在家・出家ノ振舞。比丘・沙彌等起盡ヲハ。聲聞ノ五八十具ノ戒ヲ以テ定ムヘシ。三聚淨戒ヲ受ト云ヘトモ。只大菩提心ノ上ニ持テハ。菩薩戒ト云ニテコソアレ。戒相ニ還ル時ハ。律儀戒ハ只聲聞戒ニ異ナラス。攝善攝生ト云時ハ。菩

薩ノ慈悲ヲ以テタトヒ威儀ヲハ破トモ。爲ニ利益ノ振舞事ナル故ニ「律儀ニハ非ス。故ニ」(「」底ナシ)(故回ナシ)律儀ヲタタシ。七衆ノ別ヲ辨ン事ハ。聲聞ニ異ナラスシテ(シテイナシ)。比丘ハ二百五十戒。沙彌ハ十戒等ナルヘシトテ。山家大師ノ大乘ノ別受ヲ許サス。今ニ至ル迄。南北ノ律家ノ所存ハ如レ此(カク)ノナル歟

但シ只(只回ナシ)今ハ。律家者十僧受戒ノ法則(授戒儀)得カタキ故ニ。在家(在家イナシ)三聚淨戒通受ノ分(分回ナシ)ニテ。行相ハ聲聞戒ニ隨フ歟。而ニ山家大師。南都ノ戒壇ノ外(外底ナシ)ニ大乘戒壇ヲ立テテ。七衆・九衆强ニ聲聞戒ヲ本トスヘカラストテ。卽チ戒相ヲ定ルニモ。圓ノ十善戒ヲ持テ菩薩ノ沙彌トシ。梵網ノ十重四十八ヲ以テ。菩薩僧ノ位ヲ定ムト(經、一〇〇四中七行)云云　七大寺又此事ヲ難シテ。梵網ノ面。若受佛戒者國王王子等ト說テ。全ク別持ノ相ナシ

サテ同ク此戒ヲ持テ。七衆ノ不同ハナニトカ可レ有ソト云ニ。五大院ハ。意樂ニ隨フヘシト云云　大方所受ノ戒ハ三聚(聚イ乘)淨戒也。一切ノ惡ヲ止メ。一切ノ善ヲ修シ。一切衆生ヲ度スル意也。此ヲ悉ク持タラハ。舍那・釋迦ノ位ニ同シカルヘシ。等覺已(已イ以)來ハ分持ノ菩薩ナルヘシ。付レ之。一分ノ戒ヲ持タルヲ一分ノ菩薩ト名ケ。乃至二分三分皆分持ト名ク。宜ク受者ノ根機ニ隨フヘシ。故ニ受ル事ハ一切同時也トモ。持ン事ハ機ニ隨フヘシ。同ク此ノ戒ヲ受クトモ。我身ハ比丘ノ分タラン。沙彌ノ分タラン。出家ノ分タラント思ヘキ也。サレハ五大院ノ廣釋云。七衆共受別有ニ三名ー。一云隨ニ受者樂ー。各成ニ一衆ー等(等底生)云云(大正藏七四、七五八中)　宜ク受者ノ意樂ヲ以テ。比丘・沙彌ヲ可レ辨也

抑又。大乘律カ悉ク渡ラサルニテコソアレ。一向聲聞ニ不トハレ異云ヘカラス。但シ彼等モ瑜伽論ノ律儀一戒不異聲聞ノ說(大正藏四〇、一〇四九中。補闕行事鈔)ニ依歟。而ニ妙樂・山家皆破シタマヘリ。聲聞ニ共スル菩薩アリ。不レ共セ菩薩アリ。天台ノ意ハ。一代ヲ四教ト分別ス。藏通二教ハ。聲聞ヲ共スル故ニ。律儀モ聲聞ニ不レ異。別圓二教ハ。不共二乘ノ教ナル故ニ(故イナシ)。律儀異ナルヘシ。故ニ顯戒論云。天台智者。順ニ三乘旨ー定ニ四教階ー。依ニ一實教ー建ニ一佛乘ー。六道有レ別戒度何同。受法不レ同。威儀豈同(「哉カ」)　矣(傳全一、三四)　菩薩ハ以テ六度ヲ行トス。五度ハ二乘ト異ナル行ニテ有ルニ。尸羅ノ一度ハ限テ二乘ト同カルヘキ道理ナシ。故ニ(故イ回ナシ)彼ノ聲聞戒ト云モ。菩薩ノ律儀ノ一分ヲ說タルニテコソアレ。還テ「惣(「」底ナシ)シテ聲聞戒ノ外ニハ律儀無ト云事不レ可レ

然ル。山家ノ顯戒論。」覺大師ノ顯揚大戒論等。委ク此事ヲ沙汰シタマヘリ。而ニ大師ノ御一期ニハ。終ニ不事行シテ六月四日御入滅アリシニ。光定。此ノ事ヲ奏聞シテ。六月十一日ニ菩薩僧ノ官符ヲ下サル。其ノ後ハ。他宗モ子細ヲ申スニ不レシテ及五百餘年ヲ送レリ

（第四十）
而ニ今簡擇受戒ト者。機ヲ簡ハス通受スル姿也。サレハトテ戒行ニ向ハム時。國王乃至非人等同シ樣ニ振舞ヘキニ非ス。山家ノ顯戒論ニ云。（傳全一、一二二）奴婢已上緇素定レ階。畜生已下不レ論ニ著衣一（亦カ）矣文カ委カラサルニテコソアレ。行相ニ付テ一向同トハ不レ可ニ意得一。大乘律ニモ二十七部五十餘卷アリ。此ヲ本トシテ律儀ヲタタシ。ナヲ疑アリテ威儀成セサル事アラハ。聲聞戒トテモ別ノ事ニ非レハ。以レ彼ヲ助レ之ヘキ也。凡ソ於一佛乘分別說三也。（大正藏九、七中。法華經方便品）一佛乘ノ體ヲコソ三學ノ法門トモ開タル事ナレ。今戒ノ意ハ。舍那ノ三聚淨戒ヲ。大小乘ノ佛法トシテ說ク。故ニ聲聞戒ト云ヘルモ。大戒ノ一分ヲ「小機ノ爲ニ施設セル也。又梵網大本トモ百十二卷六十一品也。」其ノ中ノ律藏品ニハ。盛ニ菩薩ノ律儀ヲ明スト云ヘトモ。此ノ土ハ機劣ニシテ不レ傳ハラ。故ニ梵網ノ面ニ委クアラサル事ヲハ。地持・瓔珞等ノ大律ヲ以テ明スヘシ。其ニ猶ヲ不審アラハ。小律ヲ尋ネテ助成スヘキニテコソ有レ。還テ小ヲ本トシテ。此外ニ大乘ノ律儀「無ト云コト不レ可レ然ル。而ニ已ニ通受別持ノ義成スル上ニハ。頓又別受別」持ノ義モ可レ有也

サレハ山門ノ戒壇ニ。別受別持ノ法則ト見ヘタリ。五十八戒ヲ授テ菩薩ノ大僧トスト釋スル故ニ。大乘ノ比丘ノ壇也ト定メラレタリ。但此間ノ受戒ノ相ハ。全分ノ假名也。沙彌戒ヲハ授ケラルル事モ有リ。又授ケサル事モアリ。梨本ニハ。先ツ中堂ニ於テ沙彌戒ヲ授ケ。戒壇ニテ比丘戒ヲ授ク。サテ授ケサル法則ハ。一度ニ比丘戒ヲ授ル也。此事。沙彌戒ヲモ受ケスシテ直ニ比丘戒ヲ受ケム事不審ナレトモ。又カカル法則モ可レ有ト見タリ。假名ノ至極ナレトモトテモ。假名ノ事ハ末代ノ受戒何モ可ニ同事一ナル。其ノ中ニ又山門ノ戒ハ。傳教大師結戒ノ處ヲモトメラレテ受戒ノ法則ヲ作タマヘリ。輪壇ノ儀式輕骨ナリト（忽カ）云ヘトモ。結緣尤モ深シ。彼ノ泉涌寺ノ臈次モ。昔ハ寺ノ私授モ有ケレトモ。登壇ヲ本トシケルヲ「覺一上人ノ時。意樂ヲ以テ私ノ受戒ヲ以テ夏次ヲ定ト云云 我カ門ノ」受戒ハ。殊ニ（經、一〇四中十行）但解法師語盡受得戒ナル故ニ。此ノ解了ノ上ニコソ

眞實ノ佛戒ニテアルヘケレハ。夏臈ナトモ私ノ受戒ヲ本トスヘシト云ヘトモ。今受ル所ノ戒法ハ。專ラ山門ノ餘流ナル故ニ。登壇ヲ本トシテ臈次ヲ用也

此中ニ受戒ノ姿ヲハ不得簡擇トハ云ナカラ。所著袈裟。（經、一〇〇八中二五行）皆使ニ壞色一與レ道相應等ト說キ。所著衣服。（同二七行〜）比丘皆應下與ニ其俗服一有上レ異ト說ケリ。山家ノ大師モ。此ノ文ヲ以テ證據トシタマヘリ。通受ト云ヘハトテ。出家ノ人カ冠ヲキ。（著）畜生ナトカ袈裟ヲ著スル事ハアラハコソ。而ニ彼ノ小律ヲ執スル人ノ所解ハ。サレハ梵網ハ七衆通受ノ戒ナル故ニ其ノ不同ヲハ聲聞戒ニ依テ此ヲ定ムヘシト云云　此義不レ可レ然ル。聲聞戒ヲ結スル事ハ。成道已（已㋑以）後十二年ノ閒ニ。鹿野苑ニ於テ此ヲ結セリ。梵網ハ。初座菩提樹下ノ所制也。何ソ成道ノ初ニ結タル梵網ノ中ノ七處ヲ。遙ナル後ニ結タル聲聞戒ニ依テ可レ定ム耶。サレハ十重ノ中ノ第五ニ。（經、一〇〇四下十三行）自說ニ出家在家菩薩比丘比丘尼罪過一ト說ク。大乘ノ戒ニ付テ。七衆アルヘシト云事分明也。仍テ山家此ヲ以テ其ノ證據トシタマヘリ

依（依㋑付）レ之。所著ノ袈裟ノ色ハ。律ニハ靑・黑・木蘭三色ヲ出セリ。今ノ經文ハ。五色ヲ擧テ何ヲモ用ヘシト見ヘタリ。但シ皆使壞色ト云故ニ。基ノ分明ナル一色ヲハ不レ可レ用。此ヲ不正色ト名ク。古迹云。如ニ文殊問經一（大正藏四〇、七一六上）。文殊白言。有ニ幾色衣一。佛告ニ文殊一。不ニ太赤色一。不ニ太黃一。不ニ太黑一。不ニ太白一。淸淨如法等　云云　壞色ノ姿ハ此レ風情ナルヘシ。此ハ强ニ袈裟ニ限ラス。一切ノ內衣モ皆正色ヲ不レト可レ用見ヘタリ。凡ソ出家人ノ振舞。何事モ在家ニハ可レ異ナル。サレハ袈裟ヲ割截スルニ。在家ニ異ナル姿ナリ。在家ノ衣服及ヒ外道ノ所著ハ疵ナキヲ本トス。比丘ノ振舞ハ彼ニ異ナルヘキ也。若（經、一〇〇八中二八行）欲レ受レ戒時。師應ニ問言一。汝現身不レ作ニ七逆罪一耶ト云意ハ。遮難ヲ問ヘリ。遮難（遮難(底)㋺舍那）ヲ問フ意ハ。菩薩戒ノ意。一切ノ機ヲ簡エラハ（簡ハス㋑不撰）ス。業障報障更ニ障トナラス。但解ニ法師語一盡受得戒スル事ヲ顯ス。但シ一生ノ中ニ。若シ七逆ヲ犯スル事有ラハ不レ可ニ得戒一ス。故ニ山家大師モ。（傳全一、一二四。顯戒論）今此圓戒但除ニ七逆一。自餘衆生。皆悉得レ戒也　矣　菩薩戒ノ意ハ。更ニ遮難ヲ不レ論。只七逆計ヲ遮トス。抑。七逆ヲ以テ遮難トスル事ハ。更ニ遮難無キ事ヲ顯ス所以ニ。故ニ七逆ハ更ニ作ラレサル事ニテ有也。未受戒ノ前ニハ。和上・阿闍梨ノ二師ナケレハ。七逆成セス。サテ已ニ此戒ヲ受得スル程ノ人ハ。又現前ノ戒師ヲ殺スル程ノ事ハ。爭イカテカ可キレ有。而ニ七逆トハ立

タレトモ。二師ヲ害スルカ七逆ノ體ニテハ有ル也。凡夫ノ機相ハ。タトヒ戒ヲ受タル上ニモ。貪瞋ノ心ニ依テ。何ナル惡道ヲモ可レ作ル樣ニコソ覺タレトモ。舍那ノ功德ヲ受取タルシルシニテ。七逆ヲ犯スル「程ノ事ハナシ。〔「3行」底ナシ〕カカル作ラレサル物ヲ云出シテモ〔云ロナシ〕遮難トス。〔難底イロ那〕故ニ只今モ受戒ノ法則トシテ。七逆ノ有無ヲ問フ也。問フト云ヘトモ。更ニハ作タル事無キ故ニ。七逆ヲ犯スル」ヤト問テ。犯セスト答ヘサセテ。遮難〔遮難イロ舍那〕ナキ事ヲ顯ス。故ニ菩薩戒ノ意ハ。地體遮難〔遮難イロ舍那〕ト云事ハ無キ事ソト相傳スル也

出家人ノ法ハ。不下向二國王一ニ禮拜上セ等ト云云　在家菩薩ニハ。主從父子〔子底母〕ノ禮アリ。主カ從ヲ敬ヒ。國王カ平民ヲ禮スル事ハ。不レ可レ有ル。凡ソ在家ニハ。必ス君ヲ貴ヒ。子ハ必ス父ヲ禮スヘシ。出家ノ法ハ不レ可レ然ル。只タ佛ヲ敬ヒ法ヲ可レ貴フ。此又菩薩戒ノ意ニテ。在家出家ノ不同アル事分明也。此戒ノ所詮ハ。但解法師語ニテ師語ヲ解スヘキ人ナレハ。機ヲ簡ハス戒〔戒底ロナシ〕ヲ授クヘシ。若シ。此人カ戒ヲ受ケハ。還テ利養ヲ失ヒ。難モ可レ有機ト見レハ。可レ有ニ斟酌一。眞實ノ信心〔信ロ定〕ヲ以テ來ランニ不レハ授。此ノ戒ヲ破ル也

第四十一　爲利作師戒

（經、大正藏二四、一〇〇八下九行）（義記、大正藏四〇、五七九上十八行）

此ノ戒ハ。上ノ無解作師戒（第十八）ト相似タリ。彼ハ。只自ノ恵解モ無クシテ人ノ師ト成ル事ヲ戒ム。此ハ。名利ノ爲ニ師ト成ル事ヲ制ス。意ハ同シケレトモ。不レ知事ヲ。名利ヲ招カン爲ニ。知タルヨシニテ師トナル事ヲ。此戒ニハイマシムル也。古迹ニ。前後ノ戒ノ不同ヲ釋シテ云。此戒何異二第十八戒一。（大正藏四〇、七一七上）彼制三懈怠而不二明了一。此制三貪レ利惡求二弟子一矣　上ノ戒ハ。只懈怠シテ不シテレ學明了ニモ無テ。而モ戒師トナル事ヲ制ス。此ハ假令布施物ナトニモ意ヲカケテ利ノ爲ニ師トナル事ヲ制スル也

付レ之。教戒法師トナテ。人ニ戒ヲ授ケン時ノ法則（授戒儀）ヲ明スニ。和上・（經、一〇〇八下十一行）闍梨ノ二師ノ請スヘキ旨ヲ說ケリ。而ニ聲聞ト菩薩トノ不同ヲハ。一師十師羯磨全異ト釋ス。義記ニモ。（大正藏四〇、五六七下一二行）地持・瓔珞並止二一師一。梵網受法亦止二一師一トコソ釋シテ。聲聞戒ハ十師ヲ請シ。菩薩戒ハ只一師ノ羯磨トコソ定メタルニ。今ハ二師ヲ可レ請ス樣ヲ說ケリ。但シ二師カ有レハコソ。七逆ト云事ハ成スラメ。サテハナニトテ菩薩戒ハ。一師ノ羯磨トハ釋スルソナルニ。義記ニ一ノ解ヲ出スニ。（同前）和上ト者。佛ノコトソト云云　此儀〔儀イロ義〕ヲハ出シナカラ。經ノ文相ニ順セサル樣ニ釋シ成タマヘリ。而ニ聲聞戒ノ意ハ。三師七證ヲ

請ス。菩薩戒ノ意ハ。普賢觀ノ說ヨリ出テ。不現前ノ五師ヲ請ス。所謂ル靈山淨土ノ釋迦ヲ受戒ノ和上ト爲シ。金色世界ノ文殊ヲ羯磨阿闍梨トシ。都支多天ノ彌勒ヲ羯磨阿闍梨トシ。十方ノ諸佛ヲ尊證トシ。一切ノ菩薩ヲ同學トス。仍テ師ニ於テハ破戒ノ疑不レ可レ有ル

サテ現前ノ傳戒ノ師ト申スハ。此ノ聖師ノ羯磨ヲ。受者カ不レ知故ニ。文殊ニ替テ聖師ノ授タマフ樣ヲ聞カシムル也。故ニ山家顯戒論云。傳戒凡師。是能傳而不ニ能授一矣（傳全一、一二三）然レハ只一師ニテ可レ有也。サレトモ又。不現前ノ五師ノ一一ノ所明ヲ。現前ノ師各各ノツカサトリテ行スル姿アルヘシ。故ニ山門ノ法則モ。三師勘ニ衆師一設ニ淨師等一ヲ請ス。故ニ先ツハ小乘ハ現前ノ十師。大乘ハ不現前ノ五師・現前ノ一師ニテアレトモ。又一師ノ德ヲ開テ五師トモ十師トモ名ク。殊ニ又威儀ヲ成セン時ハ。教授・羯磨等ヲモ請スヘキ故ニ。和上・闍梨等ノ二師モアルヘキ也。況ヤ又タトヒ現前ノ一師ナリトモ。和上阿闍梨ノ二德ヲツカサトルヘキ故ニ。二師トモ申サルヘキ也

扠テ。二師カ七逆ノ有無ヲ問フテ。戒ヲ授クヘキ樣ヲ說ケリ。若現身有ニ七遮一。師不レ應レ與レ受レ戒。無ニ七遮一者得受ト說ク意ハ。（經、一〇〇八下十二行）上ニモ沙汰アリシ如ク。七逆ナラハ戒ヲ不トレ可レ授ク云意ハ。七逆ト云物ハ地體作ラルヘカラサル事ナル故ニ。遮難トスル意ハ。菩薩戒ノ機ニハ遮難無キ事ヲ顯ス。若有レ犯ニ十戒一者應レ教ニ懺悔一（同十三行）等ト也。十重ヲ犯セハ。懺悔方法ハ經ニ說クカ如シ。懺悔ストモ好相ヲ得スハ。本戒已ニ破タル故ニ增受戒スヘシ。タトヒ犯ストモ。懺悔シテ得タラハ好相ヲ。本戒還生スヘシト云云 此事聲聞戒ト菩薩戒ト其ノ意遙ニ異也。聲聞戒意ハ。重戒違犯ノ者ニハ。懺悔ヲ不レ許。タトヒ罪滅ノ義ヲ論ストモ。永ク比丘ノ位ニハ不レ可レ還ル。菩薩戒ノ意ハ。得レハ懺悔ヲ。本戒還生シテ本位ニ可レ還ル也。若犯ニ四十八輕戒一者。對首懺罪滅。不レ同ニ七逆一矣（同十九行）此レハ輕戒ノ懺悔ノ方法ヲ明ス。而ニ不同七逆ノ言尤モ無ニ覺束一。若シ輕戒ヲ犯タラハ。對首罪滅シテ七逆十重ニ同カラストコソ可キニレ說ク。十重ト云事ヲハ云ハスシテ。輕戒ヲ直ニ七逆ニ對首スルコトハ不審也。付レ之。犯スルニ十重ヲ付テ二ノ姿アリ。上品ノ纏ヲ以テ犯セハ失戒スヘシ。若シ中下品ノ纏ヲ以テ犯セハ。輕垢ニ同スル子細有リ。サテ重ト者。上品ノ纏ノ分也。此ノ重ハ七逆ニ同シテ可レ失レ戒ヲ也。

故ニ只打任タル殺人・盗五錢ノ分ヲハ。上品ノ纏ニモ非ル故ニ輕垢ニ同スル也。サテ正キ十重ノ體ハ。上品ノ纏ナルヘシ。此ハ七逆ニ同シテ受戒ノ人ハ犯スヘカラサル故ニ。中下品ノ纏ヲ以テ犯セルヲハ。四十八ニ同シテ。對首懺罪滅。不同七逆トハ說ク也。故ニ上ニ若有犯而ニ懺悔ノ法ヲハ永永ト說タレトモ。七逆十重ニハ不レ可レ犯ス事ナル故ニ。今人ノ犯戒ハ。タトヒ十重ヲ犯ストモ四十八ニ同スヘシ。故ニ對首懺罪滅ノ分ナルヘシ。太賢モ此ノ趣ヲ釋セリ。古迹ニ。（大正藏四〇、七一六下）若シ諸ノ菩薩。以テ二上品ノ纏ヲ一犯スルハ二他勝處ヲ一失ス二戒律ノ儀ヲ一。應ニ當ニ更ニ受ク。若中品ノ纏ナラハ。應シ下對ス二三人ニ或ハ過キテ中此數ニ上。陳テハ所犯ヲ悔スルナリ。若下品纏モテ犯セムト二他勝處ヲ一及ヒ餘ノ違犯トハ（輕罪名餘）應レ對ス二一人ニ一。若無クハ四隨順ノ補特伽羅ノ可キ三對シテ發ニ露懺悔除所犯ヲ一。以テ二淨意樂ヲ一起シテ二自誓ノ心ヲ一。我レ當ニ決定シテ防護シ。當來ニ終ニ不ニ重ネテ犯一。今此ノ中ニ言ヘ雖レ懺無レ益者。藏師ト及ヒ寂師トノ云ク。上纏失戒。若シ得タラハ二好相ヲ一舊戒還テ生ト。更ニ不レ須レ受コトヲ。若不レ得レ相。舊戒已ニ失スルカ故矣 瑜伽論ニモ三品ノ纏ノ姿ヲ明ス。彼ニ依テ此釋有ル也。若シ又對シテ可ニ懺悔ス人無クハ。淨心ヲ以テ自ラ懺悔スヘシト云云 如レ此巨細アリテ。輕戒ト思トモ重ナル事アリ。「重戒ト思トモ輕戒ナル事アリ。委ク尋テ可レ知ル也。此中ニ」（「」㊇㋥）若不レ解ニ大乘經律一（經、一〇〇八下二一行）若輕若重是非之相ト者。戒也。不解第一義諦等ハ（同二二行）恵ノ功德。觀行出入十禪支等ハ（同、一〇〇九上一行）定ノ功德也。如ニ此三學ノ功德法門ヲ具ニ知テ戒師トナルヘシ。此等ヲモ知ラテ亂（ミダ）リニ戒師トナラハ。佛ヲハアサムキ法ヲモアサムクヘシ。但シ又此等ヲモ委ク知ラム事。末世ニハ難レ有リ。隨分ニ解學モアリ。戒律ニモ明了ナラハ。戒師トハナルヘキ也（キ也㋺シ）

第四十二爲惡人說戒戒（この一行㋑㋥）（戒戒㋺戒）

（經、大正藏二四、一〇〇九上六行）（義記、大正藏四〇、五七九上二六行）

此ハ。外道惡人等ノ前ニテ此戒ヲ不レ可レ說ク事也。彼等還テ誹謗ヲ可レ生ス故ニ。戒法ノ爲ニ輕骨（忽カ）シ。彼等又罪滅ヲモ思ヘシ。機根ヲ鑒（カンカミ）テ。彼カ爲ニ益アルヘクハ此ヲ可レ說ク。還テ謗ヲ生スヘクハ。能化所化共ニ罪ヲ可レ得也。上ニ（上㋑㋥）（第四十）簡擇受戒戒（戒戒㊇㋺戒）ナリト云ヘルハ。機ニ隨テ報障等ノ難ヲ不レ可レ簡フ事也。信心具足シテ菩薩戒ヲ求メン爲メニハ此ヲ可レ授ク。此戒ハ。彼モ請セサルニ。率爾ニ惡人等ノ前ニテ此戒ヲ說キ。大戒ヲ聊爾ニシ。謗法ノ罪ヲ生スル事ヲイマシム。除國王ト（經、一〇〇九上八行）云ヘル意ハ。佛法ニシテ佛弟子ト國王ト付屬シタマヘリ。佛弟子ヲ內護トシ。國王ヲ外護トス。國王ニハ法ヲ不レト可レ祕ス云事。顯密ノ聖教ニ見タリ。但シ其レトテモ。ケニ外道ノ邪法ヲ信シテ。其ノ前ニテ戒法ヲモ說キタラハ。破法ノ因緣ニモ成ルヘクハ不レルレ可レ說ク也

第四十三**無慙受施戒**（經、大正藏二四、一〇〇九上十三行）（義記、大正藏四〇、五七九中二行）

此ハ。破戒ノ身ヲ以テ。檀越ノ信施ヲ不レ可レ受ク。不レ得ニ國王地上行一。不レ得レ飮ニ國王水一等ト說テ。（經、十四行）如レ此身ヲ以テハ四海ノ中ニ身ヲヨセ。國王ノ地ヲ不レ可レ踏。在家ニ有テ（有(底)(ロ)〔ナシ〕）國王ノ眷屬トシテ種姓ニ隨テ朝要ニ立ツヘシ。出家シテ國王ノ難ヲ免レテハ。又佛法ヲ學シテ國家ヲモ護ルヘシ。而ニ國土ニ住シ。國水ヲ飮ナカラ。戒法ヲ破シ。國土ヲ損セハ。此レ國賊ナリ。五千ノ大鬼神（神(イ)〔ナシ〕）常ニ其ノ前ニサヘキリ。佛法ノ中ノ賊トナル。世俗・佛法共ニ無用ナル故ニ。畜生木頭異ナラサル也

第四十四**供養經典戒**（了不カ）（經、大正藏二四、一〇〇九上二〇行）（義記、大正藏四〇、五七九中九行）

此ハ。三寶ヲ可ニ供養一樣ヲ明ス。佛戒ヲ受得シテ諸佛ノ位ニ入リヌレハ。戒法ノ恩尤モ重シ。イカ程ホトモ恭敬供養スヘキ也。舍那ノ功德ハ。今ノ經供養ノ體ニ極ル。戒法ヲ說クヲ聞テ。衆生受佛戒卽入諸佛位スル故ニ。イカ程ホトモ供養スヘキ者也。其ノ供養ノ姿ヲハ。具ニ經ニ說ケリ。眞マコトニ紙モ筆モナクハ。（經、同二一行）皮ヲ紙トシ骨ヲ筆トシテモ供養スヘシ。此則志ノ趣キ力ノ及程ノ敬重ノ姿ヲ說ケリ。太子ノ御筆ノ梵網經ニ。御手ノ皮ヲハキテ首題ニヲサレタリ。今ノ經文ニ依リタマヘル歟

第四十五**不化衆生戒**（經、大正藏二四、一〇〇九上二五行）（義記、大正藏四〇、五七九中十六行）

菩提薩埵ノ意樂ハ。法界ノ衆生ヲ化スルヲ體トスル。雖レ然ト衆生界無邊ナレハ。一時ニ難ニシ利益一シ。志ノ及フ所ハ法界（界(イ)〔ナシ〕）ヲモ一時ニ化スヘキ也。此戒ハ。諸佛ノ本源。衆生ノ佛性ナル故ニ。イカ程ホトモ勸メテ此戒ヲ受シメ。菩提心ヲ發サシムヘシ。但シ機ヲハカラス亂ミタリニ勸メテ。還テ謗ヲ生シメムハ。戒法ヲ損スヘシ。機ニ隨テ折伏攝受シテ引導スヘキ也 乃至 人ノ類ニ限ラス。タトヒ畜生ニ向テモ。（經、二八行）汝是畜生發菩提心ト唱ヘシ。古迹云。（大正藏四〇、七一七下）下劣有情。設無ニ領解一。聲入ニ毛孔一。遠作ニ菩提之因緣一矣 所詮種種ノ戒相不同ナレトモ。菩提薩埵ハ慈悲ヲ以テ體トス。慈悲ト者。人ヲ化シテ佛道ニ引入シ。正法ヲ聞シメテ。佛ノ智（智(ロ)知）見ヲ開シムヘキ也

第四十六**說法不如戒**（經、大正藏二四、一〇〇九中二行）（義記、大正藏四〇、五七九中二五行）

此ハ。法師ノ振舞也。法ヲ說クニ付テ種種ノ法則アリ。在家ノ爲ニ說法セシ時。立ナカラ不レ可レ說ク。又法師ハ高座。聽者ハ下座ナルヘシ。聽者ハ上ニアラムニ。法師カ地(地㊄他)ニアテ說法スル事不レ可レ有ル。今ノ戒ヲ受ヌレハ。佛家ニ入リ。佛位ニ住シテ。人ヲモ利スヘシ。輕骨(忽カ)ニ不レ可ニ振舞一。其ノ振舞。若シ輕骨(忽カ)ナレハ。信心モウスク。佛法モ聊爾ニナリテ。利益ヲ成セス。經ニ殊ニ貴人ヲ出ス事ハ。如レ此種姓高貴ノ人。殊ニ法師ヲモカロシメテ。聊爾ニ處スヘキ故ニ此ヲ出セリ。其信ナクハ。其人ノ家ニ入ルヘカラス。若シ信心ノ檀越アラ(ア㊀ナ)ハ如レ此振舞ヘキ也(ㄱ㊁云云)

第四十七 非法制限戒 (經、大正藏二四、一〇〇九中九行)(義記、大正藏四〇、五七九下五行)

此ハ。專ラ在家ノ菩薩ヲ制ス。國王太子等ノ高貴威勢ノ人ハ。自ノ權勢ヲ持テ人ノ出家モ聽サス(サ㊁ナシ)。或ハ堂ヲ造リ。塔ヲ立テ。佛ヲ造リ。經ヲウツス事ヲモ聽ササル(ササ㊁ナシ)事ヲイマシム。タトヒ出家ノ人ノ中ニテモ。上座ノ僧ナトカ新學ノ菩薩ノ善根ヲイトナマム(マ㊄㊀ナシ)ヲ。或ハ惡心瞋心等ヲ以テ抑ルル事アルヘシ。此又制ノ限ナルヘシ。然レトモ專ラ在家ヲイマシムル也。昔ハ人ノ出家ヲモ皆國ノ許ヲ蒙レリ(「」㊁如此)。御布施ナトニ度者何人ヲ給ルト云時。出家セシムル故ニ「カタカリキ」。當今ノアリサマハ以外ニ自由也。佛法ヲ賞スルニ似タレトモ。還テ佛法ノアタ也

第四十八 破法戒 (經、大正藏二四、一〇〇九中十四行)(義記、大正藏四〇、五七九下十六行)

此ハ。出家ノ人カ。我カ衆ノ中ノ過ヲ在家ノ國王等ノ前ニテ說テ。彼ノ官方ヨリ佛法ノ衆中ノ罰ヲ行ハシムル事ヲ制ス。佛弟子ノ過ヲハ。佛法ヲ以テ治スヘシ。義記云(義記、同前)。內衆有レ過依ニ內法(法㊀此)一治 矣 若シ犯戒アラハ。懺悔ヲ修セシムヘシ。懺悔ニ道行カスハ。衣鉢ヲ取テ退出スヘシ。而ニ僧衆ニハ列ナカラ。官方ヨリ罪科ヲ行ハシムル事ヲイマシム。上ノ戒(第四十七)ハ。在家ヲイマシメ。此戒ハ殊(殊㊀ナシ)ニ出家ヲ制ス。十重ノ終リニ謗三寶戒ヲ制シ。輕戒ノ終リニハ破法戒ヲ結スル。其ノ意同。彼ノ十重ノ中ノ說四衆過(第六重)ハ。只外道惡人ノ中ニ未受戒ノ人ノ前テ。同朋ノ菩薩(菩薩㊀ナシ)ノ重ヲ犯セリト云事ヲ說ク事ヲ制ス。此戒ハ只出家ノ中(中㊀ナシ)ノ過ヲ。在家ノ前ニテ說テ。在家ヨリイマシメサスル事ヲ制ス。何トシテモ菩薩戒ノ意ハ。佛法ヲ住持シテ。衆生ヲ饒益セン事ヲ本意トス。而ニ佛法ニ疵ヲ付テ。佛子ノ名ヲ失フ事ヲカタク戒ムル(戒㊀㊁誡)也

第十ノ謗三寶ハ。三寶勝ルト知リテカラ口ニ不如ト說ク。一旦ノ名

利ヲ招カン為ニ。我カ三寳ノ疵ヲ顧リミス。此ノ破法戒ハ又其意相似タリ。一一ノ行事。末世ノ中ニテ難シ二振舞一。自他共ニ有名無實ナリト云ヘトモ。佛法ニ身ヲ任テ。此制戒ノ趣ヲ一分モ心中ニ畜テ。志ノ及ハム限リ如レ形振舞ハンスルカ。戒體受得ノ人ノ相ニテハアルヘキ也

（經、一〇〇九中二五行）諸佛子是四十八輕戒已下ハ流通也。付レ之。義記云。（大正藏四〇、五七九下二六行）就ニ此中ニ大分為レ兩。一流通。（「此カ）戒制ニ輕重一。二流通。此一品矣諸佛子等ノ文ハ流通戒制也

（經、一〇〇九下九行）爾時釋迦牟尼佛。說上蓮花臺藏世界已下ハ。流通此一品也。流通此一品ト者。卽一品一卷ノ意ヲ指ス。一品一卷・上下兩卷ト云名目モ此ヨリ起レリ。（「㋑也）戒制ノ輕重ト者。上下兩卷ノ下卷ノ戒相ノ輕重也。一品一卷ト者。上卷ノ階位カ下卷ノ戒法ニ入レ。一切皆舍那ノ一戒。光明金剛寶ノ戒ノ體ニ入タル姿也。此ノ爾時釋迦已下ノ文ニ。（同十行）十無盡戒法品ト說テ。惣シテ今ノ戒ヲ十無盡戒法（法㋑㋺）品ト名ク。輕重ノ不同無ク只十無盡戒ニテ趣カムトス。此則一切ノ諸戒乃至定惠ノ功德ニテ。悉ク十無盡ノ一ニナスナリ。（同十一行）從ニ摩醯首羅天王宮一至ニ此道樹下一（下㋺カ）十住處說法品等ハ菩薩ノ階位也。（同十五行）心藏・地藏・戒藏ハ三聚淨戒也。（同前）無量行願藏・因果佛性常住藏ヲ加テ五藏ト說ク。（同十六行）乃至一切佛說無量一切ノ法藏ヲ。十無盡戒ハ。一品一卷ニ收ムル意也。上ノ戒ハナヲ三學ノ中ノ戒制ノ輕重ナレハ。上下ノ兩卷ノ中ノ戒法ノ相ナレトモ。實ニハ一品一卷ノ意ト別事ニハ非ス。サレハ上文ニ。（同二行〜）流通三世化化不絕ナト云ヘルモ。（「一切衆生カ）四戒三勸ノ義ヲ明ス。（同三行）世世不墮惡道八難ナト說モ。戒體受得ノ功德也。戒體受得ノ（世世㋑㋺）功德ヲハ（義記、五八三中十一行）離三惡道淨土受形ト釋シタマヘリ。（形㋑㋺戒）此則戒體受得ノ功能ヲハ。（功德㋑㋺）離三惡道ト釋シ。戒行成就ノ相ヲハ。淨土受形ト釋スル（形㋺戒）故ニ。戒體・戒行モ非ニ別事一ニ。一品一卷・上下兩卷モ異ナラスシテ舍那ノ功德ヲ受取リ。淨土ニ生シテ戒行ヲ成就スルカ。戒經ノ本意ニテハ有ル也

（以㋑㋺）是以彼ノ無量壽經ノ中ニ。（大正藏十二、二七三上）若人無ニ善本一不レ得レ聞ニ此經一。清淨有戒者。乃獲レ聞ニ正法一ト說テ。昔シ清淨ニ戒アル者。今生ニ彌陀ノ功德ヲ聞ト說ク。而ニ凡夫ノ上ニ。清淨有戒ノ義アリテ。皆名第一清淨者ト云ハルルハ。此戒ノ功能也

（經、一〇〇九下三行）又得レ見ニ千佛佛授レ手ト說クモ。彼ノ大經ノ。（大正藏十二、二七三中）宿世見ニ諸佛一樂聽ニ如是教一ト說キ。（同前）曾更見ニ世尊一（「此カ）則能信事ト述タル意

也。彼ノ觀經ニ。戒行受得ノ人ハ淨土ニ生スル姿ヲ說クニ。與千化佛一時授手ト說ケルハ。（大正藏十二、三四五上）今ノ得見千佛佛佛授手ノ謂事ニ說キ顯ス也

初ニハ梵網經等ト題シ。終ニハ菩薩戒本經ト題セル。上下兩卷ト。一品一卷トノ意也云云西山ニ以ニ此本ヲ戒宗ノ所依トスル也「㋺云云

梵網經直談（經（底）㋺ナシ）　終

「」㋑㋺ナシ「此抄廬山寺之一流也。祕藏云云」

（底本奥書）……上卷尾にも奥書あり

本云　永正元甲子（一五〇四）年九月四日午刻寫レ之

眞宗西谷流子　顯等　四十歲

天文五丙申（一五三六）正月守祥中。越前初大味於ニ淨峯ニ書レ之。一乘安養寺住持空淵上人以レ本染筆畢

（對校㋑本㋺本奥書なし）……上卷尾に㋑奥書あり

（底　本）叡山天海藏、天文五年（一五三六）書寫奥書二冊寫本

（對校本）㋑＝叡山文庫眞如藏、天文五年（一五三六）書寫（上卷尾）奥書一冊寫本

㋺＝日光天海藏、奥書全缺二冊寫本

（校訂者　利根川浩行）

梵網經直談抄　終

戒珠抄 上 目次

〔模寫戒珠鈔序〕(ハ)　文化十二年(一八一五)淨空

1 菩薩戒者。大小相對菩薩戒可レ云耶　應安二年(一三六九)正月四日

2 梵網・法華有二勝劣一耶

梵網經正依傍依事

3 心地品名。法譬中何耶

4 三重玄・五重玄。其意同可レ云耶

5 梵網宗意許三未發心位受二菩薩戒一耶

6 菩薩戒意。戒體受得人。必離二惡趣一可レ云耶

7 梵網戒通二三聚淨戒一耶

8 四教次位。皆悉戒體受得人所レ經位可レ云耶

9 菩薩戒體。色心二法中何耶

10 菩薩戒有二廢失一耶

11 不レ具二信心一者有二受戒義一可レ云耶

12 宗意。煩惱得戒障歟

13 七逆十重有二懺滅義一耶

14 十重中亦有二輕重一耶

15 解語得戒義通二六趣一耶

解語得戒說通二諸經一耶

16 五戒。大小二戒根本歟

〔以上〕(イ)(ロ)〔題下畢〕(イ)

〔(ハ)澄云。原本於二此處一列二五種票目一。而靈道上人屬二下卷一故今順レ之〕

戒珠抄 下 目次

17 癡闇凡夫作二菩薩戒師一耶

18 菩薩戒受法皆一師羯磨歟

19 不レ對二佛像經卷一有二授戒一耶

20 自誓戒唯限二高位人受法一歟

21 菩薩戒有二付法藏祖承一耶

22 梵網受法有二三歸發戒義一耶

23 梵網教主。眞應二身中何耶

24 梵網經有二別說時一可レ云耶

25 梵網部外別有二一品一卷戒經一耶

26 就二菩薩戒經一分二三段一方何

27 菩薩戒經意。舍那・釋迦成道。爲二同時一爲二異時一耶

(對校回本のみ)舍那・釋迦成道。爲二同時一爲二異時一耶

28 末證凡夫。入二蓮華臺藏世界一聞二舍那說戒一耶

29 十重四十八輕戒。爲二戒體一爲二戒行一耶

30 梵網宗意。未レ受二菩薩戒一前有二佛性種子一耶

31 梵網經明二道樹已前成道一耶

32 梵網受法通二別受一可レ云耶

戒珠鈔　下末　目次
(下末巻は對校イ本のみ)

(內題)義記問答抄　下末

一　[1] 輕垢第一戒所敬境。唯爲レ限二師長一將如何

二　[1] 不敬師友戒。七衆同制歟

三　[1] 不敬師友戒。唯約二憍慢愚癡心一制歟(「レ之カ」)。將通二餘瞋恨等心一耶

四　[2] 飮酒戒意。自飮敎レ人飮相對論二輕重一者。何猶重可レ云耶

五　[2] 不飮酒戒。性戒・遮戒中何耶

六　[3] 菩薩戒意。非二重病等緣一者。有下許二食肉一義上可レ云耶

七　[4] 釋二食五辛戒一判二シ大小同異一見。爾者菩薩戒意。重二於聲聞一義如何釋レ之耶

八　[5] 經文。見三一切衆生犯二八戒五戒十戒一矣爾者約二大小乘一。如何釋二此五戒八戒大小同異一耶

九　[5] 經文。毀レ禁七逆八難矣爾者八難者。何物可レ云耶

十　[5] 不敎悔罪戒所制。通二七衆一可レ云耶

十一　[5] 不敎悔罪戒。唯令レ懺二悔菩薩衆犯戒罪一歟

十二　[6] 不供給請法戒者。制下依二何心一不中供請上可レ云耶

十三　[6] 不供給請法戒意。勸二初心菩薩一爲レ法令レ捨二身命一可レ云耶

十四　[7] 懈怠不聽法戒所レ云聽法。通二三學一可レ云耶　(本文缺)

十五　[7] 懈怠不聽法戒所制。唯限二一由旬內一歟

十六　[8] 解釋中。背大向小戒。分二別法相非法相一見。爾者所レ云法相非法相。四種邪見中何耶

十七　[9] 不看病戒所制。唯限二父母師(「僧カ」)弟子等一歟

十八　[9] 八福田中。何田勝可レ云耶

十九　[10] 出家菩薩。爲二護法一許レ畜二殺具一耶

二十　[11] 國使戒意。爲レ制二利養惡心一。爲レ制二殺害因緣一耶

二十一　[12] 販賣戒。道俗同制可レ云耶　(本文缺)

二十二　[13] 謗毀戒所制。通二陷沒・治罰二心一耶　(本文缺)

二十三　[13] 輕垢第十三戒所レ謗事。通二有根無根一可レ云耶　(本文缺)

二十四　[14] 經文。一切有レ主物不レ得二故燒一。爾者有レ主物有レ生物二說中以レ何爲レ正可レ云耶　(本文缺)

二十五　[15] 經文。使發菩提心十發趣心十長養心十金剛心矣所レ云菩提

心者。爲レ指二下所レ列三十心一將如何　（本文缺）

二十六　[16]經文。一切苦行。若燒身燒臂燒指矣所レ云苦行說二能敎苦相一歟　（本文缺）

二十七　[17]恃勢乞求戒意。敎レ他令。自乞求成レ犯可レ云耶　（本文缺）

二十八　[18]無解作師戒。七衆同制可レ云耶　（本文缺）

二十九　[19]兩舌戒。所二鬪遘一境。唯限二菩薩比丘一可レ云耶　（本文缺）

三十　[20]不行放救戒意。菩薩救濟境唯爲二有情一將如何　（本文缺）

三十一　[20]不行放救戒意。於二所レ度境一有二是親非親二類一見。爾者菩薩慈悲。於二此二類一以レ何爲レ先可レ云耶　（本文缺）

三十二　[20]依二講經修福作善一。先正等實得脫可レ云耶　（本文缺）

三十三　[20]經文。講二菩薩戒經律一福資二亡者一矣所レ云依二講經修福菩提因一亡者。得二何益一可レ云耶

三十四　[21]瞋打報仇戒。唯約二出家菩薩一判レ之歟　（本文缺）

三十五　[21]出家菩薩。許レ畜二奴婢一可レ云耶　（本文缺）

三十六　[22]憍慢不請法戒。唯制二出家初心一歟　（本文缺）

三十七　[23]經文。而不レ諮二受先學法師經律一矣爾者先學法師者。限二出家菩薩一歟　（本文缺）

三十八　[23]解釋中。憍慢僻說戒。（丁〇カ）序事三階矣爾者所レ云三階文段相。大師如何釋レ之耶　（本文缺）

三十九　[23]自誓受戒。必須二好相一可レ云耶　（本文缺）

四十　[23]信師受戒。縱好相耶　（本文缺）

四十一　[24]新學菩薩。爲レ助二大乘一伏二邪執一許レ學二二乘外道等法一可レ云耶　（本文缺）

四十二　[24]犯戒人有二斷佛性義一可レ云耶　（本文缺）

四十三　[25]不善知衆戒中所レ列五種人。皆悉出家二衆可レ云耶　（本文缺）

四十四　[25]菩薩戒意。用二三寶物一重夷輕垢中何耶　（本文缺）

四十五　[26]獨受利養戒相。七衆共制レ之可レ云耶　（本文缺）

四十六　[26]菩薩戒意。令三客僧須二利養一分事。但限二菩薩僧一可レ云耶　（本文缺）

四十七　[26]獨受利養戒。但爲レ制三不レ差二客僧一將如何　（本文缺）

四十八　[26]獨受利養戒意。不レ差而奪二僧次一。而差竟奪俱犯二輕垢一耶　（本文缺）

四十九　[27]受別請戒。大小俱制可レ云耶

五十　[27]解釋中。設二二解一見。爾者二解俱用レ之可レ云耶

五十一　[27]菩薩戒意。制二別衆食一可レ云耶

五十二　[27]經文。而此利養屬二十方僧一。爾者所レ云十方僧者。限二出家菩薩一可レ云耶

五十三　[28]經文。及一切檀越。請僧福田。爾者所レ云檀越者。有戒無戒中何耶

五十四　[29]經文。七佛無二別請法一。爾者過去九十一劫中出二興此土一佛。

（原本目次改訂）

（以下對校㈥本序文）

摸ニ寫戒珠鈔一序

夫菩薩戒者。運善却惡之要法也。然本邦叡岳中古師。懷ニ異端一將レ喪ニ大義一。於レ是敬光律師者。出慨ニ歎大戒之陵夷一。著ニ書數十一卷一以中ニ興古傳之洪範一。然其後。漸衰傳燈者鮮矣。於戲嘉運未レ環者歟。茲余。同志準寥・靈道兩僧。亦志ニ於戒學一覃ニ確乎扶宗之堅思一。謁ニ三井之前碩學靈旭律師一。律師者。義瑞律師之法資也。兩僧入レ室聞ニ大戒之邪正一。且欲レ復ニ古傳一日久之。然準寥。昨歲夏六月罹ニ疣痾一奄化。且靈道亦患ニ痼疾一。冬十一月三ヒ（丁度カ）招ニ余於病牀一。余適應レ請問ニ安危一。靈道遺言。我疾病也。恐桑楡日在レ近。我嘗借ニ戒珠鈔二卷一。謄寫而至ニ半途一。而廢未レ果ニ其功一。唯願代寫補闕ハ大幸也

（三鈷寺十五代・二尊院十三代惠篤上人善空。善空上人攝善院）

此鈔者。西山圓慈國師之所造。而原本兩卷表裝標ニ西山國師之著述一者。蓋指ニ圓慈國師一歟。若指ニ鑑知國師一則誣レ之也。此本原在ニ洛陽遣迎院法庫一。嘗報國山學侶率徒。於ニ彼

院一懇二請倉卒書寫一。而彼寺僧以レ爲二西山鑑知國師之撰一帳祕不レ肯二貸與一。然後深草一派之僧。三丹俊克與二遣迎院前執事俊道一爲二知己一。或日談及二此鈔一。俊克密請二借貸一遂二遽寫一。我亦幸貸二彼摸寫本一。於二俊克一一唱三歎。然原本誤脱不レ少。蓋所三以古多用二草書省字一也。我屢讀レ之。往往知二其不正一。私校二訂原本一。而恐レ有二過不及之失一。重請二典壽律師之昭鑑一而後書寫。今終二補寫功一。以藏二於本山禪林寺法庫一。則我死而無二遺念一唯囑二此一事一。余聞レ之一喜一憂言。嗚呼命哉。學林之不幸。將レ喪二精學之人一難二如之何一。余嘗見三觀門義鈔二(國師直書二宗祖講辨一)空覺ノ跋語一有二戒珠鈔之名一ノミ。而未レ見二其本一。今幸二得レ見コトヲ。且ツ弘傳之深志堪二並隨喜一。然余日比校二讎一家之祕鈔一未レ暇二書寫一。而他日則遂二其宿望一。許諾去至二季冬晦日夜一終二彼校功一。今歲孟春元旦初揮二禿毫一謄寫。此日午時聞二靈道。季冬二十六日果遷化之計言一。則悔二余書寫之遲留一。尚不レ解二繼レ日一。以レ夜至二五日朝一功成也。上卷其日對二俊冏一。下卷六日對二瑞禮一。與二原本一校讀。原本有レ誤。俊克・靈道先校訂者。一一標二於首一後加二愚校一。則字傍布レ之。庶幾後學更校正。以流二傳大戒要法於海內一。幸甚

時文化十二(一八一五)歲舍乙亥春正月六日

洛東禪林末學淨空恬澄謹識(寛保元年十月十七日。竟空二授レ戒師也。在二三鈷寺一乞戒疏一)

(以上對校㊅本のみの序文)

（和漢同義異文の註記省略）

戒珠抄　上本

「應安二（一三六九）。正。四〔日〕㋺。〔於ニ盧山寺一〕㋑
被レ始レ之」（「」㋩ナシ）　被㋑ナシ

（㋑內表紙）戒珠鈔上本　（㋑內題）戒珠鈔
（㋺㋩內題）戒珠鈔上　（㋩表紙）戒珠鈔上卷

（奥書）假名菩薩比丘仁（空）一記

1〔菩薩戒者。大小相對菩薩戒可レ云耶〕
（大正藏四〇、五六三上。義記冒頭）

問。菩薩戒者。運善之初章 文 爾者所ノレ云菩薩戒ト者。大小相對ノ菩薩戒ナリト可レ云耶（耶㋩乎）

本題云。有ニ何所以一名ニ菩薩戒一耶（この一行㋑ナシ）（耶㋩乎（以下この註記省略））

答。雖レ難レ測任マカニセ相傳ノ一義一者（者㋑㋺㋩ナシ）非ニル大小相對ノ意一ニハ歟

兩方。若如ニ所答一者。披ニルニ今ノ解釋一ヲ。初ニハ云ニヒ菩薩戒者。運善之初章ト等一。次ニハ聲聞ノ小行ナルスラ尚ヲ自ラ珍ニ敬ス木（木㋩本）叉一ヲ。大士ノ兼懷ナル寧ロ不レト精ニ持戒品一ヲ（品㋺ナシ）云ヘリ（云㋑文㋺㋩ナシ）。解釋明ケシ。大小相對ノ菩薩ナリト（「㋺㋩戒）云事ヲ。　若依レ之爾ト云（云㋑ナシ）者。今此圓戒ハ。法華開顯ノ妙戒。佛性一乘ノ奥（奥㋺雲）源也。何三乘相對ノ菩薩戒ナラン耶（耶㋑㋺ヤ㋩哉）。是以光定大師ノ解釋ノ中ニハ。一乘戒者運善之（傳全一、六一三。一心戒文）初章ト云者ヲ耶

答。自レ元云云今ノ文ノ初ニ所レノ指ス菩薩戒ト者。舍那修德（德㋑㋩得）ノ佛戒。如來ノ金剛寶戒也。非ニス三乘ノ中ノ菩薩一ニモ。非ニス因果相望ノ菩薩一ニモ。只是於ニテ佛戒ノ至極一ニ立ニル菩薩戒ノ稱一ヲ也（也㋑ナシ）。所以ニ所傳ノ戒ハ雖ニヘトモ是佛戒一ナリト（「㋺也）。此戒ハ以ニテ師資相傳一ヲ爲ニスル本意一ト故ニ。約ニシテ能傳ノ人一ニ名ニル菩薩戒一ト也。但シ至下一邊（邊㋺遍）ニ令ニメ出難一セ給フ解釋上ニ者。此戒ニ有ニリ戒體・戒行ノ二門一。若以ニ戒行一ヲ云レハ之者。聲聞・菩薩相對ノ意非レス〔可レ〕㋑無レカル之。聲聞ノ小行ト等云ヘル。且ク述ニルカ此意一ヲ歟。若爾（爾㋑然）者「無レシト失可ニ答申一」（「」㋩ナシ）

難云。今所レノ云菩薩戒（戒㋑ナシ）。非ニスト大小相對ノ菩薩一ニ云事其意未（未㋺不）レ明。既ニ云ニフ菩薩一ト。豈非下ラン對ニシテ二乘一ニ云中ニ菩薩上ト耶。是以如ニク先一ニモ出（出㋩ナシ）シ難一スルカ。菩薩戒者。運善之初章却惡之前（前㊦㋑㋩先）陣ト表（表㋩票）シテ。㋑㋺㋩〔次下ニ〕聲聞ノ小行ナルスラ尚自ラ珍ニ敬ス木（木㋩本）叉一ヲ。大士ノ兼懷ナル寧ロ不レンヤト精ニ持戒品一ヲ釋シ下ル。上ノ菩薩ト下ノ大士ト。豈是別人ナラン耶（耶㋑ヤ㋩乎）。乍ラレ向ニ此ノ釋義一ニ非ニスト大小相對ノ菩薩一ニ云事。頗ル文ノ外ノ胸臆ノ義勢也。何況ヤ。下ノ輕重ノ諸（諸㋺說）戒於ニテ（於㋑等）一一ノ戒一ニ。聲聞・菩薩相對シテ判ニスト同異一ヲ見タリ。所以ニ釋ニトシテ初ノ殺（殺㋑說）戒一ヲ。大小相對シテ判ニス開遮・色心・輕重ノ異一ヲ。彼ノ釋ニ云ク。一ニ開（義記、大正藏四〇、（一ナシカ）

（五七一中十九行）遮ノ異ト者。大士ハ見テ機ヲ得レ殺ヲ許スコトヲ。聲聞ハ雖ヘトモ見ルト不レ許レ殺ヲ。二ニ色心ノ異ト者。大士ハ制レ心ヲ。聲聞ハ制レ色ヲ。三ニ輕重ノ異ト者。大士ハ害ルニ師ヲ犯レ逆ヲ。聲聞ハ非レ逆ニ。又大士ノ重ハ重ニシテ聲聞ノ重ヨリモ也　文　若爾者。今所ノ表スル菩薩戒。又大小相對ノ菩薩ナラム事有ン何ノ疑カ耶

加レ之。明曠ノ疏ニ釋シテ菩薩心地品ノ首題ヲ。菩薩ト等者謂ク此ノ戒法ハ軌ニ範タリ妙覺之前ノ因位ノ大士ニ。故ニ標ス菩薩ト。（大正藏四〇、五八〇下）菩薩ノ律儀ハ遍ク防ク三業ヲ心意ヲ爲スト主ト　文　今ノ菩薩戒非ス因位ノ菩薩戒ニ云フ義。違シ末ノ師ノ所判ニ畢ヌ。又菩薩律儀遍防三業ト者。被レ摸セ今ノ義記ノ序ノ文ヲ也。聲聞ハ偏ニ約シテ身口ニ制スルニ戒ヲ對シテ。菩薩ノ戒制ハ通ス三業ニ。剰サヘ三業ノ中ニハ。意業ヲ爲レ本ト釋スル也

但。至ハ約シテ能傳ノ人ニ名ニ菩薩ト云上者。能傳所傳全ク不レ可レ異ナル。凡ソ戒無ニ大小ニ。由ニ受者心期ト云故ニ。（天止二、五二九。弘決）聲聞菩薩ノ戒ト云モ。於テハ戒法ニ者強ニ雖ヘトモ無ト不同。依テ受者ノ期心ノ不同ニ成スル大小ノ戒ノ差別ヲ也。依テ能傳ノ人ニ得ルナラハ菩薩戒ノ名ヲ。夫レコソ對ル聲聞ニ菩薩戒ノ相ニテハアレ。如何戒體戒行ノ不同ト云事。又未タ明ナラ。法・體・行・相ハ全ク非ス別ノ物ニ。戒行ニ有ラ大小相對ノ意ニ者。戒體何ソ又不レ然耶

答。此事誠ニ雖レ難レ測。所レ任スル相傳ノ大旨ニ也。今所ノ表スル菩薩戒ト者。所依ノ菩薩戒經ノ首題ノ菩薩戒經ヲ可レ指ス也。

凡ソ此經ノ首題ハ。經ハ梵網經。品ハ菩薩心地品也。而ニ上下兩卷ノ外ニ可シト有ル一品一卷ノ菩薩戒經ニ大師ハ得給テ。付テ菩薩戒ノ三字ニ。別シテ被ルル開カ三重玄ヲ也。故ニ所依ノ經モ菩薩戒經也。仍テ此ノ文ヲモ稱ス菩薩戒義記ト。若爾者。今所ノ表スル運善却惡之根元ナル菩薩戒。全ク不レ可レ同カル常途ノ意ニハ。尤モ可シ有ル深旨。仰テ可レ取レ信ヲ歟

凡ソ此ノ戒者。如ク先ニモ述ルカ舍那ノ金剛寶戒ナレハ。佛戒ノ至極也。是ヲ以テ經ニハ。云ヒ衆生受佛戒。卽入諸佛位。（大正藏二四、一〇〇四上二〇行）若受ニ佛戒ヲ者等上（同、一〇〇四中七行）　云云　而ニ此ノ佛戒ヲ末法邊地ノ凡夫受ケ取ル事ハ。依ル菩薩ノ傳持ノ功ニ故ニ。約シテ四戒ノ中ノ第三ノ菩薩ニ名ル菩薩戒ト也。全ク非ス三乘相對因果相望ノ意ニ。此卽チ法華開顯ノ所詮。歸スト舍那ノ一戒光明ニ意得ル故ニ。（經、一〇〇三下二二行）法華既ニ非ス大小待對ノ法ニ。今此ノ妙戒ハ豈可キ存ス三乘相對ノ義ヲ耶

但。至ハ下對シテ二聲聞ノ小行ニ一云ニヒ大士ノ兼懷一ト（義記、大正藏四〇、五六三上六行以下）。或ハ於テ二一一ノ戒ニ
大小相對シテ判スト二開遮・色心・輕重ノ異ヲ一云ニ上者。如ク二前ニモ會シ
申スカ一。此宗ノ意ハ〔意八ナシ〕。戒體ハ偏ニ約シテ二舍那ノ功德ニ一雖レトモ傳レト之ヲ。
戒行ハ還テ機ニ可キレ行ス意有ル之也。惣シテハ戒行モ誠ニ大小權
實ノ戒法・聲聞菩薩ノ行相。雖レ非スト二舍那ノ三聚淨戒ノ外ノ
物ニ一。約シテ二凡夫ノ初心ニ一勸ル二戒行ヲ一日ハ。專ラ辨マヘテ二大小ノ不同ヲ一
令ル學セ二一向大乘ノ威儀ヲ一也。法華・梵網共ニ有リ二此ノ意一。山家
對シテ二南都ノ僧統ニ一被ルル二申立一事。卽此謂ヒ也
次ニ。能傳所傳。此又雖ヘトモ不レ可レ異ナル。於ニ能傳ノ人ニ者
有リ二四戒ノ不同一。舍那・釋迦・菩薩・衆生是也。所傳ハ一ノ舍
那ノ佛戒也。此ノ佛戒ヲ傳ル方ヨリハ。能傳モ無シト二不同一云フ意
可キレ有レ之故ニ。經ニハ云（大正藏二四、一〇〇四上）。衆生受ニ佛戒一。卽入ニ諸佛位一云云。明〔明八ナシ〕
曠ノ釋ハ。雖レ約スト二法華ノ圓意ニ一。消ルコトレ文ヲ對レハ二今ノ義記ニ一。尚〔尚ロハ猶〕
是不ルレ出ニ上下兩卷ノ意ヲ一〔意ロナシ〕也。況ヤ戒行ノ意ナラハ〔ナラハ八則〕義記ニモ其意
可レ有也〔也イナシ〕。仍テ被レ摸ニ〔摸ロ八移〕義記ノ文ヲ一事不レ可レ有ニ〔可有イナシ〕相違一也

2〔梵網・法華有ニ勝劣一耶〕

問。梵網・法華ニ有リ二勝劣一耶
答。學者ノ異義雖ニ不同一ナリト。任ニ相傳ノ一義ニ一者。不レ可レ有ニ
勝劣一
兩方。若無シトニ勝劣一云者。法華ハ純圓一實之法。梵網ハ帶權
方便ノ之教也。所結ノ華嚴既ニ非ニ本懷一ニ。能結ノ梵網豈
等カランニ法華ニ一耶〔耶イナシ〕。是以テ山家ノ大師。判シテニ圓戒ノ所依ヲ一。正依（傳全一、三六三。學生式問答取意）
法華。傍〔傍八旁（以下この注記省略）〕依梵網トシタマヘリ。若依レ之爾ト云者。披ルニ
今ノ解釋ヲ一。什師傳譯〔譯宬擇イ記〕ノ經論ノ中ニ。梵網ノ一本最後ニ誦〔誦イロ涌〕出シテ（義記、大正藏四〇、五六三上十四行）
誓願シテ弘宣シ。慇懃ニ（是故殷勤カ）一言三復〔復宬ロ複〕スト等判セリ。若方便ノ權說ナラハ
何可レ及ニ此鄭重ニ一耶。加レ之妙樂大師ハ（天文四、二〇七〇上。文句記）。若〔若イロナシ〕正立ニ圓戒一〔「ロ依〕須
指〔指ロ持〕ニ梵網一ト判スル者ヲ耶〔者耶八乎〕
答。自レ元云云所レ任ニ相傳ノ一義ニ一也。凡ソ今此ノ菩薩戒ト
者。舍那內證之法藏。佛佛自誦〔誦イ涌〕之妙戒也。偏ニ不レ可レ屬ニ〔屬八ナシ〕
帶權方便之教部〔部八也云〕ニハ。是ヲ以。大師別シテ就テ二此戒經ニ一。開テ二三
重玄ヲ一顯シ二什師誦〔誦ロ八涌〕出ノ本意ヲ一。示〔示ロ樂〕スト二文義ノ幽隱旨趣ノ深玄〔玄ロ旨八源〕ヲ一
見タリ。但至ニ一邊ノ難勢ニ一者。於テニ梵網經ニ一有リ二上下兩卷・一
品一卷ノ二ノ意一。華嚴ノ結經ト者。上下兩卷ノ趣也。傍依梵

網者。即約此意也。一品一卷者。以上卷階位收下卷戒法。取一代佛法令歸入舍那一戒光明也。若依此意者。此經還顯法華開顯之本意故。正依法華至極。專在此戒可意得也。若爾者「無失可答申」

難云。法華・梵網無勝劣云事。違一家判教之大旨。乖和漢諸師釋義。梵網華嚴結經(九カ)云事。(天文五、二二四八上)既釋義定判也。何可存豫義耶。玄文(文句カ)第七云。梵網經結成華嚴教。籤四(天玄二、五六二)云。前之二教三乘共行。別圓兩教專於梵網 文 明曠疏云(大正藏四〇、五八一下十四行)。今此戒經結華嚴會。即別圓教輕重頓制菩薩律儀 文 何況見今解釋。以(義記、大正藏四〇、五六九中十四行～取意)梵網十處說對華嚴七處八會。本座起不起・化樂天說法有無・前後座席等不同アル事云。良由聖(同、五六九中二〇行)迹難思隨機異說耳釋。華嚴・梵網說所釋合見。加之判此經教相。於(同、五六九中)三教中即是頓教乃至華嚴云。二乘在座不知不覺。以大士階位非二乘所行。制戒輕重非小乘所學 文 若爾者。

此經華嚴頓部說。別圓兼含教云事。更不可諍之。爭以未顯眞實帶權說可等開權顯實唯一佛乘耶

但。至此經有上下兩卷・一品一卷不同云者。此義更驚耳者也。於經本有二部別歟。於義理有兩種異歟。所見不分明者。誰敢可生信耶。

但。至什公最後誦出誓願弘宣云者。若如此義者。譯法華事非傳譯末後。又不及慇懃(殷勤カ)三復弘宣歟。若爾者。此經尚可勝法華歟如何。天台末學全難許此義者耶

次。至會傍依梵網山家御釋者。義勢尚不明。若有梵網正依義者。何可不釋其趣耶。而但云傍依梵網十重四十八輕戒。(傳全一、三六三。學生式問答)正依偏限法華判。所答趣。全不順釋義。一邊所出難。若正(天文四、二〇七〇上。文句記)立圓戒須指梵網釋。梵網所說十重四十八輕戒。通別圓菩薩所持故。以圓意行之。即可圓頓菩薩戒行相故。云正立圓戒計也。是

則安樂行品所説不親近境界等。粗雖明圓戒行儀。其説太簡略行相尚不周備。梵網輕重戒制。其相委悉故。依圓實意欲學菩薩律儀。正可依梵網釋也。對法華判教理淺深之意非也

次開三重玄事。是還此經異法華之文證也。法華開五章談經玄意。此經亦立三重。僅示戒法當分。何以二經異途所釋可備兩部一轍潤色耶。抑。梵網・法華無勝劣云者。以法華開會意開四味同醍醐一味之意歟。或又。初後佛惠圓頓義齊之謂歟。若此意（天玄五、五四八。玄義）「能開之」功既在法華。彌法華勝可云也。是以明曠。（大正藏四〇、五八一下二〇行）今從佛意圓教消釋云。此經雖別圓兼帶説。依法華意作純圓解釋。今所答若此趣歟。若爾者。他經又非可無此意。全非此經秀句者耶

答。此事。釋義幽玄旨趣難明。學者又所存異端也。今所任相承一義也。凡此經梵網大本。六十一品中心地一品分爲上下兩卷。上序菩薩階位。下明菩薩戒法。常途華嚴能結梵網者是也。令出難給處處釋義又此意也。而大師釋此經時。既別部外稱菩薩戒經。就文爲三云云（大正藏四〇、五六九下四行）若。大本部中心地一品。正宗中一分也。序及流通全闕。雖非可分三段。梵網部外別菩薩戒經稱之謂有之。故付此戒經分別三段之旨釋タマフ也。上下兩卷心地品外。別部菩薩戒經可有之云事。釋義分明者耶

況又。大師釋餘經悉設五重玄釋。至此經初開三重玄給。非可無深旨。是以。序中述其旨趣。（大正藏四〇、五六三上十二行以下）什師秦弘始三年來達漢境。光顯大乘匡維聖教。傳譯經論三百餘卷。梵網一本最後誦出誓願弘宣。是故慇懃（殷勤カ）一言三復。特爲文義幽隱旨趣深玄等云云　於此經在別意云事。所判旁指掌者歟

但。至可勝法華歟云者。山家大師天台法華宗

相傳ノ外ニ別ニ出セリ圓戒ノ相承ノ血脈ヲ。法華宗ノ相傳ニハ以テ多寶塔中ノ大牟尼尊ヲ爲シ元祖ト。菩薩戒ノ相傳ニハ蓮華臺藏世界ノ盧舍那佛ヲ爲ス本源ト見タリ。此則依テ法華ノ意ニ立テ五重玄ヲ開會シテ一代ヲ爲シ唯一佛乘ト。又依テ此ノ菩薩戒經ニ更ニ開テ三重玄ヲ。以テ彼ノ法華ノ一乘ヲ令ムレ歸ニ入舍那ノ一戒光明ニ也。若强テ論セレ之者。誠ニ雖レ似レ有ルニ濃淡ニ。只是法華涅槃ノ佛性常住一乘ノ妙旨也。全ク彼此相對シテ非スレ可レ判ニ勝劣淺深ヲ。例セハ如シレ云カ眞言止觀義理冥符スト也

次ニ至ニ三重五重ノ同異ニ者。宋朝ノ人師。道熙・蘊齊ハ以ニ三重ヲ同ス五重ニ。與咸ハ雖レ辨ニト三五之異ヲ未タ明メ釋義ノ深意ヲ。而ニ相傳ノ之義ノ趣ハ。五重玄ノ至極ヲ別ニ立テ三重玄ヲ釋シ顯シ給ト可ニ意得ル也。無作意ニ一轍ニ非ル可キニ意得合也

次。至テ學生式ノ文ニ者。案ルニ式ノ意ヲ雖レ云フト圓戒ノ所依ト。此レ法華ノ三學俱傳。名曰妙法ノ意ナルカ故ニ。對シテ正依法華ニ判スルニ傍依梵網ト也。其ノ相承ハ卽チ塔中ノ所傳也。以テ內證佛法ノ血脈ヲ校スルニ之。天台法華宗相承之意也。此外ニ別ニ立ツ圓戒ノ相承ヲ。此時ハ梵網還テ可レ爲タル正依之至極ニ也。彼ノ傍依梵網ト者。常途ノ上下兩卷華嚴能結ノ意。全非ル指スニ一品一卷ノ菩薩戒經ヲ也。是以顯戒論云。新宗所傳ノ梵網ノ圓戒ト云云（傳全一、一三四）若シ梵網經ニ無クンハ正依之意ニ者。何不シテ云ハ法華ノ圓戒ト。可レ稱ニ梵網ノ圓戒ト耶。若正立圓戒ノ妙樂ノ釋。尚足レル潤色ニ者歟

次。一品一卷ト者。兩卷ノ經ノ外ノ別ノ經歟ト云事。義理旣ニ不同也。何混シテ稱ンニ一經ト耶。是以。部外稱ニ菩薩戒經ト云云
雖レ然。偏ニ離テ兩卷ノ經ヲ別ニ有レトモ之不ル可ニ意得ル歟。次約シテ法華開會ノ意ニ。以テ華嚴部ノ經ヲ同スル純圓ノ教ニ歟ト云事。明曠ノ疏ハ卽此意也ト見タリ。此ノ分ハ。誠ニ雖ニ何レノ經ナリト非ル可レ無ニ其ノ義歟。大師ハ獨リ付テ此ノ戒經ニ開キタマヘリ三重玄ヲ。故ニ別シテ於テ此經ニ有ト深旨存給歟。不ル可レ准ニ餘經ノ例ニハ也

2-2〔梵網經正依傍依事〕

問。山家ノ大師判ト圓戒ノ所依ヲ見タリ。爾者梵網經ハ。正依傍依ノ中ニハ何也トカ可キレ云〔耶〕

答。雖レ有レ所レ可レ思。正依ト云意可レ有レ之歟

兩方。若云二正依一ナリト者。披ルニ山家ノ解釋一ヲ判タマヘリ二正依法華・傍依梵網一ト（「㋺也）。釋義分明ナル者耶。（義記、大正藏四〇、五六三上十四行）　若依レ之爾云者。梵網經ハ什師最後誦出ノ法。誓願流通（弘宣カ）ノ戒本也。於二菩薩戒一判ス二正依傍依一ヲ。尤以二此經（法㋺御）一ヲ可（可㋑无）レ爲二正依一ト者ヲ耶。是以妙樂大師ノ解釋ノ中ニ。非レ判スルニ二若正立圓戒須指梵網一ト耶（天文四、二〇七〇上。文句記）

答。自レ元所二答申（答㋑立）一。可レ有二正依ト云意一。其旨顯タリ二一邊ノ疑難一ニ。什師傳譯（譯㋩擇）ノ經論雖レ及ト二三百餘卷一ニ。於二此經一ニ者。神（深カ）祕レシテ之ヲ輒（輒㋑軸）以不レ傳ヘ。最後誦出シテ誓願弘宣シ。一言三復（復㋺複）スト見タリ。大師卽付二此經一ニ別シテ設ク二釋義一ヲ。其旨異ナリ二常途一ニ。圓戒ノ正依專在（在㋺有）二此經一ニ云事。更不レ可レ諍（諍㋺爭）レ之。是以妙樂大師ハ。判シ二若正立圓戒須指梵網一ト。山家ノ大師ハ。釋シタマヘリ二新宗所傳梵網圓戒一ト。但。至二正依法華・傍依梵網ノ釋一ニ者。於二此經一ニ或ハ同シ二法華一ニ。或ハ同スル二華嚴一ニ可レ有二縱容ノ意一。若シ以テ下屬（屬㋺爲）二華嚴ノ結經一ニ之邊ヲ上言ハハ之。既ニ是帶權方便ノ說ナルカ故ニ且ク名二傍依一ト也。此ノ外ニ別ニ部ノ外ニ稱スル二菩薩戒經一ト意ハ。法華一乘ノ妙戒ノ本意ヲ。此經ニ說テ顯ス意有レ之故ニ。不レトハ可レ有二相違一可ニ答申一

難云。爲レ明ニメンカ所答ノ趣一ヲ雖レ擧ト二兩方ノ疑一ヲ。以テ二梵經經一ヲ可レシト爲二正依一ト云フ義勢。太（太㋺甚）以不レ明。此經ハ別圓兼含ノ說。帶權方便ノ教也。既ニ釋ス二梵網經（經㋑无）結成華嚴教一ト（天文五、二二四八上。文句）。所結ノ華嚴既ニ帶ス二別教權門ノ方便一ヲ。能結ノ梵網何ソ可レ同ス二純圓一實ノ妙典一ニ耶。是只委ク明ス二大乘ノ菩薩ノ戒行一ヲ故ニ。可ケレハ通二別（「㋑以）圓二教ノ所持一ニ。圓人モ傍ニハ雖レ依ニ用スト之一。全ク以二此經一ヲ一實圓頓ノ妙戒ノ正依トハ不レ可ス二意得（意得㋺得意）一。故ニ妙樂ノ釋云。故知。前之二教三乘共行。別圓兩教專ニ於梵網一ト云ヘル此意也（天玄二、五六二。釋籤）。正依法華・傍依梵網ノ大師ノ所判。今家ノ宗義ニ相順（順㋺發）スル者耶

但。至テ二什公最後誦出（誦㋑涌）一ト云フニ者。教ノ權實ハ傳譯（譯㋑擇）ノ前後ニ不レ可レ依。全ク以レ之不レ可レ爲二定量一ト。誓願弘宣ノ事ハ。菩薩戒ノ行相委悉ナル故ニ。殊（殊㋑无）ニ發願流通セン事モ必スシモ不レ可レ依二傍依一ニハ

若正立二圓戒一ヲ須レ指二梵網一ヲ等ト者（文句記。立㋺有）。法華ノ四安（安㋑无）樂（樂㋺无）行ノ說ノ不ルニレ委カラ對シテ。梵網ノ五十八「戒。菩薩」（「」㋑无）戒ノ行相分明ナレハ釋スル二正立圓戒一ト計也。此（此㋺是）既ニ對シテ二法華一ニ論スレ之。若如クナラハ二所

答。法華妙戒還可被屬傍依歟。新宗所傳梵網圓戒云。以開顯意以梵網戒同法華妙戒云意也。全彼梵網當部非云正依。次於梵網可有二意云事珍約束歟。以何爲證據可立此義耶。學者更不可共許旨趣未分明者歟

答。梵網經可爲圓戒正依云事。且所任相傳一義也。實異常途所談也。難勢一一無所遁。先此經什師最後誦出故。可有深旨云事。非私今案大師釋義意也。義記上云。(大正藏四〇、五六二上十二～十六行)什師。秦弘始三年來達漢境。光顯大乘匡維聖教。傳譯經論三百餘卷。梵網一本最後誦出誓願弘宣。是故慇懃(慇勤カ)一言三複(復。特爲カ)事。殊文義幽隱旨趣深玄爲也(爲也カ)云云　釋義既盡理。只自然非前後歟。仍大師付製兩卷義記。披三重玄示其文義深微(玄カ)見。次。於梵網可有二意云事。釋義所判也。釋云。(大正藏四〇、五六九中～下)梵網大本。一百一十二卷六十一品也。唯(也カ)第十菩薩心地品什師誦出。上下兩卷也(也カ)。上序菩薩階位。下明菩薩戒法。出大本序及流通皆闕。既別部外稱菩薩戒經。就文爲三等云云　上下兩卷經。梵網大本六十一品中心地一品。雖非可備三段。既別部外稱菩薩戒經之時。不被屬大本中一品。此經被云一卷菩薩戒經方分三段事不可有妨。分別序正流通三段。故於此戒經上下兩卷中下卷戒經云時。結成華嚴教分齊。實雖難屬正依。被取作部外菩薩戒時。法華一乘圓戒本意。付此經明之。末代癡闇凡夫得戒義。可成子細有之。常途學者。不知此口決者。實雖不可共許。以此相傳大旨伺釋義時。其旨炳然也

若正立圓戒之釋。新宗所傳梵網圓戒所判。皆顯此意也。是以山家內證佛法血脈。列圓戒相傳時。任梵網所說以蓮華臺藏世界盧舍那佛爲相承本源見。山家本意。更無疑者歟。正依法華意。可歸正依梵網故不可相違也(以上70行ハナシ)

3〔心地品名。法譬中何耶〕

問。心地品名。法譬中何耶

本題云。有何意名心地品耶（この一行イナシ）

答。可有法譬二意歟

且就約譬云不明。見經文。或云我已百劫修行（大正藏二四、一〇〇三中十行）是心地。或云一切有心者。皆應攝佛戒（同、一〇〇四上十九行）。加之。一切衆生戒本源自性清淨（同、一〇〇三下二八行）說。可知。明自性清淨心源戒故名心地品云事。是以。光定大師。以此戒名一心戒者耶

答。自元云云可有法譬二意所存申也。所難之旨。卽約法之一意故。必非可會申。今解釋又。「三業之中」（大正藏四〇、五六三上十九行）意業爲主。身口居次。據勝爲論故。言心地釋給。但。至不可約譬云者。付此梵網經有上下兩卷・一品一卷二意。約法釋心地名。卽上下兩卷意。對聲聞戒菩薩戒相也。故於序中顯此義也。三重玄後。重釋心地品名時。以一品一卷意以自性清淨心地。屬能詮之意譬名釋也。爾者約譬事。殊有深意歟可答申

難云。心地品名。可有約譬意云事。法門無盡誠雖非可無此義。經文全此意所不見也。如先出申。我已百劫修行是心地（大正藏二四、一〇〇三中十行）。號吾爲盧舍那。汝諸佛轉我所說。與一切衆生開心地道文「又持我心（同前）地法門品等云云」又云。（同、一〇〇三下一二行）說我本盧舍那佛心地中初發心中常所誦一戒光明。金剛寶戒文此等經文。悉心地者。約諸佛內證心地。一切衆生心性理體立品名見。況此戒。諸佛本源（同前繼續文）。行菩薩道根本。一切衆生佛性種子也說。佛性者。非三德祕藏。眞如法界理心耶。是以是一切衆生戒本源自性清淨說（同前）。此經所明妙戒者。自性清淨心地戒故稱心地戒品見者耶

璿和上疏。釋我已百劫修行是心地文（傳全一、六一八。一心戒文參照）。引天台釋。言修行者。一切之法不生不滅乃至不來不去。常住

一相猶如虚空。言語道斷。自性清淨是名修行。如是行人於自性清淨心中不犯一切戒。是卽虚空不動戒等ト云云（傳全一、三七〇。學生式問答） 山家大師ハ。虚空不動戒。虚空不動定。虚空不動惠。三學倶傳。名曰妙法ト釋「シタマヘリ。」被ルル摸道璿ノ疏ノ意ヲ歟ト見タリ。若爾者。心地ト者。自性清淨ノ心地ナリト云事。經文釋義更不可諍之。光定ハ。依テ大師普禮ノ文ニ名ク一心戒ト。可有約譬意云事。太タ違スル文理ニ者耶

但。至依一品一卷ノ意ニ設ト約スト譬ニ釋ヲ云者。上下兩卷ノ外ニ可ト有一品一卷ノ戒經云事。學者未タ共許者耶。又以心地ヲ爲ト能詮ト云事。其義彌ヨ不明ナラ。見ルニ今解釋ヲ釋スルニ經ノ名・品ノ名ヲ有リ兩處ノ釋。經ヲ稱スル梵網ト事ヲハ序ニモ約シテ譬釋シ之。品ヲ名ル心地ト事ヲハ約シテ法ニ消ス之ヲ。三重玄ノ後。重テ釋ニハ之ヲ。經ノ名・品ノ名。共ニ約スル譬ノ名ニ也。必シモ依テ上下兩卷・一品一卷ノ二義ニ有トハ法譬ノ不同不ルヲ見耶。序ハ上下兩卷ノ意ナラハ。經ノ名何ソ約スル譬ニ耶。此ハ非ス能詮ノ意ニ。心地ヲ約スル譬ニ釋計カ能詮ノ謂ナルヘキ樣如何。又明曠ノ疏ヲハ。上下兩卷ノ分ト意得ル歟。而ニ心地ノ二字ヲ離開シテ。心ヲハ約シ法ニ。地ヲハ約ス譬。云何カ可意得耶

答。付テ心地品ニ有リト法譬ノ二ノ意云事。自初所存申也。所難之趣ハ皆約スル法ニ一邊ノ意也。必モ非可キニ會申ス。凡ソ梵網・心地等ノ名ハ。皆上下兩卷ノ意也。心地ト者。六十一品ノ中ノ第十ノ品ノ名也。若爾者。常途ノ諸大乘經ノ以テ心ヲ爲本之意ナルカ故ニ。約シテ法ニ釋スル之事。全不可違經ノ文相ニ也。而ニ一品一卷ノ戒經ト者。既ニ別ニ部ノ外ニ稱スト菩薩戒經ト云テ。梵網ノ大本一百一十二卷六十一品ノ中ノ。心地品ノ分ニ非スト見タリ。此ノ時ハ。十四字ノ首題ノ中ヨリ。菩薩戒ノ三字ヲ選ヒ出シテ稱ル菩薩戒經ト。故ニ梵網・心地等ノ名ハ非ス一品一卷ノ首題ニハ也。仍テ付菩薩戒ノ三字ニ開テ三重玄ヲ。一品一卷ノ本意ヲハ釋シ顯タマフ也。此三重玄ノ意顯ハレヌル上ニハ。上下兩卷ノ意業ヲ爲シ本。心意ヲ爲ル主ト之謂ハ。皆成スル能詮ノ意ヲ故ニ。約シテ法ニ釋シツルニ心地ノ名ヲ押ヘテ三重玄ノ後ハ譬ノ名ト釋スル也。此卽上卷ノ階位ヲ。下卷ノ戒法ニ入ルル意也。心ヲ爲スト本ト者。定惠ヲ爲ル宗ト之謂也。故ニ上下兩卷ト者。戒モ定惠カ家ノ戒ナルカ故ニ。戒體モ實相心ノ體也。明曠ノ疏ハ此意也。大

師御釋意。是情是心皆入佛性戒中（經、大正藏二四、一〇〇三下二四行）意以。定惠法門令歸入佛性戒法也。性無作假色爲戒體（義記、大正藏四〇、五六六上一行）此謂也。故心地。還能詮譬意成也

但。至序釋梵網名約譬云者。梵網名自經本說起。時佛觀諸大梵天王網羅幢（經、大正藏二四、一〇〇三下十四行）等云。寄梵王網目立梵網名也

心地品者。約自性清淨心地法門論之見。故「有別意趣」存也。次明曠疏。地一字約譬事。自元約法體肝要在心一字。疏云。」（大正藏四〇、五六三上十九行）三業之中意業爲主釋取返約譬故。菩薩律儀遍防三業心意爲主。擧一攝諸。譬如大地含（同、五八〇下八行。明廣疏）攝萬物。故言心地文。此以地顯心也。今義記。品內所明大士要用。（大正藏四〇、五六九上二二行）如人身之有心能惣萬事云異也

次至道璿疏等者。皆是上下兩卷常途意也。雖引天台釋。尚是五重玄釋趣也。山家云三學俱傳。光定稱一心戒皆此意也。其一心體。今譬釋成也。尤有深意者也

4〔三重玄・五重玄。其意同可云耶〕

問。宗師付菩薩戒經開三重玄見。爾者三重玄・五重玄。其意同可云耶

答。任相傳義者。其義可異也

兩方。若云異者。大師釋諸經。皆設五重玄釋。至此經何無其意耶。若爾者。三五數雖有增減。於其義理者。全不可有不同者耶。「是以宋朝人師。三重・五重其意不可異釋者耶」。若依之爾云者。披今解釋。明三重玄相體是無作假色也。全非實相理體。料簡又。信心・無三障・人法兩緣等也（大正藏四〇、五六七中八行。義記取意）。非宗用判教意。如所判者。其義全不同見

答。此事誠雖難思。依釋義文相任相傳意者。三重・五重其意大可異也。其旨顯一邊疑難。凡五重玄者。依法華意判諸經時。設此釋也。而

今ノ釋ハ。付テ二部ノ外ノ菩薩戒經ニ一。欲スルレ顯サント二一品一卷ノ別〔イロハ釋〕意ヲ一故ニ。一一ノ釋義不レ同ニ常途ニ一〔ハ可〕。仍テ釋名ノ中ニハ列ニ四教ノ〔列㊦イロ烈〕階位ヲ一。一代ノ佛法ヲ爲シ二菩薩戒ノ名ト一。出體ヲ釋シテ二性無作假色ト一顯シ二癡闇ノ凡夫ノ上ノ受體ヲ一。料簡ニ〔料簡㊦了見〕分テ二三ノ章段ヲ一料ス二簡〔料簡㊦了見〕ヲ末法邊地ノ機ノ戒體受得ノ義ヲ一。全ク不レ可レ混ス二五重玄〔イロハ亂〕ニ一。宋朝ノ人師ハ。非ト依用之〔之ロ乞〕限ニ一可ニ答申一

難云。三重・五重。其義可レ異ト云事大ニ難レ思。大師釋ルニ諸經ヲ一。同ク設ニ五重玄ノ釋ヲ一タマヘリ。於ニ此經ニ一獨リ不レ可レ作ニ別ノ解ヲ一。縱ヒ雖〔雖有イロハ乞〕レ有トモ下於ニ今ノ經ニ一部ノ外ノ玄旨上〔イロハ雖有〕。其意豈可レ勝ルニ法華ニ一耶。釋スルニ法華ヲ既ニ開ク二五章〔章イ重〕ヲ一。諸經ノ釋又同シ。此卽〔卽イロハ則〕會シテ二諸乘ヲ一入レ二一乘ニ一。開シテ二諸教ヲ一令テ歸ニ入法華ニ一欲レ顯サ佛意ヲ一也。今ノ戒經雖ニ深妙ナリト一不レ可レ過ニ已今當ノ三說ヲ一。不レ可レ漏〔漏イ偏〕ルニ無二亦無三ノ開會ニモ一。豈離テ二五重玄ノ解ヲ一可レ示ス二別ノ意趣ヲ一耶。法華玄ノ初ニ章安〔安ハ乞〕嘆スルニ師ノ德ヲ一擧ト二十德ヲ一見タリ。其中ノ第九ハ。玄ニ悟法華圓意ヲ一也（天玄一、一八。玄義）。妙樂釋スルニ之ヲ。五義釋シ二經ヲ一統ニ收五味。故名爲レ玄。非レ兼非レ帶。開ニ廢諸典ヲ一名爲ニ圓意ト一云云〔云云イ文〕（天玄一、一八～九。釋籤）大師ノ妙解深奧ニシテ二諸師ノ所レ不レ及者。五義釋經ノ故也。佛法ノ玄意ト者是〔是イロ此〕也。今ノ三重玄ノ玄〔玄ロ乞ハ義〕ノ體異ニナリト五義釋經ノ玄ニ云ン事。道理太〔太ロ大〕不レ可レ然。是以末ノ師ノ明曠ハ。以テ二七門ヲ一分ニ別〔別ハ乞〕スルニ此經ヲ一。初ノ三門ハ五重玄ノ意也。初ニハ明シニ名體ヲ一。二ニ明ニ宗用ヲ一。三ニ明ス二教攝ヲ一。其中ノ體ハ卽實相心ノ體也。更ニ不レ異ニ五重玄ノ意ニ一。宋朝ノ人師。熙〔キ〕抄〔抄イ攝〕・頂山ハ同ク釋〔釋ハ見〕シ二合ス五重玄ニ一。熙抄ノ云（卍續一一五九、二四四丁右上。與咸註參照）。體ノ章ニハ必ス攝ス二宗用ヲ一。修シテ二因〔因ハ圓〕ノ戒善ヲ一得ルニ勝果ヲ一爲レ宗ト。止惡興善ヲ爲スレ用ト。自ラ有リ二判教之文一。五章ノ義足〔足ロ定〕ヌ云云 頂山ノ云（同、二四四丁右上～下）〔抄イ攝〕。以テ二人法ノ喩ニ一具足スルヲ爲シレ名ト。性無作〔作ハ性〕假色ヲ爲スレ體ト。頓ニ制スルヲ木叉ヲ一爲レ宗ト。卽シテレ障ニ顯シレ德ヲ爲シレ用。頓部淨乳ヲ爲スレ教ト云云 此ノ二師ハ不ルレ異ニ五重玄ニ一之〔之イハ乞〕旨ヲ釋スル也。與咸ハ破シテレ之ヲ。雖レ辨スト二惣別・事理・宗體ノ三ノ異ヲ一。此又〔又イ文〕必スシモ五重玄ノ義理ノ外ノ事ト存スルニ非ス。不レ同ニ今ノ所答ノ趣ニハ也。但釋名ノ章ニ列〔列イ烈〕ルニ四教〔教ハ及〕ノ階位ヲ事ハ。今雖レ云ニト菩薩戒ト一。何教ノ菩薩ト云事難レ知キ故ニ。廣ク示シテ二四教ノ行位ヲ一。若華嚴部ノ意ナラハ。別圓ノ菩薩ノ戒〔戒ハ乞〕ナルヘシ。若法華ノ意ナラハ。圓ノ菩薩ノ戒ナルヘシト欲ニ釋顯ント一意也。又戒體ヲ雖レ云ニ性無作假色ト一。於テレ體ニ

可レ有ニ當體體・所依體ノ二ノ意。今ハ云ニ戒體ト故ニ。且ク雖レ擧ニト假色ノ事體ヲ。約シテニ所依體ノ邊ニ者。不レ可レ妨ニ實相ノ理體ナルコトヲ也（也イ㊁无）。料簡又雖レ似レ異ナルニ宗用教相ノ約束ニハ。此又意得合スルモ（又イロ文）不レ可（「ハ可）レ有ニ違害。於テニ宋朝ノ人師ニ者。縱ヒ雖レ有ニ用捨ノ義。至ニ明（明ハ无）曠ノ疏ニ者。山家專依ニ用之ニ給ト見タリ。如（如イ云）何可レ會レ全不レ可レ捨レ之。而ニ以テニ五重玄ノ意ヲ釋ス之。如何可レ會レ之耶（之イロ无）

答。此事一宗ノ大事也。輒ク雖レ難ニ明申。今所ノ立ニ三（三ロ五）重玄ノ釋義現（現イロ理）文モ。五重玄ノ意トハ不ル見上ハ。師資相傳ノ義非（「イ豈）レ無ニ子細。仍テ可ト有ニ三五ノ異（「イロ之）ニ所ニ存申ニ也。凡ソ大師得ニ菩薩戒經（經ロ无）ノ玄旨ヲ給事。源在リニ此事ニ。若只可クンレ同スニ常途五章ノ意ニ者。梵網心地品ノ外ニ別ニ稱スルニ菩薩戒經ト。所詮可レ在ニ何事ニカ耶。一代ノ佛法。大小權實雖レ異。悉ク以テニ行者ノ心ヲ爲シテレ本。戒定惠ノ三學共ニ自ラ爲シテレ顯ントニ此心源ヲ學シレ之修スレ之。大師立テニ五重玄ヲ以テニ實相ノ理ヲ爲ルニ所詮ノ體ト意在リレ此レニ。此時ハ縱ヒ依テニ法華ノ意ニ雖フトモレ論トニ虛空不動ノ三學ヲ（同、三七一）。（天止一、三七四。止觀）聞上所說。一實菩提（提ハ薩）ノ上ニ。三智一心中具不可思議ノ觀解

不レ成者（者㊆无）。戒體受得ノ義モ頗猶可レ有レ所レ難レ明メ歟

而ニ今。此ノ一品一卷ノ戒經ノ意ハ者。末法邊地ノ凡夫癡闇ノ（經、大正藏二四、一〇〇三下ー二行）機（機ハ机）ノ上ニ。舍那ノ一戒光明金剛寶戒ノ體ヲ。但解法師語ノ位ニ（同、一〇〇四中十行）。師（師イロハ資）師相傳作法受得スル事。超ニ絕スル一代ニ旨趣初（初イハ始）メテ說ク之（之イノハ无）。雖レ然此又（又イ文）法華ノ開示悟入之所詮。凡聖不二ノ妙法ノ意ナレハ。法華ノ外ノ別意ト非レ可レ申得ル意ヲ前ニハ。五重玄ノ本意ヲ三重玄ト立ル故ニ。其意不レトモ異可レ存也。但シ其旨趣ノ終イニ一揆（キ）スル謂（「ロ之）ヲモ先ツ釋義ノ建（建㊆迷）立ノ趣ハ不シテニ混亂ニ始（始イ无）終一徹（徹ロ輒ハ轍）ニ可ニ「意得合ニ」（「」ロ合意得）故ニ。自レ初無トニ三五ノ異（「ロ之）ニ非（「ハ彼此）レ可ニレ云也。

是以今ノ解釋。心地品ノ名ヲハ序ニ釋シテレ之。三業之中意業爲主ト判スルハ（義記、大正藏四〇、五六三上）。常途ノ心（心ハ意）ヲ爲ル本ト意ヲハ。於テレ序ニ述ヘレ之ヲ了（了イロハ畢）テ。釋スルニ此ノ戒經ヲ三重玄ノ義アリト云テ。別ニ付テニ菩薩戒ノ三字ニ判スルニ三重玄ヲ時ハ。全ク以テニ實相ヲ不レ爲レ體（「イ不起而已）ト。起卽性無作假色ト釋スルハ（同、五六六上）。舍那ノ發起ヲ爲シテレ體ト作法受得スル事ヲ顯ス也。既ニ別ニ部ノ外ニ稱スニ菩薩戒經（經ロ无）ト。就レ文爲ストレ三ト云テ（同、五六九下）。今ノ菩薩戒經ト被ルルハレ云ハ。梵網ノ部ノ心地品ノ外ニ拔ケ出タル旨趣アリト得給フ（同、五六三上）。此ヲ文義幽隱旨趣深玄トモ釋シテ。此ノ戒經ノ意ヲ釋シ給フ

時ノ三重玄ノ釋ナレハ。心地法門ノ意ニ合セテ實相ヲ爲ルレ體ト。五重玄ノ意ニ同シトハ先ツハ不レ可ニ意得一事也。次至ニ大師ノ十徳ニ者。彼ノ玄義文句ハ自レ元法華ノ釋也。故ニ初ニハ云ニ自解佛乘ト。(天玄一、十二。玄義)第九ニハ云ヘリ玄悟法華圓意一ト。(同、十八)而ニ法華ノ圓意ト者。五義釋レ經ナリト云事。誰カ可レ諍レ之耶。其ノ法華玄悟ノ本意ヲ。(偏カ)一重ニ今ノ戒經ニ約シテ欲スルレ顯ントレ之時ハ。名體料簡一一ニ違シテ五重玄ノ約束ニ被レ釋レ之上者。何ソ無ク左右ニ可レ廻ニ混合之思慮ヲ耶。宋朝ノ三師ハ。辨ルモ二三五ノ異ヲ不レ辨ルモ。共ニ大師立ニ三重玄ヲ給本意ニ迷フ故ニ。强ニ難シ及ヒ取捨ニ。適。與咸ハ有ルニ子細一之樣ニ釋スレトモ無シ指タル秀句一。仍テ三師ハ共ニ非ニ依用之限ニ。明曠ノ疏ノ事ヲハ聊可ニ辨申一也。此師於テハ此義記ニ不レ作ニ末書一ヲ。直ニ付テレ經ニ製スルレ疏ヲ也。所ノレ釋スル經ハ。常途ノ上下兩卷ノ經也。其ヲ今從ニ佛意一圓教消釋スト云テ。以ニ法華ノ意ヲ釋スレ之。仍テ用ルニ五章ノ意ヲ也。故ニ唯實相心以之爲體トモ釋スル也。宋師カ付ニ今ノ義記ニ作テニ末記一ヲ不レ同レ隱ニ蔽スルニハ三重玄ノ深旨ヲ一也。爾者　(缺文)

5〔梵網宗意許ニ未發心位受ニ菩薩戒一耶〕

問。梵網宗ノ意。許ニスト未發心ノ位ニ受ルコトヲ菩薩戒ヲ一耶

答。任ニ菩薩戒ノ大旨一者。可レ許レ之歟

若。云レ許レ之者。以ニ自調自度ノ心一ヲ持ツレ之。此ヲ名ケニ聲聞戒一ト。住シテニ大悲兼濟ノ心ニ受ルヲハレ之方ニ稱スル菩薩戒ト也。若未發心ノ人ナラハ。所ノレ受戒品。何ソ可レ名ニ菩薩戒一ト耶。是以妙樂・明曠等ノ受法ニ列シテ十二門ノ次第ヲ以テニ發心一ヲ爲シニ第五一ト。以ニ正受戒ヲ爲ルニ第七一ト者耶。(大正藏二四、一〇〇四中十行)

若依レ之爾云者。披ルニ經文ヲ。但解ニ法師語一盡受ニ得戒一　文　全ク解語ノ外ニ論トモニ發心ノ有無ヲ不レ見耶　(以下この註記省略)

答。自レ元　云云　於ニ菩薩戒ニ有リ大小相對ノ常途ノ戒法。有リニ一品一卷不共ノ別意。地持・瓔珞等ノ諸大乘經ノ意ハ。誡ニ如シニ所難一ノ。今ノ所傳ノ菩薩戒ト者。爲ニ凡夫癡闇ノ機ノ直ニ說クニ舍那發起ノ戒體ヲ故ニ。不レ辨ニ遮難ノ有無ヲ。不レ論ニ發心ノ高下ヲ。以ニ四戒三勸ノ道理ヲ談スル師資相傳ノ義ヲ故ニ。縱ヒ雖ニ未發心ノ人一ナリト。但解法師語ノ相分明ナラハ。何不ランレ許ニ戒體受得ノ義ヲ耶。是以。梵網ノ受法ニ全不レ明ニ發心ノ義門ヲ者ヲ

耶。但。至二十二門ノ戒儀一ニ者（者㋺㋩无）。彼ハ依テ二地持等ノ意ニ一論ズル二發心ノ義ヲ一也。非レ述ニハ二梵網ノ本意ヲ一歟（歟㋑无）

難云。未發心ノ凡夫可レト有二戒體發得（發㋑受）ノ義一云事。乖キ二道理ニ一違ス二釋義ニ一。既ニ稱ス二菩薩戒ト一。若。不ムレ發二菩提（菩提㋑无）心ヲ一者。既ニ非ニ菩薩ニ一。不レ可トレ受ニ得ス菩薩（菩薩㋑无）ノ戒體ヲ一云事。理在絶言スル者歟。凡ソ菩薩戒經ノ宗旨。不レ可レ過二三重玄ノ釋義ニ一。而ニ初（初㋩无）ノ釋名（名㋺亦）ノ章ニ釋トシテ二菩薩戒ノ名ヲ一（大正藏四〇、五六三上～中）。天竺ノ梵音（音㋺旨）ハ摩訶菩提（提㋺薩）質帝薩埵ナリ。今言（言（底）㋩云）ハ二菩薩ト一略スルナリ二其ノ餘ノ字ヲ一。譯シテ云ヒ二大道心成衆生ト一。亦ハ云ヒ二開士ト一亦ハ云ヒ二大（「（底）㋑㋺大）勇心一。復ハ云ク二善美ト一。隨ヘテレ行ニ爲スレ名ト。以テ二其（以其㋑其以㋩以）ノ運心廣普（普㋑善）ナルヲ一因テレ斯（斯㋑此㋩期）レニ立ツレ號ヲ。大品經ニ明サク。此人有テ二大道心一。不レ可スレ二沮壞ス〔猶〕如シ二金剛一ノ。從リ二初メ發心一終リ至マテ二等覺ニ一。皆名ル二菩薩ト一也 文 此釋分明也。何違シテ二從初發心終至等覺ノ定判ニ一。未發心ノ人有トレ二得戒ノ義一可レ令レ成耶

又釋（「㋩解（經、大正藏二四、一〇〇四上十四行）㋩釋」）トシテ下受ニ持是戒ヲ一已。轉授ニ諸衆生ニ上ノ文ヲ（大正藏四〇、五七〇中二五行）。三十ッ心ノ菩薩。傳（傳㋩轉）ヘ授ス外凡ノ發セルニ大乘ノ心ヲ一也（也㋩无） 文 此卽（此卽㋺㋩是則）チ四戒ノ中ノ第三ノ菩薩。傳（傳㋺轉）ヘ授スル第四ノ衆生ニ相ヲ說ク文也。非シテ外凡發大乘（乘㋺无）心ノ衆生ニ者。不レト可レ有二戒（戒㋑无）體受得ノ義一判スル者耶。加レ之末師（曠）ハ。卽約ニ名字觀行位初ニ（大正藏四〇、五八一上）。俱持ニ十戒一名爲ニト菩薩ト一釋（（底）廣釋）シ。五大院ノ先德ハ。衆生受ニ佛戒一。卽入ニ諸佛位一（大正藏七四、七六五中六行）。是卽身入ニ名字ニト判タマヘリ。而ニ名字卽ト者。今明發心在ニ名字位一ト定メテ（天止一、三六七。弘決）。發心ノ位ヲ云フ二名字ト一。故ニ以レ云（以云㋺㋩云以」）ヲ受ニト佛戒ヲ已發心ノ人ナル事ハ。被ルル知レ之（之㋑无）故ニ。必ス名字ノ位トハ釋スル也。又妙樂・明曠・山家ノ受法等（等㋺爾）。悉ク發心ノ上ニ示（示㋑无）ストニ三聚淨戒ノ發得ノ規則ヲ一見タリ（「㋑示）。但。至ニ梵網ノ受法ニ此ノ意不ト見云ニ者。今ノ義記ニ。所レ載其文太（太㋺大）略セリ。以レ之不レ可レ爲ニ定量ト一。況ヤ。彼（彼㋺初㋩論）ノ文ニハ戒師問フ二十事ヲ一。此ニハ發スヤ二菩薩廣（廣㋩慶）大ノ弘願ヲ一セリヤ否ヤト問フ也。何ゾ梵網ノ受法ニ無トニ此義一可レ云耶。又所ノ列ル六本ノ受法。皆出タリレ自ニ梵網ノ意。而（而㋑故）ニ地持ノ本ニハ（大正藏四〇、五六八中三行）。已發セリヤ二菩提（提㋩薩）ノ願ヲ未シヤト問ヒ。高昌ノ本ニハ（同二一行）。已發菩提願（「㋺心）能生深信（信㋑位）ト白シ。乃至新撰（撰㋺誓）ノ本ニハ。第十ニハ教ヘテ發サシムト菩提心ヲ 文（同、五六九上十二行） 妙樂等（等㋺无）ノ十二門ノ戒儀。專ラ依テ二此等ノ本說ニ一以ニ發心ヲ一爲スト二第五門ト一定ムル也。何以テ二列（列㋑烈㋺然）祖諸本ノ受法ヲ一悉非スト二梵網ノ本意ニ一可レ被レ遮耶

次。但解法師語。（經、大正藏二四、一〇〇四中十行）盡受得戒ト云故ニ。必不トレ可論發心ノ有無ヲ云事。雖備ト一邊ノ難勢ニ。解語得戒ト者。此戒ハ不論「出家在家」ヲ。「不擇人」非人ヲ。解知スレハ人ノ語ヲ得戒ノ機ナルヘシト云計也。爾ト云テ不ストモ發心セ可ト得戒ス云ニハ非也。戒師モ可キ發心ス趣ヲ可教授ス也。聞テ之發心シテ得戒スル故ニ解語得戒トハ云也。四戒三勸ノ道理モ。師師相傳ノ作法モ。發心ノ上ノ事也。所答ノ趣一一ニ違スニ文理ニ如何

答。未發心ノ凡夫可ト得戒ス云事。菩薩戒經ノ大旨。三重玄ノ釋義ノ元意也。此戒ハ。言ヘハ機ヲ凡夫癡闇ノ三障具足ノ迷機。言ヘハ法。舍那報身。一戒光明ノ戒法也。而ニ依テ四戒三勸ノ道理ニ師師傳受シ。三國相傳シテ末法邊地ニ所ノ流傳スル戒法。豈依テ發心未發心ノ不同ニ可定解語得戒ノ有無ヲ耶。是以見山家ノ大師ノ解釋ヲ。（傳全一、一二四。顯戒論）大海之水ハ。不遮蚊ノ飲ムコトヲ。菩薩之戒。何ソ遮セム黄門ヲ。所以ニ十地已還。（以カ）猶有リ誤犯。畜生以上。（已カ）分ニ有リ持戒。［今引聖人ノ强抑凡夫。］今此ノ圓戒ハ。但除テ七逆ヲ。自餘ノ衆生ハ。皆悉ク得戒ス也　文　「七逆ヲ爲ル遮ト事ハ別ニ有リ子細。既ニ自餘ノ衆生ハ皆得戒スト定ム。豈」

未發心ノ衆生不ン加ハラ其數ニ耶

但。至大道心成衆生ノ名ニ者。（義記、大正藏四〇、五六三上二三行）釋トシテ菩薩戒ノ人ノ名ヲ出シテ翻名ヲ釋ル字義ヲ計リ也。從初發心終至等覺ト者。（大正藏四〇、五六三上～中）出ス第三ノ菩薩ノ位ヲ也。初發心ト者。約スル解語得戒ノ功能ニ也。先德。即身入名字ト釋シタマフモ此意也。（大正藏七四、七六五中六行。廣釋）先ツ發シテ菩提心ニ入リ名字ノ位ニ。然シテ後ニ受戒スト云ニハ非ル也。受戒スレハ即入ル佛位ニ故ニ。或ハ名字ノ佛位トモ釋スル也。或ハ受戒之日。即身六即成佛トモ釋シ給也。明曠ハ。（大正藏四〇、五八五中十六行以下）釋シテ衆生受佛戒等ノ一行ヲ。初ノ二句ハ明シ同ルコトヲ方便ノ位ニ。次ノ二句ハ明スト同スルコトヲ證眞ノ位ニ云テ。即約名字觀行相似ニ。一念證中得法身本ヲ。初阿後茶。分證大覺名眞佛子　文　同スト方便ノ位ニ者。正クハ雖モ未タ叶ハ名字觀行ノ位ニ受ル佛戒ヲ時。方便ノ位ニモ同シ。證眞ノ位ニモ同スル謂有ト釋也。傳授外凡發大乘心ノ釋。又以此等ノ意ヲ可廻ス思慮ヲ也。三十心ト者。內凡也。約スト圓位ニ者。相似ノ位也。外凡ト者。別ノ十信。圓ノ名字觀行也。「此等ハ皆癡闇ノ」機ノ但解法師語ノ位ヲ指スト可意得也

次。地持・高昌等ノ本ニ。已發大願等ト云ハ。梵網ノ受法ニ既ニ

不レ云ニ發心一故ニ。彼等ハ皆大小相對ノ菩薩戒。高位ノ人ノ得戒ノ相也。其ヲ梵網ノ受法ニ引入ツレハ未發心ノ機ノ上ニ。名字・觀行ノ位ニモ同スル意アルカ故ニ。十二門ノ戒儀ニハ論ニ發心ヲ一也。次ニ至下後ノ文ニ問ト十事ヲ一云上ニ者。恐クハ性地已上方ニ能タリト此制ニ一也ト「註セラレタリ。」既ニ高位ノ受法ト見タル故ニ。此ハ上下兩卷ノ意ニシテ。非レ述ニハ戒經ノ正意ヲ一歟。若爾者 云云

6〔菩薩戒意。戒體受得人。必離ニ惡趣一可レ云耶〕

問。菩薩戒ノ意。戒體受得ノ人。必離ルト二惡趣ヲ一可シレ云耶

本題ニ云。戒體受得人得ニ何益一耶　（この一行イ無）

答。可シレ爾　八頭註 義記上云。未來生處離三惡道淨土受形文

兩方。若必離ニ惡趣ヲ一云者。今ノ此ノ圓戒ハ專ラ爲ニ凡夫癡闇ノ人ノ一所レ論スル二戒體發得ノ義ヲ一也。若爾者。縱ヒ雖フトモレ受ニ佛戒ヲ一。未タスハレ具ニ戒行ヲ一。何可レ離ニ惡趣ノ生ヲ一耶。若依レ之爾云者。經ニハ說キニ世世不墮惡道八難ト一（大正藏二四、一〇〇九下三行）。釋ニハ述タリニ離ニ三惡道淨土受形ト一（義記、大正藏四〇、五六三中十一行）。如ナラハニ此經文釋義ノ一者。悉ク可トレ免ニ惡趣ヲ一被タルヲレ得耶

答。自レ元云所レ任ニ經文解釋ノ大旨ニ也。其旨顯タリニ一邊ノ難ニ。凡ソ此戒ハ。如來ノ金剛寶戒也。雖ニ癡闇ノ機ナリト一既ニ許下ス受レハニ佛戒ヲ一入中ルト佛位上ニ。何可レ同スニ未受戒ノ外道惡人ニ一耶。但。至ニ戒行難シトレ成シ云ニ者。若具ニ成セハ戒行ヲ一證シニ聖果ヲモ可レ至ルニ究竟ノ佛位ニモ一也。猶居シテニ凡位ニ一得ルニ佛子ノ名ヲ一事ハ。依テニ具持ノ難キニレ成也。況又只非スニ戒體受得ノ功ノミニ。付テモニ戒行ニ非レ無ニ分持ノ相一。若爾者。離三惡道ノ義。旁有ンニ何ノ相違カ一耶

難云。戒體受得ノ人ノ未來ノ生處ノ事。宜クキレ依ルニ其人ノ破戒持戒ノ相ニ一也。諸道ノ昇沈ハ。依リニ戒ノ持毀ニ一。見佛不見佛ハ。依ルトニ乘ノ緩急ニ一云事。釋義ノ所レ定必然ノ道理也。縱ヒ雖レ有リニ戒體受得ノ義一。戒行速ニ難クレ成シ。若有ニ破戒犯戒ノ義一者。何不レ感セニ苦報於三惡ニ一耶。凡ソ引クニ惡趣ノ生ヲ一事ハ。依ルレ成スルニ就ニ見惑ヲ一。未斷惑ノ凡夫ナラハ。誰可レ免レ之ヲ耶。而ニ於テニ末世ノ凡夫ニ一者。一切ノ煩惱無クレ不イフコトニ現起セ一。無量ノ惡業無シレ不ニ造作セ一。縱ヒ雖モレ有トニ佛戒傳受ノ微緣一。爭カ可レ免ニ業因感果ノ道理ヲ一耶」

但。至下受ニツレハ佛戒ヲ一入ルニ佛位ニ一故ニ不レ可レ墮スニ惡趣ニ一云上ニ者。

若以入佛位為潤色者。其益何可限。離三惡道小利耶。速離分段變易二種生死。可至妙覺究竟極位也。乍同覺位。尚沈淪生死中受人天有漏果報。雖惡趣不可妨業力所感者也。是以三周聲聞。大通結緣昔受菩薩戒雖進五品位。尚退大流轉後流轉五道六道見。況於今時悠悠凡夫耶

次。至菩薩戒有分持云者。對聲聞戒破一戒衆戒悉破。菩薩戒雖一戒二戒有持功顯許也。論當來果報事。尚可隨其持分齊也。依有一分持戒名不可遮有破戒報也

抑。淨土受形釋不明。經云常生人道天中。何偏可論淨土受形義耶。何況於兩卷梵網・一卷戒經中。全所不見也。於往生淨土益。次又五大院先德。釋圓戒勝利。圓乘戒證。受戒之日。卽身六卽成佛云云（大正藏七四、七六四中～下。廣釋）若爾者。戒體受得功能卽身成佛也。而經不出此益。大師不述此意。有何意趣耶

答。戒體受得功能。暗以難定宜任經文釋義大旨也。而經說世世不墮惡道八難（大正藏二四、一〇〇九下）。釋判離三惡道淨土受形（大正藏四〇、五六三中）。仍任舍那・釋迦自說明文。隨靈山聽法大師高判。不可有墮惡趣義歟所存申也。所以此戒。舍那一戒光明金剛寶戒（經、一〇〇三下二二行）。不起而已起（義記、五六六上）卽性無作假色戒體也。然則受取舍那功德。名之受戒。安住舍那覺體。稱之得戒也。是以或說但解法師語。盡受得戒。皆名第一清淨者（大正藏二四、一〇〇四中十行）。或述衆生受佛戒。卽入諸佛位。位同大覺已。眞是諸佛子（同、一〇〇四上二〇行）。其意分明者歟。〔頭註　圓考。既佛戒而踏佛位。何云得受人天生受淨土形等乎〕乍成此益。何引業因尚感惡趣苦果云事。菩薩戒利益頗似有言無實者歟

但。至因果道理不可相違云者。癡闇機上隨緣雖似有破戒造罪過。依佛戒受得功深可成滅罪生善益歟。諸道昇沈由戒持毀云者。此

只常途ノ義門也。今ハ論ニスル菩薩戒ノ利益ヲ。全ク不レ可ニ混亂一也。次至ニテ三周ノ聲聞ノ例難ニ者。彼ハ權門ノ相也。不レ可レ例ニ同ス實者ノ得戒ノ益一ニハ歟

次。至下見「惑成就ノ凡夫。不レ可レ免ニ惡趣一ヲ云上ニ者。（以下「16行」㋑㋪）至ニテ忍善根一ニ始テ證ニト惡趣ノ不生一ヲ云モ小乘一途ノ施設也。大論ノ中ニハ菩薩ハ自ニ初僧祇一證ニモ三不退一ヲ得ニト不生惡道等ノ功德一ヲ判セリ。此ハ判ニスル三藏ノ菩薩ノ行相一ヲ也。三藏ノ菩薩ニ尚有ニリ此義一。況ヤ後三教ノ意ヲ耶。況於ニテ今ノ戒經ノ意ニ耶。就レ中。受ニル此戒一ヲ時。初テ得ニエ佛法ノ正見一ヲ。免ニテ外道惡人ノ名一ヲ。得ニウ眞佛子ノ稱一ヲ。若爾者。位雖ニトモ在ニ凡地一ニ。其德齊ニキ斷見ノ位一ニ之意可レ有歟。次ニ至下以レ入ニルヲ佛位一ニ爲ニ潤色一者。速ニ可シトレ成ニ佛果一ヲ云上ニ者。偏ニ約ニセ戒體受得ノ邊一ニ者。實ニ可レ有ニ其意一也。五大院ノ六即成佛ノ釋。即此意也。雖レ然論ニセ戒行ノ相一ヲ者。未レ具ニ事ノ萬行一ヲ。未タ至ニサルレ斷惑證理ノ位一ニ故ニ。位同大覺已。眞是諸佛子ト說ク也。圓ノ意ハ六即皆ナ佛位也。故ニ雖レ在ニ初心一ニ不レ可レ妨ニ佛位之號一ヲ。然ト云テ同ニク未受戒ノ惡人一ニ。依ニテ惡業一ニ可レト感ニ惡趣ノ報一ヲ云ハム事ハ。又不レ可レ然。失ニスル戒體受得ノ功一ヲ故也

次。至下（以上「16行」㋑㋪）」雖レトモ有ニ分持之功一破戒之過難シトレ免云上ニ者。皆是一邊ノ難也。破戒ハ凡夫ノ相也。持ノ邊ハ雖ニ一分一ナリト是ハ舍那ノ功德也。若爾者。惠日雖ニトモ輕微一ナリト何無下ン滅ニスル衆罪一ヲ之霜露ニ之功用上耶。次至ニ淨土受形ノ釋一ニ者。專ラ釋ニシ顯ス菩薩戒ノ本意一ヲ也。是以釋ニスル世世不墮惡道八難。常生人道天中ノ文一ヲ（義記、大正藏四〇、五八〇上十四行）之時ハ。所離所得豈止ニノミナランヤ於此一。且ク擧ニテ凡情ノ所ニ欣ヒ厭一フ以レ之爲レ勸ニム耳トハ釋シテ。所離所得不レト可レ限ニ惡趣人天一ニ云フ許也。而ニ釋ニスル菩薩戒ノ戒ノ字ヲ文ニ至テ。述ニトシテ保得解脫ノ義一ヲ。（同、五六三中十一行）未來生處離三惡道淨土受形ト釋セリ。此即離三惡道ト云ハ。戒體受得ノ功能。淨土受形ト者。戒行成就ノ相也ト意得ル也

但。至下經文ニ不レト明ニ往生淨土ノ益一ヲ云上ニ者。上下兩卷ノ經ト者。華嚴ノ結經也。所結ノ華嚴專ラ明ニス普賢ノ願行一ヲ。普賢ノ願海歸ニスト往生淨土一ニ云事。其意分明也。一品一卷ト者。法華ノ圓意也。法華ノ流通。豈非ニス即往安樂ノ益一ニ耶。初後ノ佛惠ノ意。既ニ如レ此今ノ圓戒ノ利益。豈不レン歸ニ往〔生ノ〕益一ニ耶。大

師。深ク得ニ此意ヲ一如レ此釋シタマフ也。經ハ。且ク擧ニ戒體受得ノ邊ヲ一故ニ云フニ世世不墮惡道八難ト一也。若爾者　（缺文）

尙難云。淨土受レ形事。尙不ニ分明ナラ一。今此ノ圓戒ハ。道場之直路。正覺之良規也。以ニ卽身成佛ヲ一可レ爲ニ此戒ノ本意ト一。縱ヒ又根鈍障重ノ機ノ一生成佛ノ義雖レ難シト。尙於ニ此界ノ中ニ一可レ期ス道場ノ妙果ヲ一也。何ソ必可レ求ニ「他方ノ淨」土ヲ一耶。宋朝ノ人師ハ。寂光淨土等ト云テ。不レ作ニ安養等ノ解ヲ一。此ハ似レ有ルニ其謂一。雖レ出ニ華嚴法華等ノ說ヲ一。彼等ハ別可レ有ニ意得之旨一歟。今ノ戒經ニ。不レ明ニ此益ヲ一。釋義尙所レ難レ思也。抑。所ノ云淨土受形ト者。華報果報ノ中何耶。人天ノ善處。淨土ノ往生。若定華報ナラハ不レ可レ妨レ之。如ニ云カ若生人天中受勝妙樂。若在佛前蓮華化生ト。（大正藏九、三五上。提婆品）而ニ淨土受形ト者。今戒ノ本意。戒行成就ノ相也ト云事。彌添ニ疑網一者也

答。此事如ニ先辨申一。就ニ此經一有ニ上下兩卷・一品一卷ノ二意一。上下兩卷ハ。華嚴ノ能結也。一品一卷ハ。法華ノ至要也。彼兩經悉ク以ニ往生淨土ヲ一爲ニ本意ト一。今此ノ戒經モ豈無ニ此意一耶。經ハ且ク明ニトシテ戒體受得ノ一邊ヲ一雖レ云ニ常生人道天中ト一（經、大正藏二四、一〇〇九下四行）。釋義ハ探テ佛意ヲ一釋シ出ニ淨土受形ノ相ヲ一給也。卽身成佛徑路ナリト云事不レ可レ諍レ之。戒體受得ノ邊ハ。實ニ雖レ同ニスト舍那ノ覺位ニ一。戒行未滿之程ハ。尙受ニ人天善處ノ生ヲ一也。經ハ述ニ此意ヲ一也。善本既ニ熟シ。解脫期至ヌレハ必ス歸シテ彌陀ノ願力ニ一往ニ生シテ淨土ニ一一切行行成就圓滿スル也。無量壽經云。（大正藏十二、二七三上）清淨有戒者。乃獲レ聞ニ正法ヲ一。文　此意也。清淨戒ト者。指ニ此菩薩戒ヲ一也。曾シ受ニルル此戒ヲ一者。聞ニト彌陀ノ正法ヲ一說也。大師ノ釋義符ニ契スル聖言ニ一者歟。是以。諸本戒儀廣願文云。（大正藏四〇、五八三下。明曠疏）願共ニ一切衆生一捨ニ此身一已。生ニ極樂〔世〕界彌陀佛前ニ一悟ニ無生忍ヲ一等云云　凡ソ傳戒師師。天台・妙樂・傳敎・慈覺。皆有ニト此願一見タル者耶。若爾者。成佛ノ華報ナリト淺淺敷クハ不レ可ニ意得一歟

或ハ此淨土受形事。爲ニ別題目一可レ令ニ問答一歟

7〔梵網戒通ニ三聚淨戒一耶〕

問。梵網ノ戒。通ニ三聚淨戒ニ一耶

答。雖レ難レ定可レ通歟

兩方。若通ト云者。見ルニ解釋ヲ。此三聚戒名。出ニ方等地持一（大正藏四〇、五六三中二七行）文　全ク於ニ梵網ニ有トハ一三聚淨戒ノ「意」不ルヲ云耶。」依レ之先德ハ。攝律儀戒ト者。十重四十八輕戒ト判「タマヘリ。」（大正藏七四、七七六下二四行。廣釋）

若依レ之爾云者。梵網ノ十重ハ既是十無盡戒也。無盡ノ戒法。可レ攝ス此中ニ見タリ。何ソ無ラン二攝善・攝生ノ意一耶。是以。山家ノ大師ノ解釋ノ中ニ。梵網經中具有三聚ト釋「シタマヘリ」（上顯戒論表、傳全一、二六〇他取意）

答。自レ元云云雖レ有レ所レ難レ定。且ク可シト通二三聚淨戒ニ云事。所レ存スル二宗ノ大旨ヲ一也。凡ソ此戒者。舍那報身ノ功德。衆生佛性ノ種子也。既非ス二三學ノ隨一ノ戒法ニ一。豈三聚一分ノ律儀戒ノミナランヤ。是ヲ以テ如ク二疑難ノ一邊ニ一來ルカ。以テ二梵網ノ十重ヲ一名ケ二十無盡戒ト一。指テ二此ノ戒品ヲ一稱ス二十無盡戒法品ト一。無盡ノ戒法。可トレ收ム二此中ニ一云事分明也。山家ノ解釋。其意誠ニ分明ナル者歟。但。至ニ名出方等地持ノ釋ニ一者。律儀・攝善・攝生ノ名字ハ。雖レ出タリト二地持ニ一。於ニ三聚淨戒ノ義理ニ一者。專ラ此經ニ説顯ス也

次。至ニ先德ノ釋義ニ一者。一品一卷ノ流通ノ中ニ所レ表スル五藏ヲ配ニ當スル三聚ニ時キ。以ニ心藏・地藏・戒藏ヲ一爲シテ十重四十八輕ト一。對スル二攝律儀戒ニ也。無量行願藏ト云ヒ。因果佛性常住藏ト云ヘルモ。（大正藏七四、七七四中十七行。廣釋）實ニハ開テ二十無盡戒藏ヲ一立ルレ之也。（同前）全ク今ノ戒藏ノ外ニ有トニ別ノ法一云ニハ非ル也。若爾者　（缺文）

難云。三聚淨戒ノ名體ハ。地持・瓔珞等ノ諸經ニハ。盛ニ雖レ明レ之。梵網ノ中ニハ。都テ此意又不レ見也。所以ニ梵網ノ戒ト者。只是十重四十八輕戒也。既ニ於テ二戒相ニ一論ス二重夷輕垢ノ差異ヲ一。「攝善・攝生ハ」「『菩薩ノ自行化他ノ功德。三學ノ中ニハ』專是律儀ノ相也。若爾ハ對スレハ餘經所説ノ三聚淨戒ニ一。只是攝律儀戒ノ分齊也。何互トニ攝善・攝生ノ戒ニ可ニ意得一耶。凡ソ攝善・攝生ト者。」專是定惠ノ法門也。故ニ約レシテ心ニ所レ辯フル其相ヲ一也。梵網ノ戒ハ。多クハ約シテ身口ニ論ス二持犯ヲ一。偏ニ限ルト二攝律儀戒ニ一可ニ意得一耶。是以如ク二先ニ出難スルカ一。今ノ解釋ノ中ニ。（大正藏四〇、五六三中二七～九行）此三聚戒ノ名。出テニ方等・地持ヨリ一不レ通ニ三藏ニ一。大士ノ律儀ハ通シテ止ム二三業ヲ一。今從テ二身口相顯ナルニ一皆名ニ律儀ト一也ト　文　梵網ニ有ラハ二三聚淨戒ノ意一者。解釋何ソ不ンレ釋ニ其義ヲ一耶。何況ヤ今從身口相顯皆名律儀ト云ヘル。今ノ五十八戒ハ。多クハ

約ル二身口一ニ故ニ攝律儀戒ナリト定ムト聞タリ。輕垢ノ中ニ約ル二意業一ニ戒。少分雖レ有レト之。大士律儀通止三業トヲ釋スル故ニ。防非止惡ノ邊ヲハ意業ヲモ尚可ト二律儀ノ所攝ナル一被レ定タリ

次。至ニ五大院ノ先德ノ釋ニ一者。〔攝律儀戒下ニハ。十重四十八輕。心地戒藏ト注シ。〕（大正藏七四、七七四中）攝善法戒ノ下ニハ。八萬四千。因果佛性常住藏ト云ヒ。饒益有情戒ノ註ニハ。六度四攝。無量行願藏ト述タリ。（同前）梵網所説ノ十重四十八輕戒ハ。偏ニ可ニ攝律儀戒ナル一云事。分明ナル者ヲ耶。但五藏共ニ此戒ノ中ヨリ開出スト云事。其意未タス二分明ナラ一。凡ソ梵網經ノ心地ノ一品ニ。上下兩卷アリ。上ニハ序シ二菩薩ノ階位一ヲ。下ニハ明ス二菩薩戒法一ヲ也。流通ノ中ニ所レノ表スル五藏ハ。兩卷ノ所説ヲ取合セテ爲ル二五藏一ト歟。然者心藏・地藏・戒藏ハ。下卷ノ戒法也。餘ノ二藏ハ上卷ノ意也。全ク自ニ戒法ノ中一開ニ出ストハ之ヲ一不レ可ニ意得一也

山家ノ梵網經中具有三聚ノ釋ハ。他師破ノ釋也。非ル二盡理ノ釋ニ一歟。此又合シテ二上卷ノ説ヲ一有リト二三聚具足ノ意一述タマフ歟

次至テハ二十無盡戒ノ名ニ一。只是約シテ二律儀ノ中ニ一論スル二戒戒互具ノ義ヲ一歟。況又。大乘ノ三學ハ。互ヒニ圓融無礙ノ意ハ非レ可レ無レ之。約シ定ニ約ストモ惠ニ此義ハ同可レ有レ之歟。此ハ別ノ旨趣也。然ト云テ。梵網ノ戒・三聚淨戒ノ中ニハ律儀ノ一戒ナラン事。何必可レ遮レ之耶

答。梵網ノ戒。通スルヤ二三聚淨戒ニ一哉否ヤ。誠ニ雖レ有レ所レ可レ思。可レ有ニ三聚具足ノ意一歟ト存中事ハ。所レ任ニ宗ノ大旨一ニ也。凡ソ此戒ハ。淨滿如來ノ修德ノ佛戒也。非ス二因位ノ境界一ニ故ニ。經ニハ。衆生受佛戒卽入諸佛位ト説キ。（大正藏二四、一〇〇四上二〇行）先德ハ。受戒之日。卽身六卽成佛スト「釋シタマヘリ」。（大正藏七四、七六四中～下）若三學ヲ不レ具。三聚不レ備ハラ者。豈依テレ受ニ二此戒一ヲ。輒ク可レ同ニ二舍那ノ覺位一ニ耶。況ヤ淨滿ト者。三聚具足ノ義也。諸患都テ盡ルカ故ニ稱シテ爲レ淨。衆德悉ク圓ナルヲ名爲レ滿也ト判ス。（大正藏四〇、五六九上二五行）諸患都盡ト者。攝律儀戒也。衆德悉圓ト者。攝善・攝生也。此ノ舍那淨滿ノ功德ヲ名ク二十無盡戒一ト。開テ二此十無盡藏一ヲ。此經ニハ制シ二五十八戒一ヲモ。諸經ノ中ニハ表スル二三聚淨戒ノ名一ヲモ也。是以十重ノ中ニ一一ニ有リ二應不應ノ文一。應ト者。攝善・攝生也。不應ト者。攝律儀ノ意也。曠ノ疏ニ述トシテ二此經ノ大意一ヲ。（大正藏四〇、五八〇下）大イニシテ而言ハハ之不レ出ニ四弘三聚ヲ一乃至況一一ノ誓ニ三聚具足ス。況一一ノ戒ニ備フ二此ノ三

心ヲ等 云云

但。至下此經ニ不レ出サ二三聚淨戒ノ名ヲ一云上ニ者。如下彼ノ法華ノ正體。雖レ有二一心三觀一。其名出中タルカ他經上ニ。此又名字ハ。雖レ出二タリト他經一ニ。三聚淨戒ノ意ハ。專在二此經一ニ者也。何ソ依テ二名言ノ不了一ナルニ。可キレ疑二義理ノ圓備一ヲ耶

次ニ至二五藏ノ分別一ニ者。今此ノ一品一卷ノ菩薩戒經ト者。以二上卷ノ階位ヲ一收メテ二下卷ノ戒法ニ一不レ限二梵網ノ一部ニ一。一代ノ佛法ヲ令ル三レ歸二入舍那ノ一戒光明ニ一也。是情是心皆入佛性戒中ト說ク此意也（大正藏二四、一〇〇三下二四行）。所ノレ云五藏ハ。既ニ是一品一卷ノ流通也。全ク非ニ上下兩卷ノ意ニ者ヲ耶。若爾者。開テ二十無盡戒藏ノ一藏ヲ一爲ル二五藏ト一也。仍テ五藏分別ノ日。一往以テ二心地戒藏ヲ一對スル二十重四十八輕ニ一計也。實ニハ八萬四千ノ法門。六度四攝ノ行願。可レ非サル二今ノ五十八戒ノ外ノ事ニ一也。凡ソ以テ二五十八戒ヲ一爲ト二三聚淨戒ト一云事。自他宗ノ人師一同ノ義也。他宗ノ人師ノ所レ解雖レ不レ可レ同ス二今家ニ一。攝律儀ノ一戒ナリトハ他師モ所レ不レ存也」

次。至下梵網ノ戒ハ多ク約スル二身口ニ一故ニ可ト二律儀ナル一云上ニ者。既ニ稱スル二三聚淨戒ト一故ニ。三學悉ク得ル二戒ノ名ヲ一時ハ。皆身口ヲ爲ルレ面ト之意可レ有レ之也。大小兩乘咸從身口ト釋スル此意也（天止一、四三七、十二行。弘決取意）

次。至二十無盡戒ノ稱ハ只是圓融無礙ノ意也ト云一者。何レノ經ノ中ニカ有ル二十無盡定・十無盡惠ノ稱一耶。此只於テ二今ノ舍那ノ功德ニ一與テ二戒ノ名ヲ一攝二盡スル一切ノ功德ヲ一意也。若爾者

〔無レ失可ニ答申一〕

8〔四教次位。皆悉戒體受得人所レ經位可レ云耶〕

問。解釋ノ中ニ釋シテ二菩薩戒ノ名ヲ一列ヌト二四教ノ階位ヲ一見タリ。爾者四教ノ次位。皆悉ク戒體受得ノ人ノ所經ノ位ナリト可シレ云耶

答。雖レ難レ思任ニ相承ノ一義ニ者。爾云意可レ有レ之歟

「本題云。就二菩薩戒一判ル二階位一方如何」

兩方。若如ニ所答一者。梵網ハ是華嚴ノ結經也。若爾者。此經ニ所ノレ說菩薩ノ戒法。唯可レ限ニ別圓ノ菩薩ノ所持ニ一也。能持ノ人。何ソ可レ通ニ四教ノ機ニ一耶。　若依レ之爾ト云者。見ルニ解釋ヲ一云ニ菩薩戒ノ名ヲ一トシテ。初ニ明シ二人ノ名ヲ一。次ニ辨シ二法ノ號ヲ一。後ニ明スト二階位ヲ一 文（大正藏四〇、五六三上一二行） 所ノレ云階位ト者。四教ノ階位也。釋義

分明也。約シテニ菩薩戒一ニ開クトニ四教ノ次位一ヲ云事ハ（缺文）

答。自レ元云云所レ任ニ相傳ノ義一ニ也。一邊ニ令ニ出難一〔難㋩離〕給〔給㋺如〕解釋。誠ニ分明也。凡ソ次位ト者。約シテニ定惠ノ功德一ニ所レ立也。而ニ一代所説ノ定惠ノ法門。皆是舍那ノ三聚淨戒ノ功德ナルカ〔ナルカ㋩ナシ〕故ニ。悉ク無レ非ニストイフコト戒體受得ノ上ノ戒行ノ相一ニ。是以テ四教ノ菩薩ノ行相。三乘ノ階〔階㋺次〕位悉ク釋シ入ル菩薩戒ノ名ノ下一ニ也。但〔但㋑何〕。至下可キトレ限ニ別圓ノ次位一ニ云〔云㋩ナシ〕上者。此經華嚴ノ結經ト者。上下兩卷ノ意也。今ハ約ルニ部ノ外ノ別意一ニ也。全不トレ可レ令ニ例同一可ニ答申一

難云。四教ノ次位。皆〔「㋩者〕悉ク菩薩戒ノ階位ノ相也ト云事。旨趣〔旨趣㋩ナシ〕猶不レ詳ナラ。今此ノ梵網經ト者。華嚴ノ結經也〔也㋑ナリ〕ト云事。一家處ノ釋義ノ定判。更ニ不レ可レ諍〔諍㋩爭〕レ之。大師ノ解釋ノ中ニハ。梵網（㊜玄七（文九カ）（天文五、二二四八上））經結成華嚴〔嚴㋩ナシ〕教ト云ヒ。明曠ノ疏ニハ。（大正藏四〇、五八一下）今此戒經〔經㋩法〕ハ結ニサハ華嚴會一ヲ。經〔經㋺㋩ナシ〕即別圓教ナリ。輕重頓ニ制ニ菩薩ノ律儀一ト釋セリ。五大院ノ先德モ。（大正藏七四、七六四中。廣釋取意）梵網ハ結ニ成ス華嚴ノ善法一ヲ。法華ノ圓頓一ニ同ナリト華嚴一ニ文若爾者〔者㋺㋩ハ〕。此經ニ所ノレ明菩薩戒ト者。別圓ノ所持戒〔戒㊜ナシ「㋩也〕ナリト云事。何可レ及ニ豫義〔豫義㋺㋩證據〕ニ一耶。縱ヒ雖レ有ニ一品一卷ノ別意一。可レ同ニルニ法華一乘ノ圓戒一ニ故ニ。彌非レ可スレ經ニ歷ス四教三乘ノ階位一ヲ。凡ソ山家ノ式ノ意ハ。專ラ依テニ法華梵網ノ意一ニ制〔制㋑㋺㋩ナシ〕ニトニ不共二乘ノ行儀一ヲ見〔「㋑㋺㋩制〕タリ。權小〔小㋺少〕ノ階位。豈ニ可キニ圓頓ノ妙〔妙㋑ナシ〕戒〔戒㋑之〕ノ戒行ノ相ナル一耶。是以。（大正藏七四、七六四上。廣釋）五大院釋ニトシテ圓教〔教㋩ナシ〕頓菩薩ノ三聚淨戒ノ相一ヲ。不レ共セニ二乘一ニ。超ニ越ス三乘一ヲ。故ニ梵網云。〔「㋺説我㋩説〕本盧舍那佛ノ心地ノ中ノ。初發心ノ中ニ。常ニ所レ誦〔誦㋑涌〕一戒光明金剛寶戒乃至法華云。菩薩不レル親ニ近セ求メテ聲聞ノ四衆一ニ。亦不ニ問訊〔問訊㋑同許〕一云云既ニ云フ下不レ共セ〔共㋺苦〕ニ二乘一ニ超ニ越スト三乘上ヲ。豈〔豈㋩ナシ〕以テニ三乘ノ次位一ヲ〔㋩何」〕可キレ爲〔爲㋺道〕ニ圓戒受得ノ人ノ經歷ノ次位一ト耶。是以。經ニハ出シテニ五位ノ人一ヲ勸ムルニハ戒學一ヲ。（大正藏二四、一〇〇四上〜中）汝等。一切發心菩薩乃至十發趣十長養十金剛十地諸菩薩〔「㋺也〕ナリ。文大師釋シテレ之ヲ。（大正藏四〇、五七一上十一行）一ニ發心トイフハ。謂ク共地ノ菩薩ナリ。二ニ十發趣トイフハ。謂ク初〔初㋑ナシ〕ノ十心〇〔〇㋑㋩ナシ〕三ニ十長養トイフハ。謂中ノ十心〇〔〇㋑㋩ナシ〕四ニ十金剛トイフハ。謂（謂ナシカ）後ノ十心〇五ニ十地トイフハ。謂〔謂㋺ナシ〕登地已上ナリ文共地ノ言雖レ有レト疑。四十心ハ住〔位㋺住〕行向地ノ四十位也ト見タリ。明曠ハ。（大正藏四〇、五八六中）一切發心ト者。外凡ノ初メ名字ノ位ト釋シ（「〇カ）〔「㋑㋩之〕乃至十發趣等者〔者㋩ナシ〕。越ニ却シテ五品六根ノ位一ヲ十住已〔已㋑㋩以〕上ノ聖位ヲ（諸カ）（同前。取意）擧クル。故ニ云ニ乃至一ト釋シテ。偏ニ約シテニ圓位一ニ消レ之也。全ク取〔取㋑ナシ〕ニトハ

前三教ノ次位ヲ不ル云者ヲ耶。但。至テ釋名ノ章ノ中ニ廣ク出スト四教ノ階位ヲ云者。此ノ四教ノ中ノ別圓ノ位行。今ノ菩薩ノ次位ナルコトヲ顯ンカ爲ニ惣シテ擧ル之也。曠ノ疏ニ云。三明ニ教攝者釋尊ノ一化示シ身說ク法有始有終。四種差別○此之四教約ルニ於五時ニ有多有少。今此ノ戒經ハ結ス華嚴會ヲ。卽別圓ノ教ナリ等釋スル此意也。（大正藏四〇、五八一中～下）次ニ一代所說ノ定惠ノ功德。悉ク菩薩ノ戒行ノ相ナリト云事。太以テ荒涼ノ義勢也。藏通偏小ノ所行。豈是菩薩ノ戒行「ナラン耶」。若約セ開會ノ意ニ者。其ハ別ノ義門也。非ヲ今ノ所論ニ耶

答。此事誠ニ雖難ト知。且ハ任セ釋義ノ施設ニ。且ハ所存ニ師師相承ノ義勢ヲ也。凡ソ於テ所依ノ梵網經ニ有リ上下兩卷・一品一卷ノ二ノ意。所難之趣ハ悉ク是上下兩卷ノ意。常途ノ大小相對ノ菩薩戒ノ相也。大師就テ一品一卷ノ戒經ニ。別シテ被開ニ三重玄ヲ之時ハ。於テ釋名ノ章ニ有ニ三ノ文段。所謂ル人ノ名・法ノ號・階「位也。人ノ名ト者。菩薩ノ二字也。法ノ名ト者。戒ノ一字也。若爾者。此ノ中ノ階」位ト者。此ノ菩薩ノ階位ナラン事有ラン何疑カ耶。而ニ付ニ此階位ニ。釋尊ノ一化所說ノ教門准シテ義ニ推尋スルニ。具ニ明ストニ四教ヲ云テ。廣ク明シ四教ノ階位ヲ出ス三乘ノ次位也

凡ソ上下兩卷ト者。上ニハ序シ菩薩ノ階位ヲ。下ニハ明ニ菩薩ノ戒法ヲ。階位ト戒法ト各別ナル時ハ。大小權實差別シテ。聲聞・菩薩ノ行相全不可同カル。此時ハ。誠ニ菩薩ハ所經ノ次位可限ル大乘ニ也。而ニ一品一卷ト者。上卷ノ階位ヲ入ルル下卷ノ戒法ニ之時ハ。只別圓ノ次位ニ不限。廣ク一代ノ三乘ノ所學。大小乘ノ所行ノ道法マテ。是情是心皆入ニ佛性戒中ト說テ。（大正藏二四、一〇〇三下）舍那ノ一戒光明ニ歸入スルヲ。部ノ外ノ菩薩戒經ノ大意トスル也。此ノ舍那ノ功德ヲ受取ルヲ爲シ戒體受得ト。此ノ戒體發得ノ上ニ。隨テ機ニ漸漸修學スルヲ名クル戒行ト。故ニ所受ノ體既ニ舍那ノ三聚淨戒ナレハ。一代悉ク收ムル之ヲ故ニ。還テ機ニ一一ニ行シ顯ントスル時。何ソ必シモ不ン攝偏小ノ功德ヲ耶。以テ此意ヲ一代ノ定惠ノ階位ヲ。菩薩戒ノ名ノ下ニ釋シ入ルル也

但。至テ經ノ中ニ所擧次位限ト大乘ニ云ニ者。四教ノ階位ヲ收ル此ノ五位ニ意可有歟。或又。約シテ戒行ノ意ニ示ス大小相對ノ意ヲ歟。明曠ノ釋ハ。猶附傍スル常途ノ意ニ也。山家ノ式ハ。對シテ

南都ノ僧統ニ論シ立テタマフ(立イ无)圓戒ヲ之(之イ无ハ給)時。約シテ初修業ノ菩薩ニ立テ一向大乘ノ制ヲ給フ也。若。付テ久修業ノ菩薩ニ者。住シテ兼(ハ修)行寺ニ假リニ受ケン小戒ヲ事ヲモ不ト可レ(イ可)妨見タリ。此ハ大經ノ扶律說(說ハ談)常ノ意也。若爾者(者ハハ)。終ニ非ル不レ許ルニハ權小(小ロ少)ノ行ヲ歟(歟爾イ可然ハ爾)。爾者

（缺文）

9〔菩薩戒體。色心二法中何耶〕

問。菩薩ノ戒體ハ。色心二法ノ中ニハ何レソ耶（この一行イハ无）

本題云。何名ニ菩薩戒體一耶　云云（云云ロ无）

答。此事輒ク以難レ定(定ロ測)。解釋ハ性無作假色ト判歟（義記、大正藏四〇、五六六上一行）ト可ニ答ヘ(イロハ之)申ス付レ之。今此ノ菩薩ノ戒體者。盧舍那佛百(百イ萬)劫修行ノ心地。虛(虛ロ惡)空不動眞如佛性ノ理心也(ロ之)。專ラ以テ心法ヲ爲ト體ト可レ云也。是以大師解釋中釋トシテハ心地品ノ名(ロ戒)ヲ。三業之中意業(業ハ无)爲（義記、大正藏四〇、五六三上十九行）主ト判也(也ロ无)（大正藏四〇、五八一上二四行。明曠疏）。末師ハ唯(唯イ无)實相心以之爲體ト釋スル者耶。爾者(爾者イロハ无)（缺文）

答。自レ元云云　菩薩戒ノ戒體。色心二法ノ判屬輒ク以依レ難ニ定申ニ。付ニ御尋ニ出申解釋(解釋イ計)也。凡ソ(イ解釋)菩薩ノ戒(ハ戒)體ハ。舍那ノ一戒

光明金剛寶戒ノ體也。全ク於テ色心二法ノ中ニ非レ可レ論ニ通局ヲ。今云ニ性無作假色ト者。約シテ師師(師イロハ資)相傳作法受得ノ功能ニ與(與イロ而)ニ假色ノ名ヲ也。不レ可レ例ニ同(例同イ同例)色心相對ノ色法ニハ。但。至ニ三業之中意業(中意ハ業)爲主ノ釋ニ者。且ク以(以ハ約)テ大小相對ノ意ヲ如レ此釋也。至ニ末師ノ釋ニ者。彼ハ依テ法華ニ以ニ五重玄ノ意(意ロハ无)ヲ作レ釋ヲ故ニ實相ヲ爲レ體ト判(判イ无)ス也。爾(爾イ然)者無レ失

難云。性無作假色ノ釋。其旨趣猶不レ(ハ以)詳。今此菩薩ノ戒(ハ戒)體ト者。圓頓一實ノ妙戒。眞如佛性ノ本源也。尤以ニ實相ノ理ヲ爲レ體ト可(可ハ无)レ云也。此(此イ无)ノ眞如實相ノ理ハ。誠ニ雖レ不レ可レ被レ屬ニ色心二法ノ中(ハ不)ノ一邊ニ。華嚴經(經ロ无)ニハ。三界唯一心。心外無別法トモ說キ。大品經ニハ。一心具萬行トモ云テ。約シテ心ニ談スル理ヲ事。諸經論一同ノ施設也。何況毘曇ハ。以レ色ヲ爲ニ戒體ト。成論ハ。以ニ非色非心ヲ爲レ體。大乘ハ。以レ心(心イ无)ヲ爲ト體ト云事。三宗ノ戒體ノ大綱也。梵網ハ旣ニ大乘戒ノ本體也。以レ心爲ニ戒體ト事。何ソ可レ及ニ異端ニ耶。就レ中梵網ノ戒品ヲハ。或ハ云ニ心地法門品トモ。或ハ名(名ハ云)ニ心地戒品ト。解釋消トシテ此ノ品ノ名ヲ。言ニ心地ト者（義記、大正藏四〇、五六三上十八行〜）。菩薩ノ律儀ハ遍(遍イロ偏)ク防クニ三業ヲ。心意識ハ體一ニシテ

異㆑ナリ名ヲ。三業之中ニハ意業ヲ爲㆑主ト身口居㆑ス次ニ。據㆑テ勝タルニ爲㆑ス論スルコトヲ故言㆓心地㆒ト也 文 (天止二、五一五。止觀)加㆑之。見㆓一家處處(處處㋺所所)ノ解釋㆒。或ハ云㆘大乘中法鼓經。但明㆓色心㆒無(無㋑言)㆓第三聚㆒。心無盡故戒亦(「㋩光)無盡㆖トモ。或ハ(「㋑尤)中道妙觀(同、五三九)戒之正體。上品清淨究竟持戒トモ釋セリ。妙樂大師ハ。意明㆔心性以爲㆓戒體㆒(天止二、五一五。弘決)トモ釋シ。雖㆑依㆓身口㆒體必在㆑心トモ述(同、五一六)「タマヘリ」(「」㋑タリ㋺ヘリ㋩ス)。末師又。唯實相心以之爲體ト定メテ(大正藏四〇、五八一上二四行。明曠疏取意)。瓔珞經ノ一切凡聖戒盡(盡㋩ナルヲ)以㆑テ心ヲ爲㆑體。心無盡ノ故戒亦無盡等ノ文ヲ引テ。以㆑心爲㆑ル體ト之旨(之㋑㋩ナシ)ヲ極成スト見タリ。但至㆘舍那(舍那㋺菩薩)ノ功德ナル故ニ非㆓心法㆒ニ云(云㋩言)㆖者。實相心ノ法體。豈非㆓舍那內證ノ功德㆒ニ耶。或ハ云㆓我已百劫修行是心地(經、大正藏二四、一〇〇三中十行)。號吾爲盧舍那㆒ト。或云ニ㆓說我本盧舍那佛(佛㋺ナシ)心地中初發心中常所誦(誦㋑涌)。一戒光明金剛寶戒㆒ト(同、一〇〇三下二二行)。豈非㆘以テ㆓此戒㆒ヲ云フ㆗舍那ノ心地㆖ト耶。此ノ戒若舍那ノ心地ナラハ。舍那ノ心地。又不㆑可㆑離㆓衆生ノ心㆒ヲ者耶。但。至㆘一家處處ノ解釋ハ述ト㆓大小相對ノ菩薩戒ノ意㆒云ニ㆖者。此戒既ニ是大乘至極ノ戒(戒㋩成)也。大小相對シテ尤可㆑定㆓其ノ體質㆒ヲ也。大小相對スル時キ。菩薩戒ノ體。若シ心法ナラハ以㆑之可㆑爲㆓宗ノ實義㆒ト者(者㋺ナシ)耶

次。至㆓明曠釋ハ。五重玄ノ意ナリト(「㋑㋺㋩也)云㆒ニ者。五重玄三重玄ハ只是開合(合㋑會)ノ異也。其意何ソ可㆑キ異ナル耶。是ヲ以テ別當大師ノ一心戒ニハ。依テ㆓明曠ノ疏㆒ニ安スト㆓心源ノ戒㆒ヲ云テ。以テ㆓此疏㆒ヲ專ラ爲㆓山家ノ指南(「㋑㋺㋩戒)㆒ト見タリ。既ニ名㆓心源ノ戒㆒ト。以㆑心爲㆑ト體ト云事彌無㆑疑。又光定ハ。被㆑ニ記セ㆓山門ノ戒ノ濫觴㆒ヲ三卷ノ書アリ。號ス㆓傳述一心戒㆒ト。五大院ハ引テ㆓占察經ノ唯識・實相ノ二觀㆒ヲ。眞如佛性ヲ以テ爲㆓戒體㆒ト。何ノ有テカ㆓非戒之法㆒而モ有ラント㆓犯戒之法㆒釋タマヘリ。所答之趣豈非㆑違ルニ㆓列祖(列㋑㋺烈)ノ釋義㆒ニ耶

但。至㆓性無作假色ノ一文㆒ニ者。見㆓解釋ノ前後㆒ヲ。廣ク出シ㆔經論ノ中ニ諍(諍㋩爭)論スルコトヲ㆓無作ノ有無㆒ヲ畢テ。今之所㆑用有㆓無作㆒也ト被㆑ルル結セ故ニ。且ク一往(往㋑經㋩性)被㆑依㆓有無作ノ一師ノ解㆒ニ計リ也。非㆓今家再往(往㋩性)ノ實義㆒ニ歟。而ニ今所㆑ノ云假色ト者。非㆓色心相對ノ色法㆒ニ。作法受得ノ體ナルカ故ニ。且ク名クト㆓假色㆒ト云事其義未㆑明ナラ。作法受得ト(「㋺云)者作戒也。依テ㆑作ニ所㆑ノ得ル無作ノ功德ヲ名㆓戒體㆒ト也。付(付㋩依)㆑之。毘曇・成論ノ二家ノ諍(諍㋩爭)モ出來スル也。其ノ作法受得ノ法體ヲ。小乘ニハ云ヒ㆓無作ノ事體㆒ト。大乘ニハ心法ト沙

汰スル也。會釋之趣。道理旁不レ可レ然如何

答。菩薩ノ戒體ノ事。始起レ自ニ毘曇・成論ノ二家ノ諍ヒ一。自他宗ノ人師ノ異解非レ一ニ故ニ。色心ノ判屬輒ク以所レ難ニ定申一也。他宗ハ且ク置レ之ヲ。於ニ天台一家ノ釋義ノ中ニ。猶以似レ難ニ一決一。卽所下令ニ出難一給上處處ノ解釋ハ多ク約ニ實相ノ理心ニ見タリ。而如キンハ今ノ所判ノ者。不レ起而已。起卽性無作假（義記、大正藏四〇、五六五下～六上）色ト表シ。今之所レ用有ニ無作一也ト結セリ。全ク約ニ理性ニ不レ見。又指ニ心法ヲ不レ云也。仍テ付ニ御尋ニ雖レ出ニ申スト性無作假色ノ釋義ヲ。此又常途ノ色心相對ノ色法ナリヤ否ヤ。猶以難ニ辯ヘ申一者耶。雖レ然。今ノ義記ニ所ノ明ニ三重玄ノ中ノ戒體。可レ有ニ別意一云事。師資相承ノ奥旨也。大師釋スルニ諸經ヲ同ク設ク五重玄ノ釋ヲ。至ニ此戒經ニ初テ所レ開ニ三重玄ヲ也。而ニ五重玄ノ中ノ體ハ。實相ノ理體也。三重玄ノ戒體ハ。性無作ノ假色也。釋義ノ施設。彼此既ニ不レ同カラ。何可レ存ニ開合ノ義ヲ耶

而令ニ出難セ處處ノ釋義幷ニ明曠ノ釋等ハ。悉以ニ五重玄ヲ釋ルノ經ヲ日ノ所判也。明曠ハ。雖レ釋ニト梵網經ヲ不レ消ニ大師ノ義記ヲ。別ニ製スル疏ヲ。其ノ所判ノ之趣約ニ五重玄ノ意ニ見タリ。故ニ以ニ實相心ヲ爲ニ戒體ト釋也。宋朝ノ人師ハ。各於ニ義記一雖レ設ト註釋ヲ不レ辯ニ解釋ノ本意ヲ。猥ハシク存ニ三重五重混亂ノ義ヲ也。而如ニ相傳ノ義一者。今所ノ云性無作假色ト者。非ニ常途ノ無表色ノ體ニ。不起而已ト者。指ニ舍那ノ發起ヲ也。性無作者。說ク佛性ノ種子ト意也。假色ト者。不レ依ニ受者ノ心ニ。偏ニ師資相傳シテ但解ニ法師語ヲ（經、大正藏二四、一〇〇四中十行）盡受得戒スル謂ヲ名ル色ト也。全ク對スル作ニ無作ニ非ス。對ル心ニ色ニ非也。色心作無作ノ諍論ヲハ。或ハ契レ理ニ不レ叶レ文ニ。或ハ順シテ文ニ不ト順レ理ニ。各付テ疵ヲ斥テフ之。其中ノ有無作ノ義ハ。叶テ文ニ不レ當レ理ニ云云雖ニ一往ナリト何可レ用ニ不ル叶レ理ニ之解ヲ耶。今ノ性無作ノ假色ハ非ニ彼ノ諍論ノ中ノ色法ニ事。以レ之可レ知者歟

㋩頭註　隆云。今有無作ノ言友（爲カ）ニ不レ叶レ理之無作一。而至ルニ性無作假色ノ言ニ則既ニ異レ彼。雖レ異レ彼既存ニ無作假色一故友（爲カ）ニ有無作一

次ニ三宗ノ戒體ハ南山ノ釋ノ意也。非ニ依用之限ニ。義記ノ序ノ文ハ。三重玄以前ノ釋ナル故ニ。約シテ上下兩卷ノ意ニ述ニ大小相

對ノ菩薩戒ノ相ヲ。故ニ正釋ノ中ニ重テ釋ルニ菩薩心地ノ名ヲ一時キ。（「イロハ也）約シテレ喩ニ消レ之。（約イ依）品ノ內ニ所レ明大士ノ要用。如シトニ人身之有一レハ心能ク惣フルカニ萬事ヲ一釋タマヘリ。直非スニ約シテ法體ニ一名ルニハ心地トニ也。況又。眞如法性ノ理ヲモ舍那ノ三聚淨戒ノ外ニ不レ可レ置レ之。（置ロ立）故ニ明曠ノ實相心ノ戒體。光定ノ一心戒。五大院ノ眞如佛性ノ戒體。悉ク歸シテニ舍那ノ一戒光明金剛寶戒ノ體ニ一可レ成スニ性無作假色ノ義ヲ。故ニ全ク不レ可レ成ニ違害ト一也。是情是心皆（經、大正藏二四、一〇〇三下二四行）入佛性戒中ト說クハ此意也。（ハ圓融。果因不二所謂佛性常住戒卷也　意イ㊁）（ハ前出＊）若爾（若爾イ可然）旁（「ロ旁）有ンヤトニ何失一可ニ答申一（イロ者」）（ハ傍注後出＊）

〔凡夫癡闇但信解。名字位　［性體無盡故戒無盡］　別教觀行位〕

尚難云。（イ二重）（尚イハ猶）宋朝ノ人師存ニ當體體・所依體ノ義ヲ。假色ヲ爲レ體者。當體體也。（體イ云）以ニ實相一爲レハ體者。所依體也（「ロ若）云云　此義尤有ル謂レ者耶。明曠ノ疏モ述トニ此意ヲ一見タリ。彼疏云ク。（大正藏四〇、五八一上二一行〜。明曠疏）初發シテニ圓心ヲ一（圓心ロ因）從レ師請スレ受ト。身口ニ剋ルコト（剋㊦到イ致）誠ヲ名テ爲ニ作戒一ト。色心ヲ爲レ體ト。三羯磨ノ竟リニ納ルレ（納ハ約）法ヲ居シテレ懷ニ。作休（休ハ體）謝ヤミ往シテ訖ルヲ乎（平ロ耶）未來ニ名クニ（名ロ右）無作戒ト一。唯實相心以レ之爲レ體　云云　依ニ身口ノ作戒ニ一發ストニ無作ノ功德ヲ一云ハ假色也。當體體也。（體イ云）唯實相心等（心ロ㊁）者。（者イ㊁）所依體也

答。當體體・所依體ノ約束。皆是常途ノ趣也。全ク非ニ今ノ釋義ノ本意ニ。明曠ノ疏モ強ニ當體・所依ノ分別ハ無レ之歟。訖ニ（大正藏四〇、五八一上二三行。明曠疏）乎未來一名ニ無作戒ト。戒體ヲ押テ唯實相心以レ之爲レ體ト釋スト見タリ。此卽（此卽ロ是則）依テレ作ニ發スルニ無作ノ體ヲ一實相心ノ體ト釋シ成シテ。今ノ性無作假色（假ロ似）ノ本意ヲ欲ルニ釋シ顯ント一意也。無作ハ當體。實相心ハ所依ト分別ストハ不レ見也（「ハ者）

ハ頭註　隆云。明曠雖レ云ニ實相心。既簡ニ理心一云ニ實相事心一。故得レ意可レ言也

10〔菩薩戒有ニ廢失一耶〕

問。菩薩戒ニ有リニ廢失一耶

答。不レ可レ有ニ廢失ノ義一也（義ハ意）

兩方。若如ニ所答ノ者。披タルニ今ノ解釋ヲ。（大正藏四〇、五六六下）若（若イ㊁）捨ニ菩提（提イ薩）願。若增上煩惱犯ニ十重一。其體卽（則カ）「廢ト釋セリ。（「イ㊁）如クナラニ所判ノ者。明ケシ可レ有ニ廢失一云事ヲ

若依レ之爾ト云者。今ノ菩薩ノ「戒」（「ハ戒）體ハ。舍那ノ三聚淨戒也。（也ロノ）縱雖フモニ凡位（位ハ俗）一ナリト。若受ニ得セ佛戒ヲ一者。更不レ可レ有ニ退失ノ義一

「者耶。是以今ノ經ニハ說キ二一戒光明金剛寶戒一ト。（大正藏二四、一〇〇三下）瓔珞經ニハ。（「」㋑ナシ）
故知菩薩戒ハ有リト二」受法一無シ二捨法一。（同、一〇二一中）（法㊄㋑㋩得）（「而カ）有レトモ犯不レ失セ盡スト二未
來際一ヲ說ク者耶（說㋩ナシ）

答。自レ元云云 菩薩戒ニ不レ可レ有ニ廢失一云事。所レ任ニ一
宗ノ大旨ニ也。凡ソ此戒ハ如ク二疑難ノ一邊ニ來ルカ。舍那修得ノ戒（得㋑德）
體ナルカ故ニ借ル二譬ヲ於金剛ノ利寶ニ一也。何ソ可レ論ニ破壞ノ義一ヲ（可㋺ナシ）
耶。是以先德釋シテ二此事一ヲ。如來ノ寶戒ハ。（大正藏七四、七六六上。廣釋）一タヒ受テ永ク固シ。
終ニ不ス二犯失一而モ有リ二大用一。譬ヘハ如シ下金剛ノ一タヒ成テ二利寶一ト。
更ニ不ルカ中破壞上 文 但至ニ今ノ解釋ニ一者。此ハ且ク約シテ二地持等ノ
諸經論ニ所ノレ明常途ノ菩薩戒ニ一論スル二興廢一ヲ也。（論㋺諍）非ル二今ノ圓戒ノ
正意ニ一ハ歟。若爾者（爾㋑然　者㋩ハ）（缺文）

㋩頭註 本文既云。約レ教有ニ無作一。約レ理無ニ無作一。今有ニ無
作一也。教權理實已上 教權理實ノ名ハ約ニ別教一在レ文顯
如矣 故雖レ云ニ性無作假也一。（色カ）不離性之假色。而因隔果
融。非因果融卽無礙圓體。故暫論ニ廢失一。若約レ圓卽性名ニ
不改一。常住如ニ金剛一。而順レ犯隨ニ隱沒一耳

難云。菩薩戒ニ不レ可レ有ニ廢失一（有㊄ナシ）云事猶不レ明。凡夫癡闇ノ
機。障リ重ク迷ヒ深シ。縱（縱㋺假）雖ミ（雖㋑㋺㋩ナシ）勝緣和合シテ有ニ（「㋑㋺㋩雖）戒體受得ノ義一。
依テ二惡緣一ニ（緣㋺趣）捨テ二菩提ノ願一ヲモ。値テ二惡友ニ一失セン二戒體一ヲ事。有ム二何ノ
疑一（疑㋺煩）耶。是以披ルニ二解釋一ヲ。正ク明ニ（大正藏四〇、五六六下）性無作假色ノ戒體ヲ論スト二
興廢ノ相一ヲ見タリ。釋云。次ニ論ニ興廢一ヲ者。初ニ菩薩ノ律儀方便
求受スレハ。其ノ體卽（則カ）興ス。若捨テ二菩提願一ヲ。若（若㋑ナシ）增上ノ煩惱ヲモテ
犯レハ二十重一ヲ。其體卽（則カ）廢ス。若無レハ二此（此㋩ナシ）ノ二緣一至テレ佛ニ乃廢ス
文（文㋩ナシ） 菩薩ノ戒體ノ失不失非ニ三重玄ノ釋ニ一者。以テ二何レノ釋義一ヲ
可（可㋑爲㋺㋩可爲）ニ指南一ト耶。而ニ別ニ立テテ二一段一ヲ專ラ成ス二二緣廢失ノ義一ヲ。何ソ
以テ二此釋義一ヲ乍レ定メ二依憑一ト（憑㋑馮）有ト二不失ノ義一ニ可レ申耶。加之
釋トシテ二謗三寶戒一ヲ分ニ別ス法相非法相ノ二義一ヲ。其中ノ法相ノ
異ト者失戒。非法相ト者重罪也。釋スルニモ二暫念小乘戒一ヲ。欲スル二
背テレ大ヲ向ハムトレ小ニ心アテ（大正藏四〇、五七八中）計未レハ成犯スニ前ノ第八ノ背大向小（背㋑ナシ）
戒一ヲ。計成スレハ失ス戒ヲ在テ二第十重ノ戒ノ中一ニ說ト 文 凡明ス二戒體
廢失ノ義一ヲ事。兩軸ノ前後一同ノ施設ナル者耶。瓔珞經等ニ雖レヘ
有ト二（「㋑㋺㋩有）犯不失ノ文一。聲聞ノ犯ニハ二重罪一ヲ失シ二比丘ノ性一ヲ。又命終スレハ
戒謝スト云ニ對シテ。菩薩戒ハ不レ退ニ菩提ノ願一ヲ不レハ犯ニ（犯㋺㋩起）上品ノ
纏一ヲ。生生世世ニ戒不レト失云許（許㋑㋺㋩計）也。非レ云レ無シト二二緣捨ノ義一。（㋑㋺㋩也」）

是以末師釋此事。言失戒者善戒經云有二因（大正藏四〇、五九九上）緣失菩薩戒如上所引。除此二緣乃至他世流轉四趣戒體恆在文失不失二文。以此釋可存會通也

但。至金剛寶戒名者。約實相理體嘆佛戒功能計也。於無作事體者。猶隨機可有失不失義也。是以五大院。（大正藏七四、七六六中。廣釋）眞如法性以爲戒體。一切諸法。皆是戒體。何有非戒之法。（佛カ）而有犯戒之法文此皆約理戒論無犯無失義也。「若執此一邊。凡夫上破戒犯戒義無之可云歟。」若理雖無毀犯事隨緣有破戒義。戒體又隨緣廢失事。何無其義耶。爾者（缺文）

答。菩薩戒體不可有廢失義云事。所任宗大旨也。凡此戒舍那修得戒身。如來金剛寶戒也。全非依受者心所發起之戒法。何可論失滅義耶。是以五大院先德。於戒判五種不同。第四菩薩大戒。第五如來寶戒也。廣釋云。（大正藏七四、七六六上）四菩薩大戒。持成法王。犯成世王。而戒不失。譬如金銀爲器用貴。破器不用。而寶不失。五如來寶戒。一受永固。終不犯失而有大用。譬如金剛一成利寶。更不破壞等云此中第四菩薩戒云。大小相對常途菩薩戒相也。此猶釋戒體不失義。第五梵網・法華佛戒也。既非因位菩薩所持戒相。唯佛一人無上佛戒也。豈乍許受得此戒體。更可論犯失義耶。雖是佛戒〔四戒相對師師傳受。〕末法癡闇之凡夫。蒙作法受得巨益也。全准常途意不可論廢失義也。仍因位菩薩戒破體猶不失。果上佛戒一受永不犯失定者耶

但。至今解釋前後多明廢失相云者。誠雖似難思。此且出地持瓔珞等諸經論中所明戒相計也。全於今性無作假色體有犯失義云非也。於此經一品一卷上。終日有上下兩卷意故。釋義又多擧大小相對菩薩戒相助成部外別意

也。仍今ノ興廢ノ釋ハ。約シテ地持ノ二縁捨ノ義ニ論ニ此義ヲ也。實ニハ今ノ戒體受得ノ人ハ。舍那ノ佛戒備ル身ニ故ニ。捨テ菩提ノ願ヲ起ス上品ノ纏ヲ程ノ事ハ。雖フ凡夫ナリト不レ可レ有ニ此義一意得也。若無ニ二縁一者。可シト生生ニ不失ナル定ムル故ニ。（大正藏四〇、五六六下）此釋還テ成ニ戒體常存ノ義ヲ也。況ヤ若無ニ此二縁一至レ佛乃廢ト云テ。因位ノ菩薩ノ戒ナルコトヲ示ス。故ニ佛戒ナラハ不レ可レ有ニ此義一云事ヲ顯ス也

次ニ謗三寶戒。暫念小乘戒等ハ（大正藏四〇、五七八中）自レ元戒行ノ相ナルカ故ニ。一一ニ大小相對シテ判シテ開遮・色心・輕重ノ異ヲ。多ク釋ニ常途ノ菩薩戒ノ相ヲ也。五大院御釋ハ。誠ニ約シテ眞如法性ノ戒體ニ雖レ似レ釋スルニ金剛寶戒ノ義ヲ。釋義ノ旨趣ハ以ニ彼ノ法性眞如ノ理ヲ釋シ。入レテ今ノ舍那ノ功德ニ欲レ顯スルト傳受戒ノ意ヲ故ニ。戒法常途ノ義。正クハ歸シテ性無作假色ノ體ニ可レ成ニ不失ノ義ヲ也。但至ニ破戒ノ義モ不レ可レ有レ之歟ト云一者。約セ戒體ノ邊ニ者。既是佛戒「ナレハ」惣シテ可レ有ニ無破無犯ノ義一也。雖レ然論ニ戒行ノ邊ヲ者。非レ無ニ分持具持ノ義一。一向無ト毀犯一可レ云非也。先德ハ約シテ戒體ニ惣シテ不破ノ義ヲ成シ給也。若爾者　（缺文）

11〔不レ具ニ信心一者有ニ受戒義一可レ云耶〕

問。不ルレ具セ信心ヲ者ノ有ト受戒ノ義一可レ云耶
〔本題。〕「菩薩戒意。須ルソ何ノ信心ヲ耶」

答。問端意趣雖レ難レ知。任ハ釋義ニ一ツ須信心ト判歟可ニ答申一

付レ之。今此ノ菩薩戒ハ。不ス簡ハ受者ノ機根ノ不同一ヲ。依テ師資相傳ノ縁ニ論ニ戒體受得ノ義ヲ也。縱ヒ雖ミ信心ヲ不ト具足一。若解セハ法師ノ語ヲ何ソ無ニ發戒ノ義一耶。是以見ルニ經文一。若受ニ佛戒一者。（經、大正藏二四、一〇〇四中七行～）國王王子百官宰相乃至但解ニ法師語一。盡受ニ得戒一ト說者耶

答。自レ元云云戒體受得ノ人。必ス可レ須ト信心一云事。所レ任ニ釋義ノ定判一ニ也。凡ソ入ニハ三寶ノ海ニ以レ信爲ス本ト。今既ニ出テテ外道邪見ノ家ヲ。初テ住ニ在ス佛家ニ。豈無シテ信心一可レ論ニ得戒ノ義ヲ耶。是以經ニハ云ニ（經、大正藏二四、一〇〇四上十六行）大衆心諦信ト。釋ニハ判ス一須信心一ト。（義記、大正藏四〇、五六七中八行）但。至ニ疑難ニ者。今所レノ云信心ト者。解レハ舍那發起ノ

旨自可有信心具足義也。不可同常途意歟
可答申

難云。菩薩戒意。必可用信心云事。釋義旨趣猶以不明。論遮難輕重辨信心厚薄事。皆是諸教常途施設也。菩薩戒意。只依師資相傳功納得舍那發起戒體意得也。若爾不可依受者信心有無。只以解不解戒師語可判得戒是非也。(經、大正藏二四、一〇〇四中七行～)是以如前出申。見經文。若受佛戒者。國王王子百官宰相乃至「鬼神金剛神畜生乃至變化人。」但解法師語。盡受得戒。皆名第一清淨者 文 全解語外用信心不見耶。而如今解釋者。(義記、大正藏四〇、五六七中八行)三重玄料簡章付。一須信心。二無三障。三人法爲緣三文段有之。初須信心付。初約三藏門出三種信心。(同十一行)依方等戒〔故〕。宜備此三信判故。此常途大小乘意約論用信心義見
次。復加三信云。(同十二行～)(種カ)一信自他心識皆有佛性。二信勤行勝善必能得果。三信所得果常樂我淨 文 此別依梵網意必可用三信釋也。而皆有佛性信解。其分齊難知。佛性一乘奧義。癡闇凡夫輒以難領納者歟。勤行勝善必能得果云(同前)ヘルモ。深可信因果道理見タリ。又常樂我淨如來內證也。初心凡夫非所能解。若此等信心不成就者無得戒義者。於末世機根者。全不可有其人者耶

但。至解舍那發起自具信心云者。其意未分明。今釋義既出三種信心相。一一信心一闕不可有得戒義聞。縱此戒舍那三聚淨戒。師資相傳旨解雖。不了知衆生所具佛性。不辨佛果所顯四德法門者。無發戒義定被得タリ。全解語位自具信心云不見也。經文。(經、大正藏二四、一〇〇四上十六行～)大衆心諦信。汝是當成佛。我是已成佛。常作如是信。戒品已具足云。汝是當成佛等云。凡有心者悉皆當得(義記、大正藏四〇、五七〇下三行)佛性義指見タリ。若解語位必可具此信云者。扨但解法師語說。可非我等聞法領解分齊歟。何

況。五大院ノ先德。列ヌル二〔列(イ)(ロ)烈〕開導ノ六法ヲ一中ニ。一ニハ定ニ根機ヲ一〔根(底)(ハ)ナシ〕(大正藏七四、七五七中二四行～)。二ニハ觀ト信心ヲ一云テ。定ル二根機ヲ一〔根機(イ)(ハ)機根〕下ニ引キ二解語得戒ノ文ヲ一。觀スル二信心ヲ一下ニ引ク二常作如是信〔如(ロ)汝〕ノ文ヲ一。解語ト信心ト各別ナリト〔「(イ)(ハ)也〕聞タリ。（廣釋）

如何可ニ意得一耶

答。此事誠ニ雖レ難レ測。必ス可ト具ニ信心ヲ一云事ハ。所レ任ニ經文釋義ニ一也。經ニハ說ク下大衆心諦信。汝是當成佛。我〔我(ロ)體〕是已成佛。常作ニ如レ是信一。戒品已具足ト上。(經、大正藏二四、一〇〇四上十六行～) 解釋釋シテ二此文ヲ一〔釋(イ)云〕。信ハ是レ入道ノ初門ナリ〔「(ハ)也〕。(義記、大正藏四〇、五七〇下一行～) 大論ニ云ク。信ヲ爲シテ二能入ト一。我持テ二此戒ヲ一得レ成コトヲ二正覺ヲ一。汝モ亦應レ爾 文 況ヤ又三重玄ト者。正ク今ノ菩薩戒經ノ玄旨ヲ〔玄(イ)重〕釋シ顯ス也。而ニ第三ノ料簡〔料簡(ロ)了見〕ノ章ト者。戒體受得ノ相ヲ料簡〔料簡(ロ)了見〕シ顯ス時キ。以テレ須ニ信心ヲ一爲ストレ初ト「見タリ」〔「」(ロ)ナシ〕。仍テ戒體發〔發(ハ)受〕(受カ)得スト云〔云(ハ)曰〕程ニテ。信心無〔無(イ)ナシ〕クトモト云義ハ。先ツ難レ成者耶〔耶(ロ)也〕。其ノ信心ニ付テ。何ナル信ソト云事コソ可レ有ニ沙汰一事ニテ有レ。其ハ可レ依ニ宗旨ノ大綱ニ一也

見ルニ二經文ヲ一。初ノ偈ニハ云ヒ下常作ニ如レ是信一。戒品已具足ト上。(經、大正藏二四、一〇〇四上十八行) 長行ニハ說ク下但解ニ法師語一。盡受ヰ得戒上故ニ。(同、一〇〇四中十行) 或ハ有レハ〔或(イ)戒〕信得戒スト云ヒ。或ハ解語スレハ得戒スト說ク。以テレ之ヲ思ニレ之ヲ。信ト解ト全ク非ニ別ノ事ニハ歟ト意得也〔「(イ)(ロ)(ハ)被〕。如ニ疑難ニ〔難(ハ)ナシ〕來ルカ一。若受佛戒者ト表〔表(ハ)標〕シテ。國王王子。奴婢。八部鬼神畜生等ニ及マテ。廣ク〔「(ハ)說〕但解法師語。盡受得戒ト云故ニ。不レ依ラ〔依(ハ)住〕ニ根性ノ不同ニ一。解語「スレハ」〔「」(ハ)ナシ〕得戒スト聞タリ。若爾者。解語セハ信心必ス可レ備歟。全ク不レ可レ例ニ諸教〔教(ハ)經〕ニ所ノレ明難發之信心ニハ一〔「(ロ)也〕

但。至テ二復加三信ノ(種カ)釋ニ一者。菩薩戒經ノ意。以テ二此戒ヲ一名ル二佛性ノ種子ト一故ニ。指テ二解語得戒ノ人ヲ一悉ク稱スル下具ル二佛性ノ信〔信(ロ)ナシ〕ヲ一人ト上也。必モ於テ二佛性〔信(ロ)性〕一乘ノ奧旨ニ一明カニ〔「(イ)明〕通ニ達スト其義理ヲ一云ニハ非歟。所レ云三信ト者。經云。是一切佛本源〔源(ロ)須〕。「一切菩薩本源。佛性種子。」〔「」(ロ)ナシ〕(大正藏二四、一〇〇三下二二行) 一切衆生皆有ニ佛性一。一切意識色〔色(ハ)ナシ〕心是〔是(ロ)ナシ〕情是心皆入ニ佛性戒中ニ一 文 一信ニ自他心識皆有ニ佛性一ト者。(義記、大正藏四〇、五六七中十二行) 佛性ノ種子ト等說ク意也。二信下勤〔勤(ロ)懃〕ニ行勝善一必能得ヒ果ト者〔者(イ)文〕。(同前) 一切菩薩本源〔源(ハ)原〕ノ意也。三信ニ所得果常樂我淨ト一者〔「(ロ)淨〕。(同前) 一切佛本源〔源(ハ)原〕ト說ク意也。故ニ此戒ハ凡夫ニ發起スル舍那ノ三聚淨戒ナリト解スレハ。自カラ此三信ハ備フル也〔也(イ)ナシ〕。全ク解語ノ外ノ信心トハ〔「(ハ)者〕不レ可ニ意得一。但。至ニ廣釋ノ文ニ一者。第一ニハ先ツ〔先(ロ)ナシ〕定ムル二機ノ分齊ヲ一之〔之(イ)(ハ)ナシ〕時キ。戒師ノ語ヲ聞キ知ル程ノ人ヒトハ悉〔悉(ハ)ナシ〕ク得戒ノ機ナリト定ムル〔「(ロ)也〕也。此

上ニ正シク解語得戒ノ位ニ成スル信心ノ樣ヲ第二ニハ重テ釋シ顯ス也。爾トト云テ。各別ノ事トハ不レ可ニ意得一也

「私云。此等義。皆祕藏ノ事也。不レ可レ顯ニ露ニス之ヲ一」

12〔宗意。煩惱得戒障歟〕

問。宗ノ意。煩惱ハ得戒ノ障リ歟

答。任ニ解釋ニ者。煩惱ハ常有ノ故ニ不レ說レ障ト文（義記、大正藏四〇、五六七中十四行）爾也。付レ之。菩薩ノ大戒ハ專ラ約レシテ心ニ論ニス持犯ヲ一。煩惱何ソ非ニム得戒ノ障ニ耶。是以瑜伽論ノ中ニ。以テニ四隨煩惱ヲ一名クトニ白法ノ障ト（大正藏三〇、四八〇上。取意カ）云ヘルヲ。人師釋トシテレ之。論ニ既ニ說テ此ヲ爲ストニ白法ノ障ト（大正藏四〇、六五六下二八行。義寂本疏）。理應シトレ障フレ戒ヲ云フ者ヲ耶

答。自レ元云云所レ任ニ解釋ニ也。所以ニ今此ノ菩薩戒ハ者。爲ニ凡夫癡闇ノ人ノ所ニ發起スル一戒體也。若以テニ煩惱ヲ爲セバ障ト者。未斷惑ノ凡夫。豈可キレ有ニ得戒ノ義一耶。但。至ニ菩薩ハ制スト心ヲ云ニ者。戒行ノ相也。戒體ハ既ニ云フニ無作ノ假色ト一。全依テニ煩惱ノ有無ニ不レ可レ定ニ得戒ノ是非ヲ一。次。至ニ論家ノ所判ニ者。此又約ニスル戒行ニ歟。人師ノ釋ハ非ニ依用ノ限ニ一。可ニ答申一

難云。煩惱ハ流來生死ノ迷執。戒法ハ直至道場ノ之妙業也。染淨ノ二法。性類各別ニシテ敵對相反セリ。煩惱專ラ可キニ戒法ノ障ナル一耶。何況ヤ煩惱業苦ノ三道ハ。三身三德ノ障リ也。三聚（「22行」ハ後出＊）「淨戒既ニ爲ルニ三身ノ菩提ノ因ト一。此ノ中ノ煩惱ハ。障フニ報身如來ノ智惠ヲ。梵網ノ戒ハ。殊ニ舍那報身ノ佛戒也。三障ノ中ニモ專ラ以ニ煩惱ヲ一可レ云ニ此戒ノ障リト一也。又以テニ三障ヲ一判ニ屬セハ色心二法ニ。煩惱ハ心也。報障ハ色也。業障ハ雖レ可レ通ニ色心ニ一。七逆十重等專ラ約シテ身口ニ論レ之故ニ色法也。而ニ大小二戒相對シテ判スルニ開遮・色心・輕重ノ異ヲ一時ハ。大士ハ制シレ心ヲ。聲聞ハ制スト色ヲ釋タマヘリ。山家ノ大師ハ。若シ同セハ聲聞ニ。何カ（傳全一、二三三。顯戒論）故ソ制セント一念ヲ釋セリ。若菩薩ノ戒。約シテ心ニ論セハ持犯ヲ。心ノ障リ豈非ニ煩惱ニ耶。是以前ニ所ノ出難スル論家ノ所判。人師ノ釋義。會通猶不ニ分明ナラ。義寂ノ疏ニ引テニ瑜伽ノ菩薩地ヲ云ク。（大正藏四〇、六五六下～七上）何等ヲカ名ケテ爲ス種性ノ菩薩ノ白法ノ相違ト。四隨煩惱アリ。謂ク放逸ノ者ハ由ルカニ串習ニ故ニ。性成ルニ猛利長時ノ煩惱ト一。又愚癡ノ者ハ依ニ附ス惡友ニ。又爲ニ尊長夫主王賊ニ及怨敵等ノ所ニ拘逼セ一者ハ。不レ得ニ自在ナルコトヲ一。其ノ心迷亂ス。又資生ノ具ニ有ルニ

匱乏ノ者ハ。顧ニ戀ス身命ヲ。論ニ旣ニ說テ此ヲ爲ス白法ノ障ト。理應シ障レ戒ヲ。然ルニ就テ受法ノ中ニ不ルコトハ別シテ問セ者。不ルカ決定一故ナリ。非レ如クニハ七逆ノ定メテ不ルカ得戒セ文　此釋引テ論ヲ作ス盡理ノ解ヲ。縱ヒ雖フ他師ノ釋ナリト。若所判順セハ理ニ。何ソ不レ依テ用之ヲ耶

又。今ノ解釋ニモ初メニ。衆生障礙乃有三種ト表スルハ。（義記、大正藏四〇、五六七中十四行）煩惱業報ノ三障共ニ成ルト障礙ト見タリ。而ニ煩惱常有故不レ說障ト云ヘル前後。豈不ランヤ（以上「22行」八後出＊）參差セ耶。仍於煩惱ニ成リ障ト不ルレ成障ト二類可レ有之歟。常有ノ煩惱ト者。平常悠悠セイノ煩惱也。此ハ未斷惑ノ凡夫。悉ク具ルレ之故ニ不ストレ成障ト云フ也。若有ニ猛利麁重ノ煩惱現起スル事者。爭不ランレ成得戒ノ障ト耶。旣ニ於上品ノ纏ニ者。已得ノ戒體猶廢失スト見タリ。斯戒爭カ可キレ有發得ノ義耶。但至下約シテ心ニ論スルハ持犯ヲ戒行ノ意ナリト云上者。受體隨行其ノ心不レ可レ異。戒行ノ時ニ約シテ心ニ論セハ之者。戒體又非ルヲ可レ無ルニ其意耶。爾者猶以不レ明ナラ

答。於菩薩戒ニ。有常途ノ大小相對ノ菩薩戒。有法華梵網ノ一乘ノ妙戒。於テ今ノ菩薩戒經ノ意ニ。又有戒體戒行。不レ可ニ混亂ス。而ニ今此ノ梵網ノ所說ノ佛戒ハ。爲ニ此ノ地ノ上ノ一切衆生凡夫癡闇之ノ〔人〕所レ說舍那ノ一戒光明。金剛寶戒之體也。旣ニ指テ煩惱具足ノ凡夫癡闇ノ〔〕人ヲ定ム得戒ノ正機ト。煩惱若得戒ノ障ナラハ。豈爲ノ凡夫ノ戒法ナリト可レ云耶。是以今ノ解釋ハ。付テ菩薩戒經ニ立ツ三重玄ヲ。其中ノ料簡ノ章ト者。料簡シ顯ハス末法癡闇ノ凡夫戒體發得ノ相ヲ之時。須信心・（義記、大正藏四〇、五六七中八行）無三障・人法爲緣ノ三ノ文段アリ。今ノ解釋。煩惱常有故不說障ト云ヘル。（同十五行）專ラ欲レ釋ントレ顯煩惱具足ノ機ノ上ノ無三障ノ義ヲ也。仍テ任テ釋義ノ本意ニ以煩惱ヲ不トレ可レ爲得戒ノ障ト所ニ存申也。而ルニ表シテ衆生障礙乃有三種ト。（「八前出＊）煩惱常有等云ヘル。誠ニ前後雖レ似ニ參差スルニ。如疑難ニモ來ルカ迷悟相對スル時ハ。煩惱業苦ノ三道ハ。法身般若解脫ノ三德ノ障ナルカ故ニ。雖レ立ト障礙ノ名ヲ。今ノ舍那ノ佛戒不レ隔ニ此三障具足ノ機ヲ發起スル謂レヲ無三障ト云也。業障報障モ實ニハ不ルレ成障リト樣ヲ（天文一、一九六下。文句記）意得也。彼ノ障體卽德。不待轉除ノ本意。今ノ佛戒ニ可レ極マル次。至テ云フニ三障ハ卽可シト三聚淨戒ノ障ナル者。依テ三聚淨

也

戒ノ因ニ證ストハ三身ノ菩提ヲ。以テ此戒ヲ屬スル菩薩ノ因行ニ之日ノ施設也。今ハ舍那果上ノ佛戒ヲ師師相受スル也。旁不レ可レ例ニ常途ノ意ニハ也。況又以ニ三障ヲ對スレハ三聚淨戒ニ者。〔煩惱ハ〕攝善法戒ノ障リ也。攝善法戒ハ三學ノ中ニハ定惠ノ法門也。故ニ以テ煩惱ヲ爲ル障ト意可レ有也。但至ニ論家ノ所判・人師ノ釋等ニ者。皆是常途ノ大小相對ノ菩薩戒ノ意ナルカ故ニ。全ク不レ可レ同ニ今ノ解釋ノ意ニハ。山家ノ所判モ。猶他師破ノ釋ナルカ故ニ。「欲レ分ニ別セント」大小二戒ノ不同ヲ時。何カ故ソ制セン一念ヲ等ト釋シタマフ也

次。至ニハ猛利ノ煩惱ハ可シト爲ナル障ト云ニ者。縱ヒ雖トモ云ト猛利ト。末代悠悠ノ凡夫ノ「隨テ緣ニ所ノ現起スル煩惱ノ分齊ハ。猶常有ノ煩惱ノ可ニ所攝ナル。全不レ可レ爲ナル障ト。於ニ上品ノ」纏等ニ者。別シテ可レ廻ニ思慮ヲ也。彼モ依ニ單ノ煩惱ニ失トハ戒體ヲ不レ見也。上品ノ纏ヲモテ犯スレハ十重ヲ。其體卽チ失スト云也。仍テ業障ノ所攝也。七逆・十重ノ障不障ノ事ハ。別ノ題目也。非ニ今ノ所論ニ。爾者無レ失

13　〔七逆十重有ニ懺滅義一耶〕

問。七逆十重ニ有リ懺滅ノ義耶

答。此事雖レ有レ所レ可レ思。梵網宗ノ意不レ可レ有レ之也

〔兩方。〕若不レ許レ之ヲ云者。大乘懺悔ノ力。縱ヒ雖レ有ト重障。何ソ無ン懺悔障ノ義耶。是以解釋ノ中ニ。七逆。一云懺滅非障ト釋スル者耶（義記、大正藏四〇、五六七中十七行）

若。依レ之云レ爾者。披タルニ經文ヲ。或云ニヒ若具七遮卽身不得戒トモ（經、大正藏二四、一〇〇八下三行）。或ハ說ク若現身有七遮。師不應與授戒トモ（同一行）者耶

答。七逆十重ノ懺滅ノ有無。輒以雖レ難ニ定申ニ。任ニハ戒經ノ大旨ニ不レ可レ許ニ懺悔ヲ歟ト所ニ存申ニ也。其ノ旨令ニ出難ニ給經文分明也。凡ソ七逆ヲ爲ニル遮障ト事ハ。還テ爲リ顯ンカ無ニ三障ノ義ヲ。其故ハ。七逆ハ只是レ戒師ノ所解ニシテ。實ニハ不レ可レ有ニ作ルレ之人。既ニ無ケレハ所造ノ業ニ又非レ可キニ論ス懺除ノ義ヲ。是以釋ニ云ク。七逆十重現身有レ此。是卽爲レ障（義記、大正藏四〇、五六七中十六行）云云。但至ニ懺滅非障ノ釋ニ者。此ハ出ス一師ノ解ヲ計リ也。非ルレ述ニハ菩薩戒經ノ宗旨ヲ歟ト可ニ答申ニ

難云。此事尚不レ明。善惡不二ハ圓實ノ妙旨。逆卽是順ハ一

乘ノ仲微也。大乘懺悔ノ力可シ類ス衆罪ヲ於霜露ニ。業障縱ヒ雖フ深重ナリト惠日ノ光ハ何ソ不ン消ニ除之ヲ耶。依之諸大乘經ノ中ニ。多ク明スコト逆罪懺悔ノ方軌ヲ其說非一ニ。何ソ至テ此經ニ不ン論ニ七逆懺滅ノ義ヲ耶。是ヲ以披ニ經文ヲ。明シテ不教悔罪戒ヲ。見一切衆生犯ニ八戒五戒十戒ヲ。毀禁七逆八難一切犯戒罪。應ニ教懺悔ヲ（經、大正藏二四、一〇〇五中十八行）文　若無クハ滅罪ノ益者。豈可キ勸ム懺悔ヲ耶。解釋ニハ被タリ擧ニ二ノ解ヲ。七逆。（義記、大正藏四〇、五六七中十七行～）一云懺滅非障。二云犯一悔與ニ不悔悉皆是障等云云　此ノ二ノ釋ノ中ニハ。初ノ釋ハ。猶示ス今家ノ本意ヲ也。次ノ解ハ。且ク依テ簡（揀カ）擇受戒戒・（輕四十）爲利作師戒等ノ文ニ（輕四十二）悉皆是障トハ被釋也。此ハ非可キ設ク私ノ會通ヲ

妙樂大師。梵網明遮未懺者耳ト釋シタマヘリ（卍續一-二八、三九三丁右下。維摩疏記）。此則梵網經ノ中ニハ。見相對首ノ事懺ヲ說テ。不ル明ニ觀無生ノ理懺ヲ故ニ。悔與不悔悉皆是障ト云ハ（義記、大正藏四〇、五六七中十八行）。事懺ノ分ニテハ無シト懺滅ノ義云歟。若シ修シテ觀無生ノ懺悔ヲ深ク安ニ住スル罪福無主ノ觀解ニ時ハ。雖フ七逆ナリト何ソ無ン轉除ノ義耶。懺滅非障ノ釋判スル此意ヲ也。妙樂ノ未懺者耳ノ釋ハ。未タ修ルレ觀無生ノ懺ヲ者ニ約シテ七逆ヲ爲トハ遮障ト說ソト被判也。如此意得レハ懺滅ノ有無。全ク不可有ニ妨礙。所詮若シ約スル觀無生ノ懺ニ之日尚無シト懺滅ノ義云事ハ。梵網ノ意ニモ全不可有ル此義也。不教悔罪戒ハ卽顯ニ此意ヲ也。但至無造ル七逆ヲ人ニ云者。此又不可然。癡闇ノ凡夫若シ逢ハハ惡緣ニ者。何ソ無ン犯逆ノ人耶。次ニ如キンハ七逆十重現身有此ノ釋ノ（義記、大正藏四〇、五六七中十六行）者。十重ニモ不可有ニ懺滅ノ義歟。爾者違スル經文ニ。如何可ニ意得耶

答云。七逆懺滅ノ有無・經文釋義。不ル一准ナラ故ニ。所難明雖ニ惟多ト。任テ相傳ノ一義ニ以テ謂ヲ無ト懺滅ノ義爲スト戒經ノ元意ト所ニ存申也。先。付テハ經文ニ簡擇受戒戒。爲利作師戒ニハ現身ニ造ル七逆ヲ者ニハ（輕三十九）。不論ニ懺不懺ヲ不可授戒ヲ定ル也。不教悔罪戒（輕五）。不修福惠戒ニハ又可有ニ除罪ノ益之旨見タリ。付テ釋義ニ擧クル懺不懺ノ二解ヲ故ニ。以何レヲ爲ト今家ノ正義ト云事ハ。誠ニ所難思也。然而倩案ルニ七逆ノ相ヲ。五逆ニ加テ殺和上・殺阿闍梨ノ二罪ヲ與ル七逆ノ名ヲ也。此七逆ハ。於ニ此經ニ始テ所明之也。尤モ可有ニ深意歟。所以ニ此ノ殺和上等ノ義ハ。只有テ名字ノミ無シ實體。其故ハ說テ

七逆ヲ爲ルニ遮障ト事ハ。爲ニ受戒ノ問フ遮難ノ有無ヲ也。而ニ受戒已前ニハ和上・阿闍梨ノ名不レ可レ有レ之故ニ。擧テ無體ノ事ヲ成シテ問遮ノ儀ヲ顯ス受者ノ身器清淨ノ德ヲ也。戒師ノ所解ト云ハ是也。若有テ七遮一者非ス得戒ノ機ニ。懺悔ヲモ不レ可レ許レ之ヲ。若無クハ此ノ障リ人人可レ有ト戒體受得ノ義一云事ヲ作リ顯ス也。而ニ以テ七逆ヲ爲ルハ遮ト還テ顯ス無キ業障ノ障リ事ヲ也。但至テ經釋共ニ明ト懺滅ノ義ヲ云上者。此ハ述フル上下兩卷ノ常途ノ意ヲ也。非ト一品一卷ノ戒經ノ本意ニ可ニ意得一也。梵網明遮未（前出維摩疏記）懺者耳ノ荊溪ノ釋モ。皆此意也。此ハ雖レ云ト七逆ト只五逆ノ分齊也。立テテ殺和上・殺阿闍梨ヲ爲ル逆ト之處ニハ不レ同也

次。至レ云ニ觀無生ノ懺ナラハ可シト滅レ之者。實ニ作ル此逆ヲ人有ラレ之者。業障雖フ深重ナリト非レ可レ無ニ除滅ノ義一。今「不レスト許ニ懺悔ヲ者。此レ別途ノ篇ナル故ニ不レ可レ闕ニ所難之旨ニハ。

次ニ十重ノ事ハ。於ニ此ノ」十重ニ又有ト二ノ意一見タリ。或ハ同スル七逆ニ意アリ。此ハ不レ可レ許ニ懺滅ヲ。或ハ同スル輕垢ニ意アリ。此ノ方ニテハ可レ許ニ懺悔ヲ也。又見相ノ滅罪ハ。非ス初心之所ニレ堪ル。縱ヒ雖フレ有ト其意一。又是常途ノ趣也。同スル七逆ニ重ニ於テ非ルレ有ニハ滅罪ノ之義一歟。若爾者　（缺文）

14〔十重中亦有二輕重一耶〕

問。十重ノ中ニ亦有リ輕重一耶

答。此事雖レ難レ定。任ニ菩薩戒ノ大旨ニ者。必シモ不レ可レ論ニ輕重ノ差異ヲ歟

兩方。若無ニ輕重一云者。見ニ解釋ヲ。前ノ四性罪ハ事同シ（義記、大正藏四〇、五六七中十八行）七逆ニ。悔ト與ニ不悔ト悉ク障ナリ。後ノ六ハ悔スレ者非レ障リニ。不レハ悔卽（則カ）障ナリ　文　如クナラハ解釋ノ者。前四後六ノ可シト有ニ輕重一聞タリ

若依レ之爾云者。菩薩戒ハ只是立ツ重夷輕垢ノ二篇ヲ。何ソ於テ波羅夷ノ中ニ。又可レ辨ニ輕重ノ不同ヲ耶

答。自レ元云云　此事雖レ難レ測。菩薩戒ハ只輕重ノ二篇ナリト見タル故ニ。於テ重夷ノ中ニ又不レ可レ論ニ輕重ノ差別ヲ云事。所レ任ニ經文釋義ノ大旨ニ也。其旨顯タリ疑難ノ一邊ニ。但至テ判スト前四後六ノ不同ヲ云上者。委ク見ルニ釋義ノ前後ヲ惣シテ出スト三ノ解ヲ見タリ。第一第二ノ解ハ共ニ前四後六相對シテ論ス滅罪ノ不

同一ヲ。此等ハ尚非二今ノ菩薩戒ノ意一ニ歟。第三ノ解ハ。十重不悔（義記、大正藏四〇、五六七中二一行）悉障。悔已〔尚㋑㋩猶㋺无〕悉非障ト云テ。不レ云レ有リトハ二輕重一。此ハ述フル二今家ノ實〔實㋩釋〕義一ヲ歟ト可レ答申一。

難云。於二十重ノ中ニ不レ可レ有二輕重ノ不同一云事。乖キ二道理一ニ違スル二釋義一ニ。於テ二菩薩戒一ニ者。唯立ル二重夷・輕垢ノ二類一ヲ事。此レ約スル二大旨一ニ也〔「㋑此〕。委ク論セハ之者。於テモ二十重ノ中一ニ於テモ二輕戒ノ中一ニ可レ有二輕重淺深ノ差別一也。所以ニ付テモ二初ノ四重ノ中一ニ。傷慈之甚キコト無シレ過タルハ二殺生一ニ。盜ハ只爲ル二失命之遠縁一ト故ニ。其制猶可シレ輕カル。又殺婬二戒相對スルニ。聲聞ハ自〔行㋑行行㋩利〕行ヲ爲レ本故ニ。初ニ制スル二婬戒一ヲ。菩薩ハ大悲ヲ爲ル先ト故ニ以テ二殺戒一ヲ爲ル初ト也。是〔是㋑无〕以解釋ノ中ニ引テ二大論一ヲ釋シテ二此事一ヲ。聲聞ノ戒ハ。（義記、大正藏四〇、五七一中十一行）消息スル〔「貳㋺㋩之〕人情一ヲ。多ク防〔防㋩約〕ク二起ノ邊一ヲ。所以ニ輕キ者モノハ多ク起ル。是ノ故ニ重ク制ス。重キ者モノハ起ルコト〔「㋩事〕希レナリ〔「㋩也〕。輕罪ニ制スレ之ヲ。婬欲ハ非ス二性〔性㋑輕〕罪一ニ。殺ハ是性罪ナリ。大乘ニ制スルコト之レ當レリ初メニ　文　若爾者。於〔於㋩初〕テ二初ノ四戒ノ中一ニ猶非レ無二輕重ノ不同一。何況ヤ後ノ六ノ戒ハ。聲聞戒ハ非レ重ニ。縱ヒ雖二菩薩戒ノ意ナリト一。其制何全ク同ラン二前ノ四重一ニ耶。是以前ニ所ノ出スル難一釋義尚〔尚㋑㋺㋩猶〕難シ。凡ソ於二十重一ニ設ク二三ノ釋一ヲ。

一ニハ云〔云㋑一〕ク（義記、大正藏四〇、五六七中二一行）前ノ四ノ性罪ハ事同シ二七逆一ニ。悔ト與二不悔一悉ク障ナリ。後ノ六ハ悔レハ者非レ障ニ。不レハ悔則〔則貳㋑㋺卽〕障ナリ。二ニ云〔云貳无〕ハ。前ノ四ハ。須テ悔ヲ見レハ相非レ障。後ノ六ハ。不トモレ悔亦不〔不㋩非〕レ障ニ。三ニハ云十重不レハ悔悉ク障ナリ。悔シ已ヌレハ悉ク非ストレ障ニ　云云　此ノ中ノ初ノ二ノ解〔「㋑㋺㋩兩〕ハ。共ニ前四後六相對シテ辨フ二滅罪ノ差別一ヲ。此豈非レ判ニ二輕重一ヲ耶。「但〔「㋺无〕至レ云レ非トニ〔云㋑㋩无〕二今ノ菩薩戒ノ意一ニ者。文〔「㋑㋩云〕ニ無シ二破斥ノ之言。測知ヌ。三義共ニ」依用ノ說〔「㋺㋩之〕ナリト云事ヲ。初ノ解ニハ。事〔事㋺无〕同七逆ト〔「㋑文〕云フ。七逆ハ獨リ此經ノ所說也。第二ノ解ハ。又述フ二見相非障一ト。見相ノ懺悔ハ又梵網ニ所レ明ス也。若爾者。二ノ解共ニ依テ二此經ノ意一ニ論スルニ二滅罪ノ有無一ヲ也。何不レ許二此義一ヲ耶。第三〔三㋑二〕ノ解ニハ。雖ヘ不レ判ニ前四後六ノ不同一ヲ。十重不レ悔悉障ト云計也。未タ云フニ無シトモ二輕重一。何ソ依テ二此ノ一ノ解一ニ忽ニ無シト二輕重一可キ定耶。爾〔爾㋑然〕者「尚〔「㋑无〕不レ明」〔尚㋺㋩猶〕

答。此事誠雖レ難レ明メ。見ルニ二菩薩戒ノ說相一ヲ。於テ二菩薩〔菩薩㋺㋩戒〕一ニ論セントハ二種種ノ輕重ノ不同一ヲ不ル向〔向㋺㋩問〕故ニ。任テ二此ノ大〔大㋩无〕旨一ニ於テ二十重ノ中ニ更ニ又辨フル二「輕〔「㋑无〕重淺深ノ差異一ノ〔「㋩別〕事ハ。非ニ二經ノ本意一ニ歟ト所ニ存申一也。凡ソ論ル二制戒ノ輕重一ヲ事ハ。如ク疑難ニモ來〔「㋺㋩來〕〔來㋺㋩无〕ルカ尤モ依テ二懺滅ノ難易ニ一可レ辨フ二其相ヲ一也。而ニ於テ二十重ニ一。許シ二不スレ許三懺悔ヲ一有リト二二ノ意一見タリ。以テ二十重ヲ一同スル二七逆ニ一時ハ。不レ許二懺悔ヲ一。此ノ時ハ非スレ可レ辨二輕重ヲ一。又於二十重ニ一明ス二見相ノ懺悔ヲ一時ハ。共ニ可シト二懺滅ス一見タリ。於テ二經文ニ一者。全ク不レ論二前四後六ノ不同ヲ一也。四十八輕ハ皆又對首懺也。此中ニ無シレ辨フルコト二重重ノ行相ヲ一。仍テ菩薩戒ハ。制戒ノ姿モ只是十重・四十八輕。輕重ノ二篇也。不レ同カラ二聲聞ノ五篇七聚ノ階級ニ一。懺悔モ見相・對首ノ二法也。全無シレ明スコト二衆別重重ノ方法ヲ一故ニ。於テ二十重ノ中ニ一又論スル二輕重ノ異ヲ一事ハ。釋義ノ中ニ縱ヒ雖レ有リト二所見一。尚是准ル二常途ノ聲聞ノ小制等ニ一趣ニシテ非ニ今ノ戒制ノ本意ニ一歟ト所ニ存申一也

但。至ニ殺盜婬等ノ相對ニ一者。委ク論ル之時。辨フル二聊ノ輕重ヲ一事ハ。强ニ非レ所レ遮レ之也。聲聞戒トテモ强テ論セハ之者。於テモ二四夷ノ中ニ一。付テモ二僧殘等ノ中ニ一。非レ可キニレ無カル二其ノ小異一歟。今所ノ論者還テ二制戒ノ本意ニ一。重夷ニモ輕垢ニモ。其中ニ又辨トハ輕重淺深ノ不同ヲ一不ルレ向歟ト存申計也

次。至ニ十重ノ三ノ釋ニ一者。初ノ釋ハ。別シテ以テ二四重ヲ一同ス二逆罪ニ一。此ハ尚帶スル二聲聞ノ篇聚ノ意ニ一也。四重五逆ヲ共ニ列テ二十三難ニ一爲ル二得戒ノ障リト一之意ヲ示ス也。第二ノ解ハ。約スル二通途ノ大小相對ノ菩薩戒ノ意ニ一也。見相ノ懺悔ハ。雖レ出ニ梵網ノ說ニ一。高位ノ人ノ懺悔ノ方法ナルカ故ニ。猶非ニ正キ菩薩戒ノ本意ニハ一也。仍テ以テ二第三ノ解ヲ一示ス二今家ノ正意ヲ一歟ト存スル也。此即付テ二十重ニ一。同シ二七逆ニ一同スル二輕垢ニ一二ノ意有リレ之。不悔悉障ト者。同シク二七逆ニ一十重ヲ爲ルレ障リト意也。悔已悉非障ト者。以テレ重ヲ同シテレ輕ニ一。對首懺ニ罪滅スト說ク意ヲ顯ス也。故ニ以レ之ヲ顯ス二今經ニ制スル二輕重ノ戒ヲ一之本意ヲ上也。有ト二何失一可ニ答申一

(この項全文⑧なし)

15〔解語得戒義通ニ六趣ニ一耶〕

問。解語得戒ノ義通スニ六趣ニ一耶

答。此事雖レ難レ測可レ通二六趣ニ一歟

若。云レ通者。披ニ解釋ヲ一。地獄餓鬼ノ二道ハ。重苦自ラ隔レハ。從レ多例判シテ。不トニ說テ爲レ因 文 (義記、大正藏四〇、五六七中一二行) 明シ於テ二地獄餓鬼ノ二道ニ一者。無シト二解語得戒ノ義一云事ヲ。

若。依レ之爾云者。菩薩戒ノ意ハ。不レ擇ニ非人畜生ヲ一。無レ嫌コト二黃門奴婢ヲ一。只以テ二解

語ヲ爲ルニ得戒ノ機ト也。何不レ通ニ六趣ニ耶。是以淨行經ノ中ニ。（大正藏七四、七五八中。廣釋參照）
六道衆生受得戒。但解語得戒不失ト說ク者耶（大正藏二四、一〇二一中二二行。瓔珞經）（但イ无）
答。自レ元云云可レ通ニ六趣ニ歟ト存申事。顯タリニ疑難ノ一邊ニ。
凡ソ舍那ノ戒體ハ不レ隔（隔イ論）ニ癡闇ノ凡夫ヲ故ニ論スルニ無三障ノ義ヲ
也（也ロ无）。報障若不レ成ラ得戒ノ障ト者。雖（雖イ障）ニ地獄餓鬼ノ二道ナリト。若
有テニ解語ノ義一者。何ゾ不レ許ニ得戒ヲ耶。是以令ニ出難一
給（給イタマフ）フ淨行經ノ文。其說既ニ分明ル者耶。但至ニ不說爲因ノ釋ニ
者。依テニ重苦隔（隔イ論）タルニ解語ノ義難レ成故ニ。且判（且判イ斷）シテ云レ非ト因ニ
也。既ニ從ト多ノ例ニ云フ非ル定判ノ釋（「イ義）ニ歟。爾者無レ失可ニ答
申一
難云。尚（尚イロ猶）以不レ明。大小雖レ異ナリト。戒ハ事法ナルカ（「イロ是）故ニ。專ラ論シ
遮難ノ有無ヲ定ムル機根ノ是非ヲ也。梵網經（經イ无）ニ既ニ說テ七逆ヲ爲ス
遮障ト。寄テニ事ヲ於無三障ノ道理ニ。何ゾ偏ニ不ンレ辨ニ機ノ堪不ヲ
耶。是以披タルニ經文ヲ列（列イロ烈）トシテ在座（座ロ坐）聞經ノ衆ヲ。是時百萬億大（經、大正藏二四、一〇〇四上二六行～）
衆諸菩薩。十八梵〔天〕六欲天子十六大國王ト云テ。尚（尚イロ猶）不レス
出ニ非人畜生ヲ。廣ク擧ニ出（出イロ无）トシテ解語得戒ノ機ヲ。雖モレ云ニ奴婢
八部鬼神（神ロ无）金剛神畜生ト。又不レ列（列イ烈）ニ地獄餓鬼ノ二類ヲハ。下ノ（同、一〇〇四中九行）
簡擇受戒（輕四十）戒ニモ但云テ無根二根黃門奴婢。一切鬼神盡得受（同、一〇〇八中二四行）
戒ト。地獄餓鬼トハ不レ云。此中ニ雖レ有ニ鬼神ノ言一。此ハ指下
具セル二變通ヲ之（之イ无）類上歟。非ニ飢餓（飢餓イ餓鬼ロ餓飢）ノ劣鬼ニハ也。解釋（解釋イ无）即依テニ此等ノ
經說（說イ文）ニ。地獄餓鬼ノ二道。重苦自「隔レハ從レ多例」（「」イ論）判シテ。不ニ（義記、大正藏四〇、五六七中二二行～）
說爲レ因。非人畜生但能解スレハ語ヲ。皆得トレ受コトヲ戒ヲ判セリ。
盡理ノ釋義也。何ッ枉テ可レ廻ニ會通ヲ耶
依レ之。山家ノ大師ハ。十地以還。猶有リ誤犯。畜生以上（已カ）。分ニ（傳全一、二一四。顯戒論）
有リトニ持戒一釋タマヘリ。地獄等ニ有ニ得戒ノ機一者。何ッ地獄已上ト（以㦲已）（猶㦲尚）（已イロ以）
不ンレ云耶。凡ソ菩薩戒ノ大意。專論スニ師師相傳之義（義イ儀）ヲ。豈以ニ
通ノ機ヲ非スレ說ニ信男信女ト耶（耶ロ无）。非人畜生等解語得戒ストレ云
地獄餓鬼等ノ依身ヲ有ムレ爲（爲イロ成）ルニ戒師ト義上耶。是以經ニ明ストシテニ流
事モ。若解語セハ可ニ得戒ト云許歟（許歟ロ計也）。實ニ有（有イ直）リトニ其義一定メン事ハ。
尚（尚イロ猶）所レ難レ思（思イロ知）也。況ヤ於ニ地獄等ニ者。既判（判イ无）シテニ不說爲因ト釋ス。
云何カ尚（尚イロ猶）有トニ受戒ノ義一可レ存耶
答。解語得戒ノ義。廣ク可レ通ニ六趣ニ歟ト云事。約シニ菩薩戒ノ
大綱ニ所レ任（任ロ信）ニ經文釋義ノ起盡ニ也。所以（以イ謂）ニ大小二戒ノ所制（制ロ判）各
別ニシテ。論ニ遮難ノ有無ヲ事大ニ異也。聲聞ハ立テニ十三難ヲ。

於人趣中尚嫌黄門二形。況於非人畜生等者。更非得戒機定也。於中餘三天下尚不能具出家威儀。天上又雖善趣剃髮染衣儀相所不許之也。仍成具足戒比丘事。偏限南浮人身也。而菩薩戒者。不擇黄門二形。不論非人畜生。以解語為機。以師授為縁。更無論機根是非。是以經云一切有心者。皆應攝佛戒。(經、大正藏二四、一〇〇四上十九行) 或説若受佛戒者。國王王子百官宰相乃至鬼神金剛神畜生乃至變化人。但解法師語。盡受得戒者耶。(同、一〇〇四中七行～) 何況三重玄大綱。無三障一段釋義。其旨彌分明也

凡於料簡章有三文段。一須信心。二無三障。三人法為縁也。(義記、大正藏四〇、五六七中八行) 初須信心者。聞戒師語處自所具足信心也。人法兩縁者。住持三寶具足成作法受得義也。中閒無三障者。信心為因。人法為縁之上。更無得戒障事顯也。就其煩惱。常有故不説障釋。不及左右。付業障辨輕重。重業障戒之義。雖似論之。實輕重共無障之旨習也。於報障者。地獄餓鬼〔二道〕。重苦自隔。(義記取意) 從多例判。不説為因釋。只是從多分例不列之〔云〕許也。一向非遮之。四空處經不出之故。四空處既能聽法亦應得戒。但業報虛妙故略不説顧釋也。此等或從多義。或付業報虛妙相略不出之許也。若。其中有解語機者。悉皆不可妨得戒義也

是以五大院先德。(大正藏七四、七五八中十七行～) 定菩薩戒根機。冥顯大衆。欲知得戒。解我語趣。是得戒相。若其不解。自知非器云。此經但解法師語文。(大正藏二四、一〇〇四中十行) 淨行經六道衆生受得戒。(大正藏二四、一一中二行) 但解語得戒不失等文引。解語得戒義可通六趣旨釋。

但。至師師相承義不可成云者。此難非人畜生。又可難備戒師德歟。此等皆是常途義也。若機感相應事有之者。三勸誡又可通六趣歟。次至流通經文者。約戒行邊者。可擇師德謂又可有之也。故別約人中男女勸流通歟。若爾者

（缺文）

15-2〔解語得戒説通ニ諸經ニ耶〕

問。解語得戒ノ説通ニ諸經ニ耶

此題。解語得戒ノ義通ニ六趣ニ耶ノ尋算也。別ニ不レ可レ出レ之歟

答。任ニ經ノ現文ニ者。其説通ルニ諸經ニ歟

兩方。若通云者。師資相傳ハ。梵網宗ノ玄旨。解語得戒ハ。菩薩戒ノ仲微也。他經ノ中ニ何可レ明ニ此ノ義ニ耶。　若依レ之爾ト云者。淨行・瓔珞等ノ諸經ノ中ニ。六道ノ衆生。解語得戒スト説者耶

答。自レ元 云云 解語得戒ノ説。於ニ現文ニ者散ニ在セリ諸經ニ。其旨如ニ疑難ノ一邊ノ。但至ニ道理ノ御難ニ者。其文雖レ在ニ諸經ニ。其義可レ歸ニ今ノ戒經ニ也。彼諸經ノ中ニハ。雖レ云ニ解語得戒スト未レ明ニ其ノ道理ヲ。此經ノ中ニハ廣ク説キ舍那發起ノ相ヲ。專ラ明カニ四戒三勸ノ旨ヲ故ニ。通シテ六道ノ衆生ニ論ニ解語得戒ノ義ヲ事。非ン今經ノ深旨ニ者。其ノ本意不レ可レ顯。若爾者。兩方ノ難勢不レ可レ有ニ相違ニ可ニ答申ニ

難云。其ノ説乍レ許レ在ニ諸經ニ。其義可レ限ニ今經ニ云義不レ可レ然。文義全ク不レ可ニ乖角ス。何可レ存ニ其取ノ義ニ耶。所以披ルニ淨行經幷ニ本業瓔珞經等ノ説ヲ（大正藏二四、一〇二一中二二行。瓔珞經）。六道衆生受ニ得戒ニ。但解レ語得レ戒不レ失 文 此經ノ（經、大正藏二四、一〇〇四中七行～）若受ニ佛戒ニ者。國王王子百官宰相 乃至 奴婢。八部鬼神金剛神畜生乃至變化人。但解ニ法師語ニ。盡受得戒ノ説ト全ク無ニ不同ニ者耶。是以五大院先徳ハ釋トシテ此事ヲ（大正藏七四、七五八中十七行～）。冥顯ノ大衆。欲レ知ニ得戒ヲ。解セヨ我カ語ノ趣ヲ。是レ得戒ノ相ナリ。若其レ不ンハ解。自ラ知レ非器ナリト。故ニ梵網云。若受ニ佛戒ニ者○又淨行經云。六道ノ衆生受ニ得スルコト戒ヲ。但解スルニ語ヲ得テ戒ヲ不トイヘリ失。此ヲ名ク修スト眞法ノ戒ヲ。能ク解スヤ以不ヤ 云云 先徳既ニ引ニ合テ梵網・淨行ノ兩經ノ説ヲ。述ニ解語得戒ノ相ヲ給ヘリ。明知ヌ。二經ノ文義全無ニ差異ニ云事。若又彼諸經ノ中ニハ。未ルレ明ニ四戒三勸ノ旨ヲ故ニ。解語得戒ノ義理不レ可レ顯云者。サテハ不レ明可レ云也。例セハ如キ記ニ小久成ノ。其文粗雖モ在ニ諸經ニ。法華已前ニハ不レ明レ之釋スル者耶。若爾者。文ハ在ニ諸經ニ。〔義ハ限ニ此經ニ〕云義。尚未タ成立ニ者也

答。此事誠ニ雖レ難ニ定申一。如ニ疑難ニモ來一ルカ。先德既ニ梵網幷（幷㋑並）ニ淨行經等ノ說ヲ引合テ釋（釋㋺見）ニ成解語得戒ノ旨ヲ故ニ。其說ハ通ニト諸經ニモ存申計也。至ニ其ノ義理一者。今ノ戒（戒㋑或）經ノ本意不レ顯（「㋑可）者。輒難（難㋺以難㋩以）ニ成立一者歟。凡ソ此戒ハ者。凡夫癡闇ノ人ヲ爲レシテ機ト。所ニノ發起スル舍那ノ一戒光明ナルカ故ニ。偏ニ依テ師師相傳ノ功ニ所ニノ受得ル戒體也。故ニ機ハ不レス擇ニ凡夫賢聖ヲ。不レ隔（隔㋑偏）ニ人天鬼畜一。戒師ノ語ヲ解スルト與レ不ル解セ。以レ之定ニ得戒ノ器非器ヲ也。彼ノ諸經ノ中ニハ。雖モ在（在㋩有）ト解語得戒ノ文（文㋑人）。於ニ末法（法㋑往）邊地ノ根機（根機㋑擇機㋺機根）ニ者。得戒尚（尚㋺相㋩猶）難レ定メ。廣ク雖レ擧ニ六道ノ衆生ヲ。尚（尚㋺㋩猶）於ニ其中ニ撰（撰㋩選）ニヒ取ル發心ノ機ヲ意可レ有レ之歟。若非ニ此經ノ四戒三勸ノ玄旨ニ者。於ニ解語得戒ノ實義ニ者。其義（義㋺㋩道）理不レ可レ顯者耶（耶㋩也）

但。不ル明レ義ヲ文モ無レ之可レ申云難勢。誠雖レ有ニト其ノ謂一（「㋺㋩者）。彼（彼㋺破）ノ諸經ノ說（說㋑諸）。又出タリ自ニ此ノ經ノ意一。故ニ爲レ顯ンカ此經ノ本意ヲ。粗於ニ諸經ノ中ニ示ニ置ク解語得戒ノ相ヲ也。仍テ文義共（共㋺供㋩俱）ニ無ト之云（云㋑[ナシ]）ハハ。此ノ本意可ニ顯難（「㋺㋩又　顯難㋺㋩難顯）一歟。何況ヤ此經ノ上下兩卷ノ中ニ同ニ此ノ說（「㋺㋩有）。此卽チ雖モ結ニ成華嚴ノ意ナリト尚（尚㋺㋩猶）非レ無キニ此說。故ニ付テ文義ニ可（可㋺㋩所）レ存（存㋑得㋺尋申㋩存申）ニ與奪ノ意ヲ一也。若爾者。有ニ何ノ相違一

16〔五戒。大小二戒根本歟〕

問。五戒ハ。大小二戒ノ根本歟

答。任ニ解釋一者。菩薩戒ノ根本ト釋スル歟

兩方。若如ニ所答一者。五戒ハ是在家ノ優婆塞・優婆（婆㋺[ナシ]）夷ノ所持ノ戒品也。〔何〕（㋑㋩）可ヲ亙ルニ聲聞・菩薩（者㋑ハ㋺[ナシ]）ニ耶。何況ヤ五八（八㋩[ナシ]）十具ノ階級者。專是聲聞戒ノ軌則（則㋑判）也。五戒何ソ別シテ可キ名ニ菩薩戒ノ根本ト耶。　若依レ之爾云（云㋑[ナシ]）者。披ルニ大師ノ解釋ヲ。五戒（義記、大正藏四〇、五六七下一行）既是菩薩（菩薩㋺[ナシ]）戒ノ根本 文 如ニ所判一者。可（可㋺[ナシ]）シト二菩薩戒ノ根本ナル一聞タリ

答 云云 所レ任ニ解釋ニ也。五戒ハ可ニト菩薩戒ノ根本ナル一云事。可レ有ニ深意一也。所以ニ五戒ハ。是爲ニ在家ノ制レ之ヲ。是則顯スニ菩薩戒ノ不ル簡レ機ヲ意ヲ一也。是以見ニ今（今㋑㋩[ナシ]）ノ解釋ヲ（同前）。今依レ文推（準カ）レ理。五戒既是菩薩戒根本。又不表（表㋑著）定佛法ト判スル此ノ意也。但。至ニ道理ノ難ニ者。五戒ハ。小乘ニモ雖レ制スト之。聲聞戒ハ以ニ出家ヲ爲レ本故ニ。在家ノ五戒ハ其意ノ猶疎キ也。仍（仍㋩何）

無ニ相違一「可ニ答申一」
難云。五戒別シテ可レ爲ニ菩薩戒ノ根本一ト云事。道理尚不レ可レ然ル。在家出家共ニ佛弟子也。雖ニ小乘一ナリト豈可レ闕ニ在家ノ弟子一ヲ耶。何況。五八十具ノ階級ハ。專依テ聲聞戒ノ意ニ所ニ分別一スル也。離ニレテハ五戒一ヲ。沙彌ノ十戒モ比丘ノ二百五十戒モ不レ可レ立也。八戒ト者。五戒ノ上ニ高床・華鬘・歌舞・過中等ヲ制シ加ル也。沙彌ノ戒ト者。此ノ八齋ニ加ニテ捉寶一ヲ爲ニス十戒一ト。比丘ノ二百五十戒ト云モ。婬盜殺妄ノ四波羅夷ハ。五戒ノ中ノ初ノ四也。此ニ加ニテ飲酒ノ一戒一ヲ爲ニス優婆塞・優婆夷ノ戒一ト。開ニテ此ノ飲酒戒一ヲ隨レテ緣ニ四重ノ外ノ諸戒ヲハ制スル也。遮中唯離酒爲護餘律儀ト云ヘル（大正藏二九、三一六下。倶舍本頌）此意也。若爾者。五戒ハ。專可レ云ニ聲聞戒ノ根本一ト耶。是以提謂經ニ說ニトシテ五戒一ヲ。五戒ハ天地之根本。衆靈之源等云テ（天玄五、四五〇。玄義取意カ）。欲レ求ニ佛道一ヲ者讀ニメ此經一ヲ。欲レ求ニ阿羅漢一ヲ者讀ニメ此經一ヲ等 文（同、四四九。玄義取意カ）既求ニル阿羅漢一ヲ者ノ可レシト讀ニ此經一ヲ說ケリ。聲聞ノ根本ナリト云事分明也
但。至下顯ニスト菩薩戒ノ不レル簡レ機ヲ意一ヲ云上ニ者。菩薩ニ又有ニ在家出家七衆九衆ノ不同一。又有ニリト簡「擇不簡」擇ノ二義一

見タリ。若云ニ在家ノ戒異ニ出家ノ戒一ニ者。菩薩戒又在家ノ五戒。何ソ可レ成ニ出家ノ戒ノ根本一ト耶。若爾者（缺文）
答。所難之趣。强雖レ非レトモ可レ遮レ之。今ノ解釋以ニテ五戒一ヲ菩薩戒ノ根本ト被レルル釋非レ無ニ深旨一。凡ソ於ニテ菩薩戒一ニ雖レ有ニト通受別受等ノ不同一。以レテ不レルヲ簡レ機ヲ爲ニ菩薩戒ノ大旨一ト也。是ヲ以テ見ルニ經文一ヲ。或ハ云ニ一切有心者。皆應攝佛戒一ト（經、大正藏二四、一〇〇四上十九行）。或ハ云ニリ若受佛戒者。國王王子百官宰相等一ト（同、一〇〇四中七行）。釋ニハ梵網・地持等ノ六本ノ戒儀ヲ出トシテ。道俗共用方法不同等ト云カ故ニ（義記、大正藏四〇、五六八上六行）。悉ク七衆通受ノ軌則ヲ爲レト本見タリ。仍テ在家ノ五戒ハ。未レ表ニ定セ威儀一ヲ。故菩薩戒ノ不レス簡レ機ヲ。只以ニテ解語一ヲ爲ニル得戒ノ機一ト之意ヲ。最初ニ以ニテ五戒一ヲ示レ之也。是以テ今釋云。今依レテ文ニ推ルニ理ヲ（同、五六七下一行）。五戒ハ既ニ是菩薩戒ノ根本ナリ。又不レス表ニ定セ佛法一ヲ。五戒ノ菩薩ニハ許ニス四道皆得一ト（準カ）。從ニリ八戒一已上至ニマテ具足戒一ニ。既是出家ノ表ニ定ス威儀一ヲ 云云 但。至下聲聞戒ハ又以ニテ五戒一ヲ爲ニト制戒ノ根本一ト云上者。其意自レ元所レ不レ遮レ之也。小戒ハ源ト自ニリ大戒一所ニ開出一也。故ニ成ニル菩薩戒ノ根本一ト故ニ。聲聞戒モ以レ之爲レト本可ニ意得一也

次。至菩薩戒又有別受別持意云者。於菩薩戒有戒體戒行二意。受體七衆通受也。就隨行有七衆別持義故。以通受別持爲菩薩戒大旨。「縱雖有別受意彼猶約戒行邊也。仍菩薩戒通受」上七衆差異辨故。猶以通受爲本意也。五大院釋云(大正藏七四、七五八中八行～。廣釋)。七衆共受。別有三名。一云。隨受者樂。各成一衆○二云。七衆皆名菩薩僧○三云。七衆皆名如來○雖有三義。第三正義等釋。引衆生受佛戒。卽入諸佛位文。七衆通受本意釋顯給也

次。至提謂經説者。彼經意。以五戒爲天地陰陽萬物之源。爲大小權實佛法根本之旨見。此卽如來最初成道之時説梵網經。初結菩薩波羅提木叉。此菩薩戒一切佛法根元旨。對提謂波利五戒説。初此五戒大小乘諸教開。隨機説之故。聲聞・菩薩共可讀此經之旨宣。卽此戒菩薩戒根本意説也。爾者云云

(底本奥書)

〔證云。原本於此中閒分上下卷。然靈道欲爲上下兩卷均等私改調卷。來哲應知焉〕

本云 應永二十七年(一四二〇)正月十九日。於備州來福寺角寮書寫了。願以書寫功。普及於法界。永離三惡道。速淨土受形而已

假名菩薩比丘證壽 俗壽二十五 法歲九歲

時天文歲舍乙巳(一五四五)臘月。寒天揮陳毫者也

野釋宗仲書

(對校㋑本奥書)

運善初章

蓮華臺上釋迦尊常住不退

却惡前陣

(對校㋺本奥書)

本云 正長元(一四二八)

應永三十五戊申年正月二十九日

(對校㋩本奥書なし)

戒珠抄 上本 終

戒珠抄　下

底戒珠抄下末
イロ戒珠鈔上末
ハ戒珠抄下

17〔癡闇凡夫作二菩薩戒師一耶〕

問。癡闇ノ凡夫作ル二菩薩戒ノ師一ト耶

答。梵網宗ノ意ハ可レ然也

兩方。若如ニ所答一者。夫戒師ト者。除キ二一失六弊ヲ一備テ二四能五德ヲ一方ニ堪タリレ爲ルニ二戒師一ト。癡闇ノ凡夫。何輒ク可レ作ニ戒師一ト耶。是以無解作師戒（第四十一戒）。爲利作師戒等（第十八戒）。豈ニ非ニ此經ノ所制一ニ耶

若依レ之爾云者。披ルニ二經文一。說ク下爲ニ此地上一切衆生凡夫癡闇之人一。說ニ我本盧舍那佛心地中初發心中常所レ誦一戒光明一。金剛寶戒ト上者耶（經、大正藏二四、一〇〇三下二〇行～）

答。自レ元云云 菩薩戒ノ宗旨。專可レ許ニ此義ヲ一也。其旨一邊ニ所ノ下令ニ出難一給上。經文分明也。凡ソ菩薩戒經ハ。以テ二四戒三勸ヲ一爲ス二綱骨一ト。若自有ニ受持之義一者。必爲レ他ノ可レ成ス二傳授之益ヲ一也。是以經ニハ云ヒ二受持是戒已。轉授諸衆生一ト（經、大正藏二四、一〇〇四上十四行）。釋ニハ述タリ下既受須レ持。既持須レ誦。欲レ使ニ相傳不レ斷也上ト（義記、大正藏四〇、五六九下十三行～）。

但。至下可レ除ニ一失六弊等ヲ一云上ニ者。若受ヌレハ得ニ舍那ノ佛戒ヲ一。自ラ備テ二此等ノ功能ヲ一。可レ有ニ作ル師ト義一也。次ニ至ニ無解作師等ノ制戒一ニ者。若論ニ戒行ノ邊ヲ一者。尤可キレ簡ニ機ノ堪不ヲ一故ニ如レ此說也。有ン二何相違一

難云。癡闇ノ凡夫可シトレ作ニ戒師一ト云事。道理不レ可レ然。今此ノ菩薩戒ハ。圓頓一實ノ妙戒。三學倶傳ノ一乘戒也。未タスレ發セ二圓實ノ妙解ヲ一。未タスレ住ニ無作ノ菩提心一ニ者。受得尚難シ。爭カ爲ニ人ノ可レ作ニ能授ノ師一ト耶。是以見ルニ二解釋ヲ一定トシテ二戒師ノ位ヲ一（義記、大正藏四〇、五六七下二一行～）。凡師ト者。有ニ內凡外凡一。並ニ以テ二眞人ヲ一爲ス二緣一ト。不レ許ニ形像ヲ一。經ノ中ニ稱シテ爲ス二智者一ト文 又出トシテ二戒師ノ德ヲ一。具ニ引テ二梵網・地持等ノ說ヲ一。具ヨ足シ五德ヲ一善ヨ解セム三藏ヲ一人ニ從テ。可シレ受レ戒ヲ。不レ爾者可シトレ得レ罪ヲ定判スル者耶

加之。先ニ如クレ出難ノ一ルカ。經ニ說トシテ二無解作師戒ノ相ヲ一。一一不レ解ニ一切法一。而爲ニ他人一作レ師授レ戒者。犯ニ輕垢罪一文（經、大正藏二四、一〇〇六中四行～）述トシテハ二爲利作師戒ノ相ヲ一。若不レ解ニ大乘經律若輕若重是非之相一。不レ解ニ第一義諦一乃至一一不レ得ニ此法中意一。而（同、一〇〇八下二一行～九上）

菩薩爲利養故「爲名聞故（以下「52行」イハナシ）○與人授戒者。犯輕垢
罪 文 釋述此等戒制意。或云無解强授（經、大正藏四〇、五七六中十九行）
有誤人之失故制。或内無實解（同、五七九上十八行～）外爲名利
輒爾。强爲有誤人之失等 文 如此等經文釋
義者。初心癡闇凡夫作戒師義。全不可許之
聞タリ。既凡師位定内外凡。縱雖發心不至
觀行相似位者。猶不可作戒師被得タリ。況於未
發心悠悠凡夫耶。是以五大院先德。出南岳・天
台定菩薩戒師位見タリ。此等如何可意得耶
但。至菩薩戒意。凡夫上除六弊備五德義可
有之云者。其意未詳。如當今末代凡夫者。未
除一失未備一德。爭除衆弊備衆德義可有
之耶。次至輕戒所制者。戒行意也云事如何。自元
論戒行堪不。判師位是非事。專戒行意也。若
約戒行不許作戒師者。以何篇輒可作
能授師耶。若爾者。所答之趣旨趣猶不分明。如何
答。此事所難之趣。皆悉常途意也。今此菩薩戒者。前ニモ

如存申スカ。以四戒三勸爲舍那發起大意故。能授
所授共不辨位高下。不論德淺深。但解法師語。
盡受得戒上ニハ。必可成流通三世化化不絕益故。
自受得『戒體』了ナハ。隨緣作能授戒師事不
可』憚之也。受持是戒已。轉授諸衆生文（經、大正藏二四、一〇〇四上十四行）。既受須持（義記、大正藏四〇、
五六九下十三行）既持須誦誡。專此意也。是以先德釋菩薩戒師相（大正藏七四、七六二中）
引心地觀經云。復有一類凡夫之僧。戒品不
全。深信因果。讚詠一乘。成他佛因。隨
犯。隨悔。消除業障○雖毀禁戒。不懷
正見。如是凡夫僧。亦名福田。供養如是福田
僧者。供養前三眞實僧寶。所獲功德正等（同前。取意）
無異 文 前三種僧者。一文殊彌勒等菩薩僧。二
身子目連等聲聞僧。三別解脫眞善凡夫僧也。此眞
善凡夫者。内外凡人也。此外所擧一類凡夫者。
指末代癡闇機爲戒師也
但。至疑難者。於菩薩戒有戒體・戒行二意。戒體
不簡機可否以解語得戒爲詮也。戒行論戒持

犯簡機堪不也。山家大師釋此事。（傳全一、一三三。顯戒論）犯戒之名。十地難洗。傳戒之道。夫婦可傳文。若論犯戒邊者。十地菩薩猶難備師德。此約戒行持犯也。若論傳戒益者。夫婦互可作戒師。此約戒體傳受功能也

次。至下除六弊備五德等云上。（經、大正藏二四、一〇〇四上二〇行）癡闇凡夫。誠雖難備此德業。衆生受佛戒。卽入諸佛位故。可有分備之意也。顯戒論云。（傳全一、一三四）新宗所傳。梵網圓戒。分備圓五德。級（汲カ）引一圓根云云　次。至下約內外凡位云上者。准諸教常途之施設也。圓意。以五品六根爲初依位故。以觀行相似爲師位也。若受佛戒者。既許入佛位上。五品六根何無其分耶。是以五大院釋此事。上南岳天台居五品六根位事釋了。（大正藏七四、七六一下。廣釋）如今末代圓乘菩薩。自他佛性深生隨喜。十心具足第一品乃至正行六度第五品。此五品中隨在（有カ）一品。卽是入外凡位。堪作菩薩戒師云云　此卽末代癡闇衆生等南岳・天台位作戒師事釋也。若爾者」（缺文）（以上「52行」㋑㋩ナシ）

18〔菩薩戒受法皆一師羯磨歟〕

問。菩薩戒受法皆一師羯磨歟

答。菩薩受法以一師爲本也

若。如所答者。聲聞菩薩行相。只隨願樂勝劣辨其不同也。於作法受得規矩者。何必可論差異耶。若爾者。聲聞戒既成十僧受戒儀。菩薩何不爾耶。是以披經文有和上・闍梨二師見者耶。　若依之爾云者。披解釋。地持瓔珞並止一師。（義記、大正藏四〇、五六七下二二行～）梵網受法亦止一師文　山家大師。一師・十師。（傳全一、五六七。一心戒文）羯磨全異判者耶

答。自元云云　菩薩戒受法可一師云事。所任大師解釋也。凡於菩薩戒者。云受法。云隨行。大異聲聞戒規則也。何只可限心期廣狹耶。何況今菩薩戒經意。以師資相傳爲戒體受得所詮故。可一師定也。但。至明和上・阿闍梨二師云上者。或和上者指佛歟。或戒師雖一人備二師德故

爾云歟

難云。菩薩ノ戒師。可ニ一師ト一云事。道理猶不レ可レ然。聲聞戒既ニ請シテ二三師七證ヲ一成ス二羯磨受戒ノ規則ヲ一。雖フトモ二菩薩ノ受法ナリト一於ニ作法受得ノ行儀ニ一者。何ソ必可レ存ニ大小ノ隔異ヲ一耶。凡ソ和上ハ得戒ノ本也。阿闍梨ハ正キ秉法ノ戒師。幷ニ教フル二威儀作法ヲ一人也。開テレ之爲ニ羯磨・教授ノ二師ト一。此外請ス二七人ノ證明ノ人ヲ一。此ヲ名クル二十僧受戒ノ儀式ト一也。雖フトモ二菩薩戒ナリト一何可レ闕ニ此等ノ儀則ヲ一耶。是以梵網經ニ。已ニ立テ二七逆ヲ一爲スニ遮難ト一。若菩薩ノ受法。唯限テ二一人ニ一者。何可レ立ニ殺和上・殺阿闍梨ノ二逆ヲ一耶。又山門ノ受戒ハ。專依ニ法華・梵網ノ意ニ一成ニ菩薩別授ノ儀ヲ一也。古來請シ集スル羯磨・教授・說淨・著衣等ノ多師ヲ一者耶

但。至下師資相傳ノ故ニ可ニ一師ナルト一云上者。此ハ約スルニ傳戒ノ人ニ一也。若論ニ此義ヲ一者。聲聞戒又可レ然ル。正キ戒師ハ羯磨師也。雖レ然。和尚・教授等不レ來ニ戒場ニ一者。得戒不レ成ト定ムル也。菩薩戒モ。准レ之可キヲ二意得一耶。是以優婆塞戒經ノ中ニハ。集テ二二十人ノ僧ヲ一羯磨受戒スト見タリ。此豈非ニ菩薩受戒ノ規則ニ一耶

次。至ニ梵網所說ノ二師ノ會通ニ一者。其意未レ明。若シ指テレ佛名ルナラハ二和尚ト一者。出佛身血・殺和上有ン二何ノ不同カ一耶。不レ可レ成ニ七逆ノ數ヲモ一。又一人兼ト二二師ノ德ヲ一云者。其ノ二師ト者。於テハ二菩薩ノ法ノ中ニ一雖レ不レ論ニ和上・闍梨ノ不同ヲ一。聲聞ノ二師ノ德ヲ菩薩ノ一師具スト之可ニ意得一歟。然者。聲聞ノ法ハ十師也。何開テレ之不レ立ン二十五ノ逆ヲ一耶。又菩薩戒ノ意モ。二師ノ功能各別ニ有レ之者。何必可レ執ニ一師ナリト一耶。然者 (缺文)

答。此事誠ニ雖レ難レ測。大師幷ニ山家ノ所判。可ニ一師ナルト一被ニ」定判一。故ニ所レ任ニ釋義ニ一也。凡ソ案ニ菩薩受戒ノ大旨ヲ一。戒場ハ不レ簡エラハ二大界自然之差異ヲ一。受者ハ不レ及ニ十三難・十遮等ノ徵問ニ一。上自ニ國王王子一。下至ルマテニ鬼神畜類ニ一。但解法師語盡受得戒ト定ム。何ソ強ニ執シテ二聲聞ノ白四羯磨ノ儀則ヲ一。菩薩戒又可シト守ニ十僧受戒ノ法式ヲ一可レ責ム耶。地持瓔珞並止一師。梵網受法亦止一師ノ大師ノ解釋。(義記、大正藏四〇、五六七下二三行～) 文殊・頭盧。上座位別。一師・十師。羯磨全異ノ山家ノ所判。(傳全一、五六七。一心戒文) 師資ノ釋義分明也。末學誰可レ存ニ異端ヲ一耶。此卽如ク二先ニモ答申スカ一。四戒三勸ノ大綱。只在リ二解語得戒ノ一事ニ一。請シテ二多師ヲ一全不レ可レ有ニ其

要一也

但。至ニ聲聞戒又可ㇾ然云一ニ者。聲聞ハ。事和合ヲ爲ㇾ本ト故ニ。不ㇾハ集ニ四人以上一ヲ僧法不ㇾ成故ニ。必集テニ多人一ヲ白四羯磨スル也。菩薩ハ。理和合ヲ爲ㇾ詮ト故ニ。雖ヘトモ一人一ナリト衆和合ノ義無ㇾキ不ㇾルコト成也。但。至ニ梵網所說ノ七逆一ニ者。尤所ㇾ難ㇾ思也。釋云。有カ言ク。和上ト者。指テ諸佛ヲ爲ストニ和上一ト。（義記、大正藏四〇、五六七下二四行～）（尚カ）文ニ云ク。（「又カ）二師應ニシ問テ言フ汝有ヤ七遮罪一不ヤト。似ㇾ非ルニ指スニ佛「文指ㇾ佛」歟ト云フハ。釋ニ雖ヘトモㇾ引ニ一師ノ解一ヲ。下ニ似非指佛ト云故ニ。此義ニモ被ㇾルル付ㇾ難ヲ歟ト見タリ。但又此外ニ自義ヲモ不ㇾ被ㇾ述ㇾ之釋シ亂サレタル計也。凡於ニ菩薩戒ノ受法一ニ。有ニ三歸發戒・羯磨發戒ノ二意一。三歸發戒ノ時ハ。現前ノ一師正ク授ㇾ戒ヲ也。羯磨發戒ノ方ニテハ「現前ノ一師ハ能傳ニシテ而モ非ニト能授一山家ハ被ㇾ釋也。正キ戒師ハ不現前ノ五師也。」現前ノ師カ傳ルニ不現前ノ師ノ羯磨一ヲ計也。而ニ今指テ諸佛一ヲ爲ニト和上一ト者。現前ノ戒師ハ阿闍梨也。此外ニ有ニト和上一見タルハ。不現前ノ師アル事ヲヲモハヘテ如ㇾ此說歟ト云フ一解ヲ被ㇾ出也。雖ㇾ然。但解法師語ト說ク時ハ。彼ノ不現前ノ五師ノ德ヲモ。現前ノ一師備ㇾ之故ニ。一師ノ問遮ヲ。二師應問言ト說ニ無ㇾキ妨故ニ。似非指佛トモ釋也。此上ニハ。一師ノ德ヲ開テ。各各ニ爲ニ令ㇾンカ行ニ其事一ヲ請ルニ多師一ヲ事ヲハ非ㇾ可ニ遮ㇾ之也。山門ノ授戒等卽此ノ謂也。此則。不ㇾ集ニ多人一者。受法不ㇾト可ㇾ成云ニハ非ス。只開ニク一師ノ德一ヲ故ニ。異ナル聲聞ノ十僧受戒ノ儀一ニ也。仍テ雖ヘトモㇾ集ニト多師一ヲ不ㇾ可ㇾ異ニ一師ノ受法ノ儀一ニ也。爾者　（缺文）

19〔不ㇾ對ニ佛像經卷一ニ有ニ授戒一耶〕

問。不ㇾシテ對ニ佛像經卷一ニ有ニ授戒一耶

答。任ニ解釋一者。不ㇾ可ㇾ許ニ此義一ヲ歟

兩方。若如ニ所答一者。凡菩薩戒ト者。以ニ信心一ヲ爲ニシ內因一ト。以ニ解語一ヲ爲ニス外緣一ト。若シ解ニ了セ戒師ノ開導一ヲ者。縱雖ㇾ不ㇾ對ニ佛像經卷一ニ。何ソ不ㇾ成ニ得戒一ヲ耶。是以見ニ經文一ヲ。或ハ（經、大正藏二四、一〇〇四中九行～）云ヒニ但解法師語。盡受得戒一ト。或ハ云リ（同、一〇〇六下十四行～）若千里內無能授戒師。得佛菩薩形像前受得戒一ト。從師ノ時。必モ不ㇾトモ假ニ經像ノ緣一ヲ云事。在テㇾ文ニ分明ナル者耶。　若依ㇾ之爾云者。披ニ今解釋一ヲ。（義記、大正藏四〇、五六七下二八行）若有ニ智者一無ニ經像一。不ㇾ應ㇾ得ㇾ戒文爾者〔如何〕」

答。此事誠雖レ難レ測。必可レ對ニ佛像經卷一歟ト云事。所レ任ニ今ノ所判一也。凡ソ梵網ノ受法ハ。以ニ三歸發戒ヲ爲ル體ト〔㋑㋺㋩戒」〕故ニ。以ニ住持ノ三寶ヲ爲ニ得戒ノ勝緣一ト也。是以見ルニ解釋ヲ。雖レ有ニ現前智者一。猶應下共在ニ佛像前。若經卷前一。助爲中發起上ト文（義記、大正藏四〇、五六七下二六行～）〔應㋺(乙)〕〔發起㋩助發〕〔必可レト〕〔㋑㋺㋩〕對ニ佛像經典ニ云事。釋義ノ定判不レ可レ諍也。〔諍㋑㋩許〕但。至ニ一邊ノ疑難ニ者。發戒ノ功。誠ニ在ルニ法師ノ開示一ニ〔示㋑樂㋺未〕故ニ云ニ但解法師語ト計也。〔也㋺㋩之〕〔計㋑㋺許〕次。至ニ若千里內無能授戒師等ノ文ニ者。此又明ニトシテ自誓戒ノ相ヲ。〔又㋑㋩文〕〔「㋩受〕無ラン戒師一時キハ。於ニ佛像ノ前ニ可ニト自誓受戒ス云也。從師ノ時。非レ云ニハ不レト具ニ經像ヲ也

難云。此戒ハ。起テ自リ四戒三勸ノ道理一。偏ニ以ニ師資相傳ヲ爲ニ大意一ト。受者ノ機根モ不レ論ニ遮難ノ是非ヲ。〔機㋺授〕偏ニ歸ス解語ノ有無ニ。受法ノ方軌モ不レ用ニ白四ノ衆法ヲ。〔軌(底)非〕〔用㋩開〕只極マル一師ノ開導ニ。若爾ハ者。信心內ニ催シ解語已ニ成スルナラハ。〔「㋺也〕〔已㋑㋺㋩既〕何勞シク可レ論ニ佛像經卷ノ具不具ヲ耶。是以見ニ經文ヲ。「或云テ常作ニ如レ是信一。戒品已具足ト。〔或㋑惑〕〔「」㋺(乙)〕（經、大正藏二四、一〇〇四上十八行）信心ノ外ニ不レ云レ兼トモニ餘事ヲ。」或云ニテ但解法師語。盡受得戒ト。（同、一〇〇四中九行～）解語ノ外ニ全ク假ルトハ餘緣ヲ不レ見也。何況前ニモ如ク出難スルカ。〔前如㋑㋺㋩如前〕云トシテ自誓ノ異ナルコトヲ從師ニ。若千里內無能授戒師。得ニ佛菩薩形像前受得戒而要見ニ好相一文（經、大正藏二四、一〇〇六下十四行～）〔(得(乙)カ)〕對ニ佛像經卷ニ事ハ。唯限ルト自誓受戒ノ時ノ作法ニ被レ得タリ。〔タリ㋩(乙)〕是則無キニ能授戒師一故ニ。於ニ佛菩薩ノ像ノ前ニ懺悔滅罪モ感ニ得シテ好相ヲ自誓受戒スル故也。〔誓㋑授〕若有ラムニ前受ノ法師一時キハ。〔前㋺於㋩先〕對シテ彼ニ解語得戒スル故ニ。不レ用ニ經像ヲモ不レト論ニ好相ノ有無ヲモ云也

是以〔經云。〕〔㋩〕若現前先受ニ菩薩戒一法師前受レ戒時。〔「㋺若以〕（同、十行～）不レ須ニ要見ニ好相一。是法「師師師」相授故。〔「」㋑㋺師師〕〔授(底)受〕不レ須ニ好相一文可レ知。師師相受ノ時キハ。必シモ不レト可レ須ニ佛像經卷ヲ云事。但。至下三歸發戒ノ故ニ可レ對ニ住持三寶ニ云上者。三歸ト者。歸ニ依一切ノ三寶ニ也。必モ非レ云ニハ歸スト所對ノ佛像等ニ。〔所㋩住〕〔對㋑㋺㋩持〕縱ヒ雖フトモ不レ對ニ住持ノ三寶ニ。三歸得戒ノ義何不レ成耶

次。至ニ解釋ニ者。釋義ノ旨趣不レ明ナラ。具スル十八ノ物ヲ中ニ。（義記、大正藏四〇、五六七下二八行～）制スル佛像經典恆ニ應シト相隨フ故也 云云 制ル十八種ノ道具ヲ事ハ。（第三十八戒）冒難遊行戒ノ意。〔冒㋑(乙)㋺男〕爲ニ布薩ノ制ル之也。大乘ノ布薩ハ必可レ對ニ佛像ニ見故也。授戒ト說戒ト其ノ儀大キニ異也。〔其㋩(乙)〕何引テニ

布薩説戒ノ行儀一ヲ。授戒ノ時。必可レキ具ニ佛像經卷一ヲ證ニ可レ備耶。引證既ニ不レ成セ。所判彌添ニ疑難一ヲ者歟。此ノ外。經ノ何ノ文ニカ受戒ノ時。可レト具ニ經像一ヲ云事見タル耶。抑。佛像・經卷共ニ可レ具レ之歟ノ釋ハ。猶應共在佛像前若經卷前ト云故ニ。（同、二六行～）隨一ニ可レ具レ之見タル歟如何

答。經文幽玄ニシテ旨趣雖レ難レ明ラメ。解釋ノ定判分明ナル故ニ。所レ任スル釋義ノ施設一ニ也。凡ソ住持ノ三寶ハ末世ノ所歸也。尤對シテ佛像經卷一ニ預テ戒師ノ開示ニ可ニ解語得戒ス也。夫一體三寶ハ。專ラ指ニ心性ノ理體ヲ。別相ノ三寶ハ。又約ニ在世ノ化儀ニ。末代癡闇ノ凡夫。無レ由レ成ルニ歸依ヲ。而ニ此ノ戒經ノ意ハ。舍那ノ慈悲不レ隔ニ末法邊地ノ根機一ヲ。一體別相ノ功德。極ルニ住持ノ三寶ニ故ニ。對レハ之ニ眞假全ク一同ニシテ。舍那ノ依正不レ隔ニ此壇場ヲ。忽成ニ戒體受得ノ勝緣一ヲ。以レ之爲ニ戒經ノ宗旨一ト也。猶應下共在ニ佛像前。若經卷前一。助爲中發起上ノ解（義記、大正藏四〇、五六七下二六行～）釋顯ニ此意ヲ也

是以廣釋ニ云ク。（大正藏七四、七六二中）如レンハ今。釋迦ハ已滅シ。彌勒ハ未レ出タマハ某甲受ニ持スル師師相授ノ菩薩戒ノ法一ヲ事。須下要ス於ニ像ノ前一ニ。亦請シテ聖師一ヲ傳中フヘシ本師ノ戒上ヲ文　凡ソ於ニ菩薩戒一ニ有ニ三歸發戒・羯磨發戒ノ二ノ作法。三歸發戒ノ時ハ。現前ノ凡師列テ住持ノ三寶ニ卽ナリ爲ニ能授ノ師一ト。羯磨發戒ノ時ハ。不現前ノ五師ヲ爲ス能授ノ師一ト。當座ノ戒師ハ能傳ニシテ非ニ能授ニ也。先德ハ兼ネ釋スル兩事ヲ也。須要於像前ト者。梵網ノ三歸發戒ノ意也。亦請聖師ト者。依テ普賢觀ノ意ニ請スル不現前ノ五師ヲ意也

次。制ニル佛像經卷ヲ事ハ。爲メ布薩ノ也ト云事。經文誠ニ爾也。大師得テ經ノ本意ヲ引テ説戒ノ儀ヲ爲ニ授戒ノ證ト給也。彼ノ聲聞戒ノ意ハ。授戒モ説戒モ共ニ僧法也。必シモ不レ云レ對スト佛像ニ。而ニ大乘ノ布薩既ニ對スト佛像ニ云故ニ。菩薩授戒ノ儀又可レシト爾存給也。若如ナラ所難ノ者。説戒ト者。只誦スル戒本ヲ計也。何必可レ對ス佛像ニ耶。此卽誦下シテ受戒ノ時キ所ニノ受得スル戒品上ヲ爲レ成ンカ護持ヲ也。此時既ニ對ス佛像ニ。而ニ授戒ハ説戒ノ根本也。彼ノ時キ。豈廢ニ此ノ儀ヲ耶

次ニ。佛像經卷並ヘテ具スル之耶否ノ事。釋義ノ文言ハ。誠ニ隨一ニ可レシト用レ之云ニ似タレトモ。必ス可レト用レ之可ニ意得一也。住持三寶必可レ具レ之故也。若ノ言ハ。像ト經ト佛寶ト法寶ノ不同ヲ

分別「セントシテ」置之計也。取一捨「一義非」歟。是以下若有智者無經像不應得戒文。(義記、大正藏四〇、五六七下二八行)不備若言也。次至三歸者。歸一切三寶故。必不可對之云者。三寶功德無隔異故。對一住持三寶。一切三寶同現前謂可有之歟。爾者　(缺文)

20〔自誓戒唯限高位人受法歟〕

問。自誓戒唯限高位人受法歟

答。此事雖難測。解釋然見歟

若。限高位云者。自誓戒者。專爲滅後邊地機許此受法也。何可云約高位耶。是以妙樂・明曠・山家等受法。悉依普賢觀自誓受戒法。請不現前五師爲戒師見耶。　若依之爾云者。見大師解釋。普賢觀受戒法。多似高位人自誓受法。(義記、大正藏四〇、五六八上八行～)今不具列判者耶

答。自元云云此事誠雖難測。可高位人受法歟云事。所任大師解釋也。凡末法邊地凡夫。發得戒體事。偏可依此經四戒三勸道理故。非師師相傳義者。舍那發起戒體亦不可成歟。但。至自誓受戒爲滅後機見云者。對佛像自誓云故。云佛滅度後也。從師・自誓二法相對時。雖滅後凡夫。自誓猶被高位意可有之歟。次。至妙樂等本者。既從師受戒時。用彼不現前五師見故。入普賢觀請師一法於梵網從師意依用之也。非所難意。有何失可答申

難云。自誓・從師。共是梵網所說也。何取一可捨一耶。何況自誓受戒。專約滅後濁惡時。被邊地無佛法機。尤爲根鈍障重凡夫。可云示此受法也。是以披經文。憍慢僻說戒(第二十三戒)。若佛子。佛滅度後。(經、大正藏二四、一〇〇六下五行～)欲以好心受菩薩戒時。於佛菩薩形像前自誓受戒　乃至　若千里內無能授戒師。得佛菩薩形像前受得戒等　文　從師受戒。猶有戒師時事也。末法時。邊地境。若無授戒人之時。對佛像可自誓受戒云故。自誓。約至極下機

見タリ。還テ爲二ト高位ノ人一ト云ハン事。豈不レランヤ違二經文ノ施設一ニ耶

是以。五大院ノ先德。引二テ瓔珞ノ戒本一ヲ云ク。受戒ニ有リ二三種一。（大正藏七四、七六一下～二上）一ニハ者諸佛菩薩現在前シテ受得ス。眞實上品ナリ。二ニハ者諸佛菩薩ノ滅後ニ。千里ノ內ニ有レハ二先受戒ノ者一。請シテ爲ス二法師一ト之時キハ。應下シ在テ二佛菩薩ノ像ノ前一ニ。胡跪合掌シテ。自誓受戒スト上是レ中品ノ戒ナリ。三ニハ者佛滅度ノ後ニ。千里ノ內ニ無二法師一品ト。是下品ノ戒 文 既ニ以二從師一ヲ爲シ二中品一ト。以二自誓一ヲ爲二下品一ト。豈ニ爲ニ二最下ノ根機一ノ非レ出スニ二此受法一ヲ耶。何況。於テ二佛菩薩ノ像ノ前一ニ授ル二戒ヲ事ハ。以二自誓一ヲ爲ル二本說一ト也。若爾ハ。以テ二住持ノ三寶一ヲ爲ル二發戒ノ緣一ト事。豈非ニ二梵網宗ノ三歸發戒ノ大旨一ニ耶

依レ之解釋ノ中ニ。（義記、大正藏四〇、五六七下二六行～）雖レ有二現前ノ智者一。猶應下共ニ在テ二佛像ノ前一ニ。若ハ經卷ノ前一ニ。助テ爲中發起上乃至 若有ニ智者一無クハ二經像一。不レ應レ得レ戒 文 若自誓受戒ノ法。高位ノ受法ナラハ。梵網ノ受法又爲ニトハ二下機ノ難一レ云者耶。抑又普賢觀經ハ。要ニ結シ法華開顯ノ妙義一ヲ。專明ス二末代修行ノ方軌一ヲ。此中ニ所レノ明方法。寧非ニ二圓戒ノ指南一ニ耶。是以如ク二前ニモ疑一カ。妙樂・明曠等ノ受法。山家四條ノ式等。專依テ二普賢觀ノ意一ニ。請シテ二不現前ノ師一ヲ〔可レ爲二戒師一〕之旨ヲ被レ定也。此ハ即。自誓受戒ノ作法也。此若高位ノ受戒ノ方法ナラハ。何依レ之可レ定ニ二大戒傳受ノ法式一ヲ耶

但。至ニ二妙樂・明曠等ノ受法ハ。從師ノ儀〔式〕ナリト云ニ者。大師ノ義記ニハ。嫌テ二高位一ヲ惣シテ不レ用二普賢觀ノ說一ヲ。妙樂等何引レ之被レルル定二受戒ノ規矩一ヲ耶。何ソ又違シテ二本經ノ說一ニ引テ二自誓ノ作法一ヲ。可レ被レ成二從師ノ規則一ヲ耶。又何引テ二高位ノ受法一ヲ。可レ取ニ用二初心ノ行相一ニ耶。爾者。旁有レ疑

答。梵網經ニ雖ヘトモレ明ニ二自誓・從師ノ二法一ヲ。從師ヲ爲レ正。（經、大正藏二四、一〇〇六下十行～）自誓ヲ爲レスト傍ト見タリ。所以ニ經ニ云。若現前ニ先受ル二菩薩戒一ヲ法師ノ前ニシテ受レル戒ヲ時キハ。不レ須ミ要見コトヲ二好相一。是ヲ法師ノ師師相受スルカ故 若シ千里ノ內無ニ二能授戒師一。得ニ佛菩薩ノ形像ノ前ニシテ受ヶ得スルコトヲ戒ヲ而要ラス見ルヘシ二好相一ヲ等 云云 自誓受戒ト者。師師相受ノ法師無カラン時ノ行相也。全ク非ニ二梵網ノ受法ノ本意一ニハ也。凡ソ戒經ノ意ハ。舍那發起ノ相ハ。四戒三勸

也。四戒三勸者。顯師師相傳相也。付菩薩戒三字開三重玄旨趣。只在此事者耶。〔若〕離此相傳意。末法邊地根機得戒義更不可有之。是以或云（經、大正藏二四、一〇〇四中九行～）但解法師語盡受得戒。或說流通三世化化不絕（義記、大正藏四〇、五八〇上七行～）〔蓋〕此意也。而自誓受戒者。盡誠勵心精祈好相。而始論受戒義也。若心不慇重者。爭可感得好相耶。頗非悠悠凡夫所堪者歟。故普賢觀受法。自誓面初心行相。猶似難成其益故。且法緣中不列之釋也。此即對菩薩戒經宗旨時。法華圓戒。猶同高位受法意可有之存給歟

但。至妙樂・明曠受法并山家式等者。自元普賢觀受法。一向非捨之。多似高位人云故。似言所顯（義記、大正藏四〇、五六八上九行）偏非嫌之歟。自誓面。高位受法似。且從師受法付。六本戒儀列中。不出之云許也。而彼〔普賢〕觀經爲法華結經。出圓戒受法本意。不可違今菩薩戒經玄旨故。彼自誓受戒方法。從師受法引成被用之也。況又妙樂・明曠等戒儀面。正一品一卷宗旨不述盡方可有之歟。山家式。又對南都僧統等論立大乘戒給時式條也。仍異聲聞十僧受戒菩薩戒之師相被出云時。或一師・十師。羯磨全異云。或又菩薩戒。（傳全一、五六七。一心戒文）請諸佛菩薩爲戒師故。永異聲聞儀旨顯爲。被引用普賢觀〔經〕說也。若爾者（缺文）

21〔菩薩戒有付法藏祖承耶〕

問。菩薩戒有付法藏祖承耶

答。此事雖難知可有之歟

若。有云者。付法藏祖承。初自迦葉終至師子雖列之。師子尊者之後。法藏無傳。豈今此菩薩戒可有彼相承耶。是以山家內證佛法血脈并學生式等。雖擧圓戒師承。全有付法藏次第不見者耶。　若依之爾云者。見今解釋。（義記、大正藏四〇、五六八上十二行）二十餘菩薩。次第相付什師傳來 文 所云二十餘人。豈非

指二付法藏ノ師一ヲ耶

答。自レ元云云雖レ難レ測。於二菩薩戒一ニ何無二付法藏ノ次第相承ノ意一耶ト云事。所レ任二師師相承ノ一義一也。二十餘ノ菩薩次第相付ノ今ノ解釋。其意頗分明者歟。但。至二師子尊者ノ後チ佛法斷絶スト云一者。彼ハ約シテ二權少ノ意一ニ「如レ此云也。」圓戒ノ利益既ニ沾ホス二末法癡闇ノ機一ヲ。如來金口ノ所說。佛意遙ニ可キヲレ至二未來一耶。次。至二山家ノ血脈等ニ不レ見ト云一ニ者。內證佛法ノ血脈ニ引ト二義記ノ今ノ文一ヲ見タリ。豈非レ存二此意一ヲ耶。爾者（缺文）

難云。付法藏ノ祖承ハ。始自二迦葉一終至ルマテ二師子一ニ二十三人也。末田地ハ與二商那一同時也。加レハ之二十四人也。而ニ師子尊者爲ニ二惡王一ノ被レテ害。法藏此ノ時ニ斷絶スト見タル故ニ。彼ノ付法藏ノ相承有ト之云事。諸宗各不レ及ス二沙汰一ニ。禪宗獨リ二十八祖次第傳付之旨ヲ雖ヘトモレ令ムト二自稱一。諸師所レ不ニ共許一也。今此ノ菩薩戒ニ有ト二彼祖承一云事。頗ル以テ可レ驚レ耳者歟。如クナラハ二天台宗ノ相傳ノ一者。止觀ニ雖ヘトモレ列スト二金口ノ祖承一ヲ。師子以來ノ相承ストハ不レ見ヘ。以二付法藏ノ中ノ第十三ノ龍樹一ヲ。爲スルコトヲ二一家教觀ノ元由ト一顯サンカ爲ニ列ルレ之ヲ計也。決ニ云ク。若シ不ハ三先ッ「指二如來大聖一ヲ無シレ由シ列ルニ二於二十三ノ祖一ヲ。『若不ンハレ列ニ二於二十三ノ祖一ヲ』無レ由レ」指二於第十三ノ師一ヲ。若不ンハレ指ニ於第十三ノ師一ヲ。無レ由レ信ルニ二於衡崖・台岳一ヲ等云云（天止一、二六）

內證佛法天台ノ血脈ニモ。迦葉ヨリ龍樹マテヲハ雖ヘトモレ列スレ之。龍樹以後ノ十人ヲハ不レ出レ之。（傳全一、二二一～二）龍樹ヨリ須利耶蘇摩。羅什等ト被レ列也。於二圓戒ノ血脈一ニ者。彌此意所レ不レ見也。先ッ內證佛法ノ血脈ニハ。（同、二三〇～二）蓮華臺藏ノ盧舍那佛ヨリ逸多菩薩・羅什三藏・南岳・天台ト列タマヘリ。龍樹以前ノ十二人猶以不レ出レ之。又學生式ノ相承ハ。靈山聽法ノ次第也。塔中ノ大牟尼尊ヨリ直ニ南岳・天台ト「相傳ヲ被レ列タリ。」有リト二付法藏ノ祖承一云事ハ。師資ノ釋義ノ中ニ削ルレ跡ヲ者耶

但。至二二十餘ノ菩薩卽チ付法藏ノ二十四人ナリト云一者。此事太不レ可レ然。付法藏ト者。釋尊付ストニ法ヲ大迦葉一ニ云也。今ノ釋ハ。（義記、大正藏四〇、五六八上十一行～）釋迦從ニ舍那ノ所一ニ受誦シテ。次ニ轉ニ與ス逸多菩薩一ニ。如レク是二十餘ノ菩薩。次第相付シテ什師傳來スト云故ニ。此ハ彌勒

以來相傳也。又付法藏多小乘聖者也。何可稱二十餘菩薩耶。內證佛法血脈雖列之。逸多菩薩下注義記文「計。」此彌勒此菩薩戒祖事顯爲。次轉與逸多菩薩文引也。如是二十餘菩薩同文故來也。非引用之所詮歟。若二十餘人所傳爲本意者。何不列之耶。抑又付法藏。界內漸敎化儀付。小乘一途相承出也。今此圓頓妙戒。何必有彼相承可意得耶。爾者　（缺文）

答。此事誠所難測也。仍學者又不一決事歟。而可有付法藏相承云事。任師傳之旨計也。凡付法藏祖師。皆是受如來金口記莂爲滅後傳法「棟梁。」遺敎傳持之外儀。雖似小乘權門行相。法藏傳持之」佛意。豈不互菩薩戒相承耶。凡今此菩薩戒。四戒三勸大意。唯在師師相承一事。若爾者。付法藏二十餘人傳持如來遺法云者。潛顯此戒流通三世化化不絕益歟存也

但。至付法藏師子尊者後斷絕云者。付此事旁有子細事也。彼二十三人悉正法千年時人也。又是聖人也。正法轉入像末。凡師弘通不同聖化意顯。師子後。正法隱沒云也。非云無其人也。但如疑難來。彼付法藏次第。專順權小化儀故。强以之不爲相承規模。故止觀以龍樹爲祖師。山家專以靈山聽法次第爲詮。然云付法藏相傳。一向非可捨之。禪家獨執此一途所傳「不辨佛法相承巨細故。雖云敎外別傳」還混權小之域者也。凡於天台幷圓戒相傳者。有歷別次第「不次第」重重旨趣。仍於山家血脈種種不同被示。非可守一隅歟。各隨法門義理可顯相承旨趣也

次。至舍那釋迦本源不同。彌勒迦葉流傳差別。菩薩聲聞名字差異等者。今此圓戒有二相承。一法華圓戒。二梵網佛戒也。學生式依法華意以塔中釋迦爲初。內證佛法血脈。以梵網菩薩戒經意。法華宗外有菩薩戒相承欲顯故。以

蓮華臺上ノ盧舍那ヲ爲ニ本源ト也。又菩薩戒ハ〔(ロ)經〕。專ラ以ニ補處ノ彌勒ヲ可レキ爲ニ傳戒ノ首ハジメト故ニ〔首(イ)(ロ)(ハ)之旨〕。云ニ逸多等ノ二十餘菩薩ト也。故ニ山家大師〔大師(イ)(ロ)(ハ)(ナシ)〕ノ血脈ニハ。逸多菩薩ノ「注ニ引ニ義記ノ文ヲ也。次ニ迦葉等ノ二十三人ヲ二十餘ノ菩薩ト」〔「」(ハ)(ナシ)〕云事ハ。既ニ此ノ菩薩戒ノ相承ノ人ナレバ。二十餘菩薩ト云ニ有ン何妨カ耶。彼ノ法華意。既ニ汝等所行是菩薩道ト（大正藏九、二〇中。藥草品）被ルルヲ開會セ耶〔耶(イ)(ロ)(ハ)畢〕。仍テ止觀ニモ列レテ之爲ニ開權ノ妙觀ノ祖〔祖(ハ)相〕承ト也。其ノ功自ニ龍樹ニ顯ルル故ニ取ルト第十三ノ師ヲ云也。餘人ハ非ニ祖師ト云ニハ〔云非(ハ)非云〕非也。止觀并ニ內證佛法ノ天台ノ血脈ニハ。從本立名シテ迦葉等ノ名字ヲ擧ク。今ノ義記ニハ。從ヘテ所傳ノ戒法ニ二十餘ノ菩薩ト云也。若爾者(ハ)〔無レ失乎〕

內證佛法血脈

(ハ)〔此下有レ圖。今略レ之不レ書。若欲レ用者。可レ見ニ內證佛法血脈譜ニ〕

（以下(ハ)(ナシ)）（傳全一、二一五〜二一五）

天台法華宗相承師師血脈譜一首

常寂光土第一義諦
靈山淨土久遠實成
多寶塔中大牟尼尊
―摩訶迦葉（有レ註略レ之）〔(イ)(ロ)有レ注略レ之〕―阿難陀（有レ註略レ之）―○（中間十人略レ之）

龍樹菩薩（有レ註略レ之）―天竺須利耶蘇摩〔(イ)(ロ)有レ註略レ之〕

鳩摩羅什三藏〔(イ)有レ註略レ之〕

妙法蓮華經
大智度論

雙林寺傅大士（有レ註略レ之）

齊高之世惠文大師（有レ註略レ之）

天竺靈山聽衆陳朝南岳惠思大師（有レ註略レ之）

天竺靈山聽衆隋朝天台〔山智者〕大師（有レ註略レ之）

(イ)(ロ)〔○以下略レ之〕

（同、二三〇〜一）

天台圓敎菩薩戒相承師師血脈譜一首〔一首(底)(ナシ)〕

蓮華臺藏世界赫赫天光師子座上盧舍那佛〔(イ)(ロ)有レ註略レ之〕

逸多菩薩

謹案。菩薩戒經義記云。次（次(底)以）轉ニ與逸多菩薩ニ。如レ是二十餘菩薩。次第相付也

天竺鳩摩羅什三藏　有レ註略レ之

靈山聽衆南岳惠思大師　有レ註略レ之

靈山聽衆天台山智者大師　有レ註略レ之

已下略レ之　（以上血脈譜㋩ナシ）
（已㋑以㋺〇以）

學生式問答〔㋩有二八卷一今所レ引第五初右〕
（傳全一、三六九～七〇）

問〔曰〕。若爾〔其〕菩薩戒師師相傳何也
（曰㋩ナシ）（其㋩者）

答曰。師師相傳。今當二略說一。信心可レ聽。嫉妬莫レ聞
（師㋜ナシ）

第一菩薩戒師多寶塔中釋迦如來

第二戒師大唐南岳思大師
（「㋜㋑㋩惠）

第三戒師〔大唐〕天台智者大師　乃至〔㋩灌頂。智威。惠威。玄朗。湛然〕
（乃至㋩ナシ）

第九戒師瑯瑘道邃大師

已上九「戒師。師師」相傳。授二圓教三學一
（已㋑㋺㋩以）（「」㋜㋑㋺師戒戒）（教㋜㋑㋺ナシ）（學㋺字）

22〔梵網受法有二三歸發戒義一耶〕

問。梵網ノ受法ニ有リ二三歸發戒ノ義一耶

答。可レ爾

若。有二此義一云者。三歸ハ。纔ニ雖レ表ストニ翻邪歸正ノ儀一ヲ。未レタ難レ成シニ戒體發得ノ功一ヲ。是以披タルニ二妙樂・明曠等ノ戒本一ヲ。第七ノ正授戒ノ時。始メテ發ストニ戒體一ヲ見者耶。　若依レ之
（翻㋑㋺飜）（授㋑㋺受）

爾云者。大師解釋ノ中ニ出トシテ二梵網ノ受法一ヲ。先ッ受シメ二三歸一ヲ　乃至　直ニ說トニ十重ノ相一ヲ　文　明知ヌ三歸ハ戒體。十重ハ戒相ナリト
（爾云㋑㋺云爾）（義記、大正藏四〇、五六八上十三行～）（タタチ）

云事ヲ

答。自レ元云云　梵網ノ受法可二三歸發戒一ナル云事。所レ任スルニ梵網宗ノ大旨一ニ也。凡ッ菩薩戒ノ受法・經論ノ說不同ニシテ。諸家ノ傳ヘ不ニ一準一ナラ。義記ニ所レノ列ヌル六本ノ受法ノ中ニ。梵網ノ本ハ三歸發起也。地持・高昌等ハ羯磨發戒也。梵網ノ受法ノ意ハ。癡闇ノ凡夫歸シテニ住持ノ三寶一ニ發二得ス舍那ノ戒體一ヲ。以レ之ヲ爲ニ今ノ戒ノ規摸一ト也。其旨顯タリニ疑難ノ一邊一ニ。但。至ニ妙樂・明曠ノ本一ニ者。彼ノ十二門ノ戒儀ハ。偏ニ不レ依ニ梵網ノ意一ニ合ニ說スト地持瓔珞等ノ諸本ノ意一ヲ見タリ。仍テ第七ノ正授戒者。專是地持ノ意也。若爾者〔無レ失〕
（準㋩準）（戒イ）（起㋑㋺㋩戒）（合㋑令）（㋺全㋩今）（㋑㋺㋩）

難云。梵網ノ受法可二三歸發戒一云事。其意未レ明。所以ニ披二經文一ヲ。或云二常作如是信。戒品已具足一ト。（經、大正藏二四、一〇〇四上十八行）或云二但解法師語。盡受得戒一ト。（同、一〇〇四中十行）故ニ以二信心一ヲ爲二得戒之本一ト。又以テ二解語一ヲ爲二戒體受得ノ源一ト見タリ。於テ二一卷ノ始末ニ一全ク所レ不レ見ヘ也。於テ二三歸ノ位ニ一有ト二發戒ノ義一云事ハ。又法ノ緣ノ中ニ所レ列ヌル六本ノ受法ノ中ニ。初ニ雖ヘ出スト二梵網ノ本ヲ一。三歸發戒ノ相更（更イ交）不二分明ナラ一。先ツ受シム二三歸ヲ一トハ云ヘトモ（トハ八ナシ）。此ノ位ニ發二得スト戒體ヲ一云事ハ所レ不レ見也。何況ヤ三歸ノ後。懺二悔シ十不善業ヲ一。（義記、大正藏四〇、五六八上十五行～）次讚二嘆シ受ヲ一（讚八贊）約敕諦聽等宣タリ（「八乎）。而ニ懺二悔スル罪障ヲ一事ハ。爲レ發セムカ二善體ヲ一也。若初ノ三歸ニ已ニ發戒セハ。其後何ソ還テ可レ令二懺悔セ一耶。又懺悔ノ後ニ。讚二嘆スル受ヲ一（讚八贊　嘆ロ歎）約敕諦聽ト者（者イ八云）。示スニ二羯磨受戒ノ相ヲ一見タリ。就レ中。地持・高昌等ノ諸本（本甲品）多クハ羯磨發戒也。梵網ノ受法ニ何無二此意一耶。是以。妙樂大師（大師イロ八ナシ）・明曠・山家等ノ諸本ノ戒儀ニ列ヌル二十二門ノ受法ヲ一時キ。各以二第七門ヲ一定ムル二戒體受得ノ位ト一也。但。至下彼ノ十二門ハ合（合イロ令）二說スト地持等ノ意ヲ一云上ニ者。梵網ハ是菩薩受法ノ根元。正立圓戒ノ指南也。何依テ二此經ニ一不シテレ定メ二發戒ノ位ヲ一。依テ二地持等ノ諸本（本甲品）ニ一可キレ論二正受戒（受イロ八授）ノ相ヲ一耶。就レ中「山家大師ハ。專ラ依テ二普賢（賢ロ現）觀ノ意ニ一請シテ二不現前ノ五師ヲ一爲シテ二戒師一ト。對シテレ之ニ」（「」イロ八ナシ）懺悔・發心・問遮等ノ儀ヲ成シテ。至テ二第七門ニ一羯磨發戒スト見タル也。傳戒ノ凡師ハ。是能傳而非ス二能授ニ一。不ルカレ預ラ二三師及七證ニ一故ニト云云。十二門ノ中ニ。三歸ハ第二。請師ハ第三也。豈未タルレ請二能授ノ戒師ヲ一之前キニ。能傳ノ凡師纔（纔イロ八僅）ニ授ル二三歸ヲ一之（之イロ八ナシ）時キ。務（イソカハ）シク可レ（務イクハ八イソヤハ）有二得戒ノ義一耶。縱ヒ又依テ二他經ノ意ニ一。雖フトモレ論スト二此等ノ行（行ロ得）相ヲ一。梵網ノ受法ニ依レ有ルニ二此意一。且ク引テ二他部ノ說ヲ一助二成スルナルヘシ梵網ノ受法（法イ八儀ロ義）ヲ。何非スト二梵網ノ意ニ一可レ被レ遮耶。

答。梵網ノ受法。專可ト二三歸發戒ナル一云事。任テ二戒經ノ大旨ニ一所レ存二相傳ノ一義ヲ也。所以ニ於二三寶ニ一有リ二一體・別相・住持ノ三種ノ三寶一。常途ノ圓戒ハ。歸シテ二一體三寶ニ一即發スル二圓頓無作ノ戒體ヲ一也。別相住持功由（由イ內）一體ト（大正藏四〇、五八二上。明曠疏）云ヘル（ヘルロヘハ八ナシ）蓋シ此意也。今ノ梵網ノ別意ハ。歸シテ二住持ノ三寶ニ一發二得ス舍那ノ金剛寶戒ヲ一意得也。此ノ上ニ。對シテ二別相ノ三寶ニ一可レ論ス二羯磨發戒ノ相ヲモ一也。故ニ梵網ノ受法ノ意。終ニ無ニトハ二羯磨受戒（戒ロ法）ノ意一不レ可レ存也。即如ク疑難ニモ來ルカ。三歸・懺悔ノ後。約敕諦聽ト云「ヘルハ。」三聚淨戒・羯磨ノ儀ヲ思ハユル也。雖レ然梵網ノ本ニハ。其ノ約敕諦聽ノ相委ク不レ出サ也。地持・高昌等ノ本ハ。出テテ此梵網ノ意ヨリ。三聚淨戒・羯磨ノ相委ク明レ之故ニ。十二門ノ戒儀ニハ具ニ被レ引キ載セ之ヲ也。此レハ三歸發戒ノ上ニ可レ論ニ此ノ相ヲ也。若無クハ三歸發戒ノ義者。雖レ至ルト第七門ニ。恐クハ戒體發得ノ義。頗ル可レ難カル成シ歟。故ニ梵網ノ受法ハ。三歸發戒ヲ爲シテレ體ト。此上ニ羯磨受戒ノ儀モ有ヘシト存計也

但。至テハ經文ニ不レト見ヘ云ニ者。常作如是信トモ云ヒ。但解法師語トモ云ヘル皆此意也。其ノ信ト云ヒ。解ト云ヘルハ。皆四戒三勸ノ道理。師師相傳ノ處ニ。戒體發得ノ義アル事ヲ令ニ信解一故ニ。付テ此大綱ニ什公作ニ受法ヲ時キ。先受シメ三歸ヲ從今身「至ルマテ佛身ニ。」於ニ其ノ中閒ニ歸スト依常住ノ佛等ニ云也。（義記、大正藏四〇、五六八上十三～四行）常住ノ三寶ト者。住持ノ三寶也。此即チ舍那ノ功德。歸シテ滅後ノ住持ノ三寶ニ成ル末法邊地ノ機ノ得戒ノ緣ト相也。對シテ此三寶ニ唱ル三歸ノ詞ヲ之時キ。應シテレ聲ニ發シ得スト戒體ヲ相傳スル也。信スルヲ此事ヲ云ヒ諦聽ト。解ルヲ此語ヲ名ニ解語ト也。此上ニハ別相ノ三寶ノ歸依モ不ルレ疎ウトカラ故ニ。不現前ノ五師ヲモ請スル也。其請師ノ作法ヲハ依テ普賢觀ニ請スレ之ヲ。正キ羯磨受戒ノ儀ヲハ。依テ地持等ニ作ル其ノ詞句ヲ也。此皆三歸發戒ノ體ヲ開テ成スル羯磨受戒ノ事儀ヲ也。全ク非ル別ノ事ニ故ニ。强ニ不レ可レ遮ニ所難ノ意ヲモ也。三歸・懺悔ノ前後モ。三歸發戒ノ上ニ可レ有ニ羯磨受戒ノ相ニ謂ヲ示ス歟。又生善滅惡實ニハ雖ニ同時ナリト。說必次第スル時キ。隨ヘテ義門ニ立ニ前後ヲ計也。强チニ不レ可ニ苦勞ス。爾者無レ失　云云

23 〔梵網教主。眞應二身中何耶〕

問。梵網ノ教主。眞應二身ノ中ニハ何耶

答。且ク存セ二ノ意ヲ者。可レ通ニ眞應ニ歟

兩方。若云ニ眞身ナリト者。見ルニ經文ヲ。或ハ云下至シテ閻浮提（大正藏二四、一〇〇三下十九行～）菩提樹下ニ。爲ニ此地上一切衆生凡夫癡闇之人ニ。說我本盧（同、一〇〇四上三行～）舍那佛 乃至 金剛寶戒上ト。或ハ云リ爾時釋迦牟尼佛。初坐菩提樹下成無上覺初結菩薩波羅提木叉ニト。明ケシ釋迦應佛ノ所說ナリト云事。　若依レ之應身ナリト云者。此戒ハ者。盧

舍那佛內證心地ノ法門也。釋迦既ニ隨テ二舍那一ニ受ニト此戒一ヲ見タリ。豈非ニ唯佛與佛ノ境界。自受法樂ノ說一ニ耶

答。自レ元云云 此經ノ教主。眞應二身。輒難ニ定申一故ニ。試ミニ〔試ハ誠〕可レ通ニス〔通ハ遮〕二身一ニ歟ト所ニ存申一也。凡ソ披ニテ梵網ノ說一ヲ明ニメタルニ此經ノ說會ノ相一ヲ。臺葉〔葉イ華〕具足シテ眞應一體ナリト見タリ。若約ニセ臺上ノ化儀一ニ者。誠ニ舍那報身〔報イナシ〕。自受法樂ノ儀式也。若約ニ此界ノ教主一ニ者。又菩提樹下成道ノ應化ノ釋迦ナリト可レ云也。若爾者。眞應ノ二身俱ニ可キレ存〔存ハ付〕レ之ヲ故ニ。兩方ノ難勢自オ可レ被レ遮歟

難云。此經ノ教主。可シトレ通ニ眞應〔應イロハ身〕一ニ云義尚不ニ分〔分イロハナシ〕明一。此經雖レ明ニ三重本末ノ成道一ヲ。其ノ中ノ臺上ノ舍那ト者。是則他受用報身一ト耶。此經既ニ是華嚴ノ結經也。若如ニ所答一者。華嚴ノ教主。又通ニスト眞應一ニ可レ申歟。能結所結其意不レ可レ異ナル故也。但。至下釋迦隨ニテ〔隨ハ從〕舍那一ニ受ニクト此戒一ヲ云故ニ。可ニト唯佛與佛ノ化儀一ナル云上者。盧舍那佛爲ニ妙海王一ノ授ルレ戒ヲ之時。釋迦於ニテ舍那ノ所一ニ受誦スト見タリ。既ニ爲ニ凡夫ノ輪王太子一ノ說クレ之ヲ。唯佛與佛ノ境界トハ不レ見者〔者ハナシ〕耶。釋迦隨ニテ舍那一ニ受レト之者。實非スレ論スルニ能授所授ノ相一ヲ。自ニ界外一垂レ應ニ於界內一ニ。自レ報起スレ應ヲ次第ヲ說顯トスル時。臺上ノ盧舍那〔盧イロハナシ〕先授ニケ千ノ釋迦一ニ。千ノ釋迦又授〔授ハナシ〕ニク千百億ノ釋迦一ニ等云也。若舍那授ニクト釋迦一ニ云フ故ニ。以ニテ舍那一ヲ名ニクト自受用身一ト云ハハ〔ハイロハ者〕。大釋迦授ニル小釋迦一ニ故ニ。大釋迦又眞身ナリト可ニ意得一歟。故〔故ハナシ〕ニ以ニ此ノ戒法ノ相承ノ次第一ヲ。能化ノ教主ノ身相ヲハ不レ可レ定也（大正藏二四、一〇〇三下八行〜）

經ニ正ク說ニクトシテハ此經ノ教主ノ相一ヲ。或ハ爾時釋迦。從ニ初現ニ蓮華藏世界一 乃至 下ニ生〔生底至〕南閻浮提迦夷羅國一。母名ニ摩耶一父字〔字ハ子〕ニ白淨一吾名ニ悉達〔達底駄〕一。七歲出家三十成道等ト說テ。（同前。取意）經ニ歷シ人天ノ十處一ヲ說ニキ菩薩ノ位行ノ功德一ヲ。次ニ自ニ摩醯首羅天一。下ニ至シテ南閻浮提菩提樹下一ニ。爲ニ此地ノ〇〔〇イロハナシ〕凡夫癡闇ノ人〔人イナシ〕一ノ。說ニト一戒光明。金剛寶戒一ヲ云故ニ。釋迦應化ノ說ナリト云事。在レ文分明也。凡〔凡ハナシ〕ソ此經ノ教主。自受用報身〔身イ用〕ト云事。經文釋義共ニ其說不ニ分明一如何

答。此經ノ教主。可レ通ニ眞應一ニ云事。所レ任ニス經文釋義ノ大旨一ニ也。既ニ明ニトシテ華臺華葉ノ儀式一ヲ。示ニス報應說法之化儀一ヲ。（義記、

其ノ中ニ以ニテ臺上ノ舍那一ヲ正ク爲ニス說會之教主〔教イロハナシ〕一ト。此則。諸患

大正藏四〇、五六九上一二五行。取意）都テ盡キ。衆徳悉（滿カ）ク圓ナル淨滿ノ眞身ヲ以テ爲ル二此ノ經ノ教主ノ根元ト一意也。是以今ノ解釋ニ釋トシテ二我今盧舍（舍㋩奢）那ノ經文一ヲ。無明塵（大正藏四〇、五六九下～七〇上）垢永盡智惠功徳圓（圓㋑㋺㋩周）備如二淨滿月一。以（以㋺佛）レ名表レ徳 文 末師（明曠）解釋中ニハ。報身如來智斷倶圓四徳究竟名爲二淨滿一（「㋺爲淨）。擧レ一攝レ三故云二我今一 文（大正藏四〇、五八四下）共（智㋑㋩皆）ニ約シテ二自受用報身ノ内證一ニ釋二臺上ノ舍那ノ功德一ヲ也。雖レ然。偏ニ此經ノ意。以テ二此内證ノ眞身一ヲ爲トハ二教主ト一不レ可レ定。臺上樹下共ニ此經ノ說會ナリト見ル故ニ。報佛・眞應同ク教主也ト可二意得一也

是以解釋ニハ。佛身ニ四種アリ。一ニハ謂ク法身。二ニハ謂ク眞應。三ニハ謂ク法報應（應㋑ナシ）等（等㋩ナシ）云テ。（義記、大正藏四〇、五六九下二四～五行）廣ク互テ二二身三身一ニ。此經ノ教主ナルヘキ謂ヲ釋スル也。凡ソ菩薩戒ノ意ハ。舍那ノ說ト云モ。强（强㋑㋩ナシ）テ取テ二眞身ノ一邊一ヲ不レ稱レ之。釋迦ノ傳說ノ外ニ。舍那ノ本身ノ說ノ體ヲモ別ニ不レ可レ論レ之。故ニ首題ノ盧舍那佛說ノ句ヲ釋スル時モ。釋迦（義記、大正藏四〇、五六九上一二六行）牟尼ト者。瑞應經ニハ譯シテ爲二能儒一ト等釋也。故ニ菩提樹下ノ釋迦ノ初結菩薩波羅（波㋣婆）提木叉スル處ニ。舍那ノ自說モ至極スル樣ニ可二意得一也。但。至二臺上ノ舍那他受用也ト云一者。此ハ常途ノ意也。此經華嚴ノ能結ナリト云モ。上下兩卷ノ趣也。今ハ約シテ二部ノ外ノ別意一ニ可トハレ通二眞應一ニ所（所㋑等）二存申一也。舍那授ケ二釋迦一ニ。又大小ノ釋迦相付ノ化儀。皆是佛佛受誦ノ相ヲ示シテ。今此戒法能授所授共ニ非二下地之境界一ニ之旨ヲ顯ス（「㋩趣）也

24〔梵網經有二別說時一可レ云耶〕

問。梵網經ニ有二別ノ說時一可シレ云耶

答。可レ有二惣（惣㋑相㋩總）別ノ二ノ意一歟

若。有二別ノ說時一云者。此戒ハ。舍那ノ常ニ所レ誦スル心（心㋩必）地ノ戒法也。何於テ二釋迦一代ノ中一ニ可レ論二說時ノ前後一ヲ耶。　若依レ之爾ト云者。末師引テ二十地論一ヲ判シテ二此經ノ說時一ヲ。佛成（大正藏四〇、五八五下。明曠疏）道ノ後第二（二㋑ナシ）七日也 文 山家大師。又釋迦成道第二七日初結大戒ト釋スル者耶

答。自レ元 云云 論シ不レ論セ別ノ說時ヲ可レ有二二ノ意一也。若約二臺上ノ舍那ノ自說一ニ者。實ニ不レ可レ論二說時ノ前後一ヲ。若約二釋迦ノ傳說一ニ者。何無ン二別ノ說時一耶。是以經ニハ。（大正藏二四、一〇〇四上一二三～四行）初坐二菩提樹下一ニ成二無上覺一ヲ（「㋩正「㋩已）。初結二菩薩波羅提木（木㋩本）叉一ヲ 文 於テ二成道ノ初一ニ結スト二此戒一ヲ見タリ。末師消シテ二此ノ經文一ヲ。引二十地論ノ成

道第二七日ノ說ヲ一也。此レハ釋ニシ合スル華嚴ノ說時ニ一也。約シテ二上下兩卷ノ意ニ一如レ此釋スル也。若一品一卷ノ意ナラハ。縱ヒ雖モ二樹下ノ釋迦ノ說ナリト一。猶可レ同ニ二舍那ノ常說ニ一歟ト可ニ二答申一

難云。所答ノ意可レ有シト二惣（惣ハ總）別ノ二意一聞ユレトモ。一品一卷ノ意ナラハ。舍那・釋迦ノ說共（共イ苦）ニ不レ可トレ有ニ二別ノ說時一被レ成（被成ハナシ）故ニ。此戒（戒イナシ）經ニハ。無ニ二別ノ說時一被レ定歟。此事違スニ二經釋ノ起盡（起盡イ起ハ趣）ニ一。經（經イロ程）ニ旣ニ初坐菩提樹下成無上覺初結菩薩波羅提木叉（「ハ正）ト說ク。初坐ト表シ。初結ト宣フ。豈非レ云ニ二初成道ノ時說クト一レ之ヲ耶。若爾者。華嚴ノ說時ト全ク可レ同カル也

披（披ロ是以披ハ被）ルニ二解釋ヲ一。付テ二經文ノ始末ニ一委ク（委ハ悉）判ルニ二說時說處ノ相ヲ一。（大正藏四〇、五六九中十二行〜）復從ニ二天王宮一下モ至ニ二菩提樹下一。爲ニ二此ノ衆生ノ一說ク二盧舍那ノ初發心ニ一（從ロ論）所ノレ誦スル戒ヲ一（「イロハ戒）。即是十重四十八輕ナリ。華嚴ノ所說文來ルコト一未レ盡等云テ（云ハナシ）。華嚴ノ七處八會ト。此經（經ハ至）ノ十處ト。本坐ノ起不起。化樂（樂ロナシ）天ノ說法ノ有無。前後ノ坐（坐ハ座）席ノ同異等ヲ擧テ。（同、十七行〜）良ニ由ニ二聖迹難思ナルニ一。隨テレ機ニ異說スラク耳　文　解釋旣（旣ハ改）ニ以テ二此經ノ時處ヲ一全同シテ二華嚴ニ一。於テ二化儀ニ一有ニ二差（差イ若）異一事ヲハ隨機ノ異說ト釋也

此經ノ所被ノ機ヲ釋スル時モ。（同、十九行〜）所被ノ之人唯爲ニシテ「大士（「」イナシ）ノ一不レ爲ニ二二乘ノ一。華嚴ノ。（「一云カ）二乘ハ在テレ座ニ不レ知不レ覺等釋セリ。（大正藏四〇、五八五下。）依レ之ノ末ノ師釋ストシテ二初結菩薩波羅提木叉ノ文ヲ一。初結者。十地論（明曠疏）ニ云ク佛成道後第二七日也　文　山家大師。又（又イナシ）第二七日初結大戒ト釋タマヘリ。師資ノ釋義分明也。此經ハ最初成道第二七日ノ說也ト云事ヲ

若爾者。縱ヒ雖フトモレ約ストニ二華臺ノ舍那ニ一。他受用ノ化儀ナラハ尙非レ可ニ無カル二說時一。況（況ロ說）於ニ二樹下ノ釋迦ノ說ニ一者。豈無ンニ機應相關（關ロ缺）ノ時分（分イロハナシ）一耶。但。至（至イロ云）下一品一卷ノ意。可トレ同ス二舍那ノ自說ニ一（「ロ義云）云上者。華臺華葉ノ化儀ハ。既是報應二身ノ成道ノ儀式也。釋迦化身ノ隨機ノ傳說。何同カラン二臺上ノ化儀ニ一耶。抑又上下兩卷。一品一卷ノ二ノ廢立所レ驚レ耳也。爾者　（缺文）

答。付ニ二此經ノ說時ニ一可レ有ニ二惣（惣ハ總）別ノ二ノ意一云事。約シ二經ノ大旨ニ一。所レ任ニ二釋義ノ起盡ニ一也。所以ニ。於テ二梵（梵イナシ）網經ニ一有ニ二上下兩卷結成華嚴ノ意。有ニ二部ノ外ノ菩薩戒經ノ玄旨。若約ニ二上下兩卷ノ意ニ一者。既是華嚴ノ部ノ結經ナレハ。說時又可レ同ニ二華嚴ニ一也。令ニ二出難セ一給（給ロナシ）師資ノ釋義ハ悉ク約ニ二此意ニ一也。若又約ニ二一品

一卷ノ戒經ノ意ニ者。以ニ此經ヲ一代五時ノ教ノ中ノ一時一會ノ說ニハ不レ可レ同ス故ニ。與ニ他部一相對シテ必モ不レ可レ論ニ說時ノ前後ヲ一也。所以見ルニ經文ヲ一（大正藏二四、一〇〇三下十六行）。吾今來ニ此世界ニ一八千返ト云テ。釋迦番番ノ成道。同ク受テ二舍那ノ教敕ヲ一來テ二閻浮ニ一示ニ成ストヲ正覺ヲ一見タリ。仍テ於ニ臺上ノ舍那ニ一者。別シテ成道ノ初ニ說クトモ不レ見也。是以經ニハ。說ニ我本盧舍那佛心地〔地㋑ナシ〕中初發心中常所レ誦一戒光明。金剛寶戒文（同、二二～二行）。既〔既㋺疏〕云ニフ常所誦ト一。有トハ二說不說ノ不同ニ不レ云也。仍テ約ニ臺上ノ化儀ニ一者。不ルレ可レ論ニ別ノ說時ヲ一條勿論也

今可キレ有ニ惣〔惣㋩總〕別ノ二ノ意一歟ト云事ハ。付ニ釋迦ノ傳說ニ一。尙無トニ別ノ說時一云フ意可レ有レ之歟。既云ニフ〔「㋺說云〕說我本盧舍那佛〔佛㋑㋩ナシ〕常所誦等一之〔之㋭云〕故ニ。臺上ノ舍那ノ自說ノママニ〔ママニ㋩儘〕傳說スルニ成レハ。釋迦ノ傳說モ。隨機ノ一說トハ不レ可レ被レ云也。所以ニ上ノ長行ニハ舉テ十處ヲ一。菩薩ノ位行ヲ說クト述タレトモ。偈頌ニハ惣〔惣㋩總〕シテ誦我本師戒。十重四十八ト云フ（大正藏二四、一〇〇四上十四行）故ニ。十處ヲ悉ク攝スル二樹下ノ初結菩薩〔菩薩㋑ナシ〕波羅提木叉ノ化儀ニ一也。若爾者。一代ノ說教雖レ區マチマチナリト。以ニ此意ヲ一言〔言㋩云〕レ之者。誦我本師〔師㋺衍㋩本〕戒ノ外ノ事ニ非ス。何ソ可レ限ニ第二七日ニ耶。但又離テ二上下兩卷ヲ一非〔非㋑ナシ〕ルレ有ルニ二別部ノ經一故ニ。論ルニ別ノ說時ヲ意一向非レ無レ之。其方ハ。此經ハ別シテ成道ノ初ニ說トレ之云意可レ有レ之也。此卽諸佛之〔之㋩ナシ〕本源。行菩薩道ノ根本。衆生佛性〔佛性㋩ナシ〕ノ種子ナル戒法ヲハ。別シテ付テモ二化儀ニ最初ニ說トレ之〔「㋑之〕云フ〔「㋺也〕意可レ有也。若約ニ此義ニ者。臺上ノ化儀ナリトモ尙論スル二前〔前㋑㋺㋩先〕後〔後㋩德〕ヲ之意モ。誠〔誠㋩ナシ〕ニ非レ可レ無レ之也。仍テ可〔可㋩有〕トハレ有ニ兩フタツノ意一存申也

尋云。論ルニ別ノ說時ヲ方〔方㋩事〕ハ。限テ二上下兩卷ノ意ニ。一品一卷ノ意ハ。偏ニ無ト二說時〔說時㋩時時〕一可レ定歟如何。又臺上ノ舍那。自受用ノ定ニテモ有トニ別ノ說時一云意モ可〔可㋭ナシ〕レ有レ之歟如何

答。此ノ戒カ。佛法ノ根元ナル謂ヲ。付テニ化儀ニ顯レ之時ハ。初坐菩提樹下ノ說ト云意。付テモニ部ノ外ノ別意ニ何無ニ此義一耶。但其ノ下地ハ卽上下兩卷ヲ不レ可レ離歟。又自受法樂ノ化儀ヲモ對〔「㋩相〕シテハ二應迹〔迹㋑㋺㋩區〕一初トハ云意モ可レ有也。十地論ニ。華嚴ヲ第二七日ト云モ。初七日ヲハ顯ニ示〔示㋩ナシ〕自受法樂（樂大カ）一故 云云（大正藏二六、一二四上。取意）。若爾者。菩薩戒經ノ意ヲ以テ云レ之者。初ノ七日ハ臺上ノ舍那ノ自說ノ時。第二七日以下ハ華葉ノ釋迦ノ傳說ノ時ト擠〔擠㋑㋺㋩擬〕ヒタル也。其ヲ十地論ノ面ハ思惟ノ時〔時㋺ナシ〕ト述テ說法ストハ不レ云也

25〔梵網部外別有二一品一巻戒經一耶〕

問。梵網ノ部ノ外ニ別ニ有二一品一巻ノ戒經一耶

答。任ニハ相傳一義ニ。別ニ可レキ有二一巻ノ戒經一也

兩方。若有ト別ニ戒經一云者。今此ノ菩薩戒經ト者。梵網ノ六十一品ノ中ノ。心地ノ一品ヲ分テ爲ルニ兩巻一ト中ノ下巻ト文言全ク同シ。何ソ梵網ノ部ノ外ノ經ナラム耶。何況。首題ニ既ニ標ス二梵網經盧舍那佛說一ト。豈非二梵網ノ部一耶。　若依レ之爾ト云者。披二解釋一（義記、大正藏四〇、五六九下三～四行）。既別部外稱二菩薩戒經一 文 如二此所判一者。明ケシ梵網ノ部外ノ經ナリト云事

答。自レ元 云云 任ニセ大師ノ解釋ニ所レ存ニ相承ノ義ノ意ヲ也。所以三重玄所釋ノ菩薩戒經ト者。全非ニ梵網ノ心地品。上下兩巻ノ中ノ下巻ノ經ノ分ニ也。若彼ノ下巻ノ經ナラハ。序分・流通分不レ可レ具レ之ヲ。就レ之不レ可レ分ニ別三段一ヲ。今ハ梵網ノ部ノ外ノ菩薩戒經ナル故ニ。可レ分ニ三段一釋也。既別部外稱ニ菩薩戒經一（義記、大正藏四〇、五六九下四行）。就レ文爲レ三等ノ所判。其意分明也。但。至ニ文言不レト異云一者。雖レ云ニト部ノ外ノ經一ト。一向又離ニテ上下兩巻一ヲ別ニ非レ有ルニレ之也。故ニ於テニ一巻ノ經一ニ。或被レ取ニ上下兩巻ノ中ノ下巻一トモ。或ハ被ルレ云ニ一品一巻ノ戒經一ト可レ有ニ二ノ意一也。流通ノ二段卽此ノ意也ト見タリ。若爾者。不レト可レ有ニ相違一可ニ答申一

難云。此ノ戒經非ニト上下兩巻ノ中ノ下巻一ニ云事。頗ル所レ驚レ耳也。此ノ經ニ雖レ有ニト諸家ノ釋一。此意更ニ不レス見ニ於大師ノ解釋一ニ。其旨又不ニ分明ナラ一。偏ニ文ノ外ノ意樂・胸臆ノ義勢也。所以此梵網經ト者。傳記ノ說雖レ有ニ不同一。如ニ大師ノ解釋ノ者。（義記、大正藏四〇、五六九中～下）梵網ノ大本一百一十二巻六十一品ナリ。唯第十ノ菩薩心地品什師誦出ス。上下兩巻ナリ。上ニハ序シ二菩薩ノ階位一ヲ。下ニハ明ス二菩薩ノ戒法一ヲ 云云 此卽。什師欲ルニ渡サムト二此經ノ大本ヲ。邊地ノ機根緣薄シテ不レ可レ堪ニ受持スルニ一歟。梵本ヲ載スルニ船ニ。船欲ス漂沒セムト。仍テ只心地ノ一品ヲ暗誦シテ最後ニ誦出ス。惠融（道融カ）・道詳（道影カ）等筆受シテ爲ルニ上下兩巻ノ經一ト也。上巻ハ菩薩ノ四十位ノ功德ヲ明シ。下巻ニハ菩薩ノ戒法十重四十八輕戒ヲ說ク。菩薩所持ノ戒品。其相委悉ナル故ニ。此ノ下巻ノ經ニ與ヘテ二菩薩戒經ノ稱ヲ一別シテ令ニ持誦セ一也。何依テレ有ルニ菩薩戒經ノ名一非ストニ上下

兩卷中下卷可意得耶

是以披解釋。（義記、大正藏四〇、五六三上十二行〜）什師秦弘始三年來達漢境。光顯大乘匡維聖教。傳譯經論三百餘卷。梵網一本最後誦出。誓願弘宣云云 此專欲開三重玄述此經大意也。什師最後誦出梵網本中戒品云事。有何疑耶。仍釋義記。宋朝人師。皆上下兩卷中下卷經存者耶。就中與咸。此經有一卷二卷本不同事釋。唯什師所譯乃是今本。（卍續一—五九、二四三丁左上。與咸疏註）二卷〔者〕秖云梵網菩薩心地品。一卷者秖云菩薩戒本。由是考知。什師誦出心地二卷。「上卷」明菩薩階位。下卷明菩薩戒法。什師於此中別出戒法一卷令人誦持云云 凡自他宗人師所解。此趣更無異途者耶

但。至既別部外稱菩薩戒經釋者。雖爲兩卷中下卷。別名菩薩戒經弘通故。且以有一經稱一往分別三段計也。非梵網部云不可意得歟。於一卷經或被云兩卷中下卷。或被稱部外經云二意可有之云事如何。道理太不可然。其例又曾不聞之。次流通二段。卽兩卷・一卷二流通也云事。此又難思。釋云。一流通戒制輕重。二流通此一品云云 戒制輕重者。經中所明十重四十八輕戒指也。故心地品中下卷戒法流通也。此一品者。此心地一品總流通也。全上下兩卷。部外一經二意不見者耶。抑末師釋。初流通一經。次流通一品文（大正藏四〇、六〇一上）大師御釋參差歟。如何可意得耶

答。梵網部外。有一品一卷戒經云事。誠諸方學者未置心事也。宋朝人師。道熙・蘊齋・與咸等共不得義記本意。不辨三重玄深旨。偏以此經華嚴部結經。梵網心地品。上下兩卷中下卷經存。有部外別意事更不辨之也。大師遠尋經四戒三勸玄旨。近明什公一言三復旨趣。異諸經論解釋。始於此戒經立三重玄義給。明知。於此經有異諸經別意云事。仍此經

若大本中心地一品。序及流通皆闕。正宗「諸品中一品。」正宗一段尚不可周備。況於三段具足義耶

然此經。梵網部外稱菩薩戒經別意有之故。此時。華嚴梵網大部。乃至一代半滿諸教。還收攝此一卷謂有之故。全三段闕減失不可有之。既別部外稱菩薩戒經。就文爲三云。被分別三段此意也。但。至所難旨者。今所云一品一卷菩薩戒經者。自元上下兩卷下卷經外別有其本云非也。以此經爲華嚴能結經。屬梵網大本中隨一心地一品時。下卷所明戒品。常途大小相對菩薩戒分齊故。癡闇凡夫輒難受得。而上卷階位入下卷戒法。一卷菩薩戒經外。華嚴・梵網大部別無之。一代佛法悉歸入舍那一戒光明。金剛寶戒體之時。始末法邊地凡夫受得佛戒入佛位之益有之。此爲菩薩戒經玄旨也。此事限此經深旨故。其例誠可希者也。與咸釋等自元不辨義記本意上者。不可及會通

次。流通二段事。全非所難旨。流通戒制輕重者。上下兩卷中下卷戒法流通分也。流通此一品者。一品一卷菩薩戒經流通云意也。次下正釋一品流通段。（大正藏四〇、五八〇上十六行～）爾時釋迦第二章。惣流通一品一卷戒本云云 其意分明者耶。次。至末師釋「者。自元」與大師釋不可全同。雖然初流通一經者。梵網一經分戒法流通云意歟。次流通一品者。一品一卷流通云意示歟。若爾者有何失

26〔就菩薩戒經分三段方何〕

問。就菩薩戒經分三段方何

尋云。菩薩戒經偈頌以前長行文。此經序分所攝可云耶

答。此事輒以難定申。序分所攝云意可有之歟

兩方。若如所答者。披解釋。從初偈長行（大正藏四〇、五六九下四～五行）訖

清淨者一ニ爲レ序ト文如ニ解釋一者。偈頌以前ハ非ニ此經ノ三段ノ所攝ニ聞タリ。　若依レ之爾云者。十一行半ノ偈ハ。爲ニシテ舍那發起〔起㋺記〕ノ根本一ト顯ニハス四戒三勸ノ玄旨一ヲ。專可レ云ニ此經ノ正宗一ト也。偈頌以前ノ長行ニ既ニ明ニス釋迦傳說ノ由來一ヲ。以レ之可レ爲ニ序分一ト者ヲ耶

答。此事輒雖レ難ニ定申一。以ニ偈頌已前一ヲ屬ニスル序分ニ意。何一向無レ之耶。其旨顯タリ二一邊ノ疑難〔疑難㋑㋺㋩難勢〕一ニ。凡ソ經ノ初ノ長行者。以テ上卷ノ階位一ニ入レテ下卷ノ戒法ニ成ニス一卷ノ戒經一ト。結前生後ノ文也。以レテ之屬ニセハ三段一ニ。尤可レ云ニ序分ノ所攝一ト也。但。至下偈頌ハ可レト爲ニ正說一ト云上ニ者。誠ニ雖レ可レ爾〔爾㋩然〕。我今盧舍那以爲ニル發起序一ト也。正クハ就テ下爾時釋迦牟尼佛〔㋩佛㋑㋺如來〕（經、大正藏二四、一〇〇四上二三行）。初坐ニ菩提樹〔提樹㋩薩〕下ヲ爲シテ一卷ノ戒經一ト分ニ三段一ヲ時。此偈冠ルニ經ノ初一ニ故ニ。且ク下一以後ノ文上ニ。可キレ分ニ別ス三段一ヲ也。爾者〔無レ失〕

難云。所答ノ旨趣。太タ〔大㋑太〕以不レ明。凡ソ此ノ戒經ハ。梵網ノ大本ノ中ノ心地ノ一品。上下兩卷ノ中ノ下卷ノ戒法〔法㋑㋺㋩經〕也。纔ニ正宗ノ一品〔品㋑㋺分㋩分而〕ニシテ。序及〔及㋩分〕流通雖レ不レ可レ備ハル。別シテ名テ菩薩戒經一ト弘通スル故ニ。且准〔准㋩準〕ヘテ他經ノ例一ニ於ニ此ノ一卷一ニ分ニ別スル三段一ヲ也〔也㋑之〕。

若爾者。下卷ノ經ノ初メニ雖レ有ニ長行ノ文一。此猶上卷ノ所攝〔者㋩云〕也〔也㋺云〕。調卷シテ置ニク下卷ノ初一ニ計也〔計也㋑許㋺許也〕。正キ菩薩戒經一ト者。我今盧舍那以〔以㋺已〕下ノ文也。何以ニ偈頌以前〔以㋺已〕ノ文一ヲ可レ爲ニ此〔此㋑云〕戒經ノ三段ノ中ノ序分ノ所攝一ト耶。但。至〔至㋺云〕ハ結前生後ノ文ナリト云一ニ〔「㋺至〕者。此ノ結前生後ノ文ハ。上下兩卷ノ時ハ。上卷ノ攝歟。下卷ノ攝〔攝㋑接〕歟。上卷ノ所攝ナラハ。全ク菩薩戒經ノ三段ノ中ニ不レ可レ入レ之。若又下卷ノ文ニシテ可レ爲ニ序分ノ所攝一者。大師何自ニ經ノ初一不シテレ取ニ序分一ト。偈頌ヲ序分ノ初ナリト釋給耶

次ニ又十一行半〔半㋩末〕ノ偈ハ。專明ニト一品一卷ノ大意一ヲ意得歟。若爾者。三段ノ中ニハ尤可レ爲ニ正宗一ト。不レ然者惣〔惣㋩總〕シテ不レ可レ取ニ入三段ノ中一ニハ也。何從ニ初ノ偈一序分ナリト可レ釋耶。但。至下冠ルト二經ノ首一ニ云上ニ者〔者㋩云〕。偈頌已〔已㋩以〕前ノ長行。既ニ雖レ有〔有㋩在〕ニ經ノ初一ニ。取テレ之不レ爲ニ序分一ト。偈頌又雖レ冠ニト文ノ初一ニ。所說ノ文理。若非ニ序段ノ趣一者。何可レ被〔被㋑㋩致〕レ屬ニ序分ニ耶。次又。爾時釋迦以〔以㋺已〕下ノ長行ヲ。正クハ可レト爲ニ序分一ト云事。此モ尚所レ難レ思也。初ノ偈ハ。明ニシ舍那ノ發起一ヲ。長行ハ。明ニ釋迦ノ勸發一ヲ〔「㋑㋺㋩云云〕。其意全ク一轍也。偈頌若〔若㋩者〕非ニ三段ノ所攝一ニ者。長行又可レ同也。偈頌ニハ。說キニ受

持誦ノ三勸一ヲ。長行ニハ。明下受持誦學ノ四勸上。三勸四勸只是開合ノ不同也。何偈頌ハ非下シテ序分上ニ。長行ハ序分也ト可レ定耶。何況。勸發序ノ中ニ所レノ明。得果ノ三句。行因ノ三句。専ラ此ノ經ノ奥旨也。但解法師語盡受得戒ノ說。豈非レ顯ニ言說法身ノ深旨一ヲ耶。何以レ之可レ屬ニ此經ノ由序一耶

答。此事誠ニ所レ難ニ定申一也。於ニ偈頌以前ノ長行ノ文一ニ者。大師既ニ不レ被レ入ニ此經ノ三段ノ中一ニ上者。序分ニ屬シ不レ屬。大師ノ密意難レ測。雖レ然上下兩卷ト者。上ニハ序シ二菩薩ノ階位一ヲ。下ニハ明ニ菩薩ノ戒法一ヲ。階位ト與ニ戒法一所レ學不同ニシテ行相各別也。故ニ分テ爲シテ兩卷ト辨ニ其ノ差異一ヲ也。而ニ上卷ノ階位ヲ入テ二下卷ノ戒法ニ一。三學共ニ歸ニ入シテ舍那ノ戒藏ニ一。一戒光明金剛寶戒ト被レ云意有レ之。欲レ顯ムト此別意ヲ之時。什公卽別シテ稱シテ菩薩戒經一ト被レ弘ニ通之一ヲ也。仍テ偈頌已前ノ長行ト者。結シテ上卷ノ階位一ヲ說ニ入レテ下卷ノ戒法ニ作リ立ル一卷ノ戒經一ヲ。結前生後ノ文ナル故ニ。雖レ非ニ正キ戒經ノ本體一ニ。若攝セハ三段ノ文ノ中ニ者。此文ハ欲ル成ント今ノ戒經ノ玄旨一拵ヒ。未タ此經ノ正體ニ非ル故ニ可レ屬ス序分一歟ト存計也。大師ハ正シキ戒經ノ本文ニ付テ分タルル三段ヲ故ニ。自ニ偈ノ初一分ニ三段一給也

但。至下此文ハ可ト上卷ノ所攝ナル云上ニ者。此ハ階位戒法ノ結前生後ナレハ。偏ニ上卷トモ不レ可レ被レ取。又下卷トモ不レ可レ定也。强テ配ニ當セハ兩軸一ニ。爲ニ是中一切大衆一略開ニ心地一竟マテハ（經、大正藏二四、一〇〇三下十八行～）結前ナレハ上卷ノ攝也。復從ニ天王宮一下至ニ閻浮提菩提樹下一。爲此地上一切衆生以下ハ（同、十九行～）生後ナレハ。下卷ノ攝トモ可ニ意得一也。是以山家大師。下卷ノ文ト引給也

次。至下偈頌ハ不レト可ニ三段ノ所攝ナル云上ニ者。此レ尤モ可レ然。初ノ偈ハ明ト舍那ノ發起一釋スル故ニ。約セハ舍那ノ自說ニ實ニ非レ可レ云ニ序分ト也。三段ノ分別ハ。約ニシテ釋迦ノ傳說ニ可レ辨レ之故ニ。釋迦ノ勸發序カ正キ此經ノ序分ノ體ニテハ可レ有也。然而釋迦ハ出テテ自ニ舍那ノ戒身一傳ニ說スル舍那ノ戒ヲ故ニ。約ニシテ釋迦ノ說ニ舍那ノ發起ノ位ヲ且ク取ニ序分ト也

次。至ニハ偈頌長行。其ノ「意一致也ト云ニ者。自レ元此ノ經ハ。是盧舍那誦。我亦如レ是誦ナル故ニ。」（大正藏二四、一〇〇四上十二行）舍那ノ發起ヲ受取テ釋迦ハ流通スル也。仍テ勸發ト者。卽流通ノ義也。故ニ序正モ一

同ニ。三段モ强ニ不レ可ニ（「㋑㋺㋩有）差異一也。或ハ約シテニ戒體戒行一ニ且ク辨ヘニ序正ノ起盡一。或ハ就テニ略說廣說一ニ聊論ニ其ノ不同一ヲ許（許㋺㋩計）リ也。指シテニ序分ノ文一ヲ。（同、一〇〇四中十四行）我已略說波羅提木叉相貌ト云ヘル此意也

尋云。一品一卷ノ正意ハ。偏ニ在ニ戒體受得ノ一事一ニ。舍那ノ發起・釋迦ノ勸發ト云者。專說ニ顯戒體發起ノ相一也。以レ之爲ニ序分一事。其意尚不レ詳。又十重以（以㋺已）下ハ。此戒體ノ上ノ戒行ノ相也。此卽一品一卷ノ上ニ。上下兩卷ノ意ニ立返テ辨ニ持犯ノ相一也。此ハ猶非ニ戒經ノ正意一。何以レ之可レ爲ニ正宗（宗㋺意）一耶

答。此事誠ニ所レ難レ思也。但シ序分ヲ爲シニ戒體一ト。正宗ヲ爲ニ戒行ノ相一ト事。其意雖レ非レ無キニ之。一邊ニ如レ然不レ可ニ取（取㋑㋺㋩被）定一也。三勸四勸ノ中ノ初ノ受ハ。戒體也。持誦學等ハ。戒行ノ相也。故ニ序中ニ非レ不レ明ニ戒行ノ相一ヲ。又下ノ正宗文。偏ニ戒行（行㋑ナシ）トモ不レ可ニ治定一。十無盡戒ト云ハ。戒體意也。輕重ト分別スルハ。戒行也。故ニ且ク略シテ戒體戒行大旨ヲ述ルヲ爲レ序。廣ク十重四十八輕ト說テ。委ク明スヲニ戒體（戒體㋑ナシ）戒行ノ相一ヲ爲ニ正宗一ト歟。故（故（底）ナシ）ニ略說廣說ヲ爲ニ序正一ト。況又。（「㋺得）受持誦ハ卽三段ノ意也。仍テ序ニハ。專明ニ戒體受得（得㋺持）ノ相一ヲ。正宗ニハ。明ニ十重四十八輕ノ持相一ヲ。流通ニハ專明ニス誦ノ相一ヲ也

27〔菩薩戒經意。舍那・釋迦成道。爲ニ同時一爲ニ異時一耶〕

問。「菩薩戒經ノ意。舍（舍（底）遮）那・釋迦ノ成道（道㋩佛）。爲ニ同時一爲ニ異時一」耶

答。雖レ有（有㋩ナシ）レ所レ可レ思可ニ同時一歟

兩方。若同時者。舍那ハ是內證ノ本身。釋迦ハ卽應迹ノ化身也。若爾者。內證ノ成道先キニ成シテ。後ニ方ニ可レ起ニス隨機ノ應用一ヲ也。何ゾ臺葉ノ成道可ニ同時一ナル耶。　若依レ之爾（「㋑㋺㋩云）者。見ニ經文一。（大正藏二四、一〇〇三下～四上）我今盧舍那。方坐ニ蓮華臺一 乃至 各坐ニ菩提樹一。一時成ニ佛道一 文 如ニ此ノ經文一者。舍那・釋迦一時ニ成スト二佛道一ヲ聞タリ

答。自レ元 云云 舍那・釋迦ノ成道不レ可ニ前後一歟ト云（云㋑之）事。所レ任ニ宗ノ大旨一ニ也。所以菩薩戒經ノ意ハ。三重本末（本末㋑聲末）ノ成道ハ卽是舍那成道ノ儀式也。主伴不レ可ニ相離一ス。何可レ論ニ前後一ヲ耶。但。至下內證外用不レト可ニ同時一云上者。天台ノ意。既ニ談ニス三身並常（常（底）㋑㋺成）倶體倶用一ト。（天玄四、三四九。釋籤）戒經ノ意。彌（彌㋑㋺ナシ）不レ可レ存ニ本迹差別ノ

義也。若爾者（缺文）

難云。三身成道。同時異時事。於天台宗猶難一決事也。況於戒經宗旨者。別可有子細歟。臺上舍那是諸佛本源。內證常身也。頗難論正覺之初。釋迦機前應現。一期化導有初有終。何本迹成道同時可云耶。是以見經文。舍那先成正覺說此經。釋迦受舍那付屬至閻浮提菩提樹下初成道相示見。「サレハ」吾今來此世界八千返（大正藏二四、一〇〇三下）云。釋迦成道番番示現。隨時不定。舍那正覺久住華臺無所改見者耶。解釋此事。（義記、大正藏四〇、五六九中一～四行）尋文始末。有千釋迦（與）千百億釋迦。各攝有緣皆至舍那所。受菩薩戒藏。然後各坐道場。示成正覺。覆述說法。凡有十處 文 舍那・釋迦既能化所化也。豈師弟同時可成正覺耶

但。至三身一體主伴不可相離云者。彼相卽門談也。今所尋者。事成道前後也。何可存混亂之義耶。若又臺葉相關故可同時云者。三重本末成道打任別佛果成相也。若爾別教意又三身成道同時可申歟。釋云。報應但是相關而已。不得相卽（天玄四、四〇九。玄義）。此是別佛果成相也 云云 圓意。專明一成一切成義。（同、四一〇。玄義）三佛具足無有缺減。三佛相卽無有一異義論雖。此只以相卽意前後成道同時談也。非今所論者也

次。至各坐菩提樹。（經、大正藏二四、一〇〇四上三行）一時成佛道文者。此千釋迦。千百億釋迦成道同時事說也。全臺上舍那一時云非也。所以。我今盧舍那（同、一〇〇三下二九行）。方坐蓮華臺一句。舍那本身。舍那本土釋別置之。周匝千華上（同、一〇〇四上一行）。以下一時成佛道釋（大正藏四〇、五七〇上九行～）。一明迹中之本。二明迹中之迹。三明本之與迹皆成佛道 文 故一時成佛道云。迹中本迹成道一時事述定也。若爾者。舍那成道全此中不可攝也

答。此事誠雖難定申。舍那・釋迦本迹成道可同時歟云事。所任宗大旨也。凡三身成道同時異時事。天台大事也。而處處釋義。或三佛具足無有缺減（天玄四、四一〇。玄義）。

三佛相即無有一異トモ釋シ。或ハ三身並常倶體倶用トモ判シ。（同、三四九。釋籤）或ハ佛於三世等有三身。於諸教中祕之不傳トモ釋シタマヘ（天文五、二二八六上。文句）リ。於ニ此ノ倶體倶用ノ三身ニ。一ハ前ニ成シ一ハ後ニ成スト云ハン事。可レ違ニ無作ノ三身ノ大旨ニ歟。若爾ハ。此經所說ノ三重ノ成道。縱准トモニ常途ノ結成華嚴教ノ心ニ以テ圓佛果成ノ邊ヲ意得ル時ハ。一成一切成ノ儀式ナルヘケレハ。全ク不レ可レ存ニ本迹各別ノ義ヲ歟。況ヤ於ニ戒經ノ深旨ニ者。彼ノ法華ノ無作ノ三身ノ至極ヲ。舍那ノ功德ト意得ル故ニ。釋迦ノ成道全ク舍那ノ正覺ノ外ノ事トハ不レ可レ存也

但。至ニハ經ノ說相前後スト見タリト云ニ者。欲ル說ニ顯ムト四戒相傳之意ヲ故ニ。舍那傳ヘ釋迦ニ。釋迦傳ヘ菩薩ニ。菩薩傳ニト衆生ニ云「ハントスル」也。此ノ四戒相傳ノ姿ヲ。即チ舍那ノ發起ノ相ト釋スル故ニ。菩薩ノ戒。衆生ノ戒マテモ猶不ニ前後ノ之謂可レ有レ之。況ヤ於ニ舍那ノ釋迦ノ成道ニ耶。此則三重ノ成道ト者。如ニ前ニモ答ルカ。舍那正覺ノ相。報佛成道ノ儀式也。而ニ此經。華嚴ノ結經ト被レ云方ニテハ他受用ノ成道ノ相也。故釋シテニ報應但是相關而已トニ。（天玄四、四〇九。玄義）別佛果成ノ相トハ釋タマフ也。其モ報應ノ成道前後スト不レ可ニ意得一歟。若又圓ノ意ナラハ。即是レ一成一切成ノ相ナルヘキ故ニ。可レ爲ニ三身ノ成道同時ノ潤色一也

是以。文句第九ニハ。（天文五、二二四八上）梵網經結成華嚴教トハ釋スレトモ。（同前）華臺爲レ本。華葉爲レ末。別爲ニ一緣ノ作ニ如レ此說ノ。而本末不得相離ト云テ。（同、二二四九下）惣シテニ衆經ノ之意ニ。當レ知三佛非ニ一異ト明矣ト釋シテ。證ニ本地ノ三身ヲ也。況ヤ戒經ノ意ハ。此三重ノ成道ト云ハ。即自受用報身ノ成道ノ相ナルカ故ニ。本末相離シテ。內證外用ノ成道前後スハ。不レ可レ得レ意也

次。至ニ吾今來ニ此世界ニ八千返ノ文ニ者。（經、大正藏二四、一〇〇三下十六行）示ニ本迹ノ相ヲ之時如ク此云也。以レ實是ヲ云ハ。此ノ八千返ノ番番ノ應迹カ。即チ舍那ノ本身ト一ナル方ニテハ。八千度ノ成道モ。即チ不ニトモ前後ノ可レ被レ云也。次一時成佛道ノ文。約ニト迹中ノ本迹ニ云事ハ。實ニ然見タル歟。若。舍那ノ成道ト同時ナル謂無レ之者。迹中ノ成道モ一時ナラン事ハ。頗可レ難レ思歟。衆生成佛ノ機緣純熟セン事。十方ノ化儀何必可ニ同時ナル耶。而ニ千ノ釋迦・千百億ノ釋迦ノ成道カ同時ナリト云ハ。源ト依ニ舍那正覺ノ無キニ前後ニ也

（この項㊁本のみ）

27-2〔舍那・釋迦成道。爲ニ同時一爲ニ異時一耶〕

問。舍那・釋迦成道。爲ニ同時一爲ニ異時一耶

私云。此題ハ右ト同也ト云ヘトモ。異本ナル故。私ニ書入ルル者也

答。此事幽玄雖レ難ニ定申一。且可ニ同時一歟

兩方。若同時也ト云ハハ。盧舍那佛ト者。釋迦ノ本身也。從本垂迹何前後耶。　若依レ之爾云者。見ニ經ノ文一ヲ。我今盧舍那。方坐ニ蓮華臺一乃至各坐ニ菩提樹一。一時成ニ佛道一文（經、大正藏二四、一〇〇三下～四上）如ニ此經文一者。舍那・釋迦一時ニ成道ストリ聞タリ

答。自レ元云云舍那・釋迦ノ成道ノ同時前後幽玄ニシテ雖レ難レ測。可ニ同時一歟云事所レ存ニ經ノ大旨一也。其旨如下一邊ニ令ニ出難一經文上但。至下舍那・釋迦本迹ナル故ニ可ト前後一云上者。本迹不レ可ニ相離一故ニ。內證外用前後ストハ不レ可ニ意得一也。彼ノ如レ云ニ本迹雖レ殊不思議一ト有ニ何失一可ニ答申一

難云。舍那・釋迦ノ成道可ニ同時一云事。道理モ不レ可レ勝ル。又不レ順ニ經釋ノ文ノ起盡ニ也。凡三重本末ノ成道ハ。示ニ從本垂迹ノ儀式一也。舍那先キニ唱ニ內證ノ成道一現シ葉上ノ千ノ釋迦一。又現ニ千百億ノ葉上中ノ小釋迦一也。本身先キニ成テ。應身後ニ可レ顯。何眞應本迹同時ニ可レ成ニ正覺一耶。但。至ニ一時成道ノ文ニ者。初メニ我今盧舍那。方坐ニ蓮華臺一ト者。未レ指ニ成道遠近一ヲ。只出ス舍那內證ノ本身一ヲ許也

次ニ。周匝千華上。後（復カ）現千釋迦。一華百億國。一國〔一〕釋迦。各坐菩提樹。一時成佛道ト者。（經、大正藏二四、一〇〇四上一行～）釋迦ノ迹ノ成道ノ。於ニ千百億ノ世界ニ同時ナル事ヲ說也。全ク舍那・釋迦ノ成道同時ナリト云ニハ非耶。是以見ニ解釋一。云（釋カ）トシテ周匝千華上以下ノ文ヲ。一明ニ迹中之本一ヲ。二明ニ迹中之迹一。三（三㊁カ）明ニ本ト之與レ迹皆成コトヲ佛道ヲ一〇三各坐トイフヨリ下三明ニ本迹倶ニ成コトハ佛道一。此明ニ迹中ノ本迹皆成コトヲ佛道一也文（義記、大正藏四〇、五七〇上九行～）所判明ケシ一時成佛ト者。約ニ迹中ノ本迹一ニ云事。於ニ舍那ノ正覺一者。全ク同時ナリトハ不レ云者耶。何況。見ニ上ノ長行ノ文一ヲ。釋迦受テ舍那ノ敕一來テ此ノ南閻浮提ニ示ス成ニ正覺一事ヲ云トシテ。吾今來ニ此世界一八千返矣（經、大正藏二四、一〇〇三下十六行）明ニ知ヌ於ニ舍那ノ正覺一者。釋迦八千返來現以前ニ久ク成レ之云事。但。至下本迹不ニ相離一不思議一也ト云上ハハ（者カ）。縱ヒ雖ニ內證外用前後一ストモ。約シテ時節ノ不思議ニ論セ眞應一體ノ義ヲ者。同時ノ義不レ可レ妨レ之。今所レ疑者。約シテ事ノ

成道ニ同時前後ヲ尋ル也
抑。今舍那・釋迦成道同時ナリト云者。今日釋迦示應迹ノ成道之時。舍那ノ本佛モ同時ニ始メテ唱ニ內證ノ成道一ヲ云也。將又昔シ舍那成ニ正覺一之時。本迹同時成道スト云歟如何
次ニハ。又末師(明曠)釋ニハ此事。(大正藏四〇、五八五上)華臺ヲ名ニ舍那一華葉ヲ名ニ釋迦一ト。釋迦ヲ爲レ伴ト舍那ヲ爲レ主ト。主伴相關シテ受ニ法王ノ職一。同時ニ成道カ(佛カ)故云ニ各坐等一云云 今所答ノ趣。卽依ニ此ノ釋一ニ成(同)時時ノ義歟如何(道同カ)
答。此事幽玄シテ甚以雖レ難レ明メ。且ク約ニ經釋ノ大旨一云者。釋迦ノ成道同時ナルヘキ歟ト所ニ存申一也。凡ソ三身相卽倶體倶用ハ。圓佛果成ノ大體也。一成一切成ノ正覺。何可レ論ニ本末前後ノ義一耶。今ノ菩薩戒經ノ意ハ。後ノ意ハ。後ノ法華ノ本門壽量ノ無作三身ヲ。盧舍那ノ戒身ト說也。是以釋トシテニ我今(經、大正藏二四、一〇〇三下二九行)盧舍那經文一。(義記、大正藏四〇、五六九下二四行~)佛身四種。一謂法身。二謂眞應。三謂法報應等釋セリ。此卽二身三身。全ク舍那ノ一ノ法身ヲ種種ニ分別スト釋也。若爾者。舍那ハ如何ニ成シ。(前カ)釋迦ハ後ニ應ストハ不レ可ニ意得一也

但。至ニ從本垂迹ノ故ニ可ニ前後一者。分テ舍那ノ一ノ本身ヲ爲ス千百億ノ迹ノ身ト。約レハ本ニ三世十方只一ノ舍那也。約レハ迹ニ隨機ノ示現非レス無ニ前後一。既指ニ迹ノ釋迦ノ成道一。一時成佛道ト說ク。偏ニ約ニ迹ノ化儀一者。爭カ無ニ前後一耶。此卽雖モ二種種不同ナリト。舍那ノ一ノ戒身ヲ不レ離之故ニ。一時成佛道トハ說也。故ニ云ニ一時ト者。約ニ舍那ノ正覺一也。故ニ釋迦ト釋迦(舍那カ)トノ成道ノ同時ナル事モ。依ニ舍那一體ノ事義一也。豈此ノ舍那ノ成道ヲ對ニ釋迦一前後差別スト可レ申耶
次。至下迹中本迹皆成ニ佛道一等ノ釋上ニ者。擧テ迹中ノ本迹ノ成道ノ一時ナル事ヲ。顯ニ舍那ノ成道ノ同時ナル義一也。全ク迹ノミ同時ニ成テ。本ハ前後スト釋ストハ不レ可ニ意得一也
次。至下吾今來ニ此世界一八千返ノ文上ニ者。橫ノ千百億ノ化儀モ。竪ノ八千返ノ應迹モ。三世十方舍那ノ實體ト同時ナル義ヲ成也。舍那先ッ成テ。其後ニ八千返ノ示現有レ之云ニハ非也
次ニ同時成道ト者。今日ノ釋迦示スニ成道ノ相ヲ一之時。舍那成道同時也ト云ニハ非ス。十方三世ノ諸佛與ニ舍那一同體ナル故ニ。迹ノ成道モ同時ナリト可ニ意得一也。今日以前ニハ。舍那モ釋迦モ

未レ成ニ正覺一ヲ云ニハ非也

次。至ニ明曠ノ釋一ニ者。彼ハ猶付ニ法體以前ノ始成正覺面一ニ作レ釋之故ニ。大師ノ解釋ノ意ニハ不レ同カラ也。故ニ雖レ云ニト主伴相關。同時成佛一ト。只是於ニ今日一番ノ成道ノ上一ニ論ニ同時ノ義一ヲ也。況ヤ彼ノ疏ノ意ハ。華臺舍那ト者。他受用報身也。華嚴ノ教主ノ分齊也。今ハ戒經ノ宗ハ法華開顯ノ上ニ所レ立也。仍テ上冥（天文五、二二七一下。文句）下契。三身窮（宛カ）足ノ自受用報身ノ至極ヲ今今（ママ）ハ名ニ舍那ノ戒身一ト故ニ。全不レ可レ同ニ彼ノ疏ノ意一ニハ。若爾者　（缺文）

（以上この項㋺本のみ）

28〔未證凡夫。入ニ蓮華臺藏世界一聞ニ舍那說戒一耶〕

問。未證凡夫。入（入㋺ナシ）ニ蓮華臺藏世界一聞ニ舍那ノ說戒一ヲ耶

答。任ニ經文解釋一ニ者。聞レト之ヲ見歟

兩方。若如ニ所答一ノ者。盧舍那ト者報身。蓮華臺藏（藏㋺ナシ）世界ト者報土也。若不レ叶（叶㋩可）ニ斷無明證中道ノ位一ニ者。豈入ニ報土ノ境界一ニ聞ニコト報身ノ說法一ヲ可レ有耶。

若依レ之爾者。（「㋩云）見ニ經文一ヲ。（經、大正藏二四、一〇〇四上五行～）千百（百㋑㋺萬）億釋迦。各接ニ微塵衆一。俱來ニ至（至㋑ナシ）我所一。聽ニ我誦ニ佛戒一文。解釋受（受㋩承）レ之。（義記、大正藏四〇、五七〇上二四行～）各接下明ニ所接之（之㋑ナシ）人一。接者接ニ取有緣一之義也ト釋セリ。如ニ此ノ經文釋義（釋義㋑㋺㋩解釋）一ノ者。釋尊攝（攝㋩接）ニシテ界內所化ノ凡類一ヲ至ニ界外ノ舍那ノ所一ニ見タルヲ耶

答。自レ元云云所レ任ニ「經文釋義ノ」（「」㋑經釋㋺㋩經文）大旨一ニ也。凡ソ此宗ノ意者。舍那ノ佛戒發ニ起ストモ癡闇ノ凡夫一ニ談也。若爾者。舍那報身ノ功德不レ隔ニ未證ノ凡夫一ヲ故。蒙テ釋尊ノ攝取一ヲ至テ報身ノ所一ニ。聞ン舍那ノ說戒一ヲ事不レ可レ妨レ之歟。但。至ニ道理ノ難一ニ者。此ハ常途ノ諸（諸㋑㋺說）教ノ意也。戒經ノ別意ハ。可レ異ニ常談一ニハ歟可ニ答申一

難云。同居ハ。未斷惑ノ凡夫ノ生處。方便ハ。五人斷通（通㋺道）惑盡ノ所居。實報土ハ。斷無明證中道ノ菩薩ノ所住也（也㋩ナシ）。寂光ハ。唯佛與（與㋩子）佛ノ境界也。此經ノ教主ノ盧舍那。若自受用ナラハ。蓮華臺上ハ卽一（一㋩可）ノ寂光土ナル故。唯是妙覺極智之所照。（大正藏三八、五六五上。維摩略疏）（同、七〇四中）法身靈智ノ所栖「ナルヘシ」（「」㋩ナシ）。若他受用ナラハ。地住已上ノ法身ノ大士ノ所居。斷無明證中道ノ菩薩ノ生處ナルヘキ也。未證ノ凡夫ハ。方便有餘ノ國土。猶隔ニ境界一ヲ。況ヤ於ニ實報華王ノ土一ニ耶。況ヤ於ニ寂光ノ依正一ニ耶。但。至ニ經文解釋一ニ者。雖レ云ニト各攝（攝㋩接）微塵衆一ト。未レ定ニ未證ノ凡夫一トモ。攝（攝㋩接）ニ取トハ有緣一ヲ見（見㋩釋）タレトモ。誰カ知ル住

行向地ノ菩薩ニモヤ有ラン

次。至下舍那ノ戒體不レ隔ニ凡夫ヲ云上者。此只依テ師資相傳ノ緣ニ受ニ持シテ佛戒ヲ。令レ至ニ末法邊地ニ時キ。凡夫ノ上ニ有ニト其義ニ云計也。以ニ未斷惑ノ凡夫身ヲ入テ實報寂光ノ境界ニ。直ニ聞ニ舍那ノ說ヲ云ハン事。縱ヒ雖モ此經ノ意ニ。全不レ可レ許レ之者耶

答。大旨如レ前。凡ソ此ノ戒者。盧舍那佛。爲ニ妙海王子及千ノ王子ニ授ルレ戒ヲ法也ト見タリ。既有ニ王子ニ未レ斷セ欲惑ヲ人也。雖ニ報身報土ノ儀式ナリト。不レ妨ニ凡夫衆ノ在座ヲ事無レ疑。是以經ニハ。（經、大正藏二四、一〇〇四上五行）云ヒ各接微塵衆ニ。釋ニハ（義記、大正藏四〇、五七〇上二五行）接ニ取有緣ニ之義也 文 不レト限ニ深位ノ大士ニ云事。經文解釋不レ可レ諍レ之。釋尊「有緣之」機ト者。指ニ道樹最初結戒ノ時キ所レ集大衆ヲ歟。若爾者。（經、大正藏二四、一〇〇四上二六行～）百萬億ノ大衆諸菩薩。十八梵〔天〕六欲天子十六大國王等也。此豈非ニ凡夫ニ耶。此卽爲ニ此地上一切衆生凡夫癡闇之人ニ。說ニ我本盧舍那佛心地中 乃至 一戒光明（同、一〇〇三下二〇行～）金剛寶戒トテ云。以テ癡闇凡夫ヲ爲ニ此ノ戒ノ正機ト故。只於ニ樹下ニ始テ非レ聞ノミニ釋迦ノ傳說ヲ。依テ釋尊ノ加被ニ至テ舍那ノ所ニ直ニ聞ニ舍那ノ說ヲ謂可レ有也。但。至ニ界內界外ノ分別。斷惑證理ノ次第等ニ者。如ニ先ニ辨申ニカ。皆是上下兩卷ノ意也。不レ可レ關ニ一品一卷ノ別意ニハ。非ニ例難ノ限ニ歟

㊇傍註　一戒光明。旭云。是古先諸佛展轉相傳非ニ是創立。（卍續一-六〇、三三五丁右上。合註）卽是第一最上微妙之戒也。法銑云。先前無レ異。故云。一戒善珠亦同。或云。一者圓滿之義。此十重無盡藏中諸戒圓滿無ニ缺減ニ故曰ニ一戒ニ 文

尋難云。上下兩卷ノ經ノ中ニ。同有ニ各接微塵衆。俱來至我（大正藏二四、一〇〇四上）所ノ文ニ。如何可ニ意得ニ耶

會云。別圓力トヲ可レ云歟。神力加被。令暫得見ト云カ如シ。（大正藏二六、二九八下。佛地經論）非ニ常途ノ意ニ歟ト可レ會也

29〔十重四十八輕戒。爲ニ戒體ニ爲ニ戒行ニ耶〕

問。十重四十八輕戒ハ。爲ニ戒體ニ爲ニ戒行ニ耶

答。雖レ有レ所レ可レ思。可レ亙ニ戒體・戒行ニ歟

兩方。若戒體者。凡戒體ト者。舍那發起ノ功德。性無作假色ノ受體也。只是一戒光明。金剛寶戒ノ體ニシテ。全ク不レ可レ

辨ニ輕重ノ差別。品數ノ多少ヲ一者耶。　若依レ之爾者。披タルニ今ノ解釋ニ云ニトシテ經ノ十重四十八ノ文ヲ。則十重等爲ニ戒體一也ト釋スル者耶（義記、大正藏四〇、五七〇中十四行）

答。自レ元云云　戒體戒行ノ分別。一邊ニ所レ難ニ定申一也。凡ソ如ニ疑難ノ一邊ニ來ルカ。戒體ト「者。舍那發起ノ」體。戒行ト者。行者護持ノ行相也。雖レ然其體全ク非ニ別ノ法ニ。經ニ所ノ說十重四十八輕戒ヲ。舍那ノ一戒光明ト云方ハ戒體也。此ノ舍那ノ戒體ヲ受取テ修入スル方ハ戒行也。若然ハ戒體卽戒行。戒行卽戒體ナル故ニ。十重四十八ヲ釋スル戒體ト有ニ何過一可ニ答申一」

難云。戒體ト者。不レ起而已起卽性無作假色ト釋スル外ニ。（義記、大正藏四〇、五六五下～六上）全ク無レ辨ニ品數ノ多少。戒相ノ輕重ヲ。今既ニ云ニ十重四十八輕ト。菩薩ノ戒行ヲ顯レ異ナルコトヲ聲聞ノ五篇七聚ニ也。聲聞ハ。波羅夷ハ唯限ル婬盜殺妄ニ。菩薩ハ。異レ之ニ立ツ十波羅夷ヲ。聲聞ハ輕垢ニ分ニ四篇ノ不同ヲ。菩薩ノ輕垢ハ只一篇也。又五十八戒ノ數モ異ニ比丘ノ二百五十戒ニ也。此等ハ。悉ク大小相對ノ菩薩戒ノ相。戒體ノ上ノ戒行ノ相貌也。若爾者。以レ之爲ン戒體ト事。其ノ旨趣猶不レ明ナラ。凡ツ經ノ初ノ偈ハ。明ニ舍那ノ發起ヲ。長行ハ。明ス釋迦ノ勸發ヲ。此ハ專說ク戒體受得ノ相ヲ也。至テ正宗ニ明ニ戒制ノ輕重ヲ時キ。委ク說ニ十重四十八輕戒ヲハ也。此ハ但シ戒行ノ相也。而ニ今ノ十重四十八ノ文ハ。雖レ有ニ偈頌ノ中ニ。此ハ只表スル下ニ所ノ出輕重ノ戒ノ名ヲ計也。於テ戒體ノ位ニ有ト輕重ノ名ニ不レ可レ得レ意也

但。至下卽（則カ）十重等爲ニ戒體ト也ノ釋上ニ者。一邊ノ難ニ雖レ出レ之。此ノ戒體ト者。戒體戒行ト分別スル戒ノ體ニハ非ル也。見ルニ解釋ノ具ナル文ヲ。（義記、大正藏四〇、五七〇中十二行～）一ハ明ニ戒ノ體ヲ。二ハ明ニ戒ノ用ヲ。三ハ勸メテ菩薩ヲ受持セシムト表シテ。（同、十三行～）十重四十八ヨリ下ハ。第一ニ明ス戒ノ體ヲ。卽（則カ）十重等ヲ爲ニ戒ノ體ト也。戒如明日月ヨリ下ハ。二ニ嘆ス戒ノ用ヲ等釋シ下レリ。仍テ此ハ於テ戒行ノ中ニ體用相對シテ論レ之也。是以テ末師ハ。（大正藏四〇、五八五上。明曠疏）初ニ出ニ戒相ノ重輕之數ヲ。次ニ戒如トイフヨリ下ハ歎ス戒ノ功用ヲ釋セリ。故ニ對シテ戒ノ功用ニ。出スコトヲ戒相ノ輕重ノ體ヲ云ニ戒體トハ也。但。至ニ戒體戒行一ナリト云ニ者。本源縱ヒ雖トモ不ト殊ナラ。爭カ不レ辨ニ戒體戒行ノ相貌ヲ耶。受體ノ位ハ唯シ一ノ舍那ノ戒體ト被ルル云計也。何可レ與ニ十重四十八ノ稱ヲ耶。爾者猶不レ明

答。所難之趣。一一不レ可レ諍レ之。戒體ト者。經ニハ說ニキ一戒光明。金剛寶戒一ト。（大正藏二四、一〇〇三下二二行）釋ニハ述ニタリ起卽性無作假色一ト。（義記、大正藏四〇、五六六上一行）舍那ノ三聚淨戒ノ功德ノ發ニ起ルヲ癡闇ノ凡夫ニ爲ニシ戒體一ト。此ノ戒體受得ノ上ニ所ニノ受取一ル戒體ヲ。還テ機ニ次第ニ行シ顯スヲ名ニル戒行一ト事ハ。此宗ノ大旨無ニ子細一。仍テ重輕ノ差異ヲモ論シ。品數ノ多少ヲモ辨ル事ハ。誠ニ心無盡故戒亦無盡ノ故ニ。（同、五六六上五行）隨テ機ノ不同ニ論レハ之ヲ。其ノ方ハ戒行カ爲テレ面ト。開遮・色心・輕重ノ異ナル聲聞ニ之謂ヲモ沙汰スル條勿論也。雖レ然。此ノ戒行全ク所ニノ受取一ル舍那ノ功德ノ外ノ物ニ非レハ。舍那淨滿ノ金剛寶戒ノ體ト取成セハ。十重四十八カ卽性無作假色ノ戒體トモ可レ被レ云也

就レ中。如ニ疑難一ニモ來ルカ。今ノ文ハ。初ノ十一行半ノ中ニ明下トシテ說ニク誦我千百億ノ釋迦。傳ニ說スル舍那本師ノ戒體ヲ之相上ヲ。（經、大正藏二四、一〇〇四上九行）本師戒。十重四十八一トハ故ニ。此ノ偈頌ト者。專ラ說テ四戒三勸ノ相一ヲ。戒體受得ノ謂レヲ說顯サントスル故ニ。此ノ中ニ所レノ云十重四十八ト云ハ。雖レトモ似レタリト出ニスニ重輕之數一ヲ。意ハ此等ノ戒法ヲ舍那ノ自說ノ功德ト說キ成ス故ニ。爲ニ戒體一ト也トハ釋也。但。至ニ體用相望ノ意也ト云一ニ者。文相誠ニ雖レモ爾ト。體用ハ卽戒體戒行ノ意ニモ可レキ叶歟。明曠ノ釋ハ。對ニル大師ノ義記一ニ時ハ。猶帶ニル常途ノ意一ヲ釋義ナルカ故ニ。强ニ不レ可ニ苦勞一。況ヤ又。態ト戒相ト釋シテ欲レトモ顯ニ大師ノ御釋ノ意趣一ヲ可レ得レ意也。旁不レ可レ有ニ相違一

尋云。卽十重等爲ニ戒體一也ト云テ。（大正藏四〇、五七〇中十四行）具ニ不レ擧ニ十重四十八輕一ト意如何

答。輕垢ハ。等ノ言ニ等取ストト可ニ意得一也。但シ其ノ等取ニ付テ可レ有ニ口傳一也。十重四十八カ戒體ト被レルル云時ハ。輕ヲ重ニ攝シテ十無盡戒ト云故ニ。十重等ト云テ。十重ニ四十八ヲ等取スル意趣別可レ有也。戒行ト云時ハ。重ヨリ開ニ出シテ「輕垢ヲ輕垢カ」爲レ面也

30〔梵網宗意。未レ受ニ菩薩戒一前有ニ佛性種子一耶〕

問。梵網宗ノ意。未レ受ニ菩薩戒一ヲ前ニ有ニ佛性ノ種子一耶

(ハ)頭註 資講鈔云。一切衆生由レ具ニ佛性一持ニ此戒法一。又由ニ此戒法一得レ見ニ佛性一故因ニ佛性一爲ニ戒實性一。種子者。佛性卽是戒法種子持業得レ名。又云。梵網經一切衆生皆有ニ

佛性一。述下可ㇾ受三得此戒二之由上也

答。戒家ノ意。不ㇾ可ㇾ許ㇾ之歟

若。不ㇾ許ㇾ之者。佛性者。凡ソ有ㇾ心者。皆當ニ作佛一之正因。一切衆生性德本有之妙理也。縱ヒ雖ㇾトモ不ㇾ受ニ此ノ戒一ヲ。何不ㇾ具ニ此ノ理一ヲ耶。猶許ニス無情佛性ノ義一ヲ。況ヤ於ニ有心ノ類一耶。

若依ㇾ之爾云者。披ルニ戒經ノ說一ヲ。說ニトシテ此ノ金剛寶戒ノ體一ヲ。是一切佛本源。一切菩薩本源。佛性種子 文（經、大正藏二四、一〇〇三下一二行～）如ニ此經文一者。未ㇾ受ニ此戒一ヲ人ハ。不ㇾ可ㇾ有ニ佛性ノ種子一被ㇾ得タリ

答。自ㇾ元 云云 此戒ハ舍那淨滿ノ功德。如來ノ金剛寶戒也。何ソ離レテニ此戒一ヲ可ㇾ許ㇾ有ニト佛性ノ種子一耶。其旨。經文誠ニ分明者歟。但。至ニ一邊ノ疑難一ニ者。舍那ノ功德ノ外ニ。本有常住ノ理不ㇾ可ㇾ有ㇾ之。是以五大院先德ハ。眞如佛性。以爲戒體ト釋タマフ也。（大正藏七四、七六六中。廣釋）凡ソ有ㇾ心者ノ道理。又可ㇾ歸ニ此戒一ニ也。依ㇾ之見ニ經文一。一切衆生皆有ニ佛性一。一切意識色心是情是心皆入ニ佛性戒中一 文（大正藏二四、一〇〇三下一二行～）若爾者有ニ何失一

難云。佛性者。一切衆生本來所具ノ眞如。無始無終本有常住ノ理體也。此ノ戒者。具ニシテ人法ノ兩緣一ヲ。師師相傳。作法受得スル也。事理不同ニシテ修性差別セリ。何未受戒ノ人一向ニ無ニ佛性一ト云耶。若於ニ一切衆生ノ中一ニ。此ハ有ニ佛性一。彼ハ無ニ佛性一云者。豈可ㇾ異ニ權宗ノ五性各別ノ談一ニ耶。是以涅槃經ノ中ニ述ニトシテ一切衆生悉有佛性ノ義一ヲ。凡有心者悉皆當得阿耨菩提ト說ク故ニ。（大正藏十二、七六九上。取意）（定カ）有ニ心識一者ハ悉ク可ㇾ具ニ佛性一ヲ定ムル也。縱ヒ雖ㇾ未ㇾ受ニ菩薩戒一。若具ニル情識一ヲナラハ。豈同ニク牆壁瓦石一ニ非ニ佛性ノ類一ナリト可ㇾ被ㇾ簡キラハ耶。何況ヤ天台一家ノ意ハ。立ニテテ非情佛性ノ義一ヲ許ニス草木成佛一ト。豈於ニテ有心ノ類一ニ。猶可ㇾ辨ニ佛性ノ具不具一ヲ耶

但。至ニ本有性德ノ理。卽舍那ノ功德ナリト云一ニ者。於ニテモ舍那ノ功德一ニ可ㇾ有ニ性德修德一故ニ。於ニ性德本有ノ理一ニ者。縱ヒ雖ニ舍那ノ功德ナリト一。未受戒ノ前ヨリ具ストㇾ之云ハンニ有ニ何妨一カ耶。受戒ノ時。發シニ舍那ノ戒體一ヲ得ニト佛子ノ名一ヲ云フ者。皆是約ニ修得ノ邊一ニ也。全ク不ㇾ可ニ混亂一者耶

次。至下凡ソ有ㇾ心者ノ義可トㇾ歸ニ此戒ノ意一ニ云上者。解釋釋ニトシテ（經、大正藏二四、一〇〇四上十九行）一切有心者。皆應攝佛戒ノ文一ヲ。（義記、大正藏四〇、五七〇下一二行～）凡有ㇾ心者皆得ㇾ受ニ菩薩

大乘常樂等戒。明下衆生有レ心所有佛性。要當ニ作佛一須レ受中三戒上也　文　此卽依テ有ルニ心識一有ニ發心受戒ノ義。依レ受ルニ此戒ヲ必モ可キレ成ニ佛道一故ニ具スルニ佛性ヲ。所詮在リトレ受ルニ此戒一云計也。然ト云テ。未受戒ノ人ハ。全ク無トニ佛性一云ニハ非也。經ニ此戒ヲ說クモ佛性ノ種子ニトニ此意也。正クハ約シテ修得ノ三因一如レ此云也。雖モレ不トレ受ニ此戒ヲ。於ニ性德ノ三因ニ者。何全不トレ具レ之可レ云耶。是情是心皆入「佛性戒中ト云モ。凡ソ有レ心者ノ正因。歸ストニ此戒ノ修得緣」了ノ種子ニ云也。縱ヒ一性二修ノ廢立ニモアレ。若ハ修性各三ノ施設ニモアレ。爭カ一切衆生ノ中ニ無トハ性德本有ノ理一可レ申耶。若具ルナラハ理性ヲ此豈ニ非ニ佛性ニ耶

答。此事誠ニ以テ常途ノ意ヲ論レ之者。疑難一一雖レ似トレ難キニ遁レ。梵網宗ノ大旨ハ。縱ヒ性德トモ云ヘ「修德トモ云ヘ」。理體ニモアレ。事法ニモアレ。舍那ノ三聚淨戒ノ戒身ノ外ニ有トハニ別ノ法一不レ可レ存。若又舍那淨滿ノ功德ナラハ。悉ク不レ起而已起卽性無作假色ノ故ニ。解語得戒ノ位ニ可レ受ニ得之」也。仍テ未受ノ時且ク離ニ開シテ此ノ戒體ノ一分ヲ備トハレ之難レ許也。旣ニ云フニ諸佛之本源。行菩薩道ノ之根本。佛性ノ種子ト。性得ノ理豈非ニ諸佛ノ本源ニ耶。凡法身本有。般若修成。解脫始滿ハ別敎權門ノ所談也。（天玄五、一四六～七。玄義）圓實ノ意ハ。修性共ニ本有常住ト得レ意也。何分ニ別シテ修性ヲ。性德ハ自レ本具レ之。修德ノ種子ハ。受戒ノ時キ始テ得トレ之可レ申耶。未受ノ前ニ有ル性得佛性ノ戒ナラハ。舍那修得ノ功德モ。本來具足ノ法體ナルヘキ也

若爾ハ。受戒ノ時キ。始メテ何ナル功德ヲカ可ニ受得一耶。是以五大院先德。付テ此戒ニ傳受・發得・性德ノ三種ノ戒ヲ分別シテ。悉ク於ニ作法受得ノ位一成ニ就スル此ノ三ノ功德ヲ之旨ヲ釋タマフ也。性德ノ戒別不トレ可レ有レ之云事。此釋分明者歟。但。至ニ草木成佛事一者。一箇ノ大事也。且可レ置ニ此事ヲハ

次。於ニ有心ノ類一者。悉ク可トレ具ニ佛性ヲ云者。如ニ疑難ニモ來ルカ。有心之所詮ハ受テ此戒ヲ成佛ストニ云事ナルカ故ニ。此謂ヲヲモハヘテ凡ソ有心者皆當作佛トハ說ト可ニ意得一也。經ニハ一切有心者。皆應攝佛戒ト說キ。（大正藏二四、一〇〇四上十九行）釋ニハ凡有心者皆得受菩薩大乘常樂等戒ト釋スル此意也。（義記、大正藏四〇、五七〇下三行～）是以爲惡人說戒戒ニハ（第四十二戒）不ルレ受ニ此戒ヲ者ヲハ。如ニ木石ノ無心一ナルカ名爲ニ外道ト說キ。（經、一〇〇九上十行）（第四十二戒）無慙受施

戒ニハ(經、一〇〇九上十九行)。犯戒之人畜生ト無レ異。木頭ト無レ異「トモ定タリ」。瓔珞經ニハ(大正藏二四、一〇二一中四行～)。不レ受ニ是菩薩戒一。不レ名ニ有情識者一ト。畜生ト無レト異。不ニ名テ爲レ人トモ說ケリ。皆述ニルル此ノ意一也。仍テ此經ノ意者。不レ受ニ此戒一之人ヲハ。猶同ニスト牆壁瓦礫無情之類一見タル歟。若爾者無レ失

31〔梵網經明ニ道樹已前成道一耶〕

問。梵網經ニ明ニ道樹已前ノ成道一耶

答。依ニ菩薩戒經ノ宗一ニ者。可レ明レ之歟

若。明云者。梵網經ハ。華嚴ノ結經也。帶權方便之席ニ。何可レ明ニ今日以前ノ成道ヲ一耶。依レ之處處ノ解釋。法華已前ニ不レトレ明レ之定ムル者耶。若依レ之爾云者。見ニ經文一。吾今來ニ此世界一八千返。爲ニ此娑婆世界一坐ニ金剛華光王座一(經、大正藏二四、一〇〇三下十六行～) 文 經文分明也。明ニト道樹以前成道ヲ一云事

答。梵網宗意可レ明レ之云事。一邊令ニ出難一給經文分明也。但。至ニ華嚴結經ナリト云一者。彼ハ上下兩卷ノ常途ノ意也。今ハ依ニ部ノ外ノ別意一可レ明レ之所ニ存申一也。是卽法華涅槃ノ佛性一乘ノ宗旨。歸ニル舍那ノ戒體一ニ謂有レ之故ニ。久遠成道ノ說。全ク不レ可レ憚レ之也。若爾者 云云

難云。梵網經ニ明ニト久成ノ旨一云事。一家學者頗所レ驚レ耳也。或云乙(天止四、二九。弘決)遍尋ニ法華已前諸教一。實無下二乘作佛之文。及明ニ如來久成一之說上。故知。並由レ帶ニ方便一故甲トモ。或云乙(天玄一、二二七。玄義)衆經尚不レ論下道樹之前師之與ニ弟子一近近權實上。況復遠「遠甲トモ。凡ソ一家處處ノ釋義。爾前明ニト久遠成道ヲ一云事。一處トシテモ」未レ勘ニ其說一者耶。是以見ニ經文一(經、大正藏二四、一〇〇四上二三行)。爾時釋迦牟尼佛。初坐ニ菩提樹下一成ニ無上覺一初結ニ菩薩波羅提木叉一 文 全同ニス華嚴經ノ寂滅道場始成正覺ノ說一。但。至下吾今來ニ此世界一八千返ノ文上ニ者。先德會レシテ之。今日ノ成道ノ上ノ機見ノ相也ト判タマヘリ。凡ソ披ニタルニ諸經ノ說ヲ一。華嚴經ノ中ニハ。說キニ已經不可思議劫一ト(大正藏十、四四三上)。寶積經中ニハ。卽明ニヲモ因陀幢如來ノ成道一ヲ。或ハ機見ノ不同。或ハ平等意趣等ト古來所レ設ニ會通一ヲ也。若爾ハ。依テレ有ルニ八千返來現ノ說一。此經ニ明ニストハ久成ノ旨一ヲ難レ定者耶

次。上下兩卷ノ外ニ可レト有ニ別ノ意趣一云事。學者全所レ不ニ共

許レ也。縱ヒ又雖レ有ニ其玄旨一。今日已前ノ成道ノ事。釋義不ニ分明一者。輒難レ成ニ其義一者歟。付テモ義記ノ前後ニ。山家・前唐院ノ御釋中ニモ。梵網ニ明ト此旨一云事。若無ニ所釋一者。難勢幾度モ可レ難レ遁者也。〔如何〕

答。此事自レ元以ニ常途ノ意一非レ述レ之。此經若華嚴ノ結經ナラハ。能結所結其旨不ル可レ殊ナル故ニ。華嚴ニ不レ明レ之者。此ノ經又可レ同也。令ニ出難一給處處ノ釋義。皆是此ノ趣也。强ニ不レ可レ會レ之。而此經上下兩卷。結成華嚴敎ノ外ニ。旣別部外稱菩薩戒經ト云テ。（義記、大正藏四〇、五六八下三行～）設ケ三段分別ノ釋ヲ。常途ノ五重玄ノ外ニ釋スルニハ此ノ戒經ヲ可ト有ニ三重玄一被ルル沙汰一篇目有ルレ之。故ニ以テ此經ヲ。今日以前ノ成道ノ說。必シモ不トハ可レ憚レ之所ニ存申一也。是以見ニ經文一。（經、大正藏二四、一〇〇三下十六行～）吾今來ニ此世界一八千返。爲ニ此娑婆世界一坐ニ金剛華光王座一。乃至摩醯首羅天王宮。爲ニ是中一切大衆一略開ニ心地一竟ト云ヘル。今日初成ノ化儀ヲ擧テ。如レ此八千返マテ來テ此界ニ成スト正覺ヲ說事。經文尤分明也。其ヲ華嚴ノ結經ト云方ニテハ。無ク力枉テ文ヲ令レ順ニ常途ノ義ニ計也。先德ノ會通卽此意也。何況ヤ三重ノ成道ハ。兩重ノ本迹ト釋セリ

若爾ハ。於ニ舍那ノ成道ニ者。非ニ迹中ノ本ニ見タリ。豈ニ非ニ實成ノ本佛ニ耶。此ノ舍那ノ一本ヨリ無始已來垂ルル番番ノ應迹ヲ也。是以末師ハ以テ此經ヲ華嚴ノ結經ト釋スレトモ。吾今來ニ此世界一八千返ノ文ヲハ。（大正藏四〇、六〇二上。明曠疏）故知番番示成正覺ト釋セリ。若シ始終應同ノ番番ノ化儀ナラハ。豈非ス今日以前ノ成道ノ相ニ耶

次。至ニ初坐菩提樹下成無上覺ノ文ニ者。受テ舍那ノ敕ヲ還テ閻浮提菩提樹下ニ示ス今日一番ノ成道ヲ相ヲ說也。如ク此八千返來至シテ坐シ樹下ニ成ル正覺ヲ相ヲ示ストハ說ク故ニ。出シテ示ス今日ノ成道ノ相ヲ文上不レ可レ押ニ以前番番ノ化儀ヲハ者耶。次。至下釋義不ニ分明ニ云上者。法華ノ本迹二門ノ深旨歸スト此經ニ習フ上ハ。必シモ不レ可レ尋ニ一一ノ文言ヲ歟。「貴キコト有レ得ルニ意ヲ者耶」

32〔梵網受法通ニ別受ニ可レ云耶〕

問。梵網ノ受法通スト別受ニ可レ云耶

答。雖レ難レ測可レ通ニ別受ニ歟

兩方。若通スト二別受ニ一云者。此ノ戒ハ。一切衆生ノ佛性ノ種子也。何可レ限二一衆之護持一耶。是以經文ニハ云二一切有心者。皆應攝佛戒一（經、大正藏二四、一〇〇四上十九行）ト。解釋中ニハ。道俗共用方法不同（義記、大正藏四〇、五六八上六行）ト釋者耶。若依レ之爾云者。山家大師解釋中。以二梵網ノ五十八戒一ヲ菩薩大僧ノ戒ト定タマヘリ（傳全一、一〇七。顯戒論取意）。爾者　（缺文）

答。梵網ノ受法可レト通二別受ニ一云事。所レ任二山家ノ所判ニ一也。此卽於二菩薩戒ニ一有リ二戒體・戒行ノ二ノ意一。若約セハ二戒體ノ邊ニ一者。不レ擇二道俗ヲ一。不レ隔ル二鬼畜ヲ一故ニ通受ヲ爲レ本也。若依ラハ二戒行ノ意ニ一者。非レ無二在家出家ノ不同。七衆九衆ノ差別一。若約二此ノ義ニ一者。梵網ノ大戒。專可レ有二菩薩大僧ノ戒ト云意一也。既ニ云二菩薩波羅提木叉ト一。明ニ知ヌ。聲聞ノ別解脫戒ノ之外ニ可レト有二菩薩大僧ノ戒一云事。但。至二經文解釋一者。自レ元不レ遮二通受ノ邊ヲ一上者有二何失一

難云。梵網ノ戒ニ。可レト有二別受ノ方法一云事。經文解釋共ニ其ノ意所レ不レ見也。所以辨ヘ二五衆七衆ノ不同一ヲ。定ムル二在家出家ノ方法ヲ一事ハ。皆是聲聞戒ノ規則也。於テ二菩薩戒一ニ者。在家出家乃至非人畜生マテ通シテ受二持シテ之一ヲ。爲下趣ク二極果一ニ勝因上ト。備ル結フ二道場ヲ一之妙業上ニ許也。何況ヤ此ノ戒ハ。運善却惡ノ根元。菩薩行道之濫觴也。豈可レ限二一衆ノ所持ニ一耶。是以菩提樹下。最初結戒ノ砌ニハ。十八梵六欲天子十六大國ノ王ヲ爲シテレ始ト。百萬億ノ大衆。同ク列テ二會坐ニ一聽キ二此戒ヲ一見タリ（經、大正藏二四、一〇〇三下二〇行）。加之。經ノ初ノ長行ニハ。爲ニ二一切衆生凡夫癡闇ノ人一說ト二此戒一ヲ云ヒ（同、一〇〇四上十四行）。偈頌ニハ。受持是戒已。轉授諸衆生ト說キ。序分ノ終ニハ。若受二佛戒一者。國王王子百官宰相乃至鬼神金剛神畜生乃至變化人。但解二法師語一。盡受二得戒一（同、一〇〇四中七行～）　文　梵網ノ戒偏ニ是通受ノ規則ナリト云事。一經ノ始終更ニ不レ可レ諍レ之。全所レ不レ見也。有ト二別受ノ儀一云事ハ。解釋又付テ二菩薩戒ノ受法ニ一雖レ出ト二六本ノ不同一ヲ。道俗共用方法不同。略出六種（義記、大正藏四〇、五六八上六行）ト云テ。梵網・地持等ノ受法。悉ク道俗通受ノ作法ナリト釋タマヘリ。五大院ノ先德。依テ二此等ノ意ニ一普通受菩薩戒ノ廣釋ヲ製シテ。梵網ノ受法。專在トニ通受ニ一釋スル者耶

次。至二山家ノ所判一ニ者。彼ハ爲レ破ニ二他宗ノ偏執一ヲ。以二梵網ノ戒一ヲ菩薩大僧ノ戒ト釋タマフ計也。此ハ只相待門ノ一往ノ意也。若約二絕待門一ニ時ハ。「聲聞ノ律儀ノ外ニ別ニ不レ可レ有二菩薩ノ

律儀故。別受儀」(天止三、五二九。弘決)專以聲聞儀可分別之也。戒無大小。由受者心期釋此意也。次。至戒體戒行不同者。梵網受法。通受歟。別受歟云事。自元付戒體受得事也。受體上隨行門於。大小二戒不同有之事。强不可遮之。但其正在家出家・大僧沙彌行儀分事。猶菩薩戒難被作分者歟

次。至波羅提木叉名言者。必對聲聞別解脫戒非立此稱。波羅提木叉。保得解脫義也。其離三惡道淨土受形(義記、大正藏四〇、五六三中十一行)釋故。受此戒人。在家出家同得此益也。此離苦得樂利益。何必可限大僧一衆耶。故此聲聞比丘戒別解脫戒云不可同也

答。梵網受法可有別受意云事。遠探經文解釋本意。近所任山家所判也。所難之趣。皆是南都僧統等異見分也。山家。論立菩薩大戒給日。專以梵網五十八戒爲菩薩大僧戒定給上。更不可及異端事歟。付之。有通受別持。別受別持二義。七衆並座通雖受戒。各隨意樂成一衆。此通受別持相也。別受別持者。以此梵網大戒。別爲大僧戒授之也。山門登壇受戒儀。此卽菩薩比丘別受作法也。是以山王院。比丘戒緣起別正通傍釋(佛全26、五二〇上。授戒儀)

但。至經文解釋者。自元菩薩戒受法。專在通受云事不可諍之。其自他宗梵網戒。七衆通受戒無別受意執分非也。道俗共用云本意。舍那一戒光明受得。衆生受佛戒。卽入諸佛位(經、大正藏二四、一〇〇四上二〇行)故。一切衆生受此戒云へハ。同入佛位處爲梵網通受本意也。此戒體不隔機之謂也。此上根機有大小權實不同故。受法隨行又有種種差異論機不同方。且雖屬戒行門。此中非無受法相也

次。至梵網說別受相不見云者。旣有別持相。何無別受意耶。是以大師義記。經戒戒判七衆同異見。又顯戒論云。奴婢已上(傳全一、一一二)。緇素定階。畜生以(已カ)下。

〔亦〕不レ論二著衣一ヲ。若受二ルヲ此戒一ヲ。定メテ爲セハ二通受一ト者。其ノ（著イ差）（亦カ）（其ハナシ）
畜生等。又可二著衣一 ○當二シレ知ル。出家在家。雖二通シテ受（○イロハナシ）
戒一ストモ。而モ僧不僧有リレ別。亦具分ノ不同ナリ　云云（具ロ是）
次。至二波羅提木叉ノ名言一者。聲聞ノ別解脱戒。既ニ名二ク大（既イナシ）
僧ノ戒一ト。菩薩ノ別解脱戒。何無二此意一耶。但。梵網ノ戒亙二ト（解ロ爲）（戒ハナシ）（何ハナシ）
通別ノ二受一ニ得ルレ意ヲ上ハ。淨土受形ノ益亙ラン二一切一ニ事ヲモ不レ（受ロ既）（得意ハ意得）
可レ遮レ之也。次。至二大小二戒ノ不同ハ相待門一往ノ意也
云一ニ者。離二相待一ヲ無二ク絶待一。次第ノ外ニ非スレ立ルニ二不次第一ヲ。若
又約セハ二絶待門一ニ。七衆ノ差異モ不レ可レ有レ之。何依テ二聲聞戒一ニ（又ハナシ）
七衆ノ不同ヲハ可トレ辨可レ執耶。若爾者　（缺文）（同ハ因）（爾イロ然）

尋云。梵網ノ受法ハ。通受別受ノ中。以テレ何ヲ爲レ正耶。若別
受ヲ爲トレ正ト云者。經釋悉以テ二通受一ヲ爲トレ體見タリ。　若依レ
之爾云者。山王院。別正通傍　云云（佛全26、五二〇上。授戒儀）（云ハ去）

答。互可レ有二傍正一歟。仍テ山王院ハ別授ヲ爲レ正。五大院ハ（五ハ之）（傍底受）（授ハ受）
通受ヲ爲トレ本ト述タマヘリ。此又約二戒體戒行ノ二門一ニ可レ分二別（「ハ給）
之一歟（「イ畢）

(ハ)〔戒珠抄卷下　終〕

（底本奥書）

菩薩戒義記上卷。題目惣三十二箇條。爲二例講所用一以二西山相承之趣一乍レ憚抄二記之一分爲二本末二帖一。自二文初一至二料簡章無三障下一十六條爲二本帖一。自二人法兩緣一以下十六箇條爲二末帖一。而本帖自二草本一五戒大小二戒根本歟云事一箇條之外。先年於二盧山寺一炎上了。以二他人書寫本一可レ書二續之一。今所二抄記一師資相承之奥賾也。努努不レ可レ許二他見一而已

假名菩薩比丘仁一記（空カ）

應永二十七年（一四二〇）三月十五日。於二盧山寺法藏庵一書二寫之一了

證壽　二十五

右兩册。應永玖論師之請染二愚翰一。伏願佛性種子遍萌二衆生心地一。舍那戒光遙破二凡夫癡闇一。宜令レ流二通三世一化化不レ

絶而已

天文十有五年丙午春二月初五（一五四六）　比丘宗仲四十八歳

（對校ロ本奥書）

正保三年八月日（一六四六）　觀音寺舜興藏

（對校ハ本奥書）

大正三年秋。椎尾辨匡師ヨリ借用寫レ之（一九一四）　福田堯頴

（對校イ本奥書なし）

戒珠抄下 終

戒珠鈔　下末

（この下末卷は對校イ本のみ）

義記問答抄　下末

一　問。輕垢第一戒ノ所敬ノ境。（不敬師友戒）唯爲レ限ニ師長一將如何

答。任ニ經文釋義大旨一者。必不レ可レ限ニ師範一ニ。可レ通ニ同見同學ノ人一ニ見歟

兩方。不レ限ニ師長一ニ者。菩薩戒ノ意ハ。偏依ニ師師傳受之劫（功カ）一論ニル戒體受得之義一ヲ故ニ。別シテ立テテ此ノ戒一令レ尊ニ重戒師一ヲ也。是以明曠ハ。以ニ此戒一名ニ不敬師長戒一ト。（大正藏四〇、五九〇中。明曠疏）藏法師等人師ハ多ク稱ニル輕慢師長戒一ト者耶。（同、六二三五上。法藏疏）　若依レ之爾云者。經ニハ說キ同見同行者。應起承迎禮拜問訊一ト。（經、大正藏二四、一〇〇五中二行）釋ニハ此戒ヲ名ニ不敬師友戒一ト見タリ。（義記、大正藏四〇、五七四下十八行）如ニ此等ノ經文釋義一者。所敬之體不レト可レ限ニ戒師一ニハ被レ得タリ

答。自レ元云云　且ク任ニ當戒ノ說相ニ所レ存ニ釋義ノ大旨一ヲ也。其旨顯ニ疑難ノ一邊一。凡ソ菩薩於ニ一切衆生ニ可レ作ニス謙卑敬養ノ思一ヲ。況ヤ於ニ同學同行ノ人一ニ豈不レ生ニ孝順之心一ヲ耶。不

敬師友ノ立名。尤相ニ順當戒ノ所制ニ[者]也。但。至ニ一邊ノ疑難一者。戒師ノ恩德誠ニ重シ。故ニ專雖レ恭ニ敬之。同學ノ菩薩何又可レ輕レ之耶。明曠幷諸師釋ニ。約シテレ勝タルニ云ニ師長トレ云歟。或ハ。師ハ戒師。長ハ指ニ上座大同學等一歟。若爾者　（缺文）

二　問。（第一戒）不敬師友戒。七衆同制歟

答。通ニト七衆一ニ見タリ

兩方。若通云者。披タルニ經文ヲ。上ニ標シ欲受國王位時。〔受〕（經、大正藏二四、一〇〇五上二七行～）轉輪王位〔時〕。百官受位時。應先受菩薩戒ト。下ニ述タリ下（同、一〇〇五上～中）旣得レ戒已。應生ニ孝順心恭敬心一等上。經文明ケシ約シテ俗衆ニ制スル此戒ヲ云事。（應カ）　若依レ之爾云者。尊ニ重シ師長ヲ恭ニ敬セムコト上座ヲ。何只限ニ在家二衆ニ。□（不カ）通ニ出家ノ五衆ニ耶。是以見ニ解釋ヲ。（義記、大正藏四〇、五七二上二八行）七衆同制ト判（犯イ）セリ。爾者兩方有レ疑

答。自レ元云云可レ通ニ七衆ニ歟云事所レ任ニ釋義ニ也。凡ソ如ニ疑難ノ一邊ニモ來ルカ。菩薩ハ謙卑ヲ爲レ心。敬讓ヲ爲レ懷ト。若爾ハ孝ニ順恭ニ敬セムコト師僧同學ヲ。何必シモ可レ限ニル俗衆ニ耶。但至ニ經文ニ者。解釋ニ釋シテ此事ヲ。或ハ云下恐クハ在レ憍ニ（義記、大正藏四〇、五七四下二四行）奢誕シテ不レ修ニ戒行ヲ。故ニ偏ニ勸ムト王ト。或ハ偏ニ勸ルコトハ王（同、二八～九行）官ヲ者。制令ニ恭敬セ。恐ニ王憍奢セムコトヲ故ニ擧テ爲ニ言スノ先サキト　矣　釋義意分明者歟

三　問。（第一戒）不敬師友戒。唯約ニ憍慢愚癡心ニ制レ之歟。將通ニ餘ノ瞋恨等心ニ耶

答。雖レ難レ測可レ通ニ瞋心ニ歟

若。通云者。見ルニ經文ヲ。（經、大正藏二四、一〇〇五中三行）而菩薩反生ニ憍心癡心慢心ヲ　矣　解釋消ニ此文ヲ。（義記、大正藏四〇、五七五上三行）而菩薩下第三不レ應レ生レ慢也　矣　如ニ經文解釋ニ者。唯限テ慢心等ニ不レ通ニ餘心ニハ被レ得タリ。　若依レ之爾云者。不敬師友ノ所制。其意旣ニ廣シ。若依ニ貪瞋等ノ心ニ不レ敬ニ師長ヲ者。豈不レ犯ニ此戒ヲ耶。是以唐土人師（高（香カ）象）釋ニ此事。以テ嫌恨恚惱ノ心ヲ犯スルヲ爲シ上品ト。由ルヲハ憍慢癡心ニ爲ニ中品ト。懈怠妄念ノ犯ヲ爲ニ下品ト見タリ

答。自レ元云云可レ通ニ餘ノ瞋恨等ノ心ニ云事。所レ存ニ制戒ノ大旨ヲ也。其旨顯タリニ疑難ノ一邊ニ。凡ソ菩薩戒ノ意ハ。爲ニ利

生一忘レルルヲハ犯ヲ猶名二持戒一ト。被レヲハ制二煩惱一ニ悉ク稱二ス破戒一ト。
一切ノ過非無不イフコト以二貪瞋一爲レ本。若爾ハ。此戒ノ所犯何
獨リ限二憍癡一ニ不レ亙二瞋嫌等ノ心一ニ耶。但至二經文一者。此戒ノ
所制雖レ通二七衆一。別シテ勸二テ王官一ヲ令レ致二恭敬一故ニ。出二テ憍
慢等ノ心一ヲ爲二ル言ノ端一ト計也。非レ云レ不レト通二餘心一ニ也。是以
經ニハ。雖レ擧二クト三心一ヲ。釋ニハ只云二不應生慢一ト。是則誡二王官
等ノ奢誕一ヲ意也。若爾者。有二何失一可二答申一

四　問。（第二戒）飲酒戒意。自飲教レ人飲相對シテ論二輕重一ヲ者。何猶
重トカ可レ云耶

答。任二解釋一者。自飲。教レ他。悉同輕垢（作カ）矣（義記、大正藏四〇、五七五上十五行）若强判二輕重一
者。自飲猶可レ重歟

若。自飲重ト云者。菩薩ノ願行ハ利他ヲ爲レ先ト。自飲教他相
對セハ。教他ノ業猶重シト可レ云也。是以酤酒ヲ爲レ重。飲酒ヲ
爲レト輕見タリ。若爾縱ヒ雖レ非二ト貨賣一ニ。歡（勸カ）レメテ他ニ令レメハ飲二無明
之藥一ヲ。何可レ同二カル自飲一ニ耶。　若依レ之爾云者。見二經
文一。（經、大正藏二四、一〇〇五中七行）與レ人飲レ酒者。五百世無レ手。何況自飲矣 如二經文一
者。擧二テ教他一ヲ況二ス自飲一ニ。自飲猶可レト重聞タリ（經、大正藏二四、一〇〇五中九行）

答。自レ元云云 經ニハ說二キ若故自飲教人飲者。（犯カ）猶輕垢罪一ト。
釋ニハ自飲教レ他悉同輕垢（義記、大正藏四〇、五七五上十五行）（作カ）ト述タリ。於二自飲教他一未レ判二輕
重一ヲ故。輒雖レ難レ定任二戒制ノ本意一者。教他ハ不二ルハ自昏醉一
其過猶可レ輕カル歟。仍テ如レ云下カ教人婬自無二クハ迷染一但犯中スト（同、五七二下四行）
輕垢上ヲ。是以見ルニ二經文一ヲ。（經、大正藏二四、一〇〇五中七行）或云二何況自飲一ト。或ハ云二況自飲（同、八行）
酒一ト。教人ヲ爲レ輕シト自飲ヲ爲レト重被レ得タリ。但。至二酤酒
戒ノ例難一者。彼又偏非レ制ルニ與レ他之失一ヲ。爲レ利酤與ルニ一
切ノ人一ニ故ニ爲レル重也。至下菩薩ノ本心在二利他一ニ云上者。若爲ニ
救ハムヤ二他ノ昏迷一ヲ。代テ二前人一ニ自飲セハ可レ有二輕ト云意一モ歟。今
以二放逸ノ心一ヲ自飲ス。其過不レ可レ輕者歟。若爾者（缺文）

五　問。（第二戒）不飲酒戒。性戒・遮戒中何耶

答。雖レ有レ所レ可レ思可二遮戒一歟

兩方。若遮戒者。大師餘處ノ解釋ノ中ニ判トシテ二遮性二戒ノ
相一ヲ。性戒ト者。（天止二、四九七。止觀）身三口四幷飲酒ノ八戒ナリト釋シタマヘリ。如二此ノ
解釋一者。可二トナル性罪一聞タリ。　若依レ之爾云者。性戒ト

者。舊醫ノ十善也。而ニ十善中ニ既ニ不レ制ニ飲酒一ヲ。知ヌ非ニト性戒一云事。是以倶舍論ノ中ニハ判ニスル遮中唯離酒一ト者耶（大正藏二九、七七中）

答。自レ元云云所レ任ニ經論常途ノ施設一ニ也。性戒ト者。名下止ニ十惡一ヲ行中スルニ十善上ヲ也。而制ニ不飲酒戒一者。起レ自ニ如來ノ制戒一ヨリ故ニ。是新醫ノ客戒ニシテ難レ屬ニ性戒一ニハ者也。但至ニ一邊ノ釋義一ニ者。彼ハ依ニ大論ノ意一ニ也。所以ニ酒是放逸ノ門也。意地ノ三毒由レ之可レ生故ニ。且ク以テ飲酒一ヲ同ニシテ意三ノ罪一ニ屬ニ性罪一ニ也。雖レ然於ニ飲酒ノ當體一ニ者。猶是可ニ遮戒一歟可ニ答申一

六　問。菩薩戒ノ意。非ニ重病等ノ縁一ニ者。有下ト許ニ食肉一ヲ義上（第三戒）可レ云耶

答。不レ可レ有ニ此義一也

兩方。若不レ許云者。魚肉ハ是五種ノ正食ノ所攝也。至ニ三種ノ淨肉一ニ者。縱ヒ雖ニ菩薩一ナリト用レムニ之。何ノ强ニ可レ生ニ過罪一ヲ耶。是以披ルニ今ノ解釋一ヲ。若有ニ重病一飲レ藥能治准レ律得レ噉。或應レ不レ制也矣（義記、大正藏四〇、五七五上二一行〜）既ニ重病ノ縁ノ外ニ有ニ或應不制ノ言一。測知ヌ有ニ許レ之義一云事。

若依レ之爾云者。經ニハ制三シ一切肉不レ得レ食。斷ニ大慈悲佛性種子一。（經、大正藏二四、一〇〇五中十行〜）釋ニハ大士懷レ慈爲レ本。（義記、大正藏四〇、五七五上十七行〜）一切悉斷ト判セリ。加之。楞伽等ノ諸大乘經。同制シテ令レムト斷ニ一切ノ肉一ヲ見タリ

答。自レ元云云非ニ重病等ノ縁一ニ者。輙不レトモ可レ許レ之云事。所レ任ニ菩薩戒ノ大旨一ニ也。所以菩薩以ニ慈悲一爲レ懷故ニ。忘レテ身ヲ可レ救ニ濟生命一ヲ者。豈爲レ支ヘムカ自ノ身命一ヲ反テ可レ食ニ衆生肉一ヲ耶。是以如ニ疑難ノ一邊一ニモ來ルカ。今經ニハ。頓ニ制ニスル此戒一ヲ。楞伽・涅槃ニハ重テ深ク防斷セシム。重病ノ縁開猶不レ可レ輙カル。況ヤ於レテ無ニ難縁一ニラム耶。但。至下准ニシテ聲聞一ニ可レ引中三淨上ニ者。彼ノ聲聞。又初ニハ開シ後ニハ斷スト見タリ。故ニ聲聞・菩薩。頓漸雖レ異ト。終ニ無レ不レ制レ之。縱ヒ雖ニモ淨肉一ナリト食肉過深カ故也。次。至ニ或應不制ノ解釋一ニ者。上ニ准律得噉ト者。（義記同前）指ニ三淨肉一ヲ也。故ニ雖レモ非ニト三淨一ニ重病ノ縁不レ犯故ニ或應不（同前）制ト釋歟

尋云。菩薩七衆皆斷レ之歟。若爾者。解釋不レ云ニ七衆同犯一ト。如下ト在家ニ許セ之云者。既ニ云ニ斷大慈悲一（心カ）。雖ニ在家菩

薩ナリト何可レ許レ之耶

答。釋云。一切皆斷（悉カ）矣（義記、大正藏四〇、五七五上十八行）故於二菩薩一[會]二通シテ在家出家一可レ令二制斷一也。不レ云二七衆同ク犯一スト事ハ。文ノ省スル也。又不レ云レ許ストモ二在家一ニ。何可レ疑レ之耶

七　問。釋トシテ二食五辛戒（第四戒）ヲ一判ニスト二大小ノ同異一見タリ。爾者菩薩戒ノ意。重キ二於聲聞一ヨリモ義ヲハ如何釋レ之耶

進云。菩薩小重發レ色故也矣（義記、大正藏四〇、五七五上二三行～）

付レ之。大士ハ制シ心ヲ。聲聞ハ制二色ヲ一者。解釋所レ定ムル也。何ソ至テ二此戒一ニ發シテレ色ヲ爲シテレ故ト。菩薩尚重シト可レ釋ス耶。抑又。五辛發レ色ト云ヘル其ノ意未レ明難レ思

答。付下御尋所ニ出申一解釋上也。但。至二難勢一者。今云ヘルレ取ルトレ（發カ）色ヲ其意誠ニ所レ難レ思也。宋朝ノ人師釋トシテ二此事ヲ一。引テ二首楞嚴經ノ說ヲ一。只非ス二薰穢而已ノミ一ニ作下ル發スル二貪瞋ヲ一之緣上ト故ニ云レ發スルトレ色ヲ歟ト釋セリ。但シ貪瞋ハ。是レ意業也。不ルレ順二發色ノ言ニ一歟。而大乘ノ意ハ。色心一體ナルカ故ニ。內心ニ增セハ二貪瞋ヲ一者。必ラス其相ハ身口ニ可レ顯レ之故ニ。發色而已ト釋歟。若夫存二此意一者。或云二大士制心一（義記、五七一中二〇行）。或云二菩薩發色一（同、五七五上二三行）。共ニ不レト可レ成二相違一ト可ニ答申一

八　問。經文。見三一切衆生犯ニ二八戒五戒十戒一矣（經、大正藏二四、一〇〇五中十七行）（第五戒）　爾者約ニ大小乘一ニ。如何釋ニ二此五戒八戒等ノ同異ヲ一耶

進云。小乘八戒卽八齋法。大乘八〔戒〕謂地持八重。小乘五戒淸信士女。優婆塞戒經所レ明〔矣〕（義記、大正藏四〇、五七五中六行～）

付レ之。大乘八戒ハ在ニ二善戒一。文殊問經等ニ何不レ出レ彼ヲ云ニ地持八重一ト耶。小乘五戒ハ出ニ二五戒相經等一ニ。優婆塞戒經ハ是大乘律也。何可レ云三小乘五戒出タリト二此經一ニ耶。又於テ二十戒一ニ何不レ辨ニ二大小ノ不同一耶。爾者不レ明

答。此事雖レ難レ思。先於ニ二八戒一ニ。爲レ顯下異ナル二聲聞戒一ニ菩薩ノ七衆ノ戒相ヲ上如レ此釋也。善戒・文殊問等。雖ニ二大乘經一ナリト。彼ノ八戒ハ不レ異ニ二小乘ノ說一ニ故ニ。約シテ二地持ノ八重一ニ顯ニ二大小ノ所制ノ不同一也

次。小乘五戒指ニ二優婆塞戒經ヲ一事ハ。凡ソ五戒ハ菩薩戒ノ根本也。小乘ノ五戒モ出テテ二菩薩戒經一ヨリ。爲ニ二在家一制レ之。爲ニ二佛

法之初門ニ一也。爲レ釋二顯此意一ヲ。小乘五戒出タリト二大乘律ニ一釋
也
次。付二十戒一具釋レ之者。聲聞ハ。沙彌ノ十戒。菩薩ハ。今ノ十
重ナリト可レ釋也。是以釋トシテ二下ノ不化衆生戒（第四十五戒）ノ三歸十戒ノ
文一ヲ。（義記、大正藏四〇、五七九中。脚注10）一ニハ聲聞十戒。二ニハ菩薩十重戒矣　又毀禁ト者。聲聞ハ
比丘ノ二百五十戒。菩薩ハ今ノ五十八戒等可レ云耶。而菩薩
戒ノ意ハ。十重卽十無盡戒ナル故ニ。十界卽毀禁也。乃至五八
十等悉收二十重一之意有レ之。故ニ別不レ釋レ之歟。若夫如レ
此准申者。無レ失可二答申一
又問。經文。見（經、大正藏二四、一〇〇五中十七行）三一切衆生犯二八戒五戒十戒一矣　爾者所レ云
五八十等ノ戒相ヲハ。大師如何釋レ之耶
進云。如レ上
付レ之。五戒八戒十戒ト者。只是常途ノ在家ノ五戒八齋戒。
菩薩・沙彌ノ十戒ナルヘシ。次ニ云ヘル二毀禁一ト。此則聲聞ノ具戒。
菩薩ノ五十八戒。乃至三聚淨戒ナリト可レ云也。何於テ二五八十
等一ニ悉ク可シト有二大小乘ノ戒一釋シタマフ耶。是以披ルニ二末師ノ解
釋一ヲ。今所レノ列五八十等ノ戒悉ク約二聲聞ノ七衆一云事。山家

大師。專所ニ論シ立一タマフ也。今ノ解釋。則付二大小二戒一ニ各可レト
有二七衆所持ノ戒一釋シタマヘル其意。分明者歟。所以大乘經ノ
中明シ二菩薩〔八〕〔齋〕ノ法一ヲ。戒相犯同ル二小乘一ニ故ニ。出シテ二地持〔八〕
重一ヲ顯下異ナル二聲聞一ニ大乘ノ戒相上ヲ也。又爲レ示サンカ三小乘ノ五八
十具ノ戒源出タルコトヲ二菩薩戒一ヨリ。小乘五戒出タリト二大乘律ノ優婆
塞戒經一ヨリ釋タマフ也。但。至二明曠ノ釋一ニ者。彼ハ附三順シテ常途一ニ
出二聲聞七衆ノ戒一也。若爾者。不レト可レ有二相違一可二答申一

九　問。經文（第五戒）。毀レ禁七逆八難（經、大正藏二四、一〇〇五中十七～八行）矣　爾者八難ト者。何物ナリトカ
可レ云耶
答。於二此八難一ニ者。大師不レ釋レ之故。雖レ難レ測任二末師
釋一者。約二三途等ノ八難處一ニ消レ之歟
付レ之。今此ノ經文ハ。說トシテ二不教悔罪戒（第五戒）ノ相一ヲ。隨テ二前人ノ所
犯一一ニ教テ可キレ令二懺悔一事ヲ明也。而ニ三途北州長壽天（大正藏四〇、五九〇下。明曠疏取意）
等ハ是レ果報也。何擧テレ之可レ勸ム二應教懺悔一ト耶。是以
唐土人師（法藏・利涉・義寂等）解釋中。多ク約シテ二十三難一ニ消レ之者耶
答。自レ元云云　大師解釋不二分明一故ニ。其ノ相大キニ雖レ難レ

三一八

辨。付ニ御尋ニ且ク所レ存ニ明曠釋ノ意ニ也。但。至ニ所犯ノ事ノ中不レ可レ列レ之云ニ者。彼師卽釋トシテ（同前）此事ニ。此ノ八ハ是果ナリ。果ハ由レ因テ剋ス。見ニテ所犯ノ因ニ可レ令ニ懺悔ニト釋セリ。但至ニ唐土人師釋ニ者。或ハ云下十三難ノ中ニ除テ（大正藏四〇、六三七中。法藏疏）五逆ニ餘ノ八ヲ名ニ八難ニ歟上ト。或ハ云下除ニテ（同、六七二中。義寂疏）二形黃門畜生非人ハ破二道等ヲ（「及カ）。選ニ取テ自餘ヲ爲ニ八難ト歟上ト。皆是胸臆ノ文ノ外ノ料簡也。不レ足レ爲ニ指南ニ者歟。約シテ二八難ノ因ニ釋ルレ之。頗ル順ニ道理ニ者耶。諸師ノ釋中多又述トニ此意ヲ見タリ。可レ爾也

十　問。（第五戒）不教悔罪戒所制。通ニ七衆ニ可レ云耶

答。正クハ雖レ可シトニ在家出家ノ二衆ニ。兼テハ可レ有下通スル七衆ニ意上也

若。通ニ七衆ニ云者。見ニ經文ニ。（經、大正藏二四、一〇〇五中十八～九行）而菩薩不ニ教懺悔ニ共住同ニ僧利養ニ。而共布薩矣。於ニ在家ノ菩薩ニ者。既ニ無ニ共住同布薩等ノ義。知ヌ唯可レ限ニ出家ニ云事。　若依レ之爾云者。菩薩ノ大悲ハ以テ拔苦與樂ヲ爲レ先ト。前ノ人造ニ作シ苦因ヲ。縱ヒ雖ニ在家ノ菩薩ナリトニ。豈不レ思ニ出罪ノ方便ヲ耶。是以今解釋。（義記、大正藏四〇、五七五中二行～）餘ノ三衆及ヒ在家ハ。雖レ未レストニ有ニ僧事ノ利養ニ見テレ過不レハ令レ悔亦犯ニ輕垢ニ矣

答。自レ元云云此戒ノ所制。於ニ在家出家ニ可レ在ニ通局ノ意ニ也。所以ニ見ルニ經文ニ。不應ノ文ハ誡ニ誡シムル（義記、大正藏四〇、五七五中五行）同住同利等ヲ故ニ。雖レ似レ約ルニ出家ノ二衆ニ。擧トシテハ所犯ノ事ヲ。犯ニ八戒五戒十戒ニ等矣所敎既ニ通ニ在家出家ニ。明ケシ能敎又可レ亙ルニ七衆ニ云事。故ニ正シクハ雖レ制トニ（同、二行～）出家ヲ傍ニハ可レ有下通ルニ在家ニ意上也。是以見ニ解釋具文ヲ。出家二衆全ク犯。餘ノ三衆及ヒ在家ハ。雖レ未レ有ニ僧事利養ニ見テレ過ヲ不レ令レ悔（悔亦㊅解怠）亦犯ニ輕垢ニ矣其意分明也。何況ヤ此戒ハ。七衆通受ノ故ニ。布薩等又可レ有ニ在家出家通行ノ意ニ也。若爾者。旁不レトモ可レ有ニ相違ニ可ニ答申ニ

十一　問。（第五戒）不教悔罪戒ハ。唯令レ懺ニ悔菩薩衆ノ犯戒ノ罪ニ歟」

答。此事雖レ難レ測。可レ通ニ聲聞・菩薩ニ歟

兩方。若通云者。見ニ經文ニ。（經、大正藏二四、一〇〇五中十九行～）而共布薩〔同〕一衆住說戒。而不レ擧ニ其罪ニ等矣如ニ此經文ニ者。此戒所制ハ限ルトニ同戒ノ

菩薩ノ犯ノ事ニ聞タリ。　若依レ之爾云者。菩薩ノ大悲既ニ無シ二限量一。縱ヒ雖モ二聲聞衆ナリト一犯シテレ戒ヲ招カハ二苦報一ヲ。何教テ不レ令レ修二懺悔一ヲ耶。是以經文ニハ云二見一切衆生犯八戒五戒十戒等一。(大正藏四〇、五七五中九行～)釋ニハ述タリ下凡大小乘ノ人犯ルニ二上ノ諸罪一必有二三根一。(同、十七行～)應中須ラク擧レ處教悔上スヘシ矣　明シ可レ通二聲聞・菩薩ニ一云事

答。自レ元云云　經ノ文相雖レ難レ測。任下大小乘ノ人犯二上諸罪一釋義上。可レ通二聲聞・菩薩一歟所二存申一也。其旨顯二一邊ノ疑難一。凡ソ此戒ハ專ラ說二菩薩戒通受別持ノ相一ヲ故ニ。共住同僧利養ト云者。別シテ約シテ二菩薩僧一顯二別持ノ相一ヲ也。雖レ然論レハ二其ノ受體一ヲ。七衆ノ戒體不レ別ナラ。乃至聲聞ノ五八十具悉ク無シレ不レ出レ自二菩薩戒一ヨリ。故ニ久修業ノ菩薩ハ。縱ヒ受シテ二聲聞戒一ヲ住二兼行寺一ニ見タリ。其時ハ。共住同二僧利養一等ノ義。又可レ通二大小ノ二衆一ニ也

十二　問。(第六戒)不供給請法戒ト者。制ストヤ下依二何心一ニ不中供請上可レ云耶

答。雖レ難レ測。專ラ制ルニ二懈怠ノ心一ヲ歟

兩方。若如二所答一者。不供給請法戒ノ所制。可シレ通ス二一切ノ不善ノ心一ニ。何必可レ限二懈怠ノ心一ニ耶。是以披二經文一。不レ生二瞋心患惱之心一(經、大正藏二四、一〇〇五中二七行)矣　專ラ制ト二瞋惱ノ心一ヲ見タリ。何況第七ノ戒既ニ名二懈怠不聽法戒一ト。若シ同ク制セハ二懈怠ノ心一ヲ者。第六第七。何不レ同耶。　若依レ之爾云者。解釋中釋トシテ二第二十二ノ憍慢不請法戒一ヲ。(義記、大正藏四〇、五七七上四行～)此戒ハ與二〔前〕第六ノ戒一同ク制スレ不レコトヲ請レ法ヲ〔以レ心〕爲レ異。前ニハ制シテ二懈怠一ニ不レコトヲ請。此ハ制シテ二憍慢一不レコトヲ請矣　如二此ノ解釋一者。唯制二懈怠心一ヲ被レ得タリ

答。自レ元云云　經ノ文相雖レ難レ測。所レ任二解釋ノ大旨一ニ也。凡ソ不供給請法ノ心。誠雖レ可レ通二諸心一ニ。不聽法ノ緣多クハ可レ在二懈怠ノ心一。故以レ之爲二當戒ノ所制一ト歟。一邊所レ令二出難一前ニ制二懈怠不請一釋分明也。是以釋トシテ二第七ノ懈怠不聽法戒一ヲ。(義記、大正藏四〇、五七五中二三～四行)制意與レ前同　矣　第七既ニ制ス二懈怠一ヲ。第六又可レ同也。但。至二第六第七ノ不同一ニ者。第六ハ制レ不ルコトヲ二供給シテ請一レセ法ヲ。第七ハ制下至二講レ法ノ處一。不モコトヲ聞レ法ヲ。懈怠ノ心雖レ同ト戒相聊異也。故爲二二戒一也。至二經文一者。專雖レ

約ニ懈怠ノ心ニ。兼テ制ニ貪瞋等ノ心ヲ歟。所以不供給ハ。由ニ貪心ニ。不請法ハ。順ニ瞋心ニ也。故ニ經ニハ出トシテ兼制ノ心ヲ。不生(經、大正藏二四、一〇〇五中二七行)瞋心患惱之心ト云也。若爾者　(缺文)

十三　問。(第六戒)不供給請法戒ノ意。勸ニ初心ノ菩薩ヲ爲ニ法ノ令ト捨ニ身命ヲ可レ云耶

答。可レ爾歟

兩方。若爾者。人身難レク受。道機難レシ調リ。何況ヤ初心ノ行者ハ其心未レ固カラ。若不レ至ニ不退ノ位ニ者。縱ヒ雖レモ爲ニナリト求法ノ。何輙ク可レ捨ニ身命ヲ耶。是以第三十七ニハ制ニスト冒難遊行ヲ見タリ。明知ヌ。全ニシテ生身ヲ可レ令レ行ニ佛法ヲ云事。　若依レ之爾者。經文ニハ云ニヒ爲法滅身請法ト。(經、大正藏二四、一〇〇五中二七行～)釋ニハ(義記、大正藏四〇、五七五中二二行)如ニ雪山ノ一偈ノ爲レ法殞ホロボスレ軀ヲ　矣　加レ之末師ハ。波崙ハ啓キニ髓於無竭ニ。(同、五九一上。明曠疏)(竭㊝偈)善財ハ忘ニ疲於法界ニ等釋タマヘリ。此等皆勸メテ爲ニ佛法ノ令ムト捨ニ身命ヲ見タリ

答。自レ元　云云　爲レ法不レ顧ニ身命ヲ者。佛法ノ大綱。大教所レ勸ムル也。故此戒ノ所制又可レ有ニ此意ニ歟。一邊ニ所レ令レ出經文解釋卽此意也。但。至ニ人身難レ得云ニ者。佛法增增又難レ逢。何執シテニ血肉ノ凡身ヲ不レ求ニ清淨ノ法身ヲ耶。　次。至ニ初心行者ナリト云ニ者。縱ヒ頓雖レ難レシ學ヒニ雪山ノ往事ヲ。隨テレ分ニ何ゾ可レ忘ニ見レ賢ヲ思フレ齊トレ之志ヲ耶。　次。至ニ冒難遊行戒ノ例難ニ者。彼制スルハ三無事ニ遊ニ行コトヲ難處ニ也。若於テレ有ラムニ勝益ニ者。何猶可レ憚ニ留難ヲ耶。若爾者有トニ何相違ニ可ニ答申ニ

〔十四　(第七戒)懈怠不聽法戒。所レ云聽法通ニ三學ニ可レ云耶〕

(本文缺)

十五　問。懈怠不聽法戒ノ所制ハ。唯限ニ一由旬ノ内ニ歟

答。雖レ難レ測。且ク今解釋ハ爾見タル歟

若。限ニトニ一由旬ニ云者。常啼ハ東ニ請シ。善財ハ南ニ求ム。若有ラハニ眞ノ善知識ニ者。縱ヒ雖レモ隔トニ千里ヲ可レ不レ運レ歩ヲ耶。是以說トシテニ第二十三ノ戒ヲ。(經、大正藏二四、一〇〇六下十四行～)若千里內無ニ能授レ戒師。得ニ佛菩薩形像前受レ戒(「㋑戒」「㋑得」)　矣　明知ヌ。千里ノ內有ラハニ法師ニ。必ス往テ可シトレ學ス戒ヲ云事。　若依レ之爾云者。披タルニ今ノ解釋ヲ。引テニ優婆

塞戒經説。（義記、大正藏四〇、五七五中二九行）相去一由旬爲限釋

答。自元云云此事雖難測。且任解釋所引計也。凡求法之志難作限量。學道思無顧軀命。雖然初心菩薩。非規矩難進故。或定從師受戒於千里。或制（講カ）稱處聽學於由旬也。但。至常啼・善財等行相者。彼猶上聖所行也。非薄地所及歟。次。至（第二十三戒）憍慢僻説戒例難者。彼最初受戒也。尤遠可求戒行也。此長時聽法也。故近制一由旬歟。或又稱（講カ）處遠近聽法進不隨宜所不立。今且引優婆塞戒經一説計也。必非以之爲定量歟。若爾者（缺文）

十六　問。解釋中釋（第八戒）背大向小戒。分別法相非法相見。爾者所云法相非法相者。四種邪見中何耶

答。雖難測。且任一義者。法相同上邪見。非法相可屬中邪見歟

兩方。若如所答者。撥無因果名上邪見。翻（飜）內歸外云中邪見。捨大取小名下邪見也。若爾者。今釋背大向小相。所舉法相非法相。只是可下邪見相。何可屬上中二見耶。若依之爾云者。披今解釋。（大正藏四〇、五七五下四～五行）若法想（相カ）説戒善已謝。止犯性罪。若非法想（相カ）説犯第十重矣。既法相失戒。非法相犯重云。明知。上中二見相云事

答。自元云云解釋旨趣雖難測。且任相傳一義也。其旨顯疑難一邊。凡上邪見失戒。中邪見犯重。下邪見犯輕垢也。今背大向小者。雖欲捨大取小。正邪畫未成位爲此戒所制見。以之爲下邪見之所屬也。是以見解釋。此戒直（義記、大正藏四〇、五七五下一行～）制猶豫未決。是下邪見之方便。若決謂大劣小勝計成失戒。若心邪畫未成犯輕垢。同此戒制矣。但。至一偏（邊カ）疑難者。雖退大取小計成失戒故。非下邪見攝。又非法相説。非輕垢故。猶可屬中邪見也。今分別此等意事。此戒所制。背大向小計未成位也云事爲釋顯也。若爾者。有何相違可答申

一義云。今ノ釋。法相非法想(相カ)ト者。皆於二下邪見ノ中一辨ニ其不同ヲ一也。上邪見ト者。因果撥無ノ闡提也。一切ノ失戒ノ人。何皆可レ屬ニ上邪見ニ一耶。故ニ計ルヲ二三寶不レト及ニ外道ニ一爲シ二中邪見ト一。執スルヲ二大乘不レト及ニ小乘ニ一爲ス二下邪見ト一。於ニ此中ニ一各可レ有ニ法相非法相差別一也。故ニ中下ノ邪見共法相ノ計成ルハ失戒シ。非法相ハ共ニ犯ス二第十ノ重ヲ一釋也。必シモ以テ二失重輕ノ三位ヲ一爲ストハ二上中下ノ邪見ト一不レ可ニ意得一。於ニ此ノ中ニ一下邪見ノ計未レ成位ヲ爲ルニ今戒ノ所制ト一也。是以釋云。(義記、大正藏四〇、五七五下一行)猶豫シテ未レ決。是下邪見ノ之方便(イ之方便」)矣 故ニ下邪見之方便ヲ爲ニ當戒ノ所制ト一也。若計成スレハ失戒ト云者。卽下邪見ノ究竟也。全不レ可レ屬ニ上邪ニ一也。又非法相ヲモテ說クハ。大ハ劣小ハ勝ト於ニ下邪見ノ中ニ一可レ有ニ犯重ノ義一也。依レ犯ルニ重ヲ不レ可レ攝ニ中邪見ニハ一也。圓琳等意也

又問。背大向小戒。唯制ニ意業ヲ一可レ云耶

答。解釋ハ且約ニトニ意業ニ一見歟

兩方。若限ルトニ意業ニ一云者。縱ヒ口ニ雖モレ作トニ背大向小ノ說ヲ一。旣是下邪見ノ所攝也。何非ニ此戒ノ所制ニ一耶。是以見ニ經文一。(經、大正藏二四、一〇〇五下五行)心背ニ大乘常住經律一。言レ非ニ佛說一矣 心背口言共ニ制レト之見タリ。

若依レ之爾云者。披ニ今解釋ヲ一。(義記、大正藏四〇、五七五下四行～)若彰シテレ言ヲ說クニ則有リニ兩種一。若法想(相カ)ヲモテ說戒善已ニ謝ス。止タタ犯スニ性罪ヲ一。若シ非法相ヲモテ說クハ。犯スニ第十ノ重ヲ一矣 如ニ此解釋ノ者。彰スニ言說ヲ一時ハ。法相ハ失戒シ。非法相ハ犯レト重ヲ見タリ。明ケシ此ノ戒ハ。唯約シテニ心念ニ一不レト取ニ口業ヲ一云事

答。自レ元云云 此事雖レ難レ測。且ク存ニ一ノ意一也。其旨任ニ疑難ノ一邊一。所以見ニ解釋一。或ハ云ニ此戒ハ直ニ制ストモ一(義記、大正藏四〇、五七五下一行)猶豫シテ未タレ決。或ハ述タリ三(同、二行)若心ノ邪畫未タレ成セ犯ストモ輕垢。此只於テニ心中ニ一作シテニ背大向小ノ念ヲ一未レ顯ニ口業ニ一。執計未タ成ルレ位ヲ爲トニ此戒ノ所レノ制云也。但。至ニ經文一者。且ク擧テレ重顯レ輕ヲ歟。解釋述トシテニ此ノ意ヲ一。(同、四行～)若彰ニ言說一乃至犯ニ第十ノ重一等釋也。若爾有トニ何失一可ニ答申一

一義云。縱ヒ口ニ雖レ作ニ背大向小之請一。計未ルレ成位說レ之者。法相ノ計不ルレ成セ故ニ。非レ失レ戒。非ルレ云ニ法相一故ニ非レ重。故ニ猶可ニ此戒ノ所制一也。是以明曠ハ。(大正藏四〇、五九一中。)心口背正ト釋タマヘリ(明曠疏)。但。至ニ如彰言說等ノ釋ニ一者。彼ハ且ク約シテニ法相非法

相ノ二義一ニ出二失戒犯重ノ二ノ相一ヲ計也。上猶豫未決ト云者。(義記、大正藏四〇、五七五下一行)
(同、二行)若心邪畫未成ト釋スルハ。於二此位ノ中一ニ若ハ心念。若ハ口說。同
此戒ノ所制ニシテ屬二輕垢一ニ釋スル意ナルヘシ　圓琳意

十七　問。(第九戒)不看病戒ノ所制ハ。唯限二父母師僧弟子等一ニ歟

答。解釋意ハ。通二一切一ニ見歟

兩方。若通二一切一云者。披二經ノ文一ヲ。若父母師僧弟子疾(經、大正藏二四、一〇〇五下九行〜)病。諸根不具無本百種病苦〔惱〕。皆養令レ差矣　如二此ノ經文一者。只限二父母師弟等一ニ聞タリ。　若依レ之爾云者。菩薩ノ慈悲ハ。通シテ被シム二一切一ニ。何必尋テ二有緣一ヲ可レ隔二無緣ノ病人一ヲ耶。是以見ルニ二解釋一ヲ。(義記、大正藏四〇、五七五下十五行)菩薩見二一切病人一隨二力所レ能皆應二看視一矣

答。自レ元所レ任二今ノ解釋一也。凡ソ菩提薩埵ハ拔苦與樂ヲ爲スレ心ト。而ニ苦惱ノ急ニ可キレ救フ無タルハレ過二病苦一ニ。縱ヒ雖レ非ト二父母師僧一ニ見レ有ムヲ二病人一。瞋嫌シテ捨レ之者。豈可レ順二菩薩ノ本心一ニ耶。但。至二經文一者。解釋消トシテ二此事一ヲ。文ノ中ニ擧ハ二(義記、大正藏四〇、五七五下十七行)父母師弟子一ヲ。從ヘテレ近キニ爲レ始ト〔也〕。末ニ云ヘリ二城邑曠野一ト。凡ソ是病セシヲ皆救。卽知ヌ。通コトヲ二一切一也矣　解釋意分明者歟。有二何相違一可二答申一

十八　問。(第九戒)八福田ノ中ニハ何ノ田勝タリトカ可レ云耶

答。於二八福田一ニ者。人師ノ異解非レ一ニ。且ク任二大師ノ下ノ解釋一ニ。以レ佛ヲ爲二上福田一ト歟可二答申一

進云。經云。(經、大正藏二四、一〇〇五下九行)八福田中看病福田第一福田矣

付レ之。如來ハ是人天ノ獨尊。最上ノ福田也。於テ二田ノ中一ニ論二勝劣一ヲ者。以レ佛ヲ可レ爲二無上ノ勝田一ト也。看病ノ功德縱ヒ雖モレ重シト。豈可レ勝二供佛一ニ耶。是以釋トシテ二(義記、大正藏四〇、五七七下。取意)第二十七ノ受別請戒一ヲ列ルニ二八福田一ヲ。以レ佛爲二第一一ト。以二病人一爲二第八一見タリ」

答。自レ元云云存二疑難ノ旨一ヲ。於二八福田ノ中一ニ論セハ二勝劣一ヲ。尤以レ佛可レ爲二勝福田一ト也。但。至二今ノ經文一ニ者。菩薩慈濟之本無シレ過タルハ二看病一ニ。(同、五七五下十三行〜)故ニ且ク看病爲二第一一ト云也。是以大師ハ。此ハ明ニ在レ心ニ不レ在レ田ト釋シ。末師ハ。(同、五九一中。明曠疏)此從レ所レ濟尤要ナリ。不レ從ト二福田ノ濃淡一ニ判セリ。何況約セハ二敬田一ニ以レ佛ヲ爲シ二第一一ト。約セハ二悲田一ニ以二病人一可レ爲二第一一也。經ニ既ニ云フ二

(經、大正藏二四、一〇〇五下八行～)如佛無異故。以悲田之極同敬田之極云第一也。必非云勝供佛田歟。是以唐土人師云。佛是應(大正藏四〇、六七三下。義寂本疏)敬之極。病是應悲之至。敬悲雖殊。田義還同故無異也矣 此釋非無謂歟可答申

十九　問。出家菩薩。爲護法許畜殺具可云耶(第十戒)

答。輒以難定。可有許意歟

兩方。若許云者。經制一切不得畜。(經、大正藏二四、一〇〇五下十四行)釋罥繳羅網等道俗同制。(義記、大正藏四〇、五七五下二二～三行)〔刃〕槊弓箭舊開國王王子等矣 於在家雖出開緣。全於出家者許之不見耶

答。自元云云 出家開通輒雖難定。若爲護法何無許之義耶。凡一切犯戒者。源起不善心名。行過非也。爲法爲利時。重罪猶許現行。(大正藏十二、三八四上。涅槃經取意)況於方便輕垢耶。是以大經中。出家人爲護正法令優婆塞執持刀杖。而相隨逐不名破戒見。但。至經文釋義者。爲護法故。一分雖有開之意非常義故不明之也。若爾者。有何相違可答申

二十　問。國使戒意。爲制利養惡心。爲制殺害因緣耶(第十一戒)

答。可通兩邊歟

兩方。若制殺害邊云者。(經、大正藏二四、一〇〇五下二一行)軍陣合會成殺害因緣可十重初殺戒所攝。何約之別可立一戒耶。是以見經文。不得爲利養惡心故。通國使命(同、二〇行)矣 只爲利養作不應事爲此戒所制被得。

若依之爾云者。披解釋。此使命爲相害因緣故制也矣(義記、大正藏四〇、五七五下～六上) 如此解釋者。制爲殺事因緣邊聞

答。自元云云 此戒。依惡心成殺害因緣事。專乖薩埵慈行。故制之見。縱雖爲利養等非興師相伐緣者。可非此戒所制也。故非不制利養等心。又非不顧成殺害因緣也。是以經云興師相伐。殺無量衆生。(經、大正藏二四、一〇〇五下二一行)釋述殺心乖(義記、大正藏四〇、

（五七五下～六上）慈不應爲也。此使命爲相害因緣故制也矣

但。至可殺戒所攝云者。此戒。必非待斷命而結罪。作使命成闘戰緣即結犯也。若依此緣既有傷害事者。此戒上更可加重夷也。若爾者（缺文）

（以下本文缺）

〔二十一　12（大正藏四〇、五七六上一行）販賣戒。道俗同制可云耶〕

〔二十二　13（同、七行）謗毀戒所制。通陷沒・治罰二心耶〕

〔二十三　13（同、十行）輕垢第十三戒所謗事。通有根無根可云耶〕

〔二十四　14（大正藏二四、一〇〇六上八行）經文。一切有主物不得故燒。爾者有主物有生物二說中以何爲正可云耶〕

〔二十五　15（同、十二行）經文。使發菩提心十發趣心十長養心十金剛心矣所云菩提心者。爲指下所列三十心將如何〕

〔二十六　16（同、十八行）經文。一切苦行。若燒身燒臂燒指矣所云苦行說能教苦相歟〕

〔二十七　17（大正藏四〇、五七六中十五行）恃勢乞求戒意。教他令。自乞求成犯可云耶〕

〔二十八　18（同、十八行）無解作師戒。七衆同制可云耶〕

〔二十九　19（同、二六行）兩舌戒。所闘遘境。唯限菩薩比丘可云耶〕

〔三十　20（同、五七六下七行）不行放救戒意。菩薩救濟境唯爲有情將如何〕

〔三十一　20（同、十一行）不行放救戒意。於所度境有是親非親二類見。爾者菩薩慈悲。於此二類以何爲先可云耶〕

〔三十二　20（大正藏二四、一〇〇六中十七行）依講經修福作善。先正等實得脫可云耶〕

（以上本文缺）

（第二十戒）

三十三　問。經文。講菩薩戒經律福資亡者（經、大正藏二四、一〇〇六中十七行）矣爾者依講經修福業因亡者得何益可云耶

答。彼得益相不可一准。任經文者。得見諸佛（同、十七行～）生人天上矣

付レ之。今此ノ菩薩戒經ハ。道場之直路。正覺之良規也。若爾者。圓戒講讚ノ功力。何速不レシテ成ニ菩提ノ妙果ヲ一。纔ニ成シニ見佛ノ緣ヲ一令レ感セ二人天ノ近果ヲ一耶。況ヤ又上ニハ云レヒ見ルト二諸佛ヲ一。下ニハ云レ生ストニ人天ニ一。若見ナラハ二諸佛ヲ一。生處何又可レ限ルニ人天ニ耶。爾者不レ明

答。自レ元云云 於テモ二現在修福ノ心ニ一可レ有ニ淺深一。亡者ノ故業。又非レ可キ二無カル一輕重一。故可トレ得二何ナル益ヲ一云事ハ。輒以所レ難レ定也。今且ク付ニ御尋ニ一出ニ申經文ヲ一計。但。至下速可トレ成ニ菩提ヲ一云上者。圓戒ノ功力誠雖ニ甚深ナリト一。其ノ人ノ戒行頓難キニ成就シ一故ニ。且ク生ニ人天ノ善處ニ一可レ令レ畜ニ善本ヲ一也。戒體受得ノ人ノ益。猶說ク二常生人道天中ト一。況ヤ於テニ他人一者。有ニ戒無戒一善人惡人可ニ不定ナル一。又生所既ニ隔レタリ。冥ニ成スルニ資神之緣ヲ一計也。何悉ク可レ成（成イ誠）ニ速疾ノ益一耶。次。至ニ得見諸佛等ノ文一者。或ハ生シテニ人天一受ニ快樂ヲ一。或ハ生テニ淨土ニ一見ニ諸佛一云歟。或ハ又表ニ戒（戒イ形）體戒行ノ二ノ意ヲ一歟。如レ云ニ離ニ三惡道淨土受形ト一也（義記、大正藏四〇、五六三中十一行）。若爾者經文有ニ深意一歟可ニ答申一

（以下本文缺）

〔三十四〕 21（大正藏四〇、五七六下十八行）瞋打報仇戒。唯約ニ出家菩薩一判レ之歟〕

〔三十五〕 21（同、二三行）出家菩薩。許レ畜ニ奴婢一可レ云耶〕

〔三十六〕 22（同、二五行）憍慢不請法戒。唯制ニ出家初心一歟〕

〔三十七〕 23 經文。而不レ諮ニ受先學法師經律一（大正藏二四、一〇〇六中～下）矣 爾者先學法師者。限ニ出家菩薩一歟〕

〔三十八〕 23 解釋中。憍慢僻說戒（大正藏四〇、五七七上六行）○序事三階 矣 爾者所レ云三階文段相。大師如何釋レ之耶〕

〔三十九〕 23（同、十二行）自誓受戒。必須ニ好相一可レ云耶〕

〔四十〕 23（同、十二行）信師受戒。縱（假カ）好相耶〕

〔四十一〕 24（同、二三行）新學菩薩。爲レ助ニ大乘一伏ニ邪執一許レ學ニ二乘外道等法一可レ云耶〕

〔四十二〕 24（同、二四行）犯戒人有ニ斷佛性義一可レ云耶〕

〔四十三〕 25（同、二七行）不善知衆戒中所レ列五種人。皆悉出家二衆可レ云耶〕

〔四十四〕 25（同、五七七中五行）菩薩戒意。用ニ三寶物一重夷輕垢中何耶〕

〔四十五〕 26（同、八行）獨受利養戒相。七衆共制レ之可レ云耶〕

〔四十六〕 26（同、十二行）菩薩戒意。令ミ客僧須ニ利養一分事。但限ニ菩薩

僧一可レ云耶〕

〔四十七　26(同、十五行)獨受利養戒。但爲レ制三不レ差ニ客僧一將如何〕

〔四十八　26(同、十七行)獨受利養戒意。不レ差而奪ニ僧次一。而差竟奪倶犯ニ輕垢一耶〕

（以上本文缺）

四十九　問。(第二十七戒)受別請戒。大小倶制ストレ可レ云耶

答。聲聞戒ニハ必シモ不レ制レ之歟

若。聲聞ハ不レ制ストレ之ヲ云者。僧次ハ功德ヲ。別請ハ過重シ。既奪ヒ十方僧ノ利ヲ失ス施(至歟)主無限福ヲ。縱ヒ雖モ聲聞僧ナリト何不レ制レ之耶。是以下ノ別請戒ニハ。說キ若別請僧者。是外道法。(經、大正藏二四、一〇〇七上二一行)七佛無別請法ト。一經(比丘應供法行經)ノ中ニハ。若シ我カ弟子有テ受ルコト別請ヲ者。是人ハ定メテ失ス四果ヲ不レ名ニ比丘ト定タリ。如ニ此ノ經文一者。於テ佛法ノ中ニ大少(小カ)兩乘共ニ不レ許ニ別請ヲ聞タリ。　若依レ之爾者。披タルニ解釋ヲ。釋シテ今ノ受別請戒ヲ云ヒ大小乘(義記、大正藏四〇、五七七下十一行)不レ同カラ。解トシテハ別請戒ヲ。大小乘不ニ全ク共ニ判セリ。明シ制スルコトニ受別請ヲ偏限ルト菩薩戒ニ云事

答。此事誠雖レ難レ思。律藏中ニハ開ストニ別請ヲ見タル故ニ。此戒ノ所制。專可レ有ニ菩薩ニ歟ト所ニ存申一也。一偏(邊カ)ニ所レ令タマフ出難ニ釋義ニ。其意又分明也。但。至下僧次ノ福田ナリト云上者。於ニ功德ノ優劣ニ者。自レ元不レ可レ諍レ之故ニ。雖モ聲聞僧ナリト上根ノ人行ルル十二頭陀等ヲ。猶不レ受ニ僧次請ヲ。況ヤ於ニ別請ニ耶。然而爲メニ下根ノ人ノ且ク許ニ別請ヲ也。次。至ニ經文ニ者。末師釋シテレ之ヲ。(大正藏四〇、五九四中～下。明曠疏)律ハ約シテ聲聞ニ開スレ受ニ別請。故知ヌ七佛ハ並(並㊂幷)ニ約ルレ聞(聞㊂ナシ)ニ菩薩ニ無ニ別請ノ法一矣故ニ七佛所說ノ菩薩戒ノ中ニハ無ニ別請ノ法一云也。是外道法ト者。以テ二乘ヲ屬スル外道ニ意歟。至ニ他經ニ者。僧次ノ功德。尤深キカ故ニ且ク出ト別請過誡ヲ云也。或ハ經律ノ異說必シモ不レ可ニ和會ス歟可ニ答申一

五十　問。(第二十七戒)解釋中就ニ受別請ノ所制ニ設ニ二解ヲ見。爾者二解俱用レ之可レ云耶

答。雖レ難レ測二解共可レ用レ之歟

兩方。若共ニ用レ之者。披タルニ解釋ヲ擧ニ二解ヲ云テ。(義記、大正藏四〇、五七七中二九行)文ノ意似ニ前解ニ矣如ニ解釋ノ者。二解ノ中ニ初ノ解。專ラ順シレ文符ナリト理ニ

釋スト見タリ。　若依レ之爾云者。行者ノ根緣不定ナルカ故ニ。制戒ノ緩急不ニ一准一ナラ。若固ク制ニ別請一ヲ者。還テ可レ失ニ利益之緣一耶。單ノ別請猶隨テレ宜ニ可レ用レ之。況ヤ於テニ衆中一ニ有ニ一人ノ僧次一耶

答。自レ元云云此事雖レ難レ測。既ニ標スニ二解一ヲ。第二ノ解何一向無ニ許レ之意一耶。凡ソ末代初心ノ菩薩ハ。深防甚ハタ難シ。別請ノ一法何無ニ通局ノ義心一耶。是以見ニ解釋一ヲ出トシテニ初ノ解一ヲ。（同、二六行～）若請セハ受レ戒說レ法ヲ見レ機ヲ。或ハ比レ智ヲモテ（皆イ）知テニ此ノ人無クハレ（財イ）我則不レ營ニ功德一。如レ此等ハ不レ制セ矣　若爾者。隨テレ緣ニ猶許ストニ（イニ無）別請一ヲ見タリ。況ヤ第二解ハ。（同、二八行）從ニ四人已上一有ニ一僧次一不レ犯矣　依レ加ニ一人ノ僧次一ヲ衆僧悉ク免ルトニ別請ノ過一ヲ述タル其意尤甚深也。何不レ異ニ此解一ヲ耶。但。至ニ文意似前ノ解ノ釋一ニ者。既ニ似トニ前解一ヲ全ク非レ捨ルニ後教一歟。故ニ兩解隨レ宜ニ雖レ可レ用レ之。（同、二六行）齋會利施悉斷別請ノ釋。且ク順ニ一切不（經、大正藏二四、一〇〇七上十三行）得受別請ノ文言一ニ。故ニ似ニ前解一ニ許也。非レ云ニハレ廢ストニ後ノ解一ヲ。若爾者　（缺文）

五十一　問。（第二十七戒）菩薩戒意。制ニ別衆食一ヲ可レ云耶

答。可レ有ニ制レ之意一也

兩方。若有ニ制意一云者。披ニ經文一ヲ明ニ性重（輕カ）戒相一ヲ於ニ別請ノ一事一ニ者。能請所請共ニ雖レ誡レ之ヲ。至ニ別衆食一ニ者。未レ見レ制ストモレ之耶。所以見ニ解釋一ヲ。釋トシテニ受別請戒一ヲ。（義記、大正藏四〇、五七七中二八行）從ニ四人一已上ニ有ヲハニ一ノ僧次一不レ犯矣　若僧次ナラハ。縱ヒ食處ニ雖レ成レ衆無トレ過見タル者耶

答。自レ元云云可レ有ニ制レ之意一歟ト云事ハ。所レ任ニ通受別持ノ大旨一ニ也。凡ソ菩薩比丘ノ行事。大乘律ノ中ニ不レ委故ニ。廣ク尋ネテニ律藏ノ說一ヲ可レ補ニ其ノ闕一ヲ也。若出家菩薩ナラハ。何不レ精ニ持之一ヲ耶。而ニ別衆食ハ比丘ノ二百五十戒ノ中ノ單提ノ戒也。所以ニ別請ハ。約ニ十方僧一ニ。別衆ハ。約スニ界內一ニ。雖レ有ニ遠近ノ不同一共ニ失シニ等施ノ福一ヲ乖クニ和合ノ義一ニ。聲聞菩薩同可レ制レ之ヲ也。但。至ニ經文ニ不レ見云一者。今ノ五十八戒ハ。略ノ中ノ略也。一一ノ行事。何可レ尋ニ其現文一ヲ耶。或ハ又受別請戒ノ中ニ兼テ制レ之歟。所以ニ一常令レ出給解釋。卽是所答潤色也。四人已上若無ニ僧次一者。只非レ犯ノミニ。別請ノ兼

可レ犯二別衆食一也。若シ此中加二一人ノ僧次ヲ一者。並ニ免ルル二別
請別衆ノ二罪ヲ一故ニ貽ス二四人已上ノ詞ヲ一也。若偏ニ約シテ二別請ニ一
解セハレ之。縱ヒ雖二二人三人ナリト一非二僧次ニ一者可レ犯二別請ヲハ一
故ニ。四人已上ノ詞似レ無二其ノ詮一。今釋ハ。雖レ云二別請ト兼タル二
別衆ヲ一故ニ。從二四人已上一有二一ノ僧次一不レ犯ト釋也
難云。聲聞戒ノ意ハ。縱ヒ四人已上悉ク僧次ナリトモ不レ[冥]界內ノ
比丘ヲ餘處ニ成レ衆ヲ不レ可レ免二別衆食ノ犯ヲ一。律ノ中ニ雖レ擧二
多ク開縁ヲ一不レ出二僧次ノ縁ヲ一。何今云下有二一僧次一不上レ犯耶」
答。律家ノ意ハ。別衆食ノ犯不犯。就三伽藍聚落有二不同一。於テ二
聚落界ニ一者。四人已上ノ比丘於テ二一處ニ一食セハ。必ス鳴二揵槌ヲ一
可レ表ス二衆集ヲ一。不レ爾者得罪。於テ二僧界ノ中ニ一者不レ可二作
相ス一。布薩處ニ請シレ僧ヲ。或ハ送レハ二一分ノ食一免ルト二別衆ノ過ヲ一
見タリ。今ハ請ツレハ二僧次ノ一人ヲ一。海水ノ一滴同シレ飲ムニ二諸河ノ
水ヲ一。猶有下集ル二十方ノ衆僧ヲ一意上。況ヤ於二界內一。故ニ依レ加ルニ二僧
次人。別請別衆ノ二過一共際レ之見タリ。大少開縁聊有二不
同一歟

五十二　**問**。（第二十七戒）經文。（經、大正藏二四、一〇〇七上十三～四行）而此利養屬二十方僧一矣爾者所レ云十
方僧者。限ト二出家菩薩一可レ云耶
答。雖レ有レ所レ可レ思。且ク約スト二出家菩薩ニ一見歟
兩方。若限ト二出家ニ一云者。凡ソ菩薩戒ハ七衆ノ形貌雖レ殊ナリト。
佛戒受得是同シ。既同見同戒菩薩也。縱ヒ雖二在家ノ二
衆ナリト一。何可レ隔二僧次ノ利養ヲ一耶。是以見ルニ二解釋一（義記、大正藏四〇、五七七下四行）。八福田
並ニ有下ト應レ得二僧次ヲ一義上矣而ニ八福田中ニ五列ヲ二父母病人
等一見タリ。明ケシ不レ限ト二出家一云事。若依レ之爾云者。
披ルニ二解釋ヲ一。（義記、大正藏四〇、五七七中二四行～）出家五衆同ク犯ス。在家ノ二衆ハ無レハ二此利一未レ
制矣如二此所制一者。不レ通ト二在家一被レ得タリ
答。自レ元云云菩薩戒ノ意ハ有ルカ二通受別持ノ義一故ニ。在家出
家ノ菩薩受體雖レ一ナリト。道俗形殊ニシテ行相遙カニ別ナリ。以二在
家ノ菩薩ヲ一爲二僧次ト一者。於二行事ニ一不レ便ナラ事可レ多レ之歟。
故ニ受別請ノ制ハ。且ク可レ約二出家ノ五衆ニ一也。但。至二八福田
中ノ經文釋義ニ一者。唐土人師會シテ二此事ヲハ一。父母病人亦得。
出家シテ在ルコトヲ二僧衆ノ內ニ一故有二橫義一。又解ラク。此ハ是彰ハスレ
犯ルコトヲ二極重ヲ一之詞ナリ。若受レハ二此ノ物ヲ一同シレ取ニ二佛物及ヒ父母

等一ヲ非二ス卽チ取一ルニハ也云云此釋意ハ。犯二用一スレハ十方僧物一ヲ有レリト奪二八福田ノ物一ヲ云許也。指二テ在家ノ人一ヲ卽非レ云レ列二ト僧次一ニ也。此會釋意。無二相違一歟可二答申一

越者。有戒無戒中何耶

五十三　問。(第二十八戒)經文。(經、大正藏二四、一〇〇七上十七行～)及一切檀越。請僧福田矣爾者所レ云檀

答。雖レ難レ測指二無戒人一ヲ歟

兩方。凡論二スルコト犯不犯一ヲ者。約二シテ有戒ノ人一ニ所レ辨レ之ヲ也。所レ云請僧檀越。若無戒ノ人ナラハ。何依二別請ノ過一ニ犯二スト性垢(輕カ)罪一ヲ可レ云耶。　若依レ之爾云者。見二經文一ヲ。(同前、十七行)有二出家菩薩在家菩薩及一切檀(檀イ壇)越一矣既ニ在家ノ菩薩ノ外ニ及一切檀(檀イ壇)越ト列(列イ烈)タリ。明ケシ無二菩薩戒ノ人一也ト云事

答。自レ元云云所〔レ任ニ〕經ノ文相ニ也。既ニ在家出家ノ菩薩ノ外ニ所レ列。及一切檀越ノ詞。無レ諍未受戒ノ人ナリト聞タリ。但。至二無戒ノ人ナラハ犯戒ノ義不一レ可レ有レ之者。今此ノ文ハ。約二無戒ノ人一ニ非レス論二犯不犯一ヲ。凡ソ檀越請僧ノ法式ハ。必ス可二次第請一ナル。若別請セハ。有戒ノ人ハ可レシ犯二輕垢一ヲ。無戒ノ人ノ別請雖レ非二犯戒一ニ。彼文不レ可レ及二僧次ノ福田一ニ。故ニ縱ヒ雖二モ未受戒ノ人一ナリト。教ヘテ為レ令メム請二僧次一ヲ如レ此說也。是以末師釋二此事一。(大正藏四〇、五九四中。明曠疏)犯局二一衆一ニ。一切檀越ト(「イ云ハ)不受戒ノ人ナリ。順レハ教ニ得レ福ヲ。違(猶歟)レトモ則無レキ罪(罪イ犯)矣若爾者無レト過可二答申一

五十四　問。(第二十八戒)(經、大正藏二四、一〇〇七上二一行)經文。七佛無二別請法一矣爾者。過去九十劫ノ中ニ出二興スル此土一ニ佛ハ。唯限二ル七佛一ニ歟

答。經論異說不同ナルカ故ニ雖レ難レ測リ。且ク存二一意一者限二七佛一歟

若。如二所答一者。此現在ノ賢劫ハ。是百劫ノ中ノ第九十一劫ナリ。於二此ノ一劫ノ中一ノ四佛也。何ソ已前ノ九十劫ノ中。纔ニ可レ有二三佛ノ出世一耶。是以檢二三千佛名經ノ說一。過去莊嚴劫ノ中千佛出世ストス見タリ。　若依レ之爾者。披タルニ今解釋一ヲ。(義記、大正藏四〇、五七七下十九行～)七佛者並在二此土一。應化迹在二百劫之內一等矣如二此所判一者。九十一劫ノ中ニ唯シ在リト二七佛ノ出世一ノミ被レ得タリ

答。自レ元云云此事經論ノ所說不二一准一ナラ故。偏ニ雖レ難二定申一。上所レ任二解釋一ニ也。解ハ依二ト大論一ニ見タリ。所以檢ルニ二大論ノ

說ヲ。（大正藏二五、一二五上。智度論）無量億劫ノ時ニ。時一（時一㋑亦）有テ。是ノ九十一劫ノ中三劫ノミ有レ佛。賢劫之前九十〔一〕劫ニ。〔初〕有レ佛名ニ鞞婆尸一ト。第三（「〇カ）十一劫ノ中ニ有ニ二佛一。一ヲハ名ニ尸棄一。二ハ名ニ鞞〔恕〕（「〇カ）婆附一ト等矣。十住毘婆沙論又同ニ此說一ニ。既ニ從テ證據於龍樹ノ論判ニ如レ此釋給ヘリ。學者仰テ可レ取レ信ヲ者歟。但。至ニ佛名經ノ說一ニ者。過去莊嚴劫雖レ云レ有ト二千佛出世一。彼ノ莊嚴劫ノ時分難キレ去リ。若通スルニ百劫已前一歟。或ハ又經論異說。何强ニ可レ致ニ苦勞一耶。是以佛名經ニハ莊嚴劫ノ終心ヲハ名ニ金剛王佛一ト也。藥王藥上經ニハ。（大正藏二〇、六六四上一二行）以ニ毘舍〔浮〕佛一ヲ爲レ終ト故ニ。此毘婆尸等ノ佛。或ハ莊嚴劫ノ內トモ見ヘ。外トモ見タリ。隨機ノ異說必不レ可ニ和會一歟可ニ答申一

又問。過去七佛ノ中ノ初ノ三佛。莊嚴劫千佛中ノ佛歟

兩方。若莊嚴劫ノ佛ナリト云者。披ニ佛名經ノ說一列トシテ莊嚴劫ノ佛一ヲ。（大正藏十四、三六五中～下）初自ニ人中尊佛一終至マテニ金剛王佛一ニ。雖レ擧ニ千佛一ヲ。於ニ毘婆尸等ノ三佛ノ名字一者。此中所レ不ニ全見一也。若依レ之非トニ莊嚴劫ノ佛一ニ云者。三世諸佛隨レ多從ヘテレ還ニ擧ニ三劫ノ千佛一ヲ也。而以ニ俱留孫佛一ヲ爲ニ現在賢劫ノ初ノ佛一。以前ノ三佛非ニ莊嚴劫ノ佛一ニ者。可レ屬ニ何劫ノ佛一ニ耶。是以藥上經ニハ。毘婆尸等ノ三佛ハ莊嚴劫ノ終ノ三佛ナリト見タリ耶

答。此事難レ知。或ハ莊嚴劫ノ佛歟。凡ソ莊嚴劫ト者。爲メニ現在賢劫ノ千佛一ノ。過去ノ千佛ノ出世ノ劫ヲ通シテ名ニ莊嚴劫一ト歟。毘婆尸佛既ニ九十一劫ノ初ノ佛ト見タリ。故自ニ第三祇ノ終一至マテニ百劫一ニ已前ヲ。惣シテ屬ニ莊嚴劫一也。仍テ四佛ノ中ノ三佛ハ。同ク莊嚴劫ノ佛也トカ可レ云也。藥王藥上經ノ說分明ナル故也。明曠卽依テニ此經ノ說一ニ。（大正藏四〇、五九八下）過去莊嚴劫中初（始カ）自ニ華光如來一（如來㋑佛）終至ニ毘婆尸佛一ニ矣 毘婆尸ト者。過去七佛ノ最初ナルカ故ニ表ニ其名一ヲ也。具ニハ可ニ毘婆尸等ノ三佛ト云一也。但。至ニ三千佛名經ノ說一ニ者。同體異名歟。或ハ此三佛ハ非ニ莊嚴劫ノ佛一ニ歟。凡ソ過去莊嚴劫ノ。未來ノ星宿劫。共ニ非ニ賢劫隣次ノ劫一ニ歟。莊嚴劫ト者。三無劫ノ中ニ有ニ此一劫一歟。未來星宿劫又賢劫後經ニト十二劫ヲ見タリ 其貴意 但。至ニ藥王藥上經等ノ說一ニ者。賢劫已前ノ佛ケ。且ク云ニ屬過去莊嚴劫ノ佛ト一歟。正ク非レ云ニハ出トニ莊嚴劫一ニ歟。凡ソ經論異說。何必可レ云レ通耶

五十五　問。邪命自活戒（第二十九戒）中。列二幾邪命一可レ云耶
答。任二解釋一者。列二ト七事一見タル。歟
付レ之。依二解釋一披タル二經文一ヲ。始自二販賣男女色一。終至ルマテ二（經、大正藏二四、一〇〇七上二三行～）
調醫方法一ニ。正シク擧二クト六種一ヲ見タリ。是以見二ニ今ノ解釋一ヲ入レ
文ニ作レル釋時キハ。約二六事一ニ判レスト之見タリ。爾者。文列七事ノ（義記、大正藏四〇、五七七下二六行～）
所判不レ明耶
答。自レ元云云經ニ所レノ說邪命ノ事。隨二人師ノ意等（樂歟）一ニ開合不二
一准一ラ。法藏・傳奧ハ云二十三事一ヲ。勝莊ハ十二種。義寂ハ列二ト
十事一ヲ釋セリ。大師ハ。六種七種ト分別シタマヘリ。是則第六ノ調
醫ノ方法ニ付テ。有二如法不如法ノ二義一故ニ。和合百種毒（經、大正藏二四、一〇〇七上二五行～）
藥已下ヲ付二テ毒藥和合ノ意（常歟）一ニ開レ之爲二七事一ト歟。或ハ又經ニ
有二異本一。現行ノ本ハ調鷹方法也。故ニ調鷹調醫ヲ開シテ爲レスル
七ト歟。調鷹又屬スル二調醫ノ方法一ニ意有レ之。故惣標正釋爲レ
顯二一意一ヲ歟。若爾者。有二何失一可二答申一
五十六　問。解釋中釋トシテ二邪命自活戒（第二十九戒）ノ相一ヲ列二七種ノ邪
命一ヲ見タリ。爾者。今此ノ七種ハ。皆悉ク聲聞ノ四種ノ邪命ノ所攝
也ト可レ云耶
答。可レ有下悉ク攝スル二彼ノ四食一ニ意上也
兩方。若如二所答一ノ者。見ル二ニ今解釋一ヲ。此中五事通二前〔四〕（義記、大正藏四〇、五七八上一行）
食一（矣）如二此所判一者。於二今所レノ列七種ノ邪命ノ中ノ二種一ニ
者。非田食ノ所攝ト被レ得タリ。　若依レ之爾云者。邪命ノ
類雖レ多ト。悉ク攝二在ス方維仰下ノ四食一ニ。今此中ノ七種ノ邪
命。何非ランニ彼ノ所攝一ニ耶。是以見二ニ末師ノ解釋一ヲ。悉ク同ストニ彼ノ
四邪一ニ見タリ
答。自レ元云云四食七事雖二開合不同一ナリト。邪命義同キ故ニ。
今所レ列七種悉ク可レト有下攝スル二彼ノ四食一ニ意上歟所二存申一也。
其旨顯二一邊ノ疑難一ニ。但。至二此中五事ノ釋一ニ者。誠以所レ
難レ思ヒ也。宋朝人師（頂山）釋トシテ二此事一ヲ。調鷹合毒多ハ屬二在家一ニ。（佛全71、一二二下。圓琳鈔參照）
聲聞ノ四食ヲ攝ルニレ之不レ便ナラ（矣）此料簡一往無二相違一歟可二
答申一
難云。末師釋ノ意。醫方ハ四種邪命ノ中ノ維邪ノ所攝也。若爾
者。調醫ノ邊ヲハ攝二ト維邪一ニ。合毒ノ邊ヲハ可レ屬二下邪一ニ也。何
攝スルニレ之云レ不レ便ナラ耶

答。曠疏ハ。醫方ト相ヲ云ニ維邪ト一者。（大正藏四〇、五九四下。明曠疏）指ニ如法ノ自活ヲ一也。合毒等ハ。非ニ維邪ノ所攝一ニ。若攝セハレ之可レ屬ニ下邪一也。況今此ノ四食ハ出タリニ大論一ニ。而本論ニハ。合義ヲハ屬ストニ下邪見一ニ見タリ。曠師隨レ義轉用ノ屬ニ維邪一ニ歟。又論意。合義・種穀ヲ名ニ下邪一ト。彼猶約ニ常途ノ義一歟。合毒ハ不レ定レ及スニレ言ヲ故。且ク置ニ四食外一歟

五十七　問。不敬好時戒（第三十戒）ハ。七衆倶ニ制ストレ可レ云耶

答。有ニ二釋一歟

兩方。若通ニ七衆一ニ云者。出家ノ持齋ハ無レ定ニムルコト時節一ヲ。何只可レ制ニ三齋六齋ニ破齋犯戒一スルコトヲ耶。明知ヌ。此戒ハ只制ストニ在家俗衆一ヲ云事。是以優婆塞戒經ノ中ニ。（義記、大正藏四〇、五七八上十六行〜）六齋日三齋月ニ。受ケニ八戒一ヲ持レ齋ヲ。在家ノ菩薩。應レ行ニ此事一ヲ矣　若依レ之爾者。披ルニニ解釋一ヲ。一云。（同、十行）七衆倶制。皆應レ敬レ時　矣　如ニ此解釋一ノ者。七衆同ク犯ストレ被レ得タリ

答。自レ元　云云　釋義擧トニ二解一ヲ見タリ。既ニ不ニ用捨一セ。知ヌ。二義並テ可トレ用レ之云事。凡ソ此戒ハ制スルレ不コトヲレ敬ニ好時一ヲ。此義必シモ不レ可レ限ニ在家一ニ。可レ通ニ七衆一ニ也。但。至下出家ハ可シトニ盡壽救（持カ）齋一ナル云上者。見ルニ經文一ヲ。此戒必シモ制ストモニ齋戒ノ一種一ヲ不レ見。自身謗ニ三寶一（經、大正藏二四、一〇〇七上〜中）乃至　作ニ殺生劫盗破レ齋犯レ戒罪一（經ニ無シ）等云ヘリ。此等悉ク出ニ重罪一ヲ。縱ヒ雖ニ出家一ナリト。何限ニ三齋六齋一ニ可三今持ニ此等戒一ヲ耶。故ニ於ニ齋日齋月等一ニ犯レハレ之。道俗共本罪ノ上ニ可レ加ニ不敬好時ノ一罪一ヲ。故七衆共ニ制レ之釋スル也。雖レ然。論ルコトニ齋月齋日一ヲ。本爲ニ在家菩薩一ノ。定メテニ時限一ヲ令レ修ニ淨行一ヲ也。故ニ專約ルニ在家一意可レ有レ之歟。若爾者。二解並テ用ルニレ之有ラントニ何不ニ可（〔可カ）ニ答申一

又問。第三十ニ性戒唯制ストニ非時食一ヲ可レ云耶

兩方。若限ニ非時食一ニ云者。見ニ經文一ヲ。作ニ殺生劫盗破齋犯（經、大正藏二四、一〇〇七中一行〜）戒一　矣　不レ限トニ持齋一種一ニ聞タリ。　若依レ之爾云者。既ニ定メテニ六齋三齋等ノ時節一ヲ制ニ破齋犯戒一スルコトヲ。明知ヌ。爲ニ在家ノ菩薩一。於ニ此等ノ良時一ニ令レ持トニ齋戒一ヲ云事。若夫通ニ殺盗等一ニ者。何必シモ可レ選ニ良時好日一ヲ耶。是以今釋云。一云。但（義記、大正藏四〇、五七八上十行〜）制ニ在家一ヲ　乃至　出家ハ盡壽持レ齋不レ論ニ時節一　矣

答。釋云。（同、七行〜）三齋六齋ハ。並ニ是レ鬼神得ルレ力之日ナリ。此ノ日宜レク

修レ善ヲ。福過ニ餘日一ニ。而於ニテ（〔今カ〕）好時一ニ虧慢スレハ更犯ス。隨ニテ所犯ノ事一ニ。隨レ篇結レ罪ヲ。此時此日。不レ應レ不レ知。加ニコトヲ一戒一ヲ。釋ノ（〔矣カ〕）意分明也。於ニ此等齋月齋日等一犯レ戒。隨ニ所犯事一ニ結ニス輕量（〔重カ〕）ノ罪一ヲ之上ニ。必可レ加ニヘ犯ス不敬好時ノ一戒一ヲ也。爾者。此義可レ通ニ諸戒一ニ也。但一邊ニ令レ出給釋義ハ。今ノ釋ハ。擧ニ二解一ヲ中ノ一解。縱ヒ此戒雖レ約ニト在家一ニ。必不レ可レ限ニ非時食ノ一事一ニハ歟

五十八　問。菩薩戒意。（第三十戒）非時食有ニ開文一耶

答。於ニ重病等ノ緣一者。可レ有ニ許レ之意一歟

兩方。若如ニ所答一者。廣ク尋ニテ大小律藏一ヲ明ニタルニ制戒ノ通局一ヲ。於ニ非時食ノ一戒一者。未レ檢ニ其開緣一ヲ。是以唐土人師（定賓）釋中ニ。（卍續一―六六、一七七丁左下。飾宗義記取意）非時食戒。遍ク尋ニ諸部一曾無ニ開文一。唯十誦律ニ文開ナレトモ。意密ナリ 矣　若依レ之爾者。根ニ有ニ上下一。身ニ有ニ康羸一。於ニ病等ノ諸緣一。何無ニ開之義一耶。是以見ニルニ今ノ不敬好時戒ノ說一ヲ。於ニ三齋六齋等一ニ制ニスト披（〔持カ〕）齋犯戒一コトヲ見タリ。明ニ知ヌ。於ニ餘時一ニ者。可レ有ニ開聽（〔遮カ〕）ノ義一云事

答。自レ元云云於ニ病等ノ緣一ニ者可レ開レ之歟云事。存ニ疑難ノ一邊一ヲ。凡ソ一切ノ制戒ハ。誡以ニト放逸ノ心作一レコトヲ之也。至ニ難緣一ニ者。何不レ開レ之乎。而一切ノ諸難無レシ過ニクルハ食梵ノ二難一ニ。若病人ニ隨レテ時不レ與ニ所宜ノ藥一ヲ者。至レンコト死無レ疑ヒ。例セハ上ノ酒肉五辛等ノ戒。一ヘニ云ニ重病ニハ開レ之釋タリ。非時食ノ一事。何有レテ遮ノミ無レラン開耶。是以小乘ニハ。十誦律幷鷄胤部ノ中ニ有ニ開文一。大乘ニハ五戒威儀經ニ病人幷道路行極人ニ開レ之ヲ見タリ。但。至ニ定賓ノ疏一ニ者。所レ見猶不レ廣歟。或又恐ニレテ人多ク犯ンコトヲ之。爲ニ浮防一如レ此釋歟。若爾者（缺文）

五十九　問。（第三十一不行救贖戒）（經、大正藏二四、一〇〇七中五行）經文。賣ニ佛菩薩父母形像一 矣　爾者所レ云父母ト者。指ニ佛菩薩一ヲ名ニ父母一ト歟

答。可レ爾。又可レ通ニ生身父母一ニモ歟

若。生身父母ナリト云者。見ニ今解釋一。（義記、大正藏四〇、五七八上二三行～）所レ賣〔卽〕佛菩薩形像。此有ニ父母一有ニ大慈一故 矣　如ニ解釋一者。於ニテ佛菩薩一ニ與ニト父母ノ文一ヲ見タリ。　若依レ之爾云者。菩薩ノ大心ハ。慈

救ヲ為レ先ト。若自ノ父母等ノ在二テハ厄難ノ中一ニ。豈不レン救二贖之一
耶。是以解釋中。大小不二全ク共一セ。（義記、大正藏四〇、五七八上二一行～）菩薩ハ應レ贖。聲聞ハ見二
父母一ヲ不レ贖。犯二第七聚一ヲ。經縁ハ不レ見レ制ヲ。此釋ハ（「矣カ）約二シテ生
身ノ父母一ニ釋二スト大小共列一ヲ見タル者耶
答。自レ元云云可レ通二生身ノ父母一ニ歟云事。所レ存二釋義ノ大
旨一也。凡ソ於二父母一有二世間出世。生身法身等ノ不同一。生二
育スルハ生身一ヲ世間父母也。長二養スル法身一ヲ出世ノ父母佛菩薩
等也。生法雖レ異。恩德尤重シ。見二其ノ厄難一ヲ何不二救贖一
耶。今此ノ一文ニ可レト有二此ノ意一存シテ。或ハ此有二父母一〔有二〕
大慈一故トモ釋シ。或聲聞見二父母一不レ贖犯二第七聚一トモ知
也。加レ之唐土人師。多ク於二此ノ文一ニ作二ト生身ノ二解一ヲ見タリ。
若夫如レ此准ヘ申ハ。重重ノ難勢自顯レ遮歟可二答申一（經、大正藏二四、一〇〇七中九行）
難云。經ノ次下文ニハ。唯云二テ贖佛菩薩形像。及比丘比丘
尼一ト。無シ二父母ノ言一。解釋又釋スルニ二此戒ノ制意一ヲ。見レ有レ賣コト二（義記、大正藏四〇、五七八上十九行～）
佛菩薩ノ像一不二ルハ救贖一。損辱ノ之甚ナリ。非二大士ノ行一矣不レ
出二父母一ヲ。明曠ハ偏約二法身一消レ之。不レ作二生身ノ解一ヲ如何」
答云。經ノ次下ノ文ハ。及ノ言ニ可レ收二父母一ヲ歟。又釋義ハ。約二
本意一如レ此釋歟。傍ニ通二生身一事ヲハ不レ可レ遮歟

六十　問。損害衆生戒意。（第三十二戒）制レスト畜二コトヲ弓箭刀杖一ヲ（仗カ）可レ云耶
答。但畜二殺具一非二此戒所制一歟
兩方。若如二所答一者。披タルニ二經文一ヲ列二トシテ損害衆生戒ノ所
制ノ事一ヲ。不レ得レ畜二刀杖弓箭一（經、大正藏二四、一〇〇七中十一行）矣如二經文一者。制レト畜二コトヲ刀
杖等一ヲ聞タリ。　若依レ之爾云者。畜二弓箭刀杖等一ヲ。上ノ
第十ノ所制也。何於二此中一ニ重可レ制レ之耶。是以見二解釋一。
贖（一カ）販二賣殺具一（義記、大正藏四〇、五七八上二七行）矣非レスト制二受畜一ヲ見タリ
答。自レ元云云所レ任二解釋一ニ也。所以第十ノ畜殺具戒ノ中ニ。
既ニ云二フ不得畜一切刀杖弓箭一ト（經、大正藏二四、一〇〇五下十四行）。至二ハ第三十二ノ戒一ニ初非レ
可レ制レス畜二殺具一ヲ。是以解釋標二トシテ當戒所制ノ六事一ヲ。
一販二賣殺具一（義記、大正藏四〇、五七八上二七行）。二畜二輕秤小斗一等矣經文ニハ刀杖弓箭ヲハ
云レヒ畜ト。輕秤小斗ヲハ云二販賣一ト。文言似レタリ例スルニ。是以唐土（傳奧等）
人師釋中屬二スト文誤一ニ見タリ（卍續一－五九、四五五丁左下）。但シ為二メニ販賣ノ貯畜一セハ。可レ有下
屬二スル此戒ノ所制一ニ之意上歟。若爾者。刀杖・斗秤共ニ可レ通二
受畜販賣ノ二義一ニ故。經文釋義。各顯二一意一也。不レ可レ屬レ

誤ニ歟

難云。販賣ハ。又第十二戒(販賣戒)ニ所レ制也。販ニ賣スル棺材板木等一ヲ。既ニ彼戒ノ所制也。至テハニ刀杖等ノ販賣一ニ。何立テニ別ノ戒一ヲ可レ制レ之耶

答。彼レハ通シテ制スニ販賣一ヲ。今ノ戒ハ。別シテ誡ルレ作コトヲニ損害衆生ノ事一ヲ。故ニ於ニ販賣ノ中一ニ別シテ販ニ賣スルコトヲハ弓箭刀杖等一ヲ屬ニ此戒ノ所制一ニ歟

又問。第三十二ノ輕戒(損害衆生戒)ニハ制トカニ何事一ヲ可レ云耶

釋云。(義記、大正藏四〇、五七八上二七行～)一販ニ賣殺具一ヲ。二(「〇カ)畜ニ輕秤小斗一ヲ。三因ニ官形勢一ニ。四(「〇カ)害心繫縛。五破ニ壞成功一ヲ。六畜ニ養猫狸一ヲ 云云

付レ之。畜ルコトハニ刀杖一ヲ第十ノ戒(畜殺具戒)所レ制。販ニ賣ルコトハ非法ノ物一ヲ第十二戒ノ所攝。因ニ官形勢一ニハ第十七ノ恃勢乞求戒ニ所レ明也。何況ヤ。取ニ人財物一ヲ害レ心繫縛ハ。即是殺盜也。何別ニ立テニ一戒一ヲ重テ可レ制ニ此等ノ事一ヲ耶

答。初販賣殺具ト者。此ハ非レ制ルニ畜ニ殺具一ヲ。制ルレ販ニ賣ヲ殺具一ヲ也。故異ニ第十ノ戒一ニ。又販賣ハ。通スニ一切一ニ。今ハ別シテ約スニ殺具一ニ。故ニ不レ同カラニ第十二ノ戒(販賣戒)一ニ。次ニ第十七戒(恃勢乞求戒)ハ。非レ理告乞ノ邊ヲ誡。今ハ制スルニ損害衆生ノ邊一ヲ歟。又釋ニトシテ因官形勢。取人(經、大正藏二四、一〇〇七中十三行)財物ノ文一ヲ。因ニ官形勢一ニ求ニ覓錢財一ヲト述タリ(義記、大正藏四〇、五七八上二八行)。故ニ此戒ハ。求覓ノ邊ヲ取也。既ニ五錢入レハ手ニ實ニモ可レ犯ニ重盜一ヲ也。害心繫縛ハ又殺ノ方便也。故輕垢ノ攝也。若至ニ斷命一ニ者可レ重ナル也。何況ヤ案ニ此戒意一ヲ。不レ論ニ前後ノ制不制一ヲ。惣シテ於テニ衆生一ニ成スニ損害一ヲ邊ヲ別シテ立ニ一戒一ト歟。若爾者。於ニ其ノ所犯ノ事ノ同異一ニ者。對シテニ餘戒一ニ必不レ可レ致ニ苦勞一ヲ歟

六十一　問。爲レ供ニ養ンカ三寶一ヲ作スヲハニ妓樂歌詠(第三十三邪業覺觀戒)一ヲ道俗倶開歟

答。出家ニハ猶可レ制レ之歟

若。如ニ所答一ノ者。披ニ今解釋一ヲ。若供ニ養スルハ三寶一ニ道俗同開矣(義記、大正藏四〇、五七八中六～七行)何況ヤ梵唄謌讃ハ唉ニ供佛ノ常ノ儀一也。若禁セハニ歌詠ノ聲一ヲ。以レ何可レ成ニ道儀一ヲ耶。　若依レ之爾也ト云ハハ。妓樂歌詠ハ本非スニ出世之正業一ニ。専是憍逸之妄緣也。猶不レ許ニ往而觀聽スルコトヲ一。況ヤ於ニ自作一ニ耶。是以檢タルニ律部ノ說一ヲ。制ストニ比丘自作ニ妓樂一ヲ供中養スル佛上ヲ見タリ。出家ノ菩薩。何不レ學セニ律

義ヲ一耶

答。自レ元云云伎王歌部ハ。當戒ノ五種邪業ノ其ノ一也。若爲スルヲハ二自娛ノ一俗衆猶制レスト之見タリ。況ャ於二道人ニ一耶。付二三寶ノ緣ニ一可レ存二在家出家ノ通局一也。於二觀聽ニ一者。雖レ有ト二道俗諦用之意一。至二自作ニ一者。猶非二出家所應ノ事ニ一。故ニ令メテ二在家ヲシテ作レ之。可レ念レ成二福業ヲ一也。但。至二道俗同開ノ今ノ解釋ニ一者。且ク約二觀聽ノ邊ニ一歟。或又如ク二疑難ノ一邊ニ一來ルカ。唱テ二唄讚ヲ一作二佛事ヲ一。若シハ叩キ二鏡(鐃カ)磬ヲ一啓二白スル三寶ニ一等ハ非二制ノ限ニ一。若以レ之屬セハ二妓樂歌詠ノ事ニ一非レ可レ無カル二道衆同聽之意一。今所制スル者。約二世間所用ノ歌舞偈妓樂ニ一也。若爾者無レト失可二答申一

尋云。馬鳴菩薩。作テ二賴吒和羅伎一彈レス之。又本朝ノ僧尼舍ニハ許ストニ琴碁ヲ一見タリ如何

答。馬鳴所造ハ深位ノ行相也。況ャ聞者悟ハ二無常ヲ一。此既ニ見テ二機所ヲレ作ス也。非二常途ノ意ニ一。今ノ惡心トハ簡去ス。見レ機ヲ云ヘル此意也。僧尼舍ハ。妓樂ノ中ニ許シレ琴ヲ。轉戲ノ中開スレ碁ヲ。其餘ハ一切令レ禁レ之也。此ハ猶准ヘテ二王法ニ一設ル二一規矩ヲ一歟

又問。爲ニ自娛ノ作スヲハ二伎樂等ヲ一(義記、大正藏四〇、五七八中五～六行)。在家菩薩ニハ開レ之歟

釋云。若爲ニスレハ二自娛ヲ一道俗同ク不レ得レ作ヲ矣

付レ之。管絃歌舞。在家ノ伎藝也。縱ヒ爲ナリト二自娛一何不レ同レ之耶

答。凡ソ古樂之本意ハ。爲下改二邪志ヲ一全中センカ正性上也。鄭衞之聲ハ增スハ二狂逸ヲ一。僧家ニ又所レ誡レ之ヲ。今ノ自娛ト者。指二逸蕩ヲ一故制レト之也。若爲メニ二移風一易レ俗。全センカ二物ノ正性ヲ一作レ之。卽ニ自娛ニ一非二制ノ限ニ一歟。況ャ於テモ二在家一有戒無戒不同ナルヤ。故ニ聊カ可レ有二緩急之意一歟

六十二　問。(第三十三戒)邪業覺觀戒意。制スト二爲レ利卜筮ヲ一可レ云耶

答。爾見タル歟

若爾者。卜筮ハ是四種ノ邪命ノ其ノ一ツ。上ノ邪命自活戒ノ(第二十九戒)中ニ。既ニ所レ制スル之也。何至テ二此戒一重テ可レ成レ犯ヲ耶。所以彼戒ノ中ニ。(經、大正藏二四、一〇〇七上二四行～)占二相男女一。解二夢吉凶ヲ一矣(同、一〇〇七中十八行～)是則可二卜筮ノ種類ナル一耶。　若依レ之爾者。經文ニハ云二爪鏡芝草楊枝鉢盂(義記、大正藏四〇、五七八中七行～)髑髏。而作ト卜筮ト一。解釋ニハ。第四ニ六事不レ得二卜筮シテ

爲スルコト利矣。如經文釋義ノ者。卜筮ハ專ラ此戒ノ所制ナリト聞
タリ

答。誠ニ雖似ト不殊ナラ。約シテ制意ニ可辨二戒ノ不同ヲ歟。
所以ニ。上ノ戒ヲハ名邪命自活ト。爲活命ノ作ス此等ノ邪業ヲ
也。今ノ戒ヲハ名邪業覺觀ト。所作ノ事制ル非出世ノ正業
邊ヲ也。不得卜筮爲利ノ釋ハ。此戒ニ又雖似云フニ有ト自活ノ
意。正ク爲ニスル利養ノ事ヲハ猶可屬上戒ニ歟。此戒ノ所制ハ。
只誡ル作ス邪術等ノ所不應ノ事ヲ邊ヲ也。雖然ソ凡一切ノ過非
貪瞋ヲ無不ト事本故也。今ノ戒ニ所制。卜筮自カラ又招ク利
養ヲ故如此釋歟

尋云。經ニハ列五事。何釋六事不得卜筮等耶（義記、大正藏四〇、五七八中七行～）。是以法
藏・傳（熙カ）奧等。皆邪術有ト五種云者耶

答。悲抄ニハ。引テ大經ノ終不占相手足面目ノ說ヲ（卍續一-五九、三〇九丁右上。與咸註參照）。加ヘテ今五
事可シト爲六事ト云ヘリ。頂山ハ上ニ所ノ列五事ハ別也。而作
卜筮ノ一句ハ。惣也。惣別共論シテ云ト六事也ト釋リ。咸師ハ。
爪鏡同（開カ）シテ爲シテ二可ト爲六事ニ云（卍續一-五九、三〇九丁右上。取意）

難云。諸師一人多以爪鏡爲一種。「爲一種」（「」重複カ）所謂以テ
藥ヲ塗テ爪ニ記シテ之。令現一切ノ善凶（吉カ）ノ事ヲ。鏡中ニ如シ現ルカ
像ヲ故ニ名クト見タリ。咸師。何爪鏡ヲ離開シ可爲二物ト耶

答云。六事ノ釋依テ難消。咸師作テ一ノ釋ヲ歟。頂山釋有謂
歟。悲（熙カ）抄。取合シテ他經ノ說ヲ爲六事不可然歟

六十三　問。經文。爪鏡芝草楊枝鉢盂髑髏。而作卜筮矣（大正藏二四、一〇〇七中十八～九行）（第三十三邪業覺觀戒）
爾者。於テ卜筮ノ種類ニ列トカ幾ノ事ヲ可云耶

付之。依解釋見經文。正ク出スト五種ヲ見タリ。何云六
事ト耶。是以法藏・傳奧・勝莊等ノ人師。悉列ヌト五種ノ邪術ヲ
釋スル者耶

答。解釋ノ意。誠所難思也。宋朝人師會スルニ之。或引テ涅
槃經ノ終不占相手足面目等ノ說ヲ。加テ今經ノ所說ノ五事ニ
可ト爲六事ニ云悲（熙カ）意ナリ。或ハ上所ノ列爪鏡等ノ五事ハ別也。
下ノ而作卜筮ノ一句ハ。惣也。惣別合論スレハ成ト六事ト云云頂
意。或又爪鏡ヲ開テ可爲二種ト云云咸師意。准テ此等ノ意
可キ消ス之歟

難云。初ノ義ハ。以他經ノ異說ヲ加此經ノ所說ニ名クト六事ヲ

云事。甚不ニ隱便一ナラ。次ノ義ハ。而作卜筮ハ只是惣結言也。何惣別合論シテ可レ成ニ六事ノ數ヲ一耶。又爪鏡ト者。諸師ノ釋意。以レ藥塗レシテ爪ニ。於レ中見ルニ吉凶ヲ一。以レ之譬ルレ鏡ニ也。全不レ可ニ離開一如何

答云。此ノ三義ノ中ニ。初ノ釋ハ誠ニ不レ可レ爾歟。悲（熙カ）師ノ釋意也。頂・咸二師共破レ之。次ニ惣別合論シテ成ルレ數ヲ事ハ。其例多多。若爾者。此釋ハ非レ無ニ其ノ謂一歟。爪鏡ハ誠ニ一種ト見。爾者不レ可レ離レ之也。然而釋義依レ難レ消構ニ一ノ會釋ヲ一歟

尋云。爲利卜筮ハ上ノ（第二十九戒）邪命自活戒ノ所制也。何至ニ此戒ニ一重」制レ之耶

答。正ク爲ニ利養一作レ之者。實ニモ可ニ上戒ノ所制一ナル歟。今ハ惣シテ出ニ邪業ノ種類ヲ一中ニ擧レ之也。如レ此ノ邪藝邪術悉ク妨ニ出世ノ正業ヲ一邊ヲ誡也。仍テ經ニハ爲レニストモ利不レ見。然而此等ノ夭術自ラ又招ク利養ヲ一故ニ如レ此釋歟

六十四　問。（第二十四戒）暫念小乘戒ノ所制。通ニ四教菩薩ニ一可レ云耶

答。雖レ難レ測。正ハ約ニ別圓菩薩一制レ之歟

兩方。若如ニ所答一者。於テ律儀ノ一戒ニ一者。雖レ有ト共不共ノ不同一。於ニ大悲兼濟ノ誓願ニ一者。四教ノ菩薩全ク不レ可レ異ナル。縱ヒ雖ニ二乘共ノ菩薩ナリト一。若シ起ニ二乘自度ノ心ヲ一者。豈不レ犯ニ菩薩ノ戒ヲ一耶。　若依レ之爾者。見ニ今ノ解釋ヲ一。此戒ノ（義記、大正藏四〇、五七八中十二行～）所制ハ不レ欲レ背カントレ大ニ。正ク言下フ小乘ハ易シ行シ。且ク欲中スル斷レ結ヲ然シテ後化セント上生ヲ矣如ニ此ノ解釋一者。三乘共行ノ菩薩ノ七地ニ斷レシテ結ヲ。八地已上ニ出假利生スレハ。既ニ不レ違ニ當教ノ意ニ一。何可レ犯ニ此戒ヲ一耶

答。自レ元云云梵網ノ五十八戒ハ。本是レ被カウムラシムニ　別圓頓大ノ機ニ一故ニ。今ノ暫念小乘ノ制。專可レ在ニ不共二乘ノ教ノ意ニ一也。其旨顯レタリニ疑難ノ一邊ニ一。但。至下發セハニ自度ノ心ヲ一可レ犯中菩薩ノ戒ヲ上者。既ニ云ニ（義記前出）不レ欲レ背カント大ニ正シク非レ欲ルニハ成ニ二乘ヲ一也。只是機根劣ナルカ故ニ欲スルニ且ク斷レシテ結然後化レセント生計也。若爲ニ利生ノ速ニ欲ニ斷結一セント者。何必シモ可レ違ニ兼濟ノ本懷ニ一耶。但シ大乘ハ難レク行。小乘ハ易ト行云フ故ニ。對スレハニ別圓ノ意ニ一犯戒也。雖レ違ニストニ不共二乘ノ制ニ一。猶未ムヤレ背ニ共教ノ意ニ一。故ニ於テニ三乘共學ノ菩薩一者。此戒必可レ非ニ所制ノ限一歟可ニ

答申㆒

一義云。此戒ハ。正ク雖㆑制スト㆓別圓ノ菩薩㆒ヲ。兼テ可㆑通㆓四教ノ菩薩㆒ニモ歟。所以三藏菩薩ハ。自㆑元於㆓因位㆒不㆓斷結㆒ヲ故ニ。若欲ハハ㆓斷結㆒ト可㆑非㆓菩薩㆒ニ故ニ。計成セハ可㆓失戒㆒。計未㆑成者非㆓犯戒㆒也。通教ノ菩薩ニ又有㆓多種㆒。鈍根菩薩ハ。七地ニ斷結シテ。八地已上ニ出假ス。此ハ鈍同㆓二乘一類㆒也。全ク非ス㆓彼ノ教ノ本意㆒ニ。利根ノ菩薩ハ。初心聞惠ノ位體ハ達シテ㆓見思卽空㆒ト。成ル㆓衆生ノ依止㆒ト。是則衍門ノ正意也。故ニ菩薩ノ行ハ難㆑シト修云テ。先ツ赴テ㆓二乘ノ小行㆒ニ斷㆑結ヲ欲ハハ㆑利セント㆓衆生(者カ」)㆒ヲ。可㆑違㆓藏通二教ノ菩薩ノ本意㆒ニモ。故ニ通シテ可㆑有㆘犯ト㆓此戒㆒ヲ云意㆖也

尋云。別教ノ菩薩ハ。十住入空ノ上ニ。十行ニ出假ス。若シ入空ヲ爲㆑先ト。出假ヲ爲ルヲ㆑後ト。名㆓暫念小乘㆒ト者。約㆓別教ノ菩薩㆒ニ。又不㆑可㆑制㆓此戒㆒ヲ如何

答。通教ハ。界内偏眞ノ理ヲ爲シテ㆓所期㆒ト。三乘共行スル故ニ。入空ノ邊ハ同シト㆓二乘㆒ニ被㆑云也。別教ハ。自㆑元獨菩薩ノ教也。自㆓初心㆒證㆔知シテ有ト㆓佛性中道ノ深法㆒。爲㆑之カ修㆓二觀ノ方便㆒也。故ニ入空出假雖㆓前後スト㆒不㆑被㆑云㆑起トハ㆓二乘ノ心㆒ヲ歟。故ニ案㆓此戒ノ意㆒ヲ。別教ハ隔歷長遠ニシテ佛道懸曠ナリ。圓教ハ雖㆓頓速㆒ナリト。機劣ニハ難㆑行シ。不如急ニ斷結シテ然後ニ利セント㆑生ヲ思フ也。此ハ通教ノ鈍根ノ菩薩ノ心根ノ分齊ニ當願ス。以㆑之爲㆓此戒ノ所制㆒ト歟。或ハ此只妄念ナレハ。必シモ何ソ教ノ施設ニモ不㆑可㆑當歟

又問。暫念小乘戒ノ所制ノ相ヲハ。如何釋㆑之耶

釋云。（義記、大正藏四〇、五七八中十二行～）此ノ戒ノ所制ハ。不㆑欲㆑背ムト㆑大ニ。正ク言フ㆘小乘易ムト㆑行シ。且ク欲スト㆗斷㆑結ヲ然シテ後チ化セント㆖生ト矣

付㆑之。根ニ有㆓利鈍㆒。機ニ有リ㆓强弱㆒。上根利智之人ハ。自㆓初心㆒雖㆑赴クト㆓後生ノ門㆒ニ。於㆓强弱下劣之機㆒ニ者。何輒可㆑成㆓利他行業㆒耶。　若爾者。先ツ急ニ成シテ㆓自行㆒ヲ至テ㆓不退ノ位㆒ニ近㆓斷惑ノ位㆒ニ。然後化ムト㆑生ヲ。全ク不㆑可㆑違㆓教理㆒ニ。何可㆑有㆓犯戒ノ義㆒耶。何況ヤ解圓行漸之人。先ツ修スト㆓人天二乘小行㆒ヲ見タリ。此人ハ定テ可㆑定㆑犯ト㆓此戒㆒ヲ耶

答。此ノ戒ハ大乘ノ行難㆑ト成云テ。赴コトヲ㆓二乘自度ノ心㆒ニ制也。雖㆑非ト㆑云ニ捨テト㆓菩提ノ願㆒ヲ。終ニ不㆑化㆓衆生㆒ヲ。先ツ大悲兼

濟ノ願行ヲ向フ二一生斷結小門一ニ。以レ之爲二此戒所制一也。初心ノ菩薩。依レ不ルニレ能ハ三廣ク修コト二利他ノ萬行一ヲ。且ク先キトスルハ二自行一ヲ非二制ノ限一ニ歟。雖レ修二自行一ヲ。念念爲二法界衆生一故也。又解圓行漸等ハ。借二用テ彼ノ小行一ヲ爲下開二顯スル實相一ヲ之縁上ト也。全非レ取ルニ二小果一ヲ。是以釋云。（義記、大正藏四〇、五七八中十八行）若權ニ入テ二此ノ道一ニ爲ハレ化非レ所レ制也矣 況ヤ三種止觀ノ行相ハ別ニ可レ有二子細一事也

六十五　問。（第三十四戒）經文。（經、大正藏二四、一〇〇七中二四行）護二持禁戒一矣 所レ云禁戒ト者。通スト二聲聞ノ禁戒一ニ可レ云耶

答。指ト二大乘戒一ヲ見タリ

若。如二所答一者。披二經文一ヲ。（同、二五行）如下帶二持浮囊一欲ヒ度二大海一。如二草繫比丘一矣 所レ云浮囊ト者。大經ニハ譬フト二聲聞ノ五篇七聚ノ戒一ニ見タリ。草繫ノ比丘ト者。又是堅ク持テル波逸提ノ中懷二生戒一ヲ比丘ノ相也。既ニ約シテ二此等ノ義門一ニ。明ス二今護持禁戒ノ相一ヲ。豈非レ云レ護二持スト聲聞ノ禁戒一ヲ耶。　若依レ之爾云者。凡ソ梵網ノ頓戒ハ。大乘ノ不共ノ所制也。全非ス二二乘共學ノ行相一ニ。何況ヤ今此第三十四ノ戒ハ。別シテ制スルレ發コトヲ二二乘心一ヲ也。何以二二乘一ヲ耶。是以解釋釋トシテ二今ノ護持禁戒ノ文一ヲ。（義記、大正藏四〇、五七八中十四行）一護大乘戒ト判者耶

答。自レ元云云 護持禁戒ノ説。可レシト在二大乘戒一ニ云事。經文解釋更不レ可レ諍レ之。所以ニ於二此戒一有二應不應一。付テレ應ニ又擧ク二三事一ヲ。所謂ル一ニハ護リ二大乘戒一ヲ。二ニハ生二大乘ノ信一ヲ。三ニハ發ス二大乘ノ心一ヲ也。故ニ今此文ハ專ラ護二持シテ大乘ノ禁戒一ヲ。明ス二二乘ノ小戒ニ不コトヲレ可レ繫レ心ヲ文也。何反テ約シテ二聲聞ノ禁戒一ニ可レ消二此文一耶

但。至下擧二浮囊・草繫ノ事一ヲ云上者。出シテ二小戒堅持ノ相一ヲ例スル二大戒護持ノ義一ニ也。如レ彼ノ云下（義記、大正藏四〇、五六三上六行～。前文）聲聞ノ小行ナルスラ尚自珍二敬ス木叉一ヲ。大士ノ兼懷ナル寧不ヤムヤト精二持戒品一ヲ。況ヤ又彼ノ拔草堀地等ノ遮戒。乃至五篇七聚等ノ學處。源出タリレ自二菩薩ノ三聚淨戒ノ中一。若爾ハ。彼等ハ別可レ説二クナル菩薩比丘ノ行相一ヲ。何ソ必可レ執二聲聞ノ小儀一ナリト耶。若爾者　（缺文）

尋云。一護二大乘戒一（大正藏四〇、五七八中十四行）凡擧兩譬ノ釋難レ思。今出セリ二金剛・浮囊・草繫ノ三事一ヲ。何云二兩譬一ト耶。又雖レ云二兩譬一ト。（同、十四行～）一金剛取二「イ其堅義一ト云テ二ノ字無レ之如何

答。草繫非譬故云兩譬歟。一金剛對二浮囊可云也。二字脫落歟。咸師所載疏文（卍續一‐五九、三〇九丁右下）有二字。草繫帶持戒浮囊證人擧也。故可浮囊顯所攝也

六十六　問。不發願戒（三十五不發願戒）所列十願中。擧佛果可云耶

答。經文雖不擧之。可有其意也

兩方。若有此願云者。披經文解釋擧十種願中。住行向地四位列之見。全擧佛果不見耶。若依之爾云者。今此圓戒意。所學舍那金剛寶戒。所期究竟轉依妙果也。若爾者。開發佛智證得佛果。此正可行者本懷也。何發種種大願中（經、大正藏二四、一〇〇八上十一行）可闕此事耶。是以不發誓戒（第三十六戒）中說願一切衆生悉得成佛者耶

答。菩薩發願大意。可爲開發佛智云事。道理顯然也。何不發此願耶。其旨顯一邊疑難。但。至十方中不列之云者。一一願行所期在極果。故別不擧之歟。是以末師釋此事。妙覺是所期之（大正藏四〇、五九六上。明曠疏）（期之イ因）極。修證究竟。故略不列矣何況今此十願者。戒體上戒行相也。戒體者。受取舍那極佛功德云名也。此上。同舍那因行次第修入云戒行。今十願。戒行相故。且約因位列之歟。或又第十堅持佛戒願。卽此佛果功德也。佛戒者。舍那一戒光明金剛寶戒也。此經意。佛功德至極名戒故也

六十七　問。經文。發十大願已。（經、大正藏二四、一〇〇七下三行）（第三十六不發誓戒）持佛禁戒（持佛イ護持）矣所云十大願者何等耶

答。指上不發願戒（第三十五戒）所列十願也

若。如所答者。發願・誓二戒。既各別也。何必至此戒指上戒所制可標發大願耶。是以見諸師釋。戒約十重立誓。云爲十願。或檢他經別釋十大願相見者耶。

若依之爾云者。披（大正藏四〇、末師解釋。云今發十大願已。持佛禁戒文。初標

（五九六中。明曠疏）名結レ前生レ後矣明シ所レノ云十大願ト者。爲ニ結前ノ擧クトニ上ノ戒ニ所レ列ヌル十事ヲ一云事

答。自レ元云云今所レ云十大願ト者。指ニト上ノ戒ニ所レ擧十願ヲ一云事。大師・明曠。師資釋義無ニト異途一見タリ。所以見ニ解釋一。（義記、大正藏四〇、五七八中二八行）誓ハ是レ必固之心願ノ中之勇烈ノ意ナリ矣故ニ發願上ニ重テ發願シテ。上ノ大願ヲ令ニ成就一也。若爾ハ此ノ發願・發誓ノ二戒ハ。必鉤鎖シテ無キニ生（起歟）罪一故ニ。初ニ標スルニ結前生後ノ句ヲ也。餘戒ハ異レ之。不レ可ニ例同一。但。至ニ諸師ノ釋ニ者。法藏・傳奥等ハ。上ノ戒ニ所ノ列十事ヲ合シテ爲ニ五願ト一故ニ。今所レ表スル十大願ト者。願體可レト異ニ上願ニ存シテ。於テニ十重ニ名立ニト十三誓ヲ料簡也。所レ解既ニ各別也。何可レ及レ通ニ耶。或ハ約シテニ他經ニ消ニ十願ノ文ヲ。或ハ雖ニ十三誓ナリト。約シテニ大數ニ況（說カ）ニ十願一等述タル。皆不レ順ニ文理ニ。非ニ依用之限一歟可ニ答申一

尋云。釋云。（義記、大正藏四〇、五七八下二行〜）初一句標勸。以發ニ一願一矣指ニ何文一耶

答。指ニ發ニ十大願一（經、大正藏二四、一〇〇七下二行）已持ニ佛禁戒一ノ文ヲ歟。一願ト者。持佛禁戒ノ一願ナリ。作是願言（同、三行〜）以下ニハ開テ爲ニ十三誓ト歟

六十八　問。冒難遊行戒（第二十七戒）。七衆倶制耶

答。解釋意可レ爾

兩方。若七衆倶制ト云者。見ルニニ經文ヲ。或云ニ常應二時（經、大正藏二四、一〇〇八上十三行）頭陀。冬夏坐禪。結夏安居ト。或ハ云ニ此十八種物常隨其（同、十七行）身ト。此等悉ク約ニト出家ニ見タリ。　若依レ之爾云者。人身難ク得。道器難シ備ハリ。縱ヒ雖ニ在家ノ二衆ナリト。遊ニ行シテ難處ニ遇ハ夭逝ノ縁ニ。豈不レ犯ニ此戒ヲ耶。是以披ニ解釋ヲ。（義記、大正藏四〇、五七八下七行）七衆同犯ト釋者耶

答。自レ元云云此戒所制可レ通ニ七衆ニ事。所レ任ルニ釋義一也。所以道俗雖レ殊ナリト。共ニ是佛道ノ根器也。若シ不レ懷（喪カ）ニ難處一者。豈不レ囊レ業ヲ耶。故ニ通シテニ在家ニ共ニ可レ制レ之也。但。至ニ經文ニ者。此戒ノ所制ハ。正クハ冒難遊行也。二時頭陀冬（經文前出）夏安居等者。傍ニ明スニ制戒之縁ヲ也。是以釋云。（義記、大正藏四〇、五七八下八行）一ニハ明ニ遊止ノ所應ヲ。是制戒之縁ナリ。在レ先ニ兼テ制スト矣此等ノ行相。誡ニ多クハ雖レ似ト約ニ出家ニ。安居布薩等ハ。在家ノ菩薩モ可ト作レ之見タリ。十八種物等又可レ有下通ニ在家ニ之意上歟。況ヤ又於ニ此等ノ遊止ノ行義ニ者。縱ヒ雖レ有ニ在家出家ノ同異一。

至難處遊行者。其制可一同歟。若爾者（缺文）

（第三十七戒）

六十九　問。經文列十八種物。經律佛〔像〕菩薩形像（經、大正藏二四、一〇〇八上十五行～）矣爾者。所云經律佛菩薩。爲開爲合耶

答。經文相雖難測。任末師釋。經律幷佛菩薩共可開之見歟。疏云。經律各（各イ名）爲一。佛菩薩像各（各イ名）爲一矣（大正藏四〇、五九七上。明曠疏）

付之。經律者。卽是大乘經律也。專可指今菩薩戒經。何開可爲二種耶。又單菩薩像生遊漫故云菩薩。是佛邊菩薩也。何分佛菩薩各爲一種釋耶。何況三衣准聲聞六物開可爲三種也。若開三衣幷經律佛菩薩等。今所列隨身諸物可多拾八種。爾者難思

答。自元云云十八種分別。大師解釋不判其數類故。輙雖難定。且所任末師釋也。凡如此開合。隨義門不可一准故。諸師隨意樂各設判釋也。所謂法藏・勝莊等。如所難。三衣爲三。經律佛菩薩像各合爲一成十八種數也。義寂・太賢除楊枝・澡豆開三衣幷經律佛菩薩像爲十八種。而明曠以一意合三衣開經律佛菩薩給也。但至難勢者。經律縱雖一。隨義門開爲二何妨耶。經詮定惠。律詮戒法。況又菩薩像生遊漫者。且約受戒一時儀式也。至餘時供養尊重者。菩薩像又常隨身可致禮敬也。次至聲聞六物例難者。開合可隨宜。何必可一例耶。若爾者（缺文）

七十　問。菩薩戒經意。制冬時安居可云耶（第三十七戒）

答。如今經文者。可有爾云意歟

兩方。制冬安居云者。凡尋安居制緣。於夏時蟲類多故。在此時遊行多得害命罪招世俗譏過故。立制令靜坐也。於冬時者無此過。何必可制安居耶。何況律藏中雖立三種安居。皆是於夏月所制也。於冬時安居者。全所不見也。若依之爾云者。見今經文。冬夏（夏イ九）坐禪結夏安居矣（經、大正藏二四、一〇〇八上十三行）

加レ之明トシテ二頭陀遊方ノ時節一。(同、十七行～)從二正月十五日一至二三月十五日一。八月十五日至二十月十五日一矣明知ヌ。從二十月ノ下半一至ルマテ二正月ノ上半一ニ安居ノ際限ナリト云事

答。自レ元云云可レ有二冬夏兩時ノ安居一歟事。且ク所レ任二今經文一ニ也。凡ソ於二大小常途ノ所說一ニ者。誠ニ於テ二夏時一ニ制スニ三月ノ安居ヲ一也。今經ノ所制不レ順二常ノ義一ニ。其意誠ニ雖レ不レス明ナラ。菩薩ノ威義既ニ無盡也。結夏安居ノ法。何必可レ守二律藏ノ一途ヲ一耶。就レ中機ニ有二動念(怠イ)一。國ニ有二中邊一。隨方毘尼不レ可二一准ナル一。故ニ今ノ經ノ中ニ明セル二此ノ一ノ方法ヲ一歟。是則。春秋ノ二節ハ。時氣調適セル故ニ遊行シテ化セシムレ物也。於二冬夏ノ兩時一ニ者。極熱ニ遊方ニ無シレ便。故ニ於テ二此ノ時一ニ令二安居靜坐一歟。此又非レ無二其故一耶。何況ヤ如二經文ノ一。夏ノ安居モ從二三月ノ下半一至二八月ノ上半一ニ。兼テ二三月ヲ一及ヘリ二五月一ニ。旁非二常途ノ意一ニ。於テ二菩薩法ノ中一ニ有二此ノ一ノ制限一意得有二何ノ相違カ一可二答申一

(經文)坐(イ)時

一義云。冬夏坐禪結夏安居ト者。冬夏ノ二時ニ非レ云レ制二安居ヲ一也。冬夏坐禪ト者。此ノ二時ハ。極寒極熱ニシテ不レルレ宜シ二遊方ニ一故ニ。止メテ二遊行ヲ一令二坐禪一也。結夏安居ト者。於テハ二安居ノ時分一者。准テ二常ノ義ニ一結夏セヨト云也。既ニ云二結夏一ト。何ソ通スト二冬時ニ一可二意得一耶。明曠釋トシテ二此文ヲ一出シテ二安居ノ詞句ヲ一云。(大正藏四〇、五九七上。明曠疏)前三月夏安居。四月十六日已後應レ云後三月夏安居ト等云云全ク所レ云冬時ニ制二安居ヲ一。諸師釋又無二此ノ意一故ニ。春秋冬夏ト者。只明ニ遊止ノ時節ヲ一計也。安居ハ可レ限ル二夏時一ニ也。所謂ハ自二三月ノ下半一止メテ二遊行ヲ一漸ク下テ二靜處ヲ一可レ待ツ二四月十六日一ヲ。正ク結夏シ。七月十五日解夏也。若後安居人ハ。乃至五月十六日結夏シテ。八月十五日解レ居。自恣シテ十七日以後又可キレ赴二遊方一ニ也。通シテ二五月一ニ非レ制ルニ二安居一ヲ歟。今ノ釋引クハ二有人ノ說一雖レ無二所破ノ言一。非二今家ノ之釋一ニハ歟。又十月ヨリ至マテ二正月一。只依テ二嚴寒ナルニ一止テ二遊行ヲ一。靜ニ居シテ二一處ニ坐禪ノ行道スル也。此又必シモ非レ作スニ二安居ノ法ヲ一也

七十一　**問**。(第三十七戒)大乘布薩ニ有ト二衆別ノ不同一可レ云耶

答。雖レ有レ所レ可レ思。任二經文一者無二衆別ノ不同一歟

兩方。若無二不同一云者。出家ノ行業ハ無レ違二律儀一ニ。而非レハ二

四人已上者。衆德未滿故不許羯磨諸戒見。唯對首心念自說清淨計也。縱雖菩薩行事。何可乖此式耶。　若依之爾者。披經文。(經、大正藏二四、一〇〇八上二二行〜)一人布薩卽一人誦。若二人若三人乃至百千人亦一人誦矣如此經文者。無衆別不同被得

答。自元云云所任經說相也。凡於菩薩戒有七衆共別。大少(小カ)同異見。何必一切出家行事。悉可與聲聞同制耶。於今此布薩說戒法式者。聲聞・菩薩異制異法見。所以菩薩戒。受法既一師羯磨也。說戒何必待四人已上來集初可作衆法耶。何況於大乘布薩砌者。現前僧雖少。不現前來會甚多。何云無衆不行說戒羯磨耶。是以見末師解釋(大正藏四〇、五九七上。明曠疏)。不同聲聞衆法局四矣若爾者。有何失可答申

七十二　問。(第三十七戒)著五條行布薩等如法僧事可云耶

答。非失衣等緣者。不可許此義歟

若。不許之者。披今經文明半月布薩作法。各各被(經、大正藏二四、一〇〇八上二四行)九條七條五條袈裟矣如經文者。於三衣中著其一可行布薩等僧法聞。　若依之爾云者。七條名入衆衣。入衆中行僧事時。定可著此衣也。五條。只是院內界內私作務時所用也。豈著此衣輒可隨布薩說戒等如法僧事耶

答。自元云云三衣制。造所用名皆別也。若非難勝緣者。何必可通用耶。所以五條。名院內道行雜作衣。若界內雜務。若岐路道行等可用之也。或入王宮聚洛。若受戒說法用大衣。衆中一切法事僧事著七條可隨事見。但。至經文者。只是辨三衣。如法受持可從布薩結夏等行事也。非云著隨一入衆(大正藏四〇、五九七中。明曠疏)。又非云重著也。是以末師釋云。若受菩薩戒。亦異辨三衣。如法受持。非制重著矣重著猶非經意。況於隨一耶。若遇失奪等緣闕衣時。雖五條著之可有入衆行道義見歟。若爾者。無過可答申

又問。經文。各各被ニ九條七條五條袈裟一矣（經、大正藏二四、一〇〇八上二四行）爾者此ハ制ストニ重著ヲ一可レ云耶

疏云。非レ制スルニ重著ヲ一矣（義記、大正藏四〇、五九七中）

付レ之。了義ノ大乘ハ。依レ文ニ判レ義ヲ。既ニ云フニ各各被九條七條等一。豈非下重著シテニ三衣ヲ一令ヒニ隨ニ布薩結夏等ノ法事ニ一耶。明曠有ニカ何ノ深意一判ニセル非制重著ト一耶

答。（缺文）

七十三　問。經文。先受戒者在レ前坐。後受戒者在レ後坐矣（經、大正藏二四、一〇〇八中一行〜）（第三十八尊卑次序戒）爾者。不レ簡ニ在家出家一ヲ。依テニ受戒ノ前後ニ一次第可レト坐ス說歟

答。經文相雖レ難レ測。道俗ノ九衆各別。於ニ當衆ノ中ニ一可レ論ニ受戒前後ヲ一歟ト可ニ答申一

兩方。若約シテニ當衆ニ一云者。披ニ經文一。不レ問ニ老少比丘比丘（〔丁〇カ〕）尼乃至黃門奴婢一。皆應ニ先受戒者在レ前坐。後受戒者次第而坐一矣（經、大正藏二四、一〇〇八中二行〜）如ニ此經文一者。不レ論ニ道俗貴賤一ヲ。唯約シテニ受戒ノ前後ニ一可レト定ニ座次ノ上下ヲ一見タリ。若依レ之爾云者。道俗戒殊ニ貴賤位別ナリ。豈偏ニ以ニ受戒ノ前後ヲ一。七衆九衆可レ令レ雜レ座耶。是以解釋中ニ判シニ此ノ九衆有次第不得亂一ト。（義記、大正藏四〇、五七八下二六行）末師ノ釋ノ中ニハ。非レ謂ニ男女依レ戒雜レ座ト（大正藏四〇、五九七下。明曠疏）釋者耶

答。自レ元云云經文幽言ニシテ輒以雖レ難レト明。且ク任ニ通受別持ノ大旨ニ一。於テニ當衆ノ中ニ一可レ辨ニ前者前座。後者後座ノ義ヲ一歟ト所ニ存申一也。其旨顯タリニ疑難ノ一邊ニ一。凡ソ於ニ出家ノ衆ニ一者。同一釋子ナルカ故不レ可レ論ニ國王王子百官庶人等ノ不同一ヲハ。以ニ五衆ヲ一分ニ別シタリ位一ヲ。以テニ受戒ノ前後ヲ一可レシ定ニ座次ノ上下一ヲ。於ニ在家ノ二衆一者。未レ出ニ俗網一故ニ。王家廣衆不レ可レ亂レ座。各於ニ同類ノ中ニ一可レ辨ニ前受後受等ノ次第一ヲ也。經文奄含シテ雖レ云ニ不問老少比丘比丘尼等一。隨テニ在家出家ニ一可レ有ニ此等分別一也。若爾者無レト失可ニ答申一

七十四　問。先小後大人列ニ菩薩僧次一時。座ハ小夏次第ト（第三十八尊卑次序戒）可レ云耶

答。可レ爾也

兩方。若爾云者。大小ノ戒法相。別テ所發受□□ニ殊ナリ。宜ク

依テ二後受ノ大戒ニ一可レ定二座次ノ前後ヲ一也。何以テ二前受□夏ヲ一混ミタ
□シク可レ列ル二菩薩僧次ニ一耶。是以見二經文ニ一。不レ問二老少比丘比（經、大正藏二四、一〇〇八中二行）
丘尼ヲ一矣此豈非レ云レ不レ問二聲聞戒ノ比丘ヲ一。比丘ノ本位偏ニ
付テ二菩薩戒ニ一可キレ辨二前後ヲ一耶。　若依レ之爾云者。妙樂・
明曠等ノ解釋ノ中ニ。若先小後大（大㋑開）一切倶開ト判タマヘリ（大正藏四〇、五九七下。明曠疏）

答。自レ元云云所レ任二妙樂幷ニ末師ノ所判ニ一也。但。至二一邊
疑難ニ一者。凡ソ聲聞戒者。菩薩ノ三聚淨戒ノ中ノ攝律戒ノ一
分ナル故ニ。自度ノ局情忽ニ破シ。菩薩ノ戒體已ニ發シヌレハ。小戒
全大戒ナルカ故ニ。開シテ二小度（夏カ）ヲ大度（夏カ）ト一列二菩薩ノ座次ニ一無レ妨也。
次至二經文ニ一者。何以得レ定。比丘比丘尼者。聲聞ノ比丘比
丘尼ナリト云事。只是。若シ比丘。若ハ比丘比丘尼。乃至七
衆九衆名隨テ二受戒ノ前後ニ一可レト定二座次ヲ一云文也。若爾者無レト
失可二答申一

七十五　問。經文。齋會求レ福行來治生矣（三十九不修福惠戒）（經、大正藏二四、一〇〇八中十三行～）爾者。福惠ノ二
嚴ノ中ニハ何耶

答。説二福嚴ノ相ヲ一歟

兩方。若福嚴云者。見ルニ二解釋ヲ一。而菩薩下第二應レ修二智（義記、大正藏四〇、五七九上四行～）
惠ヲ一矣如二解釋一者。以テ二今文ヲ一屬スルト下修スル二智惠ヲ一文段ニ上見タリ。
　若依レ之爾云者。福智ノ二嚴其ノ相遙ハルカ二異ナリ。緣了ノ二
性其ノ體不レ同カラ。既ニ云二齋會求福ト一。何以レ之可レ屬二智嚴ノ
文段ニ一耶

答。自レ元云云齋會求福ノ文。説二福業ノ相ヲ一事所レ任ル二經ノ文
相ニ一也。但。至乙釋義屬スト下修スル二智惠ヲ一文段ニ上云ヒ甲者。初ニハ云ヒ二
（經、大正藏二四、一〇〇八中十行～）而菩薩應爲一切衆生講説大乘經律ト一。後ニハ説ク二皆應讀誦（同、十八行）
講説此經律ト一故ニ。惣シテ以二此ノ文段ヲ一屬二智嚴ノ利ニ一也。而ニ
今ノ齋會求福行來治生ノ文ハ（同、十三行～）。雖レ在ト二此中ニ一猶是進テ説ク二上
福業ノ種類ヲ一歟。或又齋會・治生等ニモ必可レシト講二説此經ヲ一
説テ。故ニ爲二智嚴ノ所攝ト一歟。是則チ戒體ノ上ノ戒行ノ意。修スル二
福業ヲ一事モ爲レ顯サンカ二智惠ヲ一也。故ニ一切ノ福業ハ。悉ク歸シテ二舍
那報身ノ智德ニ一。可レ成二解語得戒ノ緣一之道理ヲ可レ令二説
顯一也。爲レ顯二此ノ意ヲ一説ク修スルコトヲ二智惠ヲ一。文中ニ兼テ□（示カ）二齋會
求福等ノ相ヲ一歟。若爾者。有ント二何相違一可二答申一

七十六　問。第四十戒ニ明ニトス簡擇不簡擇ノ二事ヲ見タリ。爾者。今此ノ簡不簡ノ中ニハ。以テレ何ヲ爲ニト此ノ戒ノ所制ト可レ云耶（四十簡擇受戒）

答。雖レ難レ思。可レ通ニ簡不簡ノ二義ニ歟

兩方。若通ト云者。見ルニ經文ヲ。表シニ不得簡擇一切國王王子（經、大正藏二四、一〇〇八中二一行〜）等ヲ。結セリ而不ニ卽與ヘ授ケ一切衆生戒ヲ者。犯ト輕垢罪（同、一〇〇八下七行〜）。解釋又述トシテ此戒制意ヲ（義記、大正藏四〇、五七九上七行〜）。有ラハ心樂フコト受ケント悉皆應シ與フ。若瞋リ惡ムテ簡ヒ棄ツレハ乖クニ於勸獎ニ故制ト判セリ。經文釋義分明也。准ニ知テ不簡擇ヲ爲ト此戒ノ正意ト云事。　若依レ之爾云者。於ニ菩薩戒ニ既ニ有ニ通受別受ノ二義。若約ニ別受ノ邊ニ者。何無ニ簡擇ノ意。是以見ニ解釋ニ。二應ニ簡擇ニ者有レ兩（同、五七九上十一行〜）。一身形不如應ニ簡擇ニ。二業障不如須ニ簡擇ニ矣（簡(イ)无）　明知ヌ。簡擇不簡擇共此戒ノ所制ナリト云事

答。自レ元云云此ノ戒所制。可レ通ニ簡擇不簡擇ニ歟云事。此又所レ任ニ經文釋義ニ也。其旨顯ニ一邊ノ疑難ニ。所以釋ニ經文ヲ。初ニ云ヘルハ與人受戒時。不得簡擇等ヲ（大正藏二四、一〇〇八中二一行）。雖レ明ニ不簡擇ノ相ヲ。次ニ應ニ教身所ニ著袈裟。皆使ニ壞色ニ等云以下ハ（同、二四行〜）。約シ衣服ニ約ニテ業障ニ。專ラ說ニト應簡擇ノ相ヲ見タリ。依レ之解釋。初不應簡擇。二應簡擇ト分別シタマヘリ（義記、大正藏四〇、五七九上十一行）。此則如ニク疑難モ來ルカ。此經ハ有ニ通受・別受ノ二意ニ。此卽順ニ戒體・戒行ノ二義ニ也。故ニ終日ニ可レ有ニ簡不簡ノ意ニ也。但。至ニ一邊ノ疑難ニ者。經ノ初ノ文ハ自レ元說ニ不簡擇ノ相ヲ文也。終ノ結ノ文ハ。以テ出家人法以下ヲ釋スルニ第三ノ擧テレ非結過ノ文ト故ニ。不向ニ國王ニ禮拜等ハ卽擧ニト簡擇ノ意ヲ見タリ。若爾ハ。二二文共通スニ簡不簡ニ。有ソト何相違ニ可ニ答申ス

尋云。曠疏云。三但解下擧レ是顯レ非。違レ制結レ犯矣（大正藏四〇、五九八中。明曠疏）　出家人法等ヲハ悉不レ屬ニ擧レ非結レ過文ニ。又制意具結等。悉ク約ニスト不簡擇ニ見タリ如何

答。彼疏ニ又云（同前）。二應教下制レ應レ簡ニ擇業報衣服ニ矣（衣(イ)元）　非レ不ルニ存ニ簡擇ノ意ヲ。但。制意具緣幷結犯ノ釋ハ。此ノ師ノ意。二義ノ中ニ以ニ通受邊ヲ爲ニ文正意ニ歟

七十七　問。付ニテ簡擇受戒ニ（第四十戒）有ニト不應簡擇・應簡擇ノ二義ニ見タリ。爾者。應簡擇法ハ限ニト衣服七逆二事ニ可レ云耶

答。雖レ難レ測。依ニ別受別持ノ邊ニ者。不レ可レ限ニ此二事ニハ

歟

兩方。若不レト限二此二事一云者。披二經文ヲ一云ヒ比丘皆應ト中（經、大正藏二四、一〇〇八中二八行）與二其俗服一有レモ異。若具二七遮一（同、一〇〇八下三行～）即身不二得戒一。餘一切人盡得レ受レ戒ト說ク。仍テ經文者。除テハ二此二事ヲ一惣シテ不レト可レ授レ之聞タリ。　若依レ之爾云者。約セム二通受ノ一邊ニ一時ハ。雖レ不レ簡二黃門奴婢ヲ一。論セム二別受規則ヲ一日ハ。是不レ立二多ノ遮難ヲ一耶。何況ヤ在家出家行儀遙ニ異リ。大僧沙彌作業不レ同カラ。應□（簡カ）擇相。是只可レ限二此ノ二種ニ一耶

答。自レ元云云依二別受別持ノ意ニ一者。簡擇事不レ可レ限二此ノ二種ニ一ハ歟云事。所レ任二菩薩戒ノ大綱ニ一也。凡ソ人天鬼畜種類不レ等カラ。七衆九衆儀相遙ニ別ナリ。以テ二通受ノ邊ヲ一同ク雖レモ許ストニ解語得戒ヲ一。至テ二別受別持ノ相ニ一者。彼此全不レ可二混亂ス一。若爾者。出家ノ威儀ハ。多ク同ス二聲聞ニ一。十三難・十遮等何無二簡レ之意一耶。但。至二經文ニ一不レト見云一者。於二菩薩戒一雖レ有二通受別受ノ二義一。經且ク說クカ二通受別持ノ相ヲ一故ニ。雖レ云ニト簡擇ト一猶令レ順二通受不簡擇ノ意ニ一ナリ。然ト云テ。別受ノ時ノ所二簡擇一法。但限ニトハ此ノ二事ニ一不レ可二意得一也。若爾者

（缺文）

七十八　問。經文。應下教身所レ著袈裟。皆使中壞色上矣（第四十戒）（經、大正藏二四、一〇〇八中二四行～）爾者在家菩薩。同制スト二壞色ヲ一可レ云耶

答。解釋擧トニ二解ヲ一見タリ。且ク任セハ二後ノ解ニ一者。不レ可レ通二俗衆ニ一歟

兩方。若限トニ出家二云者。見ルニ二經文ヲ一。上ニ表シテ二不得簡擇一（同、二一行～）切國王王子乃至一切鬼神盡得受戒ト一。應下教身所レ著袈裟。皆使中壞色與レ道相應上ト說ケリ。文相無ク二諍通シテ二在家出家ニ一制スト二壞色ノ法衣ヲ一見タリ。　若依レ之爾云者。道俗形殊ニシテ緇素分タリレ制ヲ。俗衣ハ。本是レ體不レ可レ簡二沙穀ヲ一色擅ホシイママニス二正問（開カ）ヲ一。縱ヒ雖レ受クト二菩薩戒ヲ一。形服ハ可レ隨フ二本位ニ一。何可レ著二染壞衣服ヲ一耶。是以經ニハ云下比丘皆應中與二其俗服一有上レ異（同、二八行）。釋ニハ述二當レ知出家菩薩必用壞色一ト。爾云。兩方不レ明」（義記、大正藏四〇、五七九上十六行～）

答。自レ元云云釋義設二二解ヲ一。無二用捨ノ分別一故ニ。輒以雖レ難レ定。且ク存シテ二後ノ解ノ意ヲ一壞色ノ制。專可レ在二出家ニ一歟可レ存二申一也。凡ソ剃髮染衣ノ義相ハ。本是出家內衆ノ標幟

也。在家ハ未レ成セ毀形守節ノ義一ヲ。何必可レ改二五正五間ノ俗服一耶。一邊ニ令ニ出難一給經文釋義。其意分明者歟。但。至ニ皆使壞色ノ詞無シト所レ簡云一者。經文相雖レ似ニト鉤鎖スルニ。釋義列レトシテ之。初ノ文ヲハ爲ニ不應簡擇ノ文一ト。應教身以下ヲハ屬ニスト應簡擇ノ文段一ニ見タリ。簡不簡ノ科段既ニ各別也。全不レ可ニ混亂一者歟。若爾者。無レト失可ニ答申一

尋云。後解ノ中ニ又云。是可レキ壞レス色ヲ處ニハ道俗同制（義記、大正藏四〇、五七九上十五行）矣　爾者二解共ニ有ニト道俗同制ノ意一見タリ如何

答。在家モ於ニテ三衣等一ニ者。猶可レ用ニ壞色一歟。餘ノ一切ノ俗服ハ不レ可レ然。又俗衆モ隨ニハム布薩說戒等ノ法事一ニ時キハ。可レ著ニ壞色ノ法衣一ヲ歟。故ニ可壞色處道俗同制ト云也

七十九　**問**。經文。不レ得下與ニ七逆人一現身受上戒（第四十戒）（經、大正藏二四、一〇〇八下一行）矣　爾者破羯磨・破法輪ノ二種ノ破僧共。七逆ノ所攝ナリト可レ云耶

答。經文相。幽玄ニシテ雖レ難レ測。破羯磨ハ非レ逆歟可ニ答申一

兩方。若如ニ所答一者。見ニ經文一列ニトシテ七逆ノ名一ヲ。破ニ羯磨（同、三行）」轉法輪僧一矣　如ニナラハ此經文一者。合シテ二罪ヲ爲シテ一ノ破僧一ト成レト下ニ七逆ノ數一ヲ被レ得タリ。　若依レ之爾云者。此ノ經所レ說七逆ト者。只是常途ノ五逆上ニ加ニル殺和上・殺阿闍梨一ヲ計也。而ニ五逆ノ中ノ破僧。既ニ非ニス破羯磨僧一ニ。今何ソ加レ之可レ爲ニ逆罪一ト耶。是以聲聞ノ十三難中ノ破僧ト者。但限ニレリ破轉法輪一ニ。聲聞猶非ニス遮難一ニ。菩薩何以レ之爲ニシテ遮罪一ト不レム許ニ受戒一ヲ耶

答。自レ元云云　經ノ文相ハ。誠ニ雖レモ難レ測。任ニ大小（小イ少）通慢ノ大旨一ニ破羯磨僧ハ非レ逆ニ歟可ニ存申一也。其旨顯ニタリ一邊ノ疑難一ニ。但。至ニ經ノ文一者。今所レ云破羯磨ト者。作ニテ邪羯磨一ヲ破ニヲ正羯磨一ヲ云也。若爾者。與ニ破法輪僧一其ノ意不レ可レ殊故ニ爲ニ逆罪一ト也。是以末師ノ解釋云ニトシテ今ノ破羯磨轉法輪（大正藏四〇、五九八下。明曠疏）僧者（者イ也）一。佛ノ滅度ノ後ハ。雖レ無下別邪羯磨ノ破ニ正羯磨一ヲ及ヒ破ル（中）初轉四諦之理上ヲ。「若轉ニ正法ヲ（一乙カ）一」而爲ニスハ遮礙一。亦此ノ流類耳矣（釋）　此意邪正相對シテ論レト之見タリ。故ニ以テ二一界內ノ時ノ魔法一ヲ非レルレ爲レスルニハ逆ト歟可ニ答申一

八十　**問**。出家菩薩（第四十戒）。許レト禮ニコトヲ在家俗衆一ヲ可レ云耶

答。任二今經文一者不レ許レ之歟

兩方。若不レ許レ之云者。縱ヒ雖トモ二在家ノ衆ナリト一有ハ二德ノ可レ尊ム者一（大正藏四〇、五九八下。明曠疏取意）。何ッ爲レ之不レ致二禮敬ヲ一耶。是以淨名經ノ中ニハ。二人ノ比丘。禮二シ維摩詰ノ足ヲ一。法華ノ中ニハ。不輕菩薩。禮二スト增上慢ノ四衆ヲ一見タリ。何況ヤ至テ二父母國王等ニ一。恩重ク德厚シ。展ヘテ二禮ヲ一謝レセム德ヲ事。何ッ強ニ可レ乖二教旨ニ一耶。　若依レ之爾云者。披二ニ經文ヲ一。（經、大正藏二四、一〇〇八下四行～）出家人法不下向二國王一禮拜上。不下向二父母一禮拜（拜㋑解）上。六親不レ敬。鬼神不レ禮　矣　如二クナラハ此ノ經文一者。固ク誡二トムル俗衆ノ致敬ヲ一見タリ

答。自レ元　云云　不レ許レ之歟云事。所レ任二今ノ經文ニ一也。凡ソ出家ト者。君親儀絕シテ。忠孝道隔タレリ。既ニ棄テテ恩ヲ入二無爲ニ一。何猶執シテ二世俗之事緣ヲ一及テ可レ學ス二儒門ノ禮法ヲ一耶。深ク以二佛法一可レ報二其ノ[生成]ノ恩德ヲ一也。但。至二法華淨名等ノ說ニ一者。末師釋二此事ヲ一。（大正藏四〇、五九八下。明曠疏）蓋是觀二性平等一表二示法身ヲ一。忘レ犯利レ物非二佛所レ制等判セリ。有ニント何相違一可ニ答申一

八十一　問。（四十一爲利作師戒）爲利作師戒者。有解無解俱制レ之可レ云耶

答。雖レ難レ測。專制スルニ無シテレ解而爲メニレ利作コトヲレ師ヲ歟

若。限二無解ニ一者。無解作師ハ。是レ前ノ第十八戒ニ所レ制スル也。何至テ二此ノ戒ニ一重テ可レ制レ之耶。是以名トニ爲利作師戒ト一。明知ヌ。此ノ戒ハ不レ論セ二有解無解ヲ一。制下トスト爲ニ二名利ノ一作ル師ト一邊ヲ上云事。

若依レ之爾云者。經ニハ。（經、大正藏二四、一〇〇八下二〇行～）云ニヒ而教誡師於是法中一好解ト一。釋ニハ。（義記、大正藏四〇、五七九上十八行～）述下タリ內無クシテニ實解一外（外㋑ナシ）爲ニ二名利ノ一。輒爾ニ強テ爲セハ。有ト中誤レ人之失上矣　如二經文釋義ノ一者。別シテ制スト二無解ヲ一被レ得タリ

答。自レ元　云云　此戒ノ所制。通ニ有解無解一否。誠以雖レ難レ測。任二經文ノ起盡ニ一。專制ルニ無解ノ人ヲ一歟所ニ存申一也。所以見ニ經文一。（經、大正藏二四、一〇〇八下～九上）若不レ解ニ大乘經律若輕若重是非之相一　乃至　而菩薩爲ニ利養一故爲ニ名聞一故。惡求貪ニ利弟子ニ一。而詐現レ解ニ一切經律ヲ一。（一〇カ）是自欺詐亦欺二詐他人一等　矣　此卽無レ解詐シテ現シテ二解ノ相ヲ一。爲ニ二名利ノ故ニ一爲ルコトヲレ師ト制レスト之云者。經文更不レ可レ諍レ之。但。至二第十八戒（無解作師戒）ト不レ異云一者。彼ハ直ニ制ス二無解ヲ一。此ハ無レ解而モ爲ニ二名利ノ爲ニ一コトヲ師ト制也。若シ強テ論セハ二傍正ヲ一（釋義カ）。爲利ハ正制。無解ハ兼制也。是以見ニ經文ニ一。或ハ云ニ

（義記、大正藏四〇、五七九上二一行～）兼制ニ不レハ解則犯コトヲ一矣 或云ニ若不解大乘下ヨリハ第二ニ不（同、二四行～）
解ナリ。不シテ解セ此ヲ而作レハ師ト。亦是兼テ制一ト矣 若爾者。無レト失
可二答申一
尋云。第十八ノ戒ハ但制ニ無解ヲ一歟。彼又有ニ兼別ノ意一耶。又
有テ解爲レニスルハ利ノ倶ニ犯レ戒歟如何
答。上ノ釋ニ云。無シテ解強テ授ルハ有ニ誤レ人之失一 故制 云云（義記、大正藏四〇、五七六中十九行）
既ニ非レス爲ニ利益一。是非レ爲ニスルニ名利一耶。經釋中ニ正ク雖レ
無ト爲ニスル利ノ之言一。探ルニ制戒之意ヲ一非レ無ニ爲ニスル利之意一
也。故ニ上ノ戒ハ。無解ヲ爲シテ本傍ニ制ニ爲利ヲ一。「此ノ戒ハ爲（「一ヒカ）
制ヲ。」此ノ戒ハ爲利ヲ爲レ體ト。兼テ制ル無解ヲ一歟。次ニ有解爲（利歟）
利ノ事ハ。若シ有ラハ實解一者。何ソ一向ニ名利ヲ可レ先ト耶。故ニ
爲レ利爲レ師事。多クハ可レ依ニ無解之過一歟。況ャ又癡男凡夫
煩惱未レ除カ以テ相ニ應スルヲ名利一皆爲ニ破戒一ト者。誰可レ有ニ
持戒ノ人一耶。故ニ縱ヒ雖レ有ニ名利ノ心一。有テ實解一授レ之者。
可レ有ニ非戒之意一歟。仍テ內無ニ實解一外爲ニ名利一ト釋スル（同前、五七九上十八行）
也

八十二　問。（第四十一戒）經文。應三教請ニ二師和上阿闍梨一矣（經、大正藏二四、一〇〇八下十行～） 爾者所レ
云二師者。教誡ノ師ノ外ニ有レ之耶
答。教誡師ノ外ニ非レ有レ之歟
兩方。若如ニ所答一者。見ニ經文一。菩薩與ニ他人一作ニ教誡法（同、九行～）
師一者。見ニ欲レ受レ戒人一。應三教請ニ二師和上阿闍梨一矣 如ニ
此經文一者。教誡ノ法師教ヘテ受者ヲ別シテ令ムト請二 二師ヲ
見タリ。 若依レ之爾云者。今此ノ戒ハ。無クシテ解爲ニ名利一
作コトヲ戒師ト制スル也。所レ言戒師者。卽教誡ノ師ナリト見タリ。若
爾ハ。此外ニ何又可レ有ニ別ノ和上闍梨一耶。何況ャ。若教誡ノ
師ノ外ニ有ニ別ノ二師一者。逆罪又可レ成ニ八逆一ト耶。爾者有レ
疑
答。自レ元 云云 教誡ノ師ノ外ニ不レ可レ有ニ別ノ二師一歟云事。
任ニ經ノ文相一也。初ノ應教請二師和上阿闍梨ノ言ハ。誡ニ雖レ（同前、一〇〇八下十一行）
似レ令レ請ニ前ノ二師ヲ一。二師應ニ問言。汝有ニ七遮罪一不等（同、二〇行～）
說キ。下テ。而教誡師於ニ是法中一一一好解等云ヘル。別ノ
師ナリト不レ見歟。是以解釋釋トシテ二此ノ一段ヲ一。一明レ所レ解。（義記、大正藏四〇、
解レ此故堪レ爲レ師 矣（五七九上二一行） 既ニ不レ辨ニ教誡師ト二師トノ不同一ヲ。通

惣シテ解此故堪爲師ト釋セル非ニ別人ニ一ト聞タリ。若シ別人ナラハ如ニ疑難ニモ來ルカ一可レ成ニ八遮一ト也。既ニ云ニ汝有七遮罪一ト。明シ非ニ名利ノ師ニ一ト云事。但。至ニ應教請二師ノ文言ニ一者。教誡一師具ルニ和上・闍梨ノ二師ノ德ヲ一故ニ顯ニ此義一。教テ受ノ者ヲ一別シテ令レ作ニ請師ノ法ヲ一也。若爾者。不レ可レト有ニ相違一可ニ答申一

私云。此題目付。上卷ノ菩薩戒師人數事可レ有ニ沙汰一。何可レ止レ之歟

八十三　問。（第四十一戒）經文ハ。若有レ犯ニ十戒一者應ニ教懺悔一矣（經、大正藏二四、一〇〇八下十三行～）爾者。三品纏ヲモテ犯ニ十重ヲ一人共ニ用ニ見相ノ懺悔ヲ一ト可レ云耶

答。人師釋義不同也。且ク存ニ一意一者。見相懺悔ハ約ニ上品纏ニ一歟

兩方。若約ニ上品ニ一云者。以テ上品纏ヲ一犯スル十重ヲ一人ハ。既ニ廢ニ失ス戒體ヲ一。何可レ論ニ懺悔ノ義ヲ一耶。若爾ハ。經ニ所レ明ノ取相ノ懺悔ハ。專ラ約ニ中下品纏ニ一ト可レ云也。是以瑜伽論ノ中ニハ。於ニ失戒ノ人ニ一者。雖レモ許ニ重受ヲ一ト。全ク不レル命ニ本戒還生ノ義ヲ一耶。　若依レ之爾云者。見ニ經文ヲ一。若有レ犯ニ十戒一者應ニ（前出）教懺悔一乃至（イ若）見ニ光花一種種異相。便得レ滅レ罪矣經文既ニ無レ所レ捧フ。知ヌ三品ノ心共ニ可レト有ニ懺悔ノ義一云事。是以末師釋ニ此事ヲ一。失戒不失戒ノ二類共可レト有ニ見相滅罪ノ益一（大正藏四〇、五九九上。明曠疏取意）釋スト見タリ

答。自レ元云云此事。經ノ文相幽玄ニシテ人師所解不ニ一准一。故輙以雖レ難レ測。且ク任テ相傳ノ一義ニ一。經ニ所レ說見相ノ懺悔ハ。約ニ上品纏ニ一歟所ニ存申一也。凡ソ此經ノ意ハ。縱ヒ雖レモ犯ニ十重ヲ一。中下品ノ心ヲモテ犯スルヲハ猶有下屬ニ輕垢一之意上故ニ。（大正藏四〇、七一六下。古迹記參照）中下品ノ懺悔ハ可ニ對首懺ナル一也。是以瑜伽論ノ中ニ。若シ中品ノ纏應レ對ニ三人ニ一。若シ下品ノ纏及ヒ餘ノ輕垢ヲハ。對シテ一人ニ一可ニ懺悔ス一ト判セリ。故知ヌ。見相ノ懺悔ハ約ニ上品ノ纏ニ一ト云事。但。至ニ彼論ノ意ニ一。上品ノ纏ハ失戒ト云者。今所レ云見相懺悔ト者。以ニ上下兩卷ノ意ヲ一明ニ高位ノ人ノ行相ヲ一也。若爾者。異ナル聲聞ニ一菩薩戒行ノ意。若シ以テ勇猛精進ノ心ヲ一苦到懺悔セハ。縱ヒ雖ニ失戒スト一何無ン還生ノ義耶。彼ノ論ニハ。不レ論ニ見相ヲ一故ニ。猶約シテ假爾（介カ）ノ心ニ一不レ云ニ懺滅スト一歟。次。至ニ末師釋ニ一者。且ク任ニ經ノ現文ニ一通シテ三品ニ一論ニ見相懺悔ノ義一歟

私云。此題目。又上卷ノ七逆十重懺滅ノ有無事。可レ有ニ沙汰一歟

八十四　問。（四十二爲惡人說戒）對下未レ受ニ菩薩戒一人上許レ說レ戒可レ云耶

答。雖レ有レ所レ可レ思。不レ許レ之歟

兩方。若不レ許云者。衆生ノ根性不定ニシテ。進道ノ因緣不ニ一准一ナラ。縱ヒ雖ニ未受戒ノ人一ナリト。若有下聞ニテ戒相一ヲ發ニス受持志一ヲ之人上者。何不レ說レ之耶。是以末師引ニテ地持說一ヲ。卽是通（大正藏四〇、五九九下。明曠疏）爲ニ信心未レ受者一說　矣　若依レ之爾者。披ニ今ノ經文解釋一ヲ。對シテ下未レ受ニ菩薩戒一ヲ之人上ニ。說ニ此ノ戒一ヲ爲ニ當戒ノ所制一ト見タリ

答。自レ元　云云　對シテ二未受戒ノ人一ニ不レト可レ許レ說ニ此戒一云事。所レ任ニ經文釋義一也。凡ソ戒律ハ。是佛法ノ中ノ祕藏也。不レト可レ許ニ妄ニ宣授一ルコトヲ云事。大小一同ノ所制也。是以見ニ解釋一（義記、大正藏四〇、五七九上二七行～）。若預シメ爲ニ說ハ。後ニ受ルニ不レス能ニ慇重一ナルコト。故ニ制ス　矣　但。至ニ一邊ノ疑難一ニ者。若於ニ聞レテ戒生レシ信ヲ求レル受ヲ之人一ニ者。此ハ卽開緣也。非ニ制ノ限一ニ。今所レ論者。約ニ不信不受之類一ニ也。末師ノ釋義。卽此意也。若爾者。有ニント何失一可ニ答申一

八十五　問。（四十三無慚受施戒）第四十三ノ戒ハ。唯爲レ制トヤ二無慚受施一ヲ將如何」

答。經文雖ニ未審ヲホツカナシ一ナリト。任ニ解釋一者。名ニ無慚受施戒一歟

兩方。若如ニ所答一者。見ニ經文一（經、大正藏二四、一〇〇九上十三行～）。初ニハ云下信心出家。受ニ佛正戒一。故起（起㋑毀）レ心毀ニ犯聖戒一者上ト。終ニハ結セリ下若故毀ニ正戒一（同、十九行）者。犯ト中輕垢罪上。如ニ此ノ經文ノ者。唯惣シテ擧ニ犯戒ノ罪一ヲ也。全制ニストハ受施ノ一事一ヲ不レ見耶。是以末師ハ。以ニテ此戒一ヲ名ニ故毀禁法戒一ト者耶。　若依レ之爾云者。聖戒毀犯ハ。通ニシテ戒戒ニ所ニ防止スル也。何別シテ此戒ノ所制ナラム耶

答。自レ元　云云　經文相雖レ難レ測。所レ任ニル釋義ノ立名一ニ也。大師ノ釋義。仰而可レ取レ信者歟。凡ソ如ニ疑難ノ一邊ニモ來ルカ。惣シテ毀ニ犯スル正戒一ヲ事ハ諸戒ノ通制也。何別シテ立ニテテ一戒一ヲ初メテ可レ設ニ毀禁ノ制一ヲ耶。故知ヌ。經文ハ通惣シテ雖レ似レ擧ルニ一切ノ犯戒ノ過一ヲ。別シテ可レト有ニ當戒所制ノ事一云事。所以ニ見ニ經文一ヲ（前出）。故起レ心毀ニ犯聖（聖㋑正）戒一者。不レ得レ受ニ一切檀越供養一。亦不レ得ニ國王地上行一等云ヘル。以ニテ破戒無慚ノ身一ヲ

受二テ人ノ供養一ヲ。踏二ミ國王ノ地一ヲ。飮二コトヲ國王ノ水一ヲ誡ムト見タリ。此ノ地水ハ。過去ノ國王爲二ニ持戒ノ人一所レ與フル也。而ニ無慚ニシテ受用スルハ。罪同二シ犯盜一ニ。故ニ鬼言二大賊一等云也。（同前、一〇〇九上十七行）若爾ハ此戒ノ制意。終ニハ歸二スト無慚受施ノ義一ニ見タル歟。大師探二テ經ノ本意一ヲ立二テ當戒ノ名一ヲタマヘル。尤モ順二ル聖旨一ニ者歟

但。至二經ノ文一者。初ニ故起（起㋑毀）レ心毀三犯聖戒一者ト云者。先ッ欲レル設二ムト無慚受施ノ人ノ相一ヲ也。若故毀二正戒一者ノ結文ノ文言ニ省略スル也。毀戒シテ受レルヲ施ヲ。正クハ爲二ト輕垢罪一ト可レ云也。次。至二末師釋一者。且ク約二シ經ノ結ノ文一ニ。准二ヘテ香象ノ釋一ニ。如レ此釋タマフ也。若爾者　（缺文）

八十六　問。第四十四ハ（四十四供養經典戒）惣シテ制レル供二養コトヲ三寶一ヲ歟

答。惣シテハ雖レ可レト互ル二三寶一ニ。別シテハ制レト供二養コトヲ經典一ヲ見タル歟

兩方。若限二經卷一ニ云者。梵網ノ受法ハ。以テ二三歸一ヲ發二ス戒體一ヲ。一一ノ持相宜隨受體也。若爾ハ三寶ノ功德。悉ク可二敬重一ス。何別シテ約二シテ法寶ノ一種一ニ可レ立二供養ノ制一ヲ耶。是以解釋釋ニトシテ此戒ノ制意一ヲ。三寶皆應二供養一。（義記、大正藏四〇、五七九中十行〜）若不レ修者乖二於謹敬之心一故制　矣　若依レ之爾云者。見二經文一。常應一心（經、大正藏二四、一〇〇九上二〇行〜）受三持讀三誦大乘經律一　乃至　若不二如法供養一者。犯（犯㋑猶）二輕垢罪一　矣　偏ニ約二ト經律一見タリ。是以解釋非レ名ルニ供養經典戒一ト耶

答。自レ元云云　此ノ戒ノ所制。別シテハ在二經典一云事。所レ任二經文解釋ノ大旨一也。凡ソ菩薩戒經ノ意者。四戒相傳・三勸ノ流通。其體併在二文字ノ戒經一ニ。是以流通ノ中ニハ。應レ受三持（大正藏二四、一〇〇九下一行〜）讀三誦解四說書五寫佛性常住戒卷一。流三通三世一切衆生一化化不レ絕　矣　今ノ戒ノ中ニ。又明二ス受持・讀誦・書寫（〔解說カ〕）・供養ノ五事一ヲ。其意不レ殊故ニ。別シテ立二テテ一戒一ヲ令レル供二養大乘ノ經律一ヲ也。但。至二一邊疑難一ニ者。三種三寶歸二シ住持ノ三寶一ニ。住持ノ三寶極二ル色ノ經卷一ニ故ニ。於二經釋中一有二三寶具足ノ意一。是以末師ハ。經卷ノ所ニ三寶具ソナワル（大正藏四〇、六〇〇上。明曠疏）矣ト釋セリ（〔在之カ〕）。三寶皆應供養ノ今解釋。又此意也ト可二答申一

八十七　問。經文。（四十五不化衆生戒（大正藏二四、一〇〇九上二六行〜））汝等衆生盡應レ受二三歸十戒一　矣　所レ云

十戒者。通ト二聲聞ノ十戒ニ一可レ云耶

答。雖レ難レ測。任二解釋一者。通ト二聲聞十戒ニ一見タリ

兩方。若如二所答一者。大小ノ根機相別シテ聲聞菩薩ノ所行不レ同カラ。此ノ戒ニ所ノレ勸ムル三歸十戒。豈非ニ二菩薩戒體戒行ノ相ニ一耶。何況ヤ今經ニハ。二乘ノ經律ヲハ同スト二外道邪見ノ經律ニ一見タリ。何至二此戒ニ一敎テ可レ令レ授二聲聞ノ十戒ヲ一耶。是以大師釋トシテ二當戒ノ相ヲ一（義記、大正藏四〇、五七九中十九行）大小不レ共ト判スル者ヲ耶。　若依レ之爾云者。見二解釋一。令レ受二三歸十戒一有二二解一。一聲聞戒。二（「十カ」）菩薩十重戒（同前、五七九中。脚註10）矣如二此解釋一者。可トレ有レ約スルニ二聲聞戒意ニ一聞タリ」

答。自レ元云云所レ任二解釋ニ一也。凡ソ菩薩戒經意者。一代ノ佛法。大小（小㋑少）戒律悉無レ非ニ二舍那ノ三聚淨戒ニ一。釋尊既受テ二舍那ノ付屬ヲ一。隨テレ機說ク二大小ノ敎行ヲ一。末代ノ菩薩。縱ヒ雖モレ受ト二佛戒ヲ一。何ソ不レ施二隨緣ノ利益ヲ一耶。於二自度滯情ニ一者。暫ク雖モレ嫌レ之。得レハ二開顯ノ佛智ヲ一小戒全ク佛乘也。有二何ソ所レ隔耶。例如二彼ノ四安樂行ニ一。以二二乘ヲ一雖モレ爲ト二不親近ノ境ト一。云カ二或時來者隨宜觀法ト一。況ヤ山家ノ意。約シテハ二新學菩薩ニ一雖レ立ト二大乘不共ノ制ヲ一。於二久修業菩薩者ニ一。假受二小戒ヲ一可トレ授二小根ニ一定タマヘリ。但。至二大小不共ノ釋ニ一者。云トシテ二不化衆生戒相ヲ一（義記、大正藏四〇、五七九中十九行～）聲聞戒ノ意ハ。不ルモレ化二衆生ヲ一非ルコトヲレ犯釋也。小乘自度不化非犯ト釋スル此意也。若爾者（缺文）

八十八　問。第四十六戒（四十六說法不如戒）ハ。說者聽者不如共ニ制レ之歟

答。任二解釋一者。專ラ制二能說ノ人ヲ一歟

若。如二所答一者。能化說法・所化ノ聽法。若有二不如法ノ儀一者。何共ニ不レ制レ之耶。是以見二經文一。四衆聽者下坐。（經、大正藏二四、一〇〇九中五行～）如レ孝二順父母一。敬二順師敎一如二事火婆羅門一矣說聽ノ不如共ニ制トレ之聞タリ。　若依レ之爾云者。見二解釋一表トシテハ二此ノ戒ノ名ヲ一名ケ二說法不如戒ト一。述トシテハ二所制ノ意ヲ一。前人不ルニ二如法ナラ一。强テ爲テ解說スルハ。（義記、大正藏四〇、五七九中二六行）彼此有二慢（慢㋑謗）レ法之失一故ニ制スト矣如二解釋一者。偏ニ約ト二能說ノ人ニ一被レ得タリ

答。自レ元云云約二能化一歟云事。所レ任二解釋ニ一也。又依二經文ニ一也。（經、大正藏二四、一〇〇九中二行～）所以見ルニ二經ノ說相ヲ一。初ニハ云ヒ下常行二敎化一起二大悲心一。入二檀越貴人家一。一切衆中。不レ得中立爲二白衣一說法上。終ニハ擧レ非結ルニレ過ヲ。（同、七行～）其說レ法者若不二如法一說犯二輕垢罪一

矣約シテニ能說ノ人ニ一制スト二此戒ヲ一云事分明也。但。至ニ四衆聽者（同、五行～）下坐等ノ經文ニ一者。今擧ルコトニ聽法ノ不如ヲ一者。對シテニ如法不如法ノ人ニ一不レ可レ說レ法。如ニ孝順父母等ノ一者。爲ニ如法ノ人ノ一（大正藏四〇、六〇〇下。）可レト說レ法說也。或ハ又末師釋トシテニ此文ヲ一。說法之人ノ勸ムレ他ヲ之語也ト釋セリ。（明曠疏取意）　若爾者。無レト失可ニ答申一

八十九　問。經文。皆以ニ信心ヲ一受ニ佛戒ヲ一者（四十七非法制限戒（經、大正藏二四、一〇〇九中九行））矣　爾者爲レ擧トヤニ能化ノ人ヲ一將如何

答。有ニ能制所制ノ二ノ釋一歟

兩方。若約ストニ所制ニ一云者。經ノ文段兩重ニ分テ。能制所制ノ相遙ニ異ナリ。所以ニ自ニ皆以信心トイフ一至ニ明作制法ニ一。明下シ立ルニ制限ヲ一人ノ相上ヲ。自ニ制我四部弟子一以下正ク說クニ所制ノ相ヲ一見タリ。以テニ初ノ皆以信心ノ文ヲ一全不レ可レ屬ニ所制ノ意ニ一ハ。

若依レ之爾云者。見ニ解釋ヲ一。一云。標スニ被ルル制之人ヲ一（義記、大正藏四〇、五七九下九行～）矣　如ニ此解釋ノ一者。約ストニ所制ノ人ニ一聞タリ

答。自レ元云云　解釋設ニ能制所制所解ノ二ノ釋ヲ一タマヘリ。末學輒難ニ取捨一者歟。凡ソ輕重諸戒。悉ク於ニ信心受戒ノ人ニ一制レ之故ニ。約ルニ能制人ニ一歟トモ見タリ。又有下發ニ信心ヲ一欲ルレ受ントニ佛戒ヲ一人上。立テニ制限ヲ一不レト許レ之云ナラハ。說ニモヤ被レ制之人ノ相ヲ一有ランノ。經文奄含シテ其ノ意不レ明。故ニ擧テニ二解ヲ一釋レ之タマフ歟。但。至ニ文段兩重ナリト云ニ一者。釋義ノ分科ハ。必シモ不レ然。（同前取意）序事三階アリ。一ニハ標スニ受戒ノ者ヲ一（「〇カ）兩ノ釋アリ。若國王ヨリハ（「下カ）二正シキ制限ノ事ナリト（「之カ）釋シタマヘリ。付テニ此制限ノ事ニ一分ニ別セ能制所制ヲ一者。若國王等ハ能制制戒。四部弟子以下ハ所制也。初ノ皆以信（經、大正藏二四、一〇〇九中九行）心受佛戒者ノ一句ハ。或ハ能制受戒ノ人歟。或ハ所制ノ信心ノ人歟。可レト有ニ兩釋一存タマヘリ。强テ有ントニ何失一可ニ答申一

九十　問。經文。於ニ國王百官前一說ニ七佛戒一（四十八破法戒（經、大正藏二四、一〇〇九中十四行～））矣　所レ云國王百官者。有戒無戒中ニハ何耶

答。任ニ釋義大旨ニ一者。有戒ノ人歟

若。有戒人ト云者。見ニ解釋ヲ一。乃向ニ白衣外人ニ一說レ罪。令ニ（義記、大正藏四〇、五七九下十七行～）彼王治罰ニ一鄙ニ辱淸化ヲ一　矣　白衣外人ト云ヘル豈非レ云ニ無戒ノ人ヲ一ナリト耶。　若依レ之爾云者。對シテニ無戒ノ人ニ一說クハニ有戒ノ過ヲ一既是重夷也。可ニ第六ノ說四衆過戒ノ所判ナル一。何至ニ

此ノ戒ニ更可レ設ニ此制一ヲ耶

答。自レ元云云可レト指ニ有戒人一ヲ云事。所レ任ニ前後ノ釋義ノ大旨ニ一也。其旨顯ニ一邊ノ疑難一ニ。所以對シテニ無戒ノ人一ニ擧ルハニ有戒ノ人ノ重過一ヲ不レ論ニ陷沒・治罰ノ二釋一ヲ。皆是第六ノ重戒也。對シテニ有戒ノ人一ニ說レ之。聊有トニ二心ノ不同一見タリ。若以テニ陷沒ノ心一ヲ說ハレ之。第十三ノ謗毀戒所制。若以テニ治罰ノ心一說ハレ之。今第四十八ノ破法戒ノ意也。但。至ニ白衣外人ノ釋義ノ文言一ニ者。白衣ト者。對シテニ出家ノ染壞一ニ指テニ在家之白衣一ト也。外人ノ言。又非レ云ニ佛法ノ外ノ人一ト。對シテニ出家ノ五衆一ニ且ク以テニ俗衆一ヲ稱ルニ外人一ト。然ト云テ一向無戒ノ人トハ不レ可ニ意得一歟。若爾者無トレ失可ニ答申一

九十一　問。付ニ此經ノ流通一ニ有トニ二段一見タリ。爾者二段ノ流通共ニ爲ニ今ノ菩薩戒經ノ流通一ナリトヤ將如何

答。任ニ相傳ノ一義一者。初ハ上下兩卷ノ中。下卷ノ戒制・流通後ハ。一品一卷ノ菩薩戒經ノ流通也

兩方。若如ニ講成所答一者。上下兩卷ノ心地品ト者。是コレ六十一品ノ中ノ第十ノ一品也。正宗ノ一段未ニ具足一セ。何强ニ可レ設ニ流通ノ一段一ヲ耶。是以檢ニ上卷ノ釋義一ヲ。(義記、大正藏四〇、五六九下三行)從ニ大本一出序及流通皆闕セリト釋者耶。何況ヤ見ニ經文一ヲ。(經、大正藏二四、一〇〇九下二行～)說キニ流通三世一切衆生化化不絕一ト。宣タル下世世不レ墮ニ惡道八難一等上。(同、三行～)豈非下明ニ四戒三勸ノ大意一ヲ顯中保得解脫ノ利益上ヲ耶。若依レ之爾云者。披ニ今解釋一ヲ。(義記、大正藏四〇、五七九下二六行～)一流ニ通此(此イ无)戒制輕重一。二流ニ通此一品一矣 次下ニ釋トシテニ第二段ノ流通ノ文一ヲ。(同、五八〇上十六行～)爾時釋迦第二章惣流ニ通一品一。一卷戒本ト釋タマヘリ。如ナラハニ此解釋一者。對シテニ第二段ノ一品一卷戒本ノ流通一ニ。直述タルヲニ戒制ノ流通一ト明シ。非ニト部ノ外ノ菩薩戒相ノ流通一ニ云事

答。自レ元云云所レ任ニ相傳ノ一義一ニ也。凡ッ大師於テニ此經一ニ。上下兩卷ノ心地品ノ外ニ。別シテ可レト有下名ルニ菩薩戒經一ト云意上存給ヘル事。顯ニ今ノ釋義一ニ也。如ニ疑難ノ一邊モ來ル一。此二段ノ流通ト者。一流ニ通此(此イ无)戒制輕重一ト者。流ニ通上下兩卷ノ中ノ制戒ノ輕重一ヲ云也。二流ニ通此一品一ト者。次下ニ示トシテニ此ノ一品ノ體一ヲ。一品一卷戒本ト釋シタマヘリ。釋義意。尤分明者歟。但。至ニ序及流通皆闕等云一者。直ニ付ニ上下兩卷ノ經ニ設釋

義一ニ之時ハ。誠ニ雖レ可レ如ニ所難一ノ。今ハ部ノ外ノ別意既ニ顯ヌレハ。上下兩卷ノ下卷ノ戒法ヲ爲レシテ體ト。上卷ノ階位ヲモ乃至十處ノ說等ヲモ說キ。入ニテ此戒一ニ欲レ顯ニント十無盡戒法品ノ意一ヲ故ニ。分ニ別シテ戒制一品ノ二流通ノ相一ヲ。返テ釋ニ顯今ノ菩薩戒經ノ本意一ヲタマフ也。若爾者。流通三世之文。不墮惡道ノ說ハ。自レ元入ニルル上下兩卷一。於ニ一品一卷一ニ說相ナルカ故ニ。示ニシ四戒三勸ノ大意一ヲ顯ニス癡闇凡夫。離苦得樂之相一ヲ事。强テ不レ可レ成ニ違文一歟可ニ答申一

九十二　問。經文。得レ見ニ千佛一。佛佛授レ手矣（經、大正藏二四、一〇〇九下二三行）爾者受ニ持ル菩薩戒一ヲ人。皆事ニ見佛ストト可レ云耶

答。經文相雖レ難レ測。必非ニ事ニ見佛一スルニハ歟

兩方。若所答者。經云ニヒ得見千佛一ト。釋ニハ値レ聖者見ニ千佛一（義記、大正藏四〇、五八〇上十行～）也ト釋タマヘリ。經文釋義分明也。事ニ可ニト見佛一ス云事。　若依レ之爾云者。今ノ戒ハ。末法邊地ノ衆生。纔ニ從ニテ凡師一ニ解語得戒スル計也。何輙ク可レ成ニ見佛ノ益一ヲ耶。是以見ニルニ解釋一ヲ。（同、十一行～）佛佛授手者。非ニ卽擧レ手更授一也。明ニ秉戒如法與レ佛相隣隣次不レ遠故。義言ニ授手一トト判ヘリ。非ニト實ニ見佛一ルニ釋ト見タリ

答。自レ元云云非ニ事ニ見佛一ルニ歟之事。所レ任ニ釋義ノ大旨一ニ也。其旨顯ニタリ疑難ノ一邊一ニ。凡ソ今此文明ニ戒體受得人ノ得益相一ヲ。而其戒體受得ノ相ト者。初ノ偈頌ノ中ニ。說ニト衆生受佛戒。卽入諸佛位一ト（經、大正藏二四、一〇〇四上二〇行）云意ヲ云ニヒ得見千佛一ト。位同大覺已（同、二一行）已(イ)[ナシ]。眞是諸佛子ノ意ヲ說ニク佛佛授手一ト也。所以一切衆生化化不絕ト（經、大正藏二四、一〇〇九下二一行～）云ヘル。約ニシテ一切ノ凡夫癡闇ノ人一ニ顯ニト四戒三勸ノ意一ヲ見タリ。佛佛授手ト者。卽述ニル上ノ化化不絕ノ意一ヲ也。何ソ必シモ事ノ相ナラム耶。但。至下値レ聖者見ニ千佛一也ノ釋上ニ者。且ク消ニ經文一ヲ也。既許下ト受ニ佛戒一入中佛位上ニ。豈値聖ノ義一ニ（ㇾ非ニカ）耶。若爾者。云ニヒ見佛一ト（ㇾ云ニカ）値聖一ト。共ニ不レト可レ有ニ相違一可ニ答申一

九十三　問。經文。一切ノ佛ノ心藏・地藏・戒藏・無量行願藏・因果佛性常住藏。如如等矣（經、大正藏二四、一〇〇九下十四行～）爾者。於ニ今此文一ニ有ニト幾ノ句逗一可レ云耶

答。任ニ解釋一者。有ニト七句一判歟

付レ之。今此ノ文ハ擧テ二此土他土ノ一切ノ諸佛ノ所説ノ法ヲ一攝二盡スト五藏一ニ見タリ。若爾者。可レ云二五句一ト。何判シ二七句一トタマヘル耶。何況ヤ。前ノ六是別。後一是惣ト矣（義記、大正藏四〇、五八〇上二三行～）其ノ前後惣別ノ句。又經文不二分明一。解釋有テ二何意一如レ此釋タマフ耶

答。自レ元云云付二御尋一存申解釋意計也。於二今此ノ文一ニ有ト二七句一釋タマヘル。誠ニ以雖レ不トレ明。於二因果佛性常住藏ノ句一ニ開テ二因果一ヲ成二六句一ヲ。以テ二終如如一ヲ別シテ爲シテ二一句一七句ト釋タマフ歟。若爾者。前五藏ヲ開テ爲ルヲ二六句一云ヒ二前六是別一ト。終ノ如如ト云者。以テ二上ノ五藏一ヲ結二歸スル一如ノ舍那ノ戒藏一之詞ナルカ故ニ。指レ之釋シ二後一是惣一トタマフ歟。是以末師所レ判。次惣結中言二如如一ト者（大正藏四〇、六〇一中～下。明曠疏）。惣結二上文一。咸歸二一理一ト釋セリ。彼ハ約シテ二法華ノ圓意一ニ釋スル二此文一ヲ故ニ。以テ二一如ノ理一ヲ爲二所歸ノ體一ト。大師ノ今ノ釋ニハ。雖レ不トレ釋。顯二其ノ相一ヲ任二前後ノ思議ノ大旨一ニ者。五藏歸シテ二一ノ菩薩戒一ニ成ルヲ二十無盡戒法品ノ一品一卷意一ヲ可レ爲二惣結ノ本意一ト也。若爾者。解釋無トレ失可二答申一

以上畢ヌ

（㋑奥書）寛永十八年霜月二十八日書寫訖（一六四一）筆者生年十七歳

直道而歸
盧遮那佛菩薩心地
生源可盡

戒珠鈔　下末　終

（底　本）叡山天海藏、天文十五年（一五四六）宗仲書寫奥書二冊寫本

（對校本）㋑＝叡山文庫眞如藏、寛永十八年（一六四一）書寫奥書三冊寫本

㋺＝西教寺正教藏、書寫年不明上下合綴一冊寫本

㋩＝天王寺福田藏、大正三年（一九一四）福田堯穎書寫奥書二冊寫本

（校訂者　利根川浩行）

戒珠抄　終

（底本・對校本目次改訂）

圓頓戒曉示鈔　目次

（和漢同義異文の註記省略。「心㋑㋺意」の對校註省略）

圓頓戒曉示鈔

(底)（內題）圓頓戒聞書
㋑（外題）圓戒曉示上下（內題）圓戒曉示鈔上下
㋺（內題）圓頓戒曉示鈔上、圓戒曉示鈔下

（奥書）實道上人仁空談

（以下㋺插入）

校二曉示鈔一引

圓戒曉示鈔者。圓應（仁空）和尚之所說。門人幸承之所レ筆也。文化壬申之夏。余與二二三友人一商二量梵網義記一。偶辨靈上人以二此鈔一見。借取而讀レ之。其於二圓戒之綱要一諄ヒ（被カ）二開示一。唯恐。人之不二領會一。於レ是從前疑滯。渙然氷釋。不啻暗夜遇二明燈一岐路得二良導一。不亦愉快乎。但憾其書展轉傳寫。頗多二脱誤一。乃攢二諸本一校レ之。播州龍泉寺本・洛陽內野祥光寺本・洛北石座正教院本。於二諸本中一尤爲二少誤一。仍依二三本一淨二寫一本一。校二洛西長福寺本・西七條眞導寺本一。註二同異於其傍一。冀爲二後人一省二一半之勞一。是余志云

文化十年（一八一三）歲在癸酉姑洗日

張府沙門知空靈道謹識

（以上㋺插入。㋺後出三八五頁以下の23行この位置より移動）

圓頓戒聞書

(一三七〇)　應安三年〔庚戌〕二月六日。〔於〕廬山寺始之

發起　極樂房顯幸　　同聞　快運法印　志玉法印　　眞理論師　幸承「阿闍梨」

一　圓戒所依事

山家學生式問答云。問。(傳全一、一三六三)式ニ曰ク。授ニ佛子戒一者。爲ニ何ノ經ノ戒一ト耶。答曰。正依ニ法華經一乘戒・三如來室衣座戒・身口意誓四安樂行戒・普賢四種戒一ニ。次ニハ依ニ普賢經ノ三師諸證同學一ニ。傍ニ依ニ梵網十重四十八輕戒一ニ等 云云 正依法華經一乘ト者。開顯ノ一乘ノ體ヲ指ス也。三如來ト者。法師品ノ衣座室ノ方軌。身口意誓ト者。卽チ四安樂行在レ文分明也。普賢ノ四種ノ戒ト者。勸發ノ四要也。故ニ指シテニ法華ノ正宗・流通一ヲ悉ク圓戒ノ所依ト被レ釋也。次ニ依普賢經三師諸證ト者。不現前ノ五師ヲ請スル事ハ。專ラ依ニ普賢經ノ說一ニ云也。三師ハ和上・羯磨・教授也。是ハ釋迦・文殊・彌勒也。諸證ト者。請シテニ十方ノ諸佛ヲ爲スニ證明一ト。同學ト者。十方ノ菩薩也。聲聞戒ノ現前ノ十師ヲ請シテ白四羯磨スルニ異ニシテ。菩薩ノ戒師ハ。不

現前ノ五師ナルヘシト定テ。現前ノ一師ヲハ。能傳ニシテ而非ストニ能(傳全一、一一三。顯戒論)授ニ山家ハ釋シタマフ也。此ノ不現前ノ請スル五師ヲ事ヲ依ルトニ普賢經ニ釋スル也

傍依梵網等者。傍依ノ中ニハ不レ限ラ梵網ニ。瓔珞・方等・文殊問・大涅槃經等ヲハ被レ出也。如ナラハ此釋義ノ。圓戒ノ正依ハ法華經也。梵網等ヲハ既ニ傍依ト被ルレ定メ上ハ。正キ圓戒ノ指南ト非レ云ニ歟。是只委ク菩薩ノ戒相ヲ明ス故ニ。諸師モ付テニ此梵網ニ多ク作テニ釋義ヲ菩薩戒ノ本經ナル樣ニモテナス也。仍テ大師モ付テニ此經ニ兩卷ノ儀軌ヲ被レ制セ。一家處處ノ釋義ノ中ニモ。多ク引テニ梵網ノ說ヲ大乘戒ノ相ヲハ被ルル沙汰セ也。雖レ然ト於テハ圓戒ノ宗旨ニ專ラ依テニ法華ニ。其本意ヲハ可トレ傳常ニハ皆得ル心事也。山家ノ今ノ釋義分明ナル上ハ。此條ハ先ハ不レ能ニ左右ニ事歟。凡ソ今ノ戒法ハ專ラ以ニ大師ノ御釋ヲ可レ爲ニ指南ト上ハ。大師既ニ依ニ法華ニ開キ宗ヲタマヘリ。梵網モ瓔珞モ法華開顯ノ意ニ歸シテコソ傍依ノ經トモ可ケレハ被レ申。戒定惠ノ三學共ニ開權顯實ノ妙法。正依ノ源ナラム事更ニ不レ可レ及ニ異義ニ事歟。但シ此道理極成スル上ニ。傍依ト被レツル云梵網カ立チ歸テ成ルニ正依ニ樣ノ可レ有

也。是ハ正依法華ト被ルル釋外ノ義勢ニ非ス。正依法華ノ本意ヲ得ル心。其カヤカテ（ヤカ回頓）梵網正依ノ義（義イ回域）ニテ有ル樣ニ可レ得レ心子細有レ之（之回也）。此ノ入リ門（カト）ナントハ常ノ人ノ不ニ存知一事也。仍テ無ク左右一披露ハ尤モ可レ有ニ斟酌一事歟（歟イ回也）

妙樂ノ釋ニ（イ回七日）（天文四、二〇七〇上。文句記）。若シ正ク立テハニ圓戒一ヲ須ク指スニ梵網一ヲ。無レ非（回不イ）トイフコト具足一。若シ圓ノ定惠ハ須ニ十法成乘一ヲ。具ニ辨スニ諸境一ヲ矣（回云云）是ハ正ク以ニ梵網一ヲ圓戒ノ正依ト釋スル也。若シ正依偏ニ限ルナラハ法華ニ。尤モ可レ云ニ須ク指スニ法華一ヲ也。是ハ安樂行品ニ略シテ圓ノ三學ヲ示ス事ヲ云トシテ。正ク圓戒ヲ建立セン事ハ可シレ依ニ梵網一ニ。委ク圓ノ定惠ノ修行ヲ立テン事ハ。止觀ノ十法成乘ニ可トレ依ル釋スル也。止觀カ圓頓ノ妙行ノ本體ナルニ對シテ。圓戒ノ所依ヲ梵網ト定ル上ニ梵網カ傍依ナラハ。開權ノ妙觀（觀回釋）ニ付（付イ回就）テモ。止觀ハ傍依ノ文ト可レ被レ云歟。旣ニ正ク立ニ圓戒一ヲ云フ。正ノ言ハ尤モ分明ナル者歟（歟回也）。但シ以テニ法華開顯ノ心ヲ（「回之）諸經ヲ開（開イ回同）ン法華ニ時ハ。不レ可レ限ニ梵網一ニハ。餘ノ瓔珞・方等・文殊問等ノ經ニモ。正依ノ心可レ有歟ト云云（云云イ回云ニ）梵網ハ別別（別別イ回別シテ）可レ有ニ子細一事也。大方モ梵網ハ華嚴ノ結經也。華嚴ハ佛惠ノ法華也。初後ノ佛惠ハ別而一同ノ義可レ有レ之（之イ回㊁）也。圓實不ル異（異㊦定）ノ心ニテハ方等・般若トテモ非ト可レ無ル其心（心イ回意）一イヘトモ。最初頓說ノ化儀ニ付テハ別而可ニ心得一子細モ有レ之也（也イ回歟）。初成道ノ時。純說ニ圓頓一ト云フ釋モ在（在イ回有）レ之（天玄五、五四八。玄義）

何況ヤ大師（回頭天台大師）。付（付イ回就）ニ梵網ニ別而被レ作ニ義記一ヲ。此ノ疏（疏イ回書）ノ廢立付（付イ回就）テニ此經ニ。別而菩薩戒ノ元意ヲ顯シ。法華一實ノ本意ヲモ。盧舍那佛ノ一戒光明金剛寶戒ノ體ハ被ルル釋シ入レ旨趣ヲ重重習傳ル子細有リ。付（付イ回就）ニ梵網經ニ常途ノ結成華嚴ノ教（教回經）ト被レ釋上（回外イ）ニ。一卷ノ菩薩戒經ト被ルル取リ成サ（「回者）時ハ。別圓兼含ノ說ナントハ不レ可レ被レ申子細在（在イ回有）レ之。何樣（樣イ回經）ニモ大師ノ御本意。山家ノ御釋ノ大綱モ惣シテ（「イ回而）一代ノ佛法。別而ハ法華（法華イ回㊁）ノ一部ノ始終ヲ。悉ク佛戒ノ一ツニ釋シ成（ンイサム）ントスル旨趣ハ分明ナル者歟（歟回也）。此方ハ。梵網カ殊ニ正依ノ至極ト被ルル云也。傍依梵網ト者。華嚴能結ノ經ト被ルル云樣（樣イ回面）ヲ被レ釋也。旣ニ瓔珞・方等ノ一具ニ引（引イ回列）レ之歟（歟イ回云）。傍依トモ云（云イ回㊁）フ故ニ。是ハ實ニモ可レ然（キコト）ル也

但シ。サレトモ（レトイ回シ）法華ト同味ト被ルル云ハ。涅槃經（經回㊁）ヲモ傍依ノ中ニ被レ攝セ。止觀ノ所依聖教ノ例ヲ被レ出時ハ。一依ニ法華本迹顯實一（大正藏四六、四四七上。止觀義例）二依ニ涅槃扶律說常（說㊦設回談）（回顯イ）一云云 是ハ一依二依ト云テ。正依傍依トハ

不レ云ハ故ニ。彼ハ二依ト雖レ云ト必シモ非ニ傍依ノ心一ニハ歟。兩經ヲ並ヘテ止觀ノ所依ト云ニ當レリ。今ハ彼ノ涅槃經ヲモ傍依ノ中ニ被レ出レ之ヲ。正依ハフリススキタル法華ノ一乘ト被レ定メ也。凡ソ學生式ノ問答ハ。皆此趣也。此ノ正依法華ノ至極ノ心ヲ。別シテ付テ二梵網一ニ已證ヲ被ルル二述ヘ極メ一樣ニハ。文ノ面ニハ不レ見也

內證佛法ノ血脈ニ。天台法華宗ノ血脈ノ外ニ。別シテ菩薩戒ノ師師血脈ノ譜ヲ被ルニハ出サ。正ク依テ二梵網ノ說一ニ。蓮華臺藏赫赫天光師子座上ノ盧舍那ヲ爲シテ二本源一ト。次第ニ相承ヲ被レ列ネ。（傳全一、二三〇）此圓戒ノ相承モ學生式ニハ。多寶塔中ノ釋迦如來ヲ爲シテレ初ト。已上九戒師・師師相傳・授圓教三學ト被レタリ釋セ。（傳全一、三六九〜七〇。取意）故ニ學生式ノ心ハ。圓戒ト云モ虛空不動ノ三學ノ中ノ虛空不動戒ヲ被レ指歟ト覺タリ。三學俱傳。名曰妙法ト被レモ釋此心也。（同、三七〇）內證佛法ノ血脈ヲ以テ釋レハ之。是ハ天台法華宗ノ相承ノ心也。天台宗ノ血脈ニハ。（同、一一五）常寂光土第一義諦靈山淨土久遠實成多寶塔中大牟尼尊ト云云　學生式ノ圓戒ノ相承ト其旨全ク同シ。此外ニ依ニ梵網一ニ菩薩戒ノ相傳ヲハ被ルレ立故ニ。內證佛法血脈ニ山家ノ御已證ハ顯タル者也。彼ノ虛空不動ノ三學カ一ツノ戒法ナル謂ヲ別而如レ此被レ示サ也

若爾者。法華經ハ次ノ事ニ成リテ。梵網カ別而正依ト被ルル云樣ニモ不レ可レ得レ心。法華ノ三學カ一ツノ佛戒ナル謂ヲ付テ二菩薩戒經一ニ被レテ示レ之可レ有也。其故ハ梵網經ト者。如ナラハ二義記ノ文一ノ。一百一十二卷六十一品ノ經也。其中ノ第十ノ心地品ヲ什師被タリ二誦出一。付レ之上下兩卷アリ。上卷ニハ菩薩ノ住行向地ノ次位ヲ明ス。下卷ニハ菩薩ノ輕重ノ戒法ヲ說也。而ニ此ノ中ノ下卷ノ戒法ヲ菩薩戒經ト名ケテ。什師誦出ノ初ヨリ別而是ヲ令ニ流通一。是ヲ諸師ハ上下兩卷ノ中ノ下卷ノ分ト思ヒタルモ也

大師ハ。（大正藏四〇、五六九下）既ニ別ニ部ノ外ニ稱ニト菩薩戒經一ト釋シテ。菩薩戒經ト云時ハ。全ク梵網ノ心地ノ一品ノ中ノ上下兩卷ノ分ニハ被ルレ屬セマシキ謂ヲ被タル釋也。此時ハ上卷ノ階位カ。下卷ノ戒法ニ歸シテ。一卷ノ菩薩戒經ト云ハルル心ヲ。餘處ノ釋義ニハ。替テ此經ニハ立テニ三重ノ玄ヲ一釋シ顯サルル旨アリ。其釋義ノ始終ヲ見ルニ。一代ノ佛法ハ舍那ノ三聚淨戒也。三聚淨戒ト者。攝律儀ト者。戒也。攝善・攝生ト者。定惠ノ功德。自利・利他ノ一切ノ萬行萬善也。是ヲ三聚淨戒トテ悉ク戒ト名ル事ハ。地持・瓔珞ノ諸大乘經ニモ其說

有レトモ。一切ノ佛法カ一ノ舍那ノ金剛寶戒ナル事ヲハ。正ク今ノ菩薩ノ戒經ニ說キ顯ス故ニ。三學倶傳ノ妙法カ。一ノ佛性。一乘ノ妙戒ナル謂ヲハ。大師モ付テ此ノ菩薩戒經ニ被ニ釋シ顯サ。傳敎・慈覺モ。皆此ノ謂ヲ思ハヘテ被レタル釋也

抑。天台ノ末師ニ明曠ト云人アリ。是ハ〔妙樂ノ弟子ト〕山王院ハ被レタリ述（大正藏五六、二五一下）「普賢經記」。然而誰人ノ弟子ト云事猶未ニ分明ナラ。此師又付テ今菩薩戒經ニ釋ヲ被レ作。天台ノ末師ナル上ハ。尤モ付テ大師ノ義記ニ可レ被レ作ニ末書ヲ也。〔而ニ〕直ニ付テ經ニ被レ作レ釋ヲ事カ大ニ不審ノ事也。此書ヲハ山家殊ニ依用シタマヘリ。光定ノ一心戒ニ云。探テ明曠ノ疏ヲ。安ス心源戒ヲ云云（傳全一、六一四） 山門ノ戒法ノ指南也ト釋タリ。彌大師ノ御釋ニ並ヘテ直ニ被レ設ニ釋義ヲ事。「不審ノ中ノ」不審也。而ニ此疏ノ心ハ。今ノ菩薩戒經ヲ華嚴ノ結經ノ定ニテ並テ。其ヲ法華ノ心ニテ被レ釋セタリ。彼ノ疏ニ云。今此戒經結ニ華嚴會ニ。卽別圓敎輕重頓制ニ菩薩律儀ニ。法華正明ニ佛意ニ○今從ニ佛意ニ圓敎消釋云云（大正藏四〇、五八一下） 釋ノ意分明ナル歟。此疏ニモ三段分別ノ釋ハ有歟。彼之一品但是正說。今乃義開以爲三段ト釋シテ（同、五八四中）。義開シテ三段ヲハ分別スルソト被レ釋也

大師ノ義記ニハ。既ニ別部外稱ニ菩薩戒經ニ就レ文爲レ三ト云テ（大正藏四〇、五六九下四行）。部ノ外ノ經ト云ハルル上ニテ。三段ヲ分別ルソト被レ釋セ故ニ。私ニ以レ義ヲ非レスト開レニハ之ヲ釋ル也。故ニ此明曠ハ。態ワサト大師ノ義軌ニハ釋ヲ不レシテ作。先ッ華嚴能結ノ梵網ヲ。法華開顯ノ佛意ニ約シテ。純圓一實ノ妙戒ニ釋シ成シテ。大師ノ三重玄ノ本意ヲ助ントスル文ナリト相傳スル也。仍テ此疏カ殊ニ大切ノ釋ニテ有レ之也。然而此書ノ面ハ。經ニモ猶ヲ華嚴ノ結經ナル分ヲ不レ忘。戒モ圓ノ三學ノ中ノ虛空不動戒ノ分也。大師ノ普禮ノ法ト云フ疏ニ（大正藏四六、七九五中。）。虛空不動戒・虛空不動定・虛空不動惠ノ三學ノ外ニ。遍法界諸佛一心戒藏ト云フ物ヲ並テ被レタリ判セ（國淸百錄）（傳全一、六三三。一心戒文）。國淸百錄ニ被レ載レ之。既ニ三學ノ中ノ虛空不動戒ノ外ニ。三學ノ惣體ナル一心戒藏ヲ被レ立（國淸百錄不見）。光定ハ。傳述一心戒ト云フ文ヲ被レタリ作ラ。一心戒ノ名字ハ。彼ノ普禮ノ心ニ依ルト云テ。今ノ義記ハ。於ニ此ノ一心戒ノ位ニ菩薩戒ノ宗旨ヲ被レ開釋タル也。得ニ口決ヲ上ニハ。是等ノ義理。列祖ノ釋義。其意分明ナル者也

「師仰云。」山家「大師御」釋中ニ。天台法性宗ト云フ外ニ。蓮華臺藏梵網經宗ト立テタマヘリ。是ハ法華ヲ正依ノ經ト

云フニハ異ニシテ。梵網ヲ以テ開ニク戒（戒㋑㋺ナシ）宗旨一ヲ心可レト有聞タリ。是則チ（則㋺卽）內證佛法ノ血脈ニ天台宗ト圓頓戒ト（「㋑㋺與）兩經ヲ（經㋑㋺種）各別ニ立タマフニ同キ（「㋑㋺惟）也。「是等ヨリ心得可レ合事也。可レ祕云云（「」㋑㋺此事人ノ〔㋺更ニ〕不レ知レ之〔之㋺ナシ〕事也。穴賢可レ祕也〔也㋺云云〕）後日沙汰有レ之」（「㋑事）

二　佛戒・菩薩戒同異事〔㋑㋺同〕八日

山門所傳ノ圓戒ハ。佛戒歟菩薩戒歟。經文釋義其說不ニ一准一ナラ。惣（惣㋺總）シテハ法華一乘ノ妙戒ナラハ（ナラ㋑テ）佛戒ナラム事（ム㋺ン）不レル及ニ左右ニ事歟（歟㋑㋺也）。一乘ト者。一佛乘ト云事也。佛乘ト者。唯佛與佛乃能究盡ノ妙法ナレハ。（法華經方便品）三學共ニ（共㋑㋺倶）可シ佛果ノ內證ナル。サレハ學生式ニモ（傳全一、三六三。學生式問答取意）正依法華經一乘戒ト者。此乃能究盡ノ佛戒ヲ指也。三如來室衣座戒ト者。入ニ如來ノ室ニ著スルカ如來ノ衣ヲ圓戒ノ儀則ニテハ有也。（經、大正藏二四、一〇〇三下一二行）梵網ノ戒。又舍那（「㋑㋺盧）佛ノ一戒光明金剛寶戒ト說テ。（同、一〇〇四上二〇行）舍那報身ノ覺體ヲ指ヲ。戒體トハ可レト名見ヘタリ。故ニ衆生受佛戒。卽入諸佛位ト說キ。（同、一〇〇四中七行）若受佛戒者。乃至皆名第一清淨者ト云ヘル。以ニ此戒ヲ名ニル佛戒ト事。法華・梵網ノ說。更ニ不レ可レ疑レ之。仍テ五大院ハ。五重ノ戒ヲ被レ立。一ニハ外道邪戒。（大正藏七四、七六六上。廣釋）二ニハ三善ノ世戒。三ニハ二乘ノ小戒。四ニハ菩薩ノ大戒。五ニハ如來ノ寶戒也（戒也㋑形ナリ）。此中ノ菩薩戒ト者。地持・瓔珞等ノ諸大乘經ニ所レノ明菩薩戒也。如來ノ寶戒ト者。既ニ云ニ寶戒一ト。梵網〔經ニ〕（㋑㋺）所レ明如來ノ金剛寶戒也

凡ソ五大院ハ。法華・梵網ヲ一ニ「合セラレテ」（「」㋑㋺被釋合）一乘ノ妙戒ヲハ金剛寶戒ト被レタル名也。顯戒論・顯揚大戒論等皆如レ然釋タリ（釋㋑㋺見）。顯戒論ニハ。梵網ノ衆生受ニ佛戒一卽入ニ諸佛位一文ヲ引テ。（傳全一、一〇八）明ニ知ヌ。不レル同ニシ藏通菩薩共ニスルニハ小律儀ニ也ト釋シタマヘリ。山家ノ所レ（所㋑ナシ）被ニ論立一（㋺論イ）圓戒（戒㋑頓）ノ證據ニモ。此文ヲ被レ引也。今ノ圓戒カ佛戒ナル事モ。明文ハ出ニタル梵網ニ故ニ（論㋺爭）。此戒カ佛ノ戒ナル事（「㋑㋺也）マテハ（マテ㋑ニテ㋺迄）。不レ可レ（可㋑ナシ）及ニ豫義ニ（豫㋑像㋺預）事ニテ有ルニ。處處ノ文（文㋑㋺又）。此戒ヲ被レ名ニ菩薩戒ト。先ツ大師ノ義記コソ專ラ今ノ所傳ノ〔本意ニテ。〕（㋑㋺）戒法ノ本書（書㋺意）ニテ（㋺主ニチ）有ルニ。題號ニモ菩薩戒ノ義記也。最初發端ノ言ニモ。菩薩戒者。運善之初章却惡ノ之前（前(底)㋑㋺先）陣（陣㋺陳）矣是ハ深ク有ニト子細一（㋺六十一品ノ中ノ第十ノ品也）見タリ。（大正藏四〇、五六三上）其故ハ。此經ハ先ツ梵網經也。品ハ（品(底)亦）心地品也。凡ソ此ノ經ノ首題ニ付テ異說非レ一ニ。仍テ諸師ノ釋。各各釋ニル首題ヲ（首題㋑㋺題目）事不ニ一准一ナラ。且ク當時所用ノ經（經㋑軌）ニハ。（大正藏二四、九九七中・一〇〇三中）梵網經盧舍那佛說菩薩

心地戒品ト題セリ。是ヲハ名ク十四字ノ首題ト。大師。付ニ此ノ經ニ被レ作レ釋ヲ時ハ。〔梵網經ノ〕名。心地品ノ名ヲハ初ノ序ノ中ニ於テ如レ形被レルル釋レ之。菩薩戒ノ三字ヲハ。此時ハ釋シ殘シテ正ク三重玄義ヲ被ル開時。釋ノ名章ノ下ニテ。菩薩戒ノ三字ヲハ被レ釋也。付テ經ニ三段ヲ被ニ分別セ時モ。既ニ別部ノ外ニ稱ニ菩薩戒經トテ。此經カ梵網ノ大部ニ不シテ被レ混セ。別而顯ス佛意ヲ經ト取成サルル時ハ。梵網心地等ノ名ヲ改テ。菩薩戒經ト稱ル處ヲ目ニカケテ。釋義ヲモ設ケ。大師ノ己證ヲモ被ル盡サ也。明曠モ。天台菩薩戒ノ疏ト被レ題。尤モ不審ノ事カ。而ニ一心戒ニハ。今ノ義記ノ。初ノ菩薩戒者。運善之初章ト云ヘル言ヲ。（傳全一、六一二）一乘戒者。運善之初章ト被タリ引寫サ。義記ニ所レ標菩薩戒ト（大正藏二四、一〇〇四上）者。一乘ノ佛戒也ト被ルル示サ也。又廣釋ニハ。梵網經ノ衆生受佛戒卽入諸佛位ノ文ヲ引クトシテ。受ニ菩薩戒ニ卽入ニ諸佛位ニ（大正藏七四、七五八中）ト被タリ引。梵網ニ所ノ説ク佛戒ヲハ。可キ名ニ菩薩戒ト謂レツルト被レ存歟

大師・先德ノ釋義。末學ノ爲ニ令ン生セ惠解ヲ。如レ此種種ニ被ニ施設ニ事。其ノ本意ヲ不レ得。頗ル以テ不レ可レ辨ニ其旨趣ヲ事歟。常途ノ義勢ニテモ此事强ニ不レ可レ堅ル。戒ト云ハ。三學ノ中ノ隨一也。可ケレハ因位ノ菩薩ノ所持ノ戒法ナル。三乘一乘・權實漸頓コソ不同也トモ。因位ノ菩薩ノ受持ノ戒ナラハ。菩薩戒ナラン事有ン何ノ疑。佛戒ノ稱ヲ與ン事ハ。（天玄一、五六五。釋籤）圓教菩薩卽屬佛界ナレハ。圓ノ菩薩ノ戒ヲ佛戒ト名ケン事。又不レ可レ有レ妨。一乘戒ナレハ名ル佛戒ト計リ也。然ト云テ。一乘ノ非ニ因果可ニ無ル。若爾ハ。因ハ菩薩。果ハ佛也。佛因ト云ルル方ハ可レハ佛ナル。因ト云ハルル〔方ハ菩薩ナル〕事不レ〔可レ〕遮レ之。如レ此意得レハ。此圓戒ヲ或ハ佛戒トモ云ヒ。或ハ菩薩戒トモ稱ル事共ニ無ニ相違ニ樣ニ可レ申歟。兩説ハ。一往雖レ似タリト被ルルニ和會セ。釋義ノ本意ヲ爲ナレハ明カス底解テトモ不レ覺也

付ハレ之。菩薩戒ト名クル樣トテ事事シケニ。本有ノ菩薩界ノ心。佛果ノ應用ナント取リ成シテ。成ル義ヲ人モ有レ之歟。取寄ノ事事シキマテニテ。サセル秀句モ不レ可レ顯ル歟。十四字ノ首題ノ中ヨリ撰ヒ取テ。菩薩戒ノ三字ニ付テ。此宗ノ玄意ヲ顯トスル義記ノ本意ナントハ。何ニモ尋可レ明ム事歟。當流ノ相傳ニハ。佛戒ノ至極ヲ可トレ名ニ菩薩戒ト知故有ソト習フ子細。別而在レ之。打任タル天

台ノ法門ノ才覺ナントニテ非述ルニ之ヲ。大師ノ義記ノ任ニ本意ニ傳之ヲ。此戒經ノ大綱ヲハ。或ハ我今盧舍那等ノ十一行（大正藏二四、一〇〇三下～四上）半ノ偈ニ付テノ得意也。其ヲ義記ニ。初ノ偈ハ明ニ舍那ノ發起ト（大正藏四〇、五六九下七行）被定メ故ニ。此偈ノ始中終。盧舍那佛ノ戒體ヲ被發起外ノ事ハ不可有ル。故ニ又釋云。偈中大意四戒三勸トヘリ。（同前）四戒ト者。一ニハ舍那戒。二ニハ釋迦戒。三ニハ菩薩戒。四ニハ衆生戒也。三勸ト者。一ニ勸受。二ニ勸持。三ニ勸誦也。此ノ四戒三勸モ舍那ノ戒體ヲ發起シ給フ姿ニテ有ソト被釋事。前後ノ文相分明也。此ノ四戒ト者。舍那ハ傳ヘ釋迦ニ。釋迦ハ傳ヘ菩薩ニ。菩薩ハ傳テ衆生ニ。師資相傳シテ及シ末法ニ令テ至ラ邊地ニ。流通三世ニ化化不絕ナル謂レヲ四戒トハ列ル也。三勸ト云モ。此四戒ノ相傳ノ謂レヲ顯ス也。舍那ノ佛戒果位ニ不止。不限ニ聖位ニ。遠ク末代癡闇ノ凡夫ニ及テ。更ニ無所隔ル戒體ナレハ勸ム受ケヨト。受レハ必ス持ノ義有リ。持セハ必ス人ニ可授謂有リ。故ニ勸ム誦セヨト。誦レハ說ノ義也。故ニ釋云。既ニ受ク須ク持ス既ニ持ス須ク誦。欲使ント相傳シテ不斷也云云（大正藏四〇、五六九下）故ニ今ノ戒法ト者。只師資相傳ト云フ事也。不論ニ遮難ノ有無ヲモ。根機ノ堪不ヲモ不簡ハ。但解ニ法師語ニ盡受ニ得戒ト說テ（經、大正藏二四、一〇〇四中）。戒師ノ言說ヲ所傳ル名ニ受戒トハ也

舍那・釋迦ノ二戒。付テモ佛ニ內證外用ノ不同有リ。菩薩・衆生ノ二戒。又凡夫・賢聖ノ差別有リ。故ニ付テハ人ニ。種種ノ勝劣淺深雖有ト。戒ハ一ノ舍那ノ金剛寶戒也。此ノ廣大ノ佛戒ノ利益。偏ヘニ菩薩ノ師資相傳ノ功ニ依ル故ニ。此戒ヲ名クルソト菩薩戒トハ習傳ル也。餘處ニ更ニ無沙汰ノ事也。是ヲ可祕藏故ニ。今所ノ云フ菩薩戒ト者。四戒ノ中ノ第三ノ菩薩戒ノ事也。對スル聲聞戒ニ非ス菩薩戒ニモ。對ル佛戒ニ非ト云ニモ因位ノ菩薩戒ト。第三ノ菩薩ノ上ハ受ケ釋迦ニ。下ハ傳ル衆生ニ。師資相傳ノ謂レヲ顯スソト得ル意也。顯揚大戒論ノ序ニ。菩薩戒ト者。流轉不滅之教ト（大正藏七四、六六一上）聖廟ノ令書セタマフ。深ク此宗ノ元意ヲ被示也。可仰可信。努努不可聊爾ナル相傳也

三　戒體事　同九日

戒體ト者。大小乘共ニ種種ノ異說有ル事也。小乘ニハ毘曇ノ戒體ト者。無表色也。舊譯ニハ云ヒ無作ト。新譯ニハ云フ無表ト。是

色法也。成論ノ心ハ戒體ノ無作ハ非色非心ト云フ。僧企律ニハ。心ヲ爲レ體見ヘタリ云云 故ニ色心・非色非心ノ異說。自リ二小乘一相分レタリ。南山家ノ心ハ。分二別ス三宗ノ戒體一ヲ。三宗ト者。毘曇・成論・大乘也。毘曇・成論ハ有部。經部ノ論也。律ニハ。有部ノ律ハ十誦律。經部ノ律ハ四分律也。南山ノ心ハ。大乘ノ戒體ハ藏識ノ種子ト云テ。心法ト沙汰スル也

今ノ圓戒ニ付テハ。如何カ可キト得レ意云ニ。學者ノ異義又相分レタリ。處處ノ釋義不二一准一ナラ故ニ。各各依二一文一ニ時異義出來スル歟。惣シテハ中道實相ノ理カ一切ノ諸法ノ實體ナル上ハ。戒定惠三學共ニ以二實相ノ理一ヲ爲レ體ト云ハン事。常途ノ義理無二子細一事也。サレハ處處ノ釋義多クハ此趣ヲ被レ釋セ。凡ソ經論ノ中ニ三界唯一心ト云ヨリ。心ト云ハ多クハ約二心性ノ理一ニ也。故ニ瓔珞經ニハ。一切「菩薩凡聖」戒盡心爲レ體。心無盡故戒亦（大正藏二四、一〇二一中）無盡ト云ヘルモ指二スト理心一ヲ釋タル也

第四

止觀ニ引テレ之戒體ノ相ヲ顯ス也。妙樂ハ。言二心無盡等一者。意（天止二、五一五。弘決）明三ス心性ヲ以爲二戒體一トモ釋シ。雖レ依二身口一體必在レ心ト（同、五一六）モ釋セリ。是等ハ悉ク以レ心ヲ爲レ體ト見ヘタリ。或ハ又。中道妙觀（同、五三九。止觀）戒之正體トモ被ルレ釋セ。心ト云ヒ中道ト云フ。言雖レ異ナリト其意ハ（大正藏四〇、五六五下～六上）同キレ之也。而ニ今義記ニ。不レ起而已起卽性無作假色ト被レ釋上ハ。是ハヒシト色法ト被二釋成一樣ニ見タリ。無作ノ假色ト者。卽毘曇ノ心也。今ノ大乘甚深ノ妙戒同ニ毘曇ノ義一ニ事。尤不審也。梵網經ニモ。非二青黃赤白黑一。非レ色非レ心。非レ有非レ無。（大正藏二四、一〇〇四中三行）非二因果法一トハ述タリ。是ハ專ラ今ノ戒體ヲ指ト覺ヘタリ。非心ト云ハ。妄情緣慮ノ心ニ非ス事ヲ云也。故ニ實相ノ理體ノ絕スル二四句百非一ヲ事ヲ云トシテ如レ此說ク也

玄四ニモ。卽是大乘。第一義光非レ青非レ黃非二赤白一 矣（天玄二、五六五） 妙樂釋トシテレ之ヲ。第一義光等者。心非レ色故戒モ亦非レ色ニ。故心（同前）無盡戒亦無盡等ト釋セリ。此等ノ釋義。梵網ノ心ヲモ悉ク實相ノ心ヲ爲ルニ戒體一ト定ニ被タリ二釋シ成一セ。彌性無作假色ノ釋非スレ無二疑殆一。（大正藏四〇、五六六上）明曠又正ク戒體ノ相ヲ分トシテ。唯實相心以レ之爲レ體ト（大正藏四〇、五八一上）云テ。卽チ瓔珞經ノ心無盡故戒亦無盡ノ文ヲ引ケリ。又問答料簡ノ下ニハ。經ノ非青黃赤白ノ文ヲ引キ。實相心ノ戒體ヲ證ト見タリ。如レ此處處ノ釋義不二一准一ナラ故ニ。色心ノ諍論輒ク難レ決二是非一ヲ者歟。無作ノ有無ノ諍論ノ事ハ。今ノ義記ニ委ク被レ

釋セ。終ニ被ルル決判一時。(大正藏四〇、五六六中二三行)言ハ無ト於テ理ニ極メテ會ヘリ。在テ文ニ難レ恢イ。言ハ有ト於レ理ニ難シ安シ。在レ文極メテ便ナリ乃至若シ言ハ無ト者於レ理ニ爲レ當レリト。若言フ有ト者於テ教ニ爲レ當レリト。理ハ則爲タリ實ト。教ハ則爲タリ權ト。在テハ實ニ雖レ無ト。教門ニハ則有リ。今ノ之所用ハ有ルニ無作一也矣此ノ釋盡シテ理ヲ雖レ似タリト被ルルニ分別セ。道理〔尚〕不レ詳ナラ。有ト無作ヲ者。色法・非色非心コソ毘曇・成論ノ異說ニテ有レトモ。事ノ戒法ノ體ヲ指テ無作トハ云也。無ト無作ヲ云ヘハ。此卽以テ心性ヲ爲レ體ト心也。此ノ有無ヲ是非スル時。言ヘハ無ト會ヘリ理ニ。言ヘハ有ト會ヘリ文ニ云ヒ。理ハ則爲リ實。教ハ則爲レ權ト云故ニ。此釋モ以ニ實相ノ理ヲ爲スト體ト云フ義ヲハ。叶ヒ道理ニ實義ニ順セル樣ニ乍レ被レ釋。今之所レ用有ニ無作一也ト被レ判事。前後ノ釋義似タリ參差スルニ常ノ諸流ノ義ノ中ニモ。惠心・檀那ノ流。所傳不同ナル歟。杉生流ニハ約シテ本迹二門ニ。迹門ハ爲ニ心ヲ戒體ト。本門ニハ色ヲ爲ニ戒體ト ナント申スト所ニ承リ及フ也。檀那ノ流ニモ。惠光房ニハ色法ヲ爲レ體ト。竹林房ニハ互ニ色心ニ云歟。仍テ色法ヲ爲ル體ト義モ。殊ニ取リ立テテ成スル義ヲ。子細打任タル義勢ノ中ニモ有レ之

歟。是等ハ色ヲ爲レ體ト云義モ。實相ノ心ヲ爲ル體ト上ヘノ聊カノ約束ニモナルヘシ。實相ノ理カ正キ戒體ニテハ有ンスルニ付テ。是ヲハ色ト云ヒテヤ顯ス。心ト云ヒテヤ顯スノ取寄ノ不同ナルヘシ。處處ノ〔釋義ノ〕施設ノ。今ノ義記ノ外ハ。色ヲ爲レ體ト云事。其證甚タ希ナル歟。妙樂ノ。意ノ明三心性以爲二戒體一(天止二、五一五。弘決)等ノ釋ヲモトツキテ色法ヲ爲レ體ト云フ義。常途ニハ是不レ可レ有事也。本朝ノ大師・先德ノ釋義多ク此ノ心也。五大院ハ。眞如佛性以爲二戒體一(大正藏七四、七六六中)ナント被レ釋也。大略難レ及ニ異義ニ事歟

而ルニ義記ニ性無作假色ト被ルルハ釋。別而可レ有ニ子細一事也。而シテ三重玄・五重玄ノ廢立大ニ異ナリ。五重玄ノ體ハ實相也。三重玄ノ體ハ假色也。三大部等ノ釋義ハ。皆以テ五重玄ヲ被レ釋中ノ文ナルカ故ニ。實相ヲ爲トハ體被レ釋也。明曠ハ。上文以ニ五重玄ノ意ヲ實相心ヲ爲レ體ト被レ釋見ヘタリ。(大正藏四〇、五八一上二四行)仍是等ハ。皆一具ノ事「トモニテ可レ有」也。今ノ義記ハ。自レ初五重玄ノ廢立ニハ替テ。名體料簡ノ三重ヲ以テ。舍那ノ戒體・師資相傳・作法受得ノ義ヲ爲ル釋シ顯ント故ニ。態ワサト五重玄ノ實相ヲ爲レ體ト約束ニハ替ラント出テ立ツ釋義ナルカ故ニ。性無作假色ヲ爲ト體ト釋スル也。

此戒經ハ。梵網ノ心地品ニテコソ有レ。殊更實相ノ理心ナントニ可レ約ニテコソ有ルヲ。梵網心地等ノ名ヲハ。出ニ序ノ中一ニ釋レ之。三重玄ノ時ハ。釋名モ菩薩戒經ノ名也。出體モ心性ノ理戒ナントノ趣ニテハ無ク。假色ヲ爲レ體ト被レ釋事。卒爾ニ非レ可レ辨レ之ヲ。剩ヘ重テ心地ノ名ヲ釋ル時ハ。心地ハ譬ノ名ト云テ。今ノ戒法ノ體トハ不レ釋也。其ヲ釋ル義記ニ宋朝ノ人師三人有リ。道熙・蘊齊・與咸也。道熙・蘊齊ノ釋ヲハ。名目ニ熙抄・頂山ト云也。熙抄ハ道熙カ抄ト云事也。頂山ハ蘊齊カ居處歟。與咸ノ釋ニ彼ノ二師ノ抄記ヲ指テ如レ此云フ故ニ。今モ此名目ヲ用ル也。此ノ熙抄・頂山ニハ三重・五重ヲ骨ヲ折テ料簡シ合ントスル故ニ。實相ノ體ヲ假色ノ體ヲモ混亂シテ成レ義ヲ也

與咸ハ。破シテ彼ノ二師ヲ不レ辨ニ三五ノ異一ヲ云テ。三重玄・五重玄可レ有ニ不同一ト述スレトモ。今ノ無作ノ假色ト云ハ。對レハ五重玄ニ宗ノ中ノ因果ノ一分ノ因位所持ノ戒法ナル樣ニ釋スル。故ニ指シテ釋シ出シタル事モ無キ也。此分齊ハ。中中五重玄ニ得レ心合ンハ。〔勝リタル方モ〕劣リタル意モ可レ有歟。所詮。三師共ニ不レ得ニ義記ノ本意一ヲ相傳スル也

凡ソ此戒體ハ。盧舍那佛ノ一戒光明金剛寶戒ト說ク故ニ。只性德本有ノ理體ナント申シテ非レス可レニ止ム。舍那修德戒體也。其舍那ノ三聚淨戒ノ體カ。舍那ノ功德トテ佛果ノ位ニ留テ。因位ノ菩薩モ隔ニ境界一ヲ。凡夫モ無ニ其分一ト云フ樣ニハ無クテ。四戒三勸ノ道理ニ依テ。末法邊地ニ傳ハル戒體也。是ト云フハ。眞如法性ノ理カ至極シテ。性德カ顯ニ修德一ニ。自覺カ極テ覺他ニ。凡夫癡闇ノ我等マテモ。衆生受佛戒卽入諸佛位スル謂ヲ成スレハ。其源ハ。眞如法性ノ理體ナル事不レ能ニ左右一ニ事也。若爾ハ。玄文止觀ノ釋義モ。明曠ノ疏ノ所判モ。得ル心上ヘハ更非ニ別ノ事一ニ。惣而今ノ戒家ノ心ハ。一代ノ佛法ヲモ舍那ノ淨滿ノ功德ノ外ノ事ニ非スト沙汰シ。華嚴法華初後ノ佛惠ヲモ。舍那ノ一戒光明ト得レカ心故ニ。諸經ノ中ニモ。一切菩薩ノ萬行萬善。自利利他ノ功德ヲ。惣シテ三聚淨戒ト名クル事ノ有ルヲ。此謂レヲ思ハヘタルニテ有ル也

山家大師ノ。法華ノ一部ヲ皆戒法ト得給テ（傳全一、三七一）。此經難レ持。若暫持者。我則歡喜。諸佛亦然。是則勇猛。是則精進。是名下持レ戒。行ニ頭陀一者上（大正藏九、三四中。寶塔品）ノ文ヲ引合セテ持ニツト法華經一ヲ云ハ。持レツト戒ヲ云ニテ有ソト被レ釋。法華經ノ實相ノ正體ヲ。舍那ノ佛戒ト

得給ニテ有ル也。若爾ハ。自發心修行シテ心性ノ理ヲ悟ント向フ時ハ。實相ノ理カ可レ成ニ所詮一ト。此ノ實相ノ理カ舍那發起ノ戒體ト云ハレテ。未發心ノ凡夫マテモ是ヲ受ケ傳ヘテ。一如ノ舍那ト云ハルル大利ヲ成セントスル時ハ。以レ理ヲ爲レ體トナントハ不レ云也。只舍那ノ功德ヲ作法受得スルニテ有ル故ニ。行者ノ心ノ沙汰ニハ不レ向也。不レル依レ心ニ戒體ソト云事顯サントスル時キ。無作ノ假色トハ云也。性無作ノ假色ト云ヘル性ノ一字ハ。卽チ眞如佛性ノ體ヲ表スル也。仍無作ノ假色ト云ト云ヘトモ。常途ノ色心相對ノ色法ニ非ス。佛果ノ功德ノ凡夫ニ應スル處ヲ名ニソト假色ト習ヒ傳「ヘタル」也

十日

義記ニ性無作假色ト被レ釋セ旨趣。相傳ノ趣ハ大概聞畢ヌ。是ハ論場ナントニテ顯露ニ可レキ申ス非レス事ニ。三重五重ノ同異ノ事モ。宋朝ノ人師ナントハ無作ノ心ヲ釋シ合セタリ。明曠ハ又以ニ五重玄ノ心ヲ唯實相心ト被レ釋上ハ。止觀等ノ釋義。今ノ義記ニ違害セヌ樣ニ先ッ可レ有ニ沙汰一歟。宋朝ノ人師淨覺ト云者ハ。當體ノ體ト所依ノ體トノ二ノ心ヲ以テ分ニ別ス之ヲ。色法ヲ爲レ體ト者。約ニス當體ノ體ニ。心法ヲ爲レ體ト者。約ニス所依ノ體ニ 云云 與咸ナントモ兎角樣カマシク釋スレトモ。此ノ當體所依ノ心ヲ以テ辨レ之ヲ釋タリ。性ノ一字ハ全ク提ニ理性ノ所依ヲ。起ノ字・色ノ字ハ。乃チ語ニス發戒之當體ヲ 云云 此師ハ。當體ノ體ト者。此レ善業者卽無表色ト云テ。只小乘ニ沙汰スル無表色ト釋スル也

其ノ戒體ハ。雖レ無ニ小乘ト不同。大乘圓實ノ意ヲ以テ此體ヲ釋スル時ハ。小乘ノ心ニハ可レ異ナルナント申タル也。是レハ只南山ノ。律儀一戒不異聲聞ト釋スル分齊ナリ。（大正藏四〇、一四九中。行事鈔）昔ノ七大寺ノ僧統ツカラ。諸宗ノ所レ執ル義分也。頗ル沙汰ノ外ノ事歟。約シテニ戒法ノ當體ニ雖レ存ニト色法ノ義ヲ。其ノ體ニハ不レ可ニ心得一。義記ニハ。（大正藏四〇、五六六上一行）經論互ニ說キ諍論有無ト云テ。委ク無無作・有無作ノ兩義ヲ被レ出タリ。瓔珞經ノ心無盡故戒亦無盡ノ文ヲ引テハ。（大正藏二四、一〇二一中一二行）被レ證セ無無作ノ義ヲ。故ニ餘處ノ釋ニハ。引ニ此文ヲ一專ラ證シ圓ノ戒體ヲ。明曠モ。引テニ此文ヲ一實相心ノ體ヲハ被レ證セ。今ハ諍論ノ中ノ無無作ノ義ノ潤色トシテ。今家ノ本意ハ性無作假色ト被レ定メ。故ニ餘處ノ釋ト今ノ釋トハ。入門大ニ異ナリト見ヘタリ（義記、大正藏四〇、五六六上十五行）

サテ有無作ノ義ヲ被ル釋レ時ハ。大小乘經論ニ盡有ニ無作一。皆是實法ト云テ。大小權實ノ諸教ニ無作ノ戒體アル事ヲ被レ述タリ。卽チ

戒若シ色法ナラハ。數家ノ義ニ可レ同ル。大乘ノ心。何ソ小乘ノ數家ノ義ヲ可レ用フ疑フ。數家ハ自ラ是レ數ノ色ナリ。大乘ハ是レ大乘ノ色也。何ソ闕アツカラント二數家ニ云テ。中論ノ語言雖レ同其心則異ノ文ヲ引タマヘリ。（同二六行取意）（大正藏十二、十二上）此釋ハ。小乘ノ數家ニ無表色ト云ヘル。大乘經ノ中ニ戒體ヲ色法トスルトハ。其言ノ同スルニテコソ有レ。其心ハ大ニ可レ異ナル〔釋スル〕上ハ。當體ノ體ナリトモ。今所レノ云性無作ノ假色ノ。何ソ彼ノ毘曇所立ノ無表色ト同シ物ナラム耶

又引キ梵網經ノ若具ニ七遮一卽身不得戒ノ文ヲ。（大正藏二四、一〇〇八下）幷ニ引キ又若不レハ得二好相ヲ一雖二佛像ノ前ニシテ受レト戒ヲ不レ名二得戒ト一〔等ノ文ト。（義記、五六六中十行）若シ直ニ以レ心ヲ爲ハ戒ト。發心便チ是戒。何カ故ソ言ハン二不得ト一〕（同、十一～十二行）釋シタマヘリ。是等ノ釋ハ。頗ル道理極成スル者歟。若シ實相中道ノ理カ可クハ二戒體ナル。縱ヒ雖レ犯二七逆ヲ一。若修セハ二觀無生ノ懺悔ヲ一可レ類タクイス二衆罪如霜露ニ一。何依テ二七逆ヲ造ルニ一一生ノ中ニ終ニ不レ成セ二得戒ノ義ヲ一耶

又千里ノ內ニ無ン二戒師一時ハ。好相ヲ感得シテ可ニ自誓受戒スト一（同、五六七下八行）說ケリ。若シ戒體カ可クハ二心法ナル。發心セハ卽チ戒體ヲ可ニ發得ス。何ソ發心ストモ無ンハ二好相一不トレ可レ有ニ得戒ノ義一可レ云耶

以レ之思レ之。戒體カ色法「ナレハコソ」發心ノ有無ニハ不レ依ラ。好相ノ成不成ヲ以テ得戒ノ有無ヲハ定ラヌト述給フハ。其理顯然ナル者歟。故ニ戒體ヲ色法トハ沙汰ストモ。毘曇ニ述ル無表色ト。梵網ニ所レ明ス色法ト。其心大ニ可レ異ナル也

又法華ノ意モ。誠ニ本迹二門ト施設ルニ付テモ。顯本爲ニ事圓一開（天玄一、五六。釋籤）權爲ニ理圓一トモ釋スレハ。迹門ノ心ナラハ。約シ二心性ノ理ニ一モ。本門ノ意ナラハ。事成ノ顯本ナントニモ課テモ。色心二法ノ釋義ノ不同ヲハ可レ辨レ之。又色ニモ必モ本迹二門ナント不ニトモ取リ成一。事理不二・修性一如ノ上ニモ。約レ理ニ約レ事ニ法門ノ廢立非レ無ニ之。圓ノ三學ニ付テモ。定惠ノ法門ハ專ラ就ケ理ニ附シテ事ニ談レ之。戒法ハ多ク約レ事ニ辨スルニ其相ヲ也。此段ハ。自ニ小乘一至マテ二大乘ニ不レ替約束也。故ニ三學倶傳ノ妙法ナレハ。三學互ニ具足シテ可レトモ二圓融無礙ナル一。定惠ヲ爲シテレ面ト沙汰スルト。戒ヲ爲シテレ面ト沙汰ルト。其心聊カ可レ異ナル。大方三大部等ノ釋義ノ面ハ。皆定惠カ爲レ本ト。戒ヲモ定惠ノ修行ノ謂レニ取リ成シテ被ニ沙汰一セ。故ニ約レ心ニ約シテ理ニ戒體ノ相ヲモ被ニ分別一セ歟。サレハ玄義ニ大師ノ十德ヲ列ル時モ。（天玄一、一五。釋籤）發悟屬レ惠入定是定等ト云テ。自行モ。化他モ。

傳戒ノ德ヲモ。不レ被レ出レ之。止觀モ。止觀明靜前代未聞ト（天止一、二〇～一）云ヨリ。定惠兼美。義觀雙明等ト云テ。（同、二二。弘決）大師所傳ノ戒法。前代未聞也ト云事ハ。其言ハ猶隱タリ。顯戒論ニハ。一心三觀ヲ。傳ニ（傳全一、三五）於一言一ニ。菩薩圓戒ヲ。授ニ於至信一。天台一家ノ法門已ニ具ト述タマヘハ。無ニテハ戒學一天台一家ノ法門モ不レト可ニ周備一ス釋タリ。大師爭カ不レ具ニシタマ戒德一ヲ耶。天台一家ノ法門トハ。己心所行ノ法門ノ事ニテコソ有ラメ。別ノ法門ニテハヨモアラシ

而ニ止觀ト云ハ。只定惠ニテコソ有レ。戒ヲ二十五方便ノ中ニ列レルヲ之爲ニル正修止觀ノ遠方便一ト樣ニ見タリ。但シ其戒ハ小乘戒也。今ノ法華經・梵網ノ一乘ノ妙戒「ナント」ヲ指ストハ不レ見歟。仍テ三大部等ハ。戒ヲモ皆定惠ノ功德ノ所攝トシテ被ニ沙汰一セ條分明也。定惠カ家ノ戒ナラハ。律義ト云ハンスルモ。定共・道共ノ分ニ被レ屬。隨心轉ノ戒ノ樣ナル者ニテ可レ有ル也。若爾ハ。心ヲ爲レト體云ヒ。實相ヲ爲レ體ト「ナント」被レ釋事モ。尤モ可レ然事歟

又三學ヲ皆戒ノ一ニ被ニルル沙汰シ入一レ事。經ニハ地持・瓔珞ノ三聚淨戒。論ニハ大論ノ十戒。大師ノ御釋。山家ノ釋義等。子細事舊畢ヌ。此時ハ定惠ヲ爲レル體。攝善法戒・饒益有情戒等ノ戒ノ

名ヲ得テ。被ニル作法受得一セ謂カ出來スル也。若爾ハ。三學共ニ無作ノ事體ニ成リ還リテ。假ハ色ヲ爲レ體ト「云ヘル心」可レ有也。假對ルレ眞ニ言コトハ也。色ハ對ルレ心ニ名也。心ト云ハ附レ理ニ。色ト云ハ事ニ象カタトル也。是等ハ文理共ニ顯然ナル事共也。故ニ此趣ヲ以テ。隨レ事ニ順レシテ宜キニ。淺深重重ノ義勢ニ可レ廻ニス思慮一ヲ者也

凡ソ法門ハ。不可思議ナル者也。淺シト思フ物カ還テ深ク成リ。深シト思フ物カ還テ淺クモ成ル也。先ハ戒定惠ノ三學ト云フ時ハ。戒ハ佛道ノ初門也。依レ戒ニ身口ノ防レ非ヲ。外儀ヲ調テ。次ニ內心ヲ收メテ定惠ノ悟ヲハ可レ開也。是ハ自レ色至レ心ニ。自レ事向レ理ニ也。而ルニ圓ノ三學ノ樣ヲ能ク能ク明ムレハ。理カ極リ事ニ。眞カ歸レシテ俗ニ俗諦常住ノ義モ成シ。開佛知見ノ一乘ノ義理モ令ルレ蒙ラ二初心ニ道理可ニ出來一也。是等ハ於ニテモ定惠ノ法門ノ中ニ非レ無キニ此義一。此ノ至極ヲ大師ハ。開ニテ三重玄一ヲ假色ヲ爲レ體ト云フ事ヲハ被レ釋タルソト習ヒ傳ル也

宗義ハ。是ハ別段ニ又有ニ己證事一也。只打任テ理ト云コソ勝タリ。事ト云コソ勝タレナント云フ分齊ヲハ。今ノ義記ニモ諍論ノ中ニ悉ク被レ出レ之。終ニハ今之所レ用有ニ無作一也ト（義記、大正藏四〇、五六六中二七行）被ニ結成一。全ク諍

論ノ中ノ一方ノ義ニ同スルニ非ス。最初ニ表シツル（表㋑㋺標）起卽性（性㋑生）無作假色ノ釋ニ立還テ。（還㋑㋺歸）大師ノ御本意ヲ被レ述也

（㊦付紙↓第四項目最後へ移動）

示云。戒定惠ノ三學不ニ相離一故ニ。雖レ不レ可レ有ニ傍正一。三

（以下10行㊦乙）

大部ニハ。定惠ヲ爲テレ面ト。戒ヲ爲ニ所攝一ト意ハ。約ニ行者ノ修證一時ハ。修ニ行シテ定惠ヲ契ヘハ法身妙境ニ自爾ニ具足スル無作ノ戒體也。義記ノ意ハ。無作ノ戒法ヲ爲レ面ト定惠ヲ爲ニ所攝一ト意ハ。法性自爾ノ當體緣起ノ法ハ。色法無分別ノ體也。定惠ノ心法ハ。色法ノ緣慮分別シテ境智冥合スルカ故也。サテ約ニ三德ニ時ハ。法身ヲ對ニ色法一ニ。般若・解脱ヲ對ニス心法ニ。（天止三、一九〇。弘決）約ニ三諦ニ時ハ。中道ヲ對レ戒ニ。空假ヲ對ニ定惠ニ意ハ。無始色心本是理性妙境妙智ノ釋ノ意也。法身・中道ハ體。般若・解脱・空假ハ用也。是レ無作戒ヲ爲レ面ト。定惠ヲ爲ニ所攝一意也

（以上10行㊦乙）

四　戒體ノ失不失事　同十一日

菩薩ノ戒生生不失ノ事。經論ノ中ニハ其說不レ多歟。瓔珞經ニ。（大正藏二四、一〇二一中七行）有ニレトモ受法一而無ニ捨法。有レトモ犯不レ失 云云 取意 大略（略㋺般）此文カ成ニル本說一ト歟。地持（㋺第四）・瑜伽（㋺五十三卷）（㋺七十五。四十五）等ニハ依テニ二緣ニ（二㊦違）戒體廢失スト述タリ。兩說相違スルニ依テ。人師ノ會通（㋺釋イ）繁多也。其料簡之趣キ。多分ハ聲聞戒ノ四緣五緣ノ捨ニ對シテ。菩薩ノ戒ハ。不レ捨テ菩薩ノ願ヲ。不レハ起サ上品（品㊦六）ノ纏ヲ。雖レ經ルト生生ヲ無カ退廢（廢㋑㋺失）ノ義一故ニ無ト捨法ニ云ヒ。不ニト退失セ云也。若退シテ菩提心ヲ起シテ上品（品㊦六）ノ纏ヲ有ラハ違ニ犯ルコト重戒ヲ（罪歟（罪歟㋑㋺乙））。雖ニ菩薩ノ戒也ト可（ㇶ㋑㋺非）レ無ニル退失ノ義（義㋑乙）。或又聲聞ハ。犯ニル一ノ重罪ヲ時（時㋑乙）失シ比丘ノ性ヲ。一切戒品悉ク失ス其功用ヲ。菩薩ノ戒ハ不レ然（然㋑㋺爾）。有ルカ分持具持一故ニ一戒二戒也トモ。護持ノ義有ラハ之。猶（猶㋑㋺尚）不レ可レ失ニ菩薩ノ性ヲ故ニ。不失ト云ハ對シテ聲聞戒ニ顯ス菩薩戒ノ功德（德㋑㋺能）ヲ也等（等㋑乙） 云云

是等ハ雖レ云ニト菩薩戒ト。猶（猶㋑㋺尚）（㋺用）是大小相對シテ菩薩戒ノ分齊也。法華・梵網ノ妙戒ニハ不レ可レ預（預㋑闕㋺闕）ル歟。而ニ法華經ニモ別而付（付㋑㋺就）テ戒法ニ一得永不失ノ義ヲ明セル文モ無レ之歟。法華ノ心（心㋑㋺意）ハ。（傳全一、三七〇、十二行。學生式問答）三學倶傳名曰妙法ナルカ故ニ。於テニ一乘ノ三學ニ失不失ノ不同不レ可レ有（ㇶ㋑㋺者）レ之。若爾ハ。四信五品ノ退不退ノ義ニ隨テ。菩薩戒ノ失不失ノ相ヲモ可レ得レ意歟。五品ノ位猶（猶㋑㋺尚）以テ退スルナラハ。名字ノ初

心彌難レキ存ニ不失ノ義ヲ者歟。（者イ㋺㊧　歟㋺也）梵網經ニハ十重ヲ犯ル者ハ。現身ニ再ヒ起ニスヲ（起イ㋺發）菩薩心ヲ事モ難ク有リ。（經、一〇〇五上二〇行）乃至佛性常住ノ妙果ニ至ルマテ一切皆失シテ墮ニ三惡道ノ中ニ等ト說ク故ニ。雖レ受ニクト此戒ヲ若有ラハ破戒ノ義。佛性常住ノ戒體悉ク可ニト廢失ス見ヘタリ。若爾ハ。戒體不失ノ義ニ付テ何レノ文ニ可レソ申ニ立之ヲ耶。（耶㋺云云）而ニ五大院ハ。五種（種イ住）ノ戒ヲ被ニ分別セ時。第四ノ菩薩戒ト者。（大正藏七四、七六六上二四行～。廣釋取意）權乘ノ菩薩戒ノ分齊也。其レ猶（猶イ㋺尚）金銀ノ器ニ被レ譬ヘ。器ハ破レトモ（者イ㋺云ハ）金銀ノ「財體ハ猶」（「」イ寶戒尚　財㋺寶　破㊦持）如クレ不ルカレ失セ。持レハ成リニ法王ト。犯スレハ成ニト世王ト云テ。破レハ戒ヲ速ニ出ニ（出イ㋺出離）生死ヲ菩提ヲ成スル事コソ無レトモ。戒法猶（猶イ㋺尚）身ニ備ルニ依テ。於ニテ世間ノ中ニ勝タル果報ヲ得ルト被ニ沙汰也。（同前二六行～）此ノ上ニ第五ヲハ名ニク如來ノ寶戒ト。一タヒ受テ永ク固シ。終ニ不ニ犯失セ。而モ有リニ大用。譬ハ如シ下金剛ノ一ヒ成ニ利寶（寶㊦法）ト。更ニ不カ中破壞セ上ト（所イ不）釋シ給ヘリ。是ハ前後ノ釋ノ心ヲ見ニ。法華一乘ノ妙戒・梵網所說ノ金剛寶戒ヲ被レ指也

此ノ不失ナル樣ヲ被ルニレ釋セ。占察經ノ唯識・實相（觀カ）ノ二觀ヲ引テ。眞如佛性ヲ以テ爲ニ戒體ト。（同、七六六中二二行）一切ノ諸法皆是レ戒體也。何ノ有テカニ非レ戒ニ（或歟（或歟イ㋺㊧））之法一而モ有ランニ犯戒之法一矣（矣イ㋺㊧）等云テ。善法惡法皆爲ルニ律儀ト。一色一香更莫ニ退轉一等ヲ被レ釋故ニ。是ハ（是イ㋺㊧）又非ニス戒體ノ不失ナルノミニ。戒行ノ相ニ付テモ（付イ就）。惣シテ而無ニト犯戒一被レ釋事不審ノ事歟。此釋ノ趣ハ。戒體カ實相眞如ノ體ナル故ニ。一切ノ諸法悉ク諸法實相。實相必諸法ナレハ。戒行戒相ト云ハンスルモ（ハン㊦ンイハム）。非レハニ實相ノ外ノ法ニ無ニト犯戒ノ法一被ニ沙汰一（初心㊦㊧）也。是ハ何ニモ（イカ）（「㋺如）眞如實相ノ理ニ事ヲ寄タル樣ニ聞ル歟。事相ニ初心ノ凡夫ノ行相ヲ顧ン時ハ。（「イ㋺者）破戒造惡不レ可ニ稱計一ス。若爾ハ。眞如法性ノ戒體ト云ハンスルモ（ハン㊦ンイハム）。皆是佛法ノ解了ヲモ成シ。（佛全24、一九六下十三行。卽身義）心觀明了理惠相應スル上ノ事歟（歟㋺也）

若圓乘ノ解了ヲモ廢失スル事有ラハ。戒體トテモ（テイ㋺云）殘リ留ン事甚タ（甚イ㋺太）不審也。（也㋺之事歟）三周ノ聲聞。或ハ（或㊦戒　㋺化城品說）大通佛ノ昔シ結ヒニ大緣ヲ。或ハ二萬億（㋺譬喩品）佛ノ所ニシテ（トコロ）雖レ受ニト大化ヲ。退大流轉スル事ヲハ。五大院通シテ伏難ヲ。（大正藏七四、七六六上十八行～。廣釋）此ハ是レ發心以後（以イ㋺已）。不意（意㊦室）ニ廢忘（忘㊦亡）ス。不レ名ニ犯戒ト。ハ釋「タマヘ」（「」㋺セ）リ。「不意廢忘（忘㊦亡）トハ何ナル事ヤラン。」（「」㋺㊧）（ンイム）不意ニモ有レ（㋺覺ィニモアレ）有ラハ（有イ㋺㊧）廢失ノ義。戒體不失ノ義難レ成シ者歟。抑又是等ノ道理ハ。非下可レ限ニ戒法ニ事上ニ。一切智願猶在不失トモ說キ。（大正藏九、二九上十八行。受記品）明下乘ニ此念一必得中菩提上。（法師品疏（天文四、一八四〇下））遠因不レ亡藉レ（亡藉㊦イ忘藉㋺忘藉）茲而發トモ釋スル故ニ。一句一偈ノ微

縁猶〔猶イロ尚〕遠ク可レ成ニ菩薩〔薩イロ提〕ノ縁一ト。況ヤ正ク下種結縁ナント申ン〔ンイロト〕ハ〔ンイロた〕。一重其ノ分齊可レ有レ之歟。既ニ成佛ノ種ヲ下スト云フ上ハ。其種子不レ可ニ忘失一ス條勿論歟。爾〔┐イロ者〕ハ。三學共ニ一得永不失ノ義可レ有レ之歟〔歟イロ也〕

サレハ。虚空不動ノ三學ト云ハ。三學共ニ虚空ノ不レ被ニ破壞一セ。無ニ動轉一義ニ被レ譬〔譬ロ解〕ヘ也。其ヲ先德モ別而付ニテ戒法一ニ。此ノ一得永不失ノ義ヲハ被レ成也。見ルニニ釋義ノ意趣一ヲ。三學ノ虚空不動ナル謂レヲ戒法常住ノ義ト云樣ニ存也。是ハ〔┐イロ被〕先德ノ釋ニ非レス初〔初イロ始〕ルニ。虚空不動ノ三學カ一心戒藏ノ體〔體底た〕ニ歸入スル樣ヲハ。大師モ釋シタマヘリ。山家モ三學倶傳名曰妙法ト釋シテ〔釋ロた〕（傳全一、三七〇、十二行。學生式問答）。此三學倶傳ノ妙法ノ體カ。是名ニ持戒一行ニ頭陀一者ノ戒法ナル樣ヲ釋シ給フ〔┐イロ而〕也。先德。此心ヲ述トシテ「五大院」（「」イロた）。惣シテ眞如法性ト云ハ。圓乘ノ戒體〔戒體イ妙戒〕ノ事ソト釋シテ。佛法之中ニ。都無ニ犯戒一。無ニ犯戒一故。廣釋（大正藏七四、七六四下二行～）戒法常住ナント述「タマフ」〔ンイたロラン「」ロル〕也。是ヲモ打任テ人ノ得レンスルハ〔得心イロ意得〕心。諸法實相〔ライロレ〕ナレハ定惠モ實相。戒モ實相ナルヘシ。萬法是レ眞如ナラハ。三學ノ中ノ戒計カ眞如ノ外ノ法ト非レカ可ニ被レ云ハ故ニ。戒ノ事ヲモ如レ此被ニテレ釋セコソ有ナント〔ンイロた〕可レ思也。而ニ列祖〔列底別イ烈〕ノ釋義ノ趣キ。此分〔此イロ更其〕トハ不レル覺事也。所詮。此ノ戒體不失ノ謂レハ。梵網ノ舍那ノ佛戒ニ三學ヲ作リ入テ。如來ノ金剛寶戒ト被レ云心ヲ以テ不失ノ義ヲハ被レ成也

此ノ戒經ノ心ハ。行者ノ心ニ依テ發心修行ノ淺深ヲモ論ルニ。次位ノ階級ヲモ辨ル。定惠ノ功德ノ面ニテハ。退不退ノ位モ皆〔皆イロた〕其分齊カ可レ有也。不レ至ニラ其位一ニ程〔程イ時〕ハ。不動不退ト云ハン〔ンイム〕スルモ。ゲニ〔ゲイケロ實〕ハ性德本有ノ方ニ可レ歸ス也。初心ノ行者ノ上ニハ。事ニハ退失ノ謂レトモ可レ難ニテレ遁カルレ有ル也。而ニ今ノ戒ハ。舍那修德ノ金剛寶戒ナレハ。一度受得スト云フ程マテ二度ニ廢〔廢イロ退〕失ノ道理不レルナリ可レ有レ之。衆生受佛戒卽入諸佛位ト（經、大正藏二四、一〇〇四上）說ク上ハ。乍レ入ニ佛位一ニ凡位ニ立チ還ル道理モ爭カ可レ有レ之耶〔耶ロ云云〕。廢〔廢イロ退〕失スルソト云ハ因位ノ功德ニ付テノ事也〔也イ歟〕

今ノ戒ハ。淨滿如來ノ妙覺無上ノ功德。唯佛一人持淨戒ト〔淨名經歟（歟ロ也）〕（天玄二、五五七。玄義）云ハ。今ノ舍那ノ佛戒ヲ指也。此ヲ師資〔資イロ師〕相傳シテ凡夫癡闇ノ機カ（具カ）請ニ取テ之一ヲ。一如ノ舍那ト被レル云ハ處ヲ。先德ハ。圓乘ノ戒證ハ。廣釋（大正藏七四、七六四中～下）受戒之日。卽身ニ六卽成佛ストモ〔トモロルト〕釋シタマフ也。譬〔譬イロ縱ヒ〕ハ名字觀行ノ位ハ退スルニテモ有レ。成ニスル六卽成佛ノ益一ヲナラハ。分證究竟ノ覺

位ニモ同スル義可レ有レ之。故ニ戒體廢失スナント云事ハ。惣シテ不レ可レ有レ之也。付レ之義記ニ。付テ二菩薩ノ戒體ニ一興廢ノ義ヲ被ニ沙汰一セ事有リ。（義記、大正藏四〇、五六六下十二行～）釋云。初ニ菩薩ノ律儀方便求受スレハ。其體則チ興ス。若シ捨テ二菩提ノ願一ヲ。若シ增上ノ煩惱ヲシテ犯スレハ二十重ヲ一。其ノ體則チ廢ス。若シ無レハ二此ノ二緣一「至レ佛ニ乃廢ス　矣此釋依テ二二緣ニ一」廢ニ失スト戒體ヲ一云事分明也。此外ニ別而一得永不失ノ旨ヲ被レ釋事不シテ二分明ナラ一。尤モ不審ノ事歟。但シ此ノ釋ハ。地持ノ說ヲ被レ移也。全ク今ノ戒經ノ本意ヲハ非レ述ルニハ也。是則大小相對ノ常途ノ菩薩戒ノ相也。既ニ至レ佛乃廢スト云フ非ストニ佛戒ニハ云事分明也

他宗ノ人師等。瓔珞ノ有犯不失ノ說ニ對シテ種種ニ加ルハ料簡ヲ一。地持・瑜伽等ノ戒相也。此ノ分域ハ失スト云モ「不失ト云モ。」共ニ不レ同カラ二今ノ心ニハ一。サレハ五大院ハ。（廣釋上（大正藏七四、七六六上。取意））不レ及ハ二佛戒ニ菩薩戒ニ付テモ。猶不失ノ義ヲ被レ述タリ。其モ今ノ付テノ無ラン二二緣一事歟。捨テ二菩提ノ願ヲ一以テ二上品纏ヲ一破ニ重戒ヲ一程ノ事出來シナハ。金銀ノ器ノ破ルルノミナラハ寶ノ體モ猶失スル謂モ可レ有ル歟。但シ付テモニ（同、七六四上。取意）大小相對ノ菩薩ニ藏通共別ノ菩薩有。別教ノ獨菩薩モ有リ。

隨ヒ教ノ淺深ニ戒法ノ階級可レ有ニ用意一事也。但シ先德ハ。（大正藏七四、七六四下）前ノ三戒ノ身ハ有リ二犯不犯一。犯不犯ノ境ニ有カ二差別一故ニ。雖モ復犯スト而戒法不レ失セ　矣　前三教ノ菩薩ノ戒ヲハ。惣シテ犯スレトモ。體ハ不レ失ル樣ニ被タリ釋セ。而ニ藏通ノ菩薩戒ノ分齊ハ。共ニ二乘ノ戒ナルカ故ニ。聲聞・菩薩ノ律儀ノ不同ハ〔不レ〕可レ有レ之」南都ノ僧統等カ。攝律儀ノ外ニ別ニ菩薩ノ律儀不レ可レ有ル執セシハ。皆藏通ノ菩薩ノ戒ノ分齊ヲ述ルニテアル也。別圓ハ三學ハ共ニ不共二乘ノ行相ナルヘケレハ。聲聞戒ノ外ニ別ニ菩薩〔戒〕アラン事不レ可レ有レ疑旨ヲ。山家ハ被ニ申立一也。若爾ハ。藏通ノ菩薩ノ戒ニ戒體不失ノ義アル事ハ不審ノ事歟。凡ソ聲聞戒ト云モ。戒ハ定惠ノ姿ニハ替リテ。一度ヒ作法受得シヌレハ。亂心・無心等・隨流・淨不淨（ロ本文）無表限ニ善惡ニ不レ互ラ無記ニ也　等ト云テ。縱ヒ惡心モ起シ。（大正藏二九、三上十六行。俱舍論）又入レテ二無心定ニ一心心所不ニ現前セ一位ニモ。戒體ノ無表ハ宛然トシテ常ニ存スル也。縱ヒ又破戒犯戒スレトモ。一切ノ戒ヲ悉ク破スル事ハ無レ之故ニ。所犯ノ戒計コソ破レトモ。餘ノ戒ハ猶ヲ身ニ備ル也。犯重ノ人ニ成ヌレハ。永ク比丘ノ性ヲ捨ト見ヘタリ。故ニ犯セハ二一重ヲ一一切ノ戒悉ク可ニ失滅ス一歟ト覺ル樣ナレトモ。其レニ

猶(猶イロ尚)種種ノ(「ロ之)沙汰共有ル事也。仍テ戒ニ付テハ(戒付イロ就戒)。不思議ノ利益有レトレ之

釋(釋イロ見)ル也

若爾者。藏通ノ菩薩ノ戒。縱ヒ聲聞戒ニ同ストモ云トモ。別シタル捨

戒ノ緣ノ無カラン程(程イロ樣)ハ。縱ヒ付(付ロ就)テ二戒相一ニ少少毀犯ノ義有リト云トモ。

依レ其ニ惣ノ戒體ノ廢失スル事ハ不レ可レ有ル(「イロ尚)也。上(「イロ之)來所レ述ル圓

戒ノ戒體ノ事ニ於テハ。彼ノ地持・瓔珞等ノ諸經ニ失不失ト沙

汰スル分域ニハ超過シテ。直タタチニ舍那ノ功德ヲ請(請イロ受)取ル處ヲ。起卽性無(義記、大正藏四〇、五六六上)

作假色ト被レル釋上ハ。事新ク戒體ノ可キ二不失一ナル樣ハナト非ルレ可レ

被ルニ沙汰一也。三重玄ノ釋ノ始終カ。惣シテ如來ノ金剛寶戒ノ凡

身ニ發起スル謂レヲ被ニテ釋シ顯サ一有レハ。文ノ不足モ不レ可レ有ル

事(事イ无)也。前ニ所(所イ不)レ出ス興廢ノ釋ハ。因位ノ菩薩ノ戒ナラハ。依テニ〔退(イロ)

失ノ〕二緣ニ可レト有ル二廢失ノ義一モ釋シテ。彌佛戒ノ可キ二不失一道理ヲ(ロ寶戒章上三丁。一心戒文下卷。廣釋上二十六丁)

成スルニテ有ル也

(以下ロ插入)
朱 永德二年御談義私加レ之

仰云。先。今ノ如來ノ金剛寶戒ヲ受得ル程ノ人。捨ニ菩提ノ願一

事可レトモ有不レ覺事也。經ニハ說ニ衆生受佛戒卽入諸佛位一トモ。(大正藏二四、一〇〇四上)

五大院ハ被レ釋ニ受戒之日。卽身ニ六卽成佛一トモ。(大正藏七四、七六四中～下)此釋カ永ク

廢ニセンスル成佛ノ思ヲ一事不レ可レ有レ之也。次ニ又タ。起ニシテ增上ノ煩

惱ヲ一違ニ犯重戒一程ノ猛利ノ重業ヲハ造トモ不レ覺事也。凡ソ付レテモ

善ニ就レテモ惡ニ。越レタル重ヲ極惡極善ヲハ悠悠ノ凡夫ハ不レ行事也。

去レハ五逆罪ナント云モ。出血・破僧ノ重罪ハ在世ノ調達等ノ外ニハ

無ニ犯タル者一也。殺父・殺母ナトノ罪ハ末代ニモ雖レ有レ之。其モサ

ノミハ希有ナル事也。闍世コソ。聖教ノ中ニモ惡逆人ノ手本ニハ沙

汰シタル事ニテハ有レ。況ヤ受ニ此戒一入ニル佛位一程ノ人。備ニテ此二

緣一忽ニ失ニンヤ請取ル佛ノ功德一ヲ。一タヒ入ニリ佛位ニ一又スリヲリン事

有トモ不レ覺事ナレハ。引ニテ地持ノ本說一ヲ。此ノ二緣ナトヲ具ル事有ラン

時ハ。可レト有ニ戒體廢失ノ義一被レ釋意ハ被レ成。今ノ舍那發起ノ

戒體ノ不失ナル道理ヲ。可レ得レ意旨ヲ習傳也。誠ニ如キレ爾カ深キ

旨趣カ不シテレ開ケ。今ノ本文計ニテハ極難不通ノ事ナルヘシ。故ニ本

論ノ面ニテハ。約ニ權乘ノ菩薩戒ニ一明ニセルニ廢失ノ義一ヲ。其儘引寫シテ

被ソトレ成ニ今ノ佛戒不失ナル道理ニ一可レ得レ意也。又深ク得ニ釋

義ノ本意一時ハ。興廢ノ二義カ卽可レ有ニ戒體・戒行ノ二ノ

謂レニテモ一也。不失ハ戒體ノ意。失ハ戒行ノ相トモ可ニ意得一。所詮二

緣ト云事ハ。實ニ有ル閑敷事ヲ有ル樣ニ沙汰シテ。被ルルニテレ顯ニ今ノ

本意ヲ一可レ有也
（以下6行㋺校引後より移動插入）
㋺[頭註朱書] 靈道曰。斯ノ一段文及ー以ヒ二十七葉右五號。仰
云已下之一段ノ文。衆本多ク爲シテ二入紙一所在未レ詳。予カ
爲シテ二所據一所レノ寫本ハ如レ今ノ。亦看二或本一ヲ斯ノ一段ノ文共ニ
入ルニ于下卷ノ文末一ニ。今私ニ詳レルニ茲ヲ。斯ノ文ハ者。演二戒體之
義一ヲ故ニ須レク安ス二當卷二十八紙右二號已下一也。文義能連
屬センカ（續カ）矣
（以上㋺插入）
（〔底〕付紙）（以下㋺[ナシ]）
付紙
私云。理カ隨レ事。眞カ歸レシテ俗ニ。俗諦常住ハ佛知見ノ體ヲ法戒ノ
體ト云事。於テ二當流一ニ尤可三深存二旨趣一ヲ事也。三箇ノ御記幷ニ金
口ノ御祕曲等ヲ思食歟
永正十八年辛巳（一五二一）五月十七日記レ之
付紙ニ云。北谷談
（以上㋺[ナシ]）
（以下23行〔底〕第四項目前にあり。㋑[ナシ]㋺冒頭校引後にあり。㋺頭註朱書により〔底〕付紙ともこの位置に移動）
師仰云。所詮舍那ノ覺體カ戒師ノ言說ニ極テ。凡身ニ舍那報
身ノ功德ヲ受取ル形カ戒體ニテハアル（アル㋺有）也。戒體ト云ハ無ニ別子

細一。只（只㋺唯盧）舍那ノ三聚淨戒ノ功德也。此ハ佛ノ功德ニテ有ルカ極
果ノ位ニハ不レシテ止。菩薩傳レ之。凡夫モ受レ之。師資相傳作
法受得スル體ナルカ故ニ。一分ニテモ受者ノ三業ニ還テ。若ハ明ラメ二心
性ノ理體一ヲモ。若ハ勵シテ二事ノ勇猛誠心一ヲモ可レ得非ニ戒體一ニ。妙
覺究竟ノ極佛功德ヲ。依テ二師資相傳ノ功能一ニ託（託〔底〕詑）シテ二住持（地イ）ノ三
寶ノ勝緣一ニ。未發心ノ悠悠ノ凡夫ノ上ニ。此舍那修德ノ戒ヲ
事ニ受取處ヲ。性無作假色トハ名ル也。無作ハ作法受得ノ法
體也。性ノ字ヲハ此戒ヲ經ニ。佛性ノ種子ト說キ（大正藏二四、一〇〇三下二三行）。或ハ。皆入佛
性戒中トモ說故ニ（同、一〇〇四上二一行）。此戒ノ佛性ノ種子ト名ル意ヲ以テ。性ノ一
字ヲ加ル也。位（位〔底〕已）同ニ大覺一已（已〔底〕位）。眞是諸佛子ト說此意也。五大
院ハ。圓乘戒證ハ。受戒之日。卽身ニ六卽成佛トモ釋シテ（大正藏七四、七六四中〜下。廣釋）。此
戒ヲ受ト云ヘハ。卽チ舍那ノ位ニ同スト云フ上ハ。旣ニ妙覺究竟ヲモ
極心（心㋺歟）ト覺レトモ。事（事㋺[ナシ]）ニハ猶ヲ是レ凡位ノ初心也
雖レ然ト。受二佛戒一入タル二佛意一ニシルシニハ。世世不レ隨ニ惡（經、大正藏二四、一〇〇九下二三行）
道八難一等ト說テ。不レシテ久定而成二佛果菩提一ヲ身ト成ル處（處㋺所）ヲ。
名ニケ眞ノ佛子一ト。此（此㋺是）ヲ佛性ノ戒トモ說ク意ヲ性無作假色トハ云（㋺所）
也。假色ト云ハ。顯ス二因緣生ノ義一ヲ也。性德（性德㋺[ナシ]）本有ノ理ヲ爲レ詮。

諸教ノ意ニハ異ニシテ。修德修起ノ報身ノ功德カ。依ニ人法ノ兩〔㊁二〕緣一作法受得スル處ヲ假ト云也。又假ハ對レ眞ニ言ハ〔コト、「㊁也〕。或〔㊁我〕又舍那報身ノ眞ノ功德ノ凡夫ニハ意スル處〔異歟　意處㊁應所〕ヲ。假色トモ名ソト云趣ヲ。〔㊁西山・・〕祖師被ニ沙汰一也

(以上23行㋑㋣)

五　菩薩戒相傳ノ事

付〔㋑㊁就〕テ圓戒ノ相傳ニ種種ノ不同有リト見ヘタリ。此事尤モ可ニ分別一ス事也。先〔㋑㊁前〕段ニ如レ述ルカ。山家ノ內證佛法ノ血脈ニ。天台法華〔法華㊁㋣〕宗ノ血脈ノ外ニ。天台圓敎菩薩戒相承師師血脈譜一首トテ(傳全一、二三〇)〔㊁本イ〕別ニ被レタリ出レ之。常人ハ更ニ不レ置レ心〔㋑㊁意〕ヲ事也。山家ノ大師。圓戒ノ事ヲ爲ニ申立一ンカ。別而列テニ戒ノ相傳ヲ被ニ奏聞〔聞㋑門〕一セ計リ也ト存シテ閣レ之也。然〔㋑㊁而〕ルニ法華宗ノ相傳ノ中ニモ定テ戒モ有リコソスラメ。三學俱傳名曰妙法ナレハ〔「㋑ル〕(傳全一、三七〇、十二行。學生式問答)。法華宗トハ妙法蓮華經〔經㋑㊁㋣〕ノ宗ニテコソ有ラメ。正依法華ナント〔ン㋑㊁㋣〕被ニ沙汰一セ。圓戒ノ相傳。豈ニ天台法華宗〔「㊁是〕ノ相傳ノ外ノ者〔者㋑㊁物〕ナラン〔ン㋑ム〕耶〔耶㊁ヤ云云〕。如ニ今ノ血脈ノ譜〔㋑㊁者」〕一ノ。菩薩戒ノ相承ヲハ天台宗ノ外ニ別ニ被レタリ出レ之。山家ノ御本意。

尤モ難レ測者歟。就レ中。法華宗ノ相傳ハ。多寶塔中大牟尼尊ヨリノ相傳也。圓戒ノ相承ハ。梵網ノ敎主。蓮華臺藏〔藏㋑㊁上〕ノ盧舍〔舍㊁遮〕那佛ヨリノ傳來也

又山家一處ノ釋ノ中〔「㋑㊁義〕ニハ。天台法華宗ノ外ニ梵網經宗可レ有旨ヲ正ク被レル述事有リ。人更ニ不レ知事歟。尤モ可レ祕レ之〔之㋑也〕ヲ。顯揚大戒論ノ序ニモ。遂ニ毀テ梵網宗一以〔以㋑㋣〕爲トニ沙彌宗一ト云テ(大正藏七四、六六一上)。梵網ニ宗ノ名ヲ被タル付事ア〔ア㋑㊁有〕レトモ。是ハ猶〔猶㋑㊁尚〕モ會釋モアリ〔アリ㊁有〕ヌヘキ歟〔歟㋑也㊁事也〕。山家ノ御釋ハ。更ニ不レ可レ及ニ異論ニ事也。仍テ內證佛法血脈ニ。天台宗ノ外ニ菩薩戒ノ相承ヲ被レ出。是梵網宗ノ相傳ナル事無ニ子細一事也。付〔付㋑就〕テ此相傳〔「㊁附法〕ニ。天台宗ニモ。今ノ菩薩戒ニモ。各各相承ノ次第樣樣也。先ツ天台ニハ自ニ塔中ノ釋迦一迦葉・阿難等ノ付法藏ノ次第「一ト筋見ヘタリ〔「」㋑㋣〕。次ニハ自ニ釋尊一直ニ南岳ヘ傳ヘ。直ニ天台ニ被ルル傳二ノ筋〔筋㊁姿〕」有レ之。菩薩戒ノ血脈ニモ三ノ脈〔脈㋑篇㊁筋〕ヲ被レタリ引。一ニハ自ニ臺上ノ舍那一逸多菩薩ニ傳〔傳㋑付〕ヘテ。其ヨリシテ羅什三藏傳來ノ次第也。二ニハ自ニ舍那一直ニ傳ヘ南岳ニ。三ニハ舍那ヨリ直ニ傳ル天台ニ也。南岳・天台ハ靈山聽法ノ衆トテ。自ニ塔中ノ釋迦一直ニ南岳・天台ノ御相承ノ事ハ常ニモ沙汰有歟。梵

網ノ教主ノ臺上ノ盧舍那佛ニ。南岳・天台ノ直ニ相給ケル事ハ。常ニハイタク人ノ心ヲ不レ置カ事歟。又學生式ニハ。（問答カ」）（傳全一、三六九～七〇）第一菩薩戒師多寶塔中釋迦如來。第二戒師大唐南岳思大師。第三戒師天台智者大師。乃至第九戒師琅瑘ノ道邃大師。已上九戒師。師師相傳。授ニ圓ノ三學ヲ一云云 是ハ又圓戒ノ相傳ニモ。塔中ノ相承ニモ被レ出タリ。內證佛法ト相對スルニ。菩薩戒ニハ四ノ相傳在レ之歟。此外ニ種種ノ相承共有レトモ。山家ノ御釋ノ分ハ大概「是等ニ有」歟

義記ニハ。（大正藏四〇、五六八上十行）梵網ノ受法ハ是レ盧舍那佛爲ニ妙海王子ノ受レ戒ヲ法ナリ。釋迦ハ從テ舍那ノ所ニ受誦シテ。次ニ轉ニ與ス逸多菩薩ニ。如レ是ノ二十餘ノ菩薩。次第ニ相付シテ什師傳來ストモ 云云 此義記ノ文ヲハ。內證ノ血脈ニ盧舍那佛・逸多〔菩薩ノ注〕ニ被レ引載セ。仍テ血脈ニハ。盧舍那佛・逸多菩薩・羅什三藏・南岳・天台等ト脈ヲハ被レ引。今ノ義記ノ說ニ引合テ可ニ心得一旨ヲ被レ示タル故ニ。逸多菩薩ト羅什三藏トノ中間ニ。二十餘ノ菩薩ノ次第相傳ノ姿カ有レ之。此ノ二十餘ノ菩薩トハ何ノ人ソト云事。古來有レ疑事也。人師ナントモ分明ニモ不レ勘レ之。本朝ノ大師・先德〔ノ御釋〕「ナントモ」不ニ分明ナラ一歟。仍テ流流ノ學者モ不ニ存知一等云也。而ルニ當流代代ノ相傳ハ。付法藏ノ二十餘人ト得ル心也。若爾ハ。天台宗ノ血脈ニ三ノ不同ヲ被レ引タリ。菩薩戒ノ三ノ脈ト其ノ體同キ之也

根元ノ舍那ト釋迦トノ不同。梵網ノ教主ト法華ノ教主トノ替リ計リ也。付ハ夫。此二十餘ノ菩薩カ付法藏ノ二十三祖ナルヘクハ。第二十三祖ノ師子尊者已來ノ相傳モ不ル絕ニテ有ケル也。此ヲ禪家ヨリモ。師子尊者以來ノ相傳ハ只限レリ我宗ニ一。師子尊者爲ニ惡王ノ被レ害セ時。預メ知ニ此ノ事ヲ一婆舍斯多ト云ケル人ニ衣鉢ヲ付屬シ。法藏ヲ傳付シテ師子ハ入滅シ畢ヌ。諸宗ノ佛法ハ自レ是斷絕シ畢ヌルヲ。至テ後代ニ南岳・天台ナント云フ人。於ニ震旦ニ私ニ被レ立タリ宗ヲ。餘ノ宗宗モ師子以來ノ相傳ハ無キ也。只我カ禪宗ノミ如來ノ正法眼藏ヲハ迦葉以來嫡嫡相傳シテ。師子以來至マテ達磨ニ一代モ不レ絕申テ氣色ヲスル也。其ヲ諸宗ノ人人モ大略。此段ヲハ無レ力事ニシテ宗宗ノ祖師モ非ニ直人ニ。就レ中。南岳・天台ハ靈山ノ聽衆ニテ御座ス上ヘハナト申セトモ。此ハ皆ナ其宗宗ノ內ニテハ仰テ信ヲ可レ取事ナレトモ。

如來ノ佛法ヲハ。付法藏ノ二十餘人ノ被ニ傳持一タル事ニテハ。付法藏傳ノ說分明ナル上ハ不レ可レ諍レ之事歟。其相傳ハ禪家ニモ傳フ。諸宗ハ皆自建立ノ宗ニ成ラン事。甚タ無念ノ事歟。付法藏ノ相傳モ有テ。其上ニ重重ノ相承ノ姿モ沙汰シタキ事ニテ有ル也。諸流ノ學者モ付ニテハ此邊一ニイタク苦勞セントモ不レ向ハ歟。此ノ建立カ弱クテハ靈山聽法イシ「イシシ」モ一定胸臆ノ事ニモ可レキ成リヌ歟。而ニ今ノ義記ニ所レノ列二十餘ノ菩薩ノ相傳カ。付法藏ノ二十三祖有ルナラハ。師子以來ノ相傳絕ヌトハ不レ可ニ承伏一ス事也。血脈ニハ三ノ脈ヲ被レタルハ引。太子御廟ノ願蓮上人ノ義ニハ。歷別・次第・〔不次第〕ノ三ノ相承ノ心ヲ被レソト示被レタリ述。歷別ト者。爾前當分ノ面也。不次第ト者。法華開顯ノ正意也。次第ト者。開顯ノ上ニ還テ爾前當分ノ本意ヲ明シシ謂「ナントニ」被ニ沙汰一セ也。此ノ相承ノ事ニ不レ限。一切ノ法門ニ付テ多ク此心ヲ被レ述也。仍テ付法藏ノ次第ト者。歷別ノ相傳ノ一ノ姿也。其ヲ禪宗カ執シテイミシキ事ト思タルニテ有ル也。迦葉・阿難等モ。若ハ三周得悟ノ聲聞。或ハ內祕外現ノ薩埵ナレハ。內證ハ雖レ不レ及ニ左右一ニ。滅後ノ付法ノ人ト被レテ云。次第ニ法藏傳持ナント云フ姿ハ。皆小乘ノ四果ノ聖人ノ面ニテ振舞タル也。中閒ニ馬鳴・龍樹ナント申ニコソ大乘ノ佛法ヲ弘メシ人トハ釋シ。其外ノ前後ノ祖師ハ。大略小聖也。其ノ以ニ開會ノ心一ヲ止觀ニモ金（天止一、五七）口ノ祖承ニハ被レ列也。是計ニテハ一家ノ教觀ノ相傳ノ其本意難レ顯レ。故ニ止觀ニモ（傳全一、二二五～）又今師ノ祖承ト云事ハ有ル也

內證ノ血脈ノ天台ノ相傳ニハ。自ニ迦葉一付法藏ノ十二人ヲハ列シテ。第十三ノ龍樹ヨリ須梨耶蘇摩・羅什三藏等ト次第ヲ列タリ。是ハ龍樹以後ヲ付法藏ノ人人ノ「相承ノ祖師トハ非レ云ニ。」別而龍樹ヨリ天台ノ教觀ノ相傳ヲ可レ立ス譯有ル故ニ。龍樹以下ノ祖師ヲハ被レ略セルニテ有レ之。義記ニハ。二十餘ノ菩薩（大正藏四〇、五六八上十二行）。次第相付シテ什師傳來スト云故ニ。龍樹以後ノ人人モ皆圓戒ノ相承ノ祖師ニテ有ル也。此ノ義記ハ。止觀ノ「祖承ノ金口」ノ證據トモ成ル也。故ニ三學共ニ付法藏ノ二十三人ノ相傳ハ不レ絕ニテアル也。雖レ爾ト是ハ猶面カ權少ニ付傍スル故ニ。或ハ以ニ龍樹一ヲ稱シ高祖一トモ。或又靈山聽法ト云事モ出來スル也。實ニハ此等ノ相傳ニハ非ニス別別ノ事一ニ。施權ノ心ヲ名ケ顯實一ト。明ニレハ次第ノ心一ヲ顯ニ不次第一トハ故ニ。二十三祖ノ所傳ノ本意ヲ明レハ。龍樹ヲ爲レル祖ト

謂イハレモ成シ。其ノ本意ヲ尋ヌレハ卽チ靈山聽法ノ謂レモ落居スル也。弘決云。若シ不ハ先ッ指ニ如來〔大聖ヲ無ム由シ列ルニ於二十三ノ祖ニ。若シ不ハ列ニ於二十三ノ祖ニ無シ由シ指スニ於〕第十三ノ師ヲ。若不ハ指ニ於第十三ノ師ニ。無シ由レ信スルニ於衡崖台岳ヲ矣（天止一、二六）如來大聖ノ付法藏ヲ二十三祖ヲ列テ顯シ之ヲ。二十三ノ付法藏ノ本意ヲ第十三ノ龍樹ヨリ顯テ之。龍樹ヲ爲ル祖ト本意ハ。南岳・天台ニ至極スル樣ヲ釋スル也

抑。靈山聽法ト者。南岳・天台ノ本地。觀音・藥王等ニテ在ス故ニ。昔ノ說法華ノ砌ニシテ此經ヲ聞キ給ヒケレハ。其レヲ靈山聽法ト云歟。爾ハ。諸宗ノ祖師モ多ハ大權ノ垂迹也。靈山會上ノ同聞衆ナラヌ人ハ可レ少カル。不レ限ニ南岳・天台ニハ歟。而ニ大師ノ別傳ニ。昔共ニ靈山聽ニ法華經一等云テ（大正藏五〇、一九一下）。靈山ノ聽衆ナル旨非スレ被ルルノミニ載レセ之。諸宗ノ人師モ。南岳・天台ヲハ靈山ノ聽衆ト云テ。別シテ稱歎スト見ヘタリ。本地ノ事ナラハ不レ足レ爲ルニ美歎ト。又隨分ノ祕義トテ申ニハ。大師ノ大蘇ノ開悟ノ時。靈山一會儼然未散トテ。大蘇山カ靈山ニ成リテ。二處三會ノ儀式儼然タリシニ。大師其會ニ列シテ。正ク塔中ノ說ヲ被ルト傳申也。是又嚴重ナル樣ニハ聞レトモ。何ノ處ノ祖師也トモ機進ニハ如レ此感應不レ可レ堅カル。强テ不レ足レ爲ルニ規模ト。南岳・天台コソ五品・六根ノ位ニ叶テ。如レ此ノ現證ヲ顯シタマヘトモ。末世ノ凡夫ナントハ猶可レ隔ニ境界ヲ者歟。此等ハ何レモ靈山聽法ノ眞實ノ本意ニハ非ル也

祖師ノ不次第ノ相傳ト被レ仰心ハ。南岳・天台。內外凡ノ凡夫ノ位ニ居シナカラ。直ニ靈山ノ會座ニ列ナリ。寂光ノ依正ヲモ成シテ。唯佛與佛ノ境界ナル多寶塔中ノ妙法ヲ聽受スト云處カ。不次第ノ本意ニテハ有ル也。是則凡聖不二ノ妙法ヲ聞テ成ス開佛知見ノ益ヲ云ハハ。末代惡世ノ凡夫マテモ此法ヲ聞テ一念ノ妙解トモ立スル處有ラハ。直觀ニ此土ニ四土具足ナレハ（天文五、二五九四下。文句記）。實報・寂光ノ化儀不レ可レ遠カル。三千世閒依正宛然ナルヘケレハ（傳全三、五八三。註無量義經）。靈山會上目ノ前ニ可シ有ル。全ク南岳・天台ノ往事ニハ不レ可レ限ル。當今末代也ト云トモ其益何ソ空カラン耶。靈山聽法ノ本意。正ク在レ之。更ニ不レ可レ及ニ異義ニ事也。此ノ謂ヲ南岳・天台モ事ニ振舞顯ン時。靈山ノ一會不レ隔ニ震旦ノ大蘇ヲ。寂光ノ身土・邊地ノ境ニ顯現セン事非レ遮ニハ之。只南岳・天台ノ妙悟ノ時。カカル嚴重ノ儀式カ有ン事ヨナント。昔シ語リニ思ヒ成サン事ハ。不レ可レ有ニ正體一事也。

昔ノ事ヲ聞ニ可キレ貴ムナラハ。釋尊ノ法華經ヲ説キ「タマフ」コソ猶目出度モアルヘケレ

（天止三、七四。弘決）然圓頓教本被凡夫ノ所詮ハ。何度モ令テ蒙ラ末代ニ可レ顯ス開顯ノ本意ヲ事。都テ如レ此處ニハ常ノ人ハ不ルレ置レ心ヲ者也。此靈山聽法ノ上ニ於テ猶モ南岳・天台ノ二脈チアリ。是ヲ不次第ノ上ノ次第ノ心ヲ。以テ南岳ヲ顯ハサレナント被ニ沙汰一也。是ハ努努不レ知ニ他人ノ約束トモ也。深ク可レ「祕ニ藏之一」。其故ハ南岳ハ猶凡位トハ申シナカラ內凡相似ノ位也。又見思・塵沙ノ惑ヲモ斷シテ。權門ノ心ナラハ。既ニ入聖得果ノ人ナル故ニ。其位モ猶高クシテ凡位ノ相傳。猶ヲ疎ナル謂レ有ル故ニ。天台ノ御相傳ニ對シテ。是ヲハ猶次第門ニ「付スト」被レ述也。是等ハ天台法華宗ノ相傳也。菩薩戒ノ相傳准レ之可レ知。天台ノ相傳ノ初ニ。常寂光土第一義諦ト者。法身也。靈山淨土久遠實成ト者。報身也。付テ多寶塔中大牟尼尊ニ雖レ可レ有ニ沙汰一。今ハ先ツ被タルレ對セ應身ニ也。是則チ無作ノ三身ヲ相傳ノ元初トスル也

戒家ノ心ハ。此ノ三身ノ功德ト者。舍那ノ三聚淨戒也。攝律儀戒ハ法身也。攝善法戒ハ報身也。饒益有情戒ハ應身也。明曠ノ疏等ハ三聚淨戒ト者。因位ノ菩薩戒ト被レ得故ニ。三身如來ノ因ト被タルニ沙汰セ一也。梵網宗ノ本意ハ。三聚淨戒ノ至極ヲハ。舍那ノ一戒光明ト得ル心故ニ。菩薩戒ノ相傳ニハ。赫赫天光（經、大正藏二四、一〇〇三中十二行）師子座上盧舍那佛ヲ相承ノ本源トセラレタル也。付テハ傳來ニ如ク先ニ述ルカ。二十餘ノ菩薩ノ相傳ハ付法藏ノ次第也。是ハ歷別ノ心。南岳天台・次第不次第如レ上ノ可レ得レ意也。而ルニ定惠ヲ爲レ本ト時ハ。正キ昨日今日ノ鈍根無知ノ機ノ上ニハ。一心三觀ノ解行モケニハ難キレ立シ分可レ有レ之。正クハ皆是佛法ノ解了ノ上ニ。眞實ノ相傳ハ可レ立ス也。其ヲ舍那ノ功德ニ引入シツレハ。定惠ノ法門モ一ノ戒藏ニ歸入シテ。是情是心皆入ニ佛性戒中一（經、同二四行）ト說テ。心理ヲ爲ツル本ト心。今ノ舍那ノ佛性戒ニ入ヌレハ。當今癡闇ノ凡夫マテモ。遮那ノ功德ニ無ク隔テ成テ。衆生受佛戒卽入諸佛位スル處カ。菩薩戒ノ不次第ノ相傳ノ心ニテハ有ル也。此謂ヲ師資相傳ト云事ナル故ニ。此時ハ立チ還テ歷別次第ノ相傳カ用ニ立ツ也。故ニ二十餘ノ菩薩。次第相傳ストモ義記ニハ被レ釋也（大正藏七四、七六一中）

五大院ノ廣釋ニハ。與ニ逸多菩薩一如レ是二十餘ノ菩薩。次第相付。須利耶蘇摩次付ニ羅什一。羅什傳レ秦ニ。乃至南岳九

師・天台八祖相付（付(底)傳）。今傳二東山一（叡山也）是也云云（云云(イ)文「(ロ)至イ）此釋ニ二十餘ノ菩
薩ト羅什トノ中間ニ須利耶蘇摩ヲ被レ加。內證ノ血脈ニハ。天台
宗ノ歷別ノ相傳ヲ列タル中ニ在レ之（在(イ)(ロ)有）。先德ハ彼レ此レ料簡シ合セテ（料簡(イ)了見(ロ)了簡）
如レ此釋シタマフ也。南岳九師ト者。弘決ニ所ノ擧ル九師ノ相（天止一、六九）
（承カ）傳ノ事歟ト得レ心也（歟(ロ)也）。天台八祖ト者。自二天台大師一傳敎大師「(イ)(ロ)至
マテノ御事歟（歟(ロ)也）。仍テ則知ヌ。爾前非レ所レ承也ト（非(イ)无）被ルル云（(ロ)求イ）。九師ノ
相傳マテ五大院ハ圓戒ノ相承ノ人ト釋シ入レタマフ也。此九師ハ。「(イ)(ロ)也
南岳ハ第八。天台ハ第九也。南岳ノ九師ト云事不審ナル歟。（(ロ)也」）而ニ
弘決ニ被ルルハ引第一第二等ノ言ヲ被レ置故ニ（同前）。次第相傳ノ祖
師ト見ヘタリ。而ニ南岳ノ傳ノ中ニハ。鑒最等ノ師ハ皆南岳面授ノ（鑒(イ)監　最(底)究）（傳全一、三七四。學生式問答）
師ナル樣ニ見タリ。五大院ハ。若シ約レ之多分南岳ノ合ニ所遇ノ人（「(底)唱　合(イ)(ロ)无）
師ナレハニテ（ニ(ロ)ト）。南岳ノ九師ト述タマフ歟ト云義可レケレトモ有ル（有(イ)(ロ)存）。（大正藏七四、七六一中七行）
前ノ次第不次第ノ心ヲ以テ可レ得レ心也（前(ロ)別　也(イ)无）。九師ノ相傳ヲハ。南岳ノ
次第ノ相傳ニ入レ。天台以下ヲハ不次第ノ相傳トスル心也ト先（心(イ)(ロ)意）
師ハ被レ示也。此等ノ約束努努不ニ口外スヘカラ一（「(イ)也以上(ロ)云云）
（以下10行(イ)无）私云。圓戒ノ相承ニ二十餘ノ菩薩ト云義。全ク付法藏ノ二十三
祖ソト得レ心（「(ロ)尋申）。不齊ナル事有レ之歟（齊(底)辨　有(ロ)可在　歟(ロ)无）。二十三祖ハ。釋尊ヨリ迦葉

等次第ニ相承セリ。圓戒ハ逸多菩薩ニ付スト云故ニ。彌勒菩薩ト
迦葉尊者ト（「(ロ)等）不同也。如何ン
仰云。是ニハ重重ノ子細アルヘシ。法華經ニモ（モ(ロ)无）正クハ地涌（涌(底)須）菩薩ニ
付屬ストコソ經ニハ說タレトモ。付法藏ニハ權少（少(ロ)小）ノ面ヲ列ル故ニ迦
葉ト列ル也
圓戒ノ相承ハ。付法藏ニ同シ（シ(ロ)无）ケレトモ。是ハ菩薩大乘戒ヲ爲レ
本ト。故ニ逸多菩薩・二十餘ノ菩薩ト列ル也。故ニ其心（心(ロ)意）彼此共ニ
可レ同ル也云云（云云(ロ)无）
（以上10行(イ)无）

（(イ)本奧書）
止觀院北谷八部尾善光院秀任。尊ニ六親眷屬二世安穩一書レ
之。後見旁旁南無彌陀御唱所レ賴也。損落之寫本彌彌

（(ロ)本奧書）
本云
時慶安二年（一六四九）（朱）孟夏月書畢　　筆者一空
戒抄兩册　懇望多年　明星一空　全寫一筆
寄附野僧　善願成就　是心芳志　生生不忘
發誓自他　現當滿足　乃至普利　依正法界

右者住心院權僧正自筆奥書也

（以下㋑六頁一段插入）

一品一巻ノ事

一。此事ハ連連聞ツル事ナレトモ。付二テハ此題目一ニケニモ盡理シタキ事也。今ノ一品一巻ト云趣カ不レ被二意得一事ハ。一品一巻トハ云ヘトモ。上下巻ノ。下巻ノ經ト文言カ無レト所レ替云難ハ。尚ヲモ難キ事也。於二テモ一經一ニ義ヲ淺ク云ヘハ深ク成ル事ニテコソ有レハ。兩巻ノ下巻ノ經ニ於テ。三重玄ノ意モアリ。四戒三勸ノ意モ有リテコソ可レヲ有。下地ヨリ別ノ經ソト被レ成處ハ尚ヲモ不レ被二意得一也。他立ノ難モ可レ來リツ事歟。ケニモ下巻ノ外ニ菩薩戒經トテ可レ有ル。其體ニモ可二意得一也。但シ下巻ノ經ナラハ何トテ部ノ外ノ經トハ可レ被レ釋ソト云講師ノ義ヲ有ツルカ。此ハ又難ノ義ニ同スル也。部ノ外經ソト被レ成カト思ヘハ。又一品一巻トイフモ。上下兩巻ヲ離テハ意得マシキソ被レ成不審也

幸ニ宋朝ノ人師モ部ノ外ノ經ヲ考タレハ。夫ヲモ可レヲ被レ出。夫ヲハ又義記ノ不レト得二本意一ヲ被レハ遮。何ト可二意得一事ソ。諸經ノ中ニハ此體ノ例ハ無キ事也。法華經ハ顯經ナレトモ。密經ト云ヘハ全ク無二ク不同一モ眞言經ニ同スル也。大般若ノ理趣分ヲハ。理趣經ト云ヘハ密經ニ同ル事ナレハ。於二テ一經一ニ意得替レハ淺深ノ不同カ出來スル事也。今ノ經モ華嚴ノ結經トモ被レ云。一品一巻ノ經トモ被レ云ソトコソ可レヲ成。別ニ部ノ外ニ菩薩戒有ト被レ成事ハ難二意得一事也。サカトスレハ又下巻ノ經ヲハ不レ離レ被レ成歟。不レ被二意得一事也

次ハ。上下兩巻ノ經ノ分ナラハ。何トテ可レソト被レ分二三段一ヲハ被レ成ツルカ。此モ無二子細一事ハ。普門品ハ流通ノ一品ナレトモ。被レ分二ケ三段一ヲツル間分二別タレハトテ三段一ヲ。必シモ部ノ外ノ經トハ意得マシキ事也。付二テ菩薩戒經一ニ一品一巻ノ意アリト被レ成ホトニ。夫ヲ可レ被レ用歟ト思ヘハ。又十四字ノ首題ノ經ヲ被レ用ハ何トアル事ソ。旁タ難二意得一事也。此ハ大方ノ約束ハ。講師ノ義ノ趣キ也。一品一巻ノ經ト云物ハ。常ニ可二意得一様ナル事マテハ無也。下巻ノ經ト一品一巻ノ經トハ。文言ハ同シ物ニテ有ルカ。此ニ下巻ノ經ノ謂モアリ。又一品一巻ノ意モ有リト云也。一品一巻ト

云ヘハ。所結ノ華嚴。梵網ノ大本モ心地ノ一品ニ入テ。上下兩巻ト成リ。此カ尚ヲ上巻ノ階位カ。下巻ノ戒法ニ入テ。一品一巻ノ經ト被云也。此時一代ノ諸教カ皆此一巻ニ收マルト云カ。一品一巻ノ經テハ有ソト相傳ニハ（スルか）事也

唐土ノ人師。菩薩戒ヲ檢ヘ出タリ。云ハハ上下兩巻ノ下巻ノ經ヲ戒品暗誦ノ爲ニ。別シテ菩薩戒經ト云テ弘通スルソト釋タルホトニ。一品一巻トハ云ヘトモ。下巻ノ經ノ分ニテ有ホトニ無所表事也。正キ一品一巻ト云ハ。（義記、大正藏四〇、五六九中～下）梵網ノ大本一百一十二巻六十一（一㋑六）品乃至從リ大本出テ序及流通皆闕（闕㋑門相）セリト釋シテ。三段ノ有マシキ様ヲ釋シテ。既（卽カ）（同、五六九下三行）別ニ部ノ外ニ稱ス菩薩戒經ト云テ。被分タ三段ヲホトニ。部ノ外ニ經ト聞タリ。必シモ三段ニハ不可依。普門品モサテコソ有ナトト云例難モ來レトモ。此ハ無其分テハ。上下兩巻ノ分ヲハ序及流通皆ナ闕（闕㋑門相）セリト遮シテ。既（卽カ）別ニ部ノ外ニ稱ス菩薩戒經ト。就（就㋑付）文ニ爲スト三ト被釋ホトニ。普門品ニ義ヲ以テ三段ヲ分別シタル分ノ事ヲハ有マシキ也。西山上人ハ。既（卽カ）別部外ニ菩薩戒經ト稱スト云ハ。何クヲ被指ソト云ヘハ。三重玄ヲ被指ソト被仰タル也。菩薩戒ノ付テ三學ニ被立三重玄ヲ也

サテ。十四字ノ首題ノ經ヲ用ル事ハ何ソト云ヘハ。此ハ三重玄ヲ釋。經ヲ稱スルソト（同、五六二上十九行）梵網（「㋑於）ト被釋ホトニ。戒行ニ出テテ諸經ノ戒ヲ許シ立ル意也。上下兩巻ト一品一巻トノ不同トハ。既（卽カ）ニ別ニ部外ニ稱スト菩薩戒經ト云文ニテ可有也。就ハ其梵網經ハ華嚴結經ト見タレトモ。華嚴ハ七處八會ノ說。（同、五六九中十四行～取意）此經ハ十處ノ說也。華嚴ヲハ。第五ノ化樂天ヲモ色界四禪ヲモ不說也。此經ハ廣ク。華嚴ハ狹キ様ニ見タリ。サレトモ。十處ト七處ヲハ隨機ノ異說ソト（同、五六九中十八行）被釋也。此ハ能結所結ノ様ニモ不カ見。今結經ト被云ハ心地品ニテ有ル也。上ニハ菩薩ノ階位ニ明スト云ハ。上ヲ所ノ說ク第三禪ニテノ說也。此ニテ華嚴ニ可同ス也。心地品ト云ハ。先ニ所ノ說ク三十心十地ヲ說タルホトニ此カ結經トハ被云也。第四禪ノ說ニ。上九處ノ說ヲモ華嚴ヲモ收メタル也。此上ニハ。菩薩ノ階位ヲ明スト云ルル。三十心・十地法門カ下巻ノ戒法。十重四十八輕ニ入ル意ヲ顯サントテ。上巻ノ終リヲ下巻ノ始ニ被置タル也

サラハ。何トテ結經ト被云様ニハ有ルソ。一品一巻ノ經ニテ有ナラハ。結經ト云テモ有カシ。部ノ外ニ菩薩戒經ト稱スト被釋ハ。部ノ外ノ經ト云ヘカシト覺ルニ。此結經ト云テハ叶マシキ事也。此ハ一

代ヲ華嚴ト説意也。一代ヲ華嚴ト説キ。華嚴ヲ心地品ニ結シテ。此ノ上卷カ下卷ニ入テ一代カ悉ク一品一卷ノ經ト成タル也。此謂ハ結經ト云スシテハ成スヘシ(マか)キ也。何トテ一代カ華嚴トハ被レ云ソト云ヘハ。華嚴ハ二乘ノ機ヲ爲レ隔テンカ別教ヲハ説トモ。爲説圓滿教ト云方ハ。全ク開會ノ法華ニ同スル也。サレハ華嚴ヲハ。界外ノ法華ト天台ヨリシテ沙汰スル也。初後佛惠圓頓義齊(天玄五、五四八。玄義)トモ釋スル也。結經ト云スシテハ。華嚴ヲ收ムル意カ有マシキ也。此時ハ華嚴モ全ク法華ニ可レ同ス也。五重玄カ三重玄ニ極マル意也。此體ニ成レハ。華嚴ノ結經トハ又不レ被レ云處ノ。別ニ部ノ外ニ稱ストハ菩薩(義記、大正藏四〇、五六九下二二行)戒經ト被レ釋タル也。與減(咸カ)ノ部外ノ經トテ檢ヘ出タルハ無ニ所詮一モ事也

サテ。偈以前ノ長行ハ上卷ノ經文也。此ヲ下卷ノ始ニ置タル也。此大本カ心地ニ收マリ。尚ヲ上卷ノ階位カ。下卷ノ戒法ニ入ル謂ヲ顯ス也。泉涌寺ニハ。上卷ノ經ヲ下卷ノ始ニ調卷シテ置タルヲ不シテレ知。自始シテ讀トテ笑事也。西山ニハ上卷ノ階位カ。下卷ニ入ル意トテ。殊更ニ此ヲ規模トスル也。サテハ。何トテ大師ハ。我今盧舍(經、大正藏二四、一〇〇三下二九行)那ノ偈ヨリ下卷トハ被レ取ソト云ニ。此ハ又被ニ意得一タル事ハ。正シク戒法ヲ説タル處ヨリ下卷ト取ラントスルホトニ。偈ヨリ三段ヲ被レ分タル也

上卷ノ三十心十地ノ法門ヲ。一戒光明金剛寶戒ト説ソト云ヘハ。(經、大正藏二四、一〇〇三下一二行)上卷ハ定惠ノ功德也。此カ戒ト成ルホトニ。大師ハ偈ヨリ下卷ト被レ取タル也。山家ノ大師ハ。復從天王宮(同十九行)ヨリ下卷ト被レ取タル也。此ヨリ戒ヲ説トスル謂カ有ル也。正シクハ偈ハ舍那ノ發起ニ明スホトニ。此ヨリ大師ハ被レ釋也。一品一卷ト云物ヲハ此體ニ可ニ意得一也

[細字] 於テモ法華ニ。爾前ノ經ニ對スル經ト。又獨一法界無可待對ノ經ト。二ノ意アルヘキ也。思議境後佛界雖レ妙。居ニ九界末一通名爲レ麁(天止二、一〇六。弘決)ト云事可ニ意得合一也

煩惱ハ得戒ノ障歟ノ事

此ハ大概ニ聞ユル樣ナレトモ。煩惱ハ得戒ノ障歟ト云題目ニ付テ。無トニ得戒ノ障一ニハ被ハ成。被レ任ニ煩惱常有故不説障(義記、大正藏四〇、五六七中十四行)ノ釋義一ニ。此釋義ノ趣カ難ニ意得一事ハ。衆生障礙乃有三種(同前)ト釋シテ。下ニ煩惱常有故(故①破)不説障(同前)ト釋スルホトニ。前後ノ釋義カ參差スル也。

此常有ト云ハ。悠悠ノ煩惱也。增上ノ煩惱ト云ハ。障重ノ煩惱也。此ハ障ルト可レ成也。サレハ上品ノ源ヲ起セハ。已得ノ戒法既ニ失スル間。今可レ受戒ノ障リトモ何トテ成ラテハ可レ有ソ。乃有（同前）三種ト云ハ。增上ノ煩惱也。煩惱有ト云ハ。悠悠ノ煩惱也。サテ（同前）（「常カ）乃有三種ト云ハ。煩惱業報也。ココヲ業障報障ヲハ共ニ障リト（本ノママ）成ルト釋スル也。業障テハ七逆十重現身有レ此。是則チ爲レ障リト（同、五六七中十六行）釋シ。報障テハ地獄餓鬼二道。重苦自隔レリト判シテ。說テ二不同一ト（同一二行）業報ヲハ二ナカラ障ト成ルト釋スル時。輕重ヲ釋シテ重業ハ則チ障レト（同十五行）（則〔ナシ〕カ）戒ヲ釋スル也。此レモ輕キ處ハ不レト障見タリ。報障ニモ輕重ヲ分タリ。煩惱障ニハ輕重ヲ不二分別一。乃有三種ト云テ。下テ不說障ト（同十四行）釋スルハ。前後參差スル樣ナルカ。下ノ業障報障ヲ以テ意得ルニ。悠悠ノ煩惱ハ不レ障レ戒ヲ。麁强ノ煩惱ハ可レ障レ戒ヲ也

次ニ。此戒經ニ。聲聞戒ニ替テ開遮色心輕重ノ異ヲ立ルホトニ。（同、五六三上十九行）色心ノ異ト云ハ。三業之中意業爲主マテ。（爲主㋑意至）意業ヲ利スルカ。此戒ノ本意ナリ。意業カ本ト成ルト云ヘハ。煩惱カ戒ノ障ト成ルト云テコソ。聲聞戒ニ替タル意業爲主ノ本意ニテハ可レ有ケレ

三聚淨戒ヲ三障ニ相對スレハ。煩惱ハ攝善法戒ノ障リナリ。煩惱ハ定惠ヲコソ可レ障ト被レ成ルルカ。此コソ殊ニ問者ノ潤色トモ可レ成ル事ナレ。聲聞戒コソ攝律儀戒ノ一テハ有レ。今ノ戒ハ。定惠ノ功德ヲ以テ成トスレハ。煩惱カ可レ成レ障ト事分明ナル事也。今三聚淨戒ナラハ。三業ニ可レ亙ル間。殊ニ煩惱カ障ト可レ成ナリ。サレハ山家大師ハ。犯戒之名。（傳全一、一三三。顯戒論）（犯㋑相　之㋑〔ナシ〕）十地モ難レ洗イ。傳戒ノ道。夫婦可レ（「之カ）傳トモ釋シ。如レ此ノ戒ヲ論レハ。等覺已還有二誤犯一被レ釋。分持ヲ論レハ。癡闇ノ凡夫ニテモ被レ持タ。具持ヲ論スレハ等覺ノ位マテモ不レ爾處カ可レ有ル也。コレハ何ソト云ヘハ。等覺ノ位ニハ。業障・報障ハ有マシケレトモ。元品ノ無明ヲ不レ盡故。コレカ煩惱ニテアレハ。煩惱ノ戒ヲ障ル故ニ。等覺マテモ得戒ノ障リハ可レ有也。唯佛一人具淨戒ト云此也（天玄二、五五七。玄義）

次ニ。至レ佛乃廢ト云ハ。（義記、大正藏四〇、五六六下十四行）常途ノ大小相對ノ意也。今煩惱ノ障ト不レ成ト云ハ不二意得一事也。講答ニ煩惱ヲ障ト不レ成ト云カ。今戒ノ大綱ニテ有ルソ。舍那ノ功德ヲ凡夫ノ上ニ受得スル間。煩惱ノ有無ニ不レ依ト被レ成カ尚以テ不レ被二意得一也。聲聞戒ノ意ニ。煩惱ヲ得戒ノ障トハ不レ云。何トテ必シモ此戒ノ規模テハ可レ有ルソ。聲聞戒者。身口ヲ制スル故ニ煩惱ヲ得戒ノ障リトハ不レ云。

今ノ戒ハ意業ヲ爲レ主ト故ニ。殊更煩惱カ戒ノ障リト云テコソ規模ヲハ可レ有。今障リト不レ成云釋義不レ被ニ意得一也

次ニ四隨ノ煩惱ト云ハ。瑜伽論ヲ引キ山家釋タル事也。人師ノ引用シタル事コソ依用依レ時云事ハ可レ有ル。既ニ論ヲ引タルヲハ何トテ可レ被レ捨テ。サテアラハ。今ノ煩惱常有故不說障ノ（義記、大正藏四〇、五六七中十四行）釋義モ殊勝ノ事ト思ヘハ。小乘ヨリ此體ニ云事ハ何タル事ニテ可レ有ソ

御義云。西山上人ハ。煩惱常有故不說障ト被レ釋タルカ殊勝ノ釋義ナリトテ。義ヲ被レ從（得カ）タル事也。此釋ハ（同前）。無三障ノ下テ乃有三種ト云テ。煩惱常有故不說障ト云カ無三障ノ大綱ニテ有也。煩惱常有ト云ハ。無三障ノ表章ニハ相タル也。サテハナト衆生障礙乃有三種ト不レ云シテ。煩惱常有故不說障トハ被レ釋ヌソテ有ルカ。此一段ハ無ニ三障ノ謂一ナリト可ニ意得一也。ソレハ業障ノ下テ可レ有ニ沙汰一也。增上ノ煩惱。三品ノ纏ノ事ト。別シテ障リト成ルトモ不レ成トモ不レ被レ云也。此ハ撥無因果ノ見ナレハ。得戒ノ障ト成不レ成云不レ及ニ沙汰一也。既ニ戒ヲ受テ（ヲ云フトか）アラハ。此ノ增上ノ煩惱ヲハ不レ可レ起スト云カ。此戒ノ大綱イヘハ有レハ。

此ノ難モ無ニ子細一事也。此ハ煩惱常有故不說障ト被レ釋カ。今ノ戒ノ障テモ有リ。佛家ニ住在スルニハ以レ戒ヲ爲レ初ト云。此ノ意ニテ有ケル也。凡夫ト云ハ煩惱具足ノ凡夫也。煩惱ノ障リト不レ成ト云ハ。凡夫ニ被ニ受得一義也。煩惱ノ機ヲ不レ隔ハ戒ノ功德也。定惠ノ功德テハ煩惱カ障ト可レ成ル。戒體ト云ハ。舍那ノ功德カ凡夫ニ被ニ受取一謂也。淨滿ヲハ。以（以イ因）ニ諸患都盡一故稱爲レ淨。滿（滿イ衆）（義記、大正藏四〇、五六九上二五行）德悉ク圓ナレハ名爲レ滿ト釋（本ノママ）タリ。此功德我等カ上ニ成スルヲ戒トハ云也。定惠ノ功德モ成ト成テ我等ニ被ニ受取一也

煩惱ハ攝善法戒ノ障リソト云ハ。定惠ノ分ナラハ障リト可レ成ル。今戒ト成レハ。煩惱モ障リトハ不レ成ト云也。三聚淨戒ナレトモ。戒ト云ヘル律儀カ本ト成ル也。サテ小乘ニ煩惱ヲ障トセヌハ被ニ意得一タル也トテ。付ニ意業ニ戒ヲ制セサル故也。今ノ戒ハ。三業ヲ持ツカ而モ煩惱ヲ障リトセヌハ。舍那ノ功德ノ凡夫ノ上ニ受取故也。此釋ハ。煩惱ヲ常有トシテト釋スルカ殊勝ノ事ニテ有ル也。煩惱ヲ捨テテ戒ヲ得ハ。凡夫ノ上ヲハ何トシテ可ニ得戒一ス。サレハ。煩惱ノ障ト不レ成ト云ハ。凡夫ノ上ニ成スル謂也。サテ煩惱カ障リト成レハコソ。唯佛一人具淨戒トハ說ラメト云難アリツレト

モ。此ノ淨戒ト云ハ。舍那ノ功德ニ有ル淨戒也。此淨戒ヲ我等カ上ニ成スレハ。煩惱ノ不レ依ニ有無一也。等覺已還尚有ニ誤犯一。畜生以上不ニ偏著レ衣ヲ。山家ノ大師ノ御釋ハ戒行ノ意也。此ハ諸大乘經ノ戒。大小相對ノ意ナレハ無ニ子細一事也。戒體ト云ハ。舍那ノ功德ノ凡夫ニ成スル謂レ也。戒行ト云ハ。諸大乘經ニ依テ被レ論意也。聲聞ハ色ヲ制ス。菩薩ハ心ヲ制スナト被レ釋ハ戒行ノ意也。（經、大正藏二四、一〇〇四中十行）戒體ハ。但解法師語ノ處ヲ成スル事ナレハ。戒行ニハ不レ可レ同カル也。顯戒論ニ。小乘戒ノ外ニ大乘戒アリト被ニ論立一テ事ナレハ。大小乘ノ異ヲ被レ釋カ本意ニテアル也

小乘戒ノ約ニシテ身口一ニ戒ヲ制スル故ニ。煩惱ヲ戒ノ障リトセヌト云モ。此戒ノ戒行ノ一分ヲ說ク謂ソト被ニ沙汰一也。三聚淨戒ノ中ノ攝律儀戒ハ。身口ニ約スルカ本意テアレハ。十重ヲモ身口ニ約シテ波羅夷ヲ結スル也。（義記、大正藏四〇、五六三中一八行）此凡夫ノ上ニ被レ持謂也。今從ニ身口相顯一皆名ニト律儀一ト被レ釋此意也。此ハ煩惱常有故不說障ノ被ニ意得合一事也。律儀ト云ハ。サテコソ可ケレ有。攝善法戒ハ。定惠ナレハ意業ナルヘキヲ。持ヤ否ト云ヘハ。持ト云處ニ戒ト成ヲ。成スルハ言說ニ極テ被レ持也。サルホトニ戒體ヲモ性無作假色被レ釋也（義記、大正藏四〇、五六六上一行）

菩薩戒戒體之事

仰云。此事ハ。正ク性無作假色ト被レ釋タル約束。今ノ戒體カ可レ有ニ色法一道理不レ被ニ意得一也。南山。三種ノ戒體ト云ハ毘曇・成論・大乘也。毘曇ニハ。以レ色爲レ體。成論ニハ。以ニ非色非心一ヲ體トシ。大乘ハ。心ヲ以爲レ體スル也。此大小ノ乘ノ不同ハ。色ヲ以爲レ體ト。心ヲ以テ爲レ體ト云ニアル也。今色ヲ以體ト（爲カ」）云テ毘曇ニ可レ同事大不審也。講答ノ義勢ニ。相傳（傳㋑得）ノ一義トテ。色心相對ノ色テハ無ト被レ成カ尚以不レ被ニ意得一也。トテモ色心二法ニ不レ當ハ殊更以テ心爲レ體ト云テコソ。通達（途歟）ノ大乘戒ニモ可レ順ケレ。サテ此二心ヲ以テ。爲レ體トレトモ。通途大乘ノ心法テハ無コト。一重子細カ可レ有ソト被レ成スルハ可レ被レ得レ意也

此經ノ品ヲ。心地ト云ヨリシテ。（經、心地戒品）我已（已㋑以）百劫修ニ行是心地一トテ。（經、大正藏二四、一〇〇三中十行）舍那ハ何事ソ百劫マテハ被ニ修行一ケルソト云ハ。此心地ヲ被ニ修行一也。此心地ノ樣ヲ釋スル時。三業之中。意業爲レ主ト被レ釋タルハ（義記、大正藏四〇、五六三上十九行）被レ得レ意事也。此ヲ序ノ五重玄ノ分ト被レ謝ハ。サテ

序ハ。終ニ徒物テ可レ有カ。五重玄ト三重玄ト開會（合）異トコソ末
師モ被レ釋テハ有
サテ止觀テハ。中道妙觀戒之正體ト釋。（天止二、五三九）妙樂ハ。意明三心性以（同、五一五。弘決）
爲ニ戒體一ト矣　明曠ハ。唯實有以レ心爲レ體　文（大正藏四〇、五八一上）　五大院ハ。眞
如佛性。（大正藏七四、七六六中）以爲ニ戒體一　矣（相心以之カ）　異朝・本朝共。心ヲ以テ爲レ體ト見タ
リ。次。釋義カ不レ起而已起卽性無作假色（佛㋑法）ト被レ釋タル。（義記、大正藏四〇、五六五下～六上）此
釋ニ付テ。色法ヲ以テ爲ニ戒體一ト被レ成カ。ケニモ出體ノ章ノ
下テ此體被レ釋ハ。以法（「心カ）ヲ戒體ヲ被レ定カト見タルカ。但釋義ノ
前後不レ被レ得レ意也。（義記、同、五六六上一行）經論ニ互ニ有無ヲ諍論ストト云テ。南山。三
種ノ戒體ヲ引テ無ト云時。（同四行）瓔珞。心無盡故戒亦無盡ノ文ヲ擧。
有ト云時ハ毘曇・成論ヲ被レ擧也。（「○カ）無ト云ハ。大乘ニ心ヲ體トスル
意也。色心ノ諍論ヲ或ハ契テレ理ニ不レ叶レ文。或ハ順レ文不レ順レ
理ニ。各付レ疵也。此ニハ大乘小乘共ニ有ト云義カ多釋スル也。
其ハ道理　（以下缺文）
（以上㋑六頁一段插入）

（㋑㋺ここより下巻）

六　圓戒教主事

應安四「年辛亥四月」二十七日（一三七一）（「」㋑㋺四）
〔㋑㋺ 發起同前。同聞地藏坊法印快運。常光坊法印仙圓。幸承立（立㋺豎）者。志玉〕
「」㋑㋺ナシ「同聞如レ前。但眞理住山之間不レ及ニ聽聞一。仙圓法印依ニ所望一被レ加也」

㋑㋺〔仰云。〕是ハ隨テニ所依ノ經ニ可ニ分別一スル事也。所依ノ事ハ沙汰シ
畢ヌ。大都ハ隨テレ彼カレニ可ニ心得一歟（歟㋺也）。正依法華ノ心ナラハ。以テニ法
華ノ教主ヲ一卽（卽㋑㋺則）チ圓戒ノ教主トモ可ニ心得一也。學生式ノ問答ニ。
（傳全一、三六九）第一菩薩戒ノ師ハ。多寶塔中釋迦如來　云云　此塔中ノ釋迦ハ。
三身ノ中ニハ何レノ身ナルヘキソト云事ハ。常ニモ有ニ沙汰一事歟（歟㋺也）。
凡ソ法華ノ教主ノ事ハ異義也。塔中ノ釋迦ト有ルハ。何レノ身
ソト（ソ㋑㋺ナシ）被レ存ニテ有ルヤラム（ム㋺ン）。多寶・釋迦・分身ヲ三身ニ配當スル
定（定㋺寶）ナラハ。可レ當ルニ報（報㋺教）身一ニ歟。（傳全一、二一五）但シ內證佛法ノ血脈ニ。天台ノ相
承ヲ被レ出時ハ。常寂光土第一義諦靈山淨土久遠實成多寶
塔中大牟尼尊ト云テ。以レ之爲ニ相承ノ根源（源㋑㋺元）一ト。是ハ常寂光土（㋑㋺等」）
者法身ナリ。靈山淨土ハ報身ナリ（「㋑㋺等者）。多寶塔中大牟尼尊ト者。應
身ト得ルレ心歟（歟㋺也）。此ノ六句ヲ三行ニ被レ書タリ。誠ニ三身ノ功德ヲ
ヲモ（ヲモ㋑㋺思）ハ（ハ㋺ソ）ヘラレタル歟ト覺タリ。若爾ハ（「㋑㋺者）。塔中ノ釋迦ハ可レ當ルニ應身一ニ

歟。是等ハ法華ノ教主ノ可レ依ニ心得ノ樣ニ一

次ニ梵網經ハ。傍依ノ經ト被レ云ハ方ハ。華嚴・梵網。能結・所結ト心得可レ合事ナレハ。華嚴ノ教主他受用ナラハ。梵網ノ教主モ又可レ同カル。但シ梵網經ニハ三重ノ本末ノ成道ト云事アリテ。臺上ノ舍那・葉上葉中ノ釋迦。倶ニ菩薩戒ヲ說ト見タリ。故ニ正ク此經ノ教主ハ。此中ニハ可レ何ナルヤラン。是又不審ノ事也。經ノ首題ニハ。梵網經盧舍那佛說ト題セリ。是ハ報身ノ說ト見タリ。然而此土ノ教主ハ。若ハ葉上ノ釋迦歟。若ハ千百億ノ小釋迦歟。何樣ニモ於ニ菩提樹下ニ成シテ正覺ヲ一。最初ニ結ニ菩薩ノ戒藏ヲ一見タル故ニ。是ハ以ニ應身ノ釋迦ヲ一爲ニ教主ト一似タリ。彼ノ臺上ノ盧舍那ハ。自受用歟。他受用歟。人師ノ異解不同也。法相ノ人師等ハ。自受用身ト見ヘタリ。香象等ノ師ハ。他受用ノ定ニ釋スル歟。天台ノ意ハ。華嚴ノ教主他受用ナラハ。是モ他受用身歟。何樣ニモ華嚴ノ教主ニ可ニ心得合一也

而ルニ。付テニ梵網經ニ一品一卷ノ戒經ト被ルル云意有ル時ハ。華嚴ノ教主ナントニ非レ可キニ准例ス一。以テ此戒經ヲ正依法華ノ至極ト可ニ心得一故ニ。法華ノ教主ニシテモ可キ心得合スニテ有ルカ。其レモ梵網ノ臺上ノ舍那ヲ。靈山塔中ノ釋迦ニ同セン事モイタク不ル符合セ歟。山家ノ御心ノ如クナラハ。「內證佛法ノ血脈。」天台ノ相傳ノ外ニ別ニ被レ列ネタリ圓戒ノ相承ヲ一。其時ハ天台ノ相傳ハ如レク前。常寂光土等云云

圓戒ノ相承ヲ列ル時ハ。蓮華ノ臺藏世界盧舍那佛ト云テ。天台宗ノ相傳ニ異ナル子細アル旨ヲ被レ顯ハ。其旨趣。前段ニ述ヘレ之ヲ畢ヌ。打任テハ。傍依梵網ノ心ヲ以テ。且ク如レ此被レ列タリナント可レ申歟。爾ハ。此ノ臺上ノ舍那ハ結成。華嚴教主ノ分齊ナルヘケレハ。又是華嚴ノ教主ノ分ナルヘシ。而ニ梵網經ノ說相ヲ釋ニモ。大師ノ義記ヲ披クニモ。梵網〔經ノ〕說會ノ相。全ク華嚴結成ノ化儀トハ不レ見ヘ也。何ナル佛ヤランハ不レ知。我今盧舍那方坐蓮華臺トテ。臺上ノ盧舍那佛ト云佛ケ御座スヲ。常所レ誦一戒光明金剛寶戒ト說ク。常ニ此戒ヲ說ク佛有ト見ヘタリ

葉上葉中ノ釋迦。隨ニ此ノ臺上ノ舍那ニ一戒法ヲ傳受シ畢テ。此舍那ノ佛戒ヲ爲ニ弘傳一センカ。閻浮提ニ下リテ座シテ菩提樹下ニ一示シ成道教相ヲ一。經テ十處ヲ一菩薩ノ位行ノ功德ヲ說ク。第十處ハ第四禪摩醯首羅天也。於テ此處ニ一說ニ心地品ヲ一見ヘタリ。義記云。

(義記、大正藏四〇、五六九中一行～)尋ヌルニ文ノ始末ヲ。有三千釋迦與千百億ノ釋迦。各接シテ有縁ヲ皆至ル舍那ノ所ニ。受菩薩ノ戒藏ヲ。然後各坐道場ニ〔示シテ成ト正覺ヲ〕。覆述說法スルニ。凡ソ有十處。一ニハ在妙光堂說十世界海○十ニハ在四禪ニ說心地品ヲ矣 此梵網ノ十處ヲ華嚴ノ七處八會ニ釋シ合セラレタリ。七處十處ノ不同。又付テモ化儀ニ聊相違ノ事共有ニハ。或ハ華嚴所說文來未盡ト云ヒ。(同前)或ハ良ニ由テ聖迹難思隨テ機ニ異說スルニ耳ト被ル釋。(同前)故ニ華嚴ノ結經ト被云分ハ。此ノ第十會ノ說ナントテ指ス歟ト覺タリ。此ノ前ニ。本源ノ舍那ノ說ヲ並テ。「是一切佛本源。一切菩薩本源。佛性種子等說テ。」(經、一〇〇三下二二行～)華嚴ノ七處八會ハ。彼ノ舍那ノ付屬ヲ受ケテ。閻浮提ニ下來スル上ノ覆述說法ノ化儀也ト見ヘタリ。何ソ本源ノ舍那ノ常說ナル。一戒光明金剛寶戒ヲ指テ。應迹ノ華嚴ノ部ニ可屬耶 此上ニ。(同、十九行)復從天王宮下至閻浮提菩提樹下等云テ。重テ又第四禪ヨリ下テ菩提樹下ニ。爲ニ凡夫癡闇ノ人ノ。本盧舍那佛ノ常ニ所ノ誦ル一戒光明ヲ說ト見タリ。舍那ノ本源ニ還ル時モ。華嚴部ノ可トハ所攝ナル不覺。復從天王宮下至閻浮提菩提樹下等ノ化儀ヲ以テ思フ時モ。華嚴能結ノ分ニハ難シ屬シ也。若爾ハ。部ノ外ノ菩薩戒經ノ教主ナラハ。常途ノ華嚴ノ教主ナントニハ不可例同ス事也。付テハ其ニ盧舍那ト者。三身ノ中ニハ報身如來ノ梵號ナレハ。自他受用ノ不同コソ有トモ。「此經又舍那ノ說ナラハ」報身ト可申歟。但シ戒家ノ心ハ三身隨一ノ非ス報身ニ。三身四身ノ功德。悉ク舍那ノ一戒光明ニ歸スル上ノ事也。然ト云ヘトモ。以テ報身ヲ言ノ端トハ可爲歟。常ニ天台ニ所談ル法華ノ教主。報身ニモアレ。〔應身ニモアレ。〕不縱不橫俱體俱用ノ上ノ沙汰ナルヘケレハ。可非但ノ應身ニ單ノ報身ニハ歟(天玄四、三九七。玄義)本門壽量ノ佛ヲハ。或ハ。本極法身トモ釋シ。或ハ。正在報身トモ(天文五、二二七一下。文句)釋スレトモ。本地ノ三身ヲ押ヘテ。法身トモ報身トモ名クル樣ニ可心得也。又本地無作ノ三身ヲハ。應身ト習フ子細モ有之歟。眞言ノ心又立レトモ三身四身ヲ。法身ト云ヘハ四種法身ニテ。四身共ニ法身也。五大院ハ。准ヘテ四種受用身・四種變化身・四種等流身トモ可名ク被釋タリ。(大正藏七五、四二〇中。教時義)今ノ戒經ノ教主ノ盧舍那例シテ之可心得也。爰ヲ以テ義記ニハ我今盧舍那ノ句ヲ釋シテ。佛身四(義記、大正藏四〇、五六九下二四行～)種アリ。一謂法身。二謂眞應。三謂法報應乃至若更四身者。

「示云。是ハ報應化次第スト云計也」（「」イロナシ）應身受ニ純陀供ヲ一。〔化身ハ〕（イロ）受ニ大衆ノ供ヲ一云云 此ノ四種ノ佛身ト云ハ。常ノ三身四身ト分別スル（化イ法 別イ極）四身ニ非ス。佛身ノ廢立ニ（廢イロ配）一身二身三身四身ノ四種有ト云也。是レ卽（卽ロ則）顯密ノ聖教ノ中ニ。佛ノ功德ヲ二身三身等ト（「イロ四身）分別スルニ。悉ク舍那（舍イ遮）ノ戒身。淨滿如來ノ功德也ト釋シ顯スト得レ心。初ノ一謂（謂㊦譯）法身ト云ハ。今ノ盧舍那ノ體ヲ先ツ一法身ト立テテ置ク也。舍那ナラハ一謂報身ト釋セヨカシト覺レトモ。報身ナラハ常途ノ自他受用ノ域ニ可キレ同ス故ニ。常途ノ報身（報イナシ）ノ位ニ拔ケ出タル事ヲ爲レ示サンカ二法身ト云歟（歟ロ也）（傳全一、五六五）〔光定ノ〕（イロ）一心戒ニハ。今ノ戒ヲ。法身如來ニ有實相戒ト云テ。自（同、六三四）受用報身（報イロ法）・他受用法身ナントテ云テ名目ヲ「用ヒラレタリ。」（「」イロ被用）常ノ人イタク心不レ置（心イ意ロ意得）事也。是卽（也イ歟）（卽イロ則）自受用ト云モ。他受用ト云モ。今ノ（「イ盧）舍那一法身ノ體ヲ分別スル心ヲ（心イロ意）被ルレ顯サ歟。但シ天台所立ノ自受用身モ。經論ノ中ニ沙汰シタル三身ノ中ノ報身（報ロ法）ノ分ニハ非スト心得ル歟（歟ロ也）。自受用報身トハ云ヘトモ。境智冥合シテ法身ト位ヲ同スル也。サテコソ居ストモ（ロ屬イ）寂光土ニ一得レ心事ニテ有レ。打任タル報身ナラハ定テ報土ニヤ可レ居。但シ（「イロ也）自受用ノ所居ハ一箇ノ大事也。學者モ存ニ異義ヲ一歟（義ロ儀 歟イ也）。凡ソ不レ限ニ自受用ニ一。無作三身住常寂光土（土イ本）ナレハ。無作ノ三身ハ。三身倶（倶イロ共）ニ居スト寂光ニ一見タリ。今ノ舍那ヲ報身（報イロ法）ト釋スル事モ。是等（是イロ以此）ノ才覺ヲ以テ（以イロナシ）。下地ヲハ可ニ心得一也。故ニ自受用トモ云ヘ。他受用トモ云ヘ。可レ有ニ別意一（「イロ皆）也一往。彼ノ名言ヲ借テ是モ云ハハ（是云イロ云之）。一品一卷ノ心ハ自受用報身。上下兩卷ノ邊ハ「可レ同ニ華嚴ノ心一ニ。」（「」イロ華嚴意同シカルヘケレハ）他受用報「身トモ可ニ心（「」㊦（重複記載））得一也。今ノ梵網ノ教主。自受用報身也ト云約束。中中他宗ノ人師ノ〔釋ノ〕（イロ）中ニハ雖レ有レ之。一家ノ學者ハ。頗ル可レ驚レ耳ヲ事歟（歟ロ也）

而ルニ顯揚大戒論ノ初ノ歸敬ノ偈ニ。（大正藏七四、六六一中）稽首蓮華臺藏海。自覺聖智淨滿尊（淨ロナシ）ト云云（「ロ等） 自覺聖智ト者。自受用ノ智惠也ト云事。不レ能ニ左右ニ一事也。金剛頂經ノ疏ニ。五祕密ノ說ヲ（說ロ呪）引テ云ク。若依（大正藏二〇、五三五中）（「佛カ）毘盧遮那自受用身（身ロナシ）所說內證自覺聖智法ト云云 今ノ大戒論モ。同ク前唐院（唐イ塔）ノ制作（制イロ製）也。爾ハ。彼ノ（「イロ者）金剛頂經（經イナシ）ノ五祕密ノ說ヲ爲レ據テ。梵網ノ教主ノ。蓮華臺藏ノ盧舍那ヲ自覺聖智トハ被ルレ釋（被ロ彼）歟ト覺ル也（也ロ歟）。凡ソ顯戒論ト顯揚大戒論トノ。歸敬序ノ相不同也。顯戒論ニハ。法華・梵網ノ二經ノ心ニ依ルト見ヘタリ。初ニ（傳全一、二五）稽首十方常寂光。常住內證三身佛等者。法華ノ心（心イロ意）也。次下ニ（同前）歸命臺藏盧舍那。千華百億釋迦尊等ト者。梵網ノ心也。是ヲハ打任テハ。初ハ正依法華ノ心ハ。後ハ傍依梵網ノ意ナトト可レ申歟但シ山家ノ御本意難レ知リ。若シ法華一乘ノ所レ歸ル。舍那ノ戒體ニ有ル心ヲ以テ。如レ此稽首歸命シタマフニモヤ有ルラン。至テハ二顯揚大戒論一ニ。依ル二法華一ニ趣キ全ク不レ見。最初ニ稽首蓮華臺藏海等云ヨリ。歸敬偈ノ始終悉ク梵網ノ心也ト見ヘタリ。若此ノ梵網單ヘニ可ニクハ二傍依一ナル。何ソ正依ノ法華經ノ中ノ三寶ヲ閣サシヲキテ。傍依ノ敎ノ三寶ニ稽首シテ圓戒ノ加護ヲ可ニ請給一フ耶。淨滿ト者。盧舍那ノ漢語也。義記ニ云。以ニ諸患都盡一故稱爲レ淨。（大正藏四〇、五六九上二五行）滿德悉圓名爲レ滿也 諸患都盡ト者。攝律儀戒也。衆德悉圓ト者。攝善・攝生也。故ニ盧舍那ト者。三聚淨戒圓滿ノ一ノ戒身也ト釋スルニテアル也。此舍那ノ功德ヲ四戒三勸トモ分別シテ。末法邊地ニ至ルマテ。流轉不滅ノ敎也ケル謂ヲ舍那ノ說トハ心得ル也。故ニ舍那ノ說ト申セハトテ。實報土ニテ對シテ二法身ノ菩薩一ニ說キタリシ事ヲナンと。遠ク可レ思フ事ニ非ス。舍那傳ニ釋迦一ニ。釋迦傳ニ二菩薩一ニ。〔菩薩〕授クル二衆生一ニ處カ。同ク舍那發起ノ相ナル旨ヲ大師ハ釋シタマフ也。サテコソ衆生受佛戒卽入諸佛位ト云ハ。（大正藏二四、一〇〇四上）

受レハ二此戒一ヲ舍那ト同レ位ヲ云歟說クニテアル也。五大院ハ受戒ノ時。一如ノ舍那ト成ソト釋シタマヘル。（大正藏七四、七七三下・七七四上）尤モ貴キ事也。サレハ受戒戒場ヲハ。普賢經ノ其佛住處名常寂光ノ文ヲ引テ。當レ知。受ルニ二菩薩戒一ヲ地トコロヲハ。名ク二常寂光土一ト。（同、七六〇下）一切如來ノ五分法身。究竟ノ證會シタマヘル之處ナリト先德ハ釋シタマフ也。是モ今ノ盧舍那ヲ法身自受用ノ佛ノ至極ト存シ知給フ故ニ。此舍那ノ三聚淨戒ノ功德ヲ請取ルナラハ。必ス寂光ノ依正ニ成リ還テ。舍那ノ一戒光明ヲ受得スル謂レ不トレ可レ有得タマフ也

旣ニ。舍那ハ以ニ釋迦一ヲ爲シテ二所化一ト。此戒ヲ授ト見タリ。（經、大正藏二四、一〇〇四上五行）唯佛與佛ノ境界ナル事ハ以レ之可レ知ヌ。而ルニ千百億ノ釋迦。各接ニ微塵衆一。俱來ニ至我所一。聽三我誦二佛戒一ト說キ。釋迦ノ隨テ二舍那ノ處一受戒給フ時。釋尊所化ノ有緣ノ衆生ヲ攝シテ。俱ニ令レト聞二舍那ノ說戒一ヲ見ヘタリ。不可思議ノ儀式歟。釋尊所化ノ衆生ト者。界內六道ノ凡夫也。其ノ唯佛與佛ノ至ニ境界一ニ。親タシク隨テ二盧舍那一ニ受ムニ此ノ戒一ヲ事。常〔途ノ〕敎ノ所談ノ非ル所レ及フ歟。是又在世ノ昔シサル事ノ有シト云ニ非ス。濁世末代ノ今ノ時ニ至ルマテ。此戒受ト云者。卽チ此利益ヲ可レ蒙ルニテ有ル也。此事

深ク可レ祕ニ藏之一也

(以下15行イナシ)

示云。四戒ト者。舍那・釋迦・菩薩・衆生ノ傳受ノ次第也。舍那・釋迦ト者。雖ニ內證外用ノ不同一ナリト。俱ニ極果ノ佛也。仍テ舍那傳フト二釋迦ニ一云ヘル梵網ノ戒ハ。是レ唯佛與佛ノ境界也。凡ソ定惠ノ法門ハ。雖ニ傳受一スト。無ニンハ修行ノ方便一不レ能ニ證得一ニ。圓頓戒ハ。只舍那ノ戒法ヲ受得ス。卽舍那ノ法體ヲ成スト談スル也。千百億ノ釋迦。各接ニ微塵衆一。俱來ニ至我所一說テ。(經、大正藏二四、一〇〇四上五行)舍那傳ルニ釋迦一ニ。唯佛與佛ノ境界ニ釋迦有緣ノ六道・底下ノ凡夫同クニ受クト佛戒ヲ一說カ故ニ。約シテレ橫ニ論レハ之。釋迦傳受卽一切衆生受得スル事ヲ顯ス也。サテ四戒次第。舍那傳ニ釋迦一ニ。釋迦等覺已還內凡外〔凡ノ〕菩薩。底下ノ凡夫マテ。次第ニ傳受ノ位ニ下レトモ。受得ト云ヘハ。舍那ノ內證ノ功德ヲ請取カ故ニ。同ク舍那ノ依正ヲ成ル也「已上。極樂坊御本ヲ以寫レ之」

示云。三勸者。受持誦ノ三也。受ケヨ持セヨ誦セヨト云也。戒ヲハ必可レ受ク也。受レハ必ス可レ持ツ。持テハ必ス爲レ人ノ爲ニ戒師一戒ヲ誦セヨト云也

(以上15行イナシ)

七　受戒根機ノ事

〔仰云。〕菩薩戒ノ根機ノ事ハ。付テニ所傳ノ戒法一ニ權實ノ不同可キレ有故ニ。受者ノ機根モ又淺深高下ノ不同可レ有レ之歟。今ノ所傳ノ付テモニ妙戒一ニ。聊カ非スレ無ニ差異一。常ノ三學俱傳ノ戒ナラハ。打任タル天台宗ノ所談ノ外ニ。異ナル才覺非レ可ニ有レ之歟。六卽ノ次位ニ約シテ得レハレ心。名字・觀行ノ位ナントニテ可レ有レ之。明曠疏ニ云。卽約ニ名字・觀行位初一。俱持ニ十戒一名爲ニ菩薩一矣(大正藏四〇、五八一上)五大院ニハ。約シテニ六卽一ニ釋ルレ之。梵網經ノ衆生受佛戒。卽入諸佛位ノ文ヲ引テハ。是卽身入名字トモ云ヒ。(大正藏七四、七六五中)初聞ニ自心五分法身一。號爲ニ名字卽身成佛一。今受ニ自心五分戒身一。名爲ニ觀行卽身成佛一等ラ釋シタマフ。(同、七七五中)是等ハ名字・觀行ノ位ニ入テ今ノ圓戒ヲハ可ニト受得一釋スル歟

而ルニ名字卽ノ皆是佛法ノ解了モ。(天止一、三七六。止觀)末代ニハ頗ル其ノ人ヲ難レ得歟。況ヤ心觀明了理惠相應ノ位ニ入ラン事。甚以テ難レキ期シ事歟。爾ハ。圓戒傳持ノ人モ。何レノ時マテニテ有リケルヤラン。尤モ

不審ノ事歟。但シ付テハ二名字卽一ニ。淺深重重可レハ有ル。當今末代ノ學者也トモ。如レ形ノ聞キ二三諦ノ名字一ヲモ。圓實ノ義理ヲモ心ニ置分有ハレ之。名字ノ所攝ニモヤ可レ有ルカラン。功モ高位ニ非スレ可ニ讓ルナント云フ人モ有レ之歟。雖レ然ト。如レ此事ハ。慥ナル釋義ノ分別無クハレ之。輙ク以テ難ニ治定一事也。宜ク名字卽ノ人ノ行相トテ。處處ニ被ニ沙汰一タル分齊有レ之上ハ。彼等ノ實義ヲ爲テ二指南一ト。其ノ階級ヲ可レ定也。是ハ大方ノ圓頓行者ノ發菩提心ノ位ト云フカ。（天止一、三六七。弘決）今明ニ發心ニ在ニ名字位一ナルカ故ニ。發心ノ上ノ修行ニ付テノ戒定惠ノ三學ト云事ハ。可レ有レ之故ニ。未發心ノ位ト云テハケニモ爭カ圓戒受得ノ義ヲ可レ論耶

今ノ梵網經ノ説相ニ付テハ。華嚴ノ結經ト云ハルル方ハ。帶權方便ノ教ナルヘキ故ニ。發心修行ノ分齊モ彌高遠迢遞ナルヘキ歟。（天止四、九九。止觀）凡ソ雖レ説ニ圓教一ヲ。法華以前ハ。但シ爲次第三諦所攝ナルカ故ニ。（天玄一、八六。釋籤）別教ノ隔歴長遠ノ域ヲ出ル事可レ堅ル。若爾ハ。戒體モ戒行モ末世ニ彌不レ有ニ其人一。厚殖善根ノ大根性ノ義ニ非スハ。別圓頓大ノ戒法ニハ可レ難レ潤ヒ者也。而ニ前前ノ題目ニ如ク申シ述ルカ。自リレ昔一ノ相傳在リ。法華開顯ノ本意ヲ。付ニ此經ニ習ヒ傳ル子細有レ之。此ノ口傳ヲ爲ニ博士一ト。此戒經ノ文ヲ見レハ。如ク前段ニ述ルカ。ケニモ又華嚴ノ結經ト計リモ得レ心ラレヌ樣ニ在レ之歟

經云。（經、大正藏二四、一〇〇三下十九行～）復從ニ天王宮一下至ニ閻浮提菩提樹下一。爲ニ此地上一切衆生凡夫癡闇之人一。説ニ我本盧舍那佛心地中初發心中常所レ誦一戒光明金剛寶戒一ト云云　是ハ釋迦受テニ舍那ノ敕一ヲ下テニ閻浮提一ニ。歷テニ七處十處一ニ。住行向地等ノ菩薩ノ位行ノ功德ヲ説ク。後ニ第四禪摩醯首羅天ニ於テ説タリニ心地品一ヲ。（經、九九七中九行）是ハ華嚴ノ能結所結ノ分ニ相順スル也。梵網經結成華嚴教ト被ルルハレ釋。（天文五、二二四八。文句）且ク約ニ此ノ摩醯首羅天會ノ説一ニ也。サテ復從天王宮ト者。此第四禪ヨリ又菩提樹下ニ下テ。舍那ノ一戒光明金剛寶戒ヲ説クト云ヘルハ。カケ離レタル化儀ヲ一ツ設ケテ。單ヘニ此ノ地上ノ一切衆生凡夫癡闇ノ人ノ利益ヲ爲ル體ト説會ノ相也ト釋ルル也

華嚴經モ。未ミ必純教ニ法身菩薩一。亦有ニ凡夫大根性者一ト（天玄五、五二四。玄義）釋スレハ。凡夫モ會座ニ列ナル事有リトハ釋スレトモ。報身報土ノ化儀ニ例テ。卽皆信受入如來惠セン人ノ事ナレハ。（大正藏九、四〇中。涌出品）定テ打任タル凡夫ノ境界ノ事ニテハヨモ有ラシ。其ノ華嚴教ノ利益ノ分齊ヲハ。華嚴宗ト云宗アレハ。香象・淸涼等ノ釋義ヲ爲テ指南ト。滅後ノ利

益ノ分齊ナントハ可レ辨事歟。今ノ梵網經ニモ。十處ヲ經歷シテ所說ノ法門ハ。彼ノ華嚴ノ心ハ不レ可レ異ナル。而ニ復從天王宮下至閻浮提ノ今ノ戒法ハ。單ニ爲ニ凡夫一ノ見タル故ニ。先ツ位ヒ高ク機進ミタル人ノ爲トハ不レ覺也。爲ニ凡夫一ノ迄コソ見ヘタレ。サノミ下機ニハ及フマシナント云ハン事ハ。經ノ本意ニハ不レ可レ叶歟。凡ソ圓頓ノ教法ハ。然圓頓教本被凡夫（天止三、七四。弘決）トモ被レ釋。或ハ。教彌實ナレハ位彌下（天止四、一〇六。弘決）シト被レ釋故ニ。薄地底下ノ凡夫ノ上ニ。開佛知見ノ益ヲ成スル處カ。三無差別ノ妙法ノ所詮ニテモ可レ有ル。故ニ法華經ノ本意ヲモ。一一ニ爲ニ初心一ノコソ得レル心事ニテ有レ。其ノ法華一部ノ用處ヲハ山家大師。悉ク皆成ト被レ釋タリ。其圓教ノ利益ノ末代ニ令ルレ蒙謂ヲハ。今ノ凡夫癡闇ノ人ノ爲ニ設ク二一段ノ化儀一ヲ。所說ノ舍那ノ佛戒ソト得給フ謂レヲ習ヒ傳ル子細有ルレ之。其ノ時ハ。此梵網經カヲモ替リシタル物ト成ツテ。法華ノ開權顯實ノ妙法カトモ乃至本地無作三身トモ云モ。舍那ノ三聚淨戒ノ功德ノ外ノ事ニテハ無ク成ツテ。彼ノ本迹雖レ殊不思議一ナル一乘ノ體ヲ。一戒光明〔金剛寶戒トハ說クソト意得ル時。名字・觀行ノ位ナント云モ。我等カ上ニ遠カラヌ事ニ〕成テ。但解法師語ノ故ニハ名字トモ云ハレ。盡受得戒ノ故ニハ觀行トモ云ハルル〔六卽七位ノ階級モ乃至諸教ノ次位ニテモ。此ノ戒受得ノ上ニハ非レ數ルニ隣ノ寶ヲ〕不思議ノ得益ヲ成スル子細可レ有レ之。〔三重玄ノ釋名ノ下ニ。菩薩戒ノ名ニ付テ。廣ク被レ出二四教ノ階級一ヲ事モ深ク有ニ子細一事也。廣釋ニハ。圓乘戒證。受戒之日。卽身ニ六卽成佛ト被ルル釋（大正藏七四、七六四中～下）上ハ。分證・究竟ノ極位猶非レ遙ナルニ。況ヤ名字・觀行等ノ位ヒ彌無ニシトハ其ノ分一不レ可ニ怖畏一事歟。此併此ノ戒ノ高名也。以テ常途ノ意ヲ不レ可ニ是非一事也。經ニハ〕此戒ヲ。是一切佛本源。（經、一〇〇三下二二行～）〔一切菩薩本源。〕佛性種子トモ〔云ヒ。是情是心皆入佛性戒中トモ〕（同前）說テ。「此經ノ心ハ」衆生ノ佛性トハ此ノ戒ノ事ソト云也。若爾ハ。「如レ形ノ圓宗ノ結緣モ。一分ノ解行モ。正ク此戒受得ノ位ニ物ノ用ニ立テ。若有聞法者。無一不成佛ノ巨益モ可ニ眞實一事歟ト覺ル」也。仍テ此時ハ。付テモ凡夫ニ イカ程ノ凡夫ヨリコソ此戒受得ノ機ニテハ可レト有ル云フ分齊不レ可レ有レ之歟。既ニ一切衆生凡夫癡闇之人ト云フ（經、一〇〇三下二〇行）上ハ。是ハ得戒ノ機〔是ハ非ニト得戒ノ機一ニ。〕非レ可ニ簡別一ス。經云。若受ニ佛戒一者。國王王子百官宰相乃至奴婢。八（經、一〇〇四中七行～）

部鬼神金剛神畜生乃至變化人。但解法師語。盡受得戒。皆名第一清淨者矣更不簡機云事分明也。只戒師語解不解不同也。根機淺深。遮難有無惣而不論見。廣釋。開導六法述中。初根機定云下。卽今若受佛戒者文幷淨行經六道衆生受得戒。但解語得戒不失等文引。冥顯大衆。(大正藏七四、七五八中十七行～。廣釋)欲知得戒。解我語趣是得戒相。若其不解自知非器釋タマヘリ。但。雖云解語。其解了分齊難知。名字卽人。於名字中通達解了云(天止一、三七四。止觀)故。(同前)其或從知識或從經卷不同有。於文字言說上解了成處圓實菩提心名也。解語云ヘハトテ。必シモ非可輒歟ナント云不審。猶可相殘歟。然而此等。無盡期事也。其宗所談趣以。得心可分別事也

前段如述。此戒。佛戒至極アル名菩薩戒。部外經云時。梵網心地品等名字閣。菩薩戒經名ヨリ事起。大師此經釋菩薩戒義記被題。

五重玄異三重玄。付此經被披時。付菩薩戒三字名・體・料簡三重被分別事。是皆四戒三勸大旨。師資相傳體心被顯云事。佛戒・菩薩戒同異扁付述其義畢。爾此戒淨滿如來三聚淨戒功德有。付能傳人舍那・釋迦・菩薩・衆生不同雖有之。所傳戒法。凡聖分極差別依。少ソソケヌ戒師言說上傳。三國相傳至末法傳邊地得心時。其解了淺深隨受・不受不同可出來不覺事ソカシ

初心凡夫。智解分齊於。猶諍淺深高下。彼能納得スラン。我輒難傳受ナント云位マテ。爭極佛功德。薄地底下凡夫上受取。衆生受佛戒卽入諸佛位大利益成事有之。深染心符思トカハ。是等不審自可聞事也

サレハ。戒遮難云事有。聲聞戒。十三難十遮ナントヲ立。多得戒障論也。而梵網經。七逆云事ヲ立。(經、大正藏二四、一〇〇八下三行)若具七遮卽身不得戒ト說。是計爲障云ヘ

リ。是タニモ無クハ。向テハ此戒ニ更ニ遮障ト云事ハ有マシト定ル也。義記ニモ立テ無三障ノ一段ヲ。煩惱業報ノ障ノ有ルマシキ樣ヲ被料簡也。サレハ煩惱障ハ。煩惱ハ常有ル故ニ不説障ニト釋シテ。三毒ノ煩惱ヲ備レトモ得戒ノ障トモ不成ラ。報障ハ黄門・二形・鬼神・畜類等ニ至ルマテ無シ簡コト之。付テ業障ニ獨リ七逆ヲ爲ル遮難ト事アレトモ。此ノ七逆ハ。更ニ作ラルマシキ物ニテアル也

七逆ハ。常ノ五逆ニ殺和上・殺阿闍梨ノ二逆ヲ加ル也。而ルニ此二師ト云ハ。受戒ノ師ノ事也。未受戒ノ時ハ。不可有ル此名。爭カ受戒已前ニ害ル二師ヲ人可有之耶。仍テ重受ノ時ノ事歟ナント云義モ有レトモ。其モ無謂事也。何樣ニモ初受ノ時ハ。不可有ル此ノ名ハ。故ニ業障モ「成障ト物ハ無キ」成ル也。是モ此戒ハ。只師資相傳ヨリ外ニハ不可有ル別ノ子細ヲ謂ヲ顯サントスル時。若シ此ノ戒ニ障フト云物ヲ可クハ作リ立ツ。於受戒ノ師ニ加逆害ヲ程ノ事有ヲハ。是ヲ遮難ニテ可有ル云ントスル也。受戒已後ハ。又受コ取テ舍那ノ功德ヲ。一如ノ舍那ト云ハルル程ノ人ノ。サホトノ誤ナル事ハ。フツト有ル「マシキ事」ソト習傳ル也。仍テ已受ノ時モ。未受ノ時モ。「作ラルマシキ」物ヲ遮難ト立テテ。惣而此戒ニハ得戒ノ障ト云フ物ハ無キソト云事ヲ顯ス也。是等ハ。心ウツクシテ一宗ノ內ノ竊語也。不ル可口外ニ事也

顯戒論ニ僧統カ奏狀ニ云（傳全一、一二四）。然モ菩薩戒ハ。微細ニシテ難シ持シ。聖者猶在リ誤犯。凡夫ノ所修ノ。皆是レ似行ナリ。誰レカ同ク上位ニ。可キ持ス其ノ戒ヲ云ヘルヲ破トシテ。（同前）大海之水ハ。不遮セ蚊ノ飮コトヲ。菩薩之戒。何ソ遮セム黄門ヲ。所以ニ十地以還。猶有リ誤犯。畜生已上。分ニ有リ持戒。今引テ聖人ヲ。强テ抑フ凡夫ヲ。今此ノ圓戒ハ。但シ除テ七逆ヲ。自餘ノ衆生ハ。皆悉ク得戒スル也ト云云（同、一二三）此釋モ。七逆タニモ無キニ成ラハ。早ヤ得戒ノ機ニテアルヘキト被治定セ也。又云。犯戒ノ之名ハ。十地モ難洗。傳戒ノ之道ハ。夫婦モ可傳フ云云 此戒ハ。遮那淨滿ノ內證ナレハ。誠ニ元品ノ微炎モ殘ルナラハ。妙覺究竟ノ功德ニ對シテハ。犯戒ノ失モ雖モ可ト難カル遁レ。師資相傳ノ巨益ヲ思フ時ハ。在家ノ夫婦マテモ。互ニ能受所受トモ成リテ。同ク入ルル佛位ニ可ト有ル利益存シ給フ也

山家ノ大師ノ。（傳全一、五五二）我レ爲ニ戒法ノ體身不トレ惜。述ヘ給ヒケルモ。カカ

ル廣大ノ利益有ル事ヲ。南都ノ僧統ニ被レテ妨不申シ立テ事ハ。無念ノ至極ナルヘケレハ。捨テテ身命ヲ成辨セント思食ス趣ヲ。別當大師ニモ示シ給ヒケル也。廣釋ニハ。（大正藏七四、七五七下。取意）天竺ニモ震旦ニモ。或ハ有外道ニ不許サ佛法ヲ。或ハ執シテ小乘ヲ不ル信セ大乘ヲ者モ有ルニ。我カ日本國ハ。皆信シテ大乘ヲ。無シト有ルコト一人トシテ不ルモノ願成佛ヲ釋シテ。日本一州ノ道俗男女ニ於テハ。悉ク戒體受得ノ妙機ナルコトヲ顯シ給フ也。卽瑜伽論ノ。（同前、廣釋取意）東方ニ有國唯タ有リト大機ノミ云フ文ハ。引我國ノ事ヲ釋「タマフ也」。央崛經ノ若シ聞キヌレハ釋迦ノ名號ヲ。雖未タ發ストニ心ヲ。已ニ是菩薩也ト云說ヲ引テモ。我國ノ衆生誰カ非ニント菩薩ニ「述タマヘリ」。〔仍〕天竺・震旦ノ事ハ不知ラ。日本國ノ中ニハ不論發心未發心ヲ。圓戒ノ機緣ナラヌ者ハ一人モ不可ト有之釋シタマフ也

一乘要決云。（大正藏七四、三五一上）日本一州圓機純一ト釋シタマヘルモ此意也。

凡ソ山家・前唐院・五大院等ノ御釋ノ趣キ。法華ノ一乘ヲ皆ナ今ノ菩薩戒ノ體ヘ釋シ入レラルル故ニ。圓機ト云ハ。圓戒ノ機ノ事ソト釋シナサルル。若爾ハ。末代ナレトモ下根ナレハト云テ。努努不可卑下ス事也

八　菩薩戒戒師ノ事

〔仰云。〕付テハ菩薩戒ノ戒師ノ事ニ。有種種ノ〔御〕沙汰事也。義記ニハ。（義記、大正藏四〇、五六七下二二行〜）地持瓔珞並止一師。梵網受法亦止一師ト釋シテ。菩薩ノ法ハ一師ノ受法也ト釋シタマヘリ。但シ下ノ制戒ノ中ニ。遵フ和上闍梨ト故ニ。成ル七逆ト〔ト〕云テ。可有二師様ニモ見タリ。其ヲハ。（同、二四行〜）有ルカ言ク。和尚ト者指テ諸佛ヲ爲ス和尚。文又云ク。二師應問テ言フ汝有リヤ七遮罪不ヤト。似タリ非ルニ指スニ佛ヲ。ヒシヒシトモ不被釋シ定メ也。指テ佛ヲ爲ト和上ト云フ義モ有レトモ。經ニ。（經、大正藏二四、一〇〇八下十一行）二師應問言ト云故ニ。佛トモ不覺ヘ。釋シ散ラシタルマテニテ有ル也

山家ノ大師モ。聲聞・菩薩戒ノ受法ノ不同ヲ分別シタマフニハ。（傳全一、五六七。一心戒文）文殊・頭盧。上座別位。一師・十師。羯磨全異ト釋シタマフ故ニ。菩薩戒ハ。聲聞ノ十僧受戒ノ儀式ニハ替テ。一師ノ羯磨ナルヘシト釋シタマフ也。其ヲ僧統等カ難スルニ。但シ能授ノ人。不ル如法ナラ時ハ。所受ノ二戒。並ニ不得也ト云テ。菩薩戒ハ殊ニ護持微細ナルカ故ニ。凡夫ノ上ニハ不如法ナラム事無レハ疑ヒ。末代ニ

戒師ノ可レ難カル得事ヲ述ル也。山家救レ之ヲトシテ。小乘ノ能授ハ。（傳全一、一二三。顯戒論）凡聖ノ十師也。大乘ノ能授ハ。但シ十方ノ諸佛也。斯ノ能授ノ三師等ニ。何ゾ有ラン二不如法カ一。但シ傳戒ノ凡師ハ。是能傳而不ラス二能授一ニ。不レ預二三師及以ヒ七證一故ニ 云云 如レ此釋ナラハ。現前ノ一師ハ正ク無二授戒ノ師一ニテハ。不現前ノ五師カ眞實ノ戒師ニテハ可ニ御座一ス也。其ノ羯磨ノ詞ヲ。當座ニ戒師ハ口移シニシテ受者ニ令レ聞カ計ト見ヘタル歟。凡ソ菩薩戒ノ能授ノ師ハ。可ニ諸佛菩薩一ナル云事ハ。地持等ノ諸經ニモ此ノ趣ハ見タリ。別而釋尊ヲ爲二和上一ト。文殊・彌勒ヲ爲二羯磨・教授一トナント云事ハ。心地觀并ニ普賢觀經等ニ出タリ

山家ハ。依テ二普賢經ノ心一ニ。不現前ノ五師ヲ請シテ可レ爲ス二菩薩ノ戒師一ト定メタマフ也。若一向ニ戒師ノ德ハ歸シテ二佛菩薩一ニ。現前ノ一師ハ。戒師ノ功無クハレ之。殺和上・殺阿闍梨ヲ以テ爲ル二逆罪一ト事モ不審ノ事歟。況ヤ今ノ菩薩戒ノ心ハ。師師相承ヲ爲レ體ト。戒體發得ノ義ヲ存スル也。梵網受法亦止一師ト釋スルモ此心也。（義記、大正藏四〇、五六七下一二行）仍テ爰元カ不レ被二得レ心合一セ處在レ之歟

而ルニ菩薩戒ノ戒體發得ノ相ニ付テ。三歸發戒・羯磨發戒ノ二ノ心有リ。梵網ノ受法ハ。專ラ三歸發戒也。地持・高昌等ノ受法ハ。羯磨發戒也。義記ニハ。六本ノ受法ヲ被レ出タリ。所謂ル。（大正藏四〇、五六八上。取意）梵網・地持・高昌・瓔珞・新撰・制旨等也。廣釋ニハ此外ニ。妙樂・明曠・達摩・和國ノ加テ二四本一ヲ被レ出サ二十本ノ戒儀一ヲ。（大正藏七四、七五七。取意）此中ノ和國ノ本ト者。山家ノ制作。山門ニ用ヒ來ル處ノ戒儀也。是ハ妙樂ノ本ヲ删添シテ行用セラレタル也。明曠ノ本モ大都ハ不レ異ナラ。皆是十二門ノ戒儀也

五大院ハ。依二是等一ニ普通廣釋ヲハ被レ作タル也。此十二門ニハ。諸本ノ戒儀ヲ取合テ。一代ノ儀式ヲ被レ成セ故ニ。三歸發戒・羯磨發戒ノ二ノ心共ニ在トレ之見タリ。仍テ三歸發戒ノ方ニテハ。現前ノ凡師カ正ク舍那ノ功德ヲハ受ケ取リテ。受者ノ解語得戒ノ緣トハ成ル故ニ。是カ正キ戒師ニテハ可レキ有ル也

三歸ト者。付テ二三寶一ニ。一體・別相・住持ノ三種ノ三寶有リ。常途ノ心ハ。（大正藏四〇、五八二上二五行。明曠疏）別相住持功由一體トシ。一體三寶ニ歸スルヲ以テ。三歸發戒ノ所詮トスヘシ。一體三寶ト者。行者ノ一念ノ心性ヲ指テ。三寶ノ功德トスル也。故ニ三智一心中具不可思議ノ妙解ノ（天止一、三七一。止觀）立スル處カ。三歸ノ正體ニテハ可レ有ル歟。若爾ハ。三歸發戒ノ

人モ。末代ニハ其人可レ難レ有歟。別相ノ三寶ト者。在世ノ生身ノ如來ノ。其ノ所説ノ法門聞レテ之。得益セシ聲聞菩薩僧等也。是（大正藏四〇、五八二上十八行。明曠疏取意）又末代（代イロ世）ニハ歸依頗ル可レ難カル成シ歟。住持ノ三寶ト者。泥木素（ロ塑イ）像ヲ爲シ佛寶ト。黃卷朱軸ヲ爲シ法寶ト。剃髮染ノ衣ヲ爲ス僧寶ト云テ。我等カ肉眼ノ前ニ所ノ顯ルル木像畫像（畫イロ繪）ノ佛。末代ノ凡夫ノ手ニ取リ眼ニ對スル結集翻譯（翻イロ反）ノ色ノ經卷內ニハ。破戒無慚（慚イ暫）ノ咎トカ雖レ難レ免レ。剃リ頭ヲ著シテ法衣ヲ佛弟子ノ形儀（形イ戒）ヲ學フ由ヲ振舞輩（咎イロ失）ラ。是等カ住持ノ三寶ト被レテ云。末代（代イロ世）ノ福田トハ成ル也。雖レ然ト。打任テハ功由一體ノ歸依カ本體ニテ。住持ノ三寶ハ其ノ助緣ト成ル計ニテ可レ有ル也

其カ今ノ四戒三勸（勸イ初）ノ道理ヲ以テ得ル意時ハ。此三種ノ三寶ト云ハ。悉ク舍那ノ三聚淨戒ノ功德ナルカ故ニ。舍那ノ戒身・末代凝闇ノ凡夫ヲ不レ隔（隔ロ漏）發起スル謂ヲ得ル意時。一體・別相ノ三寶モ還（還イロ反）テ住持ノ三寶ニ極リテ。今ノ戒場ニ所ノ安置スル佛像。壇上ニ所レ開（開イロ披）ク梵網等ノ經卷幷ニ師師相承ノ一人ノ法師等カ。正キ舍那ノ功德ニ成リカヘ（カヘロ還）リテ。對シテ此三寶ニ「歸佛歸法歸僧」（「」イロ（イ歸依佛）歸依法等）詞ヲ出ス處ニ。淨滿ノ如來ノ一戒光明ノ功德ヲ受ケ取ルヲ。戒體受得トハ申ス也。此時ハ今ノ現前ノ戒師カ。居シテ舍那ノ位ニ令ル作法受得セ故ニ。是カ眞實ノ戒師（師ロ體）ニテ可レ有ル也

此上ニハ一體・別相ノ功德トテ。遠ク非レ可キニ置ク之ヲ。靈山ノ釋迦ヲ爲シテ初ト。十方ノ諸佛・文殊・彌勒ヲ爲シテ上首ト。一切ノ菩薩聖衆。此道場ニ雲集シテ。親ク授ケ給フ戒ヲ儀式可レ有レ之。煩惱ノ眼盲（シイ）テ其ノ儀式ヲモ不レ見。羯磨受戒ノ法音（音イ敎）ヲモ不レ聞故ニ。現前ノ一師傳レ之ヲ示レテ之ヲ。令テ受者ヲ彌（イヨイヨ）信心ヲモ發起シ。前キノ三歸發戒ノ戒體ヲモ彌ミカキ（ミカイロ研）顯ハサシムル也。是ハ羯磨發戒ノ相也。此ノ二ノ心（心イロ意）カ實ニハ同時ニ雖レ有レ之。說必次第シテ十二門ト開ク時ハ。第七門ニ此ノ羯磨受戒ノ相ヲハ被ルル出サ也。然レハ山家ノ大師ハ。對シテ他宗ニ被ニ立破セ時ハ。能傳ニシテ而（而イロ□）非トモ能授ニ釋セラルレトモ。現前ノ凡師カ正キ戒師ナル樣ヲモ被レ釋タル也。是等ハ能能（能能イ能）得レ心可レ辨事也

凡ソハ菩薩ノ戒師ト云ハ。除キ一失六弊（弊イロ蔽）ヲ。備テ四能五德ヲ成（成イロ□）ヘシト見タリ。若爾（「イロ者）ハ。末代ニ更（更イ□）ニ其ノ人ヲ不レ可レ得事歟。一失ト者。無キ淨信一者也。六弊（弊イロ蔽者）トハ。六度ノ障也。四能ハ。一（「イ云）ニハ同（「イロ者）法ノ菩薩。二ニハ已發大願。三ニハ有智有力。四ニハ辨了開解

云云 是等ハ地持・瑜伽等ノ說也。五德ト者。義記ニ云。一ニハ持（大正藏四〇、五六八上）戒。二ニハ十臘。三ニハ解ニ律藏一。四ニハ通ニ禪思一。五ニハ惠藏窮レ玄。什師ノ所レ傳融師筆受シテ。流傳シテ至ルレ今ニ。此レ其ノ正說トシテ〔矣〕若爾ハ。五德ト者。持戒持律ニシテ夏臘既ニ闌ヌ。三學兼備シテ行解相兼タル人カ戒師ニテハ可レト有ル見ル也。是ハ梵網ノ大本ニ見ヘタリトテ。羅什三藏ノ述タマヒケルヲ。融公正ク筆受シテ。其文又今ニ留マリタル事ナレハ。以レ之可レ爲ニ明鏡一ト趣キヲ。大師加レテ言ヲ釋シタマヘリ。責テハ餘部ノ經論ノ事ナラハ「トモカクモ」。會釋ヲモ可キニテレ構アルニ。梵網ノ說ヨリ事起テ。師師相傳ノ正說ト見ヘタリ

大方。梵網四十八輕戒ノ中ニモ。無解作師戒（第十八）・爲利作師戒（第四十一）ナント云テ。無ニ佛法ノ解了一モ名利ヲ爲テレ前ト。爲ニ人ノ授レ戒ヲ事ヲハ多ク被タリレ制レ之。以外ノ難治ノ事也。但シ。廣釋ニモ此事ヲ擧テ。如キハ某甲カ者。智ノ盲・戒ノ跛タリ。何ヲ以テ與レメニ衆而（大正藏七四、七五七中）作ントニ戒師ト謙退シテ。又不化衆生戒（第四十五）・慳惜加毀戒（第八重）等ノ文ヲ引テ。若シ憚テ不ンハレ授。恐クハ背テニ佛誡ニ。犯シナムト波羅夷罪ヲ（同前）云テ。無量義經ノ病導師ノ誓ヲ引テ（同前）。今緣テニ斯ノ義ニ。敢テ作テト戒師ト述タマヘリ。顯戒論ニハ。新宗所傳ノ梵網ノ圓戒ハ。分ニ（傳全一、一三四）備ヘテ圓ノ五德ヲ。汲ニ引ス一圓ノ根ヲ。當ニレ知。圓戒・圓臘・圓藏・圓禪・圓惠。非スハ天台ノ釋ニ。難シレ可キコト傳說ス也 矣 釋タマヘリ。此釋尤モ貴シ。雖ニ末世癡闇ノ凡夫也一ト。傳ルナラハ此ノ圓戒ヲ。分ニ備テ五德ヲ成ル戒師ト謂レ可レト有ル釋シタマフ也。（同、一三三）傳戒ノ之道。夫婦可傳ト釋スルモ皆此心也。是ヲハ新宗所傳ノ法華ノ圓戒トハ述ヘ給ヘキニ。梵網ノ圓戒トアルハ。今ノ戒經ノ四戒三勸ノ心ヲ思給フテ有ル也。受レハ必ス持チ。持テハ必ス誦スル。三勸ノ道理。流轉不滅ニシテ不ルレ可レ有レ所レ止故ニ。自ラ此ノ戒法ヲ受ケ取ルナラハ。人ニモ亦可レ傳フ。道理人人可ニ具足一ス故也。此ノ上ニハ。又隨分ニ其德業ヲモ論シ。其堪能ノ人ヲモ可レ撰フ。道理非スレ可ニ無ルレ之。能能評量シテ進否スヘキ事也

五大院廣釋ニ云（大正藏七四、七六一下）。若シ夫南山・慈恩・嘉祥。如非ンハニ和光一ニ。未タレ許サニ戒師ト。何ニ況ヤ末代假名ノ菩薩ヲヤト云テ（同前）。南岳・天台ヲ出シテ。圓戒ノ戒師ノ位ト定メテ。如今。末代圓乘ノ菩薩。自他ノ佛性ニ。深生スルニ隨喜ヲ。十心具足第一品等ト釋セリ。若爾ハ。不ハレ叶ニ五品六根ノ位ニ難トレ成ニ戒師一ト釋ル也。三論・法相・律宗等ノ祖

師ニ於テハ。佛菩薩ノ應化ナランハ不知。垂迹ノ面ニテハ成ン戒師ト事ハ有ルマシト嫌テ。圓實ノ心ニテコソ。末代假名ノ菩薩ノ上ニモ。戒師ト成ル事ハアランスレトテ。其位ヲ定ルニハ觀行・相似。內凡・外凡ト云ヒ。出スニハ其人ヲ南岳・天台ヲ被擧タリケ。先德モサスカニ及テ末代ニ如ナル南岳・天台ノ戒師可有シトハ有ル不被存セ歟。是則今ノ佛戒ノ傳ト云ハルル一失六弊ヲモ難除。四能五德モ難備ト云ヘトモ。分ニ備テ圓ノ五德ヲ成ル戒師ト時キ。彼ノ內凡・外凡ノ位ニ登テ。成スヘキ戒師德業ヲ備ル謂有之事ヲ被釋セニテ有ル也。自他ノ佛性ニ。深ク生ト隨喜ヲ云フモ。定惠ノ功德ノ方ニテ。正ク十法成乘ノ妙觀成スト云事ニハ非ル歟。今ノ戒カ。(經、大正藏二四、一〇〇三下二四行)是情是心皆入佛性戒中ト說ク。此ノ佛性ノ戒佛ヲ傳ル處ニ。(同、一〇〇四上十七行)汝是當成佛。我是已成佛ノ信心。自ラ成スル處ヲ。於テ佛性ニ生トモ隨喜ヲ得ル心也

凡ソハ盧舍那ノ功德ヲ受ケ取ルナラハ。妙覺ノ位ニ入ルニテモコソ可ケレ有ル。サレハ先德ハ。六卽成佛トモ被タルニ釋セ。別而內凡・外凡ノ位ニ入リ。南岳・天台ノ德ニ等シト云事ハ。還テ不審ノ事歟。此等ハ法門ヲ一邊ニ得ル意時ノ疑也。一如ノ舍那ト云ヘハトテ。事相ニ既ニ斷シテ元品ノ無明ヲモ。等覺一轉入于妙覺スル樣ナル事ニハ非ス。乍ラ居シ凡位ニ開テ佛ノ知見ヲ入リ佛位ニモ住スルヲ佛室ニモ。眞言・止觀ノ宗旨トモスル也。是モ四戒ノ下地ヲハ不可亂ル。菩薩ハ乍ラ菩薩入テ佛位ニ傳ヘ佛戒ヲ。凡夫ハ乍凡夫〔入佛位ニ〕戒師トハ可被云ル也。於テ凡夫ノ位ニ受ケ傳テ佛戒ヲ。爲ニ人ノ戒師トナル事ハ。可有觀行・相似ノ位ニ故ニ。其ノ趣ヲ未來ノ凡夫ノ上ニ引下シテ此ノ戒ノ勝用ヲ可シ顯スナル。惣シテ成ル人ノ師ト事ハ。不テハ入四依ノ位ニ不可叶事ト見ヘタリ。故ニ(天止一、六七。弘決)五品・六根並名初依トテ。觀行・相似ノ位カ。凡師ノ大悲ヲ以テ度スル人ヲ位ニテアル故ニ。六卽ノ始終ヲモ此ノ位ニ收メテ。一人ノ凡師住シテ此ノ位ニ傳ヘ戒ヲ被沙汰セ也。此等ハ一師受法ノ大旨也。釋尊ノ和上ノ德ヲモ。文殊・彌勒ノ羯磨・教授ノ德ヲモ。一人ノ凡師カ悉ク備テ之令ル但解法師語也。此上ニハ一人ノ德ヲ三人トモ五人トモ開テ。教授・羯磨等ノ所作ヲモ令宰事モ不可有子細。以テ此心ヲ梵網經ニモ二師トハ說ク歟

山門ノ登壇受戒ノ作法モ。多師ヲ被ルト請定見ヘタリ。弘仁最初ノ受戒ノ時モ。義眞ハ和尚。慈覺大師ハ教授ニテ御座スト見ヘタ

リ。其ノ時ハ羯磨師ハ誰レトモ不レ見ヘ歟。寂光大師ニテ御座スト云説モアレトモ。所見不ニ分明一ナラ。著衣諸淨ナントトテ。多ノ役人ヲ被レ指事ハ。後代ニ次第次第ニ沙汰シ被レ加歟。是等ハ雖レ請ニスト多ノ師一ヲ。戒和上ノ一人ノ所作ヲ分テ助ルニ和上ノ化儀一ヲ計也。聲聞戒ノ十師受戒ノ儀式ニハ不レ同也

九　大小二戒同異事〔三周聲聞事在之〕

〔仰云。〕山門建立濫觴有ニ此事一ニ上ハ。尤モ可ニ存知一事也。傳教大師御歸朝ノ後。大唐所傳ノ圓頓ノ戒法ヲ最初ニ被ニ弘通一事ハ。大同年中ニ於ニテ一乘止觀院一ニ。寂光大師ヲ爲ニ上首一ト。百餘人ニ授レ之タマヘル。是圓戒ノ本朝ニ傳ル初也。雖レ爾ト別而菩薩ノ戒壇ヲモ建立シ。小乘ニ異ナル大乘ノ威儀ヲ弘メンナント云フ趣ヲハ。多年不レ被ニ仰出一也。先眞言・天台ノ兩宗ヲ「弘メラレシニ」。六宗ノ學徒モ歸シニ天台ノ教法一ニ。八千ノ大德モ灌頂ノ智水ニ沐ンナトシテ。顯密ノ御弘通「トトコホル處」無カリキ。角テ十餘年ノ星霜ヲ送リ給シニ。至テニ弘仁八年一ニ大師願文ヲ書シテ云ク。貧道一生ノ佛事。稍ヤヤ已ニ惣シテ畢ヌ。所レハ殘ル宗戒續ツイニ令レ達セニ天上一ニ等ト云云

自レ今以後。二百五十ノ小乘戒ヲ棄捨シテ。四安樂行・三種ノ深戒ヲ望ムトテ。自リニ此ノ日一住シテニ大乘ノ威儀一ニ十二年ノ籠山ヲ「私云。弘仁八年十二月一日被レ始レ之（之㋺也）」被レ初タリメ。四安樂行ハ無シニ子細一。三種ノ深戒トハ三聚淨戒歟。若ハ衣座室ノ方軌歟。此願文ノ中ニ常ノ人ノヨハヨハシク可レ奉レ思事ヲ被レ載タリセ。生年半百ハク未タスレ定メニ六道一ヲ。爲ニ往生ノ因一ト歸テレ山ニ念佛スト云云。是ハ大師五十一ノ御時ト見ヘタリ。サシモノ顯密ノ高祖師ニテコソ御座シニ。五十一ノ御年マテ六道ノ昇沈ノ分ヲモ思召シ定タル事無クテ。念佛申シテ往生セント被レ仰セタル以ノ外ノ事歟。此時モ大乘ノ威儀ヲハ大師一人コソ住シ給ヒケレ。一山ノ法則ヲモ未タ被レ定メルニ不レ及ハ。翌年弘仁九年二月七日ニ。竊ニ命シテニ光定一ニ建ントニ大乘寺一ヲ思フ由ヲ初メテ述給ニケリ。（傳全一、五三二。一心戒文）其ノ故ハ。天竺ニハ一向大乘寺・一向小乘寺・大小兼行寺トテ三寺ノ不同アリ。我カ山ヲ一向大乘寺ト云フ初修業ノ菩薩ノ住處トシテ。專ラ一乘ノ法ヲ學シテ可レ守ニ護國家一ヲ云云　此ノ趣ヲ達シニ天皇一ニ。藤左大將令メヨト聞エ被レ仰セケリ。藤ノ大將ト者。冬嗣フユツキ公ノ事也。以レ之ヲ大乘〔寺〕建立ノ元由トス。同十年三月十五

日。四條ノ式ヲ作テ被レ經ヘ奏聞ヲ。表ニ云。如來ノ制戒。隨レテ機ニ不同ナリ。衆生ノ發心大小亦別ナリ。文殊・頭盧。上座別レ位。一師・十師ノ羯磨全ク異ナリ等云云（傳全一、五六七。一心戒文）

四條式ト者。一ニハ寺ニ有二一向大乘等ノ三寺ノ不同一。大乘寺ハ初修業ノ菩薩ノ所住ノ寺。小乘寺ハ一向小乘ノ律師等ノ住處。大小兼行寺ハ。久修業ノ菩薩ノ住處ナリ。二ニハ上座ニ有二大小ノ不同一。大乘寺ニハ。文殊ヲ爲二上座一ト。小乘寺ニハ賓頭盧ヲ爲二上座一ト。兼行寺ニハ文殊・頭盧ノ兩上座ヲ並テ。小乘布薩ノ日ハ。賓頭盧ヲ爲二上座一ト。大乘布薩ノ日ハ文殊ヲ爲二上座一ト。三ニハ戒ニ有二二種一。大乘ノ大僧ノ戒ハ梵網經所說ノ五十八戒也。小乘ノ大僧ノ戒ハ。諸部ノ律藏ニ所レ明ス。二百五十等ノ戒也。四ニハ授戒ノ法ニ有二大小ノ不同一。大乘戒ハ依テ二普賢經一ニ。不現前ノ五師ヲ請シテ。並ニ請シテ二現前ノ一師ヲ一爲二傳戒ノ師一ト。若千里ノ內ニ無クハ二戒師一可シ二自誓テ受戒一ス。小乘戒ハ現前ノ清淨持戒ノ大德十人ヲ請シテ白四羯磨スル也。十師ノ中三師ハ正キ受戒ノ師也。七人ハ證明ノ人也。（傳全一、十六〜十九取意）此ノ四箇條ノ式目ヲ定メテ。我山ヲハ一向大乘寺ト云テ。傳ヘ二大乘戒ヲ一小乘ノ衆不レ交。一向ニ菩薩僧ヲ安置シテ可レ祈ル二國家ヲ一旨ヲ被二奏聞セ一畢ヌ。是ハ弘法ノ大事ナレハ。我レトハ御計モ有ニクキ事ナレハ。天下ノ僧綱。南都七大寺ナントヘ被ルニ尋下一サ程ニ。護命僧正ヲ爲レシテ初ト。諸ノ僧綱捧レテ表ヲ。山家所レ獻天台ノ式不レ叶二教理ニ一旨ヲ奏ス。七大寺ノ僧衆。各各捧テ二牒狀ヲ一大乘戒ノ式不レ順セ二道理ニ一趣ヲ訴ヘ申ス。是等ハ弘仁十年ノ事也。〔此等ヲ又內內山門ヘ被レ下程ニ。〕大師深ク悲ニ此事一ヲ。同十一年二月ニ重テ作テ二顯戒論三卷一并ニ內證佛法ノ血脈一卷一ヲ。重テ表二奏ス〔於嵯峨天皇ニ〕

其後ハ。七大寺ノ僧統等モ敢テ申旨無クシテ。送レリ二兩三年一ヲ。サル程ニ。弘仁十三年六月四日ニ大師御遷化。無念無リケル極リ事也。大師最後ノ御遺言ニモ。爲レ我カ勿レ作ルコト佛ヲ。爲ニ我勿レ寫レコト經ヲ。述ニン我之志一ヲ。者ハ臨終ノ之時ニテモ。深ク欲レ傳ニント一乘戒ヲ一矣（傳全一、五七六。一心戒文）被レ示サ二光定ニ一此趣ヲ。被二奏聞セ一ケル程ニ。同十一日ニ菩薩僧ノ官符ヲ被二成シ下サ一畢ヌ（同、五六八）

一心戒ニ云。弘仁十三年六月四日。大師遷化ス。遷化後一七日。彼菩薩僧ノ官符下畢ヌ云云　故ニ十一日ノ事也。雖レ爾ト於二戒壇建立ニ一不レ輒カラ故ニ。同十四年四月十五日。於テ根本中堂ニ。其時ノ座主義眞和尚ヲ爲ニ和上ト。敕願ノ受戒ヲ被ニ始行セ畢ヌ。此上ハ南都ノ僧統モ諸宗ノ學侶モ更ニ無クシテ申旨モ送リ年序ヲ畢ヌ。天長年中歟。終ニ戒壇造功畢ヌ。而ルニ寂光大師ヲ爲シテ和上ト。戒壇ニテハ「始テ授戒ヲ被レ行」歟。根本大師御在生ノ内ニ宣下滯停セシ事ハ無念ナル樣ナレトモ。素願不シテ空カラ至テ滅後ニ次第ニ興行シテ。日本一州此妙戒ニ霑ヒ。朝野遠近因テ茲ニ無レ不トイフコト萌サ佛種ヲ。（大正藏七四、七五七上）廣釋ニ云。叡嶽本師。論立ニ大律ヲ。普天感崇シテ。謂ヘリ爲直道ト乃至近代功德之場ニハ。盛リニ好ニ菩薩之戒ヲ。感應道交シテ。佛事幾カ多シ云云 誠ニ廣大ノ利益得テ難レ稱者歟 其後慈覺大師。重テ顯揚大戒論ヲ作リタマヘリ。是モ御在生ノ内ニハ只草案計ニテ不シテ及ニ添删ニ。御入「滅有シ時」ニ。安惠和尚ニ再治シテ可ニ弘通旨ヲ遺屬シ「タマヘ」リ。仍テ大師ノ御入滅ハ貞觀六年正月十四日也シニ。兩三年ノ間ニ添削シテ。菅相公。依テ爲ルニ時ノ大儒ニ此ノ論ノ序ヲ爲ニ末代ノ書キタブヘキ由ヲ被レ申ケルニ。聊有リ存スル旨トテ。忝クモ北野ノ天神ハ其時「マダ若」齡ノ御事也シニ カカセ被タリ申。誠ニ圓戒ノ龜鏡。何物カ過レ之耶（大正藏七四、六六一上。顯揚大戒論）

彼序云。遂ニ毀テ梵網宗ヲ以テ爲シ沙彌宗ト。貶シテ三聚教ヲ以テ爲ス非僧ノ教ト。悲キ哉ヤ知テ其ノ一ヲ而不レ知ラ其ノ二ヲ。未タ可ニ與トモ談ス道ヲ者也 云云（同前） 大乘戒建立ノ旨趣無レ所レ殘ル者歟。剩ヘハ發端ノ言ニハ。菩薩戒者。流轉不滅之教也ト被タリ標セ。ヒシト相傳ノ趣ニ符合セリ。菩薩戒ト云ハ。只師師相傳ノ法ソト習ヒ傳ル也。聖廟ノ御證明仰テ可レ取ル信者也。結句ヲ於ニ梵網ニ被タリ付ニ宗ノ名ヲモ。旁カタカタ有ニ子細ニ事也（大正藏七四、六六一中。同前序文）大師ノ此論ヲ被レ作旨趣ヲハ。追攀ノ之慕ヒ漸ク存シ於心ニ。毀剝之詞ハ未タ絶ヘ於口ニ。我大師仁ハ慨然トシテ長ク歎テ不レ捨ニ晝夜ヲ。博ク窺イ三權之膏肓ヲ。新タニ增ス一實之脂粉ヲ 云云 山門ノ大乘戒興行ノ根源。大概在レ之歟。所詮。他宗ヨリノ難破ル趣ハ。辯ヘ寺ニ大小乘ノ不同ヲ。戒ニ論ニ大小二戒ノ不同ヲ事ハ不レ可レ然ル。三學ノ中ニハ於ニ定惠ノ法門ニ。聲聞・菩薩ノ所學モ不同ニ。大小權實ノ解行モ雖レ可レ有ニ差異。於テ戒學ノ一門ニ。全ク不レ可レ有ル大小ノ差異ヲ執スル也 戒律ト云者。五部ノ律藏等ニ所ヲ明ス爲シテ體ト。自調自度ノ心ヲ以テ持テハ小乘戒ト云ハレ。大悲兼齊（㋺濟）ノ心ニ住シテ持テハ之ヲ大乘戒ト云ハルル（㋑㋺被）也。諸經論ノ中ニ大小二戒ノ不同ヲ論スル事モ。皆約シテ（約心㋺心約）心ニ聲聞戒トモ菩薩戒トモ云ハルル（㋑㋺被）故ニ。有トハ（㋺不イ）差異（異㋑㋺別）ニ云也。然ト云テ（云㋺シ）。律儀門ニ於テ非ス有ニハ不同也。梵網・地持等ノ諸大乘經ノ中ニ所ノ說菩薩戒ノ相モ。律儀（儀㋣義）ノ一方（方㋺分）ハ全ク不可異ナル聲聞ニ。（大正藏四〇、一四九中八行。補闕行事鈔）律儀一戒不異聲聞ト云ハ此謂也。聲聞ニ異ナル行相（㋺分イ）ノ見ルハ菩薩戒トハ云ヘトモ。菩薩ノ三聚淨戒ノ中ノ攝善法戒・饒益有情戒ノ相也。是等ハ戒トハ云ヘトモ。正キ非ス律儀（儀㋣義）ノ相（相㋑戒也）ニハ。或ハ爲佛道ノ律儀（儀㋣義）ヲ不爲事ト。或ハ爲利生ノ不恐破戒ヲ也。三學ノ中ニハ。定惠ノ功德ノ所攝ナルヘシ。戒ト云ハ幾度（幾㋑何ク）モ約シテ身口ニ防（防㋑㋺妨）非止惡ノ義ヲ可存（存㋑㋺論）故ニ。聲聞・菩薩律儀ノ方ハ全ク不可有ト差異（異㋑別）ニ執スル也。此上ハ。寺ニ大小乘ノ不同有ト云フ事モ。律儀ノ方ニテハ不可有ル。付テハ定惠ノ法門ニ宗宗ノ不同モ有レハ。天竺ニハ但學大乘ノ國モ乃至大小兼學ノ所（所㋑㋺處）モ有コソハスルラメ（ハ㋺ナシ）。上座ノ事。又請賓頭盧經ノ說ノ如クナラハ。爲ン佛弟子ト者ノ。小乘ニモ有レ大乘ニモ有レ。若ハ展ヘ齊莚ヲモ。若ハ行セン溫室ヲモ時キ。必ス請シテ之可ト爲上座ト見ヘタリ。是ハ可（可㋺不）通ニ三乘ノ行儀ニ也。文殊上座ノ事。更ニ無ト本說難スル也。受戒ノ作法・又律儀ノ邊ハ。大小共ニ聲聞ノ十僧受戒ノ規則ヲ可シ用ユ。離レ之行（行㋑㋺得）ル比丘ノ名ヲ事不可有之

凡ソ在家出家ノ不同。沙彌・比丘ノ階級ハ。五八十具（具㋑日）ノ戒ヲ以テ可辨其差異（差㋑ナシ）ヲ也。梵網・地持（地持㋣持地）等ノ大戒ハ。七衆通受ノ戒ニテ不簡在家出家ヲ乃至非人畜生ニ至ルマテ（至㋑㋺ナシ）受ト之ヲ釋ル上（釋上㋑㋺見故）ハ。梵網ノ五十八戒ヲ以テ大乘ノ大僧ノ戒ト云ン事。更ニ難シトテ許之。四條ノ式。一一ニ咎有トテ（咎有㋑過アリ㋺有過）諸宗擧テ（コソツ）支ヘ（ササ）申ス也。一一ノ立破委細ノ事ハ。披テ顯戒論ヲ可知（知㋑見）之ヲ。其ノ大綱ハ。如來ノ說教ニ大小權實ノ不同アラハ（ラハ㋑㋺ルナラハ）。於テ戒ニ。又（又㋑㋺ナシ）淺深勝劣ノ不同可有事ハ勿論也。於定惠ニ。三乘（乘㋺學）ノ所學モ不同ニ。權實ノ觀行モ。差異（異㋑㋺別）有ナラハ。戒律ノ一門計リカ全ク一同ナラン事。道理先ツ不可然ル事也

顯戒論云。（傳全一、三四）天台智者。順シテ三乘ノ旨ニ。定ム四教ノ階（㋣㋺位㋑級）ヲ。依テ一實ノ教ニ。建ツ一佛乘ヲ。六度有リ別。戒度何ソ同カラン。受法不同ナリ（㋣也）。威儀豈（豈㋺是）同カラン哉（哉㋣耶）云云　所ノ論シ立タマフ大綱在斯（斯㋑㋺之）歟。六波羅蜜（蜜㋺密）ノ中ノ。布施・忍辱等ノ行相モ。教教ノ心（㋑㋺依）（心㋑㋺意）ニ隨テ（隨㋑㋺ナシ）可有ル濃

淡。禪定・智惠ノ行相モ。彌ヨ天地遙ニ可隔タル。何ソ〔㇖(イ)(ロ)也〕戒波羅蜜ノ一度ニ於テ全ク無ム大小ノ差異耶〔異(イ)別　耶(ロ)云云〕。律儀一戒不異ニ〔異(イ)立〕聲聞等ヲ〔等(イ)ナシ〕者。約シテ三乘共ノ菩薩ニ〔㇖(イ)(ロ)也〕。他宗ハ於菩薩ニ〔菩薩(イ)ナシ〕四教ノ菩薩ノ不同ノアル事ヲ不シテ知。菩薩ト云ヘハ。大小權實皆一類ノ菩薩ト得ル意故ニ。菩薩學ストモ聲聞ノ律儀ヲ云事有レハ。一切ノ菩薩カ皆カカランスル事ト思タル也。大論ノ中ニハ。釋迦文佛ニ無別ノ菩薩僧故ニ。文殊・彌勒モ聲聞僧ノ次第ニ座スト云フ文ナントヲ究竟ノ潤色ト思ヒタルヲ。山家ハ藏通二教ノ三乘共ノ意也ト會シタマフ也

此外ニ別教獨菩薩ノ教アリ。圓教唯一佛乘ノ法有リ。此等ハ三乘〔乘(イ)(ロ)學〕共ニ非ス二乘ノ境界ニ。豈〔豈(底)無(ロ)是〕別圓頓大ノ菩薩・純圓圓頓ノ行者。彼ノ聲聞ノ小戒ヲノミ通用シテ。我カ所學ノ法ニ於テハ。戒學ノ一門闕減ト可得意耶〔耶(底)事(ロ)云云〕。依之大乘律二十餘部ノ中ニ。菩薩ノ律儀明スニ。二乘ノ行相ニ異ル事非一
顯〔顯(イ)依〕戒論ノ中ニ〔中(イ)(ロ)ナシ〕被引處〔處(イ)(ロ)所〕。說妙法決定業障經・稱讚大乘功德經等ノ說ノ如クナラハ〔說妙法經〕。初修行ノ菩薩ハ。不應與聲聞ノ比丘同居スル房舍ニ〔房(イ)坊〕（傳全一、五八）。不同クセ坐床ヲ〔坐(底)(イ)(ロ)座　(ロ)處イ〕。不トモ同クセ行路ヲ矣〔矣(イ)(ロ)云ヒ〕（同、五九）　或ハ新〔稱讚大乘經〕學ノ菩薩。不應與彼ノ聲聞同ク住シ一寺ニ。同止シ一房ニ〔房(ロ)坊〕。同處〔處(ロ)宗〕ニシテ經行シ〔經(底)(イ)(ロ)隨〕。同路〔路(ロ)行〕ニ遊適ス（聲聞ナシカ）云云　若爾ハ〔㇖(イ)(ロ)者〕。大乘ノ新學ノ菩薩ハ。誰レ人ニ隨受ケ〔隨(イ)(ロ)從〕聲聞戒ヲ。對シテカ何レノ師ニ可學ス小乘律藏ヲ〔藏(イ)儀〕耶〔耶(ロ)云云〕。然レハ大小乘ノ學者同シ道ヲ〔道(イ)(ロ)路〕タニモ不行。同シ河ノ水ヲタニモ不飮ナント見タリ。「是等ハ不共二乘ノ菩薩ノ相也。」〔「」(イ)ナシ〕至テハ法華・梵網ノ說ニ〔㇖(イ)(ロ)者〕。其制彌ヨ重シ。小乘三藏ノ學者ハ。既ニ是不親近ノ境也。既ニ云フ三藏ト〔二(ロ)一〕（大正藏二四、一〇〇四下十五行）。戒學豈〔豈(底)是〕同センレ彼レニ耶〔耶(ロ)云云〕。梵網經ニハ。二乘ヲハ外道惡人ト斥ヘリ（同、一〇〇六上十六行）。或〔或(底)儀〕ハ。二乘聲聞〔聲聞(底)(イ)(ロ)ナシ〕外道惡見〔見(ロ)人〕一切禁戒邪見經律トモ云ヒ（同、一〇〇五下六行）。或ハ。橫〔橫(底)(イ)權〕教二乘聲聞經律トモ誡シメ。反〔反(底)夏〕學ニ邪見二乘外道ヲ（同、一〇〇六下二一行～）乃至是斷佛性〔性(底)種〕障道因〔因(ロ)恩〕緣トモ制ル也〔也(イ)(ロ)ナシ〕。具ニ載ニ不暇マ

凡ソ此ノ大乘戒〔戒(イ)或〕。山家初テ〔初(底)始〕立タマフニ之非スヤ。天台妙樂ノ釋義分明ナル者ヲ耶〔者耶(イ)(ロ)也〕。山家初メ天台宗ヲ弘メ給シ時ハ。諸宗捧テ表信伏隨喜ス。三論法相ハ久年ノ諍ヒ渙焉〔渙(底)喚然〕トシテ氷リノコトク解ケ。照〔（釋カ）照(底)胎〕然トシテ既ニ明ナリ（傳全一、六二七。一心戒文）。猶シ如シテ〔（如ナシカ）〕披雲霧ヲ〔霧(底)(ロ)務〕見ルカ〔（㇖而カ）〕三光ヲ等　云云　是ハ高雄ノ法華會ニ大師趣テ〔趣(イ)(ロ)赴〕。天台ノ章疏ヲ講〔講(底)誦〕シ給ヒシ時。善儀勤操等ノ上タテマツル表ノ言〔言(イ)ナシ〕也〔㇖(ロ)之〕。是ハ御入唐已前ニ鑒眞將〔將(ロ)博〕來ノ天台ノ章

疏ヲ講釋シ給ヒケル歟。其〔「(イ)(ロ)自〕ヨリ事起テ。諸宗ノ勸メニ依テ。天台宗ノ遺唐ノ使〔使(ロ)便〕ニモ被レ差（ササ）給ヒケル〔歟(ロ)ナリ〕也。御歸朝ノ後ハ。又六宗ノ學匠〔匠(イ)(ロ)生〕書二寫シテ大師將來ノ章疏ヲ一。依レ勅ニ依學スル旨見ヘタリ。更ニ無キ二偏執一事也。大乘戒ノ事ニ依テ初テ及フ二異義〔義(ロ)儀〕一ニ。前後信謗ノ義。頗ル參差スル者歟〔歟(ロ)也〕

玄義第四。（天玄二、五六一）今明ス三藏ノ三乘ニハ無二別衆一〔別(イ)[ナシ]〕。不レ得三別ニ有ルコトヲ二菩薩ノ緣覺之戒〔「(底)(イ)(ロ)戒〕一也。若作（ナサ）ハ二別圓ノ菩薩ノ解ヲ一者可レ然。何者。三乘共ノ衆〔衆(底)[ナシ]〕ノ外ノ別〔別(底)衆〕ニ有ルカ二菩薩一故ニ。別ニ有レ戒矣〔矣(ロ)云云〕妙樂受レ之。（同、五六二。釋籤取意）他人〔他(底)化〕ハ四教菩薩ノ別ヲ不レ分タ故ニ。三乘共・獨菩薩ノ不同ヲ不レ辨ヘ。重ニ十重・四重ノ不同アリ。輕ニ四篇・一篇ノ差〔「聲聞戒也（也(ロ)[ナシ]）。梵網立レ輕故也（「」(イ)[ナシ]）〕別有リ。懺法ニ衆法・對首ノ差異有リ。重罪ノ懺悔ニ許・不許ノ〔差(ロ)[ナシ]〕異有リ。是等ノ不同擧畢テ。故知ヌ。前之二教〔前之(イ)前前(ロ)前〕ハ三乘共行ス。（同前）別圓ノ兩教ハ專ニスト於梵網一ヲ釋シタマヘリ。是等ノ釋義ヲ乍レ許。何ソ無ニ別ノ菩薩戒一可レ遮耶〔耶(ロ)那〕。又妙樂。（大正藏九、三七中）安樂行品ノ。或時來者隨レ宜說法ノ文ヲ釋トシテ。（天文四、二〇七五下。文句記）西方不レ雜故云ニ或來一。既未レ受レ大〔大(底)太〕〔(ロ)者イ〕。無レ妨ニ小志一。故云ニ隨宜一矣〔矣(ロ)云云〕天竺ニハ大小〔「(イ)(ロ)乘〕隔テテ境ヲ不ニ雜住一故ニ。或時來者〔小(底)少〕トハ云也

大乘學者也ト云ヘトモ。隨宜ノ利益。一向又不レ可レ廢レ之故ニ。彼ノ小乘ノ學者。適來テ聞ント法ヲ云フ事有ラハ。終ニハ大乘ニ引入セン爲ニ。一往權少〔少(イ)(ロ)小〕ノ法ヲモ說事可レ有ト釋スル也。（天止二、五一六。弘決）或ハ此土ノ僧徒不レ簡ニ大小一。〔土(イ)等〕西方不レ爾ラ。一向永隔トモ釋スル也。山家ハ。玄奘ノ西域記・義淨ノ南海傳等ヲ引テ。天竺ノ大小別修ノ說〔(ロ)證イ〕トシタマヘリ。妙樂モ是等ノ傳記ノ說ニ依テ。西方不雜ノ釋ヲハ作リタマフ歟ト覺ル也。文殊上座ノ事ハ。誠ニ賓頭盧上座ノ程ノ明鏡ナル誠文ハ不ルニ分明ナラ一似タレトモ。大師ハ〔顯戒論〕。文殊師利般涅槃經ノ文ノ始終ヲサナカラ被タリ二引載セ一。其モ文殊ノ德ノ高ク。滅罪ノ益ノ勝タルマテト見ル〔(ロ)釋イ〕也。强チニ菩薩僧ノ可レ爲タル二上座一趣ハ不レ見ヘ〔「(イ)(ロ)マテ〕歟〔歟(ロ)也〕。而ニ是モ天竺ノ風儀。大乘寺ノ上座ニハ文殊ヲ置ク事。諸傳ノ說一同也。太賢ノ古迹〔古迹(底)古釋〕ニモ。（大正藏四〇、六八九下）又聞〔聞(底)(イ)同〕ク西域ノ諸ノ小乘寺ニハ以ニ賓頭盧ヲ爲ニ上座一ト。諸ノ大乘寺ニハ以ニ文殊師利〔師利(底)(イ)(ロ)[ナシ]〕ヲ爲ニ上座一ト（コソテ）。合〔合(底)令〕レ衆共ニ持スニ菩薩戒一ヲ。羯磨說戒皆作スニ菩薩ノ法事一ヲ。菩薩ノ律藏常ニ誦シテ不レ絕矣〔矣(底)[ナシ](ロ)云云〕於ニ唐朝一ニ者。代宗皇帝ノ時キ。依ニ不空三藏ノ奏聞〔聞(底)問〕一ニ天下ノ諸寺ノ食堂ニ文殊ノ上座ヲ被レ並〔被並(イ)オカルル(ロ)被置〕。其時マテ〔マテ(ロ)迄〕ハ。一同ニ賓頭盧ノ上座ヲ置ケリ。其土〔土(イ)(ロ)古〕風モ

一向ニ難レキ廢シ之ヲ歟ニテ。賓頭盧ノ上ニ文殊〔師利ノ〕形像ヲ可レ置ク旨ヲ被ル奏セ。其言ニ云ク。(大正藏五二、八三七中。表制集)伏テ望ムラクハ自レ今已後令メン天下ノ食堂ノ中ニ「於テ賓頭盧ノ上ニ特ニ置テ文殊師利ノ形像ヲ以テ爲中上座上ト。詢ニ諸ノ」聖典具ニ有リ明文。乃至斯レ乃チ五天竺國皆然ナリ。非ニ僧等ノ鄙見ニ。仍テ請フ永ク爲ニ恆ノ式ト云云 代宗ノ敕ニ云ク。(同前)今京城ノ大德懇ニス茲ノ申奏ニ。雅ク合ヘリ聖典ニ。所レ請フ宜クシ依ルレ牒ニ云云 不空三藏ハ。天竺ノ梵僧。金剛智三藏ノ嫡弟ナリ。學渉リ顯密ニ。德兼タリ三藏ヲ。而ニ諸ノ聖典ニ有ニ明文一述ヘ給フ上ハ。以テ管見ヲ本說ト不ニ分明ナラ非レ可キニ疑フ歟。唐帝ノ敕宣ニモ。雅ク合ニ聖典ニ被タリ載。誰カ猶可レ傾ク之耶

仍テ山家モ。(顯戒論(傳全一、一〇五)諸宗ノ人ヲ云也)此閒ノ高德。末學膚ヘニ受ク。豈ニ勝ラン於天竺ノ不空三藏ニ哉 矣 我朝ニ行基菩薩ノ四十九院ハ一向大乘ノ規則ナリ。鑒眞和尙モ東大寺ノ戒壇ヲ立テ。初ハ被ル授ニ菩薩戒ヲ。後ニハ爲レ度ニカ小根ヲ聲聞ノ律儀ヲ被レ弘メ見ヘタリ。諸寺ニ昔ヨリ賓頭盧ノ像トテ安置セルハ。實ニハ文殊ノ像也ト山家ハ得タマフ也。其故ハ請シテ賓頭盧ヲ「上座トスル」ニハ。」只設ケテ空座ヲ請ルハレ之。或ハ於テ其ノ座處ニ現ル異相ヲ事有ト見ヘタリ。形像ヲ安置スト云事ハ本說不ニ分明ナラ。文殊ヲハ定メテ可レト作ル形像ヲ見ヘタリ。故ニ古來誤テ文殊ノ像ヲ可レ思フ賓頭盧ト。唐朝ハ自レ初三乘共學ノ國ナル故ニ。南岳・天台モ皆聲聞威儀ニ住シ給ト見ヘタリ。諸宗ノ大乘僧モ悉ク小律儀ヲ用ル也。(天止二、五一六。弘決)此土ノ僧徒。不レ簡ニ大小ト云ハ是也。仍テ義眞和尙モ。日本ニテハ沙彌ニテ大師ニ隨ヒ給ヒシカ。唐土ニテ聲聞具足ノ戒ヲハ受ケ給ヒシ也

山門ノ弘仁最初ノ受戒ノ時ノ戒牒ニハ。イカカ可キト書云テ沙汰有シ時モ。義眞和尙。大唐ノ受具足戒ノ牒ニ准ヘテ可レ書レ之。其義有リケリト云云 付テハレ之他宗ノ所難ハ中中立破モ易キ方モ有ル也。一宗中ニ於テモ難レ明メ事多レ之。大方モ法華ノ開會ト云ハ。汝等所行是菩薩道ナレハ。開ニ聲聞ノ小行ヲ卽チ可ニ一乘ノ妙行ナル。何ソ必シモ小律儀ヲ斥テ別ニ有ト大戒可レ執ス耶。況ヤ大經ノ意ハ。扶律說常ヲ爲レ宗ト。既ニ是法華同味ノ說也。豈可レ捨レ之耶。爰ヲ以テ一家處處ノ釋義。約スルニ相對門ニ時ハ一往大小相對シテ。雖レ判スト律儀ノ不同ヲ。絶待不思議ノ妙觀ハ小戒卽チ佛乘也ト會スル也。止觀ノ二十五方便ノ下ノ釋義。偏ニ以テ

小戒ヲ圓頓行者ノ行儀トスヘキ趣見ヘタル歟

弘決四云(天止二、五二九)。大經及ヒ十住婆沙ニ。皆指シテ篇聚ヲ云。菩薩摩訶薩持ニ是禁戒ヲ。當ニ知戒ニ無シ大小一由ル受者ノ心期ニ矣云云或ハ又記九云(天文五、二四二九上)。五篇七聚。菩薩ノ重輕。不レ可ニ微モ犯ス。方ニ稱ハム一期ノ教門ノ大旨ニ。何ヲ以ノ故ニ。出家ノ菩薩ハ。具足シテ堅ク持ニ毘尼篇聚ヲ。大乘教ノ意一切皆然ナリ矣。如レ此釋義。大部章疏ニ散在シテ。其ノ文非レ一ニ。他宗ノ偏執ヲコソ破ストモ。爲ヲハ一家ノ學者ト聲聞ノ律儀トテ。一向ニ棄捨セン事モ可レ有ニ斟酌一事歟。就レ中。三周ノ聲聞ハ。鹿苑ノ昔シ受ニタリシ聲聞戒ヲ人也。方等・般若ノ時マテハ雖モレ列ルト大乘ノ會座ニ。止宿草庵ノ思ヒ未タレ改メ。大戒ノ受持不レ可ニ思寄ル歟。至テ法華會上ニ預カリ開顯ニ。會小入大セン時ハ。前受ノ律儀カ依テ圓實ノ妙解ニ轉シテ成リ一乘ノ妙戒トケル歟。別而又圓戒作法受得ノ儀式有リケル歟。常ニ人ノ不審スル事ナリ

若シ別シテ無ニ受戒儀一者。サレハコソ大小ノ戒ノ不同ハ。只依ニ解了ニ轉スル也。於ニ事ノ律儀ニ者。大小ノ差別不レ可レ有レ之可レ思也。〔若シ又受戒ノ儀アルナラハ〕於ニ法華會上ニ受戒ノ儀式有ト云事。其說不ニ分明ナラ歟。卽チ當時ノ律家ノ義ハ。只地持・瑜伽等ノ說カ。律儀ノ一戒ハ不ト異ニ聲聞ニ見タレハナント計ニテハ無クテ。法華・涅槃ノ心ニ依テ。會シテ小戒ヲ爲ニ妙行ト趣ヲ申ス也。是ハ近代ノ祖師ニ靈芝元照ト云人アリ。〔傍註〕「宋ノ音(宋音)ニハリン〔シ〕トヨム。『泉涌寺ニ用ルヨミ也』」大智律師ト云ハ是也。是ハ天台ノ宋朝ノ人師ニ神悟法師ト云人ノ弟子也。天台モ隨分ノ碩學ニテ「御座シ」ケルカ。律ノ祖師ニテ南山律ノ三大部ニ各作リタル末書ヲ廣才ノ人也。此人カ天台ト律トヲ一致ニハ心得合セテ成タル此義ヲ也。仍テ泉涌寺邊ニハ。我コソ圓頓行者ノ振舞ヲ能ク行シタル人ニテハ有レト申シ合ル也。卽チ南岳・天台等ノ高德モカクコソ行シ給ヒシカトテ。引キ文證ヲ出シテ證人ヲ義ヲ申ス也。是等ハ昔ノ山家・前唐院等ノ御問答ノ趣ニハ聊カ篇替ハリタル也

此事深ク心得ル上ニハ。一分一分ノ道理非レ可レ無レ之。譬ヘハ昔ノ七大寺ノ僧統等ハ。多クハ藏通共小ノ菩薩戒ヲ執シテ倶ナシ。別圓ノ威儀ヲ不レ許也。今ノ律僧等ノ所存ハ。法華開會ノ文。涅槃扶律ノ說ヲ「惡ク取リ成テ」偏ニ局ル也。所執ノ教ニ於テハ雖モ似タリト有ルニ淺深。能執ノ情計ニ至テハ。只同シ物也。法華ノ開

會ハ權實不二ト云ヘハトテ。權ノ外ニ實無ト云事歟。サテハ不可限戒ニ。定惠モ。小乘ノ生滅無常ノ觀行ノ外ニハ。一心三觀・一念三千ノ妙觀モ。不ト可有之可申歟。善惡不二・邪正一如ナレハトテ。只惡計コソ可シ作ル。可ト起ス邪見ヲコソ云フ様ニヤハ有ルヘキ。藏通ノ菩薩ハ。自本小乘ノ威儀ヲ學スル物ナレハ。南都ノ所執ハ。一分非ス謂無キニ。是ハ此我カ振舞ヒ。法華開會ノ心ニ叶コト計リスル故ニ。其ノ咎還テ可重カル也。涅槃ノ扶律說常ヲモイカニト心得テ。無ク左右可成其義ヲ耶。法華・涅槃ハ。折伏攝受ノ醍醐也。法華ニモ。破廢開會等ノ重重ノ心有ト云ヘトモ。法華ハ。折伏ヲ爲ル本ト故ニ。廢シテ諸乘ヲ。無二亦無三唯一ノ妙乘ヲ立ル也。涅槃ニモ。追泯衆經・追分別衆經ノ二義有ト云ヘトモ。攝受ヲ爲本故ニ。佛性圓常ノ上ニ。開キ四教ヲ說テ小戒ヲ。贖命ノ重寶トスル也。若シ涅槃ニ許ス權小ヲ一途ヲ見テ。聲聞ノ威儀ヲ學セント云ハハ。何ソ法華ニ破ル偏小ヲ誠言ヲ仰ク。單ヘニ不共二乘ノ大儀ヲ領不存セ耶。爾レハ卽。若ハ開。若ハ廢。若ハ折伏。若ハ攝受。更ニ非ル彼等カ所知者也。山家ノ戒ノ心ハ。自本一向大乘寺ト云ハ。（傳全一、三七。顯戒論）初修業ノ菩薩ノ所住ト

被定メ故ニ。受戒已後十二年ハ籠山シテ。專ラ學シ大乘ノ威儀ヲ。四種三昧ヲ修行シテ。得業學滿シテ後ニハ。聲聞戒ヲモ假ニ受シテ。南都ノ七大寺ニモ共住シ。或ハ都鄙ニモ經歷シテ廣ク可利衆生ヲ旨ヲ被述タリ。故ニ山門ヲハ。彼ノ靈山會上ヲ引キ移シテ。唯有一乘ノ化儀ヲ成シ。至テハ聚落邊土ニ者。不捨涅槃雙林ノ遺誡ヲモ。有ハ利益隨テ緣。權小ノ威儀ニモ可住也。所難ノ端ニ出ス處ノ處處ノ釋義。皆大經ノ扶律說常ノ心ト釋タリ。決四ニ云。（天止二、五一六。弘決）故涅槃中五篇七聚。並是出家菩薩律儀ト釋スル此ノ心也。記九ニ。（天文五、二四二九上。文句記）方稱一期教門大旨ト云モ同心也。サレハ其下ニ。（同前）但シ護ルコト篇聚ヲ於ニ彼ノ梵網ノ八萬ノ律儀ニ。未タ爲ニ持相ト。但シ此土ハ器劣ナレハ。且ク以テ小檢ヲ助成ス大儀ヲト云テ。開遮ノ輕重緣體ノ制乃至坐次分チ流ヲ。懺法ノ天隔タルコトヲ。能明メテ可振舞旨ヲ被述タリ。大様ニ聲聞戒カ卽チ大乘戒ナレハ。偏ヘニ小儀コソ可爲本ト云様ニハ更ニ不見ヘ也。凡ソ聲聞ノ二百五十戒ト云ハ。成道ノ初ニ。先ツ梵網大乘ノ佛戒ヲ說テ。雖擬宜スト之ヲ。小根不堪依テ。菩薩ノ三聚淨戒ノ中ノ攝律儀戒ノ一分ヲ。劣機ト爲ルニ分チ出シテ。五八十具ノ戒トハ施設スル

也。若爾ハ。彼ノ聲聞戒。誠ニ菩薩戒ノ外ノ物ニ非レハ。隨宜順緣シテ行ニ用セン之ヲ事ハ。法華・梵網ノ心ニモ強ニ不レ可レ背ク歟。法華ノ意ハ。虛空不動ノ妙戒ノ外ニ可レ有ル何ノ威儀カ耶。約セハ菩薩戒ノ元意ニ。舍那ノ一戒光明ノ外ニ。一法トシテモ別ニ可レ論レ之物無シ。サレハトテ。彼ノ聲聞ノ律儀ノ外ニハ。更ニ菩薩ノ律儀ト云物ハ無レシト之執センハ。大海ノ中ノ一滴ノ水ヲ汲テ。此ノ外ニハ無ト大海如レ云レンカ。以ニ寸管ヲ窺テ大虛ヲ。此外ニハ無ト虛空思ンニ可レシ同カル

次ニ。三周ノ聲聞。於ニ法華會上ニ受ニャ圓戒ヲ否ャノ事。是又強ニ不レ可ニ苦勞ニ事歟。凡ソハ三周ノ聲聞ト云ハ。皆大通結緣ノ人也。其時既ニ下ストニ圓乘ノ佛種ヲ云上ハ。佛性ノ戒ヲ受ケン事無キニ子細ニ事也。若シ前ニ不レシテハ受ニ菩薩戒ヲ。聲聞ノ禁戒モ不レトモ可ニ具足ス見タリ。（天止二、四八二。弘決）故ニ知無ニ心趣ニ於寶渚ニ。化城之路一步不レ成トモ云ヒ。（進歟（進歟イ口乞））今日聲聞具ニ禁戒ニ者。良由ニ久遠初業聞レ常トモ釋スル此心也。（同、四七九）サレハ五大院ハ。然法華云。告ニク舍利弗ニ。二萬億佛ノ所ニシテ。常ニ教ニ化ス汝ヲ。汝今廢忘ス。告ニク富樓那ニ。十六王子ノ時。久ク教ニ化ス汝ヲ。汝今住レス小ニ。故ニ說ニテ法華ヲ令レム憶セ本願ヲ。此ハ是レ發心以後。不意ニ廢忘ス。不レ名ケ犯戒ト云云　若爾ハ。三周ノ聲聞ハ曾テ受ニ菩薩戒ノ人也。必シモ於ニ靈山開會ノ筵ニ重受ノ有無ヲ尋テモ無ニ其詮ニ事歟。凡ソ法華ノ二乘成佛ト云事モ。何ナル事ニテ有ヤラン。可レ依ル其相貌ニ事也。彼等ノ聲聞ハ。鹿苑ノ昔シ。斷惑證理シ既ニ入聖得果セシ人也

小乘モ大乘モ三學ノ中ノ戒法ト云ハ。皆於ニ凡位ニ論レル之處也。聖位ノ戒ト云ハンスルハ。定共ノ戒ナルヘキ故ニ。彼ハ隨心轉ノ戒ト云ハレテ非ニル作法受得ノ律儀ノ戒ニハ也。大乘ノ戒ト云モ前段ニ如レ述ルカ。能授所授共ニ專ラ於ニ凡位ニ論ニル其相ヲ處也。設ヒ法華ノ妙戒ニモアレ。薄地初心ノ底下ニ於テ。開佛知見ノ益ヲ成ル處ヲ。二乘成佛ノ本意トモ可レシ習フ。況ャ戒經一卷ノ玄旨ハ。自レ本爲ニ此地上凡夫癡闇之人ト云フ上ハ。（大正藏二四、一〇〇三下二〇行）舍那ノ授ニケ釋迦ニ。釋迦ノ傳シ菩薩ニ時ハ。佛モ成ニリ所授ト。深位ノ菩薩モ成ルニ受者ト樣ニモ覺レトモ。四戒相傳ノ本意ヲモ。末代根鈍ノ機ニ令メン蒙ラ樣ニ心得ル也。而ニ常ノ人ハ。角ハ思ヒヨラスシテ。身子・迦葉等ノ聲聞カ。法華會上ニテ受レケル戒ヲ時ノ作法ハ何ニト有ケルソ。イシイシ

ノ不審ハ。全分其ノ因ヵ各別ノ事ニテアル也

末代ノ我等ヵイカニ（㋺如何）ト戒ヲハ受ケルソ。我等ヵ受ルナラハ。法華會上ノ聲聞モ皆ナ受ルニテ可レ有ル也（也㋺之）。スヘテ人理教行ノ機有ル（機有㋑㋺之有歸）。開示悟入ノ異無キ化儀コソ。此經ノ佛惠ノ姿ニテハ有ルナレハ。我等ヵ一句聞法ノ緣ヲモ殖ヘ（殖㋺聽）。一座傳戒ノ益ニモ預ル處。全ク彼ノ三周ノ聲聞ノ內證ヲ不レ可レ隔ツ（隔㋑論）。凡ソ戒家ノ意ハ。本迹二門ノ得益ヲ。悉ク佛戒ノ利益ト習フ上ハ。案位（案(底)教）モ勝進モ。生身モ法身モ。衆生受佛戒卽入諸佛位（經、大正藏二四、一〇〇四上二〇行）ノ外ノ事トハ。不レ可レ得レ心（得心㋑㋺意得）。故ニ受戒勿論ノ事也

法華ニハ。此經難レ持。若暫持者乃至是（是(底)其）名ニ持戒一。行ニ頭陀一者トモ說キ（大正藏九、三四中。寶塔品）。梵網ニハ。一切意識（意識(底)威儀㋑有識）色心是情是心皆入ニ佛性戒中一ト說クハ（大正藏二四、一〇〇三下二四行）。譬ヒ（譬ヒ㋑縱ヒ㋺タトイ）約シテレ心ニ定惠ノ法門ヲ修行スルモ。皆入佛性戒中トモ云フ時ハ。作法受得ノ謂レニ一切ノ佛法ヵ皆ナ成ルニテ有ル也。此上ニハ於ニ法華會上一ニ。受戒儀式有リトモ釋（釋㋺見）タル事有レ之。彌此義ノ潤色也。譬（譬㋑縱㋺假）ヒ又雖レ無ト其說一。强ニ尋求メテモ無ニ其詮一ノ事也。凡ソ在世ノ化儀。以テニ凡慮ヲ一不レ可ニ是非ス一。況ヤ法華會上ト云ハ。十方佛土中唯有一乘法（方便品）ノ會上（上㋑坐㋺座）ナルヘケレハ（ハ㋺[ナシ]）。此座ニ十方ノ隔モ不レ可レ有ル。五十小劫モ只半日ノ閒也。於ニ此ノ中一ニ。身子ヵ受戒ノ樣ハ何（「㋺如）也ケルソ。目連ヵ振舞ハ何ニト有ケルソナント（ン㋑㋺ト）尋ハ。沙汰セン（ン㋑ム）ハ偏ニ不レ可レ異ナル數ニ隣ノ寶ヲ一也。五大院ハ。當レ知是處卽是道場ノ文ヲ引テ（說法處カ）（大正藏七四、七六〇下～。廣釋）。此受戒ノ戒場ノ事（事(底)之）ト釋シタマヘリ（タマ㋑㋺給）。若爾ハ。此ノ受戒ノ處（「㋺者）コソ卽靈山ヨ。我等コソ卽チ身子・目連ヨ（㋺之イ）。甚深甚深。是等ハ更ニ非ニ論義者ノ所（所㋑可）知一ニ者也

（以下10行(底)なし）

記一云。且ク準（準㋑㋺淮）セハ三歎德ノ在ルニ三藏教一ニ者（天文一、一四三上）。同ニク感佛時一。同ニク鹿苑處一。同ニク別脫戒一。同ニク一切智心一。同ニク無漏ノ正見一。同ニク三十七ノ道一。同ニク有餘脫一。爲テニ同聞ノ人一入ニ通序一ニ時。已ニ得レ記者（者㋑㋺竟）。全ク成ニル圓人ノ七一一故也。同ニク妙ノ感應ノ時一。同レク見ニ妙ノ依處一ヲ。同レク得ニ究竟ノ戒一ヲ。同レク證ニ種智ノ心一。同ニク無作正見一。同ニク圓實ノ道品一。同ニク不思議ノ脫一。得ニ授記一已テ卽同シニ菩薩一ニ（〇㋺[ナシ]）。安得下ン復以テニ聲聞一歎セ上コトヲ德ヲ。豈（豈㋑[ナシ]）ニ結集者謬テ抑レン德耶 〇

同得究竟戒ノ文。別ニ至テニ法華一ニ重受スル證也。鹿苑ノ時ハ。法華ノ時ト異ナルニ一具ニ出ニス究竟戒ヲ一故也。覺成院。文句談義ノ時沙汰セラル趣也。私入レ之

（以上10行㊦なし）

十　通受別受事　（㋑目次）〔他流戒灌頂無二本說一事〕

㋑㋺〔仰云。〕梵網ノ戒ハ。自レ（自經㋑㋺往ヨリシテ）經。在家・出家・奴婢・八部ノ所受ニ通ルト釋タル（釋㋑㋺見）故ニ。僧統（統㋺綱）等ハ偏ヘニ七衆通受ノ戒ナル故ニ。以レ之比丘・沙彌等ノ階位ヲ辨ル事ハ。曾テ不レ可レ有レ之執（執㋺犯）スル也。大師ノ義記ニモ。被ルニ出二六本ノ授（授㋑㋺受）法一ヲ。（義記、大正藏四〇、五六八上六行）道俗共用方法不同。略出六種トテ。最初ニ被レタリ出二梵網ノ授（授㋑㋺受）法一ヲ。道俗共用ト者。在家・出家通受ノ法也ト云也。五大院ノ廣釋ニ。付テ二菩薩戒ニ一四句ヲ被ニ分別一セ時モ。梵網ノ戒ヲハ戒共人別ト戒共人共（共㋑㊤）ノ二句ニ被レ對セ。（大正藏七四、七七六下。廣釋）サテ今ノ普通ノ戒ハ。卽チ第四是ナリ。七衆同時ニ雖ニ共ニ受（同、二二行～）得一ストモ。各隨テ二意樂ニ一而モ作ニ一衆一ト矣所レノ云第四ト者。戒共人共ノ事也。仍テ梵網通受ノ段ハ。自他宗共許ノ事也。其ヲ（其㋑ソレ㋺是）山家ノ戒（戒㋑㋺式）ニ。菩薩僧ハ梵網ノ五十八戒ヲ爲ニ大僧ノ戒一ト被レ定。故ニ七大寺ノ僧統等（等㋑㋺㊤）モ加フルニ難破一ヲ非レ無ニ其謂一歟。山家ノ心（心㋑㋺意此）ハ只執（執㋺犯）シテ一邊ヲ不レ知ニ其餘一ヲ存シタマフ也（傳全一、一一一）

顯戒論云。奴婢已上（已㋑㋺以）。緇素定レム階ヲ。畜生已下（已㋑㋺以）。亦不（亦不㊦㊤㋑㋺不）レ論ニ著衣一ヲ。若シ受ニルヲ此戒一ヲ。定テ爲ニセハ通受一ト者（者㊦㊤）。其畜生等。亦可ニ著衣一ス。彼レ已ニ不レ然ラ。此レ何ソ有レ然（然㋑勝）ルコト。是故ニ當レ知ル。出家・在家雖ニモ通（雖通㊦通雖）シテ受戒一ストモ。而モ僧不僧ノ有ハレ別。亦具ニ分不レ同カラ云云（〔㋑文カ〕）此釋分明也。道理誠ニ顯然ナル者歟（歟㋺也）。梵網經ニ云。（大正藏二四、一〇〇八中二四行～）不レ得レ簡ニ擇一切國王王子乃至黃門奴婢。一切鬼神一。盡得レ受レ戒。應ニ教身所レ著袈裟。皆使ニメテ（使㊦便）壞色與レ道相應一。矣（矣㋑㋺ト云ヘリ）如ニナラハ此ノ文一ノ。受ニ菩薩戒一ヲ程ノ者ハ。悉ク可ト著ニス袈裟一ヲ見タレトモ。於ニ畜生等ノ類一ニ者。著ニル袈裟一ヲ事ハ有マシキ事也。然レハ七衆通シテ雖レトモ受ニト此戒一ヲ。比丘ハ住ニ比丘ノ威儀一ニ。沙彌ハ學ニン沙彌ノ行相一ヲ。在家ハ隨ニヒ官位ニ依テ尊卑ノ位一ニ。在家ノ威儀ニ付テ各各（各各㋑㋺各）可ニ防非止惡一ス也。奴婢已上（已㋑㋺以）緇素定ルレ階ヲ者此謂也。依ニ通受ナルニ此ノ戒カ非ニトハ大僧ノ戒ニ一不レ可レ難也

但シ。他宗ノ學者ハ。サレハコソ大乘ノ戒ニテハ。在家・出家。沙彌・比丘等ノ階級ハ難レ定メ事ニテ有ルヲ。聲聞戒カ下地トハ成リテ。在家ノ五戒八戒等ヲ受得（得㋑持）スル人ハ。在家ノ菩薩ト被レレ云ハ。聲聞ノ沙彌ノ十戒ヲ受ケ。具足戒ヲ受タル人カ。梵網ノ戒ヲ受ツレハ。本ノ聲聞戒ノ約束ニ立還テ。沙彌・比丘ノ行相ヲハ可ニテ分別一ス

有レト申也。而ルニ山家ノ心ハ。聲聞戒ハ。制自ニ鹿苑一始レリ。梵網經ハ成道ノ初ニ被タリ二頓制一セ。此經ノ中ニ多ク比丘比丘尼ノ言有リ。或ハ。若受佛戒ノ者ハ。國王王子百官宰相比丘比丘（經、大正藏二四、一〇〇四中七行）尼トモ云ヒ。或ハ十重ノ中ノ第六ノ重ヲ說トシテハ。自說ニ出家在家（同、一〇〇四下十二行）菩薩比丘比丘尼罪過」トモ云ヒ。彼時聲聞ノ比丘比丘尼等ノ名字未レ起ラ。約シテニ菩薩ニ辯フト二七衆ノ階位ヲ一云事分明也」

凡ソ在家出家ノ稱モ。源自ニ菩薩戒一出テテ。聲聞戒ト云ハ。其ノ一分ヲ請取テ行ルニテレ之有ル也。其ヲ七衆九衆ノ不同ヲ論センテ事ハ。我コソハ管領スヘケレト自リニ小宗一申サン事ハ。頗ル以テ逆次ノ事歟。但シ菩薩ノ戒ハ甚タ廣博也。在家ノ戒相モ隨レ機ニ不ル二一准ナラ一事モ可レ有レ之。故ニ邊地ノ機緣輒ク難キレ辯ヘ事モ有リテ。中中混亂ノ事モ可ニ出來一歟。仍テ梵網ノ大本モ。留テニ天竺ニ一不レ來ニ漢地ニ一。八萬ノ威儀モ。只聞テレ名ノミ未タレ辯ヘニ其ノ相ヲ一。今ノ一卷ノ戒經ニハ。纔ニ說クニ五十八戒ヲ一計リ也。大乘律トテ有レトモ之。無シレ出ルコトニ微細ノ行儀ヲ。授戒ノ作法タニモ。梵網經ノ律藏品ノ說トテ。什公ノ宣傳シタマフヲ本トシテ行シ來ル也。故ニ比丘・沙彌等ノ微細ノ行相ハ。誡ニ不ニ明了一ナラ事多シレ之。其ヲ無レ力ラ救テニ諸部ノ律藏等ヲ「以テニ小檢ヲ」可レ助ニ大儀ヲ也。妙樂ノ。但此土（記九（天文五、二四二九上））器劣。且以ニ小檢一助ニ成大儀一ト釋シタマフ此心也

此分ハ一向大乘ノ寺也トモ。大乘經律ノ中ニ不了ナル事ノ有ンスルヲ。以テニ小律儀ヲ一扶助セン事ハ非ニ制ノ限ニ一也。其時コソ小戒ト云トモ。源自リニ大乘一出タレハ自ニ菩薩戒ノ方一見レハ。大乘戒ノ一分ニテハアレトハ可ニテレ被レ申アレ。在家・出家ノ行相。比丘・沙彌ノ階級モ。梵網ノ戒計リニテ難キレ辯ヘ處在ラハレ之。一一ニ以ニ此心ヲ一可ニ分別ス一也

凡ソ七衆通受ノ本意ヲ。五大院釋シ給フニ被タリレ出ニ三義ヲ一。一ニハ隨テニ受者ノ樂ニ一名ク二成ス一衆ト一。二ニハ七衆皆名クニ菩薩僧ト一。（大正藏七四、七五八中。取意）三ニハ七衆皆名クニ如來ト一云テ。梵網經ノ衆生受佛戒卽入諸佛位ノ文ヲ引テ。雖レトモ有リトニ三義一。第三正義ナリ。此是如來ノ金剛（同前）寶戒ナリ。受ニ此戒一竟皆名レ佛ト故ト述給ヘリ。通受ノ所詮正ク此事ニ有リ。比丘モ沙彌モ國王モ萬民モ乃至鬼神畜生ニ至ルマテ受レハニ此戒ヲ。同ク入リニ佛位ニ一。舍那ノ戒身ニ同スル事ハ。淨滿如來ノ覺位ニ於テハ可レ有ル何ノ差別カ一耶

若爾ハ。於テモニ受法ニ付テモニ行相ニ一。受ニ取テ舍那ノ功德ヲ。皆

行スルナラハ如來ノ事ヲ。誠ニ七衆ノ差降ヲ難レ辨者歟。此上ニハ。終日ニ分チテ在家・出家ノ差異ヲ。七衆九衆ノ行相ヲモ分別シテ。隨レ分ニ隨テ機ニ防非止惡ノ功ヲモ積ミ。滅罪生善ノ行業ヲモ勵シ。六卽ノ階位ヲモ次第ニ增進シテ。正ク舍那ノ正覺ヲ成シタマフ如クニ。分證・究竟ノ極位ニモ至ルヘキ也。通受ナレハトテ。何ノ界畔モ無ク。只同シ物也ト思ハンハ。無ニ正體一事也。サレハ梵網ノ戒ハ。先ツハ通受別受ナル樣ナレトモ。此上ニハ別受別持ノ謂モアルヘキ也

仍テ山家ノ御心ハ。通受別受ノ中ニハ。別受ヲ爲レ本ト。卽チ山門ノ戒壇ハ。菩薩比丘ノ戒場ニシテ。女人跡ヲ削ルノミナラス。〔在家ノ〕優婆塞モ。出家ノ沙彌モ。猶不レ許ニ登壇一ヲ。至ルマテ今ニ門主貫長ナントノ御授戒モ。沙彌戒ヲハ。或ハ御本房ニテ行レ之。或ハ中堂ニテ被レ授レ之歟。山王院ノ比丘戒ノ緣起ニハ。若行セハ二通途ノ儀一ヲ乖キ〔高〕祖本師ノ顯戒論一ニ（傳全一、三三一）。失シテン二菩薩僧ノ別解脫戒一ヲ云云　或ハ十二門戒儀裏書ニハ。別正通傍トモ被レ注セ。是等ハ以テ別受一ヲ爲ニ本意一ト見ヘタリ。是モ一向ニ通ヲ遮シテ非ス取ルニ別ヲ。七衆皆名クルニ如來一ト。通受ノ本意ヲ別受シテモ行シ顯サント存ル也。如レ此進退卒爾ニ不レ可ニ分別一ス事也

明曠ハ此ノ事ヲ釋トシテ。不分卽眞而俗ト述タリ（大正藏四〇、五九七下）。大切ノ釋也。此菩薩別受ノ行儀ヲタニモ。諸宗ノ學徒ハ。於テ佛法ノ中一ニ一ノ異見出來スト思テ。一向ニ惑耳驚心シテ支ヘ申シシ事也

〔他流戒灌頂無ニ本說一事〕

而ニ山家ノ一衆ノ中ニ。近代又於テ圓戒ノ受法一ニ一ノ行儀ヲ作テ大師已來ノ相承ノ最深最祕ノ受法有トテ。弘ニ通スル之一旨令ルニ風聞一セ歟。是ヲ灌頂受戒トカヤ名ケテ唯授一人ノ戒法也ト云云　此事前代未聞ノ事歟。根本大師隨テ道邃和尚一ニ傳ニ授シタマフ此戒一ヲ時ハ。義眞和尚幷ニ大唐ノ沙門二十七人同時ニ受レ之ト見タリ。全ク非ニ唯授一人一ニ。其外別時ニ大師一人ニ受タマフ事有リ耶否耶。尤モ可シ尋ニ明ム之一ヲ。大師歸朝ノ後。最前ニ根本中堂ニシテ被レ授シ時ハ。寂光大師ヲ爲テ上首一ト。一百餘人同ク受ク之ヲ。自レ其已來タ。代代於テ山門一ニ被レ行ニ受戒一ヲ事ハ。大略時ノ天台座主ノ所作也。何レノ御門流・誰人ノ遺弟ト云フ沙汰强チニ無レ之歟。其ノ授戒ノ儀式ハ。登壇受戒ノ儀則ヲ可レ爲レ本ト。其ノ戒儀ハ山家ノ十二門ノ戒儀ニ。山王院ノ被ニ裏

書セ爲規模ト也。以之爲本書。代代ノ祖師聊被添削物多之。五大院ノ廣釋モ卽其一也

是等ノ諸本ノ戒儀ノ中ニモ。更ニ此趣ハ不見ヘ事也。當時流布ノ圓頓戒ハ。皆是大原ノ良忍上人ノ餘流ナリ。再興ハ法然上人已來也。是等ハ近代ノ事ナレハ。列祖ノ行事モサスカニ不可有ル其ノ隱レ。件ノ密授戒ノ事。更ニ不觸レ耳ニ事也。法然上人ノ戒ハ二流ニ相分レタリ。嵯峨ノ二尊院幷ニ西山是ナリ。今ノ元應寺ノ流ハ出レタリ自リ二尊院。黑谷ノ惠尋上人（求道坊）ハ二尊院ノ湛空（正信坊）上人ニ戒ヲハ被レタリ受。先ツ本所二尊院ニ於テハ。自レ昔更ニ不及沙汰ニ事也（密受戒ノ事ハ不及沙汰）。慈覺ノ三衣。叡空上人（良忍上人ノ弟子。法然上人ノ師也）以來タ相傳シテ。二尊院ハ圓戒ノ正嫡ト思タル也。凡ソ法然上人ノ本尊・聖教一物モ不殘ラ彼寺ニ傳持セリ。名稱無キニ其謂非ル歟。若爾ハ。唯授一人ノ戒法トカヤモ。湛空ヨリノ相傳ナラハ。彼ノ寺イカテカ不存知耶

西山ノ相傳ハ。善惠上人（證空）以來也。是レハ法然上人入室ノ弟子。付法ノ正統ナル事天下無其隱レ。二尊院ノ祖師信空上人（法連房（房㋺坊）「正信房（房㋺坊）師」）ハ。本ハ叡空上人ノ弟子ニテ。法然上人ニハ同法ニテ有シカ。後ニ法然上人ニ依附スルカ故ニ。以彼ノ舊好ヲ叡空上人相傳ノ本尊聖教幷ニ黑谷ノ房舍等ヲモ。信空上人ニ被讓附セ。其後善惠上人ハ久我ノ一族ニテ「マシマシシヲ。」彼久我ノ內大臣通親公ノ猶子トシテ。法然上人ノ室ニ奉入レキ。天機秀發ナル人ナリシ故ニ。以之佛法ノ正統ニ備ヘラレタリ。卽チ菩薩戒ノ義記。他人ハ一章一段ノ誦釋ヲモ聞事希レ也ケルニ。善惠上人ハ。兩三度マテ首尾ヲ終ヘテ被聽學セ。仍テ聖教・本尊ヲハ依テ兼日ノ約束ナルニ。無力信空上人ニ被付屬セ故ニ。至マテ今ニ二尊院ニ相傳タル事無シ子細。法流ノ眞實ノ相傳ニ於テハ。西山ニ有ル條。人更ニ不可諍之

法然上人在世ノ時。月輪ノ禪定殿下。上人入滅ノ後ハ。誰ヲカ可キト爲師範ト尋申サレケルニ。可爲善惠上人。愚意ニ一事モ不違セ人トモ被申タリケリ。仍テ圓戒ノ深旨ニ於テハ。西山ノ相傳頗ル傍若無人ト可云歟。サレハ三重玄ノ奧義・一品一卷ノ戒經ノ宗旨ナント云事ハ。二尊院ノ方ニハ。更ニ不ル及沙汰ニモ事也。サレハ如形。戒儀讀ミ傳タル計也。於宗義ニ者。相傳斷絕勿論歟。其餘流トシテ唯授一人ノ戒法ノ相傳カ有リト

云ンハ事ハ。更ニ信心ヲ難レキ生事也。如クナラハ傳ヘ聞一ク。引キ幕ヲ。誦レ讃ヲ。道場莊嚴等。眞言ノ灌頂ノ儀式ニ不レ異ナリ云云 前代何レノ時ニ。誰人如レノ此儀式ヲ被レ行セケルソ耶。尤モ不審ノ事歟

戒ノ相傳ハ。顯密ノ相承ニハ替リテ。慈覺　長意露地〔回坊〕座主　慈念平等房〔房回坊〕　慈忍飯室　源心西明房〔房回坊〕　禪仁宇治東圓房〔房回坊〕「阿闍梨」　良忍ト相傳セリ。若シ今ノ所傳ノ戒ニ。唯授一人ノ法有ルレ之ナラハ。慈覺大師ノ附法ハ安惠・惠亮也。長意ハ安惠ノ灌頂ノ弟子也。大師ノ上足ノ不レシテ被レ授ケ安惠・惠亮ニハ。後生ノ長意計リニ。餘人所ノ不レ知戒法ヲ被レ授ケツラン事。更ニ不レ可レ有ルニ其ノ義一。事也。近來今案ノ行事ナル事。方方無ニ子細一事也。付レハ之ニ。今ノ授戒ト云ハ。卽身成佛ノ儀式ナレハ。授職灌頂ノ相也ト云ハン事ハ非レ可キニ無ニ其儀一。サレハ五大院ハ三聚淨戒・三羯磨ノ相ヲ。釋迦大威光。一切義成就菩薩等ノ。得テ諸佛ノ灌頂ヲ成ルニ正覺ヲ儀ニモ釋シ合セラレタリ（大正藏七四、七七四下二八行～。取意）。若爾ハ。受戒ト云カ卽チ灌頂ノ儀式ナラン事ヲハ。不レ可レ遮レ之（「〇カ）其レハ國王王子百官宰相。鬼神金剛神畜生マテモ受ト二戒法ヲ一（經、大正藏二四、一〇〇四中七行～）云ハハ。卽入諸佛位ニテ。七衆皆名ニ如來一ト故ニ。千人萬人同時ニ雖トモニ受戒スト。同ク授職灌頂ノ儀式ニテ可レ有也。必シモ搆ヘニ密室ヲ覆ヒテニ幔幕ヲ。一人其ノ中ニシテ成佛シテ。餘人境界ヲ可レトハ隔ツ。何レノ書ニ見ヘタル事ソ耶。法華ノ皆成ノ道理ニモ背キ。梵網通受ノ本意ニモ不レ可レ順ス事歟。是等ハ佛法ノ中ノ大事也。爭カ以ニ近世ノ人情ヲ初テ如レノ此ノ行儀ヲ可ニ作リ出ス耶。可レ恐也。但シ山家ノ一卷ノ書ノ中ニ見ヘタル事有レ之。以レ之爲テニ才覺ト此行儀ヲ成ル歟。其書ハ山門記家ノ相傳ノ書也。戒壇院中臺莊嚴ノ記ト云物也。是ハ昔シ戒壇院建立セラレケル時ノ作法歟。但シ戒壇ハ。大師御在世ノ時ハ。未タ敕許タニモ無カリシカハ不レ及レ被ルニ建立セ。後代ニ是ヲ被レ立。若シ有テニ敕許一戒壇ヲモ建立スル事アラハ。如レク此可シトテ作法スル書キ置キタマヒケル歟。天下未タ强ニ行セ書ナレハ眞僞モ頗ル難レ計歟。其中ニハ。誠ニ並テニ五瓶ヲ灌キ二戒水ヲ。埋シテ五寶ヲ可レ鎭ス壇場ヲ旨見ヘタリ。是只以ニ眞言ノ意ヲ可レ被ルニ安鎭セ。天台ノ戒家ニハ。自レ昔此儀式有ニ非ル歟。況ヤ又戒壇ヲモ始テ建立センニ付テノ事歟。於テニ處處ノ道場ニ必シモ非レ可レニ成ニ此義ヲ也。今モ只。戒師ノ意樂ニテ人ノ

爲レ令レ生ニ信心一ヲモ。借ニ用シテ密宗ノ行儀一ヲ一旦此事ヲ行スルニテアラハ。其人。若シ知法高德ノ譽モ有ルナラハ。サノミ非レ可レ支フ。大師已來相傳ノ祕曲。我コソ相傳シタルナラハ恐クハ是妄說也。諸方爭カ可ニ同心一ス耶

彼書ノ中ニ。一二正經・兩卷祕要ヲ戒壇ノ中心ニ安スト云事アリ。是ハ子細有ル事ト覺ル也。當流相傳ノ深旨ニ相叶ヘリ。付テニ一ノ梵網經一ニ一品一卷。上下兩卷ノ二ノ心在レ之。是則圓戒正依ノ菩薩戒經ヲ。戒壇ノ中心ニ安置シテ。得戒ノ根本トスル歟ト覺タリ。兩卷ノ祕要ト者。菩薩戒ノ義記。上下二卷無ニ子細一事歟。其ヲ惠尋上人ノ自抄ヲ見シカハ。一二ノ正經トハ法華・梵網ノ事也。兩卷ノ祕要トハ。義記ト觀十二部經トノ事也云云 法華・梵網カ一二ニテ有ラン事モイタク不レ被レ得レ心。學生式ノ如クナラハ。正依法華。次依普賢經。傍依梵網・瓔珞・方等・文殊問・大涅槃經等云云（傳全一、三六三。學生式問答取意） 若シ依ラハニ此次第一ニ。一ハ法華。二ハ普賢經。三ハ梵網等ノ諸經ナルヘシ。其ノ上ニ正依可クハレ限ルニ法華一ニ。梵網カ正經ト可レ被レ云ル道理モ無レ之歟

西山相傳ノ趣キハ。上下兩卷ノ經ノ外ニ。別ニ一品一卷ノ經ト云物カ有ルニテモ無キ也。上卷ノ階位カ遍シテニ下卷ノ戒法一ニ。一ツノ舍那ノ戒藏ナル謂レヲ一卷ノ戒經トノミ名ツクレハ。兩卷ノ心ヲモ。一向ニ非レ可ニ取離一ス也。況ヤ一卷ト者戒體。兩卷ト者戒行ノ故ニ。一卷二卷ノ經カ菩薩ノ戒體・戒行ノ所依ニテ有ル也。仍テ一品一卷ノ菩薩戒經カ。戒體具足ノ方ヨリシテハ。一品一卷ノ經ト被レ二沙汰一セ。戒行ノ心ヨリシテハ。上下兩卷ノ下卷ノ經ト被ニ取成一也。故ニ是ヲ一二ノ正經トハ被ル名歟ト覺タリ。又義記ト觀十二部經義トナラハ三卷ノ祕要ナルヘシ。兩卷ノ言ハ不ニ附合一セ歟。此書ノ事ハ代代相傳ノ義無レ之。彼流ノ賞翫ニ依テ釋ルニレ之。自家ノ所傳ニ契符スト申ス計也。是等ノ篇目。殊ニ以テ有レ憚リ。努努不レ可レ及ニ漏脫一ニ事也

（底本、對校㋺本奧書。對校㋑本奧書全なし）

㋺異本奧書云

應安四年辛亥（一三七一）五月七日。於ニ廬山寺一對ニ後師一終レ功畢。凡圓戒事尤可レ有ニ沙汰一也。當世結緣受戒之外者。不レ及ニ戒體・戒行之鑽仰一之條無念至極也。仍極樂房爲ニ發起一。去年春比

御談義雖レ有レ之。餘殘多レ之處今（處今㋺今度）終レ功。宿習之至。法悦（法㋺喜）之外無レ他者也。一得永不失ハ者。圓戒之規模也（之㋺ナシ）。卽入諸佛位者。我等之（之㋺ナシ）所證也。舍那血脈茲（茲㋺符）傳。卽身成佛茲顯（茲顯㋺顯于茲）レ。我願既滿。衆望亦足。可レ祕レ之（「㋺云云）

天台沙門無障金剛　幸承。歲五十 臘三十三（㋺二月八日）

本云（本云㋺ナシ）　㋺ 享（享(底)ナシ）徳元年（一四五二）（壬）申九月十六日。於二本院南谷常光房（房㋺坊）一書

（底本追記奧書）

承應三年（一六五四）甲午六月吉日。嵯峨二尊院御本ヲ恩借仕書寫者也

江州栗太郡芦浦觀音寺法印舜興藏

（對校㋺本追記奧書）

同本ニ云　文明十三年（一四八一）卯月十日。於二本院東谷定光院一令二書寫一畢　至二元祿五壬申一二百十二年也

探題法印應意　戒三十六 歲四十九

這抄者。圓戒之深底。當流之奧源也ヲ予年來之大望更無レ他事。令レ懇二望山門眞如藏之御本一遂二寫功一畢。納二函底一而不レ可レ出二庫外一者也

時延寶六（一六七八）戊午年初冬十三日。假名菩薩比丘聽空謹書（言イ）

後日令二校合一尚可レ改二蟲食之文字等一者也

私云。重而以二古本一令二校合一改二蝕文字幷損落等一畢

寶永二年（一七〇五）乙酉年五月十日。以二古本一一校畢　台空

（底　本）　西教寺正教藏、承應三年（一六五四）六月吉日書寫舜興藏奧書一冊寫本

（對校本）　㋑＝妙法院門跡藏、書寫年不明上下二冊寫本

㋺＝叡山文庫戒光院藏、文化十年（一八一三）知空校引文上下二冊寫本

（校訂者　利根川浩行）

圓頓戒曉示鈔　終

本源抄　目次

（原本目次改訂）

本源抄　上（外題）

（內題）戒論義聽書

貞和元（一三四五）十一　十八。於二西山往生院御塔一被レ始レ之。天台大師講云云

講師　實導儀主　問者　光惠

1 何名二菩薩戒一耶

講師云。此ハ。幽玄ナル事ニテアル故ニ難レ測。又難勢モ不二一准一。大方菩薩戒ノ言ニ付テ。大小相對ノ菩薩ト云計也。意ヲ得テ云ハハ。大小相對ノ菩薩ト云ヘル意モ有ランスル事又無二子細一。其カ今ノ宗旨ニ菩薩戒律宗ト云ヘル事カ有ル故ニ。別シテ十四字ノ首題ノ中ヨリ。別シテ菩薩戒ノ三字ニ付テ三重玄ヲ開カレタル故ニ。別シテ菩薩戒ト云レテ可レ有二子細一事也。其カ難勢ノ如ク。尤モ佛戒トモ云ヘシト云意モ有トモ云トモ。第二ノ菩薩戒トテ可レ顯樣カ有也。今ノ宗ニハ四戒三勸ノ謂カ立ツトキ。菩薩戒ト云ハルル也。偈頌ニハ舍那ノ發起ヲ明シ。長行ニハ釋迦ノ勸發ヲ明ス也。四戒三勸ト云ヘハ。師資相傳ノ謂カ可レ顯也。體ハ佛戒ナル也。諸佛ノ內證ハ還テ此佛

戒ト云スルヲ。癡闇ノ凡夫ノ上ニ授得ストモ云テ可レ顯故ニ。此師資相授ノ謂ヲ菩薩戒ト云ヘキ也。先ッ難勢ヨリシテモ。何ナルカ大小相對ノ菩薩ニテ有ソヤ。普通ノ權教權門ノ大小相對ノ戒ト云ヘキ歟

其ヵ天台ノ戒ノ意。尚ヲ虛空不動ノ戒ト云フ體ニテハ。大小相對スト云事ハ不レ可レ有。況ャ今ノ戒律宗ト云ヘルハ。一乘ノ至極。法華開顯ノ上ノ宗旨ト云程ニテハ。カカル難勢ハ不レ可レ來。惣シテ今ノ戒律宗ト云ヘル事ヲ。又只三乘教ノ分ニテ〔□□〕(戒律カ)宗ト申ヘキ歟。只釋(義記、大正藏四〇、五六三上)義ヵ聲聞小行等釋シタレハトテ。此ヲ以テ大小相對ノ戒ニテコソ有レト難センス事。返テ不審ナル事也。今ノ宗ニ入テハ。又戒體ノ上ノ戒行ト云時ハ。更ニ大小相對ノ義分ヵ可レ有條勿論也。假令法華開顯ノ上ニモ。相待絶待・次第不次第ノ謂ヲ論スル故ニ。今モ此戒律宗ノ謂ヵ成シテ。其上ニ大小相對トモ。又上下兩卷ノ意ヵ有トモ云ヘキ故ニ。華嚴ノ結經。別圓相對ノ經トモ。又意得ンスル事無二子細一故ニ。大小相對ト云ヘル意ハ。先ッ何ナル處ヵ正シキ難勢ノ意趣ニテ有ルカ

凡ソ戒律宗ト申ハ。法華一乘ノ開顯ノ上ニ。四戒三勸ノ宗ヲ立テテ。上ミ舍那ニ受。下モ衆生ニ授クルカ故ニ。第三ノ菩薩戒ト名ル也。サレハ此菩薩戒ノ名ヲ定ハ一乘戒ト名クナリ。サレハ經ノ文ニ。(大正藏二四、一〇〇四上)衆生受佛戒。卽入諸佛位ト說テ。衆生佛戒ヲ受テ。位同ニ大覺一已。眞是諸佛子ナル故ニ。位既ニ諸佛ニ等シト云ルル意。大小相對ノ戒ノ分ニ非サル條。無二子細一樣ニ覺ル也

仰云。今ノ釋義ヵ。(義記、大正藏四〇、五六三上)聲聞ノ小行尚〔自〕(心カ)珍二敬木叉一云云 下卷ニモ。開遮色身ノ輕重ノ異ヲ立テテ。大小相對シテ菩薩戒ノ義ヲ論スル故ニ。何ニト可二意得一耶

講云。下地ヵ大小相對ノ意ヵ有ル故ニ。菩薩戒ハ大小相對ノ戒ニテコソアレト難セラルルカ。法華經ハ大小相對スル經歟ト不審シタルナルヘシ。超八一圓ノ體也ト定ムレトモ。又三乘五乘ニ相對シテ一乘ト云ルル意ト。又三乘五乘之圓ノ體トコソ意得ル故ニ。今ノ戒律宗モモトノ分ニテ大小相對スト難スルヤ。法華經等ノ意ヲモ大小相對ストヤカテ可レ難歟。其ハ。問答モ如レ此ハ難セシナル故ニ。此經ハ又法華一乘ノ至極ヲ菩薩戒ト云故ニ。難勢ノ下地ヵ返テ不審也。約束ヵ上下兩卷・一品一卷ノ二ヵ有ル故ニ。上下兩卷ノ意ニテ大小相對ストモ可二意得一ケレトモ。一品一卷ノ內マテモ此戒ヲ受得スト云上ニハ。ヤカテ又大小相對ストモ更ニ可二意

得レ也。地體一乘ト云也。大乘ト云ヘルハ。三乘卽一乘ナルニテコソ有ラメ。法華開顯ノ上ニテモ相待妙ト云ヘル方ハ。一代ノ大小經ト相對シテ論スル故ニ。其モ大小相對ストコソ云ヘケレナル故ニ。下地カ難勢モオホツカナキ也

仰云。下卷ニ。聲聞ニ對シテ開遮色心ヲ論スル戒ハ。菩薩ノ戒ト云ルル意ニテハ無カルヘキ歟。下卷ノ意ニテハ。佛戒ヲ菩薩戒ト云ヘル意テハ無キ歟。又今ノ釋義ハ。下卷ノ大小相對シタル戒ト同シ意ニテ釋シタリト可ニ意得レ歟。下卷ノ開遮色身(心カ)ト云ヘルハ。大小相對シテ云ヘル。地持・瓔珞等ニ云ヘル意ト云ヘキ歟。又モシ佛戒ヲ菩薩戒ト云タルト同シ事ト可ニ意得レ歟

講云。此事ハ。法華經ノ才學(覺カ)ニテ可ニ意得レ也。其カ戒體ト云ヘルハ。虛空不動ノ戒ト云ヘル也。戒行ト云ヘハトテ。虛空不動ノ戒トハ云ハレストハ申ヘカラス。故ニ今モ戒體・戒行共ニ舍那修得ノ戒ト云フ故ニ。戒行モ佛ノ功德ノ體ニテ有ト云事無ニ子細一。同シ舍那ノ功德ノ上ニ戒體ト云ヘハ。一切ノ大小乘ノ佛法カ。舍那ノ修得ノ功德ト云レテノキタルヲ。戒行ト云時キ。此功德ヲ開キタルニテ有ル故ニ。全ク戒體・戒行共ニ大小相對ト云ヒタル樣ニハ無キ也

仰云。當山ノ戒ノ意カ二ツノ謂カ有也。今ノ首題ノ菩薩戒。又序ニ釋シタル分ハ。大小相對ノ三乘ノ中ノ菩薩戒ト云ヘル分別カ有ル也。其カ正ク一品一卷ノ經ト云時キ。卷ノ奧ノ首題カ正シキ一品ノ經ノ菩薩戒ト云ヘル意ソト了簡セラレタル也。故ニ只法華經等ヲ本ニシテ。一乘ノ經ト云經ニテハ。戒體舍那ノ戒ト云ルル程ニテハ。戒行ハ三乘相對ノ戒トハ云ヘカラスト云ヘル疑ハアルマシキ約束ナルヘシ

講云。此ハ大ニ不審也。假令名字ノ解了ノ時キ。佛ノ知見ヲ開ト云レタル上ニ。其上ニ次第ニ此解了ヲ行シ顯スト云ヘハトテ。小乘ノ聖者ニ成テ權乘ノ人ニ成ル樣ニハ申サス。故ニ今ノ戒ノ意モ。戒體ハ位同大覺已ト云レ。戒行ハ權乘小乘等ノ戒行ト成ヘキ條。道理大ニ不審也

仰云。此ハ意得ヌ約束ハサニテ有レトモ。一品一卷ノ意テハ。舍那ノ功德ヲ癡闇ノ凡夫ノ上ニ授得スト云ルル。此ハ戒體ノ意ナルヘシ。此外ニ戒行ト云ルルハ。上下兩卷ノ意ニテ有ル故ニ。戒行ト云ハトテ淺ク成ル樣ニハ無キ也。上下兩卷ノ分ト云ヘハ。一代ノ大小ノ戒違ト云ルル意ニナルヘキ也

講云。戒行ノ時ハ。上下兩卷ノ意ナル故ニ。三乘五乘ノ戒ノ分ニテ

有リト云ルルモ。皆ナ舍那ノ功德ノ上ニ約スルニテ有ラハ。其ハ殊勝ナルヘシ。
舍那ノ功德ニテタニアラハ無二子細一
仰云。サレトモ戒行ト云ルル時モ。只舍那ノ功德ノ體ニテ置カテ。一代ノ諸經ノ戒ト云ルル處カ有ルカ不審ナルヘキ事也。其カ大方子細アルヘキ事也。諸經ニ云ヒタル戒體ハ。只戒行ノ分ニテアル也。實ニハ戒體・戒行トテ。二ハ有マシキ事也。戒ト云ルル一乘ノ戒ナル故ニ。癡闇ノ凡夫ヲ不レ隔ト云ハハ。戒行モ我等カ上ニ難レ成クテ。ノク様ニハアルヘカラサル故ニ。戒體戒行カ分レテ。一ハ成シヤスク。一ハ難レ成様ニテハ不審ナルヘキ事也。其カ戒體戒行共ニ一乘ノ體ナル故ニ。凡夫ノ處ニ戒體ヲ受得スト云ヘハ。癡闇ノ凡夫カ諸佛ノ位ニ入ルト云ヘルカ一乘ノ至極ナルヘシ。其カ戒行ニ出ル時キ。難レ成ト云ルル意ハ。心ヲ本トスル意カ有故ニ。心ヲ本トスレハ難レ成謂ニ成ル故ニ。心ニ歸スル一代ノ法門ノ方ニ成ルト云ヘハ。我等カ上ニ難レ成ト云ルル故ニ。戒行ノ方ニテハ。聲聞ニ對スル常ノ菩薩戒ノ分テハ心ヲ本スト云ルル也。故ニ戒行ノ難レ成處ヨリ願行具足ノ名號ニ尋入ト云ルル也。一乘ノ至極カ癡闇ノ凡夫ノ上ニ成スト云ルル方ハ。戒體ノ意ニテ。一品一卷ノ戒經ト云ルル方ニテ。心ニ歸テ行スレハ戒行ノ難レ成シト云ルル方ハ。上下兩卷ノ一代ノ戒。大小相對ノ戒ノ分齊ト云レテ。可レ顯有二子細一被レ宣タル也

十九日　　講師　光惠　　問者　實導〻〻(儀主カ)

2　梵網・法華勝劣事

問者云。此ハ梵網カ法華ニ可レ勝ト云ヘル講者ノ趣キ。未不(衍カ)ニ取置一事也。凡ソ法華ト云ルハ。唯以一大事因緣故出現於世ト說テ。出現ノ本意ソ衆生ヲシテ開悟得脫セシメン爲ト說キ。(大正藏九、七上。法華經方便品)序分ニハ四十餘年未顯眞實ト(大正藏九、三八六中。無量義經)時預(節カ)ヲ指テ說キ。法師品ニハ已今當ノ三說ノ中ニハ。法華最第一ト(同前、三一中)云フ故ニ。金口ノ直說トシテ法華ニ勝ルル無レ經ト定タリ。況ヤ天台大師。法華ニ依テ宗ヲ被レ弘メラルル時キ。法華ニ勝タル宗ナシト被レ釋タル也。セメテハ他宗ノ人師ノ中ニ。梵網經ニ依テ宗ヲ立ル人カ有テ。法華ニ勝ト云ヘル義カ有ランハ無レ力。梵網宗ト云ヘルモ。大師ノ被レ立タル宗ナルカ故ニ法華勝ト云ル外ニ。又梵網勝ト云ヘル意カ有ラン事不審ナルヘキ事也。ヨモ終ニ一邊ニ不ニ治定一事ハアラシナル故ニ。一定御本意ニ歸テハ。梵網カ法華ニ勝ルル歟。又法華カ梵網ニ勝ルル歟。一邊ニ治定スヘ

キ事也。若梵網カ法華ニ勝レハ。サテハ梵網宗ニテコソ有ルヘケレ。法華勝ト云ヘル方ハ何ナル事ソヤ。大方大師ノ釋義ニ付テモ。正ク梵網宗トハ。トコニ釋セラレタルソヤ。旨趣深玄ナリト(義記、大正藏四〇、五六三上)云ヘル釋義ヲ。宗ノ勝劣判セン事不審ナルヘシ。譬ヘハ什師。最後ニ以テ二梵網經ヲ一傳來セラルル時キ。文義幽隱旨趣深玄ト其經ヲ譯スル時キ。一分稱美セラレタルニコソアレ。若後ニ譯シタルカ本ニナラハ。法華已後譯セラレタル經論ノ多キハ。此モ法華ニ勝ヘシト可ニ意得一歟

先ツ經ト經トヲ相對スル時キ。何ナルカ勝タルソト可ニ治定一也。藥王品ノ十喩ヲ擧テ。一一ニ諸經ニ超過シタル樣ヲ宣ラレタル也。如レ此ノ梵網經ニ一文ニテモ。諸經ニ過タリト云ヘル說カ有ハ可レ出也。其カ一經ノ中ニ於テ。上下兩卷・一品一卷ノ二ノ意カ有テ。法華ニ勝ト云ヘル意ト。又劣也ト云ヘル意トカ可レ有ト成スル故ニ。縱ヒ法華ニ勝ト云意有トモ。其ハ上下兩卷ノ意ト可ニ意得一也。サレハ純圓一實ノ法華ノ意ヲ被レ宣タル經トモ分明ニハ未レ見故ニ。傍依梵網ノ意ト云ヘル一義モ有ル事也。諸經ノ中ニ於テ。尚ヲ勝ト云ヘル事タニモ分明ナラヌニ。況ヤ法華ニ勝ト云ヘル事ハ。大ニ胸臆ノ事ナルヘシ。況ヤ大師ノ御本意。法華ニ依テ自解佛乘スト云テ。藥王品ノ眞法供養ノ文ニ依テ廓然トシテ悟解スト見タル故ニ。法華ヲ悟解スト云ヘル事ハ。自他宗ノ人師不レ疑處也。況ヤ法華ヲ被レ釋タル三大部等。章章科科ニ經テ。絕經開權(施權カ)ノ重ヲ論シ。種種ニ被レ釋タル事也

然ニ。今ノ梵網經ニ付テハ。トコニ如レ此諸經ニ相對シテ論シ。又一文ニテモ開顯ノ意也ト釋セラレタル事ハ有ルソヤ。大方ハ。大師ノ御釋ハ。縱ヒ未ニ分明一トモ。六祖釋レシ之。乃至未レ明等モ釋義ヲ設テ。委細ニ可レ釋事也。其カ六祖ノ釋義モ法華ニ付テハ種種ニ末文ヲ被レ造タレトモ。(天文四、二〇七〇上。文句記)未タ義記ニ付テ末文ヲモ不レ造故ニ。大ニ不ニ意得一事也。次ニ。若正立ニ圓戒一須レ指ニ梵網一等釋スル釋義ニ依テ。義勢ヲ成スルカ又不審ナル事也。其ハ只華嚴ノ結經ノ分ニテモ。(天玄五、五四八。玄義)須指梵網ノ義立スマシトハ不レ可ニ意得一。其故ハ華嚴ヲハ。初後佛惠圓頓義齊トモ。同シ圓教ヲ說タル經ナル故ニ。其ニ付テハ梵網カ戒相ヲ委シク明ス故ニ。若正立圓戒ト釋シタル事無ニ子細一

況ヤ山家ノ大師等。七大寺ノ僧統ニ對シテ圓頓戒律宗ヲ被レ立

ルル時モ。法華開顯ノ意ニテコソ被レ立タル故ニ。セメテ至極ハ同シタルニテコソ。イカメシキ事ニテ有レ。勝ト云ハン事。大ニ不審ナル事ナルヘシ。末師明曠コソ。至極今ノ戒ヲ甚深ニ釋セラレタルカ。其モ法華開顯ノ上ニテ。（大正藏四〇、五八一下。明曠疏）今從ニ佛意一圓教消釋ト釋セラレタレ。故ニ開顯ノ上ニハ。一代ノ諸經ヲ皆ナ法華ノ意ニ入レテ釋スル故ニ。圓教消釋ノ義。分シタル事ナルヘシ。サレハトテ法華ニ勝トマテ云ハン事。大ニ不審ノ事ナルヘシ

答義　（缺文）

仰云。經ト經ト相對スルニ。法華ノ序分ノ經ヨリシテ一代ニハ眞實ヲ不レ顯。初メテ無量義經ニ直成菩提ノ直道ヲ說タル樣。從一出多・從多歸一ノ義門。一代ニカカル事ナシト經文ニ付テモ見タル事也。故ニ如レ此事。梵網ニハ未レ見條勿論歟。華嚴經ノ結經ニテハ又勿論ナル故ニ。義記コソ梵網ヲ釋スルカ。其ニモ分明ニモ不レ見故ニ。釋ニモ經ニモ無キ事ナル故ニ。何ナル證據ヲ以テ梵網勝トハ治定スルソヤ。（義記、大正藏四〇、五六二上）文義幽隱ノ釋ノ言ヲ以テ。梵網勝ト云ハン事。大樣ノ事也。縱ヒ何甚深ナル事ヲ此經ニ說タリトモ。其體ノ事ハ諸經ニ多キ事也。地體法華經ニハ。サノミ甚深ニハワサト法門ヲ不レ說樣ニ見タル經也。サレトモ如來一代ノ終訖。布教ノ元始ナル事無ニ子細一故ニ。何ヲ以テ梵網勝トハ可ニ治定一耶。釋義ニモ。天台宗ヨリモ此宗勝タリトモ未レ見。又天台已後ノ祖師。章安・妙樂等ノ釋義ニモ不レ見事也。何ヲ以テ一定シテ梵網勝トハ可ニ意得一ヤ。別ニ部ノ外ニ一品一卷ノ戒經アリト云ヒタレハトテ。法華ニ勝ト云ハン事。大ニ不審ノ事ナルヘシ。物カ二重ニアレハトテ。法華ニ勝トハ何ニトテ可レ云耶

華嚴經ヲハ。（天玄五、五四八。玄義）初成道時。純說圓頓トモ釋タレトモ。普賢行布ノ二門ヲモ明シテ。別圓兼含スト云故ニ。大樣ニ二重ニ說タレハト云事ヲ以テ。梵網勝ト云ハン事大ニ不審ナル事也。大師ノ宗旨カ立テ後ハ。何トモ可ニ意得一事也。只シ三百餘軸ノ中ニ法華モ入タル故ニ。最後誦出シタル梵網カ。旨趣深玄ナルヘシト成スルカ。旨趣深玄ト云ヒタレハトテ。法華ヨリモ旨趣深玄也ト不レ云者。勝ト云ハン事不審スヘキ事也。サテ經文ニハ。法華ニ勝トハトコノ程ノ文ヲ可レ出ソヤ。ソレハトコカ。法華ニ勝トテ可レ出文アリトモ未レ釋故。經與レ經相對スレハ。比交無キ事也

仁云。地體天台大師ノ實義カ。梵網カ本意ナラハ。梵網經ニ依テ

四教三觀ヲモ可レ立事也。皆佛意ノ源(モト)カ明ランテ。此釋義ヲモ可レ被レ作ニ。劣ナル法華ニ依テ教相ヲ種種ニ被レ釋レン事不審ナル事也。佛意ノ至極シタル梵網ヲ指置レテ釋ヲ被レ造事モ不審也。餘(剰カ)サヘ法華・大品等相對シテハ。般若勝トハ經文論判ヨリ見タリ。釋義モ。何妨三法華亦入二其中一(天玄五、六一六。釋籤)トモ釋スル故ニ。此樣ナル事モ梵網經カ法華ニ勝ト云事ハ無キ事也。宗旨ヲ弘ムル事ハ。三論法相等ノ祖師。經論ヲ委細ニ得テ。潤色ヲ備ヘ。教相ヲ判シテコソ一宗ヲハ建立セラレタル事ニテ有ルカ。此經ノ大師ノ己證。一大事ノ宗ナルニ。妙樂モ一切ノ事ニ末文ヲ被レ造タリナントスルニ。大師ノ釋義モ不ニ委細一妙樂モ分明ニモ不レ被レ釋故ニ。大ニ一宗ノ立タン事モ不審ナルヘキ事也

仰云。此事ハ此題目ノ下ニテ可ニ落居一事ニテモ無シ。一大事ノ事也。所詮ハ。淨土ノ法門ト云ヘルハ。淨土ノ三經ヲ所依ト云タル也。觀經・大經等ヲ法華ニ相對スル時。未顯眞實トモ云ハネトモ。一乘ノ至極ト云タルハ。淨土ノ三經テコソ有レナントモ義ヲ云フ故ニ。此モ其程ノ事ナルヘシ

釋義モ。天台妙樂ノ釋義ノ樣ニ。一乘ノ樣ヲ委シク被レ釋タル事モ無クテ。善導ノ頓教一乘海(大正藏三七、二四六上。觀經疏)ナントト釋セラレタル計ナル故ニ。落居ハ義タニモ立テハ。ヤカテ法華等ニ分明ナル文コソ。ヤカテ此文テ有ル故ニ今ニ不レ初事也。久遠成道・二乘成佛等モ諸經ニ委細ニ說タレトモ。爾前ニ久遠成道明ストモ云ハ。大樣ニ此ハ一代ノ聖教ノ中ニ。三學ノ中ニ戒トテ師資相傳ストモ云ヘル意カ別シテ有也。法華經等ニコソ一乘戒トテ。勸發ノ四ノ戒。衣坐(座カ)室ノ三戒ナント云テ。戒トモ見ヌ事ヲ戒ト皆ナ釋セラレタル事カ有也。戒ト立ルハ。凡夫ノ二分ニ傳受スト云ヘル事テ有ル也。一代ノ佛法カ凡夫ノ上ニ成シタルコソ本意ナルカ。凡夫ノ上ニ師資相授スト戒ノ法門ヲ定タリ。其ニ付テハ。戒經ノ中ニハ諸明(師カ)モ梵網ヲ本トストマテハ定タル事也。其戒經ノ樣ヲ釋スルニ付テ。六十一品ノ外ニ心地ノ一品ヲ明ストテ。部ノ外ニ別ニ菩薩戒經ト稱スト云ヘリ。三段ヲ分ツナントト釋セラレタル也。上下兩卷コソ華嚴ノ結經トソ釋シタレ。一品一卷ノ經ヲソ結經トストモ不レ見事也。其カ文カ二ツ有テ。上下兩卷・一品一卷ノ文言カ替リタル樣ニハ無ケレトモ。地體諸宗ヲ立ルニ。同シ經ニ依テ宗ヲハ立レトモ。文ノ得樣ニ依テ替ル事也

然ニ。上下兩卷ノ文ノ外ニ一品一卷トテハ無ケレトモ。皆文言ノ得

樣ニ依ル事也。故ニ一代ノ諸經ヲ判スル事。權實ノ宗ニ依テ得替タル意ハ。此經ニ至テ可レ顯事也。正依法華ト云ヘル至極コソ今戒經ニテ有ル故ニ。法華ノ一大事ノ因緣ト云ヘル意ハ。此戒經ニ至極スヘキ事也。故ニ一代ノ諸經ノ文コソ此經ノ文ナル故ニ。一代ノ諸經ハ衆生受佛戒。卽入諸佛位（經、大正藏二四、一〇〇四上）シタル意カ佛法ノ至極ナル故ニ。癡闇ノ凡夫ノ上ニ舍那ノ戒ヲ發起シタル姿タ。諸經ニ替タル樣ハ。四戒ヲ得テ舍那釋迦ト傳ル處カ成スル時。癡闇ノ凡夫ノ上ニ舍那ノ功德ヲ傳ル處カ。此經ノ宗旨ノ本意ナリト。當山ノ上人被レ宣タル事也。義タニモ如レ此意得ラルレハ。文ハ法華等ニ分明ナルカ。卽此經ノ文ナルヘシ。其上ニ文義幽隱旨趣深玄等文（義記、大正藏四〇、五六三上）。分明ナル文ナルヘシ。天台ノ釋義ヨリシテモ天子ノ一言ト定メタル故ニ。一文ニテモ縱ヒ有レ。此レ文ハ他經ニ有トモ可ニ意得一也。此謂ハ只凡夫癡闇ノ機ノ上ニ一戒明證（一戒明カ）トナルヘキ事也。此ハ淨土ノ法門ノ徵ニテ義勢タニモ成スレハ。光明金剛寶戒（經、大正藏二四、一〇〇三下）（「一戒カ）ノ體ヲ受得スト仰ラルル處カ。此宗ノ大綱（欲カ）ナルヘシ。サレハ一大事ノ因緣ニ依テ釋尊ノ出現シ給事ハ。爲令衆生開示悟入佛之知見（大正藏九、七上。方便品）ト說タル故ニ。此衆生ハ何ニト云ヘトモ。名字以前凡夫也。此凡夫ノ至極スル未來ノ我等カ上ニ。此戒ヲ受得スルカ今ノ戒ナル故ニ。此謂ヨリ一宗ヲ立ヘシト成セラレタル事也

仁云。此癡闇ノ凡夫ト云ヘルハ。名字以前ノ實ノ我等カ樣ナル凡夫トハ。何ニト又可ニ意得一事ソヤ。況ヤ癡闇ノ凡夫ノ字ハ。上下兩卷ノ時モ同シ文言ニテ有ル故ニ。上下兩卷ノ時ハ。癡闇ノ凡夫ノ受戒ノ義ハ無シト云ヘキ歟。淨土ノ法門ニハ替リタリ。經文ヨリ彼三經ハ未來ノ衆生ノ爲ニハ一大事ト說キ。又釋義モ委細ニ見タル事也。今ハワツカニ義記二卷ニテ釋ヲ被レ造タレトモ。而ニ一代ノ本意トモ釋シモシ。經文ニ被レ伺タル處モ不レ見故ニ。淨土ノ法門ノ徵ニハ替リタル樣ニ覺ル也

仰云。前ノ約束カ治定スレハ。文義共ニ無ニ子細一事也

二十日　講師　惠行ゝゝ（懺主カ）　問者　圓惠ゝゝ（懺主カ）

3 有ニ何所以一名ニ心地品一耶

仰云。大方ハ心地トイハ譬ノ名ト云ヘルハ。メツラシキ事也。今ノ戒カ自性清淨・佛性ノ戒ニテアル故ニ。心地ニテアルニテコソアレ。經ノ文モ。我爲（已カ）百劫修ニ行是心地一。號レ吾爲ニ盧舍那一ト說ケル（經、大正藏二四、一〇〇三中）故ニ。心地ヲ修行スル舍那ト云事ハ。經文ヨリ無ニ子細一。心地ヲ

譬トスル事ハ。經文ニハ何ニカ見タル。心地ヲ法體ノ分ニテ釋スルハ。上下兩巻ノ意ニテアリ。譬ト云ヘル方ハ。一品一巻ノ意ニテアリトハ。何ト可ニ意得一ヤ。上下兩巻ノ意ニテ譬ト云ヘル事ヲハ不レ可レ云事歟。又一品一巻ノ意ニテ法體ニ付テ釋スル事ハ不レ可レ有歟。百劫修二行是心地一。號レ吾爲二盧舍那一ト云ヘルハ。タタ上下兩巻ノ分ハカリニテ。一品一巻ノ經ノ分ニテハ不ニ意得一シテ。ノクヘキ事歟。又上下兩巻ノ意ニテ。人身色身等云ヘル釋義ヲハ不レ可レ作事歟。序ニハ上下兩巻ノ意ヲ釋シ。三重玄ヲ開テ後ニ一品一巻ト云事不ニ意得一。其定ニテハ。序ニテハ惣シテ一品一巻ノ事ヲハ不レ釋歟。梵網一本最後誦出ナントト釋シタルハ。上下兩巻ノ義ニテ一品一巻ノ事ヲハ不レ釋ニテナルヘキ歟。抑一品一巻ノ意ニテ。譬ト釋スヘカルラン事不審也

仁云。譬ニ約シテ釋スルソ。何トテ譬ニハ約スルソト云事ハ何トアルヘキヤ。釋義ハ不ニ一准一事ニテアレハ。法體ニ約シテ釋スル事モアリ。又譬ニ約シテ釋スル事モアリ。人身ニ心アレハ能萬事ヲ惣ルカ如シ等云ヘル釋義ヲハ。上下兩巻ノ意ニテハ不レ可レ作事歟。戒ハ佛法ノ大地ニテ。菩薩ノ功德モ定惠ノ功德モ。戒ヨリ生スレハ如地ト云ヘル事。別ニ耳ヲ驚スヘキ事ニテモ無シ。明曠モ法譬取合セテ釋セラレタリト見タリ。然間。譬ニ約スルモ。法ニ約スルモ。別ニ無ニ子細一事ニテアルヲ不ニ意得一。サレハ妙法蓮華ノ首題ニ付テモ。譬ニ約シ。法體ニ約シテ。釋シタル事也

然間。講師ノ料簡ノ趣不ニ意得一。又序カ上下兩巻ノ意ニテアル様不ニ心得一。序ト云ヘルハ殊ニ一部ノ大綱ヲ定ル物テコソアレ。サレハ經ニハ。序ニ四戒三勸ノ旨ヲ説テ。戒體・戒行ノ一ナル謂ヲ説テ。正宗ニ入テコソ十重四十八輕戒ヲモ説テ。正宗ニ入テ上下兩巻ノ様ナル事ヲハ説タル事ニテアレ。經ヲ以テ釋ヲ意得ルニ。序ニコソ殊ニ其本意ヲモ顯スヘキ物ニテハアレ。觀經ニ定散ヲ譬ト云ヘル事ハ。經文ヨリ何トカアルラン。廣説衆譬トモ説タレハ無ニ子細一。今ハ釋義譬ト釋タルヲ。是ハ子細アル事ニテアリト云事不審也

仰云。首題ニ付テ序テ釋シ。依文ニ入テ又釋シ。其カ一度釋シタラハサテモアレカシ。二度釋スル事ハ。子細アル事ニテアルラメト覺タリ。三重玄ヲ開テ後ニ。一品一巻ノ意カ顯ルル故ニ。首題ノ心地ヲ譬ト釋シタルニテコソアルラメ。是ハ淨土ノ法門ノ才覺ニテ了簡スル事也。其カ一代ノ定散ヲ譬ト説タレハ。今ノ字ノ意モ上下兩

巻ノ戒品。癡闇ノ機ノ上ニ成スル謂。一品一巻ヨリ顯ルル處ヲ譬ト釋シタルニテアルヘキ也

仁云。サテハ取寄ハ首題ヲ二度釋シタルニテアルヘキ歟。ワレハ法華經モ七番共解ニ釋シ。五重各説シテモ釋シ。一ノ巻ニ六番ニ經テ釋シ。七巻テモ釋シタル故ニトモ釋シ。カクモ釋シタル事也

仰云。只二度釋シタルハカリト取ナシタル分テハ爭カアルヘキヤ」

仁云。梵網ト云ヘル事ヲハ。序テモ譬ニテ釋シ。依文ニテモ同シク譬ニテ釋スルヲハ。何ニトカ可ニ意得一ヤ

仰云。同譬ニ付テモ。上下兩巻ノ譬ノ意。一品一巻ノ譬ノ意有ヘキ也

仁云。心地ニ付テハ上下兩巻ノ意ト。一品一巻ノ意ト分別スルニ。梵網ト云ヘル事ヲハ。タタ譬ニテ同ク釋シテ。其不同ヲ釋分ナントセサル樣不ニ心得一。又不審ナル事ハ。品名菩薩心地ト云テ。心地許ヲ釋シテ。菩薩ノ樣不レ釋事不ニ心得一。盧舍那ヲ菩薩心地ノ後ニ釋スル意如何。又序ニハ。梵網ト心地ト許釋シテ。盧舍那ヲモ菩薩ヲモ不レ釋事如何。又盧舍那ト云。梵網ト云ヘル處ニテハ。一品一巻ノ意ハ不レ可レ顯歟。地體常首題ヲ釋スル樣ニハ無キ事也。常ニ經ノ首題ヲ釋スルニハ。經ヲモ佛説ヲモ釋スル也。是ハサモ無キ也

仰云。菩薩戒ノ三字ノ序ニモ無カルヘキニハ無ケレトモ。三重玄ヲ釋スル時。菩薩戒ト名付タル樣ヲ顯ルル故ニ。序ニハ不レ釋ト可ニ心得一也。サテ品名菩薩心地トシテ。菩薩ヲ不レ釋事ハ。三重玄ノ下テ菩薩ノ樣ハ顯レテ。今心地ト云ヘルモ。三重玄顯タル心地ノ體ト顯ス意也。盧舍那ヲ後ニ釋スル事ハ。菩薩心地ノ謂。三重玄ノ上ニ成シテ。此上ニ癡闇ノ凡夫ノ上ニ舍那ノ功德成スルヲ。衆德悉ク備リ。諸患都盡ル意ヲ顯サントスル故ニ。菩薩心地ノ後ニ釋スル也。我（已カ）爲百劫修行是心地。號吾爲盧舍那（經、大正藏二四、一〇〇三中）ノ分ハ。自覺ノ功德ノ分也。サテ菩薩戒ノ樣。三重玄ヲ以テ釋シ了テ。正ク癡闇ノ機ノ上ニ。舍那ノ功德ヲ發起シ顯ス時。覺他ノ功德カ。癡闇ノ凡夫ノ上ニ成スル也。此意カ顯レハ。一代カ皆戒ト云レテ。舍那ノ功德ノ體カ別シテ戒ト云レテ。癡闇ノ凡夫ノ上ニ發起成スル謂ヲ譬ト釋シテ顯ス也」サテ序ニ。盧舍那ヲ不レ釋事ハ。自レ元心地ノ外ニ盧舍那ノ體別ニ無キ意ニテ。不レ釋ト可ニ意得一也。又上下兩巻ノ意ニテハ。心地ノ修行ノ體カ盧舍那ナル故ニ。不レ釋トモ可ニ意得一也

仁云。自元（覺カ）ノ功德ト云分ハ。彌陀因中ノ功德ノ樣ナル意ニテ。自

覺ノ悟ノ分ニテ。覺他ノ慈悲ノ不レ顯樣ハ。心地ノ外ニ不レ釋ト云ヘル意モ可レ有也

仰云。可レ爾。今□□ト云ヘル意ハ。上下兩卷ノ法體ノ心地カ譬ト云ルルニテアル也

二十一日　講師 圓惠ゝゝ(儭主カ)　問者 惠行ゝゝ(儭主カ)

4 三重玄・五重玄開合異歟

仰云。天台諸經ヲ釋スルニ。五重玄ニテアルニ。此經カ五重玄トモ不レ釋樣ハ。ナニト成タル事ソ。五重玄ニテ釋スレハトテ。戒體受得ノ義門カ不レ可レ顯事歟。戒體戒行ノ中ニハ。戒行ノ時。自行ノ因果。化他ノ能所アルヘキ故ニ。宗用アルヘキ條勿論也。名體敎ハ今モ釋セリ。名ト云ヘルモ。實相ヲ召名テモ無名ニテアランニハ。タタ强(除カ)諸法實相(天文二、八三二下。文句)。餘皆魔事(「名カ)ト釋シタルニテアルヘキ也。宗用等アルヘシト。唐土ノ人師共ノ釋シタル事コソ心得ラレタレ。宗用無クテハ戒行モ不レ可レ有。自行モ化他モ戒ノ法門ナレハトテ。不レ可レ有ニ道理一。不ニ心得一。戒ヲ受テハ佛ニ成ランスル。因ヲ修シ。行ヲ立テテ。果ヲ得ンスルニテコソ有ルニ。自行ノ因果無ト云ハン事モ太不審也。菩薩戒ヲ受ル程ニテハ。利益衆生コソ本意ナルヘキニ。化他ノ能所モ無シト云ヘキヤ。イカナル事也トモ五重玄ニテ釋スルニ。不レ可レ被レ釋事ハ不レ可レ有也

唐土ノ人師ノ釋ハ。ナニトタカヒタルヤ。一品一卷ノ經ト云時ハ。五重玄不レ可レ有事如何。本朝ノ大師先德モ。實相ヲ以テ體トストモ釋セラレタリ。實相ヲ以テ體トスト云事ハ。不レ可レ有事歟。若實相ヲ以テ體トスト云事ハ見ヘタラハ。三重玄ハ不レ可レ有事歟。又五重玄ノ外ニ。一重玄ト立テテイカナル規模アルヘキヤ。名ト云ヘルモ。戒ノ名體ト云ヘルモ。此戒體受得ノ相ヲ明シ。了簡ト云ヘルモ。常ノ敎相ノ如ナル故ニ。五重玄ニハ名體共ニ替タリト云事。大ニ不レ被ニ意得一。與咸ノ釋義。常ノ五重玄ノ樣ニハ無ト釋シタル意モ。只熙抄・頂山等カ大樣ニ得タル處ヲ。一分如レ此釋スル計リ也。所詮。此經ヲハ五重玄ニテハ必不レ可レ釋。三重玄ニテ可レ釋ト云義勢可レ聞也

仰云。此定ニテハ。性無作ノ假色ハ實相ニテハ不レ可レ有歟。天台一家ノ意ハ。三學共ニ實相ヲ體トスト見タリ。若シ實相ノ外ニ論セハ。皆魔事ノ分也。實相ヲ體トセサル時ハ。三重玄ニテアランニハ。

一品一巻ニテ無クトモ。戒ヲ釋セン時ハ。皆三重玄ニテアルヘキ歟。宗用ノ義不レ可レ有ト云定ニテハ。自行ノ因果・化他ノ能所ハ。此戒ニハ不レ可レ有歟。若自行ノ因果。化他ノ能所申アラハ。三重玄ニテハ不レ可レ有也。抑モ戒トテ實相ニ非ル物アルヘキ事歟。戒ニ宗用不レ可レ有道理如何。戒カ體ニテ名モ此戒ニテ名アル定ナラハ。已(上カ)下兩巻ノ意ニテモ三重玄ニテアルヘキ歟

仁云。與咸ハ。二師ノ義ヲ破シテ。惣別ノ異・事理ノ異・宗體ノ異トテ。三ノ異ヲ以テ。諸經ト此經トノ不同ヲ釋セリ。諸經ハ一經ノ體ニテアルカ。今ノ梵網經ハ一品ノ名。一品ノ體也。然聞。諸經ニハ可レ異ト釋タルヲ。五重玄ニ釋合セントシタルカ違タリト破セリ。名ト云ヘルモ。體モ。料簡モ。皆受者ノ受得ノ戒ニ付テ釋シタル故ニ。地體五重玄ニハ不レ可レ合事也。事理ノ異ト云ヘルハ。諸經ノ體理也。此體ハ性無作假色也。故ニ事理ノ異也。宗體ノ異ト云ヘル。戒カ三學ノ中ノ戒ノ一分ノ圓ナル故ニ。宗ノ一分也。故ニ五重玄ハ皆經ヲ釋セリ。其ノ旨ヲ不レ辨シテ。亂カハシク三重玄・五重玄ヲ釋シ合タルハ。タカヒタリト釋セリ

仰云。此モ不審ナル事ハ。一經カ皆戒ヲ説タル經カアラハ。五重玄ニハ不レ可レ釋歟

仁云。與減(咸カ)ノ釋。必ス惣テ戒ヲ五重玄ト不レ可レ釋テハ無シ。今ノ義記ノ趣ニ付テ。二師ノ義ノ不レ云處ヲ釋スル也

仰云。戒經ト云一經カアラハ。五重玄ヲハ開キコソ釋センスラメ。其ハ五重玄不レ可レ開トマテハヨモ云ハシ。其ニ付テ既(卽カ)別部外(義記、大正藏四〇、五六九下)菩薩戒經ト講(稱カ)ト云ヘル經ニ付テハ。五重玄ヲ開クヘキヲ。三重玄ト釋シタルハ不審ノ事也

仁云。其ハ五重玄ト釋セラレタランニハ。ケニモナニトカアルヘカルラン。今ハ三重玄ニテアルニ。五重玄ト釋合タルカ不謂ト釋シタル也

仰云。戒ニ付テ。自行ノ因果・化他ノ能所カアランニハ。何トテ五重玄トハ不レ釋シテ。三重玄トハ釋スルヤト不審也。與減(咸カ)ノ釋義ノ五重玄ニタカヒタリト釋シタルニテハ。當山ノ義ノ潤色也。惣シテハ。三重玄ト別シテ云テ五重玄ニハ同セヌ處カ立ツヘキ事也。三重玄ト云ヘルハ。一品一巻ノ經ノ本意ニ返テ心得ル時キ。舍那ノ功德ヲ凝闇ノ凡夫ノ上ニ發起スル體ヲ。三重玄ト立テテ了簡スル也。此上ニハ宗用ト云テハ。我等カ上ニハ無要也。故ニ五重玄トハ不レ

可レ立ニテアル也。舍那ノ功德。我等カ上ニ成スルマテカ。三重玄ノ大綱ニテハアル也。與減(咸カ)ノ釋義モ。理盡スレハ二師ヲ破タル詮アリトモ不レ覺事也

仁云。與減(咸カ)ノ釋義ハ。只義記ノ文ノママニ釋シテ。二師ハ義ヲワカシテ五重玄ニ釋シ合セントシタル故ニ。破レシテ之義記ノ文ノ如ク釋シタルマテニテアル也

仰云。與減(咸カ)ノ釋義。盡理シテ云ハハ。大旨ハ五重玄ト釋スル意ニ菩薩(菩薩ナシカ)アルヘキ事也。而トモ五重玄ノ義ニハ不レ似ト云ヘル意ナントカ。今ノ義ノ意ニ潤色ナル樣ニ覺ユル也

二十二日　　講師　照惠〻(儀主カ)　　問者　本惠〻(儀主カ)

5　梵網宗意許三未發心位受二菩薩戒一耶

仰云。未發心者受得スヘシト見タル處ハ何耶。經ニ有歟。釋ニ有歟。諸宗不同ナレトモ。菩薩ノ戒ソ發心ノ上ト定タル事也。未發心ノ位ニ受得スト云事ハ不レ見也。サテ今ノ宗ノ意ハ。發心ト云事ハ不レ可レ云事歟。タタ戒行ト云許ニテ。發心ト云事ハ無歟。但解法師語ト云ヘルモ。(經、大正藏二四、一〇〇四中)未發心トハ何テ云ヘキヤ。三十心ノ菩提心ヲ發ス人ニ授クト見タリ。發心ノ樣カ諸宗ニ云タルニハ。カハリタルニテコソアランスレ。惣シテ散心ヲ不ニ沙汰一トハ爭カ云ヘキヤ。但解法師語ノ解カ發心ニテアラハ。サテハ落居ハ發心ノ上ニ受得シタルニ成タル事也。發心ト云ヘル事カ必ス天台ノ名字ノ發心カ本トナルヘキ事ニテモアラハコソ。ケニモ發心ト云事ハ云ハシト云道理カ立テコソ。未發心ノ位ノ受得トハ云ハンスレ。發心ノ樣。宗ニ隨テ不同也。必シモ天台ヲ本トスヘカラス

仁云。常ニ天台ニ六卽ヲ定タル名字ノ發心ニテハ無シト云タル分也

仰云。況ヤ梵網宗ノ意ト云タル上ニハ。天台ヲ本トスヘカラス。サテ天台ノ名字ノ發心ヨリハ淺ト釋タル事モ如何。從初發心ト云ヘルモ。(義記、大正藏四〇、五六三上～中)名字ノ發心ニテモコソアルラメ。但解法師語ト云ヘル解モ名字ノ解了ニテアル上ハ。名字卽ノ解了ニテコソアルラメ。名字卽ヨリモ淺位トハナニト見タルヤ。但解法師語ノ解ト云タルハ。(天止一、三七四。止觀)知一切法皆是佛法ト解シタルニテハ無キ歟。(經、大正藏二四、一〇〇三下)是情是心皆入佛性戒中ト解シタルニテコソアルラメ。此ノ戒ヲ解スト云ヘルハ。一切皆舍那ノ功德ニテ解シタルニテコソアランスレ。然閒。名字ヨリモ卽チ淺ト云ヘル事モ不審也

仁云。發心未發心ト云ヘル事ハ。皆約束ニ依ルヘキ也。四戒三勸・師資相授ト云ヘル事ハ。受者ノ心ニ返テ戒體受得ノ樣ハ心得ヘキ歟。但解法師語（經、大正藏二四、一〇〇四中十行）トモ云。三重玄ノ下ニハ須信心（義記、大正藏四〇、五六七中八行）ト云ヒ。經ニハ常作（經、前同、一〇〇四上十八行）ニ如レ是信一トモ說ケリ。五大院ハ。根機ヲ定メ信心ヲ觀ストモ（大正藏七四、七五七中。廣釋取意）釋セラレタル事。大方モ未發心ノ者戒ヲ受トハ。何ト可ニ意得一ヤ。今戒カ菩薩ノ戒ニテアルカ。從ニ初發心一訖至ニ等覺一（義記、大正藏四〇、五六三上〜中）皆名ニ菩薩一ト云ヘル上ハ無ニ子細一。菩薩ノ戒受タル程ニテ。菩提心ヲ不レ發トハ不レ可レ云。ケニモ菩提心ニ付テコソ淺トモ心得ンスレ。菩薩ト云ヘル事モ。今宗ニハ心得ル樣トモアリ。一向發心セストハ不レ可レ云。サレハ三十心ノ菩薩大乘心ヲ釋セリ。今ノ十二門ノ戒儀ノ如クモ。發心ノ上ノ受戒ト見タリ

仰云（缺文）

仁云。發心ニ付テ。天台ノ名字ノ發心歟。又名字ノ發心ヨリモ淺機カ。二ノ事ハ治定アルヘキ事也

仰云。今ノ戒ノ名字ヲ聞クモ發心ト見タリ

仁云。受者ノ心ニ返テ煩フ處無クテ。タタ舍那ノ他力ヨリ成スル戒ニテアル故ニ。發心トハ不レ云ト云ヘル約束カアルヘキ事歟。但又釋義ノ如キハ皆發心ト見タリ

仰云。其ノ約束モナニトアルヘキヤラン。發心ニ付テ天台ノ發心ヨリモ淺シト云歟ニテコソアランスレ。全分發心ノ義無シトハ爭カ云ヘキヤ。淨土ノ法門ハ。成佛・往生不同ニテ。往生ト云ヘハ發心トハ不レ同。今ハ衆生受ニ佛戒一〇位同ニ大覺一已（經、大正藏二四、一〇〇四上）ニテアル上ハ。成佛ニテ離ニ三惡道一（義記、大正藏四〇、五六三中）淨土受レ形トモ云ヘル也

仰云。タタ法師ノ語ヲ解スル分ハ。名字ノ位ニテハ不レ可レ有。タタ舍那ノ功德ノ我等カ上ニ發起スル處ヲ解スル上ニ。事事シク發心シテ受戒スル樣ニハ不レ可レ有。四戒ノ謂。師資相授スルマテテアル故ニ。タタ末法邊地ノ我等カ上ニモ成スル功德ニテ有也

仁云。但解法師語ト云ル分ハ。イクラホト解スルカ分齊ハ有ヘキヤ」

仰云。當山三人ノ被レ仰タル分ハ。舍那ノ功德ヨリシテ。三聚淨戒ヲ我等カ上ニ成スト解スル分也。戒師ニ値テ。三寶ニ歸スル處。三寶ノ功德。住持ノ三寶ニ極テ。我等カ上ニ佛ノ功德ノ受ケトラルル也

仁云。是ハ佛ノ本願ヲ平信スル如クニハ無クテ。舍那ノ功德ノ我等カ上ニ成スルナント。尚心カ入ル樣也

仰云。淨土ノ法門ノ他力ナト云ヘル樣ニハ。サハトアルヘシトハ。トテモ不レ可レ云事也。サレハ眞言ニ加持力ナントト云ヘルモ。淨土ノ法門ニテ他力ト云ヘル樣ニハ無キ事也。淨土ノ法門ノ意ニテハ戒行不レ成ナントモ。ナニトテ云ヘキヤ。今ノ戒體ノ功德ハ。常在人道天中（經、大正藏二四、一〇〇九下）スルマテニテコソアレ

二十三日

講師　本惠（懺主カ）ゝゝ　　問者　照惠（懺主カ）ゝゝ

6　戒體受得人得二何益一耶

仰云。此事ハ連連ノ沙汰ニテアレトモ。一經ノ本意ヲハ序ニテ宣タル。趣二極果一福因（勝カ）。結二道場一妙業ト（義記、大正藏四〇、五六三上）。今ノ經ヲ釋スル意。釋ノ大綱也。經ハ又衆生受佛戒。卽入諸佛位テアリ。本朝ノ大師。卽身成佛ニテアル樣。クレクレト釋セラレタリ。其カ淨土受形ト釋シタレハテ（傳全一、二二六。顯戒論）アルカ。淨土受形ト云ヘルモ。寂光カ淨土テアリケル故ニ。自受法樂遊寂光トモ（大正藏八、八二八上。仁王經）云。唯佛一人居淨土トモ云ヘル事也。地體本意カ成佛ニテコソアレ。此機カ直ニ佛果菩提ヲ成スル事ノ難ニ付テコソ淨土ノ往生ト云事ニテハアレ。然閒本意ヲサクテ（ヿリか）成佛歟往生歟ト云ハン時ハ。成佛ニテアルヘシ。一如ノ舍那ニテ。受戒ノ日。卽身ニ六卽成佛スル體ニテアル事也。此ノ成佛ニ不レ堪機コソ往生スト云事ハアランスレ。イカサマモ本意ハ。成佛ニテアルヘキ也

此ノ戒ノ本意カ。淨土往生ニテアリト云義爭アルヘキヤ。止觀（弘決カ）ニ。近期二初住一遠在二佛果一（天止三、二二八。弘決）テアレトモ。此ニ不レ及者初住ヲ期スル事也。此ノ定ニ成佛ニ不レ及機ハ。ケニモ往生スト云事ハアリモヤセンスラメ。戒體受得ノ人。地體淨土ニ往生スト云事ハ無トマテハ。ケニモ爭カ云ヘキヤ

仁云。諸經ノ中ニ多ク淨土ノ往生ト說トモ。經ノ本意ハ。成佛ニテ其ニ不レ及者ノ爲ニ約タルニテコソアレ。其ヲ觀經ニ入テ心得レハ。淨土ノ往生カ本意ニテアル也ト意得事也。今ノ經ト云ルハ。殊ニ成佛カ本意ニテアルヘシ。戒體ノ方ニテハ。衆生受佛戒ニテアル故ニ。淨土ノ往生ト云ヘキ事ナシ。戒行ハ。又一代ノ戒行ニ返ル事也。無行不成ノ如ナル物ニテアル故ニ。戒體・戒行共ニ戒宗ノ意ニテハ。淨土ノ往生トハ不レ可レ云事也。其上ニ經文モ全分不レ說事也。サテ離三惡道淨土受形（義記、大正藏四〇、五六三中）ト云ヘルハ。花報ノ分ニテコソアルラメ。サレハ法華經ノ若在二佛前一蓮華化生（大正藏九、三五上。提婆品）ナントト云ヘル如クナルヘシ。常生二人道天中一（經、大正藏二四、一〇〇九下）ト云ヘル尤モ花報ノ分也

仰云。明曠ノ釋ニ。純(鈍カ)根ノ者。一生ニ覺ヲ不レ開者。淨土ニ往生スト見ヘタル事也

仁云。此ノ分ハ。ナニト云不審モ不レ可レ有事也

仰云。成佛ガ本意ナラハ。經ニハナニトテ世世不レ墮ニ惡道八難一常生ニ人道天中一(大正藏二四、一〇〇九下)トハ說タルヤ。此分ニテハ淨土受形ト云ヘルハ。(義記、大正藏四〇、五六三中)尙經ヨリモ過テ釋シタル事也

仁云。化(花カ)報ニ付テ。穢土ノ分ニハ勝タル處ヲ擧タルニテコソアランスレ

仰云。法華經ニハ。若生ニ人天中一受勝妙樂トモ(大正藏九、三五上。提婆品)說。卽往安樂トモ說タリ。(同、五四下。藥王品)此ハ卽往安樂トハ不レ說トモ。釋ハ淨土受形ト(義記)釋セリ。當山上人ノ相傳ノ趣ハ。戒體受得ノ益ハ淨土受形也。世世不墮惡道八難。常生人道天中ト云ヘルハ。(梵網經)三立ノ戸ヲ閉テ。淨土ニ往生スル也。天台ノ本意ハ。淨土ノ往生ト見タリ。必ス癡闇ノ凡夫ノ上ノ戒體ト云ヘル程ニテハ。淨土ノ往生ナルヘシ。往生カ本意歟。成佛カ本意歟ト云タルハ。戒ノ法門ノ意テモ往生ノ外ニ成佛アリトハ爭カ云ヘキヤ

仁云。ナニトテ癡闇ノ凡夫ハ必ス淨土ニ往生ストハ云ルルヤ

仰云。天台ノ釋ノ分テモ。大論等ヲ引テ凡夫ト云ヘル物ハ。成佛スト云ヘル事ハ無キソト釋セラレタル也

仁云。ナニトシテ淨土ニハ往生スルヤ。往生スルニ付テモ。舍那ノ淨土ニ往生セスシテ。阿彌陀佛ノ淨土ニ往生スルヤ

仰云。其ハ所結ノ華嚴ヨリ不審也。華藏世界ニ往生セスシテ。極樂ニ往生スト云事ハアルヤ。然閒。一品一卷ノ意テ又此分也。其ニ極樂ニ往生スル故ヲハ天台モ釋セラレタル事也。イカサマニモ蓮華臺藏世界モ極樂テアリト見ヘタル事也

仁云。戒體ヲ受得スル事ハ。阿彌陀佛ノ力ニ依テ成スル事ハ不レ可レ有歟。其カ必ス戒體ハ舍那ニ依テ發得ストハ云ヤ

仰云。此分ハ天台ノ意ニテ云。本門壽量ハ釋迦ノ功德也。此ノ久遠壽量ノ佛ハ阿彌陀佛ニテアリト見タル事モアリ。佛法ト云ヘルハ。一代ノ佛法界界共ニ阿彌陀佛ノ功德ニ歸スルニテアル也。如レ此ナレハ。癡闇ノ凡夫。淨土往生ニテアリト落居スル也。天台ノ意ニテモ。願蓮上人。名字ノ發心。是ハ必ス淨土ノ往生ニテアリト宣ラレタル也。舍那ノ功德ノ癡闇ノ機ヲ攝スルト云ヘハ。阿彌陀佛ト云ルル也。サレハ諸佛ノ大悲ノ至極シタル體ヲ。阿彌陀佛ト云ヘル

樣ニ眞言ナントヨリモ見ヘタル事也
仁云。此分ニテハ舍那ノ云ヘルカ。ヤカテ阿彌陀佛ニテアラハ。ヤカテ阿彌陀佛ニ隨テ戒體ヲモ發得シタルニテアル閒ニ。其方ニテハ又何ニトテ離ニ三惡道ハカリシテ。淨土ノ往生トハ不レ云ヤ
仁云。其ハ實ニハ戒體受得スル外ニ。別ニ淨土ニ往生スル樣ハ不レ可レ有也
仁云。サテハナニトテ常生人道天中トハ云ヘルヤ
仰云。法門ヲ尚モハテサル處カアレハ。ヤカテ淨土ノ往生ト不レ云所カアルヘキ也。此定ニテハ戒宗ノ意ハ。成佛カ本意テアルト云ルル方モアルヘキ歟。成佛・往生別無キ意カ。イカニモ諸宗ノ意ヨリモアルヘキ也。普賢菩薩ノ往生ヲ願フモ。往生ノ上ニ成佛スルナント。サノミハ不レ可レ有歟。往生スル外ニ成佛ノ無キ意ナントモ。ヤカテアリソセンスラン。サレハ法華ノ首題ヲ唱ラレタルカ。ヤカテ觀經ノ首題ヲ唱タルテアルソナント被レ仰タリ
與願金剛院ニテ本願上人ノ御返答

7　梵網戒通ニ三聚淨戒一耶

講師　照惠〻〻　問者　圓惠〻〻

仰云。諸師ノ釋ノ分ニテ。梵網ニ三聚淨戒説タリトハ何ト釋スル耶
淨土應不應ノ明ヲ指テ三聚淨戒ト釋セリ。所以。常住ノ慈悲心ヲ起ハ攝善法戒。明達惠ヲ生スト云ハ饒益有情戒ト釋シタル也
仰云。此分ナラハ。諸大乘ノ戒ニ。三聚淨戒ヲ不レ説ト云事不レ可レ有。況ヤ一代ノ定惠ノ法門ヲ説モ。皆今ノ三聚淨戒ニテアルヘキ也
明云。今ノ戒ノ眼開テ。一代ノ經敎カ皆三聚淨戒ニテアル事ハ。不レ可レ有ニ子細一。サレトモ攝善法・攝衆生ヲ説テ。是菩薩波羅夷罪ト云テ。戒ト結シタル事ニ付テノ事ニテアルヘシ
觀云。三學ノ源ニ依ルヘキカ。定惠ヲ戒トシタル如ニ。戒惠ヲ定ト云タリ。戒定ヲ惠トシタル事ハ。諸經ニ無事也。今定惠ヲ戒トミタルハ可レ有ニ子細一也
淨云。諸師ノ釋ノ中ニ。又十重ヲ攝律儀ト云テ。輕戒ヲ三聚ニ交シタル事モアルナリ
仰云。菩薩ノ戒ハ。利他ヲ本トシタル故ニ。饒益有情戒ヲ輕トシタル事

不㆓心得㆒事也
明云。三聚淨戒ト云意ハ。攝善・饒益モ各別ニ鼻並テアルヘキ歟。又攝善・饒益モ攝律儀ニナルニテアルヘキヤラン
仰云。三聚淨戒ノ正シキ本意テハ。只今經ニ說ケル也。今諸師ノ得タル分ニテハ。名カ方等地持ニ出タルヲ。今經ニ三聚淨戒ト交シタル分ニテアルヘキ也。此諸師ノ得タル分ニテハ。何ノ經也ト云フトモ。三聚淨戒ト云ハンニ不レ可レ有㆓子細㆒也。今ノ意ハ。名ハ諸經ニアリト云ヘトモ。其本意ハ此經ニ始テ說タルニテアル也。其故ハ。舍那ノ發起ノ癡闇ノ凡夫ニ成スルヨリ。攝善・攝生カ。律儀戒ニナルニテアル也。其故ハ。作法受得シテ持ト云處ニ。三聚淨戒ヲ同時ニ得タル故也。是ハ佛法ノ說ニ極ル謂ニテアル也
實云。小乘ニモ戒ト云ホトニテハ皆化他ニテアル也。小乘戒ノ尋常ノ律僧不㆓思就㆒事也
仰云。今ノ戒ノ重ニハ。口業ノ罪カ多キ也。此卽チ說ニ極ル謂也
實云。意業ノ戒ト云ツヘキヲハ。皆口業ニ付テ制シタル也。妄語戒已後ハ。皆口業ヲ制シタル也。沽（酤カ）酒戒ハカリソ口業ノ罪トハ見サル」
仰云。諸大乘經ノ戒ニモ。三聚淨戒ハ定惠ニテアルヲ。只定惠ノ分ニテハ（缺文）
我戒等カ分ニテハ無テ。戒ト云レテ持ト云處ニ成スルハ。三學ノ體カ口業ニ成スルニテアルヘキ也。此謂小乘マテモアレトモ。權敎ノ分ニテハ。此謂不レ顯。今ノ戒ニテ此謂ハ顯ルル也
仰云。此事ハ。諸經ニハ三聚淨戒ヲハ正シク不レ說。此經ニテ正ク說ト意得事也。三聚淨戒ト者。一切ノ佛法ヲ戒トナシタル意ニテ。定惠ニモ戒ノ名ヲ付也。其ノ一切ノ佛法ヲ戒ト名付タル謂ハ。今ノ經ノ意ナラテハ不レ可レ顯事也。其謂トハ。一代ノ佛法・三學共ニ我等カ上ニ難レ成所ヲ。舍那ノ功德トシテ。師資相授テ作法受得スル處ニ。一代ノ佛法カ我等カ上ニ成スル謂トナル也。三聚淨戒ト者此意也。惣シテ今菩薩戒ノ名ノ下ニ。始小乘ノ定共ノ戒ヨリ三聚淨戒ヲ釋シ。大論ノ十戒ヲ釋スル。一代ノ諸戒ヲ無レ殘此戒ノ名ノ下ヘ釋シ入テ。一代ニ說ク處ノ諸戒ハ。此戒ノ謂ヨリ正ク戒ノ謂ハ立ソト顯シ。一代ニ所レ說ハ。此戒ヲ開キ說ソト顯也。然ニ三聚淨戒ト者。定惠ノ法門ヲモ皆戒ト名クル意ナレハ。其三聚淨戒ノ體ハ今ノ戒經ニテ顯ルル也。一代ノ定惠ノ法門マテモ。皆戒トシテ作法受得スル處ニ。我等カ上ニ成スルソトハイカニト云ニ。是ソ正キ他

力トナリテ。凡夫ニ成スル謂ニテアレ。サテコソ一代ノ佛法皆今ノ戒ノ謂ニテ。我等カ上ニ成ストハ云ルレ。カクテ一代ハ皆此戒體受得ノ謂トハナリタレトモ。猶戒行ノ邊ハ難レ成ケレハ。其ヨリ淨土ノ法門ニ尋入テ。無行不成ノ謂ヲハ成スル也

次ニ攝律儀ヲ面ト說クト云不審ハ。自レ元三聚淨戒ト者。一代ノ佛法ヲ戒ト說ケハ。攝律儀戒ニ說入ルル也。地體一切ノ戒ト云意ハ。律儀ヲ本トスル意也。是則チ身口ヲ本トスル意。但解法師語(經、大正藏二四、一〇〇四中)盡受得戒ノ謂也。而ニ菩薩ノ律儀遍防二三業一等者。(大正藏四〇、五六三上)其ノ意業ノ戒ヲ制スル時モ。貪欲ヲハ慳惜加毀(第八重戒)トテ口業ニナシテ制シ。盡(瞋カ)癡ハ謗三寶戒(第九重戒)。是又口業ヲ制ス。瞋心不受悔戒(第十重戒)ノ意業ナカラ制シタルカ。其モ心約シタレトモ。前人求悔善言懺謝。(經、大正藏二四、一〇〇五上)猶心(瞋カ)不解トテ。言ヲ以テ懺謝スルニ猶不解等ヲ制スル也。惣シテ菩薩律儀遍防二三業一(義記、大正藏四〇、五六三上十八行)謂ナレトモ。今從二身口相顯一皆名二律儀一トテ。(同前、五六三中二八行~)身口ニ約シテ律儀ヲ本トスル也。是則チ正ク我等ニ無レ隔功德ノ謂ニテアル也。(經、大正藏二四、一〇〇九下)サレハ五大院ハ。流通ノ心藏・地藏・戒藏ヲハ律儀戒ト釋シテ。(大正藏七四、七七四中。廣釋)此品ノ名ヲハ律儀ト釋シ。(經、同前)無量行願藏・因果佛性常住藏ヲハ。攝善(五大院、同前)法・攝衆生ト釋スル意。攝律儀ノ體トシテ三聚淨戒ヲモ釋スト見タル也

---

8 就二菩薩戒一判二階位一方何

講　圓定　　問　禪恵

仰云。今ノ階位ニ四教ヲ擧ニ付テ。約教ノ釋ト云スル人師モアリ。又別圓ヲ顯センカ爲ト云人師モアリ。此分ヲ離テ。一品一卷ノ意テ四教ヲ擧意如何

實云。何モ不二意得一。約教トハ。先付二文句一因緣約教等ノ四種ノ釋ヲ依ルニ付テノ事也。今只約教ノ釋ヲ。階位ノ下ニテ擧タル事ハ。不二意得一事也。其上約教トハ。物ヲ一定メテ。此ヲ三藏ニテ云ヘハ。通教ニテ云ヘハコソ云ヘキニ。今ノ階位ヲハナニトサハ意得ヘキヤ

明云。天台ノ意ニテ四教ヲ說ハ。圓教ヲ顯サンカ爲也。就レ其四種ノ釋ヲモ判麁開麁モアレ。所詮ハ。圓教ヲ顯ス處コソ大切テアレハ。判麁モ四種ノ釋モ無クトモ。圓教ヲ顯ス處ノ分ニテ四教ヲ說ニテヤアルヘキ

仰云。上ニハ菩薩ノ階位ヲ明シ。下ニハ菩薩ノ戒法ヲ明トミタル故ニ。上卷カ下卷ニ入ト云事。其ノ上ト云意ハ。一代ノ分ニテ明シ。下ト云ハ。一品一卷ト意ニテアル也。其ニ一代カ今ノ戒經ニ入ル

謂ニテアル也。其ニ付テ上巻ト云モ。別圓二教ヲコソ說ケ。ナニトテ四教ノ階位ヲハ擧ソト覺也。ソレハ別圓二教ヲ說トモ。一代ト云方ニテハ廣ク四教ヲ說ク謂アルヘキ也。一代ト云ハ別圓二教ニテ顯ルヘキ也。別教ハ次第ノ三諦ヲ明シ。圓教ハ不次第ノ三諦ヲ明ス。此ノ次不次ノ二ノ謂ヲ離テ一代不レ可レ有故ニ。一代ヲ華嚴ト心得ル方ニテ此ノ經ヲ結スル經ナル故ニ。一代ヲ上下兩巻ト云テ。一品一巻ニ入謂ヲ顯ス也。又別教ノ四教ト云事アリ。別教ニ四教皆有也

明云。釋名ノ下ノ階位ニテアルヤ。一代ヲ廣ク擧クル事。釋名ノ下ニテ有事如何

仰云。名ト云處ニテ一代ヲ廣クアクヘキ也。サレハ法華經ニハ。妙法蓮華ノ名ヲ釋スルニ付テ。名體宗用教ノ五重玄ヲ立ル時ハ。名ニ不レ限何ヲモ盡シタル也。今モ名ト云處ニ一代ヲ擧タル也。サレトモ今ハ名ニメサレテ顯ルル體ノ如ニハ不レ可レ有也。法華經ノ名體ハ。名ニヨハレテ體カ顯ルル也。今ハ其ノ如ニハ非也。今ハ名ト云ルル處ハ。一代ニテ正ク今ノ戒經ノ本意凡夫ノ益ヲ說ト云ルル處カ體ニテアル也」

明云。今戒經ノ三重玄ト。觀經ノ三重六義ト一ニ意得合事アリト。先日御沙汰ニ聞ヘシ。如何様ニ心得ヘキヤ

仰云。一代ヲ擧タルハ釋名ノ分ニテ。出體ハ得益也。此得益ノ體ヲ料簡シタル也。能請所請ハ得益一代ノ定散ノ分ニテ。能說所說ノ定散ノ時キ。凡夫ノ益ヲ成シ。此謂ヲ能爲所爲ニテ顯シタル也。今此ノ三重玄モ。釋名ハ一代ノ分ニテ。諸經ヲ皆戒ノ名ト釋シテ。出體ニ至テ不起而已起卽性無作假色ト釋シテ（義記、大正藏四〇、五六五下～六上）。癡闇ノ凡夫ノ得益ヲ顯シテ。此ノ出體ノ亙タラ（料簡カ）。（「一カ」）須信心。（「二カ」）無三障。（「三カ」）人法爲緣等ト（同、五六七中）料簡シタルニテアル也。然閒。今ノ經ノ三重玄ト。觀經ノ三重六義ト一概ニ意得合セラレタル事也

(底本奥書)

文龜三年(一五〇三)林鐘十一日。於二一尊教院一傳二領之一　惠教
依二此功德一自他法界往二生極樂一云云
此依二一帖不思議受得一。中下二帖書レ之。後見人者可レ預。
南無阿彌陀佛
承應三年(一六五四)八月吉祥日
江州栗太郡芦浦觀音寺法印舜興藏

〔本源抄　上〕

本源抄　中

戒論義聽書

曆應三(一三四〇)八　十。爲二光師御佛事一於二一條坊一被レ始二行之一

9 何名二菩薩戒體一耶

講師　淨達ゝゝ(懺主カ)　問者　光意房

仰云。性無作假色(義記、大正藏四〇、五六六上)ト云事尚不二心得一。大小乘ニ明ス處ノ色ト云心ト云ニモ異ナルヲ。假色ト云ソト云事ハ。トテモ假色ト云ヘハトテ。小乘ニ明ス處ノ色ニハ非スト云義ナラハ。心ト云タリトモ。諸大乘ニ明ス處ノ心ニテハ不レ可レ有也。トテモ同名ニハ不レ衣(非カ)ト云ホトニテ。心ト云タラハ難義ノ有ヘキ事不二意得一也。サレハ法華經ニ。心ヲ戒體ト云ト僧祇律ニ明ス處ノ心ニモ不レ可レ有。又諸大乘ニ明ス處ノ心ニテモ不レ可レ有也。又諸大乘ニ簡異ノ爲ナラハ。法華經ニモ色ヲ以テ戒體トスヘキ也。心ト云タランニハ不レ可レ依。替ルヘクハ心ト云タリトモ。諸大乘ニ云タル心ノ分ニテハ不レ可レ有也。サレハ經ニハ

何ヵ色ト見ヘタル。心地トモ佛性トモコソ云タレ。此ノ心地モ佛性ト云タルモ。諸經ニタタ心ト云。佛性ト云タル分ニテハヨモアラシ

又云。西山上人ノ仰タル分ハ。性無作ノ假色トハ。報佛ノ功德ノ癡闇ノ機ノ上ニ成スル體ヲハ假色ト云ヘキニテ有ソト被レ仰タル也。正ク報佛ノ功德ノ凡夫ノ上ニ成スル體ヲハ假ト云。作法受得・師資相傳スル處ニ發スル體ナル故ニ。此ヲハ色ト云テ顯シタル也。色ト云ヘハトテ。色心ノ中ノ色ノ體ニテハ不レ可レ有也。色トモ云ヘキニテハ無ケレトモ。舍那ノ功德ノ癡闇ノ機ノ上ニ成スル處ヲ。色ト云テ顯シタル也。身口ノ作法ニ依テ成スル處ノ。舍那ノ功德ニテアル故也。サレハトテ身口ノ作法ノ方ヲ色ト云タルニテハ不レ可レ有也

タタ心ト云テハ不レ可レ叶事也。其故ハ。今釋ニモ若直以レ心爲レ戒。發心便是ト云テ（義記、大正藏四〇、五六六中）（ヿ戒カ）。タタ發心便是ノ分ニテ止ルヘキ也。師資相傳スル處ニ發心スル功德ナル故ニ。心ト云テハ不レ可レ叶也。今ノ釋ハ。一代ノ諸經論ニ有無ヲ諍論スル處ハ。今ノ經ノ無作ノ假色ヲ顯ス謂ニテアル也。今之所レ用有ニ無作一也ト云ハ（義記、大正藏四〇、五六六中）。上ノ性無作假色ノ無作ニ還テ云タル也。今ノ諍論スル處ノ無作ニテハ不レ可レ有也。諍論スル處ノ無作ハ。一代ノ經論ニ云タル故也。此西山上人ノ御了簡ノ趣也云云

明云。無作有ト云タルハ。今ノ謂ヲ顯スニテアルヘシ。無作ナシト云タルハ。此謂ヲハ何ト顯スニテアルヘキヤ

仰云。無作無ト云タルハ。心ノ外ニ無レ法ト云タル定惠ノ法門也。此ノ定惠ノ法門ハ。地體戒ヲ顯ス物ニテアル故也

明云。報佛ノ功德ノ凡夫ニ成スル處ヲ。假ト云タル事如何

仰云。報佛ノ功德ノ凡夫ニ成スルヲハ。假ト云ヘキニテアル也。此卽チ眞假一體ノ假ノ體也。佛ノ眞ノ功德ノ假ト云テ。凡夫ニ成スル故也。西山ノ上人仰也

明云。性ト云如何

仰云。佛性也

明云。佛性心性ノ如クナルヘシ如何

仰云。佛性ト云事ヲハ。ウチマカセテハ何ヤラント思ヒタレトモ。佛性ト沙汰シケルハ。今ノ戒ニテアルヘキ也。今ノ舍那ノ戒ヲ佛性ト云タルニテハ無キ也

明云。無作トハ。經論互說ノ無作ニテ。無爲無作ノ義アルヘキ歟」

仰云。爾也。無作ノ義ヲ明曠ノ釋カ能ク釋シタリト西山ノ上人仰ラ

レタル事也。作休謝往シ訖テ（了乎カ）未來名爲ニ無作一（無作戒カ）（大正藏四〇、五八一上。明曠疏）文 是報佛ノ功德カ。凡夫ニ成シテ佛性ノ種子トナテ不レ失處ヲ釋シタルニテアルヘキ也

淨云。經ニ佛性種子ト説タル（經、大正藏二四、一〇〇三下）上ハ。是ヲ性無作ト心得タランニ何ノ惱カアラン。性ハ佛性。無作ハ種子ニテアルヘキ也

明云。舍那ノ功德ノ。有ノママニ我等カ上ニ成スル處ヲ。何ソ佛性種子ト云ヘル。タタヤカテ舍那ノ位ニテアルヘシ

仰云。此事先日モ申シカ如ニ。衆生受二佛戒一（經、大正藏二四、一〇〇四上）。卽入二諸佛位一。位同二大覺一已。眞是諸佛子ト云テ。今ノ戒ヲ受ト云ヘトモ。佛子ト云テ卽大覺トハ不レ云也

觀云。佛子ト云ヘルト。種子ト云ヘルト。ケニモ同事ニテアル也

尋云。報佛ノ功德ノ凡夫ヲ不レ隔謂ヲハ。何トテ戒トハ云耶

仰云。戒ト云事ヲハ。大小乘ヨリシテ作法受得スル故也。作法受得シテ。舍那ノ功德ヲ今受取處ニ。三學共ニ成スル也

尋云。惣シテ戒ヲハ何トテ作法受得スル事ニテアルヤラン。戒ト云ルル源ニ付テ不審ナル也

觀云。三學ノ樣カ。定ヲハ我ト觀法シテ得ルナリ。人ノ力ニ不レ依事。惠モ或智惠ニテ照了分別スル事也。人ノ力チカラ又不レ可レ依。戒コソタタ作法受得シテ持ト云處ニ。成スル事ニテハ有ン。定惠ヨリシテ凡夫ノ上ニ直ニ成ストハ不レ可レ云事也

明云。最初ノ御沙汰ニ聞ツル假色ト云事ヲ。經文ヲ勘ヘクハ。何ニテ有ルヘキ耶

仰云。此文ト云テ一文ヲハ不レ可レ出。四戒三勸ヲ説タルコソ今ノ性無作假色ニテハ有ヘケレ

觀云。經ニ一戒光明金剛寶戒ト云光明（經、大正藏二四、一〇〇三下）。又光光非青黃赤白（同、一〇〇四中）黑。非色非心。非無（了非有カ）非因果法等説タル光ハ。何ニテ有ヘキヤ。四戒三勸ノ謂ノ無二子細一上ニ尚又出サハ。此ノ光ヲ今ノ假色ノ色ト云タランニ何ノ子細カアルヘキ。タタノ光ニテハ不レ可レ有。報佛ノ智惠ノ體ニテコソアランスラメ。サレハ淨土ノ法門ニモ無量光ナト云タルハ。凡夫不レ隔。佛智惠ノ體ニテコソアレ。今モ其ノ分ニテコソアランスラメト覺也

仰云。此ノ一文ニハ不レ可レ限事也

觀云。龜山殿ノ止觀ノ御談義ノ時。憲基法印。不審云。止觀ノ二字ハ定惠ニテアルニ。戒ハ不レ可レ有歟ト云云 澄禪法印。此事

殊勝ノ不審也ト稱美セラレタリケル也。當時ノ人人面面義ヲ申サレタリケル也

仰云。虚空不動戒。虚空不動定。虚空不動惠。三學倶傳。（傳全一、三七〇。學生式問答）名曰妙法ノ妙法ノ體コソ止觀ニテハ有ルラメ（天止二、五三九。止觀）

觀云。中道妙觀戒之正體ニテ有ル中道コソ止觀ニテハアルラメ。中道ニテ無キ止觀ハ爭カアルヘキ

仰云。三德ニ戒定惠ヲ當ル時ハ。般若・解脱ハ定惠。法身ハ戒ニテアルヘクハ。法身・般若・解脱ヲ一ニナシタル物ニテアルヘシ。三諦ニ三學ヲ當ル時モ。空假ハ定惠ニテ。戒ハ中道ニテアルヘキ。タタ定惠不二ナルカ戒ニテハアルヘキ也。法華經ニ佛自住大乘。如其所得法。定惠力莊嚴。以此度衆生ト云テ。（大正藏九、八下。方便品）定惠ノ莊嚴スル處カ戒ニテハアル也。定惠ヲ離テ戒アルヘカラサル也

觀云。此ノ定惠力莊嚴ノ文ヲ戒ト釋シタリトテ。惠陣上人。每度ノ物語也。イマタ見及ハス。何レノ文ニテアルヤラン

仰云。無作ノ假色ト云事ハ。尙受戒ノ時ニ委細可二意得一事ニテアル也

10 菩薩戒有二廢失一耶

講師　淨達　問者　光意

觀云。大通結緣ノ者ノ名字觀行ノ位ニ叶タリシカ。五道六道ニ流傳スルヲ（轉カ）引テ。交難シテ難スヘキ也。其樣ハ。名字觀行ノ位ニモ佛ノ知見ヲ開タル分アレトモ。旣ニ流轉シテ知一切法皆是佛法ノ解了ヲ（天止一、三七四。止觀）通スル處ハ。只今ノ舍那ノ功德ハマコトニ成スト沙汰シタリトモ。又退セン事何ソ無耶。サレハ衆生受二佛戒一。卽入二諸佛位一。位同二大覺一已ト云トモ。（經、大正藏二四、一〇〇四上）實ハ眞是諸佛子ノ分ニテアル故ニ。タタ佛子ニテ大覺ニ非ス。故ニ其ノ如クニ舍那ノ功德ハ。凡夫ニ成スト沙汰シタリトモ。退スル事。子細不レ可レ有ト難スヘキ也

仰云。瓔珞經ニハ戒體不退ト云。地持ニハ戒體失スト云事如何」

仰云。法華經ノ意ニテ戒體不失ト云意ニテハ。三學共ニ不レ失也。其故ハ虚空不動戒。虚空不動定。虚空不動惠。三學倶傳。（傳全一、三七〇。學生式問答）名曰妙法ニテ有ル故也。無二犯戒一故戒法常住ト云ヘル。（大正藏七四、七六四下。廣釋）俗諦常住ノ至極也。一切ノ諸法皆是佛法ト云タル故ニ。（天玄四、五一七。玄義）戒ニ非ル法無シ。一切ノ諸法戒ニ非サル物ナキ故ニ。犯スル處モ無キ也。如レ此ニテコソ圓戒ノ常住ノ謂レ顯ルル也。此戒ノ謂ハ。名字ノ解了ノ上ニ於テ

論シタル故ニ。全ク我等カ益トハ成セサル也。此方ニテハ金剛寶戒ト云タレトモ。我等カ上ニハ金剛寶戒ノ謂レニテモ無キ也。サテ今ノ舎那ノ戒ト云ハ。如レ此ニテハ無クテ。舎那ノ功德ノ凝闇ノ機ノ上ニ成スト タニモ云ヘハ。失ストハ云フヘカラサル也。其故ハ。佛ノ功德ノ成スト云ハ。我等ヲ以テ受取タルニテハ無クテ。佛ノ功德ノ方ヨリ成スル貌ニテ有故ニ。名字ノ解了ノ時。我心ヲ以テ發心ノ上ニ論スル事不レ可レ同也。佛ノ方ヨリ成スル功德ニテ有ル上ニハ。惣シテ失不失ヲ不レ可レ論事ニテ有ル也

明云。イツモ申入ルル不審ノ樣ニハ云ヘ共。戒體ハ。舎那ノ功德ヨリ無レ殘成スト申サレテ。失ストハ云ヘルヘカラス。付レ其戒行ト云ハ。戒體ノ顯タルニテアルニ。ナニトテ戒行ヲハ犯スト云ルルヤラン。サテ戒行ヲ犯スルナラハ。又惡道ニ墮スヘキ也。トテモ犯戒ト云ルルニ。惡道ニ墮セストハ不レ可ニ意得一事也

淨云。此ハ無ニ子細一心得合ラレタル事也。戒體受得ノ上ニハ。十重ヲハ不レ犯事ニテアル也。其故ハ。十重ヲ犯スト云タル事ハ。上品ノ纏ニ相應シテ十重ヲ犯シタラハ。實ニ十重ヲ犯シタルニテ有ルヘキカ。今ノ戒體受得ノ機ハ。上品ノ纏ヲハ不レ可レ犯物ニテ有ル也。サテ中下ノ纏ト相應シテ犯スル分ヲハ。對首懺滅（ㇾ罪カ）。（經、大正藏二四、一〇〇八下）不同七遮ト說テ。輕垢ニ同シテ犯ストハ不レ可レ云物ニテ十重ハ有ル也。然間。戒體受得ノ上ニハ。戒行モ惡道墮スルホトノ罪ヲハ不レ犯ニテ有ルヘキ也。サテ今ノ章ノ下ニテ與廢ヲ釋シ出シケル本意モアルヘキ也。上ノ無作ノ有無。一代ノ經論互ニ諍論スル。此ノ諍論ヲ經ニ會シテ。今ノ（義記、大正藏四〇、五六六中）所（ㇾ之カ）レ用有ニ無作一也ト云テ。一代ノ諍論ハ今ノ戒經ノ意ニ云入タルニ。又與廢ノ二。勝捨ナト云タル事ハ不ニ意得一事ニテ有レトモ。此ノ釋シ出ケル本意ハ。此ノ二緣者ノ謂ハ。今ノ菩薩ノ上ニテ不レ可レ有ト顯ス釋義ニテ有ルヘキ也

明云。如レ此ニテコソ。戒體・戒行ノ樣モ源ヨリ聞タル事ニテハ候ヘトモ。又偏ナル處ヨリ不審ハ發ニテ候カ。舎那ノ功德ヲ戒體ト成シタル上ニハ。上品ノ纏ヲハ不レ可レ犯ニテ候カ。トテモ舎那功德ノカタカリ成スル體ニテ候ヘハ。中下ノ纏ヲモ不レ可レ犯ニテ候ヘシ。サテ凡夫ト云レテ中下ノ纏ヲ犯スル分ナラハ。又ナト上品ノ纏ヲモ犯スル事ハ候ハヌヤラン

仰云。又偏ノカハリタル不審ハ。上品ノ纏ハ釋ニテアルホトニ。佛法ニ入ホトニテ。上品ノ纏ノ犯ストハ惣テ不レ可レ云。然間。此

分ハ今ノ戒ニ不レ可レ限。諸宗モ一同ニ云ヘキ事也
仰云。上品ノ纏ハ。佛法ニ入ホトニテハ犯スル事ハ無ケレハ。十重犯スル事不レ可レ有。惡道ニ墮サル事ハ。先戒體受得ノ上ニ論スル故ニ。戒體ノ功德ニテ有也。惡道ニ不レ墮事ハ。戒行ノ犯不犯ニハ不レ可レ依也
尋云。三惡道ニ不レ生事ヲハ戒體ノ功德カ成シ。人道天中ノ生ヲ殘ス事ハ。戒行ノ不ニ進マ依ルト云事ニテ候カ。戒體ハナト人天ノ生ヲモ殘シ候ケルヤラン
仰云。戒體ノ方ハ惡道ニ墮セサレトモ。戒行ノ殘タル方ニテハ人天ニ生スト云ヘキ也。此ハ淨土ノ法門モ同事ニテ有也。佛ノ功德カ凡夫ニ不レ隔ハ。ナトサハト佛ニナリテハ。ノカスシテモトノ凡夫ニテハ有ソト云タルト同事也
明云。故僧正御房。最初也種ヲ(之カ)シラヘシ時。最初ノ下種ハ戒ニテ有リト精義ヲ。戒ノ御談義ノ才覺ニテシラヘタリシト候シ也。今思出シテ候
仰云。一家ノ釋ノ中ニ。清淨ノ戒ヲ下種ト釋シタル事有ル也。妙(天止二、五七三。弘決カ)樂ノ釋也

11 菩薩戒意。須ニ何信心一耶

講 惠琳　問 淨達

爾者。菩薩戒意。解ニ法師語一外別須ニ信心得レ戒歟(經、大正藏二四、一〇〇四中十行)。尋
仰云。法師語ヲ解スル處カ信心ト云事。不ニ心得一也。縱ヒ法師ノ語ヲ解シタリトモ。信心アル人モアルヘシ。無キ人モ有ルヘシ。何ソ法師ノ語ヲ解スト云ヘハ。必ス信心有ト可ニ意得一耶
觀云。法師ノ語ヲ解スト云樣ニ依ルヘキ也。ナニト解スルニテアルヘキソヤ。又信ト云モ。イカナル信ニテアルヘキソ。信解ノ樣カ不ニ意得一也。若解ト云外ニ。信ト云事ハ無キ事ニテモヤアルヘカルラン
仰云。抑モ解ノ外ニ信無ト云タル事ハ。天台・眞言ノ意ニテハ不事(審歟)ニテ有カ。惣テ天台・眞言メッラシカラヌ事也
明云。眞言・止觀ニミタル分ニハ替ルヘキ也。其故ハ眞言・止觀ハナニトイヘトモ。心ヲ本トスル宗ニテアル故ニ。解ノ外ニ信無ト沙汰スレトモ信心アルヘキ也。今ノ宗ハ。舍那ノ他力ヨリ成スル故ニ。信心ト云事ヲ不レ可レ論也。中中小乘ニコソ。解ト云ホトニテハ信ノ無キ事

不レ可レ有ト沙汰シタル也。其故ハ。法門ヲ心得ルニ付テ。澄淨・忍許ノ二ノ謂アル也。澄淨ト者。法門ヲ聞ハ心ノスミスミトナル也。忍許トハ。サソト心得テ許處ニテアル也。是ハ解ト云ホトニテ。信ノ無キ事不レ可レ有也。此ノ澄淨・忍許ノ義無クテハ。解ノ謂不レ可レ成也

仰云。但解法師語ノ處ニ。戒體ヲハ受得ストト云ヘトモ。其上ニ三歸發戒モアリ。羯磨發戒モアリテ。其ノ上ニ戒體ヲ受得スト云聞ニ。但解法師語ノ處ニ不レ限。三歸シ羯磨發戒スル上ハ。又信心モ。但解法師語ノ上ニアランスル事不レ可レ有ニ子細一事也ト難スヘキ也。又云。但解法師語ト云タルハ。三歸ニ羯磨クハヘ云タルニテアルヘキ也

仰云。西山上人ノ被レ仰タル分ハ。但解法師語ノ解ト云ホトニテ。信ノ無事ハ不レ可レ有也。今ノ戒經ヲ聞ト云ホトニテ。不信ト云事ハ不レ可レ有也。其故ハ今ノ戒經ハ。諸佛ノ本源・菩薩道ノ根本也。又佛性ノ種子也。此謂ヲ聞テ如レ此解スル外ニハ信ノ體不レ可レ有。サレハ（經、大正藏二四、一〇〇四上）汝是當成佛。我是已成佛。常作ニ如レ是信一ト云ヘル。我ハマタ佛ニナラス。佛ハ已ニ佛ニ成タリト思タル分ニテハ。爭カ信ト意得ヘキ。然ニ（同前）汝是當成佛ト云ケルモ。（同前）眞是諸佛子ノ謂。佛性種子ノ體ナル所ヲ解スルカ信ニテ有也。サレハ今ノ釋モ。一信三（義記、大正藏四〇、五六七中）自他心識皆有ニ佛性一ト者。經ノ佛性種子ノ處也。（同前）二信下勤ニ行勝善一必能得ヒ果トイハ。行菩薩道之根本ト說ク處也。（同前）三信ニ所得果常樂我淨一トイハ。諸佛之本源ト說ク處也。故ニ（經、大正藏二四、一〇〇三下一二行～取意。一〇〇四中四行取意）諸佛之本源。行菩薩道之根本。佛性種子ト說タル處カ。今ノ復加三種ノ體ニテ有也。是卽三聚淨戒也。初饒益有情戒。中攝善法戒。後ハ攝律儀戒ニテアル也。此ヲ信ト云タル故ニ。解トイヘハ必ス信ニテアルヘキ也。サテ法華・眞言ノ意モ。解ノ外ニ信有トハ云也。實ニ解ノ外ノ信トハ不レ云トモ。名字ノ菩提心ノ上ニ於テ攝スル故ニ。癡闇ノ機ノ上ニ於テ。解ノ外ニ信無ト云事ハ不レ成也。今ノ戒經ノ意ニテ。正ク解行一體ノ謂ハ成スル也。サテ但解法師語ノ言。諸經ニアレトモ。地體。文ノ諸經ニ有事ハ此ニ不レ限。法華經ノ二乘成佛・久遠成道モ文ハ爾前ニアレトモ。義ハ法華經ニ限ト云也。其定ニ今モ解語ノ分ハ諸經ニアレトモ。正ク但解法師語ノ義ハ今ノ經ニ限ルヘキ也。六法ト云ハ第一根機ヲ開タルニテ有也。然開。觀信心ト云タルモ。根機ヲ定ムル外ニハ無キ也。法華經・涅槃ニ

皆成佛道ヲ說キ。楞伽・深蜜(密カ)ニ五性各別ヲ說テ。互ニ權實ヲ諍トモ。今ノ諸佛本源・行菩薩道ノ根本ナル此經ヲ聞カン者。此ノ謂ヲ尚不信シテ諍ト云事ハ不レ可レ有事也ト。西山上人被レ仰タル事也。カカル謂ナル處ヲ。初結ニ菩薩波羅提木叉一ト云テ(經、大正藏二四、一〇〇四上)。成佛ノ初ニ說タル也

淨云。料簡文解(更爲カ)レ三ト云テ(大正藏四〇、五六七中七行~)。一須信心トイハ釋名ノ章也。二無三障トイハ出體ノ章也。三人法爲緣トイハ料簡ノ章也。初ノ信心ト者(同、五六七中九行)。依二三藏門一略擧二三種一ト者。釋名ニ律儀戒。定共戒。道共戒(同、五六二中十五行)。此名源出二三藏一ト云處也。然閒。今略擧三種ト云テ所レ擧三信モ。律儀・定共・道共ニテ有也。サテ依方等戒トイハ(同、五六七中十一行)。此名雖レ出二三藏一(同、五六二中二四行~)。今菩薩戒善亦有二此三名一ト云ヘル處也。本質ハ三藏ノ律儀・定共・道共ニテ有ルヲ。今ノ方等戒ノ三聚淨戒ト云タル也。サテ復加三種トイハ(同、五六七中十二行)今ノ三聚淨戒也。宜レ備二此三信一トイハ(同、十一行)。方等ニ所レ明ノ三聚淨戒也。サレトモ本質カ三藏ノ律儀・定共・道共ニテ有故ニ。ヤカテ略擧三種ノ體ヲモ指ニテアルヘキ也。然閒。依三藏門ノ體モ今ノ復加三種ノ。今ノ三聚淨戒ノ體ナルヘキニテ有也

12 宗意。煩惱得戒障歟

講　良惠　問　證願

淨云。三障ト云下ニ(義記、大正藏四〇、五六七中十四行~)。業障・報障ト云テ。得戒ノ障ヲ擧テ。無三障ノ約束ニ違スル上ハ。又煩惱モ得戒ノ障ナルヘキ也。業障ト報障ト等トハ。又煩惱障モ作ラルヘキ也。ソレヲナニトテ。煩惱常有故不レ說レ障ト釋スル耶。如レ此ノ邊ニテ難スヘキ也

仰云。煩惱。障ニ非スト云事不二意得一。其故ハ。上品ノ纏ヲハ戒ノ障ト說ク上ハ。上品ノ纏ハ煩惱ニテコソアレ。今ノ常有ノ釋ハ。タタ悠悠ノ煩惱ニテアルヘシ。增上ノ煩惱ニハ非ル也。惣シテ大小權實ノ戒ノ中ニ。煩惱ニ依テ戒ヲ障ト云事ハ無キ事也。此事不審也。又今ノ釋ニ。煩惱ハ常有ノ故ニ障ト不レ說ト云ヘトモ。煩惱ノ得戒障トナラサル事ハ小乘ノ戒ト同シ事也。今ノ釋。何ノ規模カアル。又煩惱ハ迷也。此迷。何戒ヲ不レ障耶。定惠ノ法門モ同シ事ニテ有ヘシ。定惠法門ハ煩惱ニ障ラルト云事無トモ。此ノ定惠ノ法門ヲモ。凡夫ノ上ニ進ムル事又無二子細一事也。今ノ戒モ癡闇ノ凡夫成スレハトテ。煩惱カ得戒ノ障ニ非ト云事ハ爭カアルヘキ。サレ

ハ至レ佛乃チ廢トハ（同、五六六下十四行）云ヘトモ。天台ノ分ニテモ實ニハ佛子ニ戒ヲハ成スヘキ也。唯佛一人具ニ淨戒一ト云テ（天玄二、五五七。玄義）。佛一人淨戒ヲ具スト云ルル處ハ。煩惱カ無キ故也。十地・等覺ハ尚犯戒ノ謂ナリト云ルル處ハ。煩惱ノ障ニテアル故ニテコソアルラメ

明云。煩惱常有故不〔底得戒〕レ說レ障ト云ヘルハ（義記、大正藏四〇、五六七中十四行）。只悠悠ノ煩惱ニテアルヘシ。必ス增上ノ煩惱トハ不ニ意得一事也。其故ハ。業報ニ付テ障ヲ申タル上ハ。又煩惱ニモ障リアルヘキ也。然ヲ煩惱ニ障ヲ不レ擧事ハ。業障處ニテ煩惱ノ障モ聞タル也。其故ハ業障ノ七逆十重ヲ犯スルヲ障ト釋シタル故ニ。其ノ七逆ヲ犯スル事ハ。增上ノ煩惱ニ依テ犯スル故ニ。此ノ業障ノ下ニテ增上ノ煩惱。障ニ成シタリト聞タル事也。サレハ常有ノ煩惱ト云フハ。增上ノ煩惱ヲハ不レ可レ云也。常有ノ煩惱ハ。タタ悠悠ノ煩惱ニ子細ナク當タルナリ

仰云。抑モ大小乘ニ。煩惱カ得戒ノ障ニ非ト云事如何

明云。未レ伺サル事ニテハ候ヘトモ。小乘ノ意ハ。煩惱得戒ノ障トモ申サル事ハ。聲聞戒ノ意ハ。戒ヲハ身口ニテ制シテ。心ヲ制セサル故也。煩惱ハ心法ニ依ヘキ故也。聲聞戒ノ意モ。心ヲ制スル處ハ方便罪ナント云テアレトモ。ソレハ色ニ傳テ心ヲ制スル故ニ。心ヲ面ト制セル事無キ也。然閒。煩惱ヲ小乘等ノ心ニテ。煩惱ヲ得戒ノ障トセサル事ハ聞タル也

淨云。小乘ノ根本ノ四波羅夷ハ。色ヲ制シタル也。今ノ十重モ。三業ヲ制シタルトモ。皆色ニ約シテ制シタル也。サレハ第八ノ慳惜加毀戒モ加毀是身口加レ辱ト釋セリ（義記、大正藏四〇、五七三下二九行）。第九・第十モ同ク色ニ約シテ制シタル也。サレハ今從ニ身口相顯一皆名律儀ト釋セリ（同、五六三中二八行）。根元ノ波羅夷〔底井〕ノ意ヲ制シタル故ニ。煩惱得戒ノ障ニ非スト云義ニ可ニ意得一合セハ。義ハイテクヘキモノ耶

仰云。煩惱ハ常有ノ故ニ不レ說レ障ト云ヘルヲハ（同、五六七中十四行）。西山上人殊勝ノ事ト仰ラレタル也。戒カ佛法ノ障ニテアル故也。佛法ノ凡夫ノ上ニ成スト云事ハ戒ニテアル也。サレハ佛家住在スルニハ戒ヲ以テ本ト爲ト云ヘル此意也。舍那ノ功德ノ凡夫ノ上ニ成スト云事ハ。煩惱ノ有無ニハ不レ可レ依。サレハ以ニ諸患都盡一故稱爲レ淨。衆德悉圓名爲レ滿也ト云ヘハ（同、五六九上二五行）。故ニ煩惱得戒ノ障ニ成ナント云事ハ。今ノ戒宗ノ意マテハ都不レ可レ有事也。サテ小乘等ニモ。（文カ）得戒カ煩惱ニ不レ依事ハ。今ノ戒ノ意ヲ故ニスニテアルヘキ也。今ノ受段ノ無三障ト云ルル處モ。煩惱ノ障ト不レ成ト云ルル處ヨリ成スヘキ也

13 七逆十重有ニ懺滅義一耶

講 良恵　問 圓定

淨云。七逆ヲハ。今ノ戒ヲ正ク受ル先ニハ犯スヘカラス。今ノ戒ヲ受テ後ハ。又犯スル事ハ不レ可レ有。三品ノ纏ヲ犯セサル故也

觀云。七逆ヲハ。今ノ戒ヲ不レ受前ニ不レ犯ト云事ハ不レ重(審カ)也。七逆ノ中ニ殺父殺母等ハ。凡夫ノ上ニハアルヘキ也。二師ヲ殺スル事ハケニモ無クトモ。ソノ餘ハ五逆ニテアル上ハ決定スヘキソ。(義記、大正藏四〇、五六七中十八行)七逆ヲ犯スル事ハ地體無ト云事ハ。爭カアルヘキ。犯レ一悔與ニ不悔一悉皆是障ト云閒ニ。一ヲ犯セハ七逆ヲ犯シタルニテアルヘシ。是ヲハ遮難ト不レ可レ爲歟。十重ニ懺悔ヲ用ト云事。又不レ重(審カ)也。上品ノ纏ト相應シテ十重ヲ犯スル事カ無カンニハ。十重ヲ犯シタル定ニテ懺悔ヲ用ト云事不審也

明云。此ノ七逆ハ。遮難ニテモ無キ物ヲ遮難トスル事不審也。其ヲハ戒師ノ解ヲ顯サンカ爲ト云ヘトモ。無キ事ヲ遮難ニ問タルヲハ。爭カ戒師ノ解ニテモアルヘキ。遮難ニテモ無クハ。遮難ニアラスト云テモ師ノ解ヲ顯スヘキ也

尋云。遮難ニテモアスハ(ワラか)。タタ問サランカ。遮難ニアラヌ謂ハアラハルヘキ也

淨云。小乘ニ十三難ヲ遮難ニ云タル也。其中ノ邊罪難ト云フハ。四重ヲ犯シタル者也。佛法ノ邊人ト云意ニテ有也。サテ二師ヲ害シタランハ。タタ重ニシテ逆ト云ニハ非也

觀云。前身非ニ復可レ知。(義記、大正藏四〇、五六七中)隔生事遠ト云釋ハ假令也。無始ヨリ已來逆ヲ作ラサル事。爭カアルヘキ。タタ先生ニハ又不レ可レ作ニ逆罪一ヲ。犯スルホトニテハ無閒ノ業ニテアル故。人界ノ生ヲ受クヘカラサル也

仰云。現身ニ對シテ前生ヲ云タル也。釋ノナラヒ如レ此事ノミコソアレ

仰云。七逆ト說事ハ。惣シテ諸經ニ無キ事也。今ノ經ニ始テ說タル事也。今知(和カ)上・闍梨ノ二師ヲ逆ニ入タル本意アルヘキ也。四戒三勸ノ道理。師資相授ノ謂ヲ殊更顯スヘキ也。其故ハ師資相授ヲ本トスル謂ニテアル故ニ。師ノ思(恩カ)ニ過テ深キ物ハ無キ也。ソレヲ害スルホトノ逆アルヘカラサル也。然閒。師資相授ノ謂ヲ深ク七逆モテ顯シタル也。サテ此戒ヲ受テ後コソ父母ノ恩ノ深キ謂モアレ。此戒ニ

値テ師資相授スル身トナル時。父母ノ恩ハ眞實ニ成スル故ニ。此戒ヲ不レ受以前ニ殺父殺母ハ逆ニハ不レ可レ成也。又此戒ハ。所授法ニテアルヲ。二師ヲ加タル事ハ可レ有二子細一事也

西山ノ上人。今ノ戒ノ意。七逆ニ付テ懺悔スルト不懺悔ト二ノ謂アリト被レ仰タル事也。圓琳抄ニ。(佛全71、五〇上。取意)然師ノ今ノ戒ニ七逆ヲ懺悔スルト不懺悔ト二ノ謂ヲ仰ラレタル事辟事也ト云云 殊勝ノ事ヲ見出タリ。西山ノ上人ノ悔與不悔ノ謂アリトマテハ仰ラレタレトモ。法然上人如レ此仰ラレタリトマテハ。オホツカナカリツルカ。今ハ師資ノ義無二子細一。合テ悔不悔ノ二ノ謂ヨリケリト見タルナリ。サテ其ノ二ノ謂ハ。懺悔スルト云ルル處ハ七逆ト云ヘトモ。五逆ニ同スル分ニテアルヘキ也。(義記、大正藏四〇、五六七中)一云懺滅非レ障ト云ルル處也。懺悔スル謂ト不ニ懺悔一謂トノ二ノ謂カ。經ヨリ見タル事也。懺悔スト見タル文ハ。(第四戒)不教悔罪戒ノ文。不懺悔ト云タル文ハ。(第四十戒)簡擇授戒ニ(第四十一戒)爲利作師戒ノ文也。七逆ノ正ク遮難トモナラサル處ノ今ノ謂ハ。(義記、同前)犯レ一悔與ニ不悔一悉皆是障ノ文ニテアルヘキ也。サテ十重ニ三ノ釋ノアレトモ。初ハ小乘ノ意ヲ釋シ。第二ハ諸大乘ノ意。第三カ正ク今ノ謂ニテハアルナリ。地體アルマシキ事ヲ出サレタルコソ。實ニ遮難ニテハアレ。小乘ニ五逆ヲ遮難トスルハ。正キ遮難ノ謂ハ無キ也。如レ此意得レハ。遮難ヲ問ハ被ニ意得一タル事也。遮難ヲ問テ。至極遮難無レ謂ヲ顯ス也。サテ遮難ノ無キ事ナラハ。何ソ遮難ト問ト云不審ハ。戒ト云物ハ小乘ニ云タル事トモ。作法受得ノ地番ニテアルヘキ故ニ。サノミ物ヲカハニト釋スル事ハ不レ可レ有也。小乘ニ遮難ヲ問。作法ヲ大乘ニモ移タルニテアルヘキ也。師資相授ヲ顯ス今ノ戒經ニ。七逆ト説クハ。定惠ニ異ニ今ノ戒經カクセ事ヲ説タルニテ有也。サレハ諸經ニ五逆ト説ク分ハタタ定惠ノ謂也。サレハ。ナニト大小乘ニ戒ト云ヘトモ。尚心ヲ本トスル謂ハ。定惠ノ法門ニ同シテ五逆トハ説タル也。正ク師資相授ノ戒ト云ルル謂ヲハ。今七逆ヲ説處ニ獨リ顯シタル也。付レ之不審アル樣ハ。今ノ戒經カ。諸經ニ異ニ七逆ト云フクセ事ヲ説タル謂。實ニ甚深也。ソレニ觀經ハ。尚今ノ戒ノ上ニ成スル法門ニテアルニ。ナニトテ五逆トハ説タルヤラント意得也

淨云。是ハ七逆ト説テ。七逆ノ無キ謂ヲ顯サントスル也。觀經ハ又五逆ト説テ。一切衆生皆一種五逆ノ機ニテアル謂ヲ顯スニテアル故ニ。偏ニ異ナル事ニテ有也

明云。ケニモ各別ノ偏ニテアルヘキ也。今ノ梵網ハ。一代ノ戒ノ凡夫ニ成スル處ヲ說キ顯シ。觀經ハ。定惠ノ法門ノ凡夫ノ上ニ成スル謂也。一代ノ戒定惠ノ三學ノ法門ヲ。戒ヲハ梵網ニ結シ。定惠ヲハ觀經ニ說キ結ヒタルナリ。然閒。扁ニ各別ノ事ニテアルヘキ也

觀云。七逆ト說ハ。攝取門ノ如ナル事也。五逆ト說タルハ抑モ止門ノ如クノ事也。然閒端異ナリ

仰云。各別ノ事モ。經文ハ不二始定一事也。六道衆生皆是我父母ト云タル故ニ。（經、大正藏二四、一〇〇六中）一切衆生皆是我父母ト說タル故ニ。一切衆生皆是父母ニテアリト聞タル事也

14　十重中亦有二輕重一耶

講　源惠　　問　圓定

仰云。何ソ輕重無ラン。小乘ニ婬戒ヲ第一ニシタルヲ。今殺戒ヲ取替テ第一ニ置タル意ハ。イカサマ婬戒ヨリハ殺戒重ト云ハルル處アルヘキ也。又四性罪ハ重ク。後ノ六ハ輕シト云ルル處アルヘキ也。四性罪ハ。根本罪ト云閒。一定四性罪ハ重カルヘキ也。又輕戒ニモ。四十八ノ中ニ輕重アルヘキ也。タトヒ一戒ノ中ナリトモ。假令ヒ偸盜モ。在家ノ人ノ物ヲ盜タランヨリハ。僧物ヲ盜タランハ重カルヘキ也。又殺戒ニモ。父母ヲ害スル處ヲハ逆ト云也。一戒ニ尙輕重アリ。十重ニ何ソ無二輕重一耶

明云。地體重ト云ルル源カ不審ノ事ニテアルナリ。如何ナル處ニテ重ト云レ。輕ト云ルルヤ。重ト云ルル中ニモ。如レ此輕キ樣ナル事モアリ。輕ト云ルル中ニモ。如レ此重キ樣ナル戒モアル故ニ。地體輕重ト云ルル源カ不審ニテアルナリ

淨云。釋ハ先ノ四ト後ノ六トヲ相對シテ。各別ノ物ニテ釋スル故ニ。此ハ小乘ノ四根本ノ定ニテ釋スル故ニ。今ノ意トハ不レ覺。第三ノ釋ヲ。經ノ說ニハ叶タルナリ。サテナニトテ重トハ云ルルソト云フ不審ハ。輪王ノ十善カ今ノ十重ニ當タルナリ。輪王ノ十善カ輕戒ニテハ有也。小乘ニ四重ヲ輕戒ト云ルコソ。還テ今ノ意ニテハ不審ナレ。サレトモ。ソレハ身口ヲ制スルハカリニテアル故ニ。四重ヲ輕罪トハ云タル歟ニテアル也。今ノ十重ト云タルカ正シキ輕罪ニテアルヘキ故ニ。其ノ方ヨリ重ト云タルニテアルヘシ。就レ其。身三・口四・意三ト當タル方ハ。前ノ四ハ別ニ無二子細一。又第八九ハ（慳惜加毀・瞋心不受悔戒）貪瞋也。第十ノ謗三寶ノ心地ハ癡也。口ニ出シテ謗スル方ハ惡口也。自讚毀他（第七重）ハ兩舌。說四衆過（第六重）

戒ハ綺語也。(第五重)酤酒戒ハ癡ノ曰也。サテ十重ノ中ニモナト。輕重無テハアルヘキト云事ハ。優婆塞戒經ニ六重ヲ說ク。此ハ在家ノ戒也。今ノ十重ノ上ノ六也。地持ニ四重ヲ說ク。此ハ後ノ四也。此ハ出家ノ戒也。此優婆塞戒經ト地持トノ二ヲ。今ノ十重ト說タルニテアル故ニ。七衆通受ノ戒ニテアル也。十重ニテ七衆ノ不同モ無ク。四十八輕ハ戒戒ニ七衆ノ不同ヲ云タル故ニ。十重ニハ戒體ヲ說キ。四十八輕ニハ戒行ヲ說ト云ルスカタアルヘキ也。其戒體ト云ルル處ハ。舍那ノ功德ノ凡夫ニ成スル處。但解法師語ノ貌。在家出家ノ不同也。舍那ノ功德ノ不レ隔處ヲ今ノ十重ト云タル故ニ。輕重アリナント云ルル事ハ。惣シテ不レ可レ有也

仰云。十重ニ戒體ヲ說キ。四十八輕ニ戒行ヲ說ト云事ハ不審也。十重ハ七衆通受ト云ヘトモ。第三ノ戒ニハ不同ヲ釋シタル也。四十八輕ハ戒行ト取ト云ヘトモ。此ハ尚輕重アリナト小乘ニ四篇ト分タル如クニハ。不同ハ無ナリ

淨云。十重ニモ四十八輕ニモ共ニ戒體戒行ノ二謂アルヘキナリ。然閒。十重ニ戒行ノ謂無トモ不レ可レ云。四十八輕ノ戒行ノ謂ト云ルルモ。十重ノ戒體ノ謂ニテコソアレ

仰云。舍那ノ功德ノ。癡闇ノ機ノ上ニ成スル戒ナル故ニ。タタ輕重ハカリニテ。ソノ品多キ事ハ不レ可レ有。其不同多ハ凡夫ノ上ニ成スル謂難カルヘキ也。タタ舍那ノ一種ノ功德ノ體故ニ。重ニ輕重アリ。輕ニ又輕重アリナント云樣ニハ不レ可レ有事也。サレハ輕ニ付テ。小乘ニハ四篇ヲ分トモ。今ハサノミ重重アル樣ニテハ。凡夫ノ上ニ不レ可レ成。一種ノ報佛ノ功德ニテアル謂ヲ。四篇ヲ一ノ輕戒ト云タル也

明云。サテハ舍那ノ一種ノ功德ニテアラハ。タタ輕重モ不レ可レ有。何輕重トモ云ヤト覺タル也

仰云。此ハ又例ノ事也。輕重カ無クテハスクミタル事ナルヘシ。輕重カアリテコソ此謂ヲモ顯ス事ニテアレ

明云。重ト云ルル源ハ。イカナル事ニテアルヘキソト云處尚不審也」

仰云。上ノ義ノ如ナルヘシ。重ト云ルル分ハ。實ニ輕ノ中ニイカニ重ケニ見タレトモ。重ニハ不レ可レ及(ママ)

淨云。瑜伽論ニハ八重ヲ說ク。十重ノ中ノ二ヲ障ナリ。地持八重ノ釋ハ釋シタレトモ。後ノ四重ヲ說タルナリ。優婆塞戒經ニハ六重ヲ說タルニ。酤酒戒ト說四衆過(過(底)惠)戒ヲ說キ加タル義ヲ說タルナリ。酤酒戒ハ前ノ四

重ヲ守ランカ爲。説四衆過戒ハ佛法ヲ守ランカ爲ト説タルナリ。五戒ニハ貪瞋癡ヲハ飲酒ニ入タル也
仰云。何レノ戒モ五戒カ源ニテアルナリ。八戒モ。二百五十戒モ。四十八輕モ。十重モ。五戒カ源也

15 解レ語得レ戒義通二六趣一耶

講 光三　問 照光

淨云。解語得戒ノ義ハ。人天ニ限リ。人天ニ付テハ人中ニ限ルヘキ也。天ヲハ人ニ同スルヘキ也。四戒三勸ヲ今ノ戒ノ本意トスル故ニ。非人畜生ニ於テ此義不レ可レ有。サレハ此經ノ在座聞經ノ衆モ。タタ人天ニ限テ。六趣ニ不レ亙。佛道ノ人身ト云テ。人界カ佛道修行ノ貌ニテ有事ハ無二子細一。戒體受得ノ機ヲ定ムルニモ。衆生受二佛戒一卽入二諸佛位一。位同二大覺一已。眞是諸佛子（經、大正藏二四、一〇〇四上）ト云テ。佛戒ヲ受ツレハ諸佛ノ位ニ入ルナリ。佛身ト云ヘハ。人界ノ今ノ戒ヲ受ト云ルル處モ。臺上ヨリ菩提樹下ニ正覺ヲ成シテ。今ノ説處ノ衆モ人天ニテアル故ニ。此等ノ意ヲ以テ心得ルニ。人界ニ限ルニテ可レ有歟
仰云。人界ニ限トテハ。惣テ不二意得一事也。經ニ但解法師語ノ機ヲ擧ル時。非人畜生鬼神金剛神ト説タル故ニ。先ツ經ノ文カサシアタリテ不二意得一事也。流通ノ文ニハ。タタ人中ハカリ擧タルヲ。西山上人ハ。通受カ別受ニ歸スル意ソト被レ仰タルナリ。是戒ハ。六趣ニ通シ。淨土ノ法門ハ人界ニ限ルヘキナリ。是ヲ以テ淨土ノ法門トノ不同ニテ有ヘキ也
淨云。此モ不同ト意得。通受カ別受ニ歸スルト云ルル處ヲハ。ナニト可二意得合一ニテ候ヤラン。サレハ西山上人モ。通受ノ本意カ別受ニ歸スト仰ラレタルマテハ無二子細一。此ヲ心得合セハ。六趣ニ通ト云テモ不審ナルヘキ也。意得合セハ人界ニ限ト云テ。此ノ人界ニ限ル謂カ六趣ニ通スナントコソ云ワンスレ。タタ六趣ニ通スト云テモ不二意得一。假令義ヲ以テ六趣ニ通ストハ申サルトモ。實ニカカル物ナルヘキ歟。非人畜生ノ戒ヲ受タル事モ。授タル事モ。アルヘキ歟。サル事ノ經論ニ見タルハ。至極無キ證據ニテアルヘシ。其故ハサル物ノアリシハ皆皆權者ニテアル故ニ。舍那（利カ）弗等ニ同スヘキ也
明云。經文ノ非人畜生ヲ説タル事ハ。不二意得一トモ。人衆ニ同シテ人間ニ來ル者ニ付テノ事也。人間ニ不レ來者不レ擧ナリ。此分ニテ釋モ可二意得一也

觀云。在世ニ佛邊ニ餘界ノ來リシモ。人界ノ貌ニナリテ成(來)ル也トテモ。六道ノ衆生ヲ不レ歸ハ。本ノ貌ニテアルヘシ。何ソ人ニナリテ來レル。人界ニナル事オホツカナシ

淨云。此事ハ。又五戒ニ依ヘキ也。五戒ノ事ハ又一箇條ノ沙汰ニテ有故ニ。今ハ不ニ沙汰一也。五戒カ菩薩戒ノ根玄(源カ)トシタル故ニ。五戒ヲ持テ後ニ受ル事ナラハ。決定人身ニテアルヘシ。五戒ノ人身難レ受ヲ。今受タル身ニモ今ノ戒ヲ受得スル事ハカリカタキ事也。然ニ未五戒ヲモ不レ受先ニ。惡趣ノ報ニテ今ノ戒ヲ受得スル事。惣テ不ニ意得一事也。但解法師語ノ謂ト云ヘキカ立スヘキ歟

仰云。乘戒ノ四句カアル故ニ。戒緩ノ故ニ惡趣ノ報ヲ受カ云フトモ。乘急ナラン者。但解ニ法師語一スヘキ事不レ可レ有ニ子細一事也

觀云。サランニハ淨土ノ法門モ。ソレホトハアルヘキ也。但解ニ法師語一スルホトノ者カ。他力ノ謂ヲ聞カンスル事不レ可レ有ニ子細一。乘急ノ者。淨土ノ法門ヲ何ソ餘界ニテモ不レ聞ヤ

仰云。淨土ノ法門ハ。人身ナラテハ。地體不レ聞事ニテアル上ニ不レ可レ被ニ例難一。其上ニ戒ノ法門ハ尚法門カ殘リ。淨土ノ法門ハ云ハテタルモノニテアル故ニ。カハリタル事也。人界ナラテハ不レ可レ聞子細アル事也。上云。天台眞言ノ法門ニテ云合セハ。假令名字ノ菩提心ヲ。鬼畜ノ身於テ發スル事モアリ。如實知見ノ菩提心ヲ發スル事モ有トヤ云ヘキ

仰云。名字ノ菩提心ハ。初住ノ覺ヲ龍女カ開キタラン上ハ無ニ子細一。又眞(言歟)實不レ可レ有ニ子細一。諸尊ノ經軌等ニ見タル事也

上云。但天台ノ意ニテハイカカ候ヘカルラン。名字ノ位ニタニモ叶ヘハ。極樂ニ往生スル故也

16 五戒大小二戒根本歟

講 證願 問 淨達

仰云。聲聞戒ノ意ニテモ。五戒カ根本ニアラストハ爭カ云ヘキ。聲聞戒ニテコソ殊ニ五戒カ根本トハ見タル事ニテハアレ。今ノ釋ハ。五戒既是菩薩戒根本ト云タルコソ子細アルヘキ事ニテハアレ

明云。今根本ト云ルル事ニ依ソニテ候。初ニ居スル處ヲ。根本ト云ハンスル分ニテハ無テ。舍那ノ功德ノ凡夫ニ不レ隔處ヲ。根本ト云ハント云約束ニテアラハ。ソノ樣コソ不審ナレ

觀云。根本ト云タル事ハ淺處ヲモ云タル也。毘曇雖レ劣而是佛法

根本ト云タルカ如シ
淨云。此ノ毘曇雖レ劣佛法根本ト云タルハ。タタ物ノ初ヲ根本ト云タル如ニハ不レ可レ有。生滅ト云ヘル法體ハ。卽常住佛性ノ至極ニテアル處ヲ。根本ト云タルニテアルヘシ
仰云。五戒カ根本ト云ルル。實ニ其ノ分ニテアルヘキ也。聲聞戒ノ分ニテハ。八戒モ。十戒モ。具足戒モ。四根本罪ヲ不レ離。八戒ト云モ。五戒ニ三ツ加ヘ。十戒ハ。八戒ニ又二ソヘ。具足戒ト云ルルハ。四波羅夷ヲ持ツヘキニ付テノ事也。然間ニナニトカハレトモ。五戒ヲ離タル戒ハ無キ也。サテナニトテ如レ此ハアルソト云處ハ。小乘ニテハ不レ顯シテ大乘ニテ顯ルル也。サレハ善戒經ノ四重ノ閣ノ行モ。出家ノ戒ノ上ニ。沙彌ノ戒。此ノ上比丘ノ戒。此上ニ菩薩ノ戒ト云タル也。但。五戒不レ受トモ。餘ノ戒ヲモ受ル事モアルヤラン。小乘ノ律義ニ定ムル處不レ知事也
淨云。五戒以前ニ八戒ヲ受トハ見ヘタル也。其故ハ。優婆塞戒經ノ遮難ニ八戒ヲ持テ破歟ト問タルハ。五戒以前ニ八戒受タリト聞タル事也
又云。功ニ付テ根本ト云タル如ナラハ。十善戒ヲ根本トスヘキ也。是ハ輪王ノ舊戒ニテアル故也
仰云。十善戒ヲ根本トスヘカラス。五戒ト云タル事ハ。佛法ニ入テノ根本也。十善戒ハ。輪王ノ戒ナルカ故ニ。佛法ニ不レ入ト云ルヘキ也
觀云。此ノ五戒ヲ。又不表定佛法ト云タル故ニ佛法トモ不レ聞也。此ノ分ナラハ十善戒ヲモ擧候ヘキ也
仰云。又不レ表「定佛法」ト云ハ。在家ノ戒ニテ有處ヲ云タル也
淨云。五戒ハ。十善ニテ有分ニテハ。如何樣ニ可「意得合」ヤ。意三ノ分ハ。身三ノ殺盜婬ヲ如レ次瞋貪癡ノ三ニテアルヘキ也。貪瞋癡ヲ振舞顯タルカ殺盜婬也。瞋ニ依テ殺シ。貪ニ依テ盜。癡ニ依テ婬スルナリ。口ニ四アルヲ綺語・惡口・兩舌ハ。身三ノ方便ニテ有也。此ノ方便ナラハ妄語モ方便ナルヘシ。ソレニ妄語一ヲハ法性罪ト云ヘル事不審也。又飮酒ヲ四性罪ノ外ニ入ルル事如何。飮酒ハ性罪歟ハ。天台ノ論義ニテ有。大論ニ性罪ニ付テ二ヲ出。一ニハ身三口四飮酒也。二ニハ十惡也。五戒威儀經ノ中ニハ。身四口五トミヘタリ。身四トイハ飮酒ヲ加ヘタル也。口五トイハ無義語ト云事ヲ加タル也

仰云。大論ノ八戒ヲ性罪トミタルハ。意三ヲ飲酒トミタルニテ可レ有也。十善ヲ五戒ト云タル時ハ。妄語ニ口四ヲ意三ヲ飲酒ニ入タル也。大ニ不審ナル事ハ。輪王ノ十善ニハ意業ヲ制ス。小乘ハタタ身口ハカリヲ制シタルナリ。輪王ノ戒ハ。尚大乘ニ進チカシ。小乘ハ輪王ノ戒劣タル樣ナリ。輪王ノ世善ノ分ニテ意三ト云タル。身口ノ約スル時。是ヲ飲酒ト云テ。意三ニテ置サル事如何。此ハ意三ヲ輪王ノ制シタル事ハ。誠ニ大乘ニ似レトモ。其ニ依テ小乘ニ勝ト云事ハ不レ可レ有。輪王ノ制スル處ハ。タタワルキ事ヲ十制シタルニテコソアレ。小乘ニ身口ヲ制スル事ハ。此上ニ別段ニ正念アル事也。其故ハ。戒ト云ホトニテハ。身口ニ制スヘキ子細アル處ヲ。小乘ヨリ顯シタル也。小乘ニモ意ヲ全分不レ制事ニテハ無キ也。因等起ノ心トモ云。遠次近ノ三方便トモ云事モアリ。サレトモ其ニハ不レ可レ依ナリ。サレハ妙樂モ。（天止一、四三七。弘決）大小兩（〇カレ）乘咸制ニ（從カ）身口一ト云テ。身口ト云テ身口ヲ制スヘキ謂ニテアル故ニ。輪王ノ十善ト制スルニ替テ。身口ヲ制スル處コソ正ニテハアレ。大乘ニ心ヲ制スルハ。又此ノ上ニ意地ヲ制スル故ニ。輪王ノ十善ノ分齊ノ事ニテハ無キ也

（義記、大正藏四〇、五六七下）五戒既是菩薩戒根本ト云タル事。子細アル事ナリ。佛法ヲ意得ト云タル事ハ此ニテアルヘキ也。依文推理ト云依文ハ。若受二佛戒一（經、大正藏二四、一〇〇四中）者。國王王子ノ文ヲ指ソト西山上人仰ラレタル事也。甚深ナル事也。サテ今ノ戒經ノ中ニハ。別ニイツレニ五戒カ菩薩戒ノ根本トハ見ヘタルソト覺也。八戒五戒十戒トハ説タレトモ。今ノ戒ノ根本トナルトマテハ不レ見也。今戒ヲ離テ。五戒惣テ不レ可レ有事也。サレハ優婆塞戒經ニ五戒ヲ説タルハ。小乘ノ五戒ノ分ト見ヘタリト也。同譯者ノ五戒威儀經ト優婆塞戒經トヲ二經ニ譯シタルカ。優婆塞戒經ニ所説ノ五戒ハ。小乘ト見ヘタレトモ。我等カ上ニ於テ持ツヘキ事ニテハ無キ也。今ノ十重四十八輕ヨリモ中中ニ持難キ樣ニ見ヘタリ。甚深ニ見ヘタル事也。五戒威儀經ニ所説ノ五戒ハ。又三聚淨戒ニテアル也

サレハ提謂ノ五戒ヲ釋スル時モ。（天玄五、四五〇。玄義）天地根本衆靈源。（〔之カ）天持持（之カ）和ニ陰陽一。地持持（之カ）萬物ト（〔生カ）云ルモ。天地ヨリシテ諸法五戒ニ非ル物無シ。此ノ五戒ヲ犯スレハ。惡趣ノ果報ヲ受持シテハ人天ニ生シ。此ヲ覺レハ四聖也。迷悟ノ二法。此ノ五戒ヲ離タル事無シ。サレハタタ謂ヲ指テ五戒ト云タルニテ有也。此ノ五戒ノ體カ空ニテアル也。空ト云ヘハ卽假卽中ノ謂ニテ。ヤカテ三諦ニテ有也。此五戒ト名付タル事ハ。

世間ノ仁義禮智信ノ五章(常カ)ニテアル也。此ノ五章(常カ)ノ謂。地獄鬼畜ノ上ニモアレハ。五戒ヲ又六道四生(聖カ)ニ變シタル貌ナリ

明云。我等カ上ニ於テ。五戒ヲ受ル謂ハ不レ可レ有。其ノ謂ハ。今ノ戒ナラテハ五戒受ル事モ不レ可レ有ト云定ニテハ。人界ノ生ヲハ何トテ受クルヘキヤ。我等カ上ニ於テ不レ可レ受物ニテアンナルニ。次ニハ五戒ト云モ。今ノ戒ノ謂ナラテハ。受ル謂ナカンニハ。今ノ戒ト云ハ一得永不レ失ノ金剛寶戒ニテアルニ。常生人道天中モセスシテ。此ノ戒ヲ犯スレハ。三惡道ニ墮ト云ヘル事ヲハ如何カ可二意得一耶

仰云。人界ノ生ヲ受ル事ハ。子細有事也。西山上人宣ラレタル子細アリ。次ノ御不審ハ。今始テ戒ヲ受タリト云意得ニテ。カカルフシン(不審カ)ハ起ル事也。舍那ノ功德ヲ今始テ受ルト云タル如ニハ。爭カアルヘキ。サレハ佛性種子ト云ヘル佛性ハ。一切衆生ニ備タリ。其ノ佛性ハ舍那ノ功德ニテアルヘシ。又一切有心者皆應攝佛戒(經、大正藏二四、一〇〇四上十九行)ト云ヘルモ。一切有心ト云ヘル閒。今受ル處。不レ受處アリトハ。惣シテ不レ可レ云事也。又今ノ戒ヲ持テ常生人道天中(同、一〇〇九下四行)スト云ルル處アルヘキ也。此方ニテハ。今ノ戒已前ニ五戒ヲ受テ犯ストハ不レ可レ云。五戒ト云物カ理ニテアル故ニ。此ニ背ケハ惡趣ニ入。一分順スル處ニ人天ニ生ルニテアル也。持ト云。犯スト云處ハ。我等カ上ニハ不レ可レ有事也。如レ此ノ法門ハ。此戒宗ニ不レ始。天台眞言ニ云ヘル處ノ法門也。タタ一ノ理體ナルヲ九界ト云ヘル謂アリ。今ノ戒ノ法門モ此分ニテ心得ヘキ也。今ノ戒ヲ不レ受ト云處ハ無シト云方ニテハ。三惡四趣モ不レ可レ有。天台・眞言・戒ノ三宗ハ。少ノ淺深ハアレトモ。法門一徹ナルヘシ。大段同重也。此外ニ淨土ノ法門ト云。クセコトコソ別段ノ事ニテハアレ。此ハ酬因覺體ノ上ニハ六道惣シテ無ト云ヘル也

明云。人界ノ生ヲ受ル事ヲ。御追善ノ開白ニテ候ヘハ。御義候ヘカシ

仰云。如レ此事。今無二左右一不レ可レ申。後ニ靜ニ申ヘシ。此事。勝眞法印ト靜嚴法印トノ諍也。乘戒ノ四句ニ付テ。諸道昇沈。戒依持毀ト云閒ニ。五戒ニ付テ。人界ノ生ヲ受ルニ。今五戒ヲ持タク云ヘキカ。人界ノ生ヲ我受クヘキト云。靜嚴法印ハ。五戒ヲ持ツ事ハ無ケレトモ。圓乘ノ意ハ。乘戒不二ニテ戒ヲ不レ持トモ。人界ノ生ヲ受クヘキ也。五戒ヲ持事。爭カ我等カ上ニアルヘキト 云云 勝眞法印。惡口ニ及。タトヒ圓敎ノ乘戒不二ノ意ニテトモ。御邊ノ

様ニモチテ坂本ヘ毎夜ニ下ル人ハ。人界ノ生ヲハ不レ可レ受也ト申ケル也

律僧モ。正念モアリ智恵モアル人ハ。皆凡夫ノ上ニ戒ノ持チ難キ事ヲ申ス也

サレハ我カ禪房ニ戒師ニナルヘキ物ハ。唐土ニモ無カリシ也ト申候キ

資縁上人ハ。我カ戒律ニ明ナルシルシニハ。決定地獄ニ墮ヘキ事

今日ヨリ故僧正御房ノ御忌。來月十五日ノ爲ニ前云ヘリ。三七日御佛事被ニ開白一

17　癡闇凡夫作ニ菩薩戒師一耶

講　光意　　問　證願

淨云。所授ト云ルルホトニテハ。必ス必ス能授ニテアルヘキ歟如何」

明云。イカニモ能授所授カ一ニナルヘキニ落居ハアランスラン。其ニ付テ癡闇ノ凡夫ト云タルカ。當今ノ我等ニテアル事モ不審ナリ。又但解法師語ト云ヘル解モイクラホトニテアルヘキヤラン。天台ノ意ニテ。（天止一、三七四。止觀）知一切法皆是佛法ト云タレトモ。我等カ一切ノ法皆佛法ト信タル分ノ事ニテハ無コサメレ。然聞。解ト云タルモ。我等カ上ノ事ニテハ無ニテヤアルラン

仰云。癡闇ノ凡夫ト云ルル處ハ。名字即ノ位ナムト云ルル事ニテハ不レ可レ有也。其謂ハ四戒ノ法門ヨリ顯ルヘキ也。先舍那ヨリ釋迦ニ傳ト云事ハ如何ナル事ニテアルヘキソ。其故ハ今ノ戒ヲ不レ受シテ釋迦ト成リ。此戒ヲ不レ受前ニ菩薩ニ成事不レ可レ有故ナリ。今ノ戒ヲ不レ受前ニ名字觀行ノ位ニ叶ト云事モ不レ可レ有也。然聞。此譯ヲ能能意得レハ。タタ衆生ノ戒ノ爲ナルヘシ。四戒ト配立シケル本意ハ。タタ舍那ノ功德ヲ凡夫ニ成スル謂ニテアリケル也。然聞。四戒ノ謂ヨリ心得レハ。此戒ヲ不レ受前ニ名字ノ位ニ入ルト云事不レ可レ有也。サレハ凡夫癡闇ト説タル一文カ。大切ナルニテハ不レ可レ有。諸經ノ中ニ多ク三毒ノ衆生ト云ヘル事モアリ。然聞。必シモ癡闇ト説タルニハ不レ可レ依也。四戒三勸ノ源ヨリ心得タル事也。諸經ノ中ニ如レ此四戒三勸ノ如ナル事ヲ説タル事無シ。又如此（爲カ）（經、大正藏二四、一〇〇三下）地上一切衆生凡夫癡闇等説タルハ。此ノ釋迦ノ。衆生ノ爲ニ説タルニテアルナリ。釋迦ハ菩薩ニ授タルニ。タタ衆生ニ直ニ説クト

云ルル處ハ。舍那ノ功德ノ凡夫ノ上ニ成スル謂ナル故也
次能授所授同歟ト云事。一代ノ分ニテハ能所同位トハ必シモ不レ可レ云。弟子カ必ス師ノ位ナルヘシト云事。爭カアルヘキ。小乘戒ノ意ニテモ。能所共ニ難レ有也。師ト云ハ三師七證ニテアルカ。此カ皆四能五德ヲ備タル如ナル人ニテアルヘキ故ニ。所授シ難カルヘキ也。今ノ戒ハ。如レ此ノ分ヲハナレハテタル也。今ノ戒意ハ。能所共ニ一如ノ舍那ナル故也。イツモ此戒ヲ受トタニモイヘハ。舍那ヨリ受ルニテアリ。此戒ヲ受レハ舍那ノ位ニ入ル也。然閒。此ニ於テ能所ノ高下ヲ論スル不レ可レ有事也
(經、大正藏二四、一〇〇三下)初發心中常所誦トイヘル文。舍那初發心ニ誦スル也。然閒。初發心トイヘハ。我等カ誦スル處ニテヤカテアル也。然閒。舍那ハ我等ニ依テ受戒シ。我等ハ舍那ニ受ケタル也。サテ解ト云ルル處モ重ノアル樣ナル事。又不レ可レ有。タタ舍那ノ功德ノ我等ヲ不レ隔ト知ルマテニテアルヘキ也。重ヲ論スルナラハ不レ可レ有。十五(ママ)期我等カ上ニ又不レ可レ成。淨土ノ法門ニテ三心ト沙汰セラルル分ニテ。今ノ但解法師語モアルヘキ也。生死離レントレ不レ思者ノ前ニテハ。三心モ口ニテ云タル分マテハ無ニ所詮一也。此分ニテ心得ヘキ也。今ノ釋ノ內外

凡ト云事ハ。凡夫ト顯サン爲ナリ。五德ヲ備ル謂。舍那ノ功德ノ成スル處ニ不レ可レ有ニ子細一閒。西山上人仰タル事也。五大院ノ釋ニ。心地觀經ヲ引テ。三種ノ眞實僧ノ外ニ一類ノ凡夫僧ヲ出タル。私。心地觀經ヨリ遙ニ此謂ヲ說タルニテアル也。今ノ戒ノ意ハ。三寶ハ住持ノ三寶ニテアルヘキ謂。釋ヨリシテ見ヘタル也
淨云。所授トタニモ云ヘハ。必ス能授ニテアルヘキニテアラハ。何ニテモ戒師トナルコトモアルヘキ歟如何
仰云。如レ此事ハ一返(邊カ)ニ不レ可レ有。道理ハ無ニ子細一トモ。其ノ如ニテ何モカモ戒行モナルヤウニテモ法滅ノ貌ニテアル事也。戒師ト成事ハ。在家出家ノ中ニハ出家。出家ノ中ニモ沙彌マテハ無テ。比丘ニテアルヘシ。サレトモ又處ニヨリテ。機ヲ見テ在家ノ人モ戒師ト成ル事爭カナカラン。比丘僧ノ戒師モナカラン處ニテ。然モ此戒カ生死解脫ノ根本ニテアル上ハ。受ムト云人アラハ。我ハ比丘僧ニ無シト云テ不レ受モ。今ノ戒ノ道理ニ背(背(底)有)クヘキ也。サレハ聖德太子ハ。俗形ニテ僧ニ聲聞戒ヲ授ラルト見タルナリ。實ニ出家ト云ヘル事。頭ヲソリタル計ニテハ不レ可レ有。在家ノ出家コソ出家ニテハアランスレ(經、大正藏二四、一〇〇三下)
觀云。タタ癡闇ノ凡夫ト云タル如ニハ無テ。爲此地上一切凡夫(了衆生カ)ト

云ヘルハ。名字ノ位ナントヲ云タル如ニハ無キ也。名字ノ位ヲハ。一切衆生ナントハ不レト可レ說云也

18 梵網受法皆一師羯磨歟

講 照惠　問 三琳

仰云。梵網受法亦止一師ト云ヘル事。（義記、大正藏四〇、五六七下）（止㊄此）ナニトモ不ニ心得一釋也。經ニハ二師ト說。登壇受戒ノ體ハ三師也。ナニト心得合ヘキ事ニテアルヤラン。此事一大事也。一宗ノ大綱。又此事ニテアルヘキ也。今ノ釋ニ。人ノ緣ト云下ニ三寶ヲ擧テ。此三寶ヲハ住持ノ三寶ト釋シタル也。今ノ戒カ但解法師語ノ謂ニテ。法師ノ語ノ外ニ無事ナラハ。此ノ三寶ノ助爲發起ト云ルル（同前）事モ不ニ心得一事也。此三寶ハ。住持ノ三寶也。イカサマ住持ノ三寶カ我等得戒ノ因緣トナルヘキニテ有ル也。此ノ住持ノ三寶ト云フハ。眞假一體ノ謂ニテ有ルヘキ也。此ハ性無作假色ト云ルル處也。（同、五六六上）眞假一體ト云事ハ。今ノ宗ヨリ云始タル事也。付レ其佛法（寶カ）ト云ハ。釋迦ノ三尊ニテコソ有ルヘケレモ。眞假一體ノ謂ヲ顯スニテ有故ニ。阿彌陀佛ノ前ニテ受クヘキニテアル也。法寶ハ。西山上人ハ机ニ傳教大師ノ戒儀ヲ置ケルカ。取落サレタリケル時ナントハ梵網經ヲ置カレケル也。サテ今ノ（同、五六七下）梵網受法亦止一師ト云ヘルハ。師ト指ルル處ハ教授ニテアル也。和上ト云ヘハ眞假一體ノ謂ニテ。佛ヲ指テ和上トハ云タル也。羯磨師ハ。和上ノ處ニ具スル也。サテ此ノ和上・羯磨ヲ佛ノ處ニ具シタル許ニテ。トトマリタル處ニテハ無クテ。此ノ和上・羯磨ヲ具シタル佛。又教授ヲ不レ隔故ニ。三師ノ德ヲ一師ノ上ニ備タル也。然閒。一師ヲ開タル三師。三師ヲ備タル一師也。今ノ經文。此分ヲ說顯シタル也。其故ハ。先教戒ノ師カ二師ヲ請セシヨリシテ。終ニ教戒ノ師ニテ經ニ結シタル也。而教戒師ト云。而菩薩爲ニ利養一故ナント說タルハ。（經、大正藏二四、一〇〇九上二行。爲利作師戒）師トナル處ハ教授ニテ。和上・闍梨ハ戒ヲ授トハ云ハサル也。一師ヲ開三師。三師ヲ備タル一師ニテアル故。叡山ノ登壇受戒ノ作法カ三師ニテアルモ心得ラレタル也

最初。弘仁年中ニ此戒ヲ始行セラレシ時ハ。二師ニテアリシ也。義眞和尚ハ和上。慈覺大師ハ教授也。和上ノ處ニ羯磨ハ兼タル謂ニテ有ル也。當時三師ニテアルモ。一師ノ上ニ開タル三師二師ニテアル故ニ無ニ相違一也。如レ此心得。經ニ七逆ト說タルモ無ニ相違一。サテ普賢觀ニ依テ不現前ノ五師ヲ請タル事ハ。普賢觀ハ法華ノ流

通。未來ノ凡夫ノ爲也。三無差別ノ至極也。然而能傳ニシテ能授ニアラスト云ルル處ハ。普賢觀ノ意ニテ。今ノ一品一卷ノ意ニハ非ス。今ノ意。現前ノ傳戒ノ師ノ處ニ五師ノ謂カ極ルヘキ也。此時ハ能傳トハカリハ云ハルヘカラサル也。今ノ釋モ。此分ニテ無二子細一意得タル也

淨云。小乘ノ十師ト云タル事ハ。授戒ト云タルハ僧事ニテアル故ニ。何事ヲナスモ和合ノ謂ニテアルヘキ故ニ。四人已上和上ニテアル故ニ。一師三師等ニテハ不レ可レ叶也。地持・瓔珞等ノ一師ト云タル分ハ。和合ト云ヘル事ハ理和合ニテアル故ニ。一師ト云タル也。今ノ一師ト云ヒタルハ。三師ヲ一師ト云タルニテアル也。一師トタシカニ云タル經ヲ出サハ。千里ノ内ニ師無クハ自誓受戒セヨト云タルニテアルヘキ也。千里内ニ二師三師アランスルトハ不レ見也。一師ニ付テ。千里ノ内ニナクハト云タル事ニテコソアルラメ

又云。一師ノ定ナラハ。六逆ニテアルヘシ。三師ノ定ナラハ八逆ニテアルヘシ。開ケハ三師。合スレハ一師ナル故ニ也。何ソ經ニ二師トモ說キ七逆トモ說タルヤト覺ユルカ。二師トモ說キ七逆トモ說タルカ。殊更意得ラレタル也。其故ハ。六逆ト云タラハ一師ニトトマルヘシ。八逆ト說タラハ三師ニ止ルヘシ。然閒。開合ノ一偏ニトトマラサル處ヲ中閒ノ二師トシテ顯スナリ。依レ之七逆ト說タルト意得タル也

觀云。師ヲハタタ凡聖ト云テ。佛ト云處ニ和上・羯磨ノ二師備ヘルヘキ也。現前師ハタタ一師ナルヘキ也。ソレハ二師カ佛ニテアル故ニ。此佛ヲ一師ノ處ニ不レ隔ト云ヘハ。一師ノ上ニ二師ノ德ヲ備タルニテアル也。今ハタタ凡聖ノ二ヲ二師ト云タル也。三師トハ必必ノ意不同。三師ト云ヘルハ小乘ノ意ニテアル故ニ。此ノ小乘ノ三師ノ謂ヲ。今ノ意ニ持テ成スル故ニ。一師ノ上ニ二師ノ德ヲ備ト云フ也。今ノ本意ハ。凡聖ノ二師。凡夫師ハ教授。聖師ノ處ニ和上・羯磨ヲ備タル也。然閒。此時七逆ト說タルハ。殊ニ心得ラレタル事也

19　不レ對ニ佛像經卷一有ニ授戒一耶

講　光意　問　淨達

淨云。今ノ釋ハ。イカサマ人ノ緣ノ下ニテ。住持ノ三寶ヲ釋シ出テ。三寶具足スヘシト釋シ定タル物ニテアル也。付レ其。冒難遊行戒ノ(第三十七戒)布薩ノ文ヲ引タル也。布薩ハ佛事・法事・僧事ノ中ニハ僧事ニテアルヘキ。然閒。當時ノ律僧ノ布薩モ。法常ニテ行閒ニ佛像經卷ニハ

不レ對ナリ。ソレヲ今ハ。佛像ノ前ニシテ布薩セヨト說タル事。小乘ニ替事也。今ノ戒ハ。四戒三勸ノ體ニテアルカ。其ノ三勸ト云ハ受・持・誦也。然閒。此ノ受持誦ノ中ノ誦ノ體カ布薩ニテアル故ニ。三勸其義等シキカ故ニ。今ノ謂ハ。住持ノ三寶ニ極ル謂ニテ。授戒ノ時。三寶具足スヘキ謂ト一ニテ。布薩ノ時ニモ三寶具足スル也。然閒。此謂ニテ此文ヲ引テ。今ノ三寶具足ノ謂ヲ成スル也

仰云。此ノ布薩ノ料簡殊勝也。惣シテ此論義ノ題目。昨日ノ論義ニ事舊キ

明云。此事。大段不ニ意得一事ハ。今ノ戒ハ住持三寶ニ極ルト云ハ。眞假一體ノ法門也。眞假一體ノ至極ハ。法師ノ語ヲ聞處也。爾ニ但解法師語ノ處ニ三寶具足ノ謂カ尙不レ成シテ。必ス佛像經卷ニ不レ向シテハ不レ可レ叶ト云タルハ。返テ偏ナルニ似タル也。說ニ極ル宗旨ト云ホトニテ。但解法師語ノ處ニ不レ極ト云ルル處不ニ意得一。サレハ。淨土ノ法門ニテ眞假一體ノ謂ヲ談シ。住持ノ三寶ノ本意ヲ立スル宗ニテアルカ。淨土ノ法門ニテハ。佛像經卷ニ不レ向者不レ可レ叶トハヨモ申サシ。聞ノ位ノ行證ハ沙汰スル事也。今ノ戒ノ意モ。眞假一體ノ謂ニテアルラメ。サレハ今ノ戒・淨土兩宗一徹ナルヘキ事也。ソレハ戒ノ意ハ。法師ノ語ノ處ニ三寶ノ謂極テスレテ。必ス佛像經卷ノ前ナラテハ不レ可レ叶ト云事不ニ意得一

次ニハ當世劫末濁亂ノ時分ニ。佛像經卷ヲ不ニ隨身一事。因緣(義記、大正藏四〇、五七三上。酤酒戒)乘五(者備五カ)ナレハナトカ(サか)ナアルヘキ。其時。但解法師語シツヘキ者ノ受戒セシト云タランカ。シカモ此ノ刹那ヲステハ命ヲモ失ヒ。又因緣モ斷絕シツヘキ者ノアランニ。佛像經卷カナケレハトテ。戒ヲ不レ受シテアルヘキカ。如レ此ニテモアマリニ偏ナルナリ如何

淨云。今ノ戒ノ定ニテハ。必ス三寶具足セスシテハ不レ可レ叶ト云定タル事ニテタニモアラハ。但解法師語ノ處ニ備ヘタルナント云ヘキ事ニテハ不レ可レ有事也。サテ淨土ノ法門ノ事ハ。今ノ戒ノ上ニ一重ノ事也。戒ノ法門ヨリハ云極タル宗旨ニテアル故ニ。聞ノ位ノ行證ト云處ニ三寶具足スル也。戒ノ法門ハ。淨土ノ法門ヨリ尙不レ極故ニ。必ス三寶具足スト云タル也。三寶具足ノ謂。法師語ノ處ニアレカシ偏ナリト云不審ハ。サレハ三寶ノ處ニトトマラスシテ。聞ク外ニ無ト沙汰スル處ハ。淨土ノ法門ト一ニヨセ合テ心得ル時。住持ノ三寶事ニ顯レテハ不レ可レ叶謂。又此ニ不レ止シテ。ヤカテ語ノ

處ニ住持ノ三寶具スル謂。偏ニヲチサル事ヲ兩宗ニテ顯ルヘキ也。サテ今ノ御不審ハ。佛像經卷無ラン時。人ノ戒受ムト云タラハ。此ノ人ハ。宿習ノ人ニテアルハ先生ニモ受ツラン。タタ淨土ノ法門ヲ說テ聞スヘキ也

觀云。此事ハ。戒ト云ルルホトニテハ。必ス三寶具足スト云ヘキ事也。語ノ處ニ三寶ノ謂モ備ハレカシト云御不審ハ。定惠ノ法門ノ分ナルヘシ。定惠ノ法門ニハ異ニ。戒ト云ルルホトニテハ作法受得ト向タル故ニ。三寶具足セスシテハ不レ可レ叶ト云フヘキ也。タタ佛像經卷ニ不レ可レ限。惣シテ戒ノ大綱ニ返テ。作法受得スル事カ不二ト心得一云御不審ニテアルヘキ也

仰云。西山上人ノ御時。或在家ノ者受戒ノ爲ニ謂申タリケル時。戒場ヲコシラフト云ヘトモ。佛モ經モ無カリケルホトニ。佛像經卷ヲ尋出テ後ニ授ラレタリケル也。地體ハ僧寶ノアルホトニテ。佛像經卷ノ無ト云事モ不レ可レ有也。戒師トナルホトノ者ハ。梵網經ナントヲモ誦シ覺タル處アラハ。ソト書テ置クヘシ。又佛モ。ソトカクニテモ作ニテモ。乃至種子ニテモ不レ可レ有二子細一事也

又云。舍那ノ釋迦ニ授ケ。釋迦ノ菩薩ニ授ケシ時ハ。住持ノ三寶具足シタリケル歟ト云不審ハ。難ニナリタル事也。然レトモ釋迦ヤ菩薩ノ戒ハ。三歸發戒ノ上ノ羯磨發戒ノ謂ニテアル也。衆生ノ戒ハ。三歸發戒ノ謂ニテ有也。憍慢僻說戒ノ文ニ。（第二十三戒）自誓受戒ノ時ハ。千里ノ内ニ師ナカラン時。好相ヲ見テ。佛像經卷ノ前ニシテ自誓受戒スヘシ。師師相受ノ時ハ。不レ須二好相一ト云タル故ニ。師師相受ノ時。一具ニ佛像經卷ヲモ又不須ト云ヘキ也。問者ノ料簡也。而ニ此ヲ講師料簡シ申シ。自誓受戒ノ時。好相ト佛像經卷ト一具ニ擧タルヲ。師師相受ノ時ハ。一方ノ好相ハカリヲ不須ト云タル故ニ。知ヌ佛像經卷ハ。自誓受戒ニモ。師師相受ニモ。互テ須ヘシト聞タリ

觀云。此ノ經文ノ料簡。講師ノ料簡ノ如ニテアルヘキヤラン

仰云。然ヘキ也

山門ノ講堂ニハ。根本ハ佛ハ無カリケルカ。後ニ佛ヲ置タリケルナリ。根本佛ヲ不レ置事ハ。唐土ノ例ニ任タリト云ヘトモ。今ノ住持ノ三寶安スヘキ謂ヨリシテ。後ニ佛ヲ安置シタルニテモヤアルラン

20　自誓受法但限ニ高人一歟

講 照恵　問 恵達

仰云。自誓受法ハ。高位ノ人ニ限ト云事ハ。今ノ釋ノ六本ノ戒儀。普賢觀ヲ不レ入事ハ。高位ノ人。自誓受法ニ似タル故也ト云事大ニ難レ思。地持・瓔珞等ヲ列ハ淺位ナルヘキ歟。普賢觀ニ相對セン時。地持・瓔珞ハ尚高位ナルヘシ。又自誓受戒ニ依ルヘクハ。瓔珞經ニ既ニ説ケリ。何ノ偏トモ不レ覺也。自誓受戒モ六本ノ中ニアリ。普賢觀ヲ今不レ列事如何。サテ高位ト云タル事如何。普賢觀ハ法華經ノ結經ナル故ニ。位殊ニ下ナルヘシ。然ニ高位ト云事不ニ心得一事也。其上ニ自誓受戒ハ必ス高位ト云ルヘシ定ムル歟。今ノ經ニ説タルハ。好相ヲイノリテノ上ノ事ナルカ。好相祈ト云事ハ。當時ノ律僧モスル事也。高位ニテハ不レ可レ叶ト云事ニテハ不レ可レ有也。高位ナラン人。今見タル如クノ好相祈ル事何ソアルヘキ

明云。(天止一、三七四。止觀)或從知識或從經卷ノ處ニ。知一切法ノ解了ハ立スル也。今モ聖教ニ依テ四戒三勸ノ謂ヲモ知リ。三重玄ノ本意ヲモ得タラン人ノ處ニ。尚戒體ハ不ニ發得一シテ受ケントスレトモ。師師地受(相授カ)人モナカラン時ハ。今ノ戒ヲ不レ受シテサテアルヘキ歟。其時。自誓受戒セムニ何ノ子細カアルヘキト覺タル也。我カ能授ヲ備タルニテアルヘキ也

淨云。好相ハ。我等カ上ニ於テ不レ可レ叶事カ。好相ノ本ハ。道進・(義記、大正藏四〇、五六八下)道朗カ釋迦文佛ニ奉レ位(値カ)。受戒シテ所授ノ戒品ヲ誦覺タリケル也。サレトモ此ハ曇無讖ニ受戒ハシタレトモ。イカサマ好相ノ手本ハ此等ニテアルヘキ也。此分ナラハ惣シテ上ニハ不レ可レ叶事也。今ノ經文モ。(經、大正藏二四、一〇〇八下)佛來摩レ頂(頂㊄項若)見ニ光華種種異相一ナント説タル事モ。無ニ左右一不レ可レ有事也

觀云。普賢觀ノ自誓受法ヲ高位ノ人ト云テ。六本ノ戒儀ニ入サル事ハ。地持・瓔珞ノ戒ハ高位ナル事。中中不レ及ニ子細一。然開。入テ今經ニ心得ル謂ニテ。六本ノ戒儀ト列ネ。普賢觀ヲハ又正依梵網傍依法華ノ謂ニテアル故ニ。別ニ釋シテ顯スニテアルヘキ也

淨云。地持・瓔珞等ハ高位ニテアレトモ。師師相授ヲ面ト説タル故ニ。今ノ六本ノ戒儀ヲ擧。觀經ハタタ自誓受法トハカリ見ヘテ。師師相授ノ謂無キ故ニ不レ説也。瓔珞經ニ自誓受戒ヲ説タレトモ。ソレヲハ本意トハセサル也。上品ハ佛菩薩ニ位(從歟)テ受。中品ハ師

資相受。下品ハ自誓受戒ニテアル也。高位ト云タル事ハ。今戒ノ機ヲ癡闇ノ凡夫ト云タル故ニ。名字・觀行ニテモアレ。今ノ機ニ對スレハ高位ニテ有ヘキ也

仰云。今此ノ釋ヨリシテ正依梵網ノ謂モ顯レ。戒宗ノ大綱・義記本意モ顯タル事也。兩人ノ料簡共ニ當レリ。師師相授ヲ本意トスル時。地持・瓔珞等ヲ擧トモ。普賢觀ヲハ不レ擧ト云事モ。其謂アルヘシ。今ノ六本ノ戒儀ハ。地持・瓔珞等ヲ入タル事ハ。今ノ戒行ノ謂テ梵網ノ意ニ入テ釋スル也。サレハ梵網ノ本ヲ一番ニ置ク謂ハ此意也。觀經ヲ不レ列事ハ。正依梵網ノ謂ヲ顯カ爲也。觀經ノ淺位ナルヲ深位ト云ヘハ無ニ子細一。今ノ機ノ癡闇ノ爲ノ體ナラヌ處ニテアル故ニ。大師ノ本意モ。三重玄ヲ此經ニ立給謂モ顯レタル也。サテ觀經モ又戒行ノ意ニテ終不レ可レ捨謂ノアル處ヲ。妙樂ノ十二門ノ戒ノ時。不現前ノ五師ヲ請スル也。ソレヲ又山家ノ本ノ時。此ノ普賢觀ノ五師ヲ今ノ意ニ入ルル時。傳戒ノ一師ヲソヘタル也。不現前ノ五師ニ傳戒ノ一師ヲ備タルカ。今ノ本意カ無レ所レ殘顯タル也。今ノ釋ノ高位ト云タルハ。觀行・相似ヲ指テ云タル事ハ不ニ見及一事也。此ハタタ癡闇ノ凡夫ニ對スル時。高位ト云タルハカリニテモ無ク。神一アルヘキ也。觀行・相似ヲモ佛ト云タル意ニテ。高位トコトコトシク見シタル也

次ニ。聖教ニ依テ三重玄ノ謂ヲ知リ。四戒三勸ノ謂ヲ知テ。然モ受戒セントスル時。戒師無クハ如何ト云事ハ。今ノ意カ師師相受セスシテハ不レ可レ叶ト云カタメタル事ニテアル上ハ。無レ力事ニテコソアランスラメ。然ニ子細一アリ。予先師ヨリ今（然カ）ノ戒ノ本意ヲ說クヲ聞テ。戒體受得シタリトモ不レ覺事也。法藏上人モ。叡空上人ヨリノ相傳ニテハアレトモ。彼上人。三重玄ノ本意モ不ニ得給一事也。サレトモ此事ハ。西山上人義ノ一被レ仰タル子細アルナリ

21 什師傳來戒有ニ付法藏祖承一耶

講　圓定　　問　光三

仰云。二十餘ノ菩薩ヲ。必ス二十三ノ祖ト云事不ニ心得一事也。今ノ戒ノ相傳ハ。必ス二十三ノ祖承ニテモ無モヤアランスラン。二十三ノ祖ト云ヘル事モ。小乘一途ノ配立ナルヘシ。サレハ天台宗ノ相傳ノ如キハ。必ス二十三祖ト云タル如ニモ非ル也。サレハ法門ヲ傳來スル事。二十三ノ人ナラヌ人ハ相傳セサル歟。タタ迦葉ハカリ

ニ法ヲ付シタリシ事歟。サテハ今ノ意カ二十三祖相傳スヘキ事トハ不レ見也。內證佛法ノ血脈ニハ。逸多菩薩ヨリ羅什。羅什ヨリ南岳ニ傳。學生式ニハ。釋迦ヨリ南岳傳タル故ニ。一一ニ必ス二十三ノ祖相傳スヘシト不レ見申也。次ニハ。二十三ノ祖ヲ二十餘菩薩ト云タル定ニテモ。逸多菩薩ヲ加ヘタル事如何

明云。相傳ノ事ヲハ。諸宗一同ニ二十三ノ祖ト云タルマテハ無二子細一シヲ。今ノ戒宗ニ始テ二十三祖ノ外ノ相傳ト云ハンスル事モ。眞シクモ不レ覺。天台ノ意ニテモ。タタ四果三果ノタタ(聲聞カ)トハ不レ云。大小乘ノ佛法ト云ニ相傳シタル也。然ニ今二十餘ノ菩薩ト云ケル事ハ。ナニト云子細モ不レ可レ有。サテ逸多菩薩ヲ擧タル事ハ。此ノ菩薩ハ。彌勒ニテ補處ノ菩薩ニテアル故ニ。今ノ戒ノ意ニテハ補處ノ菩薩ト云ヘキ也。其故ハ。衆生受佛戒ハ眞是諸佛子ト云テ。正ク佛ノ位ヲ繼事ハ補處ノ謂ニテアルヘキ也。然閒。無二子細一覺也。此ノ意ニテハ。皆二十三祖共ニ逸多菩薩ノ位ニテアルヘシ

淨云。今ノ戒ノ相傳ニ付テ。旁不ニ意得一事アリ。今ノ戒ハ。定惠ノ分ニハ異ニ。面授ノ師師相傳ニテアルヘキ謂。此閒ノ其沙汰事ハ舊キ。然ニ今處處ノ釋義。面授ノ相傳ノ分無二相違一トハ不レ見也。先。內證佛法ノ血脈ニハ。盧舍那・逸多菩薩・羅什・南岳・天台ニテアル也。但。盧舍那ノ注ニ釋迦ヲ擧タル故ニ。盧舍那ノ外用ヲ釋迦ト云タル故ニ。舍那ノ處ニ釋迦ハアルヘシ。又逸多菩薩ノ注ニ二十餘ノ菩薩ヲ出タル故ニ。二十三ノ祖ニテアルヘシ。此ノ定ナラハ師師尊(子カ)者ヨリ羅什ノ中閒ノ相傳不審也。又羅什ト南岳ノ閒カ。途(遙カ)ニ南岳ハ時代後ニテアル故ニ。此ノ閒又不審也。廣釋ハ。二十餘ノ菩薩ノ次ニ須利耶蘇摩ナリ。須利耶蘇摩ハ羅什ノ師トマテハ見ヘタレトモ。師師尊(子カ)者ヨリ須利耶蘇摩ニ相傳シケルヤラント云處又不審也。南岳ヲ疑ニ。相傳ノ師ト出セトモ。夢ニ梵僧ノ來テ授ト云ヘタル故ニ。此ハ自誓受戒ノ如シ。其上南岳ノ本ハ瓔珞ニ依ト見ヘタル也。然閒。瓔珞又自誓受戒ヲ說。是ヲ以テ相傳ノ師ト出事如何。光定ノ一心戒ニシキリニ達磨戒ノ事ヲ出ルル事如何

仰云。達磨戒ヲハ。傳敎大師御相傳ノ事ニテアル故ニ。此ノ事ヲ光定ノ釋セラレタル事道理也。二人ニアヒテ達磨ノ戒ヲ受ラレタル也。道璿ノ弟子行表ニアヒテ我朝ニテハ受ケ。唐土ニテハ百丈ノ同法升修イ(翛然カ)ニ相テ受レタル故也。此戒ノ相傳ハ悉ク面授ノ師師相傳ニテアル

也。今ノ釋ハ。次第相付什師傳來ト云タル故ニ。天台大師マテノ相傳無二子細一分明ニ見タル也。如レ此分明ニ見タル事ハ。諸宗乃至禪宗ノ相傳モ無キ事也。其故ハ。二十餘ノ菩薩ト云タルヲ無二子細一二十三ノ祖ト見タリ。タトヒサミヘタル事無トモ。二十餘ハ菩薩。二十三祖ニテコソアルラメ。何ト云義カアルヘキソ。其ニ付テハ師子尊者ヨリ須利耶蘇摩ニ次第スヘキ也。師子尊者ノ弟子ト須利耶蘇摩ノ見ヘタル事ハ。分明ニハ無ケレトモ。時代カソレホトマテアルナリ。其故ハ。禪ノ二十八祖ト云ヘルハ。師子尊者ノ次ニハ婆(舍)娑(斯カ)師多。婆(舍)娑(斯カ)師多ヨリ補如(不カ)蜜多。補如(不カ)蜜多ヨリ般若多羅。般若多羅ヨリ達磨ナリ。而ニ達磨ノ唐土ニ渡タルヨリ羅什ハ先ニテアル故ニ。師子尊者ノ弟子ニテ須利耶蘇摩ノアル事ハ無ニ相違一也。又羅什ヨリ南岳ヘツキタル事ハ。此又子細アリ。五大院ノ釋。南岳ノ九師。天台ノ八祖ト云タル事ハ何トカ云ヘタル。此ハ九師ノ相傳ニテアル也。明師ヨリ天台マテ九師ナリ。八祖ト云ハ天台ヨリ山家ノ大師マテ也。明師ハ又羅什ノ弟子ニテアル事ヲ釋スル也。此ヲ南岳ノ九師ト云ヘル事ハ何ソト覺ルカ。南岳ノ九師ト云ルヘキ子細アリ。天台ノ相傳ノ意ニ歴別・次第・不次第ノ三ノ謂アリ。二十三祖以來ノ相傳ト云タル方ハ歴別。南岳ヨリ天台ニ相傳スト云方ハ次第也。天台ヨリ釋迦ニ受ト云方ハ不次第也。南岳ヨリ天台ト云ルル方カ次第ニテアル故ニ。此次第ニ歴別ヲ入ルル意ニテ。歴別ノ九師ノ相傳ノ方ヲ。南岳ノ次第ニ入タル意ニテアル也。然閒。如レ此ニテハ一代モ不レ絶。師師相傳分明也。惣シテ人思依サル事也。次ニ。逸多菩薩ヲ入ルル事ハ。彌勒ハ釋迦ノ入滅ニ十二年先タチテ上天シタリト云也。然ニ結集ノ時。兜率天ヨリ下テ菩薩藏ヲ結集スル時。文殊ト共ニ彌勒證明シ給シナリ。聲聞藏ヲハ迦葉ト共ニ阿難結集セリ。今ノ意ハ。逸多菩薩ヨリ迦葉・阿難ト相付スヘキ也

淨云。文殊ト共ニ證明セハ。文殊ヲハ不レ擧シテ何ソ彌勒ヲ擧タルヤ。サレハ文殊ハ。羯磨師ニテモアリ。又上座ニテモアリ。顯揚大戒論ノ序（序㊇席）ニハ。（大正藏七四、六六一上）盧舍那佛傳二之於前一。文殊師利弘二之於後一ト釋セラレタル故ニ。尤モ文殊ニテアルヘキヲ。今彌勒ト云ル事如何

仰云。彌勒補處ノ位ニテアル方ニテハ。彌勒ノ傳ト云謂ニテ今ノ戒ノ意ニハ可レ叶也

觀云。如レ此相傳無二子細一處ニ。イカナル處ヨリ羅什ハ。南岳ニハ付スナントハ云ケルヤラン

仰云。此ハ。天台ノ相傳モ戒ノ相傳ハ不二一准一。一一ニ其相傳ノ貌ニ付テ義アルヘキ事也。其ノ方ハ南岳ニ不レ可レ限。今ノ戒ノ意ニテ殊更不次第ノ謂モアルヘキ也

觀云。今ノ意ニテ殊更不次第ノ謂ノアランスル事無。何推察セラルル様也。其ハ舍那ノ功德ノ直ニ衆生ニ成スル處コソ。ケニモ不次第ノ謂ニテモアルラメト心得ラルル也

22 梵網受法有二三歸發戒義一耶

講 光三　問 惠琳

仰云。今發戒ト云ハ。戒體ヲ受得スルニテアルヘキカ。三歸ノ處ニ發戒スル歟。羯磨ノ處ニ發スル歟ニテアラハ。三歸ノ處ニ發戒スルニテアルヘキ也。其故ハ。今ノ三寶ト云ハ。住持ノ三寶ヲ指也。其住持ノ三寶ト云ハ。舍那ノ功德ニテアル故也。此三寶具足スル處ニ戒體ヲ發スト云也。舍那ノ功德カ住持ノ三寶ニテアル故ニ。此ノ住持ノ三寶ニ歸スル外ニ。ナニト又發戒ト云重ヲオクヘキヤ。戒體ト云事ヲナニヤラン。三寶ト云外ニ。羯磨ノ處ニコソ發戒スヘケント云ヘキ事ニテハ無キ也。住持ノ三寶ト云タル外ニ。別ニ戒體ノ謂無キ也。其故ハ住持ノ三寶カ舍那ノ功德ニテアル故也。舍那ノ功德コソ戒體ニテハアルラメニテアル故ニ。三歸ノ處ニテ發スト云事無二子細一也

サテ羯磨發戒ト云ヘルハ。此ノ上ノ戒行ニテ有也。諸經ノ中ニ先三歸ヲ受ト云ヘル本意モ。今ノ謂ヲ顯スニテアルヘキ也。サテ今ノ釋ハ。無二子細一三歸發戒ト云タル也。先受三歸ト云タル。此ヲ次ニ讃歎（歎㊦嘆）受ト云タルハ。上ノ先受三歸ノ體ヲ讃嘆シタル也。諸本ニ讃嘆ト云タルハ。正受戒ノ後ニテ皆アル也。然ニ新撰ノ本ニ。正受戒ニ前タテ讃歎（歎㊦嘆）弟子ト云タル故ニ。讃嘆ノ定必ス結句ニ置タリトモ不レ見也。然トモ此ハ同讃嘆ト云タレトモ別ノ事ニテアル也。此新撰ノ本ノ讃嘆ハ。更讃嘆シタルマテハ無クテ。讃歎（歎㊦嘆）弟子ト云テ別ノ讃嘆也。受ヲ讃嘆スル事ハ。皆結句ニテアルヘキ也。サテ新撰ノ本ニ。三歸ノ下ニ發戒ト注ヲツケタル事ハ。諸本皆梵網ノ本ニテアル故ニ此謂ヲ顯ス事。三歸發戒ト云タルニテモアルラン。新撰ハ。上ノ四本ヲ集ニテアリ。制ノ本ハ。上ノ五本ヲ集タルナリ

（底本奥書）

永正八年（一五一一）林鐘上旬比。於二一尊教院一書二寫之一畢

帯持浮嚢　恵教

承應三年（一六五四）八月吉祥日

江州栗太郡芦浦観音寺法印舜興藏

〔本源抄　中〕

本源抄　下

戒論義聴聞　暦應三（一三四〇）九二。於二一條坊一被レ行レ之

23 梵網教主。眞應二身中何耶

講師　淨達　問者　禪恵

仰云。此ノ經ノ教主ハ應身ナルヘシ。何ソ眞身ナリト云ヘキ。其ノ經ヲ說タルヲコソ教主トハ云事ニテアレ。今ノ經ヲ說タル事。釋迦ノ說ナレハ應身トコソ云ハンスレ。其旨經文一一ニ分明也

淨云。此ノ心地法門品ヲ說タル事ハ。經文ノ。臺上ニ於テ盧舍那（經、大正藏二四、九九七中十一行）佛說ト見ヘ。又千花上ノ佛。摩醯首羅天ニテ說キ（同、一〇〇三下四行）。又千百億ノ釋迦。閻浮提菩提樹下ニテ說カ（同、一〇〇三中二二行）。三佛三處ニシテ說ト見ヘタリ。其ノ臺上ノ盧舍那佛ハ自受用。摩醯首羅宮ノ說ハ他受用身。今マ菩提樹下ニテ說タルハ應身ナルヘシ。三處ニシテ三佛說ク上ハ。釋迦ヲ教主ト難レ定事也。ケニモ臺上ノ盧舍那ハ。自他受用ノ間ニハ何

ソ。又千花上ノ佛ヲ他受用ト定メン事不審ナリナントコソ云ハレンスル。教主ヲ無ニ左右一釋迦ト定ムル事ハ不レ可レ有歟

仰云。此ノ定テハ三佛各說ト云タル故ニ。今ノ經ノ教主ハ。三身ニ互ト云タランニ。何ノ子細カアルヘキ。三身ニ互ル中ニ。今ノ經ヲハ。第三ノ身菩提樹下ニテ說タルハ。應身ヲ教主トスト云ヘキ也。タタウチマカセテ此經ノ教主何身ソト云タラン時ハ。三身ニ亙ルトモ。應身ニ限ルトモ。意樂ニ隨テ可レ答。何ソ必シモ舍那ニ限ルト云ヘキヤ。凡夫タニモ說上ハ。舍那ニ限ルトハ不レ可レ云。臺上ノ舍那カ自他受用ノ事ハ。別ノ題目アレハ其ニテ聞ヘキ也

觀云。三佛ノ說ト云ルルホトニテハ。盧舍那ノ說ト云ヘキ也。舍那ノ說タル處ノ心地品ヲ。葉上葉中ノ佛ハ受取テ說ク故ニ。根元ノ舍那ノ說タル處ヲ教主トハ云ヘキ也。既ニ本迹ト云タルニ。本ヲハ指置テ迹佛ヲ教主ト云ハン事如何。サレハ眞言ニ自性自受ノ說ト云タルハ今ノ如ナリ。自性自受ノ內證法界宮ニテ說キ。次ニ色究竟天ニテ說キ。此ヲ普賢受取テ說クヲ釋迦ノ說トハ云ヘル也。サレトモ。本ト自性自受ノ說ナルニ隨ヘテ。釋迦ノ說ヲモ自性自受ノ說ト云ヘル（義記、大正藏四〇、五六九下二四行）也。今ノ經ノ三處ノ說似タル事也。佛身四種ノ釋モ。眞言ノ四種法身ト云タルニ似タル事也

明云。教主ノ事。諸宗ノ大事也。今ノ意ニテハ舍那ヲ教主ト云ヘキ歟。先首題ノ梵網經盧舍那佛說菩薩心地法門品ト云ヘル。舍那ノ說ナリト云事無ニ子細一。此上ハ舍那ヲ教主ト云ヘキ也。此大綱ナルヘシ

仰云。大概聞タリ。法門ハ。約束カ根元ヲ顯ス事也。此事ハ。西山上人。戒ト淨土ノ法門トヲ一具ニ仰合ラレタル事アリ。淨土ノ法門ニテ。彌陀ヲ報身ト云ヘルハ。三身ノ中ノ報身ニテハ無クテ。酬因ノ報身ト云ヘル也。今ノ舍那モ三身ノ中ノ報身ニテハ不レ可レ有。三身共ニ戒身ト成ル處ヲ舍那トハ立ル也。此ノ舍那ノ功德ヲハ釋迦ノ說キ顯ス故ニ。殊更釋迦ノ說ト云ヘル也。舍那ノ功德ノ。凡夫ノ上ニ成スル謂ヲハ。釋迦ノ說クト云ハレテ成スヘキ也。サレハ四戒ノ配立。タタ舍那ノ功德ノ凡夫ニ成スル貌ヲ顯ス也。此ノ意ニテ釋迦ノ說クト見ヘタレトモ。全ク舍那ノ說ク謂ニテアル也。タタ三身相卽ノ分ニテ。釋迦ノ說ヲ舍那ノ說ト云フトハ不レ可ニ意得一。三身ノ佛共ニ戒身ト（義記、大正藏四〇、五六九下。取意）ナルト云ヘハ。戒身ハ舍那ニテアル故也。偈ヲ舍那ノ發起ト云テ。又偈中大意四戒三勸ト云ヘル此意也

佛身四種ノ釋ハ。上句明ニ舍那本身一。（同、二四行）下句明ニ舍那本土一ヲ。此即依正兩報ト云テ。佛身四種ト云ヘル故ニ無ニ子細一。舍那本身ノ體ヲ佛身四種トハ釋スル也

觀云。今ノ臺上ノ化儀ハ。唯佛與佛境界ナリ。釋迦ヲ所化ト云タル故也。釋迦。臺上ノ舍那ニ受戒シタル如キノ事。諸經ノ中ニ無キ事也。此ハ自受用身ト云ヘタル至極ナルヘシ。此事ヲ惠陣上人。不思議ノ事ナリト被レ仰シト云云

24　梵網經説時如何

講　惠琳　問　光意

仰云。上下兩卷ノ經ヲ説ク外ニ。又別ニ一品一卷ノ經ヲ説タリケルカ。一卷ノ經ノ上ニ於テ上下兩卷ノ謂ヲモ存シ。一品一卷ノ謂ヲモ存スルマテニテコソアレ。二度説タリト云事ハ不ニ意得一事也。次ニハ初七日ノ閒ニ此經ヲ説ト云定ニテ。七日ノ閒ニタタ一卷ノ經ハカリヲ説タリケルカ。初七日ノ顯示自受法樂ノ位ニ可レ説ト云義ノ定ニテハ。自受用ノ説ト可レ云歟。其定ニテハ經文ニ可レ違也。經ニハ爾時釋迦牟尼佛。（大正藏二四、一〇〇四上）初坐ニ菩提樹下一トコソ説タル。此ノ文ヲ以テ初七日ノ説トスルコサメレ。釋迦ノ説トコソ見ヘタレ。自受用ノ説トハミヘス。又自受用ノ説ナラハ。三世常恆ノ説ニテアルヘシ。釋尊應佛ノ年月ニ付テコソ。初七日トモ。第二七日トモ云ハンスレ。十地論ノ説。明曠ノ釋。山家ノ御釋等ニ任セテ。二七日ノ説ト云ヘキ也。初七日ノ説ト云事。惣シテ證據無キ事ナリ。其上一品一卷ノ經ハ初七日。上下兩卷ハ第二七日ト云ハン事モ太難レ思。上下兩卷ヲ説ヌ前ニ一品一卷ヲ説ト可レ云歟

淨云。眞身ノ説ト云定ナラハ。無始無終ノ説ナルヘシ。今ハ應身ノ説ニ付テ。成道ノ初ヨリ説云歟トニテアルヘキ也。十地論ノ第二七日ノ説ト云事ハ。華嚴ヲ第二七日ニ説ト云證據也。梵網ハ初七日ノ説ト云意アルヘシ。其故ハ華嚴ヲ初七日ヨリ説カヌ事ハ。初七日ハ顯示自受法樂ノ時分也。其自受法樂ハ果分不可説ノ謂也。其果分不可説ノ位ニテ今ノ説ヲハ可レ論也。華嚴ハ頓ト云ヘトモ。兼一別故ノ故ニ眞實ノ頓ナラヌ處アルヘキ也。故ニ華嚴ヲハ第二七日ノ説ト云ヘトモ。今經ヲハ初七日ヨリ説ト云ヘキ也。サレハ經ニハ。（大正藏二四、一〇〇四上）初坐ニ菩提樹下一成ニ無上覺一。初結ニ菩薩波羅提木叉一ト説ケリ

次ニ華嚴ノ七處八會ト。今經ノ覆述說法ト。釋合セラレタルカ。其ノ覆述說法ノ體ヲ一代トハ說廣ケタルニテアル。其ノ隨一ノ華嚴ヲ七處八會ト云タルニテアレハ。覆述說法ハ尙初ニテアルヘキ意モアルヘシ。若又一品一卷・上下兩卷各別ニ不レ可ニ意得一事ナラハ。華嚴ノ第二七日ト云事モ。山家大師不レ許レ之（天文二、一〇二四下。文句記）故ニ。二七日ノ言モ。不レ可レ盡レ理事也。小見ニ三七停留一ノ時コソ二七日トイヘトモ。始終無改ノ時ハ。華嚴モ初七日ヨリ說ト云ヘキ也。如レ此意得ハ。能結所結不レ可ニ前後一也

仰云。此事ハ。一品一卷ノ經ノ沙汰ニ依ルヘシ。說時ハ又敎主ノ沙汰ニ依ルヘキ也。今ノ經ノ意。敎主旣ニ三身ニ亙ル上ハ說時又定ヘカラス。三世十方ノ諸佛ノ說敎カ。悉ク今ノ經ノ說時ニテアルヘキ故也。初七日トモ。第二七日トモ。定メン事。今ノ經ノ本意ニテハ無シ。初七日ハ不說法ニテ。第二七日ヨリ華嚴ヲ說ト十地論等ノ定メケルモ。初七日ハ實ニハ蓮華臺上ニテ。此ノ戒ヲ釋迦ノ受ケル處ヲ。思惟行トモ。顯示自受法樂トモ云ヘル（經、大正藏二四、九九七下）也。サテ第二七日ヨリ始テ華嚴經ヲ說ト云ヘタルハ。臺上ヨリ千百億ノ釋迦本源。閻浮提菩提樹下ニテ。應化ノ化儀ノ方ニテ說タルニテアルヘキ也」

明云。法華經モ實ニモ八箇年ノ說ニハヨモ限ラシ。ナレトモ四十餘年ノ後ニ說ト云ルル處。子細コソアルラメ。又涅槃經モ如來入涅槃ノ時。一日一夜ノ說ト云ルヘキ本意アル事ニテコソアルラメ。今ノ戒モ。殊更相傳ナシトモ云テ。事ヲ本トスル謂アル故ニ。說時ヲ何ノ時ト定メラルヘキ事ニテコソアルラメト覺ユル事也

仰云。其分ニテ定ムヘキナラハ。第二七日ノ說ト云ヘキ也。サレハ一品一卷ノ經ト云フハ。實ニハ上下兩卷ノ下卷ヲ離テ。別ノ說時アリト不レ可レ云事也。初七日ノ說時ト云フハ。臺上ノ盧舍那ノ說時ヲ自受法樂トモ。思惟行トモ云テ。サテ第二七日ヨリ說トレ之云ヘハ。應身ノ說法ニ至極スル也。四戒三勸ノ謂。凡夫ニ成スル至極。應佛ノ說ニ可レ顯ナリ。サテコソ一品一卷・上下兩卷ノ謂モ意得ラルヘキ事ニテアレ

淨云。法華經ハ一代ノ終リニ必ス說ヘキ謂アリ（經、大正藏二四、一〇〇四上二三行〜）。今ノ戒ハ。成道ノ初ニ說ヘキ謂アルヘキ也。サレハ經ニハ。初坐ニ菩提樹下一成ニ無上覺一。初結ニ菩薩波羅提木叉一ト說キケル故ニ。出世ノ初ニ必ス說クヘキ經ト覺ヘタリ。第二七日ヨリ說ト云ヘハ。其本意尙不レ極樣ニ覺ユル也

仰云。第二七日ヨリ説タリトモ。其ヲ初結ニ菩薩波羅提木叉一トモ云ルヘキ也。初七日ハ臺上ノ説ニテアルヘキ故也。釋迦一代ノ説教ノ中ニ。今ノ經ノ如クニ。釋迦ノ説ノ外ニ。蓮華臺上ニ於テ此經ヲ説ト云タル事。惣シテ無キ事也。眞言ノ法界宮ノ説ト云タルニ似タル事也

25　梵網部外別有二一品一卷戒經一耶

講　照惠　問　性空

仰云。上下兩卷ノ下卷ニテアリトモ。三重玄ノ謂ヲモ。四戒三勸ノ謂ヲモ。沙汰スマシキ事ニテハ爭カアルヘキ。サレハ法華經ハ顯經ニテアレトモ。眞言ノ意ニテ云ヘハ蜜(密カ)經ノ意ニナル事也

淨云。文言全同シキ經ニ向テ。上下兩卷ノ下卷ノ外ニ一品一卷ノ經アリト云事。惣シテ不二意得一事也。般若ノ理趣分ヲ眞言經ニ譯スル時ハ。別ニ譯シタレハ無二子細一。次ニ三段ヲ分ル故ニ。別ニ一品一卷ノ經アルヘシト云事。大本ノ經ニ無トモ。三段ハイカナル處ニモ可二分別一也。サレハ。法華經ノ普門品ニハ別(ヿ爲カ)ニ三段ヲ分タル事也。抑モ別ニ部外ニ菩薩戒經ト稱ト云テ。文ニ分三段ト云故ニ。其一品一卷ノ經ヲハ。菩薩戒經ト云ヘキニテアル歟。サレトモ今所用ノ經ハ。梵網等ノ十四字ノ首題也。其ハ上下兩卷ノ意ニテコソアレト云ヘキ歟ニテアルカ。釋義ヲ見ルニ。三重玄ヲ釋シ了テ又首題ヲ釋スルニ。經題名ニ梵網一等ト釋スル故ニ。梵網等云ヘル處カ上下兩卷ノ意ニテアルラン事モ不二意得一也

仰云。難ハ此等ニ不レ過。正ク一品一卷ノ經ト云義如何(義記、大正藏四〇、五六九下)

淨云。一品一卷ト云事ハ。既別部外。稱二菩薩戒經一ト釋スル處ナルヘシ。サレハ三重玄ヲ立ラルル事モ。菩薩戒ノ三字ニ付テ立ラレタリ。サテ其一品一卷ト云フ經ハ。實ニハ上下兩卷ノ下卷ノ外ニアリトハ不レ可レ云。サレトモ又第十ノ心地品ト云タル分ハ。タタ華嚴ノ結經ナルヘシ。然ニ三重玄ノ謂モ立シ。四戒三勸ノ謂モ顯ルレハ。華嚴ノ結經ノ分ニテハ無クテ。一代ノ謂モ此ノ戒經ニ顯レ。六十一品ノ謂モ此ノ經ニ入ル謂アレハ。第十ノ心地品ニ不レ可レ留。此時一品一卷ノ經トハ云ルルナリ。サテ三段ヲ分ル事ハ。何ナリトモ三段分別センニ不レ可レ有二相違一ト云フ分ニテハ不レ可レ有。其故ハ。大本ハ序及流通皆闕セリト云テ。既ニ別ニ部外稱二菩薩戒經一ト云テ。三段ヲ分タル故ニ菩薩戒經ト云フ一經カアル定ニテ。

三段ヲハ分ケタル也。サテコソ既別部外等云ヘル處ノ所詮ハキコヘタレ。タタ大様ニ三段分別シタル分ノ事ニテハ無也
仰云。既別部外。稱二菩薩戒經一ト云事子細アル事也。西山上人。不二思懸一御了簡アル事也。三重ヲ指テ。部ノ外ノ菩薩戒經トハ云ソト仰ラレタリ。タトヒ一品一巻ト云フ經無クトモ。上下兩巻ノ本意ヲ心得レハ。必ス一品一巻ニテアルヘキ也。此上ニ如レ此ノ經ノアランスルハ神妙ノ事ナルヘシ。諸師一巻ノ經アリトテ錄等ヲ勘タレトモ。今云處ノ義ニハ非ル事也。地體一品一巻經ヲ可二意得一様ハ。華嚴一部ノ意ヲハ。梵網ノ六十一品ノ結經ニ説レ之。此六十一品ノ謂ヲハ心地ノ一品ニ説ク也。此ノ心地一品ヲ上下兩巻ト云テ。上ニハ菩薩ノ階位ヲ明シ。下ニハ菩薩ノ戒法ヲ明ス也。此ノ上巻ノ階位カ下巻ノ戒法ニ入タルヲ一品一巻トハ云ルナリ。然閒。此ノ一巻ト云時キハ。華嚴經モ六十一品モ無レ殘説ト云ルル一品一巻ノ經ニテアル故ニ。第十ノ心地品ノ上下二巻ノ經ノ下巻ナント云ヘキ事ニテハ無キ也
此謂ヲ釋スル時。(義記、大正藏四〇、五六九中)覆述(說カ)諸法。凡有二十處一ト云テ。華嚴ノ七處八會ト釋シ合テ。(同前)良由二聖迹難レ思隨レ機異説一ト釋セリ。アマサヘ華嚴經ニ不レ説處ヲモ今經ニハ説ト見ヘタリ。サテ今西山ニ用ル處ノ經ヲハ。泉涌寺邊ニハ。上巻ノ經ノ終ノ文ヲ下巻ノ始ニ置タルヲ用テヨムト云テワラウナル。偈以前ノ文ヲハ上巻ト皆云フ。其謂無キニ非ス。大師既ニ偈ヨリ下巻ト定メテ修(從カ)歟。偈以前ヲハ上巻ト定メラレタリ。然而又山家大師ハ。復説二天王宮一以下ヲ下巻ト釋セラレタリ。所詮。偈以前ノ長行ヲ加タル事ハ。一品一巻ノ謂ヲ顯スニテアル也。其故ハ。今ノ一品一巻ハ。上巻カ下巻ニ入リタル謂ニテアル故ニ。上巻ノ終リヲ下ノ始ニ置タルナリ。華嚴結經ノ梵網ノ大本ハ。心地品ノ上下兩巻ニ入リ。上巻ハ又下巻ニ入テ。タタ下巻ノ一經ニナリタルカ一品一巻ニテアレハ。此謂ヲ顯ス時。偈以前ノ長行ヲ置タルナリ。此意ニテ復從二天王宮一以下ヲ下巻ト山家大師ノ釋セラレケルハ。結前生後ノ意ナリ。サテ此上ニハ。華嚴ノ一部カ一巻ノ戒經ニ入ル事ハサモアレ。一代ノ始終カ悉ク此經ニ入ル事ハ。イカニト可二意得一ソト覺ユレトモ。ソレハ華嚴經ノ下地ヨリ一代ヲ盡ス子細アルヘキ也。華嚴經ニ別圓二教ヲ説ハ。別ハ圓ヲ兼タル也。是ハ二乘ノ聞ヲ隔ツル謂也。圓教ハ爲説圓滿教(經カ)ニテ。(天玄五、五四八。玄義)初後佛惠圓頓義齊ナレハ。圓教ノ方。全分法華經ニテ

アル也。サレハ華嚴經ヲハ界外土ノ法華經トモ申ナリ。法華經ニ成ヌレハ。一代ノ始終カ法華經ノ體ニ成歸リテ。其本意ヲ一品一卷ノ經ト立スル也。サレハ華嚴ヲ一卷ノ戒經ニ入ルル意ハ。法華經ヲ入ルル意ニテアリ。法華經ヲ入ルル體カ一代ヲ入タルニテアルナリ

明云。一品一卷ノ經カ一代ノ本意ヲ顯スト云事難レ思。法華經ニテ一代ヲ顯スト云ヒ。觀經ニテ一代ノ本意ヲ顯スト云ハ。一代ニカハリテ記少(小カ)久成ヲ明シ（傳全二、六一九。守護章、二乘作佛記）。或ハ唯標專念ノ意ヲモ顯ス（大正藏三七、二六八上。善導疏）也。今ノ戒經ハ一品一卷ノ時モ。上下兩卷ノ時モ。文言モ章句モ無レ所レ異。而ニ上下兩卷ノ時ハタタ一代ノ諸經ノ分ニテ。一品一卷ト云ル時ハ一代ノ本意ナリト云ルル事不レ被ニ意得一事也

仰云。法華經ノ同文字ノ上ニ於テ。法相ノ人師モ我宗ニ意得入レ。三論ノ人師モ我カ宗ニ餘(會歟)スル事也。共ニ皆其意アリト被レ云樣ニ。文言ハ不レ異トモ。一代ノ面ヲ成シ。今ノ經ノ意ヲ立スル事不レ可レ有ニ子細一也

明云。臺上ノ盧舍那佛ハ。先梵網心地戒品ヲ說テ。十處ニ經歷セシハ覆述說法也。今日化儀ハ。先華嚴ヲ說テ後ニ梵網ヲ說カハ。根元ニ有ニ似タリ如何

仰云。臺上ノ舍那ノ說ニモ可レ納ニ一代一ヲ。十處ニ經歷スル處ニモ悉ク今ノ戒經ノ謂ヲ可ニ具足一ナリ。上卷ノ菩薩ノ階傍(位カ)。下卷ノ戒法ニ入ルト云ハ。定惠ノ功德カ戒法ニ入ル謂也。臺上舍那先戒ヲ說テハ。戒ヨリ定惠ヲ開クヘキ故ナリ。釋迦ノ覆述說法セシハ定惠ノ功德也。此ノ定惠ハ戒ヲ離レサル故ニ。後ニ心地戒品ヲ說也。臺上ノ舍那ノ戒ヲ說シハ。自レ元三聚淨戒ナレハ。三學共ニ備テ說タルニテアル也。釋迦ノ覆述說法ト云ヘルモ。其三聚淨戒ノ體ニテアリケルナリ。此ノ覆述說法ノ謂ヨリ。臺上ノ舍那ノ戒。一代ノ謂ヲ不レ殘ニ三聚淨戒一ニテアル謂ハアラハシタル也

26 就ニ梵網經一分ニ三段一方何

講　圓定　問　性空

仰云。泉涌寺邊幷ニ大原ナトニ。西山ニ所用ノ經ハ上卷ノ終リヲ下卷ノ始ニ置タルヲ。其定ニカタキニ開クト云テワラヘル事也。フルキ經ニ實ニ上下兩卷ナラテ。一品一卷ノ經ト云ニ。偈以前ノ長行アルヤラン。證據大切也。諸經ノ中ニ。長行ヲモ重說セサル偈モアルヤラン。論ニハ。多ク偈ヲ長行ノ釋スル事アレトモ。經ノ中ニ如レ

此事ハナニトアルヤラン。今此ノ偈ハ無ニ子細一。長行ヲ重次(ママ)ラタリ(ヿレか)ト見ヘタル事也。今釋ニ。上卷文言(義記、大正藏四〇、五六九上)。佛觀大梵天王等ト云ヘルハ。今經カ一品一卷ニテハ無クテ。下卷ノ經ニテアリト聞タリ。今經カ下卷ニテナクテハ。何ニ對シテ上卷文言トハ釋スヘキヤ。山家大師。復從ニ天王宮一以下ノ文ヲ下卷ト釋セラレケリ。又不ニ心得一。今經カ一品一卷ニテアランニハ。此文以下ヲ下卷トハナニトテ釋セラレヘキヤ。上卷アルヘシト聞タル事也。此ヲ以テ心得ルニ。大師モ山家モ一品一卷ト云ヘル。上下兩卷ノ下卷ノ外ニ別ニ有トハ得給ハサリケリト聞タリ。與減(咸カ)ノ釋ノ意ハ。一品一卷ノ經ヲ存スト云ヘトモ。偈頌以前ニ加ニ長行一事ヲ難破セリ。宋朝ヨリ長行ノアル本ナクテハ難破不レ可レ遁歟

明云。與減(咸カ)ノ釋ノ意ハ。一品一卷ノ經ニ加ニ長行一本カアレハコソ難ヲ加ル事ニテハアレ。宋朝ヨリ此本流布ノ條分明也。明曠ハ。序ト被レ載タリ。上下兩卷ニテ各別ナラハ。上卷ノ文ヲハ何トテ一品一卷ノ經ノ序トハ云ヘキヤ。山家ノ大師ハ。復從天王宮ヲ下卷ト引レタリ。偈頌ニハ孤起・重次(頌カ)ノ不同アレトモ。大旨ニ約スレハ重次(頌カ)ナリ。今僞(偈カ)頌ハ長行ヲ頌スト見ヘタル事也。長行ヲ頌スル偈頌ナラハ。ナニトテ長行ヲ除キ。偈ヨリ序ト取ヘキヤ。偈頌ヲ取ハ。長行ヲ取ルヘキ謂必然也。然トモ偈ヨリ取ル事ハ。別シテ可レ有ニ本意一歟ニテコソアルラメ。與減(咸カ)ノ釋事ハ。一品ノ一卷ノ經ト云事。仁壽錄已下兩三本出ニ其說一。諸師。一卷戒經ノ意ヲ不レ得ト云テ。大ニ難破ヲ加ヘタリ。而ニ上下兩卷ノ時ハ。具ニ十四字ノ首題也。一品一卷ノ時ハ。菩薩戒經ノ三字ニテアル也。兩本共ニ什ノ所譯也。而ニ偈頌已前ニ長行ヲ加ル事ハ。上下兩卷ノ時爲レ成ニ調卷一ヲ。後人移ニ上卷ノ文一安ニ下卷ノ始一云云而一品一卷ノ時。又加ニ長行一事ヲ大ニ破スル也。所謂頂山科文等ナリ

仰云。長行ヲ除テ偈ヨリ序ト取ル意易。長行ヲ序ト取タラハ。今經ノ本意不レ可レ顯歟

明云。長行ヨリ序ト取タリトモ何ソ本意ヲ不レ顯ヤ。又復從天王宮ヨリ今經ト取テ。序ニ屬シタラハ如何

淨云。偈ヨリ三段ヲ分タル經ナラハ。菩薩戒經ト首題ヲ名付クヘキ也。偈ヨリ布薩如キニモ用レトモ。十四字ノ首題ヲ用ル故ニ。其義ハタタ上下兩卷ノ意ニテハ不レ可レ有歟如何

仰云。今ノ西山ノ所用經ノ如クニ。偈以前ニ長行アリテ。梵網經

等ノ十四字ノ首題アリテヲクニハ。菩薩戒品經トアル經。舊キ經ヨリシテアルヤラン。若如レ此ノ經アラハ。今ノ所談ノ義ニ合ヒタル經ナルヘシ。十四字ノ首題ハ上下兩巻。菩薩戒經ハ一品一巻ノ意ニテアルヘシ。上下兩巻カ一品一巻ニ入リタル意ニテアルヘキ也。西山上人。如レ此ノ經ハ無ケレトモ。義ヲ以テ自由ニハ爭カ經ノ首題ヲ定ラルヘキ。定メテアリコソハスルラメ。能能舊經ヲ尋ネ見ルヘキ也。上下兩巻ノ分ニテ此ノ長行ノアラン事ハ。ケニモ調巻ノ不同ニテモアルヘシ。一品一巻ノ經トモ云ハンスルニ。此長行ノ有ランスルヲ序トモ不レ取事ハ。不ニ心得一事ニテアルヘキ也

此事ハ。實ニ上巻ハ下巻ニ入ル意ナルヘシ。其謂ヲ結前生後シテ顯ス也。正ク上巻カ下ニ入ル謂ハ。復從ニ天王宮一（經、大正藏二四、一〇〇三下）乃至爲ニ此地上一切衆生凡夫癡闇人（〔〕之カ）ニ等說テ。（同前）一戒光明。金剛寶戒ト說ケル文カ。正シク上巻ノ階位カ下巻ノ戒法ニ入ル謂分明ナル者也。上巻ノ。下巻ニ入テ正シク一品一巻トナル處ハ。我今盧舍那心トノ文ニテアルナリ。長行ヲ序トモ不レ說處カ。正ク今ノ經ノ結前生後ト云ヘルニ付テ。長行ニ於テ。復從ニ天王宮一以前ハ結前。復從天王宮ヨリ長行終ルマテハ生後ニテ。正ク一品一巻ノ經トナル處ハ。今ノ十一行半ノ偈ヨリシテ顯レ成スルニテアルヘキ也

27 題目同前

講　淨達　問　證願

仰云。此論義ハ二度シタルニテアルヘキ歟。一昨日ノヲ略セラルヘキ歟

淨云。昨日ヲシナヲシタルニテコソアランスラメ

仰云。此偈ヲ序分トスル事。大ニ不ニ意得一。四戒三勸ノ外ノ事ハ。何事カ殘リテ序分トハナルヘキヤ。此經ニ偈以前ニ長行アリ。此レ尤モ序ニ當レリ。何ソ此レヲハ不レ取ヤ。又偈ニ正ク戒體ヲ說ケリ。十重四十八輕ハ戒行也。何ソ戒行ヲ正宗トシテ戒體ヲ序トスヘキヤ。三段ノ分別。諸經ニ其例分明也。法華經ニ四華六動ノ瑞ノアリシハ正宗ヲ表ス。其法體ヲ正ク說キ顯シタル處ヲ序ト云ハン事不ニ意得一。抑モ戒ノ法門トテ。朝ニ云ヒ夕ニ談スル事ハ。四戒三勸ノ本意。舍那ノ戒體。癡闇ノ凡夫ヲ成スト云事也。此皆偈ニ說タル事也。此ヲ序ニ屬セン事。返返不レ得レ意事也

淨云。今ノ釋ニ。（義記、大正藏四〇、五六九下六行）就序中。初偈明舍那發起ト云タル事如何。此ノ

偈ノ中ニハ。四戒共ニアルニ。ナニトテ舍那ノ發起ハカリヲ明ストハ云ヘキヤ。今ノ偈ニ。何事ニテモ殘リテ序ト云ルル様ナル事無キナリ。十重四十八輕ト說タルモ。此ノ偈ヲ開タリト見タリ。偈ノ受(誦カ)我本師戒十重四十八ト說タルヲコソ。(經、大正藏二四、一〇〇四上)下ニテモ一一ニ說タルラメ。然開此偈ハ。論ニ先偈ヲ擧テ。其ヲ長行カ釋シタル如ナリ。サテ舍那ノ發起ト云ルル方ヲ序ト取タル事ナラハ。釋迦ノ說ヨリハ正宗ニテアルヘキヲ。十重以前ノ長行ヲ釋迦ノ勸發ト云テ。又序ニ屬スル事大ニ不ニ心得一。殊更釋迦ノ說ニ付テ。但解ニ法師語一。盡受ニ得戒一ト云ヘル。(同、一〇〇四中十行)又大切ナル事。此ノ戒ノ本意此事ニテアル文ヲ序分ニ取ル事。全分不ニ意得一。偈以前ノ長行ヲ何ソ序ト取ラサルヤ。等ニ序ト見ヘタル事也

其ヲ。上下兩巻ヲ一品一巻ニ入ルル意ニテ序ト不レ取ト云事。又不ニ心得一。自レ元華嚴カ上下兩巻ニ入リ。上巻カ下巻ニ入ル謂カ一品一巻ニテアル故ニ。其ノ方カ自レ元序ト云ルル處ノアルヘキ事不レ可レ有ニ子細一。尤モ今經ノ序ニ。相ヒカナヒタル事也。然開。偈以前ノ長行ヲ序トシテ偈ヨリ正宗ト取タラハ。何ト云難義モ無クテ心得ラルヘキ事也

仰云。今ノ偈ハ。四戒ヲ明ス故ニ。舍那ノ發起ノ方ヲ序ト取ルヘシト云事不レ可レ有。今ノ釋ハ。今言。三序悉是此土釋迦說ト(義記、大正藏四〇、五六九下九行～)云ヘル故ニ。此ノ偈尤モ釋迦ノ說ト聞タリ。諸經ノ意ハ。正宗ニテ得益ヲハスル事也。三勸ノ中ノ受持ハ。得益ナルヘシ。又衆生受ニ佛戒一。卽入ニ諸佛位一。位同ニ大覺一已。眞是諸佛子ト云ヘル。是得益ノ貌ナルヘシ。是ヲ序分トスル事如何。此ノ三段ノ様難義也。諸師ノ釋弁ニ末ノ師ノ釋ヲ見テ才學(覺カ)ニスヘキ事也

淨云。此ノ偈ヲ序ト取ル事ハ。殘ル處ノアルヨリシテ序分ト云ルル如ニハ不レ可レ有歟。今三段ヲ分別スルハ。釋迦ノ說ニ付テ序トモ云タルテアルヘシ。舍那ノ處ニテハ實ニハ三段ヲ分別セン事不レ可レ有。釋迦ハ舍那ノ說ヲ受取テ序正流通ト分別スレハ。未ニ分別一セサル舍那ノ發起ヲ序ニ屬シタル也。サテ諸經ノ序ニハカハリタリト云不審ハ。地體諸經ニ云分ノ三段ニテ序ト云フヘキ事ニテハ無キ也。三段ト分別スヘカラサル處ニ。釋迦ノ說ニ隨ル時キ序ト云タル故ニ。常途ノ諸經ニ云處ノ序ノ分ニテハ地體無キ事也

サテ釋迦ノ勸發ト云事ハ。舍那ノ說ヲ受取テ衆生ノ爲ニ說ト云ルル流通ノ體也。此ノ流通ニ付テ。三段ヲ分別シタル也。偈以前ノ長

行ヲ序ト取ルヘシト云事。實ニ其意ナカルヘキニ非サレトモ。其ハ一代ヲ今ノ戒經ニ入ルル意ナル故ニ。正ク此ノ戒經ニ成リハテタル謂ハ。偈頌ノ體ナレハ其ノ意ヲ顯ス時。偈頌以後ヲ以テ三段ヲ分別シタル也」仰云。此ハ大途聞タリ。此ハ實ニモ今ノ偈カ正宗ニ不レ及ト云レテ。序ト取ルル分ノ事ニテハ不レ可レ有。四戒三勸ト云處ニ何事カ殘ルヘキ。西山上人。戒經ノ始終ヲ淨土ノ法門ニ仰合セラレタリ。此十一行半ノ偈ハ。子細ナク觀經ノ欣淨緣ノ法門ト心得合ラレタリ。欣淨ノ五文ニ一經ヲ收メテ。此ヲ玄義分ヲ立セリ。三段ヲ分別スル時ハ。此五文ヲ序ニ屬シテ依文ノ意トセリ。今ノ偈モ。舍那ノ發起ト云ルル方ニテハ序ニ屬スヘカラスト云ヘトモ。釋迦ノ說ニ付テ三段ヲ分別スル其意全ク同シ

サテ爾時釋迦牟尼佛已下ノ長行ハ。觀ノ顯（「經カ）行・示觀兩緣ニ當タルナリ。又偈頌以前ノ長行カ。上下兩卷ノ分ニテ。此一品一卷ニ入ト云ヘハ。一代ノ本意カ癡闇ノ凡夫ノ爲ニハ成リタル也。觀經ノ意ニテ。諸經ノ證信カ此ノ經ノ發起ニ入ルト云ヘハ。化前一代ノ本意カ此ノ經ノ序ニテ。發起ノ體トナルト云ヘル同キ事也。サテ發起序ト云ヘハ。ヤカテ正宗ト一ニシテ。序正一同ノ謂ヲ成スル也。今ノ戒經ノ上卷カ。一品一卷ニ入テ。偈頌カ發起序ニテアルト。觀經ノ發起序ト同キナリ。今ノ發起ト云ルル偈ニモ。序正一同ノ謂分明也。衆生受ニ佛戒一等云ヘルハ得益也。四戒謂ハ流通也。三勸ノ初ノ受持ハ得益。誦ハ流通也。觀經ノ序正一同ノ法門ト全ク同シ（經、大正藏二四、一〇〇四上）

サテ戒經ニ證信序ノ別ニ無キ事ハ。發起ノ處ニヤカテ。常作ニ如レ是信一戒品已具足ヨリ自ラ證信ノ謂顯レタル也。發起ノ序ノ外ニ別ニ不レ可レ有謂聞タリ。阿彌陀經ニ證信序ハカリアリテ發起序無キハ。證信ノ外ニ發起序不レ可レ有謂也。如レ此法門源。觀經ヨリ顯レタル事也

次ニ。三序悉是此土釋迦說ト云ハ（義記、大正藏四〇、五六九下二〇行）。今ノ偈ヲ觀經ノ欣淨緣ニ心得合スレハ。惣末言說ノ上ニ亦非三是無ニ時佛語一ト釋セラレタルト同意也（大正藏三七、二五九上。觀經疏）。舍那ノ發起ノ體ヲ。此土釋迦說ト釋セラレタル故ナリ。今此ノ發起序ハ。不レ起而已。起卽性無作假色ノ意ニテ（義記、大正藏四〇、五六五下～六上）アルヘキ故ニ無ニ左右一。ヤカテ經ノ序ノ如ニハ不レ可ニ心得一。舍那ノ發起ニテアル故ナリ

此ノ舍那ノ發起。癡闇ノ凡夫ノ上ニ成スル功德ナレハ。經ノ發起序トモ云ルヘキ意アルヘキ也。觀經ノ化前ノ四句カ正キ佛ノ發起ニテ

アリト云フ如ナルヘシ

仰云。諸師ノ釋ノ三段分別ノ分ハ。何レノ經ニモ三段分別シタル心ナルヘシ。サレハ普門品ニモ三段ヲ分別スレハ。タタ其分ニテアルヘキ也

明云。釋ニ謂。何故誦不レ道レ說耶ト問スルヲ。（義記、大正藏四〇、五七〇上二九行）此是三世十方諸佛法（ヿ之カ）等釋スル事如何。天台ニモ三世佛說皆名法華ト云。（天玄一、二三四。玄義）眞言ニモ三世ノ諸佛ノ說トコソミヘタルニ。今誦スト云フ故ヲ。三世十方諸佛之法ト云ヘル事不ニ心得一。如何

仰云。天台眞言ノ本意ヲ今經ニテ可ニ意得一也。今此釋ノ意ハ。舍那始テ誦シタル處ニテハ。十方三世ノ諸佛同ク誦スト云ヘルナリ。サテ其ノ三世十方ノ諸佛ト云カ。舍那ノ外ノ佛ニテハ無ケレトモ。無始無終ノ說ニテアル事ヲ釋シ顯スナリ。是情是心皆入ニ佛性戒中一ト（經、大正藏二四、一〇〇三下二四行）說キ。一切有レ心者皆應レ攝ニ佛戒一ト云ヘル（同、一〇〇四上。偈文）此意也。一切衆生ヨリ備タル處ヲ。三世十方諸佛之法ト云ヘル也。（同前義記）此卽ヤカテ流通ノ謂ニテアル處カ。舍那ノ誦スト云ヘルル處ヨリ顯ルル也。經ニ是盧舍那誦。我亦如レ是誦ト云テ。（經、大正藏二四、一〇〇四上）釋迦ノ誦ト云ルル事ハ。本師ノ舍那ノ戒ヲ受取テ流通スル謂也。然ニ舍那ニ誦スト云ルル處ハ。舍那ノ處ニ流通ノアル謂也。此舍那ノ處ノ流通ト云フハ。是情是心皆入佛性戒中ト云ルル處也

然閒。今ノ戒經ハ。一經カ流通ノ體ニテアル也。觀經ニモ序ヨリ流通ヲ說キ。三段共ニ流通ニテアル也。此兩經意一徹也。西山上人。此ノ觀經ト梵網經トヲ一致ニ得合セラレタルヲ。其本意ヲ訪フ者無シトテ。一期一生ノ御恨。此事ニテアリケルナリ

明云。一品一卷ノ本意。其源今日心得ラレタリト云云

昨日ノ事ハ此下ニテモ聞ヘシ。又上ノ一品一卷ノ下ニテモ聞ヘケレハ。今日ノヲ本トシテ。昨日ノ論義ヲハ略スヘシト云云

28 舍那釋迦成道。爲ニ同時一爲ニ異時一耶

講　惠達　問　淨達

仰云。三身ノ成道ノ前後同時ノ事ハ。三身義ノ論義ニユツルヘシ。タタ今ノ經ニ付テ。何トカ見ヘタルト云扁ニテ沙汰アルヘキ也。其ニ付テハ一時成佛道ノ文ヲ。（經、大正藏四〇、一〇〇四上。偈文）同時ノ證據ニ出サルレトモ。トナタノ證據ニモ不レ成事也。其故ハ。此文ハ。迹中ノ本迹ノ成道ヲ一時成佛道ト云ヘル故ニ。舍那ノ成道マテヲ說タルニテハ無キナリ。又異時ト云

義ニテモ不二意得一。其故ハ。迹中ノ本迹同時ニ成道スト云ヘル故ニ。三重ノ成道カ異時ナルヘクハ。迹中ノ本迹モナニトテ同時ナルヘキヤ不二意得一。偈以前ノ長行ニハ。一時成佛道ノ處ハ不レ見歟如何。タタ臺上ノ舍那ノ處ニテ釋迦此戒ヲ受トマテ見ヘタル故ニ。偈ノ（經、大正藏二四、一〇〇四上。偈文）還至二本道場一。各坐二菩提樹一已下ノ事ヲ説タリト見ヘタリ。經文ニ。（同、一〇〇三中十三行～）告二千花上佛一。持二我心地法門品一等説タルハ。舍那ハ千ノ釋迦ニ告テ。千ノ釋迦ハ又千百億釋迦ノ爲ニ説ケト云ヘタル歟トスルホトニ。（同、十七行）又爾時千花上佛千百億釋迦等説テ。此ニテハ又千百億ノ釋迦モ臺上ニアリト見ヘタル也

觀云。迹中ノ本迹ト云事不二心得一。本迹ト云ヘルハ。本ヨリ迹ヲ垂ルルニテコソアレ。而ニ葉上ノ釋迦本トナリテ。千萬（百カ）億ノ迹ヲ垂ルトハ不レ見。千ノ釋迦モ。千萬（百カ）億ノ釋迦モ。共ニ舍那ノ垂迹ナリト見ヘタリ。是ヲ迹中ノ本迹ト云事不二心得一。天台ノ六重本迹ノ中ニハ。何ノ本迹ニテアルヘキヤ

明云。如レ此ノ本迹ハ。六重本迹ノ中ニハ體用本迹ニテアルヘキ也

淨云。臺上ヨリ。千ノ釋迦モ。千百億ノ釋迦モ。同ク閻浮提ニ返ルト見ヘ。乃至十處説モ不同ナク見ヘタリ。又不同ヲ説ク時ハ。先千ノ釋迦ニ告ケ。コノ千ノ釋迦。千百億ノ釋迦ニ傳ヨト見ヘタリ。ココハ不同ニ見ヘタリ。三重ノ成道。臺上ヲ自受用身ト定ムルニテアラハ。我等カ上ハ他受用ニテアルヘキ歟。今ノ釋。（義記、大正藏四〇、五七〇上十三行）表スト下十地十波羅蜜ノ圓因。起シテ二應果之本地ヲ一現スルコトヲ中千釋迦ヲ上釋シタル。他受用身ト見ヘタリ

仰云。起應果之本地ノ釋ハ。本地トイハ自受用ナルヘキナリ。他受用ニテハ不レ可レ有

淨云。今ノ心地品ヲ説ク事。臺上・摩醯首羅天・菩薩（提カ）樹下ノ三處ニテ説タル故ニ。自他應ノ三佛ノ説ニ當ルヘキ也。就レ中。他化自在天ノ説ヲハ。他受用報身ノ説ト入大乘指（論カ）ニ定メタリ。乃至天台眞言等ノ談一同也

仰云。葉上ノ千釋迦。他受用身トハ不レ覺。先既ニ釋迦ト云程ニテハ必ス應身ナルヘシ。又各坐二菩提樹一ト云ヒ。此閻浮提ニ還ルトモ云故ニ。旁以テ應身ナルヘシ。サテ他受用ハイカニト覺ルカ。報身ニ自他ノ二ヲ備ル故ニ。我今盧舍那ト云處ニ他受用ヲハ含ムヘキ也

淨云。眞應二身ノ配立ノ時ハ。他受用モ應身也。舊譯ノ經論ノ三身ノ配立ノ時。報身ト云ヘルハ內證外用ニテアルヲ。一ノ報身ト云ヘルハ。イカニモ本意ナルヘキ事也。眞應二身ト云時ノ應身ニテ他受用モアランスレハ。大釋迦ト云ヘルハ他受用ニテモヤアルヘカラン

仰云。此三重ノ成道ハ。四土ノ化儀ヲモ是ニテ盡スト見ヘタリ。我今（經、大正藏二四、一〇〇三下。偈文）盧舍那。方坐蓮華臺ノ文ヲ釋スル時。（義記、大正藏四〇、五六九下一二行～）上句明ニ舍那本身ヲ。下句明ニ舍那本土ヲ。此即依正兩報ト云テ。此ノ二句ハ依正二報ヲ具足シタル謂ヲ釋シテ。此ノ正報ニ付テ。（同前）佛身有四種等ト云テ。（有ナシカ）舍那ノ佛身ニ付テ三身四身ヲ盡シタル故ニ。所依ノ土ニ又四土ヲ此ニテ盡スヘシト云事無ニ子細ー。其ニ付テハ。臺上ハ自受用・他受用ニテアレハ。實報寂光ニテアルヘキ也。方便土モ尚臺上ニテアルヘキ也。其故ハ淨穢二土ノ配立ニテアルヘキ故也。是則淨土ノ法門ノ淨穢二土ノ配立ニ合シタル意ナルヘシ。臺葉ノ儀式ハ。タタ是淨穢二土ナリ。淨土ト云ヘルハ。舍那ノ功德ニテアリケル故ニ。戒體受得ノ功德ヲ說ク時ハ。（同、五六二中）離三惡道淨土受形ト云ヘル。心得ラレタル事也

サレハ今ノ蓮華藏世界ヲ。天親ノ淨土論ニハ。西方ノ淨土ヲ指テ蓮華藏世界トハ判セラレタル事ニテハアレ。千百億ト十萬億トハ同員數ナリ。カカル報佛他力ノ謂ヲ。成道ノ初ニ戒身ト說顯タルナリ。サテ葉上ノ千釋迦ヲ他受用ト云ヘカラサル故ハ。四戒ノ意ハ。舍那ハ釋迦ニ傳ト云ヘキ也。釋迦ハ舍那ノ功德ヲ直ニ癡闇ノ凡夫ノ爲ニ說クナルヘシ。此ニ重カアル樣ニテハ不レ可レ叶。舍那・釋迦・菩薩・衆生ト次第スヘキ謂ナリ

サテ三重ノ成道ト云時。釋迦ニ二重アリテ。葉上葉中ト分別スル方ニテハ。葉上ノ大釋迦ハ方便土ノ教主ニテ勝應身ナルヘシ。コノ時ハ。淨土ト云レテ臺上ニ屬スヘキナリ。大釋迦ノ土ニ淨土ト云ヘハ。小釋迦ノ土マテモ淨土ニテアルヘキ也。三佛ノ土皆淨土ト云ルヘキナリ。而ニ小釋迦ノ土ヲ淨土ト云ハサル事ハ。癡闇ノ凡夫ノ上ニ成スル戒體ト施設スル意ナリ（義記、大正藏四〇、五七〇上）

サレハ今ノ釋義。（同前）一葉一淨土。即是一佛世界ト云ヘルハ。臺葉トモニ淨土ト云ヘリ。又ヤカテ一葉一世界有ニ百億國土ー。娑婆百億國是一葉之上耳ト釋スル故ニ。此ノ一葉カ淨土トモ云也。又娑婆國トモ云ヘル故ニ。淨土ノ外ニ穢土ナキ意ナルヘシ。（同前）蓮華藏世界ヲコレニテ淨穢二土ノ配立モ聞ヘタル事也ト釋スル時。蓮華二

義。處レ穢不レ汚。譬ニ舍那居レ穢不レ染也。藏者包二含十方法界一悉在レ中也ト判者。成道ノ同時異時ノ事ハ。舍那ノ內證ノ成道ト云タル處ニ尚不レ極シテ。外用ノ成道異時ナルヘシト云事不レ可レ有事也。舍那ノ成道ノ外ニ釋迦ノ成道不レ可レ有サレハ舍那ノ成道ヲ釋スル時。安二住正法一故ニ坐也ト云テ。其ノ正法ニ安住スル意ハ正覺ノ體也。臺上ノ正覺ノ體ト心得レハ。一時成佛道ト云ヘルヲ。方坐蓮華臺ト一ニ可二心得合一也。應佛ノ成道イカニ百千萬劫ヲ隔ツトモ一時ト云ルヘキ也。舍那ノ正覺。何程ニ成道スト云事不レ可レ云。三世ヲトヲリタル謂ナルヘシ。應佛ノ成道三世不定ナルヲ一時ト云意ハ。舍那ハ一時ナル謂ニテアルヘキ也

（義記、大正藏四〇、五七〇上）又以三本佛坐二於華臺一。又表二戒是衆德之本一ト云ヘル。殊勝ノ釋ナリト云云　本源ノ閻浮提ト云事ハ。此ノ戒ハ癡闇ノ凡夫ノ爲ナル故也。舍那ノ發起ハ。此ノ癡闇ノ機ノ爲ナル故也。諸佛之本（同、五七一上二五行）源ト云ヘルモ。今ノ本源。閻浮提ト云ヘル同事也

（同、五七〇上十一行）佛菩薩華千葉ト云ヘル事。當座ニ千葉ノ蓮華アリ。此ヲ人人取テ六月二十三日。曼陀羅ノ御前ニ參詣スト云云

葉上ノ千ノ釋迦ノ事ハ。宗要集ノ算ニテ天台ノ學者モ異義ヲ申ス事也。葉上一千ノ大釋迦ハ。同居ノ淨土ニ居シ。葉中百億ノ小釋迦ハ。同居穢土ニ居スト云義モアルナリ。大原ノ願蓮上人ハ。三重ノ成道ヲ。同居（居㊦道）・方便・實報ノ三土ニ相配セラレタリ。常ノ學者ハ不レ申事也

29 未證凡夫入二蓮華臺藏世界一聞二舍那說戒一耶

講　圓定　　問　照惠

仰云。此ノ戒ヲ受レハ。舍那ノ功德ヲ成スル故ニ。未證凡夫モ臺上ニ至ルヘシト云事不二心得一。佛ノ功德ノ凡夫ニ成スト云ヘハトテ。ヤカテ其ノ佛ノ所居ノ土ニ至ト云事。如何ル佛法ト云ホトニテ。佛ノ功德ナラヌ事ノアルヘキ歟。サレハトテ。其ニ依テヤカテ其ノ佛ノ土ニ生ストハ爭カ云ヘキ。各接微塵數（衆カ）ト云ヘルハ。（經、大正藏二四、一〇〇四上。偈文）四戒ノ中ノ菩薩ニテアルヘシ。一切衆生トハ不レ可レ云。サレハ下ニ微塵ノ菩薩衆ト云ヘルハ。（同前）上ノ各接微塵衆ノ體ヲ說ト見ヘタリ。サテ凡夫ト云ヘルハ轉授諸衆生ノ文也。是ハ四戒次第シテ說キ下タル文也。其ノ微塵菩薩衆ヲハ。地前三十心菩薩ト云テ高位ト見ヘタリ。教主ヲ自

受用身ト定レハ。土ハ寂光土ナルヘシ。三賢十聖ノ菩薩尚至ルヘカラス。況ヤ未斷惑ノ凡夫ヲヤ

淨云。舍那ノ功德カ直ニ凡夫ニ成スルナラハ。タタ二戒ニテアルヘシ。何ソ四戒ト配立スヘキヤ。四戒ト配立スル事ハ。凡夫ノ直ニ舍那ニ傳ヘサルカ故也。又偈頌以前ノ長行ニハ。未證凡夫臺上ニ至トハ不レ見如何

又云。(同前)各接微塵數(衆カ)ト云ヘルハ無二子細一。一切衆生未證凡夫ニテアリト見ヘタリ。既ニ釋迦ノ所化ニテアル故也。此謂ヲ長行ニ說ク時ハ。(同、一〇〇三中十四行～)爲二[千]百億釋迦及一切衆生一ト云ヘル故ニ。釋迦ノ所化ト見ヘタリ。釋迦。閻浮提菩提樹下ニ至テ。(同、一〇〇三下二〇行)爲ニ此地上一切衆生凡夫癡闇之人一ト說タル故ニ。今ノ偈ノ各接微塵衆モ同シク釋(義記、大正藏四〇、五七〇上二五行)迦ノ所化ナレハ。凡夫癡闇ノ人ナルヘシ。サレハ今ノ釋モ。[接者](經、大正藏二四、一〇〇四上。偈文)取ニ有緣一之義ト釋スル也。此ノ有緣ハ偈ノ文ノ。一切有レ心者。皆應レ攝ニ佛戒一ト云。衆生受ニ佛戒一等云ヘルニテアルヘキナリ。(同、偈文)又大衆皆恭敬ト云ヘル(同、二二六行～)大衆モ。一切衆生ヲ說クナルヘシ。サレハ下ノ文ニ。大衆諸菩薩。十八梵等說ケリ。此大衆ノ中ニタトヒ菩薩アリトモ未證ノ凡夫カ本ニテアルヘキ也

觀云。長行ノ文ニテ。釋迦ヨリ菩薩ニ傳ト云事何ソ不レ說ヤ。又臺上ヲ自受用土ト定テハ。菩薩モ至ト云事不レ可レ有。他受用土ノ定ナラハ。斷無明證中道ノ菩薩ニテアルヘシ。今ノ微塵數(衆カ)ヲ定ムル時。(義記、大正藏四〇、五七〇中二五行)三十心菩薩ト云ヘル故ニ地前菩薩也。實報土ニモ生スト云事不レ可レ有。隨テ偈ノ文ヲ。新學菩薩ト云テ位ヲ淺ク說タル也

明云。四戒三勸ノ時ハ。重重ノ次第不レ可レ亂。各接微塵數(衆カ)ノ時。舍那ノ戒ヲ直ニ衆生ニ傳ト云テハ兩義相違ニ似タリ。若シ直ニ舍那ニ傳ル處實義ナラハ。何ソ必シモ四戒ノ次第ヲ用ヘキヤ。重重ノ淺深ハ。諸經ノ意ニモ返テ同スヘキナリ

仰云。偈ノ文ト。長行ノ文ト。同ク可ニ心得一事ヤラン。(義記、大正藏四〇、五六九中)又同ク不レ可ニ心得一事ヤラン。不審ナレトモ今ノ釋ハ。尋ニ文始末一。有三千釋迦與ニ千百億釋迦文(文カ)一。各接ニ有緣一。皆至ニ舍那所一。受ニ菩薩戒藏一ト云ヘルハ。(經、大正藏二四、一〇〇三中十三行～)告ニ千花上佛一。持ニ我心地法門品一。而去復轉爲ニ千百億釋迦及一切衆生一等ノ文ヲ指也。此カ長行ニテハ。一切衆生臺上ニ至ルトマテハ不レ見トモ。下ノ文ニ。(同前)爾時千花上佛千百億釋迦。從蓮華藏世界等說ク故ニ。千百億ノ釋迦モ同ク臺上ニアリト釋スレハ。サテハ千百億釋迦及一切衆

生ト一具ニ說タル。千百億ノ釋迦臺上ニ既ニ至レハ。一切衆生モ臺上ニアルヘシト心得ラル也。此ヲ偈頌ニテ。千百億釋迦。各接ニ（同、一〇〇四上。偈文）微塵數（衆カ）一。俱來ニ至ニ我處一。聽ニ我受（誦カ）ニ佛戒一說ク。千百億ノ釋迦。微塵ノ衆ニ授シテ臺上ニ至トハ說タル也。此ノ微塵ノ衆ヲ爲ニ此地上（同、一〇〇三下二〇行）一切衆生凡夫癡闇之人一ト說タリト釋スル處ヲ。尋ニ文始末一等釋シ合セラレタル也

偈頌以前ノ長行ハ。上卷ノ文ヲ下卷ニ入ルル結前生後ノ文也。正ク一品一卷ト云ルル處ハ。我今盧舍那ノ偈以下ニテアル故ニ。偈ト長行ト不同無カルヘキニ非ス。サレハ正ク長行ニテハ未證凡夫。舍那ノ處ニ至ルトハ不レ說。偈ニ至テ各接微塵數（衆カ）トハ說タルナリ。其ヲ今ノ釋義釋シ合タリ。舍那ノ所。凡夫至ルヘカラスト云事ハ。天台眞言ニテモ沙汰アル事也。臺上ヲ自受用土ト定ムル定ニテ。唯佛與佛ノ境界ナレハ。等覺ノ菩薩尚境界ニアラス。然間。各接微塵衆ヲ菩薩ト云テモ。舍那ノ處ニ至ルト云事不レ可レ有。タトヒ他受用土ナリトモ。地前ノ菩薩生スル事不レ可レ有。既ニ此ノ菩薩至ルト云上ハ。凡夫ノ生スト云ハン事。何ノ子細アルヘキ。天台ノ意ニテモ。本門ノ教主ハ。自受用身ト末師モ釋シ。本朝ノ大師。先德モ定タル事無ニ子細一。此ノ砌ニ凡夫無シトハ爭カ云ヘキ。臺上ニ千釋迦・千百億ノ釋迦ノ至ルト云ハ。無作三身住寂光土ノ意ニテ。本結ニ大緣一寂光爲レ土。期レ心所レ契法界爲レ機ト云タルハ（天文三、一二三五九下。文句記）何ト可ニ心得一ソ。寂光ハ唯佛與佛ノ所居ト定メナカラ。本結大緣ト云ヘリ。其後中止一城ノ教道ヲ唱テ。父子相見スト見ヘタル。タタ同事也。又眞言ノ意ニテモ自性自受ノ內證ノ處ニ。內證所成ノ眷屬ト云ヘルハ。具縛ノ凡夫ト見ヘタリ

サレハ諸地菩薩俱不ニ覺知一。是約ニ顯教一。諸地菩薩若約ニ祕（大正藏六一、十五中。金剛頂經疏）蜜（密カ）一。根性凡夫具縛尙得ニ聞知一釋セリ。今ノ各接微塵數（衆カ）ト說タル全ク同キ事ニテアル也。甚深嚴重不可思議ノ經文也。舍那ノ功德ノ癡闇ノ凡夫ニ成スト云事ハ。四戒ト配立セスシテハ不レ可レ顯。舍那ノ功德ノ直ニ凡夫ニ成ストハカリ云テハ。タタ權教ノ法門ノ分ナルヘシ。四戒ト分別スレトモ。能授ニナル處ハ舍那ノ功德也。此則次第不次第ノ意ナリ。舍那ノ功德ノ直ニ凡夫ニ成スト云ヘルハ。至極不次第ノ謂也。四戒ト分別スレハ。次第ノ意也。次第ノ謂ヲ離テハ。不次第ノ謂不レ成事也

30 十重四十八輕。爲ニ戒體一爲ニ戒行一耶

講 良惠　問 圓定

明云。舍那ノ功德ノ。凡夫ニ成スル方ハ戒體。分別スル方ハ戒行也。分別スル方カ戒行ナラハ。十重四十八ニテアルヘキナリ。戒體戒行同物ナラハ。イツクノホトヲ戒體ト云ヒ。イツクノホトヲ戒行ト定ムヘキヤ。又戒體戒行一ナラハ。戒行犯スル時。戒體モ犯スト云ヘキ歟。今ノ釋ノ則十重等爲ニ戒體一（義記、大正藏四〇、五七〇中十四行）ト云ヘルハ。必シモ戒體戒行ノ戒體ニテハ無クモヤアルラン。サレハ戒如ニ明日月一（經、大正藏二四、一〇〇四上。偈文）。亦如ニ瓔珞珠一（同、前行）ノ文ヲハ。戒用ト嘆スト釋スル故ニ。上ノ誦ニ我本師戒一十重四十八ト云ヘルハ。惣シテ戒體戒行ヲ戒體ト釋シテ。下ノ文ハ此ノ戒體戒行ノ用ヲ說クト見ヘタリ。用ト云ヘルカ。タタ戒體計ノ用ニテハ爭カアルヘキ。戒體戒行ノ用ニテコソアルランスレ

淨云。十重四十八輕ヲ戒行ト定ムル事モ不審ナリ。今ノ經ノ正宗ハ。重（十カ）重四十八輕ナリ。何ソ戒體ヲハ正宗トハセスシテ。タタ戒行ハカリヲ正宗トハスルヤ

仰云。誦我本師戒ト云フ。本師舍那ノ誦シケルハ。タタ戒體ハカリヲ誦シテ。戒行ヲハ誦セサリケルカ此源ニヨルヘシ。今ノ戒ト云ハ。三千ノ威儀。八萬ノ齊行。四分五分ノ律。地持・瓔珞等ノ諸戒。皆四十八ニ入リ。此ノ四十八ハ十重ニ入テ。此ノ十重ヲ十無盡戒ト云ルルナリ。此則舍那ノ功德ニテアル故也。コノ舍那ノ功德ト云フハ。諸患都盡。衆（滿カ）德悉圓（義記、大正藏四〇、五六九上二五行。取意）ナル三聚淨戒也。其ノ諸患都盡ハ防非止惡ナレハ。攝律儀戒ニテ此ヲ十重四十八輕トハ說タル也。衆（滿カ）德悉圓ハ攝善・攝生ヲ收テ攝律儀戒ト云ヘル也。攝善・攝生ヲ律儀ニ收ムルハ深キ意アルナリ。先先其沙汰アリシ事也

如レ此舍那ノ功德ノ。癡闇ノ凡夫ノ上ニ成スルヲ戒體トハ名付タル也。此ノ舍那ノ功德ヲ三聚淨戒ト說テ。此ノ三聚淨戒ヲ十重四十八輕ト說タルヲ。タタ戒行ニテコソアルヘケレトハ云ハルヘカラサル也。然閒。十重ヨリ正宗ト取リタル事。無ト二子細一被ニ意得一事也。戒行ト云ヘルハ此ノ謂ノ上ニ可ニ分別一事ニテアル故ニ。戒體戒行ニ可レ互ナリ

淨云。南山ノ釋ニ。法・體・行・相ノ四ヲ釋セリ。今此ノ文ニテ意得ハ。法體ヲハ戒體ニ入テ心得。行・相ヲハ戒用ト釋スルニテアルヘキ歟

仰云。今ノ戒ノ上ニ於テモ。法體行相ヲ分別スヘキ也。義ヲ以テ分

別セハ。一一ニ其不同ヲ可レ論也

31 未レ受二菩薩戒一前有二佛性種子一耶

講　惠琳　問　良惠

仰云。今ノ戒ヲ受ル處ニ始テ佛性ノ種子アルナラハ。夕〔タ〕修德ハカリヲ今ノ經ハ說テ。（大正藏七四、七七三下。廣釋）性德ノ（〻德カ）法門ヲハ不レ說ニテアルヘキ也。然而先德。相傳戒・發得戒・性戒ノ三種ヲ判シ給ヒテ。各皆今ノ經ノ文ヲ引レタル也。所以ニ性德戒アルヘシト云事分明也。一切衆生皆有佛性トイハ。一切衆生皆今ノ戒ヲ受タリト爭カ可ニ心得一ヤ。其故ハ。舍那ノ正覺ハ一切衆生ノ上ニ無始本有ヨリ成シタリト云事不ニ心得一。若一切衆生皆舍那ノ佛戒ヲ受タルニテアラハ。常生人道天中セスシテ。三惡四趣ニ流轉スル者ノアルヲハ何ト可ニ心得一ヤ。舍那ノ戒ヲ受タルニ。何ナル衆生ハ常生人道天中シ。何ナル衆生カ三惡四趣ニ流轉スルモノニテアルヘキソ

次ニ。今ノ戒ヲ不レ受前ニ佛性ノ種子無ト云事ノ大段不ニ心得一事ハ。若佛性無クハ今戒ノ受クル事。爭カアルヘキ。佛性ノ種子アルニ依テ。今ノ戒ヲ受ルニテアルヘキ也。サレハ一切有心者。（經、大正藏二四、一〇〇四上。）皆

（偈文）應レ攝ニ佛戒一ノ文ヲ釋スルニモ。（義記、大正藏四〇、五七〇下四行）衆生有レ心。所有佛性。要當ニ作佛。須レ受ニ三戒一トモ釋セリ

淨云。大方佛性ノ事ハ。大經ヨリ出タル事ナレハ。源ハ涅槃經ヨリ顯ルヘキ事ニテアル歟。今ノ經ノ文ハ。（經、大正藏二四、一〇〇三下二三行〜）今ノ戒ヲ指テ佛性種子ト云タルマテハ無ニ子細一事也。一切佛本源。一切菩薩本源。佛性ノ種子ト云ヘルハ。（同前）上ノ一戒光明金剛寶戒ノ體ヲ指タルニテアル也。故ニ今ノ經ヲ佛性種子トハ說タルナリ。其次ニ（同前）一切衆生皆有佛性ト云ヘルハ。大經ノ一切衆生悉有佛性ニ同シキ故ニ。一切衆生ニ可レ通歟ト覺ユルヲ。（同前）一切意識色心。是情是心。皆入ニ佛性戒中一ト說テ。一切ノ色心カ皆佛性戒ノ中ニ入ルト說ク故ニ。一向性德ノ分トハ不レ見。上ノ一戒光明金剛寶戒ニ入ルト說キ顯ス也」サテ次ノ文ハ。（經、大正藏二四、一〇〇四上。偈文）汝是當成佛。我是已成佛。常作ニ如レ是信一。戒品已具足ト云タルハ。タタ汝是當成佛。我是已成佛ト信シタル處。戒品（品㊀本）具足スト云事。爭カアルヘキ。サレハ此ノ文ノ次上ニハ。波羅提木叉。大衆心諦信ト說キ。次下ニハ。衆生受ニ佛戒一。卽入ニ諸佛位一ト說ケハ。戒品已具足ノ體ハ衆生受佛戒ノ處ニテアルヘキ也。如レ此心得レハ佛性種子ノ體ハ修德ノ戒法ト見ヘタル也。一切

有レ心者ノ文ヲ。(義記、同前)衆生有レ心所有佛性等釋スル此意也

仰云。今ノ戒經ノ意ニテハ。タタ修德ノ戒ハカリヲ說テ。性德ノ戒ハ不レ可レ有歟如何

淨云。性德ノ貌モアルヘキ也。サレトモ其性德ハ修德ヲ離テ不レ可レ有。修德ノ處ニ性德ハ立スルナリ。サレハ先德ノ發得戒・性德戒モ相傳(傳受カ)戒ニ入ルト云フ樣ニ釋シナサレタリ

仰云。修性別ノ物ニテ無クトモ。何ナル處ヲ修德ト云ヒ。何ナル處ヲ性德トハ云ヘルヤ。サテ修性自レ本一ナリト云テハ。今ノ經ハ性德戒ヲハ不レ說ニテアルヘキ歟

淨云。性德戒ヲ說タル事ハ。(經、大正藏二四、一〇〇三下二三行〜)一切衆生皆有二佛性一ト云ヒ。(同、二四行)是情是心皆入佛性戒中ト說タルニテアルヘキ也。サレトモ此分ヲハ修德ニ入テ成スヘキ也

明云。性德修德ノ相貌ハ。諸宗ノ意ニテ事舊タリ。(天玄四、三四六。釋籤)在レ性則全レ修成レ性。起レ修則全レ性成レ修。性無レ所レ移。修常宛爾ノ謂ニテ。性ハ移ル所無キ上ニ修常宛爾ノ義ヲ論スル也。今ノ戒ニ付テハ。五大院。(大正藏七四、七七三下。廣釋)傳授・發得・性德ト分別セラレタルカ。始ノ二ハ修德。後ノ一ハ性德也。其ヲ性德ハ發得ニ極リ。發得・傳授ニ顯ルルナリ。其ノ傳授戒ト云フハ。舍那ノ妙海王ニ授ケン處ノ從レ師受戒ノ時也。此傳授ノ處ニ。法界色心ノ上ニ無作ノ戒體ヲ發起ス。此ノ發得ハ何ヲ發得スルソト云ヘハ。衆生所有ノ性德ヲ發スル也。性德ノ時。修德ニヨラスト云事ナシ。サレハ三種ノ戒共ニ師師相傳ノ處ニ極ル也

傳授戒ニハ。汝新學菩薩。(經、大正藏二四、一〇〇四上。偈文)頂戴受二持戒一。受二持是戒一已。轉授ニ諸衆生一ノ文ヲ引キ。發得戒ノ證ニハ。(同、一〇〇三下二四行)是情是心皆入ニ佛性戒中一ノ文ヲ引也。是ハ性德ノ證ニテアルヘキヲ。修德ニ引成スナリ。性德戒ノ證ニハ。(同、一〇〇三下二二行〜)金剛寶戒。佛性種子。我是已成佛。(同、一〇〇四上。偈文)汝是當成佛ノ文ヲ引ケリ。是ハ性德ヲ修德ト心得タリ。一一ニ修德ノ文ニテアル也。諸經ノ意ハ。性德ノ理身ヲ顯ス事不二分明一。此ノ經ニ始テ說ト可レ云也

仰云。此事大旨聞タリ。戒ヲ佛性ト說タル事諸經ニ無キ事也。此戒ニ始テ說ケリ。性德ト云事ヲ人ハ大樣ニ心得タル也。タタ中道法界ノ諸法ニ變シタル物ニテ何ヤラント思ヘリ。(天玄四、三四六。釋籤)性指二三障一。是故具レ三ト釋シテ。全ク迷ヲ性德トハ云タル也。迷ト云物カ悟ノ因ニテハアル也。サレハ煩惱・業・苦ノ三道コソ全ク法身・般若・解脫ノ三

德ニテハアレ。然閒。始覺本覺ト云ヘル事モ如レ此ニテ心得ラルヘ
キナリ。迷ノ外ニ悟ヲ求ムル時本覺ト云フモ不ニ意得一。全ク迷ノ性
德トモ云ハレ。佛性トモ云ルル也。此ノ戒ヲ破レハ三惡四趣ノ義トナリ。
持シテハ人天ノ身ヲ受ク。皆是舍那ノ一如ノ戒身ナル故也。只常ノ
釋ノ樣ニ性德カ本來具足シタルヲ。此性德ヨリ修德ヲ發ストモ
可レ申也。一片ニハ不レ可レ有事也
明云。淨土ノ法門ニ。法界身ノ功德ヲ不ニ心得一前ニ。性德ノ理ヲ
樣成物ヲ許ス事無シ。今ノ舍那ノ戒身モ。如レ此心得合スヘキ
事ニテハ非ヤ
仰云。其ハ子細無キ事也
明云。十界三千ヲ舍那ノ依正ト心得ル事ハ無ニ子細一トモ。
持テハ人天ノ身ヲ受ケ。破レハ三惡四趣ノ身ヲ受ル事尙難レ思事也」
仰云。持破共ニ不レ出ニ戒身一。十界同ク舍那ノ功德ト云ルルナ
（天玄四、二四九。釋籤）
リ。三千在レ理同名ニ無明一。三千果成咸稱ニ常樂一ノ義ニ可レ
同也。因果凡聖ヲ分別シテ。其ナカラ舍那修德ノ身ト可ニ意得一
也。已受レ戒。已成佛。當成佛。スコシモ隔ル處不レ可レ有也

32 梵網經明ニ道樹以前成道一耶

講 良惠　問 圓定

仰云。久遠成道ノ事ハ。天台ノ論義廣キ事也。先今ノ經ノ文ニ依
ルヘキカ。吾今來ニ此世界一八千返ノ文ハ。一品一卷ノ經ハカ
（經、大正藏二四、一〇〇三下十六行）
リニアルニテハヨモアラシ。上下兩卷ノ經ニモ此文ハアリコソス
ラメニテアル故ニ。此ノ文ヲ上下兩卷ノ時ハ。會通ヲマウケテ。久
遠成道不レ明ト云フ樣ニ。一品一卷ノ時モ同ク會通スヘキナリ。
サテ一品一卷ノ意ニテ。此文久遠成道明タルニテアラハ。又上
下兩卷ノ經ニモ今日以前ノ成道ヲ說タリケルニテアルヘキ也
明云。此事ハ吾今來ニ此世界一八千返ノ文ニ依テアルカ。其ヲ
上下兩卷ノ意ニテハ久遠成道不レ明。一品一卷ノ意ニテハ明スト云
事。此ノ一箇條ニ限テ御不審ニ不レ可レ及。惣シテ四戒三勸ノ
意モ。三重ノ意モ。共ニ上下兩卷ニテモアリ。一品一卷ニモアル
故ニ。事ハ惣別ニ替ル樣ナレトモ。其義一ニテアルヘキ也
又云。此ノ吾今來ニ此世界一八千返ノ文ニ付テ。此ノ論義ハ
起ルニテアル也。大方此ノ文。今日以前ニ成道トハ不レ見事也。經
（經、大正藏二四、一〇〇三下十行）
文カ母名ニ摩耶一父字ニ白淨一吾名ニ悉達一等說テ。今日ノ成

道ノ體ヲ說テ後。(同十六行)吾今來ニ此世界ニ八千返等說タル故ニ。今日ノ成道以後ニ八千返スト見ヘタル故ニ。今日ノ成道ニ付テ機見ノ不同トスト見ヘタリ。次ニ法華經ノ久遠成道ハ本門ノ意ニテアルカ。今ノ經モ法華經ノ如ニ本迹配立アルヘキ也。其ニ付テハ偈ヲ釋スル時。始ノ三行三句ハ本迹ト釋スルハ何ヤラン。本迹ト云事ハ見ヘタリ。法華經ノ本迹ニ合スヘキ事ヤラン不審ナレトモ。此ハ舍那ヲ本トシ。釋迦ヲ迹トセリ。釋迦ノ成道ニ付テ八千返トハ說タル故ニ。此ハ今本迹ト云時ノ迹ニ付テ八千返ノ成道也。故ニ此ノ文ヲ指テ。道樹以前ノ成道ト云ハン事不ニ心得ニ事也

仰云。道樹以後ニ八千返ト說タレトモ。經文ハ今日以前ノ事ヲ說タリト見ヘタル事也

淨云。今ノ經ノ意ニテ。久遠成道ヲ明シタル事ハ。舍那臺上ノ成道ニテアルヘキ也。此ノ蓮華藏ノ成道ハ自受用身也。法華ノ本門壽量ノ佛モ自受用ノ久遠成道也。是全ク同意ナルヘシ。一代ノ分ニテハ。今日以前ノ成道ヲ明ヲ。今舍那臺上ノ佛。迹ヲ垂テ千百億ノ釋迦ト現ス。其ニ八千返ノ往來ハ今日以前ノ成道トタニモイヘハ。久遠成道ノ體ノ顯ルル也。始成正覺ト云タル一代ノ分ハハタトヤフレタル故也。但此ノ八千返ハ中閒ノ成道ナルヘシ。臺上ノ舍那ノ成道ノ體カ久遠成道ノ體ニテ。八千返ハ中閒ノ成道也。迹佛ノ成道ニテアル故也

明云。此御沙汰ノ趣キ殊勝聞 云云

仰云。舍那ノ功德ノ外。久遠成道ノ體不レ可レ有也。一品一卷ノ經ニ明スホトノ事。何ソ上下兩卷ニ無ルヘキト云事ハ。臺上ノ舍那ヨリシテ心得カユヘキ也。上下兩卷ノ分ニテハ他受用身。一品一卷ノ經ニテハ自受用身ニテアルヘキ也

觀云。一句一字ナリトモ。兩經ノ本カ替ルヘキ也。法華經モ他宗ノ人師カ得タル分ハ。タタ一代ノ諸經ノ分ナルヘシ。如レ此今ノ上下兩卷・一品一卷ノ貌モアルヘキ也

明云。其ハ少シカハルヘキ歟。法華經ハ佛ノ本意ヨリシテ一乘ヲ說キ。今ノ經ハ佛ノ本意ヨリシテ二ノ意カアルヘキ也

仰云。其ハ實ニ法華經モ。タタ四十年ノ後。八箇年說タル樣ニハ不レ可ニ心得ニ。開會ノ本意ト云フハ。イカナル事ニテアルソト云ヘハ。タタ一代ノ體カヤカテ法華經ニテアル處也。一代ト云ルル方。法華ト云ルル方。上下兩卷ト云ハルル方。一品一卷ト云ハルル方。其旨

同シカルヘシ。其ノ法華經ニテハ實ニ說タルヲ。涅槃經ニ至テ四教ヲ說タルハ。全ク一代ヲハタラカササル意ナリ。此ノ涅槃經ハ同醍醐ノ教ナレハ。涅槃經ニ四教ヲ說クハ。ヤカテ法華經ニ說タル意ナリ。然トモ法華經ハ。五時ノ末ニ八軸ノ文ト云テアルナリ。今ノ經ハ。上下兩卷ノ一代ノ分ノ外ニ。一品一卷ノ經無シト。一經ノ體ヨリ此謂ヲ顯シタルナリ。觀經。又此謂ヲ顯シタル經也

法然上人。隨他前ニハ定散門ヲ開ナント仰ラレタルハ。一代ノ分ヲヒカヘテ說タル方アルナリ。然閒諸師ノ。一代ノ意ニ入テ觀經ヲ釋シタルモ。和會ノ意ヲ成スルハ此ノ意也。如レ此心得レハ。梵網經ト觀經ハ尙親シフ似タルナリ

觀云。日比殊勝ノ事ト思タル事ハ返テ淺ク。淺キ樣ニ思ヒタル事ハ尙深ニテアル也。其故ハ法華經ノ一代ノ外ニ八軸ノ眞文ト云レテ。五時ノ末ニアル事。諸經ニ不レ混ト思ヒタル事ハ。中中尙本意不レ極ニテアリ。サテ梵網經ノ。下卷ノ經ノ一品一卷ト心得ハ何ト云ヘトモ。一代ノ分ヲヒカヘタリト思タル事カ正シキ本意ニテアリケル也

明云。本迹ノ同異如何

仰云。今ノ本迹。法華ノ本迹ニ同スヘキ也。今舍那ノ本トスル事。法華ノ本門壽量ニ同シ

觀云。八千返ト云ヘル事如何（經、大正藏二四、一〇〇三下十六行）。久遠成道ノ成スヘキ事ニテアラハ。八千返ト云ヘルハ尤モ表示アルヘキ事也

仰云。偈以前ヲ釋シタル人師ノ釋。何トテ釋シタルラン不審也。此ハ若八相成道ヲ表示シタルニテアルラン。八相ト云ハ。生滅ニテ作タル故ニ。應身ノ正覺ニテアレハ。生滅ノ謂ヲ顯ス意ニテ八千返ト云タル歟

33　梵網受法通別受耶

講　良惠　問　光意

仰云。今ノ戒。通別受云事不審也。小乘ハ五八十具ト分別シテ。戒ヨリ在家出家ノ不同モアリ。比丘・沙彌ノ差異モアル事也。ソレヲ今ハ七衆ノ不同ハ。各隨二意樂一而作二一衆一ト云フ故ニ。意樂ニ隨トハ何トアルヘキソ。傳戒ノ師ハ。何トモ不二分別一シテ授クルニ。受者ハカリイテ何ニナラント云事不二心得一。サテ通受別受アルヘキ謂ニテハ。何レカ本ニテアルヘキソ。通受カ本ト云テモ。

タカウ處アルヘキ也。別受ヵ本ト云テモ。別受ノ樣難義也。山家大師。五十八戒ヲ以テ菩薩大僧戒ト定メラルル定ニテハ（傳全一、一〇六～七。顯戒論）。五十八戒ヲハ在家ハ不レ可レ持歟。若七衆共ニ十重四十八輕ヲ持ナラハ。別シテ大僧ノ戒トハ何トテ云ルヘキヤ

サレハ山家ノ大師。沙彌戒ヲ定メラルル時ハ。占察經ニ依ラルルナリ。山王院ノ大師ハ。此外ニ小乘ノ十戒ヲ以テ沙彌戒ト定メラルル也。今梵網經ノ意ハ。沙彌戒無シト聞ヘタリ。然ル上ハ。今ノ經ノ意ニテハ七衆ノ不同不レ被レ作。他宗ニ對シテ爭カ七衆ノ不同ヲモ立スヘキヤ。五大院ノ御釋ニ（大正藏七四、七七六下。廣釋）。戒人相對シテ四句ヲ作ラルル時。戒別人別ニハ地持・優婆塞戒經ヲ出シ。戒別人共ニハ六重八重等ノ普賢觀ヲ出。戒共人別・戒共（「人共カ）ニハ梵網經ヲ出サルル也。故ニ七衆ノ別無シト聞タリ

淨云。梵網ノ戒ヲ法藏ノ師等ノ得タル分ハ。五十八戒ハ五衆七衆同物ニテアレトモ。付レ人ニ其不同ハ自ラアルヘキ也。在家ノ二衆ヵ受ケハ。自ラ優婆塞・優婆夷ニテアリ。出家ノ二衆ヵ受レハ自ラ比丘・比丘尼ニテアルナリ。其體自異ナル故也。先德ノ御釋モ。（同前）戒共人共ノ下ニテ。意樂ニ隨ト云事ヲハ釋シ出サレタリ。サレハ明曠モ。不分而分（而分因カ）卽眞而俗ト釋セラレタリ（大正藏四〇、五九七下一二三行。明曠疏）。下地ヨリ七衆ノ不同ヲ作ルヘキ事トハ不レ見。先德ノ御釋モ明曠ノ釋ニ依ラレタル樣ニ見ヘタリ。抑モ小乘ノ意ヨリシテ沙彌ノ十戒ト定ムル事モ不ニ意得一。二百五十戒ト云モ。四根本罪ヲ持ツニ付テ四篇ヲハ制シタル也

サレハ十三僧殘ト云ヘルモ。大旨ハ第一ノ婬戒ヲ持ツヘキニ付タル戒共也。其ノ餘ノ四篇モ皆四重ヲ持タントスルニ付テ。微細ニナリタルニテアル故ニ。四重ヵ根本ニテアル上ハ。何ト二百五十ト云ヘトモ。皆四重ノ體ニテアル也。數ノ少ケレハトテ。大僧ノ戒ノ分ニ不レ及トハ不レ可レ云。比丘戒・沙彌戒ハ。タタ廣略ノ不同也。此ヲハ小乘ノ意ニテハ。何ト云ヤラン。不ニ心得一事ナリ

仰云。今ノ戒ノ意ハ。一分菩薩（傳全一、一一三～四。顯戒論）。具分菩薩ト云テ。一戒ヲ持タルコソ菩薩ナリ。ケニモ舍那ノ諸患都盡タル體ヲ（義記、大正藏四〇、五六九上一二五行）今ノ戒トハ發起シタル上ニハ。一戒持ツ處ニ舍那ノ功德ノ不レ極ト云事無キナリ。然間。一戒ヵヤカテ三聚淨戒ノ體也。隨レ持ニ一戒一卽攝ニ一切一ト云ヘル此ノ意也。カカル戒ノ上ニ於テハ。何トテ戒ヨリシテ七衆ノ不同アリトハ云ヘキヤ。サレハ敎行人理ノ四一ノ前ニハ。自他彼此ノ不同又不レ可レ云。今ノ戒ハ中道法界ノ至極ニテアル

故ニ。ココニ於テ七衆ノ不同ヲ存セントハ不レ可レ云。此ノ上ニ七衆ノ不同ト云ヘル事ハ。意樂ニ隨ト心得ラレタル事ナリ

サレハ出家ト云ヘルモ。眞家ヲ出タルコソ出家ニテハアレ。タタ剃髪ハカリヲハ爭カ出家トハ云ヘキ。サレハ界外ノ佛ハ必シモ皆比丘ノ形ニテモ無シ。本朝ノ聖德太子ハ。俗形ニテ戒師トナリ給タリシ事皆此意也。タトヒ在家ノ形チナリトモ。今ノ戒ヲ持チ佛法ヲ知タラン人ト。出家ノ形ニテ戒ヲモ不レ持。佛法ヲモ不レ知人トヲハ。何レヲ在家トモ出家トモ定ムヘキヤ。今ノ戒ヲ受ルホトニテハ。實ニハ具持ノ菩薩ナラヌ處ハ不レ可レ有。此意ニテ西山上人ハ受戒ノ時持ツヘクモ無キ戒ナリトモ。皆持ト云ヘシト仰ラレタルハ此意ナリ。又小乘權敎ノ諸戒モ。皆開會ノ意ニテ無レ所レ殘謂ニテアル故ニ。山家大師モ。山王院ノ大師モ。諸戒諸說ノ戒ヲ以テ沙彌戒トセラレタル事也

サテ此戒ハ。通受カ別受ニ極ルカト意得ル事也。山家大師ノ戒儀ノ裏書ニ（傳全一、三三一。授戒儀朱註）。山王院ノ大師。別正通傍トカカレタリ。又比丘戒緣起ニハ。若行ニ通途一乖ニ祖大師顯戒論一トモ書レタリ。是ハ簡擇受戒戒ノ比丘與其俗服有異ノ（義記、大正藏二四、一〇〇八中。取意）文ニ依ラレタリ。義證（ママ）ニモ二重ニ釋セリ。此經ノ始ニハ非人畜生マテ擧タルハ。別受ニ極ル意ヲ顯スナリト。西山ノ上人被ニ了簡一タリ。五大院。通受ヲ本ト釋セラルル事ハ。通受ノ至極カ別受成ル意ナリ。山門ノ戒壇ノ作法ハ。別受ノ義ナリ。沙彌戒ハ梨本。比丘戒ハ青蓮院ニテアリケルカ。西山ノ宮道覺親王ニ。道源僧正ノ沙彌戒ヲ授ケ申サレケルヨリシテ。當時ハ青蓮院ニモ沙彌戒ヲ授給ナリト云云

（底本奥書）

永正八年（一五一一）林鐘上旬此。於二一尊教院一書寫畢　恵教

依二此功德一自他有情往二生極樂一乃至還來二娑婆一齊二度人天一

承應三年（一六五四）甲午八月吉祥日

江州栗太郡芦浦觀音寺法印舜興藏

（底　本）　西教寺正教藏、承應三年（一六五四）八月上中下卷尾奥書

三册寫本

（對校本）　なし

（校訂者　清原恵光）

〔本源抄　下〕

本源抄　終

戒論視聴略抄　目次

（原本目次改訂）

上　延文四年（一三五九）四月九日於江州妙觀寺始之

下　五月十一日

（合計三十二箇條）

戒論視聴略抄　上下　（奥書）實導和尚沙汰

戒論視聴略抄　上

延文四年（一三五九）四月九日
於二江州妙觀寺一始レ之

１　大小相對菩薩戒ノ事

講師　圓恵
問者　正叡論師

御尋云。菩薩戒ニ付テ。權教・實教・廻小・直往等ノ菩薩ノ所持ノ戒可レ有ル。又彌勒等ノ二十餘ノ菩薩。印度・支那。三國相承ノ菩薩ト云モ。菩薩ノ名ハ。皆聲聞ノ自度ニ對ル。大道心成（義記、大正藏四〇、五六三上二三行）衆生ノ義也。其ヲ舍那ノ發起ニテ。佛界ノ至極ナレハト云歟。縱ヒ佛界也トモ。因位ニテ受ケハ菩薩戒ト名ケ。佛果既ニ成就セハ佛戒ナルヘシ。因果ノ不同アレトモ。二乘ニ同キ戒トハ爭カ可レ申。五大院ノ五重ノ戒ノ第四ハ。權教ノ菩薩戒也。此上如來ノ寶戒ヲ（大正藏七四、七六六上。普通廣釋）列タル。此至極ヲ。今ノ菩薩戒ト名クル程ニト云歟。何ナル佛戒ノ至（大正藏三八、六〇八下。維摩略疏）極ニテモアレ。菩薩戒ト名クナラハ。菩提薩埵利物爲懷ナレハ。二乘ノ（天止二、一）自調自度ニ對スヘシ。サレハ釋名ノ章ニ。人ノ名ヲ釋ルニハ。慈悲兼（止觀）（濟カ）齊ヲ體トシテ。二乘ニ異ルヲ菩薩ト名ル姿ヲ釋ル也

次。四戒ノ中ノ第三ノ菩薩カ。（義記、大正藏四〇、五六九下八行）（ㇾ戒カ）師師相承ノ義門ヲ顯ストイフ歟。サテハ大小相對ノ菩薩ハ。師師相承ノ義ハ不レ可レ有歟。何ナル義門ヲモ顯ハセ。菩薩ノ體ハ。師師相承ノ姿トモ可二心得一也。初ニ菩薩（義記冒頭）戒者運善之初章ト等者。此戒ノ運善却惡ノ根源。止惡修善ノ法體ソト釋シテ。聲聞ノ小行ニ異ナル。大士ノ兼懷ノ所持ノ戒ソト約束シテ。下ノ十重四十八輕ニ至テ。正ク戒相ヲ釋ルニ。一一ニ聲聞戒ニ對シテ篇聚ノ分齊ヲモ定メ。開遮・色心・輕重等ノ異ヲモ辨スル也。叡山ニ大乘戒ヲ建立シタマヒシ源ハ。七大寺ノ僧統。偏ニ聲聞ノ小儀ヲ執シテ。菩薩ノ別解脱有ル事ヲ不レ知。故ニ對シテレ之。六度ノ有リレ別。戒度何ソ同カラム。受法ノ不同也。威儀豈同カラム耶ト（傳全一、二三四。顯戒論）云テ。六度ニ已ニ大小乘ノ不同アル歟ハ。其ノ中ノ戒度ニ。豈大小乘ノ別無ン耶。定恵已ニ大小乘ノ不同ナル上ハ。戒學ノ一カ可キレ同カル謂レ無トテ。菩薩ノ大戒ヲ論シ立テタマヘル。一一ニ大小相對ノ意也。是大師ノ顯揚大戒論。又大小二戒ノ差別ヲ以テ篇ノ（傳述一心戒文）初トシタマヘリ。義記ニ菩薩戒ト云テ。光定ハ一乘戒ト被レタル引替一故ニ。菩薩ト云ハ一乘ト云意ナル故ニ。小乘ニ相對スル分ニハ非ト

云歟。其分ハ法華ノ一乘戒ノ義モ可レ同カル。一品一卷ノ非ニ規模一ニ。法華ノ一乘モ。三乘ニ對ル物ニハ非レトモ。判麁ノ時ハ。三一相對シテ三ヲ破シテ一ヲ顯ス。開麁ノ日ハ。三乘一乘自レ元各別ノ物ニ非ル故ニ。大小相對ノ分無キ上ハ。今モ堅ク遮シテハ無要歟
示云。四戒ノ中ノ第三ノ菩薩也ト云事ハ。西山相承ノ約束也。偈中大意四戒三勸ト釋ルカ（義記、大正藏四〇、五六九下三行）。師師相承ト云事ナル故ニ。舍那釋迦ノ佛果ノ功德ヲ取テ。凡夫癡闇ノ機ニ傳タルヲ。第三ノ菩薩トハ名ル也。然レハ人ハ四人ナレトモ。戒ハ只一ノ舍那ノ佛戒也。末法邊地ノ衆生モ此戒ヲ受ト云ヘハ。舍那ノ處ニ至テ受得ル謂アリ。千百億釋迦。各接微塵衆。倶來至我所。聽我誦佛戒ト說ク（經、大正藏二四、一〇〇四上五行）（接㊜攝）此意也（同、一〇〇四中七行）。此微塵衆ノ體ヲ。長行ニハ若受佛戒者。國王王子　乃至　變化人ト說ケリ。故ニ義記ノ初ノ序ニハ。梵網等ノ名字ノミ釋シテ。菩薩戒ノ三字ヲハ略シテ。釋此戒經三重玄義ト云テ（義記、大正藏四〇、五六三上二三行）（經㊜教）。正釋ニ入テ。菩薩戒ノ三字ヲ別シテ被レ釋也。經ノ首題ヲ菩薩戒經ト稱シ。文フミノ名ヲ菩薩戒義記ト名ルハ此意也。眞實ノ一乘ト申ハ。全ク三乘五乘ニ對セス。十方佛土中唯有二一乘法一也（大正藏九、八上。方便品）。其ノ一乘ノ至極ハ。舍那ノ佛戒。一戒光明。金剛寶戒ノ體也（經、大正藏二四、一〇〇三下二二行）。衆生受二佛戒一。卽入二諸佛位一ト說ク（同、一〇〇四上二〇行）此意也。此ノ本意ヲ得テ。光定ハ一乘戒者ト引替ヘ。五大院ハ第五ノ如來ノ金剛寶戒ノ至極ソト。衆生受佛戒ノ文ヲ受菩薩戒者ト引替テ釋セリ。此戒ハ。舍那ノ發起ノママニテ。我等カ上ニ受得シテ一如ノ舍那ト成ル也。我等モ舍那ノ如ク修行シテ。因緣果滿ント向ハハ。舍那發起（起㊜記）ノ意ニ非ル也
山家ノ大師。對シテ他宗ニ大小相對シテ論シ立テタマフ事ハ。自レ元一品一卷ノ上ニ。上下兩卷ノ姿アリ。戒體ノ上ニ戒行ノ意アリ。南山ハ法・體・行・相ノ四科ヲ被レ立タリ。西山上人。菩薩戒ニモ此四科ノ意アルヘシ。但戒法ハ戒體ニ收メリ。戒相ハ戒行ニ可レ收ト被レ仰タリ。戒體ノ上ニ戒行ヲ勸ル時。聲聞小行尚自珍ニ敬木叉一等釋ル也（義記冒頭）。判麁・開麁ノ二ノ姿。終日ニ存ルカ如シ。文語ハ。衆生受佛戒等也。此衆生ノ體ハ。四戒ノ中ノ第四ノ衆生（天玄四、一九二。釋籤）癡闇ノ凡夫也。此カ佛戒ヲ受テ諸佛ノ位ニ入ヌレハ。所化入眞。還同能化シテ。第三ノ菩薩能授ノ位ト成ル謂ヲ。位同二大覺一已（已㊜位）。眞是諸佛子トハ說也（經、大正藏二四、一〇〇四上二一行）。釋ハ顯揚大戒論ノ聖廟ノ序ニ。菩薩戒ト者。流轉（轉㊜傳）不滅之敎也。盧舍那佛傳ヘ二之前一ニ（「於カ）。文殊師利弘ムト二之（於カ」）後一ニ云ヘリ（大正藏七四、六六一上冒頭）。不思議ノ御釋也。流轉不滅ノ姿ヲ盧舍那佛ト釋也。

梵網ノ受法ニ付テ。三歸發戒・羯磨發戒ノ二アリ。盧舍那佛傳ニ之前一ト者。三歸發戒ノ意也。三歸發戒ト者。舍那ノ功德。住持ノ三寶ニ隨テ。現前ノ之一師ニ從テ此戒ヲ受得ル謂也。文殊師利弘ニ之後一ト者。羯磨發戒ノ意也。羯磨發戒ト者。現前ノ師。文殊ノ位ニ成テ羯磨ヲ得ル法則也。是卽チ我等モ此戒ヲ請取ヌレハ。文殊ノ位ニ成テ人ニ傳授スル也。從初發心終至等覺。（義記、大正藏四〇、五六三上～中）皆名菩薩ト云ヘルハ。初發心ヨリ等覺マテ。一種ノ第三ノ菩薩ト云意也。此菩薩ト者。文殊師利弘ニ之後一ト云ヘル意也。此經ノ釋。能能可ニ心得一也

2　一。（十日）梵網法華勝劣事

講師　圓惠
問者　堅（賢カ）覺

御尋云。梵網カ圓戒ノ所依ト成ル程ニ勝ト云歟。圓戒ノ所依ナラハ。法華ト一具ニコソ可キニ心得一。佛自ラ法華最第一ト說タマフヨリ。梵網カ勝ト可レ申事無ニ覺束一。梵網ハ部ニ約レハ華嚴部。教ヲ論レハ帶權ノ說也。サレハ山家大師。圓戒ノ所依ヲ定ルニ。正依ニ法華經一乘戒。三（戒。三㊦之）如來「室衣座」（「」㊦衣座室）戒。身口意誓四安樂行戒。普賢四種戒一。次依ニ普賢經三師諸證同學一。傍依ニ梵網十重四十八等一矣（傳全一、三六三。學生式問答）此釋。正ク圓戒ノ所依ハ法華也。法華ニ依テ圓戒ノ體ヲハ建立シテ。次ニ此受法ノ戒師ヲハ普賢經ニ依ル也。傍依ノ隨一ニ梵網ヲ出セハ。猶次ノ依ニタニモ不レ及ハ。何ソ正依トスヘキ耶。義記ニ。什師。傳譯ノ經論三百餘卷。梵網一本（義記、大正藏四〇、五六三上十～十四行）最後誦出ト云テ。一言三（「〇カ）復トハ。（同十六行）文義幽隱（隱㊦穩）旨趣深玄ナル故ト釋スレハ。法華ヨリ甚深ニ釋スト云歟。其最後誦出。一言三（「〇カ）復（復㊦覆）ハ。上下兩卷ノ經モ然也。一品一卷ナレハトテ法華ニ可レトハ勝ル何クニ見ヘタルソ

最後誦出ニ付テハ因緣アリ。天竺ヨリ漢土ニ來ラントシテ船中ニ至ルニ。船沈テ不レ浮故ニ。梵網ノ大品ヲ海中ニ沈ム。此時。舟將ニ浮ヘリ。故ニ無レ力梵網無キニ依テ聽テ不レ現。强ニ什公ノ己證タルニ依テ。最後ニ誦出トハ不レ見。又必シモ傳說ノ前後ニ依テ不レ可レ辨ニ淺深一ヲ。只經ノ說相・法門ノ義理ニ可レ依ル也

義記ハ梵網ヲ釋スレハ。此經ノ深妙ナル樣ヲ釋セシ事不レ苦カラ。何レノ人師モ經ヲ釋スル時ハ。其經深妙也ト申也。佛ノ經ヲ說タマフ時モ。其ノ經ヨリ甚深ナル事ハ無トコソ說タマフ事ナレ。サレハ金光

明經ヲ說ク時ハ。是金光明經。（大正藏十六、三三五中）諸經之王ト述ヘ。法華ヲ說時ハ。諸經ノ中ニ勝タル趣ヲ述ヘタマヘリ。華嚴頓大尙非本懷ト（天玄一、九七。釋籤）釋シテ。華嚴ハ最初頓說ノ化儀ニテ。厚殖善根ノ機ニ對シテ。別圓頓大ノ法門ヲ說ク處ハ。甚深ナル樣ナレトモ。別教ノ方便ヲ帶スル故ニ。佛意未レ顯レ。非ト二本懷ニ一斥フ也。梵網モ結經ナレハ可二同事一ナル。法華ハ諸佛出世ノ本懷。道場得悟ノ妙法也。方便品ノ始ニ五佛ノ章門ヲ開テ。三世十方ノ諸佛ノ化儀無クレ異ルコト。（天文二、六三六下。文句）爲令衆生開示悟入ノ益ヲ令ムレ得セ。何ソ法華劣也ト可レ云耶

示云。法華カ出世ノ本懷ナル事ハ。諸師共許ノ事ナレハ。論場ナトニテ。初ヨリ梵網カ法華ニ可トレ勝ル云ン事ハ可シ二無骨一ナル。山家ノ御釋モ。法華一部カ皆戒ナル樣ヲ釋セリ。衣座室ノ方軌ト云モ卽チ戒也。身口意誓ノ四安樂行モ戒也。普賢勸發ノ四要ト者。本迹ノ重演アルカ是モ戒也。强ニ三學隨一ノ戒トモ不レ見ヘ。一乘ノ三學ヲ惣シテ戒ト名ク。此謂ヲ正依法華トモ釋ル也。法華一部カ戒ナル至極ハ。今ノ一品一卷ノ意ニ可レ歸ス故ニ。別ニ置テ劣也トハ不レ可二心得一也。涅槃經。又扶律說常ノ旨ヲ述タリ。法華ハ。且ク大乘戒ニ付テ一家ノ義理ヲ顯ス。故ニ四安樂行ノ中ニモ。不親近ノ境ニハ二乘等ヲ出セリ。涅槃ハ。小乘ノ五篇七聚ニ約シテ小律ヲ扶ケ。佛生圓常ノ旨ヲ說ントセリ。二經共ニ佛性一乘ノ體ヲ戒ト說也

若正立二圓戒一須レ指二梵網一（天文四、二〇七〇上。文句記）ノ釋ハ。梵網ヲ四安樂行ト一具ニ釋成セリ。四安樂行ノ略說スルニ對シテ。具サニ圓戒ヲ立ント思ハハ梵網ニ可トレ依ル釋シテ。（同前）若圓定惠須二十法成乘一ト云テ。摩訶止觀ノ圓ノ定惠ノ修行ナルニ對シテ。正ク圓戒ヲ立テハ梵網ナルヘシト釋スル（傳全一、六三三。一心戒文）也。此等ハ天台ノ。法華ニ依テ宗旨ヲ立タマフ日ノ釋也。天台大師。普禮ノ法則ヲ作テ。天台山ノ長時ノ行法ト被レ定メ。初ニ敬禮常寂光毘盧舍那遍法界。（大正藏四六、七九五中。國清百錄取意カ）諸佛一心戒藏ト云ヒ。次ニ虛空不動戒・虛空不動定・虛空不動惠等云ハ。光定ハ引テレ之。文フミノ名ヲ一心戒ト被レ名ケ故ニ。天台ノ御己證モ。虛空不動ノ三學ノ體ヲハ一心戒藏ト得タマヘリ。法華開顯ノ一乘ヲ能能明レハ。一品一卷ノ戒經ノ意ニ可レ極ル也。（天玄五、五三八。玄義）彼ノ華嚴モ。帶權ノ邊ハ法華ニ不レトモレ及ハ。初後佛惠圓頓義齊ナル故ニ。佛惠ニ約レハ法華ニ等シシ。（天文二、八一九上。文句記）サレハ應知。華嚴盡未來際。卽是此經常在靈山トモ釋セリ。今ノ梵網モ。上卷ノ階位カ下卷ノ戒法ニ收テ。一卷ノ戒經ト

ナルハ。一代ノ佛法。只菩薩戒經ノ一ニ歸シテ。舍那ノ佛戒ノ外ニ
別ノ物無キ謂也。是卽チ法華ノ十方佛土中唯有一乘法（大正藏九、八上。方便品）ノ謂ヲ。
一戒光明金剛寶戒（經、大正藏二四、一〇〇三下）ノ姿ソト顯ス也。大師。五重玄ヲ以テ諸
經ヲハ釋シ。諸經ニ異ナル旨趣有ル事ヲ悟テ。三重玄ヲ以テ今ノ戒
經ヲ釋スル時。不レ起而已。起則性無作假色（義記、大正藏四〇、五六五下～五六六上）トテ。淨滿舍那ノ功
德ヲ我等カ上ニ受得スル謂アリ
山家既ニ他宗ニ對シテ菩薩戒ヲ申立タマフ。初メ顯密ノ弘通ハ
無レ所レ殘ル。未レルハ弘ラ圓戒也。此圓戒ノ爲ニ身命ヲ不レル惜マ樣ヲ
被レタリ仰。一大事ニ思召ス故ニ。無ニ左右一不レ及ニ奏聞一ニ。及テニ半
百一ニ。弘仁末年ニ始テ被ニ奏聞一セケレトモ。他宗依テレ不レ許サ。御
在世ニハ終ニ無ニ敕許一。同十三年六月四日ニ御入滅有リキ。光
定申立。初七日ニ當テ菩薩僧ノ官符。山門ニ下レリ。御本意ハ。
顯密ノ佛法ノ所詮ハ圓戒也ト云事開キタマフモ理リ也。此等ノ
重ニ成テハ。各別ノ宗旨ト申サンモ不レ可レ憚ル。初ヨリ各別ノ事也ト
論シテハ語モ可レ亂ル也
只。法華ノ一乘開顯ノ正意。正依法華ノ至極ヲ菩薩戒經ト意
得レハ。正依法華ト者。一品一卷ノ戒ノ事也。傍依梵網ト者。此

上ノ上下兩卷ノ分也。此又戒體・戒行ノ二ノ姿也。戒體ト者。
舍那ノ發起ニ約シテ。戒行ノ方ハ梵網ニ不レ限。地持・瓔珞等ノ諸
大乘律。乃至小乘ノ五篇七聚ニ至ルマテ此ヲ明ムヘキ也
道璿ノ疏ニ云。什公。震旦ニ來レトモ何ナル佛法カ未來ニ益可レ有ル
云事ヲ不レル知ラ故ニ。三寶ヲ禮シテ任テレ手ニ大藏ヲ探ルニ。今ノ梵網
經ニ探リ當ル。大キニ悅テ。サテ此法ヲ弘メテ利益可レト有ル思テ。梵
本ヲ將來セントシテ既ニ乘船ニ及テ船沈沒ントス。船頭大キニ怪シミ。今
所レ積ル纔ニ先先ノ半分也トテ。以レ之什師。此ヲ覺悟シテ戒品ヲ
止メタマヒケレハ。船卽チ浮フ。此時什師暗誦シタマフ也。其
後常ニ口ニ誦シタマフ氣色有リケル程ニ。上足ノ弟子。何事ヲ
誦シタマフソト尋申ニ。梵網ノ梵文ヲ誦セリ。譯ント欲レトモ本無キ
故ニ不レ譯ト云云此時再三請シテ令ニム誦出一セ云云今ノ戒經是也。
故ニ漢土ニ來リタマヘル事モ。此（本カ）戒經弘通ノ爲カト覺タリ。代代ノ
祖師ノ沙汰ハ。風破ノ難ニ依テ大品ヲ海中ニ沈ムト云ヘリ。今ノ疏ノ
意ヲ思ハヘタマヒケルニヤ。法華開顯ノ分ハ。心ヲ本トシテ我等カ上ニ（義記、大正藏四〇、五六三上十六行）
圓戒ヲ受得ント向故ニ。持得甚タ疎ナルヘシ。指テレ掌ヲ曉示。（同十五行）令ニムト後
生ヲシテ取レコト悟ヲ爲ニ易一カラ釋レハ。三重玄ヲ開テ。文義幽隱旨趣

深玄ノ意ヲ顯ス者也

3　心地品名法譬事　十一日

講師　照惠
問者　元覺(賢カ)

御尋云。心地品ノ名ヲ。初ノ釋ハ。品言コトニ心地一ト者。(義記、大正藏四〇、五六三上十七行)菩薩律儀ハ遍ク防ニ三業一ヲ。三業ノ中ノ意業ヲ爲レ主ト云ヘリ。此ハ心地ヲ法體ニ約ル也。下ノ釋ハ。品名コトハニ菩薩心地一ト者。(同、五六九上二二行)亦是譬名ト云。前後ノ釋參差スル也。而ニ經文ハ。我已百劫修行是心地ト(大正藏二四、一〇〇三中十行)云ヘリ。譬ヲハ何ニトカ可ニ修行一ス耶。或ハ汝諸佛轉ニ我所說一。(經、同十一行)與ニ一切衆生一開ニ心地道一トモ說キ。持我心地法門品トモ(同十四行)云ヘル。法體ニ約ル名ト聞タリ。宋朝ノ人師ハ。上ニ法ニ約シ。下ニ譬ニ約ルハ意多含ナル故ニト釋セリ。此分ハケモ也。法譬ノ首題モ珍カラヌ也。妙法蓮華ト申モ。妙法ハ法體。蓮華ハ譬喩也。又蓮華ニ付テモ。當體・譬喩ノ二義アリ。其ヲ一代ノ佛法カ能詮ノ譬喩トナル程ニト云會通ハ。事事敷也。若。譬ニ約ルカ肝要ナラハ。序段ニテ經ヲ稱コトニ梵網一ト者。(義記、大正藏四〇、五六三上十六～十七行)欲レ明ムトニ諸佛ノ教法不同ナルコトヲ。猶シ如ニシトコト梵王ノ網目一ノ釋ルモ。深旨ヲ顯スト可レ云歟。梵網ノ名ハ。序モ正釋モ不レ異。

文相モ旨趣モ同シ事ナレトモ。兩處ノ釋ヲ設ル上ハ。法ニ約シ譬ニ約シテ心地品ヲ消セル。强ニ非レ可レ驚。明曠ハ。菩薩律儀遍防(遍防㊦傍)ニ三業心意一爲レ主。擧ニ一攝諸一。譬如ニ大地含ニ攝萬物一故言ニ心地一ト云テ。(大正藏四〇、五八〇下。明曠戒疏)心ヲハ法體ニ約シ。地ヲハ譬ニ約スル樣ニ見タリ

示云。序ニハ經稱梵網ト云テ。(義記、同五六三上十六行)菩薩戒ノ三字ヲハ殘シテ不レ釋セ。其心地ノ體ヲハ。大小相對ノ菩薩戒ノ分ニテ。三業之中意業爲レ主(同十九行)ト釋スル。是則上下兩卷ノ法門也。サテ菩薩戒ノ三字ヲ。別シテ三重玄義ニテ釋セル。是ハ卽(卽㊦則)別部ノ外。稱ニ菩薩戒經一ト云ヘル。(義記、同五六九下四行)一品一卷ノ深旨也。此ハ何ナル意ソナレハ。一代ノ大小權實ノ佛法ハ。衆生ノ心ヲ先トシテ三學ノ修行ヲ成ス。故ニ聲聞ノ。色ヲ制シテ身口ノ外儀ヲ調テ。定惠ノ法門ヲ學セシモ終ニハ心地ヲ明メム爲ナレハ。煩惱ヲ斷シテ涅槃ヲ證ル故ニ。身口ニハ不ルレ止マラ也。大乘又菩提心ノ上ニ持犯ヲ論レハ。身口計カ非レ戒ニ。防非止惡ノ義ヲモ。一心ノ源ニ還テ沙汰スル也。通途ノ三學ト申ハ。戒ハ定惠ノ方便ニテ。戒ヲ以テ身口ノ義ヲ調テ定惠ニ尋入也

今ノ一品一卷ノ意ハ。取テ返テ舍那ノ一戒光明ノ體ヲ定惠ノ一分トモ。乃至一切ノ佛法トモ開也。此時ハ。一代ノ佛法併ラ舍那ノ

性無作假色ノ體也。三聚淨戒ノ體ヲ。西山上人ハ他力ノ三學ト被レ仰タリ。而レハ菩薩戒宗ヨリ他力ノ法門ヲ申始タル也。彼三業之(義記)中意業爲主ノ一代ノ心ヲ先トスル分ヲ。能詮ノ譬トハ釋ル也。彼觀經ニ廣說衆譬ト說テ(大正藏十二、三四一下)。一代ノ定散ヲ能詮ノ譬ト說ク意ニ少モ不レ異ナラ也。盧舍那佛ト者。三聚淨戒圓滿ノ佛也。心地ハ法體ナル故ニ。舍那ハ我已百劫修行是心地シテ(經、大正藏二四、一〇〇三中)正覺ヲ成シタマヘリ。我等モ舍那ノ如ク。此心地ノ法體ヲ修行シテ正覺ヲ成ント思ヒケル程ニ難レ成也。此ノ心地ノ法體ハ。舍那ノ功德トシテ凡夫ノ上ニ發起ル故ニ。其ノ法體ニ歸ル意ヲ先トシテ修行セン謂ハ。皆能詮トナレハ譬トハ釋ル也。梵網ノ名ヲハ。(義記、五六九上十七～二〇行)大梵天王。乃至(「一〇カ)亦復如是ト云テ。諸佛ノ無量世界ノ種種不同ナルヲ以テ梵王ノ羅網幢ニ譬ヘ。又衆生ノ機無量ナレハ。隨テ諸佛ノ說教無量ナルニ譬タリ。釋ハ上ニテ諸佛教法不同ト云外ニハ(義記、五六三上十七行)。惣喩一部所證ト云フ(同、五六九上二一行)(證㊄詮)。是ハ諸佛教法ノ體ヲ一部ノ所詮(證カ)ト釋成ル也

所依ノ經ニ。上下兩卷・一品一卷ノ心アル故ニ。法譬ノ二ノ釋ヲ設タリ。即チ戒體・戒行ノ二ツ也。戒體ノ時ハ。一代ノ佛法ハ舍那ノ佛戒ニ極ル故ニ。衆生ノ機ヲ不レ簡發起シテ一ニ成ル也。戒行ノ時ハ。機ニ隨ヒ心ニ還テ分持具持ヲ論レハ。佛ニ預ル法體ヲ我等カ上ニ一分行ントスル也

4　一。三重五重同異事　十二日

講師　正叡

問者　照惠

御尋云。天台ノ玄義ニ章安。師ノ十德ヲ列タマフ。第九ハ玄悟法(天玄一、十八。玄義)華圓意ノ德也。妙樂。此德ヲ。五義(同前)釋レ經統二收五味一。故名爲レ玄。非レ兼非レ帶。開二廢諸典一名爲二圓意一ト釋シテ。天台法華ノ圓意ヲ悟リタマヘル姿ト者。五重ヲ以テ一代ヲ釋タル故ソト判セリ。今義記ハ。言略セル故ニ且ク被レ立二三重一トタレハ。五重ノ外ノ事ニ非ス。サレハ宋朝人師ハ皆此意也。與咸。獨リ熙・齊二師ヲ破シテ。三五ノ異ヲ辨タリ。(卍續一-五九、二四四丁右下)惣別ノ異ト者。五重ノ名ト者。妙法蓮華ノ五字ヲ(「經カ)釋スル故ニ。一經ノ首題也。此ハ菩薩戒ノ三字ヲ釋スル故ニ。一部ノ惣名ニモ非ス。一品ノ首題ニモ非ス。事理ノ異ト者。五重ノ中ノ體ハ實相ノ理體。此ハ性無作假色ナル故ニ事也。宗體ノ異ト者。今ノ出體ヲ彼ノ五重ニ移セハ。宗ノ一分也。宗ノ一分ヲ以テ何ソ體ニ可レ會耶ト云ヘトモ。旨趣ハ不レ聞ヘ也。明曠ハ。梵網ヲハ

先帯權ノ教ト定テ。此ヲ今從佛意圓教消釋シテ（大正藏四〇、五八一下）。直ニ經ニ付テ疏ニ制ル。其ノ疏ノ中ニ七門ヲ作ルニ（同、五八〇下）。第一ハ名體。第二ハ宗用。第三ハ教相也（攝カ）。此ハ五重ヲ三重ニ疊ムト見タリ。三重カ自レ元五重ノ意ナル事ヲ知ル歟。餘ノ師ニ替テ可ニ尊崇一ス人師也

サレハ山家ノ式ニモ（傳全一、六一四。一心戒文）。依テ二明曠ノ疏一ニ安スト二心源ノ戒一ヲ釋セリ。大方五重玄ノ大綱ハ。十界三千ノ妙法也。何物カ不ンレ會セレ之ニ耶。今ノ義記ノ三重玄。何ナル法門ナレハ五重ノ外ノ事トハ申耶。三重五重ノ樣。釋名ハ。其ノ意可レ同シカル。體ノ章ニ付テ。彼ハ實相。是ハ假色ト云故ニ。異ナル樣ナレトモ。此ノ體ニ付テモ。當體ノ體・所依ノ體ナト云人師ノ異釋アリ。既ニ性無作假色ナル上ハ。實相ノ假色ナラハ其體不レ可レ異ナル。宗用コソ不ニトモ分明一ナラ。天台ノ心ハ。體宗用ト者。法身・般若・解脱ノ三德也ト云云 體ハ卽法身。宗ハ修因感果ノ姿。般若ノ德也。用ハ解脱ノ德也。此三德卽實相ノ一理ノ體ナレハ。宗用ヲ體ニ可レ攝ス。熙師カ體ノ章ニ宗用ヲ攝スト釋スル謂アリ。了簡ハ卽教相也。三教ノ之中卽チ頓教ナト云此意也。而レハ三五ハ只同物也。其ヲ法華ノ一乘ノ上ニ別ニ可レト有ニ子細一云事歟。爾ハ五重玄ノ法門カ。癡闇ノ凡夫ノ上ニ成ル樣ニ申タラハ。殊ニ深妙ナルヘシ

示云。今ノ菩薩戒ハ爲此地上（經、大正藏二四、一〇〇三下二〇～二二行）乃至 金剛寶戒ト云テ。舍那ノ勅ヲ受テ。釋尊閻浮ニ來テ。未來ノ凡夫癡闇ノ機ノ上ニ舍那發起ノ此戒ヲ説キ顯ス也。序段ニ。文義幽隱。旨趣深玄。所以指レ掌曉（曉示㊄不）示。令ニ後（後㊄得）生取レ悟爲易一ト云ヘル本意ヲ（義記、大正藏四〇、五六三上十五行）。三重玄ヲ立テ釋スル也。釋名ニ。人・法・階位ノ三章ヲ開タリシニヨリ不ヌレ有ラ事也。體。又非ニ實相一ニ性無作假色也。宗用ハ。自レ元闕セリ。了簡ヲコソ教相トモ可レ申ニ更ニアラヌ事也。（義記、五六七中八行）一須ニ信心一。二無ニ三障一。三人法爲レ縁也。一ニハ信心ヲ可キレ用姿。二ニハ煩惱業苦ノ三障無キ謂。三ニハ人ノ縁ト者。菩薩戒ヲ授ル師也。法ノ縁ト者。六本ノ戒儀也。此等ヲ强チ五重玄ニ心得合テノ用ハ何ソヤ。五重玄ト者。自行ノ因果・化他ノ能所也。名ト者。妙法ノ名也。名ハ體ヲ召ス物也。妙法ノ體ト者。一心ノ本源。中道實相ノ妙理也。三世ノ諸佛（義記、五六五中二一行）正覺ヲ成スト者。此ノ實相ノ悟ニ安住ル也。衆生ハ此（此㊄无）理ニ迷ヘリ。使下尋ニ聲色之近名一而至中無相之極理上。故以ニ此妙法之（天玄一、八五。釋籤）名一名ニ實相法一。施ニ設妙機應レ入レ實者一ト釋シテ。實相ノ體ハ。言語道斷心行所滅セル故ニ聲色ノ近名トテ。文字語言ヲ

以テ妙法ト名テ體ヲ令ルレ顯也。宗ト者。實相ノ體ハ名ニ依テ知ヌ。知タル計ハ無レハ詮。此ヲ悟ンカ爲ニ。因ヨリ果ニ至テ妙法ヲ修行スル也。此時我獨リ悟テ置ク可ニ非レハ。體ヨリ用ヲ起シテ衆生ヲ利益スルヲ用ト名ク。此等ノ法門ヲ沙汰スレハ。自ラ教相也。此自行化他ノ因果ノ始終也。此實相ノ體ヲ修行ルニ付テ。漸頓權實ノ不同ヲ相分タレハ。諸經皆五重玄ナルハ心得ラレタリ

菩薩戒ノ宗旨ト申ハ。此ノ一切ノ佛法實相ノ理體ヲ。舍那ノ功德ノ一ト意得也。サレハ釋名ノ章ニ。四教三乘ノ階位ヲ擧タルハ。舍那ノ功德ヲ顯ス能詮ノ謂ソト施設シ。第三ノ章ニ。此一代ノ佛法ハ舍那ノ功德ニ歸シ。舍那ノ功德ハ癡闇ノ機ノ上ニ發起スル謂ソト了簡スル也。妙歟（義記、五六五下～五六六上）出體ヲ。不レ起而已。起卽性無作假色ト云テ。舍那ノ正覺不レハ成セ不レ知。發起スト云ハハ性無作假色ニテ。我等カ舍那ノ功德ヲ受取ル謂有テ。衆生受佛戒卽入諸佛位シテ。一如ノ舍那ト云ハルル。此ヲ戒體ト名也。ハタト心ニ依テ修行スル一代ノ佛法ノ約束ニハ異也。此等ハ。圓戒ヲ弘通スル人ノ中ニモ不レル申也。只西山ニ傳來スル趣也。梵網ニ付テモ。上下兩卷ノ時ハ。只五重ノ法門也。心地ヲ法體ニ約セシモ此心也。如レ此下地ヲ落居ル上ニハ。法華ノ五重ノ體。皆此謂ニテ可レ有ル也。其時ハ法華ニ不レ限。權實ノ諸經乃至世間ノ五戒十善マテ今ノ謂ニ可レ歸也

宋朝ノ人師ハ。曾テ此意ヲ不レシテ得。或ハ會シ或ハ異也ト云也。會スルト云ハ。五重ヲ三重ニ會シ入テコソ可レヲ有ル。三重ヲ還テ五重ニ釋シ入ルル故ニ。法然上人ハ。皆義記ノ本意ヲ不レト得被レ仰タリ。（大正藏四〇、五八一下二〇行。明曠戒疏）而ニ明曠ハ。梵網ヲ華嚴帶權ノ分ニテ置テ。此華嚴ヲ今從ニ佛意一圓教消釋シテ。法華ノ心ニ釋シ入レ。山家ノ傍依梵網ト釋シタマフ華嚴ヲ取テ。正依法華ノ分ニ同スレハ。梵網カ法華ニ同シテ正依ト云ハルル心タニモ出來セハ。義記ノ本意ハ自ラ可レ顯ル也。カクナレハ。大師ノ義記ニ釋ヲ作タルヨリモ中中本意ヲ顯ス也。法華宗ノ外ニ菩薩戒宗可レト有云源ハ。三重玄ノ法門也。餘ハ皆可ニ枝末一ナル

5 十二日 未發心受戒事

講師 正叡
問者 圓惠

御尋云。釋名章ニ菩薩ノ名ヲ釋スルニ。（義記、大正藏四〇、五六三上二二行）天竺ノ梵語ハ摩訶菩提質帝薩埵ナリ。今云ニハ菩薩ト略ニセリ其餘ノ字ヲ。譯シテ云ニ大道心成

衆生㆒ト矣所詮大道心ト云ハ。菩提心ト云事也。此ノ菩提ノ體ヲ。(同、五六三中一行)從㆓初發心㆒終至㆓等覺㆒。皆名㆓菩薩㆒ト釋シテ。初發心已來ト云ヘリ。次ニ。大品經ノ文ヲ引テ。此人有テ㆓大道心㆒。(同、五六三上二九行)不㆑可㆓沮(沮㊄但)壞㆒ス。猶(猶㊄ナシ)如シ㆓金剛㆒ノ矣 惣シテ一代佛法ノ大綱ヨリ。今釋ニ至マテ。未發心ノ受戒ト云事無㆓沙汰㆒事也。今ノ義ハ。菩薩ニテモ無テ菩薩戒ヲ受ト云歟。既ニ菩薩戒ナル上ハ。發心已上ナルヘシト存ル事。理在絶言也。現行傳受ノ戒儀ハ。妙樂ノ十二門ノ戒儀ナルカ。第五ハ發心。第六ハ遮難。第七ハ授戒ナリ。發心ノ上ニ授戒スト云事也

五大院ノ釋ヲ潤色ト云歟。其ハ衆生受佛戒ノ文ヲ引テ。是卽身(大正藏七四、七六五中六行。普通廣釋)入名字ト釋セリ。此名字ノ姿ハ止觀ノ第一。六卽義ナトノ釋ヲ以テ博士トスヘキカ。其ハ圓實ノ菩提心ヲ發セル位ヲ名字ト定メタリ。若(五大院)未發心ノ受戒ナラハ。理卽トコソ釋スヘケレ。圓覺經ノ一切衆生(同五行)本來成佛ノ文ヲ引テハ。是理卽佛ト釋ル也。(梵網經)但解法師語盡受得戒ノ文ヲ以テ。(同、七五八中取意カ)未發心ノ我等カ上ノ事ト云歟。名字卽ト云ハ。圓上ノ所說一實ノ菩提ナレハ。初テ佛法ヲ聞タルニテコソアレ。地體發心ノ位ヲ聞法トハ云也。(天止一、三六七。弘決)今明ニ發心㆒在㆓名字位㆒ト釋スレハ

發心トモ見ヘタリ。(天止一、三七四。止觀)通達解㆓了知一切法皆是佛法㆒ト釋スレハ解了ノ位トモ見ヘタリ。(天止一、三七六。止觀)但信㆓法性㆒不㆑信㆓其諸(諸㊄處)㆒トモ釋スレハ信ノ位トモ見ヘタリ。何樣ニモ凡夫ノ始テ佛法ニ入リ佛法ヲ聞テ解スル位ヲ。名字ト約束スル也

五大院ノ冥顯ノ大衆。(大正藏七四、七五八中。普通廣釋)欲ハ㆑知ント㆓得戒㆒ヲ。解㆓我カ語趣㆒。是得戒ノ相。(「㊄也 其㊄夫)若其不㆑解。自ラ知レト㆓非器㆒ト。故(故㊄云テ)梵網云。若受㆓佛戒㆒者。(「〇カ)但解㆓法師語㆒盡受㆓得戒㆒等云云 此ハ惣シテ機ヲ不ル㆑漏サ相ヲ釋セリ。未發心ノ解語トハ。何クニ見ヘタルソヤ。難者モ機ヲ擇ンテ。何ナル機コソ受戒スヘケレトハ不ル㆑思ハ也。了簡ノ章ニ。(義記、大正藏四〇、五六七中八行)一須ニ信心㆒等云ヘルハ。但解法師語ノ文ヲ以テ義ヲ成スル趣ニハ。大ニ背タル施設也。廣釋ニ。開導ノ六法ヲ釋ルニ。(大正藏七四、七五七中二四行)一定根機。二觀信心。三察意樂。四擇道場。五示(示㊄不)師相。六敎戒德ト云ヘリ。第一ニ根機ヲ定ルニハ。(經、大正藏二四、一〇〇四中十行)但解法師語ノ文ヲ引キ。第二ニ信心ヲ觀ルニハ。(同、一〇〇四上十八行)常作如是信ノ文ヲ引ケリ。既ニ根機ヲ定ル上ニ信心ヲ用テ受戒スヘシト見ヘタレハ。解語ノ上ニ信心ヲ沙汰ル也。山家大師。(傳全一、一二四。顯戒論)此圓戒ハ但除テ㆓七逆㆒ヲ自餘ノ衆生ハ皆悉ク得戒ストト釋ル分ハ所㆑不ル㆑諍ハ。今ハ發心未心ノ事ヲ論ル也。菩提心ヲ不ル㆑發菩薩トハ何ナル人ソヤ。(天文一、大經

一五九下。文句記）ニコソ。未ニ曾發心一尚名ニ菩薩一ト云事ハ有カ。其ハ理性ヲ指ト見タリ。（天止一、三七一。止觀）一念心卽如來藏理ト云モ理性ヲ指ス也。今ハ舍那ノ修德ノ相貌ヲ明ル故ニ。理性ニ約ストハ不レ可レ申也

示云。難趣一一ニ難レ遁シ。但シ大師ハ。自解佛乘ノ上ニ開顯ノ眼ヨリ一代ヲ判スルニ。幸ニ修多羅合スル事有レハ引レ之タマフ。故ニ此文カトアレハ。彼文カ角アレハナト云分ニテハ不レ可ニ道行一ス事也。サレハ一家ノ釋義ハ。（天玄四、四。釋籤）稍異ニナリ今古一ニ。若シ得ツレハ文ノ大旨一ヲ。則不レ曹ニトカラ元由一ニ釋シテ。大師ノ釋ハ。古今ノ諸師ニ大ニ異ナリ。諸師ハ經論ノ玄文ヲ博士トシテ此ニ付テ義ヲ構ル也。サレハ涅槃經ニ（迦葉品）二十一ノ諍論ト云事ヲ說テ。我カ未來世ノ弟子。一說一說ヲ聞テ各一偏ヲ執セハ。共ニ我カ意ヲ不レ解セト說ケリ。付レ之ニ。未發心ノ位ニ受戒ストト云事ハ。一代ノ佛法ノ中ニハ不レ可レ有ル。然ニ未發心ノ菩薩ト云事ハ。サシモ無キ事ナレトモ。大經ニ（天文一、一五九下。文句記）既ニ未曾發心尚名菩薩ト云テ。不ニレトモ發心一セ菩薩ト名ル事アリ。其ヲ理性ニ約スト會ル歟。サレハコソ未發心ナラハ菩薩トハ云ハシト云約束ハ先ツ破ルル故ニ。文ノ了簡ハ。下地ノ義勢ニ可レ依ル也。既ニ別部外稱ニ（義記、大正藏四〇、五六九下四行）菩薩戒經一ト釋シテ。部ノ外ニ出ト者。梵網ノ一部ヲ出ノミニハ非ス。其ノ分ナラハ阿含ニ非ス。方等ニ非ス。般若ニ非ス。何ニ可レ屬耶。故ニ是ハ一代ノ大小權實五時半滿ノ部ヲ出タル也。梵網・華嚴ハ能結・所結ナルカ。（天玄五、五四八。玄義）初後佛惠圓頓義齊ト釋シテ。華嚴ト法華ト同セリ。既ニ佛惠ノ法華ノ部ヲ出ルナラハ。何ソ又開會ノ部ヲ出ル義無ンヤ

サレハ經文ニ。未發心ノ受戒ト云フ言コトハ無レトモ。若受佛戒者。戒（底）界（經、大正藏二四、一〇〇四中七〜十行。取意）國王王子。乃至變化人。但解ニ法師語一。盡受得戒ト說テ。惣シテ機ノ姿ヲハ不ニ沙汰一セ。只但解法師語ト說也。此但解法師語カ深位ニテヤ有ンハ無ニ盡期一不審也。其レ體ニ准レハ名字ヨリモ深位ニテモヤ可レ有カラム。サレハ法華ノ信解品ノ信解ヲハ。初住ト釋ル也。（大正藏七四、七五八中。普通廣釋）五大院。冥顯大衆等云テ。高位ノ解語トハ不レ見ヘ也。若シ發心已上ノ事ナラハ。凡夫癡闇之人ノ經文。徒ニ可レ成歟。未發心ノ凡夫ノ樣ヲ癡闇トハ說也。（傳全一、一三三。顯戒論）犯戒之名ハ。十地モ難レ洗ヒ。傳戒ノ之道ハ。夫婦モ可レ傳ト釋ル四戒三勸ノ大意只此事也。（義記、大正藏四〇、五六九下七行）我等モ此戒ヲ受ケハ。爲ニレ人ノ可レ受ス故ニ。（經、大正藏二四、一〇〇九下二〜三行）佛佛授手シ。流通三世。化化不絕シテ。何クマテモ可ニ傳來一ス。天神ノ顯揚大戒論ノ序ニ。（大正藏七四、六六一上）菩薩戒ト者。流轉不滅之敎也ト釋ル此意也。若シ發心已上ナラハ我

等カ分ニハ可レ非ル也

舍那ノ功德ト云ハ。不レ起而已。起（底）既卽性無作假色ニテ（義記、大正藏四〇、五六五下〜五六七上）。衆生ニ發起セスンハ。舍那モ正覺ヲ不レ可レ成ス。故ニ未發心ノ凡夫カ此戒ノ正機也。凡ソ夫。無始ヨリ以來生死ニ流轉シテ。佛法ノ分ヲ得ス。徒ニ生シ徒ニ死シテ。畜生野干ニ不異ナル事。此戒ヲ不レ受ル故也。今舍那ノ功德ヲ得テ。初テ佛法ニ入ル位ヲ。諸教ニ校シテ見レハ。最初ノ發心ニ當ル故ニ名字トハ釋ル也。五大院ハ（大正藏七四、七七五中カ）。此戒ヲ不レ受位ヲハ理卽ト釋シ。受タル位ヲハ名字ト釋セリ。從初發心ト云モ（義記、大正藏四〇、五六三中一行他）。此戒ヲ受テ菩薩ニ入タル姿也。幽幽ノ凡夫。戒師ノ語ヲ解シテ三歸ノ位ニ戒ヲ受得スル時。發心ノ心有ル也。此ヲ惡ワルク意得テ。菩提心ヲ發サテハナト云ハハ。發心僻越シテ。萬行徒ニ施スヘキ故ニ。四戒三勸ノ道理ヲ可レ破ス也

次。十二門ノ戒儀ニ。第五ハ發心。第六ハ遮難。第七ハ正授戒ナル。是ハ。梵網ハ三歸發戒。地持ハ羯磨發戒ナルヲ取合テ十二門ノ戒儀ヲ作ル故ニ。梵網ノ三歸發戒ノ體ヲ。地持ノ羯磨發戒トハ作リ顯シタルソト云約束アルハ。發心ノ上ノ事ソト云約束モ無ニ子細一。地持・瓔珞・今ノ梵網ニ付テモ。上下兩卷ナトノ分ハ此意也。又此上下兩卷カ一品一卷ノ玄旨ニ歸ル時。羯磨發戒ハ三歸發戒ニ歸ル故ニ。未發心ト沙汰スル非ニ相違一也

6　戒體受得ノ人得益ノ事

講師　正叡
問者　正脩

御尋云。戒體受得ノ人ノ得益。可ニ往生極樂ナル一云事。經ニモ不レ見ヘ。若其ノ分ナラハ。衆生受佛戒（底）界等ノ文ヲハ略ストモ。淨土ノ往生トハ說カヌソ。釋義モ不ニ分明ナラ一。其ヲ釋名ノ章ニ。離三惡道淨土受形ト云一文カ有ル程ニ（義記、大正藏四〇、五六三中十一行）。是ニ取寄ル歟。三惡道ト云ヘハトテ。何ナル惡道ニテカ有ラン。サレハ無量壽經ニハ。橫截五惡趣ト說テ（大正藏十二、二七四中）。人天ヲモ惡道ト云也。縱ヒ二乘菩薩界也トモ。佛果ニ對セハ何ソ不レン得ニ惡道ノ名一ヲ。淨土ト云ヘハトテ。四種佛土有ル故ニ。淨土ノ體不審也。仍テ此釋ハ。釋名ノ章ニ戒ヲ釋スルニ。梵音ヲ出ス時（義記、大正藏四〇、五六三中七行〜取意）。或ハ尸羅ト云。或ハ波羅提木叉ト云テ。此木叉ヲ漢土ニハ保ㇾ（底）得解脫ト名ケ。或ハ淨命（底）名ト云。或ハ成就威儀ト云ト釋シテ。次下ニ未來生處離ニ三惡道一淨土受レ形（底）戒。能止（底）心ニ邪命一防レ非止レ惡等云故ニ。是ハ木叉ノ三義ヲ釋シ下ル歟ト覺ヘタリ

（同前）卽未來生處ノ釋ハ。保得解脫ノ義ヲ釋スレハ。只戒ト云名ヲ釋ルニテ有ル故ニ。强ニ一品一卷ノ別意トハ不レ可レ申。サレハ戒ヲハ或ハ性善トモ名ケ。或ハ淸涼トモ名クト云ヘル。是ハ只一代ノ經論ノ中ニ。戒ト云事ヲ說ル姿トモ也。其中ニ保得解脫ノ名計カ。今ノ菩薩戒宗ノ旨ニテ有トハ何ソヤ。所詮釋シ顯ントスル本意カ有ル故ニ。保得解脫ノ解脫ノ體。全ク安養ノ往詣ヲ不レ可レ期ス。淨土ト云ヘル必シモ同居ノ淨土ニ不レ可レ止ル。サレハ一師ハ。離三惡道ト者。九界ノ離二三道ヲ一。淨土受形ト者。寂光ノ淨土ニ形ヲ受ト云ヘリ。顯戒論ノ初ノ偈ニハ。（傳全一、二六）二種生死諸有情。防非止惡護佛種。開悟一心法性本。自受法樂遊寂光ト。此ノ山家ノ釋。全ク人師ノ了簡ノ趣也。大方。保得解脫ト云ハ。佛戒ノ解脫ナレハ。卽身成佛也。故ニ經ニハ。（大正藏二四、一〇〇四上二〇行）衆生受佛戒卽入諸佛位ト說キ。（諸佛㊦菩薩）五大院ハ。前ノ三戒ノ（大正藏七四、七六四中～下）證ハ。歷テ二無量劫ヲ一。最後ニ現身成佛シ。圓乘ノ（乘㊦成）戒證ハ。受戒之日。卽身ニ六卽成佛スト。文要。三安ノ戒ハ。無量劫ヲ經テ凡身ヲ轉シテ成佛スト云ヒ。今ノ菩薩戒ハ。圓頓至極ノ法門ナル故ニ。受戒ノ道場ニシテ卽身ニ六卽成佛スト釋セリ。卽身成佛ト者。曾テ轉迷開悟トモ不レ向ハ。父母所生ノ肉身ヲ以テ卽身ニ佛果ヲ成ル也。

但。上下兩卷ノ意ニ依レハ華嚴ノ結經ナルカ。華嚴一部ノ法門。往生極樂ニ歸ス。又一品一卷ノ意ニ約レハ。法華一乘ノ至極也。而ニ彼一佛乘ノ本意。往生極樂ナレハ。戒經ノ大旨。淨土ノ往生ニ可レ有ト云歟。餘リニ展轉シタル才覺也。意得度事ヲハ義記ヲ博士トシテ義ヲ成。不二分明ナラ一事ヲハ他經ヲ指ス。人ノ嘲ヲ可レ招ク事也。其ノ上。華嚴經ノ普賢ノ十願ノ中ニ。（大正藏十、八四八上）卽得往生安樂刹ト（刹㊦國）云文カ有レハトテ。彼ノ宗ノ人師何イカカ申ラン。法華ニ（大正藏九、五四下。藥王品）卽往安樂ト云一文カ有レハトテ。往生極樂カ一乘ノ所期也ト共許ン事モ不審也。サレハ（大正藏九、三五上。提婆品）卽往忉利ト云文モアリ。（大正藏四、四五〇上。雜寶藏經）若生二人天中一受二勝妙樂一。若在二佛前一蓮華化生ト云文モ有ル也（大正藏九、六一下。勸發品カ）

次。流通ノ文カ。（經、大正藏二四、一〇〇九下三行）世世不墮惡道八難。常生人道天中ト說ク。下ノ釋義等ヲ潤色ニ備ル歟。經ハ常生人道天中ト說ケハ。淨土ノ往生ニテ無シ。釋ハ（義記、大正藏四〇、五八〇上十三行）世世不墮ト者。離ルルレ苦ヲ也。常生トハ得ルレ樂ヲ也。所レ離所レ得豈ニ止タタコレノミナランヤ於レ（於㊦則）此。且ク擧テ三凡情ノ所ニ二欣ヒ猒フ一以レ之爲レ勸ムコソノミ耳 矣 此ハ世世不墮等ノ文ヲ離苦得樂ト釋シテ。此所レ離所レ得。是ニハ不レト可レ限イヘトモ。此外ニ佛ニ成ル事可レト有云事ヲハ不三釋シ顯一也。往生極樂カ圓戒ノ本意

也ト云事ハ。一處トシテモ證據ナキ事也
示云。此事ハ菩薩戒ノ宗旨ニ可レ依ル。纔ナル一卷ノ經文ニ向テ。篇目殊ニ分明ナル誠證ヲ尋出ン事ハ難カルヘシ。凡ソ一品一卷ノ戒經ト者。（經、一〇〇三下一二行）只一代ノ佛法カ。正ク癡闇ノ凡夫ノ上ニ成ル。舍那ノ一戒光明金剛寶戒ノ體也ト說クノミ也。故ニ所依ノ經モ。一代ノ體ニテハタラカサテ置テ。卽チ一卷ノ戒經ソト顯也。而レハ彼ハ華嚴ノ文・法華ノ文ニテコソアレ。是ハ戒經ノ分ニテ有リナト非レ可キニ云。（經、一〇〇四上一三～一四行）釋尊モ成道ノ初メ。舍那ノ敎敕ヲ受テ。菩提樹下ニ座シテ正覺ノ初ニハ初結菩薩波羅提木叉セシ。此菩薩戒ノ體ヲ開テ。一代ノ三乘五乘・大小權實ノ佛法トハ說也。上下兩卷ハ。華嚴一部ノ法門ノ本意ヲ結成セル經ナルカ。華嚴旣ニ普賢ノ行願ヲ說テ肝要トス。但彼ノ宗ノ人。不レ可レ許ス 以ヲモヒツル 歟。彼ノ大智律師。達ニ法界ニ（大正藏四七、一八七上～中。樂邦文類）執カ如ニ杜順ノ乎。勸テ四衆ニ念（〔陀カ〕）佛シ。感シテ勝相ヲ西（〔而カ〕）邁スト等矣旣ニ高祖杜順。法界唯心ノ理ニ達ル四衆ヲ勸テ念佛セシメ。我モ極樂ニ生スト見ヘタリ。是ヲ受タル華嚴ノ人師。誰カ可レ違レ之ニ。一品一卷ノ時ハ。法華一部大綱ヲ可レ明ム。天台大師。法華修行ノ方法ヲ定ルニ彌陀ヲ本尊トシ。處處往生極樂カ御本意ナル旨ヲ釋シ。別シテハ十疑論ヲ作テ人ノ行シルヘキ題目ヲ十箇條擧テ。淨土ニ往生スルカ佛法ノ本意ナル樣ヲ釋シ。最後ニハ卽チ法華・觀經ノ首題ヲ唱テ往生シタマヘル。今ノ義記モ。天台ノ御釋ナレハ此御本意アルヘシ。此外。異朝本朝ノ人師。天台一宗等云。往生極樂ヲ業トセリ。戒體受得ノ時ハ。依報・正報共ニ舍那ノ位ト等シキ故ニ。依報モ同居ニハ可レ止ルカラス。各接微塵衆（〔數〕）。俱（經、一〇〇四上）來至我所ト說テ。何ナル癡闇ノ凡夫モ。蓮華臺藏世界ニテ舍那ニ從テ受ル謂アリ。戒體モ旣ニ一如舍那ナレハ。此モ卽淨土ナリ（大正藏七四、七六〇下二八～二九行取意）サレハ五大院ハ。當レ知。受ニ菩薩戒一道場卽是寂光土也 矣
此戒行ヲ正ク我等カ上ニ可ニ成就一姿ハ。彌陀ノ功德ニ尋入コト可キレ顯ル故ニ。落居ハ。戒體モ戒行モ佛ノ功德ヨリ可レ成也。流通ノ。（義記、大正藏四〇、五八〇上十三行）世世不墮等ノ文ヲ離苦得樂ト計釋シテ。其旨不ルカレ顯レ。經論ノ義理ヲ含ミ。祖師ノ釋義ヲ設ル事。未覺ノ智惠ヲ生ンカ爲ナレハ。只我等カ思タル樣ニ一處ニ申ハテハ。釋義ノ始末ヲ開キ佛法ノ義理ヲ尋ル人モ不レ可レ有ル故ニ。下ニ可レ有ル事ヲモ上ニテ釋シ。上ニ（天止二、五四二。止觀）可レ有ル事ヲモ下ニテ釋ル也。大方流通ノ文ヲ博士トシテ。保得解脫ノ體ヲ釋スルハ。世世不墮惡道八難ヲ。（經、大正藏二四、一〇〇九下二三～四行）離三惡道ト釋シ。（義記、大正藏四〇、五六三中十一行）常生（經、同四行）

人道天中ヲ。淨土受形（義記、同十一行）トハ釋スル也。難ニ來ル宋朝ノ人師ノ釋ノ如ク。九界ヲ指テ所離ノ惡道トモ。寂光ヲ指テ所得ノ淨土ト云ハハ。此外ニハ何ヲ離レ何ヲ可レソ得。故ニ世世不レ墮ニ惡道八難一等云ヘル。次ノ生ニ彌陀ノ別願ニ尋不レ遇ハ。生死ヲ解脫ントモ三塗（途カ）八難ヲハ離テ人中天上ノ果報ヲ可レ受ク。縱ヒ佛法ニ遇テモ惡シク聞成シ意得テ。正見ヲ失フ事多ソカシ。此戒體受得ノ切ニ依テ。常ニ善處ニ生レテ必ス眞實ノ佛法ニ尋入テ生死ヲ解脫スヘキ也。大論ニ。呑ムレ鉤ヲ魚ハ雖レ在ト二池中ニ一在（出　在カ）レコト水ニ不レ久（矣）（大正藏二五、五二六中取意）祖師ハ。戒體受得ノ體ヲ取リツメハ。只離二三惡道一也ト被レ仰タリ

次ニ。淨土十方ニ有ル故ニ。極樂ニ不レ可レ限歟。地體淨土ニ往生ストス云ヘハ。極樂ノ事ニテ有ル事ハ通シテ佛法ノ約束也。藥師・阿閦等ハ其淨土ノ名ヲ出セリ。凡ソ一代ノ佛法ノ本意ヲ戒經ニ依テ述ル時。離二三惡道淨土受形一ト釋シ。（義記、大正藏四〇、五六三中十一行）此謂ヲ淨土ノ祖師ハ受取テ。凡夫出離ノ道。極樂ノ外ニ無キ趣ヲ釋シ顯シタマヘリ。サレハ梵網經カ一代ノ佛法始終ニテ有ル也。此謂ヲ無量壽經ニハ。彌陀ノ別願ニ尋入ル宿善ヲ。清淨有レ戒者乃獲レ聞二正法一ト說キ。（大正藏十二、二七三上二九行）義記ニハ。無戒ノ利益ヲ淨土受形ト釋シタマヘリ。（大正藏四〇、五六三中十一行）兩宗ノ其趣キ一致也。此故ニ正菩薩戒ノ本意ハ。淨土ノ往生ニテ有ル事ヲ。受法ノ戒義（儀カ）ニ作ル時キ。廣願ノ時ハ。極樂ニ往生ント樂（願カ）也。（卍續二二十、八丁右上取意。授菩薩戒儀）大乘布薩ノ唱白ニモ。上品往生阿彌陀佛國ト云ヘリ。事ノ法則マテモ極樂ノ往生ニテ有ル樣ヲ作リ顯セリ。此戒ハ諸佛ノ本源。行菩薩道ノ根本。佛性ノ種子也。一切衆生カ此佛性ノ種子ヲ顯ス謂ヲ往生極樂ト名ル也。惣シテハ佛法ノ大綱。別シテハ菩薩戒ノ宗旨只此事也

7　三聚淨戒事

講師　正叡
問者　正脩

御尋云。小乘ヲハ。五篇七聚ト分別シテ輕重ノ姿ヲ重重辨ヘリ。菩薩戒ハ。只輕重ノ二篇ト分別セリ。篇聚ノ意得樣。小乘ニ替ル計也。此ハ只律儀ノ上ノ分別ト見ヘタレハ。三聚淨戒悉ク可レ備ト云義。經ノ說相ニハ不ニ分明一ナラ。此三聚戒名。出方等・地持ト（義記、大正藏四〇、五六三中二七行）釋シテ。地持・瓔珞等ノ諸經ニハ。菩薩戒相ヲ分別ストシテ二三聚淨戒ト名付タリ。今經ニハ。十重四十八輕戒ト名テ。强ニ三聚淨戒ノ意可トハレ有不レ見ヘ。釋名ノ章ニ。小乘ノ律儀・定・道ノ三戒ヲ釋シ。又大論ノ十戒ヲ引ケリ。此ヲ一一ニ今ノ五十八戒ノ上ニ於テ

可ニ意得一歟。梵網ノ戒ヲ。三聚淨戒ニ授テ見レハ攝律儀也。瓔珞經云（大正藏二四、一〇二〇下）。律儀戒ハ謂ク十波羅夷ト釋ル故ニ。十重・十波羅夷ハ同シ物ナレハ。輕戒ニ接（攝カ）善・攝生ノ意可レ有歟。「輕ト云モ」（底「」重複）重ヲ輕ク制シ成ス物也。サレハ小乘ノ五篇七聚ト云テ。二百五十戒ト制シ上ルモ。根本ノ四重ヲ護持セム爲也。山家ノ大師。四重ノ式（條カ）ヲ立ル時モ。五十八戒ヲ受ルヲ以テ爲ニ菩薩大僧ノ戒ト定ル也（傳全一、十七）。此ハ沙彌戒。此ハ大僧戒ト云。七衆ノ分別モ菩薩ノ律儀戒ノ分也

五大院モ。流通ノ五藏ヲ釋ストシテ。十重四十八輕戒ト者（大正藏七四、七七六下二四行）。三聚淨戒ノ中ノ攝律儀戒ト釋ル也。若梵網經ニモ義記ニモ不ハ分明ナラ。他經ニ說ク三聚淨戒ヲ此經ノ分トハ難シ被レ申。次ニ應不應ト云應ト者。常住ノ慈悲心ヲ可ト起ス云ハ（義記、大正藏四〇、五七二上二〇行）。菩薩ノ心根ノ樣ヲ說マテ也。戒トハ不レ可レ云。不應コソ防非止惡ノ方ナレハ。攝律儀戒ニテハアレ。受法ニ付テモ。地持・瓔珞コソ三聚淨戒ノ羯磨ノ下ニテ戒體ヲ發得スト見ヘタレ。梵網ノ受法ハ。只十重ノ相ヲ說ソト云テ。三聚淨戒トマテハ不レ見ヘ也

御示云。大方菩薩ノ律藏。二十七部五十餘卷也。此ハ皆聲聞ノ律藏ニ對スル菩薩ノ戒ヲ明ス物也。小乘律ノ如ニ。別シテ四分・五分・十誦・僧祇ナト申シテ。律藏計ヲ結シ置事ナシ。只大乘經ノ中ニ。菩薩戒ヲ明ス經論ヲ取集テ大乘律ト名クレハ。聲聞ノ律藏ニ對シテ大乘ノ律藏ト名ケ置ク計也。戒無ニ大小一由ニ受者心期一ナレハ。聲聞ハ自調自度ノ上ニ持チ。菩薩ハ大悲兼濟ノ心ニ住シテ受ケ守ル故ニ。其戒ニ於テハ大小ノ律儀無ト不同一。六宗ノ學徒ハ申也。山家ノ被ニ論立一戒法ノ姿ト云ハ。小乘ノ律儀ノ外ニ大乘ノ律儀アリ。聲聞ノ威儀ノ外ニ菩薩ノ戒行ノ姿有トハ見ヘタレトモ。惣シテ一代ノ佛法カ菩薩戒ト可レ被レ云旨趣ヲハ。山家ノ大師ノ學徒モ不ニ思入一事也。只菩薩戒ト云カ聲聞ニ對ル菩薩戒ナラハ。其ノ菩薩ノ中ニハ。權教ノ菩薩モアリ。乃至圓宗ノ菩薩モアリ。今ノ菩薩戒ハ非ニ其分一ニ。彼ノ法華ノ虛空不動ノ三學ト者。定ト云ヘル三學共ニ定也。惠ト云ヘル三學共ニ惠也。此レ一乘ノ三學也。今ノ相傳ノ意ハ。三學ノ中ノ定惠ヲ戒ニ攝スト云事ニハ非ス。三學カ皆戒ト云ハレテ。癡闇ノ凡夫ニ發起スルヲ戒ト云也。三學俱傳ノ宗ノ上ニ。一戒光明ノ宗ヲ立ト云ハ是也

釋名ノ章ニ（同二七行）。小乘ノ律儀定道ノ三戒。大乘ニ所レ明ス菩薩ノ（底「菩薩ノ」）三聚淨戒（義記、大正藏四〇、五六三中十六行）。大論ニ所レ明十戒等ヲ引テ（同、五六三下八行）。今ノ性無作假色ノ舍那ノ

功德ニ。一代ノ佛法ヲ造リ入ルル樣ヲ釋シ置ク也。凡ソ大小乘共ニ佛法修行トハ云ハ。戒定惠ノ三學也。小乘ヨリ戒ト云事ヲハ。律律(儀カ)・定・道ノ三戒ト云ヘリ。此レ三學ヲ戒ト名ル意也。律儀戒ト云ハ。作法受得ノ姿也。小乘ノ意ハ。十人五人ノ律師ニ隨テ受得ストト云。(天止二、五二四。止觀)此ノ律儀ニ依テ禪定ノ功德ヲ得。進テ無漏ノ智惠發ル也。依ニ因(能カ)此戒一得生ニ禪定及滅苦智惠一ト云ヘル此意也。隨心轉ノ戒トテ定カ發スレハ。律儀ノ戒ヲ發シ。無漏ノ智惠カ發スレハ無漏ト共ニ發戒スル也。其ノ所發ノ戒ト者。前ノ作法受得ノ戒ト同シ物也。此ヲ或ハ。戒戒心地無漏戒トモ名ル也。此ハ定ヲ發シ惠ヲ發スル處ヲ。聽テ戒ト沙汰スル也。而レトモ小乘ハ淺近ナル故ニ。定惠ヲ戒ニ造リ入ルル趣ハ見レトモ。三學ノ下地ヲ造リ分テ置ク故ニ。定惠ヲ全ク戒トハ不レ云。又三學ニ互テ定トモ惠トモ不レ云也

(義記、大正藏四〇、五六九上二五行)淨滿ノ名ヲ(「以カ)。諸患都盡一故稱爲レ淨。滿(㊦衆)德悉圓名爲レ滿也ト釋スル。此卽チ三聚淨戒ナルヲ舍那ノ功德トシテ。(同、五六三中二七行)凡夫ノ上ニ發起スル謂ヲハ此經ニ明シ。名ハ他經ニ出タレハ。名出方等地持ト釋スル也。サレハ。天台ノ法門ニテ一心三觀・一念三千・草木成佛等ハ肝要ナレトモ。三諦ト云事モ中論ヨリ出タリ。草木成佛モ中陰經ヨリ

出タリ。而レトモ他經ノ法門トハ不レ云。今モ文ハナケレトモ。舍那ノ功德ヲ受取ル謂ヲ分別シ顯スカ三聚淨戒也。十重ハ十無盡ナレハ。(經、大正藏二四、一〇〇九下)一戒一無盡也。既ニ十無盡戒法品ト名レハ。菩薩ノ八萬ノ威儀・無量ノ功德法門。悉ク十無盡戒藏ニ可レ攝ス也。一戒ヲ持ト思フ處モ。其體ヲ開テ見レハ三聚淨戒也。他宗ノ人師カ。十重ヲハ律儀戒トシ。輕戒ニ付テ攝善・攝生ヲ分別スル分ニハ非ル也。淨滿如來ノ功德ヲ。我等カ上ニ受取ル處ヲ三聚淨戒ト云ヘハ。一一ノ戒ニ於テ三聚具足ノ意可レ有ル也

(ママ)角意ル上ニハ。或ハ身口ヲ面ニシ。意業ヲ面トスル戒モ有レハ。其面ニ(經、大正藏二四、一〇〇九下十四行)約シテ三聚淨戒ヲ司トル謂モ可レ有也。流通ニ心藏・地藏・戒藏ト(同十五行)者。引合テ見レハ經ノ首題ノ心地戒品也。因果佛性常住藏ト(同十五行)者。攝善法戒也。無量行願藏ト者。攝衆生戒也。一經ノ始終ニ付テハ。此流通ノ結成ノ文分明也。但。先德。十重四十八輕戒ハ律儀戒ナル趣ヲ被レ釋事ハ。定惠ノ功德マテヲ戒ト名テ。律儀ノ一戒ニ收ル意也。此卽チ師資相承作法受得ノ謂ヘ一代ノ佛法ヲ作リ入ルル心也。應ト者。(經、一〇〇九中十八〜十九行)應下起ニ常住慈悲心一方便救護上(「〇カ)ナレハ。攝善・攝生ノ定惠ノ功德也。不應ト者。(同、一〇〇四中十七行)殺因殺緣等ト

説ク。一一ノ制戒ノ姿也。此律儀也。應不應ヲ並テ擧テ是ノ菩薩ノ波羅夷罪ト結シ入ルル三聚淨戒ヲ。律儀ニ説キ成ントスル事。經文分明也。他經ノ中ニハ。三聚淨戒ノ名ハアレトモ其義ハ無者也

8　二十日　就二菩薩戒一判二階位一事

講　圓恵
問　正叡

御尋云。釋名ノ章ニハ。菩薩戒ノ三學ヲコソ本ニ可キレ釋ス。四教ノ階位ヲ擧タル事無シ二覺束一。只自然ニ釋スル樣ニモ無クテ一段ヲ立タリ。始ニ釋尊一代所説ノ法門等ハ者。釋尊所説ノ法門四教ヲ不レ出。其ノ四教ニ。菩薩ノ有樣ヲ釋シテ。長ト四教三乘ノ次位ヲ出シテ肝要ノ三重玄ヲ五重玄ニ替ル樣ナル事ヲハ。委モ不レ釋。難ニ意得一事也。人名法號ト云カ菩薩戒ナレハ。階位ハ此菩薩所經ノ位ナルヘシ。何レニモ釋名ニハ不ニ相應一セ也。菩薩ト云ハ。第三ノ菩薩ト相傳スレハ。圓ノ菩薩ナレハ此ノ階位ヲハ圓位ニ約シテ可シニ意得一。圓教ノ（天玄一、五六五。釋籤）菩薩卽屬佛界ト釋スル意也

或義ノ意ハ。階位ハ菩薩戒ノ三字ニ付テ約教ノ釋ヲ作ル意歟ト云ヘリ。サレハ文句ニハ。法華經ノ文文句ニ經テ（〔句カ〕）。因縁・約教・本迹・觀心ノ釋ヲ設ケタマヘリ。玄文ノ釋ト云モ。委ク教相ヲ分別レハ。四教ニ約シテ造リ釋ヲ。其ノ上ニ判麁開麁ノ文モアリ。妙法ノ名ヲ釋スル下ニ。位妙ト云一段アリ。此位妙ノ下ニテ四教ノ位ヲ釋スレハ。今ノ菩薩戒經ノ釋（〔名カ〕）スル下ニテ四教ノ階位ヲ開ク事。何子細可レ有耶。一代ノ佛法ヲ取テ今ノ佛戒ニ入ルルシツライソト聞ルカ。其ハ釋名ノ章ニ。四教ノ階位ヲ不レトモ列何ソ其謂ナカラム。抑。四教ノ階位ヲ開クハ。一品一巻ノ分歟。上下兩巻ノ分歟。此階位ハ戒行ノ意ソト云約束聞ルハ何ソ耶。上巻ニ所レノ擧ル階位ハ。十發趣・十長養・十金剛ノ位也。此ヲ下巻ニ十發趣・十長養・十金剛十地ト云テ。（經、大正藏二四、一〇〇四中一行）此ニ發心菩薩亦誦ノ言ヲ加レハ。五位ノ菩薩也。此ヲ明曠ハ。圓位ニ約シテ釋ル也

御義云。四教ノ階位ト云ハ。梵網ノ上下兩巻ノ謂ヲ。一代ニ廣ケテ一代ノ佛法。種種ニ機ニ隨テ説ケル法門區ニ分タレトモ。天台一家ノ意。釋尊一代ノ所説四教ヲ不レ出也。此四教ノ中ニ所レノ（經、一〇〇三下二二行）明ス。若ハ二乘。若ハ菩薩ノ行相。悉ク今ノ舍那ノ一戒光明金剛寶戒ノ體ニ一代ヲ造リ入ルル意ヲ。別圓ノ二位ニ約シテ。上ニ序ニ菩

薩ノ階位ヲ。下ニ明シ二菩薩戒法一ヲ施設スル也
上卷ノ階位カ下卷ノ戒法ニ歸シテ一品一卷ト云ハルル時。一代ノ佛法。舍那ノ功德トシテ癡闇ノ凡夫ニ發起スル體ト成ル也。釋名・出體ト者。能詮所詮ニ當ル也。釋名ト者。一代ノ佛法ヲ菩薩戒ノ名ト釋スル也。此能詮ニ依テ。舍那ノ性無作假色ノ體ヲ顯ス也。サレハ人ノ名ニ付テモ。諸經論ノ意ヲ以テ。菩薩ト者。大道心成衆（義記、大正藏四〇、五六三上一二行）生ト釋シ。菩薩ノ樣ヲモ。又稱二佛子一ト。以二紹繼一ヲ爲レ義ト。（同、五六三中一～二行）三乘皆從レ佛ニ生レ解ヲ盡是（佛歟）○子ノ義也（也カ）ト釋ス。此等ハ一代聖教ノ施設トモ人名ノ下ニテ表シ。（同一行）此ヲ從二初發心一終至二等覺一ノ謂ヘヲ釋入レ。法ノ名ニ付テモ。小乘ノ律儀定道・大乘ノ三聚淨戒・大論ノ十戒等ヲ舉テ。一代佛法ヲ惣シテ三聚淨戒ト云テ。攝善・攝生マテ悉ク佛法受得スト沙汰スル也
梵網カ華嚴ノ結經ト云ハルル時モ。部ノ方ハ兼帶ナレハ法華ニ不レトモ及ハ。佛惠ノ方ハ法華ニ等シシ。又得分長時ノ華嚴ト云時ハ。華嚴カ一代ノ始終。三世ノ化儀ニ通スル意可レ有ル。此ヲ結スル梵網ナレハ。一代ニ亙リ四教三乘ニ亙ル意可レ有也。爾者。四教ヲスクマカシテ意得ハ。常途ノ天台ノ判教ノ分ニモ不レ可レ叶。況ヤ菩薩戒ノ宗旨ニ於テヲヤ。天台ノ意ニテモ。願（蓮カ）連上人。次不次ノ意ヲ被二沙汰一セ時。次第ト者。華嚴ノ所依トスト云ヘリ。佛惠・開會ト云カ則チ次不次ノ二也。華嚴ノ心ヨリハ。一代ノ佛法カ但爲二次第三諦所攝一ト被レ云。（天玄一、八六。釋籤）法華ノ意ニ成レハ。一代カ唯有一乘ノ體ト顯ルル也。一代ノ佛法ヲ心ニ依テ修行スト沙汰スル。此カ四教ノ階位也。此階位ト云ハ。舍那ノ功德ニテ必ス我等カ可二受取一ル謂也。癡闇ノ凡夫是ヲ受取テ。衆生受佛戒卽入諸佛位スル也。（經、大正藏二四、一〇〇四上）舍那ノ佛位ノ一ヲ四教ノ階位トハ開ク也。サテ此四教ノ階位ヲハ。何レノ時。我等ハ可ソト二經顯一スト云ニ。上ノ法ノ號ヲ辨スル下ニ。保（得カ）得解脫ノ體ヲ。（義記、大正藏四〇、五六三中九～十一行）離三惡道淨土受形ト釋スレハ。淨土受形ノ上ニ可キ二經歷一ス也。一代佛法ノ源ヨリ。顯レテ出タル姿ヲ釋名ノ章ニ釋ル也

9　菩薩戒體事　二十一日

講　照惠
問　予

御尋云。戒體ノ事ハ。大小乘ノ諍論。小乘ノ中ニ付テモ諸部ノ異說多レシ之。毘曇ハ以レ色ヲ戒體トシ。成論ハ非色非心ヲ戒體トス。此レハ共ニ無作ヲ戒體トスルニ付テノ事也。僧企（祇カ）律ハ以レ心ヲ爲二戒

體一ト故ニ。小乘ノ中ニモ一分イサテタル部ノ意ハ以レ心體トスル也。今ノ釋義ニ性無作假色ト者。(義記、大正藏四〇、五六六上一行)毘曇ノ如ク見タレハ以外淺近ニ似タリ。天台一家ノ釋義ノ大綱。大乘ノ意ハ。以レ心諸法ノ體トスル也。華嚴ニ三界唯一心心外無別法ト說ショリ。(大正藏七四、四八七中。菩提心義抄)唯識唯心ノ法門カ大乘性相ノ源也。其ノ唯心ト者。第八識歟。性相二宗ノ諍也。以レ心爲レ體ト上ニ。理心歟・事心歟ト沙汰スル也。今ノ菩薩ノ戒體モ以レ心爲レ體ト條勿論也。處處ノ釋モ或ハ。中道妙觀戒之正體トモ云。(天止二、五三九。止觀)或ハ意明ニ心性一以爲ニ戒體一トモ云。(天止二、五一五。弘決)瓔珞經ノ一切凡聖戒盡心爲體ノ文ヲ處處ニ引用シテ。(大正藏二四、一〇二一中二〇行)以レ心ヲ體トノミ釋スル也。戒ト者。事法ナルカ故ニ。一向心ト云テ。非レ可レ止ム。身口ノ作法受得ニ依テ。無作ノ功德ヲ得ルト云事アリ。但離テレ事ヲ無レ理。一色一香無非中道ナルカ故也。其ノ事法ノ戒體ハ。理也心也ト沙汰スヘシ

觀㊄理　(菩薩カ㇄)　聖㊄情　盡㊄ナシ　「㊄爲心

天台ノ御釋ニ。一念三千・一心三觀ト云ヘル。心念ノ體ト者。(天止一、三七一。止觀)一念心卽如來藏ノ理ノ體。一心一念遍於法界ノ理ニ歸セハ。(止三、二七〇。弘決)(身カ)以レ心ヲ爲レ體ト本意ハ。實相ヲ爲レ體ト心ト一ナルヘシ。色ヲ爲レト體ト云ハ。毘曇一家ノ有部ノ義也。小乘ノ中ニハ初門ナレハ。大乘ノ宗旨ニ對スレハ疎也。大乘ノ意ハ。心ヲ戒體トスト云ヘトモ。戒ト云物ハ。(義記、大正藏四〇、五六三下二九行)若發ニ無作一。亦依ニ身口作戒一而發ト釋スレハ。妙樂釋(天止二、五一六。弘決)初戒體ト者。不レ起而已ト云處ヲ指シ。起卽性無作假色ト者。(同、五六四上一行)亦依身口作戒而發ノ意也。雖レ依ニ身口一體必在レ心ト者。(弘決)身口ノ作戒ニ依テ無作ノ假色ヲハ發スト云。正キ菩薩ノ戒體ハ。實相ノ心也。今ノ釋。不レ起而已起卽性無作假色ト云中間ノ性ノ字。今ノ菩薩ノ戒體ナレハ。此性ノ一字ニ始終ノ文言ヲ收テ可ニ意得一也

(卍續一ー五九、二五二丁右下。疏註)

サレハ與咸ハ。性ノ一字。提ニ理性之所依一ヲ釋ル故ニ。性トハ眞如佛性ノ理體ヲ指ス歟。淨覺ハ。當體ノ體・所依ノ體ニ約シテ分別ス。與咸破レ之。凡ソ一家ノ意ハ。一切ノ諸法以ニ實相一ヲ爲ニ所依ノ體一ト條勿論ノ事ナレトモ。(天玄四、三四六。釋籤)今ハ全性成修ノ義ニ約シテ。大小乘共ニ發戒ノ當體可レ有也。其ノ當體ノ體ノ受體ニ付テ。性無作假色ト沙汰シテ得ルニ。所依ノ體ノ意ヲモ可レト論ス也釋也。熙抄・頂山カ性德修德ニ約シテ釋スルモ。文ノ本意ヲ不レト顯サ云ヘリ。能發所發・能納所納ニ約シテ色心ヲ分別スル也。能發ト者心。所發ト者色。能納戒體ノ種子ト者色。所納ト者。第八識ナレハ心法也。又當體ノ體ニ付テモ。能發ニ約スルハ以レ心爲レ體ト。其正キ所發ノ戒體ハ無

作色也。或ハ無表色トモ云。是ハ青黄赤白等ノ色ニハ異也。天眼ナラハ不可見也。此ヲハ或ハ無教トモ云也

南山ノ三宗ノ戒體ト者。毘曇・成論・大乘論也。性無作假色ト(前出疏註)者。當體ノ體ノ心ナルヘシ。性之一字提理性所依ト等者。性トハ全性成修ノ事體ナレハ。此所依ノ體ヲ思ハヘテ性ノ一字ヲ置キ。起則(卽カ)トハ能發ノ心ヲ指シ。性無作假色ト者。所發ノ戒體ソト云意ト釋ル也。妙樂モ。起卽性無作假色ヲ當體ノ體ノ方ニテハ。亦依身(前出弘決)口作戒而發ト釋スルトモ。此身口ノ處ニ不シテ止ラ。雖依身口體必(前出弘決)在心ト釋スル故ニ。正クハ以ニ心性ヲ一爲ニト戒體ト一云事也。但。性無作假色ト者。舍那ノ戒體。癡闇ノ凡夫ニ發起スル謂ナレハ。常ノ色心相對ノ中ノ色ニ非ト云歟。釋義ニ其趣不レ見。無作ノ假色有ト云ヒ。無ト云フ。兩家ノ義ヲ擧テ。今之所レ用有ニ無作一也ト釋ス(義記、大正藏四〇、五六六中二七行)レハ。有無ノ中ニハ。有無作ノ義ヲ可ト用見タリ。舍那ト云フ言モ無シ。佛戒ヲ凡夫ニ發起スル假色ナルヘシト云事モ。釋義ニ所レ不レ見也。無作ニ性ノ一字ヲ加ヘ。色ニ假ノ言ヲ添タレハトテ。色心相對ノ中ノ色ニ非ル樣如何

御義云。宋朝ノ人師。熙抄・頂山ハ。三重五重ヲ釋シ合ルヲ。與咸ハ破シテ之ヲ。三五ノ旨ニ暗シト云ヘトモ。五重ニ替テ三重ノ寄(奇カ)特ヲモ不ニレハ釋シ顯一サ。中中二師ヨリモ劣レリ。凡ソ大乘ノ佛法ノ大綱。以ニ實相一ヲ爲レ體ト。法華經ニモ。諸法實相所謂諸法ト說テ(大正藏九、五下十一行。方便品)。一切森羅ノ萬法。染淨迷悟ノ諸法實相ヲ以テ爲レ體ト也。體ノ字ハ訓レ禮ト(天玄一、一二二。玄義)。禮ハ法也ト云者。各親ニ其親一ヲ者(同前)。一切ノ諸法眞如法性ノ理ヲ爲レ體ト意也。各子トスニ其子一ヲ者(同前)。還テ此眞如ノ理ヨリ一切ノ諸法ヲ生長スル謂也。今出體ノ章ニ。不レ起而已等(義記)釋スルハ。曾テ實相ノ理體ニハ非ス。經論ニ互ニ說テ諍一論ス有無ヲ。釋シテ無作ノ有無ノ義ヲ擧テ。此諍論ノ中ニ實相ヲ爲レ體ト義ヲモ引(義記、大正藏四〇、五六六上二一行)也。初ノ義ハ。善惡本ヨリ由レテ心ニ起ス等釋シテ。卽チ此心ヲ以テ爲ニ戒體一ト。瓔珞經ノ文ヲ引也。乃至以テレ色ヲ爲レ體ト者(同十五行)。大小乘ノ經論ニ盡ク有ニ無作一引ク中ニ。梵網經ヲモ猶以諍論ノ中ニ出ス(同、五六六中九行)也。梵網ノ大品(本カ)卽チ大乘教ト云ヘル此也

色心相對ノ分ヲハ。諍論ノ中ニ仰テ此ヲ結ル時。然此(此㊦ナシ)二釋ト等(義記、大正藏四〇、五六六中二二行取意)者。如レ此有無ノ一邊ヲ執レハ。或ハ道理ニ契ヒ。或ハ文ニ契ト云テ。今ノ菩薩戒ノ體ヲハ。始ノ性無作假色ノ體ニ還テ。今之所レ用有ニ無作一也ト釋也(同二七行)。若行者ノ能發所發ニ約セハ。只五重玄ノ分ナル

ヘシ。此ノ梵網經モ上下兩卷ノ分ナラハ。大小相對ノ菩薩ノ戒體ナレハ。小乘ノ色ニ對シテ以レ心可レ爲レ體ト也。所詮。五重玄ニ替ル三重玄ノ體ト者。此ノ出體ノ章也。此戒體ヲ釋シ顯カ釋名ニテモアリ。此ノ戒體受得ノ姿ヲ了簡スル了簡ノ章ニテモ有也

十一行半ノ偈カ。舍那ノ發起ヲ明ス。此舍那ノ發起ヲ。偈中大意(義記、大正藏四〇、五六九下七行)四戒三勸ト釋シテ。舍那釋迦ニ傳ヘ。乃至菩薩衆生ニ傳ルカ傳受戒ノ姿ニテ。此舍那發起ノ意ヲ不レ起而已(同、五六五下二九行)ト釋シ。凡夫ニ傳ル處ヲ起卽性無作假色(同、五六六上一行)ト釋也。法華ノ本門壽量ノ本地ノ三身。若從別意正在報身(天文五、二三七一下。文句)ノ至極ヲ。今ノ淨滿如來ノ三聚淨戒ト名テ。凡夫ノ上(意〈底〉位)ニ受得スレハ。彼ノ實相心ノ戒體ノ至極ヲ無作ノ假色トハ意得也。無作ノ有無ヲ。大小乘ノ經論ニ互ニ諍論スル本意ヲ。舍那ノ功德ニ沙汰シ入レハ。有無作ト者。一品一卷ノ舍那發起ノ謂ヲ顯シ。無作ト者。上下兩卷ノ意。卽チ戒行戒體ノ謂レ。若シハ三重五重ノ意也

天台ノ意。惠心檀那ノ兩義也。惠心流ノ杉生方ノ義ハ。迹門ハ以レテ心爲ニ戒體一ト云ヒ。竹林房ハ互ニ色心一ト云ヘリ。色心ト云ハ軆テ事理也。然ニ迹門正意在レ顯ニ實相一(天玄一、一一四。釋籤)ト云テ。迹門ハ。實相ノ理ヲ談レハ。戒體モ理ト云ナルヘシ。本門ノ意ハ。修得ノ悟ヲ談レハ。色ヲ以テ爲ニ戒體一ト。杉生流ノ如也。惠光房ノ以レ色ヲ爲ニ戒體一ト者。戒體ハ事體ナル故也。其事體トハ。隨緣眞如ノ至極・全性成修ノ事ニ付テ戒體ヲ論ル意也。互ニ色心一ト云義ノ意ハ。事理不二・修正(性カ)一如ノ義ニ約シテ功德スル心也。止觀コソ大師己心中所行ノ法門ナルカ。其止觀トハ定惠ノ二法也。定惠ハ。心性ノ理體ヲ顯サムト向フ戒モ。此謂ニ沙汰シ入レハ。以レ心爲レ體ト云也。此十重四十八輕ト者。制戒ノ輕重ヲ明ス處ヲ體トスレハ。戒ト云ハ。大小(天止一、四三七。弘決取意)兩乘咸制ニ身口一ト云テ。身口ニ約ル意有也

10　菩薩戒體廢失事

講　予

問　賢覺

御尋云。今ノ戒ハ。佛戒ニテ金剛寶戒ナル故ニ。不レ可ニ廢失一ト云。上下兩卷ノ經ニモ。一戒光明金剛寶戒(經、大正藏二四、一〇〇三下二二行)ノ文ハ有レハ。此文計ハ大樣也。既ニ菩薩ノ戒體ヲ釋スル下ニ。始ハ道定二戒ニ約シテ沙汰シ。次論ニ興廢一者(者〈底〉ナシ)(義記、大正藏四〇、五六六下十二行)。初菩薩律儀方便求レ受等釋シテ。今ノ戒體ニ於テ興廢ヲ論シ。二緣捨ノ義ヲ釋セリ。十重ノ結ノ文。若有レ犯者(經、大正藏二四、

(一〇〇五上十八行)不レ得三現身發二菩提心一等云テ。十重ヲ不レ可レ犯ス姿ヲ說也。此十重ヲ犯セハ。國王王子乃至十地佛性常住ノ妙果ヲ失ト云ヘリ。(經、同二一行)一切皆失(失㊞悉)墮三惡道中ト者。世出世ノ一切ノ法ヲ失ト云ナルヘシ。一切皆失(失㊞悉)ト云ハ。戒體ヲ失スト云意也

(義記、大正藏四〇、五六六下十三～十四行)若捨二菩提願一。若增上煩惱犯二十重一。其體則(則㊞卽)廢。若無二此二縁一至レ佛乃廢ト釋ル。此ノ二縁捨ト者。地持・瑜伽等ノ論家ノ說也。彼論說ハ二縁ニ依テ菩薩ノ戒體ヲ失スト云ヒ。瓔珞經ノ中ニハ。(大正藏二四、一〇二一中七行)有レ犯不レ失ト說テ。菩薩戒體ニ於テハ生ヲ經レトモ不レ失セ樣ヲ說也。其道理ヲ云トシテ。(同二一行)心無盡故戒亦無盡ト云ヘリ。經ニハ不レ失セト云ヒ。論ニハ失ト云フ。此經論ノ相違ニ付テ。諸師異釋ヲ存セリ。太賢ハ。(大正藏四〇、七〇一上七〇一上。古迹記。瑜伽論同文)上品ノ纏。(「〇カ)數數現行都無二慙愧一。深生二愛樂一見二是功德一分ヲ以テ重夷ヲ犯レハ。戒體ヲ失シ。中下品ノ纏ヲ以テ犯スレハ。不レ失セト云也。義寂ハ。(大正藏四〇、六五九上取意。菩薩戒本疏)二縁ニ遇ン時ハ菩薩戒ノ作用不レ可レ有ル。功能功用ノ方ヲ失スト云ヘリ

サレトモ藏識ノ中ニ納ツル戒體ト云物ハ。始終破スヘカラス。サレハ。戒體ノ種子ト云物ハ。未來永永ノ後也トモ止惡修善ノ道ニ趣ク縁ト成ル也。底ニ不レ失セ謂アレハ。經ニモ(有犯不失カ)一得永不失ト說也。以二三縁一ヲ捨ト云ハ。(前出義記)正ク菩提ノ願ヲ捨テ。增上ノ煩惱ヲ起ス方ハ體用共ニ身ニ不レ備ラ。若捨菩提願ト云ハ。成佛ノ思ヲ捨ル故ニ戒體ヲ失スヘシ。(太賢古迹記)上品ノ纏ト者。數數現行都無慙愧ノ心ナレハ大煩惱也。聲聞ノ戒ハ重ヲ犯セハ。比丘ノ性ヲ可レ失ス。四縁五縁ニ依テ戒ヲ捨ル也。命終捨ト者。(大正藏四〇、六五九中二五行。義寂本疏)始ヨリ要期シテ盡形壽ノ戒ナル故ニ。命終已後戒ヲ失ル也。作法捨ト者。(同二六行)比丘ノ位ニシテ重ヲ犯レハ。遮・性二戒共ニ失スル故ニ。重重ノ罪業共ヲ可レ得也。其ヲ作法シテ捨レハ比丘ノ位ニテ無レハ。遮戒ハ失スレトモ性罪ノ分ヲハ遁ルル故ニ。此カ爲ニ佛慙愧ヲ許シタマフ也。サテ報障トテ。比丘ノ位ニ不レ可レ成ル事アリ。十三難等也。然ニ此戒ハ。凡夫ノ上ニ受得スル戒體ナレハ。癡闇ノ人。違縁ニ遇ハハ何ナル惡念ヲモ可レ起ス。義記ニ見タル如ク。廢失ノ義可レ有ル。失スト云ヘハトテ。永ク戒體ヲ失シテノクル樣ニハ不レ可レ有ル

サレハ彼ノ天台ノ意モ。會二シテ衆善之妙行一ヲ歸二スト廣大ノ一乘一ニ釋シテ。低頭擧手ノ善モ佛因ト成リ。過去ノ微善願智ニ所レ制悉ク趣二ク菩提一ニ。火焰向レ空ニ水流趣レク海ニト云ヘハ。聊ナル微縁猶以テ菩提ニ至ル也。一品一卷ノ意也トモ。二縁ニ遇程ノ事出來テ

重戒ヲ犯セハ何ソ戒體ヲ不レ失セ。若戒行ヲ不トレ失セ云ハハ。菩薩戒受ヌル上ニハ。何ナル惡見ヲ起シタリトモ不トレ苦カラ可キレ思フ故ニ。戒行ニ進ム人不レハレ可ラレ有。還テ舍那ノ慈悲モ不レ可レ顯ル也。五大院。（大正藏七四、七六四下二三行。廣釋）戒體不失ノ義ヲ釋トシテ。一切諸法皆是佛法。佛法之中。都無ト二犯戒一云ヒ。當知五逆三惡皆爲戒行ト云ヘルハ。（同、七六六上九行）眞如ノ理ニ約シテ。皆是佛法ノ解了ノ方ニ寄セテ一往ノ道理ヲ述ル計也

御義云。此事ハ不レ起而已起卽等ノ釋ノ意得樣ニ可レ依ル也。不起而已ト等者。受者ノ心ニ還テ戒體發得ノ是非ヲ沙汰ルニ非ス。舍那ノ三聚淨戒ヲ。癡闇ノ機ノ上ニ受得スル此報身ノ功德ヲ指テ。性無作假色ト名レハ。隨テハレ緣何ナル惡見ヲモ起シ。何ナル煩惱ヲモ可レ起ス。戒行ニ還テハ煩惱ヲモ（經、一〇〇四上）不レ可レ起スナト非レ可ニレ云。サレハ五大院ハ。（大正藏七四、七七四上二五行）凡夫ノ衆生受佛戒卽入（諸佛カ）菩薩位スル處ヲ。一如ノ舍那ト釋ル也。凡ソ諸宗ノ意。理性ニ約シテハ。一念心卽如（天止一、三七一。止觀）來藏理トテ生佛一如ナル理ヲ談レトモ。事ニ還レハ。生佛迷悟隔リテ。（傳全一、五六五）迷ハ迷。悟ハ悟也。今ノ戒ト者。一心戒ニモ。法身如來有ニ實相戒一。等覺之人不レ知ニ戒ノ質ヲ一。十地之人非レ看ルニ二珠ノ色ヲ一。諸宗ノ宗賢不トレ知ニ珠狀ヲ一云テ。等覺ノ菩薩。諸宗ノ宗賢ノ不ルレ知處ノ佛戒ノ體ナル戒珠ヲ。但解法師語（語㊦悟）ノ位ニ。癡闇ノ機ノ上ニ傳ル處ヲ。一品一卷ノ宗旨トスル也。大師三重玄ヲ開ケル所詮此也

經ニハ。（大正藏二四、一〇〇三下一二行）一戒光明金剛寶戒ト說キ。五大院ハ。（大正藏七四、七六六上一二行）如シト下金剛ノ一タヒ成テ二利寶ト一。更ニ不ルカ中破壞セ上釋シテ。菩薩戒ヲ金剛ニ譬ル也。金剛ト云ハ。物ヲハ摧破シテ。何物ニテモ此金剛ノ體ヲハ不レ破ラ也。若二緣ニ遇テ破壞セハ。金剛寶戒ノ體ニテハ不レ可レ有ル。譬ニ約レハ金剛也。法ニ約レハ卽入諸佛位也。（大正藏七四、七六四中二九行）五大院。三羯磨ノ壇ノ上ニ於テ。六卽ノ卽身成佛ヲ成スト云ヘリ。本業瓔珞經ノ說モ此菩薩戒ノ意ヲ說キ顯ス也。有犯不失ノ義。他經ノ意ニテハ不レ可レ說。梵網經ノ意ニテハ上下兩卷ノ分ハ他經ノ意也。五大院。五重ノ戒ヲ立ル第四ヲ。（大正藏七四、七六六上二五～二七行）四ニ菩薩ノ大戒ヲ。持レハ成リ二法王（寶カ）ト一。犯レハ成二世王ト一。而モ戒不レ失。譬ヘハ如シト二金銀ヲモテ爲ルニレ器ト用ルコト貴シ。破シテレ器ヲ不レトモレ用ヒ。而モ寶ヲ不ルカレ失セ釋シテ。是常途ノ戒ナルニ猶ヲ戒體不トレ失セ云フ。今ノ戒ハ。第五ノ如來ノ寶戒也。何ソ可ニ廢失ス一耶

此經ノ流通ニハ。（大正藏二四、一〇〇九下三～四行）世世不レ墮ニ惡道八難一。常生ニ人道天中一ト說キ。釋名章ノ保得解脫ノ下ニハ。（義記、大正藏四〇、五六三中九～十行）離三惡道淨土受形ト釋スレハ。

戒體不失ノ義分明也。今ノ無作ノ假色・一戒光明ノ姿ヲ。一代經論ニ沙汰スル時。興廢ノ義ヲ論ル也。此レ戒體ノ上ノ戒行ノ相也。小乘ノ意。四緣五緣ニ依テ戒體ヲ廢スト云モ。菩薩ノ三聚淨戒ノ中ノ律儀ノ一分ヲ聲聞戒ト制スレハ。別ノ事ニハ非也。地持・瑜伽等ノ面ハ。行者ノ心ニ約シテ戒體ノ失不失ヲ沙汰スレハ。此レヲ一品一卷ノ意ニ引合セテ見レハ。還テ戒體不失ノ義ヲ顯ス也。舍那發起ノ功ニ依テ佛戒ヲ受得スル故ニ。實ニハ上品ノ纏・增上ノ煩惱ヲ起ス事ハ不レ可レ有ル也。釋ハ經論ノ失不失ノ義ヲ和會スレトモ。皆心ニ還テ持犯ヲ論スレハ。不失ノ謂ヲ沙汰スレトモ。今ノ菩薩戒ノ本意ヲハ不レ云ル也

此經ニテ。正ク三無差別ノ道理立シテ。凡夫ニ無レ隔キ舍那戒身ノ正覺ノ體カ。一乘ノ至極也。此一乘ノ謂ヨリシテ。戒體不失ノ義可レ立ス也。十重ノ諸文ニ。若有レ犯者不レ得現身等ト說ク（經、大正藏二四、一〇〇五上十八行）。凡ソ七逆十重ノ事ニ付テハ重重ノ沙汰アリ。善學諸人者（同十六行）（仁カ）ト等表レハ。持戒ノ上ニ於テ戒體失スル義ヲ說ケリ。此ノ十波羅提木叉ノ體ヲハ。釋名ノ章ニ保得解脫ト翻シ（義記前出）。此ヲ離三惡道淨土受形ト釋ル也。經ニハ此十波羅提木叉ヲ受テ。犯セハ惡道ニ可レ墮スト說ク故ニ。經釋ノ相違。常途ノ意ヲ以テ可レ難レ辨ヘ。而ニ此ノ十重ヲ七逆ニ同ル意有ル故ニ。七逆ヲ犯ル者ノ現身ニ菩薩戒ヲ不レ可レ受ク。此篇ニ約ル也。十重ノ犯不犯ノ事ハ。餘ノ題目ニ可レ讓ル也

10-2　戒體廢失事

講　予

問　惠等

御尋云。菩薩ノ戒體廢失スト云事ハ。十重ノ諸ノ文。若有犯者（經、大正藏二四、一〇〇五上十八行）不レ得ニ現身ニ等 云云 乍レ向ニ此文ニ何ソ不ニト廢失セ可レ成ス耶。兩軸ノ義起（記カ）。處處ニ戒體廢失スト見タリ。既ニ興廢ノ一段ヲ立テ（義記、大正藏四〇、五六六下十二行）釋ス。何ソ一邊ヲ取。一邊ヲ可レ捨耶。義記ノ釋ハ。菩薩律儀方便求受等判ル故ニ。廢失ノ義ヲ沙汰スル歟。今ノ戒體ト者。人法ノ兩緣ニ依テ此ヲ受得ル故ニ。從緣生ノ法ナル故ニ。生者必滅ノ謂ヲ不レ可レ免ル。不生ノ法コソ不滅ニテハアレ　（缺文）

御義（了云カ）。今ノ菩薩戒ト者。受者ノ心ニ還テ戒體ノ發不發ヲ論スル意ニ非ス。舍那ノ發起ト云事也。其ノ發起ト者。十一行半ノ偈頌ニ明レス之。此ヲ偈中大意四戒三勸ト釋スレハ。師師相傳・作法受得ノ貌カ。舍那ノ發起ソト意得ル上ニハ。興廢ト云カ聽テ戒體戒行ノ

二ノ意也

次ニ。十重ノ諸文ハ。戒體ノ上ノ戒行。一品一巻ノ上ノ上下兩巻ノ意也。大通結縁ノ者ノ退大スト云ヘトモ。其ハ信樂懺悔ノ二衣ノ裏ニカケシ珠ハ不レ失。此ノ繫珠ヲ。五大院。今ノ戒珠ト釋シタマフ也。（大正藏七四、七六六上十八行。廣釋）發心已後。不意廢忘。不レ名ニ犯戒一ト云云

11　解ニ法師語一外別須ニ信心一歟

講　正修
問　正叡

御尋云。大方一代ノ佛法ノ大綱。以レ信ヲ入ル二佛道一ニ爲ニ初門一ト。淨行經ニハ。初ニ入ルニハ二三寶ノ海一ニ以レ信爲レ本。（大正藏二四、一〇二〇中二三行。瓔珞經）住ニ在ルニハ佛家一ニ以レ戒爲レ本ト矣（同、一〇二〇下二二行）瓔珞經ノ意ハ。四不壞信ト立テテ。受戒ノ法則ニ付テモ一番ニ可レ用ニ信心一ヲ様ヲ拵ヒ置也。此經ノ偈頌ニハ。汝是當成佛。我是已成佛。常作ニ如レ是信一。戒品已具足ト（大正藏二四、一〇〇四上十七～八行。梵網經）云ヒ。四十八輕戒ノ中ニハ。常生ニ大乘善信一。（同、一〇〇七中二三行）（善㊦ナシ）自知。我是未成之佛。（我是㊦ナシ）諸佛是已成之佛ト說テ。序正共ニ信心ヲ可レ用ト見ヘタリ。但解法師語等ノ一文ヲ證據トスルカ。（同、一〇〇四中十行）其ヲ信心ヲ遮スル言ハ無シ。此文ハ意趣アリ。國王王子百官宰相ト說テ。（同七行）大小乘ノ佛法。若ハ戒ニ付テ定ニ遮難一ヲ機ヲ嫌フ姿ヲ沙汰スル時。今ノ戒ト言ハ。在家出家黃門二根ニ種種ノ報障有リトモ。得戒ノ障トハ不レ成ラ。戒師ノ語ヲ解スル事不レ叶ハ物ハ。得戒セス。何ナル非器也トモ法師ノ語ヲ解セハ。得戒ノ機ナルヘシト定ル也。其ノ法師ノ語ヲハ何ト解了スルソト云ニ。信心ヲ起ス姿タ佛戒ニ於テ尊重ノ思ヲ作ス時。得戒スヘキ也。サレハ闡提ヲコソ不信具足ノ句ニ屬スレ。佛戒ヲ可キレ受ク器ト云ハ。必ス可レ起ニ信心一ヲ也

凡ソ三重玄カ大綱ニテ有カ。釋名ノ章ト者。菩薩戒ノ名ヲ釋シ。出體ト者。菩薩戒ノ體ヲ明ラメ。此戒體ヲ凡夫ノ上ニ受得スル謂ヲ。料簡ノ章ニ三ノ文段ヲ立テ顯ス時。（料㊦了）（義記、大正藏四〇、五六七中八行）一須信心トテ。一大事ト沙汰スル信心ヲ。只無念ニ法師ノ語ヲ解スルヨリ外ニハ信心無ト云ン事。釋義ノ本意ニ不レ可レ叶フ。解語得戒ノ事ハ。第二ノ無三障ノ下ノ釋ノ意也。煩惱障ニ付テハ。（同十四行）煩惱常有故不說障ト云ヒ。業障ニ付テハ。悔不悔ノ義ヲ沙汰シ。第三ノ報障ニ付テ種種ノ事ヲ沙汰スルニ。（同二二行）非人畜生但能解レ語皆得レ受レ戒ト釋シテ。此ノ報障ノ下ニ解語得戒ノ事ヲハ沙汰スル也。爾者。但解法師語ノ意ヲ。（料カ）了簡ノ章ノ下ニテハ報障ノ處ニテ可レ明ム也。縱ヒ何ナル遮難報障ヲ

除タル身器清淨ノ人也トモ。戒師ノ語ヲ解セスハ非器也。又報障ハ重シト云トモ。法師ノ語ヲ解セハ不レ可ニ非器ナル一。此ハ文段各別ノ事也。今ノ大師ノ釋ノ意モ。信心ヲ用ル姿ト解語トハ別ノ事也（大正藏七四、七五七中二四行～。廣釋）五大院ノ先德。開會（導カ）ノ六法ヲ定ル時。一定根機。二觀信心。三察意樂。四擇（底釋）道場。五示師相。六敎戒德（底得）ト云テ（同、七五八中十七行）。第一定ルニ根機ヲ下ニ但解ニ法師語一等ノ文ヲ引合テ。冥顯大衆。欲（底歎）レ知ニ得戒一。解ニ我語趣一是得ニ戒相一。若其不レ解自知ニ非器一ト釋ル也。得戒ノ器非器ヲハ。解語不解語ニ依テ定メ。此ノ解語ノ機ノ上ノ得戒ノ機ハ何物ソト云ニ。第二ニ觀ニ信心一ヲ沙汰スル也。故ニ長行ノ但解法師語ノ文ハ。戒體受得ノ樣ヲ不ニ說極一メ也

正キ一品一卷ノ大綱ヲハ。十一行半ノ偈ニ付テ意得ルカ。經ニハ常作如是信。戒品已具足（經、大正藏二四、一〇〇四上十八行）ト云ヒ。釋ニハ。標スル時ニハ。偈中大意四戒三勸ト釋シ（義記、大正藏四〇、五六九下七行）。文ニ入テハ勸信勸受ト釋セリ（同十八行）。經・釋トモニ信心ヲ專ラ沙汰ル也。解語得戒ノ姿モ見ユレトモ。經ニモ不ニ盡理一セ。義記ニモ何トモ不レ釋セ。偈頌ノ大衆心諦信（經、同十六行）ノ文ヲハ。大論ノ信爲能入ノ文ヲ引テ言ヲ加テ釋也（義記、同、五七〇下二行）。只法師ノ語ヲ解ル外ニ。信心無ト云ハハ。經釋ニ可レ背也

御義云。今ノ信心ノ樣無ニ覺束一。凡ソ諸宗ノ心ニテモ信ト云ハ。初心ニ令ルレ蒙ラ言也。別敎ノ五十二位ノ時モ。十信ハ菩薩ノ初心ノ位也。圓敎ノ意ハ約ニシテモ深位一ニ沙汰セリ。サレハ法華經ノ信解品ト云ハ。初住ノ悟ヲ開ク人ノ上ニ於テ論ル也。但。地・住已上ノ斷無明證中道ノ位ニ於テ信ノ名ヲ付ル事ハ別ノ義也。圓ノ意モ。信ニ一切法卽空卽假卽中一（天止一、一一七。章安緣起）。但信ニ法性一不レ信ニ其諸一ト者（天止一、三七六）。名字ノ位ヲサス也。此名字ヲ。於ニ名字中一通達解了等釋レハ解了ノ位トモ見タリ。此位ニ三諦ノ名字ヲ聞ク位トモ云ヒ。解トモ云ヒ信トモ云也。此ヲ各別ニ沙汰ル時。名字ハ解ノ位。觀行ハ行ノ位也。故ニ初心ニ佛法ヲ聞キ解スト云外ニ信ハ無キ也。一家ノ釋ニ。信解ヲハ見修二道ニ約シテ釋レハ（天文三、一四三三下。文句）。信ヨリ前ニ位ヲ置事無シ。信カ佛法ニ入ル初門也。初入三寶海以信爲本ト云フ（前出瓔珞經）此意也。佛法ニ身ヲ入ルル姿カ信心也

若シ。戒師ノ語ヲ解シ聞ク外ニ。別ニ信心ヲ起スト云ハハ。通途ノ佛法ノ分ニテモ可レ難カルニ意得一也。今解語ト云ハ。名字卽ノ解了ノイサテタルヲ指ニ非ス。諸宗ノ意ニテモ。乘戒ノ四句有レハ。戒緩乘急ノ機ハ。三塗ニ墮在シナカラ得道得果スト云ヘハ。解了ノ義何ソ

無ン耶。經ニ若受ニ佛戒一者。(大正藏二四、一〇〇四中七行。梵網經)國王王子百官宰相等ト說テ。一切衆生ノ機根ヲヒロヒ擧テ。其上ニ但解法師語等云ヘル。信ト者。語ヲ信スト云事也。全ク解ト云モ非ニ深事一ニハ也。淨行經ニ六道衆生受ニ得戒一。(大正藏二四、一〇二一中二一行。瓔珞經)但解レ語得レ戒不レ失ト說モ。此經ノ意ヲ以テ如レ此云也。今ノ釋ノ初ニ依ニ三藏門一ト等者。(義記、大正藏四〇、五六七中九行)常途ノ大小乘ノ意。修因感果ノ分ニテ戒定惠ノ三學。以テ信ヲ爲レ先ト事ヲ釋シ。次ニ復加ニ三種一ト者。(同十二行)今ノ菩薩戒經ニテ信心ヲ可キ用姿也。今ハ法師ノ悟(語カ)ヲ解ル處カ信心ナル事。一須信心ト釋スル也。(同八行)而レハ衆生受佛戒卽入諸佛位ノ益ヲ成スレハ。事ニ舍那ノ正覺ヲ成ルカ如ク。我等モ未來ニ可レ成ニ正覺一ヲ身ト成ル也。梵網ノ受法ハ。三歸發戒ノ處ニテ。戒體ヲ成立スル故ニ。三信ト云モ解語ノ處ニ成スル也

五大院。(大正藏七四、七五六中。廣釋取意)定ニ根機一ヲ者。義記ニ釋スル如ク但能解語ノ機也。冥顯ノ大衆。皆得戒ノ器ナル意ヲ。戒師ノ語ヲ解セハ可ニ得戒ノ器ナル一定メテ。其ノ上ニ可レ用ニ信心一ヲ樣ヲ釋スル也。其ノ信ト云ハ。(同、七五八下二行)自知我是未成之佛。(「諸佛是カ)是已成之佛ト知ル處也。五大院被レ釋セ三種ノ戒ト者。(自㊀未)傳受戒ト云ハ。(同、七七三下十二行~)師師相傳シ作法受得ス。此ヲ言說法身ト釋スル也。發得ノ戒ト云ハ。功德法身也。(同、七七四上十行)性得ノ戒ト云ハ。性得法身也。(同、七七四中八行)舍那ノ功德ヲ法身ト名ル意也。義記ニモ法身無レ在。(大正藏四〇、五七〇中十~十二行)傳ニ授(「〇カ)授㊀受)諸菩薩一矣 此三種ヲ三種ノ法身ト云也。舍那正覺ノ體ト云ハ。但解法師語ノ言說ノ體也。言說法身ノ體ハ成ストモ。別ニ信心無テハ不ト可レ叶云ヘキニ非ス

12 煩惱得戒障歟

講　賢覺

問　予

御尋云。小乘ヨリシテ煩惱ヲ障トハ不レ云ハ。遮難ト云モ業障・報障也。而ルヲ人師。三障ニ約シテ十三難ヲ釋ル事有レトモ。此ハ煩惱障トセサル上ノ故也。聲聞戒ハ。專ラ身口ニ約シテ防非止惡ノ義ヲ論レハ。ケニモ也。菩薩戒ハ。菩薩律儀遍防三業ト云テ。(義記、大正藏四〇、五六三上十八行)其ノ中ニモ殊ニ三業之中意業爲(爲㊀意)レ主ナレハ。(同十九行)身口ニ約ル方ハ。身口ノ防非止惡ノ障リト成リ。意業ニ約スル方ハ。意地ノ煩惱カ障ト可レ成ル。聲聞戒ハ。約ニ七支ニ制レス之。菩薩戒ハ此上ニ貪瞋癡ノ三毒ヲ加制スレハ。約ニシテ七支ニ制ル也。身口ト云モ意地ヨリ起レハ。煩惱障ハ障ト可レ成ル。今ノ菩薩戒ト云モ。必シモ心ヲ制ントモ不レ向ハ。戒體ヲ性無作假色ト釋スルハ(同、五六六上行)剩ヘ色ヲ體トスト見ヘタリ。菩薩戒ニ戒體・戒

行ノ二ノ意アレハ。戒體ハ。色ニ約スル如也トモ。戒行ハ。約シテ可レハ（「心ニカ）制ス。煩惱ハ得戒ノ障ト可レ成也。衆生障礙乃有三種ト釋スレハ。（同、五六七中十四行）煩惱業苦ノ三道カ迷ノ根元ナレハ。障ト成ラハ三障通シテ障ト可レ成也。其ヲ煩惱常有故不說障ト釋スル事不レ被二意得一（同前）

煩惱ハ常ニ具足スル故ニ。得戒ノ障ト不レト成云歟。舍那ノ功德ハ。法身般若解脫ノ三德ノ至極ナレハ。此三德ヲ障ル三障ヲ除ク謂無シテハ。佛ノ功德不レ可二顯現一ス。業障ヲ釋スル下ニ。重業障レ戒ヲ（同十五行）等云ヘル。輕重ヲ分別スレハ。煩惱ニモ輕重有テ。輕障ハ。得戒ノ障ト不レト成云ナルヘシ。サレハ上ニ興廢ヲ沙汰スル時モ。衆生ノ業惡ノ因緣無盡ナル故ニ。纏ニ付テモ上中下ヲ立スル也。（大正藏四〇、六五六下二二行～。）瑜伽論ニ四隨煩惱ヲ白法ノ障ト判スルヲ。（菩薩戒本疏取意カ）義寂此ヲ引テ。煩惱ハ得戒ノ障ト成ル樣ヲ釋セリ

常有ノ煩惱ト云ハ。迷迷ノ煩惱心中ニ具足スル處ノ煩惱歟。貪瞋恚ノ三毒ノ心モ現起セハ可レ成レル障ト歟。煩惱カ障ト成ラハ。癡闇ノ凡夫ノ戒體受得ノ義不レ可レ有ル歟。其ノ分ハ報障業障モ可レ同カル。三德ト云ハ。三身ノ功德也。今ノ戒ハ舍那ノ佛戒ナレハ。煩惱ヲ斷シテ般若ノ種智ハ可レ顯ル。三身門ニ付テ授セハ。舍那ハ報身ノ功德ニ可レ當ル也。報障ハ。法身ノ功德ニ對スル障也。業障ハ。解脫現身ノ應身ノ功德ヲ障ル也。若三道卽三德ノ意ナラハ。三障共ニ障ト不レ可レ成ル。煩惱障ニハ不レ可レ限ル也

御義云。今此釋ハ。料簡ノ章ノ三ノ文段ノ中ノ。第二無三障ト（義記、大正藏四〇、五六七中八行）名ヲ表ル也。衆生障礙乃有二三種一（同十四行）等云ハ。惣相佛法ノ障ト云物ニ付テ。煩惱障・業障・報障ノ三障ヲハ。人人（「底人人）具足スル也。此三障具足ノ機ノ上ニ。舍那ノ一戒光明金剛寶戒ノ體ト成シテ。煩惱ヲ具足レトモ。舍那ノ功德。障ト不レ成ラ謂ヲ了簡（料カ）スルカ。今ノ一段ノ釋義ノ大綱也。西山上人。殊勝ノ釋義。本意甚深也ト云云　大方。小乘ノ心ヨリ戒ヲ沙汰スル時ハ。煩惱ハ不レ成レ障ト。定惠ノ功德ニテハ煩惱ハ障ト成ル也。下界ノ煩惱ヲ不レシテ斷セ上界ノ禪定ヲ不レ可レ發ス。惣相三界結使ヲ不レシテ斷。無漏ノ智惠不レ可レ發ス。此定惠ヲ修行セムト向フニ付テ。住在佛家以戒爲本ニテ。（大正藏二四、一〇二〇中二三行。瓔珞經）一毫ノ惑ヲモ斷セヌ凡夫ノ上ニ大小乘ノ戒ヲ制スレハ。何ノ教ノ意モ。煩惱ハ得戒ノ障ト不レ成也

サテコソ聲聞戒モ身口ノ七支ニ約シテ制スレハ。意地ニ何カナル妄想顚倒ヲ發セトモ障トハ不レ成也。業障ハ。今ノ戒ヲ不レル受前ニ。何カカナル

事ヲ振舞タラハ。不レ可レ令レ受レ戒ヲモ。出家ニモ不レ可レ成ル事多レ之。報障ハ。先業一感ノ所身ノ上ニ於テ。何カカナル物ハ佛法ノ非器ト定ル也。佛法ノ非器ト云ハ。戒行ニ付テ制ル也。此等ハ身口ノ遮難也。大小乘共ニ凡夫ノ位ニテ戒ヲ受ル也。聖人ハ。道共定共ノ戒ヲ持ス。律儀戒ハ凡夫ノ上ニ制ル也。三學共ニ初心ヨリ後心ニ至ルマテ可レトモ學ス。戒ハ專ラ初心ニ令レ蒙ラ也。サレハ釋尊ノ遺敕ニモ。波羅提木叉ヲ以テ可レ爲レ師ト。サテ定惠ノ功德心ニ依ル謂ハ。舍那ノ功德ニテハ無キ歟ト不審ナルカ。舍那ノ功德ヲ受得スル上ニ。機ニ還テ可ニ修入一スル謂ヲ。一代ノ佛法トハ作リ置ク也。是一品一卷ノ上ノ上下兩卷ノ心也。瑜伽ノ四隨煩惱白法ノ相違トヲ成ルト云ヒ。（義記、大正藏四〇、五六六下）今ノ釋ニ持地ノ二緣捨ヲ釋シ出ニ。上品ノ纏カ得戒ノ障ト成ト釋スルハ。戒體ノ上ノ戒行ノ意也

而ニ南山所立ノ三宗ノ戒體ト者。因緣宗・假名宗・圓教宗也。地持・瑜伽等ノ說ハ。此三宗ノ戒體ノ分ニテ釋ヲ造ル也。其ハ菩薩戒ト云モ。上下兩卷ノ意。階位ニ約シテ沙汰スレハ。一分ノ煩惱ヲ斷シテ一分ノ功德ヲ得ルニ付テ。四十二位・五十二位ノ階位ヲ立レハ。三學共ニ煩惱ニ依ルヘシ。戒行ノ日。犯戒ノ名ハ十地モ難レト洗ヒ釋スレハ。煩惱カ得戒ノ障ト成ル意可レ有ル。此分ハ戒モ定惠カ家ノ戒也。今一品一卷ノ意ハ。定惠モ戒ト云ハレテ。癡闇ノ凡夫ニ發起スル也。戒モ心ニ約レハ。諸教ノ謂ニ立還ル也。諸師ノ釋ニ。一代ノ佛法ヲ大ニ押シ分ル時。化・制二教ト分別スル也。（大正藏四〇、五四八上二六～七行。明曠疏）其制教ト者。今ノ一品一卷ノ意ニ歸シ。化教ト者。今ノ戒體受得ノ上ノ戒行ノ姿也。此ハ一代ノ佛法滯ル處ナク。今ノ菩薩戒經ノ意トシテ可キレ開故ニ。此謂ヲ始ニ煩惱常有故不レ說レ障ト釋也（義記、大正藏四〇、五六七中十四～五行）

13　七逆十重懺悔事

講　照惠

問　正叡

御尋云。今ノ釋。七逆ニ付テハ。七逆。一云懺滅スレハ非レ障ニ。（義記、大正藏四〇、五六七中十七行～）二云犯レハ一ヲ悔與ニ不悔一悉ク皆是障也ト云テ。（也〔ナシ〕カ）二師ノ解ヲ擧レトモ。取捨ノ言モ無レハ。何レヲ以テ今家ノ正意トスヘシトモ不レ覺ヘ。十重ニ付テハ。三ノ釋ヲ造ル也。其ヲ講答ハ。七逆ニハ懺悔滅ノ義ヲ不レ許。十重ニハ懺悔ヲ可レ許ト聞ルカ。今ノ釋ハ。七逆ニ付テモ初ノ義ハ懺滅（滅(底)悔）非障ト云ヒ。十重モ始ノ解ハ。（同十八～九行）前ノ四性罪ハ事同ニ七逆ニ。悔ト與ニ不悔一ト悉ク障也ト（也〔ナシ〕カ）釋シテ。懺不懺ヲ不レ云ハ七逆ニ

五三四

同シテ。四重ヲ犯セハ悉ク障也ト釋シテ。此等ノ釋ヲハ不レ爲レ本ト。七逆・十重共ニ後ノ釋ヲ可レ用ト云事雖ニ意得一。七逆ノ事ハ。第五ノ不教悔罪戒ニ。(經、大正藏二四、一〇〇五中十七行～)見下一切衆生犯ニ八戒・五戒・十戒一。毀レ禁七逆八難一切犯戒罪上。應ニ教懺悔一ト説テ。七逆八難等ノ一切ノ犯戒ヲ不シテレ令ニ懺悔セ一。(同十九行)共住シテ同僧ノ利養ヲ令レ受ケ。布薩ヲ行セハ。輕罪ナルヘシト云ヘリ

小乘ハ。四重ヲ犯スル物ニ懺悔ヲハ許セトモ。二度ヒ大僧ノ位ニ至ル事ハ無シ。今ハ七逆十重共ニ懺悔スレハ。僧ノ利養ヲモ受ケ。布薩ヲモ可トレ行ス見ヘタリ。其ヲ第四十ノ簡擇受戒戒。四十一ノ爲利作師戒ニ。十重四拾八輕戒ニハ。見相懺悔ヲ許シ。七逆ニハ懺悔ヲ不トレ許説ケハ。七逆ニ於テハ經文モ兩方ニ見ヘ。釋義モ兩義ヲ出セリ。一邊ニ不レ可レ有歟

圓林抄云。(大正藏三八、七八三中十九～二四行。維摩垂裕記)五逆即是極苦之因。故小乘中爲ニ十三難障レ戒障レ果。(「〇カ)今大乘家(教カ)體ニ達心性一即是(「〇カ)解脱。何障レ之。(「有カ)若爾。何故梵網七逆成レ遮。答。小遮ニ障戒一而復障レ果。大雖レ障レ戒而不レ遮ニ進道一矣文ノ意ハ。小乘ハ七逆ヲ犯セハ戒ヲ障ヘ。又入障(聖カ)得果ヲモ障也。大乘ハ。入聖得果シ斷惑證理セム事。七逆ノ有無ニハ不レ可レ依ル也。此ノ文ノツツキニ梵網明レ遮ニ未懺者一(同、七八三下一行)耳ト釋レハ。悔不悔ノ二ノ意ヲ存歟。經ニ七逆ヲ遮難トテ。戒ヲ障ト云フハ不ニル懺悔一セ方ヲ云ナルヘシ。作法懺・見相懺・觀無生懺。此ノ三種ノ懺ヲ三學ニ對當スル也。梵網ニハ作法・見相ノ二ノ懺悔ヲノミ説テ。觀無生ノ懺悔ヲ不レレハ説カ。七逆ニ懺業(滅カ)無ト云ハ。下ニ所レノ明ス作法。見相ノ懺悔ノ分也。若シ觀無生ノ懺ナラハ七逆也トモ可レ滅也

小乘ハ。作法懺ニ付テ。衆法・對首・心念ノ三アリ。大乘ハ。只一ノ對首懺也。七逆ハ觀無生。十重ハ見相。輕垢ハ對首ナルヘシ。此經ノ七逆ハ。見相ノ分ニテ難レキ滅シ故ニ。若具ニ七遮一(經、大正藏二四、一〇〇八下三行)即(現カ)身不レ得レ戒ト説也。觀無生ノ懺悔ハ。專ラ普賢觀經ノ意也。七逆ハ不レ可レ被レ遁(造歟)物ト云歟。可レキ犯物ナレハコソ經ニハ説ナラメ。若七逆ニ懺悔ヲ不レンハ許。十重ニモ不レ可レ許ス。前四性罪ノ事同ニ七逆ト一釋(見歟)故也。十重ニモ三品ノ纏ノ分別アリ。今十重ニ懺悔ヲ許ストハ。此ノ三品ノ中ニハ。何レノ纏ヲ以テ犯ルニ付テノ事ソヤ。太賢ノ釋ハ。(大正藏四〇、七一六下十七行～。古迹記取意)瑜伽ノ心ニ依テ上品ノ纏ヲ以テ犯セハ可ニ失戒一ス。中下品ハ對首ナレハ。中品ハ三人ニ對シ。下品ハ一人ニ可レト對云ヘリ。受戒已

前ニハ二師不レ可レ有ル。故ニ七逆ハ不トレ可レ被レ造云歟。明曠等ノ師ハ。增受戒ノ者ニ約シテ釋スル也。若爾ハ。何ナル二師也トモ。我カ心ニ違セハ打殺ント思事可シレ有。在家モ親ノ恩ニ依テ被ニ生長セ一子。父ニ不孝也。是皆凡夫ノ有様也

御義云。常途ノ諸教ノ中ニハ。逆罪ト云モ五逆也。小乘ノ具足戒ヲ受ル時ノ遮難ト云モ。十三難ノ中ニハ五逆ヲ問フ也。七逆ト云ハ。始テ此經ニ説ケハ可レ有ル二子細一。（義記、大正藏四〇、五七一中二〇行）下卷ニ大小相對シテ開遮・色心・輕重ノ異ヲ判ルニモ。大士ハ害ルニレ師ヲ逆ヲ犯ス。聲聞ハ非トレ逆ニ云ヘハ。聲聞戒ノ意ハ。只殺人ノ分ナレハ四重ノ分ナルヘシ。菩薩戒ノ意ハ。十重ノ外ニ七逆ヲ立レハ。罪ニ於テモ三品ヲ分別ス。七逆ハ上科。十重ハ中。輕垢ハ下也。七逆ト云ハ。五逆ニ殺和上・殺阿闍梨等ヲ加也。諸經所説ノ五逆モ。此經ニテ二師ヲ加ル處ヨリ重ト成ル也。此ヨリシテ父母ノ恩モ深クナル也。此戒ハ師師相授ナル故ニ。二師ヲ害ル也ト云ハ。舍那ノ功德ヲ毀破スル物ナルヘシ。所詮。七逆ハ悉クハ不レ可レ被レ造。出佛身血モ。今ハ生身ノ佛御座マシマサス。殺羅漢モ。生身ノ羅漢ナシ。破僧罪モ。此等ハ佛在世ヨリ以來ハ調達カ所犯ニ限ル也。而ニ法師ハ法身ヲ資ケ。父母ハ生身ヲ助クル。故ニ對シテ二此等一ニ逆罪ヲ起ス事不レトモレ可レ有ル。此ハ作法トシテ。三障具足ノ機ノ上ニ無ニ三障ノ意ヲ造リ顯セハ。受者モ此ノ七逆ヲハ不トレ可レ造ル知タレトモ。受者ノ身器清淨ニシテ。戒體發得ノ機ナル處ヲ顯ス時。有リ二七逆一耶ト問フヲ。受者カ無ト云位ニテ。事ニ戒得スル。此カ聽ヤカテ性無作假色ノ體也。作法受得ト者是也

七逆ハ。戒師ノ所解ニシテ戒得ノ機ヲ顯ス處ヲ。（義記、大正藏四〇、五七九上二一行〜）一明ニ所解一。解レ此故堪トレ爲レ師ト釋ル也。小乘ノ意ハ。遮難無トモ。受者カ遮難有ト云ハハ。不レ可ニ發得一ス。縱ヒ遮難有トモ。能授所授共ニ不ニ造知セ一無キニ遮難一樣ヲ答ヘハ。若具七遮卽（現カ）身不得戒トハ説也。（經、大正藏二四、一〇〇八下三行）犯セハニ七逆ヲ一生ノ中ニ不レ可ニ得戒一ス。不ンハレ犯セ一切衆生皆戒體受得ノ機也ト顯ス也。山家。今此圓戒ハ。但除キニ七逆一。（傳全一、一二四。顯戒論）自餘ノ衆生ハ。皆悉ク得戒スト矣舍那ノ正覺ニ背キハテタル物ハ。七逆也。增受戒ノ人ニ對シテコソ可レ問フ。初受ノ人ニ問フ事無レトモニ覺束一。自レ是七逆ヲ説テ遮難トスル事ハ。一切衆生得戒ノ機ナル事ヲ問ヒ顯ス意也

罪ノ輕重ニ約シテ。懺悔ノ功能ヲ沙汰スル方ニテハ。觀無生ノ懺悔ニテ。重重ノ惡ヲ滅スル意モ可レ有ル。諸大乘ノ心乃至眞言陀羅

尼等ノ功ニ依テ。五逆ヲモ可レ滅ス。觀經ニ五逆ノ罪人往生スト說クヲ。天台ハ。犯重罪者。臨終之時。懺悔念佛。業障便轉。（大正藏三八、五六四中二〇行。維摩略疏）卽得往生ト釋スレハ。重業也トモ別緣力ニ依テ懺滅スヘシ。不教（第五重）悔罪戒ニ七逆懺滅ノ義ヲ說ク。此謂ニ可ニ意得合一也。十重ニ三ノ釋ヲ作ル。一ニ前四性罪等者。（義記、大正藏四〇、五六七中十八行）聲聞戒ノ意也。以ニ四重一ヲ爲レ主ト意。今ノ菩薩戒ノ上ニ於テ沙汰スル也。二ニ前四須レ悔等（同二〇行）者。通途ノ諸大乘經ノ意。大小相對ノ菩薩戒ノ分ニ約シテ十重ノ相ヲ釋スル也。三ニ十重不レ悔悉障等者。（同二一行）今經ノ意也。其ニ付テ不レ悔悉ク障ト云者。重ヲ以テ逆ニ同シ。若具七遮卽（現カ）身不得戒ト（梵網經）說ク意也。悔已悉非レ障ト云ハ。（義記、同二一行）若犯ニ四十八輕戒一者。（經、大正藏二四、一〇〇八下二五行）對首懺罪滅。不レ同ニ七遮一ト云輕垢ニ同スル意也。悔ト云モ對首懺也

纏ヲ以テ意得レハ。中下品ノ纏ヲ以テ犯スル重ナルヘシ。此中下品ノ纏ヲ以テ犯ル重ヲハ。他宗ノ人師モ對首懺ト釋ル也。十重ヲ若（經、同二四行）無ニ好相一雖レ懺無レ益ト說ク意ハ。上品ノ纏ニ約シテ說物ナルヘシ。中下品ノ纏ノ分ハ。輕垢ノ所說ナルヘシ。其輕垢ノ中ニ重重ノ分別可レ有ル。小乘ハ輕ニ四篇ヲ分別シ。七聚ノ中ノ六聚ハ輕垢也。今ノ戒ト云ハ。逆重輕ヲ可レ犯ス癡闇ノ我等ヲ體トシテ。戒體戒行ヲ沙汰スレハ。懺悔ノ方法ト云フモ。我等カ上ニ難キ行事ニ非ス。初心ノ行人ノ上ニ可レ有ル事ヲ。沙汰スル也。故ニ見相懺悔モ我等カ上ノ事ニ非レハ。可レ用ニ對首懺一ヲ也

13-2　七逆十重懺滅ノ事

講　予
問　惠育

御尋云。七逆十重懺滅ノ事。二箇條ナレトモ篇目多レ端シ。先七逆ノ事ヲ可ニ沙汰一ス。經釋共ニ兩向ニ見ヘタリ。何ソ七逆不ニ懺滅一セト云義ヲ取テ。懺悔ヲ許ス文ヲハ可レ捨ッ耶。定業ヲ不レ轉セト云モ權教ノ意ト意得也。兩義ノ中ニハ。懺悔スト云タラムハ障體卽得ノ道理ニモ可レ叶也。經文ニ。七逆ニ無ニ懺悔ノ義一ト云ハ。作法・見相・觀無生ノ中ニハ何レノ懺悔ニ約シテ說ラム。梵網ニハ。事ノ戒相ヲ說ク故ニ。觀無生ノ懺悔ヲ不ル明サ方ヲ云歟。若シ。我心自空。罪福無主ノ（大正藏九、三九二下。觀普賢經）觀解ニ住シ。觀無生ノ懺悔ニ約セハ。何ナル七逆也トモ不ル滅セ事不レ可レ有ル。此意ヲ傍ニ顯ス時キ。七逆ニ懺悔有ト說也。小乘ノ心モ。小乘戒藏不レ許ニ懺重一トハ云ヘトモ。（天玄五、二二三。玄義）戒門ノ意ニテハ。

二タヒ比丘ノ位ニ立還ル事ハ無レトモ。懺悔ヲハ許ス也。覺悔ノ沙汰トシテ懺悔ヲ許シテ。未來ノ苦果ヲ令ルレ免レ也（同前）。比丘ノ位ニ不ルレ還ラ處ニ約シテ懺悔ヲ不レ許ト云也。況ヤ修多羅藏ノ意ハ。使三犯重人念〔念(底)於〕二佛身一〔「(底)法　佛(底)法〕。佛身者念レ空也ト釋ル也

御義云。無三障ノ様ヲ釋ルニ。無三障者ト表シテ。衆生障礙乃（義記、大正藏四〇、五六七中）有二三種一ト釋ル故ニ。三障具足ノ機ノ上ニ無三障ノ道理ヲ釋シ顯ント向フ故ニ。七逆ヲ遮難トスルカ至極遮難無キ謂ヲ顯也。此ノ七逆ト云ハ。何ト造ル物ニスレトモ。受戒ノ前後ニハ。不レ可レ被レ造ラル造罪也。未受戒ノ時ハ和上・阿闍梨無シ。受戒以後ハ又不レ可レ犯レ之ヲ。此ハ只凡夫不善ノ機ノ方ヲ云時キ。何ナル和上・阿闍梨ナリトモ害ルレ之ヲ事可レトモレ有ル。戒體受得ノ功能トシテサル道理ハ不レ可レ有ル也。假令。小乘ノ意ニテモ。初果ノ聖者ハ見惑計ヲ斷ル故ニ。貪瞋等ノ心ヲモ可レ起スト見ヘタリ。而レトモ性ノ三毒ヲ起シテ。邪ノ三毒ヲハ不レ起サ也。在家ノ聖者。正婬コソアレ邪婬ヲ起ス事ハ無レ之。但シ初果。地ヲスケハ蟲四寸ヲ離ル。此ハ作意シテ如クレ此有ラントハ強ニ不レトモレ向。自ラ諦理ヲ顯ハスニ依テ如ノレ此功能アリ。今ノ戒體受得ノ人ノ功能ヲ。離三惡道淨土受形（義記、大正藏四〇、五六三中十一行）トモ釋シ。（經、大正藏二四、一〇〇九下二行）世世不墮惡道八難トモ說ク故ニ。此ノ利益ヲ成シナカラ。和上・阿闍梨ノ二人ヲ殺ル程ノ意ヲハ不レ可レ犯ス〔起歟〕。若シ起ラハ。其ハ不ル二得戒セ一人ナルヘシ

法界ノ色心ヲ不シテレ隔舍那修德ノ功德ト云ハ。言說法身ノ體ニテ。法師ノ語ヲ解スル位ニ得戒スト云ヘハ。菩薩戒ノ意。障ト云物ハ更ニ不レ可レ有ル。若シ十方法界ノ中ニ障トテ。一ツ取リ出サハ七逆ニテ可レ有ル。是舍那ノ功德ニ背キハテタル物ニテ可レ有ル。七逆トテ。殺父殺母等ヲ列レトモ。此五逆モ殺和上・殺阿闍梨ニ歸シテ。逆ノ體ヲ成ル故ニ。殺和上・殺阿闍梨ヲ以テ七逆ノ體ヲハトチメタル也。サテ今ノ經ノ文ニ七逆ニ懺悔有ト云ハ。七逆ヲ五逆ノ分齊ニ取ナス也。上下兩卷ノ經ニモ。七逆ヲ列ネタレトモ。其ハ心ニ還テ論スル故ニ。師恩ノ深キ處ハ不レ顯レ。心ヲ以テ傳ルレ心ニ謂也。三種ノ懺悔ノ事ハ。淨名ノ疏ニ他經ヲ釋ル時ノ廢立ナル故ニ。猶法華ノ意ニモ不レ及ハ。但。文ハ執見ニ依レハ兎モ角モ可二意得一事ニテモアリ。本來。今經ノ文文句句ニ經テ。上下兩卷一品一卷ノ意。鎮ヘニ備ハルヘケレハ一代教法ノ約束終日ニ可レ存也

14　十重中有二輕重一耶

講　圓惠
問　正叡

御尋云。十重ノ中ニ輕重無ト云事難シ二意得一。一切ノ罪業ニ何ソ無ン二輕重一耶。何ニテモアレ二法相對シテ見ル時。必ス輕重淺深アルヘシ。聲聞戒ノ五篇七聚ト分別スルモ。一一ノ輕重ノ心ヲ定メ盡ササル故ニ。委ク論セハ無盡ノ輕重可レ有ル。菩薩戒ハ。大綱ノ輕重ヲ押シ分レトモ。四重ニ六夷ヲ加テ立テ樣モ。聲聞戒ヨリ微細ナレハ。此中輕重可レ有事勿論也。サレハ今ノ三ノ釋（義記、大正藏四〇、五六七中十八行～）。第一第二ノ解ハ。懺悔ニ付テ其不同ヲ分別シ。第三ノ釋ハ。懺悔ニ付テ不同ヲ不二分別一セ。縱ヒ同シ懺悔ヲ用ユトモ。所犯ノ罪體ニ輕重無トハ不レ可レ云。サレハ四十八輕モ。一一ノ所犯ノ輕重アレトモ一ノ對首懺也（經、大正藏二四、一〇〇八下二〇行）

但シ重ニ付テハ。前四後六ノ懺悔不同ナルヘキ歟。小乘戒ノ意。沙彌ノ位ニテ重戒ヲ犯レハ。邊罪難ト云ハレテ。比丘ト成ル事ハ不レトモ叶ハ。所犯ニ懺悔ヲハ許ス也。僧殘以下ノ罪ヲ沙彌カ犯セハ。突吉羅懺トテ對首懺也。此モ懺悔ハ一ノ對首ナレトモ。所犯ニハ不同有也。七衆通受ノ戒ナル故ニ輕重無ト云歟。其コソ別輕重有ニテハアレ。比丘カ受ケハ比丘ノ威儀ニ住シ。沙彌カ受ケハ沙彌ノ作法ナルヘシ。聲聞戒ノ人モ可レハ受ク。二百五十戒ニ授セハ。四重ハ重。後ノ六ハ輕ナルヘシ。十重ハ十無盡戒ナル故ニ輕重無ト云フ。其ハ戒體ノ意ナレハ。今ノ尋ニハ不レ叶ハ。戒體ノ時ハ。大小乘ノ戒皆不同無レハ十重ニハ不レ可レ限ル也。十重ノ初ノ殺戒ハ。全命ヲ奪ヒ。盜ハ半命ヲ奪ヘハ。則チ輕重也。第十謗三寶戒ハ可レ重ナル。大品經ニ三寶ヲ謗スル罪ハ五逆ニ過キタリト云ヘリ。菩薩戒ハ。每事大樣ニシテ。微細ノ分別ヲハ諸部ノ小乘ニ讓レハコソ有レ。委ク論セム時何ソ輕重無ラム耶

御義云。今ノ三ノ釋ノ中ノ第一ノ釋ハ。前四性罪ノ事同シト二七逆一ト（義記、大正藏四〇、五六七中十八行）者。聲聞戒ノ意。四重ト五逆トヲ以テ十三難ノ中ノ遮難トスル故ニ。此意ニ准ヘテ以レ重ヲ同レ逆ニ也。七逆ハ獨リ此經ノ說（同前）ナレトモ。還テ聲聞戒ノ意ニテ重ノ體ヲ逆ニ同スルマテナレハ。悔與不悔悉障ト云ハ聲聞ノ意也。四重ニ懺悔ヲ許セトモ。比丘ノ性ヲ失スル也。此ヲ遮難ト立レハ。四重五逆ヲ犯スル者モノ。具足戒ヲ受ル事不レハ叶。聲聞戒ノ意ニ約シテ十重ニ懺悔ノ有無ヲ沙汰スルニ當ル也。第二ノ

釋ハ。見相非障ト云故ニ（同二〇行）。見相懺悔ハ癡闇ノ上ニ可ニ沙汰一ス事ニ非レハ。此ハ諸大乘經ノ意ヲ以テ釋スル也。此ハ戒制ノ輕重ヲ本トスル意ナルヘシ。第三ノ釋（同二一行）。前四後六ヲ不ニ分別一セ。只經說ニ任テ十重不レ悔悉障等釋スル故ニ。此經ニ重夷・輕垢ト押分ル本意ヲ顯ス也。上卷ノ階位カ下卷ノ戒法ニ收ルト云ハ。輕垢ノ諸戒カ十重ニ入ル意也

流通ニ十無盡戒法品ト說キ（經、大正藏二四、一〇〇九下十行）。瓔珞經ニ心無盡故戒亦無盡ト說ケル（大正藏二四、一〇二一中二一行）。此ノ十無盡カ舍那ノ戒法ト云ハルル時キ。戒定惠ノ三學。大十歟小乘ノ佛法カ舍那ノ功德ト云ハレテ十無盡戒法ニ成レハ。十重カ一無盡ナレハ。一戒ノ處ニ一切戒可ニキ周備一ス故ニ。彼戒モ此戒モ無盡也。而レハ只舍那ノ功德ヲ輕重ト押分ル也。十重ト云ハ。輪王ノ十善性戒ヲ面トシテ制ル也。此ヲハ今從ニ身口相顯一皆名ニ律儀一ト釋セリ（義記、大正藏四〇、五六三中二八行）。十善ナラハ。後ノ三戒ト云ハ貪瞋癡ノ三毒ナレハ。意業ニ可レキヲ約ス。其ノ意地ニ所レノ起ル三毒ヲモ身口ニ取成テ制ル也。戒體受得ノ姿ト云ハ。十重ヲ持ッ也。則十重等爲ニ戒體一也（同、五七〇中十四行）ト釋スル（也恐カ）此意也

上品ノ纏ヲ以テ十重ヲ犯レハ失ニスト戒體ヲ云ハ。重ヲ以テ逆ニ同スル意也。戒行ノ方ニテ云處ノ輕重ハ。輕垢ノ所攝也。戒體カ重ト云ハルル意。輕釋（經カ）ヨリ見タリ。戒制ノ方ニテ輕重ト可レト有云モ。必スシモ聲聞ノ戒ノ規矩ヲ非レ可レ守ル。自行ニ約セハ。此戒カ重ト云ハレ。化他ニ約レハ。彼戒カ重ト云ハルル意可レ有ル。戒行ト云ヘハ。定テ可レレトモ有ニ輕重一不レ可レ得レ意也（十重義悔（不悔カ）悉障トハ。悔セハ障ニハ非ト釋スル歟ナルカ。此ハ十重ヲ七逆ニ同スル意也。悔已非障ト者。十重ヲ以テ輕垢ニ同スル意也）五逆ノ中ニ殺父・殺母・殺羅漢ハ殺生ナレハ重罪也。出佛身血・破和合僧ハ偸蘭惹（遮カ）ナレハ輕罪也

15　解レ語得レ戒通ニ六趣一歟

講　正修

問　予

御尋云。經文ハ。國王王子ヨリ黃門奴婢ニ至ルマテ。衆機ヲ擧テ但解法師語等ト說ケハ。六趣ニ通ル樣ニ見タリ。其モ地獄・餓鬼ノ二道ハ不審ナルカ。今ノ釋モ。地獄餓鬼二道。重苦自隔。從レ多例判（義記、大正藏四〇、五六七中二二行）。不ニトト說爲レ因ト云ヘハ經釋等シキ歟。諸天ノ中ニハ十八梵六欲天ヲ列レトモ。四空處ヲハ不レ擧。釋ハ但業報虛妙故略不レ說ト（同二六行）云ヘハ。經カ略スル歟。經ニ付テコソ釋ヲモ可レキカ設ク。經文ハ小乘戒ノ如クニ人身ニ限ル樣ニハ不レレトモ見ヘ。六趣ニ悉ク互トハ不レ見ヘ。今ノ

佛戒ノ機。暗ニ難レキ定也。諸經ノ中ニハ。惡趣ノ衆生ノ得戒聞法ヲ説ケトモ。其ハ權者ノ事ニヤ有ラム。提婆カ地獄ニ處スト云ヘハトテ。今モ地獄ノ重苦ヲ受ル衆生カ菩薩戒ヲ受クトハ爭カ可レ申ス。在世ノ事ハ別途ノ義門也。今モ別緣力ト云事アレハ。權化ノ振舞ニ付テハ可レ爾ル。序ニハ。奴婢八部鬼神金剛神等ト説トモ。（經、大正藏二四、一〇〇四中九行）流通ニハ。比丘比丘尼信男信女ト説ケリ。（同、一〇〇九中～下）此ヲ流通人者。卽時座大衆也ト（義記、大正藏四〇、五八〇上六行）釋レハ。限レテ人ニ流通ノ機ナルヘシト定ル也。流通ノ文ヲ本トシテ。序ノ文ヲハ了簡ヲ可レ加也

菩薩戒ノ利益。廣大ニシテ六道ノ衆生マテ雖レ不レト隔テ。誰人カ惡趣ノ中ニ行シテ。戒體ト成テ可レ令ニ授戒一セ耶。聖應ナントヲ蒙ラハ不レ知。其ハ又一品一卷ノ本意ナラス。サテハ惡趣ノ機カ。人中天上ニ來テ可ニキ受戒聞法一歟。是又不レ可レ有ル事也。通受ノ意ニテ。惡趣ニ可レト通ス云歟。此ノ通受・別受ハ可ニ意得合一ス故ニ。通受ハ廣ク。別受ハ狹キ樣ニ不レ可レ有。今ノ戒ハ。四戒三勸ノ道理ニテ。既受須レ持。既持須レ誦。欲レ使ニ相傳不レ斷也[底]者（義記、大正藏四〇、五六九下十六行）ト釋シテ。未來ニ傳ル姿ヲハ人身ニ約シテ制レハ。所化ハ不レ知。信男信女ト説ケハ。能傳ノ人ハ人身ニ限ルト見ヘタリ。所受カ一切ニ亙ラハ。能授ノ人中ニ可レキ限道理モ如何ソ。流通ノ機カ人身ナラハ。但解法師語ノ戒體受得ノ機モ。人中天上ノ中ニハ人中ナルヘシ。人身殊ニ佛法ノ機根ナル故也。聲聞戒ハ。人中ニ付テモ北州ヲ除キ。天上猶得戒ノ機ハ三天下ニ限テ餘天ニ不レ亙ラ也。今ノ菩薩戒モ。此約束ヲハ不レ可レ違ス。上下兩卷ノ意ハ高位ノ人ノ行相ナレハ。非人畜生ト云ヘトモ實行ノ機ニハ非ル也

今ノ釋義モ。今依レ文準[底]推レ理。五戒既是菩薩戒根本等ト釋シテ。（義記、大正藏四〇、五六七下一行）八戒已上具足戒ニ至ルマテ。出家ノ威儀ヲ表定スル戒ナレハ。人中ノ三天下ノミ能感シテ。餘道ハ因ニ非ト釋ル也。山家ノ意。梵網ノ十重四十八輕ヲ比丘ノ具足戒ト定レハ。知ヌ。菩薩戒ヲ依文準[底]推（前出）理セム時。所授ノ機ハ人中ニ可レ限歟。五戒ハ佛法ヲ不ニル表定一セ戒ナレハ。人畜ニ可レ通ス歟。四空處ノ事ハ。他經ノ中ニコソ文ハアレ。但シ業報虛妙ナル故ニ略シテ不レト説釋レハ。（同、五六七中二六行）此義。地獄餓鬼等ニモ可レ通歟。無色界ハ。處無レハ在世ノ化儀ハ不レ知。末代ニ無色界ノ衆生カ來テ可ニ受戒一事モ不レ被ニ意得一。此等ハ。經ニ如クレ不レ説カ意得タラハ何ノ子細カ有ン。五大院ノ廣釋ニ。戒法傳受ノ機一切ニ亙ル樣ヲ釋ストシテ。諸經ノ文ヲ引クハ多ク權行ノ所作共ヲ擧レハ

別途ノ事也

淨土ノ法門コソ。一切ノ機ヲ不レ簡ハ。極惡ノ凡夫ノ爲トハ沙汰スレトモ。其モ人身ナレトモ三惡道ヨリ直ニ來リタル物ハ。此法ヲ不レ信セ釋也。舍那ノ戒・彌陀ノ願。其利益同シカルヘシ。諸道ノ昇沈ハ由ルトニ戒ノ持毀ニ釋レハ。破戒ニ依テ惡趣ノ苦果ヲ感スル者ノ。何ソ受戒ノ義可レ有耶。戒緩乘急ノ機。地獄ニ有ナカラ聞法ノ益ヲ論スル。此ハ乘ノ方ニテ云也。今ハ戒門ナレハ惡趣ノ機ハ受戒シカタキ事也

御義云。經ニ今ノ戒法受得ノ機ヲ定ル時。若受ニ佛戒ヲ者。國王（經、大正藏二四、一〇〇四中七行）王子等ト說テ。一切ノ機ヲ擧テ。但解ニ法師語ヲ。盡受ニ得戒ヲ。皆（同、一〇〇四中十行）名ニ第一清淨者ト述タリ。（同九行）何ナル極苦ノ境也トモ。重苦ニ依テ人ノ語ヲ不ンハ解セ不レ知。又虛空乃至鬼神金剛神ニ至マテ報障ニ（義記、大正藏四〇、五六七中十四行）付テ可レ論ス事ニ非ス。今ノ無三障ノ下ノ釋。煩惱常有故不說障ト云ヒ。重業ニ付テハ七逆十重モ實ニハ障ニ非ト釋セリ。サレハ此（大正藏二四、一〇二一中二一行。瓔珞經）經ニハ。地獄餓鬼ノ二道ヲ不レトモ說カ。淨行經ニハ。六道衆生（同二二行）受得戒等ト說クハ。此經ノ但解法師語盡受得戒ノ意ヲ。但解語（大正藏七四、七五八中十七〜十九行。廣釋）得戒不失ト云ナルヘシ。五大院。此等ノ經說ヲ引テ。冥顯ノ大衆。欲レ知ニ得戒ヲ。解ニセヨ我語趣ヲ是得戒ノ相ナリ。若其（其（底）ナシ）不ンハ解セ。自知ニ非器ト釋セリ。同シ人中也トモ。日本ノ人カ戒師ニテ唐ノ人カ所受ナラハ。聲カ不レ可レ通ス不レ可ニ得戒ス。其モ互ニ言語ヲ通スル事モアリ。非人畜生也トモ我カ小根ヲ以テ聞ク事モ可レ有ル。又ハ別緣力ニモ依リ。又ハ佛菩薩ノ力ニ依テ聞ヘシ。地獄モ。性ケノ（ママ）地獄ハ別緣力ニ依テ受戒ノ緣ヲ結フ事モ可レシ有。衆生ノ業力不ニ（第四十）一准ナラ。不レ可ニ一途ナル。序分ノ文ニ不レ限。簡擇受戒戒ノ中ニモ。一切國王王子大臣百官〇但解法師語等ト說テ。鬼神金剛神也トモ解語セハ可レ得戒ノ機ナル。此ニ不スハ授ケ輕垢ヲ犯スト云ヘリ

次。流通ノ文ハ。通受ノ上ノ別受ノ意也。サレハ五大院モ。戒別（大正藏七四、七七六下取意）（戒別（底）ナシ）人共・戒共人別・戒別人別・戒共人共ノ四句ノ中ニ。（人共（底）ナシ）梵網戒ヲハ戒共人共ノ句ニ收メテ。通受ノ方ハ七衆皆名ニ如來ト釋セリ。通受別受ト云カ則戒體戒行ノ意也。戒ト云ハ。防非止惡ヲ體トスレハ。一分モ機ノ進ムカ本意ナレハ。菩薩戒モ。在家ハ出家ニ歸シ。通受ノ意ハ別受別持モ可レト極ル被レ仰タリ。サレハ山家ノ大師。菩薩別受ノ事被ニ申立ニ。智證大師ノ註ニモ。若通ニセハ餘

行一ニ違二ム祖大師ノ顯戒論一ニトモ云ヒ。或ハ別正通傍トモ釋シ。（傳全一、三三一。授菩薩戒儀圓珍註）故ニ六趣ノ中ニハ人ニ限リ。人ニ於モ男女ノ中ニハ男ニ限リ。男ニ於モ比丘・沙彌ノ中ニハ比丘ニ限ルヘシ。次下ノ釋ニ。（義記、大正藏四〇、五六八上一行）梵網經中言。（經㊦ナシ）爲レ師必是出家菩薩ト云ヘル此意也。流通ニモ化化不絶ノ益ヲハ人ニ約シテ說也。小乘ノ意。龍畜カ身ヲ變シテ人ト成リテ來ル事モ有ル故ニ。遮難ノ中ニ汝ハ實ニ人歟ト問事アリ。今經ニ。乃至變化人ト（經、大正藏二四、一〇〇四中九行）云此料也。形ハ何ニト千變萬化ストモ。開導ノ語ヲ解ハ可ニ得戒一ス（義記、大正藏四〇、五六七中一二行）也。今ノ釋。地獄餓鬼二道。（道㊦ナシ）重苦自隔等ト釋レハ。多分ハ不レ可ニ得戒一ス。（同前）從レ多例レ判不ニト說爲レ因ト云ハ。解語ノ機カ可レト少カル云意也。（同、五六七下一一～一二行）次下ニ八戒已上ト等者。別受ノ意ニテ。在家出家ノ戒ヲ分別スル也

經ニ。諸佛本須行菩薩道之根本。（經、大正藏二四、一〇〇四中五行。取意）佛性種子ト說ケハ。癡闇ノ凡夫。（源カ）初テ佛家ニ住在スル根本ハ此戒也。此上ニ若人無ニ善本一。（大正藏十二、二七三上二八～二九行。無量壽經）不レ得レ聞ニ此經一。清淨有戒者。乃獲ニ聞正法一ト沙汰シテ。善根純熟シテ淨土ノ法門ヲハ聞ト云也。世世不レ墮ニ惡道八難一。（經、大正藏二四、一〇〇四下三～四行）常生ニ人道天中一ト說ケハ。三惡道ヨリ直ニ來ル物カ。淨土ノ法門ヲ聞ク事ハ不レ可レ有ル也。戒・淨土カ佛法ノ始終ナル故ニ。戒法ヲ受ケ。始テ佛家ニ入リ。此上ニ淨土ノ法門ヲ聞テ生死ヲ解脫スト云ヘハ。人身ナラテハ不レ可レ聞レ之。兩宗ノ約束大概如レ此。サテ戒ノ宿善トハ何カ可レソト成ル云ニ。其ハ經論ニモ不レ見ル事ナレハ無ニ盡期一事也

普通廣釋云。昔シ佛在世ノ。（大正藏七四、七五七下～八上）梵網ノ戒ノ時。諸菩薩・十八梵・六欲天・十六大國王・王子・百官・比丘・比丘尼・信男・信女。皆來テ聽ニク菩薩戒一ヲ。淨行ノ戒ノ時。諸菩薩・淨居天・光音天・非想天。（非想㊦悲相）來テ聽ニ菩薩戒一ヲ。心地觀ノ時。菩薩・二乘・欲天・色天・輪王・國王婦人・（國王㊦ナシ）八部四衆・餓鬼・禽獸・閻王・獄卒。皆來聽ニ菩薩戒一。仁王時。無色天下ル。方等ノ時。婆藪仙人。（人㊦ナシ）引ニテ地獄ノ衆一ヲ來テ聽ニク大乘一ヲ矣

16　五戒大小二戒根本歟

講　予

問　照惠

御尋云。五戒カ菩薩戒ノ根本ト云ハ。聲聞戒ノ根本ニハ非ト云歟。提謂經ニハ。大小乘乃至天地陰陽ノ源ト說ケハ。（經、大正藏二四、一〇〇三下一二行。取意）一切ノ佛法ノ根本ト見ヘタリ。此經ニ諸佛ノ本源。（深歟）行菩薩道之根本ト

說ケハ。此戒コソ諸佛ノ根本ニテハ可レシ有ル。此ノ菩薩戒ヨリ猶根本ノ五戒カ有テ。舍那ノ三聚淨戒ノ源ト成ト云歟。大小相對シテ意得ン時ハ。殊ニ五戒ハ聲聞戒ノ根本ト可レ成也。天台（天止三、七三六。弘決取意）人天教已爲二三藏一所攝矣八戒ト云モ。沙彌ノ十戒ト云モ。比丘ノ具足戒ト云モ。五戒ヲ地盤トシテ次第ニ制スル也。サレハ四重ニ飮酒ヲ加テ五戒トスル事ハ。酒ハ心地迷亂スル故ニ。此ヲ加ルハ一切ノ諸戒ヲ守ンカ爲也。遮中唯離レ酒爲レ護ニ餘律儀一ト云ヘル此意也。（天止二、四九九～四五〇。弘決）此カ聲聞戒ノ根本ト不レ成事如何

梵網ノ十重ハ。輪王ノ十善ヲ體トシテ。十重トモ十無盡戒トモ名レハ。同シ世閒ノ戒法ニ付テモ。菩薩戒ハ十善ヲ根本トスル樣ニ見ヘタリ。毘曇雖レ劣佛法根本ナレハ。小乘モ大乘ノ根本ト可レ云條勿論也。法華ニ汝等所行是菩薩道ト開會スル方ニテハ。（大正藏九、二〇中二八行。藥草品）小乘戒カ菩薩戒ノ根本ト云ハルル意モ可レ有ル。サレハ善戒經ニ四重ノ階級ヲ立テテ。在家ノ五戒ヲ不レシテハ受沙彌戒ヲ不レ受。沙彌戒ヲ不レシテハ受比丘戒ヲ不レ受。比丘戒ヲ不レシテハ受菩薩戒ヲ不レト可レ受云ヘハ。諸級ヲ不レシテハ踏マ高樓ニ登ル事不レ可レ有。爾者。聲聞戒ノ根本トモ成リ。菩薩戒ノ根本トモ可レ成也。菩薩戒ノ根本ト云ハ。五戒カ聽テ可ニ菩薩戒ナル一歟。梵網ニ一品一卷ト云如ク。提謂經ニモ一品一卷ノ如ナル事可レ有歟

御義云。此五戒ノ事ニハ。太子ノ願蓮上人被ニ了簡一旨アリ。一代ノ佛法乃至法華ノ開會ト云モ。五戒ヲ開ル也。此カ何トテ天地陰陽ノ根本ナルソト云ニ。一切ノ佛法ノ根元ト云ハルル物ハ理也。小乘ノ心ハ六識ヲ以テ諸法ノ本トシ。大乘ノ心ハ八識カ諸法ノ所依ト成ル也

第九識ヲ立ル性宗ノ意ハ。眞如カ諸法ノ本ト成ル也。一切ノ萬法ハ。世閒出世十界三千ノ諸法ノ源ト云物ハ。實相眞如ノ理也。此ノ五戒カ在家出家ノ戒ノ中ニハ在家ノ戒。世俗佛法ノ中ニハ世閒人天ノ分ナラハ。何ソ欲レ求ニ佛道一讀シテ此經一ヲ等ト可レ云耶。（天玄五、四四九。玄義）天覆ヒ地萬物ヲ乘セケルモ五戒ヲ體トスル意也。五戒ノ人身ナレハ五戒ノ全キ姿ハ人ノ形也。五戒トハ。法性ノ理ノ事ニ顯タル姿也ト被ニ了簡一セ也。サレハ三世ノ諸佛ノ正覺ヲ成スト云モ。必ス以ニ人身一ヲ成道ヲ唱ヘ。其ノ正覺ノ砌モ人中也。人中ニ付テモ南閻浮提ニ限カキル也

佛ノ形相好ト云モ。輪王ノ三十二相ヲ表スレハ。人ト云物カ六道ノ

中ニハ有ニ子細一所也。人ノ形ヲ成ル事ハ五戒ニ依レリ。惡趣ハ五戒ノ破タル姿タ。善趣ハ五戒ノ全キ形也

持戒破戒共ニ不可得ノ體ト云ハ。法性眞如ノ理ナル故也。故ニ五戒十善ハ人天ノ教ト云ヘル他師ノ義ヲ破シテ。如レ此等意。（天玄五、四五〇。玄義）窮元極妙之說。云何ソ獨是人天ノ教ナラム耶ト云ヘル。若爾。前當分ノ意ナラハ。窮元極妙トハ不レ可レ云。此卽開顯ノ本意ヲ提謂波利ノ爲ニ五戒ト說ク故ニ。法華ノ意ヨリ立還テ見レハ。窮源（元カ）極妙之說ソト釋也。而レハ法華ノ諸法實相ノ正體ヲ五戒ト名ケ置ク故ニ。相待妙ノ意ニテ聲聞・菩薩相待スル時モ。聲聞戒ノ根本ニ限テ大乘戒ノ根本ニ非トハ不レ可レ申ス。法華ノ一佛乘ノ至極ヲ。舍那ノ佛戒ト名ル故ニ。五戒既ニ是菩薩戒ノ根本ト釋ル也。此ハ菩薩戒ノ體ヲ五戒ト施設スレハ。菩薩戒ノ外ニ五戒有テ根本ト云ニ非ス。五戒ヲ菩薩戒ノ根本ト云ハ。諸佛本源。行菩薩道根本。佛性種子ト（經、大正藏二四、一〇〇三下二一～二二行取意）說ク意也。衆生ノ佛性ヲ。大經ニハ三德祕藏ト沙汰ナリ。此ノ三德ノ體ヲ法華ニハ諸法實相ト說キ。華嚴ニハ法界唯心ト說ク。大集ニハ染淨虛融ト云ヒ。般若ニハ畢竟皆空ト說也。依文準（準(底)推）理ト（義記、大正藏四〇、五六七下一行）者。依文ハ願蓮上人ノ了簡ニ思ヒ合スレハ提謂經ヲ指歟。推量ハ

三重玄ノ大綱。四戒三勸ノ道理ナルヘシ

五戒・菩薩戒（戒(底)ナシ）許ニ四道皆得一ト者。（義記、大正藏四〇、五六七下二行）出家ノ戒ヲ在家ニ令シメレテ持佛法ニ入ル梯漸トスル也。五戒ハ。在家出家通シテ可レキ持ツ戒ナレハ。意ハ七衆通受ノ謂也。不レ違ンニモ二犯四重一ヲ飮酒ヲ不持戒ト云ハ不レハレ可レ有。在家マテモ廣ク令レ持ト云ハ在家ニ非レ可レ限ル。八齊戒コソ出家ノ戒ヲ在家ニ令ルレ持タ事ニテハアレ。五戒ノ中ニ四戒ハ性戒。飮酒ハ遮戒也。此ノ飮酒ハ。貪瞋癡ノ三毒立レ三ヲ制スト云事大論ニ見タリ。十善ト者。身三口四意三也。此ノ十善ヲ五戒ト云時ハ。妄語ニ口四ヲ收メ。意三ヲ飮酒ニ入レテアリ。此五戒ヲ天竺ニテハ。有佛無佛ヲ不レ簡エラハ十善ト制シ。震旦ニテハ。五常ト開テ佛法ノ梯漸トスル也。五戒カ人身ヲ造リ立テテ置テ。佛法ノ道器ト成テ。次第ニ出家ノ戒モ可レハレ成ス。此五戒カ在家出家ノ戒ニテ通受別受ノ意ヲ顯ス也。而レハ五戒ニ付テハ重重ノ子細アリ

本云

右戒論視聽抄ハ。實導和尚御沙汰也。門流之祕抄不レ可レ過レ之。本抄ハ文義廣博ニシテ初心ノ所見難レ及故ニ。爲レ備ニ愚昧ノ用心一ニ拔レ要略書者也

于レ時明應四年（一四九五）三月二十一日。於二西山一記レ之
沙門宗能（純カ）

于レ時永正八年（一五一一）五月二十四日。於二西山二尊教院一惠教書レ
之

時承應三年（一六五四）七月吉日書レ之
江州栗太郡芦浦觀音寺法印舜興法藏

戒論視聽略抄　上　終

戒論視聽略抄　下

17　癡闇凡夫作二戒師一事　五月十一日

講師　正叡
問者　正修

御尋云。四戒三勸ノ道理。既受須レ持（義記、大正藏四〇、五六九下十三行）。既持須レ誦ナレハ。癡闇ノ凡夫也トモ佛戒ヲ受得セハ。必ス人ノ爲ニ誦シテ可レト授云歟。三勸トハ。誡シメ勸タル姿也。四戒ト云モ。舍那・釋迦・菩薩ハ能授。第四ノ衆生ノ戒ハ。所受ニ當ル也。今ノ釋。戒師ニ付テ諸佛・聖人・凡師ヲ出セリ。諸佛・聖人ノ事ハ可レ閣ク。第三ノ凡師ニ付テ。其ノ位ヲ定ムル時キ。凡師ト者。有二内凡・外凡一。外凡以前ノ悠悠ノ我等。戒師トモ可レト成ル不レ覺ヘ

次ニ。經ノ中ニ稱シテ爲二智者一ト云ハ（經、大正藏二四、一〇一〇上一行）。地持ヲ指ス也。法ノ緣ノ下ニ地持ノ受法ヲ引ニ（義記、大正藏四〇、五六八上二七行）。已發願者。有レ智有レ力。善語善義。能誦能持ト文（大正藏七四、七六一下十九行。廣釋）五大院モ。一同法菩薩。二已發ニ大願一。三有智有力等ト釋スル也。已發願トハ。既ニ菩提心ヲ發セハ先受戒ノ人也。有智有力ト者。五德ノ中ノ第三ノ德也（義記、大正藏四〇、五六八上一行）。梵網ノ中ニ言ク。爲イフハレ師ト。必ス是出家菩薩ト釋スレハ。在家ノ菩薩ハ。師トモ不レ可レ成ル。出家ノ菩

薩ニ付テモ。五德ヲ具足スル人。戒師ト可レ成ル。其ノ五德ト者。（同二行）一持戒・二十臘・三解律藏（藏㊂儀）・四通禪思・五惠藏窮玄ナリ。持戒ノ人トハ。我カ身戒行ニ進テ大小乘ノ戒法ヲ明ムヘシ。十臘トハ。十夏已上ノ人也。彼ノ三ハ則チ三學也。此ノ五德ヲ出シテ。什師ノ（同三行）所レ傳融師筆受スト等者。今ノ經文ニハ不レトモ見ヘ。梵網ノ中ニ說ト羅什被レ仰タル故ニ。大本ノ中ニ有歟。今ノ菩薩戒ノ意ニ依テ。能授ノ師ヲ定メハ。五德ヲ具足スル人ヲ可シレ爲レ師ト。義記ニ不レハ（同五行）爾ラ得レ罪ヲ釋スレハ。末代ニハ其ノ人難レ有也。五大院ハ。南岳ハ（大正藏七四、七六一下三～五行。廣釋取意）圓乘ノ內凡。鐵輪王ノ位也。天台ハ外凡。觀行卽ノ位ナレハ。此等ハ無クレ所レ畏ルル可トレ爲レ師ト定メテ。南山・慈恩等ハ內外凡ニモ（同一行）不レハ入。不レ可レ成ル戒師ト云ヘリ。五品ノ中ニ一品モ有レハ。戒（許カ）（同、七六二中十八行）師ト可レ成ル釋ス也。復有一類ノ凡夫之僧等者。外凡ノ事歟。外凡以前ヲ指トモ名字卽ノ人ナルヘシ。眞善ノ凡夫僧ト者。內（同十七行）外凡ニ亙ル歟。何レニ未來ノ我等カ不レ憚カラ可トレ授レ戒ヲ云事ハ。一家ノ釋・本朝ノ大師・先德ノ釋ニハ。何レノ所ニ釋タルソ耶（經、大正藏二四、一〇〇九上一行～）

（第四十一）爲利作師戒ニハ。一切行法。一一不レ得ニ此法中意一而菩薩爲ニ利養一故等ト說テ。禪定ノ功德。戒行ノ體相ヲ不シテレ明メ人ノ爲ニ授ケハレ戒ヲ可トレ得レ罪ヲ云ヘリ。（大正藏七四、七六一下十二行。廣釋）我等カ上ニ。一失六弊ヲ除キ。四能五德ヲモ可トレ備フ聞ユル。太（ハナハタ）胸臆也

廣釋ニハ。（同、七五七中六行～）如ニ某甲一カ者。智ノ盲（メシヒ）戒跛（ナヘ）タリ。何ヲ以カ與ニレ衆ノ而作（ナ）ラムニ戒師ト一文（㊂目コ）（㊂行足シ）我身ハ病導師ノ如クシテ。師ノ位ニ非レトモ。人カ發心シテ受戒セムト云ハハ。可レ授歟。若シ其ノ位ニ非ト云テ辭セハ。佛法ヲ滅スル物ナルヘシ。サレハ。涅槃ニハ明ニ若樹若石一ト。（天玄一、一二四。玄義）今經ニハ稱ニストレ若田若里一ト釋スル。我カ佛法ヲ聞キ得タラハ。石ノハサマ。木ノ枝ニモ書キ付ララハ。人見テ可ニシ得敎一ス。是我身ハ師ノ位ニ有ネトモ。身ヲ忘レテ人ノ爲ニ師ト成ル意也。今ノ釋。（義記、大正藏四〇、五六八上一行）梵網經中言。爲レ師必是出家菩薩ト云ヘハ。（經㊂ナシ）師ト成ルニ付テ可レ有ニ嫌別一歟。山家大師。（傳全一、一二三。顯戒論）傳戒之道ハ夫婦モ可トレ傳釋スレハ。今ノ世ノ田父野人少童等ノ位ニテ可レ受レ戒歟。是ハ餘リ有ル釋也。何レニ能授所受ハ可レ替也。戒體ノ邊ハ機ヲ不レトモ隔テ。人ノ師ト成ラム時ハ。一分何カ不シテハレ至ラ不レル可レ叶故ニ。戒行ニ約シテ戒師ノ堪不ヲハ可シレ定ム。只佛戒受得ノ故ニ。押ヘテ戒師ト成ルト云ハム事ハ可レ難カル成シ也

御義云。今經ノ意。（義記、大正藏四〇、五六九下七行）四戒三勸ト者。師師相傳ニテ。サテハ能授トシテ釋迦ニ傳ヘ。釋迦ハ菩薩ニ傳フ。其ノ菩薩ヲ（同、五六三上中）從ニ初發心一終

至ニ等覺一皆名ニ菩薩一ト釋也。此中ニハ四十二位・五十二位ノ功德。斷無明證中道ノ位モ有也。從初發心ト者。圓ノ意ナラハ名字ノ位ナルヘシ。師師相承シテ三國ニ傳ヘ。末代ニ相傳スル上ハ無ニ不審一事也。舍那ノ佛戒ナル故ニ此戒ヲ受レハ。能授所授共ニ舍那ノ位也。所化入眞還同ニ能化一(天玄四、一九二。釋籤)ノ意也。此謂ヲ傳戒之道ハ夫婦モ可レ傳釋也。此傳受戒ノ意ヲ性得ノ戒・發得ノ戒トモ開也。相傳戒ト者。戒師ノ言說ノ體也。若。師ニ成ル物モ有リ。不レル成物モ有ト申シテハ。流傳不滅ノ教ニテ不レハ可レ有ル。化化不絕ノ益モ不レ可レ成ス。分持具持有ル故ニ破スト云ヘトモ。三聚淨戒ノ中ノ少分ナルヘシ

雖レ然。戒體ノ方ヲ高名ニシテ何ニモ戒師ト可レ成ト云ハハ。增上慢ニモ可レ墮ス。佛戒受得ノ謂ニモ背クヘシ。只在家出家共ニ佛法ノ輪ノ中ニ入レル計ナルヘシ。戒行ノ方ハ。一戒モ可ニ受持一ス事難キ故ニ。夫婦互ニ戒ヲ授ケム事ハ。佛法ノ滅相ナレハ。其ノ行相門ヲ定ムル時キ。爲ラムハレ師ト必ス是出家ノ菩薩ノ釋也。同シ出家ノ中ニ於シモ。分ニ隨テ德業ヲ簡テ可レ爲ニ戒師一ト事勿論也。但シ。天下ニ傳戒ノ者ヒト。夫婦ノミ有ラム時ハ。此ニ隨テ可ニシ受戒一ス。然ラハ流通機ニテハ。人人有ル物ナルヘシ。此等ノ戒法ノ本意ヲ明ムル上ニハ。開通モ可ニ自在ナル一事也。只。無作意ニハ不レ可レ有也

義記ニ。偈頌ノ文ヲ引テ能授所授ノ相ヲ釋トシテ。三十心菩薩。傳ニ授(授㊇受)外凡一發ニ大乘心一也ト云ヘリ(義記、大正藏四〇、五七〇中二五行)。意ハ。第三ノ菩薩ハ內凡。第四ノ衆生ハ外凡也ト云ナルヘシ(不明)。五大院モ。所受ト成ル方ハ名字。能授ト成ル方ハ內外凡ト釋セリ(大正藏七四、七六一下。廣釋取意)。今モ能授ト云方ハ南岳・天台ノ位ト可シ被レ申。此只一如ノ舍那ノ佛位ニ於テ。能授所授ヲ分別スル意ヲ。名字・觀行・相似ト分別スル故ニ(授歟)。五德ヲ備ヘ難シトモ不レ可レ申。此ノ五德ノ惣體ヲ師師相傳ト意得ル也。經ニ正見正性正法身等ト說クハ(經、大正藏二四、一〇〇六下十九行)。凡夫ノ上ニ。衆生受ニ佛戒一卽入ニ諸佛位一(同、一〇〇四上二〇行)スル處カ。正見ノ至極ソト云也(不明)

サレハ山家大師。法華會ノ緣起ニ十箇日當ル時キ。金剛寶戒ヲ被シニ講セ。及テ爲ニ正見ノ先元一ト爲ニ正修ノ濫觴一ト文(經、大正藏二四、一〇〇七上十五行)(大正藏七四、七六二中十七行。廣釋)。前ノ諸佛聖人ト者。聖僧也。眞善凡夫僧ト者。內外凡也(同十八行)。一類凡夫僧ト者。癡闇ノ凡夫。金剛寶戒ヲ受ケ取メレハ。其ノ功德可ニ齊等ナル一(同前)(同一二行)云意也。或品不レ全深信因果ト云ヒ。次下ニ雖レ毀ニ禁戒ヲ一不レ壞ニ正見ヲ一者ト同シ意也。讚ニ詠一乘成作佛因一(同前)ト者。今ノ金剛寶

戒ノ利益ヲ説ク。言語ノ諦信。(經、大正藏二四、一〇〇四上十六行～)汝是當成佛。我是已成佛。常作如是信。戒品已具足ノ深信ノ體ナルヘシ。(諦信㊟體)此謂ヨリシテ人ノ依止ト成リ。一分戒ヲ授ル益可成也。此謂ヲ五大院モ爲ヌレハ授ケント無解作師ノ制ニ墮シ。不シトスレハ授ケ慳惜加毀ノ重禁ニ墮ス。(大正藏七四、七五七中十五行。廣釋)如シト病導師ノミ。自ラ在テ此岸ニ度スカ他ヲ彼ノ岸ニ釋也。上慢ニモ(天止一、三七〇。弘決)不スレ墮セ。功ヲ高位ニモ不ル讓謂ヲ。六卽ト立テテ。起自一家。深(天止一、三六九。止觀)符圓旨ナル意。信ノ故ニ不謗ラ。智ノ故ニ不ル懼(ヲソレ)。圓ノ菩提心ヲ六卽ト分別スル本意ヲ。今ノ菩薩戒ニ入テ。名字觀行ナムト釋スル也

六卽トハ。六故簡藍(濫カ)。(大正藏四六、四五九下五行。止觀大意參照)卽故初後相在ナレハ。六故簡藍(濫カ)ノ方ハ初心ヨリ後心ニ至リ。初後相在ノ方ハ初心ニ佛ノ知見ヲ開クヘシ。是則チ戒體・戒行ノ意也。造次ノ行事。此ノ二ノ謂ニ心ヲ懸(カケ)テ。若ハ時分ニ依リ。若ハ處ニ隨テ。自他ノ誤リ無樣ニ可シ有。淨土ノ法門ニ抑(ヨク)止攝取ト云ヒ。正因正行ト云ヘル可意得合也

18 梵網受法一師羯磨歟

講師 正修

問者 予

御尋云。經文ニ。(經、大正藏二四、一〇〇八下十行)應教請二師。和上・阿闍梨ト説ケリ。今ノ釋モ。(義記、大正藏四〇、五六七下二五行)二師應問言汝有七遮罪(罪㊟所)不ト云テ。二師七逆ノ有無ヲ可ト問云ヘハ。一師ニ不可限條分明也。次ニ(同二六行)似非指佛ト云ヘハ。佛ヲ爲和上ト。現前ノ師ヲ阿闍梨トスル歟。爾ハ現・不現ノ二師歟。應ノ教請二師ノ二師ノ體ハ。現前ノ師ト被得タリ

一師ト云釋ヲ本トシテ。一師ノ處ニ二師ノ德ヲ備ル故。二師トハ云ソト歟。具德ノ邊ニ約セハ。十師ノ德ヲモ可シ備。聲聞戒ハ十師。菩薩戒ハ一師ナラハ。一師ノ處ニ三師七證ノ德ヲモ可シ備。二師ニハ不可限也。サテ一師ト云ハ教授歟。和上歟

善戒經ニ。(大正藏三〇、一〇一四下。菩薩善戒經取意)有二種。一ニハ是不可見。謂ク諸佛菩薩。二ニハ是可見。謂ク授戒師ト者。現不現ノ二師也。此ノ二解ノ中ニハ何ヲ依用ストモ不トモ見ヘ。指テ諸佛ヲ爲ト和上ト云義ヲハ。似非指佛ト釋スレハ。此カ正キ今家ノ解ト見レハ。現前ノ二師ヲ可請ス歟。其ノ上。此經ニハ七逆ヲ立テテ遮難トス。若一師也ト云ハハ。七逆ノ數不可成ス。又佛ヲ指テ和上トセハ。出佛身血ナルヘシ。其ハ不現前ノ不可見ノ師ナレハ。殺スル事不可有。佛家ニ住

在シ戒ヲ受ルニ付テ。和上ハ父ノ如シ。阿闍梨ハ母ノ如シ。此ノ二師ヲ害スル處ニ七逆ヲ成スレハ。一師カ二師ノ德ヲ備ト云トモ。七逆ノ本意ニハ違タカエキ也（傳全一、二四八。請立大乘戒表）山家ハ。一師十師羯磨全異ト釋シナカラ。普賢觀經ニ依テ。不現前ノ五師カ正キ能授ノ師ナルヘシ。文殊ノ羯磨ヲハ。初心ノ凡夫聞ク事不レ可レ叶故ニ。現前ノ凡師ハ。不現前ノ師ノ說ヲ傳ル也。傳教御一期ノ間ハ。大師一人戒師也。滅後ニ菩薩戒ノ事被ルニ宣下一セ及テ。義眞和尙。中堂ニテ授戒時ハ。義眞ヲ和上トシ。慈覺ヲ教授トスル也。其已後威儀ヲ調ヘ化儀ヲ成スル時。此二師ニ羯磨阿闍梨者。衣說淨等ノ師ヲ加レハ多ク成ル故ニ。此山家根本ノ式條ニモ違ヒ。今ノ（義記、大正藏四〇、五六七下二三行）梵網受法亦止一師ノ釋ニモ背歟如何。

サテ梵網受法ト等者。羅什ノ受法也。彼文ニハ（同、五六八上十八行）應香火請一師ト云ヘハ。一師ト見タリ。所詮。此經ニ七逆ヲ爲ニ遮難一ト者。始終可ニトハ二師ナル一見タリ。一師ト云事。經文ニハ何クニ見タル文アルソヤ

御義云。梵網ノ受法ト申ハ。三歸發戒也。此ノ三歸ト者。住持ノ三寶ニ歸スル也。此ノ住持ノ僧寶カ三寶ノ緣具足シテ。舍那ノ功德。凡夫癡闇ノ機ヲ不ル隔テ様ヲ請フ時。戒體ヲ發得スル也。只三寶具足スルマテ也。全ク二人三人ノ師不レ可レ有

聲聞戒ノ意。四人已上僧ノ名ヲ得レハ。（傳全一、二四八。請立大乘戒表）一師十師羯磨全異ト云テ十師也。其モ中國ハ十人。邊國ハ五人也。邊國ニハ智法ノ人少ナキ故也。邊國也トモ持戒ノ人有ラハ。十僧ヲ可レ請ス也。是事和合ヲ體トスル故也。通途ノ諸大乘ノ意ハ。心佛衆生三無差別ナル故ニ。一人ノ體カ法界ノ衆生ト同體ナル意アレハ。一人ニテモ和合ノ義成スル也。是理和合ノ故也

此ノ事和・理和共ニ。（經、大正藏二四、一〇〇四中十行）但解法師語スル處ニ。佛德ヨリ成シテ佛ノ功德ヲ受取レハ。歸スル所ハ但解法師語ノ體ナレハ。多師ヲ不レ可レ假ル也。其ニ付テ。（經、大正藏二四、一〇〇八下十一行）二師應ニ問言一汝有ニ七遮罪一不ト說テ。七逆ヲ遮難トシ。二師可レ有ト見タル事。此ハ現前ノ一師ニ隨ト云ヘトモ。此ノ師。生・佛各別ノ師ニ非ス。舍那ノ功德カ住持ノ三寶ニ極ル故ニ。凡師ニ隨カ。直ニ舍那ニ受ル意有ル故ニ。今ノ現前ノ凡師ノ體ヲ指スニ。全ク諸佛ヲ指（請カ）テ爲スル和上ト意有也。此ノ經ノ意。（經、大正藏二四、一〇〇四上二〇行）衆生受ニ佛戒一卽入ニ諸佛位一ノ諸佛トハ。舍那ヲ指テ諸佛トハ云也。此ノ衆生受佛戒等ノ文ヲ引テ。五大院。（大正藏七四、七七三下二九行。廣釋）法界色心之上。發ニ得此戒一。一如ニ舍那一文今指ニ諸佛ヲ一爲ニ和上一ト者。現前ノ一師カ舍

那ノ位ニ居シテ。此戒ヲ授ル處ヲ和上ト名ル也。似レ非レ指レ佛ト（義記、大正藏四〇、五六七下二六行）者。和上ヲ諸佛ト云フヘケレトモ。諸佛ヲハ不現前不可見ノ體ニ成シテ說ケハ。餘ノ經文ハ爾カ不レ見云ナルヘシ。又凡師。不現前ノ五師ニ成替テ授レハ。二師ト云モ無ニ子細一也

和上トハ諸佛。阿闍梨トハ現前ノ一師ナルヘシ。今ノ釋ハ。和尚（尚㊦上）（同二五行）者指（請カ）ニ諸佛一爲ニ和尚（尚㊦上）一云。一解ヲ出ス計也。爲利作師戒ニ（第四十二）。作ニ教戒（誡カ）法師一。（ア〇カ）應三教請ニ二師一ト說テ（經、大正藏二四、一〇〇八下十行）。正キ七逆ノ有無ヲ問フ物ハ。教戒（誡）ノ法師。此ノ教戒（誡）ノ法師。和上・阿闍梨ノ二師ノ德ヲ備レハ。一師ト云事經文ニ見タリ。普賢經ノ意ハ。和上ハ靈山淨土ノ釋迦如來。文殊ヲ羯磨トシ。彌勒ヲ教授トスル也

今モ阿闍梨・教授・羯磨ニ開ケハ三師也。現前傳戒ノ一師ノ處ニ。不現前ノ五師ノ德ヲ備ル意モアリ。又我身ノ外ニ不現前ノ五師ヲ置ク意モ有也。二師ノ隨一ニ。現前ノ師ヲ成シテ和上ト云カ諸佛ナル意テアルヘシ。不レ可ニ一定一ス事也。如レ此一師受法ノ謂。落居スル上ニハ。此ノ一師ノ德ヲ開テ五人十人トモ可ニ分別一ス也」（傳全一、一三四。顯戒論）普賢觀經ハ。傳戒ノ師モ高位也。山家大師。新宗所レ傳。梵網圓戒。分備ニ圓五德一。汲ニ引一圓根一釋スル分ハ。聖師ヲ體トシテ能授ノ師ト云也。此カ今ノ戒經ノ意ニ成伏ス時キ。癡闇ノ凡夫ノ上ニ能授ノ師ト成ル意有也。梵網受法カ三歸發戒ト云モ此也

南都諸宗難シテ云。聲聞戒ハ十人五人ノ淸淨僧ヲ集テ受戒ス。菩薩戒ハ戒品微細ナレハ。護持モ不レ可ニ聊爾一ナル。末世ニハ淸淨持戒ノ人。何クニ可レ有耶ト云云 此ニ付テ今ノ菩薩戒ノ意。現前ノ凡師。破戒無慙ナレトモ。如レク戒其ノ軌則學ヒ傳ル處ニ。三聚淨戒無レ殘リ受取ソ。不思議ノ事也。聲聞戒コソ淸淨持戒ノ人可レ希ナル事ナレ

19 不レ對ニ佛像經卷一有ニ授戒一耶

講師 予

問者 圓惠

御尋云。住持三寶具足可ニト受戒一ス云事ハ。今ノ釋ニ。若有ニ（義記、大正藏四〇、五六七下二八行）智者一無ニ經像一不レ應レ得レ戒ト云一文計也。其モ初ニ。雖有（同二六行）現前智者ト等釋シテ。或ハ佛像ニ對シ。若ハ經卷ノ前ニシテ發起ヲ可レト爲ナス云ヘハ。必モ三寶可ニトハ具足一ス不レ見ヘ。殊ニ冒難遊行戒ノ（第三十七）文引合テ。具ニスル十八ノ物一ヲ中ニ制三スル佛像經典恆ニ應ニシト相ヒ隨一フ故也ト釋スレハ。佛像經卷有ラム處ニテハ安置シテ勝緣ニ可レシ備。

戒師モ佛像經卷ヲ隨身セムトハ思ヘトモ。末代ノ作法可ニ隨身一スル事モ可レシ難カル。サレハ經ニ十八種ノ道具トテ說ケトモ。祖師達モ律ニ准ヘテ。三衣一鉢ナムトコソ被レ用事ナレハ。錫杖・香爐等ヲハ隨身スル事無シ。又隨身セムト思フトモ難レ叶事モ可レシ有ル。若山林樹下石上等ニ於テ。宿習深厚ノ者ノ有リテ受戒セムト云ムニ。佛像經卷無トテ時ヲ可レ過ス歟。何レノ佛法也トモ機緣時至ラハ。一句ノ法門ヲ示ス計ニテコソ有ルカナレ。サレハ小乘ノ白四羯磨ノ作法。佛像經卷ヲ置トモ不レ見ヘ。受戒ハ僧事也。戒師ノ羯磨ノ言ノ下ニ於テ。戒體發得スト定レハ。此ノ作法受得トハ僧法ノ事業ヲ成スル姿。此レ聲聞戒ノ假色ナルヘシ。聲聞戒ハ。僧寶ノ緣計ニテ受戒スト云ニ。菩薩戒ハ三寶具足スヘシト云ヘハ。(經、大正藏二四、一〇〇四中九行)事勞シキ儀式也。相傳戒ノ本意。但解法師語ト云ヘハ。但ノ言ハ餘緣ヲ不レル交ヘ意也。法師ノ說ハ法寶。其カ舍那所說ノ三聚淨戒ナレハ佛寶ニテモ可レシ有。三寶ノ功德ヲ自ラ具足スル者也(義記、大正藏四〇、五七七中二八行)

菩薩戒ノ。四人已上ノ比丘ヲ集テ衆法ヲ行スルニ對シテ。(同、五六七下二二行〜)地持・瓔珞並止一師。梵網受法亦止一師ト釋スル此ノ一師トハ。一師十師ノ中ノ一師ニ隨テ受戒スル處カ羯磨也。作法トハ僧ノ事業也。菩薩戒ハ理和合ヲ爲レ體ト故ニ。一人ナレトモ事業ヲ成スル也。布薩モ一人布薩卽一人誦等ト說ケハ。(經、大正藏二四、一〇〇八上二二行)小乘ニハ異也。今ノ經ニ自誓・從師ノ二ノ姿ヲ說キ分クル時。若千里內無ニ能授戒師一。得ニ佛菩薩形像前一等ト說テ。(經、同、一〇〇六下十四行)千里ノ內ニ無クハ師。我カ戒ヲ可レ感ス機ノ分齊モ難レ知。故ニ對シテ佛像ニ一可レト用ニ好相ヲ一云ヒ。師有ラハ是法師。師師相授故ト說テ。(義記、大正藏四〇、五七七上十二行)此カ師師相授ノ法師ナレハ。戒ヲ可キレ感ス機ノ分齊ヲモ可キニ計リ知ル一故ニ。但解法師語ノ處ニ戒體ヲ可レト發ス云也

今ノ釋。若有ニ智者一無ニ經像一不レ應レ得レ戒。(義記、同、五六七下二八行〜　若(底)如)具ニ十八物一中ト等者。十八種ノ道具ハ。受戒ノ時キ可レト具ス云ニハ非ス。此ハ佛弟子晝夜六時可レキ入物共ナレハ。佛像經卷ヲモ可ニト相隨一云也。受戒ノ時キ。佛像經卷可レト隨云事ハ本說無キ事也。サテハ釋義ハ何トテ如レ此釋スルソト云ニ。其ハ開遮ト云事アリ。但解法師語盡受得戒トハ云ヘトモ。戒法ニ於テ如何程モ受者ニ尊崇ノ思ヲ可レ令レム作サ故ニ。佛像經卷ハ末代ニ可ニ依止一スル物ナレハ。此ヲ壇場ニ於テ得戒ノ緣トスヘシト釋スル無ニ子細一也。サナラヌ戒タニモ開遮ノアル菩薩ノ戒受法ノ時キ。何ソ遮ノミ有テ開ノ義無ン

耶。或ハ佛像。或ハ經卷計リニテモ無子細經文ハ見ヘタレハ。佛像經卷無クトモ戒師計ニテモ何ノ子細カ可有耶。今ノ釋ハ。若千里内等ノ經文ノ意ニ叶ヘリ。（義記、大正藏四〇、五六七下十一行）一云不許ト云ハ。不用經卷ヲ云意也。（同十二行～）二ニ云ク與佛像。差テ次ヲ爲授ルコトヲ。千里ニ無クハ師許ス對コトヲ佛像ニ。千里ニ無クハ像許ス對コトヲ經卷ト云ハ。此モ千里ノ内ニ師有ラハ此ノ一師ニ對シ。千里ノ内ニ師無クハ佛像ニ對シ。千里ノ内ニ像無クハ經卷ニ對シテ可ト受戒ス釋スレハ。三寶具足有レトハ不ル見也。（同十三行～）三云莫ク問コト有佛無佛ヲ。對シテ大乘經卷ニ亦得ト爲スルコトヲ緣ト云ハ。佛像モ法師モ無クハ。經卷ニ可ト對ス釋也聲聞戒ニハ。衆法・對首・心念ノ三ノ姿アリ。四人已上ノ僧ヲ集メテ事業ヲ作スカ衆法也。三人已下乃至一人ニ對スルカ對首也。若。界内ニ人無ラム時キ。布薩自恣・安居受日。可心念ナル也。今ノ經ニ。若千里内無能授戒師ト説テ。准テ見レハ。聲聞戒ノ對首・心念ノ樣ナル事也。凡ソ大乘ノ佛法ハサノミ偏ニ拘サルコト不レハ可有。佛像經卷ニ對セストモ。一師ニ對シテ作法ノ義有ラム可有何ノ子細カ耶

御義云。今ノ菩薩戒宗ノ源カ此事也。凡ソ大小乘共ニ。始テ佛法ニ入リ。佛家ニ住在スル姿ト云ハ。三歸也。聲聞戒ハ羯磨受戒ト云ヘトモ。始ノ在家五戒ヲ受ルヨリ。八戒十戒等ハ皆三歸ノ上ニ羯磨ノ事業ヲモ成スレハ。三歸カ得戒ノ源也。サレハ沙彌戒マテハ三歸發戒也。具足戒ヨリシテ羯磨發戒也。其モ成道六年マテハ比丘ノ具足戒モ三歸發戒ナリシ也。然レハ聲聞戒モ。戒體發得ノ源ハ三歸也。其ノ三歸ノ上ニ種種ノシツラヒハ有ル事也

其ニ付テ。三種ノ三寶有レトモ。別相住持功由一體（大正藏四〇、五八二上。明曠疏）ト釋スレハ一體三寶カ源ト成也。而ニ末法邊地ノ癡闇ノ凡夫ノ上ニ於テ。自心ノ源ヲ明ムル期モ無レハ。一體三寶ノ歸依モ難シ成シ。又在世ノ機ニ非レハ。別相ノ三寶モ非ス可ニ歸ス。南山。理體ノ三寶ヲ加テ四種ノ三寶ト立ル也。此ノ四種ノ三寶カ舍那ノ功德トシテ。住持ノ三寶ニ極ル故ニ。一戒光明金剛寶戒ノ體ヲ。凡夫ノ上ニ受得スル時キ（同、五八二上十八行取意）悉ク成スル者也。舍那ノ佛戒ヲ癡闇ノ機ニ發起スル形ハ。佛ハ泥木素像ニ極リ。法ハ黄卷朱軸ニ成テ。此ノ住持ノ三寶ニ對シテ受戒スト顯ス也。此ヲ但解法師語盡受得戒（經、大正藏二四、一〇〇四中十行）トハ説也。地體。佛ノ功德ト云ハ三寶ノ功德也。法寶トハ其ノ佛ノ所覺ノ體。僧寶トハ其ノ佛ノ

功德ヲ行スル因行ノ姿也。能覺所覺ノ因果ノ功德具足スル處ヲ佛ト云ヘハ。三寶トハ一佛ノ功德ノ首尾也。此ノ一佛トハ。舍那報身ノ眞ノ功德。癡闇ノ凡夫ニ隔テル處ヲ假色ト云ヘハ。其ノ假色トハ佛像經卷住持ノ僧寶ノ體也。觀經ニ。眞假一體ノ佛ノ功德ヲ。形像ノ佛。眞ノ華座ニ坐スト說ケル意ハ一致也。雖レ有ニ現前ノ智（義記、大正藏四〇、五六七下二七行）者一。猶應下シ共ニ在ニテ佛像ノ前一ヘ。若ハ經卷ノ前一ヘニ助テ爲中ス發起上ヲ 文

梵網一部ノ大綱在レル之ニ者也

冒難遊行戒ノ經文ニ。（第二十七。大正藏二四、一〇〇八上十五行）十八種物ヲ擧ル中ニ。佛像經卷可ニシト相隨一フ云ハ。受戒ノ爲也。繩床ヲモ必ス可レト具ス云モ。說戒受戒ノ爲也。布薩ヲ佛菩薩前ニシテ可ニト布薩一ス云ヒ。（經、大正藏二四、一〇〇八上二三行）誦者高座・聽者下座ト云ヘハ。受戒モ此ニ可レシ同カル。四戒三勸ノ中ノ（一勸）受トハ受戒ノ事也。（二勸）持トハ持戒ノ貌也。第三ノ（三勸）誦ハ說戒受戒ニ可レ通ス也。凡ソ菩薩戒ノ意。說戒ハ受戒（授カ）ノ爲メ也。戒行ニ還テ半月半月ニ不レス忘レ誦シ。覺ヘテ人ニ戒ヲ授ケム爲也

經ニ。（同、一〇〇四上一八行〜）告ニ諸菩薩一言。我今半月半月ト云ハ。布薩ノ事也。次ニ是故戒光從レ口出等ト云ハ。（同、一〇〇四中二行）凡夫癡闇ノ人ノ爲ニ一戒光明金（同、一〇〇三下二二行）剛寶戒ヲ說クト云。四戒ノ意ヲ以テ意得ルニ受戒（授カ）ニ當ル也。六本ノ受法ノ中ニ。梵網ノ受法ハ。欲レ受レ戒者。（義記、大正藏四〇、五六八上十八行）應下香火請ニ一師一至ニ佛前一受上ト 文 地持ノ本コソ經文不ニカ分明一ナラ。其モ高昌ノ本ト云ハ。（同、五六八中十七行）原（原〔底〕源）宗シム出ニ地持一而作法小廣ト云故ニ。高昌ノ緣起ヲ見ルニ。曇無讖。此ヲ傳來セシ時キ。沙門道進。菩薩戒ヲ受ケムト請セシニ。不レス授レケ之ヲ。七日七夜懺悔シテ得請スレトモ。讖大ニ怒テ不レス許サ。三年懺悔ノ後。釋尊夢ニ戒ヲ授ケタマフト見テ。明ル日曇無讖ノ處ニ詣セシニ。未タ數十步不レル至前ニ。讖。善哉善哉。已ニ感レスト戒ヲ云テ。佛像ノ前ニ至テ次第ニ說ニト戒相一ヲ見タリ。進カ云ク。少シモ夢ニ不レスト違カハ云云 瓔珞經ニハ。三品ノ戒ヲ立タリ。眞ノ佛菩薩ノ前ニシテ受ルヲ上品ノ戒トシ。佛滅後ニ千里ノ內ニ佛菩薩無クハ。前受ノ者ニ隨テ受ルヲ中品トシ。佛菩薩ノ像ノ前ニシテ自誓受戒スルヲ下品トスル也。新撰ノ本ハ。上來ノ本ニ依テ近代ノ諸師所レ集ムル也。此ノ新撰ノ本ニ依テ。現行ノ十二門ノ戒儀ヲモ造ル也。爾ラハ六本ノ戒儀ヲ出セテモ。首尾。皆佛像經卷ノ前ニシテ可レト受云事也

サテ佛像經卷無ラン處ニテ。可ニ受戒一ス人有ラム時ハ。如何カ可レソト有云歟。今ノ舍那ノ功德。住持ノ三寶具足シテ性無作假色ト

云ハレハ。其ハ時節當來セサル人ニテ可レシ有ル。住持ノ三寶具足スレトモ。受戒ノ人無レハ。無レ力ラ事ナルカ如シ。但シ無佛世界也ト云トモ。法滅百歳ノ時ハ不レ知。三寶世ニ住スル時ナラハ。末代ノ作法也トモ佛像經卷無キ事ハ不レ可レ有也

定惠ノ法門ヨリ。行者ノ心ヲ靜ムル處ヲ本トスルハ。事ノ緣ヲ不レ假也。又緣覺ハ。飛華落葉ヲ觀シテ開悟ス。此等皆一塵法界ノ意。定惠ノ功德也。今ハ凡夫ヲ不レ隔テ。佛ノ功德ヲ事ニ沙汰シテ顯セハ。サヌミ盡期モ無ク。佛像經卷無トモト非レ可レ申ス。其ノ分ナラハ。戒師無クトモト可レ申歟

サテ淨土ノ法門ニ。眞假一體ノ功德ヲ沙汰スルカ。三寶具足スルトモ子細無ト云ヘル。其ハ一重ニ宗旨モ深ク成ル時ノ事ナレハ。戒淨土不レ可ニ一概一ナル。其モ戒體ノ上ノ戒行ノ意也。一代定惠ノ功德ナレハ事ノ作法ニ非レストモ可レニ向ウ沙汰スル。此レ我等カ上ニハ難レシ成。其ヲ佛ノ功德トシテ我等カ上ニ成スル處ナレハ。淨土ノ意ハ。事ノ作法非則（軌カ）モ不レ入處可レシ有。今ノ戒ト云ハ一代ノ佛法本意。佛ノ功德ヲ事ニ凡夫ノ上ニ作法受得スト申シテ可レ顯處アレハ。兩宗ノ起盡可ニ意得合一也。戒壇ナムト云モ。聲聞戒ノ意ハ。佛像ヲ可ニトハ安置一ス不レス見ヘ。山門ノ今ノ菩薩ノ戒壇ハ。釋迦ヲ本尊トシ。文殊・彌勒ヲ脇士トスル也

20　自誓限ニ高位一受法歟

講師　照惠
問者　正叡

御尋云。今ノ釋。普賢觀受戒法。（義記、大正藏四〇、五六八上九行）身（身㊦多）似高位入（人カ）自誓受法ト云ヘハ。普賢經ニ限テ高位ト云也。聲聞戒ニハ十誦（師カ）・三歸・善來・自然・羯磨ナト云法則アリ。此ハ機ニ隨ヒ事ニ依テ。佛受戒ノ法則被レ定也。其ノ中ニ。淨法ト云ハ。得道得果ノ時キ律儀ヲ發スル事ナレハ。此ハ可ニシ高位一ナル。自誓從師ノ受法ハ高位トハ不レ見也。善來戒ト云ハ。眞佛ノ善來ト云フ言（コトハ）ノ下ニテ發戒スルハ。滅後ニハ無キ事也

今經ノ說相ハ。若千里內無能授戒師ト云。（經、大正藏二四、一〇〇六下十四行）此ノ千里トハ。佛法ノ弘マリメル（タか）處ナルヘシ。千里ノ內ニ戒師無キ處トハ。末世ニ付テモ邊地ノ至極ナルヘシ。舍那ノ佛戒ハ。此ノ末法邊化（地カ）ノ機ノ上ニ發起スル功德ナレハ。千里ノ內ニ戒師無キ程ノ界ニハ。何クニ可レ有耶。爰マテモ佛戒ノ利益無レキ隔意ヲ。自誓受法トハ說也。殊ニ經

文。(經、大正藏二四、一〇〇六下五行)佛滅度後。欲下以二好心一受中菩薩戒上時。(「(底)師)於二佛菩薩形像前一自誓受戒ト說ハ。自誓・從師共ニ滅後ノ法則ナレトモ。一師十師ノ不同コソアレ。從師ハ猶ヲ在世ニ可レ通ス也。佛像ニ對シテ自誓受戒スト云ハ。至極ノ下機ヲ攝スル佛ノ慈悲ノ至リ也。今ノ釋義ハ。普賢觀ノ受法ヲ高位ノ人ノ自誓受法ト釋スル計也

サテ好相ヲ感得スル故ニ高位ト云歟。今ノ時モ。南北ノ律家受戒ノ軌則トシテ。受者ニ好相ヲ令ムルニレ祈ラ。佛戒令レ然ラ。機緣時至リ靈驗ヲ感シテ受戒ス。此ノ南北ノ律僧ハ。癡闇ノ凡夫ニテハ無キ歟。サレハ今ノ受法ノ戒儀ニ勝相ト云ハ。十方世界ニ於テ。香雲華雲等ノ種種ノ瑞相共可トレ現見タリ。新發意ノ菩薩。諸佛ニ此ヲ問許スト申セハ。今ノ戒場ニモ可レトモレ現ス。凡夫ノ眼不ルレ見ニテコソアレ。上代ニモ圓融院御受戒ノ時。光リ戒場ヲ輝カスト見ヘ。慈惠大師。梵網ノ二字ヲ被シレ誦セ時。光リ面際ヲ輝スト見タリ。戒體ヲ受得シテ舍那ト成ル上ニハ。何ナル瑞相モ可レ現也。若機感不ルレ至時キハ。從師モ不レ可レ叶也。戒ハ感セム事。我カ身難レ知故ニ。好相ヲ諸佛菩薩ニ祈ト云ヘハ。自誓ハ殊ニ初心ニ令ルレ蒙ラ者也

戒戒ノ始ニ若佛子ト置クハ。眞是諸佛子ノ佛子ノ體ナレハ。經ノ始ニ。(經、大正藏二四、一〇〇三下二〇行)一切衆生凡夫癡闇之人ト說ク人ノ體ヲ。若佛子。(同、一〇〇六下五行)欲下以二好心一受中菩薩戒上時。於二佛菩薩形像前一等ト說ク故ニ。自誓ハ下機也ト云事分明也

梵網ノ三歸發戒ト云モ。一番ニ願從今身盡未來際ト誓フ也。(卍續二一十、五丁左下。湛然授戒儀)戒師有ル時ハ。師敎ヘテ令メレ誓ハ。戒師無キ時ハ。自ミスカラ對シテ二佛像一ニ自誓スル也。今モ佛法不二流布一セ。故ニ授戒ノ師無ラム時。宿習薰發シテ自誓受戒セム處コソ。佛戒ノ利益ノ遍ネキ姿ニテハアレ。而レハ從師ノ外ニ自誓戒ヲ造リ出ス時。法界ノ色心ノ上ニ無レ隔。舍那發起ノ謂モ顯也。瓔珞經ニ自誓戒ヲ下品ト云モ此意也

此高位ト云ヲ。悲(熈カ)抄ハ。位ヲ不レ定メ行法勝タル人ト云ヒ。頂山ハ。相似ノ位觀行ニモ通スト云ヒ。與咸ハ。觀行已上ヲ指ス也ト云云(卍續一-五九、二五八丁右下)。普賢經ハ。判攝ノ五品ト云事ヲ沙汰シテ。五品六根ヲ一位ニ攝在スル事アリ。今ノ自誓戒ヲ觀行相似ニ約スレハ。高位ト被レ出タリ。圓琳(琳(底)林)抄ニ一義ヲ出スニ。(佛全71、七〇下取意)梵網ニ所レ明ス自誓戒ハ。好相ヲ得テ可ト二自誓受戒一スト云故ニ。初心ノ行相也。普賢觀ノ受法ハ。好相ヲ感スト云ハス。直ニ不現前ノ五師ニ對シテ受戒スト云ヘハ。機進ミタリト見タリ。此ノ得戒ノ有無知ラヌ初心ノ機ハ。好相ノ感不感ニ依テ

得戒ノ有無ヲ定ムレハ。普賢観受戒法等釋也 云云
御義云。癡闇ノ凡夫。佛戒受得ノ姿ハ。四戒三勸ノ法則也。其ノ四戒三勸トハ。師師相授ト云事也。十四字ノ首題ノ中ノ。菩薩戒ノ三字ヲ取テ。經ノ首題トスルヨリ此意分明也。衆生受ニ佛戒一即入ニ諸佛位一ノ受トハ（經、大正藏二四、一〇〇四上二〇行）。全ク自誓ノ意ニ非ス。四戒相傳ト云ハ。受ニ持是戒一已。轉授（授㊀受）ニ諸衆生一ノ意ヲ受ト說也（同十四行）。若自誓受戒カ癡闇ノ凡夫ノ上ノ淺キ事ナラハ。始ヨリ爾カ可レ說。序ヨリ正宗ニ至マテサハ不レ見シテ。下ノ制戒ノ中ニ至テ說レク之ヲ。故ニ自誓カ今ノ經ノ本意ニテハ無キ也。其ノ上。佛來摩頂。見（「㊀若）ニ光華一。種種異相。便得レ滅レ罪ト說テ（同、一〇〇八下十七行）。我等カ所レ造罪障ヲ消滅スル處ニ勝相ヲ可レ感スト見タレハ。凡夫ノ初心ニ於ハ。思モ寄ラヌ事也。今ノ世ノ伴僧ノ祈ル處ハ。好相ハ有名無實ノ事ナルヘシ。本說モ無レ之。經ニ所レノ說好相ヲ高位ノ人ノ事トモ不レシテ知。我等カ上ニモ益可レト有思ヒテ祈レ之歟。只近代ノ祖師ノ意樂ヨリ事起テ。今マチト戒法ヲ令レント重スル也。此ハ結緣分一ノ利益門ナルヘシ。此分ハ好相ヲ得タラハ罪滅スト思フヘシ。不レ然者。罪不レスト滅セ可レ知也。菩薩戒ノ受法ニ從師・自誓ノ二ノ姿アリ。自誓トハ云ハ。心ニ依ル謂レ。從師ト云ハ。他力ノ意也。此ノ二ハ。戒體戒行。上下兩卷・一品一卷ノ意ニ當ル也

從師ナレハトテ。高位ノ人ノ受法非レス可レ無カル。道進カ因緣其ノ證也。定惠ノ功德ニ押セテ云ヘハ。自誓・從師共ニ高位也。此ハ上下兩卷ノ意ナレハ。但解法師語（語㊀證）等ト云モ高位ナルヘシ。瓔珞經ノ從師・自誓。小乘ノ十誦（師カ）・五誦（師カ）皆以可レ爾也。今ハ師師相授ノ故ニ。法師ノ語ヲ解スル處ニ。佛德ヨリシテ罪障ヲ滅スト云ハ。一品一卷ノ玄旨ハ。舍那ノ發起ニ身ヲ住スル姿也

六本ノ戒儀ト云モ。帶權ノ面ニ付テ沙汰スレトモ。此ヲ列ネテ梵網ノ意造リ成ス也。爾ラハ普賢經ヲモ何トテ不レト列ネ云ニ。別段ノ旨趣可レシ有。願蓮上人云。妙樂。大師有時依ニ普賢觀一。判ニ五品位一在ニ六根內一ト釋セル（天文五、二四五八上。文句記）。此ノ判攝ノ五品トハ。六即ノ位ヲ一ニ說キ成ス也。法華經ニテハ六即ヲ各別ニ說キ。普賢經ニテハ六即ヲ一位ニ說成スト被ニ了簡一也。山家大師モ。若依ニ普賢菩薩行法經一。影略攝ニ在初信位一。若依ニ妙法蓮華經一。六根淨（「㊀清）前立ニ五品一ト釋也（傳全二、二七四。守護章）。此ハ法華ハ在世ノ機ヲ體トシ。普賢經ハ滅後ノ機ノ一乘修行ノ方法トシテ。五五百歲遠霑妙道ノ利益ヲ施ス。故ニ在

世・滅後ニ約シテ。法華經ハ六卽ノ人カ靈山ノ會座ニ列テ有リ。普賢經ハ滅後ノ人ノ爲ニ修行ノ方法ヲ作セハ六卽ヲ一ニ說ケリト云ヘハ。天台ノ奧藏ヲ。此上人ノ御了簡ヲ本ト云ヘシ。此ヲハ高位ノ人ノ受法ナル故ニ閣クト云云 可レ信レ之ヲ。梵網ノ受法ニ一代ノ佛法ノ歸スル處ヲハ。帶權面トスル六本ノ戒儀ヲ列テ顯シ。或普賢經ヲハ除テ。一品一卷ノ宗旨ヲ顯也。始ノ經論ニ所レ載。記傳ニ所レノ辨フル受法戒相ヲ。舍那ノ一戒光明金剛寶戒ノ體ト成ル謂ヲ顯ス也。三重玄ノ本意。此ノ一句ニテ示ス者也

義記ニ。（義記、大正藏四〇、五六七下一一行取意）戒師ヲ內外凡ト釋スルハ觀行・相似也。今師師相授ノ謂ヨリ內外凡マテモ無レ隔テ謂ヲ釋シ顯也。天台ノ意ハ。名字ヲ初心ト申セトモ。一代ノ佛法ハ發心已上ノ受法ヲ明ス故ニ。今ノ意ヨリ見レハ。名字・觀行共ニ高位ナルヘシ。我等カ上ニ正ク佛法ノ益ヲ（同、五六三上九行）得ル謂ハ。舍那ノ（同前）戒體發得ノ處ヨリ成スル者也。經論所載ト者。地持・瓔珞也。記傳所辨ト者。高昌・新撰等ノ人師ノ所レ作クル此也

21　什師傳來戒有ニ付法藏祖承一耶

講　正叡

問者　予

御尋云。付法藏祖承ハ。宗宗ニ沙汰有ル樣ナレトモ。必シモ付法藏ヨリシテ相傳ヲ列ヌル事ハイタクナシ。禪宗獨リ。付法藏經ノ二十三人ヨリ達磨マテ二十八祖ト名テ。代代不ル斷絕一セ由ヲ申セトモ。諸宗ヨリハ此ヲ難スル也

付法藏經ノ說ハ。第二十三ノ師子尊者。檀毘羅王ノ爲ニ害セラレシヨリ法藏斷絕スト見タリ。傳燈錄（錄㊦祿）ト云物ニハ。惡王ノ害ヲ加ヘム（大正藏五一、二一五上六行～。取意）事ヲ兼テ知テ。密カニ婆沙斯（斯㊦悉）多尊者ニ衣鉢ヲ傳授シ。法藏ヲ傳ヘテ遠キ國ヘ令レ去ラト云云 其ヨリ以後不（不㊦補）如蜜（蜜㊦密）多・菩提達摩（磨カ）ト相傳スル也。達磨ハ。嵩山ノ少（少㊦勝）林ト云處ニ面壁シテ在リシニ。惠可來テ法ヲ傳授也。彼ノ宗ノ風體ハ。可ニ得法悟道一ス機ヲ知テ。其ニ對シテ別傳ノ旨ヲ示ス事ナレハ。多言ヲ事トシ。書籍等ヲ造ル事ナシ。三祖大師。神（信カ）心銘ト云物ヲ作ル。此ノ時始テ文字起レリ。達磨ノ破相論・（大正藏四八、三六六下・三七〇下。小室六門）悟性論・神（信カ）心銘等ハ。中中山門ナムトニハ有リレ之。此ニハ諸宗ノ事ヲモ沙汰シタル故ニ。禪僧共ハ我カ宗ノ事トモ不レ知ラ。達磨ノ所造トモ不シテレ思ハ不ニ依用一セ歟。筆ヲ以テ法語ヲ書傳フル事。三祖ヨリ

始レリ。師子尊者ノ事ヲハ。誰ニ語リ給フソヤ無ニシ覺束一傳燈錄（錄㊦祿）ハ。婆沙斯（斯㊦悉）多・不（不㊦補）如蜜（蜜㊦密）多ノ形狀ノ始終ヲ書テ。達磨以後ノ六代ハ沙汰ニ及（及㊦反）ハス。達磨ハ梁ノ世ノ人ナルニ。宋朝ニ及テ此ノ傳記始テ起レハ。大略後生カ造リ出シテ。我カ宗風ヲ世ニ弘メントスル物也トテ。諸宗ヨリ成レス嘲ヲ事也。若師子尊者ノ相傳ヲ他宗カ請ケ乞テ。我宗モ爾也ト云ハハ。共ニ胸臆（クオク）ニ可レキ成ル也

止觀ニ。迦葉尊者ヨリヲ擧タルハ。付法藏傳ノ說ヲ引キ集ムルマテ也。サレハ妙樂。（天止一、二六。弘決）若不ニスハ先ツ指ニ如來大聖一ヲ無レ由レ列ニ於二十三ノ祖一ヲ。若不レ列ニ於二十三ノ祖一ヲ無レ由レ指ニ於第十三ノ師一ヲ。若不レ指ニ於第十三ノ師一ヲ。無レ由レ信スルニ於衡崖・台岳一ヲ文 此二十三祖ヲ列ル事ハ。師子尊者ヨリ不レスト絕云事ヲ顯スニ非ス。十三ノ師ヲ取ラム爲也。此則チ惠聞（文）禪師。大藏ニ入。龍樹ノ中論ヲ取テ開悟ス。此ヲ次第ニ南岳天台ト相承スルヨリシテ。大師己心中所行ノ法門ヲ悟リコソスラメ。其モ師子以來ノ相承ハ禪宗ナラテハ不ニ依用一セ也

（天止一、三六〜。止觀）始鹿苑。中鷲頭。後鶴林。法付大迦葉ナレハ。一代ノ佛法ヲ悉以付屬摩訶迦葉スルマテハ不レス諍レ論ヲハ。二十餘ノ菩薩ト云ハトテ。何ソ可ニ付法藏ノ祖一ナル耶。止觀ナムトニテ意得ルトモ。彼ハ大覺世尊ヨリ迦葉ニ傳ヘ。此ハ釋迦ヨリ逸多菩薩ニ相傳スレハ。不レ可ニ同事一ナル。舍那戒ヲ授クル處ハ。（經、大正藏二四、一〇〇四上五行）各接（接㊦攝）ニ微塵衆一。倶來ニ至我所一ナレハ。何ソ可レ限ニ二十餘ノ菩薩一ニ耶。列祖ノ釋ノ中ニ。二十餘ノ菩薩則チ付法藏ノ二十三ノ祖ト云事無クハ。可ニシ胸臆ノ事一ナル。付法藏ト云ハ。界內一途ノ相承。釋尊一化一ト姿也。眞言ノ相傳ト云モ。東寺・山門共ニ此ノ付法藏ニ依ル樣ニハ無キ也

今戒ト云ハ。舍那ノ內證ナレハ。釋迦ノ一化ニ付テハ不レ可ニス沙汰一ス。此ノ付法藏ヲ輝カス事。禪僧ナトヲ學フニ似タリ。慥ナル說有トモ。サハ不レ可レ申ス也

御義云。顯密ノ佛法ニ付テモ相承カ宗ノ大事也。常ニハ能傳ノ人・所傳ノ法各別ニ思ヘリ。（弘決カ）止觀ニ。（天止一、五九。弘決）先惣擧ニ於所傳人法一ト云テ。所傳ノ人法ト云事ヲ釋スレハ。佛法傳來ノ樣ト云物モ。法門ノ如ク可ニ意得一也。小乘ノ法ヲ傳ヘハ。能傳ノ人モ生滅無常ノ謂ニ成リ還テ傳ヘ。通教ノ意ナラハ。卽空無生ノ謂ニ成リ還テ可レシ傳フ。宗カ淺近ナル時ハ。其レニテハ不ニス思寄一ラ。眞言・止觀ノ相承。全ク能傳所傳ノ異不レ可レ有也

天台宗ノ相承ヲ下地ニ不ニシテハ意得一。菩薩戒ノ相傳可シレ難レ顯。其ノ天台宗ノ相傳ヲハ。願蓮上人沙汰セル。此ヲ西山上人。菩薩戒ノ相承ニ引入テ被二沙汰一也。其ニ付テ。歷前(別カ)・次第・不次第ノ三ノ姿アリ。止觀ノ相承ニ。金口ノ相傳ヲ列ルハ歷別ノ相承。則チ施權ヲ面トスル意也。今師ノ相承ハ。偏ニ不次第ノ意(文)ナルヘケレトモ。此ノ祖承ノ上ニ天台ハ南岳ニ傳ヘ。南岳ハ惠聞ニ傳ル。逆次ノ相承可レ有レ之。此則チ顯實ヲ面トスル也。故ニ金口・今師ハ。施權・顯實ノ二ノ謂也。天台傳南岳三種止觀ナル故ニ(天止一、七五。止觀)。止觀ノ祖承ヲ顯ス時。歷別・次・不次ノ三ノ相傳見タリ

內證佛法ノ血脈ニハ。今ノ菩薩戒ニ付テ三ノ脈ヲ引ケル。此カ聽テ歷別・次・不次ノ意ニ當ルト了簡スル也。第十三ノ龍樹ヲ列テ自レ其已後不レルハ列レ之。付法藏ノ祖有ト云事ヲ示ス也。逸多ニ傳ル一ト脈ハ歷別ノ意。南岳ヘ引ク一脈ハ次第ノ意。天台ヘ引ハ不次第ノ意ヲ顯也

南岳天台ハ。不レ替ラ塔中ヨリ相承シ。蓮華臺藏ノ舍那ヨリ傳ル二ノ姿見タリ。此等ハ皆法門也。法華ノ意モ三五七九等ノ一代ノ佛法。悉ク一佛乘ニ歸スル謂ナレハ。小乘權宗ニ傳フル分ハ別ノ事ニテ。此外ニ圓戒ノ相承有ト非レ可ス申。サレハ始鹿苑。中鷲頭。後鶴林ト云ヘルヲハ。妙樂承レ之。故略擧二此(此底ナシ)始中終三一ト釋セリ(天止一、三五。弘決)。法付大迦葉ノ體カ一佛乘ヲ傳ル姿ソト可ニ意得一也。天眞從藍功用盛矣(同前)ノ體カ法付大迦葉ノ謂ト意得レハ。歷別施權ノ面ニ付テ。如來金口ノ所記トシテ二十三祖ヲ列。師子尊者ニ至マテ。我カ法ヲ可レ傳樣ヲ說キ置也。法華ノ意ニテ。付法藏ノ相承立セハ。何レノ師マテハ相承ノ師。何レノ師ヨリハ一家相承ノ師ニ非スト云樣ニハ不レ可レ有。カクナレハ。相承ノ時代等ニ付モ。前後ヲ非レ可レ論ス。若シ止觀相承ノ師ニ非ンハ。章安何ソ長長ト可レ列レ之耶

付法藏ノ祖承ト云ハ。三藏生滅謂ヲ以造レトモ。其ヲ離テ不次第一佛乘ノ相傳モ不レ可レ有。施權ノ外ニ顯實無ト云テ。何ツモ小乘生滅ノ法ヲノミ說テ。不生不滅ノ大乘ノ法ヲ非レ不レルニモ說カ。破廢・開會ノ二カ有レハ。付法藏ヲノミ本意トシテ。此外ニハ何ニモ無ト非レ可レ申ス

歷別・次・不次ノ中ニハ。不次第カ本意也。南岳・天台共ニ靈山ノ聽衆也ト云ヘトモ。此ノ上ニ次・不次ノ意有故ニ。南岳ヨリ天

台ニ傳ト云ヘハ次第ノ謂也。靈山ノ一會ヲ大師己心ノ外ニ不レ置ルカ此至極ハ不次ノ謂也。此ノ謂ヲ以テ意得ルニ。一代ノ佛法ヲ迦葉・阿難ニ付ストス云ハ。天台ノ己心所行ノ體トサメミ(ノか)別ノ事ニハ非ル也。(止カ)正觀ニ人法共ニ書キ載テ。此ヲ止觀ノ相承トスル事分明也。大小權實ノ佛法。舍那ノ一戒光明金剛寶戒ノ外ニ無ク成ル時キ。此歷別・次・不次ノ三カ備テ菩薩戒ノ相傳モ可シレ立ス。義記ニ二十(大正藏四〇、五六八上十二行)餘菩薩(薩㊄提)云者。無レ疑付法藏經ニ所レノ列二十三祖アルヘシ。此戒。盧舍那佛ノ所ニ於テ。釋迦傳受シテ逸多菩薩ニ傳與ス。此釋尊ノ補處ハ。我今弟子付彌勒。龍華會中後解脫ナレハ(大正藏七四、七六八中十七行。廣釋＝心地觀經、大正藏三、三〇六上五行)。釋尊ノ滅後ニハ彌勒ヲ可レハ爲レス主ト。迦葉・阿難モ彌勒ノ弟子ナルヘキ條勿論也。所傳ノ法カ一ナレハ。能傳ノ人モ一體也ト可ニ意得一也

內證佛法ノ血脈ニ。釋迦ヨリ逸多菩薩ニ。逸多菩薩ヨリ羅什ト云(傳全一、二三〇取意)程ニ。義記ノ二十餘菩薩。次第相付ノ文ヲ引載セタリ。此逸多菩薩ノ外ニ二十餘ノ菩薩不レ可レ有。從ニ初發心一終至ニ等覺一。皆名ニ菩薩一者。初發心ヨリ等覺ニ至マテ一種ノ菩薩ト云意也。而レハ迦葉・阿難モ此戒法ヲ傳ト云ヘハ。阿逸多菩薩ノ一位ニ成テ相承スト云意ヲ書キ顯セリ。殊勝ノ事也

諸宗ノ意ハ。相承ヲ本(モト)トストス云ヘトモ。以レ心ヲ傳ルレ心謂也。止觀ニ(天止一、六〇。弘決)。故知。大師所傳止觀。隨レ機面授。非ニ後代ノ所レ堪(文)釋スレハ。面授口決ト不レル向ハ處ヨリ。惠聞モ。大藏ニ入テ文字ヲ自見開カムト向ヘハ。定惠ノ方ハ師師相承ヲハ不レ爲(セ)レ本ト也

今ノ戒ハ。三國次第相承シテ不レト絕云謂有也。歷別ハ次第ニ歸シ。次第ハ不次第ニ歸シテ可シレ顯ル。行者ノ信心ヲ勸メムカ爲ニ。歷別次第ノ作法ヲ說ク意有也

サテ。師子ヨリ羅什ニ傳ヘ。羅什ヨリ南岳ニ傳ル時代ニ付テ不審ナルカ。廣釋云(大正藏七四、七六一中六行～)。二十餘ノ菩薩。次第相付シテ。須利蘇摩(㊄耶)次(次㊄方)付ニ羅什一ニ。羅什傳フレ秦ニ。乃至南岳ノ九師。天台ノ八祖相付シテ。今傳フニ東山ニ是也 文 此釋分明也。師子尊者ノ次ニ須利耶蘇摩ヲ加ツレハ無シニ子細一。縱ヒ事相ノ時代等聊カ參差スル事有トモ。付法藏所傳ノ大綱ニ還テ不レ可レ有ニ子細一也(文)。羅什ヨリ南岳ヘ云事ハ。妙樂大師。惠聞南岳已前ニ九師ヲ出ス也。此等ヲ以テ意得合スルニ無シニ相違一

所詮。此戒法ハ。各接(接㊄攝)微塵衆。俱來至我所ナル(經、大正藏二四、一〇〇四上四行)故ニ。南岳天

台ヘ直ニ脈ヲ引クハ。癡闇ノ凡夫マテ蓮華臺藏世界ニ至テ受レテ戒ヲ。一如ノ舍那ト成ルヘキ謂。此レ不次第ノ相傳也。其ノ不次第ト云モ。但解法師語ノ次第ノ謂ヲ離テハ不レハ可レ成。歴別・次・不次ノ謂ヲ備ヘテ。顯密ノ相傳モ。今ノ戒ノ相傳モ可レ立ス也

今ノ義記ノ說ハ。羅什ノ被レ仰タル事ナレハ誠證也。サレハ。明曠モ盧舍那佛ヨリ次第相付シテ我身ニ至マテ一代モ不レ絕釋也。或ハ羅什ノ說。大師ハ靈山聽法ノ人也。龜鏡不レ可レ過レ之。歴別・次・不次ノ重重ノ意ヲ顯セハ。二十三祖次第ニ傳ル謂レ。龍樹ノ相傳ニテ有ル樣ヲ意得ヘシ。禪モ達磨等書並ケル處アラハ。諸宗互ニ用ル事モ可シ有ル。後代ニ至テ二十八祖ト云事ヲ申出ス。太タ胸臆ノ事也

22 三歸發戒事

講師　正叡
問者　圓惠

御尋云。三歸發戒ノ事。必シモ非ニ規模一ニ。佛在世ニモ三歸發戒後ニ羯磨ノ受法ハ與ス。在家ノ優婆塞・優婆夷ノ戒。沙彌ノ十戒乃至五戒等モ悉ク三歸ノ處ニ發戒スト見タリ。小乘ノ中ニモ。例證有レハ不レ可ニ執難一ス。如何樣聲聞ノ五・十・八ノ淺キ戒マテハ三歸。深キ大僧ノ戒ニ成ル時キ。白四羯磨ノ位ニ大戒ヲ發スト定ムレハ。戒法モ重ク。受體モ廣博ニ成ル時ハ。三歸計マテハ戒體ヲ不レ可レ發ス故ニ。羯磨ノ義出來ル歟ト覺タリ。大小二戒相對セム時キ。大戒ハ深源ナレハ。今ノ菩薩戒ノ受法。三歸發戒ト云ハム事ハ可シ淺近ナル一

今ノ六本ノ受法ノ中ニ。梵網ノ受法計ニ三歸發戒ノ義見タレト（義記、大正藏四〇、五六八上六行）モ。此ハ道俗共用。方法不同。略出六種ナレハ。若ハ僧衆沙彌等ニ通スル方ニテ。三歸發戒ニ約シテ釋スル歟。サレハ。梵網ノ本ノ意ヲ諸本ノ戒義カ開クカ。地持・高昌ノ本ハ羯磨發戒也。凡夫一如ノ舍那ト成ル事ハ。第七ノ正授戒ノ第三羯磨ノ終ト定ムル也（大正藏七四、七六四中～下。廣釋）

五大院。六即卽身成佛ノ體ヲ。眞言ノ五相成身ノ觀ニ引合テ釋セルハ。第七ノ正授戒也。次ニ讚ニ歎（歎㊅嘆）受一約敕諦聽トハ（義記、大正藏四〇、五六八上十五行）。三聚淨戒・三羯磨ノ相ヲ略シテ示ス也。上ノ三歸ノ受ヲ讚嘆スト云事。全分私ノ了簡也。滅罪生善ノ生記（起カ）モ先ツ罪障ヲ懺悔シテコソ戒體ノ善法ヲ可キニ發得一ス。逆サマニ戒體發得ノ上ニ懺悔ヲ用ル事不レ被ニ意得一。サレハ相傳ノ義モ。約敕諦聽ノ下ヨリ羯磨發戒ノ意

有ト云也。三歸トハ。只佛法ニ入最初也。但解ニ法師語一盡受ニ得戒一(經、大正藏二四、一〇〇四中十行)ト說ク故ニ。師師相授トハ今經ノ意。四戒三勸ナレハ釋迦モ舍那ニ傳ヘ。菩薩モ釋迦ニ傳ヘ來ル物也。釋迦ノ舍那ニ傳ヘン時。三歸發戒ニテ有ケル歟。既ニ釋迦佛ナルカ。三寶ノ中ノ僧ニ歸伏ストハ何ソヤ。只舍那ノ功德ヲ聞ク處ニテ。釋尊モ戒體發得スルナルヘシ。是盧舍那誦。我亦如レ是誦(同、一〇〇四上十二行)ト說ク故ニ。舍那ノ說ヲ釋迦ハ聞マテ也。山家モ。一師・十師羯磨全異ト釋シテ(傳全一、二四八。請立大乘戒表)。一師十師不同ナレトモ。菩薩戒ノ意ハ。和合ノ義モ羯磨ノ義モ成スト云也。菩薩戒ノ自誓・從師ヲ小乘ノ意ニ依テ見レハ。三歸ノ外ノ事也。自誓トハミ自誓テ受戒シ。從師トハ師ニ隨テ受ル也

三歸得戒ハ。聲聞ノ十種ノ得戒ノ中ニアリ。梵網ノ受法ノ下ニハ無キ所也。新撰ノ本ハ十八科ナルカ。三歸發戒。羯磨發戒ノ義ヲ擧タリ。此ハ在家ノ菩薩ハ三歸ヲ以テ得戒シ。菩薩モ大僧ノ戒ハ羯磨ニ依テ可ニ得戒一歟。此ハ指シ定テ三歸發戒ト云樣ニモ無レハ不ニ意得一也

御義云。羅什所傳ノ梵網ノ受法ハ。三歸發戒也。其ノ證據ニハ。新撰ノ本カ。上來ノ本ノ意ヲ取合テ造ルカ三歸羯磨ト云ヘハ分明也。制旨ノ本ハ。此ニ殘ル處ヲ造ル也

梵網ノ受法ハ三歸發戒。地持・高昌等ハ羯磨發戒。瓔珞ハ四信發戒也。此三歸ニ戒ヲ加テ四信ト云ヘハ。三聚淨戒ヲ說ク經ナレトモ。戒體ハ三歸也。何カ樣ニモ。三歸發戒ノ上ニ羯磨發戒ト云物ヲ可キレ拵フ姿アリ。止觀第三ニ大經ノ意ニ依テ云ク。從レ初已來歸ニ依一體三寶一熏(底薰)ニ修戒善一。有ニ受法一無ニ捨(底破)法一。心無盡故戒亦無盡。一切戒善爲ニ此所レ熏(底薰)文(天止二、四七九)此ノ一體三寶ノ謂カ住持ノ三寶トモ成ル也。諸大乘經ノ意ハ。別相住持功由一體ナレハ(大正藏四〇、五八二上二五行。明曠疏)。實相心ヲ戒體トモ。一體三寶ニ歸スル處ニテ戒體ヲ發スル也

今戒ハ。爲此地上一切衆生凡夫癡闇之人ト說ケハ(經、大正藏二四、一〇〇三下二〇行)。一體別相ノ三寶ハ。舍那ノ自覺ノ功德ト云ハレ。此上ニ不レ起而已起卽(底則)ノ眞假一體ノ功德カ。舍那ノ覺他圓滿ノ正覺ノ體也。此ノ舍那ノ功德。癡闇ノ凡夫ニ無レ隔姿トハ。住持ノ三寶ニ歸スル處ニ。舍那ノ功德ヲ受ケ取ルト云事也

人緣ト云ハ。若有ニ智者一無ニ經像一不レ應レ得レ戒ト云ヒ(義記、大正藏四〇、五六七下二八行)。法緣ト云ハ。梵網ノ本ニ歸シテ三歸發戒スル也。歸依常住佛法僧ト(同、五六八上十四行)者。常途ノ意ハ。一體三寶カ常住ノ三寶也。今經ノ意ハ。住持ノ

三寶カ常住ノ三寶也。一體三寶ハ實相ノ理ナレハ可レトモ常住ナル。隠顯有リテ。凡夫ノ上ニハ常住ノ謂ヲ不悟リ顯サ。別相ハ在世ニ限テ。滅後ニ不及。常住ノ謂ナラス。濁世末代マテ。佛ノ功德ヲ事ニ我等カ眼ニ對シ耳ニ觸ルル姿ハ住持ノ三寶也。大經ニ。佛性ヲ三寶常住ト説ハ。（經、大正藏一二、一〇二三下二四行）一體三寶ノ謂ヲ脇插メトモ。其ノ佛性ハ是情是心皆入佛性戒中ト説ク處ニ歸スレハ。一體別相ノ三寶ハ。住持ノ三寶ニ歸シテ。癡闇ノ機ノ上ニ得戒ノ義成スレハ。一代佛法淨滿如來ノ功德トシテ無ク殘受取ル者也。只優婆塞ノ戒・沙彌戒ナムト分ノ。三歸發戒マテハ無也。其等モ粗三歸發戒ノ體ト云ハ。此謂ヲ顯ス也。小乘ニ比丘ノ具足戒ト云モ。初ハ三歸ト云ケルモ。此意ヲ顯ス也。三歸發戒ノ上ニ別相ノ三寶ニ歸スル姿ヲ搆顯シテ釋スルカ。第七ノ正授戒也。此二ノ意有ル事ヲ。（義記、大正藏四〇、五六八上十五行）次讃歎受約敕諦聽ノ下ヨリ可ト開出ス。祖師御了簡有也

懺悔十不善業トハ懺悔也。讃歎受ト者。戒法ヲ嘆スル也。直説十重相ト者。戒相也。次三歸ノ上ニ。懺悔ヲ置ク事不審ナルカ。大論ノ説ハ。三歸ノ後ニ懺悔。懺悔ノ後ニ説相也。淺キ八齋戒等ノ意ヨリシテ。三歸ノ上ニ懺悔ヲ置ク深キ意可有。南山ハ。大論ノ本説ヨリ如ク此ナレトモ。此ヲ淺キ常途ノ意ニ引成シテ。懺悔ノ上ニ三歸可ト有釋也。瓔珞經ノ説相モ。四懷信上ニ懺悔ヲ置テ。十惡五逆等ヲ懺悔スト云云

凡ソ滅罪生善ノ姿モ。戒體發得ノ上ニ可シ有。戒體ヲ不ハ受得セ何ノ法ヲ以テ罪障ヲ可シ懺悔。分持具持可レハ有。懺悔トハ戒體發得ノ上ニ戒斷（壇カ）ニ向フ姿也。此ハ三歸ノ處ニ具足スル所ヲ開テ罪障懺悔ノ謂ヲ教フル。此ハ戒相也。滅惡ヲ懺悔ト云ヒ。生善ヲ戒相ト云也。已造ノ罪ヲハ滅シ。未造ノ罪ヲハ不ト可犯云事也

所詮。外道邪魔ノ家ヲ出ル處カ三歸ナレハ。一切佛法カ三歸也。今戒ヲ不ル受時ハ。（義記、大正藏四〇、五七九中一行）徒（空カ）生徒（空カ）死同畜生ト云テ。佛家ニ身ヲ入サレハ。九十五種ノ外道ノ道事タル物ナルヘシ。一代ノ佛法ニ。三寶ニ歸スル處ヲ以テ佛家ノ住在ノ始トスルハ。今ノ舍那ノ功德ヲ思ハヘタリ。一切ノ佛法ハ。舍那ノ三聚淨戒ト云ハレテ。癡闇ノ凡夫受取ト云所カ三歸ナレハ。一品一卷ノ宗旨・菩薩戒經ノ大綱。只住持ノ三寶ニ歸シテ。舍那ノ功德ヲ受取ト云マテ也。十二門ノ戒儀ハ。常途菩薩戒ノ分ヲ引カフレハ。今ノ三重玄ノ意ヲ不顯シ盡サ處可シ有。其ヲ三重玄ノ意ヨリ見レハ。三歸發戒ノ意ヲ

十二門ト開キ顯スト意得レハ。此上ニハ其ノ法則モ不レ可レ違也七衆通受ノ時ハ。在家出家ヲ不レトモレ嫌ハ。七衆ノ姿ヲ造ル方ハ聲聞戒ノ軌則ヲ忘レヌ姿アリ。故ニ聲聞戒カ。在家ノ戒ヨリ沙彌戒マテハ三歸發戒。比丘ノ具足戒ハ羯磨發戒也。惣相。僧ノ受戒ノ法則。何ノ起盡モ無ケレハ可シ二無念一ナル。然閒。十二門ヲ盡ス姿ハ比丘戒ノ時キ用ヒ。結緣受戒ノ時ハ。開導ノ下ニテ舍那ノ功德ノ無レ隔謂ヲ說キ聞カセテ。受體ハ可二三歸一ナル歟

23　梵網教主。眞應二身中何耶

講師　予
問者　正修

御尋云。今經ノ正キ教主ハ。樹下ノ釋迦也。經ノ始ニハ。復從二天（經、大正藏二四、一〇〇三下十九行～）王宮一下至（至㊦ナシ）二閻浮提菩提樹下一。爲二此地上一切衆生凡夫癡闇之人一ト說テ。長行ニハ。（同、一〇〇四上二三行）爾時釋迦牟尼佛。初（初㊦ナシ）坐菩提樹下ト云テ。此經ノ教主應身ト定メタル也。釋迦ハ舍那ノ處ニ至テ受ルレ戒ヲ事ハ不レス論ハ。自其後道場ニ還テ。（義記、大正藏四〇、五六九中二三行～取意）各ノ樹下ニ坐シテ覆述說法スル方ヲ此經ノ教主トハ可レ申也。サレハ。何ノ宗モ大聖釋尊ヲ教主トスル事也。今ノ釋モ。華嚴ノ（同、五六九上二八行）名號品ノ。或名盧舍那。或釋迦ノ（ㇾ名カ）文ヲ引テ。（同二九行）今明。不レ一不レ異機緣宜レク聞耳ノミト釋ス。此ハ釋迦ト云モ盧舍那ト云モ。釋迦ナルヘシト云意也。但。經ノ首題ニ盧舍那佛說ト題シ。釋ニハ舍那行滿ハ報果ヲ爲レ身ト云ヘハ。報身ヲ以テ教主トストモ見タリ。盧舍那ト云ハ報身ノ別號。此ニハ淨滿ト翻ス。他受用ナラハ修因感果ノ身。自受用ナラハ境智冥合ノ身ニテ可レシ有。而ニ此經ハ華嚴ノ結經ナル故ニ。盧舍那ト云ハ他受用身ナルヘシ。他受用身ハ眞應ノ中ニハ應身也。旁ラ釋迦ヲ教主トスル事分明也

其ヲハ我今盧舍那等ノ文ヲ云トシテ。（義記、大正藏四〇、五六九下二四行～）佛身四種（ㇾ㊦有）。一謂法身。二謂眞應。三謂法報應ト釋スル故ニ。三身四身ニ亘テ教主トスト云歟。此ハ我今盧舍那ノ樣ヲ釋シ顯ス時キ。佛身ニ付テ種種ノ開合有ト云計也。皆教主ト云ニハ非也。法華經ニ。（大正藏九、十六中二九行取意）中止一城ノ成道。雖レ可ト二同時一ナル。報身ヲ以テ無シ二教主一トスルコト。今ノ釋。今言ク。（義記、大正藏四〇、五六九下十九行～）三序ハ悉ク是此ノ土ノ釋迦ノ說ト云故ニ。何ヲ可レシト爲二教主一ト云ハ。下品ノ義也。自他受用ノ分別モ舊譯ノ經ノ中ニハ無シ。新譯ノ經ノ中ニ有事也。常ノ報身ニ異ナル報身ソト聞ユルカ。此ノ自他受用ノ外ノ盧舍那トハ。其ノ體如何樣ナルヘキ耶ソ。口ニ報身ノ多ク成ル

事モ不審也。三身四身ニ亘トハ。體ハ異ナレトモ。皆盧舍那ト云名ヲ可レ付歟。皆釋迦トモ可レ云歟

御義云。佛身佛土ノ事。今ノ戒經ノ現文幷ニ義記ノ釋計ニ付テ。其根源ヲ申立テハ事ハ大事ナルヘシ。先ツ天台一家ノ意。法華經ノ本門壽量（壽㊦對）ニ三身ノ功德ヲ詮量スルニモ。若從二別意一正在二報身一ト釋シテ。（天文五、二二七一下。文句）報身ヲ指テ三身充足ノ身ト云也。サルカトスレハ。本極法身微妙深遠（深㊦甚）トモ釋ス。（天玄四、二三九七。玄義）山王院ハ壽量品ノ三身ハ。法中論（論㊦諍）三ノ三身ト被二沙汰一也。（佛全25、二五六上。法華論記取意）爾歟トスレハ。開迹顯本ノ三身ヲハ。豈離二伽耶一別求二常寂一。非二寂光外一別有二娑婆一ト釋也。（天文五、二二九一下。文句記）此之娑婆卽本應身所居之土。今日迹居不レ移二於本一ト（同前）釋スレハ。應身ノ本ヲ顯ストモ見ヘタリ。（天文五、二二八四下。文句取意）此モ一身卽三身。卽一身ノ（ㇾ三身カ）謂ニテ法身ト云ハルレハ。此ヲ三身トモ可二意得一歟。或ハ法身。或ハ應身ト釋シ。別シテハ報身ト釋スル意ハ。三身カ一體ニシテ倶體倶用ナレハ報身ト云ニ非ス。三身ノ樣ヲ能能ク意得テ見レハ。法身ト云レ報身ト云ハルル意可レシ有。源ハ當レ知三佛非二一異一明矣ノ意ヲ（天文五、二二四九下。文句）顯ス也。故ニ只カラハナチニ釋迦ト云ヒ。舍那ト云ヒテモ。其ノ理不レ可レ顯。又三身四身ト云タリトモ。委ク精メ難（シラ）セハ。何トモ無キ

事ニ可二成行一也。此經ノ說相ニ付テモ。舍那トハ報身也。此ヲハ（義記、大正藏四〇、五六九上二五行）諸患都盡故稱爲レ淨。衆德悉圓名爲レ滿也ト釋シテ。修德圓滿ノ報身ト釋也。サルカトスレハ。我今盧舍那等ノ文ヲ釋ストシテ。（同、五六九下二四行～）佛身四種。一謂法身。二謂眞應。三謂法報應ト云ヘリ。此ハ（經、大正藏二四、一〇〇三下二九行）我今盧舍那。方坐蓮華臺ノ文ヲ。（義記、大正藏四〇、五六九下二二行～取意）舍那ノ本身・本土ト釋シテ。此本身・本土ヲ依正トモ開ケリ。十一行半ノ偈トモ。三身四身トモ分別スル條子細ナシ。盧舍那ヲハ何トテ一謂法身トハ釋スルソト云ニ。方坐蓮華臺ノ文ヲ。（同、五七〇上二行）安二住正法一故云レ坐也ト釋スル。此ソ法身トハ指也。下ノ是時千百億等ノ文ヲ。（同、五七〇中十行）然モ法身無レシテ在コトハ。傳二授スト諸ノ菩薩一釋スル法身トハ舍那ヲ指也。サレハ一心戒ニハ。（傳全一、六三四。一心戒文）自受用法身・他受用法身ト釋スル。今ノ義記ノ意ヲ思ハスル歟。盧舍那佛トハ。三聚淨戒圓滿ノ佛ナレハ。此身ハ眞如法性ノ至極ナル故ニ法身ナル事道理也。一心戒ニ。（傳全一、五六五）法身如來有二實相戒一。等覺之人不レ知二戒質一。十地之人非レ看二珠色一。但大師求レト之釋シテ。極佛ノ知見ヲ傳教大師ノミ傳フト書キタリ。此法身如來內證ノ體（心カ）ヲ戒ト沙汰シテ。此ヲ盧舍那佛發起スト云時。法界ノ色身ノ上ニ發二得シテ此戒一ヲ。一如ノ舍

那ト成ル時。唯佛一人居淨土ナルハ。初住ノ菩薩モ三品ノ寂光ノ中ノ中下ノ寂光ニハ可レ至。又六卽成佛スト云時。究竟ノ寂光ニモ可レ入也

（大正藏九、三九二下十五行。觀普賢經）

或ハ釋迦牟尼名毘盧舍那ト云ヘハ。諸經ノ意モ。三身ノ功德。別ノ事トハ不レ見。今ノ舍那。三身隨一ノ報身ニ非ス。三身一ノ戒身ニ歸スル也。以ニ本佛華臺ニ坐一スルヲ戒ハ是表ニスト衆德之本一ナルコトヲ釋スレハ。舍那ノ正覺トハ戒身ノ正覺ヲ成スル謂也

常途ノ三身門ニ付テ云時キ。法身ト者。眞如法性ノ理ナルハ。我等無始ヨリ雖ニ具足一スト。生死ニ流轉スレハ其益ナシ。自受用ナラハ。唯佛與佛ノ境界ナルハ。我等カ要ニ不レ立タ。他受用ナラハ。地住已上ノ菩薩ニ對スル身ナルハ。我等カ上ノ事ナラス。應身ハ在世一代ノ化儀ナルハ。末法邊地ノ機ノ益ヲ不レ顯。此分ハ相卽スト云ヘトモ。其ノ詮無シ。今ノ戒經ノ意ハ。此ノ三身一ノ舍那ノ戒身ニ歸スト云時。衆生受佛戒。卽入諸佛位スル也。此ノ舍那ノ功德ヲ聞キ。三身四身トモ分別スル也

盧舍那佛所（所㊂諸）（經、大正藏二四、九九七中十一行）ト云モ。顯外（界カ）ノ化儀ニ非ス。此ノ戒說（ア說カ）ト云ヘハ。末法邊地ニテ說クモ。舍那自說ノ體也。又末法邊地ノ處ニ於テ傳受スト云モ。各接（接㊂攝）微塵衆。倶（倶㊂供）來至我所（同、一〇〇四上五行）ナルハ。舍那ノ處ニテ受取ル也。此ノ謂ハ。四戒相傳スル處ヨリ顯ルル也

內證・外用ト分別スル外用ノ釋迦ノ說ト云方ハ。在世一代ニ限ル故ニ。其ハ諸經ノ敎主ニテ。此經ノ敎主ニハ非ス。末法未來ニ傳ル釋迦ノ說トハ。釋迦ノ說カ卽チ舍那ノ說ニ成テ。我等カ上ニ戒體ヲ受得スレハ。盧舍那佛ノ謂カ極テ。釋迦ノ覆述說法ノ體ト成ル也。カク成レハ。釋迦ノ說ト云カ聽テ舍那ノ覺他圓滿ノ慈悲ノ體ナル故ニ。眞應二身ニ互ルト云約束ニモ也

淨土ノ法門ニテ。三身カ酬因ノ正覺ノ體ニ歸スル處ヲ報身ト云如ク。今モ盧舍那ハ報身ニテ。三身門ノ中ノ報身ニハ非ス。自他受用ノ至極ヲ今ノ報身ト名トモ。一品一卷ノ意ハ自受用。上下兩卷ノ意ハ他受用也。猶ヲ心ニ還ル處ヲハ他受用ニ收ムル意可シレ有。サレハ。我今盧舍那ト云ニ付テモ。上下兩卷ノ意ハ他受用。一品一卷ノ意ハ自受用也。他宗人師ノ釋ノ中ニ。其傳奧ハ自受用ト釋スレトモ。其ハ只他受用ノ分也。故ニ境智冥合ノ分ヲ沙汰シ極メサル夢ノ裏ノ權果ノ分ハ。眞實ノ自受用ニ非サレハ。他受用法身ノ分ニ可レ墮ス也。山家所立ノ眞如ノ報佛トハ。隨緣眞如緣起常

住ノ報佛也。其至極カ今ノ舍那トハ云ハルル也

阿彌陀佛ヲモ第二ノ報身ニ非スト云ヘトモ。觀佛三昧ノ意ハ他受用分ニ同シ。念佛三昧ノ意ハ自受用ナルヘシト。西山上人被レ(大正藏三七、二五〇中十七行～。觀經疏取意カ)仰セタリ。今ノ戒體戒行ノ意ニ可ニ意得合一ス也。酬因ノ正覺トハ。(同、二五〇中十六行)應聲卽現ノ佛體。釋尊ノ言說ノ外ニハ無シ。稱我名號トハ聞ノ位ノ(同、二六五下二七行カ)行證也。此ハ誰カ云事ソト云ニ。釋尊ノ所レ說ヲ聞ク也。舍那ノ功德トハ。言說報身ナルハ釋迦・舍那ニ受ト云處ヨリシテ。師師(大正藏四六、七八四下二七行。金剛錍)相傳ノ義立テ。釋迦ノ說ヲ離テハ不レ可レ叶也。一佛成道無レ非ニ(「法界カ)此佛依正一(「之カ)ナル處カ自受用ノ悟ナルハ。草木國土ニ至マテ一佛成道ノ外ニハ無シ

此ノ功德ヲ。我カ處還テ戒定惠ヲ修シ顯サムト向フ方ハ。他受用ナルヘシ。前佛ハ正覺ヲ成シ。後佛ハ未タレ成セ二正覺一ヲ云ハハ。何ト眞言天台等ニ自性自受ノ內證ヲ沙汰ストモ。猶心ニ還ル處ヲハ他受用ニ收ム也

24　梵網說時事

講師　予
問者　正修

御尋云。八相ノ化儀ニ約スル時。轉法輪ニ付テ大小ノ初轉法輪アリ。小乘ノ初轉ハ鹿苑。大乘ノ初轉ハ華嚴也。大方佛ノ思惟ノ時分。經論ノ說不ニ一準一ナラ。法華ニ於三七日中。(大正藏九、九下五行。方便品)思惟如是事ト說テ。三七日ヲ思惟ノ時分ト云也。此ハ華嚴ヲ界內ノ化儀ヲ面トスル時ノ事也。或ハ五十七日(十四カ)不ト二說法一セト云事モアリ。不レ說ト云ヘトモ。大機ニ對シテ說ク事モアリ。華嚴ヲハ第二七日ノ說ト十地論カ定ムレハ。初七日ハ不說ノ時ト見タリ。大小共ニ初七日ノ間ニハ不レ說レ之。今ノ梵網ノ戒ヲハ經ニ。爾時釋迦牟尼(經、大正藏二四、一〇〇四上二三行～)佛。初坐ニ菩提樹下一成ニ無上覺一初結ニ菩薩波羅提木叉一ト云ハ。初七日ノ始ヨリ說ト云カ。但シ。明曠・山家等ノ諸師一同ニ梵網ヲハ第二七日ノ說ト定ムル也。此ハ十地論ヲ引テ指南トスレハ。此ニ任セテ今ノ初結菩薩等ノ文ヲモ可ニ意得一也。成道ノ始ヨリ說クト云事。何ニ證據有ソヤ。三世常恆ノ說トハ。舍那ノ說時ト云事歟。若其ノ分ナラハ。何ソ初トモ可レ定耶。此ノ經說(經、同、一〇〇三下十九行)時トハ。釋尊。復(底後)從ニ天王宮一下至ニ閻浮提菩提樹下一シテ。凡夫癡闇ノ人爲ニ。一戒光明金剛寶戒ヲ說ク處カ說時ナルヘケレハ。上下兩卷ニモアレ。一品一卷ニモアレ。第二七日ノ說ナ

ルヘシ

今ノ釋ハ。（義記、大正藏四〇、五六九中十七行〜）諸地多ク不ニ相應一セ。前後ノ座席或ハ復同異アリ。良（マコト）ニ由ニテ聖迹難レ思隨レテ機ニ異說スノミ耳ト　文　華嚴ノ七處八會ハ。本處ヲ不レシテ動セ五天ニ往反スト云ヒ。此經ニハ復從（從㊦ナシ）座起ト說也。（經、大正藏二四、一〇〇三中〜。五回）華嚴ニハ化樂天色界ノ四禪ニ至テ說法ストモ不レ見ヘ。此經ニハ化樂天色界ノ四禪。第四ノ摩醯首羅天等ニ於テ說法スト云ヘリ。此等ハ華嚴所說文來未盡ナレハ。（義記、大正藏四〇、五六九中十四行）龍宮ノ三品ノ中ノ上中二品ハ。不可說微塵數ノ本也。人間ニ傳ル處ハ最下品十萬偈也。其ニ猶漢土ニ不レ傳ハラ。十處說モ梵本ニヤ有ラム。何カ樣ニ華嚴ノ七處八會ニ見合スル也。釋ニ。止（タタ）有ニト七處八會一等者。（同前）上ノ九處ハ華嚴ノ說處。第十ノ一會ハ梵網經ノ說處也。是ハ上下兩卷ノ中ノ上卷カ。色界頂摩醯首羅ノ說也。經ノ文ハ。復（後㊦）從天王宮下至閻浮提シテ上卷ヲ說キ。後ニ下卷說ト見タリ。法華經ニテモ。（大正藏九、十六中二九行）中止一城ノ成道ハ寂場ノ別歟ト云フ論義アリ。此ハ父子相失・相見ノ時也。今日已前ノ成道ヲ明ストニ云。此モ說必次第スルニテコソ有レ。其ノ體ハ可ニシ同時一ナル。今モ舍那釋迦ニ對シテ說ト。釋迦ノ初結菩薩波羅提木叉セルハ可ニシ同時一ナル。舍那ノ說ハ初七日。釋迦ノ說ハ第二七日ト云歟。又舍那ノ說モ第二七日ナルヘキ歟。又一品一卷ノ意ハ初七日ヨリ說キ。上下兩卷ノ意ノ第二七日ノ說ニテ可レ有歟

法華經モ。三世道同ノ法門ヲ明セトモ。一代ノ說ニ付テハ。成道八箇年ノ說ト云也。今モ何ト一戒光明金剛寶戒ノ甚深ノ法門ヲモ說ク說時無トハ不レ可レ云也。此經ニ二ノ意可レ有ト云ハ。一品一卷ノ機ハ初七日ヨリ說ト見。上下兩卷ノ機ハ第二七日ヨリ說法スト見ケル歟。經ニ。（經、大正藏二四、一〇〇四上二六行〜）是時百萬億大衆諸菩薩。十八梵天（天㊦ナシ）六欲天子十六大國王ト說ク機ハ。上下兩卷ノ機歟。一品一卷ノ機歟

御義云。此事ハ教主ノ樣ニ可レ依也。教主ハ釋迦。說時ハ舍那ニ約シテ非レ可ニキニ意得一。凡ソ時節ハ妄執也。法門ノ所表也。阿含ハ十二年。般若ハ三十年ト云モ。時節計ヲ執セハ佛法ノ本意ニ非ス。華嚴ニ法界唯心・魔卽法界ノ旨ヲ談シ。九世相入ノ法門ヲ明ス。此ノ九世ノ上ニ平等世ヲ立テテ十世圓融ト沙汰スル也。故ニ二七日・三七日ト云モ九世相入ノ二七三七ナルヘシ。過去ヨリ未來ニ至マテ剎那ノ一念ヲ不レノ動セ法門ヲ可ニレハ沙汰一ス。二七日ノ說ト云

ヘトモ。初七日ノ説ニテモ可レシ有。梵網ヵ華嚴ノ結經ト云方ニテハ。
華嚴モ第二七日ノ説ト云意可レ有。又應レ知。華嚴盡ニ未來（天文二、八一九上。文句記）
際一。卽（是底ナシ）是此經常在靈山ト云時ハ。一代ニ亙リ。三世ニ通スル意ア
リ
サレハ法華經モ八年ノ説ト云ヘトモ。廣演於（於底ナシ）八年。不出乎（出乎底越）一（天文二、七一〇上。文句記）
念。經五十小劫詎（詎底誰）動於（於底ナシ）刹那ト釋シテ。八年ノ嘉會ト云モ一念ヲ
不レ越云也。涌出品ニ。五十小劫。謂（大正藏九、四〇上）（「〇カ）如半日ト説ク此意也。一
品一卷ノ心ハ。釋迦一代ニ限ラス。三世ノ諸佛ノ覺ヲ成スル姿ハ。舍
那正覺ノ體也。サレハ是盧舍那誦ノ誦ノ體ヲ釋ストシテ。此ハ
是三世十方ノ諸佛之法。（義記、大正藏四〇、五七〇上～中）（「底也）非ニ始テ自作一スルニ。故ニ秖（秖底只）得テ稱レコトヲ
誦ト不レト得レ導フコトヲ説ト云ヘリ。三世十方ノ諸佛ノ説ト説ハ。一戒
光明金剛寶戒ノ體ソト意得也。諸佛ノ覺他圓滿ノ至極ヲ舍那ト
意得レハ。何ツカ此經ノ説時ト云事ナラス。一代ノ佛法ト云ハ。舍
那ノ三聚淨戒也。癡闇ノ凡夫。戒體ヲ發得スルト。舍那ノ正覺
トハ可ニ同時一ナル。凡夫發得セスハ。舍那ノ正覺モ不レ可レ成也。
舍那ノ成道コソ然リトモ。釋迦ノ成道ハ可ニ前後一スト歟ト云ニ。（同、二四行）其モ
是時千百億。還至本道場。各坐菩提樹ト云處カ。（經、大正藏二四、一〇〇四上七行～）初結菩薩

波羅提木叉ナルハ。別ノ事ニハ非也
天親菩薩ノ十地論ニ。第二七日ト判ス。此論ハ。華嚴ノ十地品ヲ
釋スル也。此金剛藏十地ノ功德ヲ説。此第二七日ノ謂ヲ結ストヱ云
也。此上下兩卷ノ謂ヲ明メテ見レハ。一品一卷ノ宗旨ナルヘケレ
ハ。第二七日ノ説ト云意モ可レ有。初坐菩提樹下ト者。寂滅道
場也。初結菩薩ト者。第二七ノ説也。舍那ノ説ト云ヘハ。第二七
日ニ不レル留意可レシ有ル。舍那・釋迦ノ説共ニ癡闇ノ凡夫ノ爲ナレハ。
末法邊地ニ至テ。一人ノ法師カ（大正藏七四、七六〇下二八行～。廣釋）舍那ノ功德ヲ説カ卽（名底卽）チ舍那ノ説ナ
ルヘシ。五大院。當レ知。受ニ菩薩戒一地。名ニ常寂光土一ト
釋スル此意也。然レハ佛ノ一代ニ説キシ處ニ付テ。（説カ）諸時ヲ非レスト可レキニ
定ム。此謂ヨリ開ケ行ク時キ。山河大地塵塵法法舍那ノ依正ナ
ラサル事無レハ。何ニモ舍那ノ説也
サテ。サカテ第二七日ニ説クト云ハ。十地論ヨリ事起テ初七日ハ
顯二示ストニ自受法樂一ヲ云ヘハ。此ノ内證ヨリ應用ヲ起テ衆生ノ爲ニ説
法スル處ヲ。第二七日ノ説ト云ナルヘシ。此ハ自受他受ノ化儀ヲ
時節ニ付テ示ス時キ。內證ノ自受法樂ハ初七日ト云ヒ。衆生ノ爲ニ
説法シ始ムル處ヲ第二七日ト云也。此ヲ菩薩戒經ニ付テ意得レハ。

（義記、大正藏四〇、五六九下七行）四戒三勸也。十地論ニ。普賢因分可說與言說相應故。性海果分不可說與言說不相應故ト云故ニ。（大正藏七五、四〇五上。教時義）初七日ハ內證法樂ノ時分。性海ノ果分ナレハ。言說不レ可レ有。第二七日ヨリ說法ストハ云。因分可說ノ分也。顯揚大戒論ノ序ニ。（大正藏七四、六六一中）稽首蓮華臺藏海。自覺聖智淨（淨㊦諍）滿尊。本原（原㊦源）寶戒甘露門。修性（性㊦生）具德圓三聚文此ハ舍那ヲ自覺聖智淨滿尊ト云也。眞言ノ五祕密。瑜伽ニ金剛薩埵ヲ他受用トシ。大日如來ヲ自受用トスル樣ヲ釋スル時キ。毘盧舍那ヲ自覺聖智淨滿尊ト。慈覺ハ被レ得タリ。顯經ノ中ニハ。自受用ノ內證ニ於テ說法ストハ不ニ沙汰一セ。權宗ナムトニ。盧舍那佛ヲ自受用ト釋スル事有レトモ。其ハ有爲報佛夢裏權果ナレハ。性海ノ內證ニ非ス。今ノ菩薩戒ノ意。舍那・釋迦。妙覺究竟ノ悟ノ中ニ於テ。佛佛傳受ノ化儀有ケル事。不思議ノ事也。（經、大正藏二四、一〇〇三中十一行）汝諸佛轉我所說。與一切衆生開心地道ト說テ。一代ノ佛法ト云モ。此ノ戒法ヲ流傳スル姿也。此レ正ク性海ノ果分ヲサハサハト言說ヲ以テ說ク事分明也。（同、一〇〇四上六行〜）蓮華臺藏世界トテ。界外ニ舍那ノ戒ヲ說シ處有歟ト思フ程ニ。不レ爾ラ。各接（接㊦攝）微塵衆俱來至我所ト說ク微塵ノ衆トハ。釋迦ノ所化也。此ノ釋迦ノ所化ト者。在世

一代ニ不レ可レ限ル。正像ノ時ノ衆生モ。末法ノ衆生モ。釋迦ノ所化也。然レハ末法邊地我等モ。舍那ニ隨テ受ルニ成ル。釋尊機ニ對スル第二七日ノ說ト云モ。舍那ノ付屬ヲ繼ケハ釋尊不ニ說法一セ前ト云カ。一品一卷ノ意ニテ云ヘハ。顯示自受法樂ノ時ナレハ初七日ノ時ニ成ル也。初七日トテ遙カナル事ト思タルカ。今マ戒法ヲ說處カ卽チ初七日ノ說ニ成ル也。天親ノ十地論ニ。初七日ハ不ニ說法一セ自受法樂ヲ顯示スト判セル。殊ニ此經ノ說時。初七日ナル意ヲ思ヘ顯ス也。此初七日ノ說ト云カ。第二七日ノ說ヲ離テ有ルニ非ス。釋迦ハ舍那ノ敎敕ヲ受テ。閻浮提ニ下テ舍那ノ戒說ト云ヘハ。聽テ自受法樂ノ說時ニ成ル也。此ノ第二七日ヲ一品一卷ノ經ノ意ニ入ルレハ。三世十方ノ說時ニ成ル（㊦時ニ）也

自受法樂カ初七日ナレハ。第二七日ノ說ト云ヘハ。十三日自受法樂ストス成ル故ニ不審也。而ニ法華ニ於三七日中。思惟如是事ト云ニ付テ。天台釋ヲ作ルニ。或ハ三周約シ。或ハ三教約シテ。表示ニ付テ釋レス之。初七日ハ。圓敎ヲ說カムト欲スレトモ機無シ。二七日ハ。別教ヲ說カムト欲スレトモ機無キ故ニ不レ說カ。三七日ハ。通教ヲ說カムトスル時分ヲ云歟

今ノ經ニ證據ヲ得ル樣ハ。釋尊ノ成道ハ多分二月八日也。初結菩薩ト等者。二月十五日。涅槃ノ日ト同日也。二月十五日ニ此ノ經ヲ可キレ講ス事ハ。初結菩薩波羅提木叉ナル故也。（經、大正藏二四、一〇〇四上二四行）經ニ我今半月半月。自誦諸佛法戒ト說ハ。（同二九行）布薩ニ當ル也。布薩ト說戒ト一ニ說カムト。經ヨリスル也。舍那・釋迦共ニ半月ノ布薩ヲ誦スト云ヘハ。旁旁十五日ニ當ルソト。經文ニ付テ可ニ意得一也。涅槃ノ遺敕ニモ戒ヲ可キレ守ル事ヲ。我若住レ世無レ異レ此也ト被レ仰セタレ（大正藏十二、一一一〇下。遺教經）（若我カ）（異此㊀有異）ハ。釋尊ノ報恩ヲ成セン時モ。此經ヲ講セハ佛意ニ可レ叶也

25　梵網部外有二一品一卷戒經一耶

講師　照惠
問者　正修

御尋云。梵網一品ニ付テ上下兩卷・一品一卷ノ二經可レト有云事。諸經ノ中ニモ其ノ例ナシ。道理モ難シ二意得一。此ハ只上卷ノ階位ハ心ニ依ル謂ナレハ。所說ノ法門モ淺ク。下卷ノ戒法ハ如來ノ己證ヲ說。凡夫ノ上ノ受法ヲモ顯セハ。其義甚深ニシテ一代ノ本意ヲ顯ストト云ハハ被ニ意得一タリ。上下兩卷ト云時ハ。同シ下卷ノ戒法カ淺ク成リ。一品一卷ト云テ。上卷ノ階位ヲ下卷ニ戒法ニ入ルル時。深ク成ルトハ何ソヤ

法華ニ依テ宗ヲ立ル時モ。梵網本ハ一由旬ノ城ニ布クト見タレトモ。羅什三藏。八軸ノ文ト譯シ成ス。此ヲ終窮究竟ノ極說ト意得也。今モ其ノ如ク可シレ有。上卷ハ淺クトモ下卷ニ移レハ深ク成ルト可ニ意得一也。サレハ經ハ深ケレトモ。他宗ノ人師ノ釋ハ所解ノ迷ノ處アルヘシ。三論法相ノ人師。法華經ヲ皆自宗ノ意ニ入テ釋スル故ニ。法華ヲ釋スルニ非ス。天台大師獨リ釋顯シタマフ也。今ノ戒經ヲモ大師獨リ釋顯也。一宗ヲ立ル經ニ付テ。上下兩卷・一品一卷ノ淺深可キレ出テフ事如何。我今盧舍那ト云言モ不レ違ハ。（經、大正藏二四、一〇〇三下二九行）衆生受佛戒等ノ言モ同シケレトモ。（同、一〇〇四上二〇行）上下兩卷ト云ヘハ淺クシテ。我等カ上ニ可ニ發得一ス戒法ニ非ト云歟。文ハ失見ニ依ル事也。淺ク了簡シテノ要ハ何ソヤ

旣別部外稱菩薩戒經ノ釋ヲ本トシテ。（義記、大正藏四〇、五六九下四行）一品一卷ノ經可レト有云歟。此ハ不ルレ珍カラ事也。何レノ人師モ此ノ惣別ノ二ヲ釋スル也。其ハ如何ニト云ニ。兩卷ノ中ノ下卷ニ。菩薩所學ノ十重四十八輕ヲ說ク故ニ。三藏誦出ノ源ヨリ。此ヲ別シテ一卷トシテ流傳スル也。今モ流布ノ本ノ中ニ。布薩ノ作法ヲ書キ加タル本アリ。此モ什公。布薩

說戒ノ爲ニ前序後序等ヲ書キ加テ置ト覺タリ。上卷ニハ階位ヲ明ス。此分ハ瓔珞・仁王等モ階位ヲ明ス也。菩薩戒ヲ說タル經多ケレトモ。羅什最後ニ誦出スレハ。別シテ今ノ梵網經ヲ賞翫スル也

根本ヲ尋レハ。心地品ノ下卷ノ戒法ナレトモ。一經ノ樣ニ造リ成ス未來持者ノ要ニ約スレハ。菩薩戒品トモ。菩薩戒經トモ云テ。一經ト取リ成ス方ニテ三段ヲ分別セムト釋スル計也。彼ノ法華四要品ノ中ノ普門品ヲハ。當途王經ト名テ。一經ト分別スル時。三段ヲ分ツ事アリ。今モ此分ナルヘシ。假令三段ヲ分ツ時ハ。（天文一、四〇下。文句）華嚴處處集レ衆。阿含篇篇如是。大品前後付囑〔囑㊦底屬〕。皆不レ乖ニ一部一。兩序何妨ト云テ。法華經カ二部ノ經ニテハ無レトモ本迹ヲ分ツ也。其ノ本迹ヲ二經トスル時ハ深ク。一經トスル時キハ淺シト云樣ニハ無也。此モ梵網ノ中ノ一品ト云ハルル意ト。又別シテ切リ分ケテ。前序後序等ヲ書キ列テ置ク意可レ有。華嚴ノ宗旨ノ分ニテハ不トレ可レ有云道理ハ。不ルレ誠シカラ事也

羅什ノ所譯ニ。菩薩戒品ト云コトアリ。此ハ失本スト見タリ。其ハ梵網經二卷ノ外ニ有ト見タルカ。是推スルニ。下卷ノ戒法ヲ別シテ受持ノ爲ニ一卷トシテ。此ニ菩薩戒本ノ名ヲ與フト覺タリ。其ノ體ハ。上下兩卷ノ中ノ下卷ノ戒ナルヘシ

（義記、大正藏四〇、五七九下二六行）流通此〔此㊦底ナシ〕戒制輕重ト者。下卷ノ戒制ニ限リ。流通此一品ト者。惣相心地一品ノ流通ナレハ。上下二卷ニ亙ル也。三段ヲ分ツ事ハ。大師ノ釋ハ。（義記、大正藏四〇、五六九下四行～）從ニ初偈一長行訖ニ清淨者一爲レ序ト等云ヘルカ。山門所授ノ現行ノ戒本ト云ハ。（經、大正藏二四、一〇〇三下二九行）我今盧舍那已下ヨリ有レ之。一品一卷ト云時ハ。（同、一〇〇三中七行）爾時盧舍那等ヨリ取歟。我今盧舍那ヨリ取歟

明曠疏云。（大正藏四〇、五八三下～上）傳譯經論三百餘卷五十餘部。梵網一本〔本㊦底品〕第十心地最後誦出。兩卷成レ文。上卷明ニ菩薩階位一下卷明ニ菩薩律儀一。纔翻譯訖于時。沙門惠融道祥等〔等㊦底ナシ〕八百餘人請從レ受レ戒。融等筆受咸同ニ誦持一。仍於ニ下卷一偈頌之後獨爲ニ一軸〔軸㊦底經〕一。自云〔自云㊦底因之〕此等戒相出レ自ニ梵網經律藏品內〔內㊦底ナシ〕一文 上下兩卷ノ中ヨリ別シテ下卷ノ戒法ヲ切リノケテ爲ニ菩薩戒經一ト云意也。今ノ義記ノ釋モ。此ノ意ナルヘシ

御義云。此事宗旨ノ根元ナレハ。尤可キニ沙汰ス一事也。經ノ首題ニ梵網經盧舍那佛說ト云盧舍那佛トハ。蓮華臺藏世界ノ教主也。釋迦ハ。此付屬ヲ受テ閻浮提ニ下生スト見タリ。サレハ經ノ始ノ長行ニハ。（經、大正藏二四、一〇〇三下五行）說我本源蓮華藏世界盧舍那佛所說心地法門品ト

說。偈頌ニハ。（同、一〇〇四上八行）還至本道場。各坐菩提樹。一時成佛道ト說ケハ。此ノ菩薩戒ノ本源ハ。舍那自說ノ體也。大師ノ釋モ。初偈明ニ舍（義記、大正藏四〇、五六九下六行）那發起一文　四戒ノ始ハ舍那也。舍那發起ノ處ヲ本源トスト云事。（初㊂始）經釋分明也。此分ハ華嚴ノ結經ニテハ無也。釋尊。舍那ノ說ヲ受テ覆述說法スルニ。七處八會アリ。此ノ華嚴ノ七處八會ヲ梵網ノ十處ニ見合スルモ。此ヨリ前ニ別ニ舍那ノ自說ノ體ヲハ置ク也。此（七カ）分ハ華嚴ノ結經ニテハ非ス。第十會ノ摩醯首羅會ヲ。（同、五六九中九行）第十會（七カ）惣更說ニ前ノ三十心十地。皆約シテ二無相ノ義ニ爲レ解ト釋スレハ。上卷ノ階位ノ分ト見タリ。華嚴經ト云ハ。（天玄五、二三六二。釋籤）故知一經三十七品。但明菩薩行位功德ナレハ階位也。此ノ華嚴經ヲ梵網カ結ト云ハ。階位ヲ結スル也。而レハ此ノ梵網經ト云ハ。上下兩卷ノ中ノ上卷ノ分ト釋スル也。諸師ノ釋ハ。此ノ上卷ノ階位ニ。下卷ノ戒法ヲ入テ得タリ。此ハ階位カ家ノ戒法。上卷ノ下卷ナレハ常途上下兩卷ノ分也（經、大正藏二四、一〇〇三下二〇行）此時ハ。凡夫癡闇ノ人ト云モ。亦有凡夫大根性者ノ類也。衆生（同、一〇〇四上二〇行）受佛戒。卽入諸佛位ト云モ。內外凡ナルヘシ。一品一卷ノ時ハ。（同、一〇〇四上八行）還至本道場。各坐菩提樹。誦我本師戒。十重四十八ノ外ニ說處無キ也。初ノ長行ニ十處ノ說ヲ擧ルハ。上卷ノ階位ノ分

也。此ハ（同、一〇〇三下十九行～）復從天王宮下至閻浮提〇一戒光明。金剛寶戒ノ謂ハ。造リ入ルル樣ヲ拵ヒ置ク也。此ノ上卷下卷ト者三學也。此ノ上卷ノ階位ヲ下卷ノ戒法ニ入レハ。上ノ十處ノ說。舍那ノ一戒光明金剛寶戒ノ體ニ歸シテ。此ノ舍那ノ三聚淨戒ノ體ヲ華嚴ノ七處八會トシ。一代ノ佛法トモ開ク故ニ。只是一法ノ異名ナルヘシ三世十方ノ佛法ト云ハ。戒體ノ上ノ戒行ノ相也。始ヨリ何ニモ一ツト云事ニハ非也。法華ニ付テモ相傳絕（待カ）待次不次ノ意アリ。次不次ヲ各別ニ置ク時ハ淺ケレトモ。不次第ノ上ノ次第ト云ヘハ深キ也。（天玄五、五四八。玄義）佛惠開會ノ二ノ法華ノ中ニ。佛惠ノ法華ト云ハ華嚴ナルカ。其ヲ初後佛惠圓頓義齊ト云時ハ。初後次不次ノ不同ナシ。此ヲ次不次ト開ク時キ。（大正藏九、四〇中。涌出品）始見我身聞我所說ト等者。初頓化儀次第ノ謂也。（同前）除先修習學小乘者ト等也。次不次ノ開會ノ意也。此等ヲ梵網經ノ心ニ還テ。三學ノ修入ヲ明メントスル結成。華嚴ノ方ヨリシテ一代ヲ結スルニ當ル也。流通ニ。（經、大正藏二四、一〇〇九中二七行）諸佛子。是十重四十八（了〇カ）輕戒ト者。下卷ノ戒法ノ分ノ流通ナル故ニ。一ニハ流ニ通スト戒制ノ輕重ヲ釋（義記、大正藏四〇、五八〇上十六行～）也。爾時（同、一〇〇九下九行）釋迦牟尼佛ト等者。惣シテ流ニ通スト一品一卷ノ戒本ヲ釋スル一品ハ煩ノ如シ。一卷トハ何ソ耶。此コソ階位カ戒法ニ收マリテ。

一巻ニ成ル意ナレ。心地ノ一品カ一巻ニ成ルト云意ハ。一代カ此一巻ニ成ル意也。此ノ時キ。三世ノ佛法。衆生受(佛カ)法戒卽入諸佛位ノ外ニ無ク成ル也

此ハ大師始テ釋スルニ非ス。經文ニ。(同、十行)心地法門品中十無盡戒法品竟ト說ケリ。兩巻ノ中ノ下巻ナラハ。心地ノ一品ヲ。十無盡戒法品トハ不レ可レ云也。華嚴ノ七處八會・梵網ノ十處ヲ。十無盡戒藏ニ約シテ經カ說ク也。此ヲ流通ニ五藏ト開也。此ヲ五大院。三聚淨戒ニ約シテ釋セリ。此ハ一代ノ佛法ヲ舍那ノ三聚淨戒ノ體結シ入ルル也。(同、十六行)無量一切法藏トハ此ノ五藏也

サテ戒體ト云ヘハ。一巻ニ成リ。戒行ニ成レハ。二巻ト成ル事。難二ト意得一云俗難モ可カ有。其法門ノ如クナルヘシ。一品一巻ト云時ハ。上巻ノ階位カ下巻ノ戒法ニ入レハ。一巻ノ經ノ外ニナシ。上下兩巻ト云時ハ。階位・戒法・三學各別ニ成レハ。兩巻ト成ル也。一心戒ニ。三學ノ功德ヲ一心戒藏ニ釋シ入ルル意モ。一巻ト成ル意也

26　戒經分二三段一方如何

講師　圓惠
問者　正叡

御尋云。法門ノ儀理(ママ)ハ諸經異ナレトモ。三段分別ハ大都不同ナシ。諸經ノ意。通序別序アリ。通序トハ滅後ノ證信也。別序トハ或ハ發起トモ云ヒ。或ハ緣起トモ云也。正說ノ哢引ト成ル處ヲ序ト云也

法華ノ意モ。四花六動ノ瑞ヲ現シ。文殊・彌勒ノ問答ニ依テ如來ノ本意ヲ顯シ。正ク此瑞ニ依テ如來定ヨリ起テ。開示悟入ノ佛知見ノ旨ヲ說キ顯ス時。聞テレ之ヲ三周ノ聲聞モ。授記作佛ノ益ニ預リ。微塵ノ菩薩モ。增道損生ノ益ニ預リ。此ヲ正宗ト定ムル也。惣シテ定惠ノ法門ニテモ有レ。戒法ニテモ有レ。三段分別ノ大綱ヲハ不レ可レ破ル也

サテ此經ノ本意ヲハ何クニ說キ顯スソト云ニ。初偈明舍那發起ト(義記、大正藏四〇、五六九下六行)釋スレハ。(同、七行)一經ノ本意ハ四戒三勸ナルヘシト見タリ。此ニ對スル程ノ法門ヲハ何クニ明ソヤ。正宗ハ此偈ナルヘシ。此ハ能發ニテ。所發ノ正宗ニテ無トハ何事ソヤ。彼ノ十重四十八輕戒ヲ明ス處カ可二正

宗ナル一事難シ二意得一。三重玄ノ中ノ釋名トハ。出體ノ性無作假色ノ謂沙汰シ顯ス名也。了簡トハ。此ノ戒體意得ノ謂ヲ了簡シ顯セハ。三重玄トハ。此ノ性無作假色ノ戒體ヲ釋顯ス也。初ノ偈ハ。明ト二舍那ノ發起ヲ一云ヘハ。此ノ舍那ノ功德ヲ四戒相傳シテ受取ト云故ニ。一品一卷ト者。只此ノ偈頌也。此ノ十一行半ノ偈ニ。四戒三勸ノ法門悉ク說キ終タリ。此ハ正宗ノ中ノ正宗。一品一卷ノ經ノ淵源ナレハ。三段ヲ分別セム時ハ。此カ尤モ可シ二正宗ナル一。何トテ序分トハ被レ釋セ耶。十一行半ノ偈ハ戒體。下ノ十重四十八輕戒ハ戒行也。戒體ト云ハ。一代ノ佛法ヲ一戒光明ノ體ニ造リ入テ。癡闇ノ凡夫ニ發起スト云也。戒行トハ。一代ノ說ニ立チ還ル姿也。然レハ三重玄トハ戒體。五重玄トハ戒行也

而ニ偈頌已前ニ長行アリ。此レ序分ノ意ニ叶ヘリ。偈頌以後ノ釋迦ノ說ハ。流通ノ意ニ順セリ。(同前)初偈明ニ舍那發起一。長行明ト二釋迦勸發一(同、一〇〇九下九行)釋セル。此ノ勸發トハ。流通ノ義ソト相傳ノ義モ有レハ。爾時釋迦牟尼佛已下ハ。流通ト意得ヘハ不レ可レ有ニ子細一。正宗ハ十重(同、一〇〇四上二三行)四十八輕ヨリ正宗トモ取レカシ。戒體ノ上ノ戒行ナレハサモ可レ有歟。何レニ一品一卷ノ意ハ偈頌已前ノ長行ヲ序ト取ラハ可レ然。

其ヲ結前生後ノ文ナレハ。三段ノ中ニ不レ可ト二取入一聞ユルカ。其ノ結前生後トハ。上卷ノ階位ヲ取テ下卷ノ戒法ニ入ルル意也

觀經ノ序分ト云モ。一代ノ佛法ヲ開顯無生淨土門ノ發起ニ入(大正藏四七、四三一上。淨土法事讚)也。今モ定惠ノ階位ト者。一代ノ佛法也。十處ノ說ヲ擧テ。此ノ一代ノ佛法カ舍那ノ戒體ニ歸スル意ヲ。始メ長行ニ說キ顯セハ。此カ此經ノ序分ノ體ナルヘシ。其ノ一戒光明ノ體ヲ。偈頌ニ四戒ト說キ顯セハ。此ノ偈頌カ可ニ正宗ナル一也

(義記、大正藏四〇、五六九上十七行)大師ハ。時佛觀諸大梵天王ノ文ヲ上卷ノ文ト引キ。山家ハ。復從天王宮以下ヲ下卷ト引ケリ。此ハ上卷ノ階位カ。下卷ノ戒法ニ歸シタル姿カ一品一卷ナレハ。各ノ其ノ意ヲ顯ス時キ。上卷ノ文ト引キ。下卷ノ文ト引ク也。此ノ偈頌已前ノ長行ヲ取リ離テ置カハ。一品一卷ノ意不ルレ可ラレ立ス故ニ。此ノ經ノ始ニ安スレハ此カ序分ニテ可レ有也」

(先カ)幸ニ有ル經ノ始ノ長行ヲ序文ト不シテレ釋セ。可キレ爲ニ正宗一ト偈頌ヲ。序分ト云事不審也。戒體ハ序分ト成テ。戒行ノ十重四十八輕ヲ正宗ト釋スル事不レ被ニ意得一。常途ノ意ナラハ。戒行カ正宗也。一品一卷ノ意ハ。戒體ノ上ノ戒行ヲ一代ノ佛法・定惠ノ法門ト說ク故ニ。取テ還シテ若ハ序分。若ハ能詮ノ謂トモ可ニ意得一也

御義云。舍那發起ノ戒ヵ四戒三勸ニテ十一行半ノ偈ノ大綱ナレハ。舍那ノ功德ニ押セテハ三段ノ隨一ニ列テ。正宗ト云ム事猶以テ可ニ不審一ナル。結句序分ニ屬スル事難シ意得一。三段トハ。釋迦一代ノ應化ノ化儀ニ付テ可シ沙汰一ス。非ミ但當時獲ルコトヲ大利（大利㊦得ニ度）益一ヲ。後五（後五㊦五五）百歲遠霑ニ妙道一ト釋スレハ（天文一、六三下。文句）。在世ノ機ノ得益スル處ヲ正宗ト云ヒ。滅後ノ機ヲ益スル處ヲ流通ト云也

釋尊一閻浮提ノ敎主ト成テ。舍那ノ功德ヲ受取テ凡夫ニ傳ル處ヨリ序分ハ可レ起故ニ。正クハ偈頌ノ次ノ長行ヵ序分ノ體也。サレトモ四戒三勸ノ舍那ノ發起ノ偈ヲ。經ノ始ニ安スル一品一卷ノ本意ナレハ。可キニ除ク非レハ。從ニ初偈一訖マテヲ長行ノ清淨者一ニ爲レ序ト等釋スル也（義記、大正藏四〇、五六九下四行）。實ニ三段ノ中ノ序ニハ不レトモ可レ屬ス云ヘハ。此レ相傳ノ義也

西山上人。此偈ハ觀經ノ欣淨緣ニ當ト云云　欣淨緣ハ六緣ニ列シテ序ト云ハルレトモ。此ニ依テ玄義ヲ立ツル時ハ。五文ノ外ニ一經ノ體ナシ。此ヲ五義三段トモ分別スル也。顯密ノ二ノ意有テ。顯露ノ方ハ欣淨ノ一緣ト云ハルレトモ。密益ノ方ハ正宗ト云ハルル意有ヵ如シ

舍那ノ發起ニ約スル時ハ。三段ノ分別モ雖レ不レトモ可レ有。釋迦ノ未來ノ爲ニ說顯スル方ヨリ見レハ。序ト云ハルル意有也。何ニト四戒三勸ト云ヘトモ。釋迦ノ受取テ初結ニ菩薩波羅提木叉一トセスシテハ。舍那ノ發起モ不レ顯レ故ニ。釋迦傳說ノ方ヨリシテ偈頌ニハ發起序ト云ハルル也。四戒三勸ノ處ニ何事モ無レト殘リ云テ非レ可ニ置ク。此ノ無レキ殘リ謂ヲハ。未來ノ爲ニ不レシテハ說カ不レル可レ顯故ニ。舍那發起ノ體ヵ。發起序ノ意ニ通ス意有也

爾時釋迦牟尼佛等以下（經、大正藏二四、九九七中九行）ヵ正キ三段分別ナルヘシ。此ノ偈頌以後長行ハ。觀經ノ顯行・示觀ノ兩緣ニ當也。偈頌以前ノ長行ハ化前序ノ意ニ叶ヘハ。此開顯無生淨土門ト顯ス意ニ同キ也。此ノ化前・發起ノ意ヲ正發起ト顯也。三序ト云時ハ。化前・發起ノ外ニ正發起ヲ置キ。二序ノ時ハ。正發起ノ外ニ化前・發起ヲ不レ置也

但。復從天王宮以下（同、一〇〇三下十九行）ハ。化前・發起トハ不レ可レ云。此ハ示觀緣。爲下未來世一切衆生爲ニ煩惱賊之所一ノ害者上ト說ク意ニ（大正藏十二、三四一下十七行。觀無量壽經）同ケレハ。正發起ノ至極ナル樣ニ見タリ。而ニ一一ニ非レ可レ同カル。大部ヲ可ニ意得合一也。兩經ノ宗旨ヵ佛法ノ至極ナレハ。經ノ說。大

師ノ釋義ニ付テモ始終可ニキ意得合一事無ニ子細一事也。觀經ニ付テモ。化前序ヲ立ル處ヨリ。諸師ニ異ナル善導ノ釋義トハ申也。今モ偈頌以前ノ長行ヲ何ソ序分不レン取耶。サレハ一一ニ非レ可ニ意得合一。釋義ノ始終ハ異ナル樣ナレトモ。底ノ本意カ通ソ也。偈頌已前ノ長行カ。上卷ノ階位ヲ下卷ノ戒法ニ造リ入テ置ニ成レハ。(偈頌)我今盧舍那以下ノ一品一卷ノ經ノ外ニハ不レル可レ有意ニテ。此ニ付テ三段ヲ分別也

經ノ始ニ長行ヲ置クハ。三序ノ意ヲ顯シ。此ノ長行ヲ序分ニ不レルハ屬セ。二序ノ外カヲ化前ヲ不レル置カ意也。十一行半ノ偈ヲ釋スルニ。三序ト分別スル。此レ三段ノ意ニ當也。此ノ三序ヲ。三義ヲ以テ分別也。第三ノ釋ハ。今言ク三序ハ。悉ク是此ノ土。釋迦ノ説ナリト(大正藏三七、二五九上他。觀經疏)釋セル。此ハ觀經ノ光臺・無時佛語ノ意ニ叶フ也。此ハ釋迦ノ言説未タ顯レ舍那ノ位ニ於テ。十一行半ノ偈頌ヲ置ク歟トスレハ。此ノ三序カ釋迦ノ説ト云意ハ。舍那ノ説ノ處ニ釋迦ノ説ヲ置ク故ニ。無時佛語ノ意ニ叶フ也

但シ。戒家ノ意ニテ。今ノ十一行半ノ偈ヲ講セム時キ。淨土ノ法門ニ叶ヘリトモ可レ申ス非ス。戒體戒行・四戒三勸ノ意ヲ以テ可レシ申ス。兩宗兼學ノ上ニハ。兩經ノ本意カ顯テ。佛法ノ始終ヲ顯也。四戒ニ付テ三段ヲ分別セハ。第一ノ舍那ノ戒ヲ序ト云ヒ。第三ノ菩薩ノ戒ヲ正宗ト云ヒ。第四ノ衆生戒ヲ流通ト云ヘシ。三勸ニ付テハ。受ハ序分ノ意。持ハ戒體ノ上ノ戒行ニ出ツル持相ナレハ正宗ノ意。誦ハ流通。三世化化不絶ノ謂ナレハ流通ノ意也

舍那ノ功德ヲ説顯ニ付テ。三段ヲ分別スレハ。三段トモニ序共云ハレ。正宗トモ流通トモ云ハレヘケレハ。サノミ偏ニ非レ可ニ意得一也。其ニ付テ大師ノ御釋ノ本意ヲ可ニ意得一子細アリ。戒體戒行ト分別スル本意ハ。離三惡道淨土受形ノ謂也。(義記、大正藏四〇、五六三中十一行)癡闇ノ機ノ上ニハ。戒行難レ成シ謂ヨリシテ。彌陀ノ別願ニ尋ネ入テ。正ク生死ノ根元ヲハ可レキ切ル故ニ。此本意ヲ思召シテ。戒體ノ易レキ成シ處ヲハ序分トシ。戒行ノ機ニ還テ進ミ難キ處ヲ正宗ト釋シタマフ。甚深ノ事也

27 舍那釋迦成道。同時異時事

講師　正修
問者　予

御尋云。三身ノ成道。同時異時ノ事ハ。義科ノ算題ナレハ事新キニ非ス。只內證外用三身四身。一體圓融ノ意ニテ。同時ト云ハム

事ハ可レ然ルトモ。事ノ成道ニ於テハ。何ッ不ニ前後セ一耶。サレハ上卷ノ經文ニハ。如是。千花上佛是吾化身。千百億釋迦是千釋（經、大正藏二四、九九七下十二行）「(底)葉迦化身。吾已爲本原名爲盧舍那ト說テ。原(底)源先ッ本身ノ舍那正覺ヲ成シテ次第ニ千ノ釋迦ヲ現シ。又千釋迦ヨリ千百億ノ釋迦ヲ可レ現スト云也

三重本末ノ成道ノ次第モ。次第ニ本ヨリ迹ヲ垂ルル儀式也。下卷ノ始ニモ。爾時盧舍那佛。（同、一〇〇三中七行）佛(底)ナシ爲ニ此大衆一等ト說ク。此ノ舍那ハ。何ノ程ニ正覺ヲ成シケルヲ。其ノ始ヲハ不レ說カ也。此ノ舍那ノ。大衆ノ爲ニ心地法門品ヲ說キ。此ノ心地法門品ヲ千ノ釋迦ニ持ニ我心（同十四行）地法門品一而去復轉ト。付屬スル也（同、一〇〇三中十七行）爾時千花上佛千百億釋迦ト說ク故ニ。千ノ釋迦・千百億ノ釋迦ハ。別ニ成道ヲ唱ヘテ。其ノ上ニ舍那ノ付屬ヲ受ル歟ト覺タレハ。サハ無テ。舍那ノ勸メニ依テ蓮華臺藏世界アリ。沒シテニ本源ノ世（同、一〇〇三下十六行）界閻浮提菩提樹下一。還テ十處ニ經テ經ヲ說クト見タリ。吾今來ニ此世界一八千返。爲ニ此娑婆世界一坐ニ金剛花光王座一ト云ハ。此ノ娑婆世界ニ來テ金剛花光王座ニ座シテ正覺ヲ成スル處カ。外用ノ成道ノ體也。此ヲ明曠ハ番番ノ成道ト釋也（大正藏四〇、六〇二上十三行）

如何樣一代始終ハ。舍那成道ノ上ニ。汝諸佛轉ニ我所說一。與ニ（經、大正藏二四、一〇〇三中十一行〜）一切衆生一開ニ心地一道ノ勸メニ依テ。娑婆ニ來リ淨飯王宮ニ誕生シテ樹下ノ成道ヲ唱ト見タレハ。可ニト前後一ス云事。經文無ニ子細一也。一時成佛道ト云ハ。葉上葉中ノ釋迦ノ事也。我今盧舍那ノ言マテ引カレテ一時ト云ニハ非ス。其ノ葉上葉中ノ釋迦ノ成道モ。同時ト云ハム事ハ不審也。葉上ノ千ノ釋迦ハ。淨土ノ敎主歟ト云フ宗要ノ一ノ算算(底)筆也。臺上ノ舍那ハ自受用歟。他受用歟モ可レ有ニ沙汰一。若自受用ナラハ。內證ノ成道ヲ唱ヘテ後ニ應用ヲ可レ起ス也。今ノ戒法ノ相承ト云モ。舍那ヲ師トシ釋迦ヲ弟子トシテ。師資相承ノ義ヲ成スレハ。師弟ノ正覺同時ナラハ。師弟ノ義可レ難カルレ造リ。戒ヲ相承スル事ハ。前後スレトモ。正覺ハ可ニ同時一ナル歟。此モ學者ノ異義也。一義ノ意ハ。正覺不レ成セ前ニ。舍那ノ所ニ至テ戒受テ。後樹下ニ還テ正覺ヲ成スト云ヘリ。何レニ舍那・釋迦。前後ノ成道也

法華ノ意ヲ以テ意得ルニモ。今日ノ成道ハ。去伽耶城ノ成道也。舍那ハ。無始無終ノ久本ノ體ナレハ。不ニ同時一ナラ也。今ノ義記ニ。尋ルニ文ノ始末ヲ。有リ千ノ釋迦與ニ千百億ノ釋迦一。各ノ攝シテニ有（義記、大正藏四〇、五六九中二行〜）

縁ヲ一皆至〔至㊦ナシ〕ニ二舍那ノ所ニ一。受テ二菩薩ノ戒藏ヲ一。然後。各坐シテ二道場ニ一示レ成シテ二正覺ヲ一。覆述說法ス等 文 先ツ舍那ノ處ニ至テ戒法ヲ受テ。菩提樹下ニ至テ正覺ヲ成スト見タレハ。經釋共ニ一徹ニ前後スト聞タリ。其ヲ大乘ノ佛法ノクセトシテ。時節乃是誘進疲夫（天文四、一七〇一下。文句記）アレハ。內證外用モ佛ノ功德ニ還ル時ハ。同時也。三世モ一念ニ有リナト云ハ。後ニ唱セル成道モ前ニ唱タル同時ト云也。其ノ分ハ佛法計リニテモ無シ。外典ニタニモ。莊子カ千年夢ニ蝶ト成レトモ。醒レハ一結ノ夢ト沙汰スル也。其分ニテ舍那釋迦ノ成道同時ト云ハム事ハ不レ知ラ。猶シモ釋迦如來。久遠成道皆在衆生一念心中ノ分ニテ。同時ト云ハハ可レシ然。其ハ不思議ノ時節ナル故ニ。內證ニ約スル意也。外用ノ成道ハ。機ノ處ニ隨フ故ニ。必ス可ニ二前後ス一也

御義云。此ハ三身ノ成道同時異時ノ事ニ付テ。下地ヲ明ラムヘシ。別教ノ意ハ。法身本有。般若修成。（天玄五、一四六～七。玄義）解脫始滿ト云テ。般若〔若㊦ナシ〕修成ノ方ヨリ前後有ト云也。圓佛ノ毘盧舍那ノ成道ト者。毘盧舍那遍一切處。舍那釋迦成亦遍一切處ノ體也。此ノ本有ノ理ノ如ク。報身ノ智カ契ヘハ。智惠モ無始無終也。此內證ノ境智ニ契フ處カ。應身ノ成道ナレハ。全ク不レ可ニ二前後ス一也

水銀和ニ二眞金一。能塗ニ二諸色像一。功德和ニ二法身一。處處應現往。（天文五、二二四二上。文句）八相成道。轉ニ二妙法輪一。卽應身如來ト釋〔㊦也〕シテ。今日一番ノ內證ニ外用ノ成道ヲ同時ト云歟トスレハ。三世十方ノ三身ノ成道ノ體カ同時ナル故ニ。此ノ佛ノ三身。彼ノ佛ノ三身トテ。別ニ不レ可レ有。此ヲ本地無作ノ三身トモ云ヒ。久遠成道トモ云也。壽量品ノ意。三身ノ功德ヲ詮量スト云ヒ。一身卽三身名爲レ祕。三身卽（天文五、二二八四下。文句）一身名爲レ密ト云モ此レ也

此法身自受用ノ內證ノ悟カ三世十方ヲ不レ隔ス。無始無終ナル計ニテハ無シテ。應用ノ悟ト云モ。此ノ內證ノ悟ヲ開キ終リタル姿ナレハ。不レ可ニ二前後ス一。此應用トハ。境智冥合・函蓋相應ノ謂レ事ニ顯タル姿也。サテ應用。心ニ下ル時。前後有歟ト云ハハ。前佛後佛ノ自受用ニ付テ沙汰有ル如ク。各別發願。各修淨土。各化衆（大正藏四六、六五九中二四行。大乘止觀）生ノ方タ計ヲ沙汰セハ。各體各身ノ義可レシ有。此時ハ。三世十方ノ諸佛ノ出世次第前後ヲモ不レ可レ忘スル。此則チ實無十方三世之異ノ不同ナレハ。不ニトニ前後一セ謂也。此ノ三身ノ至極ヲ本門壽量ニ沙汰也

（天文五、二二七一下。文句）若従別意正在報身ト釋シテ。本門壽量ノ三身ヲハ。舍那報身ノ功徳ニ沙汰シ入也。其ノ本門壽量ノ至極ヲ。今ノ舍那正覺ノ體ト意得ル也。若本門壽（壽㊦對）量ノ意。自受用報身ノ成道ト云ヘトモ。法界ノ衆生悉ク妙覺ノ位ニ入リ。佛智ヲモ不レト開カ云ハハ。自受用ノ成道ナルヘカラス

癡闇ノ凡夫。此ノ本地難思ノ境智ヲ不ル二開覺一セ處有レハ。强チ益ヲ不ルレ成セ故ニ。前佛ハ正覺ヲ成スレトモ。我等ハ正覺ヲ不レト成セ云ハルル也。我等モ未來ノ佛也。サレハ（天文四、二二一五下。文句）於如來起慈（心㊦惣）父心ト說ケルヲハ。（同前）諸者通ニ三世一。此則未來如來也ト釋セリ。而レハ外用ノ成道ハ前後スル意可レシ有

凡ソ同時ト云ヘハトテ。三世ノ諸佛座ヲ並テ同時ト云事ニ非ス。前佛ノ正覺ヲ成スル姿。未來ノ佛ノ正覺ヲ成スル體カ。三世十方ノ異無キ正覺ノ體ソト意得レハ。我等モ未來ニ正覺ヲ可レシ唱。迷悟ト云モ同時也。（大正藏七五、三七六下十六行。教時義）生死涅槃同是法性。法性同體互非前後ナレハ。今ノ迷ト思フ處ト。彼ノ悟ト思フ處トカ。既ニ前後無レハ。事ノ成道前後スレハトテ。三身ノ成道非レス可ニ前後一ス。彼ノ天台ノ意。本門壽量ノ大綱。行者ノ心還テ可ニトハ修行一ス不レ向ハ。釋尊ノ本地ノ内證ヲ開キ。（大正藏九、四二下十九行。壽量品）我實（實ナシカ）成佛已來甚大久遠ナル處ニ。法界ノ衆生生死ニ可レキ止ル道理一人モ無ト。法門ニテハ申也。此ヲ我等カ上ニ立還テ沙汰スル時キ。末法邊地ノ癡闇ノ機。此ノ本地ノ内證ニ一分モウトキ處アラハ。内證外用不シテハ二前後一セ不レ可レ叶也。此ノ本門壽量ノ自受用報身ノ至極。釋尊本地難思ノ境智ヲ指テ。此經ニ。我今盧舍那ト說ケハ。舍那正覺ヲ成ストト云ヘハ。三世十方ノ諸佛正覺無レキ隔謂也。（經、大正藏二四、一〇〇四上二〇行）衆生受佛戒卽入諸佛位ト者。三世十方ノ諸佛ノ正覺ト同體ナル身ト成ル謂也。舍那ノ發起ノ樣ヲ釋トシテ。（大正藏七四、七七三下二九行。廣釋）法界色心之上。發ニ得此戒一。一如舍那ト云ヘハ。此ノ法界ノ色心トハ。横ニ十方ニ遍シ。竪ニ三世ニ可レ至也。地體。舍那・釋迦ノ正覺計ヲ同時也ト非レ可ニ意得一。三世十方ノ中ニ於テ。一人モ漏ルル者ノ有ラハ。舍那ノ正覺ニテハ不レ可レ有。（同、七六九上六行）衆生不發。我不證ト釋スル此也。此ノ戒ヲ法界ノ色身上ニ發起ストト云ヘハ。一如ノ舍那ト成ル。此ヲ（經、大正藏二四、一〇〇三下二二行）一戒光明金剛寶戒ト說也。（同、一〇〇四上）千ノ釋迦。千百億ノ釋迦ト者。法華經ノ意。三變土田ノ時キ所レノ集マル分身也。此カ則チ三世十方ノ佛也。サレハ。（天玄五、三三三六。玄義）分身既多當レ知成佛久矣ト者。此ノ意也。今日ノ釋迦。娑婆世界ニテ詫（託カ）胎出胎等ノ有ル

如ク。十方モ如レク此也ト云ヘル。(天文五、二二四八下。文句記)幻師ノ幻術ノ如クナルヘシサレハ。華嚴ノ十方臺葉互爲主伴。(天文四、一九三八上。文句取意)大集ノ與欲。般(〔若カ〕)ノ千佛等ヲ。法華ノ意ヨリハ。準今經者應是分身ト釋スル。此ノ法華ノ分身ヲ此經ニ沙汰シ入ルル故ニ。此ノ本意ヲ思ヘテ。一代ノ中ニモ說キ置ク也。此ノ土ノ。華嚴ヲ說ケハ。彼土ノ佛モ。華嚴ヲ說キ。「般若ヲ說キ。(〔」衍字カ〕)」般若ヲ說ケハ隨テ般若ヲ說ト云ハ。何ニトシタル事ソト云ハ。法華經モ。開三顯一諸佛道同。(天文五、二二二一上。文句)開近顯遠(〔亦カ〕)諸佛道同ノ謂ヲ說ク外ニハ。開權顯實ノ本意無キ也

釋迦應用ノ成道ヲ一時成佛道ト說ヲ。以テ知ヌ。內證外用ノ成道同時ナルヘシ。故知番番示成正覺(大正藏四〇、六〇二上十二行。明曠疏)ノ體ヲ一時成佛道ト云コソ。舍那正覺ヲ成スル姿ナレ。上卷ノ階位トハ。一代定惠ノ功德也。此一代佛法ヲ一品一卷ノ一戒光明ノ謂ニ說キ入テ。舍那正覺ノ體ヲ顯セハ。舍那・釋迦ノ成道同時ナル事勿論也。此ノ上ニ上下兩卷ノ意ハ結成。華嚴ノ分ナレハ。臺上ノ舍那ハ他受用ナレハ。內證外用ノ前後モ可レ有也

28 梵網經明ニ道樹已前成道一歟

御義云。道樹已前ノ成道ヲ不レトハ明サ。華嚴ノ結經ノ分也。サレハ。吾今來此世界八千返(經、大正藏二四、一〇〇三下十六行)ノ文ヲ。先德ハ。一代八千機見不同ト(大正藏七五、八三四下五行。教時義)釋セリ。此ノ時ハ。華嚴經ノ或見釋迦成佛道。已經不可思議(大正藏十、四四三上二七行)劫ノ文ヲモ。今日一番ノ成道ニ於シテ。一機一緣ニ對シテ說ト意得也。此ノ上下兩卷ノ分ヲ以テ。天台ノ論義ニテ此ヲ申立テム事ハ可レシ難カル。梵網經ト云ハ。花臺爲レ本。花葉爲レ末。(天文五、二二四八上。文句)別爲ニ一緣一。作ニ如レ此說一ト釋スレハ。都テ華嚴ト定メハ。記小・久成共ニ不レ可レ說。何ニトモ甚深ニ經文ニ說トモ。四十餘年未顯眞實ノ分ナルヘキ也。一品一卷ノ意ハ。經文モ舍那正覺ノ體ヲ定メ置テ。此ノ上ニ番番ノ正覺。八千返ノ往來モ有ト見タル也。下ノ文ニモ。說ニ我本盧舍那佛。(〔〇カ〕)初發心中常所レ誦。一戒光明一。金剛寶戒。(經、大正藏二四、一〇〇三下二一行～)是一切佛本源。一切菩薩本源。佛性種子ト說テハ。此ノ一戒光明ト云ハ。盧舍那佛初發心中ニ所レ誦スル戒法ト云也。此ヲ一切ノ諸佛・三世ノ菩薩ノ根元。一切衆生佛性種子ト說也。今ノ舍那ノ正覺ヲ本源トシテ。三世ノ諸佛モ出世シテ法ヲ說キ。一切ノ菩薩モ此ニ依テ正覺ヲ成スレハ。今日一番ノ化儀ニテハ無キ也

サレハ。流通ニハ。（同、一〇〇九中二五行～）過去諸菩薩已誦。未來諸菩薩當誦。現在諸菩薩今誦ト說ケリ。此ハ法華ノ迹門ニ。五佛ノ章門ヲ開キ。本門ニテ。（天文五、二一四四下。文句）三世化導惠利無疆ト云ヘル至極也

義記ニ。（義記、大正藏四〇、五七〇上二九行）此是三世十方諸佛之法ナリ等ト釋シテ。三世十方ノ諸佛ノ法トハ今ノ戒也。サレハ流通ニハ。無量一切法藏ト說也

法華ノ本門壽量ニハ。天人阿修羅今日始成ノ佛ト思シヲ。久遠ノ佛ト云ハ。釋尊一佛ニ付テノ事也。今ハ盧舍那佛ト云ハ。三世ノ諸佛ノ本源ト云ヘハ。此カ今日始テ正覺ヲ成ストモ可レ云事ハ如何

法華ノ意。今日ノ始成正覺ト云ハ。轉迷開悟ノ謂ヲ云也。今ハ自レ元成セシ舍那ノ功德ヨリ外ニ。始テ戒ヲ受ケ定惠ノ功德ヲ開發スル機ニ還テ非レハ可ニ沙汰一ス。舍那正覺ヲ成セシ處カ。一切衆生一如ノ舍那ト成ル謂也。此正ノ久成ノ實義ヲ明ス至極ナレハ。本地久遠ノ內證ヲハ。此ノ一品一卷ノ戒經ニ說タリト可ニ意得一也。何ニトシテモ轉迷開悟ノ分殘ル處有ハ。如何ニ本地ノ三身ト云トモ。始覺修成ノ域ニ可レ墮フツ也

29　十重四十八輕戒爲ニ戒體行一耶

講師　予
問者　正修

御尋云。三重玄ノ中ノ第二ノ出體ノ章カ。今ノ菩薩ノ戒體也。此舍那ノ功德ヲ受取ル處ヲ戒體トスレハ。一戒光明ノ一戒體也。此ノ淨滿如來ノ功德ヲ開ケハ。三聚淨戒・十重四十八輕ト云ハレテ。機ニ隨テ定惠ノ功德進ム處カ戒行也。此ヲ則チ十重等爲ニ戒體一也ト釋スル事難シ意得一

サテ（義記、大正藏四〇、五七〇中十三行）十重四十八ヨリ下ハ。第一ニ明ニ戒體一ヲ見シ。（同、十四行）戒如明日月ヨリ下ハ。二ニ歎ニ戒用一ヲ釋スル。此カ戒體戒行ノ意歟。此ノ用ト者。戒行ニ當ル歟。此ノ用ト云物ヲ（經、大正藏二四、一〇〇四上十行）戒如明日月ト譬ヘヲ取テ。持テニ此戒ヲ一能除クニ罪霧ヲ一譬フニ之ヲ於日一ニ。使シムレ（使㊟便）得ニ清涼ヲ一等ト釋スルハ。三聚淨戒ノ義ニ約スル意也

三聚淨戒ハ。先ツハ戒體ノ意ナルヘシ。此ノ律儀・攝善・攝生ヲ。機ニ還テ修行スル方ハ可シ戒行ナル。サレハ地持・瓔珞ノ本說ヨリ。三聚淨戒ノ羯磨ノ下ニテ戒體ヲ發得スト云也。此ノ三聚淨戒ヲ受取ル上ニ。行者ノ機ニ依セテ。輕重犯不犯ヲ沙汰スル處カ十重四十八ナレハ。戒行也。戒如明日月ヨリ。用ト釋シテ。用ヲハ三聚淨

戒ニ約シ。體ヲハ十重四十八ト云事。可レ被二意得一也。一切ノ諸法カ舍那ノ功德ナレハ。十重四十八モ戒體ト云分歟。其ノ分ナラハ。何ニモ戒體ナルヘシ。十重四十八ニ不レ可レ限ル。今ノ義記ニ。則十重等爲二戒體一也(義記、大正藏四〇、五七〇中十四行)ト云ハ。菩薩ノ戒體ヲ釋スル歟ト。明曠ハ。誦我本師戒十重四十八(經、大正藏二四、一〇〇四上九行)ト者。出二戒相重輕ノ數一(大正藏四〇、五八五上二八行)ニテ戒相ト釋スル也。仍テ此ハ法・體・行・相ノ四科ノ中ニハ。相カ家ノ體ナレハ。體用相對ノ戒體ニシテ。戒體戒行ノ中ノ戒體ニハ非也

抑。如レ義ノ者。下ノ十重四十八計カ戒體歟。偈頌ニ。十重四十八ト云ヘルマテヲ戒體ト云歟

御義云。地體。戒體戒行ト云ハ。不二別ノ事一ナラ。舍那ノ功德ト沙汰スル方ハ。戒體也。行者ノ機ニ持セテ令ルレ行セ方ハ。戒行也。南山所立ノ法體行相ノ四科ト云ハ。四科共ニ心ニ還テ成スル上ニ分別スレハ。戒體ト云モ。身口ノ遮難ヲ除キ。三業ヲ守ニスルヨリ事起テ受得スル戒體ナレハ。今ノ菩薩戒ノ意ヨリ見レハ。四科共ニ戒體受得ノ上ノ戒行ニ當ル也

今ノ戒體ト云ハ。上卷ノ階位ヲ下卷ノ戒法ニ收テ。一品一卷ナル方ヲ云也。此ノ上ノ上下兩卷ノ意ハ。戒行也。一品一卷ト云ハ。三重玄義ノ意ナレハ。不レ起而已起卽(卽(底)則)ノ謂ヘ(義記、大正藏四〇、五六六上一行)。五十八ノ戒ヲ制シ入ルル也。十重ハ則チ十無盡戒ナレハ。四十八輕モ此外ニ不レ可レ有。一戒ハ一無盡。十重ハ十無盡也。流通ニ。十無盡戒法品竟ト說ケリ(經、大正藏二四、一〇〇九下十行)。故ニ一戒ヲ持テハ。一切ノ戒ヲ持ツ謂アリ

此ノ十重四十八ヲ舍那ノ功德ト云時ハ。戒體也。此ノ舍那ノ功德ヲ。地持瓔珞等ノ諸經ニハ。三聚淨戒ニ說キ。此ノ三聚淨戒ノ意ヲ。一代ノ佛法。戒定惠ノ三學ト沙汰シテ。心ニ還テ修行スル方ハ。戒行也

十重四十八ノ戒制ノ輕重ハ。只律儀ノ一戒歟ト覺ヘタレハ。此カ則チ三聚淨戒也。殺戒ヲハ。一切有命者不得故殺ト說キ(經、大正藏二四、一〇〇四中十八行)。盜戒ヲハ。一針一草不得故盜ト說ケリ(同、一一三行)。此ヲハ擧テレ輕ヲ況ストレ重ニ釋スレハ。輕ヲ收テ十重ト說ク也。如クレ此一切ノ諸戒カ十重ニ成レハ。此ノ舍那ノ功德。一戒光明金剛寶戒ノ體ヲ十重トモ開キ。四十八輕トモ說ク。至極ノ正宗ヲ戒行ト非スレ可キニレ云フ

暫ク戒體戒行ト云事モアリ。始ノ偈頌長行ニ。四戒三勸・師師相受(授カ)ノ儀ヲ顯シ(義記、大正藏四〇、五六九下七行)。但解法師語盡受得戒(同、五七七上十二行)ト說ケハ(經、大正藏二四、一〇〇四中十行)。戒體ヲ面トスル計也。下ノ十重四十八モ凡夫ノ上ニ直ニ行セヨト說カハ。戒行ナルヘシ

此ノ十重四十八ヲハ。本師ノ舍那モ釋迦モ所レ誦スル也。誦我本(經、同一〇〇四上九行)師戒十重四十八ト云此也。是盧舍那誦我亦如レ是誦トモ(同、十一行)云ヘリ。此ノ十重四十八ハ。機ノ可レキ行ス謂ニテハ無クテ。但解法師語盡受得戒ト云ヘル。法師ノ言説ノ體ヲ指也。而レハ佛ノ功德ヲ傳説スル言説ノ體也。十重四十八ノ輕重ノ諸戒ト云ハ。誦我本師戒ナレハ。此ノ本意ヲ則チ十重等爲二戒體一也ト(義記、大正藏四〇、五七〇中十四行)(也カ)釋スル也。故ニ十重四十八ノ戒戒ニ三聚具足ノ意可レ有也。又十重ヲ律儀トシ。四十八輕ノ中ニ於テ。攝善・攝生ヲ分別スル意可レシ有

南山所立ノ法體行相ノ四科ヲ。今ノ戒經ノ意ニテ意得ルニ。始ノ行戒法ニ當テ。十一行半偈ヲ戒體ト當テ。下ノ輕重ノ諸戒ヲ説ク處ヲ戒行ト當テ。其ノ上ニ十重ノ終ニ善學諸人者等ト(經、大正藏二四、一〇〇〇上十六行)(仁カ)説ヲ戒相ト可ニト意得一。經文ヲモ被ニ分別一也。戒法トハ。法界ニ滿チタル舍那ノ功德ヲ指シ。其ノ法界ニ遍セル戒法カ。但解法師語シテ師師相受作(授カ)法受得スル處ヲ戒體ト云ヒ。此ノ戒體受得ノ上ニ。此ノ體ヲ開テ。輕重ノ諸戒ト分別シテ。機ニ還テ行スル處ヲ。戒行ト云ヒ。戒行ノ身ニ備テ。一切ノ人非人ノ歸依ニ預カル。此レ戒相也ト云云 又相トハ。物ノ相貌ヲ委ク辨ルヲモ云也。戒體ト見ル時ハ。但解法師語ノ外ニ無ト云故ニ。一經カ戒體也。此ハ一代ノ佛法。機ニ還テ可ニキ行シ顯一ス樣ヲ沙汰スル處ヲハタラカサスシテ。舍那ノ功德ト云ハレテ。癡闇ノ凡夫ノ上ニ發起シ顯ス故ニ。此ノ謂ヲ。則十重等爲ニ戒體一ト也ト釋シ顯ス也。此ノ上ニ。一代ニ還ル時キ。三世ノ佛法カ今ノ戒體ノ上ノ戒行ト云ハルル也

30 未證凡夫入ニ臺上一聞ニ舍那說戒一耶

御義云。蓮華臺藏世界ト者。(經、大正藏二四、九九七中十三行)實報土。教主ハ他受用地住已上ノ菩薩ニ對スル身。音聲無邊色像無邊ノ體也

若又。自受用ノ唯佛與佛境界ナラハ。十地等覺ノ菩薩モ所レ不レ知也。葉上ノ千ノ釋迦ハ。(經、同九九七下七行)方便土ノ教主歟。同居土ノ教主歟ト云沙汰也。能キ定。方便土ノ教主ナルヘシ。各坐菩提樹ノ方ハ(同、一〇〇四上三行)(丁丈カ)輪王ノ相好ニ同スル也。六卑少ノ形ナレハ。千ノ釋迦ハ。千百億ノ釋迦ノ臺上ニ至テ。戒ヲ傳ト云事タニモ不レ被ニ意得一事也

此究竟ノ寂光ト云ハ。(天文五、二一五五上。文句記)能所ノ並(丁〇カ)爲ニ能依之身一。(有カ)方是毘盧遮那(遮(底)舍)身土之相ナレハ。能所ノ不同不レ可レ有也。此ニ能所ヲ分別シテ。舍那ヲ能化トシ。釋迦ヲ所化トスル事難ニ意得一。而ニ始ノ長行ニハ。

(經、大正藏二四、一〇〇三中十二行～)蓮華臺藏世界赫赫天光師子〔子(底)師〕座上盧舍那佛。放光光告千花上佛。持我心地法門品ト說テ。只千花上ノ佛ニ告クト云歟トスレハ。(同、十七行～)爾時千花上佛。千百億釋迦。從ニ蓮華藏世界赫赫師子〔子(底)師〕座一起。各各辭退ト說テ。葉上葉中ノ釋迦ニ。臺上ニ至テ戒ヲ傳ト見タリ。此ハ內證外用不同ナレトモ。一佛ノ上ニ於テ傳授ノ姿ヲ論スレハ。サモ可レシ有(同、一〇〇四上五行)十一行半ノ偈ニ。千百億釋迦。各接〔接(底)攝〕ニ微塵衆一等ト說ヲ。義記ニ。(義記、大正藏四〇、五七〇上二四行～)之〔之(底)ノ〕各接〔接(底)攝〕ヨリ下ハ明ニス所接之人一ヲ。接〔接(底)攝〕ト者取〔「(底)攝〕ニスル有緣一ヲ之義也。(經、一〇〇三下二〇行)微塵ト者聽衆多也ト文此ノ有緣ノ機ヲ上ノ長行ニハ。為此地上一切衆生凡夫癡闇之人ト說キ。後ノ長行ニハ。(同、一〇〇四中七行)若受ニ佛戒一者。國王王子百官宰相等ト說也。此ヲ(同、一〇〇四上六行)俱來至我所聽我誦佛戒ト云テ。但解法師語スル程ノ機ハ。釋尊ト肩カタヲ並ヘテ。舍那ノ處ニ至テ。舍那ノ說戒ヲ聞ト云也。一品一卷ノ大綱。四戒三勸ノ本意。只此事也

四戒相傳トハ。舍那ニ隨テ直ニ戒ヲ受ル姿也。(經、一〇〇四上五行)各接微塵衆俱來至我所ノ謂ヲ。(同、十二行)是盧舍那誦。我亦如レ是誦ノ四戒分別シテ顯セハ。(同、二〇行)衆生受佛戒卽入諸佛位ノ上ニハ。在世未來ノ不同モ。凡夫賢聖ノ差別モ無ク成テ。只一戒光明ノ淨滿如來ノ一位ニ成リ還ル也

法華ノ意ハ。無作三身住寂光土。(惠心全集三、五三四頁六行。教觀大綱)三眼三智知見九界ト釋シテ。俱體俱用ノ身ナレハ。三身共ニ法身ト云ヘハ。寂光ニ居ス。此前ニハ四土共ニ寂光也。應身ト云ヘハ。三身共ニ同居ニ可レシ居ス。此ヲ眞言ニ變化・等流等ノ四種ノ法身ト云也。此ハ法身ノ上ノ感應ナレハ。自性身ニ隨ト云モ。受用身ニ隨ト云モ。我等カ上ニハ可レキ難レカル及ヒ也。法華ノ本門壽量ノ意ハ。自受用報身寂光ノ化儀ナレハ。三變土田ノ化儀。地涌ノ菩薩モ。本時ノ寂光ノ宮中ヨリ。今時ノ寂光ノ宮中ニ住臨スル故ニ。唯佛與佛ノ內證ナレハ。彌勒モ。(天文五、二四四二下。文句)地涌ノ菩薩モ。(大正藏九、一七六下。壽量品)於是時中亦所不達ト云也。以ニ凡夫心一等ニ佛所知一。用〔用(底)以〕ニ所生眼一同(事カ)ニ如來見一ト云ヒ。(同、文句記)聞ニ佛開顯一與レ佛不〔不(底)文〕レ殊ト釋シテ。本地難思ノ境智ヲ聞ケハ。初心ノ凡夫モ極佛ノ知見ヲ開ト云ヘトモ。未發心ノ凡夫ハ境界ヲ隔ツル也。眞言ノ意。自性自受ノ內證ヲ於此會中無生死人ト沙汰シ。(大正藏六一、十五中十二行。)凡夫具縛尚得聞知ト云テ。(圓仁金剛頂疏)具縛ノ初心ニ內證ノ境界ヲ見聞スル謂レ有ト云ヘトモ。虛空無相ノ菩提心ヲ發ス上ノ事ナレハ。未發心ノ我等カ普賢金

剛手ト肩ヲ非ルレ可キニ並ス也

今ハ。我等カ上ニ無レ隔テ身土ノ姿ヲ。我今盧舍那方坐蓮華臺ト（經、偈文初句）説テ。此ヲ佛身（身㊟名）四種等ト開ク也（義記、大正藏四〇、五六九下二四行）。蓮華ノ樣ヲ釋シテ。處シテレ穢ニ不ルヲレ汚レ（同、五七〇上四行）。譬フニ舍那ノ居シテレ穢ニ不ルニレ染セ也 文 四戒三勸ノ謂ヨリシテ。癡闇ノ凡夫ノ上ニ始テ戒ヲ受得ストヘハ。舍那ノ處ニ至テ。直ニ戒ヲ受得スル謂レ。此ノ經ノ意ヨリシテ。分明ニ成スル物也

31 梵網受法通別受耶

講師 予
問者 照惠

御尋云。通受別受ノ事ハ。上古ヨリ自他宗ノ諍也。南都七大寺ノ宗ハ。悉ク菩薩宗并ニ菩薩ノ別解脱戒。別ニ不レトレ可レ有。一同ニ申也。其ヲ山家大師。或ハ立テテ聲聞衆ノ外ニ菩薩ノ別衆可シレ有。聲聞ノ比丘戒ノ外ニ。菩薩ノ大僧ノ戒可レト有ル論シ立テタマフ也

梵網ノ受法ニ付テハ。偈頌ニ。各接微塵衆。倶來至我所ト（經、大正藏二四、一〇〇四上五行～）説ケリ。此ノ微塵ノ衆トハ。別シテハ樹下ニシテ釋尊ノ説ヲ聞ク衆ナルヘシ。其ヲハ是時百萬億大衆諸菩薩ト（同、一〇〇四上二六行）等説テ。正ク戒體發得ノ樣ヲハ。若受二佛戒一者國王王子等ト（同、一〇〇四中七行）説ク故ニ。只七衆九衆通受ト云分ナラハ。六道通受ノ儀則ト見タリ

最初ニ。盧舍那佛ノ所ニシテ妙海王并ニ千ノ王子ニ此戒ヲ授ク。此時キ。釋尊モ舍那ニ隨テ此戒ヲ受誦スト見タレハ。舍那傳説ノ本源ニ立チ還ル時モ。在家出家通受ノ戒也

三重玄ノ釋モ。無三障ト云一段ヲ立テ。報障無ト云ヘハ。處ニ於テモ難處ノ沙汰無シ。機ニ付テモ非器ト云事ナシ。只衆生受二佛戒一。即入二諸佛位一。位同二大覺一已（已㊟位）。眞是諸佛子（經、同一〇〇四上二〇行～）セル體ヲ。下ノ五十八戒ニ。各ノ若佛子ト置ク也

大師モ。道俗（俗㊟僧）共用。方法不レ同。略出六種ト（義記、大正藏四〇、五六八上六行）釋シテ。六本共ニ道俗（俗㊟僧）共用ノ通受軌則ト定ル也。一品一卷ノ始終。通受ノ戒相ト見タリ。小乘ノ意モ。受體隨行不レハレ可二參差（差㊟着）一ス。沙彌戒ヲ受ケハ其ノ沙彌戒ヲ學シ。比丘戒ヲ受ケハ其ノ二百五十戒等ヲ可レハレ學ス。所受ノ戒ト戒行トカ不レ可レ替ハル

梵網戒ハ。三歸解（得カ）戒ハ。三歸ノ下ニテ一切ノ戒カ備ハリ。地持・瓔珞ハ。羯磨解（得カ）戒ナレハ。羯磨ノ下ニテ一切ノ功德ヲ受取レハ。此ヲ比丘ト可レ云歟。沙彌ト可レ云歟。何ニ事ノ有テレ所レ不二具足一セ。沙

彌ト云ハルヘキヤ。又比丘トモ不レ可レ云ハル。故ニ菩薩戒ノ意ニテハ。
七衆ノ共別不レ可レ被レ造也
又戒體戒行ニ付テ。七衆九衆ノ不同ヲ可レ辨ト云事モ。菩薩戒ハ。
大乘ノ律藏ニハ不レ二分明一ナラ。小乘ノ律藏等ニ還テ其不同ヲハ可レ
辨也。五大院。（大正藏七四、七五八中八行。廣釋）七衆共受ニ。別（別底ナシ）有二三名一等ト釋スレハ。七衆通
受ノ上ニ三ノ名ヲ辨ル也。又戒ノ共別ニ付テ。（同、七七六下十六行～四種戒）四句ヲ分別スル中ニモ。
梵網ノ受法ハ。戒共人共・人別（「戒共カ）ニ屬也。戒共人別ノ句ニ梵網ヲ
加ト云ヘトモ。其ノ本意ナラサレハ。實ニハ第四ノ戒共人共ナル
ヘシト釋スル。山家ノ大師。菩薩戒ノ官符ヲ被ニ申請一時キ。四
條ノ式ヲ造リ。重テ顯戒論ヲ造テ。所制ノ戒ノ本意ヲ述ヘ。慈覺大
師。重テ顯揚大戒論ヲ造ル。此ノ趣キハ。別受ノ義ニ可レ有ト見タリ。（同、七六八上取意）
寺ニ付テ三種ノ寺アリ。上座ニ文殊・頭盧ノ異アリ。受法ニ一
師・十師。羯磨全（法カ）異ノ不同アリ。戒ニ付テハ。聲聞戒ハ二百五
十戒。菩薩戒ハ梵網ノ五十八戒也ト云ヘハ。山家ノ意ハ。大小ノ
共別可レ有ト覺タルカ。梵網經ノ説ニ還テハ。其趣キ不レ見ル也
此ハ。菩薩戒ノ方ヨリ受ル體ハ悉ク具足スレトモ。持相ニ於テハ。聲
聞戒ノ意ニ付テ可ニ意得一故ニ。四律五論等ノ意ニ依テ可ニ振舞一
事也。サレハ地持・瑜伽等ノ説モ爾カ也。三聚淨戒ノ中ノ律儀
戒トハ七衆ノ戒也。南山モ。（大正藏四〇、一四九中八行。補闕行事鈔）律儀一戒不レ異ニ聲聞一ナレハ。聲
聞戒ノ意ニ准ヘテ。七衆ノ別ヲ可レ造ト釋セリ。經文ニ七衆通受ノ
戒ト見ヘタルヲ。比丘計ニ授ヘシ。在家沙彌等ニハ不レ可レ授ナ
ムト云テハ。佛意ニ背クヘシ。今ノ菩薩戒ノ意ハ。式叉ニハ何ニテ可レ
授耶。沙彌ニハ文殊問經ノ説ニ依テ十善戒ヲ可レ授シト。山家
釋セルカ。文殊問經ニハ其ノ旨不レ見ヘ。誤テ文殊問經ニハ小乘沙
彌ノ十戒トコソ見タレ。智證大師。聊ナル説モ無キヤラム。威儀經ニ
任セテ。小乘ノ沙彌ノ十戒ヲ令ムルレ授也
五大院。（大正藏七四、七七六下二三行。廣釋）各隨テニ意樂ニ一而作ルトナ二一衆一ト釋スルハ。同シ振舞ナカラ。
此ハ比丘。此ハ沙彌ト可レ云歟。サテ意樂ニ隨トハ。意樂計カ可レ
替ハル歟。行モ可レ替歟。地持・瑜伽等ノ説ニ依テ申セハ。文殊・彌
勒等ノ大菩薩等モ聲聞衆ニ列テ座セル事。佛在世ヨリシテ分明
也。在家ハ無妨無礙ナレハ閣クヘシ。出家ノ威儀ハ。聲聞ノ威儀ノ
體ナル事。文殊・彌勒等ノ説既ニ爾也。在（「佛カ）世ヲ以テ滅（「佛カ）後ヲ意
得ルニ。涅槃ノ扶律説常ノ意。聲聞ノ威儀ヲ以テ菩薩大乘ノ威
儀ヲ可レ助ク也。法華ノ意モ。二乘ノ小行卽チ菩薩道ノ開會スル。

此等ノ意ヲ以テ思フニ。威儀ト云モ。聲聞ノ律儀ヲ常住圓常ノ理ト意得テ行セム處カ。卽チ一乘皆成ノ律儀ノ體ナルヘシ。華嚴ニテ（義記、大正藏四〇、五六九中二〇行）二乘在座不知不覺ト云故ニ。聲聞律儀ハ菩薩大乘ノ律儀ニ違リ。乃至方等般若ニ彈呵洮汰スルマテモ。聲聞ノ威儀ノ外ニ。菩薩ノ威儀有トハ不レ云ハ。法華開顯ノ意ニ成ル時キ。聲聞ノ律儀ノ外ニ。菩薩ノ律儀無ク。聲聞ノ毘尼ノ外ニ。菩薩ノ毘尼無キ謂レニ成ル也。小乘ノ毘尼ト云カ。分通大乘ノ謂ニテ。底ニ通フ處有ト大智律師釋スレハ。此ハ小乘ノ律儀ノ外ニ菩薩ノ律儀トハ何ト可レ有耶。或ハ他方ノ佛土ニ付テ可ニ振舞一菩薩ノ律儀トテ被ニ沙汰一セタレトモ。先ツ此ノ娑婆忍界ノ化儀。釋尊一佛ノ儀式ニ付テハ。別ニ菩薩ノ律儀有トハ不レ覺也

御義云。惣シテ通受別受ノ事。首尾本末沙汰セム事ハ。不レ可レ有ニ盡期一。顯戒論・顯揚大戒論ニ可レシ說ル。大概ハ山家六度有リ。別戒度何ソ同カラム。威儀豈ニ同カラムヤト釋スレハ。聲聞戒ノ外菩薩戒アリ。聲聞ノ律儀ノ外ニ。菩薩ノ律儀有ラム事ハ無ニシ子細一

四教ニ於テ。戒定惠ノ不同アリ。戒ト云ハ。生滅ノ謂ニ約シテ聲聞ノ律儀ヲハ制。無生無滅ノ謂ニ約シテ。菩薩ノ律儀ヲハ可レ制ス。故ニ戒ハ殊ニ事ノ律儀ニ約ス。定惠コソ心ヲ體トスレハ不同不レヤ可レ有。其レ既ニ異ナルニ。結句ノ事ノ律儀ニ付テハ不同不レト可レ有云事。不レ被ニ意得一也

（傳全一、六二七。一心戒文取意）如レト見ルカ下開ニテ雲霧ヲ一三光ヲ上云テ。桓武天王（皇カ）ニ表ヲ捧ケタリ。此レ他宗ノ吹擧ニ依テ。山家ノ御本意顯タリ。先ツ顯密ノ佛法ヲ弘通シタマヒシニ。六宗ノ學者。天台ノ章疏ヲ講論セリ。然シテ後チ。戒ト云事ヲ被ニ仰出一也。顯戒論ニ云。（傳全一、一九七）一乘ノ出家ハ年年ニ雙ヘトモ。圓教ノ三學未タニ具足一セ。二學雖レ芽キサストモ（芽㊦芳）未タスニ戒學一セ。是以テ觸フレテ鱗リムニ請フニ圓戒ヲ一文意ハ。戒ハ聲聞ノ威儀ヲ學スレハ。定惠ノ法門・止觀ノ修行ハ弘ルト雖トモ。未タ圓戒カ不レ弘カラ故ニ。我山ニ一向菩薩大僧ノ威儀ヲ興シ。南都ノ聲聞別解脱ノ戒境ノ外ニ。菩薩ノ戒壇ヲ立テテ國家ヲ守護セムト云ヘリ。其ノ時キ。七大寺ノ僧統云ク。在世ニモ律儀ハ。聲聞律儀ヲ本トス。若シ威儀ニ付テ聲聞・菩薩別ナラハ。和合ノ義不トレ可ラレ成ス云テ。是ヲ不レス許サ。此ヲ答スル時キ。四分律・五分律ト云ハ。小乘ノ律藏。輕重ニ付テモ。五篇七聚ト分別スル也。菩薩戒ニハ重ハ十重ニ互リ。輕垢ハ一ノ四十八輕也。

其ニ付テ。懺悔ノ輕重。受不重受不同也ト被レ釋也
サテ諸經論ニ。聲聞ノ威儀ヲ學ストヽ云ヘルハ。藏通共小ノ菩薩ナルヘシ。別圓二敎ハ。獨菩薩ノ敎ナレハ。聲聞ノ威儀ヲハ不レ可レ學ス。般若ニ念處道品。皆摩訶衍ト云ヒ（天玄五、一三二二。玄義）。法華ニ汝等所行是菩薩道ト開會スルモ（大正藏九、二〇中。藥草品）（衍㊄術）。聲聞ノ生滅無常ノ觀ト。大乘ノ三諦卽是ノ觀行ト。其ノ意大ニ異也（異㊄意）。法華ハ超八ノ圓ト云ハレテ。爾前ノ外ニ有ル意アリ。相待妙ノ立チスマス上ニ。絶待不思議ノ妙可レ有事ハ可ヘケレトモレ爾ル。其ノ枝葉ヲ本トシテ。聲聞ノ律儀ノ外ニ菩薩ノ律儀無トハ不レ可レ云
サテ大乘律ト云物カ。二十七部五十餘卷アリ。今ノ梵網ノ十重四十八輕ヲ始メ。菩薩ノ大乘律ヲ開テ能ク可シレ學ス。但シ末學遠ク經論ノ文ヲ開テ可ニ取捨一スル事モ難レハ。幸ニ大師ノ義記ニ。一一ノ戒ノ下ニ。聲聞菩薩ノ所制ノ不同。開遮色心輕重ノ異ヲ詳カニ判スレハ。此義記開テ可レ見也
惣シテ梵網ノ戒ハ。通受歟。別受歟ト云ニ付テハ。道俗共用ノ方法ナルカ故ニ。通受カ面テ也。五大院。各ノ隨ニテ意樂ニ而作ルトニ一衆一ト釋スレハ（大正藏七四、七七六下。廣釋）。梵網ノ受法ハ通受別持也。其ノ上山家。山門ノ戒法ヲ建立セル姿ハ別受別持也。山王院モ。若通途行者違ニ祖大（治カ）師ノ顯戒論一ニ失ムト菩薩ノ別解脫戒ヲ一釋セリ。故ニ山王院。持山ノ時ハ別受義ヲ被レ興セ也。聲聞ノ二百五十戒ト云ハ。自調自度ヲ體トシテ一一ノ戒ヲ制シ。五十八戒ト云ハ。常住慈悲心ヲ體トシテ。其ノ上ニ可キレ學戒行ナレハ。或ハ同スル邊有レトモ意可シレ異ナル。意替レハ聽テ威儀ニ付テモ異ナル處可レ有也。軌則ヲ守リ。一途ニ不レ可レ被レ對セ。各隨意樂而作一衆ト者此也。聲聞戒ハ。分持ノ義不レハレ可レ有。末世ニハ持戒ノ人可シレ難カルレ在。菩薩戒ハ具持ノ菩薩。十地已還猶ヲ誤犯有レハ。末世ノ比丘ト云ハ分持ノ菩薩ナルヘシ。サレハ法華經ニ。小乘ニテ聲聞羅漢ノ果ヲ證ストヽ云ハ（同前）。實ノ聲聞羅漢ナラスト說ク也。我等今者。眞是聲聞。我等今者。眞阿羅漢ト說ケハ（大正藏九、十八下。信解品）（者㊄日）。法華ニテ開佛知見入菩薩位スル上ニ。眞ノ聲聞トモ羅漢トモ云ルル也。其ヲ小乘ニハ纔カニ海ノ一滴ヲ酌テ眞實ト執スル也。海底ハ菩薩ノ律儀ナルヘケレハ。正クハ七衆ノ不同ヲ辨ヘム事モ菩薩戒ノ意ヨリ可レ成ス也。所詮。梵網ノ戒ハ。通受別持ナルカ。山家。別受別持ト釋セルト相違スル歟ト覺ユル處ヲ（別㊄於）。西山上人。通受別持ノ底カ別受別持也ト云云　廣釋ニ（大正藏七四、七五八中八行）。七衆共受。別

有二三名一ト表シテ。（同十一行）七衆皆名二菩薩僧一○（同十五行）七衆皆名二如來一。（「○カ）雖レ有二三義一。第三正義ナリト釋スルハ。七衆通受ノ本意ハ。七衆皆名如來ノ意也

一乘ト云ハ。三無差別ノ體ナレハ。又理教行ノ（「事カ）有リ四。開示悟入ノ無キレ異。一ノ佛位ニ於テ分別スル故ニ。此ヲ受取ル今ノ金剛寶戒ナレハ。在家ノ戒トモ沙彌ノ戒トモ不レ可レ云。一佛ノ功德ニ入ル上ニ。七衆九衆ヲ分別セハ可レ然也。聲聞戒。堅ク在家出家ノ軌則ヲ守テ。一分モ其ノ軌則ヲ動セサル樣ニハ不レ可レ有也。小乘ニ異ナル菩薩戒ト云事立ヨリシテ。一品一卷ノ意。舍那ノ佛戒ノ姿立スル也。此ノ上ニハ。戒行ニ出テ。分持・具持ノ不同ヲモ辨スル處カ舍那ノ佛戒ヲ沙汰シ顯ス謂ナレハ。通受ノ意ハ。別受ト云ハレテ可レ顯ル也。七衆座ニ並テ。通受ノ謂ヲ顯ス事モ可レ有。或ハ別受ノ軌則ヲ設ケテ。佛戒ニ於テ人ノ敬重ノ心ヲモ令レ發サ爲ニハ。菩薩比丘ノ戒場ヲ嚴テモ可レ行ス也

山門建立ノ戒場ハ。沙彌モ在家モ至ラス結界ナレハ。女人モ入ラス。然トモ機ヲ簡ラフ事ナシ。通受別持ノ底カ別受別持ト云ハ。戒行ニ向フ意也。上卷ノ階位ヲ下卷ノ戒法ニ入ト者。一品一卷ノ意也。此ノ下卷ノ戒法ヲ一代ノ佛法ト開ク故ニ。山家ハ通受ノ上ニ別受ノ謂レ有ト云ヒ。五大院ハ通受ノ戒ト釋セリ。共ニ無キ二相違一也。山家ノ意ハ。唐土ハ三乘共ノ國ナレハ。一向大乘ノ律儀不レ可レ立ツ。我カ山ハ一向大乘ノ處ナレハ。源ト天竺ノ風ヲ尋テ。一向大乘ノ寺ヲ立ト云云　小乘四律五論ヲ開テ。大乘ノ威儀ヲ可二ト助成一釋スレハ。一向小乘ノ七衆ヲ取リノケテハ不レ可レ叶。サレハ占察經ニハ。七衆ノ不同ヲハ。菩薩ノ面ニテ造リ。七衆ノ隨行ト云ハ。聲聞戒ヲ不ルレ捨テ樣ニ見タリ。聲聞戒ノ意ハ。四重ヲ犯スレハ懺悔ヲ不レト許サ見タリ。菩薩戒ハ重受ヲ許ス也。沙彌・比丘ノ振舞ト云ハ。戒ニ付タル不同也。此ノ沙彌・比丘ノ二ノ間ニ或ハ（式カ）叉アリ。如レ此分明ナラサル事ヲハ。小乘ノ律藏等ニ准ヘテ可シ二意得一。占察經。七衆ノ不同ヲ辨ル時キ。年滿二十ニシテ比丘戒ヲ授ト見タリ。小乘ノ意モ。年十八歲ニ至ル物（者カ）ニ沙彌戒ヲモ授レハ。同シ三聚淨戒ノ上ニ於テモ年二十ニ不スハレ滿セ沙彌ノ振舞ナルヘシ。而レハ大小ノ戒ヲ兼學ニ。其ヲ軌則ニ隨テ可二振舞一也。大小異ナレトモ。共ニ如來金口ノ說ヨリ起リ。聲聞ノ律儀ト云モ。菩薩戒ノ體ヨリ開テ。小根ノ下機ニ仰セテ扶律說常スルヨリ外ノ事不レ可レ有レ之也

32 未受戒以前有二佛性種子一耶

御尋云。此戒ヲ不レ受ル前ニ。佛性ノ種子無ト云事不レ被二意得一。佛性トハ一切衆生悉有佛性ナレハ。知不知蠢蠢ノ畜(畜㊟玄)類等ニ至マテ可レ備シ二佛性一ヲ。此ノ佛性ヲ內ニ備ルニ依テ。今ノ戒ヲ受ル身トモ成ルニテ可レ有也

顯密ノ佛法ヨリシテ沙汰スル事ナレハ。此ノ戒宗ニ始テ申ス事ニハ非也。此ノ佛性ト云事ニ付テ。妙樂。依二金錍論一ニ種種ノ問答ヲ設クル事モアリ。常ニハ眞如法界ノ理ヲ指テ佛性ト云ヘリ。理トハ。依正二報ニ遍スレトモ。大經ニハ。凡有レ心者。定(定㊟悉)皆當得阿耨(大正藏十二、七六九上)(皆[illegible]カ)(〔成カ)菩提ト云ヨリシテ。只一向理性ノ分齊ヲ以テ佛性ト名ル様也。大方。大經ノ意。理ヲ佛性ト名ト者。三德ノ理也

三德ノ理ト云ハ。法身ハ理性。般若・解脱ハ修德ノ法體也。正ク所レ期スル佛果ト者。三身ノ佛果ナレハ。法身ノ佛性計リナルヘカラス。一者約身。言二佛性一者應(應㊟若)レ具二三身一。法身許レ遍。(〔〇カ)何隔二無情一ト釋スル此也。(天止一、九六。弘決)法身ノ佛性ト者。正因佛性ニテ縁了二因ノ不レ可レ具ス歟ト云ニ。其ハ修德ヲ離テ性德ヲ不レ置ルカ故ニ。性德ノ理ト者。在レ性則全レ修成レ性。起レ修則全レ性成レ修ナレハ。(天玄四、三四六。釋籤)終日ニ修起スル謂ヨリ外ニハ性德ノ理無ト。天台ヨリ沙汰スレハ。諸宗ニ佛性ノ事ハ。沙汰シ舊ルシタル也。願蓮上人ハ。名字卽ノ解了ノ上ニ理卽ヲ可レ立ト云云　名字ノ菩提心ヲ離テ。佛性ノ理ハ不レ可レ有歟

御義云。今戒ノ意ハ。是情是心皆入佛性戒中也。(經、大正藏二四、一〇〇三下二四行)大經ニ悉皆(定カ)當得ト說ケル三德祕藏ノ理トハ。舍那ノ功德ニ歸シテ。舍那ノ外ニ實相ノ理無キ也。一謂法身トモ釋シ。(義記、大正藏四〇、五六九中二四行)法身如來有實相戒トモ云ヘル。(傳全一、五六五。一心戒文)不レ起(起㊟記)而已起卽(卽㊟則)ノ謂ニテ。(義記、大正藏四〇、五六六上)師師相承スル處カ佛性也。サテハ。此戒不レ受ル前ニ佛性ハ無キ歟ト云ニ。其ハ名字ノ菩提心モ同シ事ナルヘシ。名字ノ皆是佛法ノ解了ヲ指テ。佛種トモ佛性トモ名ル也。三世ノ佛法ヲ。心佛衆生三無差別ノ謂ト解了シ。一人此戒ヲ受ト云ヘハ。三世十方ノ衆生ヲ不レ可レ隔ツ。一切衆生知不レ知法界ノ色心ノ上ニ。一如ノ舍那ナル謂ヲ。衆生受佛戒。卽入諸佛位ト顯也。(經、大正藏二四、一〇〇四上二〇行)今ノ戒ハ。諸佛ノ本源。行菩薩道ノ根本。佛性ノ種子也

大經ヨリ。佛性トハ。如來ノ功德ヲ指テ佛性ト云也。眞言ノ意。菓

實ノ至極熟スル時。果還テ成ルレ種ト也。佛ノ悟極ル時キ。凡夫ノ上ニ佛種ヲ成スル謂レ出テ來ル也。諸佛ノ功德ト云ハ。舍那ノ功德。舍那功德ト云ハ。癡闇ノ凡夫ノ上ニ作法受得スル謂ヨリ外ニ無キ謂ヲ思ハヘテ。大經ニモ。一切衆生悉有佛性ト說也。今ノ經ニテ。汝是當成佛。我是已成佛（經、大正藏二四、一〇〇四上十七行）ノ謂レ立スル時キ。三乘一乘ノ許モ破リト（ママ）。祖師上人被レ仰セ也。心識皆有佛性ト釋スレハ（義記、大正藏四〇、五六七中十二行）。舍那ノ功德ナル戒體ヲ。一切衆生ノ上ニ不レ隔テ發起スルソト知ル處カ佛性也（發㊦解）。仰トハ（ママ）。舍那修德ノ智惠ノ一分カ。我等カ情識トモ顯ルレハ。可ニ成佛一ス種子トハ此ノ戒カ成スル也。此戒ヲ不ルレ受ケ前ハ。空死同畜生ト（空㊦徒）（經、大正藏二四、一〇〇九下四行）釋スレハ。佛性具足ノ道理不レ顯。「此戒ヲ」（㊦「」重複）受ル時キ。始テ常生ニ人道天中一スル。此レ佛性ノ源ト也。此ノ上ニハ。十界ノ依正。一切ノ諸法。舍那ノ法雨ナラヌ處不レ可レ有。今ノ舍那ノ戒法ノ外ニハ。一切依正。色心一法トシテ無キ謂ナレハ。此ノ舍那ノ功德ト云ハ。衆生受佛戒。卽入諸佛位スル謂也。此ヲ指テ。衆生ノ佛性トモ舍那ノ功德トモ云也

或時示云。小乘ヨリシテ戒ト云ハ。凡聖ノ二法ノ中ニハ聖法也。此聖法ヲ。未斷惑ノ凡夫ノ上ニ受ケ取ト云事ソト沙汰スル故ニ特（持カ）ノ事也。一白三羯磨ノ位ニ。凡夫ノ色心ノ上ニ極聖ノ功德ヲ納得スル也。其ノ所ニ受得スル一戒法ノ功德。一大三千界ニ滿テル也。此ノ戒法ヲ。毘曇ノ意ハ色法ト云ヒ。成論ノ意ハ非色非心ト沙汰スル也。舊譯ニハ。無作ト云ヒ。新譯ニハ。無表色ト云也

此ノ無作ノ功德ヲ。毘曇ノ意ハ四大種ノ所造ト申ス也。色法ト者。一極微モ四大四微ノ所成ニ非ト云事ナシ。八事俱生隨一不減ト者此也（大正藏二九、十八中。俱舍論）。無作ヲ四大ノ所造トハ云ヘトモ。色香味觸ノ四塵ノ所成トハ不ルレ云ハ歟。色心二法ナムト云時ノ色ハ。色十一爲性トテ五根五境。無表色也。尋常ニハ。眼根所對ノ色計ヲ色ト思ヘリ。此ハ惣屬別名シタル趣キナル事也。常ニ人ノ眼耳鼻等ノ六根ト思ヘル分ハ。扶根也。正根トテ五色ニ對スル雲ノ如キ物ナリ。此ヲハ清淨色トモ名ケ。珠寶光ノ如シトモ沙汰セリ。此ハケニモ云ハレタル事ハ。人ノ目ニ見テ。耳ト思ヒ鼻ト思ヘル分ハ。眼根所對ノ色ニ可レ屬ス也。五根五境相對スル位ニ。第六ノ意識ハ起ル也。塵大ノ色ニ非ス。而レトモ此ヲ細色トハ名也。此ノ毘曇・成論ハ。義記ニ所ニノ沙

汰一スル諍論。有無ノ有無作ノ義ニテ有也

右戒論視聴抄者。實導和尚御沙汰也。門流之祕抄（抄㊦妙）不レ可レ過レ之。本抄者。文義廣博而末學之披覽難レ及之故ニ。爲レ備ニ初心之用心一取レ要書出者也

本云。明應四年（一四九五）四月十三日。於ニ西山參鈷寺西月軒下一記レ之

求法沙門宗純

于時永正八年（一五一一）五月二十四日。於ニ西山二尊教院一書レ之

惠教

以後披見之人者可レ預。南無阿彌陀佛

承應三年（一六五四）甲午八月吉祥日

江州栗太郡芦浦觀音寺法印舜興藏

右者嵯峨以ニ二尊院本一令レ書ニ寫之一畢

（底　本）西教寺正教藏、承應三年（一六五四）舜興令書寫二冊寫本

（對校本）　なし

（校訂者　清原惠光）

戒論視聴略抄　上下　終

圓戒　2

校訂者：天台宗典編纂所　編纂委員：西村冏紹・清原惠光・
利根川浩行

天台宗典編纂所

（初版）〈編輯長〉野本覚成　〈編輯員〉藤平寛田・荒槇純隆・成田教道

天台宗開宗一千二百年記念

續天台宗全書　圓戒2

菩薩戒疏註釋
戒論義

平成十八年（二〇〇六）六月十一日　第一刷発行

編纂　天台宗典編纂所
滋賀県大津市坂本四-六-二（〒五二〇-〇一一三）
電話〇七七-五七八-五一九〇

刊行　理事長　濱中光礼

代表者　財団法人　天台宗教学財団©
滋賀県大津市坂本四-六-二（〒五二〇-〇一一三）

発行者　神田　明

発行所　株式会社　春秋社
東京都千代田区外神田二-十八-六（〒一〇一-〇〇二一）
電話〇三-三二五五-九六一一

印刷所　図書印刷株式会社
東京都港区高輪一-三-十三

製本所　株式会社　三水舍
東京都文京区白山二-十八-十

装丁者　河合博一

定価：函等に表示

本文組版：電算写植　本文用紙：中性紙

ISBN4-393-17128-4

第3回配本（第Ⅱ期全10巻）